天津市

河西区志

（1979—2010）

天津市河西区地方志编修委员会　编

方志出版社
Publishing House of Local Records

图书在版编目（CIP）数据

天津市河西区志．1979—2010 / 天津市河西区地方志编修委员会编 .-- 北京 ：方志出版社 .2018．9
ISBN 978-7-5144-3266-4

Ⅰ．①天… Ⅱ．①天… Ⅲ．①河西区—地方志—1979-2010 Ⅳ．①K292.15
中国版本图书馆 CIP 数据核字（2018）第214544号

天津市河西区志（1979—2010）

编　　者：天津市河西区地方志编修委员会
责任编辑：冯　松

出 版 人：冀祥德
出 版 者：方志出版社
地址　北京市朝阳区潘家园东里9号（国家方志馆4号）
邮编　100021
网址　http：//www.fzph.org
发　　行：方志出版社发行中心
电话（010）67110500
经　　销：各地新华书店
印　　刷：天津午阳印刷有限公司

开　　本：889×1194　　1/16
印　　张：50
字　　数：1459千
版　　次：2018年9月第1版　　2018年9月第1次印刷
印　　数：0001～4000册

ISBN　978-7-5144-3266-4　　定价：580.00元

河西区在天津市区位置示意图

津S〔2003〕026号

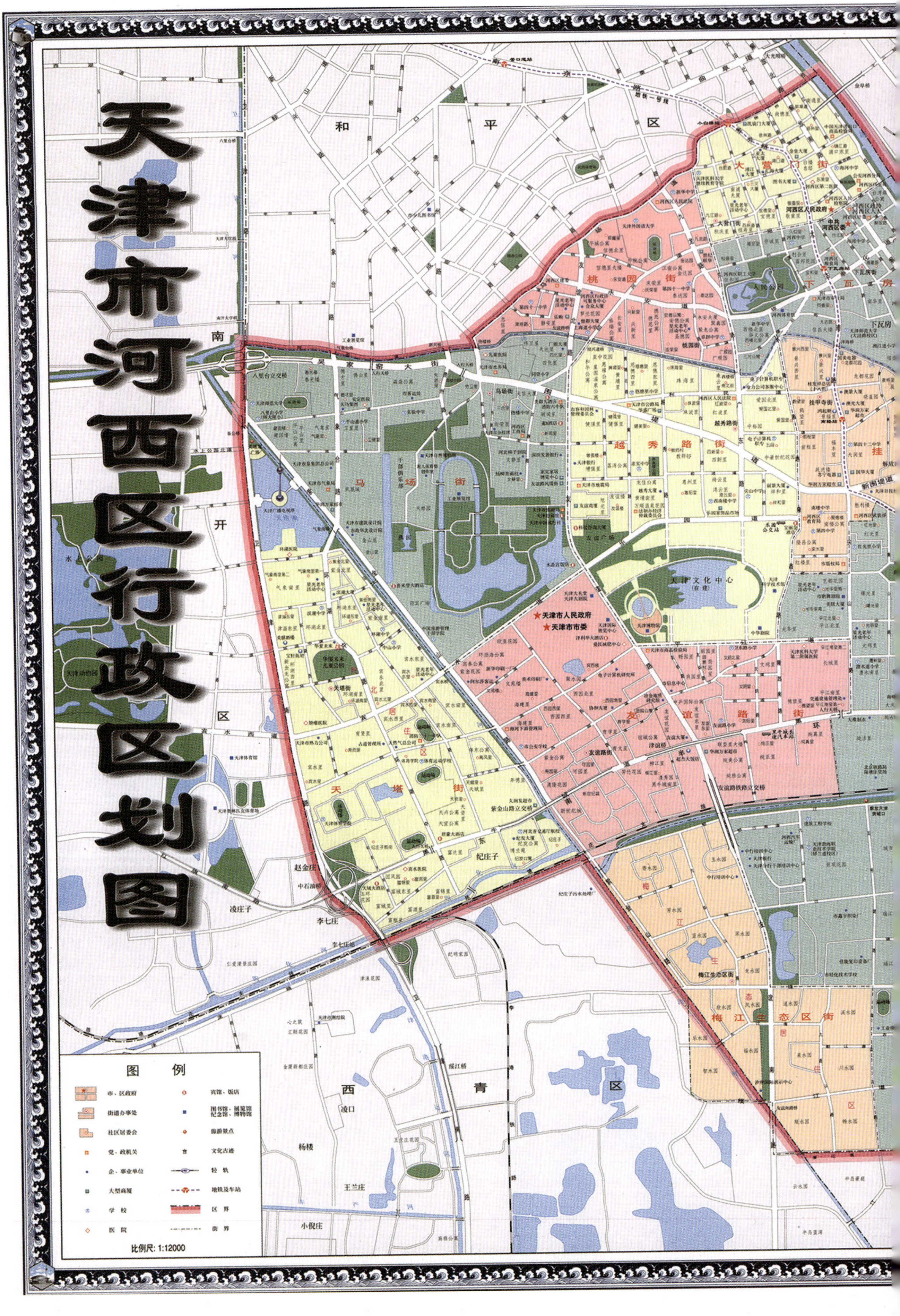

天津市河西区行政区划图
和平区
南开区
西青区
大营门街
桃园街
下瓦房街
马场街
越秀路街
挂甲寺街
天塔街
友谊路街
梅江街
梅江生态区街
天津文化中心
天津市人民政府
天津市市委
图例
市、区政府
宾馆、饭店
街道办事处
图书馆、展览馆
纪念馆、博物馆
社区居委会
旅游景点
党、政机关
文化古迹
企、事业单位
轻轨
大型商厦
地铁及车站
学校
区界
医院
街界
比例尺: 1:12000

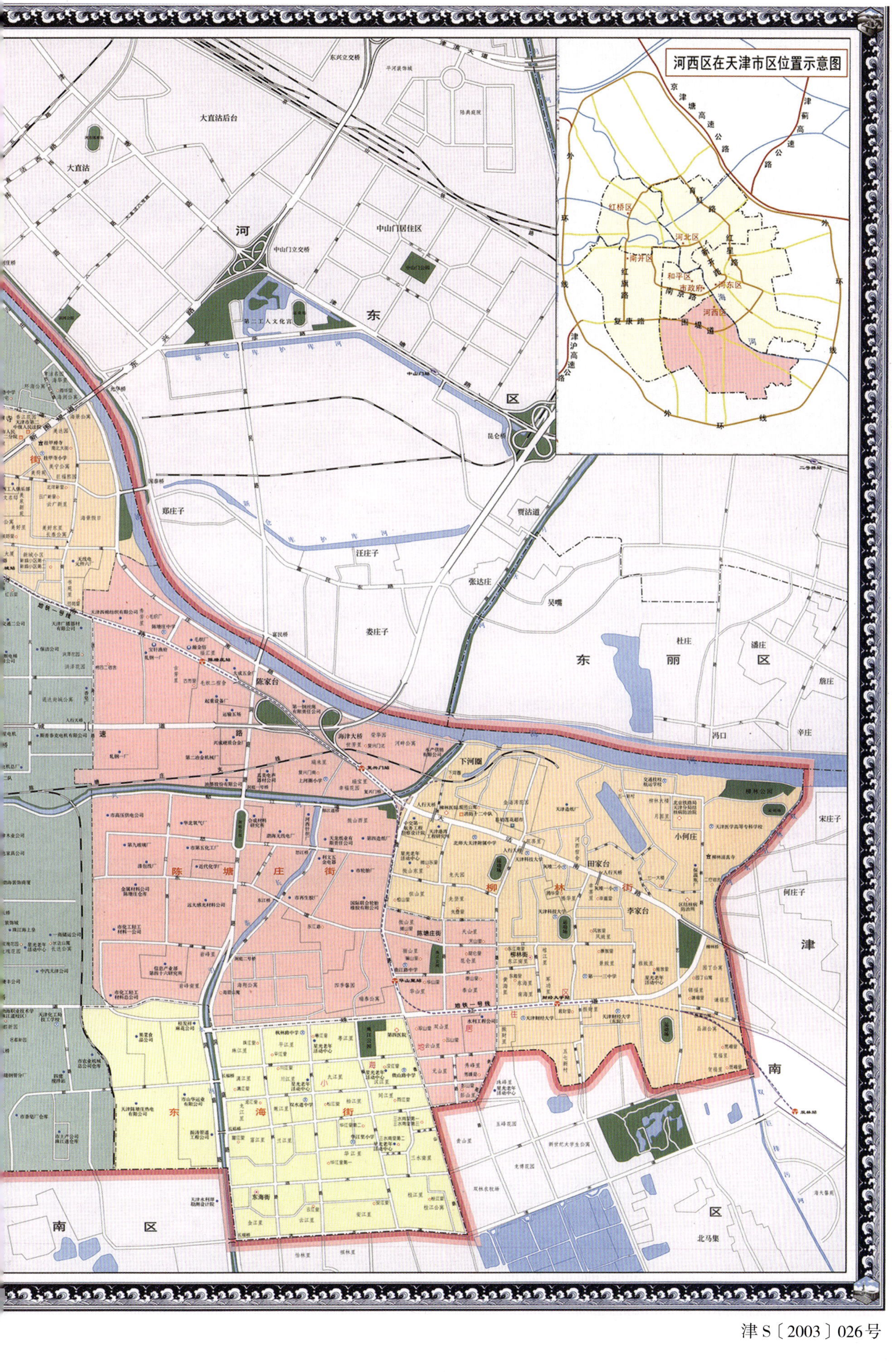

河西区在天津市区位置示意图
京津塘高速公路
津蓟高速公路
外环线
红桥区
河北区
南开区
和平区
市政府
河东区
河西区
红旗路
南京路
复康路
围堤道
津沪高速公路
大直沽后台
大直沽
中山门居住区
中山门立交桥
第二工人文化宫
河
东
区
郑庄子
贾沽道
汪庄子
张达庄
吴嘴
娄庄子
东
丽
区
杜庄
潘庄
詹庄
辛庄
冯口
陈家台
海津大桥
下河圈
田家台
李家台
小何庄
柳林公园
宋庄子
何庄子
陈
塘
庄
街
柳
林
街
东
海
街
小
海
地
地铁一号线
东海街
津
南
区
北马集
南
区

津S〔2003〕026号

天津市河西区道路图

河西区政府
人民公园
天津外国语大学
天津医科大学
新兴街
吴家窑新村
友谊路街
桃园街
挂甲寺街
越秀路街
马场街
西南楼新村
河
天津文化中心（在建）
天津博物馆
天津科学技术馆
市政府
市委
天津大礼堂
天津大剧院
天津国际展览中心
津利华大酒店
天塔湖
天塔街
尖山街
体院北居住区
紫金山路立交桥
黑牛城
友谊路铁路立交桥
梅江生态区街
梅江公园
李七庄
赵金庄
中石油桥
凌口
王兰庄
杨楼
小倪庄
纪庄子
天津市测绘院
解放南路立交桥
天津医院
天津日报社
河西区青少年宫
下瓦房
刘庄
天津迎宾馆
水晶宫饭店
喜来登大酒店
天津干部俱乐部
工业展览馆
帝城大酒店
天津君豪酒店
河西区园林管理局
友谊南路桥
绥江桥
南珠桥

大直沽后台
天津市市政工程学校
河东职大（分校区）
天津城市职业学院
河东体育场
大直沽
天津市艺术学校
第三中心医院
大直沽街
中山门立交桥
第二工人文化宫
中山门街互助西里
中山门公园
中山门居住区
中山门街友爱东里
中山门街
东兴路站
中山门站
昆仑桥
光华桥
区
天津湾
国泰桥
杨庄子
郑庄子
旺庄子
富民路街
五十四中学（富民路校区）
富民路街滨河新苑第一
富民桥
姜庄子
陈塘庄
陈塘庄站
贾沽道
张达庄
吴嘴
津昆桥
增兴窑
增兴窑村委会
一号桥
一号桥站
二号桥站
二号桥街
杜庄
潘庄
冯口
柳林桥
辛庄
海津大桥
复兴门站
复兴门桥
洞庭一号桥
下河圈
郁江道桥
地方广场
怒江桥
东江桥
北师大附中
天津科技大学
田家台
小何庄
天津医学高等专科学校
灰堆
何庄子
柳林桥
陈塘庄街
柳林街
李家台
洞庭二号桥
华山里站
财经大学站
天津财经大学
珠江桥
第四医院
陈塘庄街秀峰里
长福桥
长裕桥
东海街三水南里
友谊街
长瑞桥
双林站
图例

津S〔2003〕026号

天津文化中心全景(韩金波摄)

《河西区志（1979—2010）》第一届编纂委员会

（2013年5月—2014年3月）

主　任：彭　三

副主任：陈玉恒　韩　琳　吴兴东　康凤海

委　员：（以姓氏笔画为序）

王　英　王洪泉　支学昆　毛　英　史连新　刘　辉

孙占军　孙伟民　杨玉芬　杨彦杰　邹朝阳　沙元军

沈芝菁　张宏伟　金　鹏　孟　华　胡英江　高　鹏

高天庚　韩　峰　韩金波　燕　玲

《河西区志（1979—2010）》第二届编纂委员会

（2014年4月—2016年12月）

主　任：苑广睿

副主任：陈　勇　韩　琳　孟　华　徐志强　刘惠庆

委　员：（以姓氏笔画为序）

于凤英　于有香　王　英　王　瑜　卢　伟　史连新

夷珮群　刘　辉　孙占军　纪立新　李　龙　李晓柏

杨　阳　杨彦杰　沙元军　沈芝菁　张宏伟　金　鹏

赵　坚　高文红　韩金波　蔡　宁　燕　玲

《河西区志（1979—2010）》第三届编纂委员会

（2017 年 1 月—2018 年 5 月）

主　任：李学义

副主任：陈　勇　陈　冰　于有香　李丽君　邢德惠

委　员：（以姓氏笔画为序）

于国顺　王　瑜　王　磊　王高峰　卢　伟　史连新

夷珮群　李青春　李宗兰　李晓柏　杨　阳　吴　静

吴志华　沙元军　沈芝菁　宋　杨　张秀荣　张宏伟

郝奎刚　郭金琦　韩金波　蔡　宁　燕　玲　薛崇禄

《河西区志（1979—2010）》第四届编纂委员会

（2018 年 6 月—）

主　任：姜德志

副主任：杜　威　于有香　李丽君　邢德惠

委　员：（以姓氏笔画为序）

于国顺　王　瑜　王　磊　王高峰　卢　伟　史连新

夷珮群　刘　辉　李青春　李宗兰　李晓柏　杨　阳

吴　静　吴志华　沙元军　沈芝菁　宋　杨　张秀荣

张宏伟　郝奎刚　郭金琦　韩金波　蔡　宁　燕　玲

薛崇禄

《河西区志（1979—2010）》编辑部

主　　修：姜德志

主　　编：李丽君

副 主 编：薛崇禄

总　　纂：郭　枫

编　　辑：（以姓氏笔画为序）

王儒臣　张学锋　孟宪龄　郭盛麟　郭疆生　崔伟国

校　　对：（以姓氏笔画为序）

王秀焕　尹　航　张明慧　郭海蒙　窦盛博　翟明侠

河西区地方志编修委员会办公室

主　　任：沈芝菁

工作人员：卢嘉鑫　王文振

天津市地方志编修委员会
区县志审定验收组

主　　审：关树锋

副 主 审：邹积浩

编　　审：杨宝红　韦　恬　余　辉

序

地方志是传承中华民族文化的一个重要载体。继1998年首部《河西区志》问世后，《河西区志(1979—2010)》历经5年通力编纂，付梓成书。

历史上的河西区是驰名遐迩“哪吒闹海”神话传说之地、千年古刹挂甲禅寺坐落地、中国第一所大学——北洋大学堂创办地、德国租界建筑风貌区、天津市工人和农民革命斗争的发源地、文化名人聚集地、全市规模最大的国有老工业区。

河西区在改革开放的征程中，举全区之力，与时俱进，开拓创新，争先创优，各项事业发展卓有成效，城区面貌和人民生活发生历史性变化。区位优势和工作优势愈加凸显，诸多工作走在天津市和全国城区前列，相继获全国文化工作先进地区、儿童少年工作先进区、教育实验区、义务教育均衡发展先进区、社区教育示范区、卫生城区、园林绿化先进集体、初级卫生保健达标区、群众体育先进单位、田径之乡、和谐社区建设示范城区、社区服务示范城区、“双拥”模范城、社会治安综合治理优秀地区等多个国家级称号。邓小平、江泽民、胡锦涛、习近平、李先念、朱镕基、温家宝等党和国家领导人到区视察。

2010年，河西区被定位为：天津市行政中心、文化艺术中心、商务办公中心、创意产业基地、生态宜居城区。

盛世修志，志存盛世。本志记载着全区改革开放30余载的奋进历程，记载着各项建设的丰硕成果和工作经验，也记载着河西人团结奋斗、攻坚克难、争先创优的精神风貌，涵盖政治、经济、社会、文化、法治、党建等领域，是全区经济发展、社会进步、人民幸福、和谐文明的历史书证。

本志史料全面，宏微相宜，言简意赅，图文并茂，是一部了解宣传区情的史书，著在当代，惠泽后世：为政者，知兴替，可借鉴；为民者，记乡愁，知变迁；

客籍者，知区情，利交流。以史经世，鉴往励志，有着“存史、资政、教化”的作用。

志书巨制，撰著固难。中共河西区委、区政府重视修志工作，确立“突出地域特点，注重发展节点，考证史料疑点，详记工作重点，展现成绩亮点”的编修思路，加强领导，落实任务；区地方志编修委员会及办公室认真履职，精心组织，各单位各部门协调一致，齐心同力；中国地方志指导小组办公室、天津市地方志办公室、方志出版社的领导和专家学者支持帮助、悉心指导，各兄弟区同仁建言相助。编修人员以高度的责任感和使命感，广征博采，辛勤笔耕，数易其稿，倾注心智，争创精品。

志书编修，从总体策划、动员部署、谋篇布局、培训学访、研讨交流、撰文修改，到初审、复审、终审，众人同心聚力，共襄盛世史记。谨此，一并表示衷心地感谢！

新的征程，任重道远。河西区以习近平新时代中国特色社会主义思想为指导，继往开来，再创新的业绩，抒写新的历史篇章。

历史永驻，未来可鉴，是为序。

中共河西区委书记　李学义

河西区人民政府区长　姜德志

2018年8月

凡　例

一、《河西区志（1979—2010）》系1998年版首部《河西区志》（简称前志）的续志。

二、以马克思列宁主义、毛泽东思想、邓小平理论、“三个代表”重要思想、科学发展观、习近平新时代中国特色社会主义思想为指导，坚持辩证唯物主义和历史唯物主义的立场、观点和方法，客观、系统地记述区域自然、政治、经济、社会、文化、法治、党建等各个领域现代化建设的历程和改革开放成果，力求科学性、资料性、著述性相统一，为资政、存史、育人服务。

三、上限起自1979年，下限至2010年。个别事物视实际情况作适当上溯或下延。因前志下限至1995年，故1979 —1995年的史实择其重点记述。

四、以2010年行政区域为记述的空间范围，对驻区单位予以适当记述。

五、采用述、记、志、传、图、表、录等体裁，以志为主体。

六、表、随文附、示意图编号为“X-X”，第一个“X”表示编序号，第二个“X”表示该表、随文附、示意图在编中的序号。

七、按类立编，编下设章、节、目，部分目下设子目。

八、各编、章设无题序。

九、采用现代语体文、记述体表述，述而不论。

十、辛亥革命前采用历史纪年，括注公元纪年；辛亥革命后采用公元纪年；未注明世纪的年代，均指20世纪某某年代。

十一、采用第三人称记述。选用“全”“内”等词进行辅助表达，如“全市”“全区”“区内”等，“市”指天津市，“区”指河西区。

十二、适当采用缩略语。首次出现时用全称，之后酌情使用简称。

十三、以天津市地名办公室规范的地名为准，涉及古地名时括注志书下限时该地的名称。

十四、标点符号执行2012年实施的国家标准标点符号用法。计量单位执行1984年实施的国家法定计量单位。数字执行2011年实施的国家标准用法。

十五、"人物编"传略坚持"生不立传"的原则，收录祖、客籍在河西区工作、学习和生活年限较长，对市、区发展有突出贡献、在国内外较大影响的人物。入志者以生年排序，生年相同者以卒年排序。全书采用"以事系人"方法将有关人物散记于有关章节，或列入相关名表。性别标注女不标注男，民族只标注少数民族。

十六、附录中内容多为原文收录或摘录，为保留历史原貌，不按本志章、节、目立编。

十七、对前志记述中的遗缺，在有关编、章随文补充。

十八、史料主要来源于各承编单位、档案、史志(年鉴)、专著、报刊等。入志史料一般不注明出处。统计数据以市、区政府统计部门公布的为准。统计部门没有统计的，采用主管部门的统计数据。

目录

CONTENTS

序
凡　例
概　述…………………………………………………………………………………… 1
大事记…………………………………………………………………………………… 7

第一编　政区　自然环境

第一章　政区设置………………………………………………………………… 33
　第一节　位置 ……………………………………………………………………… 33
　第二节　区划 ……………………………………………………………………… 33
第二章　街道……………………………………………………………………… 35
　第一节　大营门街道 …………………………………………………………… 35
　第二节　桃园街道 ……………………………………………………………… 36
　第三节　下瓦房街道 …………………………………………………………… 38
　第四节　马场街道 ……………………………………………………………… 40
　第五节　越秀路街道 …………………………………………………………… 42
　第六节　挂甲寺街道 …………………………………………………………… 44
　第七节　尖山街道 ……………………………………………………………… 45
　第八节　天塔街道 ……………………………………………………………… 48
　第九节　友谊路街道 …………………………………………………………… 53
　第十节　梅江街道 ……………………………………………………………… 55
　第十一节　陈塘庄街道 ………………………………………………………… 56
　第十二节　东海街 ……………………………………………………………… 58
　第十三节　柳林街道 …………………………………………………………… 59
第三章　自然环境………………………………………………………………… 62

第一节　地质地貌 …… 62
第二节　气候 …… 62
第三节　水文 …… 66
第四节　自然资源 …… 68
第五节　自然灾害 …… 73

第二编　人　口

第一章　人口数量 …… 77
第一节　总数 …… 77
第二节　变动 …… 77
第三节　分布 …… 79
第二章　人口构成 …… 80
第一节　性别 …… 81
第二节　年龄 …… 81
第三节　民族 …… 83
第四节　文化 …… 84
第五节　职业 …… 85
第三章　人口控制 …… 86
第一节　政策引导 …… 86
第二节　生育管理 …… 87
第三节　优生优育 …… 89

第三编　城市建设

第一章　住宅建设 …… 93
第一节　平房改造 …… 93
第二节　旧楼区普查与整修 …… 95
第三节　公建配套 …… 96
第二章　房地产开发 …… 97
第一节　区属房地产企业 …… 98
第二节　项目开发 …… 103
第三章　市政建设 …… 105
第一节　道路 …… 105

第二节　桥梁 …… 111
第三节　排水 …… 116
第四节　防汛 …… 118
第四章　公用设施 …… 118
第一节　供水与供电 …… 119
第二节　供气与供热 …… 120
第三节　公共交通 …… 122
第四节　邮政 …… 124
第五节　通信 …… 124
第五章　园林绿化 …… 127
第一节　绿化景观 …… 127
第二节　养护管理 …… 134

第四编　城市管理

第一章　规划管理 …… 139
第一节　编制管理 …… 139
第二节　审批与管理 …… 140
第三节　地名管理 …… 141
第二章　城建管理 …… 142
第一节　建筑市场监督 …… 142
第二节　招投标与质量管理 …… 142
第三章　房地产管理 …… 143
第一节　房屋产权管理 …… 144
第二节　房地产市场管理 …… 145
第三节　房地产行政管理 …… 147
第四节　住房制度改革 …… 149
第五节　房屋经营管理与修缮 …… 153
第四章　环境保护 …… 156
第一节　环境质量 …… 156
第二节　污染源 …… 158
第三节　污染减排 …… 160
第四节　创建活动 …… 160
第五节　环境管理 …… 164
第五章　环境卫生 …… 168

第一节　环卫设施 …… 168
第二节　道路保洁 …… 171
第三节　垃圾处理 …… 172
第四节　公厕管理 …… 173
第五节　监察与查处 …… 174
第六章　市容卫生管理 …… 174
第一节　创建国家卫生城区 …… 175
第二节　综合执法 …… 179

第五编　工　业

第一章　区属工业 …… 183
第一节　管理体制 …… 183
第二节　发展历程 …… 183
第三节　陈塘科技商务区 …… 186
第二章　市属工业 …… 187
第一节　发展历程 …… 187
第二节　企业选介 …… 188
第三章　民营工业 …… 189
第一节　发展历程 …… 189
第二节　企业选介 …… 190

第六编　商贸　服务业

第一章　商业 …… 193
第一节　管理体制 …… 193
第二节　商业改革 …… 193
第三节　商业布局 …… 195
第四节　商品行业 …… 200
第二章　外经外贸 …… 202
第一节　吸引资金 …… 203
第二节　商贸经济 …… 204
第三章　服务业 …… 209
第一节　住宿业 …… 209

第二节　修配业 …… 211
第三节　餐饮业 …… 211

第七编　财政　税务

第一章　财政 …… 215
第一节　财政体制改革 …… 215
第二节　财政收支 …… 216
第三节　财政管理 …… 222
第二章　税务 …… 228
第一节　国家税务 …… 228
第二节　地方税务 …… 230

第八编　金　融

第一章　银行 …… 241
第一节　国有政策性银行 …… 241
第二节　国有大型银行 …… 241
第三节　股份制银行 …… 242
第四节　城市银行 …… 243
第五节　驻区银行分支机构 …… 244
第二章　保险　证券　担保 …… 245
第一节　保险 …… 245
第二节　证券 …… 247
第三节　担保 …… 249

第九编　经济管理

第一章　经济社会发展计划 …… 253
第一节　计划体制改革 …… 253
第二节　计划与规划 …… 253
第二章　工商行政管理 …… 254
第一节　企业登记管理 …… 254

第二节　民营经济管理 …… 255
第三节　市场管理 …… 255
第四节　商标广告管理 …… 256
第五节　经济合同管理 …… 257
第六节　经济监督检查 …… 258
第七节　消费者权益保护 …… 259
第三章　物价监管 …… 259
第一节　管理体制改革 …… 259
第二节　物价审核 …… 260
第三节　物价监督检查 …… 261
第四章　质量技术监督 …… 263
第一节　计量监督管理 …… 263
第二节　质量监督管理 …… 264
第三节　标准化管理 …… 266
第四节　食品安全监督管理 …… 267
第五节　特种设备安全监察 …… 268
第五章　审计 …… 269
第一节　财政与经济责任审计 …… 269
第二节　专项审计与审计调查 …… 270
第三节　建设项目投资与企业审计 …… 271
第四节　效益与内外部审计 …… 271
第六章　统计 …… 272
第一节　统计改革 …… 273
第二节　监测预警 …… 274
第三节　专项调查 …… 275
第四节　咨询服务 …… 278
第五节　执法检查 …… 278
第七章　安全生产监督管理 …… 279
第一节　安全监管 …… 279
第二节　宣传与培训 …… 280

第十编　中国共产党

第一章　党员　会议 …… 283

第一节　党员数量与结构 …… 283
第二节　党代表大会 …… 284
第三节　党代表会议 …… 286
第二章　区级党组织 …… 286
第一节　常委会 …… 286
第二节　全委会 …… 288
第三章　决策要略 …… 290
第一节　经济建设 …… 290
第二节　社会事业 …… 291
第三节　民主政治 …… 291
第四章　纪检　监察 …… 292
第一节　纪律检查 …… 292
第二节　监察 …… 294
第五章　组织工作 …… 296
第一节　党员发展 …… 296
第二节　党员管理与教育 …… 296
第三节　基层党建 …… 297
第四节　机关党建 …… 299
第五节　干部工作 …… 301
第六节　老干部管理 …… 303
第六章　宣传思想工作 …… 304
第一节　党员与干部教育 …… 305
第二节　思想政治工作 …… 305
第三节　社会宣传 …… 306
第七章　统一战线 …… 307
第一节　统战 …… 307
第二节　对台宣传与交流 …… 309
第八章　精神文明创建 …… 310
第一节　公民思想道德建设 …… 311
第二节　系列创建活动 …… 312
第九章　政策研究　党校教育　保密工作 …… 312
第一节　政策研究 …… 312
第二节　党校教育 …… 314
第三节　保密工作 …… 315

第十一编　人民代表大会

第一章　人大代表……………………………………………………………… 321
第一节　代表产生 ……………………………………………………………… 321
第二节　代表构成 ……………………………………………………………… 322
第二章　代表大会……………………………………………………………… 324
第一节　第八届人民代表大会 ………………………………………………… 324
第二节　第九届人民代表大会 ………………………………………………… 324
第三节　第十届人民代表大会 ………………………………………………… 325
第四节　第十一届人民代表大会 ……………………………………………… 325
第五节　第十二届人民代表大会 ……………………………………………… 326
第六节　第十三届人民代表大会 ……………………………………………… 327
第七节　第十四届人民代表大会 ……………………………………………… 328
第八节　第十五届人民代表大会 ……………………………………………… 329
第三章　常务委员会…………………………………………………………… 329
第一节　组成人员　工作机构 ………………………………………………… 330
第二节　重要会议 ……………………………………………………………… 331
第四章　主要工作……………………………………………………………… 332
第一节　监督检查 ……………………………………………………………… 332
第二节　决定重大事项 ………………………………………………………… 333
第三节　人事任免 ……………………………………………………………… 334
第四节　代表工作 ……………………………………………………………… 335
第五节　调研交流 ……………………………………………………………… 336
第六节　议案建议督办 ………………………………………………………… 337
第七节　信访处理 ……………………………………………………………… 338

第十二编　人民政府

第一章　机构　领导成员……………………………………………………… 341
第一节　机构设置 ……………………………………………………………… 341
第二节　领导成员 ……………………………………………………………… 341
第二章　施政要务……………………………………………………………… 342
第一节　重要文件与会议 ……………………………………………………… 342
第二节　重点工作 ……………………………………………………………… 343
第三章　行政许可服务………………………………………………………… 349

第一节　审批体制改革 ………… 349
第二节　审批形式 ………… 351
第四章　依法行政 ………… 351
第一节　行政执法 ………… 351
第二节　法制保障 ………… 353
第五章　信访办理 ………… 353
第一节　来信来访 ………… 353
第二节　制度 ………… 354
第六章　民族　宗教　侨务 ………… 356
第一节　民族事务 ………… 356
第二节　宗教事务 ………… 357
第三节　侨务 ………… 357
第七章　调查研究　指导经济体制改革 ………… 358
第一节　调查研究 ………… 359
第二节　指导经济体制改革 ………… 360
第八章　信息化建设 ………… 360
第一节　信息系统 ………… 360
第二节　信息公开 ………… 362
第九章　其他工作 ………… 362
第一节　为民服务网络 ………… 362
第二节　督查工作 ………… 363
第三节　提案办理 ………… 363

第十三编　人民政协

第一章　政协委员 ………… 367
第一节　委员产生 ………… 367
第二节　界别构成 ………… 367
第二章　全体委员会议 ………… 368
第一节　第五届委员会 ………… 368
第二节　第六届委员会 ………… 369
第三节　第七届委员会 ………… 369
第四节　第八届委员会 ………… 370
第五节　第九届委员会 ………… 370
第六节　第十届委员会 ………… 371

第七节　第十一届委员会 …… 372
第八节　第十二届委员会 …… 372
第三章　常务委员会 …… 373
第一节　组成人员与工作机构 …… 373
第二节　重要会议 …… 375
第四章　主要工作 …… 377
第一节　政治协商 …… 377
第二节　民主监督 …… 377
第三节　参政议政 …… 378
第四节　提案 …… 379
第五节　理论研究 …… 380
第六节　资料征集 …… 380
第七节　社会活动 …… 381

第十四编　民主党派　人民团体

第一章　民主党派 …… 385
第一节　中国国民党革命委员会 …… 385
第二节　中国民主同盟 …… 386
第三节　中国民主建国会 …… 387
第四节　中国民主促进会 …… 388
第五节　中国农工民主党 …… 390
第六节　中国致公党 …… 391
第七节　九三学社 …… 393
第二章　人民团体 …… 394
第一节　工会 …… 394
第二节　共青团 …… 402
第三节　妇女联合会 …… 407
第四节　工商业联合会 …… 411
第五节　科学技术协会 …… 413
第六节　青年联合会 …… 414

第十五编　政　法

第一章　政法委及综合治理……417
　第一节　维护社会稳定……417
　第二节　社会治安综合治理……417
第二章　公安……418
　第一节　体制……418
　第二节　治安……419
　第三节　惩治犯罪……423
　第四节　人口管理……425
　第五节　消防……429
　第六节　交通管理……430
第三章　检察……431
　第一节　刑事检察……431
　第二节　经济与民事行政检察……432
　第三节　法纪检察……434
　第四节　职务犯罪预防……434
　第五节　控告申诉与监所检察……435
　第六节　检察技术……437
第四章　法院……438
　第一节　刑事审判……438
　第二节　少年刑事审判……439
　第三节　房地产与民事审判……440
　第四节　商事审判……441
　第五节　行政审判……442
　第六节　审判管理与监督……442
　第七节　告诉立案与执行……443
第五章　司法行政……445
　第一节　普法教育……445
　第二节　人民调解……446
　第三节　律师事务……447
　第四节　公证事务……448
　第五节　矫正帮教……449

第十六编　军　事

第一章　军事组织 …… 453
　第一节　组织机构 …… 453
　第二节　驻军 …… 454
第二章　兵役 …… 454
　第一节　征兵 …… 454
　第二节　预备役 …… 455
第三章　国防后备力量 …… 456
　第一节　民兵 …… 456
　第二节　学生军训 …… 458
第四章　国防教育 …… 459
　第一节　教育组织 …… 459
　第二节　教育宣传 …… 459
第五章　人民防空 …… 460
　第一节　指挥组织 …… 460
　第二节　人防建设 …… 461
　第三节　防空教育 …… 462

第十七编　教　育

第一章　教育改革 …… 465
　第一节　体制改革 …… 465
　第二节　教育教学改革 …… 466
　第三节　人事制度改革 …… 467
第二章　学前教育 …… 467
　第一节　园所设置 …… 467
　第二节　幼儿保育 …… 469
　第三节　幼儿教育 …… 470
　第四节　园所选介 …… 470
第三章　中小学教育 …… 471
　第一节　小学 …… 472
　第二节　中学 …… 474
　第三节　学制与课程 …… 479

第四节　招生与毕业 …… 479
第四章　特殊教育 …… 480
第一节　智障儿童教育 …… 480
第二节　聋哑教育 …… 481
第三节　工读教育 …… 481
第五章　职业技术教育 …… 481
第一节　基本情况 …… 482
第二节　学校选介 …… 483
第六章　成人教育 …… 484
第一节　职工教育 …… 484
第二节　老年人教育 …… 485
第七章　社区教育 …… 486
第一节　管理体制 …… 486
第二节　教育载体 …… 487
第三节　队伍建设 …… 488
第八章　教师 …… 488
第一节　师资 …… 488
第二节　培训与评聘 …… 490
第九章　教育管理 …… 491
第一节　管理体制 …… 491
第二节　教育教学研究 …… 492
第三节　教育督导 …… 493
第四节　经费与设施 …… 494
第十章　驻区高等院校 …… 495
第一节　全日制本科院校 …… 496
第二节　全日制高职院校 …… 499

第十八编　科学技术

第一章　实体　管理 …… 503
第一节　工作措施 …… 503
第二节　科技实体 …… 503
第三节　管理与监测 …… 505
第二章　科学普及 …… 506

第一节　基层科普活动……………………………………………………… 507
第二节　科技周与培训……………………………………………………… 507

第十九编　文　化

第一章　天津文化中心………………………………………………………… 511
第一节　文化设施……………………………………………………………… 511
第二节　其他设施与管理……………………………………………………… 513
第三节　市属其他文化设施…………………………………………………… 514
第二章　区街文化场所………………………………………………………… 515
第一节　文化馆站……………………………………………………………… 515
第二节　青少年宫与工人俱乐部……………………………………………… 516
第三节　图书馆………………………………………………………………… 517
第四节　影剧院………………………………………………………………… 518
第五节　文化市场……………………………………………………………… 518
第三章　非物质文化遗产……………………………………………………… 519
第一节　国家级非物质文化遗产……………………………………………… 520
第二节　市、区级非物质文化遗产…………………………………………… 521
第四章　区街文化活动………………………………………………………… 522
第一节　文化社团……………………………………………………………… 522
第二节　集中活动……………………………………………………………… 523
第三节　文艺类别……………………………………………………………… 526
第五章　市属文艺团体………………………………………………………… 530
第一节　院团…………………………………………………………………… 530
第二节　画社与彩塑…………………………………………………………… 533
第六章　媒体…………………………………………………………………… 534
第一节　区有线电视…………………………………………………………… 534
第二节　天津数字电视………………………………………………………… 537
第三节　报刊…………………………………………………………………… 537
第七章　档案…………………………………………………………………… 538
第一节　档案馆建设…………………………………………………………… 538
第二节　档案管理……………………………………………………………… 540
第八章　修史编志……………………………………………………………… 541
第一节　党史…………………………………………………………………… 541

第二节　区志与年鉴 …… 542

第二十编　医疗卫生

第一章　区属医疗服务 …… 545
第一节　区属机构 …… 545
第二节　配套改革 …… 550
第三节　诊疗保健 …… 552
第四节　传染病防治 …… 554
第五节　卫生监督 …… 555
第六节　队伍 …… 556
第二章　驻区医院 …… 557
第一节　市属医院 …… 557
第二节　社会办医 …… 560
第三章　红十字会 …… 562
第一节　代表大会 …… 562
第二节　主要活动 …… 563

第二十一编　体　育

第一章　体育设施 …… 567
第一节　区街体育场所 …… 567
第二节　区属学校体育场地 …… 568
第二章　群众体育 …… 568
第一节　系列展示 …… 569
第二节　活动项目 …… 569
第三节　民族体育 …… 571
第四节　指导与监测 …… 571
第五节　先进称号 …… 572
第三章　区属学校体育 …… 572
第一节　体育课 …… 572
第二节　竞技体育 …… 573
第三节　达标与测试 …… 577
第四节　教练员与裁判员 …… 577

第五节　优秀运动员选介 …………………………………… 579

第二十二编　民　政

第一章　社区建设…………………………………… 583
第一节　建设历程 …………………………………… 583
第二节　居委会建设 …………………………………… 584
第二章　社会管理…………………………………… 585
第一节　婚姻登记 …………………………………… 585
第二节　社团管理 …………………………………… 586
第三节　殡葬管理 …………………………………… 591
第三章　双拥优抚…………………………………… 592
第一节　双拥工作 …………………………………… 592
第二节　优待抚恤 …………………………………… 593
第四章　安置…………………………………… 594
第一节　军队离退休干部安置 …………………………………… 594
第二节　退伍军人安置 …………………………………… 594
第五章　社会救济…………………………………… 595
第一节　救灾 …………………………………… 596
第二节　救济 …………………………………… 596
第六章　残疾人事业…………………………………… 597
第一节　代表大会 …………………………………… 598
第二节　残疾人工作 …………………………………… 598
第七章　老龄事业…………………………………… 600
第一节　养老敬老 …………………………………… 601
第二节　服务机制 …………………………………… 602

第二十三编　人事劳动和社会保障

第一章　人事管理…………………………………… 605
第一节　公务员管理 …………………………………… 605
第二节　干部调配 …………………………………… 607
第三节　事业单位人员管理 …………………………………… 607
第四节　工资福利 …………………………………… 609

第二章　机构　编制 …… 611
第一节　机构改革 …… 611
第二节　编制 …… 613
第三章　劳动管理 …… 614
第一节　劳动制度 …… 614
第二节　就业与培训 …… 616
第三节　劳动争议仲裁　鉴定 …… 617
第四节　监察管理 …… 618
第四章　社会保险 …… 619
第一节　养老保险 …… 619
第二节　失业保险 …… 620
第三节　医疗保险 …… 621
第四节　工伤保险 …… 622
第五节　生育保险 …… 622

第二十四编　社会生活

第一章　收入　消费 …… 625
第一节　收入 …… 625
第二节　消费 …… 626
第二章　衣食住行 …… 627
第一节　服饰 …… 627
第二节　饮食 …… 628
第三节　居住 …… 630
第四节　出行 …… 634
第五节　美容美发 …… 634
第三章　娱乐休闲 …… 635
第一节　艺术家庭 …… 635
第二节　休闲 …… 637
第四章　宗教活动 …… 638
第一节　佛教 …… 638
第二节　伊斯兰教 …… 639
第三节　天主教 …… 639
第四节　基督教 …… 639

第二十五编　人　物

第一章　传略…… 643
　第一节　限内人物 …… 643
　第二节　补遗人物 …… 649
第二章　名表…… 656
　第一节　全国劳动模范和先进工作者 …… 656
　第二节　国家部委先进个人 …… 657
　第三节　市劳动模范 …… 658

专　记

革命旧址史略…… 665
　一、工人革命运动 …… 665
　二、农民反霸斗争 …… 672
　三、学生革命运动 …… 673
　四、抗日战争 …… 679
　五、解放天津战役 …… 683
　六、义和团抗击八国联军 …… 687
德国租界建筑遗存史略…… 689
　一、租界始末 …… 689
　二、建筑风貌 …… 691

附　录

发展计划…… 699
题词　碑记　考凭…… 725
神话传说…… 729

索　引…… 731
后　记…… 751
提供资料人员名单…… 753

Contents

Summary ………………………………………………………………………… 1
Chronicle of Events ……………………………………………………………… 7

Part I The Administrative District and Natural Environment

Chapter 1 Setting of Administrative District …………………………………… 33
Section 1 Geographical Location ……………………………………………… 33
Section 2 Zoning ……………………………………………………………… 33
Chapter 2 Sub-Districts …………………………………………………………… 35
Section 1 Dayingmen Sub-District …………………………………………… 35
Section 2 Taoyuan Sub-District ……………………………………………… 36
Section 3 Xiawafang Sub-District …………………………………………… 38
Section 4 Machang Sub-District ……………………………………………… 40
Section 5 Yuexiulu Sub-District ……………………………………………… 42
Section 6 Guajiasi Sub-District ……………………………………………… 44
Section 7 Jianshan Sub-District ……………………………………………… 45
Section 8 Tianta Sub-District ………………………………………………… 48
Section 9 Youyilu Sub-District ……………………………………………… 53
Section10 Meijiang Sub-District ……………………………………………… 55
Section 11 Chentangzhuang Sub-District …………………………………… 56
Section 12 Donghai Sub-District ……………………………………………… 58
Section 13 Liulin Sub-District ………………………………………………… 59
Chapter 3 Natural Environment ………………………………………………… 62
Section 1 Geological Landforms ……………………………………………… 62
Section 2 Climate ……………………………………………………………… 62
Section 3 Hydrological Conditions …………………………………………… 66
Section 4 Natural Resources ………………………………………………… 68
Section 5 Natural Calamities ………………………………………………… 73

Part II Population

Chapter 1 Population Size ······ 77
Section 1 Gross Population ······ 77
Section 2 Population Fluctuations ······ 77
Section 3 Population Distribution ······ 79
Chapter 2 Population Composition ······ 80
Section 1 Gender Ratio ······ 81
Section 2 Age ······ 81
Section 3 Ethnic Groups ······ 83
Section 4 Culture ······ 84
Section 5 Occupations ······ 85
Chapter 3 Population Control ······ 86
Section 1 Policy Guidance ······ 86
Section 2 Administration over Family Planning ······ 87
Section 3 Healthy Birth and Sound Care ······ 89

Part III Urban Construction

Chapter 1 Housing Construction ······ 93
Section 1 Low and Shabby Housing Reconstruction ······ 93
Section 2 Survey and Renovation of the Old Building Areas ······ 95
Section 3 Public Facilities ······ 96
Chapter 2 Real Estate Development ······ 97
Section 1 District-Owned Real Estate Enterprises ······ 98
Section 2 Project Development ······ 103
Chapter 3 Municipal Construction ······ 105
Section 1 Road Construction ······ 105
Section 2 Bridge Construction ······ 111
Section 3 Drainage Works ······ 116
Section 4 Flood Prevention ······ 118
Chapter 4 Public Facilities ······ 118
Section 1 Water and Power Supply ······ 119
Section 2 Gas Supply and Heating ······ 120

Section 3 Public Transit ········ 122
Section 4 Postal Service ········ 124
Section 5 Communication ········ 124
Chapter 5 Landscaping ········ 127
Section 1 Greenery Landscape ········ 127
Section 2 Maintenance and Management ········ 134

Part IV Urban Administration

Chapter 1 Planning and Administration ········ 139
Section 1 Staffing Administration ········ 139
Section 2 Approval and Administration ········ 140
Section 3 Administration of Place Names ········ 141
Chapter 2 Administration of Urban Construction ········ 142
Section 1 Supervision over Construction Market ········ 142
Section 2 Administration over Bidding and Quality ········ 142
Chapter 3 Administration over Real Estate Business ········ 143
Section 1 Administration over Housing Property Rights ········ 144
Section 2 Administration over Real Estate Market ········ 145
Section 3 Administrative Management of Real Estate ········ 147
Section 4 Reform of the Housing System ········ 149
Section 5 Housing Management and Repair ········ 153
Chapter 4 Environmental Protection ········ 156
Section 1 Environmental Quality ········ 156
Section 2 Sources of Pollution ········ 158
Section 3 Pollutants Discharge Reduction ········ 160
Section 4 Creating Activities ········ 160
Section 5 Environmental Control ········ 164
Chapter 5 Environmental Sanitation ········ 168
Section 1 Sanitation Facilities ········ 168
Section 2 Road Cleaning ········ 171
Section 3 Garbage Disposal ········ 172
Section 4 Management of Public Toilets ········ 173
Section 5 Supervision and Penalties ········ 174

Chapter 6 Administration over Municipal Appearance and Environmental Sanitation ······ 174
Section 1 Creating a Nationally Hygienic Urban District ······ 175
Section 2 Comprehensive Law Enforcement ······ 179

Part V Industries

Chapter 1 District-owned Industries ······ 183
Section 1 Management Systems ······ 183
Section 2 Development History ······ 183
Section 3 Chentang Science and Technology Business Zone ······ 186
Chapter 2 Municipal Industries ······ 187
Section 1 Development History ······ 187
Section 2 An Introduction to Selected Enterprises ······ 188
Chapter 3 Private Industry ······ 189
Section 1 Development History ······ 189
Section 2 An Introduction to Selected Private Enterprises ······ 190

Part VI Commerce and Services

Chapter 1 Commerce ······ 193
Section 1 Management System ······ 193
Section 2 Commercial Reform ······ 193
Section 3 Commercial Layout ······ 195
Section 4 Commodity Industry ······ 200
Chapter 2 Foreign Economy and Trade ······ 202
Section 1 Attracting Funds ······ 203
Section 2 Commercial and Trade Economy ······ 204
Chapter 3 Service Industry ······ 209
Section 1 Lodging Industry ······ 209
Section 2 Repair Industry ······ 211
Section 3 Catering Industry ······ 211

Part VII Finance and Taxation

Chapter 1 Finance ………… 215
Section 1 Reform of Financial System ………… 215
Section 2 Fiscal Revenue and Expenditure ………… 216
Section 3 Fiscal Administration ………… 222
Chapter 2 Taxation ………… 228
Section 1 State Taxation ………… 228
Section2 Local Taxation ………… 230

Part VIII Banking

Chapter 1 Banks ………… 241
Section1 State-owned Policy Banks ………… 241
Section 2 Large State-owned Banks ………… 241
Section 3 Joint-stock Banks ………… 242
Section 4 City Banks ………… 243
Section 5 Bank Branches in the District ………… 244
Chapter 2 Insurance, Securities and Guarantee ………… 245
Section 1 Insurance ………… 245
Section 2 Securities ………… 247
Section3 Guarantee ………… 249

Part IX Economic Management

Chapter 1 Economic and Social Development Plan ………… 253
Section 1 Reform of Planning System ………… 253
Section 2 Plans and Planning ………… 253
Chapter 2 Administration for Industry and Commerce ………… 254
Section 1 Enterprise Registration and Administration ………… 254
Section 2 Management of Private Economy ………… 255
Section 3 Market Administration ………… 255
Section 4 Administration of Trademarks and Advertising ………… 256
Section 5 Management of Economic Contracts ………… 257

Section 6 Economic Supervision and Inspection …… 258
Section 7 Consumer Protection …… 259
Chapter 3 Price Supervision and Regulation …… 259
Section 1 Reform of Management System …… 259
Section 2 Price Audit …… 260
Section 3 Price Supervision and Inspection …… 261
Chapter 4 Quality and Technical Supervision …… 263
Section 1 Metrological Supervision and Administration …… 263
Section 2 Quality Supervision and Administration …… 264
Section 3 Administration over Standardization …… 266
Section 4 Supervision and Administration over Food Safety …… 267
Section 5 Safety Monitoring of Special Equipment …… 268
Chapter 5 Audit …… 269
Section 1 Audit of Financial and Economic Responsibility …… 269
Section 2 Special Audit and Audit Investigation …… 270
Section 3 Construction Project Investment and Enterprise Audit …… 271
Section 4 Benefits and Internal Audit …… 271
Chapter 6 Statistics …… 272
Section 1 Statistical Reform …… 273
Section 2 Monitoring and Early Warning …… 274
Section 3 Special Investigation …… 275
Section 4 Consulting Service …… 278
Section 5 Law Enforcement and Inspection …… 278
Chapter 7 Supervision and Administration over Production Safety …… 279
Section 1 Supervision and Administration over Security …… 279
Section 2 Publicity and Training …… 280

Part X The Communist Party of China

Chapter 1 Party Members and Meetings …… 283
Section 1 Number and Structure of Party Members …… 283
Section 2 Party' s Congress …… 284
Section 3 Party' s Meetings …… 286
Chapter 2 Party Organizations at District Level …… 286

Section 1 Standing Committee of the Party ······ 286
Section 2 Plenary Session of the Party Committee ······ 288
Chapter 3 Decision Making ······ 290
Section 1 Economic Construction ······ 290
Section 2 Social Undertakings ······ 291
Section 3 Democratic Politics ······ 291
Chapter 4 Discipline Inspection and Supervision ······ 292
Section 1 Discipline Inspection ······ 292
Section 2 Supervision ······ 294
Chapter 5 Organizational Work ······ 296
Section 1 Admission of New Party Members ······ 296
Section 2 Management and Education of Party Members ······ 296
Section 3 Party Building in Grassroots Units ······ 297
Section 4 Party Building in Organs ······ 299
Section 5 Work for Cadres ······ 301
Section 6 Management of Retired Cadres ······ 303
Chapter 6 Propaganda and Ideological Work ······ 304
Section 1 Education of Party Members and Cadres ······ 305
Section 2 Ideological and Political Work ······ 305
Section 3 Social Propaganda ······ 306
Chapter 7 United Front ······ 307
Section 1 The United Front Work ······ 307
Section 2 Propaganda and Exchange with Taiwan ······ 309
Chapter 8 Creation of Spiritual Civilization ······ 310
Section 1 Citizens' Ideological and Moral Construction ······ 311
Section 2 Series of Creation Activities ······ 312
Chapter 9 Policy Studies, Party School Education, and Confidentiality ······ 312
Section 1 Policy Studies ······ 312
Section 2 Party School Education ······ 314
Section 3 Confidentiality ······ 315

Part XI The People's Congress

Chapter 1 Deputies of the People's Congress ······ 321

Section 1 Election of Deputies …… 321
Section 2 Composition of Deputies …… 322
Chapter 2 The Congress …… 324
Section 1 The Eighth Session of the People's Congress …… 324
Section 2 The Ninth Session of the People's Congress …… 324
Section 3 The Tenth Session of the People's Congress …… 325
Section 4 The Eleventh Session of the People's Congress …… 325
Section 5 The Twelfth Session of the People's Congress …… 326
Section 6 The Thirteenth Session of the People's Congress …… 327
Section 7 The Fourteenth Session of the People's Congress …… 328
Section 8 The Fifteenth Session of the People's Congress …… 329
Chapter 3 The Standing Committee …… 329
Section 1 Component Members and Working Mechanism …… 330
Section 2 Important Meetings …… 331
Chapter 4 Main Tasks …… 332
Section 1 Supervision and Inspection …… 332
Section 2 Deciding on Major Matters …… 333
Section 3 Appointment and Removal of Personnel …… 334
Section 4 Deputies at Work …… 335
Section 5 Investigation, Research and Exchanges …… 336
Section 6 Supervision and Handling of Bills and Proposals …… 337
Section 7 Handling of Petition Matters …… 338

Part XII People's Government

Chapter 1 Institutions and Leading Members …… 341
Section 1 Institutional Setup …… 341
Section 2 Leading Members …… 341
Chapter 2 Priority of Its Administration …… 342
Section 1 Important Documents and Meetings …… 342
Section 2 Priorities …… 343
Chapter 3 Administrative Licensing Service …… 349
Section 1 Reform of Examination and Approval System …… 349
Section 2 Ways of Examination and Approval …… 351

Chapter 4 Law-based Administration ········· 351
Section 1 Administrative Enforcement of Law ········· 351
Section 2 Legal Safeguard ········· 353
Chapter 5 Handling of Petition Matters ········· 353
Section 1 Responding to Letters and Visits ········· 353
Section 2 Systems ········· 354
Chapter 6 Ethnic Groups, Religions and Affairs Related to Overseas Chinese ········· 356
Section 1 Ethnic Affairs ········· 356
Section 2 Religious Affairs ········· 357
Section 3 Affairs Related to Overseas Chinese ········· 357
Chapter 7 Investigation, Research and Guiding the Reform of Economic System ········· 358
Section 1 Investigation and Research ········· 359
Section 2 Guiding the Reform of Economic System ········· 360
Chapter 8 Information Construction ········· 360
Section 1 Information System ········· 360
Section 2 Information Disclosure ········· 362
Chapter 9 Miscellaneous ········· 362
Section 1 Network for Serving the People ········· 362
Section 2 Supervision ········· 363
Section 3 Handling of Proposals ········· 363

Part XIII The CPPCC

Chapter 1 Members of the CPPCC ········· 367
Section 1 Election of CPPCC Members ········· 367
Section 2 Members' Sectors ········· 367
Chapter 2 Meetings of All Members ········· 368
Section 1 The Fifth Committee ········· 368
Section 2 The Sixth Committee ········· 369
Section 3 The Seventh Committee ········· 369
Section 4 The Eighth Committee ········· 370
Section 5 The Ninth Committee ········· 370

Section 6 The Tenth Committee …… 371
Section 7 The Eleventh Committee …… 372
Section 8 The Twelfth Committee …… 372
Chapter 3 The Standing Committee …… 373
Section 1 Composition of Personnel and Institutions …… 373
Section 2 Important Meetings …… 375
Chapter 4 Priorities …… 377
Section 1 Political Consultation …… 377
Section 2 Democratic Supervision …… 377
Section 3 Involvement in the Administration and Discussion of State Affairs …… 378
Section 4 Proposals …… 379
Section 5 Theoretical Study …… 380
Section 6 Data Collection …… 380
Section 7 Social Activities …… 381

Part XIV Democratic Parties and People's Organizations

Chapter 1 Democratic Parties …… 385
Section 1 Revolutionary Committee of Chinese Kuomintang …… 385
Section 2 China Democratic League …… 386
Section 3 China Democratic National Construction Association …… 387
Section 4 China Association for the Promotion of Democracy …… 388
Section 5 Chinese Peasants' and Workers' Democratic Party …… 390
Section 6 China Zhi Gong Dang …… 391
Section 7 The Jiusan Society …… 393
Chapter 2 People's Organizations …… 394
Section 1 The Labour Union …… 394
Section 2 The Communist Youth League …… 402
Section 3 Women's Federation …… 407
Section 4 Confederation of Trade Unions …… 411
Section 5 Science and Technology Association …… 413
Section 6 Youth Federation …… 414

Part XV Politics and Law

Chapter 1 The Political and Legal Committee and Comprehensive Governance …… 417

Section 1 Maintaining Social Stability …… 417

Section 2 Comprehensive Control of Public Security …… 417

Chapter 2 Public Security …… 418

Section 2 System of Organization …… 418

Section 2 Public Order …… 419

Section 3 Punishment of Crimes …… 423

Section 4 Population Management …… 425

Section 5 Fire Fighting …… 429

Section 6 Traffic Control …… 430

Chapter 3 Prosecution …… 431

Section 1 Criminal Prosecution …… 431

Section 2 Economic and Civil Administrative Prosecutions …… 432

Section 3 The Procuratorial Work on Law and Discipline …… 434

Section 4 Prevention of Official Crime …… 434

Section 5 Complaint and Prosecution in Prisons …… 435

Section 6 Procuratorial Technology …… 437

Chapter 4 The Court …… 438

Section 1 Criminal Trials …… 438

Section 2 Juvenile Criminal Trials …… 439

Section 3 Real Estate and Civil Trials …… 440

Section 4 Commercial Trials …… 441

Section 5 Administrative Trials …… 442

Section 6 Judicial Management and Supervision …… 442

Section 7 Lawsuit, Filing a Case and Execution …… 443

Chapter 5 Judicial Administration …… 445

Chapter 5 Judicial Administration …… 445

Section 2 People's Mediation …… 446

Section 3 Lawyers' Practice …… 447

Section4 Notarial Affairs …… 448

Section 5 Correction, Assistance and Education …… 449

Part XVI Military Affairs

Chapter 1 Military Institutions ············ 453
Section 1 Institutional Framework ············ 453
Section 2 Garrison ············ 454
Chapter 2 Military Service ············ 454
Section 1 Conscription ············ 454
Section 2 Reserve Duty ············ 455
Chapter 3 Reserve Force for National Defense ············ 456
Section 1 Militiamen ············ 456
Section 2 Students' Military Training ············ 458
Chapter 4 National Defense Education ············ 459
Section 1 Educational Organizations ············ 459
Section 2 Education and Propaganda ············ 459
Chapter 5 Civil Air Defense ············ 460
Section 1 Command and Organization ············ 460
Section 2 Construction of People's Air Defense ············ 461
Section 3 Education in Air Defense ············ 462

Part XVII Education

Chapter 1 Reform in Education ············ 465
Section 1 Structural Reform ············ 465
Section 2 Educational and Teaching Reform ············ 466
Section 3 Reform of Personnel System ············ 467
Chapter 2 Preschool Education ············ 467
Section 1 Kindergartens and Nurseries ············ 467
Section 2 Child Care ············ 469
Section 3 Infant Education ············ 470
Section 4 An Introduction to Selected Kindergartens and Nurseries ············ 470
Chapter 3 Elementary and Secondary Education ············ 471
Section 1 Elementary Schools ············ 472
Section 2 High Schools ············ 474
Section 3 School System and Curricula ············ 479
Section 4 Enrollment and Graduation ············ 479

Chapter 4 Special Education ········· 480
Section 1 Education for Mentally Handicapped Children ········· 480
Section 2 Deaf Education ········· 481
Section 3 Reformative Work-Study Program ········· 481
Chapter 5 Vocational and Technical Education ········· 481
Section 1 Basic Information ········· 482
Section 2 About the Schools ········· 483
Chapter 6 Adult Education ········· 484
Section 1 Employee Education ········· 484
Section 2 Education for the Elderly ········· 485
Chapter 7 Community Education ········· 486
Section 1 Management System ········· 486
Section 2 Educational Carriers ········· 487
Section 3 Team Building ········· 488
Chapter 8 The Faculty ········· 488
Section1 Teachers ········· 488
Section 2 Training and Appraisal ········· 490
Chapter 9 Education Administration ········· 491
Section 1 Administrative System ········· 491
Section 2 Research on Education and Teaching ········· 492
Section 3 Educational Supervision ········· 493
Section 4 Funds and Facilities ········· 494
Chapter 10 Colleges and Universities in the District ········· 495
Section 1 Full-time Undergraduate Colleges and Universities ········· 496
Section 2 Full-time Higher Vocational Colleges ········· 499

Part XVIII Science and Technology

Chapter I Entities and Administration ········· 503
Section 1 Work Measures ········· 503
Section 2 Science and Technology Entities ········· 503
Section 3 Administration and Monitoring ········· 505
Chapter 2 Popularization of Scientific Knowledge ········· 506
Section 1 Science Popularization Activities in Grassroots Units ········· 507

Section 2 The Sci–Tech Week and Training 507

Part XIX Culture

Chapter 1 Tianjin Cultural Center 511
Section 1 Cultural Facilities 511
Section 2 Other Facilities and Administration 513
Section 3 Other Municipal Cultural Facilities 514
Chapter 2 Cultural Places Subordinate to the District and the Sub–Districts 515
Section 1 Cultural Centers and Stations 515
Section 2 Youth Palaces and Workers' Clubs 516
Section 3 Libraries 517
Section 4 Theaters and Cinemas 518
Section 5 The Cultural Market 518
Chapter 3 Intangible Cultural Heritage 519
Section 1 National Intangible Cultural Heritage 520
Section 2 Intangible Cultural Heritage at the Municipal and the District Levels ... 521
Chapter 4 Cultural Activities in the District and Sub–Districts 522
Section 1 Cultural Communities and Groups 522
Section 2 Concentrated Activities 523
Section 3 Literary and Artistic Projects 526
Chapter 5 Cultural and Artistic Troupes Subordinate to the Municipality 530
Section 1 Cultural Organizations and Troupes 530
Section 2 Painting Societies and Painted Sculpture 533
Chapter 6 Media 534
Section 1 Cable TV Service in the District 534
Section 2 Tianjin Digital TV Service 537
Section 3 Newspapers and Periodicals 537
Chapter 7 Archives 538
Section 1 Construction of Archives 538
Section 2 File Management 540
Chapter 8 Compilation of Local History and Chronicles 541
Section 1 The Party's History 541
Section 2 The District Chronicles and Yearbook 542

Part XX Medical Treatment and Public Health

Chapter 1 Medical Services in the District …… 545
Section 1 Agencies Subordinate to the District …… 545
Section 2 Whole Range of Reforms …… 550
Section 3 Diagnosis, Treatment and Health Care …… 552
Section 4 Prevention and Control of Infectious Diseases …… 554
Section 5 Health Supervision …… 555
Section 6 Medical Teams …… 556
Chapter 2 Hospitals in the District …… 557
Section 1 The Municipal Hospitals …… 557
Section 2 Private Hospitals …… 560
Chapter 3 The Red Cross Society …… 562
Section 1 The Conference …… 562
Section 2 Major Activities …… 563

Part XXI Sports

Chapter 1 Sports Facilities …… 567
Section 1 Sports Venues Subordinate to the District and the Sub-Districts …… 567
Section 2 Sports Venues Subordinate to the District Schools …… 568
Chapter 2 Mass Sports …… 568
Section 1 Series of Activities …… 569
Section 2 Sporting Events …… 569
Section 3 Traditional Sports …… 571
Section 4 Guiding and Monitoring …… 571
Section 5 Honorary Titles …… 572
Chapter 3 Sports in District Schools …… 572
Section 1 Physical Education Class …… 572
Section 2 Competitive Sports …… 573
Section 3 Compliance and Testing …… 577
Section 4 Coaches and Referees …… 577
Section 5 Elite Athletes …… 579

Part XXII Civil Administration

Chapter 1 Community Construction ······ 583
Section 1 Construction Process ······ 583
Section 2 Development of Neighborhood Committees ······ 584
Chapter 2 Social Administration ······ 585
Section 1 Marriage Registration ······ 585
Section 2 Administration of Social Organizations ······ 586
Section 3 Administration of Funerals and Interments ······ 591
Chapter 3 Double Support and Preferential Treatment ······ 592
Section 1 Double Support ······ 592
Section 2 Preferential Treatment and Pension ······ 593
Chapter 4 Resettlement ······ 594
Section 1 Resettlement of Veterans and Retired Officers ······ 594
Section 2 Resettlement of Veterans ······ 594
Chapter 5 Social Relief ······ 595
Section 1 Disaster Relief ······ 596
Section 2 Relief ······ 596
Chapter 6 Handicapped Utilities ······ 597
Section 1 Congress ······ 598
Section 2 The Work for the Disabled ······ 598
Chapter 7 The Cause for the Aging Population ······ 600
Section 1 Care and Respect for the Aged ······ 601
Section 2 Service Mechanism ······ 602

Part XXIII Personnel, Labor and Social Security

Chapter 1 Personnel Management ······ 605
Section 1 Civil Service Management ······ 605
Section 2 Transfer and Allocation of Cadres ······ 607
Section 3 Personnel Administration in Public Institutions ······ 607
Section 4 Wages and Benefits ······ 609
Chapter 2 Departments and Staffing ······ 611

Section 1 Institutional Reform ······ 611
Section 2 Staffing ······ 613
Chapter 3 Labor Administration ······ 614
Section 1 Labor System ······ 614
Section 2 Employment and Training ······ 616
Section 3 Labor Dispute Arbitration and Appraisal ······ 617
Section 4 Supervision and Administration ······ 618
Chapter 4 Social Security ······ 619
Section 1 Endowment Insurance ······ 619
Section 2 Unemployment Insurance ······ 620
Section 3 Medical Insurance ······ 621
Section 4 Employment Injury Insurance ······ 622
Section 5 Maternity Insurance ······ 622

Part XXIV Civil Life

Chapter 1 Income and Consumption ······ 625
Section 1 Income ······ 625
Section 2 Consumption ······ 626
Chapter 2 Basic Necessities of Life ······ 627
Section 1 Clothing ······ 627
Section 2 Foodstuff ······ 628
Section 3 Housing ······ 630
Section 4 Travels ······ 634
Section 5 Cosmetic Surgery and Hairdressing ······ 634
Chapter 3 Entertainment and Leisure ······ 635
Section 1 Art Families ······ 635
Section 2 Leisure Activities ······ 637
Chapter 4 Religious Activities ······ 638
Section 1 Buddhism ······ 638
Section 2 Islamism ······ 639
Section 3 Catholicism ······ 639
Section 4 Christianity ······ 639

Part XXV Celebrities

Chapter 1 Brief Biographies …… 643
Section 1 Fixed–term Celebrities (1979–2010) …… 643
Section 2 A Supplement to Celebrities of the Previous Local Chronicle …… 649
Chapter 2 A List of Celebrities …… 656
Section 1 National Model Workers and Advanced Workers …… 656
Section 2 Advanced Individuals of State Ministries and Committees …… 657
Section 3 Tianjin Municipality Model Workers …… 658

Historical Events

History Of The Revolutionary Site …… 665
1. Workers' Revolutionary Movement …… 665
2. Peasants' Struggle against Local Tyrants …… 672
3. Students' Revolutionary Movement …… 673
4. The War of Resistance against Japanese Aggression …… 679
5. The Campaign Liberating Tianjin …… 683
6. The Fight against the Eight–Power Allied Forces …… 687
A Brief History of the Remains of German Concession Buildings …… 689
1. Entire History of the Concessions …… 689
2. Architectural Styles and Features …… 691

Appendices

Development Plan …… 699
Inscription and Test certificate …… 725
Myths and legends …… 729

Index …… 731
An Epilogue …… 751
List of Contributors …… 753

概述

河西区位于天津市区东南部。区境东临海河，与河东区相望，西讫卫津路、卫津河和紫金山路与南开区、西青区交界，南沿外环线与津南区毗邻，北抵徐州道、马场道与和平区接壤。辖区面积42.21平方千米、人口87.06万人。

1979—2010年，围绕天津市总体发展战略，相继确立并实施三个阶段性的发展目标，即："发达的工业区、繁荣的商业区、先进的文化区、新型的居住区"，"发达的商务商贸区、新兴的都市型工业区、特色突出的文化博览区"，"经济强区、文化大区、宜居城区"。举全区之力，与时俱进、改革创新、开拓进取、争先创优，天津市和全国的一些改革在河西区先行先试，全区各项建设卓有成效，城区面貌和人民生活发生历史性变化。诸多工作走在天津市和全国城区的前列，在政治、经济、社会、文化、法治、城市建设和管理、党的建设等领域，获40余项全国先进（试验区）称号和100余项天津市先进称号，各条战线涌现出一大批全国和天津市的先进人物。邓小平、江泽民、胡锦涛、习近平、李先念、朱镕基、温家宝等党和国家领导人到区视察。

21世纪初，中共天津市委、市政府办公地址迁入河西区，天津市文化中心在区内兴建，河西区作为天津市行政、经济、文化中心区和对外开放窗口地位和作用愈加凸显。

21世纪初，河西区新貌　　（区地志办提供）

商务金融区

自70年代末，河西区着眼市区经济发展走势，实施“退二进三”（产业）战略，推进产业发展重点的转移，逐步形成以第三产业为主导，多种所有制、多种经营、多种业态、多种规模相互融合、竞相发展的格局。2007年，被中国国际跨国公司研究会与联合国开发计划署等单位评选为“跨国公司最佳投资城区”。至2010年，以服务业为主的民营企业1.44万户，占总户数86%，增加值108.28亿元，从业人数占全区从业人员76%。全区第三产业生产总值430亿元，年均两位数增长，占全区总量81.66%。实现区域生产总值562.59亿元、区级财政收入30.65亿元。以服务业为主的第三产业成为区域经济的主体，以总部经济和楼宇经济为业态的金融和商务商贸经济成为经济结构的主要支撑和税源的重要载体。

经济业态 自80年代，陈塘庄、土城作为全市最大的国有工业聚集地，天津市和国家部委所属工业企业和科研院所有300余家，其中千人以上大中型企业百余家，10余万职工创出天津市和国家工业产品百余个第一，获诸多天津市和全国的先进奖项和称号，铸就天津市工业发展的辉煌。至21世纪初，在企业改革中，多数企业调整产业结构和改组改制，陆续搬出区境，开辟新的发展领域。2007年，河西区启动陈塘庄工业区的开发建设。2010年，建成区行政许可中心和4个科技园区，陈塘科技商务新区建设初见成效。

80年代中期，市区管理和财税体制的改革，增强区属经济发展活力和实力。区属企业历经股份合作、资产重组、转制等改革，组建天马、山华、越秀、南楼、桂发祥等企业集团，实现产权多元化，成为自主经营、自负盈亏、自我发展的市场竞争主体，经营向多样化和规模化发展。自20世纪末，区街企业对市属企业进行接收、兼并；民营、个体和外资、混合所有制经济异军突起，企业数量和从业人员逐年增多。区属经济发展的着眼点向区域经济转变，经济工作的着力点转向优化经济发展环境、加大招商引资力度、涵养扩大税源、大力发展以服务业为主的第三产业上来。区属企业在深化改革中，明晰产权，实现转制转型。建立区级国有资产监督、管理和运营体系。推出一系列举措，加大招商引资力度，广聚各种经济资源，自2003年举办商贸商务节，引资额逐年增加。至2010年，国内引资到位额821.63亿元，外资到位额8.8亿美元，增强区域经济的吸引力和辐射力。区属经济生产总值257.95亿元，其中第三产业占96%。

金融商务 自90年代，随着房地产经济发展提速，一批大中型商业载体建筑在境内相继落成，中外企业竞相入驻。小白楼和友谊路金融商务商贸逐年兴盛，大沽南路、南楼、佟楼、下瓦房、小海地、梅江等区域性商务商贸组团渐成规模，提升全区金融和商务商贸的繁荣度。区内聚集工商银行、农业银行、建设银行、中国银行及中信银行、广发银行、上海银行、浙江银行、齐鲁银行、河北银行、盛京银行等区域性总部型银行21家，占全市总量的80%以上，其中友谊路总部型银行、保险、证券、担保公司40余家，占全市50%以上，形成以金融业为特色，集商务商贸、办公、会展、餐饮、娱乐休闲、旅游等功能于一体的经济带。2010年，金融业增加值162.2亿元，占区域生产总值的30.8%。友谊路和小白楼金融商务商贸业态成为区域经济繁荣发展“地标”。全区有各类大中型市场64处、商贸设施和商业网点3000余个。友谊、华润、乐购、世纪联华、家世界、国美、大润发、易买得、苏宁、登发、红星美凯龙、环渤海建材家居等商场超市相继落成。与国内30多个城区结为友好城区，进行经济交流合作。天津国际展览中心常年举办各类展会和招商会。区内有星级酒店20余家，其中喜来登、水晶宫、金皇、新桃园、天津宾馆等4星级以上宾馆酒店11家。

楼宇经济 自90年代，小白楼商务中心和友谊路、大沽南路、解放南路、广东路、中环线金融商贸商务带日渐兴盛。至2010年，全区近百座大中型商业楼宇，集金融、保险、商贸商务、信息、创意等业态为一体，吸引5000余家企业入驻，其中大型地标型经济楼宇达40余座；注册企业2780家，其中世界500强企业71家。国家和市级及民营科研机构千余家，带动区域高新技术产业的发展。纳税超千万元的楼宇32座，其中亿元楼宇10座。小白楼商务中心区10余座大型商业楼宇，入驻企业600余家。楼宇经济占留区税收的55%，成为“立起来的开发区”。

多元文化区

历史上河西区的文化有着丰富资源和区位优势，天津市大型文化载体、市属文化院团和文化名人众多。自80年代，确立发展“大文化”的思路，围绕建设“先进文化区”“特色突出文化博览区”和“文化大区”的目标，依托驻区市属文化教育资源聚集的优势，推进文化教育事业发展，适应不同层次群众文化需求，不断提高群众文化素养和城区文明度。至2010年，文化、教育、体育等事业，相继获50余项全国和天津市先进称号。

文化载体　自50年代，市属人民艺术剧院、歌舞剧院、河北梆子剧院、评剧剧院、京剧院、交响乐团、曲艺团、杂技团、儿童艺术剧团等文艺院团和杨柳青画社、泥人张彩塑工作室相继建在或迁入区境，占市级院团90%以上，拥有众多全国和全市著名的艺术家，制作并演出的一批剧目获国家级奖项，区域文化的繁荣度和影响力逐年扩大。

80年代至21世纪初，天津市的青少年活动中心、科学技术馆、自然博物院、滨湖剧院、中华剧院、华夏未来少儿艺术大厦、光华剧院等10余个大型文化载体在区内陆续建成。国内外文艺院团在天津市的展演大多在河西区举办，年均展演2000余场次。天津广播电视塔、天津日报大厦、天津图书大厦、天津数字电视大厦在区内落成，多家演艺单位和200余家广告企业入驻，推动区域文化创意产业的发展。区文化馆、档案馆被评为全国先进馆和一级馆。区内有市老年大学、各街道建有文化站和市民学校及文娱健身社团，各社区设文化体育广场，新的区图书馆和文化馆建成开放，区属文化单位转型新的发展模式。在市区率先建立有线电视台。成立区文学艺术联合会。至2010年，全区有各类文艺社团5000余个。2012年，天津市文化中心在区内建成，除原有的文化载体外，新建博物馆、美术馆、图书馆、大剧院等大型设施100万平方米，成为天津市最大的文化建筑群落和城市地标，被称为城市“会客厅”。

教育资源　自1979年，把学校教育和社区教育放在优先发展的战略地位，以建设高水平教育区为目标，深化教育教学改革，不断提高学前教育、普通教育、职业技术教育、特殊教育、社区教育、成人教育质量和水平。依托驻区的市属天津外国语大学、天津财经大学、天津科技大学、天津师范大学等高等院校和多家科研院所等资源优势，建立协调发展的现代教育体系，形成以政府主导、各界参与、形式多样、多元化的办学模式。自80年代，连续多年解决小学“二部制”问题，消除薄弱校，义务教育全部达到天津市标准，基础教育始终处于全市领先水平，高中校达到区级以上重点高中标准，连续多年居市区高考一次上线率首位。创建一批体育传统校、业余体校、俱乐部和体育项目基地，93%中小学生达到国家体育锻炼标准。连续多年获天津市中小学田径运动会团体总分第一名，学校体育获得多个天津市和全国先进称号，在市和全国各类比赛中获奖千余项，向国家和天津市输送杨锡兰、马文革、张平、魏秋月等一批优秀运动员。至2010年，国办中学、小学和幼儿园65所，民办中小学和幼儿园15所，职业、成人和特殊教育学校5所，在校生70553名，教职工7325余名，专业化教师5494人。全区形式多样的办学模式日趋完善，各类教育步入均衡发展轨道，教育综合实力明显增强。

品牌效应　80年代，将社区、企业、校园、军营等文化元素融为一体，“大文化”格局逐步形成，区域文化日趋繁荣。1988年，中共中央办公厅和国务院文化部到区调研文化工作，调查报告在《人民日报》刊载，中共中央政治局常委胡启立到区考察文化建设情况。自90年代，推进文化事业与文化产业相应发展、业余文化与专业文化齐头并进、中华民族文化与外国文化相互交融。社区群众性各类文化活动和展演常年举办，各类文化社团和学习型组织遍布全区，邻居节、居民节、安居节、互助节等社区睦邻文化丰富多彩，区属学校举办的教学节、学术节、读书节等各具特色。国家、天津市和外省市及国外文艺团体在区内推出一系列文艺演出，西岸艺术节、文化旅游节、图书节、相声展演、“打开音乐之门”等活动成为河西区和天津市的文化品牌，多项文化工作获天津市和全国先进称号。至2010年，从“三优工程”（优生、优育、优教）、幼儿教育、少年儿童工作、义务教育、职业教育、特殊教育、德育、体育、家庭教育、学习型组织创建、社区教育等多项工作步入天津市和全国先进行，涵盖居民终身学习和教育的全过程。

环境宜居区

1979—2010年，河西区进行3次大规模的旧区改造和新区建设。在城市建设和管理、社区建设和服务、市容卫生、环境保护、园林绿化、医疗卫生、食品卫生、民政、治安治理、公安、司法、平安建设、宗教、侨务、民族团结进步、社会团体、维护妇女儿童权益、未成年人保护、拥军优属、拥政爱民、计划生育、老龄、和谐社会建设等工作获天津市和全国先进称号。2008年，被新华社《瞭望东方周刊》等媒体评为“天津市最具幸福感城区”，河西区获幸福城市政府贡献奖。良好的政治、法治、生态、生活环境，居民和驻区单位对城区的归属感和自豪感不断增强，对外埠人士的感召力和吸引力相应加大，河西区成为天津市和外埠人民向往居住、工作和置业的“福地”。

住宅新区 70年代末至90年代初，以唐山大地震后房屋修复重建为重点，进行第一次大规模的住宅建设。在大营门、三义庄、下瓦房、东楼等震损严重的地区新建20多片住宅。自1985年，对天津市面积最大的北洋工房“三级跳坑”（马路比胡同高、胡同比院子高、院子比屋子高）进行改造，拉开全市危陋平房改造的序幕。先后对历史上遗存的南楼、东舍宅等片窝铺区、市属纺织、冶金等企业的职工宿舍和三义庄等片实施改造。1993年，进行第二次大规模的旧区改造和住宅建设，展开对天津市面积最大的谦德庄危陋平房改造攻坚战，历时3年零9个月，相继完成谦德庄、土城、西南楼、贺家口、丁家桥等48片旧区拆迁改造，4万余户居民受益，在市区率先并提前完成成片危陋平房改造任务。历史上存续的成片危陋平房从河西区的版图上消失，代之而起的是北洋新里、东舍宅、教师村、新城小区、安德公寓、园丁公寓等多片新型居民区。1999年，国务院总理朱镕基考察谦德庄危陋平房改造工程，入户慰问居民。90年代初，进行第三次更大规模的城市建设，以商品房开发为重点的住宅和商业楼宇建设全面兴起，开启城市建设的新征程。通过土地批租、出让、划拨、拍卖、合作等形式，吸引天津市和全国众多企业到区开发房地产业，凤凰城、名仕达、瑞江、谊城、罗马、龙都、龙海、福盛等几十片居民住宅新区及公建设施落成。2003—2005年，在市区率先完成124片旧楼区整修改造，整修面积547万平方米，受益居民15.8万户，获天津市旧楼区综合整修工作最佳组织奖。2010年，天津市面积最大的梅江生态国际社区建设形成规模，日臻成熟。

公共服务 自80年代，实施市区重点工程建设，对解放南路、大沽南路、黑牛城道、郁江道、友谊路延长线、宾水道等干支道进行拓宽改造和两侧建筑的整修，完成墙子河、复兴河、长泰河改造工程。对珠江公园、洞庭公园、解放南园和人民公园等进行改造提升。启动德式风情区的建设，对54栋历史风貌建筑进行保护性修缮，部分重建。2006年，地铁1号线建成运营，贯穿区境南北。各项配套设施不断完善，集中供热供气达99%以上，绿化覆盖率39%。

坚持城区建设与管理并重。自2003年，连续5年开展大规模、全方位的市容环境综合整治，加强基础设施建设和市容景观提升改造。实施“蓝天、绿水、安静、生态”等工程，27个社区成为市级“安静小区”。河西区获全国绿化、城市园林绿化和创建园林城市3个先进集体称号。2008年，在市区率先获国家卫生城区称号。城区景观、市容市貌在天津市城区居民调查中位居第一名。

推进社区卫生医疗事业发展，加强基础设施建设，逐年改善群众就医环境，建立健全公共卫生、医疗管理、执法监督长效机制。整合区属20余家区级医疗卫生资源，社会办医发展到43家。自2007年，推进社区卫生服务综合配套改革，依托驻区的天津医院、医科大学第二医院、儿童医院、环湖医院、肿瘤医院、第四医院等市属医院集聚优势，区属社区医院和卫生服务中心与11个市属医院相互对接，建立医疗卫生联合体，打造“15分钟卫生服务圈”，形成覆盖全区的医疗和公共卫生服务体系。至2010年，全民健身网点3000余个，社区体育指导员700余名，多个街道和社区获天津市和全国群众体育先进称号。群众体育健身在天津市和全国比赛展演中获多个奖项，河西区获全国“田径之乡”和“武术之乡”等称号。

加快依法治区进程，不断推进平安河西、法治河西建设，构筑和完善社会治安防控体系。坚持公正、公开、文明司法，依法打击各种违法犯罪行为。至2010年，公安河西分局获全国先进公安局称号，区人民检察院被评为全国人民满意检察院和模范检察院，区法院连年获市“人民满意的法院”，河西区被评为全国社会治安综合治理优秀地区和全国未成年保护先进单位。

自90年代，加强服务型政府建设，推进社区管理创新。建立区街两级行政许可中心、为民服务中心、就业(人才)服务中心等一系列公共服务机构，完善社会服务和民生保障体系。政务公开被中央纪律检查委员会确定为天津联系点。推进“数字河西”和“智慧河西”建设进程，公共服务质量、效率和水平不断提高。群众性精神文明创建活动蓬勃发展，社区和居民的文明程度逐年提升。2009年，河西区获全国和谐社区建设示范城区等称号。

政治建设 自1979年，党的建设逐年加强，中共河西区委的组织、宣传、纪律检查、统战等部门和基层党组织及一批党员获诸多天津市和全国先进称号。自2000年，中央多家媒体对纪庄子街的思想政治工作和天塔街社区党建及思想政治工作的做法和成效进行系列报道。探索党建工作的新途径，加强非公有制企业和社区党建工作。成立区党员服务中心，开通党建服务网，在中心商务区楼宇成立党员服务站，为全区非公有经济党组织和流动党员提供服务，增强党建工作的针对性、延展性和实效性。2005年，中共中央总书记胡锦涛到下瓦房街考察社区党建工作。2009年，中共中央政治局常委习近平到友谊路街考察社区党建工作。

推进民主政治建设进程。历届区人民代表大会及其常务委员会和区政治协商会议及其常务委员会，围绕中心、服务大局，认真履行职责，发挥人大代表和政协委员的作用，为全区各项事业的发展献计出力。

工会、共青团、妇女联合会、工商业联合会、残疾人联合会、红十字会等团体和各民主党派在维护社会稳定、促进各项事业发展中，发挥职能作用，获多个天津市和全国先进称号。

历史上的河西区：驰名遐迩“哪吒闹海”神话传说之地、千年古刹挂甲禅寺坐落地、中国第一所大学——北洋大学堂创办地、德国租界建筑风貌区、天津市工人和农民革命斗争的发源地、文化名人聚集地、全市规模最大的国有老工业区。

改革开放中的河西区：诸多工作走在全市和全国城区前列，创出整体工作优势。2005年，被确定为天津市可持续发展试验区。2010年，被定位为：天津市行政中心、文化艺术中心、商务办公中心、创意产业基地、生态宜居城区。

未来的河西区：以习近平新时代中国特色社会主义思想为指导，开拓创新、继往开来，谱写新的历史篇章。到2020年，建成天津市的政治和文化活动核心区、金融商贸和创意产业集聚区、生态和人文环境优质宜居区。进而，率先进入高质量的小康社会，争创天津市首善之区。

大事记

记载1979—2010年河西区政治、经济、社会等领域的大事。1979—1995年略记，1996—2010年详记。

90年代，天塔夜景　　（杨惠全摄）

1979年

2月5—14日　中共河西区委员会召开工作会议，学习讨论中共十一届三中全会文件，对贯彻落实全会精神、实施战略转移作出工作部署。

3月9日　庞志民任区革命委员会主任，区委书记王守西不再兼任。

6月28日　全区开展学习宣传张志新烈士事迹活动。

10月18日　区委、区革委会建立人民群众来信来访办公室。

10月25日　政协河西区委员会恢复组织及办事机构。

1980年

5月2—6日　区政协第五届委员会第一次会议召开，选举李虹为区政协主席。

5月3—7日　区第八届人民代表大会第一次会议召开，恢复人民代表大会制度，建立河西区人民政府，区革委会宣告终止。会议选举庞志民为区人大常委会主任，张谅为区长。

7月　区委、区政府工作机构分开。

8月8日　区城市建设指挥部建立，实施震损房屋重建工作。

是年　校办工业产值、利润居全市首位，至1995年获16连冠。

1981年

2月24日　西郊区管辖的体育学院北居住区，划归河西区管辖。

7月20—9月12日　区委宣传部举办基层领导干部学习班，学习中共中央《关于建国以来若干历史问题的决议》。

8月　全区开展“五讲四美”（讲文明、讲礼貌、讲卫生、讲秩序、讲道德，心灵美、语言美、行为美、环境美）活动。

是年　河西区拆除1976年震后临建棚8539户、14490间，震灾户迁新居。

1982年

6月1日　少年宫扩建落成，开放使用。

6月25日　区承担引滦入津工程北郊区段明渠任务开工，土方量1.4万立方米，10月竣工。

7月17日　珠江道房管站职工李恩惠在疏通下水道中不幸牺牲。史宝海、王金库为抢救李恩惠牺牲。市委、市政府追认史宝海、王金库为革命烈士、共产党员。授予李恩惠为市特级劳模。

1983年

1月8日　区委确定“从实际出发，全面而系统地改，坚决而有秩序地改”的改革方针，以街道、财贸、文教、房管、卫生、环卫等41个单位为试点，推动改革工作。

6月10日　区委决定成立“五讲、四美、三热爱”（热爱党、热爱祖国、热爱社会主义）委员会。

10月27日—28日　区第八届人民代表大会第五次会议召开，补选王守西为区人大常委会主任、鲁夫为区长。

12月27日　河西区中医医院开诊。

1984年

2月　区委成立整党领导小组，开展历时3年的整党工作。

4月10—22日　墙子河河西区段疏浚改造。

4月25—27日　区政协第六届委员会第一次会议召开，选举李虹为区政协主席。

5月7—10日　区第九届人民代表大会第一次会议召开，选举王守西为区人大常委会主任、鲁夫为区长。

5月　区委成立纪律检查委员会。

6月30日　全国人大常委会委员长彭真在津会见河西区从事革命活动的老同志。

9月15日　国务院副总理万里到津考察期间，听取河西区工作汇报。

1985年

1月15日　全国妇联主席康克清到区考察托幼工作。

1月　区界调整。西郊区津盐公路以东区域划入河西区。南段区界外移至三水道及拟建的潭江道一线。

3月16日　区智障儿童启智学校建立。

5月13日　北洋工房住宅改造工程开工，至12月底竣工、回迁，新建宅区取名“北洋新里”。

9月6日　鸿起顺回民饭馆获全国食品卫生先进单位称号。

12月20—23日　中共河西区第四次代表大会在区少年宫礼堂召开。选举产生第四届委员会委员28人，候补委员4人，纪律检查委员会委员11人。

12月　中共河西区第四届委员会第一次会议召开，选举产生区委常委会，刘瑞生为区委书记。

是年　新建区人民政府办公大楼及区人大、政协办公楼。

1986年

1月6日　河西区制定文化建设长远规划，社区文化工作在全国精神文明建设会议上介绍经验。

2月10日　河西区被评为全国计划生育先进区。

4月18日　国家主席李先念到河西区视察。

4月20日　中共中央政治局常委、顾问委员会主任邓小平，视察体院北街居民区。

5月20—24日　区政协第六届委员会第三次会议召开，会议接受李虹辞去区政协主席职务，补选刘瑞生为区政协主席。

5月21—24日　区人大第九届人民代表大会第三次会议召开，补选区人大常委会主任鲁夫，区人民政府区长刘峰岩。

9月11日　河西区与天津电视台联合摄制反映北洋工房历史变迁的电视剧《大雨小巷》，12月17日封镜，1987年元旦首映。

9月25日　煤气化工程全线告捷，全区气化率90%。

12月24日　区体育馆落成。

1987年

1月22日　区委提出“坚持以改革总揽全局，在改革中找出路，以改革求发展，向改革要效益”的思路，实行敞开城门、综合开发、科教先行、工商并茂战略。

2月23—28日　区政协第七届委员会第一次会议召开，选举刘瑞生为区政协主席。

2月24—28日　区人大第十届人民代表大会第一次会议召开，选举鲁夫为区人大常委会主任，刘峰岩为区长。

4月28日　河西区思想政治工作研究会成立。通过《河西区思想政治工作研究会章程（草案）》和河西区思想政治工作研究会第一届理事会建议名单，通过会长、副会长、秘书长、副秘书长建议名单，聘请刘瑞生任名誉会长。

5月5日　市政府在钢丝绳厂宿舍召开平房改造现场会。6月30日工程竣工。

5月30日　市邮票公司与区联合发行平房改造纪念封，图案为联排式小二楼，并印有国家主席李先念“人民城市人民建”题词。

10月5日　区环境保护办公室建立环境监测站，形成对全区烟尘、废气、噪音等监测网。

11月24日　教师村居民小区建成。该小区规划设计被建设部树为样板。

12月17日　市政府在区召开天津市完成改造“三级跳坑”住宅现场会。

1988年

4月　中共中央办公厅、文化部组成调研组，对区文化建设进行调研，6月19日，《人民日报》以“城市精神文明建设的一条有效途径”为题进行报道。

5月10日　中共中央政治局委员、国家教委主任李铁映，到四十一中学、上海道小学考察教育工作。

5月27日　河西区被评为全国儿童少年工作先进区，邓颖超题写“热爱儿童”奖牌。

9月7日　区教育中心落成。

是年　天津市环湖医院新址在区内建成开诊。

是年　中共中央政治局常委胡启立到河西区视察文化建设情况。

1989年

1月27日　民营企业渤海造纸公司与区教育局联合兴办的“渤海小学”建成。

7月6日　中共中央政治局常委李瑞环参加拓宽宾水道义务劳动。

8月30日　河西区被评为全国幼儿教育先进区。

10月13日　民间团体饮食业同业公会成立。

11月　在中国首届食品博览会上，中共中央政治局常委、国务院总理李鹏称赞“十八街麻花大又甜”。

12月4—8日　中共河西区第五次代表大会在区少年宫礼堂召开。选举产生第五届委员会委员22人，候补委员4人；纪律检查委员会委员11人。

12月　中共河西区第五届委员会第一次会议召开，选举产生区委常委会，刘峰岩为区委书记。

1990年

2月26日—3月2日　区政协第八届委员会第一次会议召开，选举万树明为区政协主席。

2月27日—3月3日　区人大第十一届人民代表大会第一次会议召开，选举郭迎秋为区人大常委会主任、吴吉栋为区长。

5月8日　河西区通过卫生部食品卫生考核验收，被评为全国食品卫生示范区。

8月6日　义和团纪庄子战场纪念碑落成。

9月20日　改造扩建后的南楼商场开业。该商场为区属规模最大商场，与佟楼商场、河西商场并列为三大商场。

11月30日　人均居住面积2.5平方米以下住房特困户房源全部落实，提前完成住房解困任务。

12月10日　文化馆获全国先进文化馆称号。

是年　河西区获全国田径之乡称号。

1991年

5月20日　中共中央政治局委员、市委书记谭绍文视察河西区工作。

5月21日　河西区再次被评为全国儿童少年工作先进区。

8月30日　吴吉栋任区委书记，原区委书记刘峰岩调任，补选雷伯轩为区人大常委会主任、陈明铎为区长。

9月29日　河西区获全国文化工作先进区称号。

11月17—18日　区人大第十一届人民代表大会第三次会议召开，选举雷伯轩为区人大常委会主任、陈明铎为区长。

1992年

1月29日　河西区获市双拥模范区称号。

4月2日　国家教育行政部门委托个人创办的小学初中一条龙实验校——兴国学校建成。

7月28日　资水道农贸市场被命名为全国文明市场。

12月9—13日　中共河西区第六次代表大会召开。选举产生第六届委员会委员26人，候补委员4人；纪律检查委员会议委员11人。

12月　中共河西区第六届委员会第一次会议召开，选举产生区委常委会，吴吉栋为区委书记。

是年　马来西亚、菲律宾、加拿大等国家环境卫生官员，先后莅临河西区考察社区环境卫生。

1993年

1月1日　区有线电视台开播。

1月5—10日　出租转让大营门义庆里、刘庄地块签约。

2月8日　小白楼地区凯旋门大厦工程动工，原地居民动迁。

2月22—25日　区政协第九届委员会第一次会议召开，选举万树明为区政协主席。

2月23—27日　区人大第十二届人民代表大会第一次会议召开，选举雷伯轩为区人大常委会主任、陈明铎为区长。

8月　陈明铎任区委书记。

9月28日　青年宫建成开放。

10月　区人大第十二届人民代表大会第三次会议召开，选举夏宝龙为区人民政府区长。

12月30日　桂发祥麻花饮食集团公司成立。

是年　河西妇产科医院经世界卫生组织和卫生部审评，被命名为“爱婴医院”。河西区被评为全国特殊教育先进区。

1994年

3月27日　马场街组建街办企业集团——天马企业集团股份有限公司。

3月28日　区信息中心成立。

4月4日　中共中央政治局常委、国务院总理朱镕基视察资水道农贸市场。

5月　区委在市委召开的加强对人大工作领导会议上介绍经验。

6月24日　中共中央政治局常委、书记处书记胡锦涛视察资水道农贸市场。

8月10日　美国肯德基有限公司投资400万美元在河西区建天津肯德基公司，并在南楼副食综合商场设连锁店。

9月　市委书记高德占为马场街题词：“街道工作的一面旗帜”。

9月　区委召开河西区首次人大工作会议。

12月14日　中共中央总书记、国家主席江泽民视察资水道农贸市场。

1995年

4月28日　河西区获天津市社区文化先进区称号。

5月7日　中共中央政治局委员、国务院副总理李岚清视察南楼自选商场。

5月　区全面推行劳动合同制。

6月19日　谦德庄危陋平房改造一期工程动迁，9月30日开工。

8月26日　位于南楼地区的天津日报大厦落成。

10月8日　全区面积最大的平房危改片土城危改工程竣工，居民还迁。

1996年

1月24日　全国妇联组织的儿童发展纲要县长培训班一行，考察区少儿工作。

1月31日　贸易部部长陈邦柱、市委书记高德占到“食为天”连锁店视察。

3月28日　河西区人民武装部收归军队建制。

4月4日　经委系统40余家企业参加全国春季商品交易会，与10余个省市签订经贸合同30余份，成交金额1860余万元。

6月15日　第四中学投资1100万元兴建的建筑面积8200余平方米的科教楼、图书馆落成。

6月25日　出让解放南路475号的12245.1平方米土地，给摩托罗拉（中国）电子有限公司，用于住宅建设。

6月27日　夏宝龙任区委书记。

7月1日　马场街党委被评为全国先进基层党组织、市先进党组织。市第四中学党总支被评为市先进党组织。孙丽华、孙汝泉、王培德、苑满意、景志刚被评为市优秀共产党员。

7月11日　区军、地两用人才培训中心成立。

7月22日　平江商场获全国劳动就业服务企业先进集体称号。

7月29日　河西区获全国教育工作实验区、全国家庭教育先进区称号。

8月2日　区劳动局劳动保护监察科被评为全国职业安全卫生监察先进单位。

8月11日　马场街天马企业集团，以整建制形式接收国有企业卫东机械厂和天津树脂厂。

8月14日　对区机关事业单位不称职者亮“红牌”，3年辞退17名工作人员，在人事部召开的8省市国家公务员辞职辞退工作研讨会上介绍经验。22日《人民日报》《新华每日电讯》、23日《新华日报》等相继报道。

8月15日　谦德庄危改二期工程首片居民动迁。该工程由市建设投资公司与河西区建设开发总公司合作改造。二期危改占地27万平方米，拆除公建37067平方米，拆迁住宅总面积54642平方米，涉及4645户居民、145个单位。9月23日动迁告竣，《天津日报》作报道。

9月12日　为河北省灾区募集衣物158.66万件，捐款81.26万元。超额完成市下达的任务。

11月11日　河西区获天津市第六届中小学运动会团体冠军，7次蝉联田径比赛团体冠军。

12月27日　学校艺术教育委员会成立，组建中小学艺术团。

12月30日　河西区被评为全国军队离退休干部安置先进单位。

1997年

1月6日　河西区被市政府授予内联引资先进单位。

1月15日　河西区获全国双拥模范城区称号。

1月18日　少年宫小红旗艺术团赴新加坡访问演出。

1月23日　河西区与华北化工供销公司合作，举行兴建经协大厦签字仪式。该项目建筑面积7000平方米，引进资金1500万元。

3月5日　河西区被市政府评为信访先进单位，实现“五连冠”。

3月26日　文化部社文司、人民日报社和中国文化报社组成联合调研组深入马场街、环卫局、少年宫等9个单位，考察社区文化。

3月28日　区政府法律顾问组成立，为7名正副区长聘请法律顾问并向受聘律师颁发聘书。

4月1日　大沽路改造工程开工。改造路段南起围堤道，北至琼州道，全长1250米。

5月6日　少儿工作委员会被评为中国少年先锋队基础建设达标先进单位。

5月10日　大沽南路钢材交易市场建成开业。该市场利用灰堆农工商公司1.2万余平方米闲置场地开办。

5月25日　贺家口危改片动迁，动迁范围北起玉盛里，南至湘江道，东起福建路，西至天津师专以东，涉及面积4.5万平方米。2100户居民用12天时间搬出低矮破旧的平房。

5月26日　社区服务中心落成，民政部领导出席落成典礼。

6月1日　河西区被国务院妇女儿童工作委员会授予全国儿童少年工作先进区称号。

7月9日　澳大利亚麦格里银行与区房管局合作玉川居片危改项目举行签字仪式。该项目总投资7.6亿人民币，建居民住宅商业设施26.4万平方米，拆除危陋房屋5377间、7.6万平方米。

同日　河西区代表队参加市中小学运动会乒乓球比赛，获中学女子组和小学女子组金牌、中学男子组和小学男子组银牌。

7月21日　市体委、市教育局联合主办的1997天津“市长杯”足球比赛，河西区蝉联冠军。

8月7日　在全国“奥星杯”乒乓球大赛上，河西区获女子甲组团体冠军、男子甲组和女子甲组单打冠军。

8月18日　挂甲寺危陋平房改造片动迁。该片占地约4万平方米，动迁居民3828户。

9月2日　有1300余年历史的挂甲禅寺经过整修扩建，举行开光典礼。

9月24日　区体育代表队在1997天津市青少年田径运动会上，获团体总分第一名。

9月25日　区劳动争议仲裁委员会被命名为全国先进劳动争议仲裁委员会。

9月28日　中国广顺房地产开发公司投资的谦德庄危改工程破土动工。该地块占地2.64万平方米，建筑面积8万平方米，投资近3亿元。

10月6日　河西区青少年在全国第十届科技发明展览会上获1枚金牌、2枚银牌。

10月13日　鸿起顺餐饮公司与行政主管饮食公司脱钩，独立建制，自主经营，自负盈亏，成为国有商业企业无行政主管企业。

10月16日　首批国有商店大庆里、红升里、解放南路副食店出售给个人。

11月　吴金组任区委书记，王九鹏任区长。

11月7日　尖山街联华房地产开发兴建的后尖山危改片完工，400余户居民迁入新居。

11月9日　投资180万元、营业面积800平方米的十八街麻花老店新址开业。

12月10—13日　中共河西区第七次代表大会召开。选举产生区委委员29人、候补委员6人；纪律检查委员会委员17人。

12月　中共河西区第七届委员会第一次会议召开，选举产生区委常委会，吴金组为区委书记。

12月18日　乡镇企业飞鹰集团承包河西医院，承包期5年。

1998年

1月5日　区政府深化行政管理体制改革，转变政府职能，确立打服务牌工作思路。

1月8日　越秀路街、东海街接收国有企业过滤器厂、银河电器厂。

1月8—11日　区政协第十届委员会第一次会议召开，选举李玉田为区政协主席。

1月9—13日　区人大第十三届人民代表大会第一次会议召开，选举雷伯轩为区人大常委会主任、王九鹏为区长。

1月20日　河西区被评为全国民政工作先进区，越秀路街、天塔街被命名为天津市民政工作全优街。马场街、陈塘庄街继续保持市民政工作全优街称号。

2月8日　河西区被评为天津市青少年工作先进区。连续四届获此荣誉。

2月14日　房地产开发有限公司组织实施的土城三期规划片动迁。

4月1日　居委会改革工作结束。全区居委会392个调整合并为194个。居委会达标升级活动中，涌现出70个模范居委会、90个二级居委会，马场街、天塔街、越秀路街和小海地街达到二级或二级以上居委会标准。

4月11日　谦德庄危改片自1995年6月动迁，历时34个月，面积12万平方米高层住宅楼竣工。新楼分别以民安、民居、民乐、民业、民富、民贵、民吉、民祥命名，1636户居民回迁新居。

4月14日　环卫局获市城建系统创建文明行业先进单位称号。

4月21日　联合国开发计划署劳动部合作司、外经贸部、全国妇联组成的考察团，到区下瓦房街考察再就业、办小饭桌等情况。

4月23日　为民服务网络协会挂牌。46个与群众生活密切相关的单位递交服务承诺书。

4月28日　华夏未来少年儿童文化艺术基金会与教育委员会联合兴办华夏未来艺术小学。

5月11日　天津印刷技术工贸中心划转区修配公司管理，是区属商业系统兼并市属工业转制改革。

5月16日　新闻中心成立，将调动台、报、站共同参与全区新闻报道工作。

6月11日　大沽路东侧南片三期危改规划片重华大街实施动迁，动迁456户，拆除危陋平房12184平方米。

7月18日　区体育代表队在天津市第九届运动会艺术体操比赛中夺得10枚金牌。

8月5日　河西区获全国社区服务示范城区称号。

8月26日　友谊路延长线工程开工。

9月10日　尖山街山华集团股份有限公司挂牌运营，形成资产3.6亿元经营实体。

9月20日　南楼商贸集团成立。该集团以原有南楼百货商场为核心企业，下设佟楼百货商场、河西百货商场、津华五金交电商场等7家企业和15家基层企业，集团总资产2.04亿元，年营业额近8亿元。

9月22日　区政府网页通过市数据通信局的天津热线平台，进入国际互联网。

11月2日　河西区代表天津市参加全国婚育新风进万家活动，被国家计生委确定为全国38个网络区县之一。

11月11日　计生委被评为全国计划生育系统先进集体。

11月18日　第45届世乒赛冠名权被区内民营企业大维有限公司买断，并向"国际乒联"分期提供赞助费50万美元。

12月11日　柳林街、天津造纸厂、铁道18局共同投资2500万元实施4.5万平方米危改项目——柳苑公寓竣工，256户居民回居。

12月28日　河西区被命名田径之乡。

1999年

1月11日　赈灾彩票发行工作结束。全区发行彩票271万张，价值542万元。

1月12日　河西区获全国抗洪救灾先进集体称号。在支援灾区募集款物工作中，全区募集现金516万余元，募集衣被213万余件。

1月15日　坐落于解放南园的区党政机关退休干部活动中心建成。

2月4日　河西区再次获天津市城市集体经济创业金杯。区集体经济年收入28.14亿元，其中利润2.65亿元，增加值4.24亿元，留转税5174万元，利税总额3.18亿元。

3月15日　隶属天津市老干部局、面积为1.2万平方米的枫林宾馆被天马集团托管。

3月30日　越秀集团成立。该集团由13家街属企业组成，注册资金4136万元。

4月8日　中国（天津）天马华飞加蓬国际贸易公司在非洲设厂办店举行签字仪式。

4月9日　计生委获全国计生系统先进集体称号。

4月12日　区粮食局撤销，组建粮食管理办公室，成立区粮油总公司。

4月30日　绿色项链工程启动，包括中环线、友谊路、宾水道、紫金山路绿化工程。

5月17日　河西区被评为1997—1998年度天津市社会治安综合治理先进地区。

6月2日　区少年体校足球队在市足球俱乐部杯大赛中获冠军杯。

6月25日　由实验中学、第二师范学校共同创建的实验中学教育集团成立。

7月10日　历史上第一部区志《河西区志》举行首发式。

8月6日　贺家口福盛花园高层回居住宅楼竣工，该危改片占地7.9万平方米。

8月9日　天津市河西区工商行政管理局更名为天津市工商行政管理局河西分局。

8月23日　河西区被民政部确定为全国社区建设实验区。

8月26日　中小型企业信用担保中心成立，服务区域经济，解决中小型企业抵押贷款担保问题。

9月3日　民政局获全国民政信访工作先进集体称号。

10月16日　国务院总理朱镕基视察谦德庄危改还迁居民区，并入户慰问居民。

11月19日　天塔街被评为市创建文明城市工作先进城区和文明社区。

11月30日　公安河西分局被公安部评为"追逃"专项斗争先进单位。

12月7日　区档案局被评为"九五"期间全国档案工作先进集体。

12月28日　区国有资产管理委员会成立。

2000年

1月7日　海地街供热工程开工，供热面积390万平方米。

1月9日　区图书馆被文化部命名为国家一级图书馆。

1月14日　河西区再次被命名为全国双拥模范区。

1月26日　区纪委、监察局被市纪委评为"十佳"纪检监察组织，连续5次获此称号。

同日　区检察院被市检察院授予人民满意的检察院称号。

2月2日　首部《河西区志》获天津市第七届社会科学优秀成果奖。

2月23日　中央电视台《新闻联播》和《海外新闻》节目，报道区红领巾坚强孩子俱乐部活动情况。

3月6日　中环线树带改造全线动工，工程于4月完工。

3月15日　实验中学、上海道小学开展与国外环保计算机模网活动，被国家环保局授予GLOBE环保学校称号。

3月29日　公安河西分局被授予全国优秀公安局称号，区看守所代理所长赵素海被授予全国优秀人民警察称号。

4月15日　高中示范校4.8万平方米教学楼、实验楼、图书馆等工程开工。总建筑面积5.2万平方米，可容纳60个教学班2700名学生。

4月24日　实验中学、新华中学、九十七中、上海道小学等7所中小学被授予首批天津市绿色学校称号。

5月8日　区体育代表队在市青少年击剑锦标赛上，获男子花剑冠军、女子花剑亚军；单项赛获2枚金牌、1枚银牌和1枚铜牌。

5月14日　受国家体育总局派遣，南楼中学在澳大利亚举行的国际青少年排球巡回赛中获男排冠军。

5月23日　区属粮店全部实行自主经营。

5月30日　市属部分绿化设施及人员下放到区管理，即人民公园绿化设施14.21万平方米，职工379人；紫金山路绿地1.07万平方米。

6月2日　区体育代表队在市中小学田径运动会上，以1085分的总成绩夺冠，实现11连冠。

6月8日　马场街成为全国社区教育实验基地。

6月26日　区街道办事处调整，18个街道合并为12个街道：大营门街、桃园街、马场街、尖山街、柳林街、越秀路街、下瓦房街、陈塘庄街、挂甲寺街、天塔街、友谊路街、东海街。

6月　中共中央政治局常委、国家副主席胡锦涛到天塔街视察。纪庄子街思想政治工作经验被中央各大媒体报道。《人民日报》长篇通讯《天津市河西区纪庄子街思想政治工作纪实》《以党心凝聚民心》和《难点才是着力点》；《光明日报》发表长篇通讯《让党旗映红整个社区》；《经济日报》发表《在社区树起党的旗帜》。

7月7日　区少年乒乓球队蝉联天津市“育才杯”乒乓球大赛团体总分第一名，并获得5个年龄级别组的3项冠军。

7月9日　中国计划生育协会率各省市计生项目官员，到区考察生殖健康工作。

7月11日　街道科级职位竞争上岗和工作人员双向选择工作全部完成，12个街近2000人次参加科级职位的竞争和工作人员的双向选择。

7月　墙子河治理工程4.8千米河西区段竣工。拆除沿河市场24处、各类房屋1241间27544平方米，清淤17万立方米。治理后的墙子河更名为“津河”。

10月6日　海河中学游泳队在全国少年游泳锦标赛中获2枚金牌、2枚银牌。

10月28日　天马企业集团投资上百万元，在天津市船厂建立北洋水师大沽船坞遗址纪念馆。

11月3日　团区委被团中央确定为全国团建创新试点单位。

11月6日　由占地1200平方米的曲江公园改建的体育健身公园投入使用。

11月15日　在全国整体构建学校德育体系研讨会上，河西区被评为全国德育教育先进实验区，实验中学、上海道小学等20所学校被评为全国德育教育先进实验校。

11月20日　位于广东路与琼州道交口，面积5300平方米的危改纪念广场绿化工程竣工。

12月1日　河西区被民政部和全国双拥领导小组授予全国爱心献功臣行动先进区。

12月15日　人事局被人事部授予全国人事系统先进集体。

12月27日　马场街、陈塘庄街被评为全国城市体育先进社区。全区12个街道中，国家级先进社区4个、市级先进区3个。

2001年

1月　区委提出，建设商贸商务区、新型都市型工业区和现代化文博中心区目标。

1月10日　区政府授予马场街等6个单位“中华龙杯”奖，授予天马集团、山华集团等6个单位区财政贡献奖，授予文龙机械有限公司等企业30强企业称号。

1月11日　地区性非公有制经济党总支成立，由4家合资、民营企业党支部组成。

1月14日　市委书记张立昌深入贺家口福盛花园看望危改受益户居民。

2月11日　天马集团进行企业结构调整，5家企业转制，收回集体资本500万元，同时组建供热和汽车服务两个行业集团。

2月23日　区检察院被最高人民检察院授予全国人民满意检察院称号。

3月2日　公安河西分局再次获得全国优秀公安局称号，土城派出所被评为全国人民满意基层单位，体院北派出所民警王长明被评为全国优秀人民警察。

3月4日　华夏未来社区艺术中心成立。市领导刘峰岩及华夏未来基金会领导出席。

3月12日　河西区与天津家世界集团签署友谊家世界购物广场项目开发协议。

3月14日　区内52个政府职能部门，217个居委会，301个科、所、站、队全部实行政务公开。公开内容310类410项，制定规范性文件56个、各项制度360个。

3月27日　技术市场启动。该市场具有成果转化、网络服务、技术服务、信息集散功能。

4月2日　房管局成立房产经理公司，对房屋实行系统管理。大中修项目由公司统一实行招投标，日常维修实行承包考核制度。人员实行公开招聘和全员劳动合同制，岗位工资和效益工资制等。

4月11日　市委书记张立昌到河西区调研。

同日　河西区被确定为全国教育实验区。

4月21日　社区建设研究生班开学。民政部基层政权和社区建设司领导出席开学典礼。

4月28日　区教委与北京师范大学合作办北京师范大学天津附属中学签约。6月29日，北京师范大学天津附属中学举行落成揭牌仪式。该校实行办学理事会领导下的校长负责制。

5月9日　区干休所"走出庭院，融入社区"工作经验，被《人民日报》刊发长篇通讯报道。

5月10日　河西区被授予全国残疾人工作先进区称号。

5月18日　房管系统企业集团龙都置业投资集团挂牌成立。

5月23日　河西区以1004分成绩再次夺得天津市中小学田径运动会团体总分第一名，实现"十二连冠"。

5月30日　登发装饰家具基地建成开业。该工程总投资2.7亿元，建筑面积8万平方米。

6月18日　友谊北路地块开发启动，总投资4.5亿元，建8万平方米安吉大厦。

7月4日　国家计委命名区物价检查所为全国规范化物价检查所。

8月2日　市委书记张立昌视察北京师范大学天津附属中学建设情况。

8月16日　桂发祥集团与煤建集团联合在珠江道建麻花生产基地，投资2000万元，营业面积12000平方米，日产麻花50吨。

8月22日　制定《河西区科学技术进步奖励办法（试行）》。

8月27日　在中国·天津商业联合与发展第二届（国际）年会上，河西区签署6个合作项目，协议资金额3160万元。

9月4日　河西区被命名为全国武术之乡。

9月5日　上海道小学新校舍落成，市委书记张立昌写信祝贺。

9月7日　市长李盛霖带领市工商局、综治办等有关部门负责人，调研区菜市场建厅退路工作。

9月10日　市长李盛霖出席区环卫局机扫公司投入运营仪式。

同日　小学选派的首批26名社区教育专职干部到社区居委会任文教主任助理，任期两年。

9月12日　区劳动和社会保障局劳动监察科被团中央命名为全国劳动和社会保障系统优秀青少年维权岗，区检察院被评为2001年度全国检察宣传先进集体。

9月27日　卫津河改造工程竣工，市委书记张立昌、市长李盛霖在天塔湖广场剪彩。

10月16日　河西区被中央纪委定为全国政务公开工作天津联系点。

10月17日　启智学校学生刘琳在全国残疾人田径锦标赛上，破T35级100米、200米项目世界纪录。

10月21日　河西区被授予全国婚育新风进万家活动特别贡献单位。

11月14日　采取多种形式放活商业小企业。全区79家小企业实行股份合作，16家组建有限责任公司，62家实行连锁经营，95家实行公有民营，90家通过整体转制和出售拍卖与企业脱钩成为民营企业，盘活资产2237万元。

11月16日　河西区被评为全国残疾人就业工作先进单位。

12月4日　体委、业余体校、新华中学、尖山街办事处和四十一中学体育教师石文利，获全国群众体育先进单位、先进个人称号。尖山街党工委书记滕仲喜作为市唯一街道系统代表，受到国家主席江泽民接见。

12月5日　区信访办公室被评为全国信访系统先进集体。

同日　危旧住宅楼东风里居民区改造动迁工作完成。该住宅区始建于1958年，是区最大的一片楼房拆迁改造片。

12月13日　应希腊国际民间艺术组织邀请，区少年宫小红旗艺术团师生一行17人赴希腊进行为期18天的友好访问演出。

12月18日　举办第7批商业小企业拍卖会，10家小企业竞卖成交，成交额578.9万元，超出底价74.9万元。

12月20日　天津市公布第二届著名商标，“大维”“鸿起顺”“桂发祥”“普兰娜”“舒服特”“帽子王”和“杨柳青”等品牌榜上有名。全区获市著名商标17件，涉及16家，占市著名商标10.5%。

是年　河西区被命名为全国群众体育工作先进单位，被评为全国社会治安综合治理优秀地区。

2002年

1月1日　河西宣传网站建成。

1月17日　全区开展人人为困难群众做贡献活动，捐款35万元。

1月21日　区第十三届人民代表大会第六次会议召开，选举吴金组为区人大常委会主任。

1月22日　国家副主席胡锦涛到马场街金山里社区看望市级劳模张桂敏一家，并送去慰问品，听取马场街做好扶贫助困工作汇报。

1月30日　全区组织1000余支送温暖小分队，筹集200余万元资金，入户慰问1900余户困难职工。

3月24日　区绿化爱心园建立，该园位于乐园道，面积5300多平方米。

4月2日　实施“六大工程”（蓝天工程、碧水工程、安静工程、生态工程、工业污染防治工程、细胞工程），创建环保模范城区。

4月21日　在2002年全国初中数学竞赛中，河西区有25名学生获一等奖，占全市获一等奖人数的51%，49名学生获二等奖，占全市的48%。

4月24日　12家知名企业千余种绿色食品、环保产品在“天交”会上吸引众多国内外客商，销售10余万元，签订代理、经销意向金额2000万元。

5月8日　国务院副总理李岚清到天津北京师范大学附属中学考察。

5月10日　社区卫生服务临床指导中心成立。该中心以河西医院为依托，下设临床检验质控、药品不良反应监察、医学影像质控、临床诊治质控4个分中心。

6月1日　在全国玩具大赛上，河西区获比赛金奖，获3枚银奖、2枚铜奖、5个优秀奖，区文化局被授予优秀组织奖。

6月19日　区信息化办公室和有线电视台合作开发的视频点播系统开通。该系统开设《河西新闻》《河西报道》《河西大视野》和专题片等栏目。

7月5日　全区有医疗保险参保单位1426个，参保人数30.89万人，缴费金额2089万元。定点医疗机构32家。

7月26日　拍卖第8批商业网点，占拍卖网点总数40%，拍卖成交额500万元，超出起拍价72万元。

8月6日　在全国青少年科技创新大赛中，河西区获金牌2枚、银牌4枚、铜牌9枚，并获大赛优秀组织奖。

8月19日　河西区提前5个月完成全年外贸出口任务。企业出口额1400万美元，比2001年增长76.8%，创历史最好水平。

同日　国务院卫生部、科技部、国家统计局联合组织全国营养与健康调查，河西区代表天津市接受调查任务。专家听取关于营养调查工作汇报，并对台北路居委会调查点进行为期6天全程督导及质控。

8月30日　在中国·天津第三届联合与发展国际年会上，河西区推出15个合资合作项目，其中有6个项目签署合作意向书，协议投资额10.52亿元。

8月　在天津市第十届运动会（青少年组）比赛上，河西区获金牌64.5枚、银牌51枚、铜牌40枚，金牌总数超出上届4枚。

9月5日　全区支援甘肃贫困地区募集衣被68万余件，超额完成市政府下达的40万件募集任务。

9月29日　区妇联与市妇女创业服务中心联合为下岗女工举办送岗位、送项目、送经验、送点子咨询大会。36家企业推出近千个岗位，3000多名下岗女工进场，872人进行登记，695人达成意向。

10月2日　坐落在大营门地区的天津图书大厦落成开业。

10月　在天津市第四届少数民族传统体育运动会上，河西区获金牌总数第一、团体总分第二的成绩。

10月17日　河西区党员服务中心成立，面向全区非公有制经济党组织，为流动党员提供党务工作指导、咨询、协调和委托服务。

同日　润智法师代表缅甸佛教界无偿赠送的25尊缅甸玉佛运抵挂甲禅寺，挂甲禅寺已拥有缅甸玉佛1150尊。

10月28日　桂发祥集团生产基地投产。8条电脑程控麻花机械生产线实行全封闭无菌净化生产，年产1.5万吨。

10月　在天津市第五届残疾人运动会上，河西区获金牌总数第一，团体总分第二。

11月3—6日　中共河西区第八次代表大会召开。选举产生区委委员33人、候补委员6人；区纪律检查委员会委员19人。

11月　中共河西区第八届委员会第一次会议召开，选举产生区委常委会，王九鹏为区委书记。

11月28日　招商引资项目——友谊路家世界购物广场建成开业，该项目由家世界集团投资兴办，规模4.2万平方米，投资2.3亿元。

11月29日　2002年蓝天工程工作通过市验收。全区132个单位181台锅炉完成改燃任务，改燃率95.3%，达到验收标准。

12月4—7日　区政协第十一届委员会第一次会议召开，选举沈树和为区政协主席。

12月6—10日　区第十四届人民代表大会第一次会议召开，选举吴金组为区人大常委会主任、沈家聪为区长。

12月18日　《河西年鉴》创刊号首发式举行。

12月27日　在全市开展的10万群众评公安活动中，公安河西分局在6个测评项目上取得市区A组第一名，总分位居榜首。

12月　在天津市首届残疾人技能大赛中，河西区获团体总分第一名。

2003年

1月1日　5天时间完成杨庄子片170户居民动迁和2700平方米房屋拆除任务。

同日　世纪联华超市广东路店建成开业。红星美凯龙国际家居广场奠基。

1月25日　四化河河西区段治理工程启动，全长1.45千米，拆除民宅、公建及违法违章建筑4.51万平方米。10月竣工。

2月8日　出资2000万元作为区域经济发展基金，奖励招商引资牵线搭桥人员及对区域经济贡献突出企业。

3月6日　中国·天津河西2003商贸商务节开幕。市委常委、常务副市长夏宝龙出席开幕式。韩国大宇集团、法国欧尚等20余家国际跨国公司，国内35家知名大型企业集团及20多家金融企业和天津市242家企业出席。

3月13日　社区居民委员会换届选举工作展开。由社区居民自主选举社区居民委员会。该项工作4月22日结束。换届参选率98%，一次选举成功率100%。全区230个新一届居委会成员平均年龄为46.1岁，年纪最小的26岁。1112名社区居委会成员，具有高中学历的675人，大专以上学历341人。

4月6日　卫生局从河西医院抽调26名医护人员组成防治“非典”（非典型肺炎）医疗队，从13所医院抽调70名预防人员，与社区卫生服务站专业人员一同组建防控“非典”应急大队。

4月24日　制定《关于全区社会性预防和控制“非典”的实施意见》。

4月30日　区红十字会收到社会各界向抗“非典”一线的医务人员和受“非典”传染的弱势群众捐款2万元。区委组织部号召广大党员参与爱心救助，捐款13万元。

4月　河西区获全国创建园林城市先进集体称号。

5月1日　中共中央总书记胡锦涛、国务院副总理吴仪到越秀路街教师村社区视察社区居委会和社区防治“非典”工作。

同日　景兴西里91门201号4人感染“非典”，区防疫部门对整个楼栋进行隔离观察，5月16日解除隔离。

同日　35家房地产开发企业为抗击“非典”捐款204.2万元。70余名劳模捐款5万余元。工商联会员捐款10余万元和价值5000元防护消毒用品。新闻中心捐赠16台彩色电视机。

5月30日　海河综合开发起步区杨庄子片三期拆迁工作启动。拆迁涉及1038户居民，面积2.69万平方米。

6月3日　中共中央政治局委员、中宣部部长刘云山考察越秀路街教师村社区精神文明建设工作。

6月4日　最后一个“非典”隔离监控户解除隔离。至此，全区隔离观察的638人全部走出隔离区。

6月13日　世界卫生组织到天塔街社区卫生服务中心，考察社区群防群控“非典”工作。

6月17日　区纪检委党风廉政网站开通。

6月　河西区政务网开通。

7月1日　投资网开通。该网与河西政务网形成互补网络，全方位服务区域经济。

同日　成片旧楼区综合整修工程启动。工程涉及40个居民区、66526户居民，整修楼房595栋、7万平方米。

7月6日　社区卫生服务信息管理系统在12个社区卫生服务中心运行。

7月8日　区十大重点项目——建筑面积40万平方米的万科水晶城开盘。

7月10日　陈塘都市工业园区规划确定。四至为：北至黑牛城道，西至太湖路，东至微山路，南至河西与津南区行政界线，园区占地5.06平方千米。

7月11日　区委召开八届四次全体会议，提出建设发达商务商贸区、新兴都市型工业区、特色突出文化博览区奋斗目标，通过《河西区加快建设商务商贸区规划方案》《天津市陈塘都市工业园区规划方案》《河西区建设特色突出文化博览区规划方案》。

7月16日　国有独资佟楼副食商场改变行政隶属关系，从副食公司中剥离，成为独立建制、自主经营、自负盈亏、自我发展的市场竞争主体。

8月30日　投资100万元、面积1000平方米的区劳动保障服务中心开业。该中心是再就业公益服务载体，为下岗失业人员和用工单位退工、退档、招工录用、社会保险缴纳等进行系列服务。

11月12日　陈塘庄工业园内渤海科技园、万德工业园、太湖科技园、天感科技园揭牌，入驻23家科技型、环保型企业，注册资金5670万元。

11月14日　32所小学规范化学校建设通过市验收。

11月25日　全国人大常委会副委员长、全国妇联主席顾秀莲考察区妇联系统再就业工作。

12月17日　2000户企业转入河西区。其中，纳税在1000万元以上的企业14户，500万元至1000万元23户。

12月18日　长泰河改造工程开工。河长4.7千米，宽25米，沿河两岸绿化带宽10米，道路宽20米。

2004年

1月1日　群众文化艺术协会书画分会在市图书馆举办为期一周的贺新年、迎新春书法展。展览期间，书法家向28名坚强孩子赠送作品。

1月4—7日　河西区十四届人大二次会议和十一届政协二次会议召开。

1月17日　国务院副总理吴仪考察佟楼副食综合商场供应情况。

1月29日　制定《2004年服务区域经济的实施意见》，确定十大经济项目即：法国欧尚超市、丁香海鲜美食城、金皇酒店、家世界紫金山店超市、罗马商城、罗马假日酒店、金晖投资公司建设商业项目、乐园宾馆改造、双林大型商场载体、环渤海酒店。

2月8日　山华集团运业公司投资300多万元，在陈塘庄地区修建2万平方米客运基地。

2月17日　韩国汉城市江西教育厅代表团到河西区进行教育交流访问，汉城市阳东中学、新南中学、新西初等学校分别与区自立中学、津海中学、中心小学签订友好校协议。

3月2日　全区评选出41项年度科技进步奖项目。

3月6—7日　2004中国·天津河西商务商贸节开幕。法国欧尚、美国新能基、日本本田、加拿大运行集团、新加坡金树等企业及港澳台地区知名企业、外地企业及各大银行、保险、证券等金融机构出席。达成合同项目28个，合同投资额36亿元。

3月23日　区委召开第二次河西区人大工作会议。

4月29日　《河西报》整体并入《天津日报》区县版。《天津日报·新河西》实行单面彩印，周发行量2万份以上。

5月8日　由中国学生体协、国家体育总局排球管理中心主办的全国中学排球教练学习班在南楼中学开课。来自全国23个省(区市)的140余名中学排球教师参加。

5月10日　国有企业糖果糕点公司转为民营企业——德盛商贸有限公司挂牌。

5月18日　区委在泰达大厦、银丰大厦、合众大厦建立党员服务站。

6月29日　区人大网站开通。设9个栏目、14个子栏目，宣传人民代表大会制度、人大工作和民主法制建设成就。

6月30日　全国政务公开领导小组考察区政务公开工作。调研组参观越秀路街政务公开大厅，听取开展政务公开工作情况汇报。

7月14日　团区委举行“明德奖学金爱心助学”资助款发放仪式。52名困难家庭学生受捐助，捐助款2.6万元。219名中小学生得到社会救助7.89万元。

9月6日　社区早期教育发展中心成立。为社区儿童及家长提供多形式、多功能的早期教育服务，并为分布在全区12个街的30个社区早期资源中心提供管理、指导、培训和咨询等服务。

9月17—28日　滨湖中学杨晨在第12届雅典残疾人奥运会上获100米比赛金牌，在200米、400米、4×100米比赛和4×400米接力赛中获4枚银牌。

10月13日　全国人大常委会副委员长、全国红十字会总会会长彭珮云视察区红十字会工作。考察马场街社区红十字会服务工作，并题词：让红十字精神扎根社区，服务群众。

10月24日　洞庭公园改造工程竣工。该公园位于陈塘庄工业区洞庭路上，1978年建成，占地面积1.47万平方米。

11月1日　公安河西分局梅江派出所挂牌对外办公。

12月28日　市广播电视网络有限公司河西区分公司挂牌。该公司负责辖区内广电网络管理、维护、运营、建设等业务。

2005年

1月4日　全区为印度洋海啸受灾国家募捐37万余元。

1月21日　全国社区教育示范区天津市检查评估团对河西区推进社区教育工作、建设学习型城区，以及创建全国社区教育示范区工作进行检查评估。

1月24日　行政许可服务中心设立港澳居民申办个体工商户专口，无须经过外资审批。

1月27日　区政府出资50余万元，为公益保安总队配置巡逻汽车。

2月15日　区文化馆被文化部授予国家一级文化馆称号。御板书《红柳楼》、儿童美术作品《五彩缤纷》获全国群星奖，老年大学演出的舞蹈《不老的花季》被中央文明办、文化部授予铜奖。

2月23日　区检察院获全国先进检察院称号，并在最高人民检察院召开的全国检察机关信息化工作会议上做经验介绍，被评为全国检察机关信息化工作先进集体。

3月18日　中国·天津河西2005商务商贸节开幕。其间签订13个投资项目，合同投资额39亿元。

4月12日　区工会困难职工帮扶中心开展迎五一阳光帮扶系列活动，向全区150余名特困职工发放价值5.17万元生活物品。

4月18日　垃圾袋装工程在桃园街、马场街、天塔街和越秀路街率先实施。是年，河西区垃圾袋装工程在609个居民小区实施，占总数81.4%。

4月18日　在天津举办的全国商品交易会暨投资洽谈会上，区展团签订海河水上运动大世界和陈塘都市工业区改造两个合作项目，协议投资额25亿元。

4月25日　公安河西分局银河广场治安派出所成立。该所承担维护银河广场、青少年活动中心、天津大礼堂、国展中心、天津博物馆等场所的治安秩序任务。

5月2日　华夏银行天津分行落户友谊路金融服务区。至此，友谊路地区会集27家金融机构，各大银行天津分行10家，占全市总部型金融机构40%。

6月1日　有线电视台投资近千万元对区内硬件设施进行全面升级改造，自办节目实现数字化播放。

6月28日　区行政许可服务中心网站开通企业信用网。第一批通过信用网发布诚信企业约400家，诚信信息663条，推出远程下载功能。

7月1日　网上党建服务大厅开通。

7月4日　房屋鉴定中心建成营业。

7月15日　中央电视台、中央人民广播电台、新华社、人民日报社4大媒体到天塔街宾水东里，采访该社区党建工作，对该社区党委以服务群众为重点，组织社区党员开展扶贫济困、助残解难等公益活动作专题报道。

8月1日　开通政府热线网上办理系统。

9月12日　区第二届文化博览节开幕，集中开展文艺演出、文化展览、文化论坛三大板块26项系列活动。天津歌舞剧院、天津人民艺术剧院、天津交响乐团等驻区市属专业艺术院团参加，社区群众演员1万余人，观众25万人次。

9月20日　出资200万元，为全区基层派出所和防暴队购置新型警务用车，加大巡逻力度。

9月24日　为甘肃贫困地区募集衣被66万余件，捐款48万元，超额完成市政府下达的任务。

10月2日　中共中央总书记、国家主席、中央军委主席胡锦涛，深入下瓦房街富裕广场社区考察社区党建及先进性教育情况。

10月6日　新落成的海河中学教育博物馆揭牌。该馆陈列的百余件物理仪器、教具和生物标本均为该校前身德华中学堂时期（1907—1919年）实物。

10月9日　第一次经济普查，全区法人单位及产业活动单位9000余个，呈现出多种经济类型并存、第三产业占据主导地位特点。

10月14日　《天津日报》第一版刊发题为《退休不褪色、余热献社区》文章，报道区环卫局退休的全国劳动模范孙丽华奉献社区事迹。区委下发《关于向孙丽华同志学习的决定》。

10月16—22日　天塔街第七届邻居节开幕。该街邻居节始于1999年，这一活动作为天津市精神文明建设的典型，被中宣部定为全国贯彻《公民道德建设实施纲要》典型。中央电视台对邻居节进行采访，在《新闻联播》中播出。

10月21—24日　首届国际中学生环保知识技能大赛在区实验中学举行。加拿大、德国、印度等10个国家代表队、100余名外国师生与实验中学师生共同参加论坛赛事活动。

11月1日　人口抽样调查全区17514户、53178人，人口出生率为5.24‰，人口死亡率为5.7‰，人口自然增长率为 –0.46‰。

同日　国家人口计生委到区生殖健康服务中心调研。

11月14日　经专家评议并报市政府批准，河西区成为市中心城区第一个可持续发展实验区。

2006年

1月4日　教育部教育发展研究部，对区外来务工人员子女的学习、生活等情况进行调研。

1月16日　区政府拨款100万元，区教育系统师生捐款20万元，作为困难学生助学金。

2月9日　《健康新生活》创刊。

23日　区人大常委会第22次会议通过《河西区国民经济和社会发展第十一个五年规划纲要》。确立建设经济强区、文化大区、宜居城区，努力实现社会和谐现代化新城区奋斗目标。

3月10日　政风、行风热线开通，听取群众关心和企业关注的政风、行风问题。

3月18日　中国·天津河西2006商务商贸节举办期间，推出44个重点项目，10个项目签约，投资52亿元。

3月　河西区获全国绿化和城市园林绿化先进集体称号。

4月5日　民间文化社团银光中老年服装服饰表演团，赴韩国仁川市民间交流演出。

4月6日　经市教委评审，第四、二十二、二十五、二十八幼儿园及河西保育院被命名为市一级幼儿园。二十六幼儿园、市直机关幼儿园晋升为市示范幼儿园。

4月13日　友谊商厦、环渤海建材市场被中国消费者协会授予全国诚信维权单位称号，友谊商厦被编入全国诚信单位纪念册。

4月18—22日　在2006年中国天津全国商品交易会暨投资洽谈会期间，区展团接待国内外客商、代表团1500余人次，达成并签约合同项目3个，投资额14亿元人民币、1000万美元。河西区获最佳组织奖、最佳服务奖和最佳布展奖。

6月1日　河西区与驻区旅游单位成立联席会，成员包括喜来登大酒店、金皇大酒店、天津中国旅行社、天津康辉国际旅行社等18家酒店和旅行社。

6月20日　联合国儿童基金会一行深入第二十五幼儿园及天塔街ECCD早期教育发展资源中心进行学访调研。

6月22日　区政府与国家开发银行天津分行合作，为中小企业发展提供资金支持，首批4000余万元贷款使5家企业成为受益者，涉及创新科技型、运输业以及现代服务型企业。

7月　沈家聪任区委书记。

7月5日　《中国纪检监察报》以《河西区廉洁清风满校园》为题，对区廉洁教育活动进行报道。中纪委副书记刘峰岩作出重要批示，中纪委下发文件推广这一经验。

7月10日　由教育、金融、科技、餐饮界的人士组成的加拿大多伦多商务代表团到区考察投资环境，交流两地商务、教育、科技等方面信息。

7月11日　明德国学馆与四十二中学合作在曲阜设立国学教育基地，是以国学教育为主要内容的公益性教育机构。

7月26日　在全国街道系统开展的构建和谐社区自主创新奖评选活动中，天塔街邻居节获全国和谐社区建设自主创新奖。

8月1日　全国人大代表一行就发展城市社区医疗卫生服务体系问题，深入下瓦房街社区卫生服务中心、富裕广场社区卫生服务站、马场街社区卫生服务中心及文静里社区卫生服务站调研。

同日　区文化服务网站开通。

8月16日　梅江街办事处成立。

9月9日　河西区获全国创建学习型家庭示范城区称号。

9月14日　楼宇工会联合会揭牌，国际经济贸易中心的78家企业及其1400余名员工加入工会组织。

同日　区工会获全国工会干部教育培训先进单位称号。

9月21日　区工商联被评为全面建设小康社会做贡献先进集体。

11月18日　四十一中学举行扩建工程奠基仪式。香港企业家田家炳捐资250万港元。

11月30日　实验中学、新华中学、天津师范大学第二附属小学、湘江道小学、河西中心小学、上海道小学6所学校被北京奥组委、教育部命名为北京2008奥林匹克教育示范学校。

12月5—8日　中共河西区第九次代表大会召开。会议总结第八次党代会以来取得的成就和经验，提出建设经济强区、文化大区、宜居城区、社会和谐现代化新城区奋斗目标。选举产生区委委员35人、候补委员7人；区纪律检查委员会委员19人。

12月　中共河西区第九届委员会第一次会议召开，选举产生区委常委会，沈家聪为区委书记。

12月28日　国有资产监督管理委员会成立。

2007年

1月9—12日　区政协第十二届委员会第一次会议召开，选举刘开基为区政协主席。

1月10—13日　区第十五届人民代表大会第一次会议召开，选举沈树和为区人大常委会主任、彭三为区长。

1月15日　300余名外来务工人员自发组成马场街德才里社区居民志愿服务站。

1月18日　友谊路街银光中老年服装服饰表演团开展“迎奥运万里行”活动。50余名团员赴云南昆明和西双版纳表演，展示民间文化艺术社团风采。5月，该团赴香港、澳门、海南等地进行宣传表演。

2月26日　中央电视台《新闻联播》专题报道河西区学区联合发展，共建和谐校园工作。

3月1日　明德国学馆在培杰中学成立。

3月2日　天塔街体院北菜市场被市命名为市级卫生先进单位。

3月7日　挂甲寺街书苑里社区被授予天津市青年文明社区荣誉称号。

3月24日　房屋抢修服务中心被评为2006年度市创建文明行业标杆集体。

4月11日　党政机关为市慈善协会捐款158万余元。

4月14日　市曲艺团举行扶贫济困献爱心慈善义演活动，奉献精彩节目，区政府向市曲艺团颁发慈善大使荣誉牌，募集捐款240余万元。

4月24日　河西区终身学习网开通。

4月26日　启动无障碍进入残疾人家庭活动，为全区121户盲人家庭安装有声门铃，为189户聋人家庭安装闪光门铃，为109户低保边缘户下肢残疾和盲人家庭进行卫生间改造。

5月6日　市鼓舞大赛在银河公园广场举行，21支区县民间特色团队参加。评出陈塘庄街大鼓队、腰鼓队等8个津门鼓王。

5月9日　桂发祥麻花饮食集团有限公司被评为2006年天津市食品工业50强企业。

5月14—20日　区代表队参加市中小学田径运动会，以651分的总成绩位居第一。

5月24日　区住宅配套办公室、房产公司、龙都置业投资集团有限公司共同出资组建宜居安居建设有限公司。公司注册资本1000万元，负责经济适用房项目实施。

6月25日　慈善协会成立，募集慈善基金319余万元。全区13个街均成立慈善分会，区政府拨款40万元作为各街慈善分会的工作经费。

7月8日　天塔街被命名为中国少年儿童平安行动示范社区。

7月15日　尖山街八大里改造工程竣工，涉及10个小区，拆除违章建筑200间，清理堆物、圈占920余处，整修道路22万平方米，改造排水管道4000米、收水井288座。

7月19日　大连银行天津分行在友谊路开业。

7月26日　中国社会科学院信息化研究中心、国脉互联政府网站测评研究中心联合举办第二届中国特色政府网站评选颁奖会，区政府门户网站获在线办事特色与创新奖。

8月2日　中共中央政治局委员、市委书记张高丽到桃园街，就物价、养老金、下岗人员就业等问题调研。

8月3日　小百花业余越剧团、文化馆民乐团、社区女子合唱团、北洋民乐团、北洋越剧艺术联合会排演的大型民族交响越剧《红楼梦》赴宁波等地演出。

8月10—12日　湘江道小学在市中小学乒乓球比赛中获6项冠军，第四中学获5项冠军。

8月20—29日　区委、区政府与天津日报报业集团联合主办“打开音乐之门”暑期系列普及音乐会。其间，北京交响乐团、中国歌剧舞剧院、天津交响乐团、北京京剧院、亚洲青年交响乐团、德国古典音乐节交响乐团等著名团体演出交响乐、声乐、芭蕾舞、京剧等40余场。

9月22日　区教育局与英国NordAnglia教育集团签订合作协议，共同打造国际化高端教育聚集区。

10月13—20日　天塔街第9届邻居节开幕。市主要媒体及香港《大公报》、新华网、人民网等各大媒体全方位报道。

10月30日　位于友谊路商务金融中心的银河大厦建成开业。该项目由中钢集团天津公司旗下企业投资2亿元建设，占地5300平方米，建筑面积3.9万平方米，是集商务、办公为一体的综合性商务大厦。

11月1—2日　举办职业教育国际论坛。论坛以滨海新区建设与技能型人才培养为主题，美国、德国、新加坡、日本、韩国等国30余名教育专家、学者、驻华使馆官员，以及市区县代表240余人参加。

11月22日　工商联会员企业培训中心成立。

11月24日　河西区被授予全国和谐邻里示范城区称号。

11月28日　中国邮政储蓄银行天津分行在友谊路揭牌。

12月13日　越秀路街、马场街被授予全国志愿者先进标兵单位称号。

同日　河西区被授予“十五”全国家庭教育工作先进集体称号。

12月16日　区少年宫获中国青少年社会教育“银杏奖”优秀团队奖。

12月17日　泰达河西青少年足球培训中心梅江中学培训基地建成。

12月26日　河西区制定《社区卫生服务综合配套改革方案》，免费提供22项公共卫生服务，推行社区基本用药零差率销售，打造15分钟社区卫生服务圈，建设覆盖全区居民公共卫生服务、医疗服务、药品供应保障体系。

12月31日　中共中央总书记、国家主席、中央军委主席胡锦涛深入大沽路菜市场，考察节日期间市场供应和物价情况。

2008年

1月30日　中共中央政治局委员、市委书记张高丽深入利民道爱国北里，慰问退休职工、劳动模范、困难户。

2月14日　市教委、区政府共同出资建立数字化学习中心，内设学习网络机房、公共咨询区和学习管理区。

3月1日　奥运迎宾线9条道路、82幢楼房实施屋顶改造。建筑面积36.4万平方米，投影面积6.52万平方米。

4月3日　经市教委审查评估，梅江中学晋升为区级重点高中。

4月8日　投资8800万元建设的社区学院开工。该学院建筑面积5万平方米，设有计算机、财经等10类30余个专业。

4月16—20日　中国·天津河西2008商务商贸节开幕。国内外500强及知名企业近300名客商围绕8大类60余个招商项目进行洽谈。签约项目15个，金额84.6亿元人民币，6.5亿美元。

5月1日　环卫局启动环卫作业数字化管理系统，22部机扫、洒水和垃圾清运车安装GPS卫星定位装置。

5月8日　外资地区总部型银行——东亚银行天津分行开业。

5月14日　全区为四川地震灾区捐款捐物3549.17万元，其中区机关干部捐款150余万元，党员缴纳特殊党费296万元。

5月18日　区环卫局5名职工和2部8吨垃圾挤压车奔赴四川德阳灾区参加抗震救灾。

5月20日　区红十字会将收到的第一批740万元捐款送往四川地震灾区。

6月6日　泰达青少年足球培训中心在土城小学落成。

6月20日　工商河西分局“12315”消费者投诉举报中心被授予全国行政执法体系建设先进单位称号。

6月26日　中共中央政治局委员、市委书记张高丽就实施20项民心工程深入越秀路街教师村社区调研。

6月　挂甲寺庆音法鼓銮驾老会、杨家庄永音法鼓老会被收入国家级非物质文化遗产名录。

7月9日　中共中央政治局委员、市委书记张高丽深入河西区，围绕区域经济发展情况、民计民生保障和改善，以及和谐社会建设等情况进行调研。视察友谊路街谊景村社区居委会、社区服务站和友华菜市场、平安河西成果展示、友谊公园等。

7月20日　应急联动指挥系统一期工程完工，在全区重要位置设有90个监控点和一套无线视频监控系统。

9月9日　第十幼儿园新园向社会开放。

10月26—27日　河西区捐赠的新棉被16540件、新毛毯7475条、新军大衣940件发往陕西省宁强县和略阳县地震灾区。

10月29日　区残疾人康复中心在骨科医院揭牌。

10月30日　河西区被授予国家卫生区称号。

12月8日　社区卫生服务机构药品网上采购电子商务系统投入使用，508种零差率药品通过该系统采购。

12月10日　陈塘科技文化园服务中心开工。工程建筑面积2.3万平方米，投资4800万元。

12月　由新华社《瞭望东方周刊》主办，《今晚报》协办的“天津最具幸福感城区”推选活动揭晓。河西区获幸福城市政府贡献奖，当选天津市最具幸福感城区。

2009年

1月3日　河西区提出建设国际商务城区、多元文化城区、生态宜居城区新三区奋斗目标。

1月18日　中共中央政治局常委、中央书记处书记、国家副主席习近平到河西区友谊路街考察党建工作。

1月26日　团市委、区政府、市旅游局主办，天津乐园、区文化局承办的“福耀万家乐园彩灯文化艺术节”在乐园开幕。该艺术节包括老北京庙会和春节大型灯会两大板块，成为天津市历年举办的规模最大的灯会。

2月10日　以宣传新型生育文化、传送婚育新风的社区“红苹果俱乐部”在挂甲寺街挂牌成立。

2月16日　挂甲寺街被文化部命名为中国民间文化艺术之乡。

2月　河西区获全国文化信息资源共享工程示范区、全国文化产业先进集体、全国文化市场行政执法先进单位。

2月23日　区司法局获司法部司法行政系统奥运安保工作先进集体。

4月14日　河西区获全国社区教育示范区，天塔街获全国社区教育示范街道。

4月15日　菜市场协会成立。全区56家单位、32名个人成为首批会员。

5月15日　中共中央政治局委员、市委书记张高丽视察教师村社区，参观改扩建后的社区居委会。

5月18日　河西区被评为全国社会治安综合治理先进地区。

同日　陈塘科技文化园创业基地落成并投入使用。该基地有软件开发、文化创意、大学生创业培训等18家企业入驻。

5月21日　残疾人服务中心在挂甲寺街揭牌。该中心由1个办公区和4个功能室组成。

6月10日　天塔街被授予全国社区共建共享先进街道称号。

7月16日　中共中央政治局委员、市委书记张高丽到人民公园、西岸艺术馆、建委、陈塘科技商务区调研。

7月29日　天塔街、越秀路街在西安举办的第三届全国社区睦邻文化论坛上获全国和谐邻里建设示范街道。

8月14日　柳林街被命名为天津市全民健身工作先进单位。

9月4日　档案馆向社会开放第15批档案。

9月15日　感光胶片厂与中科院理化技术研究所共建影像技术联合实验室在陈塘科技商务区启动。

9月25日　河西区举办2009年环渤海金岸杯中小学生读书活动成果展。40所中小学近万名学生参加读书活动，500幅作品进入决赛，120幅作品获奖。

9月30日　中共中央政治局委员、市委书记张高丽到东海街汉江里社区和微山路中学，看望慰问社区居民和在校就读的新疆高中班各族学生。

10月7日　小海地小二楼危陋房屋拆迁改造工程启动。该片是80年代初市政府为解决群众住房困难建造的简易二层楼房，住户近9000户、3万余人。

10月12日　河西区获全国和谐社区建设示范区。

10月23日　河西区被国务院授予民族团结进步模范集体称号。

11月7日　河西区被评为全国推进义务教育均衡发展工作先进区。

11月29日　河西区获全国未成年人思想道德建设工作先进城区。

11月30日　中共中央政治局委员、市委书记张高丽到下瓦房社区卫生服务中心，视察甲型H1N1流感防控工作情况。

11月　新建的河西区青少年宫落成。

12月7—8日　卫生部妇幼卫生监测办专家组对河西区孕产妇死亡、5岁以下儿童死亡、出生缺陷三网监测工作进行考察。

12月14日　中央政治局委员、市委书记张高丽到河西区征求群众对天津市实施20项民心工程意见和建议。

2010年

1月14日　河西区完成历史风貌建筑安全查勘工作。区内有历史风貌建筑54幢，占地87382平方米，涉及30个产权单位，与25个单位签订"责任书"。

1月29日　河西区被市委、市政府授予第十一届全国运动会突出贡献单位称号。在全运会上，河西区籍运动员获得金牌10枚、银牌2枚、铜牌1枚。

5月4日　河西区公开招聘事业编制居委会专职干部工作启动，13个街道近百个社区居委会的干部上岗。

6月10日　区关工委、慈善协会、红十字会共同发起爱心助学行动，782名贫困家庭孩子得到资助。

6月24日　河西区获全国维护妇女儿童权益先进集体。

6月29日　第十七届津洽会国内招商引资签约仪式上，河西区签约2个内资、1个外资项目，投资66.2亿元。

8月23日　区校园保安大队成立。300名训练有素的专业保安队员入驻50所中小学、幼儿园，同时安装1000余个视频摄像监控探头，加强校园安全保障。

同日　区统战部组织763个单位和个人，捐款50余万元支援贵州毕节试验区"同心水窖"建设项目。

9月17日　谊景村等5个社区获市级示范家园和优秀家园。

9月30日　中共中央政治局委员、市委书记张高丽到小围堤道菜市场视察节日市场供应情况。

9月　河西区与美中互利医疗控股有限公司联合建立的天津和睦家医院开诊。

10月14日　东海街被评为全国妇联基层组织建设示范街道，秀峰里社区和长达公寓社区被评为全国妇联基层组织建设示范社区。

10月21日　市环保局监测中心及区县环保局组成创建安静居住小区验收组，到河西区检查指导安静小区创建和复验工作。罗兰花园小区通过市级安静小区创建验收，名仕达、富裕广场等8个市级安静小区通过复验。全区有27个社区成为市级安静小区。

12月3日　河西区举办"心手相牵，与爱同行"大型公益助残活动暨残疾人艺术团成立大会。投入资金128.6万元，受助残疾人5795人。

同日　完成全国第六次人口普查入户登记工作。

12月22日　区党政机关、事业单位举行以助医、助学、助老、助困为主题捐助活动，干部每人捐出4天工资共620余万元资助困难家庭。

第一编

政区　自然环境

历史上河西之地属天津东南部海积冲积平原区。明末，分布10余个村落。清末，随着工商业发展，人口渐繁。清光绪二十一年（1895年），境内东北一隅成为德国租界。1919年，租界收回，设特别地区。后区名、区划迭经变更，1956年定名河西区，成为天津市中心城区之一。1981—2006年，区界几经调整，至2010年，辖区面积为42.21平方千米。自然环境与1979年以前大致相同。进入21世纪，大气污染逐年显现。随着改革开放进程的推进，城区的社会发展和经济建设发生历史性的变化。至2010年，初步建成现代化新型城区。

2010年，人民公园　　　　（区地志办提供）

第一章 政区设置

1979—2006年，天津市政府对政区进行调整。河西区分别与南开区、西郊区（今西青区）、南郊区（今津南区）进行4次区界调整，面积随之增加。街道行政区和办事处历经新建、调整，至2010年全区设有13个街道办事处。

第一节 位置

一 地理位置

位于天津市中心东南部，海河西岸。至2010年底，区界四至范围：东临海河，与河东区相望；西迄卫津南路、卫津河，与南开区、西青区交界；南沿双林农场、引水河，与津南区毗邻；北抵徐州道、马场道、津河，与和平区接壤。

二 数理位置

区域地理坐标为北纬39°12′，东经117°22′。

第二节 区划

一 区界调整

1981年2月，原属南开、西郊两区的体育学院北面地块新辟居民区划归河西区管辖。1985年1月，西郊区津盐公路以东区域划入河西区。南段区界外移至三水道及拟建的潭江道。1991年10月，南段区界再次调整，将微山路至洞庭路一段由三水道向南扩至浯水道。21世纪初，梅江地区大型居民区相继落成。2006年，与西青区界再次调整。2010年，辖区面积42.21平方千米。

二 街道行政区调整

1978年10月，撤销街道革命委员会，恢复街道办事处。1982—1986年，建立小海地、珠江道、体院北、友谊路、纪庄子、黑牛城街道办事处，四号路街更名为越秀路街。1988年3月，灰堆街更名为柳林街。1992年，建三水道街道办事处。1994年8月，三水道街与珠江道街合并，称东海街。1995年，全区设20个街道办事处。1996年10月，桃园村街与谦德庄街合并，称桃园街。1996年12月，大营门街与三义庄街合并，称大营门街。1997年2月，体院北街更名为天塔街。2000年6月，撤销刘庄、西南楼、东楼、纪庄子、黑牛城、小海地6个街道办事处建制，所辖区域分别并入下瓦房、越秀路、挂甲寺、天塔、友谊路、陈塘庄街。2006年8月，新建梅江街道办事处。至2010年，全区设：大营门、桃园、下瓦房、马场、越秀路、挂甲寺、尖山、天塔、友谊路、陈塘庄、东海、柳林、梅江13个街道办事处。

大营门街 位于区东北部。东起海河，南抵浦口道、绍兴道，西至大沽南路、九江路，北界马场道、徐州道，面积0.57平方千米。三义庄街位于北部，北至马场道，东至大沽南路，西至天津劳保橡胶厂，南至绍兴道。面积0.42平方千米。1996年12月，两个街合并后的大营门街，东临海河，南至绍兴道，西至天津外国语学院，北至马场道、徐州道，辖区面积0.99平方千米。

桃园街 位于区西北部，与和平区交界。东起天津外国语学院，南抵废墙子河、绍兴道，西达佟楼桥，北至马场道，面积0.61平方千米。谦德庄街位于区北部，东起广东路、体育馆西围墙，南临废墙子河，西抵元兴里，北达绍兴道、琼州道，面积约0.48平方千米。1996年10月，合并后的桃园街，东起广东路、隆昌路，南至津河，西临马场道，北到天津外国语学院，面积1.09平方千米。

下瓦房街 位于区东北部。东至海河，南抵温州道、琼州道、废墙子河，西到广东路、区体育馆西围墙，北起绍兴道，面积0.88平方千米。刘庄街位于区东部，东临海河，南界湘江道、废墙子河，西抵闽侯路，北达温州道，面积0.82平方千米。2000年6月，两个街合并后的下瓦房街，东临海河，南界新围堤道、湘江道、津河南道，西接广东路、琼州道、隆昌路，北隔绍兴道与大营门街相邻，面积1.7平方千米。

马场街 位于区西部。东起友谊路，南至宾水道，西临卫津路、紫金山路，北抵津河，面积4.45平方千米。

越秀路街 位于区中部偏西，东起白云路，南抵平江道，西界绍兴道、友谊路，北至废墙子河，面积1.68平方千米。西南楼街位于区中部。东起隆昌路，南抵平江道，西至白云路，北界废墙子河，面积2.01平方千米。2000年6月，两个街合并后的越秀路街，东起隆昌路，南起平江道，西至友谊路，北至津河，面积3.69平方千米。

挂甲寺街 位于区东部，东临海河，南抵大沽南路、古海道，西至河西少年宫，北界废墙子河、湘江道，面积1.32平方千米。东楼街位于区中部偏东，东起河西少年宫、天津探矿机械厂，南抵资水道，西至隆昌路，北临废墙子河，面积1.09平方千米。2000年6月，两个街合并后的挂甲寺街，东临海河、天津市第四棉纺厂西大道，南抵资水道、大沽南路，西至隆昌路，北迄津河末梢、湘江道，面积2.41平方千米。

尖山街 位于区西南部。东起洪泽路，南迄潭江道，西至隆昌路、白云山路，北抵大沽南路，面积6.3平方千米。

天塔街 位于区西南部。前身为体院北街，建于1984年4月。东北抵紫金山路，南临体院北道，西界卫津南路。1997年2月，体院北街更名为天塔街。面积1.72平方千米。1986年6月，建立纪庄子街办事处。东起卫津河，南起津浦铁路陈塘庄支线，西至卫津南路，北至体院北道，面积1.56平方千米。2000年6月，两个街合并后的天塔街，东临卫津河，南起津浦铁路陈塘支线，西至卫津南路，毗邻奥林匹克体育中心和水上公园，北至聂公桥，面积3.28平方千米。

友谊路街 位于区南部，建于1984年6月，东起尖山路和陈塘庄铁路货场西大墙，南至城防河，西至友谊路及其延伸线，北起平江道。面积1.1平方千米。黑牛城街建于1986年6月，位于区西南部。东起友谊路，南抵城防河，西至紫金山路，北达宾水道，面积1.77平方千米。2000年6月，两个街合并后的友谊路街，东起尖山路，南到卫津河，西至紫金山路，北至宾水道、平江道，面积2.87平方千米。

梅江街 位于河西区、津南区、西青区三区交界处，东起白云山路，南至潭江道，西至紫金山路，北至郁江道，面积2.6平方千米。

陈塘庄街 位于区东南部，东起微山路，南抵天津市玛钢厂，西至洪泽路，北傍海河，面积5.61平方千米。小海地街东起双林路，南抵三水道，西至微山路，北界新会道，面积0.89平方千米。2000年6月，两个街合并后的陈塘庄街，位于区南部。东起微山路、学苑路，南抵三水道、珠江道，西至洪泽路，北傍海河，面积6.5平方千米。

东海街 位于区东南城郊接合部。东起微山路，南迄浯水道，西至洞庭路，北抵珠江道。面积2.12平方千米。

柳林街 位于区东南部，与津南区交界。东至双林引河，南至泗水道，西至学苑路转新会道至微山路，北临海河，面积4.2平方千米。

第二章 街道

1979—2010年，街道办事处作为区政府的派出机构，围绕改革发展稳定的大局和全区的中心工作，因地制宜，发挥各自优势，在推进经济建设和社会事业发展的进程中，坚持社区建设、管理和服务并重，履行职能，形成特色突出、优势凸显、竞相进取的工作新局面，发挥党和政府联系人民群众的纽带和桥梁作用。

第一节 大营门街道

一 概况

大营门原本是天津濠墙营门之一，在津城东南梁家园，即今大沽南路与南京路交口处附近，称梁园营门。据《津门杂记》载：“咸丰十年（1860年），清统兵大臣僧格林沁，在津筑建濠墙，深沟高垒，距城三里至五六里不等，营门凡十一，围长共三十六里，人称墙子。”光绪七年（1881年）直隶总督李鸿章在重修濠墙时命名为“凝晖门”，俗称“大营门”。光绪二十六年（1900年），八国联军入侵天津后毁墙拆门，遗迹无存，只留下一道墙子河。1973年，填墙子河筑成南京路。1953年2月，建立解放南路街公所。1954年6月，改为解放南路街办事处。1958年10月，将浦口道街和桃园村街、下瓦房街一部分和解放南路街一并组成大营门街。

三义庄有百余年历史。清光绪二十一年（1895年），为建德租界，强迫域内的梁家园、靳庄子、小王庄三村居民迁到墙子河以南、海大道以西的地区居住。民众推举肖鸣等5人为首事，负责安置事宜。“三村合一，义字当先”，村民商议取名“三义庄”，以示三村团结合一，并修建三义庙（今浦口道与南京路交口处，痕迹无存）。1953年3月，组建三义庄街公所，1954年6月，改为三义庄街道办事处。

1996年12月，三义庄街道与大营门街道合并为大营门街道办事处。2010年底，有居民35171人。人口密度为每平方千米35347人。下设：东莱里、蚌埠道、浦口道、敬重里、九江路、荣华里和三义大厦7个社区居委会。

1982—2010年部分年份大营门街居委会情况表

表1-1

变化情况	合并前				合并后				
	大营门街办事处		三义庄街办事处		大营门街办事处				
时间	1982	1996	1982	1996	1996	1997	1998	2000	2004—2010
居委会	新立里	新立里	双顺里	双顺里	浦口道	浦口道	浦口道	浦口道	浦口道
	安辛庄	安辛庄	积庆里	积庆里	蚌埠道	蚌埠道	蚌埠道	蚌埠道	蚌埠道
	双顺里	双顺里	福至里	福至里	东莱里	东莱里	东莱里	东莱里	东莱里
	东莱里	东莱里	久仰里	久仰里	三义大厦	三义大厦	三义大厦	三义大厦	三义大厦
	棋寿里	棋寿里	利和里	利和里	荣华里	荣华里	荣华里	荣华里	荣华里
	无锡道	无锡道	宝和里	宝和里	九江路	九江路	九江路	九江路	九江路
	蚌埠道	蚌埠道	泰达里	泰达里	敬重里	敬重里	敬重里	敬重里	敬重里
	爱慕里	爱慕里	鸿华里	鸿华里	新立里	新立里	新立里	新立里	–
	万复兴里	万复兴里	南昌路	南昌路	福至里	福至里	福至里	福至里	–
	浦口道	浦口道	崇明里	九江路	积庆里	积庆里	积庆里	积庆里	–
	广发楼	广发楼	敬重里	敬重里	鸿华里	鸿华里	鸿华里	鸿华里	–
	–	九江路	广田里	广田里	无锡道	无锡道	无锡道	无锡道	–
	–	天津医科大学东院社区	安德里	安德里	崇明里	崇明里	崇明里	崇明里	–

续表

变化情况	合并前				合并后				
	大营门街办事处		三义庄街办事处		大营门街办事处				
时间	1982	1996	1982	1996	1996	1997	1998	2000	2004—2010
居委会	–	–	三义庄	三义庄	积庆里	积庆里	积庆里	积庆里	–
	–	–	–	广东路	福至里	–	–	福至里	–

界内有南京路、大沽南路、解放南路、台儿庄路和马场道、浦口道、苏州道等主要街道。有武警总队在内的驻津单位8个，市属单位37个，区党政机关及区属单位62个，大专院校2所，非公有制经济单位349个。辖区北部紧邻繁华的小白楼商业中心，东部主要为中央及市、区属机关办公区，中部由大沽南路商业餐饮一条街贯穿，西南部主要为居住区。随着小白楼商务区建设发展，楼宇经济渐成规模，以商务商业带动，产生CBD效应，成为河西区经济发展的商务商贸中心。

二　特色

自80年代，坚持社区建设、管理和服务相结合，促进经济和社会事业发展。先后获得全国计划生育工作先进单位、全国城市体育先进社区、天津市城市集体经济优秀管理部门、人民调解工作、双拥工作、精神文明创建活动、市容卫生、综合治理、爱国拥军、经济普查等先进单位称号。2002年7月，《中国改革报》以“小政府，大社会”为题，报道该街“创建服务型街道办事处”的典型事例。

街办经济　1996年，成立宇通总公司。2002年，获天津市城市集体经济百强企业称号。2003—2010年，引资人民币3.16亿元、美元89万元。2007年，协助区国资委建立封闭型苏州道菜市场。2009年，成立“大营门地区经济联合会”，促进企业间、企业与政府间的交流与协作。

图1-1　2010年，召开非公有制企业首届五次职代会现场

（大营门街道办事处提供）

管理与服务　三义庄街连续被评为市综合治理工作先进单位。1994年，镇江道市场评为市级文明市场。2000年，成立大营门街生殖健康服务中心。2003年，发生非典型肺炎时，成立应急小分队，在社区24小时监控并做好消毒防疫工作。对祺寿里24门一户“疑似”居民进行隔离和生活服务。2009年5月，敬重里42门一户居民发生“甲流感”疑似疫情，街里启动应急预案，每天为整个楼栋消毒，为“隔离”居民提供生活服务、医学观察直至解除疫情。

“双拥节”　自1995年，天津武警总队和大营门地区开展共建活动。每年“八一”建军节定为“双拥节”，社区居民到军营慰问，武警官兵参加社区公益劳动。2004—2010年，每个社区聘一名武警战士担任社区居委会名誉主任。2006年，被评为市双拥模范单位。

第二节　桃园街道

一　概况

桃园村界内原为大片洼地、荒地、芦苇地。20世纪初，陆续建起民宅、西式洋楼、教堂、学校等。1931年，天主教会建成信德里、修业里，砖瓦平房出租，商铺摊贩增多。1939年，河北省洪水泛滥，大批灾民逃难到天津后，在元兴里、小河沿一带，搭起半地下简陋窝铺栖身，逐渐形成元兴里后窝铺区和小河沿窝铺区。后相继建成老武官胡同、福生里等砖瓦平房、西式与日式2层楼房。自80年代末，对界内的信德里、照耀里、元兴里后、市政、津港等居民区的平房进行改造，建起低层新楼房，形成新的居民区。

谦德庄清末民初是津郊荒地。1917年，河北省水灾，沧县、大成、文安、静海等县灾民流入市区，初栖身小萝卜地（原刘庄公共汽车终点站附近）。1918年，大盐商李春城（称“李善人”）之孙李莀臣，在李善人花园（今人民公园）西北角广东路两侧盖起土坯房200余间，赈济灾民，起名“李家小房子”，一些灾民在此落户。天主教崇德堂和一些房产主也在此地填坑平坟盖房，相继盖成天祥里（今元兴里）、本部里、树德里等里巷，逐渐形成村落。由于崇德堂的房产多、势力大，故起村名“谦德庄”。1949年后建立街公所。谦德庄分为保安街、西楼街、义园前街3个街公所，1954年，改称街办事处。1956年，将保安街办事处改称谦德庄街办事处，义园前、西楼街办事处撤销，并入谦德庄街办事处。

西楼前街24号是一处土木结构平房院落（已拆除，建有纪念亭），是中共天津地委部（区）委书记傅懋恭（彭真）及中共地下党组织领导五村农民反霸斗争遗址，为天津市文物保护单位。

1996年10月，桃园村街道与谦德庄街道合并为桃园街道办事处。2010年底，有居民44248人。人口密度为每平方千米44093人。下设：广顺园、安德公寓、泰达园、西楼北里、元兴新里、连荣里、庆荣里、照耀里、津港路、罗兰花园10个社区居委会。

1978—2010年部分年份桃园街居委会情况表

表1-2

变化情况	合并前					合并后				
	桃园村街办事处			谦德庄街办事处		桃园街办事处				
时间	1978	1986	1991	1982	1995	1996	1997	1998	1999	2008—2010
居委会	小河沿	小河沿	元兴新里一委	中街	王家台	元兴新里一委	福生里	元兴新里	广顺园	广顺园
	照耀里	照耀里	元兴新里二委	后街	四合顺	元兴新里二委	丁家花园	丁家花园	三元公寓	安德公寓
	福生里	福生里	元兴新里三委	后段	永安里	元兴新里三委	照耀里	照耀里	金达园	泰达园
	市政	市政	照耀里	四合顺	连荣里	照耀里	福海	福生东里	元兴新里	西楼北里
	津港	津港	福生里	永安道	永安道	福生里	津港	津港路	丁家花园	元兴新里
	元兴里后	元兴里后	海口路	永安里	绍兴道	海口路	永安	永安道	照耀里	连荣里
	凌志里	凌志里	信德里	福顺街	保安街	信德里	西楼北里	西楼北里	福生东里	庆荣里
	海口路	海口路	小河沿	三德里	小河沿	小河沿	连荣里	连荣里	津港路	照耀里
	信德里	信德里	丁家花园	连荣里	三德里	丁家花园	庆荣里	庆荣里	永安道	津港路
	丁家大院	丁家大院	市政	元兴里	福顺街	市政	–	安德公寓	西楼北里	罗兰花园
	–	长安里	凌志里	桥西街	市场	津港里	–	–	连荣里	–
	–	–	津港里	王家台	西楼北里一委	西楼北里	–	–	庆荣里	–
	–	–	–	保安街	西楼北里二委	三德里	–	–	安德公寓	–
	–	–	–	市场	西楼北里三委	连荣里	–	–	–	–
	–	–	–	绍兴道	–	庆荣里	–	–	–	–
	–	–	–	小河沿	–	–	–	–	–	–

界内有横贯东西的马场道、绍兴道、永安道、徽州道、琼州道、西楼后街；通达南北的保安街、汕头路、广东路、友谊路。有综合商贸、金融投资、管理咨询、人力资源、电子通讯等现代服务业单位35家。市属单位16个，区属单位52个，各类第三产业133家。

二　特色

自1979年，推进区街经济的发展，加强社会事业的管理和服务，构建和谐社区。1993年，获全国群众体育先进单位。2001年，进入全国先进体育城区行列。2006年，永安道社区被评为全国首批商业示范社区。2007年，被评为全国百家示范乡、镇、街道先进工会。自1979—2010年，获多项市级先进称号。

管理与服务 90年代，开展创建安全居民区工作，成立桃园地区守卫者协会。1993、1994年，被天津市评为计划生育先进单位。1998年，街司法科获天津市调解先进集体。被评为市环境美文明城区达标街。自2000年，配合有关部门完成永安道综合环境秩序治理任务，协助完成墙子河改造及马场道整修工作。有组织、有步骤地对界内的违章建筑和棚亭进行拆除。2008年，被评为天津市红十字示范街。2000—2010年，在居委会中开展争创“十佳安全楼门”活动，成立地区调解站。

图1–2　2001年，“安居节”活动现场（桃园街道办事处提供）

图1–3　2008年，桃园街北京奥运会志愿者为火炬传递加油助威(桃园街道办事处提供)

安居节 2001年，在谦德庄危陋房屋改造回迁3周年之际，社区居民联名给市领导写信，表达对市委、市政府实施危改工程、为群众办实事的感激之情。2001—2004年，街办事处以“弘扬危改精神，共建美好家园”为主题，举办四届“安居节”。2005—2008年，以“和谐桃园”为主题，举办四届安居节。2009年，以“温馨桃园，魅力家园”为主题，举办第九届安居节。2010年，第十届安居节“回顾10年和谐建设的辉煌成果”。安居节成为每年居民的传统活动。

文化与体育 2000—2010年，组建京剧团、评剧团、书画社、合唱队、模特队、健美操队、木兰扇队、腰鼓队等团队，开展音乐歌舞、京剧票友、越剧戏迷、曲艺小品、书画展示等展演活动。

1992—1999年，获市体育工作先进单位、世界体操锦标赛组织工作先进集体。

第三节　下瓦房街道

一　概况

下瓦房街因地处下瓦房而得名。相传清末有商人在天津城南海大道(今大沽南路)路西与小刘庄北的民间小路(今琼州道)交口处盖三间瓦房，卖茶水、小吃，生意兴隆，过往行人多在此休息。因为天津人习惯称海河下游及城南一带为“下”或“下边”，故称此地为下瓦房，沿用至今。街办事处建于1956年6月，由九江路街办事处、三义庄街办事处、南华里街办事处合并组成。1958年，曾将刘庄街道办事处并入。1963年，将刘庄街道办事处划出，成为下瓦房街道办事处。

刘庄原名“小刘庄”，以当地地主刘宝芝的姓氏得名。小刘庄为明代村落，地处海河岸边，历史上是水陆码头，为漕运粮船必经之地。自1917年，随着裕元纱厂(即棉纺二厂)兴建，农业遂废。刘庄街头出现脚行、理发店、照相馆、说书场、茶楼、杂货铺、粮店、饭馆、鱼市、金银首饰店、当铺等行业，形成贯穿刘庄的一条繁华街道。1923年，在大街东口设立牌坊一座，上书“刘庄大街”四个字，为著名书法家李学曾所书，“文化大革命”期间被废。

刘庄、下瓦房地区曾是中共天津党组织早期活动地区之一。1924年，李培良、芦绍亭等革命者到刘庄工人居住区创办平民学校，向工人群众宣传马列主义，组织工会、发展党组织。1926年，傅懋恭(彭真)等领导裕元纱厂的罢工斗争，取得胜利。刘少奇、邓颖超、郭隆真等一大批革命先辈都曾到此指导工作和进行革命活动。坐落在刘庄、下瓦房地区有：纺织总工会、修德里地下党活动、鲍家胡同地下党联络点、五村支部活动、地下军手枪队联络站、乾昌地毯罢工斗争、大丰地毯工人护权斗争、师范学校学生运动、特一中学地下党活动、刘少奇到津视察居住地等革命遗址。

2000年6月，刘庄街道与下瓦房街道合并为下瓦房街道办事处。2010年底，有居民48570人。人口密度为每平方千米28554人。下设：富裕广场、福盛花园、台北路、福建路、大沽路、福至里、南华里、龙海公寓、东舍宅、久仰里、棉二大院11个社区居委会。

1980—2010年部分年份下瓦房街居委会情况表

表1-3

变化情况	合并前					合并后			
	下瓦房街办事处			刘庄街办事处		下瓦房街办事处			
时间	1980	1982	1999	1982	1987	2001	2003	2008	2010
居委会	解放路	解放路	解放路	西舍宅	棉二大院	解放路	解放路	台北路	富裕广场
	福建路	福建路	台北路	康乐里	公明里	台北路	台北路	福建路	福盛花园
	久安里	久安里	福建路	天兴里	信德里	福建路	福至里	福至里	台北路
	北里	北里	闽侯路	南华里	琼州道	闽侯路	久仰里	久仰里	大沽路
	存诚里	存诚里	福至里	鲍于里	温州道	福至里	宝和里	云景大厦	福至里
	明德里	明德里	久仰里	后庄	南华里	久仰里	大沽路	大沽路	南华里
	恒安里	恒安里	宝和里	富兴里	富兴里	宝和里	同善里	富裕广场	龙海公寓
	同善里	同善里	大沽路	棉二大院	西舍宅	大沽路	松盛里	福盛花园	东舍宅
	大沽路	大沽路	同善里	琼州道	润善里	松盛里	福建路	龙海公寓	福建路
	宝和里	宝和里	松盛里	东舍宅	后庄	棉二大院	龙海一委	南华里	久仰里
	恒华里	恒华里	北里	–	于家胡同	琼州道	龙海二委	东舍宅	棉二大院
	台北路	台北路	–	–	天兴里	温州道	棉二大院	棉二大院	–
	台湾路	台湾路	–	–	鲍于里	南华里	福盛花园	–	–
	闽侯路	闽侯路	–	–	刘庄中街	东舍宅	南华里	–	–
	–	宁波道	–	–	康乐里	海华里	海华里	–	–
	–	金华道	–	–	刘庄大街	龙海一委	东舍宅	–	–
	–	琼州道	–	–	–	龙海二委	富裕广场	–	–
	–	敬爱里	–	–	–	–	–	–	–
	–	松盛里	–	–	–	–	–	–	–

界内有南北贯通的广东路、大沽路、解放路；东西走向的绍兴道、宁波道、琼州道。街东部为德式建筑风格的楼群，北部是河西区党政机关办公场所，南部以商务写字楼、公寓居多，西部有人民公园、饭店等居民休闲、娱乐、餐饮区。多条商业街和行政、企事业单位坐落于此，非公有制经济单位425家。

二　特色

自80年代，在推动区域经济、民政服务、文化体育、计划生育、创国家卫生城、治安防范，构建和谐社区等方面，多次获市级先进称号。2005年10月2日，中共中央总书记、国家主席、中央军委主席胡锦涛和中央书记处书记王刚，在中共中央政治局委员、市委书记张立昌，市长戴相龙等陪同下考察富裕广场社区，听取汇报，视察社区居委会和文体活动站。2006年，富裕广场社区党支部获全国先进基层党组织称号。2007年12月31日，胡锦涛到大沽路菜市场考察。2010年，富裕广场社区获全国家庭教育示范社区称号。

管理　1978—1992年，分期、分批地拆除临建棚的工作；拆除各种违章建筑2163间。加强清扫保洁，先后获得市级市容卫生管理达标街、无违章街等称号。1993年，在全市爱国卫生检查中获第一名。大沽路居委会连续多年被评为市治保工作先进集体，并立三等功。1989年，被评为全国治安联防优秀集体。1991年，法律服务所被司法部评为部优合格法律服务所。1995年，全街安全居民区达17个，占总数95%。是年，成立残疾人福利基金会，筹集12万余元福利基金。5月21日，张立昌市长前往参加为残疾人送温暖活动，并题词："全社会都要关心残疾人事业"。1998年4月，联合国开发计划署、国家劳动部、外经贸部、全国妇联等组成的考察团到下瓦房街考察再就业、"小饭桌"服务等工作。2001年，市综合治理办公室检查验收，考核成绩为99分。街劳动服务中心多次被评为市、区文明窗口单位、优胜单位。2003年11月，全国人大常委会副委员长、全国妇联主席顾秀莲到河西区指导妇联系统再就业工作，深入下瓦房街进行调研。2010年，富裕广场、龙海公寓、东舍宅等社区被评为市级文明小区。

文化 2001年，"金晚霞"中老年交谊舞获中华全国体育总会、全国老龄委颁发老年人健身活动先进社团称号。2004年12月26日，下瓦房街在富裕广场社区举办"庆祝天津建卫600周年联欢会"。2006年，市民学校、分校开设各门类班级34个，学员2.4万余人次。2007年，参加学习达3万人次。2010年，福盛花园和富裕广场两个社区分别举办回迁十周年暨胡锦涛总书记视察五周年文艺纪念活动。是年，富裕广场社区获全国家庭教育示范社区称号。

图1-4　2004年，街道社团文艺表演（下瓦房街道办事处提供）

第四节　马场街道

一　概况

马场街因界内著名道路马场道而得名。清《津门保甲图说》记载，界内散落有佟楼、吴家窑、八里台三个自然村，多水坑、稻地及园田，村民多以务农为业。佟楼村西南有始建于光绪十二年（1886年）的原英商赛马场。光绪二十六年（1900年）义和团放火烧毁赛马场看台。光绪二十七年（1901年），重建。1945年8月，日本投降后，赛马场由国民政府接收。1954年6月定名为马场街道办事处。

2010年底，有居民54949人。人口密度为每平方千米12348人。下设：德才里、先进里、西化里、卫星里、劳卫里、凤凰城、金山里、新闻里、文静里、三合里、气象里11个社区居委会。

1999—2010年部分年份马场街居委会情况表

表1-4

时间	1999年	2002年	2006年	2008年	2010年
居委会	德才里	德才里	德才里	德才里	德才里
	先进里	先进里	先进里	先进里	先进里
	三合里	三合里	三合里	三合里	三合里
	四化里	四化里	四化里	四化里	四化里
	劳卫里	劳卫里	劳卫里	劳卫里	劳卫里
	金山里	金山里	金山里	金山里	金山里
	气象里	气象里	气象里	气象里	气象里
	建国楼	建国楼	凤凰城	凤凰城	凤凰城
	卫星里	卫星里	卫星里	卫星里	卫星里

续表

时间	1999年	2002年	2006年	2008年	2010年
居委会	文静里	文静里	文静里	文静里	文静里
	新闻里	新闻里	新闻里	新闻里	新闻里
	春光楼	春光楼	春光楼	春光楼	—
	佛山里	–	–	–	–
	东风里	–	–	–	–

界内有中环线围堤道段。西接八里台立交桥，东与友谊路相交，绿化覆盖率达46%。市属行政机关、大学、医院、商业购物区、宾馆区、金融机构、商务楼宇、艺术团体、展览馆等坐落于此。

二　特色

80年代，街办经济、街政建设和社区管理逐年加强。1994年9月，市委书记高德占为马场街题词："街道工作的一面旗帜"。1995年，马场街被命名为全国最佳街道。1996年7月，街党委被评为全国先进基层党组织、天津市先进党组织。2002年1月22日，中共中央政治局常委、书记处书记、国家副主席胡锦涛看望住在金山里的市级劳模张桂敏一家，送去慰问品，并听取马场街关于做好扶贫帮困工作的情况汇报。2006—2010年，获全国和谐邻里建设示范街道、全国社区志愿服务活动示范单位等称号。

街办经济　80年代，街办集体经济呈跨越式发展，由小厂小店扩大到有一定规模的企业和商业综合体，经济效益在市内6区街道连续多年位居第一。1994年，创建天马企业集团有限公司（以下简称天马集团）完成产值收入1.7亿元，实现利润3787万元，上缴税收757万元。天马集团被市政府命名为优秀企业。1995年，天马集团拥有2.4亿元资产10个总公司、107个企业，完成产值收入2.2亿元，实现利润4600万元。1996年8月，天马集团以整建制形式接收国有企业卫东机械厂和天津树脂厂。1999年4月，中国（天津）天马华飞加蓬国际贸易公司在非洲设厂办店。在全国5个省市建立企业；在美国、日本等国家和中国香港地区建立分公司或办事处。2000年10月，天马集团投资百万元在天津市船厂建立北洋水师大沽船坞遗址纪念馆。该馆一期工程开辟展厅1000平方米，以图片、实物、模型等形式，展现大沽船坞发展历程。随着经济的转型、政企分离，逐渐转变为以招商引资和小税种代征为主的发展模式。2001年2月，天马集团经企业结构调整，5家企业转制，收回集体资本500万元，组建供热和汽车服务两个行业集团。2002—2006年，引进企业136家。2004年，投资68万元，建立7000平方米的平泉道市场。2003—2010年，留街税收1482.3万元。2007—2010年，引资额达2.34亿元。

社区建设　1997年3月，由文化部、人民日报社和中国文化报社组成联合调查组深入马场街，考察社区文化。8月，市委书记高德占到街里就两个文明建设工作进行调研。1998年，启动信息化建设，成为全国第一个街办事处与居委会实行计算机联网的街道。2001年，该街党工委被评为市级先进基层党组织。2003年，获市社区建设示范街称号，被评为全国婚育新风进万家先进单位。2005年，获全国精神文明创建工作先进单位和市级文明机关称号。2006年，被评为市"十五"期间信息化和信息产业先进集体。

图1-5　2006年，"马场之夜"居民联欢会　（马场街道办事处提供）

文化与体育　2000年，马场街被评为全国社区教育实验基地。获市文化健身实践行健身赛一等奖。2001—2006年，马场街2次获全国城市体育先进社区称号。体育进社区活动的经验被收入国家体育总局编印的经验汇编一书，《中国体育报》进行报道。在第二届全国社区优秀体育健身项目展演论坛会上，代表天津市介绍经验。

第五节 越秀路街道

一 概况

越秀路街因街道办事处坐落在越秀路附近而得名。界内原为菜园、坑塘、坟场和荒地。1917—1935年逐渐形成民居村落。1963年建立佟楼街道办事处，3月更名为四号路街道办事处。1985年9月，改名为越秀路街道办事处。

1949年之前，西南楼地区除小王庄、兰桥胡同、赵家台、学堂路居民点外，其余系园田、洼地、坟丘、水塘。1952年，市建筑管理委员会统一建筑联排式平房，定名为“西南楼工人新村”。1953年3月，建立西南楼工人新村街公所。1954年6月，改称西南楼街办事处。1950—1952年，市外贸进出口公司、起重设备厂、新安电机厂、搬运公司、房管局、中天电机厂、仁立毛纺厂、仁立食品厂等单位在界内建职工宿舍。1987年，拆除部分旧平房，兴建教师新村。至1995年，界内危陋平房基本改造完毕。

2000年6月，西南楼街道与越秀路街道合并为越秀路街道办事处。2010年底，有居民76409人。人口密度为每平方千米20707人。下设：爱国里、港云里、中豪世纪花园、四新里、红波里、黄埔里、惠阳里、健美里、增强楼、祥和里、珠波里、教师村、珠海里、恩德里14个社区居委会。

1979—2010年部分年份越秀路街居委会情况表

表1-5

变化情况	合并前								合并后	
	越秀路街办事处				西南楼街办事处				越秀路街办事处	
时间	1979年	1983年	1991年	1993年	1982年	1984年	1992年	1993年	2009年	2010年
居委会	东十一段	友谊楼	江门里	江门里	七建大楼	七建大楼	七建大楼	七建大楼	爱国里	爱国里
	西十一段	增强里第一	增强里第二	增强里第二	四化楼	港云里	红波二	祥和里	港云里	港云里
	十八段	健美里	友谊楼	友谊楼	向东里	四化楼	爱国北里	红波二	中豪世纪花园	中豪世纪花园
	育红楼	十八段	增强里第一	健美里	五段一	向东里	港云里	爱国北里	四新里	四新里
	十四段	健强里	健美里	十八段	五段二	五段一	四化楼	港云里	红波里	红波里
	兰桥	育红楼	十八段	健强里	六段一	五段二	向东里	四化楼	黄埔里	黄埔里
	王庄	黄埔南里	健强里	育红楼	六段二	六段一	五段一	向东里	惠阳里	惠阳里
	十三段	西十四段	育红楼	黄埔南里	八段	六段二	五段二	五段一	健美里	健美里
	市政	兰桥	黄埔南里	西十四段	港务局	八段	六段二	五段二	增强楼	增强楼
	北十三段	白云里	西十四段	兰桥	七段	七段	七段	六段二	祥和里	祥和里
	大楼	恩德西里	兰桥	白云里	南北街	南北街	南北街	七段	珠波里	珠波里
	中天	恩德东里	白云里	恩德西里	九段	九段	九段	南北街	教师村	教师村
	十六段	王庄	恩德西里	恩德东里	十段	十段	十段	九段	珠海里	珠海里
	二毛	十三段	恩德东里	王庄	刘家房子	刘家房子	刘家房子	十段	恩德里	恩德里
	恩德里	仁立	王庄	十三段	爱国道	爱国道	爱国道	刘家房子	深方小区	－
	食品	惠阳里	十三段	仁立	－	－	－	爱国道	红波公寓	－
	南十二段	惠州里	仁立	惠阳里	－	－	－	－	－	－
	－	教师村	惠阳里	惠州里	－	－	－	－	－	－
	－	－	惠州里	教师村	－	－	－	－	－	－
	－	－	教师村	－	－	－	－	－	－	－

界内有围堤道、乐园道贯通东西，友谊路畅达南北，广东路、隆昌路与中环线交叉；永川路、白云路、越秀路、黄埔路、荔湾路、纵贯管界东中西；前进道、增进道、爱国道、利民道，横穿管界南、中、北部。驻街单位以市属行政机关和商贸、金融等企事业单位为主。

二 特色

自1979年，发展街办经济，开展社会管理和服务。1993—1994年，教师村居委会、恩德里居委会被命名为市级文明小区。自1998年，西南楼街获得市级无违章街、达标街称号。越秀路街先后获全国社区教育实验区、实验基地、全国婚育新风进万家先进集体、全国体育工作先进街道等称号，获市社区建设、市容卫生管理、人口与计划生育、就业和低保工作先进单位等多项称号。2003年5月1日，中共中央总书记、国家主席胡锦涛，中共中央政治局委员、国务院副总理吴仪在天津市领导陪同下，考察教师村社区。2009年7月，在第三届全国社区睦邻文化高层论坛上，获全国和谐邻里建设示范街道称号。

街办经济 自80年代，经济指标连年以20%的速度增长。华越工贸公司拥有21家工商企业，总资产达4717万元，获市集体经济巨人企业和五星级企业称号。“大楼”牌保险柜、“盾秀”牌五节柜、“大川”牌裸铜线均获市优产品称号，“大川”牌裸铜线成为出口免验产品，打入国际市场。获市城市集体经济先进街、城市集体经济优秀管理部门称号。1995年，48个企业创利1564万元，上缴税金247万元，名列市区街道集体经济第三名。1998年，接收市属集体企业过滤器厂。1998—2000年，联营和挂靠企业27家。1999年2月，成立越秀企业集团。该集团由13家街属企业组成，注册资金4136万元，是全市街道系统第三家企业集团。自2001年，对40个企业进行改制。2002—2004年，先后对27家企业办理解除联营挂靠。2003年，兴建越秀工业园区。自2004年，经济工作重点转向招商引资和开展零散税源征缴工作。至2010年，招商引资额达到2.1亿元。

管理与服务 自80年代，白云里居民区、教师村居民区获市、区级党建示范小区等称号。1988年，全街共有1000多户阳台摆花，获得市级阳台摆花组织奖和集体三等奖。1989年，乐园路果木园被评为市级绿化一等一级单位。1995年，开展创建标准化人民调解委员会活动，《天津工人报》专题报道。建立“三优工程”家庭档案的做法和经验，在全国社区教育工作会议上介绍，全国妇联、各省市县与会领导和代表到街考察。2002年，街调解中心被评为市级先进单位。2003年，教师村被评为市级文明小区。2005年8月，国家档案行政执法检查组到恩德里居委会对实施档案法情况进行检查。获市2007—2008年度人口和计划生育工作先进集体称号。2008年6月、2009年5月，中共中央政治局委员、市委书记张高丽深入街教师村社区调研、视察。

图1-6 2006年，越秀路街开展宣传活动
（越秀路街道办事处提供）

文化与体育 1991年，西南楼街在七月歌会和“大施杯”家庭读书竞赛中获优秀组织奖。1993年，西南楼街文化站被评为国家部级标准文化站。2002年，被评为全国社区教育实验基地。2002—2007年，获市职工体育工作先进基层单位、体育进社区活动先进单位和全国亿万妇女健身活动巾帼文明健身队等称号。2008年，数字化学习中心启用，2000余人参加学习，市社区教育专家先后多次考察。数字化教学在中国社会工作协会城区工作委员会上介绍工作经验。2010年，“建立驻街单位教育资源社区服务圈”项目被列入国家级实验项目。

第六节　挂甲寺街道

一　概况

挂甲寺街以千年古刹挂甲寺得名。挂甲寺村原名大孙庄，坐落在原海河东岸。1902年，海河从该村东侧裁弯取直，形成现在走向。挂甲寺坐落在界内。1952年，建立挂甲寺街公所。1954年，改为挂甲寺街道办事处。

东楼街以界内东楼村得名。据清道光年间史料记载，东楼村原名东楼庄，又称东楼，地多闲旷。1902年，海河裁弯取直改道后，东楼村的商业逐渐兴起，村庄也扩展到海大道（今大沽南路）。1925—1927年，小河沿大街段家胡同5号是中共天津地委的办公地点。小河沿大街公益里6号是裕元纱厂工会和中共地下组织秘密活动点。1928年，周恩来在傅懋恭（彭真）陪同下曾到此指导工作。1934年，划入天津城区，居民以务农为主。40年代，界内海大道两侧商业已初具规模。1953年2月25日，建立东楼街公所。1954年6月，改为东楼街道办事处。

2000年6月，东楼街道与挂甲寺街道合并为挂甲寺街道办事处。2010年底，有居民100291人。人口密度为每平方千米41615人。下设：云广新里、景兴西里、景兴里、鹤望里、新城小区、科艺里、龙都花园、滦水里、麦格理、美好里、美化里、南北大街、海景雅苑、前程里、重华里15个社区居委会。

1979—2010年部分年份挂甲寺街居委会情况表

表1-6

时间	1979年	1989年	2000年	2001年	2010年
居委会	孙二条	孙二条	南北大街	南北大街	南北大街
	重华大街	重华大街	新城小区	新城小区	新城小区
	桥西街	桥西街	科艺里	科艺里	科艺里
	冯三条	冯三条	美好里	美好里	美好里
	冯一条	冯一条	美化里	美化里	美化里
	孙家胡同	孙家胡同	重华里	重华里	重华里
	东街胡同	东街胡同	东西大街	东西大街	前程里
	南北大街	南北大街	云广新里	云广新里	云广新里
	北洋新里	北洋新里	智慧里	智慧里	景兴西里
	西大	西大	景兴西里	景兴西里	景兴里
	东大	东大	景兴里	景兴里	鹤望里
	东西小街	东西小街	北洋新里	北洋新里	滦水里
	智慧胡同	智慧胡同	鹤望里	鹤望里	龙都
	美满里	美满里	爱德楼	爱德楼	书苑里
	干校里	干校里	滦水里	滦水里	麦格理
	排水大楼	排水大楼	龙都	龙都	–
	联合里	联合里	–	书苑里	–
	航道局	航道局	–	麦格理	–
	–	云广里	–	–	–
	–	美好里	–	–	–
	–	科艺里	–	–	–

界内有大沽南路、解放南路、围堤道、隆昌路、南北大街、利民道、爱国道等多条主次干道。有商业楼宇、市级医院、法院、检察院、报社等单位。

二　特色

自70年代末，加强社区经济、社会和文化建设，社区管理和服务工作形成网络。2006年，利民道被评为全国商业一条街。2007年，被评为市残疾人工作示范街，科艺里社区被评为全国和市级平安家庭创建活动先进示范社区，景兴西里计生协会获全国计划生育先进集体称号。2009年2月，挂甲寺街获中国民间文化艺术之乡称号。

管理与服务　1989年，市治安办在街召开现场会，推广创建安全居委会活动的做法和经验。龙都社区连续6年被评为天津市治安先进集体，安全居委会活动的经验和做法在全市推广。1991年，东楼街办事处实行“预约办公”，各居民委员会实行预约服务和预约代办，为群众解决难题，《人民日报》《今晚报》对预约办公的做法进行报道。是年，市委书记谭绍文等市领导到街开展谈心服务，慰问军烈属、残疾人代表，并题词“烈军属之家”。挂甲寺街被评为市双拥工作先进街。1997年8月，挂甲寺街危陋平房改造动迁，该片占地4万平方米，动迁居民3828户。2003年5月2日，景兴西里91门出现非典型肺炎疫情，对该楼门采取隔离封闭措施，在隔离期间24小时不间断监控观察，开通专线电话，做好18户、47位居民的精神安抚工作和生活服务，中央及市多家媒体予以报道。2004年，成立彩虹编织站，全国劳动保障工作会议北方区的与会人员来站观摩。2008年，彩虹老人院获市级三八红旗手、劳动模范集体及全国养老好机构等称号。2009年，被评为市民政系统文明窗口。麦格理社区被评为市防范工作示范社区。区首家残疾人服务中心在挂甲寺街揭牌。

图1-7　2009年，南北大街社区消防安全现场会　（挂甲寺街道办事处提供）

文化与体育　1989年2月，获全国第二届龙潭杯花会表演优秀奖。2006年，获全国体育示范街、全国全民健身宣传周先进单位。2008年6月，津门法鼓：挂甲寺庆音法鼓、杨家庄永音法鼓被列入国家级非物质文化遗产名录。

第七节　尖山街道

一　概况

尖山一名，明代已有记载，见于《天津卫屯垦条例》，有东尖山、西尖山之分。早年尖山属于静海县。雍正八年（1730年），划归天津县。道光年间，已形成500人口的村落。道光二十六年（1846年）刊印的《津门保甲图说》绘有前尖山庄和后尖山庄。界内土城小学校址原为金仙观（俗称药王庙），始建年代不详，重建于明天启四年（1624年）。光绪二十六年（1900年），八国联军入侵天津时，义和团在金仙观设坛，焚香练拳，曾配合清军将领聂世成在纪庄子同入侵者激战，有数名村民阵亡。1976年，受唐山大地震波及，大殿后墙倒塌。

1949年3月建立尖山街人民街公所，后并入尖山土城派出所。1953年民主建政，建立街公所，1954年改名为街道办事处。1963年，建立尖山街道办事处。

2010年底，有居民72380人。人口密度为每平方千米11489人。下设：平江北里、名都公寓、长达公寓、名都新园、瑞江花园、玫瑰花园、红云里、郁江南里、艺都花园、光华里、光明里、澧新里、纯洁里、红山里、红霞里、金星里、红升里、曙光里、红光里、红星里、水晶城21个社区居委会。

1979—2010年部分年份尖山街居委会情况表

表1-7

时间	1979年	1984年	1989年	1995年	1996年	1998年	2008年	2010年
	曙光一	曙光一	曙光一	曙光一	曙光一	曙光一	曙光里	曙光里
	曙光二	曙光二	曙光二	曙光二	曙光二	曙光二	红光里	红光里
	曙光三	曙光三	曙光三	曙光三	红光里	红光里	红星里	红星里
	红昇一	曙光四	曙光四	曙光四	红星里	红星里	红升里	红升里
	红升二	红升一	红升一	红升一	红升里	红升里	红霞里	红霞里
	红光一	红升二	红升二	红升二	红霞里	红霞里	红云里	红云里
	红光二	红光一	红光一	红光一	红云里	红云里	金星里	金星里
	红星一	红光二	红光二	红光二	金星一	金星一	光明里	光明里
	红星二	红星一	红星一	红星一	金星二	金星二	红山里	红山里
	光明一	红星二	红星二	红星二	大庆里	大庆里	平江北里	平江北里
	光明二	红星三	红星三	红星三	光明一	光明一	光华里	光华里
	土城东区	光明一	光明一	光明一	光明二	光明二	艺都花园	艺都花园
	土城西区	光明二	光明二	光明二	平江北里	平江北里	郁江南里	郁江南里
	土城中区	光华二	光明三	光明三	光华一	光华一	纯洁里	纯洁里
	前尖山	土城东区	光华一	光华一	光华二	光华二	洪泽花园	澧新里
	后尖山	土城西区	光华二	光华二	澧水南里	澧水南里	澧新里	玫瑰花园
	大庆里	土城中区	土城东区	前尖山	郁江南里	郁江南里	玫瑰花园	长达公寓
	红云里	前尖山	土城西区	后尖山	纯洁里	纯洁里	长达公寓	名都新园
居委会	澧水南里	后尖山	土城中区	大庆里	前尖山	前尖山	名都新园	名都公寓
	–	大庆里	前尖山	红云里	–	玫瑰花园	顺驰名都	瑞江花园
	–	红云里	后尖山	澧水南里	–	–	名都公寓	水晶城
	–	澧水南里	大庆里	金星一	–	–	瑞江花园	–
	–	金星一	红云里	金星二	–	–	–	–
	–	金星二	澧水南里	金星三	–	–	–	–
	–	金星三	金星一	金星四	–	–	–	–
	–	金星四	金星二	红霞一	–	–	–	–
	–	红霞一	金星三	红霞二	–	–	–	–
	–	红霞二	金星四	光辉里	–	–	–	–
	–	光辉里	红霞一	金光里	–	–	–	–
	–	金光里	红霞二	平江北里	–	–	–	–
	–	–	光辉里	郁江南里	–	–	–	–
	–	–	金光里	铁道北	–	–	–	–
	–	–	平江北里	铁道南	–	–	–	–
	–	–	郁江南里	–	–	–	–	–
	–	–	铁道北	–	–	–	–	–
	–	–	铁道南	–	–	–	–	–

界内有解放南路、尖山路贯通南北，大沽南路、黑牛城道横穿东西。驻街单位以国有大中型企业为主，有企事业和行政单位1533个、个体工商户7222个。

二　特色

自80年代，社区建设和管理长足发展。1994年，成为全市街道集体经济第二强。是年，中共中央总书记、国家主席、中央军委主席江泽民，中共中央政治局常委胡锦涛等中央领导先后到资水道市场考察。1995年，被命名为天津市街道之星。1996年，被国家民政部评为中国街道之星。1999年，成为全国全民健身工程示范点。2001年，被评为全国社区群众体育先进单位。2004年，被授予全国再就业先进工作单位称号。2007年，获全国巾帼文明示范岗称号。

街办经济 1992年，市区第一家街办股份制企业——联华实业公司成立。1992—1996年，街办经济连续5年名列市内区街经济第二名，上缴税收第一名。1998年9月，山华集团股份有限公司挂牌运营，由联华实业公司转型而建，原有科工贸企业以股份制形式，形成资产3.6亿元集科、工、贸、旅游、房地产开发为一体的综合性经济实体。力源蓄电池、夏威夷凉液垫、摩力达乳胶漆等产品畅销国内外。1999年，以全资控股和参股形式，新建和引进8个企业，年增加收入1亿元，利润800万元。创建山华运业有限公司，拥有大型客车300余部，各类中、小型车辆近100部，第三产业占集团产业结构的85%。2000年，产值3亿元，净增资产1.9亿元，累计上缴税金1000万元。2004—2006年，尖山街道办事处招商引资到位额3500万元。2005年，获市经济普查先进集体称号。2010年，成立服务和招商办公室，组建尖山地区企业家联席会。红霞菜市场被国家发改委授予优秀价格监测定点单位称号。

图1-8 1994年11月，尖山街工业小区举行投产开业庆典活动 （尖山街道办事处提供）

管理与服务 1997年，被评为初级保健示范街。联华房地产企业开发兴建的后尖山危改片竣工，400余户居民迁入新居。2003年，平江北里居委会从改革社区组织体制入手，创建义务制新型居委会，新华网、北方网等网络媒体进行专题报道。2004年，在全国重点城市街道社区劳动保障平台观摩会上，尖山街代表天津市介绍经验，成为全市15个观摩点之一，获全国再就业先进工作单位称号。2004—2006年，成立13个义务制居委会，其做法和经验多次在市有关会议上介绍，多家新闻媒体进行报道。2007年，建立第二故乡文化宣传、教育服务、法律服务等基地，为外来人口提供多样化学习和服务阵地。获全国计生协工作先进单位、全国巾帼文明示范岗、市再就业服务工作先进管理部门称号。

文化与体育 1990年，成立街社区文化委员会。1996年，尖山街文化站改造扩建竣工，成立河西社区大学尖山分院。1997年，获天津市社区教育、社区文化先进单位称号。2010年，街文化站被命名为全国先进达标文化站。

1998年，新建1600平方米社区综合服务中心、社区体育中心。6月25日，国家体育总局局长伍绍祖为中心揭幕。1999—2010年，尖山街业余体育团队多次在市、区比赛中获奖。全国城市体育工作会议召开现场会，确定尖山街为全国全民健身工程示范点。

图1-9 1998年5月，尖山街干部参加河西区第14届街道干部运动会 （尖山街道办事处提供）

第八节　天塔街道

一　概况

天塔街因天津电视塔坐落于界内而得名。其前身为1984年4月建立的体院北街道。1997年2月，体院北街更名为天塔街。体院北地区历史上多洼荒地、水塘。1980年始，兴建居民住宅楼及配套公建设施。1983年，居民陆续迁入。住宅区有楼房200多栋，建筑面积70余万平方米，划分为12个庭院式居民住宅区和1个文化娱乐区，其中一、二区为离休老干部集中居住区。

纪庄子街地处河西区西南端。纪庄子村有600多年历史，明洪武年间（1368—1398年）有纪氏兄弟到此定居，取名“纪庄子”。以后又有杨、陈、何三姓等到此定居，逐渐形成居民村落。清光绪二十六年（1900年），在纪庄子一带发生义和团抗击八国联军大战。在黑牛城道西段与紫金山路交口附近，建有“义和团纪庄子战场”纪念碑。1949年8月，建立村公所。1952年10月，纪庄子划归天津县。历经变化，属西青区李七庄乡管辖。中部、南部多里巷，均以纪庄子北里、南里加序数命名。自80年代，北部建成才俊、才华、风华、高风、高洁、贤达、年德、天资、天赋等里，均为低层楼房。1986年6月，建立纪庄子街道办事处。

2000年6月，纪庄子街道与天塔街道合并为天塔街道办事处。2010年底，全街有居民73740人。人口密度为每平方千米22482人。下设：气象南里、津淄东里、紫金里、环湖东里、环湖南里、宾水北里、宾水东里、宾水西里、宾水南里、宾水里、育贤里、天资里、五一阳光、高风里、立达博兰、国风园、富源里、天赋里、体院宿舍19个社区居委会。

1984—2010年部分年份天塔街居委会情况表

表1-8

变化情况	原名				更名			合并后							
	体院北街		纪庄子街		天塔街			天塔街							
时间	1984	1985	1984	1985	1997	1998	1999	2000	2001	2003	2006	2007	2009	2010
居委会	气象	气象	纪庄子	纪庄子	气象	气象	气象	气象	气象	气象	气象	气象	气象	气象
	南里	南里	南里	南里	南里	南里	南里	南里	南里	南里	南里	南里	南里	南里
	–	津淄东里	人委宿舍	人委宿舍	津淄东里	津淄东里	津淄东里	津淄东里	津淄东里	津淄东里	津淄东里	津淄东里	津淄东里	津淄东里
	环湖北里	环湖北里	纪庄子前街	纪庄子前街	–	–	–	–	–	–	–	–	–	–
	–	紫金北里	李七庄	李七庄	紫金北里	紫金北里	紫金北里	紫金北里	紫金北里	紫金北里	紫金北里	紫金北里	紫金里	紫金里
	紫金南里	紫金南里	–	–	紫金南里	紫金南里	紫金南里	紫金南里	紫金南里	紫金南里	紫金南里	紫金南里	–	–
	环湖东里	环湖东里	–	–	环湖东里	环湖东里	环湖东里	环湖东里	环湖东里	环湖东里	环湖东里	环湖东里	环湖东里	环湖东里
	环湖南里	环湖南里	–	–	环湖南里	环湖南里	环湖南里	环湖南里	环湖南里	环湖南里	环湖南里	环湖南里	环湖南里	环湖南里
	环湖西里	环湖西里	–	–	环湖西里	环湖西里	环湖西里	环湖西里	环湖西里	环湖西里	–	–	–	–
	宾水北里一委	宾水北里一委	–	–	宾水北里一委	宾水北里一委	宾水北里一委	宾水北里一委	宾水北里一委	宾水北里一委	宾水北里	宾水北里	宾水北里	宾水北里
	宾水北里二委	宾水北里二委	–	–	宾水北里二委	宾水北里二委	宾水北里二委	宾水北里二委	宾水北里二委	宾水北里二委	–	–	–	–
	宾水东里	宾水东里	–	–	宾水东里	宾水东里	宾水东里	宾水东里	宾水东里	宾水东里	宾水东里	宾水东里	宾水东里	宾水东里
	宾水西里	宾水西里	–	–	宾水西里	宾水西里	宾水西里	宾水西里	宾水西里	宾水西里	宾水西里	宾水西里	宾水西里	宾水西里
	宾水南里	宾水南里	–	–	宾水南里	宾水南里	宾水南里	宾水南里	宾水南里	宾水南里	宾水南里	宾水南里	宾水南里	宾水南里
	宾水里	宾水里	–	–	宾水里	宾水里	宾水里	宾水里	宾水里	宾水里	宾水里	宾水里	宾水里	宾水里
	–	–	–	–	育贤里	育贤里	育贤里	育贤里	育贤里	育贤里	育贤里	育贤里	育贤里	育贤里
	天资里一委	–	–	–	天资里	天资里	天资里	天资里	天资里	天资里	天资里	天资里	天资里	天资里
	天资里二委	–	–	–	–	–	–	–	–	–	–	–	–	–
	–	–	–	–	–	–	–	–	–	–	五一阳光	五一阳光	五一阳光	五一阳光

续表

变化情况	原名				更名			合并后							
	体院北街		纪庄子街		天塔街			天塔街							
时间	1984	1985	1984	1985	1997	1998	1999	2000	2001	2003	2006	2007	2009	2010
居委会	高风里	高风里	–	–	体院东一委	体院东一委	体院东一委	体院东一委	体院东一委	体院东一委	高风里	高风里	高风里	高风里
	高洁里	高洁里	–	–	–	–	–	–	–	–	–	–	–	–
	才华里	才华里	–	–	–	–	–	–	–	–	–	–	–	–
	才俊里	才俊里	–	–	–	–	–	–	–	–	–	–	–	–
	风华里	风华里	–	–	–	–	–	–	–	–	–	–	–	–
	贤达里	贤达里	–	–	–	–	–	–	–	–	–	–	–	–
	天赋里	天赋里	–	–	体院东二委	体院东二委	体院东二委	体院东二委	体院东二委	体院东二委	天赋里	天赋里	天赋里	天赋里
	年德里	年德里	–	–	–	–	–	–	–	–	–	–	–	–
	富锦里	富锦里	–	–	体院南	体院南	体院南	体院南	体院南	体院南	富源里	富源里	富源里	富源里
	富源里	富源里	–	–	–	–	–	–	–	–	–	–	–	–
	富顺里	富顺里	–	–	–	–	–	–	–	–	–	–	–	–
	体育学院	体育学院	–	–	体育学院	体育学院	体育学院	–	–	–	国风园	国风园	国风园	国风园
	–	–	–	–	–	–	–	纪庄子南里	纪庄子南里	纪庄子南里	–	–	–	–
	–	–	–	–	–	–	–	人委宿舍	人委宿舍	人委宿舍	–	–	–	–
	–	–	–	–	–	–	–	纪庄子前街	纪庄子前街	纪庄子前街	–	–	–	–
	–	–	–	–	–	–	–	李七庄	李七庄	李七庄	–	–	–	–
	–	–	–	–	–	–	–	体育学院	体育学院	体育学院	体院宿舍	体院宿舍	体院宿舍	体院宿舍
	–	–	–	–	–	–	–	–	–	–	立达博兰	立达博兰	立达博兰	立达博兰

界内有气象台路、宾水道、体院北道、黑牛城道、卫津南路、环湖中路等道路。有市属高等院校、医疗机构和文化娱乐场所、星级涉外酒店、餐饮购物中心等行政事业单位10余家，非公有制企业400余家。

二 特色

天塔街发挥新建社区的优势，建立新机制，推出新举措，打造天津一流社区。1986年，邓小平、李先念等党和国家领导人先后到街视察。1999年，为营造祥和的社区氛围，增进邻里亲情，创立“邻居节”，在天津市乃至全国产生一定的影响，多次在全国相关工作会议上介绍经验。2000年6月18日，中央政治局常委、国家副主席胡锦涛到天塔街考察，听取工作汇报，并与街党政主要领导及各界代表座谈。2005—2009年，天塔街先后获全国精神文明建设先进单位、全国和谐社区建设自主创新奖、全国和谐邻里建设示范街道和全国和谐社区建设自主创新先进街道。中宣部确定天塔街为全国思想政治工作典型。该街先后接待过30多个国家和地区、1万余人参观访问。

社区党建 2000年，纪庄子街思想政治工作的典型经验被中央等多家媒体报道。《人民日报》刊发《天津市河西区纪庄子街思想政治工作纪实》《以党心凝聚民心》和《难点才是着力点》长篇通讯；《光明日报》刊发通讯《让党旗映红整个社区》；《经济日报》刊发通讯《在社区竖起党的旗帜》。2005年7月，中央电视台、中央人民广播电台、新华社、人民日报社4家媒体到天塔街宾水东里，采访社区党建工作，进行专题报道。

社区建设 1984年，新落成的体院北街13个小区由不同风格绿化组团，有“环塔揽胜”“春华桃柳”“秋实趣园”“典雅飞虹”“榕树丰碑”5个景点公园和2.65千米长的“通衢玉带”等景观。1986年4月18日，国家主席李先念视察体院北居民区。8月20日，中共中央政治局常委、中央顾问委员会主任邓小平在视察体院北居民区时说：“建设居民小区，人民群众有了好的环境，看到了变化，就有了信心，就高兴，事情就好办了”。1992年，体院北街被评为全国绿化先进单位。1994年，被评为全市首批文明小区。进入21世纪，完成15个成片旧楼区综合整修工程。2004—2010年，完成13条干支路沿线楼体立面的清拆和整修、粉刷任务。至2010年，天塔街有大小公园、游乐园、绿化组团30余处，绿地覆盖率31.8%，人均占有绿地11.4平方米。

管理与服务 纪庄子街为城郊接合部。改革开放以来，外来人口逐渐增多。80年代，建立社会治安综合治理领导小组，建立公寓式管理小区，加强治安防范。1995年2月，市委书记高德占视察体院东公寓式管理小区。天津市在纪庄子街召开“公寓式管理经验交流现场会”，向全市推广小区管理经验。1992—2003年，先后7次获得市计划生育工作先进集体称号。2006年，获全国婚育新风进万家活动先进街道称号。2000—2007年，联合国教科文组织确定天塔街为“早期儿童照料与发展”科研项目实验区。国家计生委主任李彬、副主任崔丽和联合国卫生组织官员分别于2008、2009年到街视察。

邻居节 自1999年，创建“邻居节”。确定“以德为邻、团结互助、情暖万家、共创文明”为主旨，每年10月份举办。确立活动主题、节日标识、谱写《邻居节之歌》、推出个性化邮品、创作一批主题文艺作品，制作专题片和《情满邻里》公益短片，居民自主创办“好邻居网站”。“邻居节”从每年一周的“节日”活动，扩展延伸到居民的日常生活，形成维系16个社区、8万多居民的一个“同心结”，形成和谐社区建设的有效载体。2003

图1-10 2009年，天塔街第十一届邻居节开幕式 （天塔街道办事处提供）

年，"邻居节"被中宣部列入全国贯彻《公民道德建设实施纲要》百例典型之一。2005年10月，中央电视台对"邻居节"进行采访，并在《新闻联播》中播出。2006年7月，在全国街道系统开展的构建和谐社区自主创新评选活动中，"邻居节"获全国和谐社区建设自主创新奖，作为全市街道代表在颁奖大会上发言。是年，当选第四届全国社区睦邻文化高层论坛理事长单位。

1999—2010年天塔街邻居节情况表

表1-9

届别	时间	主题	活动内容
第一届	1999年12月5—10日	以德为邻、团结互助、情暖万家、共创文明	开展五互活动(互知、互信、互敬、互帮、互促)以下简称"五互"；举办"邻居的故事"征文演讲、"我的好邻居"摄影展、"家家乐"文艺演出、"邻里趣味体育运动会"等
第二届	2000年11月18—26日	以德为邻、团结互助、情暖万家、共创文明	开展"邻里一家亲""邻居好赛个宝""邻居有难大家帮"和一帮一结对子扶贫助困、携手美化楼院等特色活动
第三届	2001年10月21—27日	以德为邻、团结互助、情暖万家、共创文明	开展三个一活动(1.居民结交好邻居、2.每月参加一次公益活动3.每位社区党员自助一个困难户)；好邻居家庭艺术展、好邻居演讲会等
第四届	2002年10月19—26日	以德为邻、团结互助、情暖万家、共创文明	开展"睦邻友好签名"活动，举办社区建设文化艺术作品展、举办诗歌演讲会和征文，以"喜迎十六大、美好天塔为主题，举办理论研讨会和沙龙，为各社区群众做20件实事
第五届	2003年10月18—26日	以德为邻、团结互助、情暖万家、共创文明	"邻里同唱一首歌"歌咏比赛、"邻里展风采"健身舞蹈观摩比赛、演讲会、扶贫助困送岗位、书画摄影比赛、专家论坛等教育实践活动
第六届	2004年10月16—24日	以德为邻、团结互助、情暖万家、共创文明	好邻居游津城、法律知识系列讲座、好邻居事迹巡回报告会、书法、摄影、绘画、收藏展览、趣味体育运动竞赛等主题教育实践活动
第七届	2005年10月16—22日	以德为邻、团结互助、情暖万家、共创文明	百系列实践活动：津城游览、健康宝宝大赛、金婚庆典、诗赋唱和谐、邻里厨艺大比拼、与空巢老人结对子、睦邻友好楼院互赠连心卡
第八届	2006年10月15—21日	以德为邻、团结互助、情暖万家、共创文明	公开征集"你我同携手、共助和谐邻里情"金点子活动。开展研讨演讲、文娱体育、才艺展示、扶贫助困、邻里座谈、邻里互助、共建共享、公益活动、评选表彰等十大类、35项活动
第九届	2007年10月13—20日	以德为邻、团结互助、情暖万家、共建和谐	征集、编辑、出版纪实文集:《芳邻之歌》。各社区分别举办"芳邻日、互助日、奉献日、健康日、娱乐日"五大主题、81项系列活动。举行和谐之约——"同在一个社区、共建美好家园"百米长卷万人签名活动
第十届	2008年10月10—17日	以德为邻、团结互助、情暖万家、共建和谐	开展：邻居节展览、制作专题片、编撰邻居节系列丛书、"好邻居网站"开通、示范点、文艺节目、主题日系列活动及撰写邻居节十年发展历程的综述文章
第十一届	2009年10月17—23日	以德为邻、团结互助、情暖万家、共建和谐	举办好邻居十年成果、艺术作品展及第十一届群众园艺展示；各社区分会场组织开展芳邻日、互助日、奉献日、欢乐日五大主题特色活动。
第十二届	2010年10月16—25日	以德为邻、团结互助、情暖万家、共建和谐	开幕式：区领导为"天塔街邻居节十二年历程回顾时光墙"揭幕，与居民一起在时光墙上签名，并对27各当选"和睦邻里之星""和美家庭之星""和谐共建之星""和乐社团之星"表彰颁奖；举办第十二届园艺展示。"多彩生活""低碳生活""温馨生活""关爱生活""公益生活"5个板块、80余项活动同时展开

文化 1993年，纪庄子街文化站被国家文化部命名为达标文化站。2003年，街文体活动中心被评为市先进文化站。2004年，举办纪念邓小平诞辰100周年暨视察体院北社区18周年群众文艺演出。2005年1月，全国社区教育示范区天津检查评估团到街与社区居民座谈，查阅社区教育资料，提出指导性意见。2007年7月，天塔街被命名为中国少年儿童平安行的示范社区。2010年，在市第二届百姓视窗DV大赛中获优秀组织奖。

第九节　友谊路街道

一　概况

友谊路街始建于1984年6月。50年代前，是一片农田、菜地、芦苇塘和零散坟地。自1958年，一些工厂企业、行政事业单位相继在此盖厂房和办公楼。市第六建筑公司一些职工和家属，从大西北返津到此地落户，盖房200余间，占地约6000平方米，有居民170户，500余人，起名为红旗里。1980年起，成片居民住宅楼群陆续建成，成为新型居民区。

黑牛城街因界内黑牛城村而得名。1949年7月，黑牛城村建立村公所，1952年10月划归天津县。1958年10月，划入河西区。1986年8月，建立黑牛城街办事处。

2000年6月，黑牛城街道与友谊路街道合并为友谊路街道办事处。2010年底，有居民77883人。人口密度每平方千米27137人。下设：宾西楼、西园西里、西园南里、寿园里、新世纪城、谊城公寓、浏阳里、谊景村、文玥北里、文玥里、纯真里、纯正里、平江南里、文苑楼、柳江里15个社区居委会。

1984—2010年部分年份友谊路街居委会情况表

表1-10

变化情况	合并前						合并后		
	友谊路街			黑牛城街			友谊路街		
时间	1984	1995	1997	1985	1997	1999	2000	2005	2010
居委会	文明里一委	文明里一委	文明里	文苑楼第一居委会	文苑楼	文苑楼	文明里	文明里	文玥里
	文明里二委	文明里二委	文明北里	文苑楼第二居委会	海建里	海建里	文明北里	文明北里	文玥北里
	文明里三委	文明里三委	德望里	宾西第一居委会	宾西	宾西	德望里	纯真里	纯真里
	文明里四委	文明里四委	友谊东里	宾西第二居委会	西园西里	西园西里	友谊东里	纯正里	纯正里
	文明里五委	文明里五委	纯真里	黑牛城北里	西园南里	西园南里	纯真里	浏阳里	浏阳里
	文明北里一委	文明北里一委	联盟里	黑牛城南里	育学里	育学里	联盟里	谊景村	谊景村
	文明北里二委	文明北里二委	浏阳里	煤建三厂宿舍	寿园里	寿园里	浏阳里	平江南里	平江南里
	德望里一委	德望里一委	谊景村	海建里	可园里	可园里	谊景村	寿园里	寿园里
	德望里二委	德望里二委	平江南里一委	西园西里	煤三宿舍	新世纪城	平江南里	可园里	宾西楼
	浏阳里	浏阳里	平江南里二委	西园南里第一居委会	黑牛城	柳江里	可园里	宾西楼	文苑楼
	桃江里	桃江里	–	西园南里第二居委会	–	谊城公寓	寿园里	文苑楼	西园南里
	平江南里一委	平江南里一委	–	西园北里	–	–	宾西楼	西园南里	西园西里
	平江南里二委	平江南里二委	–	育学里第一居委会	–	–	文苑楼	西园西里	谊城公寓
	联盟里	纯真里	–	育学里第二居委会	–	–	西园南里	谊城公寓	柳江里
	友谊东里	纯正里	–	育文里	–	–	西园西里	柳江里	新世纪城
	–	联盟里	–	春光里	–	–	海建里	新世纪城	–
	–	友谊东里	–	排水宿舍	–	–	育学里	–	–
	红旗北里	红旗北里	–	–	–	–	谊城公寓	–	–
	–	荷园里	–	–	–	–	柳江里	–	–
	–	丽园里	–	–	–	–	新世纪城	–	–

界内有友谊路、黑牛城道、紫金山路等11条主干道。驻有市科研院所、信息中心、国展中心、星级酒店、老年大学、医院及海军海洋测绘研究所等，机关、事业单位1735家，民营企业、个体工商户1760家。为中共天津市委员会、市人民政府、中共天津市纪律检查委员会机关所在地。

二　特色

自80年代，发挥街位优势，打造现代化的和谐新型社区。先后获全国社区教育实验区、实验基地、婚育新风进万家活动先进乡镇街道、城市体育先进社区、巾帼建功先进集体、第一次全国经济普查先进集体、抗击汶川地震自然灾害无私奉献奖、和谐社区建设自主创新先进街道、和谐邻里建设示范街道、社区共建共享先进街道、“宜城杯”全国社区工作自主创新成果百花奖、全国首批学习型街道、全国优秀志愿服务品牌项目、精神文明建设创新项目、首届中国幸福城市社会管理创新调查最佳实践案例等全国和市先进称号37项。2009年1月18日，中共中央政治局常委、中央书记处书记、国家副主席习近平到友谊路街调研考察党建工作，深入谊景村社区卫生服务站、友华菜市场，慰问困难党员孙仲民。2010年5月14日，中共中央政治局常委、国务院总理温家宝考察谊景村社区，与社区工作者交谈，了解社情民意和社区建设情况。

社区建设 1993—1995年，获市绿化先进单位称号。1997年，谊景村被评为市级文明示范小区。1999年，长城里、海测家属院小区获市级文明小区称号。2006年，文玥北里、纯正里小区被评为市级文明小区。2007年，兴建占地千余平方米的友华菜市场，实行规范化管理，先后获市食品安全示范企业、工人先锋号示范企业称号。是年，启动和谐友谊全民行动，开展“亲民友谊、文化友谊、关爱友谊、宜居友谊、平安友谊和健康友谊”6个板块主题实践活动。2008—2010年，寿园里、西园南里社区党委被评为市级先进社区党组织。

图1-11 2009年10月，举办和谐友谊全民行动成果展示会 （友谊路街道办事处提供）

管理与服务 1992年，成立友谊路街老年服务社，市民政局在该街召开“老年服务社现场观摩会”。1997年，德望里居委会主任家庭电话作为便民热线向小区公布的做法和经验，中央电视台、《天津日报》《今晚报》进行报道。先后获全国优秀志愿服务品牌项目、精神文明建设创新项目、首届中国幸福城市社会管理创新调查最佳实践案例、市先进社会组织等称号。1998年，司法科被评为市调解工作先进集体，文玥北里居委会被评为市治保先进集体。是年，西园西里、可园里被授予市、区文明示范小区称号。友谊路街被评为市“三五”普法先进街。2002—2010年，被评为市创建安全文明铁路线工作先进单位、市人民调解工作优秀集体、市流动人口管理优质服务站。寿园里社区被评为市治保先进集体。2010年，市区县政法委书记到谊景村社区观摩考察。

安置就业 80年代末，安置就业工作获国家和市先进称号。组建有300余名下岗职工的巾帼家政服务队，被市妇联评为巾帼社区服务先进集体。国家劳动和社会保障部部长张左已、副部长张小建先后到街检查工作。2003年，成立天津市巾帼家政服务有限公司，业务范围扩展到市内6区，被评为全国巾帼建功先进集体、市劳动模范先进集体。2004年，国家劳动和社会保障部在津召开全国（北方片）劳动保障社区操作平台现场观摩会，15个省市自治区代表来街观摩。2005年，成立友谊家园再就业有限公司，街劳动保障中心获市就业服务工作先进管理部门称号。

双拥工作 80年代，依托驻地区部队多的优势，开展军民共建“文明街”活动。2000年，被授予市双拥模范街称号。2008年，天津警备区司令员王小京到谊景村社区考察“双拥”示范点建设情况。

人口控制 1990年，被评为市级计划生育达标单位。1998—2002年，举办家庭生育文化“沙龙”，计生工作的做法和经验在全国计生工作会议上作介绍。生育文化建设的做法和经验在全国研讨会上介绍经验。依托市民学校，开展生育文化共建活动，获全国婚育新风进万家活动先进集体称号。

第十节 梅江街道

一 概况

梅江街与西青区、津南区交界。2005年4月，成立梅江地区居民事务联络办公室。2006年8月，建立街道办事处。界内有友谊南路、紫金山路、珠江道、梅江道、郁江道等道路纵横贯通。

2010年底，有居民25403人。人口密度为每平方千米10595人。其中，外籍597户，外籍人口1334人，涉及20多个国家。下设：芳水园、香水园、玉水园、翠水园、蓝水园、云水园、华夏津典、景观花园8个社区居委会。

2005—2007年梅江街居委会情况表

表1-11

名称	总户数（户）	总人数（人）	社区面积（平方千米）	管辖范围	成立时间
芳水园	963	2695	0.126	芳水园	2005年10月
玉水园	1493	4367	0.092	玉水园	2005年11月
香水园	1706	4596	0.22	香水园	2006年5月
蓝水园	1211	3682	0.255	蓝水园、欣水园	2007年7月
翠水园	695	1165	0.089	翠水园	2007年7月
云水园	505	1415	0.293	云水园	2007年9月
华夏津典	897	2478	0.168	泉水园、涟水园、福水园	2007年11月
景观花园	1549	5005	0.288	景观花园、建工宿舍、建新宿舍	2007年10月

二 特色

梅江街是天津市新建的大型涉外国际生态社区。针对地区全物业管理的特点，建设“七彩梅江”，即：生态梅江、文化梅江、数字梅江、高尚梅江、活力梅江、和谐梅江、国际梅江。推进自然环境、人文环境和生态环境的和谐统一。创新社区管理体制，搭建新型高档社区事务多方共同协商、管理的平台，逐步形成社区事务及社区建设成果各方共筑、共谋、共管、共建、共享新格局。

管理 2006—2010年，针对物业小区管理的特点，探索新型整建制物业管理社区新方法、新途径，逐步形成具有梅江地区特色、指导社区开展网格化服务与管理工作的方法。制作《网格化管理与服务平面总图和分图》，形成社区党支部牵头、居委会、物业、业主委员会、社区警务、社区其他社会组织共同参与的“六位一体”社区建设管理新模式。建立物业联席会制度，定期召开由各社区物业项目经理参加的联席会，加强对物业公司的监督指导，解决车位管理、道路硬化、草坪绿化、垃圾处理等一系列居民生活的问题。整合地区资源，成立各类社团组织30余个。

文化与体育 2006—2010年，编印《梅江》杂志。2008年4月，“天下梅江”网站开通。成立终身学习服务中心。

图1-12 2008年，梅江国际社区儿童联欢现场 （梅江街道办事处提供）

图1-13 2008年，梅江街迎“奥运”全民健身骑行活动启动仪式现场 （梅江街道办事处提供）

玉水园青少年快乐营地被评为市优秀营地。举办“文化节”，承办奥运文化广场活动。太极舞和健美操在市表演中获奖。

第十一节　陈塘庄街道

一　概况

陈塘庄街以陈塘庄村而得名，是神话“哪吒闹海”的传说之地。明代天启年间（1621—1627年）已有陈堂庄村的记载。清同治九年（1870年），《续县志》中记载有“陈塘庄渡”，是海河上的一个重要渡口。清光绪三十四年（1908年），清廷正式批准修建津浦铁路。为便于筑路，物资沿海河船运至陈塘庄渡到达施工现场，修建由良王庄经傅家屯到陈塘庄的铁路支线一条。在陈塘庄建成天津第一个能组装火车头的车辆工厂——津浦大厂。1949年前，陈塘庄有村落和日伪时期遗留下的几个工厂，周围是农田、洼地、坑塘、水沟。50年代，兴建多家工厂企业，界内驻有中央直属及地方国营大型企业122家，其中有知名企业家王光英于1943年创建的天津市近代化学厂。随着企业的改革、重组和城市布局的调整，驻街大多数国有企业迁出。21世纪初，河西区陈塘科技商务区和河西区行政服务大厅在界内兴建。

小海地街，70年代初，有双林农场稻田、园田耕地、沟塘洼淀，俗称“小海淀”。70年代末，筹建居民区时定名为“小海地”。1982年2月，建立小海地街办事处。自1978年始，天津市先后两次在该地统建居民住宅楼房。1982年，形成新的居民区。到1989年底，建立14个居民区，居民大多由市内各区迁入。

2000年6月，小海地街道与陈塘庄街道合并为陈塘庄街道办事处。2010年底，有居民59256人。人口密度为每平方千米9116人。下设：贵山、秀峰、双云、华山、昆仑、天山、微山、东江道、四季馨园、幸福家园、陈塘庄、棉四一、棉四二13个社区居委会。

1979—2010年部分年份陈塘庄街居委会情况表

表1-12

变化情况	合并前									合并后		
	陈塘庄街办事处			小海地街办事处						陈塘庄街道办事处		
时间	1979年	1986年	1997年	1982年	1983年	1984年	1985年	1986年	1997年	2000年	2003年	2010年
居委会	洪泽路	洪泽路	棉四二	天山里	天山里	天山里	天山里	天山里	秀峰里	秀峰里	贵山里	贵山里
	棉四二一委	棉四二一委	棉四一	昆仑里	昆仑里	昆仑里	昆仑里	昆仑里	彭山里	彭山里	秀峰里	秀峰里
	棉四二二委	棉四二二委	毛织宿舍	-	泰山一委	泰山一委	泰山一委	泰山一委	元山里	双山里	云山里	双云里
	毛织一宿舍	毛织一宿舍	陈塘庄	-	泰山二委	泰山二委	泰山二委	泰山二委	双山里	云山里	双山里	华山里
	毛织二宿舍	毛织二宿舍	钢厂宿舍	-	彭山里	彭山里	彭山里	彭山里	云山里	华山里	华山里	昆仑里
	棉四一一委	棉四一一委	复兴门北里	-	华山一委	华山一委	华山一委	华山一委	华山里	泰山里	泰山里	天山里
	棉四一二委	棉四一二委	玛钢宿舍	-	华山二委	华山二委	华山二委	华山二委	泰山里	天山里	昆仑里	微山里
	陈塘庄	陈塘庄	-	-	双山一委	双山一委	双山一委	双山一委	天山里	昆仑里	天山里	东江道
	上河圈	上河圈	-	-		骊山里	骊山里	骊山里	昆仑里	微山里	微山里	四季馨园
	钢厂宿舍	钢厂宿舍	-	-		微山里	微山里	微山里	微山里	骊山里	复兴门南里	幸福家园
	复兴门大楼	复兴门大楼	-	-	-	-	秀峰里	秀峰里	骊山里	复兴门南里	复兴门北里	陈塘庄
	微山西里	微山西里	-	-	-	-	元山里	元山里	-	复兴门北里	东江道	棉四一
	玛钢	玛钢	-	-	-	-	云山里	云山里	-	东江道	陈塘庄	棉四二

续表

变化情况	合并前									合并后		
	陈塘庄街办事处			小海地街办事处						陈塘庄街道办事处		
时间	1979年	1986年	1997年	1982年	1983年	1984年	1985年	1986年	1997年	2000年	2003年	2010年
居委会	双林	双林	–	–	–	–	–	双山二委	–	陈塘庄	棉四一	–
	星光	星光	–	–	–	–	–	–	–	毛织宿舍	棉四二	–
	轧一	起重	–	–	–	–	–	–	–	棉四一	–	–
	起重	–	–	–	–	–	–	–	–	棉四二	–	–

界内道路纵横、交通便利。有海河西路、大沽南路、黑牛城道、洪泽路、洪泽东路、洞庭路、微山路等19条骨干道路。有企业887家、小学3所、幼儿园3所、卫生院1所。区行政许可中心、陈塘科技商务区、区党校机关所在地。

二 特色

自1979年，加快街办经济和社区建设发展，街办经济、爱国卫生、人民调解、再就业、最低生活保障、文化和体育等工作相继获得28个全国和市先进称号。

街办经济 1992年，建立康隆工商总公司有30余家企业，其中海河纸制品厂1989年获得全市街道明星企业称号。2000年街道合并前，街办工商企业，实现产值5.51亿元、利润6363万元、创税1461万元。

管理 自1979年，陈塘庄街推行驻街单位的“门前三包”，即：包卫生、包绿化、包秩序的做法和经验在全市推广。1990—1994年，被评为市环境卫生、绿化先进单位。1994年，在全国卫生城工作检查中，健康教育工作受到市相关领导部门的表彰。自1995年，配合市区重点工程，做好危陋住宅居民的动迁工作；对违章建筑、乱摆乱卖和环境卫生进行综合治理，协助道路整修和旧楼区改造；获天津市改造卫津河工程先进单位、市爱国卫生工作先进集体称号。1997年6月，创建全市第一个跨行业的陈塘庄地区联合调解委员会。2002年，获市调解工作先进单位称号。

图1-14 2009年，清除圈占现场
（陈塘庄街道办事处提供）

安置就业 陈塘庄街地处天津市工业聚集区，居民多为企业职工。随着企业改制转型，至1998年底，有2000多名下岗职工。1996年，建立免费职业介绍机构。2002年，获市再就业和低保工作先进街称号。2003年，启动再就业工程，为460人提供家政和维修等服务型工作。至2004年，为2000名下岗职工提供就业岗位。2005—2010年，通过各种形式实现就业1970人，安置率达到97.5%。对3600余人进行就业技能培训，开发就业岗位520个，下岗失业人员就业率达99.63%，安置率达98%。2010年，引进茶叶交易中心，安

图1-15 2005年，河西区红十字会在曲江公园开展“红十字博爱送万家”启动仪式
（陈塘庄街道办事处提供）

置下岗失业人员200多名。

文化与体育　80年代，涌现出书画、京剧、评剧、集邮等特色文化家庭。女子大鼓队、舞龙舞狮队在展演中获得多个奖项。1994年，建立地区教育协调委员会例会制度，构成街、居委会、学校三级教育网。成立地区企业文化联谊会。1993—2000年，群众文化团体发展到18个，各社区有80余支文化团队。2002年，建立市民学校。至2010年，街市民学校开设多个班，8万余人(次)参加。2000—2010年，依托体育彩票全民健身工程，兴建曲江公园健身广场，成为居民开展全民健身运动的集聚地。先后获全国城市体育先进社区和市群众体育工作先进称号。

第十二节　东海街

一　概况

东海街因坐落地属小海地的一部分，故名东海街。1982年2月，建立珠江道街。1989年12月，建立三水道街。两个街均因道路而得名。

1994年8月，珠江道街道与三水道街道合并为东海街道办事处。2010年底，有居民80013人。人口密度为每平方千米37741人。下设：珠江里、粤江里、漓江里、川江里、汉江里、龙江里、松江里、同江里、三水南里、华江里第一、华江里第二、富江里、金江里、安江里、桂江里15个社区居委会。

1994—2010年部分年份东海街居委会情况表

表1-13

时间	1994—2005年	2006—2008年	2009—2010年
居委会	珠江里	珠江里	珠江里
	平江里	平江里	粤江里
	粤江里	粤江里	漓江里
	漓江里	漓江里	川江里
	川江里	川江里	汉江里
	汉江里	汉江里	龙江里
	九江里	九江里	松江里
	龙江里	龙江里	同江里
	松江里	松江里	三水南里
	嫩江里	同江里	华江里第一居委会
	同江里	三水南里	华江里第二居委会
	三水南里第一居委会	华江里第一居委会	富江里
	三水南里第二居委会	华江里第二居委会	金江里
	三水南里第三居委会	富江里	安江里
	华江里第一居委会	金江里	桂江里
	华江里第二居委会	安江里	–
	富江里	桂江里	–
	兰江里	–	–
	金江里	–	–
	云江里	–	–
	安江里	–	–
	桂江里第一居委会	–	–
	桂江里第二居委会	–	–

界内有珠江道、陵水道、双水道、三水道、泗水道、浯水道、洞庭路、梅林路、枫林路、榆林路和微山路等道路。有市第四医院、中水北方勘测公司、陈塘热电公司、津城集团和中小学及幼儿园

等，有事业单位12个，国有企业62个，非公有制企业261个。

二 特色

80年代，加强经济、社会、文化、法治建设，构建文明和谐社区。2003年，获第三批全国城市体育先进社区称号。街司法科被评为全国残疾人维权岗。2005年，被评为全国预防青少年违法犯罪工作先进集体。桂江里社区获全国青年文明社区称号。2010年，被评为首批全国妇联基层组织建设示范街道。

图1-16 2010年，东海街珠江里精品小区 （东海街道办事处提供）

管理 自1989年，12个居民社区实行公寓式管理，在市综合治理工作会议上介绍工作经验。1996年，开展创安全居民区活动。2009年9月，中央政治局委员、市委书记张高丽及有关部门领导到汉江里社区视察，现场办公解决群众提出的问题。

预防青少年犯罪 2000年，实施“预防犯罪从少儿抓起免疫工程”，形成预防教育网络。2003年，采取帮、教、控等项措施，以结对子、多人帮助一人、建“监控联系卡”等形式，加强管控。是年，东海街被中央综治委预防青少年违法犯罪工作领导小组办公室确定为全国50个“青少年违法犯罪社区预防计划”实施试点单位之一。2004年，加强闲散青少年教育管理。5月10日，全国人大常委会副委员长、全国妇联主席顾秀莲到街视察。7月，全国青少年研究中心领导到街调研。2005年，在全国预防青少年违法犯罪表彰暨示范创建工作会议上，获全国预防青少年违法犯罪工作先进集体称号。桂江里社区获全国青年文明社区称号。

反邪教 1999年，对重点人进行家访，做思想工作。2003年，落实长效管理机制，采取街道、派出所、工作单位“三位一体”的帮教工作方式，加大对重点人的帮教。是年，《攻坚克难，促进邪教痴迷者的转化》经验文章，在中国反邪教会议上进行交流。编写的《实践与探索》一书，参加中国反邪教协会工作成果展。2004年，探索出“盯重点、防反弹、零距离、摸实情、分层次、帮教转”的工作方法，形成融教育管理、帮教监控为一体的工作机制。2005年，完善四级防控信息和组织网络。应邀参加纪念中国反邪教协会成立五周年大会。2006年，《浅谈已转化邪教人员反弹的原因与防范对策》《发挥街道反邪教协会作用，推进“四无社区”创建工作》收入《中国反邪教协会年会论文集》。2007年，在全国反邪教协会参与教育转化工作经验交流会上作典型发言。2008年，57人加入市反邪教协会，扩充社区楼栋专防员1282人。《积极做好后续帮教工作，全力推进“回归社会工程”》，被收入《中国反邪教协会年会论文集》。2009年，参加全国反邪教协会年会，以《积极动员广大群众参加反邪教斗争　创建高标准无邪教社区》为题在大会上发言。2010年，加强对重点人员的防控和转化工作，有3人转化。“创建无邪教社区的实践与探索——东海街创建无邪教社区活动调研报告”，获国家级优秀课题奖。《东海街创建无邪教社区的动作方式与成效》的经验，收入《全国经验交流材料汇编》，并在《中国反邪教通讯》刊载。

第十三节　柳林街道

一 概况

柳林街原称灰堆街，以界内灰堆村得名。灰堆，古称灰堤。相传永乐年间（1403—1424年）形成村落，至2010年已有586年历史。灰堆为津门通向海口交通要冲，清代在此设有军营。日军侵华时，曾在此地设立大分公所，驻兵盘踞。国民党统治时期，亦曾派重兵把守。1902年，海河“裁弯取直”后，实施海河护岸工程。1912—1932年，在此地栽种近12万株柳树保护河岸，形成柳林风景区。至50年代末，杨柳依依，野花遍野，百鸟争鸣，曲径通幽。1986年，市、区政府重建柳林风景区，全区各界捐款120万元，组织10万人参加义务劳动，挖坑栽柳。1988年，柳林风景区建成，灰堆街道更名为柳林街道。

2010年底，有居民98035人。人口密度为每平方千米16218人。下设：东海里、二疗、微山东里、恒山里、龙天园、珠峰里、腾华里、谦福里、贺福里、景雅里、柳苑公寓、玉峰花园、金海湾13个社区居委会。

1979—2010年部分年份柳林街居委会情况表

表1-14

时间	1979年	1989年	1995年	1997年	1998年	1999年	2000年	2002年	2003年	2006年	2009年	2010年
居委会	河东	七一	七一	七一	七一	七一	七一	七一	七一	东海里	东海里	东海里
	二疗	二疗	二疗	二疗	二疗	二疗	二疗	二疗	二疗	二疗	二疗	二疗
	五一	五一	五一	五一	五一	五一	五一	五一	五一	微山东里	微山东里	微山东里
	五二	五二	五二	财院	财院	财院	振财里	振财里	振财里	恒山里	恒山里	恒山里
	西街	西街	幸福里	三海里	三海里	三海里	东海里	东海里	东海里	龙天园	龙天园	龙天园
	东郊	东江南里	微山东里	东江南里	东江南里	东江南里	东江南里	东江南里	东江南里	珠峰里	珠峰里	珠峰里
	东街	东街	建港里	微山东里	微山东里	微山东里	微山东里	微山东里	微山东里	腾华里	腾华里	腾华里
	五七	五七	五七	恒山里	恒山里	恒山里	恒山里	恒山里	恒山里	谦福里	谦福里	谦福里
	小海地一委	小海地一委	小海地一委	先登里	先登里	先登里	先登里	先登里	先登里	贺福里	贺福里	贺福里
	小海地二委	小海地二委	小海地三委	幸福里	幸福里	幸福里	幸喜里	幸喜里	珠峰里	风景雅	景雅里	景雅里
	小海地三委	小海地三委	下河圈	腾华里	腾华里	腾华里	腾华里	腾华里	幸喜里	柳苑	柳苑	柳苑
	下河圈	下河圈	下河圈第二	下河圈	下河圈	下河圈	下河圈	下河圈	腾华里	玉峰花园	玉峰花园	玉峰花园
	–	下河圈第二	小海地二委	景致里	景致里	景致里	园丁公寓	园丁公寓	下河圈	金海湾	金海湾	金海湾
	–	建港里	恒山里一委	新区	新区	新区	谦福里	谦福里	园丁公寓	–	–	–
	–	恒山里	恒山里二委	–	谦福里	谦福里	昌源公寓	昌源公寓	谦福里	–	–	–
	–	柳林	东郊	–	–	昌源公寓	宽福里	宽福里	昌源公寓	–	–	–
	–	东花园	东花园	–	–	–	雅致里	风景雅	宽福里	–	–	–
	–	田家台	南海里	–	–	–	风致里	柳苑	贺福里	–	–	–
	–	南海里	黄海里	–	–	–	景致里	–	风景雅	–	–	–
	–	黄海里	东海里	–	–	–	柳苑	–	柳苑	–	–	–
	–	东海里	河东	–	–	–	–	–	–	–	–	–
	–	河东	柳林	–	–	–	–	–	–	–	–	–
	–	东郊	田家台	–	–	–	–	–	–	–	–	–
	–	–	东街	–	–	–	–	–	–	–	–	–
	–	–	东江南一委	–	–	–	–	–	–	–	–	–
	–	–	东江南二委	–	–	–	–	–	–	–	–	–
	–	–	景致里一委	–	–	–	–	–	–	–	–	–
	–	–	景致里二委	–	–	–	–	–	–	–	–	–
	–	–	景致里三委	–	–	–	–	–	–	–	–	–

界内有大沽南路、珠江道、曲江路、艺林路等支干线。有科研院所、工业和综合商贸企业；有精

神卫生中心、结核病防治、天津财经大学、科技大学、高等医学专科等医疗机构和院校。共有驻街单位500余家。

二 特色

1979—2010年，随着成片楼房的相继建成，居民区面积扩大6倍。依托市属大学、医院较多的优势，从加强文明楼院、和谐社区建设入手，社区文化与校园文化相融合，推进社区两个文明建设。先后获全国工业普查、全国体育工作先进单位、市文明委“五个一”工程、人民调解、卫生、殡葬改革培训、体育等市和国家级先进称号33项。

服务与管理 1984年，被评为市市容环境卫生管理先进街。1994年，被市绿化委员会授予绿化先进街称号。2003年，在抗击非典疫情中，驻街的市属医院是接收病人的重点区域。街干部和居委会人员24小时盯守，做好疑似病人隔离监控和家属思想工作。每天坚持送饭、门外守护、路段防护，控制疫情的发展和蔓延，中央和多家新闻媒体进行报道。2004年，1名街干部被评为全国残疾人信访工作先进个人。组织地区居民和驻街单位，为贫困地区和灾区捐款捐物，被市妇联、市慈善协会、市红十字会评为先进单位。2006年，柳林街和柳苑居委会被评为市卫生先进单位称号。2007年，被评为市人民调解先进集体。2008年，再获市级卫生先进单位。2009年，景雅里社区被评为市级党建示范社区。2010年，东海里社区被市文明委评为科普示范小区。社区居民石景茹常年照料无血缘关系的老人，被列入全国好人榜。1988—2010年，开展共建美好家园专项活动。宣传文明祭奠，连年被评为市殡葬改革先进单位。

互助节 2003—2010年，每年举办“柳林街互助节”，开展扶贫互助、文明互助、平安互助、健康互助、关爱互助、欢乐互助、就业互助、和美家庭互助、和睦邻里互助、和谐楼栋互助等活动。坚持一年一个主题，开展发放救济金和生活必需品、举行大型义诊、发放免费医疗卡等系列活动，通过救助单位与特困居民结对子、采用人大代表救助金等形式，对困难群体集中救助。组织4000名青年志愿者参加街道与院校共建社区活动，募集衣物及其他物品万余件，受助贫困家庭达2000余户。景雅里社区老年志愿者服务队多年为居民提供义务修表、理发、按摩、心理咨询和家庭调解服务。2008年，在第五届互助节期间，有30多个驻街和区属单位参加，对600余户困难家庭进行集中救助，发放救助金、生活必需品折合10万余元，免费医疗卡1230张。2010年，以“互助一家亲、和谐共发展”为主题，举办第7个互助节开幕式暨成果展示大会，表彰100名在互助活动中涌现出的“扶贫互助”“文明互助”等10类模范标兵。发放慰问金及物品折合25万元，救助边缘户1650户。互助节成为柳林的品牌，多家新闻媒体进行报道。

图1-17 2004年，柳林街“春之光”爱心岗位超市开业 （柳林街道办事处提供）

安置就业 1980年，安置1214人，安置率86%。至1989年，安置待业比例达90%以上。21世纪初，建立公益性劳动组织。2002年，劳动保障服务中心举办免费招聘会，共安置下岗职工839人。该中心被评为市文明窗口单位、优胜单位。2010年，街干部卢大庆被评为全国再就业安置工作先进工作者。

文化与体育 自1999年，整合地区教育资源，开展市民教育培训活动40余场，受益居民达2万多人(次)。该街被评为市素质教育优秀单位，“五一”社区被评为市素质教育示范居委会。东海里居委会与驻街小学、大学共创科普知识进社区、进楼栋、进家庭活动，被评为市科普示范小区。2004—2008

年，设立市民学校，设置多门课程，每年5000人（次）参加学习，街市民学校被评为市培训工作先进学校。2008—2010年，柳林街被评为全国城市体育、社区体育、群众体育先进社区称号。入选第三批国家级社区体育健身俱乐部。

第三章　自然环境

河西区在天津市地貌分区中属海积冲积平原区，境内地貌因新生代地质构造下沉，海洋、河流、湖泊搬运堆积，人为改造等诸多作用而形成。历史上曾发生过多次海侵与海退，低平原地貌距今4000余年。区境为古代滨海地区，海拔4米，低洼处仅3米，地面坡度平缓，坡降1/10000左右，由低平地、洼地、微高地、人工堤及坑塘等地貌类型构成。地面组成物质以砂质黏土、黏土为主。气候、自然资源和灾害无实质性变化。气候属暖温带半湿润季风型，暴雨、大风、冰雹、寒潮、沙尘暴等自然灾害时有发生，雾霾灾害成为环保治理工作的重点。自1979年，随着大规模城市建设，征用农田，填平坑塘，区境地貌出现变化。至2010年，道路纵横，高楼林立，呈现现代化新城区景象。

第一节　地质地貌

一　地质

在《中国地质构造单元》中，河西区属“新华夏构造体系”第二次降带的“华北沉降带”。横跨“新华夏构造体系”的“沧县隆起”“白塘口凹陷”两个构造单元，控制着地层分布、岩石性质。《中国地质年代表》《天津区域地质志》《天津市基岩地质图》等资料记载，区境地面之下分布着太古宇、元古宇、古生界、中生界、新生界地层。区境坐落在“新华夏向（东北—西南走向）”的“沧县隆起”（古潜山）及“白塘口凹陷”（古构造盆地）之上。两个地质构造单元之间以“白塘口西断裂”为界。区境北界海河下分布着“海河断裂”。陆地同天津平原其他市区一样，历经多次海陆变迁过程而逐步成陆。

二　地貌

区境地貌为古代海退之地，成陆距今4000—3500年，是最年轻的低平原地貌之一。其地貌形态是在地质构造，海洋、河流、气候及人为作用等多种因素共同影响下形成的。区境地貌在《天津地貌分区》中，属天津东南部海积冲积平原区。地貌类型：低平地、浅碟形洼地、微高地、自然河道、人工河道、人工堤坝、湖盆、坑塘等。地貌特征地势低平，西北高，东南低，地面坦荡平缓，为被深厚新生界第三系、第四系松散沉积物覆盖的典型平原地貌。地面组成物质主要为河流相、湖泊相的砂质黏土、粉质黏土和黏土。因地势低平，排水不畅，地下水位较高，浅层地下水多为咸水，土壤含盐量较高。

第二节　气候

区境属暖温带半温润大陆季风型气候，夏季受海洋之惠，冬季受内陆补偿。其气候特征：季风显著，季节性温差较大。春季干旱多风，冷暖多变；夏季温高湿重，雨热共济；秋季天高云淡，风和日丽；冬季寒冷干燥，雨雪稀少。

一　气温

年平均气温

1961—1990年，平均气温12.5℃；1991—2000年，平均气温13.6℃；有气象观测记录以来，多年平均气温12.2℃。最低气温年平均值11℃，最高气温年平均值14.3℃，最大变化幅度3.3℃。

四季气温

一年四季气温变化较大：一月代表冬季，平均气温-4℃；四月代表春季，平均气温13.2℃；七月代表夏季，平均气温26.4℃；十月代表秋季，平均气温13.6℃。

极端气温

极端最高气温39.7℃，出现在1972年7月4日；极端最低气温-22.9℃，出现在1966年2月22日。

气温年较差

多年平均气温年较差（一年中最热月平均气温与最冷月平均气温之差值）30.4℃。比世界同纬度的大陆东西地区的气温年较差都大，与东部沿海各省、市的气温年较差相比较大。渤海对区境的气候影响不大。

气温日较差

一天中最高气温平均值与最低气温平均值之差为气温日较差，多年平均值为9.8℃，一日最大差值22.9℃。气温日较差一年四季变化较大，其中春季（四月）11.5℃；夏季（七月）8℃；秋季（十月）11.1℃；冬季（一月）9.7℃。昼夜日温差大，对植物生长有利。白天气温高，光照强，利于植物光合作用，夜间气温低，利于植物养分积累和储存。

生长季

亦称生长期，日平均气温在0℃以上的时期，即春季日平均气温稳定高于0℃开始，至秋季日平均气温稳定低于0℃止，是植物生长期。植物的生长季，始于3月2日，终于12月1日，平均276天。其间0℃的积温达4722℃。

无霜期

霜期与无霜期跨年度，除霜期就是无霜期。初霜日始于当年秋末（10月25日），终霜日止于翌年的春季（4月13日）。多年平均无霜期为195天。满足喜温植物生长。

冰冻期

冰冻期（结冻日）平均为76天，结冰期一段在12月中旬至翌年2月中旬。

降雪期

自11月下旬至翌年3月中旬。年平均降雪日8天左右，个别多雪年有20个雪日，也有无雪年。冬季积雪从12月中旬至翌年3月上旬，年平均积雪日9~15天，最多年积雪有36天。连续积雪现象少。积雪深度在20厘米以下，个别冬季遇强盛暖湿气流，降雪量增大。1979年2月一次降雪过程，积雪深度29厘米。

图1-18　2004年，人民公园雪景

（区地志办提供）

二　土壤温度

地面温度（0~5厘米）

土壤表层温度受大气影响明显，年变化较气温剧烈。自当年11月至翌年1月，地表温度低于气温，其余各月均高于气温。多年平均地表温度14℃，比年平均气温（12.2℃）高1.8℃。地面平均温度全年最高是7月，达29.4℃；1月最低为零下4.5℃。7月后，地面温度逐月降低，12月至翌年2月在0℃以下。

地中温度（5厘米以下）

地中温度的年变化稳定，热量由地表向土壤深层传递。夏半年（4—9月），地温由地表向深层递减；冬半年（10—3月），地温由地表向深层递增。5厘米层年平均地温13.3℃；10厘米层平均地温13.4℃；20厘米层平均地温13.4℃；40厘米层平均地温14℃。上下两层相差不到1℃。地中温度在一年中最高和最低出现的时间是随深度的增加而推进，5~20厘米层一年中7月最高，分别是28.1℃；27.7℃；26.7℃。1月最低，分别是 -3℃；-2.3℃；-1.2℃。40~80厘米地温是8月最高，2月最低。

冻土期

始于11月18日，止于翌年3月9日，土壤冻结期为112天。最大冻结深度69厘米。

三　降水

降水量

多年平均降水量为562.1毫米，比沿海城市年降水量少，属缺水城区，不能满足区域生活用水需要。各月降水量相差悬殊。1—12月，各月降水量分别为：2.8毫米、5.4毫米、6.4毫米、21.6毫米、32.2毫米、67.7毫米、184.6毫米、161.6毫米、43毫米、23毫米、9.6毫米、3.9毫米。

降水保证率

年降水量大于200毫米的保证率为100%，大于400毫米的保证率为90%，大于600毫米的保证率为37%、大于800毫米的保证率为9%、大于1000毫米的记录少见。

降雨日

一日内降雨量达到0.1毫米，即为降雨日。区境多年平均降雨日为69天。雨日的季节分配和降水量的季节分配一致，冬季不均匀。夏季最多，达35天；秋季次之，为15天；春季较少，为13天；冬季最少，仅6天。

雨季

日降雨量大于25毫米的连续时间为雨季。区境的雨季平均始于6月29日，结束于8月21日，持续时间54天。雨季降水量平均400毫米以上，占全年降水量的70%以上。

降水强度

降水强度较大时，一小时最大降水量为92.9毫米；一日最大降水量158.1毫米，占全年降水量的28%；一个月最大降水量416.2毫米，占全年降水量的74%；连续三日最大降水量182.7毫米；连续五日最大降水量154毫米；连续七日最大降水量147.6毫米。

降水年际变化

区境位于东亚季风气候区，因受季风强弱影响不同，降水量的年际变化较大。水患寡、忧患不均是降水一大特点。最多雨年降水量976.2毫米，最少雨年降水量269.5毫米。最多雨年与最少雨年之差为707毫米，最多雨年降水量是最少雨年降水量的3.6倍。降水年际变化大，造成旱涝气候。

四　蒸发势

多年平均蒸发势1117.1毫米。蒸发势以5月最大，为176.2毫米；12月最小，仅27.2毫米。1—12月各月蒸发势（毫米）分别是 :29.7、39.5、84.5、124.6、176.2、169.9、136.5、132.2、101.2、69.5、36.1、27.2。

五 日照与太阳辐射

日照

一年之中，按晨光始至昏影终，白昼最长时出现在6月22日夏至前后，达14小时56分；白昼最短时出现在12月22日冬至前后，为9小时25分，二者相差5小时31分。全年总计理论可照时数应为4439小时。区境多年平均日照时数2661.4小时，日照百分率为61%。全年日照时数有明显的季节变化，一年中以春季日照时数最多，5、6月为全年最高值，月日照时数分别为287.6小时、275.6小时；进入夏季7、8月，因受雨季云雨天气影响，日照时数相对较久，分别为246.6小时和243.2小时；冬季因昼短夜长，日照时数最少，12月是全年最小值，仅180.6小时。

太阳辐射

河西区位于北半球中纬度地区，太阳高度角较大，日照时数较多，太阳辐射年总量多年平均为4935兆焦耳/平方米。太阳辐射的年变化主要取决于太阳高度角的变化。太阳高度角以夏至日（6月22日）最大，为74°19′；冬至日（12月22日）最小，仅为27°45′，二者相差48°35′，太阳辐射最高值应在6月底，7月初；太阳辐射最低值应在12月底。而实际上，却以5月太阳辐射值最大。1—12月各月太阳辐射值（千卡/平方厘米）分别是：6.2、7.5、11.3、12.8、16、15、12.7、12.2、11、8.9、6.1、5.4。

六、风

风向

风向受季风环境影响明显，季节变化较大。风向随季节变化而改变：冬季受蒙古—西伯利亚高气压控制，区境风向以西北风、北风为主导风向；夏季受太平洋副热带高气压支配，盛行东南风、南风。春、秋两季是冬、夏季风转换季节，风向多变，以西南风为最多风向。

风速

年平均风速2.7米/秒。从全年风速变化看，春季（3—5月）各月平均风速在3米/秒以上，是一年中风速最大的季节，其中4月平均风速3.7米/秒；夏季（6—8月）和秋季（9—11月）平均风速2.3米/秒，是一年中风速最小的季节；冬季（12—2月）平均风速2.7米/秒。1—12月各月风速（米/秒），分别是：3、3.1、3.4、3.9、3.6、3.1、2.5、2.2、2.5、2.7、2.8、2.8。

七 气候特点

据《天津市气象志》载，河西区的气候在《中国气候区划》中属华北暖温带半湿润季风型气候区，在《世界气候类型》中属东亚季风型气候。

季风显著，影响面广

一年中盛行风向受季风环流支配，随季节变化发生明显转换。冬季，区境受蒙古—西伯利亚冷高压气团控制，盛行西北风，气候寒冷、多风、干燥；夏季，受太平洋副热带高压气团支配，盛行东南风，气候为高温、高湿、降水多；春季、秋季为过渡季节，风向多变，气候不同。境内最冷月平均气温比世界同纬度大陆东西岸地区最冷月平均气温低，最热月平均气温比世界同纬度大陆东西岸地区最热月平均气温高，受季风影响，气温年较差大，降水季节变化大。

四季分明，长短悬殊

气候四季分明：春季多风，雨水稀少；夏季炎热，高温、高湿；秋季天高，气爽宜人；冬季寒冷，干燥少雪。气象学上用候（5天为一候）平均气温划分四季：候平均气温小于10℃的时期为冬季；候平均气温大于22℃的时期为夏季；候平均气温介于10℃~22℃之间的时期为春季和秋季。据市气象台多年观测数据统计，春季始于4月6日，止于5月25日，共50天；夏季始于5月26日，止于9月5日，共103天；秋季始于9月6日，止于10月31日，共56天；冬季始于11月1日，止于翌年4月5日，共156天。夏季较长，是春、秋季时间之和；冬季最长，是春季时间的3倍多。有气候四季分明，冬季漫长，夏季较长，春秋短促相差悬殊的特点。

降水集中，多为暴雨

区域属半湿润季风气候区，1961—1990年，平均降水量559.4毫米，1991—2000年，平均降水量521.9毫米，有气象观测记录以来的多年平均降水量562.1毫米。一年之内各季降水分配不均，相差悬殊。春季3—5月降水量较少，为58毫米，占全年的10%左右；夏季6—8月降水量最多，为428.5毫米，占全年降水量的75%左右；秋季9—11月降水量78毫米，占全年降水量的13%左右；冬季12月至次年1、2月降水量最少，为13.5毫米，仅占全年降水量的2%。区境降水量高度集中在夏季，多集中有几场暴雨、大暴雨（气象部门把24小时内降雨量达50毫米或以上的降雨称为“暴雨”，达到100毫米及以上的降雨称为“大暴雨”，达到150毫米及以上的降雨称“特大暴雨”）。由于降水量集中，降水强度大，暴雨过后，产生经流较多，在排水不畅地区，引起局部沥涝。

雨热同季，优势互补

夏季（6—8月）是全年的高温期，各月平均气温分别是24.2℃、26.4℃、25.6℃。夏季风盛行期，来自热带太平洋的东南季风带来强盛的暖湿气流，降水频繁，雨量集中，形成区境高温期与多雨期相伴出现、协调配合的“雨热同季”，利于植物生长和野生动物繁育。

第三节 水文

一 地表水

河流：流经区境的河流有海河、卫津河、津河、复兴河、长泰引河、双林引水河、四化河等。

海河 位于海河干流右岸（称西岸），河段西起徐州道，东至双林引水河，长7.85千米，河床宽105~200米，水深3~4米，设计流量1250立方米/秒。海河干流流经的海积冲积平原，地势低平，海拔多在4米以下，地面坡度1/10000左右，河引其上流速缓慢，下切张力弱，腐蚀作用强，形成“九曲回肠”的众多河流。海河干流曲流发育，河湾多，加之渤海海潮汐顶托，形成逆流，影响海河干流的夏秋季泄洪、排沥及航运等。为疏通海河干流尾闾不畅，历史上曾7次实施“裁弯取直”工程，其中区境的海河有三段：第一次裁弯，自挂甲寺起至杨庄止，长1524米，缩短航道1829米；第二次裁弯，自下河圈起至何庄止，长1829米，缩短航道5181米；第六次裁弯，自下河圈起至芦庄止，长2743米，缩短航道1534米。自1979—2010年，对海河干流河道进行多次大规模的清淤、疏浚。为蓄存海河水，防止海河倒灌，建海河防潮闸、二道闸，实现咸淡分家，海河干流变成“河川水库”多功能河道。

卫津河 北起南门外海光寺泵站，东折于北起庄附近入海河。长22.6千米，底宽8~20米，过水量8立方米/秒。为宣泄城区西南部的雨水、沥水而挑挖的人工河道。卫津河主要排泄汛期雨水、沥水。历史上，除宣泄雨、沥水外，还兼负“卫南洼”一带农田灌溉，是城郊蔬菜和水产品入市的水路交通要道。随着城区的拓展，上游段以排雨沥为主，下游段用于蓄水灌溉。最大蓄水量93.3万立方米，灌溉面积3333.35平方千米。区境卫津河段，北起聂公桥，南至养鸭坊桥。长6.03千米，宽30米，水深1.5米，流量8立方米/秒。卫津河在郁江道连接复兴河，由复兴河通过复兴门闸流入海河，形成水循环。

津河 2000年，把原墙子河、红旗河、复康河、贺家口引河4条河连通、疏浚、清淤、护坡并重新命名津河的河道。改造前，被群众称为“龙须沟”的各河段到处是垃圾。疏浚、清淤、护坡后，由明珠泵站抽取海河清水，经三元村泵站供给津河进行水律循环，水质改善。

复兴河 西起卫津河纪庄子泵站，东至下河圈复兴门闸，长5.8千米，宽30米，水深2.5米，流量24立方米/秒，蓄水量33.3万立方米。1947年，挖沟成河，名“城防河”，此河堤标高6.3米，习称“南大围堤”，故亦名“南围堤河”。历史上，是城区南部重要挑地，防洪灌溉河道。经过疏浚、清淤、护坡、绿化、美化，成为区境南部一条生态景观河。

长泰引水河 起自复兴门闸（上河圈闸），南至双林农场，长4.56千米，区境内河道长2.88千米，宽15米，水深2米。历史上，长泰村挖沟引海河水灌溉稻田，时称长泰大沟。1956年，并入双林农场，命名为长泰引水河。引水河由灌溉变为排泄汛期雨、沥水河道。

四化河 西起李七庄桥，东至纪庄子桥，长1.5千米，宽10米，水深1.5米。1958年，灌溉农田挑挖而成。1985年，划归河西区，为排泄雨水和污水河道，有涵洞5个、人行桥6座。

双林引水河 北起何庄子，南至小海地双林路，长1.2千米，宽20米，水深1.5米。1951年，双林农场为引海河水灌溉稻田挑挖而成。

湖泊

天塔湖 建于1988年6月，1991年国庆节落成，湖水面积22万平方米，塔堤岸长200多米。湖内设有大型音乐灯光喷泉组泉、水幕电影。湖南岸建有人工塑造群山，绵延百余米；北岸建有60000平方米的喷泉广场；东岸建有近3000平方米的紫金广场。

燕园湖 1982年，在干部俱乐部内建“园中园”。湖水面积4万平方米，占俱乐部总面积1/4。湖中栽植荷花、睡莲等水生植物；放着鲢鱼、红鲤、河虾等鱼类；湖中巨石上雕有白天鹅。四周建有亭、台、轩、榭，前后错落，曲廊、曲桥联成一体，环绕“瓶湖”。

境内还有人民公园西湖、天津乐园湖（原尖山公园湖）、滨湖公园湖、梅江小区蓝水园湖等。

图1-19 2003年，天津乐园湖水景
（王儒臣摄）

二 地下水

水文地质区

区域水文地质在天津市水文地质分区中，为富于冲积、海积平原咸水区。新生界地层厚度为800~1100米，其中第四系厚度650左右。在深度200米以上，以河流相沉积为主，砂层稳定性较差，厚度和粒度变化较大；200米以下，以湖相沉积物为主，砂层稳定性较好，厚度及粒度变化相对较小。由于成岩程度不同，200米以下的河流相沉积物较紧实。地下水的补给主要是受大气降水渗入，浅层淡水接替河流的垂向和侧向补给。深层淡水有一定的越流补给，数量很少，上部咸水体下移。

地下水类型

地下水有两种类型：

松散地层中的孔隙水 主要赋存在新生界第三系、第四系砂层中，砂层是由发源于太行山、燕山河流及黄河搬运来的冲积物。由于河流摆动、冲积、侵蚀、沉积作用，造成复杂的地层结构和水文地质条件。

基岩地层中的岩溶裂隙水 主要是赋存在新生界第四系、第三系松散地层之下的“古生界寒武系、奥陶系碳酸盐类岩溶裂隙水岩组”和“中、新元古界碳酸盐类岩溶裂隙含水岩组之中的岩溶裂隙水”。岩溶裂隙发育不均匀，其中石灰岩质纯，岩溶裂隙发育较好，白云质灰灰岩和白云岩岩溶裂隙发育较差。

地下水分布

可利用的地下水含水组自上而下依次分布为：

第一含水组：为第四系全新统地层，层底深度10~25米，岩性为中细砂，砂层厚度8~20米，水量60~100立方米/时，水位1~3米，水化学类型为中碳酸氢钠。

第二含水组：为上第四系更新统地层，层底深度67~122米，岩性为中粗砂、中细砂、粉细砂，砂层厚10~50米，水量60~100立方米/时，水位20~70米，水化学类型为重碳酸钙钠型。

第三含水组：属第四系中更新统上部地层，层底深度150~205米，岩性为粉细砂，砂层厚10~30米，水量40~60立方米/时，水位25~72米，水化学类型为重碳酸氯钠、重碳酸钠型。

第四含水组：属第四系中更计统下部地层，层底深度250~254米，岩性为中细砂、粉细砂，砂层厚10~40米，水量40~80立方米/时，水位30~89米，水化学类型为重碳酸氯钠型。

第五含水组：属第四系下更计统上部地层，层底深度340~390米，岩性为中细砂、粉细砂，砂层厚10~30米，水量40~50立方米/时，水位30~90米，水化学类型为重碳酸钠型。

第六含水组：属第四系下更新统下部地层，层底深度530~650米，岩性为中细砂、粉细砂，砂层厚20~40米，水量40~80立方米/时，水位30~90米，水化学类型为重碳酸钠型。

第七含水组：属第三系地层，层底深度1000~1100米，岩性为粉细砂岩、砂岩，水量60~80立方米/时，水位30米，水化学类型为重碳酸氯钠型。

第八含水组：属古生界寒武系、奥陶系地层，层底深度1200米，岩性石灰岩、白云质灰岩，为岩溶裂隙水，水量60~100立方米/时，水位自流，水化学类型为氯—重碳酸—钠、硫酸—重碳碱—钠型。

第九含水组：属中、新远古界蓟县系、青白口系基岩地层，层底深度1200~3091米，岩性为白云岩、白云质灰岩、石灰岩，为岩溶裂隙水，水量0.12~1.49立方米/秒，水位自流，水化学类型为重碳酸钙钠型。

第四节　自然资源

一　气候资源

热量资源　区境条件界限温度的积温表示热量总和方式。日均温稳定超过0℃的日期，始于3月2日，终于12月1日，全年有276天，大于0℃的积温4722℃，可为栽植多种乔灌草绿色植物提供热量保障。日均温稳定超过5℃的日期，始于3月19日，终于11月14日，持续期240天左右，≥5℃的积温4614℃。日均温稳定当超过10℃的日期，始于4月8日，终于10月27日，持续期204天左右，≥10℃的积温4279℃。日均温稳超过15℃的日期，始于4月28日，终于10月8日，持续期165天，≥15℃的积温3713℃。

光能资源　为区境有机界获得太阳辐射能量的主要来源。因区境地处北半球中纬度，太阳高度角较大，全年晴天日较多，因此，日照时间长，太阳辐射强，年平均太阳总辐射能可达4935兆焦耳/平方米，光能资源丰富，满足多种生物对太阳能的需要。开发利用纯净新能源，用于太阳能发电、制暖、洗浴、温室养殖、栽培等，节约常规能源，净化区境环境。

风能资源　风为自然新能源，称为“蓝煤”。据有效风速划分，3米/秒以下的风不能利用，风速大于20米/秒的风也不易利用，有效风速指3—20米/秒的风速。区境地处东亚季风气候区，平均风速≥3米/秒，年累计为4555小时，有效风能密度61.1瓦/平方米，为可利用洁净、无污染新能源。

二 地热资源

地热资源 属市王兰庄地热田的一部分。地质构造单元为沧县隆起的北段。北有“海河断裂”，东有“白塘口西断裂”，西有“天津北断裂”，为地热田提供热通道。区境处于亚洲与太平洋块的过渡带上，两大模块相对移动，太平洋板块俯冲于亚洲板块之下，摩擦断裂产生热能。区境地热属于板块构造势传导型热水地热田的重要组成部分。地球内部丰富的热能通过“海河断裂”“白塘口西断裂”“天津北断裂”等热通道输送到地壳上部的“热储层”。区境地热田的“热储层”分上下两部分：下部为中、新元古界、下古生界石灰岩、白云岩等基岩地层，除热条件良好；上部为新生界第三系微胶结河湖相地层。顶部为新生界第四系松散沉转物盖层。有取之不尽、用之不竭的地球内部热源，多条畅通无阻的活动断裂带热通道，良好的中新元古界、古生界、新生界第三系储热地层，深厚的新生岩第四系保温盖层以及丰富的深层基岩裂地下水等。

地热梯度 从地表面下深入100米地温升高3.5℃以上称为地热梯度，并用大于3.5℃/100米等值线圈划地热异常区。王兰庄地热田，地热梯度等值线从边缘的3.5℃/100米至中心的8.5℃/100米。按3.5℃/100米地热梯度等值线圈划，区境均在地热田上。按5℃/100米~6℃/100米地热梯度等值线圈划，全区半数以上的面积在地热田上。

地热储量 有两种地热水资源：一类是位于上部的新生界第三系碎屑岩孔隙热水，按地矿部分划分地热标准，为低温—中低温地热水，顶板埋深390~420米；另一类是位于下部的中、新元古界、下古生界基岩岩溶裂隙热水，为中低温—中温地热水，顶板深埋1000米左右。第三系孔隙热水，热储层埋藏浅，为经溶型地热资源，地热能资源总量为20.8889×1018焦耳。中、新之古界、下古生界基岩岩溶裂隙热水，热储层埋藏较深，计算深度至2000米，基经溶型地热能资源量18.9195×1018焦耳；计算深度至3000米，其经溶地热能资源量可达到45.7870×1018焦耳。区境地热分布面积大，地热梯度高，热储含水层埋藏浅，地热水储量丰富。

地热水化学类型 分两种：一种是浅层低温—中低温孔隙热水，埋藏深度在1000米以内，水温30℃~63℃，硬度低，矿化度在1克/升以下，属HCO3—Na或HCO3—C1—Na型淡水，水质好，是理想的天然地温—中低温软水水源。另一种是深层中低温—中温基岩岩溶裂隙地热水，深埋在1000米以下，水温在58℃~96℃之间，水化学类型为C1—HCO3—Na型淡水，矿化度低，水质好，直接用于居民区、酒店、学校、工业取暖供热、园林绿化、温室青苗。

地热利用 地热资源丰富，从70年代开发利用地热水资源至2010年，地热水用于工业生产、居民区及宾馆取暖、洗浴、医疗卫生、副食生产等方面，节省常规能源，净化环境，产生经济、生态效益。

1979—2006年部分年份河西区地热井分布情况表

表1-15

成井时间(年)	地点(供热站名称)	水温(℃)
1979	热力公司	57
1986	温泉宾馆	88
1987	财经学院	48
1988	棉纺四厂	80
1991	紫金新里	93
1993	黑牛城道长途汽车站东	93
1993	地方铁路局	79
1994	天达小区	85
1994	九川大厦	84

续表

成井时间(年)	地点(供热站名称)	水温(℃)
1994	尖山房地产	84
1994	纯真温泉供热站	90
1995	亚中花园	85
1995	冶金大厦	88
1995	储运公司	89
1995	盛泉供热站	93
1995	环发供热站	92
1996	广视供热站	86
1997	香江花园供热站	84
1998	名都公寓供热站	91
2001	元都园物业管理有限公司老龄村供热站	63
2004	盛丰地热蔚蓝轩供热站	47
2006	盛丰复兴家园供热站	49
2006	祥泰地热工程技术开发有限公司河西分公司供热站	93

三　野生动、植物资源

植物资源

区境野生植物属泛北极植物区，中国—日本植物亚区、华山植物地区、平原亚地区。植物属中国暖温带夏绿落叶阔叶林植物类型。由于人们长期开发制用，区域不断扩展，天然林被人工园林、两岸林、行道树所替代，草本植物和极少数灌木残留有野生种。主要分布在河流、湖泊沿岸、道路旁、各类公园、学校、工厂、居民小区。

蕨类植物　问荆(Equisetum arvense)、节节草(Equisetum ramosissimum)、四叶萍(Marsilea quadrifolia)、槐叶萍(Salvinia natans)、满江红(Azolla imbricata)。

被子植物　葎草(Humulus scandens)、墙草(Parietaria micrantha)、竹节蓼(Homalocladium platyeladum)、两栖蓼(Polygonum amphibium)、萹蓄(Polygonum aviculare)、红蓼(Polygonum orientale)、丛枝蓼(Polygonum eaespitosum)、水蓼(Polygonum hydropiper)、酸模叶蓼(Polygonum lapathifolium)、柳叶刺蓼(Polygonum bungeanum)、长戟叶蓼(Polygonum maackianum)、西伯利亚蓼(Polygonum sibiricum)、翼蓼(Pteroxygonum giraldii)、毛脉酸模(Rumex gmelinii)、巴天酸模(Rumex patientia)、皱叶酸模(Rumex crispus)、齿果酸模(Rumex dentatus)、丛生酸模(Rumex marschallianus)、滨藜(Atriplex patens)、轴藜(Axyris amaranthoides)、地肤(Kochia scoparia)、刺穗藜(Chenopodium aristatum)、灰绿藜(Chenopodium glaucum)、云藜(Chenopodium urbicum)、灰菜(Chenopodium album)、菊叶秀藜(Commonalty)、反枝苋(Amaranthus retroflexus)、野苋(Amaranthus lividus)、绿苋(Amaranthus viridis)、马齿苋(Portulaca oleracea)、大花马齿苋(Portulaca grandiflora HOOK)、拟漆姑草(Spergularia salina)、沼繁缕(Stallaria palustris)、鹅肠菜(Malachiusm aquaticum)、漆姑草(Sagina iaporica)、王不留行(Vacceria segetalis)、毛柄水毛茛(Batrachium bungei)、长叶水毛茛(Batrachium kauffmanii)、独行菜(Lepetalum apetalum)、遏蓝菜(Thlaspi arvense)、荠菜(Capsella bursa-pastoris)、风花菜(Rorippa globosa)、离子草(Chorispora tenella)、葶苈(Draba nemorosa)、唐芥菜(Eryimum bungei)、扯根菜(Penthorusm chineuse)、龙牙菜(Agrimonia pilosa)、萎陵菜(Potontilla chinensis)、翻白草(Potontilla diacolor)、天蓝苜蓿(Medicago lupulina)、野苜蓿(Medicago falcata)、草木犀(Melilotus suaveolens)、毛柄黄耆(Astragalus capillipes)、野大豆(Glycine soja)、酢浆草(Oxalis corniculata)、铁苋菜(海蚌含珠)(Acalypha australis)、地锦草(Euphorbia humifusa)、乳浆大戟(Euphorbia esula)、猫眼草(Euphorbia lunulata)、苘麻(Abutilon theophrasti)、野西瓜苗(Hibiscus trionum)、双花黄堇菜(Viola biflora)、鸡腿堇菜(Viola acuminata)、球果堇菜(Viola collina)、斑叶堇菜(Viola variegata)、紫花地丁(Viola yedoensis)、早开堇菜(Viola prionatha)、水苋菜(Ammannia baccifera)、千屈菜(Lythrum salicaria)、沼生柳叶菜(Epiloium palustre)、柳叶菜(Epiloium hirsutum)、罗布麻(Apocynum venetum)、萝藦(Metaplexis iaponica)、地梢瓜(Cynanchum thesioides)、白首乌(Cynanchum bungei)、羊角子草(Cynanchum cathayense)、鹅绒藤(Cynanchum chinensis)、牛皮消(Cynanchum auriculutum)、圆叶牵牛(Pharbitis purpurea)、裂叶牵牛(Pharbitis hederacea)、喇叭花(Pharbitis nil)、田旋花(Convolvus arvensis)、篱打碗花(Calystegia hederacea)、菟丝子(Cuscuta chinensis)、金灯藤(Cuscuta iaponica)、斑种草(Bothriospermum chinense)、狭苞斑斑种草(Bothriospermum kusnezowii)、附地菜(Trigonotis peduncularis)、湿地勿忘草(Myosotis caespitosa)、毛水苏(Stachys baicalensis)、龙葵(Solanum nigrum)、青杞(Solanum septemlobum)、酸浆(Physalis alkekengi)、曼陀罗(Datura stramonium)、地黄(Rehmannia glutinosa)、母草(Lindernia procumbens)、水苦荬(Veronica undulata)、狸藻(Utricalaria vulgaris)、小车前(Plantago depressa)、大车前(Plantago major)、车前(Plantago asiatica)、茜草(Rubia cordifolia)、猪殃殃(Galium aparine)、四叶葎(Galium bungel)、黄花龙芽(Patrinia scabiosaefolia)、糙叶败浆(Patrinia scahra)、异叶败浆(Patrinia heterophylla)、栝楼(Trichosanthes kirilowii)、合子草(Aetinostemma lobatam)、赤瓟(Thladiantha dubia)、泽兰(Eupatorium lindleyanum)、女菀(Turezaninowia fastigiata)、三褶脉紫菀(Aster ageratoides)、碱菀(Tripolium valgare)、旋复花(Jnula iaponica)、苍耳(Xanthium sibiricum)、鳢肠(Eclipta prostrata)、鬼针草(Bidens bipinnata)、大籽蒿(Artemisia sieversiana)、猪毛蒿(Artemisia scoparia)、黄花蒿(Artemisia annua)、羽叶千里光(Senecio arganensis)、刺儿菜(CIrsium setosum)、细叶鸦葱(Scarzonera albicaulis)、蒲公英(Taraxacum asiaticum)、苣荬菜(Sonchus brachyotus)、苦菜(lxeris chimensis)、泥胡菜(Hemistepta lyrata)、泽泻(Alisma plantagv-aquatica)、白萍(Hydrocharis dubia)、黑藻(Hydrilla verticillata)、苦草(Vallisneria asiatica)、早熟禾(Poa annua)、白顶早熟禾(Poa acroleaca)、星星草(Puccinellia tenuiflora)、硷茅(Puccinellia distans)、画眉草(Eragrostis pilosa)、芦苇(Phragmites australis)、牛筋草(Eleusine indica)、虎尾草(Chlonis virgata)、狼尾草(Pennisetum alopecuroides)、狗尾草(Sefaria viridia)、长芒棒头草(Polyogon monspeliensis)、看麦娘(Alopecurus aequalis)、稗(Echinochloa crusgallii)、长芒稗(Echinochloa crusgallii Var.caudata)、无芒稗(Echinochloa crusgallii Var.mitis)、家稗(Echinochloa crusgallii Var.frumentacea)、马唐(Digitaris sanguinalis)、荻(Miscanthus sacchariflorus)、荩草(Arthraxon hispidus)、藨草(Scirpus triquetes)、水葱(Scirpus tabernaemontani)、荆三棱(Scirpus yagara)、牛毛毡(Eleocharis yokoscensis)、针蔺(Eleocharis valleculosa)、球柱草(Bulbostylis barbata)、香附子(Cyperus rotundus)、球穗莎草(Cyperus glomeratus)、黄颖莎草(Cyperus microlria)、水莎草(Juncellus serotinus)、扁杆苔草(Carex planiculmis)、沼苔草(Carex limosa)、鸭跖草(Commelina communia)、火柴头(Commelina benghalensis)、鸭舌草

图 1-20　牵牛花（郭枫摄）

图 1-21　2003年，天津乐园自然景观（王儒臣摄）

(Monochoria vaginalia)、小灯心草 (Juncus bufonius)、细灯心草 (Juncus gracillimus)。

动物资源

区境陆栖脊椎动物在生物地理区划中，属“古北界、东北亚界、华北区”范畴，以“古北界”成分为主。野生动物受人类活动影响，动物种群变化很大。目前常见的野生动物主要是鸟类、鱼类、昆虫、爬行类、两栖类及少数哺乳类，其中鸟类多为夏候鸟、旅鸟，渔鸟较少。

鸟类 普通鹰 (Buteo buteo linnaeus)、雀鹰 (Accipiter nisus Linnaeus)、红脚隼 (Falco vespertinus Linnaeus)、猎隼 (Falco cherrug)、燕鸻 (Glareola maldivarum Forstar)、金眶鸻 (Charadrius dubius scopoli)、斑鸠 (Streptopelia orientalis)、鸽子 (Clumba rupestris Pallas)、大杜鹃 (Cuculus cauerus linnaeus)、四声杜鹃 (Cuculus micropterus Gould)、鹰鹃 (Cuculus sparverioides Vigors)、红角鸮 (Otus scops Linnaeus)、雕鸮 (Bubo Bubo Linnaeus)、领角鸮 (Otus bakkamoena Pennant)、北鸺鹠 (Glaucidium passerinum)、长耳鸮 (Asio otus linnaeus)、楼燕 (Apus apus Linnaeus)、戴胜 (Upupa epops Linnaeus)、绿啄木鸟 (Picus canus Gmelin)、斑啄木鸟 (Dendrocopos major Linnaeus)、白背啄木鸟 (Dendrocopos leucotos bechsteiu)、小星头啄木鸟 (Dendrocopos kizaki)、家燕 (Hirundo rustica Linnaeus)、金腰燕 (Hirundo daurica Linnaeus)、白鹡鸰 (Motacilla alba Linnaeus)、黄腹灰鹡鸰 (Motacilla cinerea Tunstall)、太平鸟 (Bombycilla garvulus Linnaeus)、红尾伯劳 (Lanius crsitatus Linnaeus)、灰伯劳 (Lanius excubitor Eversmann)、黑枕黄鹂 (Oriolus chinensis Linnaeus)、黑卷尾 (Dicrurus macroceras vieillot)、发冠卷尾 (Dicrurus hottentottus Linnaeus)、喜鹊 (Pica pica Linnaeus)、灰喜鹊 (Cyanopica cyana Dallas)、红嘴山鸦 (Pyrrhocorax pyrrhocorax)、大嘴乌鸦 (Conrvus macrohyrnchus Wagler)、红尾歌鸲 (Luscimia sibilans)、红喉歌鸲 (Luscimia calliope)、蓝喉歌鸲 (Luscimia svecica)、红肋蓝尾鸲 (Tarsiger cyanurus)、山噪鹛 (Garrulax davidi)、棕头鸦雀 (Paradoxorais webbiam)、黑头蜡嘴雀 (Eophona personata magnirostris)、长尾雀 (Uragus sibiricus)、黄喉鹀 (Emberiza elegans Temminck)、灰头鹀 (Emberiza spodocephala pallas)、三道眉草鹀 (Emberiza cioides Brandi)、铁爪鹀 (Calcarius lapponidus)、麻雀 (Passer montanus saturatus)、金翅 (Carduelis sinica)、黄雀 (Caeduelis spinus)、大苇莺 (Acrocephalus arundinaceus)、白鹭 (Egretta garzetta Linnaeus)、牛背鹭 (Bubulcus ibis Linnaeus)、池鹭 (Ardeola bacchus)、夜鹭 (Nycticorax nycticorax)、暗绿绣眼鸟 (Zosterops japonica)、黄腰柳莺 (Phylloscopus proregulus)、黄眉柳莺 (Phylloscopus inornatus) 白眉灰柳莺 (Phylloscopus griseolus)。

图 1-22 灰喜鹊（王儒臣摄）

图 1-23 戴胜（王儒臣摄）

图 1-24 2009年，海河刘庄桥水域红嘴鸥（郭枫摄）

哺乳类 黄鼬 (Mustela sibirica)、刺猬 (Erinaceus europaeus)、蝙蝠 (Pipistrellus abramus)、褐家鼠 (Rattus norvegicus)。

两栖类 沼蛙 (Rana limmocharis)、青蛙 (Rana nigromaculata)、金线蛙 (Rana plancyi)、北方狭蛙 (Kaloula borealis)、花背蟾蜍 (Bufa raddei)、中华蟾蜍 (Bufa gargarizans)。

爬行类 甲鱼 (Trionys sinensis)、北滑蜥 (Leilopisnia septentrinalis)、华北壁虎 (Gekko swinnonis)、华北游蛇 (Sinonatrix percarinata)。

鱼类 鲤鱼(Cyprinus carpio)、鲫鱼(Carassius auratus)、鲢鱼(Hypophthalmichthys molitrix)、鳙鱼(胖头)(Aristichthys nobilis)、黄钻(Elopichthys bamusa)、翘嘴红鲌(撅嘴鲢子)(Erythroculter ilishaeformis)、草鱼(厚子)(Ctenopharyngodon idellus)、麦穗鱼(Pseudorasbora parva)、棒花鱼(Abbottina rivularis)、逆鱼(Acanthobrama simoni)、白条(Hemiculter leucisculus)、河鲶鱼(Silurus asotus)、黄颡鱼(嘎鱼)(Pseudobagrus fuluidraco)、乌鳢(黑鱼)(Ophiocephalus argus)、泥鳅(Misgurnus anguillicaudatus)、黄鳝(Fluta alba)、青虾(Macrobrachium nipponense)、草虾(Caridina denticulata sinensis)、毛虾(Acetes chinensis)、白虾(Exopalaemom carinicauda)。

昆虫类 蝎子(Buthus martensi)、蜈蚣(Scolopendra)、蜘蛛(Aramea ventricosa)、蜻蜓(Aeschna melananictera)、螳螂(Paratenodera sinensis)、马蜂(Vespa mandarinia)、大黄蜂(Bumblebee)、中华蜜蜂(Apis cerana)、蝉(Nephoterrix bipuncatus cincticeps)、蟋蟀(Gryllulus chinensis)、红蚂蚁(Tetramoriumsp.)、黑蚂蚁(Polyrhachis vicina Roger)、蜗牛(Fruticicola ravida)、蚂蝗(Whitmania pigm)、水鳖虫(Predaci diving beetle)、蚯蚓(Pheretima)、七星瓢虫(Coccinella septempunctata)、金龟子(Serica orientacis Motscchulsky)、蝴蝶(Rhopalocera)、树天牛(coniperous long horn beetle)、金花虫(Aspidomorphe furcata)、美国白蛾[Hyphantria cunea(Drury)]、蝼蛄(Gryllotalpidae molecrickets)、蚂蚱(Acrididae)、蚜虫(Aphidoidea)。

第五节 自然灾害

一 气象灾害

旱涝

区境属暖温带半湿润大陆性季风气候型，降水年际变化及季节变化大，旱涝灾害突出。在1470年至2000年的530年中，区境涝年有181年，占35.1%；旱年133年，占25.8%；正常年202年，占39.1%，旱年与涝年的总和多于正常年，旱涝年的发生有连续性特点。

寒潮

寒潮是北极地区汇集的强冷气流。国家气象局对寒潮有特定的标准：某地日平均气温24小时下降7℃或48小时下降9℃，同时当日最低气温小于5℃的天气。区境一般每年出现2次寒潮天气。寒潮天气多发生在每年的晚秋和初春，最早在10月上旬，最晚在4月下旬结束。强寒潮最长持续5~6天，较强的寒潮一般只维持一天。寒潮天气的主要影响是大风及剧烈降温，寒潮到来时，风速7~8级以上，气温一日下降7°~8℃，大风降温常造成风灾和冻害。

冰雹

从4月至10月发生。多年平均雹日1.3个。造成冰雹灾害的路径：一是武清区—北辰区—河西区；一是河北省霸州—西青区—河西区。冰雹的危害主要是园林花卉、建筑物设施及道路车辆行人等。

暴雨

中央气象局规定：日降水量50毫米为暴雨，100毫米为大暴雨，150毫米为特大暴雨。年平均暴雨日为2天，最多年发生6个暴雨日。一日最大暴雨量达158.1毫米。

大风

风速大于或等于17米/秒的风为大风。区境全年大风日数一般在30天左右。大风日多出现在每年春季3、4月，其次是冬季12、1月，瞬时最大风速达20~30米/秒，相当于9~10级大风。夏季的大风常伴有雷阵雨和冰雹。

沙尘暴

20世纪末至21世纪初，沙尘暴是入侵津门的一种自然灾害，它来自内蒙古北方地区，伴南下气流夹带细沙微粒而成。

二　地质灾害

地震

据历史记载，天津市区从公元294年至1976年的1600多年，共发生5级以上地震18次，3级至5级地震89次。1900—1976年，4级以上地震4次，其中对河西区造成明显震损的有3次。1976年7月唐山大地震，波及大营门、三义庄、下瓦房、东楼、挂甲寺一带，造成区境地表多处破坏。天津医院、台儿庄路，出现100米长的地震缝；天津医院、陈塘庄工业区出现多处喷水冒沙现象；灰堆、结核病防治院发生地形变。出现地面下沉35~50厘米。是年11月，宁河县发生6.9级地震，区内建筑物再遭破坏。

地面沉降

据精密水准测量，1959—1984年，市中心区累计最大次降量大于2000毫米的有5个沉降漏斗中心，其中陈塘庄沉降漏斗中心位于区内，大王庄沉降漏斗中心和大直沽沉降漏斗中心毗邻区境，影响到区境东部地区。引起地面沉降的原因为地层结构、岩性、水文地质、工程地质、基岩断裂等，直接原因是：集中地区、集中含水地质层位、集中时间超量开采地下承压水。地面沉降漏斗中心与承压水的水位下降漏斗中心大体上相吻合。在沉降漏斗中心区，控制新井开采，对老井进行人工回灌优质溪水。

第二编
人　口

自1979年，河西区落实计划生育基本国策，控制人口增长，倡导婚育新风，建设新型婚育文化。80年代中期至21世纪，随着区域经济社会发展和新辟居民区相继落成，人口流动量加大，大批区外居民移入定居，人口数量呈现逐年增长势头，学历水平不断提高，人口素质逐年提升。2010年，第六次人口普查全区总人口87.06万人。计划生育工作获得多项全国和天津市先进称号。

2010年，河西区人口文化园　　（郭枫摄）

第一章 人口数量

自1979年，河西区人口数量呈递增态势。1982—2010年，先后进行4次人口普查。1979年，全区有11.88万户，46.69万人。2010年，全区有31.75万户，87.06万人。人口与户数年均增长率分别为7.86%和4.91%。

第一节 总数

一 第三次人口普查

以1982年7月1日零时为标准时点。普查结果，全区有13.26万户，50.12万人。

二 第四次人口普查

以1990年7月1日零时为标准时点。普查结果，全区有20.48万户，66万人。

三 第五次人口普查

以2000年11月1日零时为标准时点。普查结果，全区有26.23万户，79.14万人。

四 第六次人口普查

以2010年11月1日零时为标准时点。普查结果，全区有31.75万户，87.06万人。

第二节 变动

一 机械变动

自1979年，迁入人口始终大于迁出人口，2005年，迁入人口最多。

1979—2010年河西区户籍人口迁移情况一览表

表2-1　　单位：人

年份	迁入	迁出	移入	移出
1979	17866	4548	42918	31957
1980	6886	3253	40692	31433
1981	6531	2553	36387	35242
1982	4678	2835	49508	47204
1983	3941	2813	50817	39808
1984	4565	2354	65422	46117
1985	4897	2095	86090	64347
1986	5256	2195	49973	40378
1987	4590	2088	61064	53601
1988	3828	2352	59124	52572
1989	6414	2604	46417	43458
1990	7613	3292	58427	54290
1991	5108	3500	46053	40922
1992	4526	2671	45959	40526

续表

年份	迁入	迁出	移入	移出
1993	6449	2506	39592	35946
1994	4767	2706	28550	24101
1995	4737	3546	30646	26504
1996	4863	3862	32185	28101
1997	–	–	–	–
1998	4256	3531	52632	46921
1999	4204	3810	34449	28174
2000	4193	3373	46611	43168
2001	1468	3192	43344	41233
2002	7765	2992	37730	34404
2003	7696	3145	33744	29256
2004	7250	3298	70643	63995
2005	57845	49462	–	–
2006	30610	22698	–	–
2007	13234	8467	–	–
2008	11672	8591	–	–
2009	11596	8422	–	–
2010	11264	7891	–	–

说明:(1)迁入、迁出，系指户籍迁入或迁出天津市区；移入、移出，系指天津市区户籍移入或移出河西区

(2)1997年未作人口迁移统计

(3)2005年以后未作移入移出统计

二　自然变动

1979—2010年，全区累计出生16.52万人，年均出生5162人，累计死亡12万人，年均死亡3750人，年均人口自然增长为1411人。1979—1989年，区内人口自然增长出现高峰期。1983年，全年共出生10557人，出生率达20.56‰；减去当年死亡人口2867人，全年实际人口自然增加7690人，人口自然增长率达14.95‰。此后，出生率逐步递减，人口出生数的最低谷为2003年，全年出生仅2332人，出生率为3.03‰；减去死亡人口3589人，全年实际负增长1257人，人口自然增长率为 –1.64‰。

1979—2010年河西区户籍人口自然变动状况一览表

表2-2　　单位：人

年份	出生		死亡		自然增长	
	人数(人)	‰率	人数(人)	‰率	人数(人)	‰率
1979	4627	10.28	2598	5.77	2029	4.51
1980	5756	11.93	2865	5.93	2891	5.99
1981	7726	15.85	2846	5.84	4880	10.01
1982	10193	20.24	2870	5.70	7323	14.54
1983	10557	20.56	2867	5.58	7690	14.95
1984	9301	17.31	2926	5.45	6375	11.86
1985	8992	15.87	3325	5.87	5667	10.00
1986	8512	14.42	3440	5.83	5072	8.59
1987	8176	13.48	3391	5.60	4785	7.88
1988	7759	12.51	3590	5.79	4169	6.72
1989	7547	11.95	3666	5.80	3881	6.15
1990	6306	9.82	3995	6.22	2311	3.60
1991	4107	6.31	3773	5.79	334	0.51

续表

年份	出生		死亡		自然增长	
	人数(人)	‰率	人数(人)	‰率	人数(人)	‰率
1992	4734	6.77	3947	5.48	787	1.29
1993	3913	5.84	3983	5.97	-70	-0.13
1994	3514	5.19	3703	5.47	-189	-0.28
1995	3192	4.75	3816	5.62	-624	-0.87
1996	2936	4.29	4322	6.33	-1386	-2.04
1997	2953	4.29	5275	7.67	-2322	-3.38
1998	3089	4.47	4915	7.12	-1826	-2.65
1999	2835	4.14	3932	5.74	-1097	-1.60
2000	2864	4.08	4456	6.35	-1592	-2.27
2001	2783	3.95	4684	6.65	-1901	-2.70
2002	2965	4.19	3947	5.58	-982	-1.39
2003	2332	3.03	3589	4.67	-1257	-1.64
2004	2707	3.52	4962	6.45	-2255	-2.93
2005	3158	4.08	3745	4.84	-587	-0.76
2006	3372	4.24	3874	4.87	-502	-0.63
2007	4183	5.15	3285	4.04	898	1.11
2008	4579	5.62	3057	3.75	1522	1.87
2009	4670	5.71	4113	5.03	557	0.68
2010	4835	5.90	4252	5.19	583	0.71

说明：表内出生人数、死亡人数均为户籍人口

第三节　分布

一　第三次人口普查

1982年，全区人口501152人，人口密度为每平方千米15661人。区内共设14个街道办事处，各街人口分布不均匀，其中三义庄街、谦德庄街人口密度最大，均在每平方千米70000人以上。人口密度最低的是陈塘庄街，为每平方千米6589人。

二　第四次人口普查

1990年，全区人口660020人，面积36.91平方千米，人口密度为每平方千米17880人。区内共设20个街道办事处，人口分布不均匀，靠近繁华地区的市中心各街及新建的居民区人口密度均高。人口密度最高的仍为三义庄街，每平方千米66847人。人口密度最低的仍为陈塘庄街，每平方千米5771人。

三　第五次人口普查

2000年，全区人口791350人，面积41.21平方千米，人口密度为每平方千米19204人。区内共设12个街道办事处，人口分布不均匀，大营门街、桃园街、东海街人口密度较高。人口密度最高的为大营门街，每平方千米45912人。人口密度最低的为尖山街，每平方千米7381人。

四　第六次人口普查

2010年，全区人口870632人，面积42.21平方千米，人口密度为每平方千米20628人。区内共设13个街道办事处，人口分布不均匀，桃园街、东海街、挂甲寺街人口密度较高。人口密度最高的为桃

园街，每平方千米46845人。人口密度最低的为陈塘庄街，每平方千米9116人。

第三、四次人口普查河西区各街道人口分布密度一览表

表2-3　　面积：平方千米；密度：人/平方千米

街道	第三次人口普查			第四次人口普查		
	人数	面积	密度	人数	面积	密度
大营门街	25357	0.54	46957	24346	0.580	41976
三义庄街	29095	0.39	74602	27140	0.406	66847
桃园村街	24649	0.57	43244	24277	0.598	40597
谦德庄街	32168	0.42	76590	29040	0.474	61266
下瓦房街	33330	0.87	38310	34025	0.879	38709
刘庄街	28691	0.77	37261	24277	0.793	30614
东楼街	43867	0.76	57720	42188	0.828	50952
挂甲寺街	28742	1.23	23367	28033	1.285	21816
尖山街	69610	8.64	8057	64196	9.085	7066
西南楼街	30073	1.27	23680	30940	1.175	26332
越秀路街(四号路街)	33699	2.12	15896	36681	1.375	26677
马场街	53236	4.21	12645	51511	3.142	16394
陈塘庄街	33671	5.11	6589	27684	4.797	5771
柳林街(灰堆街)	34964	4.30	8131	46084	3.974	11596
体院北街	–	–	–	37837	1.650	22932
纪庄子街	–	–	–	20513	1.524	13460
友谊路街	–	–	–	21733	1.096	19829
黑牛城街	–	–	–	20064	1.770	11336
小海地街	–	–	–	26291	0.657	40017
珠江道街	–	–	–	33697	0.826	40795

第五、六次人口普查河西区各街道人口分布密度一览表

表2-4　　面积：平方千米；密度：人/平方千米

街道	第五次人口普查			第六次人口普查		
	人数	面积	密度	人数	面积	密度
大营门街道	46096	1.00	45912	28358	1.00	28501
下瓦房街道	48328	1.69	28546	49767	1.70	29257
桃园村街道	44323	1.09	40663	51061	1.09	46845
挂甲寺街道	78007	2.41	32368	88190	2.41	36593
马场街道	55801	4.45	12540	54949	4.45	12348
越秀路街道	71005	2.64	26896	76409	3.69	20707
友谊路街道	74146	2.86	25925	77883	2.87	27137
天塔街道	84161	3.28	25659	83753	3.28	25534
尖山街道	66137	8.96	7381	91767	6.30	14566
陈塘庄街道	59673	6.50	9180	59256	6.50	9116
柳林街道	83060	4.20	19776	101679	4.20	24209
东海街道	80613	2.12	38025	80013	2.12	37742
梅江街道	–	–	–	27547	2.60	10595

第二章　人口构成

自1982年，河西区先后开展4次人口普查。1979—2010年，人口性别、年龄、民族、文化、职业发生变化。构成主要发展趋势是：男女性别比例，1979—1995年，男性高于女性。1996—2010年，男

性低于女性。全区人口平均年龄逐年递增，文化程度不断提高。

第一节　性别

一　第三、四次人口普查

在1982年和1990年的人口普查中，河西区人口的性别比例男性一直高于女性。以女性为100，第三次人口普查男性为101.5，第四次人口普查男性为104.4。一般情况下，0~65岁间的各年龄组，男性略高于女性；65岁以上的各年龄组，男性少于女性。

二　第五次人口普查

2000年，河西区人口的性别比例男性高于女性。以女性为100，男性为104.37。一般情况下，0~54岁间的各年龄组，男性略高于女性；55岁以上的各年龄组，男性少于女性。

三　第六次人口普查

2010年，河西区人口的性别比例男性低于女性。以女性为100，男性为96.73。一般情况下，0~14岁、25~29岁、35~49岁间的各年龄组，男性略高于女性；其余各年龄，男性少于女性。

1979—2010年河西区户籍男女性别比一览表

表2-5　　女性：100

年份	男性	年份	男性
1979	101.60	1995	100.10
1980	101.80	1996	99.90
1981	102.00	1997	99.50
1982	102.00	1998	99.30
1983	101.80	1999	99.20
1984	101.70	2000	99.10
1985	101.90	2001	99.20
1986	101.90	2002	98.80
1987	101.90	2003	98.80
1988	101.70	2004	98.40
1989	101.60	2005	98.10
1990	101.40	2006	97.30
1991	101.00	2007	97.20
1992	100.80	2008	97.40
1993	100.70	2009	97.30
1994	100.40	2010	97.30

第二节　年龄

一　第三次人口普查

1982年，0~14岁人口为87859人，占总人口的17.6%；15~59岁人口为36.98万人，占总人口的73.8%；60岁及60岁以上人口为43508人，占总人口的8.6%。

二　第四次人口普查

1990年，0~14岁人口为12.28万人，占总人口的18.6%；15~59岁人口为46.13万人，占总人口的69.9%；60岁及其以上人口为75979人，占总人口的11.5%。

三　第五次人口普查

2000年，0~14岁人口为91035人，占总人口的11.5%；15~59岁人口为58.39万人，占总人口的73.8%；60岁及其以上人口为11.64万人，占总人口的14.7%。

四　第六次人口普查

2010年，0~14岁人口为61127人，占总人口的7%；15~59岁人口为65.32万人，占总人口的75%；60岁及其以上人口为15.63万人，占总人口的18%。

五　人口平均年龄

第三次人口普查为32.37岁，第四次人口普查为33.62岁，第五次人口普查为37.59岁，第六次人口普查为41.04岁。

六　年龄中位数

第三次人口普查为27.03岁，第四次人口普查为28.34岁，第五次人口普查为39.24岁，第六次人口普查为41.99岁。

第三、四、五、六次人口普查河西区人口年龄结构统计表

表2-6　　单位：人

年龄分组	第三次人口普查		第四次人口普查		第五次人口普查		第六次人口普查	
	人数(人)	比重(%)	人数(人)	比重(%)	人数(人)	比重(%)	人数(人)	比重(%)
合计	501152	100.00	660020	100.00	791350	100.00	870632	100.00
0—4	31116	6.21	40666	6.16	17976	2.27	22060	2.53
5—9	24349	4.86	51322	7.77	25562	3.23	18111	2.08
10—14	32394	6.46	30784	4.66	47497	6.00	20956	2.41
15—19	46892	9.36	42385	6.42	79407	10.03	48141	5.53
20—24	63280	12.63	47412	7.18	62197	7.86	106717	12.26
25—29	68734	13.72	70528	10.69	55254	6.98	87200	10.02
30—34	39289	7.84	82137	12.44	55796	7.05	56629	6.50
35—39	30565	6.10	68352	10.36	79485	10.04	57917	6.65
40—44	29211	5.83	43651	6.61	89397	11.30	57672	6.62
45—49	35506	7.08	33594	5.09	79096	10.00	78189	8.98
50—54	32271	6.44	35552	5.39	48343	6.11	84817	9.74
55—59	24037	4.80	37658	5.71	34910	4.41	75937	8.72
60—64	16019	3.20	30634	4.64	33560	4.24	46712	5.37
65—69	11739	2.34	20302	3.08	33548	4.24	33319	3.83
70—74	8157	1.62	12048	1.83	25505	3.22	29058	3.34
75—79	4813	0.96	7430	1.12	14354	1.81	24576	2.82
80—84	1951	0.39	3770	0.58	6232	0.79	14741	1.69
85—89	693	0.14	1470	0.23	2440	0.31	5999	0.69
90—94	126	0.02	283	0.04	661	0.08	1523	0.17
95—99	10	–	39	–	115	0.01	338	0.04
100及其以上	–	–	3	–	15	–	20	–

第三节 民族

一 第三次人口普查

1982年，全区汉族人口为49.23万人，占总人口的98.22%。少数民族增至18个，总人数为8878人，占总人口的1.77%。其中，回族人数最多，计7215人，占少数民族总人数的81.27%。满族1223人，蒙古族210人，朝鲜族122人，壮族57人，维吾尔族12人，白族11人，其他11个民族人口均在1至7人之间。另有4名外国人加入中国国籍。

二 第四次人口普查

1990年，全区汉族人口为64.7万人，占总人口的98.03%。少数民族增至30个，总人数为12982人，占总人口的1.97%。回族人数计9822人，占少数民族总人数的75.66%。满族人数计2108人，占少数民族总人数的16.24%。蒙古族495人，朝鲜族223人，其余少数民族人口均在百人以下。另有4人未识别民族。

三 第五次人口普查

2000年，全区汉族人口为77.21万人，占总人口的97.57%。少数民族总人数为19255人，占总人口的2.43%。回族人数计11922人，占少数民族总人数的61.92%。满族人数计3792人，占少数民族总人数的19.69%。朝鲜族1557人，蒙古族973人，壮族216人，土家族122人。其余少数民族人口均在百人以下。另有2人未识别民族。

四 第六次人口普查

2010年，全区汉族人口为84.69万人，占总人口的97.27%。少数民族总人数为23742人，占总人口的2.73%。回族人数计11922人，占少数民族总人数的50.21%。满族人数计5653人，占少数民族总人数的23.81%。朝鲜族2030人，占少数民族总人数的8.55%。蒙古族1782人，壮族415人，土家族407人，维吾尔族278人，苗族200人，藏族116人。其余少数民族人口均在百人以下。另有9人未识别民族。

第三、四、五、六次人口普查河西区各民族人口统计表

表2-7　　单位：人

民族	第三次普查	第四次普查	第五次普查	第六次普查	民族	第三次普查	第四次普查	第五次普查	第六次普查
合计	501152	660020	791350	870632	高山族	3	3	3	6
汉族	492274	647038	772095	846890	彝族	1	1	62	68
回族	7215	9822	11922	11922	布依族	1	3	50	66
满族	1223	2108	3792	5653	侗族	1	8	29	68
蒙古族	210	495	973	1782	柯尔克孜族	1	1	2	8
朝鲜族	122	223	1557	2030	畲族	1	5	18	27
壮族	57	90	216	415	瑶族	–	1	31	67
维吾尔族	12	22	98	278	哈尼族	–	2	2	19
锡伯族	3	41	65	80	哈萨克族	–	2	3	79
达斡尔族	4	22	56	76	黎族	–	3	8	83
苗族	–	19	64	200	水族	–	3	13	1
白族	11	17	25	77	羌族	–	1	3	25
土家族	1	27	122	407	撒拉族	–	1	15	7

续表

民　族	第三次普查	第四次普查	第五次普查	第六次普查	民　族	第三次普查	第四次普查	第五次普查	第六次普查
鄂温克族	1	24	5	12	俄罗斯族	–	9	10	19
纳西族	7	11	10	12	京　族	–	1	–	4
藏　族	–	5	20	116	鄂伦春族	–	7	2	2
乌孜别克族	–	–	–	1	未识别民族	–	4	2	9

第四节　文化

一　第三次人口普查

1982年，全区6岁及6岁以上应做文化调查的人口为46.57万人。已取得大专或大专以上毕业文凭的有18073人，占全区总人口50.12万人的3.6%；大学肄业的及大专以上在校学生有10246人，占总人口的2.04%；具有高中文化程度的有11.01万人，占总人口的21.96%；具有初中文化程度的有16.93万人，占总人口的33.8%；具有小学文化程度的有11.04万人，占总人口的22.04%；不识字或识字很少的有47545人，占总人口的9.5%。全区6~11岁学龄儿童为11.64万人，不在校儿童为5969人，占5.1%。具有大专或大专以上学历的（不含肄业或在校），男女比例为180：100。大学肄业的和大专以上在校大学生，男女比例为173：100。

二　第四次人口普查

1990年，全区6岁及6岁以上应做文化调查的人口为60.96万人，占全区总人口66万人的92.37%。已取得大专及大专以上学历的有57840人，占总人口的8.76%；大专以上肄业的及在校学生有15202人（其中在校生12652人），占总人口的2.3%；具有中专学历的（含毕业、肄业、在校生）有45902人，占总人口的6.95%；具有高中学历的（含肄业、在校生）有12.35万人，占总人口的18.71%；具有初中学历的（含肄业、在校生）有19.35万人，占总人口的29.31%；具有小学学历的（含肄业、在校生）有12.24万人，占总人口的18.55%；文盲与半文盲人口有48894人（其中15岁以上人口为36561人），占总人口的7.41%。具有大本以上学历的，男女比例为180.25:100。具有大专学历的，男女比例为141.73:100。文盲半文盲中，男女比例为31.42：100。各街居民的职业构成不同，文化程度上有很大的差异。体院北街拥有大专及大专以上毕业文凭的人口7717人，占该街总人口的20.4%，高出全区平均数（8.8%）12.4个百分点，居全区20个街之冠。大专及大专以上毕业人口拥有率最低的是谦德庄街，仅为3.4%，低于全区平均数5.4个百分点。

三　第五次人口普查

2000年，全区6岁及6岁以上应做文化调查的人口为76.92万人，占全区总人口19.14万人的97.21%。已取得大专及大专以上学历的（含毕业、肄业、在校生）有15.4万人，占总人口的19.46%；具有中专学历的（含毕业、肄业、在校生）有10.6万人，占总人口的13.39%；具有高中学历的（含肄业、在校生）有13.77万人，占总人口的17.41%；具有初中学历的（含肄业、在校生）有23.29万人，占总人口的29.43%；具有小学学历的（含肄业、在校生）有11.06万人，占总人口的13.98%；文盲与半文盲人口有28046人（其中15岁以上人口为26765人），占总人口的3.54%。具有大本以上学历的，男女比例为127.11：100。具有大专学历的，男女比例为108.41：100。文盲半文盲中，男女比例为22.28：100。

四 第六次人口普查

2010年，全区6岁及6岁以上应做文化调查的人口为84.48万人，占全区总人口87.06万人的97.03%。已取得大专及大专以上学历的（含毕业、肄业、在校生）有29.42万人，占总人口的33.79%；具有高中学历的（含肄业、在校生）有24.27万人，占总人口的27.87%；具有初中学历的（含肄业、在校生）有21.92万人，占总人口的25.18%；具有小学学历的（含肄业、在校生）有76197人，占总人口的8.75%；未上过学人口有12470人（其中15岁以上人口为11657人），占总人口的1.43%。具有大本以上学历的，男女比例为102.07：100。具有大专学历的，男女比例为91.34：100。未上过学人口，男女比例为23.15：100。

具有研究生学历的12920人，比2000年增加9152人，增长242.89%，增长幅度最高；具有大本学历的16.06万人，比2000年增加93514人，增长139.41%；具有大专学历的12.07万人，比2000年增加37513人，增长45.11%；具有高中学历的24.27万人，比2000年减少1035人，降低0.42%；具有初中学历的21.92万人，比2000年减少13644人，降低5.86%；具有小学学历的76197人，比2000年减少34411人，降低31.11%；从未上过学的12470人，比2000年减少10737人，降低46.27%。学历水平增长的幅度逐年提高。

第五节　职业

一 在业人口的行业分布

1990年，第四次人口普查，全区在业人口38.55万人，占15岁及其以上人口的71.75%。在业人口的男女性别比为126.5：100。各行业的分布状况：农林牧渔水利业3601人，占在业人员（下同）的0.93%；工业19.76万人，占51.27%；地质普查和勘探业374人，占0.1%；建筑业23373人，占6.06%；交通运输、邮电通信业14399人，占3.74%；商业、公共饮食业、物资供销和仓储业42262人，占10.96%；房地产管理、公共事业、居民服务和咨询服务业20884人，占5.42%；卫生体育和社会福利事业12078人，占3.13%；教育文化艺术和广播电视事业28091人，占7.29%；科学研究和综合技术服务业7508人，占1.95%；金融、保险业3305人，占0.86%；国家机关、政党机关和社会团体31957人，占8.29%；其他行业2人。

2000年，第五次人口普查，根据10%抽样调查显示，全区在业人口32427人，占15岁及其以上人口的49.52%。在业人口的男女性别比为132.92：100。在业人口在各行业中的分布是不均匀的，主要集中在制造、贸易和餐饮两个行业，制造业在业人员11747人，占在业总人数的36.32%，贸易和餐营业在业人数6010人，占18.53%，两者之和占54.76%，超过在业人数的一半。其次是教育和社会服务两个行业的在业人口也较多。农、林和采掘业两个行业人数最少。在业人口分布说明河西区是一个工业、商贸中心区。

2010年，第六次人口普查。在10%长表数据中，全区16岁及以上人口有70692人，其中经济活动的人口33616人，占47.55%；非经济活动人口37076人，占52.45%，非经济活动人口所占比重比经济活动人口高4.9个百分点。在有经济活动的人口中，就业人口有30696人，占91.31%；失业人口有2920人，占8.69%。就业人口占16岁及以上人口的43.42%，比2000年减少1720人，降低6.93个百分点；失业人口占16岁及以上人口的4.13%，比2000年减少2834人，降低4.81个百分点。行业分布以制造业和批发零售业为主。10%的长表调查显示，河西区在业人口行业分布各有差异，主要集中在制造业和批发零售业，其中制造业有7662人，占24.83%；批发零售业有4625人，占15.07%，两行业就业人口共占39.9%。其次分布就业人口较多的行业是公共管理和社会组织2360人，占7.69%；交通运输、仓储和邮电业2033人，占6.6%；教育业1941人，占6.32%。

二　各行业人口的职业分布

第四次人口普查，全区在业人口的职业分布为：各类专业技术人员84911人，占就业人口(下同)的22%；国家机关、党群组织、企事业单位负责人24629人，占6.39%；办事人员和有关人员32488人，占8.43%；商业工作人员29414人，占7.63%；服务性工作人员31596人，占8.2%；农林牧渔劳动者1917人，占就业人口的0.5%；生产工人、运输工人和有关人员17.99万人，占就业人口的46.68%；其他劳动者568人，占0.14%。

第五次人口普查，根据10%抽样调查显示，在业人口各职业中的分布相对来说比较集中，主要集中在三个职业上，生产、运输设备操作人员11053人，占在业人口的34.09%，其次是商业、服务业和专业技术人员，分别占24.97%、24.02%，三者之和占83.1%，占在业人口的绝对优势。

第六次人口普查，10%长表数据显示，河西区职业分布以专业技术人员和商业服务业人员为主。其中，专业技术人员8325人，占27.12%；商业服务业人员8855人，占28.85%，两个职业之和共占55.97%。其次是办事人员5533人，生产运输设备操作人员5688人，两者之和所占比重达到36.56%。

第三章　人口控制

自1979年，河西区贯彻落实计划生育的基本国策，把政策宣传、生育管理、优生优育结合起来，建立健全工作机制，为育龄人口提供多方面的服务。1986年，被评为全国计划生育先进区。1998年，获全国计划生育系统先进集体称号。2000年，区计划生育协会被评为全国计划生育协会先进单位。2001年，河西区被授予全国婚育新风进万家活动特别贡献单位称号。2010年，被确定为全国首批计划生育综合改革示范区。

第一节　政策引导

一　宣传

自1979年，每年开展人口国情宣传活动。1990年，大营门街干部郝玉兰被评为全国计划生育宣传工作先进工作者，三义庄街计划生育办公室被评为全国计划生育宣传工作先进单位。1995—1999年，成立计划生育工作小组，开办“知情选择”培训班，开展“中国12亿人口日”宣传活动，提倡节育避孕、晚婚晚育、控制人口数量、提高人口素质。参加全国“华联杯”和“恩威杯”生殖健康知识竞赛。完善区、街、居三级计生服务网络建设，计生科普知识宣传品进居入户，举办“生育文明科普之窗”展牌评选活动，健全规范社会化人口教育网络，建立区、街两级人口学校。开展“婚育新风进万家”活动、生育文化系列活动。1999年6月，《中国人口报》头版刊登《品牌效应—天津市河西区着

图2-1　2007年10月，第八届社区生育文化节婚育文明百姓明星颁奖典礼现场
（区计生委提供）

力建设新型生育文化》的纪实报道。

2000—2002年，出版《新生育文化民谚选》《大学生性健康教育100问》《生育文明示范家庭篇》系列丛书。在科技周期间，组织计生科技知识宣传品展示评比和“生活、生育、生命”家庭摄影展评活动，树立并宣传区、街两级生育文明示范家庭。2003—2005年，开展“建设全国婚育新风进万家示范区活动”，将人口理论与市民学校教育有机结合，推行“菜单式”教学。开展“预防艾滋病行动”的宣传服务活动。开展纪念中共中央《关于控制人口增长问题致全体共产党员、共青团员的公开信》发表25周年和13亿人口日活动。2006—2009年，开展宣传中共中央、国务院《关于全面加强人口和计划生育工作统筹解决人口问题的决定》的活动。开展统筹解决人口问题的宣传教育活动；召开人口计生改革开放30周年纪念报告会。制定《婚育文明星和创建婚育文明星级小区工作计划》，印发《婚育文明星级小区标准》，开展婚育文明建设活动。河西区在全国婚育新风进万家活动经验交流会上介绍经验。2010年，建成人口文化园，宣传新型人口计生文化；继续实施婚育文明“星计划”，24个单位获婚育文明星级单位。

二　措施

自1989年，制定并落实《关于严禁超计划生育及非婚生育有关问题的暂行规定》，利用每年的世界人口日、中国人口日、科技周等进行社会推广普及。1995—1997年，开展生殖健康教育知识竞赛活动，落实在中小学生和育龄妇女中开展生殖健康教育项目计划，推动避孕节育措施知情选择，提高育龄群众的自我保健意识。1998年，制定并落实生育文化试点区实施规划，建立区人口文化学会，将生育文化建设纳入区精神文明建设和社区建设总体规划。在区党校开设人口理论课。2000—2002年，加快人口与计划生育法制建设步伐，促进依法处罚，规范二胎审批手续，推动计划生育政策政务公开、居务公开。2000年8月，国家计生委建设社会主义生育文化理论研讨会在河西区召开，来自全国各地的人口学、社会学、历史学、民俗学等方面的专家和11个省、市、区及部队的计生委领导参加会议，河西区介绍建设社会主义生育文化试点工作经验。

2003—2006年，推进全国婚育新风进万家示范区亮点工程，持续开展青春健康项目工作，统一发放“一孩生育服务证”。规范区计划生育生殖健康服务的工作标准和服务流程。区生殖健康服务中心加挂区计划生育服务站的牌子。2007—2009年，以信息化建设和队伍建设为切入点，加强人口和计生基础工作综合治理，以“优质服务”和“婚育新风进万家活动”两大品牌为创新点，推进人口计生综合改革，建立和完善人口计生工作新机制，修订人口和计划生育领导小组成员单位职责，把统筹解决人口问题纳入责任目标考核。区属10个相关部门联合制定《关于加强人口和计划生育综合治理的若干意见》，促进统筹解决人口任务落在实处。召开区“人口与社会发展”报告会。2010年，成立人口发展研究会。制定并落实《关于进一步深化人口和计划生育综合改革工作的实施意见》。

第二节　生育管理

一　服务体系

1979—1989年，提倡一对夫妇只生育一个子女，鼓励群众申领独生子女证，由所在单位征收计划外生育费。严格控制二胎生育，晚婚率开始下降。区副食公司被评为全国计划生育先进单位。1987年，计划生育办公室更名为计划生育委员会。1988年，制定《计划生育工作实施细则》《计划生育目标管理责任制和考核办法》。1989年，50%街道办事处成立计划生育办公室，各单位制定目标管理责任制等一系列工作制度，90%以上的居委会设有计划生育主任，计划生育骨干、积极分子达11601人。

1990——1995年，建立区人口与计划生育领导小组，对计划生育实行综合治理。1991年，计划生育率达100%。自1993年，人口自然增长率实现负增长。尖山街干部韩秀枝被评为全国计划生育优秀工作者；大营门街被评为全国计划生育工作先进单位。1994年，制发统一规范化管理手册。1995年，推行计算机管理。开展“争先创优”活动，制定《街道计生干部管理办法》，评选区级“双十佳”（10个居委会、10名居委会计生主任）。加强对重点人群和流动人口管理，制定《关于加强城市拆迁中计生管理意见》。1995年，人口出生率降为4.73‰。

1996—2007年，落实计划生育工作人员职业道德规范，提高计生干部工作补贴标准。开展“做群众满意的计划生育工作者”活动，开展创建计划生育文明窗口和“三优”计生办公室活动，形成属地管理、单位负责、居民自治、社区服务的工作格局，出生率、计生率和自然增长率呈下降趋势。区计生委分别在全国婚育新风进万家活动经验交流会和研讨会上介绍经验。2002年，计划生育委员会更名为人口和计划生育委员会。2003年，建立计划生育生殖健康服务中心。2005年，推进人口计生工作综合改革，编制人口计生事业“十一五”规划。治理非法鉴定胎儿性别。2007年，定为“素质提高年”，加强基层基础管理工作，推进信息化管理，做好网络版WIS系统运行准备工作，组织人口计生技术服务人员的专业培训。制定《关于开展违法生育专项治理工作的实施方案》，建立区、街两级违法生育有奖举报制度。制定《关于广泛开展“生育关怀行动”的实施意见》。人口自然增长率结束负增长，出生率为5.15‰，自然增长率为1.11‰。

图2-2　2008年12月，天塔街举办生育文化研究会生育文明示范家庭讲评会
（区计生委提供）

2008年，推进新建物业小区和城郊接合部“盲区”计生管理难点问题的解决，招聘计划生育专管员。已婚育龄妇女信息系统人户分离平台网络版WIS系统运行。2009年，健全以现居住地管理为主的服务体制，提高居民自治水平。在东海、梅江、尖山、友谊路4个街道以项目运作方式，加强对流动人口计划生育的服务管理，落实“以房管人”，创建流动人口服务和管理示范街试点，梅江街流动人口管理模式的做法和经验在天津市加强计划生育基础管理工作会上做介绍。启动全员人口信息系统建设，开展出生人口清理清查工作。为3124名独生子女伤残、死亡家庭父母发放特扶金654万元。区计划生育服务站获全国计划生育优质服务示范站称号。

2010年，1900人领取特扶金397.2万元。将区生殖健康服务中心更名为区人口和计划生育服务分中心，设立优生优育促进部、家庭幸福指导部、生殖健康检测部、避孕药具服务部、政策法规咨询部、青春健康培训部，从优孕优生、幼儿早期教育、青少年性与生殖健康教育到老年人服务关怀等方面开展服务，服务对象从育龄群众向全口径人口延伸。

二　药具发放

1986年，计划生育药具站成立，担负700多个单位所需避孕药具的免费供应，医药商店普遍开设避孕药具零售点。2002年，采取“一管理、二上门、三检查”的管理办法，将科普知识、避孕方法、生育政策送上门与避孕药具送上门结合起来。2005年，改革避孕药具管理发放机制，河西区作为改革试点，制定实施方案。在全区遴选出人文环境优良的12个社区，配置自助式刷卡发放机，向居民群众发放药具领取IC卡6000余张。全区所有居民委员会挂“避孕药具免费发放点”标识，实现“一卡在手，全区通领；一卡在手，昼夜可取”的免费避孕药具发放机制，增强对群众隐私的保护和灵活便民的服务。2006年，完善避孕药具自取箱、自动刷卡机的管理及避孕药具不良反应的监测及信息反馈。增设15台避孕套自助发放机，启动避孕套社会营销工作，为13个街道配置药具展示柜。全年免费发放避孕药具价值近30万元，覆盖全区各经济类型单位和已婚育龄妇女。2007—2010年，巩固药具发放主渠道，完善流动人口药具供应渠道，加强药具质量监管，开展避孕药具不良反应监测，推行药具社会营销，规范计划生育服务机构内部药具及生殖健康产品的使用和管理。在市场、长途汽车站、高等院校等地段安装带有身份识别系统的室内免费避孕药具发放机，开展送药具、送知识、送服务“三送”活动。

第三节　优生优育

一　普及

1979—1992年，严格控制人口数量，致力于提高人口素质。开展普及避孕节育、优生优育、科学喂养等计划生育科学知识普及教育活动，各街道办事处建立婚育学校。成立区“三优”即优生、优育、优教服务中心和计划生育协会，形成计划生育科学知识教育与咨询服务相结合的“三优”工作体系。编印发放10万余册《普及优生、优育知识的宣传手册》和《致未婚青年、新婚夫妇、孕妇、新生儿家长的信》。各街婚育学校和基层协会开办新婚学校、孕妇学校、独生子女家长学校，开展“三优”知识系列教育活动。开展妇幼保健咨询，聘请18名医生举行义诊，婚育知识普及率达80%以上。

1993—1999年，全区有计划生育协会会员5万余人，占全区人口的8%。将“三优”知识教育及保健咨询服务活动融入社区教育、社区文化、社区服务、社区卫生保健等社区建设之中，探索与社区建设诸方面相结合的计生宣传教育、管理、服务一体化的新机制。开展“生产、生育、生活”服务、“优生、优育、优教”服务和生殖健康教育服务，提高家庭生活质量和子女教育水平。发挥育龄群众的主体作用，推进宣传教育、科学管理、优质服务“三统一”的计划生育工作新机制建立和发展。

2000—2004年，深化以技术服务为重点的计划生育优质服务，对育龄妇女实施“避孕节育知情选择”“妇女生殖道感染防治”“出生缺陷干预”三大工程，知情选择知晓率达95%，服务对象查体率80%，建档率达90%以上，药具发放到位率达95%以上。在高等院校安装自助售套机，药具发放到位率达98%。做好孕妇的“四毒筛查”和补充叶酸服务活动，面向广大群众实施计生工程，进行帮扶和出生缺陷等跟踪服务。“三优”普及工作逐步转向开展生殖健康阳光行动。

二　生殖健康阳光行动

2005—2007年，定为“优质服务年”，开展“爱心回馈独生子女母亲”优质服务系列活动，开展关爱女孩行动。开展生殖健康阳光行动，实现“四助一进”，即：助优、助残、助困、助弱、健康知识普及进社区。落实户籍在河西区的无业人员“免费享受计划生育手术”政策。已婚育龄妇女生殖健康知识知晓率达到85%以上，避孕节育率达90%以上，满意率达85%以上。区人口计生委被评为全国人口和计划生育科技先进集体。启动“生殖健康特别关爱行动”项目。加强对流动人口的计生服务，做到“五到位”，即：流动人口育龄妇女婚育状况掌握到位、政策法规宣传到位、优质服务到位、户籍地信息交流到位、维护计划生育合法权益到位。加强生殖健康服务中心建设，设置产后形体康复健身房、幼儿综合训练亲子园、青少年心理健康指导室等载体。为各街道、居委会配备统一的避孕药具展示专柜和220套药具知识图解和图集。2008年，启动“健康惠民行动”，实施出生缺陷干预，出生缺陷一级干预实施方案，免费为育龄群众进行筛查，为3000余名育龄妇女进行蛋白生物芯片免费检测，推进以“长效避孕措施”为主的避孕方法知情选择，提高育龄妇女避孕及时率和综合避孕率。办好孕妇学校，开通“易信通”短信服务平台，为新婚期、孕期妇女及流动人口育龄妇女进行优生优育指导，实现流动人口查体微机建档。是年，区生殖健康服务中心接受联合国人口基金组织驻华代表工作考察，国家人口计生委主任李斌、副主任赵白鸽陪同考察。

2009—2010年，持续开展生殖健康阳光行动，以“生命起点优孕工程”和“扶残济困惠民工程”为主题，在婚姻登记窗口派驻工作人员，宣传优生优育知识，将预防出生缺陷“关口前移”，免费进行筛查658例，为269名特扶家庭的独生子女父母提供免费健康查体，为2600余名流动人口育龄妇女提供免费孕检，为高危妇女建立健康重点监测档案。开展计划生育药械整治工作，接受国家人口计生委对区药械市场的查访。计划生育手术随访和避孕措施及时率均达到95%。成立区人口和计划生育家庭健康惠民行动促进工程领导小组，制定实施方案，围绕“优生优育、有效避孕、生殖健康”三大工程，推进流动人口孕检和生育服务证办理的信息化建设，发送“优孕通”短信3万余条，发放各类礼包1.4万份。以全员人口信息系统为依托，开发新软件，将身份证识别系统引入育龄妇女查体等多项服务中，形成以计划生育电子技术服务、生育服务证办理、生殖健康管理、流动人口孕检为基础的优质服务信息平台。区人口计生委干部邢凤海被评为全国计划生育协会先进个人和“爱心使者”。

第三编
城市建设

1976年，唐山大地震后，河西区对震损房屋进行修缮和新建。1985年，以北洋公房“三级跳坑”危陋平房改造为突破口，进行第一次大规模的旧区改造，新建一批住宅小区。1993年，展开对全市面积最大的谦德庄危陋平房改造的攻坚战，历时三年零九个月，相继完成48片危陋平房改造，拆除危陋平房91万平方米，开工面积410万平方米，竣工面积246万平方米，建成16个新型小区，率先在市区完成成片危陋房屋的改造任务，4万户、16万群众受益。1999年，国务院总理朱镕基考察谦德庄危陋平房改造工程。进入21世纪，以房地产开发为重点的住宅和商务楼宇及公建建设全面实施。通过土地批租、出让、划拨、拍卖等形式，吸引天津和外埠百家企业到河西区开发建设。2002—2010年，实现开工面积1049.19万平方米，竣工面积993.49万平方米。

至2010年，全区有市政道路188条，长223千米、面积537.9万平方米。区境的7条河道，行洪排涝、蓄水供水、生态景观等功能逐年增强。供水、供电、燃气、供热等公用事业全面发展。配套供水管网长达800千米，创建节水型单位和生活小区22家(个)。供热面积2814.27万平方米，热化覆盖率99.1%。绿地面积433万平方米。

河西区实施大规模的旧区改造和新区建设，城区面貌发生历史性的变化，经济和社会发展的载体功能全面提升。

2006年，梅江新区建筑工地　　　　（郭枫摄）

第一章 住宅建设

80年代，河西区相继实施震损重建、拆棚进屋、改造“三级跳坑”、地下室和零散低洼片、平房改造、公建配套等一系列工程。1985—1997年，实施两次大规模的旧区改造，率先在市内6区完成危陋平房改造。1998—2010年，住宅建设全面步入商品化阶段，多家开发商在区境兴建住宅，通过旧居民区改造和新住宅区建设，居民群众的居住条件得到改善。

第一节 平房改造

1980—1997年，完成震损重建和成片危陋平房改造。至2010年，全区危陋平房拆迁片有20处、5248户，建筑面积20.51万平方米，原地还迁3310套(户)，异地还迁1515套(户)，货币拆迁423户；参与社会委托拆迁81处、19393户，建筑面积61.63万平方米，其中原地还迁2489套(户)，异地还迁951套(户)，货币拆迁15887户；涉及非住宅还迁12.07万平方米。

一 成片改造

1985年，全区有危陋平房1930间、2.76万平方米，分布在挂甲寺、下瓦房、刘庄、谦德庄等10个街，共有居民1500余户。其中，建于1920年的北洋工房，有居民476户，住房822间，面积1.43万平方米，为全市最大的“三级跳坑”危陋平房片。是年3月，实施改造拆迁，仅用2天时间搬迁完毕，5月施工，12月竣工，建成住宅7幢、2.97万平方米，配套公建2300平方米，实现居民当年回居。李瑞环市长为之剪彩，并为小区题名。市在河西区召开改造“三级跳坑”现场会。北洋工房的改造带动区内零散低洼片的危陋平房改造。东楼片建成住宅2.69万平方米，公建配套3000平方米。其他分散片的538间、6975平方米的低矮危房，进行原拆原建改造，对664户居民居住的947间地下室进行维修改造。

图3-1　1986年，北洋工房遗址

(区地志办提供)

图3-2　1986年，北洋新里纪念碑

(李世明摄)

谦德庄居民区是全市危陋程度最严重、人口最稠密、改造难度最大的危陋平房区之一。面积

图3-3　1980年，谦德庄窝铺区旧貌　　(区地志办提供)

29.46万平方米，7000余户居民。1981年，实施改造，建成4874平方米新德里大楼。1984年，建成连荣里1~6号楼2.7万平方米。1988年，建成义园前新居。1990年，建成元兴里片12.8万平方米庭院式住宅楼群。1993年，建成三元里片框轻结构住宅楼8.6万平方米。1995年，对谦德庄地区成片危陋平房进行改造。一期工程完成占地29.46万平方米和7000余户居民的动迁。1996年，二期工程完成1600余户居民的动迁。1998年，建成以民安、民居、民乐、民业、民富、民贵、民吉、民祥8大住宅楼命名的安德公寓。

图3-4　1998年，谦德庄回居房安德公寓新貌　　（区地志办提供）

1998年4月，对贺家口片危陋平房进行改造，占地5.2万平方米。金宇房地产开发公司将玉盛东里、天兴里、立新里、应运里、同生里、宝丰大街、建树里、基贤里、吴家东胡同、吴家西胡同、后庄大街、后庄等18条里巷危旧房屋拆除，建成4至24层住宅楼13栋。1999年8月，占地7.9万平方米的高层楼房福盛花园竣工。

图3-5　1999年，福盛花园新貌　　（区地志办提供）

二　拓路改造

80—90年代，实施中环线西半环的道路拓宽，完成1828户居民、80多个单位的拆迁，建成10.47万平方米回居住宅。拓宽解放南路琼州道至湘江道段，居住在危陋平房的330户居民搬进新居。拓宽大沽南路南楼至双林桥段，完成尖山、灰堆、陈塘庄3个街、813户居民、131个公建单位拆迁，居民和公建单位如期安置。

三　集资改造

80—90年代，多渠道集资，对市属工业大厂危旧平房宿舍实施改造。拆除市钢丝绳厂宿舍448间、1.06万平方米，新建联排式小二楼27幢、建筑面积1.64万平方米。拆除市有机合成厂、造纸厂五二新村宿舍，分别建成2070平方米联排式小二楼和2.25万平方米单元式小二楼。拆除市棉纺四厂宿舍1190间、1.6万平方米，新建住宅面积7.69万平方米、公建配套3483平方米。改造后的市棉纺二厂东舍宅，新建住宅面积10.73万平方米，公建设施1.13万平方米。

四　开发改造

80—90年代，在资金短缺的情况下，探索危改新途径。通过出售安置原住户后增出的房屋，作为改造建房资金。西南楼12段662户、1.5万平方米原住宅拆迁后，编制多套开发改造规划方案，从中筛选出最佳方案，除安排原住户外，出售2万平方米商品房。南楼窝铺片拆除危陋棚铺房屋460户、705间、7109平方米，拆迁改造后，建筑面积达2.58万平方米，其中新建住宅面积2万平方米。西南楼8段，原有居民362户、住房580间、建筑面积6345平方米，改造后新建住宅3.52万平方米，其中住宅面积3.18万平方米。南华里片原有居民737户、住房1031间、建筑面积1万平方米，改造后建成框架新结构住宅楼及配套公建设施5.4万平方米。土城改造片原有居民2300余户，拆迁后新居民区建筑面积21.59万平方米，其中住宅面积20.22万平方米，公建配套1.37万平方米。

五 引资改造

80—90年代，制定优惠政策，多渠道引进国内和境外资金，推动危陋平房改造持续发展。中环线佟楼段北侧与马场道东侧，有窝铺式简易房屋705间，占地面积1.76万平方米，居民445户。拆迁后，由市海运公司投资兴建4万平方米公建设施。刘庄解放南路以西地块，占地7.7万平方米，由香港安全实业（集团）有限公司与区房地产开发有限公司共同投资，实施危陋平房改造。三义庄危陋房屋片80%为私产房，住房密度和人口密度较大，通过吸纳资金进行改造，建成面积47万平方米的高层住宅。1992—1995年，全区共出让土地14块、22.1万平方米，获得出让金9亿多元，近万户居民的危旧房屋得到改造。

第二节 旧楼区普查与整修

一 风貌建筑普查与整修

普查 2003年，对区境内直管公产、公用公房、单位产、私产、代管产等不同产别的79处风貌建筑进行普查，普查面积8.68万平方米，占地面积9.95万平方米，涉及居民住户983户。积累一批建筑物平面图、照片、人文历史资料及录像等基础性资料。全区现存风貌建筑69栋，确定公示的有55栋。2006年，20栋首批挂牌的风貌建筑被列为重点保护级别，8栋被列为特殊保护级别，27栋为一般保护级别。除42栋德式建筑外，有英式、美式、法式、西班牙式、罗马式等。张勋、袁克定、吴毓麟、德璀林、刘冠雄等名人故居12栋，有丹麦领事馆、美国兵营、德国俱乐部、英国乡谊俱乐部、德国武官公寓等11处人文历史价值的风貌建筑。德式风情区列为市、区整体整修开发的重点工程，其建筑风格带有日耳曼民族特色。以解放南路为线，福建路、琼州道、奉化道、台儿庄路围合为片，占地面积1.8万平方米，主要建筑由11栋德式风格的别墅组成。

图3-6 2006年，原张勋德式建筑居所（区房管局提供）

整修与翻建 2005年始，对德式风情区进行保护性修缮和部分重建开发，签订温州道三角地拆迁协议，启动解放南路相关风貌建筑周边的拆迁工作。2006年，拆迁工作完成70%。2008年，市政协举办德式风情区建筑保护及利用论坛。2010年，完成市棉纺二厂宿舍大院平改坡、墙体立面整修，琼州道管线入地、变电箱迁移、道路改造等工程。区内55栋、87382平方米历史风貌建筑，涉及30个产权单位，有25个单位签订责任书，涉及13栋、1.43万平方米。完成对22栋历史风貌建筑的安全查勘工作。

图3-7 2010年，翻建与整修后的德式建筑（王儒臣摄）

二　成片旧楼区整修

2003—2009年，实施成片旧楼区综合整修工程，完成124片旧楼区整修改造，涉及居民楼1983座、建筑面积958.3万平方米，整修面积547万平方米，受益居民15.8万户、44.8万人。旧楼区整修后，全部小区实行不同形式的物业管理或社区自治管理，其中56片小区实现专业物业公司管理，5片小区由产权单位自治管理，其余63片小区由社区自治管理。河西区获市2003—2005年度旧楼区综合整修工作最佳组织奖。

2003—2009年河西区旧楼区综合整修工程统计表

表3-1

整修年份	小区数量（片）	楼栋数量（座）	建筑面积（平方米）	整修面积（平方米）	户数（户）	人数（人）
2003年	33	595	3143731	1371343	66525	186271
2004年	21	334	1646257	809132	23943	67040
2005年	20	359	1657542	1067354	21010	60704
2006年	14	240	1074384	720102	17014	49420
2007年	10	199	915822	698814	12744	37236
2008年	21	215	934147	661841	13884	40598
2009年	5	41	210885	141720	2551	6451
总计	124	1983	9582768	5470306	157671	447720

三　零星旧楼整修

2005—2007年，全区整修115片、面积210.5万平方米零星旧楼小区。对尖山八大里（8片旧楼房社区）、东海小二楼地区11片旧楼小区进行整修，面积98.1万平方米。至2009年，全区共完成250个旧楼小区的整修，有3732座居民楼、建筑面积1366.6万平方米，整修面积855.6万平方米，实现旧楼小区整修改造全覆盖，受益居民21.3万户、61.1万人。

第三节　公建配套

一　工作机制

1996—2010年，对在建小区和建成小区进行大规模配套建设，加强规划、建设、准入等方面管理，建立城区公共服务设施配套体系和工作机制。加强宏观控制管理，及时掌握非经营性配套用房的使用现状，摸清街政、卫生、环卫、菜市场等非经营性公建的情况。规范新建住宅配套非经营性公建建设和管理，超前介入，控规调整，参与规划方案的审核。与街政、卫生、公安等各专业部门的配建标准相结合，按实际需求，合理布局，配置达标，严把质量安全和标准关。建立配套社区办公用房管理工作联席会议制度，加强综合管理和协调力度，发挥各职能部门的管理职能，研究解决项目建设过程中出现的问题，严格日常配套设施监管，完善公共服务设施功能。

二　配套项目

1996—2010年，有计划地完成在建小区和建成小区的配套，完善公建工程配套、非经营性配套及家庭绿化、街巷路灯等方面的基础设施建设。

1996—2010年河西区公建配套工程情况表

表3-2

年份	新开公建工程配套面积（平方米）	公建工程竣工面积（平方米）	路灯（片）	庭院绿化（平方米）	非经营性配套设施	其他
1996	18036	12737	14	20000	八里台小学（5000余平方米）	–
1997	6367	4021	7	12000	–	–
1998	–	–	–	–	–	河西图书大厦（8535平方米），审批公建项目27项
1999	12900	2100	18	–	丁家桥小学校园建设的前期工作	–
2000	–	–	8	–	完成丁家桥小学校园建设（11000平方米）解决14处居委会办公用房问题	完成危改广场和人民 公园的相关建设工程，解决7处车棚局部改造
2001	–	–	10	–	全年配套居委会6处	提升海地风致里、雅致里、景致里三小区的房、绿、路、电、热等各项配套工程；建设存车棚7处；街心公园1处
2002	–	–	63	15处绿化铺设	–	实施16个小区的配套铺建工程，建筑面积135.70万平方米；完成7片正式电的铺设
2003	–	–	解决7处临时电的铺设	完成1处绿化工程	接管6处“非典”时期居委会临时住房	–
2004	–	–	–	–	建设平山道小学，梅江地区中、小学，怡林园、瑞江小区和梅江地区幼儿园；推进 新型社区服务设施试点整修	完成6个临时市场改建
2005	–	–	完成2处路灯补建	–	接收分配居委会用房7处、780平方米，接收梅江街办事处1600平方米、老年活动中心2000平方米，	–
2006	–	–	–	–	接收分配居委会办公用房880平方米 办理梅江南卫生院交接手续，建筑面积3000平方米	4处、800平方米市政班点交接使用
2007	–	–	完成11片路灯安装或补建工作	–	推进1所小学、4所幼儿园设施建设；接收并分配居委 会用房6处、910平方米	–
2008	–	–	补建路灯96片	–	两所幼儿园、1所小学交付使用；接收居委会办公用房6处、1530平方米	–
2009	–	–	完成15片路灯补建工作	–	1所幼儿园竣工交付；接收居委会办公用房4处、600平方米；接收分配梅江南卫生 院3900平方米，接收卫生用房1处、150平方米	–
2010	–	–	–	–	接收居委会办公用房5处、813平方米	–

第二章　房地产开发

80—90年代，河西区随着城区危房改造和住宅建设进程的加快，相继制定并出台一系列房地产开发文件。加强城区建设宏观调控，采取土地批租出让、土地置换、合资合作开发、贷款等多种形式，引进资金和项目，实现开工面积、动迁量、竣工面积和居民回居户数的大幅增长。进入21世纪，以房地产业为主导，以商品房开发为重点的民用住宅和商业及公建楼宇建设全面展开，房地产业逐步走入市场化发展轨道。市属和外埠建设开发企业和建筑施工队伍陆续入驻区内，房地产开发逐步形成以区外房地产开发企业为主、区属房地产企业为辅的新格局。2002—2010年，全区有119家房地产开发企业，实现开工面积1049.19万平方米，开发项目竣工面积993.49万平方米，房地产经济实现市场化、商品化、多样化，提升城区经济和社会发展的载体功能。

2002—2010年河西区房地产开工竣工面积表

表3-3　　单位：万平方米

年份	开工面积	竣工面积
2002	70	50
2003	166	94
2004	138	163
2005	172.87	147.47
2006	143.12	139.72
2007	50	80
2008	204	98.6
2009	46.7	124
2010	58.5	96.7
合计	1049.19	993.49

第一节　区属房地产企业

80—90年代，成立区房地产开发公司、建设开发总公司、房地产开发有限公司、龙都置业投资集团有限公司等一批房地产开发企业。

一　河西区房地产开发公司

房地产开发　自1983年，区房管部门管、建分开后，整合人、财、房等资源，参与房地产开发、平房改造、危旧房翻建、商品房销售、二手房买卖、房屋置换及房地产业相关业态。通过争取开发项目、盘活旧存量房屋、参与社会联合开发和成片小片开发。1984年，成立区房地产开发公司，以直管公房、危旧平房为重点，对13片危旧平房进行改造。1989年，成立区危旧房翻建办公室，推动所管危旧平房翻建，对西南楼四段危旧房进行改造。1997年，完成刘庄和大沽路两大成片危旧房改造11处、50万平方米。对零星小片危陋平房进行改造和房地产开发，共开发13片、18万平方米。

1986—1998年部分年份河西区危旧房屋改造开发项目统计表

表3-4　　单位：平方米

年份	开发（管理）项目	建筑面积
1986	杨庄子住宅	6500
1986	西南楼白云里	7722
1988	惠州里、惠阳里	113000
1988	五号路住宅	8760
1989	前程里	9901
1991	开发办公楼	800
1991	六机床美满里	9034
1993	西楼后街信昌楼	27000
1993	下瓦房同业里	16030
1994	体北十区	5700

续表

年份	开发(管理)项目	建筑面积
1996	人委南里	22900
1997	小海地凤致里十号楼	2700
1998	大沽南路东侧南片	300519
合计	-	530566

1991—1998年部分年份河西区危旧房翻建开发项目表

表3-5　　单位：平方米

年份	开发(管理)项目	建筑面积
1991	西南楼四段	41000
1992	河西房管局	8100
1992	健强里	19000
1992	奉化道	6300
1993	房地产交易大厦	24000
1993	南京路3号综合楼	800
1994	凤致里、凤致南里、雅致里	105000
1994	龙都花园	110000
1995	龙海公寓	146000
1997	宽福里	30600
1998	浦口道综合楼	2800

多种经营　1993—2000年，进行企业整顿，保留修缮二部、华朕中介、津房置换、龙泰电梯修缮等与房地产业相关行业的经济实体。为满足危旧房改造拆迁居民的房源需求，探索公产使用权的货币化交易形式，成立区首家房产中介机构。在二手房交易中，突破产权界限，开展置换业务。至2000年，公司建立各种房地产经济实体121个，涉及房地产经营、房屋修缮、房屋装饰、房地产中介、建材、物业管理、电梯维修、餐饮、旅店等十几个行业。在外埠经营房地产开发项目，与有关单位联合在美国置业经营。2001年，参与代销、包销商品房，实行微机网络售房和流动售房车宣传售房，代理销售商品房22处、60万平方米、达60.5亿元，被国家建设部命名为放心中介履行承诺单位。至2010年，全区完成二手房置换59495套(户)，237.9万平方米。

二　龙都置业投资集团有限公司

2000年，由市龙都房地产经营发展公司、区危旧房屋翻建改造办公室、龙都物业管理公司、兆丰房地产开发有限公司等企业整合资产，重组成立市龙都置业投资集团有限公司。公司隶属区房管局，

图3-8　1980年，危改前旧貌（区房管局提供）

图3-9　1997年，危改后龙都花园新貌（区房管局提供）

为集房地产开发、房地产销售、代理销售及租赁、二手房置换、物业管理等多业态的综合型房地产企业，注册资金7200万元，有专业职称的职工30余人。公司下设龙都房地产开发公司、龙都房地产管理公司、宜居安居建设有限公司等4个分公司。2001年，全面实施危旧房改造与商品房开发，开发成片与零星小片，区内开发与区外房地产开发，自筹资金与引进外部资金联合开发工作战略。2003年，公司晋升为国家房地产开发一级资质企业。自重组后，共开发房地产项目41项，开发面积212.39万平方米；房屋销售22项、60.51万平方米；物业管理项目16处、83.73万平方米。开发建设的平改、危改项目有龙都花园、龙海公寓、深方小区、风致里、雅致里等；商品房项目有欧亚花园、四季馨园、龙博园、滨海龙都和凤凰城等；公建项目有龙云商厦、格天花苑办公楼和龙都写字楼等。其中，东风里危旧楼房改造，采取货币拆迁和公建设施置换的方法，建成凤凰城高档商品房小区。2003—2004年，凤凰城项目获十佳规划设计奖、优秀户型设计奖、优秀园林景观奖、中国名盘奖、健康住区奖、创新楼盘奖、中国国际花园社区提名奖等称号。

2007年，与区建委合作，成立区宜居安居建设有限公司，注册资金3000万元，主要开发区境内经济适用保障住房建设项目。2009年，与仁爱开发公司组建仁爱龙都房地产开发有限公司，共同开发团泊湖、大学城等项目。参与区内外经济适用房建设，启动西青大寺龙顺园项目，建筑面积13万平方米，安置居民2171户，为全区第一处自行建成的安置适用房。

至2010年，打造龙都品牌，形成房地产开发、商品房销售、中介服务、物业管理等多业态综合发展的新格局。

三　河西房地产开发有限公司

经营体制　公司前身为成立于1985年的区危陋房屋改造办公室、区平房改造办公室，注册资金3000万元。1992年4月，成立房地产综合开发公司，具企业法人资格，全民所有制企业，注册资金800万元，注册地址为南楼进步里12号。1995年，更名为河西房地产开发有限公司。公司坐落在闽侯路60号，由区建委主管。政企分设后隶属区国资委，是以房地产开发经营为主，房屋咨询、房屋置换、物业管理等为辅，跨行业发展、多元化、综合性的中型企业。下属有恒华房地产开发有限公司、津西供热站、恒华物业管理有限公司、全鸿物业管理有限公司、西建房管所、西源大酒店等，员工110余人。

图3-10　2005年，恒华大厦
（河西房地产开发有限公司提供）

房地产开发　自1985年，先后对土城、杨庄子、西南楼八段、十二段、十四段等10余片居民区进行危陋平房改造，兴建100万平方米的住宅小区，为1.8万居民改善住房条件。1997—2010年，开发建设以安居工程为主的商品房，在辖区内先后建设书苑里、温泉小区、三元公寓、华义公寓、桂江公寓、财院东一至四期、新城大厦、恒华公寓等共26万平方米商品住宅小区。适应房地产市场变化，向建设高档住宅、写字楼、经济适用房及生态住宅区转轨，陆续建成8.2万平方米的恒华大厦写字楼、9.2万平方米的富裕广场住宅、13.48万平方米的和静家园经济适用房、9万平方米的河北区泰来家园定向安置经济适用房、4.6万平方米的区教育中心写字楼、17万平方米的津南区天嘉湖花园等项目。

1996—2010年河西房地产开发有限公司主要开发项目表

表3-6 单位：万平方米

项目名称	开发时间	建筑面积
华义公寓	1996—1998年	2.40
书苑里	1998—2001年	5.70
新城大厦	1998—2001年	3.40
恒华公寓	1999—2002年	4.50
恒华大厦	2003—2005年	8.20
富裕广场一二期项目	2003—2007年	9.40
和静家园	2004—2010年	13.48
泰来嘉园	2007—2009年	9.00
教育中心	2007—2010年	4.70
天嘉湖花园	2005—2010年	17.80
陈塘科技文化园	2009—2010年	2.30
创智天地	2010年	7.70

多种经营 公司发展居民供热、房屋管理和物业管理等项业务。津西供热站供热面积150万平方米。西建房管所管理企业产房屋33万平方米，代管14万平方米。恒华物业和全鸿物业管理公司开发面积50万平方米的商品房小区。西源大酒店经营面积5300平方米。9500平方米的区电器城出租给南楼集团。

四 河西区建设开发总公司

经营体制 1984年成立。1989年4月，更名为市房地产开发经营集团河西区总公司，行政由区政府领导，业务纳入天津市房地产开发经营集团，逐步形成一业为主、多种经营、综合开发的经济实体。1994年1月，更名为区建设开发总公司。具法人资格，归区建委领导，负责区域内旧区改造，开展合资、自建、承包、发包、出售商品房、合资建设、建房出租、经营服务等项目。2010年7月，公司的出资人调整为市盛源房产物业发展公司；12月，盛源公司出资7000万元，市渤海国有资产经营管理有限公司出资1.3亿元，共同成立市渤海恒源房地产开发股份有限公司。

房地产开发 1984年，对大沽路、文明里、紫金新村、信德北里、三水道等10余片住宅小区进行开发建设。1992年，承担三义庄、谦德庄、挂甲寺、前尖山等10余片危陋平房改造任务。1992年，与深广实业有限公司签订合资开发三义庄平房改造合作协议书，8月拆迁，安置2291户，开发面积9.07万平方米；二期工程于1993年12月拆迁，安置1556户，开发面积4.45万平方米。1995年1月，承接谦德庄危陋平房改造任务，6月动迁，1996年9月，谦德庄一期安置2376户居民，开发面积12.71万平方米；二期、三期安置5906户居民，开发面积9.96万平方米。1997年，与长青农工商黑牛城分公司签订黑牛城村改造工程协议书，8月动迁，安置614户、开发面积8.44万平方米。1992—2000年，相继完成市政宝贵里、公茂当胡同、棉四、前尖山、恒合里、光辉里、小围堤道等一批小区的拆迁任务，2999户居民得到妥善安置。

1993—2000年部分年份河西区建设开发总公司危改还迁小区建设情况表

表3-7 单位：万平方米

时间	建成小区名称	建筑面积
1993.7—1995.5	纯真里	10.00
1995.5—1997.12	三义大厦	9.20
1995.10—1998.12	安德公寓	12.50
1996.5—1997.5	谦福里	4.30

续表

时间	建成小区名称	建筑面积
1996.5—1997.12	秀芳里	1.83
1997.5—1998.5	宽福里	4.30
1997.8—1999.7	澧新里	8.40
1998.5—2000.5	谊城公寓一期	4.60
1999.10—2000.9	雅致里	1.60
2000.3—2000.12	美宁公寓	4.50

开发建设项目选介

谊城公寓　坐落于友谊路与黑牛城道交口的一期工程，2000年5月竣工，总面积4.6万平方米；二期2002年4月竣工，总面积4.76万平方米。多层住宅2000年入住，高层住宅2002年入住。

图3-11　2004年，白楼仕嘉商品房　（区建设开发总公司提供）

白楼·仕嘉商品房　坐落于小白楼中心地区，是公司走向市场的第一个项目，从市场调研、定位、寻求合作伙伴到施工、销售代理公司的确定，全部采用规范的市场运作方式。2003年8月开工，2004年11月开盘售房，2006年1月入住。

瑞宁嘉园经济适用房　坐落于北辰区丁字沽三号路延长线，建筑面积约11万平方米。是公司走出区界，通过两次竞标获取土地的开发项目。2005年8月开工，2006年6月开盘售房，是年12月整体竣工验收。多层住宅于2006年底入住，高层住宅于2007年入住。

好美嘉园经济适用房　坐落于东丽区张贵庄路D地块，建筑面积15万平方米。2007年9月，取得开发权，进入销售阶段。2009年7月，整体竣工验收。多层住宅于2009年入住，高层住宅于2010年入住。

盛和家园定向安置房　坐落于南口路，建筑面积11万平方米。与河北区房管局合作，于2007年10月打桩施工，2009年入住。

虹溪公寓商品房　坐落于红桥区丁字沽三号路南侧地块，建筑面积7000平方米。2009年4月，通过招拍挂形式，竞标取得建设开发权；11月开工，1、2号楼于2010年开盘。

图3-12　2010年，虹溪公寓商品房　（区建设开发总公司提供）

五　河西区房屋建筑工程公司

坐落于奉化道50号。70年代末，有职工2483人，固定资金603万元，流动资金660万元，机械设备485台（件）。公司有土建施工队3个、装饰工程队3个及油漆工程队、综合加工厂、机械施工队、器材供应站、专业装饰公司、设计室等。具备勘察设计、建筑安装、装饰修缮、建筑制品、建材供应功能。承担工业建筑、高层住宅及大中型公共建筑、古典建筑的设计施工等任务。在区震损重建、改造危陋房屋中，年竣工10万余平方米。参加区“三级跳坑”危陋房屋改造、承建市服装街和区体育馆等市、区重点工程。1983—1988年，竣工面积45万平方米，技术安装产值13683.97万元，实现利润523.71万元。

第二节 项目开发

一 新建小区

自80年代末，在城区住宅建设中，除区属房地产企业外，引进市属和全国多家房地产企业，多种形式联动推进旧城区改造与新城区开发，形成多家房地产业共同开发建房的格局。1997—2010年，新建40余片新型居民住宅小区。

1997—2010年河西区房地产开发项目表

表3-8　　单位：万元、平方米

项目名称	建设单位	建设年限	总投资	总建筑面积
罗马花园	翔达房地产	1997—2004	53000	265210
中豪世纪花园	信裕房地产	2000—2004	11427	117272
五一阳光一期	成功投资发展公司	2002—2004	10000	148500
五一阳光二期	职工住房合作社	2002—2004	18000	95400
三义庄二期	河西区建设开发总公司	1999—2004	9000	39810
西南楼七段	浦发物业	2003—2008	12000	41418
小围堤道31号	天源房地产	2005—2010	7800	34736
华宁大厦	华宁置业	2005—2010	7000	12350
刘庄四期	泰昇房地产	2005—2010	35000	88048
西南楼五段	信裕房地产	2000—2008	40000	189797
香水园	永泰房地产	2001—2004	13600	178900
玉水园	黑牛城房地产	2001—2003	11500	115600
蓝水园	顺驰集团	2000—2003	60000	135290
翠水园	泰立丰、梅江建设、天悦 房地产分别投资建设	2000—2003	9787	87100
瑞江花园	天房房地产集团	2000—2004	45000	415628
华林居住小区	农垦集团房地产	2002—2004	25000	213000
财院五七新村	兆丰房地产	2002—2004	20000	137432
世纪城	顺弛投资集团	1998—2004	16520	173000
大安大厦	大安房地产	1999—2004	7200	85000
君谊大厦	建工集团房地产	2002—2005	10000	93850
水晶城	万科企业股份	2004—2008	36000	198900
龙都馨园	龙都置业	2001—2004	36700	229400
通达尚城	建苑房地产	2002—2004	12600	119600
名仕达	永泰房地产	2000—2010	30000	104334
冶金大厦	中金房地产	1995—2004	18000	37000
泉水园	梅江建设	2005—2008	30240	75600
涟水园	梅江建设	2005—2008	30720	76800
自来水综合楼一片	天一房地产	2005—2008	2000	6524
自来水综合楼二片	和合置业	2005—2008	18686	43802
自来水综合楼三片	泰宇房地产	2007—2008	7235	14847
国际金融中心	金丰兆业	2006—2010	46974	81370
福水园	红磡房地产	2005—2008	7500	66725
友谊南路梅江南居住区11号	松江置业发展有限公司	2007—2010	47000	115600
梅江南居住区0、5、6号地	松江置业发展有限公司	2004—2010	35000	236000
晶采世纪广场	联丰置业发展有限公司	2006—2010	43000	85050
友谊北路新大地商务区	开发区翔达房地产开发公司	2004—2010	48000	89746

二　项目选介

新世纪城　因兴建于新世纪之初而得名。坐落于黑牛城道西段南侧，属友谊路街。东起芳竹花园，西沿紫金山路，南临陈塘庄铁路支线，北迄原煤建三厂职工宿舍。占地面积14万平方米，建筑面积18万平方米。1999年12月，天津顺驰投资集团有限公司征用煤建公司用地。2000年12月，建成多层条形砖混结构商住楼42幢。

罗兰花园　取紫罗兰花命名。坐落于区域北部、绍兴道西南段西北侧，属桃园村街。东沿绍兴道，西临友谊北路及合众大厦，南临上海道小学（新址），北迄永安道。占地面积2.83万平方米，建筑面积4.98万平方米。1998年11月，天津市开发区翔达房地产开发有限公司将原丁家花园、同和里危陋平房进行拆迁改造。至2000年4月，建成7至30层框轻结构商住楼5幢，楼群中央建有欧式柱廊、喷泉、草坪。

富裕广场　坐落于区域东北部，解放南路和福建路之间，属下瓦房街。北临河西医院，占地面积4.35万平方米，建筑面积9万平方米。1993年4月，对刘庄复兴里、元良里、广生巷、新学里、鸿寿里、航务大楼、福建里、于家胡同一条（部分）等8条里巷危陋平房进行拆除，后因资金等问题一度搁置。1999年9月，天津市华厦经济房建设发展公司建设10万平方米的欧式社区。2001年底，建成并入住，是市级首个智能化小区。

瑞江花园　坐落在解放南路与珠江道交口，紧临梅江道、珠江道，属尖山街。2003年9月，由天津市房地产集团开发建设，投资45000万元，建筑面积41.56万平方米。小区楼盘多为6层建筑，容积率1.4，绿化35%。分梅、兰、竹、菊4个苑区。

图3-13　2004年，瑞江花园居民社区　（郭枫摄）

凤凰城　为东风里危旧楼房改造项目。2001年搬迁，2002年10月开工，2004年竣工。占地面积7.48万平方米，建筑面积13.2万平方米，由市龙都置业集团及津东地产联手开发建设。布局为短板式、板式、点式小高层与低层花园洋房。采用法式园林设计，雕塑园、喷水墙、草坪及立体花园，营造田园风情。

梅江生态居住区　坐落于天津市南部，东起白云山路，南至潭江道，西迄卫南洼风景区，北临郁江道，与黑牛城道接壤。占地191.98万平方米，建筑面积178.24万平方米，其中住宅156.12万平方米、公建22.12万平方米，容积率为0.93，水面23万平方米，占用地面积的11%。整个居住区分为15个住宅区和2个公建区。2000年，一期工程开发，定位为“生态居住区”，是全市继华苑、丽苑后的第三片统一规划、组织地产商建设开发的大型安居工程。保留大面积水域，种植大规模花园绿地，采用新型环保建筑材料，利用高科技成果，实行居住生活和小区管理全方位信息服务和智能化管理，成为市21世纪居民住宅的典范工程。一期工程为起步区，分香水园、玉水园、芳水园、蓝水园、翠水园5个住宅区和龙水园一个公建区。2002年6月竣工，10月入住。二期工程分9个住

图3-14　2006年，梅江江胜天鹅湖新居
（区建委提供）

宅区和2个公建区。

第三章　市政建设

自80年代，河西区在大范围开展旧区改造与新区建设的进程中，城区主干道路、里巷甬路、跨河桥梁、立交桥、人行天桥、河道、排水工程等市政配套设施同步建设，管理、养护逐年加强。90年代至21世纪，对解放南路、大沽南路、黑牛城道、郁江道、友谊路延长线、宾水道等主支干道路进行拓宽改造和两侧建筑的整修。多方筹措资金，完成新城小区、桂江里、雅致里、财院东等42个小区的道路工程建设，在里巷甬路安装新式路灯，兴建社区存车棚，进行居民区庭院式绿化，修筑甬道，配套水电，安装燃气管道和电视台网。加大防汛基础设施建设投入，完成墙子河、复兴河、长泰河排水管网改造工程，逐步实现机械化、信息化。市政载体功能逐年提升，为全区经济社会发展提供良好环境。

第一节　道路

一　概况

1979年，加快城市道路建设速度。1981年，改造拓宽大沽南路与解放南路交口，提升车辆通行能力。1985年，启动修建环线和放射线主干道，完成平山道拓宽改造工程。1988—1994年，实施大沽南路、宾水道和友谊路等市管干路改造工程。至1995年，新建和翻修道路211.4万平方米，年均11.74万平方米。2005年，对洪泽路、太湖路、气象台路等17条道路实施规划改造，黑牛城道、解放南路、大沽南路、奉化道4条快速路贯穿全区。2006年，新建、改扩建道路20条，综合整修53条道路两侧建筑物。2007年，对52片里巷道路实施改造。2008年，提升改造友谊路、学苑路等24条主次干道路。至2010年，区境内共有市政道路188条、长223千米、面积537.9万平方米。

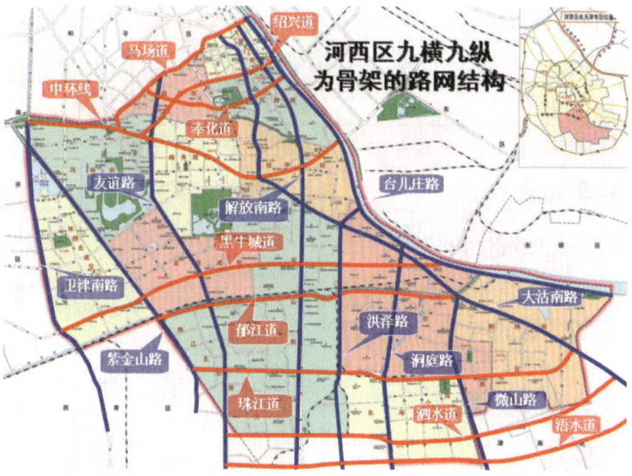

图3-15　2006年，河西区路网结构图（区规划局提供）

2010年河西区市管道路情况表

表3-9　　　　单位：米、平方米

路名	起止地点	路面长度	路面面积	路面一般宽度
广东路	马场道—乐园道	2351	64252	24.00—30.00
琼州道	大沽南路—广东路	734	23044	27.20—31.00
紫金山路	聂公桥东口—珠江道	4543	131761	25.00—30.00
友谊北路	马场道—绍兴道	843	23746	23.00—29.00
友谊路	绍兴道—黑牛城道	2683	87278	8.50—33.50
友谊南路	黑牛城道—外环线	4922	171225	32.00—35.70
吴家窑大街	贵州路—八里台立交桥	1347	48691	28.00—35.00
围堤道	大沽南路—贵州路	2747	109125	30.00—39.50
新围堤道	光华桥—大沽南路	1596	59069	32.00—37.00

续表

路名	起止地点	路面长度	路面面积	路面一般宽度
小围堤道	南北大街—解放南路	1350	50503	34.00—39.50
湘江道	新围堤道—解放南路	581	14620	22.00—27.00
洞庭路	黑牛城道—外环线台儿庄路—大沽南路	5069	187950	32.00—38.00
乐园道	隆昌路—友谊路	1476	38889	22.00—27.00
永安道	广东路—马场道	1146	36177	28.00—32.00
平江道	尖山路—友谊路	1389	33051	21.00—24.00
九龙路	马场道—永安道	936	31666	29.00—34.00
宾水道	友谊路—卫津南路	2197	52902	22.00—25.00
大沽南路	徐州道—洞庭路	5025	177983	33.00—37.00
解放南路	徐州道—解放南路立交	3796	125350	32.00—37.00
贵州路	新兴桥—马场道	783	6744	6.00—9.00
马场道	佟楼桥—工业展览馆	1169	18346	14.00—17.00
南京路	台儿庄路—徐州道	992	36632	34.00—38.00
气象台路	吴家窑大街—卫津南路	1066	25111	21.00—25.00
台儿庄路	营口道—海津大桥	6047	142517	21.00—24.00
微山路	大沽南路—三水道	1946	62286	30.00—34.00
环湖中路	气象台路—纪庄子桥	2600	39284	13.00—16.00
珠江道2	洞庭路—大沽南路	3390	102817	28.00—32.00
珠江道3	紫金山路—白云山路	1214	40991	30.00—35.00
白云山路	潭江道—珠江道	1029	24951	22.00—26.00
浯水道	洞庭路—津陵东路	3490	101790	28.00—32.00
宾馆南道	紫金山路—友谊路	1029	25544	22.00—27.00
环湖中道	沿河路—卫津南路	785	9497	10.00—13.50
体院北道	卫津南路—紫金山路	1297	28330	20.00—24.00
大沽南路快速路	复兴门地铁站—外环线大沽南路桥区	6025	267067	42.00—48.00
解放南路快速路	环渤海装饰城—外环线解放南路桥区	6549	21767	48.00—52.00
黑牛城道快速路	环湖中路—宾馆西路—洞庭路洪泽路—大沽南路	5963	236079	38.00—42.00
寺东路	台儿庄路—南北大街	161	2435	13.00—17.00
台儿庄支路	台儿庄路—新围堤道	356	7125	18.00—22.00
奉化道	台儿庄路—广东路	560	17361	28.00—33.00
渌水道	大沽南路—津陵东路洞庭路—微山路	2206	61321	24.00—30.00

2010年河西区区管道路情况表

表3-10

路名	起止地点	路面长度(米)	路面面积(平方米)	路面一般宽度
梅江道	解放南路—紫金山路	1984	40878	18.00
福建路	绍兴道—津河北道	1216	10326	7.00—9.00
南昌路	马场道—徽州道	892	6761	7.00—10.50
越秀路	永安道—平江道	2115	36674	7.00—20.00
尖山路	围堤道—黑牛城道	1459	24756	15.00
太湖路	大沽南路—河西道路管理所	1148	22967	9.00—24.00
洪泽路	海河西路—废品公司	1070	21157	9.00—24.00
西园道	紫金山路—友谊路	985	14355	12.00—15.00
曲江道	大沽南路—珠江道	1269	15485	10.50
浦口道	台儿庄路—马场道	1414	11857	7.00—14.00

续表

路名	起止地点	路面长度(米)	路面面积(平方米)	路面一般宽度
绍兴道	台儿庄路—围堤道	2727	24741	7.00—9.00
徽州道	大沽南路—汕头路	739	6253	7.00
平山道	贵州路—紫金山路	1263	16304	12.00—14.00
利民道	麦格里—围堤道	1808	31563	18.00
沅江道	解放南路—尖山路	715	5086	7.00
澧水道	尖山路—洪泽路	1456	21117	9.00—19.00
珠江道1	进出口仓库—玛钢厂路	1994	16568	9.00—9.00
东江道	长湖路—物资局仓库	3094	28672	6.00—10.00
怒江道	微山路—铁道	1605	11543	6.00—7.00
宾馆西路	宾水道—黑牛城道	1192	22500	15.00—20.00
郁江道	大沽南路—紫金山路	5886	99545	15.00—18.00
益阳道	友华路—隆昌路	379	6832	18.00
江苏路	浦口道—徐州道	418	1778	4.50
台湾路	奉化道—绍兴道	372	2795	8.00
台北路	绍兴道—温州道	529	4019	7.00
闽侯路	绍兴道—玉盛里	732	5140	7.00
江西路	合肥道—苏州道	402	3364	5.00—11.00
厦门路	苏州道—河边	875	8179	5.00—10.00
九江路	马场道—徽州道	862	4994	5.00—7.00
富有道	环湖中路—卫津南路	600	4200	7.00
宁江道	环湖中路—卫津河	208	1456	7.00
湛江路	马场道—友谊路	310	2887	5.30
津港路	湛江路—马场道	444	3472	6.00—7.00
平山北道	围堤道—贵州路	164	1966	12.00
宾馆路	马场道—杨柳青画社	603	8067	5.00—12.00
平江南道	友谊路—隆昌路	813	5691	7.00
黄埔南路	围堤道—乐园道	872	9132	9.00—12.00
白云路	津河南道—乐园道	879	10230	5.00—7.00
隆昌路	琼州道—黑牛城道	2691	63316	22.00—27.00
黄山路	大沽南路—澧水道	1005	9372	7.00
泰山路	大沽南路—澧水道	841	6058	7.00—7.20
柳林路	大沽南路—医学专科学校	686	4286	6.00
贺江道	大任庄路—解放南路	200	1760	8.80
玛钢路	郁江道—洞庭二号桥	1191	11856	8.00—14.00
五二新村路	大沽南路—珠江道	817	5180	5.00
岩峰道	洞庭路—电子工业部446部	195	835	4.00
永川路	前进道—向东里	261	1560	5.00—11.00
黄埔北路	利民道—绍兴道	622	4371	7.00—7.00
环湖西路	环湖北道—体北道	1193	7174	7.20
镇江道	解放南路—大沽南路	160	1242	8.00
合肥道	南京路—马场道	402	2659	5.00
芜湖道	江西路—九江路	264	1070	4.00
苏州道	大沽南路—外国语学院	977	7131	7.00
杭州道	解放南路—大沽南路	240	1208	5.00
宁波道	台儿庄路—大沽南路	609	4737	8.00
金华道	大沽南路—厦门路	162	1140	7.00
供热站路	体北供热站—环湖中路	202	1428	6.00—9.00
重华大街	新围堤道—爱国道	494	4095	9.00
温州道	台儿庄路—琼州道	399	2805	7.00
爱国道	津河南道—广东路	1250	17500	14.00
前进道	围堤道—友谊路	1278	19127	20.00

续表

路名	起止地点	路面长度(米)	路面面积(平方米)	路面一般宽度
资水道	隆昌路—解放南路	1014	15248	7.00—17.30
海地道	微山路—学苑路	670	9011	10.00
内江路	东江道—郁江道	564	3498	5.00—6.00
平泉道	凤凰城—紫金山路	666	5994	9.00
桃园村大街	绍兴道—马场道	591	2914	5.00
西楼后街	大沽南路—广东路	714	6073	5.20—11.00
津河南道	解放南路—马场道	3500	14550	4.00—5.00
龙海路	解放南路—龙海公寓	116	696	6.00
南北大街	新围堤道—大沽南路	1236	15657	8.00—14.00
宾友道	友谊路—宾馆路	517	6560	12.00
学苑路	大沽南路—洺水道	2501	39460	10.50—19.00
古海道	解放南路—台儿庄路	859	8404	7.00—14.00
叠彩道	宾馆西路—紫金山路	480	4950	10.00
滦水道	尖山路—隆昌路	381	2420	5.00—6.30
下河圈路	大沽南路—清湾路	225	1282	5.00—7.00
文玥路	平江道—黑牛城道	450	4500	10.00—10.00
浏阳道	友华路—隆昌路	353	3530	10.00—10.00
田林路	三水道—天水道	305	3660	12.00—12.00
天水道	田林路—榆林路	121	1210	10.00—10.00
陵水道	洞庭路—学苑路	1767	18065	7.00—10.00
衡水道	田林路—微山路	155	1860	12.00
湘阳大街	新围堤道—小围堤道	271	1688	5.60—6.50
榕江路	珠江道—东江道	370	2874	7.00
信江路	珠江道—五七新村	251	2869	8.00
郁江南道	九连山路—工商局管理学校	388	2328	6.00
九连山路	郁江道—梅江道	1708	32634	14.00—20.00
五号堤路	郁江道—珠江道	1203	20833	7.00—32.00
文静路	宾友道—围堤道	343	2970	9.00
玉盛里路	大沽南路—福建路	351	2408	6.70—7.00
泗水道	洞庭路—艺林路	3184	65649	19.00—25.00
枫林路	珠江道—洺水道	2201	19720	14.00
梅林路	珠江道—洺水道	2063	18453	14.00
天津日报社路	新围堤道—地毯公司	138	1218	8.00—11.00
增进道	黄埔南路—友谊路	370	3330	9.00
闸房甬路	造纸厂铁路—海河西路	300	1055	3.50
保安街	永安道—津河北道	385	1920	12.00
海河防汛通道	杨庄子渡口—造纸厂	3870	27322	7.00
艺林路	珠江道—泗水道	651	6692	10.00
谦福道	艺林路—双林引水渠	313	2192	7.00
宽福道	艺林路—双林引水渠	341	2384	7.00
蒙山路	珠江道—铁路	319	2234	7.00
荔湾路	围堤道—前进道	461	3227	7.00
新会道	微山路—学苑路	740	8722	10.00—13.00
长湖路	东江道—珠江道	347	3756	9.00
沿河路	气象台路—宾水道	1100	8109	6.00
紫金山西路	黑牛城道—体北综合批发市场	1221	5695	3.00—9.00
榆林路	洺水道—珠江道	1376	22449	8.20—14.00
清湾路	大沽南路—海河岸边	563	5277	9.00
上河圈水产路	大沽路—造纸厂铁路	230	1804	7.00

续表

路名	起止地点	路面长度（米）	路面面积（平方米）	路面一般宽度
龙都规划路一	东江道—珠江道	608	5472	9.00
龙都规划路二	枫林路—规划路一	314	2828	9.00
瑞江道	五号堤路—大任庄北路	240	3374	14.00
大任庄北路	梅江道—珠江道	650	7800	12.00
纯正路	黑牛城道—铁路	440	6160	14.00
柳江路	黑牛城道—铁路	362	3596	9.00
铁路沿线路	洞庭路—大沽南路	520	2912	5.60
潭江道	友谊南路—解放南路	1206	29578	22.00
绥江道	烟波路—解放南路	2553	66622	22.00—28.00
纪庄子前街	纪庄子北里—四化河	561	6006	5.20—14.00
友华路	平江道—黑牛城道	415	4740	5.00—18.00
辰水道	枫林路—榆林路	386	4841	12.00
沂山路	珠江道—尾气检测站	323	2872	7.00
都江道	白云路—大任庄路	383	3496	7.00
大任庄路	珠江道—绥江道	623	4810	6.50—9.00
景致道	五二新村路—长湖路	507	2700	4.50—5.00
竹林路	陵水道—三水道	315	2219	7.00
气象南路	紫金山路—卫津南路	569	10983	18.00
环湖南道	环湖中路—卫津南路	526	4137	7.40—8.70
环湖东路	环湖北道—黑牛城道	1755	15338	7.00
三水道	洞庭路—学苑路	1637	15055	6.00
茂名道	微山路—榕江路	836	9074	7.00—10.00
琼州道	大沽南路—刘庄斜拉桥	896	17146	9.00—40.00
梅枫道	枫林路—梅林路	277	2137	7.00
九华山路	左江道—郁江道	1375	26153	18.00
韩江道	紫金山路—九华山路	491	7153	14.00
学苑北路	台儿庄路—大沽南路	637	11253	18.00
右江道	九连山路—白云山路	350	5094	14.00
左江道	卫津河沿河路—九连山路	637	10221	14.00—18.00
增江道	九华山路—友谊南路	229	5893	18.00
浯南路	浯水道—渌水道	607	13698	22.00
谊城道	宾西路—友谊路	483	3427	3.80—6.50
纪庄子北道	紫金山路—环湖东路	355	3905	11.00
环湖北道	沿河路—卫津南路	666	5857	7.00—8.40
双水道	学苑路—洞庭路	1671	20511	11.00—18.00
汕头路	九龙路—永安道	269	2632	9.20
金星路	黑牛城道—金星里市场	311	3152	5.00—6.00
北江路	怒江道—东江道	320	2380	7.00—9.00
雅致道	长湖路—艺林路延长线	285	2435	5—8.60
广顺道	保安街—广东路	196	1372	7.00

二 主干道路

中环线 1985年，吴家窑大街拓宽至50米，其中车行道38米；围堤道拓宽至50米，其中车行道34米；拆房打通新围堤道，修筑50米宽的沥青混凝土路，其中车行道38米。

解放南路 1988—1989年，随放射线主干道路的建设，把琼州道以南路段拓宽至40米，其中车行道28米，琼州道以北路段宽16米。2003年，对解放南路琼州道至中环线、中环线至黑牛城道东侧进行改造。

大沽南路 1988—1989年，随放射线主干道建设，将南楼至双林桥路段拓宽至50米，其中车行道36米。南京路至琼州道路段车行道宽17米。1997年，实施大沽路改造，南起围堤道，北至琼州道，全长1250米。2004年，大沽南路改造工程动工，以中环线为始，外环线为终，总长6.88千米，包括前、后两段道路改造。第一段对主干道道路进行改造，以中环线交叉口为起点，沿大沽南路方向终至海河大桥，全长2.44千米，规划路面宽60米，机动车道为双向8车道。第二段为快速路部分，从大沽南路跨越陈塘庄铁路支线立交桥始，至外环线津沽立交桥交叉口，全长4.44千米，规划路面宽65米，机动车道为双向6车道。2006年，大沽南路作为全区创建国家卫生城区的7条改造道路之一，南起中环线围堤道，北至南京路，全长约2026米。拓宽道路36米，其中车行道18米，两侧人行道各9米。

友谊路 1981年始，多次改建拓宽。1989年，承接友谊路至紫金山路路段的改造拓宽任务，组织区属单位10万余人次参加义务劳动。改造后的宾水道，友谊路至紫金山路路段宽40~42.5米，其中车行道28米；友谊路至越秀路路段宽30米，其中车行道18米。1993—1994年，新辟围堤道以北路段。围堤道至黑牛城道路段宽49米，其中车行道40米；围堤道至马场道路段宽30米，其中车行道18米。宾水道随体院北住宅区建设延伸至卫津南路。1998年，友谊路延长线工程开工，北起黑牛城道，南至外环线，全长4.98千米，路宽40~50米，沿线兴建黑牛城、陈塘庄铁路、外环线3座立交桥。

平山道 1985年，实施翻修拓宽，两个月建成竣工，路宽25米，其中车行道12~14米。

南京路 1984年，由胜利路更名南京路。马场道至解放南路一段路面较宽，车行道24~32米。2004年，南京路作为市城市规划建设的重点工程进行改造。

马场道 2000年，重修路面，更换路灯、供排水、燃气等管道，整修两侧建筑物。

黑牛城道 2005年，升级为74米宽的快速路，西接南开区红旗路，东连河东区富民路，横贯河西区。黑牛城道改造项目，西起卫津南路立交桥宾水道，东至海河大桥，全长6019米。道路为双向8车道，与解放南路、友谊路、紫金山路、环湖路等干道相交。

珠江道 东起大沽南路，与双林路、曲江路、微山路、枫林路、洞庭路、解放南路等相交，长5334米，车行道5~18米。东段两侧人行道各3.5米。

新围堤道 东起光华桥，中与湘江道、解放南路相交，西至大沽南路，为中环线南半环路段之一。长851米，车行道宽38米，两侧人行道各5米。1985年建成。

三　里巷道路

1979年，拨专项资金，建设里巷道路。1982年，在马场街铺设沥青混凝土甬路5万平方米。1985年，马场、尖山、黑牛城等地区的新建住宅小区配套甬路，对65个里巷道路翻修改建。1986—1995年，修建里巷沥青混凝土甬路135.4千米、50万平方米，年均5万平方米。2007年，加大城区基础设施建设，启动72条道路、52片旧楼区里巷甬道的综合整修工程，尖山路、曲江路、新会道等紧临居民区的31条支线路、道路原状翻修，便道铺装地下排水管网等。对津港路、湛江路、洪泽路等41条道路实施改造，整修面积3.3万平方米。对玛钢大楼、纯洁里等52片小区、37万平方米的里巷甬道综合改造。1996—2010年，全区修建里巷道路226.8千米、总面积315.1万平方米。

四　路面结构

自1979年，街道里巷铺设道路不再使用砂垫层，直接在两步白灰土层面铺筑水泥混凝土。市区道路的车行道，在具备条件的干线道路、车行道采用三块板，即中间为机动车道，两侧为非机动车道，机动车和非机动车道之间设分隔带。1985年，在环线和放射线上，大都采用三块板。至1999年，市政道路结构多为车行道。进入21世纪，市、区道路路面结构，运用新技术、新工艺和新材料。快速路道路两侧普遍采用侧、平石结合的方案。2007—2010年，对道路新建及改建的路面结构设计，按交通等级划分，提出适应新时期发展的各类典型路面结构，改进单一传统的半刚性基层结构，逐步推广应用柔性基层。提出并实施橡胶粉改性沥青、泡沫沥青、断级配抗滑面层沥青混合料、Superpave沥青混合料、冷再生、应力吸收层、工业废渣路基处理、降噪路面等新材料新技术的设计要求和技术标准。

五 养护管理

图3-16 2006年11月，市政工人道路整修作业（区建委提供）

70年代末，道路管理按市管和区管划分，按“路面平整、路拱适度、行车顺适，人行道完好，标志鲜明”的标准进行管理。1985年，推行全优化养护，道路养护维修实施三级检查验收。1990年，国家城乡建设部来区检查，路桥综合完好率95.4%，车行道完好率90%。1991年，成立占路管理收费所。配合有关部门，治理道路摆摊设点、加工制作、机动车和非机动车随意停车占道等现象。1993年，制定道路养护维修质量标准。1995年，养护管理的区级道路和里巷道路长391.3千米，面积181.2万平方米。道路完好率保持90%，区管道路每年小修率均超过5%。专业管理与群众管理相结合，配备专职人员进行管理，人为损坏路面和占压道路的现象明显减少。

2000—2008年，每年加大开支，市政设施养护综合完好率提升3%，养护维修优质率达60%、道路恢复率100%、合格率100%、排水设施养护优质率达60%。2009年，完成道路养护12.9万平方米，重点对前进道、五号堤路等38条道路进行维修，对污水外溢易发地区重点治理。开展春季会战，根治区管主、次支线道路设施因春融造成的翻浆、松散、坑洞等病害，通过操作铣刨机、摊铺机等大型机械铺筑和养护维修。四季无间断养护维修设施，据天气状况变化，合理安排各时段养护维修任务，科学使用先进机械设备，尝试使用新材料、新工艺，提高设施养护维修技术水平。统筹调度施工队伍，合理安排作息时间，依车流人流情况，穿插进行道路维修、更换侧缘石等养护作业。2010年，加强养护作业考核检查，道路养护维修面积13.1万平方米，完成全年计划的100.1%，维修郁江道和郁江南里等54条市政道路及里巷甬路。对环湖北道等市政及里巷道路，因工掘路进行跟进修复，累计完成复路面积19152平方米，因工复路率90%；对宾馆西路等道路进行整修，车行道面积12.7万平方米。排水养护疏通管道累计846千米，掏挖检雨井36.3万座次，维修检雨井2201座，管道翻修458米，完成年计划103.1%。对大沽南路、珠江道、黑牛城道周边沿线地区的道路和小区进行整修，整修面积1.5万平方米。

第二节 桥梁

一 跨河桥

70年代末至2010年，区界内共建有跨河桥47座。其中，跨海河桥6座、跨津河桥15座、跨南围堤河桥4座、跨卫津河桥10座、跨长泰河桥9座、跨四化河桥2座、跨双林引水河桥1座。

刘庄斜拉桥 原称刘庄浮桥。1959年，在渡口原址建成开启式木结构浮桥，位于区东北部。跨海河接河东、河西两区。因临近刘庄，故得名。1976年，改建为开启式钢丝网水泥船浮桥，长121.75米，宽17米。1991年拆除，1992年建成海河上第一座独塔斜拉桥。塔柱为矩形实体，桥面采用栓焊钢板梁与预制混凝土板组成的叠合梁结构，斜索采用扇形双索面，下部结构为钢筋混凝土灌注桩承台，斜索的索面在车行道与人行道之间。2004年9月，进行整修，对栏杆及大小灯杆进行除锈，补修板梁接缝，墩体涂刷防水材料，改造泄水孔。海河上首座独塔斜拉桥，桥塔高42米，桥长121.75米，3孔，跨径分别为32米、71.85米和12.04米。

光华桥 位于新围堤道和东兴路之间，始建于1977年，前身为四新浮桥，为开启式钢丝网水泥船浮桥，连接河西、河东两区间跨海河通道。改建后为永久性钢筋混凝土桥。2006年5月实施改造工程，2007年6月完工，10月通车。改造后在两侧各加两跨18米的引桥，主桥长度由改造前的120米增至192米，桥面重新划分车行道，由原双向5车道改双向6车道，人行道由3米缩减为1.5米。实行人流车流分离，桥上与桥下道路形成立体交通。桥体整体以银灰色为主色调，有“海河航母”之称。

图3－17　2007年，光华桥（区市政局提供）

金阜桥 始建于2007年。横跨海河、海河东路和台儿庄路，西接蚌埠道，东连十三经路。主桥为单箱多室钢箱梁结构，辅桥为悬臂挑梁结构。主桥长192米，宽23.5米，两侧有观光人行道，为机非混行桥，机动车双向4车道，辅桥净宽各3米。该桥采用轻型非对称结构，主桥与人行桥构成三维结构，成为连接河东、河西两区的又一主要桥梁。每侧人行桥仅设置一个支撑，展示城市建筑文化。

直沽桥 天津市首座钢结构中承式钢管拱桥，于2006年7月完工，2007年1月通车。位于海河刘庄桥上游，是中心城区快速路工程的一部分，连接河东区大直沽西路和河西区奉化道，全长257.3米。桥梁最大宽度58.5米，有27道飞跨拱、68片钢结构“花瓣”、246根吊杆，加之钢桥面共用钢7500吨，为天津市用钢量最大的跨海河大桥。设计独特，整体由三道拱组成。中间的拱（主跨桥）为主要部分，跨越海河，长138米；另外两道拱（副跨桥）连接道路引路，跨越沿河岸的主干道。河道内不设桥墩，两边分别跨越河坝路及台儿庄南路。桥梁主体上、下游侧分别设置人行桥及景观步道。每跨拱由三道独立的拱组成，主跨和副跨的中间拱位于两侧行车道之间；主跨与副跨的侧拱位于行车道与景观道、人行道之间。每个独立的拱又由三条箱形钢拱组成，箱形钢拱为三维曲线造型，箱顶板呈弧形；箱形钢拱之间由形状各异的金属叶状连接片连接，同时可限制局部翘曲。同一跨中的三道拱之间有风撑连接，以确保拱结构的侧向稳定。此桥采用独特结构形式，钢拱通过钢杆件连接为一体，加接杆件由曲面金属叶状连接片包裹，展现现代建桥风格。

图3－18　2007年，直沽桥（区地志办提供）

富民桥 天津市第一座空间缆索自锚式悬索桥。于2008年5月建成，双向通车。该桥位于光华桥与海津大桥之间，北起兰清道，经富民路，跨民安路、海河、台儿庄南路，从大沽南路地铁和快速路高架桥下通过，止于洞庭路，是连接河西、河东两区的重要跨海河通道。桥梁全长340.3米，桥宽40米，桥主跨157米，机动车双向6车道，人行道设置在主梁下方。上层主桥行驶车辆，下层“桥中桥”供行人与非机动车通过。桥塔独柱高58米，主跨主缆锚于主梁的两侧，边跨主缆锚于重力式锚碇，形成一个稳定的结构体系。主跨主缆采用三维空间线形，在立面及平面皆为抛物线，边跨主缆采用一组（两根并排）缆索不加竖向吊索形式，为国内首创。施工中的空间索定位、计算机全程模拟计算、体系转换与吊杆力调整等技术是国内首次应用。该桥造型独特，悬索在竖直面、水平面内同时设有曲线线形，像一艘“起锚的帆船”。

国泰桥 2007年7月开工建设。位于中心城区光华桥下游600米处，横跨海河东西路。全长396米，桥宽31.5米、主跨172米、拱宽24.5米、弦拱距离桥面高26米、下弦拱距桥面高22米。机动车双向6车道，两边是人行道。该座桁架拱桥，采用与世界名桥澳大利亚悉尼国家大剧院桥建筑形式建造，主桥上部钢拱结构如彩虹，全桥用30根吊杆钢丝索直拉桥身。

图3-19 2008年，富民桥 （区地志办提供）

海津桥 始建于2003年，快速路跨海河的一座三层局部互通式立交桥，连通河东的富民路和河西的黑牛城道、大沽南路。南北向长1813米，东西向长1032米，建筑面积4.1万平方米。

复兴门桥 坐落复兴门而得名，位于区界东部，横跨南围堤河，连接大沽南路与微山路。为钢筋混凝土车行桥、南北并列双桥。南桥1953年兴建；北桥1989年兴建。

洞庭一号桥 位于区界东部，跨城防河，连接洞庭路。以路名加序数得名。1985年，改建成混凝土车行桥，长33.5米，宽29.6米，其中车行道宽25米，两侧人行道各宽2米，载荷20吨。

2010年河西区跨河桥情况表

表3-11 单位：米、平方米

桥梁名称	跨越河(路)名称	全长	全宽	面积合计	修建年月
刘庄斜拉桥	海河	121.75	17.00	2009.70	1991.12
光华桥	海河	877.48	30.60	36100.27	2007.7
富民桥	海河	441.89	38.60	16833.60	2008.3
蚌埠桥	海河	511.89	23.50	20875.44	2007.9
福盛桥	津河	20.54	3.70	76.00	2000.6
越秀桥	津河	18.91	3.50	66.18	2000.7
津海桥	津河	14.30	31.00	443.30	1970，1997拓，2000装
西楼桥	津河	12.40	40.60	503.44	1952，1997拓，2000装
绍兴桥	津河	17.40	12.40	215.76	1966.12，2000.60修
友谊北路桥	津河	25.00	30.00	1006.25	2004
佟楼桥	津河	18.00	32.00	576.00	1933，1990拓，2000装
新兴桥	津河	16.00	30.00	480.00	1982，2002加宽
吴家窑2号桥	津河	11.40	3.00	34.20	1953，1990加宽
气象台桥	津河	9.00	40.50	364.50	1980，1985加宽
春雷桥	津河	17.00	3.50	59.50	2000.7
春光桥	津河	15.00	3.70	55.50	2000.6
八里台小桥	津河	6.40	39.50	252.80	1953，1985加宽
八里台观景台(西)	津河	16.00	5.00	123.10	2000.6
八里台观景台(东)	津河	15.00	5.00	118.10	2000.6
体院北桥	卫津河	40.00	30.00	1200.00	2007.12
聂公桥	卫津河	27.60	48.40	1335.84	1953，1991拓，2001装
天塔桥	卫津河	32.00	70.00	2240.00	2001.8
气象台南桥	卫津河	30.40	24.00	729.60	1980.11，2001装
环湖北道电缆桥	卫津河	41.49	10.00	414.90	2001.8
宾水桥	卫津河	30.40	24.00	729.60	1980.12，2001装
纪庄子北道桥	卫津河	34.60	12.50	432.50	2001.7
纪庄子桥	卫津河	30.80	50.00	1540.00	2001

续表

桥梁名称	跨越河(路)名称	全长	全宽	面积合计	修建年月
友谊南路桥	卫津河	54.40	40.00	2176.00	1999.7
潭江道桥	卫津河	36.14	30.00	1084.20	2004
尖山桥	南围堤河	20.50	16.60	340.30	1967.10
洞庭1号桥	南围堤河	33.50	29.60	991.60	1970，1985改建，2002
南围堤河桥	南围堤河	72.74	36.00	2618.64	2004
四化河凌庄子桥	四化河	32.60	12.70	414.02	2003.11
四化河供热站桥	四化河	36.66	9.50	348.27	2003.11
郁江东道桥	长泰河	27.50	20.00	550.00	2004.12
怒江道桥	长泰河	41.50	25.00	1037.50	2004.12
东江道桥	长泰河	41.50	25.00	1037.50	2004.12
洞庭2号桥	长泰河	60.84	20.50	1247.22	2004.12
珠江道桥	长泰河	41.50	50.00	2075.00	2004.11
延水桥	长泰河	25.20	6.15	154.98	2004.11
三水桥	长泰河	26.66	5.00	133.30	2004.11
泗水道桥	长泰河	36.00	5.00	180.00	2004.11
涪水道桥	长泰河	40.00	50.00	2000.00	2004.11
直沽桥	海河	568.30	41.80	23671.50	
复兴门桥	南围堤河	41.26	16.44	2378.00	2005.6
引水河桥	双林引水河	39.69	38.00	1508.45	2005
海津大桥(一期)	海河	2377.62	13—25.25	56265.67	2003.5

二 立交桥

八里台立交桥 1985年6月建成，为天津市首座三层互通式城市高架立交桥。西起复康路，跨越卫津路，东至吴家窑大街，长2105.8米(包括匝道桥和引路)。该桥造型为苜蓿叶形，由2条立交干线和东、西、南、北4条匝道组成。1986年，获国家建设部优秀设计金质奖、优质工程银质奖。

图3-20 1986年，八里台立交桥
(区地志办提供)

郁江立交桥 2005年建成，位于黑牛城道与解放南路交口解放南路物流区快速路上。为半苜蓿叶形三层半互通式立交桥。由主桥和2个环形匝道桥组成，连通外环线和中环线。采用预应力及非预应力混凝土箱梁结构，桥分4个车道，桥梁面积5.15万平方米。2006年，进行维修。

南围堤河立交桥 因横跨南围堤河而得名。1989年兴建，位于区界南部，解放南路与南围堤河、陈塘庄支线相交处，为定向分离式立交桥，解放南路上行，陈塘庄支线下穿。上部为钢筋混凝土结构T型梁，下部为桩结构。南北全长746.99米，桥面宽16.5米；主桥共22孔，孔径20~30米，最大孔高4.5米，为解放南路跨越陈塘支线和通往外环线的大型立交桥之一。

柳林立交桥 2008年兴建，距上游海河大桥约2100米。北接武当路，南接柳林路，与海河西路相交处建设分离式立交。桥宽50米，机动车道为双向6车道，单侧人行道宽3米。设计以“蜻蜓点水”为创意，对称布置半拱形悬臂大梁拉锁组合结构，主梁为两跨连续钢箱梁，每跨跨径约100米，主跨长度为200米。该桥填补海津大桥至外环线一段海河上没有桥的空白。

中石油立交桥 原卫津南路立交桥，位于红旗南路与卫津南路相交处，东南半环快速路上。2006年“五一”国际劳动节建成通车，是市中心城区乃至华北地区规模最大的立交桥之一。为半苜蓿叶半定向四层全互通式，其中第一层为桥下辅路；第二层为卫津南路南北方向主线桥；第三层为东南半环快速路东西方向主线桥；第四层为东南半环快速路左转卫津南路方向匝道桥。卫津南路与铁路及津涞公路相交部，设计为三层喇叭式立交；其中西纵方向位于第二层主线里程1.84千米，东南半环方向位于第三层主线里程3.26千米。整个桥梁总占地和绿化面积30万平方米，桥梁总建筑面积近14万平方米。主线分别沿卫津南路和黑牛城道方向，北起卫津南路与体院北路交口处，上跨纪庄子道、李港铁路、津涞公路至津淄公路，全长1.9千米。西起水上东路、卫津南路二层，至环湖中路以西约150米处，全长2.68千米。

图3-21 2006年，中石油桥
（区地志办提供）

解放南路立交桥 1985年兴建，因坐落在解放南路而得名。位于区域东北部，解放南路和新围堤道交汇处，新围堤道上行，解放南路下穿。为定向分离式立体交叉车行桥，上部为现场浇灌连续钢筋混凝土板梁结构，下部为方桩结构。主桥共17孔，孔径16.5米，最大孔高4.5米，桥面标高10.15米，梁底中心标高9.09米。主桥为围堤道、新围堤道直行机动车道。含两端引桥引路全长837.32米，宽19米，其中车行道宽15.5米，两侧人行道各宽1.75米。立交桥西端北侧引桥上有一匝道连接解放南路，匝道长336米，载荷20吨，照明盏数110盏。

津谊立交桥 2004年11月建成，位于快速路黑牛城道与友谊路交口。主桥上部为三片拱结构的一跨简支钢拱桥，采用85米跨下承式拱桥结构，为坦拱。主拱桥为钢箱梁结构，在边拱肋和中拱肋各设置14根吊杆，总计42根。

友谊南路立交桥 1999年9月建成，跨越陈塘庄铁路支线及复兴河。全桥包括单体桥4座，总长645.4米，设机动车桥与非机动车桥，上下分行。机动车桥长587.2米，宽9.5米；非机动车桥长784.2米，宽5.5米。

三 人行天桥

自80年代，区境主干道及快速路上新建11座人行天桥，为群众提供安全保障。

2010年河西区人行天桥情况表

表3-12

桥梁名称	跨路名称	全长(米)	全宽(米)	面积(平方米)	修建年份
二号路天桥	吴家窑大街	45.00	4.80	579.40	1985
佟楼天桥	围堤道	79.00	4.30	582.50	1985
围堤道人行天桥	围堤道	46.20	3.30	259.38	2009
尖山路人行天桥	黑牛城道	79.60	6.00	797.78	2006
洪泽路人行天桥	黑牛城道	75.75	6.00	709.07	2005
环湖中路人行天桥	黑牛城道	62.74	6.00	626.71	2005
梅江道人行天桥	解放南路	66.00	5.50	669.24	2006
绥江道人行天桥	解放南路	66.00	5.50	654.66	2006
江水道人行天桥	解放南路	66.00	5.50	654.66	2006
双林路人行天桥	大沽南路	72.76	7.20	778.17	2006
鄱阳路人行天桥	大沽南路	74.45	6.90	829.20	2006

第三节　排水

一　概况

80年代，排水队更名为排水管理所，隶属于区市政工程管理局。区排水设施按产权划分，分为两级管理模式。原辖区内一级管理主要由市排水五所负责，后成立排水九所，与五所共同管理全区一级排水设施。二级管理由区排水所负责。至2010年，一级为市排水五所和九所管理排水干管和泵站。其中，市排水五所负责管理雨水管道171.32千米、污水管道160.4千米、合流管道22.95千米、检查井10272座、雨井7117座、雨水泵站13座、污水泵站6座、合流泵站1座、临时泵站2座；市排水九所负责管理管道195.15千米、干管153.3千米、支管31千米、排水河道11.75千米、排水泵站12座、污水泵站5座、雨水泵站4座、调水泵站3座、跨河闸门5座。二级为区管排水设施，包括区管道路和里巷排水管道，其中里巷管道长371.96千米、检查井10293座、收水井4240座、市政干管60条、管道长71.62千米、检查井2747座、收水井1437座。

二　设施养管

1990—2009年，完成排水管道疏通近2500千米，掏挖各型井70余万座。养、管结合，加强设施巡视监管，解决污水外溢等各类突发情况。春秋两季会战，对未达标小区进行集中综合治理，加快排水设施常规疏通掏挖，对其他各类产权排水设施进行养护，降低污水外溢发生率。2010年，实行四阶段养护模式：一季度冬季设施养护；二季度汛前腾空管道、材料和设备；三季度防汛与夏季养护相结合，进行抢险、管养；四季度入冬前的管道腾空和保新年春节“两节”居民生活。落实监督检查制度，提高养管质量。

三　排水工程

1979—2007年，实施各类排水设施，新建污、雨水排水改造等项目。对榆林路支线管道进行排水改造，新建收水井22座。对沂山路、辰水道、榕江路、曲江路排水设施实施改造，提高汛期排水能力。按创建国家卫生城市标准，对未达标小区进行排水改造，解决小区内雨水积水及老旧污水管道堵冒等问题。2008—2010年，在实施市支线道路整修工程中，对部分道路排水设施再次改造。

2007年河西区积水点改造工程统计表

表3-13

小区名称	D300（米）	D200（米）	D300HDPE（米）	检查井(个)	收水井(个)
跃进楼	348.00	93.00	–	23	25
红云里	302.00	95.00	–	14	18
增强楼	205.00	215.00	–	10	16
友谊东里	–	75.00	–	1	4
三水南里	–	331.30	–	–	33
友谊楼	–	78.00	–	1	4
恩德东西里	476.70	263.50	15.20	32	63
双山里	305.00	53.00	–	18	19
爱德楼	–	149.00	–	5	19
富诚里	–	98.00	–	3	6
联合里	–	74.00	–	3	6
曙光里	–	45.00	–	2	4
光华里	–	97.50	48.00	–	36

续表

小区名称	D300（米）	D200（米）	D300HDPE（米）	检查井(个)	收水井(个)
红升里	–	65.00	–	2	4
红波里	69.00	241.90	245.00	15	46
红旗北里	–	90.00	–	4	8
浏阳里楼	–	75.00	–	3	6
富江楼	–	288.00	–	10	20
环湖南里	220.00	230.5	–	10	33
卫星里	–	50.00	–	–	14
滦水里	–	85.00	–	3	6
景兴西里	–	300.00	–	10	7
合计	1925.70	3092.70	308.20	175	191

2009年河西区创卫未达标小区排水改造情况表

表3-14

小区名称	新建雨水管道(米)	新建检查井(个)	新建收水井(个)
电光大楼	89	4	6
玛钢大楼	215	8	15
煤建三宿舍	125	4	6
棉二大院	1052	35	61
下瓦房1片	187	15	–
下瓦房13片	109	–	10
向荣里	127	4	6
郁江南里津百楼	74	2	3
有机宿舍	317	12	30

2008年河西区市政道路排水设施改造工程情况表

表3-15

道路名称	新建、更换雨水管道(米)	新建检查井(个)	新建收水井(个)
增进道(友谊路—黄埔南路)	53.00	20	21
荔湾路(围堤道—增进道)	8.70	–	15
宾馆路延长线(宾友道—杨柳青画社)	195.40	8	5
浦口道(广东路—南京路)	237.40	–	48
学苑路	230.00	–	57
黄浦北路(绍兴道—利民道)	538.00	12	33
闽侯路	136.50	–	39
洪泽路	408.00	8	17

2009年河西区市政道路排水设施改造工程情况表

表3-16

道路名称	新建、更换雨水管道(米)	新建收水井(个)
越秀路(津河—围堤道)	10.00	20
西园道(友谊路—紫金山路)	136.00	9
绍兴道(友谊路—永安道)	50.50	31

第四节　防汛

一　河道

图 3-22　2001 年，卫津河（区市政局提供）

区内的河道承担着行洪排涝、蓄水供水、生态景观和灌溉等功能。2010年，有河道7条，其中一级河道1条，二级河道6条，双林引河为河西与津南两区的界河。

海河属一级河道，右岸从徐州道至双林引河为河西区段。2003年2月，对海河服务型经济带、文化带、景观带进行开发改造，提高海河防洪、排涝、供水、航运功能。津河原名废墙子河，前身为贺家口引河，2000年实施综合治理和改造，进行河道清淤、砌护坡、建提水泵站、拆除两岸违章建筑棚亭、铺设岸边甬道。复兴河原名南围堤河、郁江河，2002年实施河道改造，更名为复兴河。2001年，卫津河两岸经改造，建成新景观带。2003年，配合快速路重点工程，四化河河道向南平移，拓宽改造，排水能力增强。是年，对长泰河进行治理改造，拓宽25米。

图 3-23　2003 年，复兴河景观　（区地志办提供）

二　泵站

区境内有排水泵站33个，担负城区雨水、污水排放任务。2008年，对部分泵站进行环保设施改造，解决多处排水问题。

三　积水片治理

自1979年，区境内积水片的治理，始终结合排水设施养管进行。2007年，采取多种措施，实施大范围的积水片治理工程。汛前及时腾空管道，降低水位，增加蓄水能力。区防汛指挥部制定完善的防汛预案，购置防汛设备，成立应急抢险分队，汛期全员24小时待命，遇雨上岗。2008—2010年，对排水大楼、棉四二宿舍、七一大楼、宾水里、光华里等多片雨后易积水跑冒的地区，进行排水设施改造，对堵塞老化的收水井和管线及时疏通、更换和重新铺设。

第四章　公用设施

自1979年，河西区开展一系列公建配套建设。1995年，供水、供电、供燃气、供热工作逐年加强。

至2010年，新建大型供热站4个，打地热井20余座，供热面积2814.27万平方米，热化覆盖率99.1%。开展节水宣传，推行使用节水型器具，实施节水指标管理，提高全民节水意识，创建一批节水型单位和节水型生活小区。区内建有15座220、110、35千伏变电站，28台110、35千伏变压器（容量63和520兆伏安），均运行良好。创建“燃气安全服务示范小区”。供电、燃气、供热、供水、交通、通信、邮电等驻区单位，扩大服务范围，为老社区和新建居民区进行各项配套工程建设。

第一节 供水与供电

一 供水

自1979年，随着震损重建、改造“三级跳坑”、平房改造和新区开发建设，供水服务体系建设相应发展。至20世纪末，市自来水公司在小海地、珠江道建立第四供水服务站，专司全区的供水服务工作。1991年，区成立节约用水办公室，把节约用水纳入政府管理职能，节水工作考核连年达到或超过指标。1996—2001年，全区节约用水37212万吨。加大供水基础设施投入，配套供水管网长523千米，配套更新供水总表16717具。加强水源保护，对海河及支干水系砌坡疏浚，固化植绿，专人养护。2002年始，每年制定城区节水器具普查计划，按月实施。至2004年，完成92万平方米的住宅楼自来水管更新改造，将黑皮管、镀锌管更换为PPR新型管材，提高水压，改善水质，实现自来水管抄表到户，7.3万余户居民群众受益。2006年，推进建筑用水器具更新改造，对新建、扩建、改建工程，普遍使用节水型器具，对仍使用淘汰型用水器具的，责成相关单位制定改造计划，分批分期进行更换。

2005—2007年，对23处二次供水箱，按卫生标准进行清洗，取得水质检验合格证和卫生许可证；对三义大厦、景福里、龙都花园、湘江南里、广田里等住宅小区部分楼栋二次供水水箱进行改造；制定二次供水管理办法，解决多年遗留的新城小区二次供水问题，4000余户居民受益。至2010年，向全区纳入户及超计划用水户，下达计划用水考核通知单；推进节水型生活小区、节水型企业的创建工作；对1500家节水型单位进行普查，普查率100%；对仍使用国家明令淘汰用水器具的单位，及时进行整改，达到国家标准。

二 供电

电网 1981—1985年，新建小海地、体院北2座110千伏变电站；扩建陈塘庄变电站升压220千伏，总容量24.6万千伏安。1982年起，对低压小区进行节能改造。1988年，纪庄子污水处理厂的5台沼气发电机启动，并网运行。1992年，城区供电公司改为环城供电公司，原城区各供电所更名为城南供电所。1995年，城南供电局（分公司）进行改组，负责和平、河西两区的供电任务。随着电力和输配电网络的发展，居民用电水平不断提高，年人均用电量165.36千瓦时。1998年，城区高缆变电管理处变电部，按区域划分，归城区三局。和平、河西两区范围内的10座、35千伏变电站归城南供电分公司，包括35千伏变电站10座，主变21台，总容量41.8万千伏安。随着供电需求和用电负荷的加大，城南供电分公司35千伏变电站投入运行。2007年，城南与津南供电分公司整合，城南供电分公司负责和平、河西、津南三区的供电任务。境内有1座110千伏变电站、12座35千伏变电站、2台110千伏变压器（容量63兆伏安）、26台35千伏变压器（容量520兆伏安）；新建及改造的15座变电站相继投入运行。2009年2月，珠江道35千伏变电站投入运行。至2010年，境内的1座220千伏变电站、2座110千伏变电站、12座35千伏变电站、2台110千伏变压器（容量63兆伏安）、26台35千伏变压器（容量520兆伏安）均运行良好。

电力电缆 架空供电线路改为入地电缆供电。1985年，全区开始发展配电电缆化，为居民住宅规划区配套的配电线路全部采用电缆供电。1999年，乐园路架空线路入地。2001年后，电缆终端制作技术由冷缩逐步代替热缩，交联聚氧乙烯电缆逐步代替纸绝缘电缆。2003年，地铁一号线沿线和黑牛城道、解放南路、大沽南路架空线路入地。2004年，长泰河架空线路入地，入地电缆长99.6千米。

架空线路 1995年，区境有35千伏架空线路42千米，10千伏架空线路240千米。1998年，对超负荷线路和具备条件的地片进行城网改造。1999年，完成友谊路、乐园道、中环线的架空入地工程。2002年，完成马场道、纪庄子道、利民道等路片的切改和架空线入地。加强供电线路维护，使用条码采集器对线路进行管理。至2010年，区内有10千伏线路622条，杆基27533基，长设1122.49千米；0.4千伏线路杆基21620基，长设874.81千米。

电线改造 2003年，对全区直管公产住房实施电线改造，对70年代前建成的住宅楼房、房改售房保修期内的住宅，进行重点改造。至2007年，投资3850万元，改造406万平方米，8万余户居民受益。

路灯 1979年，路灯供电逐步实现电缆化，新建住宅小区均采用电缆供电。1982年，在尖山住宅区铺设地下电缆，区内主要干道的路灯均安装高杆组合灯。1985年，在八里台立交桥安装高杆灯塔；中环线路灯系统引进使用比利时灯具；光源则采用美制外接触发高压钠灯。1987年，路灯启闭实现自动化。1995年，采用高压泵及高压钠灯照明，在新建住宅小区装设，全区路灯着灯率99%。1999年5月，市电力公司路灯管理处进行改组，城南供电分公司接管和平、河西两区的路灯管理工作。2001年，路灯管理机构调整，把城南供电分公司的路灯管理划归市电力公司路灯管理处，直至2010年。

第二节　供气与供热

一　供气

70年代，尖山曙光里率先安装管道天燃气。至1984年，全区管道天燃气用户27490户，罐装天燃气用户36929户。1985年初，开展三年煤气化工程。至1986年，全区完成管道安装14.18万户，其中安装表灶13.51万户、通气使用13.13万户，提前一年超额完成任务。铺设天燃气中压管道30.2千米、低压管道50.5千米、庭院管道82.79千米、建成调压站26座及一批附属设施，气化率达95%以上。1997年，向社会推出网络化服务。2002年，实施16项旧管网改造工程。2006—2007年，POS机收费模式启动运行，实现14个收费站、81万用户POS机收费管理。燃气公司成立安全服务信息中心，搭建服务网络信息平台，受理各类用户服务信息，对用户实行三级网络化管理。2008年，在奥运火炬传递沿线设立5个指挥部，23个靠近沿线点位，出动138人，动用车辆21部，实施现场监控，保证奥运火炬传递沿线的供气安全。2009—2010年，全面启动创建燃气安全服务示范小区工作，延伸共建领域、创新共建模式，与25个社区居委会签订共建合作书，把安全服务送入社区和百姓家中，提升安全可控度和用户满意率。组织人员深入各创建小区，开展大型安全宣传活动，有1500余名群众参加知识讲座，发放宣传资料15800份，现场咨询800余人次，服务独居老人125户。

二　供热

建设开发单位供热 1988年，实施大面积集中供热工程建设，北洋新里成为全市首批向居民集中供热的地片。1995年，成立区供热办公室，增设专用锅炉为景兴西里和重华南里等处供热。1996年，完成新建供热面积67.7万平方米，超出市下达计划的97%。全市四大热源建设之一的体院北供热工程，按时实现供热；小海地供热工程，仅用70天完成12万平方米供热任务。是年11月，松江、漓江、嫩江里居民区、152栋、2086户居民实现供热。1998年，区内有供热单位338家。财院东供热站主体施工；

体院北供热站实现为体院北4个居民小区供热。1999年，实现点火、熄火、稳定三个100%。小海地、纪庄子供热站按时供热。2001年，在小海地新增供热站6座，铺设一次网6404米、二次网37869米，扩展供热15个居民区。2005年，新建供热面积189.75万平方米，完成健美里、健春里、花园楼、先进里、卫星里、金海湾等片15万平方米的供热补建工作。配合环保蓝天工程建设，并网小锅炉24台、并网面积79.25万平方米，供热面积1867.79万平方米，热化覆盖率92.86%。2006年，新建补建供热面积146.7万平方米，热化率95.1%。自1988年开始成片集中供热至2010年，供热面积2680万平方米，热化覆盖率99.1%。

房管部门供热 1984年，建立集中供热服务站，为天津市唯一一家供热单位，负责新建的体院北一区、二区9万平方米的居民楼供热。自1988年起，承担区公房站所管锅炉房改装、维修、内外网建设工程项目，因市开发集团在体北五区建3个住宅高层尚需供热，与该集团合作，引资增设10吨蒸汽炉，把20吨上煤机改为40吨上煤机，供热范围由体北一、二区扩展为五区及零区，新增供热面积3.8万平方米。1993年，成立供热公司、供热工程部、供热管理分站。1994年，新建西南楼四段锅炉房6吨、4吨各1台，增加市长楼、友谊公寓、健全里等7万平方米供热。1997年，投资1300万元改造锅炉房，由10吨改为20吨。新建大沽路、刘庄锅炉房15吨和4吨锅炉各1台，增加供热面积9万平方米。加快体北华昌大厦、友谊路荔湾公寓外网工程建设，新增供热面积14万平方米。1998年，实施体北站华北设计院、体北三区四区七区及友谊路站、华北石油天津分公司、越秀大厦AB座两处内外网工程建设，新增供热面积10万平方米。对体北站三角地11万平方米进行供热补建，建设新金龙大厦外网工程，新增供热面积11.8万平方米。2002年，自筹资金647万元，改造锅炉由10吨改为40吨，接管大沽路、龙都二、三期的外网工程，增加供热面积7万平方米。2004年，完成凤凰城住宅小区11.8万平方米的供暖配套工程，宁发商城11.5万平方米的供热工程，以及气象局、环湖大厦近6万平方米的供热工程，新增供热面积24万平方米。对体北一、二区9万平方米的住宅逐套进行丈量。至2010年，供热范围遍及辖区，供热面积134.27万平方米，其中公建用户295户，居民住宅用户14634户。

图3-24 2001年，小海地锅炉房点火现场
（区房管局提供）

1988—1994年河西区供热地片情况表

表3-17 单位：平方米

年份	供热地片	供热面积	其他供热方式		
			地热	单位锅炉余热	专用锅炉
1988	北洋新里	32071	-	-	-
1989	大营门地区及大沽路高层住宅楼	179931	科艺里	春光里及体院北高层住宅楼	-
1990					-
1991					-
1992	东莱里及解放南路地区	-	紫金新村及体院北七区	港建里及谊景小区	
1993	福建路片、同业里片	-	西园西里及科园里	元兴里、四化里等20余处	
1994	-	-	-	三义庄和港云里等21处	

1997—2010年部分年份河西区供热面积情况表

表3-18　　　　单位：万平方米

年份	新建供热面积	补建供热面积	全区供热面积	并网供热面积	热化覆盖率 %
1997	76.40	13.00	298.00	-	35.00
1998	6.00	-	800.00	-	-
1999	57.50	-	-	-	-
2001	150.00	-	-	-	-
2002	58.00	20.00	-	-	-
2003	99.50	14.52	-	-	-
2004	140.02	9.60	-	-	-
2005	189.75	15.00	1867.79	-	92.86
2006	131.00	15.70	-	-	-
2007	160.00	42.00	-	-	-
2008	-	27.50	-	79.25	-
2009	-	2.50	-	2288.00	-
2010	-	0.38	2680.00	10.78	-

第三节　公共交通

一　公交汽车

2010年，在区内运营的公交线路共91条，配备车辆2497辆，由于线路调整、修建地铁等原因，停驶18条，14条不在区内运营。

图3-25　2010年，河西区公交线网图（区地志办提供）

线路　91条区内公交即：3路、9路、13路、20路、35路、47路、48路、93路、95路、96路、97路、152路、157路、165路、175路、186路、304路、605路、606路、608路、619路、623路、628路、629路、631路、632路、641路、652路、656路、657路、658路、659路、662路、665路、668路、675路、676路、677路、678路、682路、685路、686路、688路、693路、698路、705东路、706路、712路、800路、803路、808路、826路、830路、831路、835路、838路、840路、845路、846路、855路、857路、858路、859路、860路、862路、865路、866路、867路、868路、870路、871路、872路、878路、879路、901路、902路、904路、906路、908路、912路、951路、952路、953路、954路、962路、963路、968路、观1路、观2路、快1路、机场专5路。

站点　境内设有209个公交站点，即：爱国北里、爱国里、宾水桥、宾西楼、宾馆南道宾西楼、白云山路、宾馆南道、宾馆西路、宾水南里、翠水园、财经大学、长湖路、川江里、德才里、东楼、大庆里、大沽南路、大沽南路日报大厦、东风里、洞庭路、洞庭一号桥、德恩公寓、东江道凤致里、东江道洞庭路、二附属医院西门、儿童医院、二附属医院、枫林路、复兴门、奉化道、风致里、福建路、光华桥、广东路西南楼、光华里、光明里、钢丝绳厂、广东路、挂甲寺、高洁里、贵州路天和医院、古海道、红光里、红砌玉水园、黄海里、海河中学、灰堆、灰堆南、红霞里、黑牛城道、环湖中路、洪泽路、河西支队、海翔公寓、红升里、红山里、华山里地铁站、鸿华里、惠州里、环湖东路、九连山路、津百楼、九华山路、九江里、尖山宿舍、金星里、金山里、纪庄子桥、津谊桥、景致里、科技馆、龙江里、陵水道、柳苑公寓、柳林、劳卫里、罗马花园、利民道、轮胎厂、梅江小区、名都新园、棉四宿舍、玛钢里、南楼、南昌路、怒江道、年德里、欧亚花园、平江南里、平江里、平山道德才里、平江南道、谦福道、谦德庄、轻化所、汽配城、绮云里、前进道、气象台路德才里、前程里、瑞江花园竹苑、瑞江花园菊苑、瑞江道、人民公园、人民公园南门、瑞江花园兰苑、四季馨园、三水南里、曙光里、泗水道贵山里、绥江道、双水道、四新宿舍、泗水道桂江里、双山里、双水道、汕头路、绍兴道、生辉里、实验中学、天津宾馆、佟楼、泰达园、天津博物馆、天津四中、天津乐园、天津图书大厦、天山里、体育学院东门、佟楼、体院北、土城、天津科技大学、泰山里、太湖路、天津文化中心、天津老年大学、新围堤道日报大厦、西楼、下瓦房、香水园、湘江道、小海地大队、小刘庄、西园西里、西园道、学苑路、秀峰里、西南楼、新世纪城、新华中学、西园南里、厦门路、西园北里、西南楼三号路、胸科医院、环湖医院、新胸科医院、先登里、小围堤道、迎宾馆、郁江道、岩峰南里、郁江南里、榆林路、玉峰花园、云江里、友谊路、榆林路桂江里、雅致里、元山里、粤江里、越秀路、永安道、育贤里、右江道、增进道、珠峰商场、珠江道茶城、振财里、珠峰里、珠江里、中铁十八局、珠江公园、珠江道、紫金公寓、紫桂苑、珠江装饰城、珠江桥。

二　地铁

2002年11月，对地铁一号线小白楼站（大营门）、下瓦房站、南楼站、土城站地面建筑进行拆迁，共4万平方米。

图3-26　2010年，土城地铁站（王儒臣摄）

地铁一号线，北起北辰区刘园站，南经河西区延至津南区双林站，总长26.19千米。途经界内的线路长11.42千米，其中地下线4.6千米、过渡段0.36千米、高架线4.93千米、地面线1.52千米。路经界内有8座车站，即：小白楼（大营门）；下瓦房（厦门路）；南楼（天津日报大厦）；土城（大沽南路、尖山宿舍）；陈塘庄（棉四宿舍）；复兴门（柳苑公寓）；华山里（茂名道、四季馨园、双山里、珠江公园）；财经大学（长湖路）。

三　铁路

区境内有陈塘和李港两条铁路支线，贯穿西南部。1995—2008年，陈塘庄铁路货站设有39条企业专用线，通往界内的18家大中型企业、货栈和仓库，总长为33236.8延米，日均装车皮300辆左右。火车站承载各种救灾物资的运送任务，其运营业务均由天津地方铁路局管辖。2009年11月，成立由国家铁道部、市铁路集团有限公司、铁投公司三方合资的天津南环铁路有限公司。下有5个分公司，运营采取自管自营模式。公司前身为市铁路集团有限公司，办公地点在黑牛城道。

图3-27　2009年，陈塘庄货场铁路支线（王儒臣摄）

第四节 邮政

至2010年，区境有中国邮政营业场所24个。

2010年河西区邮政营业场所分布表

表3-19

单位名称	地址
中国邮政集团公司天津市河西区枫林路邮电支局	河西区小海地枫林路14号
中国邮政集团公司天津市河西区学苑路邮电所	河西区小海地学苑路贵山里3门底商
中国邮政集团公司天津市河西区榆林路邮电所	河西区小海地榆林路5号
中国邮政集团公司天津市河西区财经大学邮电所	河西区小海地财经大学学生公寓院内
中国邮政集团公司天津市河西区工程师范大学邮电所	河西区小海地大沽南路1310号天津职业技术师范大学院内
中国邮政集团公司天津市河西区东楼邮电支局	河西区大沽南路656号
中国邮政集团公司天津市河西区广东路邮电所	河西区广东路中裕园底商
中国邮政集团公司天津市河西区谦德庄邮电所	河西区苏州道荣华小区底商
中国邮政集团公司天津市河西区体院北邮电支局	河西区环湖中道6号
中国邮政集团公司天津市河西区环湖东路支局	河西区环湖东路与体院北道交口蕴逸园9号楼8号底商
中国邮政集团公司天津市河西区土城邮电支局	河西区解放南路433号
中国邮政集团公司天津市河西区尖山邮电所	河西区黄山路红专公寓底商
中国邮政集团公司天津市河西区巨福熙园邮电所	河西区小围堤道巨福熙园7-5-101
中国邮政集团公司天津市河西区东江道邮电所	河西区东江道32号
中国邮政集团公司天津市河西区柳苑公寓邮电所	河西区大沽南路柳苑公寓1号楼底商
中国邮政集团公司天津市河西区太湖路邮电所	河西区太湖路通达尚城32-102
中国邮政集团公司天津市河西区科技大学邮电所	河西区大沽南路1038号天津科技大学院内
中国邮政集团公司天津市河西区佟楼邮电支局	河西区围堤道增1号
中国邮政集团公司天津市河西区友谊路邮电所	河西区友谊路13号
中国邮政集团公司天津市河西区外国语学院邮电所	河西区外国语学院内迷你购物社4号
中国邮政集团公司天津市河西区梅江邮电支局	河西区梅江道107号
中国邮政集团公司天津市河西区瑞江花园邮电所	河西区解放南路瑞江花园梅苑8-2-101
中国邮政集团公司天津市河西区珠江道邮电所	河西区珠江道65号
中国邮政集团公司天津市河西区宾西路邮电所	河西区宾西路61号

第五节 通信

20世纪末，中国移动、联通、电信三大通信运营企业相继在区境挂牌服务。1998年9月，区政府网页通过市数据通讯局的“天津热线”平台，进入国际互联网。2008年始，启动数字河西建设，把城市管理、为民服务和应急指挥三位一体，平战结合的思路融入政府工作中，秉承“平台上移、服务下延、数据共享、业务协同”的思路，打造政府网站、公共信息服务网站和政务网、内务网、专网及政府、企业、社区、公众信息平台，搭建数字河西基础网络系统。推出数字城管工程、真图影像系统、GPS环卫车辆定位、平安河西视频图像监控系统等各大应用板块。数字指挥中心建立200多个视频监控系统，智能交通、无线寻呼、GPS定位、呼叫中心等指挥系统。2009年7月，与市公交集团签署协议，在共享信息化资源、建设数字化河西、数字化公交等方面开展合作。2010年，推进光纤城区、集群通信和物联网民计民生工程，使数字河西工程沿着数字化、智能化、物联网化方向发展。

一 移动

2010年，中国移动公司在区内设有34个营业厅。

2010年中国移动河西区营业厅分布表

表3-20

单位名称	地址
中国移动营业厅(云景大厦西南)	大沽南路501号
中国移动林光解放南路营业厅	解放南路256号
中国移动李七庄合作营业厅	黑牛城道239号
中国移动瑞江花园营业厅	梅江道
中国移动林光营业厅	大沽南路558号
中国移动吉好尖山营业厅	金星路
中国移动天正资水道营业厅	资水道20号
中国移动昱均营业厅	解放南路
中国移动天力通指定专营店	黑牛城道221号
中国移动润泰小围堤道营业厅	小围堤道
中国移动西青恒通国脉营业厅	纪庄子前街
中国移动林光营业厅(微山路)	微山路
中国移动天昌营业厅(永安道)	永安道197号
中国移动林光营业厅(泗水道)	泗水道
中国移动北川围堤道营业厅	围堤道162号
中国移动(南楼营业厅)	围堤道1号
中国移动吉好尖山营业厅	尖山路78号
中国移动伟杰营业厅	南昌路89号
中国移动谊城道营业厅	西园道5号
中国移动林光微山路营业厅	微山路
中国移动南楼营业厅	围堤道1号
中国移动吉好洪泽路营业厅	洪泽路5号
中国移动新科土城营业厅	大沽南路882号
中国移动吉好平山道营业厅	澧水道40号
中国移动梅江营业厅	九华山路
中国移动林光枫林路营业厅	枫林路4号
中国移动林光泗水道营业厅	三水道
中国移动围堤道营业厅	围堤道148号
中国移动黑牛城道营业厅	黑牛城道201号—209号
中国移动鹏喆天解放南路营业厅	解放南路337号
中国移动大沽南路营业厅	大沽南路496号
中国移动海天馨苑营业厅	西横街
中国移动吉好广东路营业厅	广东路50号
中国移动麦斯特解放南路营业厅	解放南路335号

二 联通

2010年，中国联通公司在区内设有22个营业厅。

2010年中国联通河西区营业厅分布表

表3-21

单位名称	地址
中国联通广东路营业厅	广东路197号
中国联通解放南路营业厅	解放南路477号
中国联通体院北营业厅	体院北道
中国联通前进道营业厅	前进道40号
中国联通(九华山路)	九华山路
中国联通尖山路营业厅	尖山路80号

续表

单位名称	地址
中国联通土城营业厅	大沽南路882号
中国联通黑牛城道营业厅	黑牛城道59号
中国联通解放南路古海道营业厅	解放南路417号
中国联通李七庄营业厅	黑牛城道239号
中国联通瑞江花园营业厅	瑞江道
中国联通大沽南路营业厅	南京路16号
中国联通解放路营业厅	解放南路331号
中国联通营业厅(东海街社区卫生服务中心东北)	双水道29号
中国联通围堤道营业厅	利民道158号
中国联通河西第一营业厅	大沽南路528号
中国联通小围堤道营业厅	小围堤道
中国联通图书大厦营业厅	大沽南路362号
中国联通灰堆营业厅	大沽南路1038号
中国联通宾西路营业厅	宾馆西路
中国联通谊城公寓营业厅	黑牛城道9号
中国联通永安道营业厅	永安道189号

三　电信

2010年，中国电信公司在区界内设有22个营业厅。

2010年中国电信河西区营业厅分布表

表3-22

单位名称	地址
中国电信(恒华大厦南)	大沽南路503号
中国电信土城营业厅	大沽南路882余门
河西区梅江营业厅	友谊南路与珠江道交口东南侧涟水园11号楼—12号
中国电信宾馆西道营业厅	宾馆西道宾馆温泉公寓1号楼底商1—1—3—1
中国电信陈塘庄营业厅	大沽南路942
中国电信黑牛城道合作厅	黑牛城道五一阳光底商
中国电信前进道营业厅	前进道23号增2号
中国电信环湖通综合厅	环湖中道与环湖中路交叉口东南侧华昌大厦A座
中国电信广东路合作厅	广东路197号
中国电信宾西路综合厅	宾馆西道
中国电信新围堤道合作厅	利民道164号
中国电信隆昌路营业厅	隆昌路
中国电信小围堤道营业厅	南北大街
天津卓联电信公司	爱国道29号
天津捷通世纪电信服务中心	大沽南路857号国华大厦7层705—708
佟楼邮电支局电信营业厅	马场道附近
东楼邮电支局电信营业厅	东楼
中国电信凯千通信综合业务厅	围堤路99号附近
中国电信东大电讯综合业务厅	平江道
中国电信光大通讯综合业务厅	尖山
中国电信土城合作厅	大沽南路882余门
中国电信环湖中路营业厅	环湖中路华昌大厦C座

第五章 园林绿化

自1979年，河西区绿化建设实现由量到质的提高。至2010年，全区街道办事处各社区普遍实现小区、公园、街景、道路、广场、河岸、单位、家庭等绿化，绿地总面积433万平方米。其中，居住区绿地89万平方米，公园绿地270万平方米，道路绿地30万平方米。倡导科技兴绿战略的课题研究，取得多项成果。加大基础设施建设投入，对人民公园、珠江公园、洞庭公园、解放南园等一批公园进行提升改造。全区有公园27处，面积59.1万平方米。树木28.8万余株（不含绿地内），其中行道树13.4万株，绿化覆盖率39%、绿地率33%、公园人均公共绿地7.5平方米。1984年，秋景园绿化设计，被国家建设部评为优秀设计，获国家金质奖。河西医院、天津师范大学、市肿瘤医院、市公路管理局被评为全国绿化先进单位。开展创建全国园林城市活动，2003年，河西区被评为创建园林城市先进集体。2006年，被评为全国绿化先进集体和全国城市园林绿化先进集体。

图3-28　2003年，河西区获全国创建园林城市先进集体奖牌（区市容和园林委提供）

图3-29　2006年，河西区获全国绿化先进集体奖牌（区市容和园林委提供）

第一节 绿化景观

一　小区

自1979年，利用楼间空地，建花坛、园林小品、甬路，栽种各类赏花、观叶、品果的树种，铺草坪建绿地等。2008年，实施旧楼区改造，一大批老楼区绿化得到发展。至2010年，居民小区均有景观绿化。

2010年河西居住区绿地（开发商小区）及小游园情况表

表3-23　　单位：平方米

名称	面积	名称	面积	名称	面积
陈塘庄	80919	越秀路街	43587	柳林街	86362
东海街	162386	天塔街	174284	桃园街	19253
尖山街	55528	大营门	23102	下瓦房街	14692
马场街	100671	挂甲寺	56141	友谊路街	96587

二　道路

行道树　80年代，制定全民义务植树长远规划和年度计划，每年开展群众性义务植树活动，各条道路均种植行道树。1989年，友谊路拓宽改造后，中环线以南路段栽植法桐。1990年，建成大沽路至黑牛城道路段解放南路果树一条街。至1995年，植树131.5万株、绿化覆盖率19.63%。1996年，全区园林绿化由绿化向美化发展，植树10万株，成活率90%，重点对黑牛城道、紫金山路等8条道路进行绿化美化，绿化覆盖率20%。

1997年，植树9.69万株，对广东路等重点道路进行绿化充实改造。1998年，植树7.3万株，绿化覆盖率21.76%，宾水道、友谊路建成全区首批绿化精品路，大沽南路实现新拓道路的绿化配套。1999年，植树9.49万株，绿化覆盖率28%，对乐园道、中环线等39条道路实施充实改造。2000年，植树7.5万株，完成对学苑路等30条道路绿化的充实提高；对区境中环线全长5.4千米的道路两侧行道树进行调整补栽，在中环线八里台立交桥至光华桥全长5.4千米的树带种植万余株黄杨，新增绿化面积1.5万平方米。2001年，植树6万株，绿化覆盖率33%，14条道路实施景观绿化工程。2002年，植树6.2万株，绿化覆盖率33.55%，利民道等15条道路实施绿化。2003年，泗水道、梅江道等14条道路进行绿化。2004年，对梅江新辟区栽植行道树。2005年，对中环线等16条道路进行补植补种980株。2006年，启动国家园林城区创建工作，新植树木60.89万株，绿化覆盖率39%。2007年，蚌埠道等道路新植行道树。2008年，曲江道、福建路等道路新植、补植行道树2437株。至2010年，全区行道树共13.4万株。

图3-30　2007年，乐园道绿化带
（区地志办提供）

图3-31　2010年，解放南路绿化带
（区人大代表摄影组提供）

街景绿地　1983年，在尖山路辟建1300米街景绿地和行道树。1985年，扩建中环线，建成环线绿化带，区内路段长4945米，绿化面积1.69万平方米。1989年，在中环线沿线的气象台路、友谊路分别建成5片街景绿地。1990年，南楼至柳林路绿化面积1.39万平方米，依地势建成解放南路街景绿地。1994年，建成紫金山路、纪庄子路街景绿地。1995年，建成卫津南路绿化一条街、隆昌路街景绿地、微山路绿化规范路。1996年，完成以黑牛城道绿带、海河公园恢复工程为代表的重点街景绿地工程建设，新建海河公园绿地3550平方米，重建7480平方米。1998年，建设街景绿地13处、面积5.73万平方米。1999年，完成以宾水道、友谊路、中环线为代表的“绿色项链工程”和以乐园道绿化充实改造为代表的39条道路街景绿化改造工程。

2000年，重点实施中环线以内“黄土不见天”绿化工程及友谊路景观道路工程。2001年，对友谊南路等14条道路进行街景绿地建设，新建绿地21万平方米，获市街景绿化建设优良工程奖。2005年，对学苑路等6条道路2.7万平方米绿地进行补植，实施友谊北路等6处闲置空地绿化工程。2008年，对马场道、友谊路等15条迎奥运会重点道路实施绿地改造，新建绿地13.28万平方米，改造8.08万平方米。2010年，新建广东路、珠江道等8处点位，街景绿地9.9万平方米，道路街景绿化同步进行。珠江道全线打通6600米，绿化面积8.97万平方米。全区绿地总面积达433万平方米。

三　单位

1988年，全区涌现出绿化先进单位28个，单位内部专用绿地面积65.57万平方米。至2010年，单位附属绿地面积220.52万平方米，绿地内、外树木10.11万株。获国家级绿化先进单位4个；市级花园式单位29个，绿化先进单位72个；区级花园式单位7个、绿化先进单位17个。

四 公园

人民公园 总面积13万平方米，其中水面3.3万平方米，为全市现存的清代造园遗迹之一。1917年，在南开中学读书的周恩来与学友到此游览并合影。1954年，毛泽东主席为之题词。2000年5月，该园整编制由市园林局分离出来，划转区园林局。是年，对公园南部改造新建，形成开放式绿地。修缮改建南北展馆、博览馆及广场。2001年，投资600余万元清淤湖底、重建湖堤，绿化改造西北部地段。把原湖心亭曲桥改为两侧平曲中间加拱桥，湖心路做石径花架，大湖护坡改为景石自然坡。2005年，拆违透绿。2009年，投资5000余万元对公园整体改造，有地下管网改造、传统古建维修、堤岸护坡维修、建筑拆旧建新、老旧设施及道路改造、园林绿化景观提升、儿童乐园改造7大项。绿化4万平方米，广场及道路改造1.3万平方米，整修堤岸1800余延米。新建桥、舫、榭、廊等多处园林景观。对藏经阁进行多次修缮，是年8月1日，免费开放。至2010年，公园绿化覆盖面积13.22万平方米，绿化面积9.01万平方米。作为市历届迎春花市的主花市，多次举行花展、庙会、灯会等。年游人量150万人(次)。

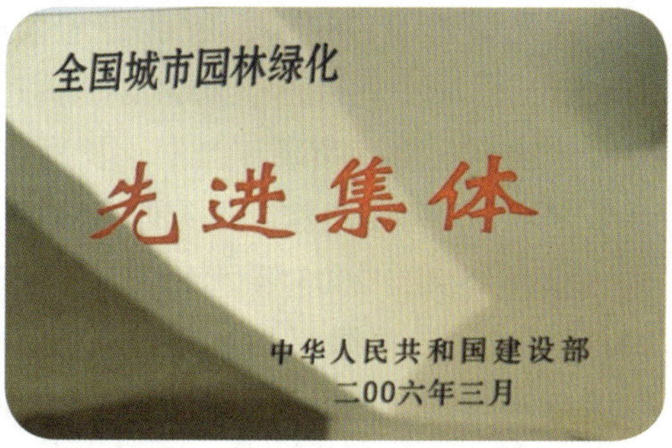

图3-32 2006年，河西区获全国城市园林绿化先进集体
（区市容和园林委提供）

图3-33 2009年，人民公园
（区市容和园林委提供）

解放南园 始建于1900年，与解放南路德式风情区的整体环境相一致，彰显欧洲古典园林风格。2008年6月，配合解放南路德式风情区实施改建，开工面积7410平方米。增加银杏树种，新栽植雪松、龙柏、海棠等多种植物，部分甬路换铺石材和防腐木板，扩建休息广场，增添石材凉亭、廊架等设施。设计施工注重历史文脉传承与时代特征相融合，以德式长廊和凉亭为主要景观。2010年，增加人口文化园功能。园内绿化覆盖面积7410平方米、绿化面积4115平方米，其中草坪3000平方米。

西南楼公园 1991年，被列为全市十佳公园。2003年，实施公园改造，获市城市绿化建设优良工程一等奖。2008年，再行改造，以充实植物品种为主。2009年，由区纪委与园林局共同投资20多万元，建设"廉政园"。突出正南正北对称式设计手法，强调文化品位和功能性。公园西侧的浮雕墙刻有"风尚"二字作主题，附"梅、兰、竹、菊"四君子石雕作品内容及木雕牌刻的"论语五则"内容。月季池处点缀景石，为全园重心。2010年，绿化覆盖面积8538平方米，其中草坪1906平方米、月季1680株。

佟楼公园 1989年，市第29届菊展河西展区设在佟楼公园，获布展和大立菊一等奖。2002年，实施公园拆墙透绿改造，建成融绿化、美化、休闲、娱乐、健身于一体的街景公园。2004年，再次改造，拆除全部围墙，在公园西北角处制作安装京剧脸谱铁艺雕塑，设计制作木质结构的遮荫亭。2010年，对园内植物进行提升更新，亭、廊、花架、假山、喷泉穿插其间。辟有儿童、老人活动区，成为京剧爱好者业余聚集地。全园绿化覆盖面积8328平方米，其中草坪1600平方米、月季124株。

洞庭公园 位于陈塘庄老工业区中心的洞庭路。1978年建成，占地面积1.47万平方米。2004年，纳入市二级河道长泰河改造工程项目，重建管理室，改建藤萝花架，增建"风车"景点，拆墙透绿，增加绿量。改造后为开放式公园。小广场装点"十二生肖"石质雕塑作品，形成欧式田园风光和生态园林景观。至2010年，绿化覆盖面积1.85万平方米，其中草坪7531平方米、月季2180株。

红光公园 1987年，市第27届菊展河西展区设在此公园。2003年，修缮建筑，对原花房进行翻修改造，形成中式院落。2004年，拆违透绿。2005年，全部拆除围墙周边经营性房屋，改建为透视性围墙。建有土山、喷泉、雕塑、长廊、休息亭等。2010年，绿化覆盖面积2.94万平方米，其中草坪1.66万平方米、月季260株。是京剧爱好者的聚集地。

珠江公园 2003年，对公园建筑进行修缮。2005年，拆违透绿。2006年，首次对公园入口、广场及网球场、门球场、廊架、园路等进行重建，对园内电力线路、照明灯具、给排水设施更新安装。2010年，进行提升改造，改造面积3.52万平方米。分入口景观、景观休闲、儿童活动、老年活动、体育休闲5个功能区。入口景观区以秩序空间布局配合各种景观小品布置，景观休闲区以植物造景为主，儿童活动区增加休息设施和林荫空间，老年活动区在周边设置卵石健身步行路，体育休闲区增添运动健身设施。全园绿化覆盖面积3.52万平方米。设不同年龄组的游乐设施，多次举办重阳节"夕阳红"老年歌舞联欢活动。

图3-34 2006年，珠江公园

（区市容和园林委提供）

曲江公园 2001年，投入国家体育彩票资金建设体育场地和健身器械。2005年，拆违透绿，建有花架、花坛和长廊，种植以月季花为主的花卉，又名月季园。该园为体育休闲健身公园，设门球场、篮球场、碰碰车、体育健身器械等多种体育健身设施。至2010年，绿化覆盖面积2.33万平方米，广场用地1978平方米，占公园用地8.5%。

中环公园 1990年，市第30届菊展河西展区设在该公园。1991年，市举办首届月季花节，园内摆放一万余盆月季花，组成"春的乐章"和"秋的收获"两组花群，分别获市艺术金徽奖和艺术金章奖。巨型草雕"亚洲雄狮""巨龙腾飞""马踏云雀"安装光电录音设备。1993年，在第三届月季花节评比中，获地棵月季栽培第二名。1994年，与民同乐活动，获全市迎世乒赛景点建设评比第一名；在第四届月季花节评比中，获布展第二名。1995年，在第五届月季花节与民同乐活动中，获市第一名。1996年，组织大型全民义务植树15周年纪念活动。1999年，在第九届月季花节评比中，分获景点、市花一等奖，花节活动组织奖。2000年，在津河改造中，对园内喷泉景观做抬高技术处理，绿地采用大卵石围挡。2008年，公园及沿线的彩带街景绿地一并交由人民公园负责养护管理，进行植物调整和补种，重新铺装甬路。2010年，增植多种乔灌木，三环喷泉造型寓意内、中、外三环干道环绕津城。全园绿化覆盖面积6114平方米，其中草坪2131平方米、月季2553株。

儿童公园 2002年，实施公园拆墙透绿改造，建成融绿化、美化、休闲、娱乐、健身于一体的街景公园，定位于欧式园林景观的音乐主题公园。扩大活动区面积，更新增添儿童器械。至2010年，绿化覆盖面积2688平方米。

柳林公园 占地6.6万平方米。1986年，市、区两级政府重建柳林风景区，全区各界捐资120万元，组织干部群众义务植树劳动，拓地6万平方米，建成廊、亭、轩等仿古建筑。1989年5月1日，建成开放。公园突出自然式山林野趣，人工与自然融于一体。修设错落的土丘、曲折的小路及亭轩等仿古建筑和160米长廊及动物塑像。园内广植观赏植物，以柳树为主，凸显公园主题。至2010年，全园绿化覆盖面积6.6万平方米。

华夏未来儿童公园 1998—2003年，进行充实改造和修缮。2005年10月，将滨湖公园转让给市华夏未来文化艺术基金会，改名儿童主题公园，进行拆违透绿和整体改造。原园内的建筑及布局均采取江南园林风格，设置土山、凉亭、湖、曲廊、水榭和以"雅趣园"为主的园林建筑。辟有儿童活动区，建有旱冰场等儿童娱乐项目。2006年，重新规划，体现贴近儿童情趣，打造儿童天地，建有华夏剧场、竹园、春景园、秋景园、湖畔等景点。滨湖公园曾多次举办菊花、月季花展等活动。园中建有焦裕禄半身塑像。1991—1996年，在市第31至39届菊展评比中多次获奖。1996—1999年，连续四年作为市第6至9届月季花节主会场。2000年，市第10届月季花节评比，获两项大奖。

西柳公园 建于2004年，位于大沽南路与珠江道交口，占地面积3.5万平方米。2008年，由市燃气公司投资，建成简易街头公园，又称燃气公园。至2010年，绿化覆盖面积3.52万平方米，栽植月季13600株。

图3-35 2008年，西柳公园
（区市容和园林委提供）

友谊公园 位于友谊路与乐园路交口，占地5.8万平方米。原为友谊广场，建于2001年，是一片开放式绿地。2008年，作为迎奥运重点绿化景点及友谊路改造工程的重点项目，进行全面提升改造。园内建造“松之岛”“枫之岛”“竹之岛”等景观小品，一棵高约8米、树龄超过百年的油松是整个公园的标志性景观，该公园被评为市城市园林绿化优质工程一等奖。2010年，绿化覆盖面积5.83万平方米，其中草坪4.88万平方米、月季4344株。

图3-36 2009年，友谊公园 （王儒臣摄）

西苑公园 建于1997年，位于广东路西楼桥东侧，占地约1万平方米。原址为“五村反霸斗争”遗址。入口处摆有两座草雕作品“亚洲雄狮”，是区代表天津市送给北京亚运会的礼物。2000年，墙子河改造，该园作为主要景点，按津河改造的整体设计风格进行改造。园中建有“五村农民反霸斗争”纪念亭。2006—2008年，两度进行园内植物调整充实。园路甬路3811平方米、亭廊阁榭2处、364平方米。至2010年，绿化面积6676平方米，其中草坪3668平方米、月季1960株。

天津乐园 1995年6月1日，建成开放。是年，建成静园、游乐、知识开发和生活管理4个区，更名为天津乐园。游乐区有：180°环形电影、激流勇进等20项大型游乐设施和筑波游泳场、网球场、猴表演馆；设有歌舞厅、书画展厅、乐园宾馆、餐厅、商业公司、冷食室、摄影图片社等配套服务设施。静园区有：假山、涵香园、香菇湖、蘑菇岛、百花园等园林小区。管理和生活服务区有：音像、通信系统和办公、后勤服务系统。园内筑有人工湖，面积8万平方米，与0.7万平方米的荷花池毗邻。湖中心建有人工岛，以曲桥和望湖亭与岸边长廊相连接。园区栽植草坪3万余平方米，建造花坛、园林小品100余处，种植乔木2万余株。2009年9月，在天津乐园原址兴建市文化中心。

图3-37 2003年，天津乐园游艺设施
（王儒臣摄）

2010年河西区公园绿化植物情况表

表3-24

公园名称	类别	乔木(株)	灌木(株)	常绿(株)	绿篱(株)	组球(株)	藤本(株)	地被及宿根花 卉(平方米)
人民公园	品种(个)	39	23	11	55	6	4	14
	数量	1800	48971	6251	373551	416	1069	3102
解放南园	品种(个)	3	8	2	51	1	1	2
	数量	26	44	11	400	5	300	426
西南楼公园	品种(个)	3	8	2	51	1	1	2
	数量	26	44	11	400	5	300	426
佟楼公园	品种(个)	7	2	3	53	1	2	2
	数量	146	29	28	27660	34	1200	231
洞庭公园	品种(个)	21	9	4	53	3	–	4
	数量	551	5652	173	68266	18	–	883
红光公园	品种(个)	10	10	2	53	2	1	4
	数量	322	499	81	25744	57	4976	883
珠江公园	品种(个)	19	24	9	53	6	3	1
	数量	709	2517	3315	20405	101	124	2561
曲江公园	品种(个)	13	8	2	5	–	1	–
	数量	753	894	96	–	–	2547	–
中环公园	品种(个)	13	15	3	51	1	–	–
	数量	47	581	111	295	24	–	–
儿童公园	品种(个)	–	5	–	51	–	–	–
	数量	24	167	12	5220	10	660	67
柳林公园	品种(个)	16	9	5	51	3	1	–
	数量	1913	693	873	950	57	1710	–
西柳公园	品种(个)	–	–	–	5	–	–	–
	数量	670	10452	12361	41020	25	–	4390
友谊公园	品种(个)	43	23	10	5	4	–	–
	数量	942	1613	340	14200	333	300	5101
西苑公园	品种(个)	7	14	4	53	1	1	1
	数量	361	1958	330	36335	2	150	45

2010年河西区公园用地情况表

表3-25

名称	项目	面积(平方米)	百分比(%)
人民公园	水面	33350	25.2
	园路广场	33977	25.7
	活动场地	1463	1.1
	建筑占地	2455	1.8
	绿地	90145	68.2
解放南园	园路广场	3070	41.4
	建筑占地	220	2.97
	绿地	4115	55.5
西南楼公园	园路广场	3070	41.4
	建筑占地	220	2.97
	绿地	4115	55.5
佟楼公园	园路广场	4923	59.11
	建筑占地	36.6	0.4
	绿地	3367	40.43
洞庭公园	园路广场	5440	29.4
	建筑占地	172	0.9
	绿地	12443	67.3

续表

名称	项目	面积（平方米）	百分比（%）
红光公园	园路广场	6353	21.6
	建筑占地	720.35	2.45
	绿地	23018	78.3
珠江公园	园路广场	11510	32.7
	活动场地	1001	2.8
	建筑占地	427.29	1.2
	绿地	21073	59.9
中环公园	园路广场	1000	16.4
	建筑占地	45.8	0.75
	绿地	4903	80.19
儿童公园	园路广场	884	32.9
	建筑占地	–	–
	绿地	1804	67.1
柳林公园	园路广场	547	0.8
	建筑占地	168.12	0.25
	绿地	63058	95.9
西柳公园	园路广场	8870	25.25
	建筑占地	1299	3.7
	绿地	24026	68.4
友谊公园	园路广场	3774	6.5
	建筑占地	150	0.25
	绿地	54386	93.2

五 广场

解放路广场 位于大沽南路与解放路交口，建于2000年，是津河改造中的景观广场。绿化覆盖面积2.27万平方米，绿化面积2万平方米。有园路甬路、花坛、亭廊阁榭、假山、广场喷泉，绿地草坪灯、礼花灯。

榕树广场 位于黑牛城道与紫金山路交口，建于2001年，是卫津河改造工程的景观广场。天津园林设计院设计，古建工程队施工。绿化覆盖面积1.32万平方米，绿化面积1.04万平方米。设有园路甬道、花坛、栏杆、园椅、假山、景石等。

危改广场 位于广东路与九龙路交汇处，建于2000年，由珠江园林管理所设计并施工。广场绿化覆盖面积5300平方米、绿化面积826平方米。筑有塑像、园路甬路、园椅、假山等。

天圆广场 位于郁江道与紫金山路交口、复兴河南岸，建于2002年，是复兴河改造中的景观广场。绿化覆盖面积6622平方米、绿地面积3782平方米。建有广场、园路甬路、花坛、景石、圆灯、护栏、护坡等。

六 河岸

海河西岸河西区段 北起徐州道，南至双林引河。1982年，实施海河带状公园建设。1984年，秋景园设计被国家建设部评为优秀设计，获金质奖。2008年，迎奥运期间，对公园进行提升改造。2009年，重点绿化天津湾公园，位于中环线光华桥畔，国泰桥下游100米河西侧，占地3.44万平方米。总体设计以园林景观为主，突出水上休闲运动功能和特色。沿河自然河滩坡地和屋顶绿化相结合，单体建筑融于河岸中。一期工程建成2万平方米大型绿化林带及花街，种植各类乔木1000余株、灌木300余株、花卉2万株，铺植草皮0.7万平方米。

津河（河西段） 2000年5月1日，实施绿化，全长4.8千米，工程面积14万平方米，其中12万平方米为新建绿化工程。拆除沿河市场24处，各类房屋1241间、27544平方米，清淤17万立方米。是年10月竣工，墙子河更名为“津河”。2008年，启动二级河道绿化改造工程，津河（河西段）全线两岸建成8个景区，绿带突出“人与自然、人与社会、人与未来”理念。以花带、喷泉和主体雕塑烘托主题，成为全市具有代表性的园林景点。

卫津河（河西段） 北起气象台路，南至富力津门湖（珠江道）。2001年，实施气象台路至铁道绿化改造，10景中河西占有6景，即：环塔揽胜、春花桃柳、秋实趣园、典雅飞虹、榕树丰碑、通衢玉带，获市绿化建设优良工程奖。2006年，对卫津河进行充实改造。2008年，再次进行植物绿化改造。

复兴河（河西段） 西起卫津河纪庄子泵站，与卫津河相通，东至复兴门闸桥，与海河相连。绿化工程始于2002年，绿化面积22万平方米。2008年，对复兴河两岸绿化进行改造，运用园林建筑、树木、花卉、筑山、理水等多种手法，创造融绿化、美化、休闲、娱乐、健身于一体的园林景观，因地制宜点缀园林小品。

图3-38　2008年，复兴河河岸绿化带
（区市容和园林委提供）

四化河（河西段） 东起垃圾楼，西至李七庄。绿化改造配套工程始于2003年，拆除民宅、公建及违章建筑45117平方米，绿化面积4.3万平方米，是年10月完工。获市街景绿化建设优良工程一等奖。

长泰河（河西段） 北起郁江道，南至浯水道。绿化改造工程始于2003年底，建成沿岸两侧绿化带各10米，道路20米，绿化面积1.4万平方米。2006年，对郁江道至浯水道一段进行充实绿化。2008年，对长泰河再次绿化改造。

先锋河（河西段） 北起海河，南至浯水道。21世纪初，进行绿化改造。

七　立交桥

1985年始，区境立交桥相继落成。八里台立交桥位于中环线与卫津路交口处，1985年完成桥下绿化配套工程。解放南路立交桥位于中环线新围堤道与解放南路交口处，为双层半互通式立交桥，桥下实施绿化配套工程。复兴河立交桥位于解放南路，跨越陈塘庄铁路支线和复兴河，配合“三环十四射”道路绿化，进行绿化配套建设。1998年，再次实施黑牛城道、解放南路两座立交桥的绿化建设。中石油立交桥位于区西南部黑牛城道与卫津南路交口，2009年进行绿化改造。2010年，对域内郁江桥、海津大桥、微山路轻轨立交桥等桥下空地全面实施绿化配套建设。

第二节　养护管理

一　队伍

80年代，园林养护队伍仅有绿化工程队、公园管理所。随着园林建设的不断发展，树木、绿地、公园的数量大幅度增长，园林养护队伍不断壮大，先后成立花苗木管理所、珠江公园管理所、滨湖公园管理所、绿化管理所、绿化监理所等。2000年，人民公园划归河西区管理，养护管理队伍充实加强。

二　体制

1986年，按专业项目划分管理，公园管理所负责区属公园，绿化工程队负责道路树木绿地，园林养护的作业量迅猛增加。后改为按地域划分管理，由3个单位负责园林养护管理。2003年，实行建、养、管分离，成立格瑞园林养护公司，把园林养护集中到一个公司管理，内设3个养护部。2008年，除园林行政执法外，调整简化管理环节，按区域划分的模式，把养护作业与管理合并，由一个养护公司与两个管理单位职能合并，成立3个养护公司，分别负责区境东、中、西部地区的园林养护管理工作。

三　科技兴绿

2000—2003年，完成国家子课题“北方半干旱都市小区绿地再生水利用综合示范区建设”和市建委“海河生态景观带绿化模式及绿化节水技术应用研究”的验收工作；承担市科委“利用再生水作为景观水体补充的水质保护技术研究”、市建委“屋顶绿化技术研究”和市园林局“六星黑点豹蠹蛾综合防治技术研究”等课题研究工作；与市移动合作开展园林通绿化管理信息系统的研究工作；与北京大学遥感与地理信息系统研究所合作开展“基于BS结构的城市园林绿化地理信息系统研发”“城市遥感综合评价系统”的研究工作。完成《天津园林（河西专刊）》的征稿和发行工作，其中两篇文章被收入“海河综合开发与城市绿色环境建设论文专集”，有8篇文稿被市园林学会评为优秀论文。其中，两个项目被评为2006—2007年度区科技进步三等奖。2005—2007年，编写《园林植物病虫害防治手册》，推动全区病虫害防治工作。园林学会完成“园林灌溉技术应用与研究”立项，全区有15万平方米的绿地使用自动喷灌系统、摇臂式喷灌、微喷灌、微喷带、滴灌等10余种节水灌溉设备，涉及公园、道路、居民区等多种绿地类型，使用河水、中水、自来水等不同水源，平均节水率30%以上。与市节约用水管理中心合作，在友谊公园建设自动灌溉系统示范区。学会与该中心合作开展理论研究，建成西柳公园自动灌溉系统示范区，有1.2万平方米绿地实现自动节水灌溉。

四　古树保护

历年重视对古树名木实行重点保护、动态管理。2003年，对全区树木进行普查。2004年，登记造册，挂牌管理。至2010年，有5株作为一级保护的古树。其中，有区政府门前直径40~50厘米的洋槐、绍兴道与台儿庄路交口处直径50厘米的洋槐、台儿庄路路中心直径40厘米的洋槐、挂甲寺院内有2株古槐树。在道路拓宽、寺庙建设、楼房修建中，对古树进行重点保护，使其留存生长。

五　义务植树

80年代，成立区绿化办公室，组织群众义务绿化。发动居民家庭养花，评选绿化之家，动员社区群众认养绿地，义务管护。组织街道办事处在楼群里巷见缝插绿，树木存有量增长。2000—2010年，倡导并开展单位、个人捐款、购树、种树活动，园林部门为其提供栽植地点及技术服务，在梅江、复兴河、卫津河等多处点位，都有社会各界捐种的乔木和花灌木。市老年骑行队多次组织义务护绿活动，区属和驻区单位及各中、小学校组织学生参加义务植树劳动和捡脏护绿。天塔街连续多年举办居民家庭养花大赛。

2005—2006年河西区基层单位认养绿地情况表

表3-26　　单位：平方米

认养日期	认养单位	认养地块	面积
2005.3.30	外语学院天外后勤集团	桃园村街照耀里	2695
2005.4.7	河西区马场道小学	马场道街景（浦口道－儿童医院）	5533
2005.3.24	中山小学	滨湖公园	40883
2005.4.8	滨湖小学	沿河路三角地	6195

续表

认养日期	认养单位	认养地块	面积
2005.3.21	越秀街恩德里居委会	越秀恩德东里	3886
2005.4.5	电子计算机职业中等专业学校	西楼桥西苑景点	10913
2006.5.15	渤海职业技术学院	郁江道复兴河绿地(九连山路－友谊南路段河南侧)	12760

第四编
城市管理

1979—2010年，河西区推进城市规划、土地管理、房地产管理、市政管理、市容管理、环境保护、环境卫生、园林绿化等诸多方面的工作，扩大管理范围，加强管理机构和队伍建设，建立健全管理机制，加大管理力度，提升城市功能和管理水平，城市管理逐步纳入科学化、法制化建设轨道。全面推进城市环境综合治理和住房制度改革进程，建设蓝天、碧水、安静工程，开展创建全国文明、环保、卫生、园林城区等项活动，促进现代化新型城区建设。2003年，获创建全国园林城市先进集体称号。2006年，获全国绿化先进集体称号、全国城市园林绿化先进集体称号。2007年，被中国国际跨国公司研究会与联合国开发计划署等单位评为跨国公司最佳投资城区，被评为全国环保污染源普查先进集体。2008年，河西区获全市首个国家卫生区称号。

20007年3月5日，河西区召开申报国家卫生区迎检动员大会　　（区市容和园林委提供）

第一章　规划管理

自1985—2010年，河西区依照相关法律法规，对辖区内城区规划编制、修改和实施情况进行管理。编制设计区域总体发展规划与空间发展规划、分区项目规划、重点专项规划等；适时调整区域土地布局，规划产业园区，利用土地置换搬迁污染企业；对违法违章建设等行为进行查处，完善城区规划审批管理制度；协助市规划局做好城区规划管理等工作，起到未雨绸缪、规划先行的作用。

第一节　编制管理

一　总体规划

80年代，全区重点项目规划由市规划局组织市甲级资质单位编制。规划编制所需素材，由区政府组织调查提供。1999年，全区总体城市设计控制性详细规划的编制覆盖面为40%，至2008年上升到100%。2008年，按全市整体规划编制实施规划、编制，并对规划编制工作和成果质量进行监督检查。2009年，组织编制城区整体城市设计，对陈塘科技文化园、东南经济半环、大沽路、友谊路、尖山“八大里”等重点地区进行设计。编制专项规划，结合控规调整进行整合。2009—2010年，组织开展创新规划编制管理模式试点工作，城市规划设计、编制与全市空间结构衔接，明确区域发展的定位和空间布局，突出产业、建筑、文化特色，确立在全市行政、文化、金融、商业中心的地位。对重点地区城市设计突出特性和风格。制定建筑特色、建筑风格、建筑高度、开发强度、道路街面等控制导则，使建筑与整体环境相一致。每年投入百万元资金，编制城市规划，促进区域经济、社会和城市建设发展。

图4-1　2010年，河西区规划图
（区规划局提供）

二　项目规划

小白楼商务中心区　用地85.74万平方米。强化城市CBD组成部分的商务金融功能，结合复合型开发模式，重点打造精品商业和酒店业，吸引跨国公司、国内知名企业设立地区总部、研发设计中心，投资置业。

市级行政文化中心区　用地1.24平方千米。配合城市行政功能的南移，建设市级行政中心，带动周边地区的更新和提升，吸引外省市驻津办事处、各地商会聚集。依托文化设施资源，结合娱乐中心、演艺中心、博物馆、图书馆等设施的建设，打造城市文化艺术中心，成为天津政治活动、国际国内交

图4-2　2003年4月，小白楼商贸商务区
（韩金波摄）

往、文化交流的重要场所，展现河西区作为文化博览区、人文魅力区的重要空间。市文化中心的规划总用地90万平方米，建筑面积100万平方米。

陈塘科技型城市副中心区 用地3.47平方千米。与河东区天钢和河西区柳林地区（陈塘科技园区）共同构成市东南城市副中心。发展创意产业、总部经济、高技术服务业等生产性服务业，形成中心城南部新经济圈，成为全区的重要增长极和城市南部发展潜力中心。

梅江国际社区 用地12.5平方千米。通过整理生态资源，引进优质的国际学校、国际医疗机构，进一步提升居住品质，打造生态型国际社区典范。

海河城市发展带 用地3.2平方千米。在河西段，依次形成历史文化体验段、休闲娱乐游憩段、服务集聚新城段、科技创新会展段、生态宜居示范段5大特色区段。集聚多元功能，联动海河两岸，塑造城河共生、古今交融的恢宏城市景观。

友谊路金融服务带 用地70.1万平方米。升级原有的金融服务功能，融合休闲娱乐等复合功能，增强地区活力，促进金融服务业集聚。

大沽南路—尖山商业商务带 用地2.36平方千米。沿大沽南路拓展商业功能，提升商业模态，建设人性化的城市级大型综合商业街区；在尖山地区协同区域发展，以组织机构办公、文化交流、商业体验为主导功能，建设区域性组织机构集聚区。

解放南路综合商贸带 用地2.2平方千米。立足家居、建材和汽车商贸产业基础，提升业态水平，引进创新模式，建设突出体验功能的综合商贸服务带。

第二节　审批与管理

一　业务审批

1994年，实行规划审批“一书两证”管理制度。市规划部门把河西区市管项目以外的规划建设项目，下放到区规划分局审批，制定相应的管理措施，制止无证规划、无证建设等违法行为。至2010年底，共核发选址意见书39件，用地面积406.45万平方米；核发建设用地规划许可证29件，建筑面积156.22万平方米；建设工程规划许可证825件，建筑面积375.45万平方米。

二　证后管理

80—90年代，加强城市规划证后管理，建立监督检查和施工现场巡查制度。按类定区域、定人员、定时间、定路线、定责任，实施全时巡查。对违法建设行为，及时发现和处理；设置举报箱，建立群众信访接待等制度。2004年，严格证后管理，规范管理行为，对规划验线和验收、公示材料进行修改完善，规范规划建筑工程和市政工程证后管理工作流程，制定建设工程规划土地证后管理暂行办法。2005年，对辖区内64个证后在建项目，进行现场服务和跟踪管理。2006—2010年，加强证后管理，实行网格管理，落实责任，发现违法行为，加以制止。做好证后管理的一线服务，对保障性项目进行帮扶。在兰江新苑、龙瀚东园、汇江里、慧众家园、解放南路雅湖里、仁湖里、爱湖里等项目建设中，开辟绿色通道，提早放线，及时查验，同步验收，了解项目情况及存在问题，协调解决。对教育项目予以全程跟踪服务，深入梅江中学、小学、幼儿园、顺驰名都小学、海河中学等项目现场开展服务，解决问题。在尖山红光里、红星里动迁之前，协助综合执法、房管等部门，深入现场调阅档案，对涉及的建筑逐一确认和排查，为拆迁工作争取时间。

三　查处违法建设

80—90年代，实行区域划分与承办项目相结合的工作模式，区规划、建委、房管、综合执法、信访等职能部门分工合作，建立全区范围内的网格化管理，纠正违法行为。对市政工程施工单位进行监督，结合施工特点，按照“精细化、网格化、信息化、标准化”巡查标准，建立24小时动态验槽机制，对市政工程项目提供服务。坚持随时开工，随时验槽，维护城市规划执法的严明性和权威性。2001—2010年，共查处各类违法案件104件，违法建筑面积66万平方米，其中拆除违法建设29处、修改61项、强制执行2处、罚款46件次，罚款金额达1401万元。

第三节　地名管理

1982—2010年，加强地域地名工作管理，开展全区地名普查，建立地名档案，出版区域标准地名图、地名志及地名录，突出历史性、实用性。2009年4月，地名管理职能由区市政局划归区规划分局。

一　普查

1982年，成立区地名办公室。1982年7月—1983年4月，开展中华人民共和国成立以来首次地名普查工作。经调查核实，实有标准地名1712条。1988年10月，地名补查，资料更新。至1989年8月，全区各类地名累计2079条。1995年12月，全区有地名1983条。至2008年底，区境内共有地名2419条，其中区名称1条、街道办事处名称13条、居民委员会名称397条、街道名称192条、区片名称28条、居民地名称1360条、重要行政企事业单位名称247条、建筑物名称147条、纪念游览地名称17条、历史名称17条。

二　档案及出版物

1983—1995年，为社会各界、外籍华人提供查阅地名档案280余人次；为市公安局汇编出版《天津市地名代码》《天津市街巷名称簿》，提供2000多条地名信息；为区教育系统、防汛部门提供相关地名历史资料和区内河流信息等。

1985—2007年，区地名办共编辑5部出版物：

《天津河西区地名录》　1982年，在地名普查的基础上，于1985年8月，出版标准化地名目录，为河西区历史上第一本地名工具书。

《天津市地名志·河西区志》　1997年12月出版，《天津市地名志》的一部分，是继《天津河西区地名录》后又一部地名工具书。该书内容全面具体，反映区内各类地名的起源、演变、现状及与地名有关的政治、经济、文化、教育、地理、历史、民俗、交通等方面的情况。全书收录各类地名2965条，其中行政区划名称213条、街道名称158条、里巷名称629条、区片名称29条、自然地理实体名称91条、交通设施名称54条、水利设施名称14条、电力设施名称1条、文体设施名称12条、建筑物名称11条、名胜古迹与纪念地名称14条、历史地名1559条。

《天津市河西区地名命名影录》　2001年9月出版，重点收集1983—2001年河西区经市人民政府批准命名的新建居民地及建筑物的标准名称216条。

《天津市河西区标准地名图》　1998年10月、2000年6月，区地名办分别编绘出版两版纸质《天津市河西区标准地名图(内部使用)》。2007年，结合地名GIS管理系统，出版电子版《天津市河西区标准地名图》，供内部使用。

《中华人民共和国地名词典·天津市卷》　河西区部分，1994年编纂，收集词条135条。

第二章　城建管理

1980年9月，河西区成立城市建设指挥部，加强震损重建工作和城区建设开发。1998—2010年，适应城市建设快速发展需要，区建委、市政、房管、规划、环保、环卫、市容、园林等建设管理部门，创新工作机制，对城区内建筑市场、企业资质、招标投标、质量监督等方面，实施多举措、全方位监管，城建管理逐步纳入规范化、科学化的轨道。

第一节　建筑市场监督

一　专项管理

1996年始，逐步规范建筑市场秩序，加强对建设领域突出问题的专项治理，重点对工程安全、农民工权益等进行监控。2004—2010年，推行先教育规范、再限期整改、后依法处罚的管理模式，实现教育与惩处相结合，管理的相对人自我纠正违法违规率不断提高，行政处罚率相应减少。区成立清欠工程款领导小组，实行建筑业农民工实名制管理制度和农民工工资预储账户制度、保证金制度、月清月结制度，完善劳务用工信用体系。建立建筑业农民工突发事件应急机制，加强培训教育，提升自身素质，安全生产，文明施工，减少和防止安全生产责任事故的发生。依托建筑市场监管与信用信息平台，提高建筑市场管理的科学化、规范化和服务工作的网络化、智能化水平。

二　资质管理

1996年始，每年对建筑企业进行资质年检，对不符合资质等级标准的企业予以注销，对新办企业并符合条件的予以资质认证。至2010年，全区有119家企业，其中施工总承包三级5家，专业承包二、三级83家，劳务分包21家。企业规模保持均衡发展，建筑业总产值逐年增加。全区实现由项目经理制度向建造师制度的平稳过渡，相继建立服务承诺制、公开公示制、首问负责制、限期办结制、责任追究制、业务技术培训制等，建筑市场不断规范和完善。

第二节　招投标与质量管理

一　招标投标

自1994年，加大工程建设施工管理力度，严格检查监督。制定招标投标监管信息发布、投标报名、开标评标和评标专家管理等制度，完善评标办法和电子招标投标平台，制度建设和信息化手段结合，提升招标投标监管水平。规范全区建筑市场的交易行为，创造公平、等价、有偿、守信的优胜劣汰竞争环境。控制建设工期，保证建设质量，提高投资效益，维护建筑市场秩序。1998年，办理招投标手续10.4万平方米，纠正不合理压标2起。1999年，工程招投标率、合同审查率达100%。2001年，以整顿建筑市场秩序、规范招投标为重点，为全区21项、14.3万平方米建设工程办理招投标手续。2004年，18个工程项目完成招标监督合同备案，工程造价1.78亿元；完成58个工程项目分包合同备案，工程造价6286.08万元。全区建筑市场的招标投标管理，机构健全，体系完备，日常管理制度化、常态化。

2008年，开展招投标专项治理，完善建设工程招投标法规制度，规范招投标法定程序，加强招投标从业机构和人员管理，净化建筑有形市场环境。2009年，启用建筑市场监管信息系统，建设工程招标投标监管工作，推进招标投标和监督管理向电子化、网络化方向发展。规范房屋建筑和市政基础设施项目招标投标活动，规范招标人和招标代理机构依法组织招标的行为，项目业主单位和招标代理机构，依法开展招标投标工作，防止围标、串标、虚假招标等违法违规行为的发生，构建统一、开放、竞争、有序的建筑市场。2010年，实施电子文件，提升招投标效率和评标质量，节约招投标社会成本，提升招投标活动的信息化服务水平。是年11月，市政府颁布建设工程招标投标监督管理规定，全区各行政管理部门，依法对行政区域内建设工程勘察、设计、监理、施工及与建设工程有关的重要设备、材料等采购的招标投标活动，进行严格监督管理。健全建设工程招标投标监管制度，完善招标投标管理体系，全区有306项、246.52万平方米建设工程办理招投标手续。

二　质量监督

1979—2010年，把质量监督管理贯彻到设计、施工、验收、交接的全过程，对重点工程进行联检，健全监督管理制度，综合治理，齐抓共管。在重点工程施工现场，建立以质监站为主的领导小组，制定分项工程监督措施。建筑工程质量稳步提高，区质监站在全市第一个取得资质证书。

1979—2010年部分年份河西区建筑工程质量监督管理情况表

表4-1

年份	质量监督情况
1979	市建筑系统在河西区召开以质量管理为重点的全面管理现场会，促进建筑工程质量管理，使全区修缮工程和基建工程质量合格率达100%
1984	区工程质量监督站成立
1988	评出的3项市级优质工程中，河西占2项，区质监站参加华北地区经验交流会，在全市第一个取得资质认证
1992	质量监督面积40万平方米，竣工验收合格率达100%
1993	质量监督面积78.20万平方米，竣工验收合格率100%
1994—1995	在全区基建项目多、面积大的情况下，监督员采取分片负责、全方位监督，保证基建工程、特别是危改工程质量
1996	质量监督面积147幢、103万平方米，竣工验收合格率100%
1997	跨转质量监督工程104幢、69.30万平方米，新接质量监督工程96幢、37.77万平方米，竣工验收68幢、34.79万平方米，合格率100%
1998	累计质量监督面积113.20万平方米，竣工验收合格率100%
1999	全区工程质量监督率97.70%，累计监督面积216幢、107.18万平方米，竣工145幢、79.30万平方米，竣工验收合格率100%
2000	累计质量监督面积106幢、46万平方米，竣工验收合格率100%，其中6幢、2.60万平方米达到优良标准
2001	2001年，组织400人参加的工程质量管理大会，形成严控、严格态势，辖区工程质量监督率100%
2002	竣工验收工程40万平方米，一次验收合格率100%
2003	累计质量监督面积222幢、125万平方米，竣工验收43幢、25万平方米，一次验收合格率100%
2004	在旧楼区综合整修中，严控“设计、拆违、整修、管理”四个环节，21片，82万平方米整修工程，合格率100%
2005	提出“确保工程质量，全力打造精品”的要求，全区106.70万平方米整修工程合格率100%
2006	加大对112楼区综合整修工程的质量监督检查，确保18片、105.80万平方米改造工程达到合格 标准
2007	质量监督面积102幢、125万平方米
2008	质量监督面积115幢、145万平方米
2009	质量监督面积148幢、164万平方米
2010	质量监督面积107幢、119万平方米

第三章　房地产管理

自80年代，河西区随着住房制度的改革和住房商品化进程，房地产管理发生根本性转变，由以经营管理民用住宅为主，逐步扩展到对房地产产权、地籍、市场、产业、租赁、物业、住房保障等一系列、多元化管理为主，民用住宅的经营管理与修缮水平逐年提高，人民群众的住宅条件不断改善。

2001—2010年，全区房屋开发项目竣工面积达1000万平方米。实行物业管理的303个小区（含准物业管理小区），有22个社区获国家物业管理示范项目、65个社区获市物业管理优秀项目。

第一节　房屋产权管理

1979—2010年，区房屋产权管理，从公产房经营修缮逐步转换为对各类房屋依法行政管理，从原有的少量产权产籍和私产房维修，扩展到对房地产市场、租赁、物业、房屋经营行业、拆迁、住房保障制度建设等关系民生的房屋管理领域。

一　清查换证

1983年3月，开展大规模的清查换发新房产所有证和土地使用证工作。至1988年，在清查和审核的基础上，全区完成房屋所有权证和土地使用证的换证工作。

二　登记

1987年，实行房地产机构分设，分别登记，由区房管部门和土地管理部门分别发放房证和地证。房管部门的土地发证工作转到区规划部门。随着住宅的商品化、房改售房和房地产市场的发展，房屋产权登记的任务量增大，房屋变更登记、注销登记、他项权登记增多。其中，转移登记成为房屋所有权登记的主要种类，有新建商品房买卖转移登记、实物还迁安置转移登记、二手房买卖转移登记、房改售房转移登记等。自2005年，开展房屋权属补办登记，解决购房群众拿不到房屋产权证的问题。2006年1月，实行房地统一登记、统一发放房地产权属证书，保护权利人的合法权益，防止政府土地收益流失。至2006年，为4000余户居民办理20项房屋权属补登。至2010年，全区办理各类权属登记约19万件、2860万平方米。

三　档案

自1979年，全区房屋权属档案等各种房地产档案资料，均集中保存和管理，有各类产权变更档案、二经产档案、国有公产档案、城市建设历次变化沿革档案及1949年前的房地产档案。至2010年，全区掌管的各类档案计43万宗。强化权属档案的保护利用，房屋权属档案可对外提供并利用，实行有偿快捷的便民服务。加强地籍图测绘，有房有图，全区掌管1:500地籍图808幅，成为辖区房地产管理的重要依据。

四　拆迁发证

1979—1993年，全区各类房产的拆迁管理、发放准拆证为主要管理形式。1994年，成立区城市建设综合开发办公室，拆迁管理职能随之转移，由综合开发办负责全区房屋拆迁管理，组织、制定、审核各拆迁片的补偿安置办法，拆迁审批和填发房屋拆迁许可证，调节、处理、裁决拆迁纠纷，监督检查房屋拆迁过程，对违反城市拆迁管理规定的予以行政处罚，实行管拆分离。2007年，区拆迁办由区建委管理改为区房管部门管理。

2001—2010年河西区房屋拆迁量统计表

表4-2　　　　　　　　　　　　　　　　　　　　　　　　　　　　单位：平方米

年份	拆迁量
2001	270360.40
2002	268062.60
2003	773786.30
2004	514684.00
2005	273038.20
2006	66537.70
2007	146980.90
2008	2221.40
2009	232811.00
2010	26646.82
合计	2575129.32

第二节　房地产市场管理

坚持寓管理于服务之中，培育完善房地产市场，保护权利人的合法权益，促进房地产市场健康有序发展。

一　房交会

1994—2010年，每年在房地产大厦召开一次全区房地产交易会，活跃商品房、二手房交易市场，为群众提供房产交易、房改、租赁、物业等相关政策咨询和服务。

图4-3　2004年10月，首批廉租房选房摇号现场　　（区地志办提供）

图4-4　2006年，开展房管法规政策宣传咨询活动现场　　（区地志办提供）

二　房屋交易资金监管

21世纪初，随着房地产市场存量房屋交易买卖量加大，中介市场存在不规范行为，区房管部门与金融机构配合，联手对交易资金实施监管。2005年，建立二手房交易资金监管制度。至2010年，全区每年二手房交易资金监管率达95%以上，当事人的合法权益得到保护。

2008—2010年河西区二手房交易情况表

表4-3

项目 年份	交易数（件）	面积（万平方米）	金额（万元）	监管率（%）
2008	3681	46.74	263487.96	92.87
2009	10215	102.82	744576.96	90.00
2010	6765	64.88	605901.00	98.04（住宅）

1994—2010年河西区二手房置换统计表

表4-4　　单位：万平方米

年份	二手房置换套数	建筑面积
1994	306	1.20
1995	680	2.60
1996	778	3.00
1997	1137	4.10
1998	2080	7.80
1999	2314	8.10
2000	3231	12.60
2001	3882	14.90
2002	4480	17.90
2003	5013	18.80
2004	5400	21.60
2005	5523	23.20
2006	6121	25.10
2007	6190	26.00
2008	5384	21.00
2009	6976	30.00
2010	7959	38.00
合计	67454	275.90

2003—2010年河西区房屋契税收入表

表4-5　　单位：亿元

年份	金额
2003	1.48
2004	2.18
2005	2.49
2006	2.67
2007	3.00
2008	3.21
2009	2.69
2010	3.53

三　行业监管

1994—2010年，加强对全区87家房地产中介机构的行业监管，严格执行中介单位的资质审查、备案和年检制度。开展日常巡查和重点巡查，对违规行为及时纠正。与有关部门定期研究制定售房指导价格，定期分析房地产市场的价格趋势，对售房单位及时巡查，依法规范售房行为。在二手房交易中，依市场指导价格评估，规范交易行为，平衡市场价格等资源，保护买卖双方的合法权益。

第三节 房地产行政管理

一 产业管理

1984年，健全各类房产资料管理制度，绘制和保管各类产别图册，重点推动房产管理单位的房屋建档、建册，建立各单位的产业清册、修缮记录册、产权清册，推进规范化、系统化管理。1985—2001年，3次对全区各类房屋进行住房普查，对房屋的使用状况实行分类管理，向有关部门提供房屋管理信息，发挥房屋数据的服务职能。至2010年，每年进行集中培训，宣传房屋管理政策，加强行业管理网络建设。

2010年河西区第三次住房普查情况表

表4-6

单位：平方米

项目	合计				直管公产				单位产				私产			
	栋数	户数	建筑面积		栋数	户数	建筑面积		栋数	户数	建筑面积		栋数	户数	建筑面积	
			证载面	实际面积			证载面	实际面			证载面积	实际面积			证载面积	实际面积
合计	7359	319017	37397937.45	37430638.82	1602	69958	5617470.11	6040078.62	2333	92222	11354194.42	10918484.62	2917	154501	18951748.69	18950627.05
其中：高层楼房	363	44919	6970568.76	6896252.01	21	2673	481848.47	497628.47	34	11241	1520397.82	1430397.82	305	30538	4617152.38	4615598.87
中高层楼房	627	66742	7843684.22	7804384.26	97	17392	672119.41	692190.97	155	22233	1964108.61	1904108.61	365	26971	5101805.89	5101810.89
多层楼房	3640	191011	17769348.02	17953322.97	965	46930	3685736.18	4046735.82	802	49511	5013698.76	4835783.21	1798	93460	8585935.35	8586026.10
低层楼房	1042	9707	3104234.72	3051002.82	261	2468	635971.35	658715.91	420	5115	1848197.67	1760381.10	289	1929	433345.39	433345.39
平房	1687	6638	1710101.73	1725676.76	258	495	141794.70	144807.45	922	4122	1007791.56	987813.88	160	1603	213509.68	213845.80
住宅	5390	313124	27495797.84	27501739.84	1151	69086	3179592.94	3179592.94	1311	89690	5391733.17	5391701.16	2835	152736	18549402.13	18547906.49
其中：高层楼房	290	43161	5302588.52	5301164.11	14	2657	154603.37	154603.37	6	10752	570636.78	570636.78	269	29482	4394131.38	4392577.87
中高层楼房	569	66163	6927334.39	6927339.39	85	17345	537826.95	537826.95	122	22000	1307785.32	1307785.32	360	26720	5058211.26	5058216.26
多层楼房	3302	189737	13906396.99	13907090.69	878	46659	2328163.18	2328163.18	616	48945	2949758.01	2949758.01	1783	93108	8483630.71	8483630.71
低层楼房	533	8741	865041.57	865833.29	103	2185	139049.40	139049.40	144	4563	298615.97	298615.97	276	1881	410911.34	410911.34
平房	696	5322	494436.37	500312.36	71	240	19950.04	19950.04	423	3430	264937.09	264905.08	147	1545	202517.44	202570.31
非住宅	1969	5893	9902139.61	9928898.98	451	872	2437877.17	2860485.68	1022	2532	5962461.25	5526783.46	82	1765	402346.56	402720.56
其中：高层楼房	73	1758	1667980.24	1595087.90	7	16	327245.10	343025.10	28	489	949761.04	859761.04	36	1056	223021	223021
中高层楼房	58	579	916349.83	877044.87	12	47	134292.46	154364.02	33	233	656323.29	596323.29	5	251	43594.63	43594.63
多层楼房	338	1274	3862951.03	4046232.28	87	271	1357573	1718572.64	186	566	2063940.75	1886025.20	15	352	102304.64	102395.39
低层楼房	509	966	2239193.15	2185169.53	158	283	496921.95	519666.51	276	552	1549581.70	1461765.13	13	48	22434.05	22434.05
平房	991	1316	1215665.36	1225364.40	187	255	121844.66	124857.41	499	692	742854.47	722908.80	13	58	10992.24	11275.49

二 安全管理

自1979年，建立健全私产房管理机制和安全管理机制。依据平房私产量大、危旧房屋多的特点，设立内部专门管理部门。1992—2010年，设立危房管理办公室，对全区房屋安全进行查勘鉴定。每年向区内各房屋产权单位和经营管理单位下发房屋查勘通知，确定危险房屋，建立台账，逐地点制定汛期紧急排险措施，重点放在汛前修缮危险房屋。推动有关单位及时查勘危陋房屋，制定落实房屋修缮计划，每年有20万平方米危陋房屋得到修缮。在汛期，及时发送危险房屋通知书，责任到人。与所管辖街道办事处、居委会建立监管网络系统，避免房屋倒塌等伤人事故的发生。2003—2010年，居民擅自拆改房屋结构现象时有发生，房管部门加大商品房私拆乱改的治理力度，建立专业部门和房管站专业人员联合巡查的管理机制，对严重拆改者采取行政处罚，一般的拆改行为按规定进行规范，使私拆乱改现象得到遏制。

2003—2010年河西区治理私拆乱改房屋情况表

表4-7

年份	治理拆改承重结构(件)	封堵住宅楼房首层拆窗改门(处)
2003	58	502
2004	36	365
2005	24	1185
2006	36	1361
2007	6	400
2008	16	135
2009	7	230
2010	12	168

三 租赁管理

自90年代，外来务工人员和经商者租房需求量逐步加大，商品房二、三级市场快速拉动，房屋租赁市场逐渐形成，房屋租赁出现租金纠纷、转租、分租等现象。房管部门逐年加大对租赁行为的备案管理和行政管理力度，规范房屋租赁市场。每年定期检查，重点检查商务商贸楼宇。建立协管机制，对租赁市场价格进行调研，制定房屋租赁指导租金标准，发布执行。2006年，房管部门与地税局达成代征个人房屋出租税协议，开展个人出租房屋代征税，成立房屋租赁管理办公室，使房屋租赁登记备案和代征税两项工作互为促进，规范租赁市场。至2010年，全区共完成7200万元，租赁登记备案17000余件，房屋租赁备案面积486万平方米。

四 依法管理

1992—2010年，加强法制监察和行政执法部门的工作，对房地产市场实行动态管理。建立行政执法责任制，把160余条行政责任细化分解到每个责任人。每年定期开展自查和检查，从转变行业作风入手，落实岗位责任制。推行执法证管理，对行政管理人员定期培训，核发行政执法证。

第四节 住房制度改革

自1992年，建立以区长为组长、10个职能局参加的房屋改革工作领导小组，推进住房制度改革。

一 房改售房

1995年，逐步扩大售房范围，房改售房全面推开。2002年，对房改售房量下降的现象，适时建立公有住房售后维修管理制度，设立公共部位维修基金，对房改售房款进行监控和使用。1992—2010年，全区房改售房31740户、685.84万平方米，售房款达19亿元。

1992—2010年河西区公有住房出售统计表

表4-8

年份	户数(户)	建筑面积(平方米)	售房款(元)
1992—1999	8940	2663400	833580487
2000—2005	16806	3845722	971476543
2006—2010	5994	349298	95361527
合计	31740	6858420	1900418557

1991—2010年河西区直管公产房情况表

表4-9　　单位：平方米

年份	户数	间数	建筑面积	接管建筑面积	拆除建筑面积	售房面积
1991	104779	321712	4632561.72	174981.59	12634.33	-
1992	104379	319014	4589775.93	17179.40	86404.41	58.75
1993	101399	315642	4521596.42	65464.24	110826.48	3315.87
1994	99185	311888	4462596.50	48884.93	107860.82	113.01
1995	96601	307009	4410445.93	3638.44	36731.27	28932.49
1996	91931	292339	4249306.68	46.20	95528.13	120821.19
1997	86796	279966	4085248.87	998.03	76985.87	110272.06
1998	85364	276305	4019066.39	-	31469.59	30179.93
1999	84379	297853	4367032.92	387645.40	3414.44	67182.46
2000	78720	281647	4132216.97	4772.73	18248.75	266408.30
2001	83087	272990	4003195.36	36857.95	69005.88	7817.52
2002	83254	272919	4003842.73	20587.31	1738.37	6199.56
2003	79791	260886	3835462.77	8918.18	31424.06	23776.85
2004	78599	258296	3786171.65	2553.77	53042.34	17610.53
2005	77864	255894	3752910.66	-	65587.32	31344.81
2006	77137	253560	3718645.14	191.85	71.19	32388.26
2007	76828	252589	3708854.20	-	13170.09	51629.28
2008	75565	248893	3652224.27	-	606.87	41890.58
2009	73645	241484	3560296.90	-	-	89964.68
2010	70735	232460	3430807.92	24866.95	-	155740.51

二 租售新规

自80年代，进行大规模危旧房屋改造，基本模式为实物还迁，拆公产房屋仍还迁公产房屋。多片危改急需资金，在大沽路片采取房改和危改相结合，推行新房新租或只售不租的办法。对新的还迁片采取提高原有租金，原地还迁推行危改售房，回笼资金，良性循环，市房改办总结推广河西区经验。制定《出售危改还迁安置直管公房的暂行规定》，对全市危改起到推动作用。确定危改房价格，逐片指导推进，在新的还迁片推行先售后租、新房新租。1992—2010年，全区7次进行公有住房租金改革调整。

1992—2010年部分年份河西区住房租金调整情况表

表4-10　　单位：元/平方米

年份	租金
1992	0.30
1995	0.65
1996	0.83
1997	1.08
2001	1.38
2002	1.61
2010	1.85

三　公积金制

1992年始，推行住房公积金制度，对全区行政事业单位进行全面调查，有92个单位建立住房公积金制度；对368个三资企业进行调查，推动企业建立公积金制，保护中方员工的合法权益。按期调整提高公积金缴存额。至2000年，职工住房公积金缴存率基本达到职工月工资总额的8%~10%。至2010年，全区公积金缴存单位共有1308个、52675名职工，年缴存金额1.5亿元。

四　合作建房

1995年，成立区合作建房办公室。发挥企事业单位土地资源，在市造纸厂、中建六局、区副食公司、教育局、文化局等单位推行合作建房，吸引职工集资建房10万平方米。成立区职工集资建房合作社，在昌源公寓、天山里、秀峰里等地区合作建房9.6万平方米，解决部分职工的住房困难。

五　货币分配

90年代末，推动房改停止实物分配，实行货币分配。自1999年6月，停止住房实物分配，实行新房新制度、老房老办法。坚持分类指导、分步实施、顺序发放，逐步实行住房分配货币化。2006年10月，制定《区级机关和全额事业单位住房货币分配实施方案和实施细则》《现住房认定暂行办法》等文件，全区住房货币分配工作全面启动。47个区机关和全额事业单位，开展住房货币分配，职工住房建档调查，为完成住房未达标职工的住房补贴发放奠定基础。为解决“新人欠老账”的历史，区财政全额拨款110个单位、涉及新职工1274个，建立缴存补充公积金制度。对1999年6月30日后参加工作的新干部职工，建立补充住房公积金，职工住房分配实现货币化。2009年，完成机关和全额事业单位离休人员验收发贴工作，发贴总额2028.2万元；完成企业单位离休人员档案验收工作，全区约8000名退休人员完成住房调查，为1.1万名在职人员建档。

六　保障制度

2000年，成立区住房委员会和办公室，由12个政府职能部门参与。2003年，建立以廉租房、经济租赁房、经济适用房、最低收入住房困难家庭租房补贴等主要方式的住房保障制度，把享受城镇最低生活待遇对象和优抚对象承租的公有住房，纳入廉租住房管理。至2010年，全区享受核减租金待遇家庭共计2298户，涉及60个房产经营单位。2004年，通过受理、初审、公示、复核等程序，分4批摇号选房方式，对175户拆迁双困户，进行廉租房实物配租。按经济租赁房管理办法，对因拆迁补偿安置费用较少、购房困难的中低收入家庭，以货币补贴为主，实物配租为辅。区政府给予一定补贴，市场内部调节，方便自由选择租房。对符合配租经济租赁房的拆迁家庭，通过住房市场选择租赁房屋，并按规定标准向其发放住房补贴。至2010年，全区受益户达6479户。自2005年3月，定向销售经济适用住房，受理拆迁家庭申请购买经济适用房，通过审核公示程序，到2010年，全区符合条件的6405户居民，均发放限价商品房购买资格证明。

七　物业管理

自1995年，成立区物业管理办公室，对物业管理单位进行资质审查和管理，培训物业管理人员。配合商品房销售，龙都房产中介代销的深方小区，成为区内第一个商品房小区的物业管理单位。龙都集团探索普通商品房小区物业管理模式，被评为市物业管理示范小区。龙都房产中介代销的欧亚花园，实行高档商品房小区物业管理模式，被评为部级物业管理示范小区。龙都物业公司对新建的商品房小区，介入物业管理。在探索住宅小区物业管理模式的基础上，把物业管理延伸到公建单位办公楼物业管理。有9个、77.38万平方米的住宅小区实行物业管理；公建项目有7个单位、6.35万平方米。

图4-5　2004年，全国物业管理示范大厦国际经济贸易中心　（区地志办提供）

图4-6　2006年，全国物业管理示范住宅小区香水园外景　（区地志办提供）

1999—2004年部分年份龙都物业小区接管情况表

表4-11　单位：万平方米

年份	小区	面积
1999	欧亚花园	
2002	龙海三期	56.27
2004	四季馨园、龙博园、凤凰城	

2003年，成立盛泰再就业服务有限公司，对全区整修后的旧小区进行准物业管理，确定旧区准物业管理工作模式。在组织形式上，确定为公益性再就业组织形式，扶持公益性再就业组织，享受免交企业所得税和劳动合同人员的补贴，降低劳动力成本。实行物业管理单位与居委会结合，发挥居委会在物业管理中的作用，促进整修后旧小区进驻物业管理工作的进度。

2005年，通过ISO9001质量管理体系认证，取得物业管理资质、商品房销售代理和信息咨询资质。选举社区物业管理委员会，并由社区物管

图4-7　2000年5月，龙都物业管理有限公司重组典礼　（区房管局提供）

会和盛泰公司签订准物业管理协议，委托盛泰公司进行管理，明确居民和物业公司的服务关系。推行居委会主任担任小区主管的社区管理模式，17个由社区居委会主任担任主管。实行物业服务管理制度，推行目标责任制，建立长效管理机制。增加物业小区便民服务项目。2006年，教师村、照耀里、三水南里小区，被市命名为旧楼整修物业管理优秀小区。至2010年，新区物业管理项目有231个，建筑面积1430.74万平方米；实施准物业管理的旧住宅小区72个，建筑面积442.68万平方米。全区获国家物业管理示范项目22个，市物业管理优秀项目65个，达标项目149个，物业管理整体水平提升。对57个整修后的旧小区实施准物业管理，面积365.9万平方米，安置下岗待业人员960名，受益居民5万户。并对20个机关事业单位实施专业化物业管理。

第五节　房屋经营管理与修缮

自80年代，河西区把民用公房的经营管理和修缮作为主业，逐步转变为改革管理机制，完善产业、经租、使用、修缮等管理模式，经营管理和修缮水平提高。

一　公产房产业管理

1979—1991年，完善民用公房经营管理体制，加强对产业、经租、使用管理，逐所逐户建档立卡、绘图制表和相关账册，推动民用公房产业管理。对成片住宅小区，加强接管房屋工作，民用住宅房屋增加340.24万平方米。1992—2002年，实行公产房屋档案微机化管理，利用微机计算房屋面积、租金、价值及分摊数据，保证房屋档案准确，为拆迁、平改坡、暖气入户、宗教产移交、小企业改制，提供房屋档案依据。实施危陋平房、成片直管公产房拆迁。自1992年，房改售房，直管民用公房减少，拆除直管公产房屋55.18万平方米。推进房改售房工作，鼓励住户购买自住房屋。所售购房款，大部分投入到危陋房屋改造工程。1992—2010年，直管公产的建筑面积减少118万平方米。

二　公产房经租管理

租金收缴　1992—1999年，直收和发展统扣户结合，组织人员直接入户收费，并成立统扣所，管理全区统扣工作。定期到企事业单位宣传以租养房政策，定期访问统扣户，解决房屋修缮问题。巩固统扣工作成果，租金收缴逐年增加。

清理旧欠租金　1992—1999年，以租养房，制定年租金收缴计划，加大清理旧欠租金力度，弥补修缮资金的不足。

2001—2010年河西区房屋租金收缴情况表

表4-12

年份	全年收缴(元)	完成率(%)	清理旧欠(元)	完成率(%)
2001	44412021.41	95.15	1196760.01	32.40
2002	43516463.35	95.92	1043332.23	30.81
2003	60772427.75	94.60	2325704.44	30.59
2004	56601445.44	96.38	1749314.99	24.49
2005	55545654.90	97.60	2204057.55	29.97
2006	54705062.06	97.75	1365380.97	21.16
2007	54464528.90	98.14	1348630.17	21.46
2008	53940118.89	98.11	1189737.80	19.49
2009	53292000.24	98.19	1126902.74	18.84
2010	56727158.53	98.29	1223088.74	20.53

小票及pos机应用　90年代后期，统扣户急剧减少，租金直收户迅速增加，大量现金收缴和监督环节不完善。1996年，为保证现金安全，提高租金收缴率，在全市首家使用租金收据管理，规范租金收缴程序，堵塞漏洞。2008年，全区有11个房管站使用移动pos机，经租内业管理与银行实现全天候连接，提高经租管理水平。

三　公产房使用管理

换发租赁合同　1986年，实施民用公房租赁管理，整顿经营秩序，产权单位与承租户签订公有房屋租赁合同，明确出租、承租双方的权利义务，房管工作纳入法制化管理轨道。1990年，继续整顿房产经营秩序，加强基础管理，实施公有房屋租赁合同续约。是年底，到期的住宅和非住宅租赁合同，在清查经营的基础上，对无纠纷和使用问题的租赁合同续约5年。续约期限为1991年1月至1995年12月、1995年至2002年，全区进行4次租金调整，换发续签租赁合同。

换房　80年代，加强对民用公房使用管理，成立专业部门，开展经常性换房工作，连年召开换房大会。换房专业部门与各房管站深入企事业单位，开展换房服务，采取换房措施，制定换房公约。1980—1994年，全区换房10.05万户，其中解决上班路远的占53%、改善居住条件的占27%、解决住房拥挤的占13%。随着房屋置换的出现，至1994年换房工作终结。

房屋置换　1996年，成立房屋置换中心，加强对公产住房租赁、过户、调换、置换管理，维护产权人、承租人合法权益，明确住房置换统一使用公产住房置换单，执行统一的运作程序和收费标准。从1998—2004年，全区共办理公产房置换5万余户，推动住房商品化进程。

公产住房转租　90年代末，公产房屋转租由原来的个别发展为普遍现象。1999年，规范房屋转租审核、审批程序与房屋登记备案结合，完善治理转租工作。至2010年，全区办理审核、审批、转租1.19万户，治理转租的收入绝大部分用于贴补房屋修缮费之不足。

2003—2009年河西区房屋经营转租统计表

表4-13　　单位：元

年份	住宅		非住宅		累计	
	户数	转租收入	户数	转租收入	户数	转租收入
2003	100	886729.73	4	16593.19	104	903322.92
2004	937	381975.90	15	73361.75	952	455337.65
2005	1213	550600.79	19	80293.08	1232	630893.87
2006	1325	544906.50	17	66991.16	1342	311897.66
2007	1388	560334.05	20	98045.6	1408	658379.65
2008	1532	468127.50	26	73811.5	1558	541939.00
2009	2611	355969.20	14	55882.14	2625	411851.34
合计	9106	3748643.67	115	464978.42	9221	4213622.09

四　公用公房管理

1983年，成立公用公房管理所，对国家机关、团体、企事业单位办公用非住宅房屋进行产权、产籍、房屋安全、房屋租赁及相关设备的管理。2002年6月，公用公房平均月租金由0.84元/平方米调整为1.09元/平方米。2006年1月，平均月租金由1.09元/平方米调整为1.17元/平方米。至2010年，直接管理的公用公房73户、68处、14万平方米，年租金收入300万元；保管自修房屋207户、70万平方米。直接管理的房屋，每年由财政部门按规定支付房屋租金，交公房所经营维修。

1992年，对历年公用房屋进行建档。2007年，对全区268处公用公房进行房屋普查、拍照，普查面积83.9万平方米，强化房屋产权换证管理。1992—2010年，对公用公房修缮、维修养护、锅炉维修、暖气设备更换及二次供水设备维修更换。每年供暖并网前，部分修缮费用于对32台锅炉的维修改造。房屋正常维修养护，工程合格率、维修及时率、用户满意率均达100%。

五　房屋修缮管理

自80年代，每年进行房屋查勘，制定修缮计划，对公产房进行维修养护。1983年，管建分开，建立以提高工程质量为重点的房屋维修管理机制，实行房屋修缮总工程师负责制，由修缮技术部门推动每年一度的房屋查勘，按年轮修，确保雨季不塌房伤人。集中修缮资金，对工程项目重点维修，保障公产住户居住安全。

房屋维修　1983—1989年，全面查勘直管公产房，对967间危房及时抢修。1990—1999年，完成房屋修缮工作量1.2亿元、工程量330万平方米。按标准验收评定，修缮合格率100%。2000—2010年，投资3.3亿元，完成房屋修缮1006万平方米。2003—2007年，投入3250万元修缮资金，对区属拆迁改造范围、已通双气的成片旧楼房住宅小区进行综合整修，共整修75个旧楼区、500万平方米。2009年，完成专项大中整修工程1.57万平方米。2010年，完成大中整修工程52万平方米和调租后的修缮任务15万平方米。

专项维修　1990—2010年，每年制定专项维修计划，协调资金使用，完成重点工程项目。由修缮技术部门对工程进度、质量进行宏观调控，按计划责任组织实施，竣工后共同检查。

2005—2010年河西区物业维修资金使用统计表

表4-14　　　　单位：万元

年份	专项维修资金
2005	18798.60
2006	357323.00
2007	203522.10
2008	1038645.35
2009	1381179.43
2010	3262721.47
合计	6262189.90

注：2010年，应急维修资金为391246万元。

震损修复收尾　1979—1980年，大规模修护震损房屋。1981年，修复加固震损房屋进入收尾阶段，修复加固10923间，完成修复重建工程26处、5.44万平方米，公用房屋震损重建工程3.3万平方米。至1982年，全区修复加固震损收尾工作全部完成，步入正常房屋维修。

改造地下室　1986年，全区有664户居民住在947间阴暗潮湿的地下室，作为为群众排忧解难的重点工作，采用新工艺、新材料，开展专项维修，节约修缮资金14万元，检查优良率97.8%。

沿线房屋整修　1985—1986年，对中环线和解放北路两侧房屋、院墙集中进行整修。1999—2000年，配合五大道整修，对马场道沿线楼房进行整修，外檐粉刷1万平方米、拆建围墙150延米、整修门窗1.27万平方米，整修楼房16栋3万平方米。

平顶改坡顶　2001—2009年，实施平改坡工程。2001年，启动吴家窑大街、中环线沿线楼房的试点改造，投资300万元改造8栋楼房、2.9万平方米。2002—2004年，采用全坡、半坡、宝瓶和飘板样式，对原屋顶重新做保温防水。改造卫津南路、南围堤河、友谊路、围堤道、解放南路、黑牛城道等主干线楼房，4年间共投资800万元，改造楼房55栋、22万平方米。2007年，迎奥运期间，继续实施平改坡工程，对30余条道路沿线的260栋楼房，实施平改坡120万平方米、投影面积20.7万平方米。

第四章 环境保护

90年代，河西区境内环境污染主要为工业生产、施工工地、各种机动车辆及生活中排出的废气、废水和废渣，雾霾污染程度呈逐年上升的趋势。随着城市建设的快速发展，逐年加大环保工作力度，围绕建设经济社会发展目标，推进环保目标责任制，加大资金、监测设备及人员的投入，强化污染防治，保障环境安全，提升区域环境质量和生态文明水平。国家环保总局授予区环保监测站“九五”期间全国先进环境监测站。21世纪初，在开展与国际环保计算机模网活动中，实验中学、上海道小学被国家环保总局授予GLOBE环保学校称号。2002年4月，启动实施“蓝天、碧水、安静、生态、工业污染防治、细胞”6大环保工程，开展创建环保模范城区活动。2006—2010年，把环保监测的重点放在工业企业的能源消耗，全区完成“十一五”污染减排任务，万元GTP能耗同比下降6.1%，超额完成二氧化硫、化学需氧量年度减排任务。并网一批小锅炉，并网面积79.25万平方米；烟尘控制区覆盖率、工业废水排放达标率、环境噪声达标区覆盖率等均得到改善，空气环境质量全年二级良好以上天气的天数达标率保持在80.8%至87.7%之间。河西区被国务院第一次全国污染源普查领导小组办公室、国家环保部、统计局、农业部联合评为第一次全国污染源普查先进集体。区环保局被授予北京奥运会、残奥会环境质量保障工作先进集体、市限期治理达标工作先进单位、贯彻大气通告优秀单位、城市环境综合整治定量考核先进单位等称号。

第一节 环境质量

一 空气

2001—2010年，对全区国控点环境空气质量的可吸入颗粒物、二氧化硫、二氧化氮三项参数的监测结果进行统计分析：各年的可吸入颗粒物、二氧化硫、二氧化氮三项指标的年均值，二氧化硫、二氧化氮呈现下降趋势。二氧化氮各年均值在0.04~0.05毫克/立方米；二氧化硫各年均值在0.06~0.08毫克/立方米；可吸入颗粒物PM10各年均值呈现明显下降的趋势。可吸入颗粒物成为影响城市环境空气质量的首要污染物，其主要来源于城市扬尘、煤烟尘、自然风沙尘、机动车尾气等。灰霾仍成为加重环境空气中尘类污染的主因。

每年11月15日到次年的3月15日的采暖期，各月受能源结构的影响，达到二级良好天数较少。区境内供热主要以煤烟型为主，采暖期污染物排放量明显增大，煤烟型污染严重，且能源消耗呈持续增长趋势。6—9月为每年的天气最好时节，二级良好天数达标率较高，4月、5月、10月为北方的大风季和沙尘暴多发季节，同时为施工旺季，导致二级良好天数达标率较低。

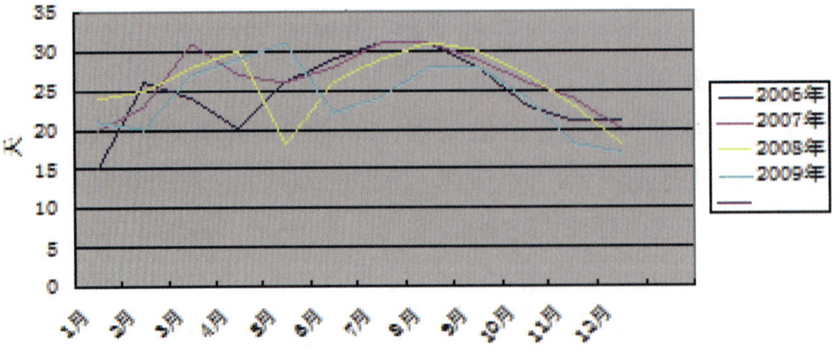

图4-8 2006—2009年，河西区环境空气达到二级良好天数月变化图

二 水

水系状况 区内有天塔湖、水晶宫湖、人民公园湖、燕园湖、乐园湖、滨湖公园湖、梅江湖等湖泊，属人工或景观湖。海河、津河、卫津河、复兴河、长泰河、四化河等河流相连，水系相通。至2010年，湖泊和河流的水质状况，均按地段范围，设置环保监测点位，常年监测。

水质监测 区内有地表水环境质量监测断面9个，分别为：海河柳林监测断面、津河友谊路桥监测断面、卫津河纪庄子桥监测断面、复兴河洞庭路监测断面、长泰河怒江桥监测断面、四化河李七庄桥监测断面，以及天塔、水晶宫、人民公园3个湖泊监测断面。地表水监测项目主要有：酸碱度溶解氧、高锰酸盐指数、化学需氧量、生化需氧量、氨氮、石油类、总磷、总氮、粪大肠菌群、重金属等24项。水质评价采用最大单因子类别法判定水质类别。自2002年，对各河段水质评价执行国家《地表水环境质量标准》GB3838-2002 Ⅴ类标准。1981—2010年，经监测数据统计分析显示，各河段水质符合 GB3838-2002 Ⅴ类标准。

2006—2010年，通过对各主要水体断面的水质监测结果分析：区境内的水体水质状况基本稳定，各项指标符合国家标准，均维持在Ⅴ类水质水平。但主要水体的水环境质量仍有提升空间，部分景观河道水质存在汛期恶化现象。在水环境质量和污染防治、区内海河汇水区景观河道及湖泊周边水体环境等方面，加强整治和监督管理力度，完善对各主要水体断面的监测制度，发挥景观河道水质保护监测监督管理的作用。

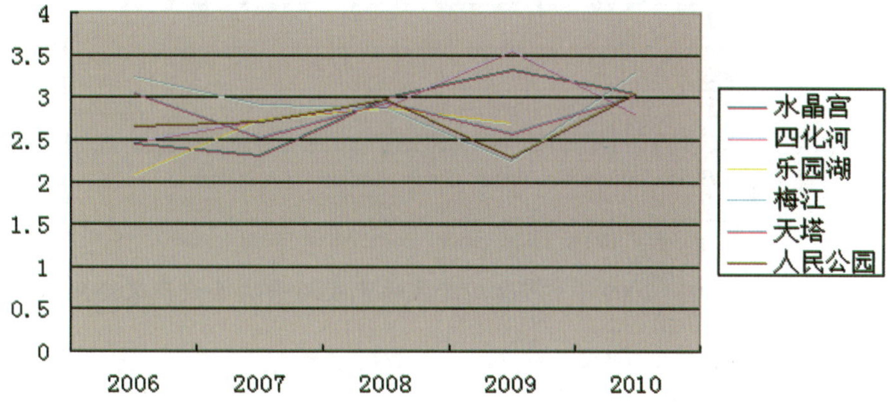

图4-9 2006—2010年，河西区湖泊污染综合指数变化趋势图

三 声

区域噪声 2001—2009年，辖区内有城市环境噪声监测点位39个，评价区域面积39平方千米。区域环境噪声的测量值在54.7dB（A）至55.2dB（A）（指分贝）的范围之间，整体趋势变化不大，基本满足功能区噪声标准。

交通噪声 辖区道路交通噪声监测点位有38个，涉及监测道路24条，监测总路长57273米。2001—2009年，道路交通噪声平均等效声级变化在67.7dB（A）至68.3dB（A），变化幅度不大。车流量由1204辆/小时增加至3101辆/小时，呈较快速增长趋势，但快速增长的车流量并没有导致交通噪声的平均等效声级的增加。因道路拓宽、快速路建设，交通拥堵现象降低。对大型货车、电动三轮车等高噪声机动车实施禁鸣限行。

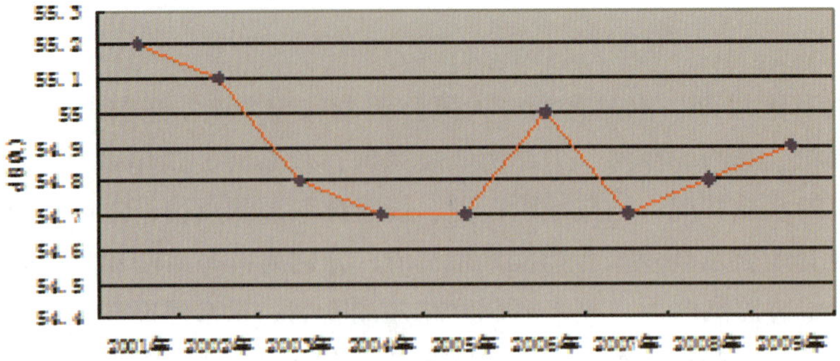

图4-10　2001—2009年，河西区区域环境噪声平均等效声级汇总图

功能区噪声　辖区功能区噪声分别在1、2、3、4类地区定点监测。2001—2009年，经监测数据的汇总显示：3类地区多年来昼间平均等效声级变化不大，其他几个功能区有波动，4个功能区昼间平均等效声级，基本能满足各功能区的昼间标准。夜间监测统计结果为：夜间各类标准适用区全部超标，主要噪声源为交通噪声和社会噪声。夜间娱乐活动造成社会噪声加大，夜间出行导致车流量加大，交通噪声增加。

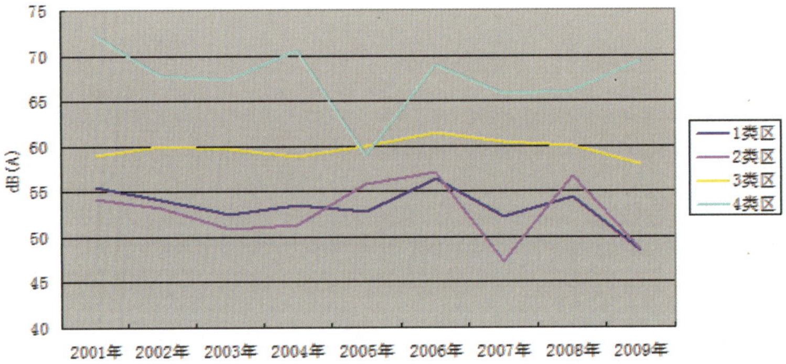

图4-11　2001—2009年，河西功能区噪声夜间平均等效声级变化图

第二节　污染源

一　状况

70年代末至80年代，区域内化工、冶金、纺织、印染、造纸、机电等重污染企业，在市内占有较大比重，空气环境污染点源多，类型复杂，排放量大。据1994年10月统计，各类产生废气燃烧设备有：锅炉1227台、窑炉198台、茶炉1350台、炉灶3111台，燃料以燃煤为主，主要污染物为烟尘、二氧化硫和一氧化碳。境内生产废气排放源134处，主要污染物为硫化物、苯系物、醛类等。境内年均生产用水约4824万吨，绝大部分为生产废水排放，生活用水约2907万吨，绝大部分为生活污水，排放废水中污染物主要含：酸、碱、石油类、色度、氰化物、铬、铜、铅、锌、镍的多种有机物和病原体等。重点污染源占工业废水排放量80%以上，有46家工厂和11所医院。

境内噪声环境污染，主要是建筑施工噪声与交通噪声，每年约有百余处建筑工地，产生施工噪声和快速增加的车辆产生的交通噪声。废渣主要是生活垃圾、工业废渣、医疗垃圾等。

1979—1992年，对环境污染问题，实施建设项目中防治污染设施与主体工程同时设计、同时施工、同时投产使用的“三同时”制度。1993年，试行“三同时”保金制度。2002年，按国家环境影响评价的法律法规，对全区规模较大或环境可能造成较大影响的新建、改建、扩建的项目，实施环境影响评价，对污染较重、环境影响评价不能通过的新建项目实行一票否决，控制新污染源的产生。制定环境影响评价制度，开展规划环评，推进产业结构优化调整。2008年，开展投资类项目联合审批，执行一窗统一登记，逐项领办服务、部门规范办理、全程效能监察的操作方式，采取提前介入、深入现场、快速联审等措施，简化审批程序，压缩审批时限，提高办事效率，推进环保审批服务。2009年，市环保局把审批权限下放到区县，重点下放房地产项目“环境影响评价报告书”的审批权限，取消房地产项目的投资审批上限。落实环境影响评价分级审批制度，建设项目审批及验收程序均得到规范。2010年，审批建设项目153件，比上年增加45件；办理危险废物转移许可事项30个。

二　普查

2007年11月，开展全国第一次污染源普查工作，编制《污染源普查工作实施方案》，成立区污染源普查领导小组，完成污染源普查准备、清查、普查3个阶段的工作。全区共清查出污染源5309个，普查出污染源1399个。普查对象有：工业源217个、生活源1182个，工业源中重点污染源93个、一般源124个。生活污染源中，住宿业54个、餐饮业634个、居民服务和其他服务业452个、医院21个、有独立燃烧设备的机关事业单位20个。COD产生量28910.32吨，排放量24508.04吨；氨氮产生量2949.66吨，排放量2870.74吨；烟尘产生量97341.25吨，排放量1702.76吨；二氧化硫产生量9559.07吨、排放量7119.94吨；氮氧化物产生量5883.22吨、排放量5835.79吨。在全市率先完成普查数据录入、复录工作，并按要求及时向国家报送普查数据。2009年5月，市污染源普查办公室进行整体验收。2010年3月，河西区被评为全国第一次污染源普查先进集体。

图4-12　2007年，河西区召开污染源普查工作会议　（区环保局提供）

2007年河西区开展全国第一次污染源普查情况表

表4-15　　单位：吨

主要污染物		工业源		生活源	
		产生量	排放量	产生量	排放量
水主要污染物	废水量	6793646	6586728	52107249	47270085
	化学需氧量	1676.41	920.95	27142.90	23587.09
	氨氮	24.54	22.92	2925.12	2847.82
大气主要污染物	二氧化硫	9226.05	6860.96	333.02	258.98
	氮氧化物	5429.19	5381.76	454.03	454.03
	烟尘	96906.74	1536.53	434.50	166.23
	工业粉尘	53.86	16.43	–	–
固体废物	产生量	206018.62		175500	
	综合利用量	205594.84（含利用往年贮存量）		7900（无害化填埋）	
	处置量	559.19（含处置往年贮存量）		167600（焚烧）	
危险废物	产生量	2489.74		772.53	
	综合利用量	1733.94（含利用往年贮存量）		–	
	处置量	755.97（含处置往年贮存量）		772.53	

第三节　污染减排

一　污染源治理

图4-13　2006年9月，保护臭氧层宣传日活动
（区地志办提供）

1997年，对235个超标污染源下达3年限期治理任务，其中对55个污染源实行关、停、并、转、迁，180个污染源新增污染治理设施。至1999年底，全部实现达标排放。3年治理废水点源74个、废气点源25个、噪声点源25个、烟尘点源111个，区域环境质量得到改善。2000年，通过市超标污染源实现达标排放情况的考核验收，获市限期治理达标工作先进单位、贯彻大气通告优秀单位等称号。2002年11月，对132个单位、181台锅炉进行改燃，改燃率为95.3%，达到市验收标准。2006年，深化蓝天、碧水、安静等环保工程建设，烟尘控制区覆盖率达100%、工业废水排放达标率100%、环境噪声达标区面积为36.91平方千米、环境噪声达标区覆盖率80.87%。2007年，监测重点转为企业能源消耗，全区万元GTP能耗同比下降6.1%，超额完成二氧化硫、化学需氧量年度减排任务。2008年，并网一批小锅炉，面积79.25万平方米，区域空气环境质量全年二级良好以上天气的天数达标率为84.5%。2009年，落实天津感光材料公司结构调整项目，完成减排档案，现场核查该项目消减化学需氧量7吨；实施10吨以上燃煤锅炉脱硫改造，有22台竣工。2010年，对10吨以下燃煤锅炉进行排查，推动改燃并网。

二　“一控双达标”

2000—2002年，围绕改善和提高区域环境质量目标，以“一控双达标”，即污染物排放总量控制和环境质量与污染源排放达标工作为中心，以大气环境和水环境达标为重点，落实城市环境功能区质量标准。优化能源结构，控制煤烟型污染，创建“无燃煤小区”。有近2000台1吨/时及以下小型燃煤设备，全部改燃油、气、电等清洁能源。2蒸吨/时及以上燃煤设备，实现除尘脱硫双重治理使用优质低硫煤，推动10吨/时以下燃煤锅炉拆除并网工作。落实海河流域（河西段）水污染防治规划，按水环境功能区达标工作方案要求，加强对辖区内向水体排污重点企业的检查和废水治理达标工作。加强水质保护和监测，提高水污染治理设施正常运行率，保证主要污染物稳定达标排放。

2002年，区域污染控制指标为：化学耗氧量排放总量削减率为11.9%、烟尘排放总量削减率为10.25%、二氧化硫排放总量削减率为7.8%、声达标区覆盖率为89.7%、烟尘控制区覆盖率为100%、工业废水排放达标率为100%、工业固体废物综合利用率为98.66%、危险废物处置率为100%。2009—2010年，对辖区44座锅炉脱硫除尘设备运行和煤堆苫盖情况现场检查，提取炉前煤样41个，并及时送检，对超标单位现场查处。

第四节　创建活动

一　创建国家环保模范城区

2002年，开展创建国家环保模范城区活动，加快实施环保工程。加强环境执法管理，重点实施

10蒸吨/小时以下燃煤锅炉改燃，提高清洁能源使用率。加强扬尘污染防治，对堆物苫盖、施工扬尘、运输扬尘进行不间断督查；控制煤烟型污染，对燃煤锅炉脱硫除尘设施运行和燃用低硫煤现场及时检查，对10蒸吨/小时以上燃煤锅炉进行脱硫除尘，燃用低硫煤双重治理。对景观河道进行水质保护，不出现劣Ⅴ类水体，每周组织一次巡查，禁止向景观河道排污行为。开展排污口规范化在线监测，有30个单位安装在线监测装置。2003年，在防治"非典型肺炎"期间，加强对辖区内医疗废水、废弃物的监督检查力度，有12个市区级医院安装在线监控系统，实行无线远程监控废水治理设备和投药装置。以社会和施工噪声污染防治为重点，围绕噪声污染防治"创模"阶段性目标，加强对建筑施工噪声的监控。在夏季和中高考期间，加大执法力度。2005年，辖区污染源均稳定达标排放，大气、水、噪声环境质量符合国家标准，并通过国家环保总局2次技术核查和创模考核验收。加强环境宣传教育，实施创模细胞工程，以决策层和青少年为重点，进行全民全社会普及性环境教育。开展创建"绿色学校、幼儿园、社区活动，全区创建安静居住小区17个。至2008年，创建绿色社区、学校、家庭410个。2010年，罗兰花园社区通过市级安静小区创建验收，名仕达、富裕广场等8个社区完成并通过市环保监测中心复验，有27个社区成为市级安静小区。

2008年河西区绿色系列创建活动情况表

表4-16　　　　单位：个

绿色社区			绿色家庭			绿色学校			绿色幼儿园		
国家级	市级	区县级	国家级	市级	区县级	国家级	市级	区县级	国家级	市级	区县级
0	5	22	1	24	322	4	12	11	0	5	4

说明：市级绿色创建数目中不含国家级创建数目，区县级绿色创建数目不含国家和市级创建数目

2002年河西区创建国家环境保护模范城区指标完成情况表

表4-17

分类	考核项目	标准	完成情况
基本条件	城市环境综合整治定量考核	连续3年名列全国前列	完成
	达到国家卫生城市标准	达标	达标
	环境保护投资指数	大于1.50%	5.68%
社会经济	人口自然增长率	低于国家计划指标	完成
	单位GDP能耗	低于全国平均水平	完成
	单位GDP用水量	低于全国平均水平	完成
环境质量	全年空气污染指数	小于100的天数大于全年天数的80%	80.4%
	城市水域功能区水质达标率	100%，且市内无劣Ⅴ类水体	100%，无劣Ⅴ类水体
	区域环境噪声平均值	小于60分贝	54.7分贝
	交通干线噪声平均值	小于70分贝	67.6分贝
环境建设	建成区绿化覆盖率	大于35%	—
	工业废水排放达标率	大于95%	100%
	生活垃圾无害化处理率	大于80%	98%
环境建设	工业固体废物处置利用率和危险废物排放情况	大于70%，无危险废物排放	100%
	烟尘控制区覆盖率	大于90%	100%
	噪声达标区覆盖率	大于60%	80.87%
环境管理	公众对城市环境的满意率	大于80%	完成
	总量控制计划	按期完成	按期完成

二　创建国家生态城区

图4-14　2006年4月，洒水作业环保拆迁（区建委提供）

2006—2010年，开展创建国家生态城区活动，重点推进生态产业与循环经济体系建设，主要有：友谊路现代金融商务服务区、小白楼商务中心区、解放南路商贸物流集聚带、佟楼商圈、海河旅游经济带、陈塘科技文化园区等7项。生态环境与资源节约体系建设主要有：水污染防治工程、大气污染防治工程、清洁生产审核工程等17项。生态人居与绿色创建体系建设主要有：绿化工程（公园、道路、居住区、单位、河道、铁路、闲置空地、风景区等）、洁净河西工程、时空通达工程、沥水畅通工程、奥运工程等21项。生态文化与道德体系建设主要有：绿色细胞工程、环保市民学校、生态建设专栏、环保志愿者队伍等5项。生态安全与能力保障体系建设主要有：总量控制和污染减排、环保事故应急反应、应急处理3项。2008年，通过国家环保卫生城区的检查验收，区环保局被国家环境保护部授予北京奥运会、残奥会环境质量保障工作先进集体称号。是年12月，生态城区建设的各项指标全部完成。2009年，陈塘庄工业区环境污染重的企业实现搬迁改造。至2010年，推动区域循环经济，坚持开发节约并重，按照减量化、再利用、资源化的原则，构建集约型、节约型、生态型的发展模式，培育企业间产业生态链，实现资源最有效利用，废物最少排放。建成陈塘庄热电厂等一批中水、再生水利用的示范单位。三星电机公司等一批工厂成为开展清洁生产审核、推进ISO14000系列环境管理体系认证的环境友好企业。发展清洁能源、可再生能源，倡导热电联产，合理规划区域供热管网，加强燃煤锅炉改燃、并网，推动高效脱硫除尘治理工程，能源结构发生变化；地热、太阳能的开发利用和可再生能源、清洁能源比例逐年增加；一些单位用水源热泵、污水源热泵替代燃煤锅炉和中央空调，减少烟尘和二氧化硫排放；绿色学校、社区、企业及生态小区逐年增多。

2006—2010年部分年份河西区生态城区建设指标体系情况表

表4-18

	指 标	单 位	2006年基准值	2008年完成值	2010年完成值	国家标准
经济发展	第三产业占GDP比例	%	66	82.5	≥75	≥40
	单位GDP能耗	吨标煤/万元	0.37	0.516	降幅≤ −4%	≤0.9
	单位工业增加值新鲜水耗	m^2/万元	14.94		≤20	≤20
	应当实施强制性清洁生产企业通过验收的比例	%	100	100	100	100
生态环境保护	空气环境质量	–	Pm100.105 SO20.059 NO20.043	Pm100.082 SO20.066 NO20.043	达到功能区标准	达到功能区标准
	水环境质量	–	达到功能区标准，且城市无劣V类水体	达到功能区标准，且城市无劣V类水体	达到功能区标准，且城市无劣V类水体	达到功能区标准，且城市无劣V类水体
	主要污染物排放强度二氧化硫	千克/万元(GDP)	3.4	2.33	≤3.4	<5.0
	主要污染物排放强度化学需氧量	千克/万元(GDP)	2.1	0.35	≤2.1	<4.0
生态环境保护	城市污水集中处理率	%	68	100	100	≥85
	工业用水重复率	%	65.6	92.16	≥80	≥80
	噪声环境质量	–	达到功能区标准	达到功能区标准	达到功能区标准	达到功能区标准
	城镇生活垃圾无害化处理率	%	100	100	100	≥90
	工业固体废物处置利用率	%	100	100	100	≥90，且无危险废物排放
	城镇人均公共绿地面积	m^2/人	7.51	12.66	≥11	≥11
	环境保护投资占GDP比重	%	3.68	4.05	≥4	≥3.5
社会进步	采暖地区集中供热普及率	%	87.8	90.4	≥91	≥65
	公众对环境的满意率	%	>90	>90	>90	>90
特色指标	绿色社区比例	%	10.4	11.4	30.6	–
	绿色学校比例	%	40.3	50	66.7	–
	再生水利用率	%	2	2	2	–

第五节　环境管理

一　考核

1979—2010年，每年制定环境综合整治规划，由区长与相关部门及区内重点企事业单位法人，签定环境综合整治目标管理责任书。综合整治考核的重点为：控制烟尘污染，削减烟尘排放量，创建烟尘达标区；控制废水污染，提高治理设备的运行率和达标率，有计划治理废水；控制噪声，创建噪声控制区和达标区，治理社会上固定声源，重点治理扰民严重、信访反映集中的噪声源，对施工噪声和交通噪声实施控制，调整声源布局和施工时间，减少对环境的影响；控制废渣污染，对重金属废渣和医疗废弃物进行集中处理，扩大废渣的综合利用。加强对环境综合整治定量考核，推进环境综合治理。历年考核名次位于市内6区前列，连续多年获市城市环境综合整治定量考核先进单位称号。

1996—2001年河西区城市环境综合整治定量考核年度情况表

表4-19

考核项目	1996	1997	1998	1999	2000	2001
Pm10年平均值(mg/m^3)	–	–	–	–	–	0.188
TSP 年平均值(mg/m^3)	0.274	0.327	0.372	0.365	0.338	0.288
SO_2年日平均值(mg/m^3)	0.089	0.046	0.072	0.047	0.058	0.073
NO_2/ NOx 年日平均值(mg/m^3)	–/0.047	–/0.043	–/0.047	–/0.04	–/0.05	0.054/–
饮用水质达标率(%)	–	–	–	–	–	–
区域环境噪声平均值(dB（A）)	57.10	59.00	58.40	57.20	56.30	55.20
交通干线噪声平均值(dB（A）)	71.00	70.70	71.50	70.60	68.80	68.20
烟尘控制区覆盖率	100.00	100.00	100.00	–	–	100.00
COD 排放总量削减率(%)	10.25	–	17.70	24.99	11.90	–
噪声达标区覆盖率(%)	93.90	89.70	89.70	89.70	89.70	89.70
工业固体废物综合利用率(%)	–	–	81.80	91.07	98.66	95.53
危险废物处置利用率(%)	100.00	100.00	100.00	100.00	100.00	100.00
工业废水排放达标率(%)	–	–	80.47	100.00	100.00	100.00
烟尘排放削减率(%)	86.90	–	4.62	7.90	10.25	–
SO_2排放削减率(%)	12.35	–	6.92	12.20	7.80	–
工业粉尘排放削减率率(%)	–	–	–	–	–	–
超标污染源限期治理达标率(%)	–	–	75	–	–	–
生活垃圾无害化处理率(%)	79.30	–	69.58	68.22	69.20	82.51
建成区绿化覆盖(%)	20.88	21.17	26.58	30.17	32.09	31.41
城市集中供热率(%)	38.10	38.20	39.26	43.17	50.06	51.40
环境保护投资指数	3.21	2.00	–	4.62	11.34	6.53
“三同时”合格执行率(%)	100.00	100.00	100.00	100.00	100.00	100.00
排污收费征收面(%)	50.11	–	100.00	100.00	122.54	123.92
水污染设施运行率(%)	–	88.20	78.30	100.00	100.00	100.00
建筑项目施工排污申报率	–	–	100.00	100.00	100.00	–

2002—2010年河西区城市环境综合整治定量考核年度情况表

表4-20

考核项目	2002	2003	2004	2005	2006	2007	2008	2009	2010
API 指数≤100的天数占全 年天数的 比例	–	–	–	–	80.8	86.8	84.4	79.2	84.9
Pm10/TSP 年平均值(mg/m^3)	0.137/–	0.14/–	0.106/–	0.103/–	0.105/–	0.086/–	0.082/–	0.101/–	0.101/–

续表

考核项目	2002	2003	2004	2005	2006	2007	2008	2009	2010
SO_2年日平均值（mg/m^3）	0.076	0.079	0.078	0.064	0.059	0.062	0.066	0.066	0.052
NO_2年日平均值（mg/m^3）	0.050	0.051	0.046	0.048	0.043	0.043	0.043	0.040	0.049
区域水质综合污染指数/饮用水质达标率（%）	0.50/–	0.56/–	0.59/–	–/95.83	–/100.00	–/100.00	–/100.00	–/100.00	–/100.00
区域地表水水质达标率/城市水环境功能区水质达标率（%）	90.00/–	63.30/–	88.33/–	100/–	–/100.00	–/100.00	–/100.00	–/100.00	–/100.00
区域环境噪声平均值（dB（A））	55.00	54.80	54.70	55.10	55	54.70	54.80	54.90	54.80
交通干线噪声平均值（dB（A））	68.30	67.80	67.60	67.60	67.90	67.80	67.90	67.70	67.40
烟尘控制区覆盖率	100	100	100	100	–	–	–	–	–
清洁能源使用率（%）	45.70	55.13	46.85	49.88	–	–	–	–	–
噪声达标区覆盖率（%）	89.70	90.25	90.25	80.87	–	–	–	–	–
工业固体废物处置利用率（%）	100.00	100.00	100.00	100.00	100.00	100.00	100.00	100.00	100.00
医疗废物集中处置率（%）	–	100.00	100.00	100.00	100.00	100.00	100.00	100.00	100.00
工业危险废物处置利用率（%）	100.00	100.00	100.00	100.00	100.00	100.00	100.00	100.00	100.00
工业废水排放达标率（%）	100.00	100.00	100.00	100.00	100.00	100.00	100.00	100.00	100.00
工业烟尘排放达标率（%）	99.98	100.00	100.00	100.00	100.00	100.00	100.00	100.00	100.00
工业SO_2排放达标率（%）	100.00	100.00	100.00	100.00	100.00	100.00	100.00	100.00	100.00
工业粉尘排放达标率（%）	–	–	–	–	–	–	–	–	–
万元工业增加值主要污染物排放强度	–	–	–	–	逐年降低	全部达标	全部达标	全部达标	全部达标
建设项目环境管理情况	–	–	–	–	–	–	–	–	–
完成主要污染物排放总量削减计划	完成	–	完成	完成	–	–	–	–	–
完成总量控制任务	–	–	–	–	完成	完成	完成	完成	完成
生活垃圾无害化处理率（%）	1.46	8.34	31.27	99	100	100	100	100	100
建成区绿化覆盖（%）	33.55	35.33	36.71	38.15	38.99	38.99	32.14	33.16	39
城市集中供热率（%）	61.17	66.62	71.22	69.96	–	–	–	–	–
环境保护投资指数	4.26	5.97	4.44	5.68	3.68	3.89	4.05	4.25	3.57
生活垃圾无害化处理率（%）	1.46	8.34	31.27	99.00	100.00	100.00	100.00	100.00	100.00
建成区绿化覆盖（%）	33.55	35.33	36.71	38.15	38.99	38.99	32.14	33.16	39
城市集中供热率（%）	61.17	66.62	71.22	69.96	–	–	–	–	–
环境保护投资指数	4.26	5.97	4.44	5.68	3.68	3.89	4.05	4.25	3.57

二　监测

1981—2010年，逐年加大监测设备的投入。区环境保护监测站监测设备有：连续光源原子吸收光谱仪、原子荧光分光光度计、气相色谱仪、液相色谱仪、离子色谱仪、便携式水质分光光度计、可见光分光光度计、酸度计、电导仪、COD快速测试仪、生化培养箱、微生物法BOD快速测试仪、多功能噪声自动监测仪、噪声频谱分析仪、振动测量仪、自动油烟采样仪、自动烟尘测试仪、煤质工业分析仪、便携式多种气体分析仪、大气采样器、空气质量自动监测仪、定硫仪，以及无菌室、生物安全柜、干热消毒箱、台式灭菌器、万分之一天平等。监测项目相应增多，有：大气、水质、噪声监督性监测和污染源监测、新建项目的环境本底监测和验收监测。1995年9月，通过市环境监测系统计量认证、环境监测系统标准化建设验收，成为二级达标监测站。2002年10月，国家环境保护总局授予区环保监测站"九五"期间全国先进环境监测站称号。

大气　加强环境空气质量自动监测系统（称国控点）的常规监测和灰尘自然沉降量（称降尘）、硫酸盐化速率等项监测。设置河西监测站、梅江监测站两个固定的环境空气质量自动站。监测项目有：二氧化硫、二氧化氮、可吸入颗粒物PM10和一氧化碳等。降尘、硫酸盐化速率实行月监测，在环保监测站、奉化道5号、滨湖中学、新华印刷二厂、华士化工有限公司、市结核病医院、建新建筑公司设立7个监测点位，定期对二氧化硫、氮氧化物、硫化氢、二硫化碳、氯气、硫酸雾、铅尘及铅烟、烟尘及粉尘、氯化物、氰化物、苯系物、挥发酚、氨、甲醛等进行监测。

水质 对区域内地表水水质监测和各污染源废水排放监测。地表水水质监测主要设置的监测点位有：海河（柳林段点位）、津河（友谊路桥点位）、卫津河（纪庄子桥点位）、复兴河（洞庭路点位）、长泰河（怒江桥点位），以及天塔湖、水晶宫湖、人民公园湖、乐园湖、四化河、梅江湖共11个。监测项目有：酸碱度溶解氧、高锰酸盐指数、氨氮、石油类、粪大肠菌群等。

废水污染源监测主要有：酸碱度、化学耗氧量、生物化学需氧量、悬浮物、三价铬、六价铬、酚、氰、石油类、色度、铜、锌、镉、镍、铁、氨氮、氯化物、溶解氧、含盐量、粪大肠菌群等。

噪声 建立区域环境噪声监测点位39个，按1000米乘1000米网格划分。城市道路交通噪声监测点位38个，分别设在区域内交通干线上。噪声功能区监测点位4个，设在1、2、3、4类功能区内，分别布点在体北津缁东里、柳苑公寓、广州宝洁公司、绍兴道117号。噪声污染源监测主要有：厂界噪声、施工噪声、振动等。

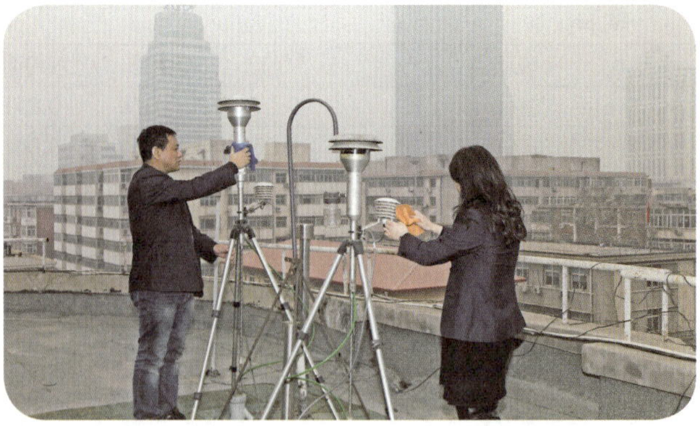

图4-15 2010年，大气监测
（区环保局提供）

图4-16 2010年，天塔湖水质采样监测
（区环保局提供）

三 监察

征收排污费 1982年，推行排污收费工作。1996年，成立监理所，落实工作职责，采用“多位一体、相互结合、共同执法”的工作体系，即环境管理，环境监理和环境监测共同实施对水、气、声、渣4大类，实行审批验收、污染防治、运行检查、征收监理、信访事故处理、日常管理工作“一条龙”管理。2003年，全面实施排污收费制度。2006—2010年，排污费征收额位居市内6区之首。

1993—2010年河西区排污费征收情况表

表4-21

年份	交纳单位（个）	征收额（万元）	用于治理金额（万元）
1993	87	254.00	12.00
1994	120	251.00	25.40
1995	130	325.00	21.00
1996	131	348.00	34.00
1997	136	382.00	41.50
1998	127	361.00	60.18
1999	114	365.00	37.80
2000	145	381.00	52.80
2001	118	404.00	34.40
2002	101	519.00	121.90

续表

年份	交纳单位(个)	征收额(万元)	用于治理金额(万元)
2003	122	705.00	80.00
2004	98	409.85	114.50
2005	106	425.55	56.00
2006	319	658.64	77.39
2007	364	718.80	55.60
2008	207	768.00	109.60
2009	74	840.00	15.00
2010	42	823.00	25.00

环境执法与监督 环境监理工作始于1983年。1994年，增设环境监理站。1996年，更名为环境监理所，为独立法人，履行排污收费和环境监理职能。1999年，在办公场地、监理装备、人员培训等方面，实施标准化建设，投入80余万元，购置交通工具和监理装备。2000年，更名为环境监察支队，接受市环保局环境监察总队与区环保局双重领导，负责全区环境监察执法工作。2008—2010年，完成监察标准化建设的各项任务，达到国家规定的环境监察标准化建设二级标准，通过市局验收。监察支队在仪器设备装备、应急能力、制度规范、执法文书及档案管理等方面得到加强。

环境信访 80—90年代，噪声扰民和大气污染，在环境信访案件中占较大比例。对餐饮业油烟污染、施工工地噪音扰民等问题，专门成立巡查组，加大对餐饮业、施工工地巡查力度和监督管理，信访量明显降低。2001年，与市环保部门实现联网，加大环境信访处理力度，实行24小时环境监察制度，坚持每日值班、节假日执法人员巡查制度，对群众信访反映的环境污染问题及时解决。2006—2010年，对夜间建筑工地噪声和工业污染源、餐饮服务业油烟异味等问题，展开信访排查、专项检查和巡查；采取防治措施，减少噪声和异味达标排放，依法受理环保信访案件5000余起，处理率、回复率、结案率均达99%以上。

环保专项行动 2005年始，每年开展整治违法排污企业、保障群众健康环保专项行动，与区监察局、计委、司法局、公安局、法制办、工商局等部门联合行动，查处企业违法排污等问题，追究有关单位和人员的责任。2006年，以创建卫生城区为契机，对马路烧烤和底商餐饮油烟进行专项整治，联合市容、工商、卫生、防疫、综合执法等部门，清理占道经营、里空外卖等违法行为。2008年，强化对重点污染源的检查治理，对35个单位下达整改通知，对重点单位下达强制减排措施的告知书，确保北京奥运会期间的环境安全。2009年，开展工业企业、建筑业、医疗单位环境专项整治。2010年，对200余家中小型工业企业，开展环保专项检查，检查环保手续落实、环保设施运行、排污申报、应急防控等情况。重点对“厂中厂、院中院”工业污染源的排查。对重点污染源企业，严格执法监控。开展清理露天烧烤专项执法检查、国控点周边大气污染源清理、餐饮服务业油烟治理等专项检查整治活动。

突发环境事件应急处置 2003年，在抗击“非典”工作中，开展医疗机构废水处理和废弃物焚烧装置检查，对辖区范围内所有的发热门诊医院、专诊医院、隔离医院，做到随时督查、随机抽查、定点蹲守，严格落实医疗废水废物处理和处置情况的日报制度，杜绝二次污染，防治交叉感染。2005年，成立环境污染事件处置应急领导小组，下设专业工作组，职责分工，负责应急处置工作。编制环境突发事件应急预案，建立统一领导，分级响应，及时处置的工作机制，购置应急监测设备、防护装备，配置应急车辆，并指导重点企业编制环境应急预案。预防突发事件发生，节假日安排执法人员应急值守，与重点单位保持应急通讯渠道畅通，协调其做好应急准备。2008年，北京奥运会和之后举办的夏季达沃斯论坛、亚欧财长会议、国家环境合作组织外籍专家考察、中日韩环境部长会议及APKE会议等重大活动期间，开展大气污染应急执法，为环境安全提供保障。

执法监察 2004年，制定环境监察规范，规范各项环境执法工作。对各类环境违法行为查处分离；对重点环境违法案件，依法召开案审会，依法处罚。2006—2010年，每年组织执法人员专业学习，参加执法培训及考试，取得执法资格证书，统一持证上岗，上岗率达100%。环境监察以国控、市控、区控重点污染源、重金属企业、危废企业为重点，监察辖区内各工业企业的环保设施是否正常运行，确保各项污染物稳定达标排放，监管各类建设项目。监察形式以日常监管与不定期检查相结合，配合专项行动，开展夜查、巡查、抽查。依法查处各类环境违法行为，督促企业完成整改，为企业提供咨询帮助。开展环境违法案件的后督察工作，违法案件终结后，执法人员跟进回访检查，建立违法案件档案。

2005—2010年河西区查处企业违法排污案件统计表

表4-22　　　　单位：件、万元

年份	案件数	处罚金额
2005	21	25.30
2006	19	20.60
2007	22	22.05
2008	15	21.03
2009	12	18.50
2010	8	9.20
合计	97	116.68

环境法制　2004年，推进依法行政和行政执法，落实行政执法责任制，通过规范行政执法行为，明确行政执法责任。从排污费征收、清洁生产、环境影响评价等不同角度进行专题培训，提高执法人员对重点难点案例分析研究的质量和水平。2005年，成立环保案件审理委员会，对较大数额的罚款（5万元以上含5万元）吊销营业许可证，责令停止建设、生产或使用，按规定组织听证的行政处罚案件和情节复杂或社会影响大的案件集体进行审议。2006—2009年，制定行政执法错案和执法过错责任追究办法。2007年，建立环保社会监督网络，聘请人大代表、政协委员及企业、医院、学校、社区等各行业代表为环保特邀监督员，制定案件审批程序。2010年，受理信访投诉案件556件，人大建议议案和政协提案3件，全部答复和办理。

第五章　环境卫生

1979年，河西区推进环境卫生事业发展，各项工作逐年得到加强。1984年，市简政放权后，环境卫生管理自主权扩大到全方位管理。环卫事业的投资不断增加，至90年代初，环卫投入达1630万元。1990—2010年，相继兴建一批环卫基础设施项目，垃圾粪便实现无害化处理，环卫作业机械化、现代化程度日益提高，环卫清洁职工的工作条件改善，城区环境卫生质量和水平提升，为创建国家卫生城区发挥重要作用。2008年，派出人员和车辆，奔赴四川德阳灾区，参加抗震救灾。1998年，区环卫部门获市城建系统创建文明行业先进单位，环卫五队茂名道垃圾转运站被命名为市文明服务示范窗口。2007年，环卫一队疏通班被市总工会授予工人先锋号称号。

第一节　环卫设施

一　公厕

1985年，社会厕所全部交由区环卫部门统一管理。建立社会厕管理办公室，对其进行建设和管理。1992年，把旱厕改水冲厕列为改善人民生活的10件大事之一，完成125座旱厕改水厕、130座水冲放流厕及1座粪库。1994年，改造公厕17座。至1995年，有公厕241座，蹲位3018个，全部实现水冲，其中一级15座、二级86座、三级101座、四级39座。2000年，完成9座旱厕的改造任务，西南楼花园公厕被评为全市样板厕，全区有公厕206座。2004年，购置生物环保流动公厕1座，解决天塔湖游览区游人及行人的如厕问题。

2005—2010年，加大对公厕建设投入力度，在创建国家卫生城区、迎奥运等重大活动中，新建公厕26座，改造公厕127座。2009年，购置客车式移动厕和拖挂式移动厕各1座，解决大型会议、集会活动群众的如厕难题。至2010年，全区有一类厕5座、二类厕28座、标准厕68座、三类厕51座。

图4-17　2008年，宁波道公厕
（区环卫局提供）

图4-18　2008年，刘庄公厕
（区环卫局提供）

二　车辆

1979年，市环卫汽车队调拨给区清洁队多种型号汽车40部。1985年，垃圾运输车、机扫车逐年更新增加。至1994年，拥有垃圾运输卡车85部、吸粪汽车10部、洒水车8部、吸尘车6部、铲车3部、密封车6部、多功能车4部、行政用车29部，全区垃圾清运和粪便清除实现机械化。1998—2000年，购置机扫车6部，在全市第一家成立机扫车队。至2007年，垃圾挤压车增加至42部。2009年，尝试以融资租赁方式，投资1017万元一次性购置10台、12吨洒水车，6台、20吨清洗车，4台集机扫和水洗一体化的新型洗扫车。至2010年，全区有各种环卫专业作业车辆251部，其中机扫作业车辆51部，洗扫车、清洗车、水车34部，垃圾压缩车42部，吸排车10部。

图4-19　2009年，友谊南路洒水车作业
（区地志办提供）

三　转运站

1985年，建立第二代密封式垃圾转运站。1986—1990年，投资400多万元，在20个街道辖区内，按每街1座或2座配置，兴建密封式垃圾转运站。至1992年，建转运站32座，配备容量3.5立方

图4-20　2009年，资水道垃圾转运站
（区环卫局提供）

米集装箱218个，实现垃圾集装箱密封运输，减少垃圾扬尘的二次污染。

2008—2010年，对全区垃圾转运站布局及功能进行调整，制定新建改造方案。改造转运站15座，实现垃圾压缩车进站收运。2009年4月，首座中型水平式垃圾压缩站在资水道红光公园旁投入使用，该转运站工程投资600余万元，建筑面积1488.9平方米，配有先进的渗滤液环卫处理体系及大吨位水平式垃圾压缩箱，每天压缩运装生活垃圾60余吨，垃圾收运达到无噪音、无臭气、无污染的“三无”收运。2010年，在杨庄子、九连山地区新建2座大型垃圾压缩站和配套班队点，新建梅江新海湾垃圾处置站。

1979—2010年部分年份河西区环卫基础设施建设情况表

表4-23　　　　单位：座、个、辆

类别＼年份		1979年	1989年	1999年	2009年	2010年
班、队点		18	30	26	31	33
公厕（座）	旱厕	65	202	9	–	–
	槽式水冲厕	164	111	206	–	–
	一类厕	–	–	–	4	5
	二类厕	–	–	–	28	28
	标准厕	–	–	–	68	68
	三类厕	–	–	–	50	51
转运站（个）	漏斗式	3	–	–	–	–
	吊装式	–	30	35	5	3
	挤压车对接	–	–	–	15	17
	水平压缩式	–	–	–	1	1
	果皮箱	20	654	540	4550	4550
专用机动车辆（辆）	粪便吸排车	12	10	6	10	9
	扫道车	–	5	11	51	–
	洒水车	–	9	4	23	30
	洗路车	–	–	–	7	7
	洗扫车	–	–	–	4	4
	推雪车	–	–	–	2	5
	箱式卡车	23	100	–	1	1
	集装箱车	–	4	71	11	11
	密封挤压车	–	–	9	42	41
	铲车	–	7	4	8	8
	其他车辆	–	1	37	56	92
	配置 GPS 车辆	–	–	–	141	141
	三轮车	150	246	282	717	717
	电动三轮保洁车	–	–	–	40	–

四　融盐池

1986年，在解放南路461号院内建成融盐池，建筑面积30平方米，融盐池面积20平方米。2006年，扩建融盐池，容积增加450立方米，新建储盐棚198平方米。2009年，再次对融盐池进行改建、扩建，改造融盐设施，确保盐水浓度在18度以上，融盐池达700立方米。2010年，投资1468万元，实施洞庭路56号新机扫中心建设项目，占地面积9916平方米，建筑面积2614平方米，盐库建筑面积682平方米，融盐池建筑面积968平方米，车库建筑面积964平方米和建筑面积300平方米的两层综合配套用房，储盐量达到1300吨，盐水储量2500立方米，冬季清融雪能力提高。

第二节 道路保洁

一 保洁方式

1979年，辖区清扫道路共83条，实扫面积160万平方米。随着城市建设的发展，道路拓宽，清扫面积大幅度增加，清扫作业方式、管理模式发生变化。1980年，把原一个清扫队分为两个队。1990年，主干道路清扫达到规定标准。1993年，盐水融雪道路33条、141万平方米。1996年，按照夜扫日保洁的要求，创建20条优胜达标路，保洁率达80%。1997年，第一个民工清扫作业队珠江道分队成立。1998年，在繁华路段延长保洁时间，清理拆除违章占道棚亭、工程杂土和流动商贩堆积的垃圾。加快机扫车辆自行研制，机扫作业面积17万平方米，率先在全市环卫系统试行人机结合的扫道作业方式。2000年，在全市首家启用机械化作业，取代人工夜扫。2002年，对全区96条、面积111万平方米的三、四级道路进行全面接收，由原来街道保洁队负责，改为环卫部门负责。新招收100余名下岗工人、120名临时工，充实环卫一线。打造友谊路、宾水道、紫金山路、永安道4条机扫精品路。2005年，按照时时干净、处处卫生的创建国家卫生区标准，机扫和水洗道路33条，机扫面积360万平方米，机扫率60%，水洗面积180万平方米，水洗率30%。2007年，实行18小时扫保作业道路49条，全面接管区域内道路两侧绿地保洁，按"路见本色"的标准，对主干道进行水洗、压尘作业。2008年，实行一、二级道路18小时扫保，三、四级道路16小时扫保，每天安排护栏清洗专用车，对辖区道路护栏进行清洗。2009年，规范晨扫，加强道路水洗力度。随着市机关入驻河西定位的提升，专门成立宾西清扫分队，尝试道路清扫、水洗、垃圾收运、公厕保洁多工种作业统一管理模式，实行20小时扫保。设立调度中心，实现垃圾收运、水洗、机扫24小时全天候调度。承接长5700米跨越6座桥梁涵洞、面积达6.4万平方米的海河沿线景观带的清扫保洁，清扫道路面积增至691万平方米。在24条重点道路更新果皮箱900余个。

2010年，一场特大暴雪降临津城，全区调集和租用各类大型机械设备，投入清融雪专项资金320万元，干部职工连续奋战十几个昼夜，保证雪后道路通畅和市民的安全出行。完成夏季达沃斯论坛、中国国际矿业大会等重大活动的环境卫生保障任务80余次。在全区市容环境综合整治大干300天活动中，开展清脏专项治理，治理脏乱点位24个，清理垃圾杂土1800余吨。在全市市容环境综合考核、环境卫生专项考核中，成绩优良。补充机扫水洗作业驾驶人员，调整作业班次，增加4部功能先进的洗扫车，昼夜水洗作业。面对持续高温，启动高温天气降温预案，调整作业班次，适时进行道路洒水降温及压尘作业。对施工工地运土及园林绿化施工造成的道路污染，随时跟进机扫与水洗作业，提升

图4-21 2010年4月，区环卫工人与碧海环保技术有限公司收集餐饮废弃物（区地志办提供）

图4-22 2010年1月，环卫清扫工人夜间清雪（区地志办提供）

道路整体直观效果。

二　管理体制

1983年，推行道路清扫联劳计酬承包责任制。1984年，建立局、街、居委会三级保洁、三级管理体制。2002年，与80余个工地签定控制运输洒漏污染合同书，道路污染减少。2007年，推广路段承包经验，定人、定路、定量，在友谊北路、永安道、解放路等38条道路，试行清扫作业路段承包制。2008—2009年，实行联查督查制，推行定人、定岗、定责、定酬的路段扫保承包制，探索环卫作业市场化运作新途径。完善4级巡查制度，实行局长、队长周联查制度。启动环卫作业数字化制度管理系统，为22部机扫车、洒水车、垃圾清运车，安装GPS卫星定位装置。借助全区安装道路视频监控平台，建立环卫指挥中心，对重点道路、点位进行视频监控。逐步实行作业区域动态管理，掌握区域内各工种作业状况和突发临时性污染情况，第一时间发现问题，并及时处理。在各类作业车辆上安装GPS定位系统，实行全程实时监控，规范出车时间、工作流程，合理编排作业路线，提高工作效率。设立业务科、垃圾清运中心、机扫公司3个调度中心，实现垃圾收运、水洗、机扫24小时全天候调度。2010年，对机扫队和清运中心办公楼、维修车间车库、职工宿舍、管网等基础设施整体维修改造，整修改造面积7260平方米。新建解放南路环卫六队挂甲寺班队点，修缮班队点16处，铺设屋顶防水面积1800平方米。

图4—23　2006年，环卫清扫车清雪
（区地志办提供）

1979—2010年部分年份河西区扫道面积情况表

表4-24　　单位：万平方米

年份	道路总面积	其中:						
		一级	二级	三、四级	机扫面积	机扫率 %	水洗面积	水洗率 %
1979	145.00	—	—	—	15.10	10.40	2.30	1.60
1989	467.00	152.00	113.00	202.00	26.00	5.60	77.10	16.50
1999	628.05	230.00	290.00	108.05	57.70	9.20	98.00	15.60
2009	691.24	356.04	198.98	136.22	466.00	67.44	126.00	18.23
2010	698.78	362.58	200.16	136.00	466.00	66.69	252.00	36.10

第三节　垃圾处理

一　垃圾收运

1985—1999年，停止农民代运垃圾，由专业队伍统一收运。新建垃圾转运站，垃圾收运改为由街道保洁队收集，环卫专业队从垃圾转运站外运。在深方小区、平泉市场及大沽南路等主干道路，试行垃圾袋装化管理。先后在广东路、解放路等11条道路推行垃圾袋装，在沿街门脸、单位内，摆放垃圾箱桶，垃圾袋装化管理与挤压车收运紧密衔接。2000年，实施垃圾袋装化、规范化收集和专业化运作，全区各机关垃圾袋装实行率100%，27条主干道路两侧沿街门脸82%，中小学校66%。2001年，完成辖区内全部物业小区和22条主干线袋装化管理，在恒河园等9个物业小区实行垃圾分类管理。2005年，在桃园街、马场街、天塔街和越秀路街率先实施垃圾袋装收运方式，有609个居民社区试行垃圾挤压直运，占总数81.4%。2006年，具备条件的12个街居民小区，实现垃圾直运对接。2008年，6000余个企事业单位、商家店铺、物业小区实行垃圾定点定时收运，取消对接直运。

2009—2010年，在宾西地区推行新垃圾收运方式，取消大型垃圾挤压车，采用人工和小卡车相结合收运垃圾。140余户小商户的垃圾，由清扫作业人员收运；大中型商户及企事业单位垃圾，由小卡车入户，保证18小时巡回收运。与碧海环保技术有限公司合作，在广东路、永安道、绍兴道等大型餐饮行业，推行规范化餐饮垃圾收运处理试点工作。继续在梅江和宾西地区，推行餐饮垃圾无害化处理，杜绝渗滤液的二次污染，规范餐饮商家垃圾清运200余户。撤销单臂吊垃圾箱，提高收运效果。为减少垃圾清收成本和污染点源，撤销46个协议单位、51个单臂吊垃圾箱，改由挤压车定点定时收运。

二 无害化处理

自1980年，垃圾处理任务改为中心街区由专业队负责，边缘街区由农业生产队负责。1985年，区环卫部门全部接管，不再有垃圾马车入市，由专业队把垃圾运往郊区，50% 由区垃圾粪便处理厂进行高温堆肥无害化处理，50% 直送近郊生产队做一般处理。1997年，成立渣土管理所，对工程渣土进行收集、运输、消纳，监管区内各建筑工地的建筑渣土，进行道路扬尘、污染、撒漏综合整治。2005年，开展生活垃圾分类收集工作，垃圾袋装化率达80%。

至2010年，各物业管理小区开展垃圾分类收集试点，并在全区推广。生活垃圾采取多种收集方式，全部由密闭运输机动车，送至泰达垃圾焚烧发电厂、大韩庄垃圾处理场、潘楼中转站，采用卫生填埋和焚烧发电的方式进行无害化处理。经计量检查后，进行卫生填埋和垃圾焚烧，垃圾无害化处理率高达90% 以上。实行垃圾运输进站、运输、垃圾场签收的三联单制度，垃圾监察管理人员每天巡查，发现乱倒乱堆现象，及时纠正或处罚，确保所产生垃圾全部进入指定地点。

1979—2010年部分年份河西区垃圾收运及处理情况表

表4-25

年份	河西区常住人口（人）	商家门脸企事业单位（个）	垃圾产量（万吨）		无害化处理（万吨）		简易处理（万吨）	
			年产总量	日均产量	总量	%	总量	%
1979	-	-	11.56	0.03	5.30	45.80	6.26	—
1989	-	-	33.53	0.09	7.77	23.20	25.76	76.80
1999	-	4700余	25.93	0.07	0.46	1.80	25.47	98.20
2009	80万	6000余	21.00	0.06	21.00	100.00	0.00	0.00
2010	83万	6000余	19.00	0.05	19.00	100.00	0.00	0.00

第四节 公厕管理

一 粪便处置

1979—1984年，辖区粪便处理延续高温封肥处置方法，所生产的肥料，主要供南郊、西郊使用。1981年，拨款100万元购置机械设备，兴建垃圾筛选车间，实现送料、磁选、颗粒粉碎、混合搅拌、出料一条龙流水作业，区处置场建立肥效观察试验田。1985—2010年，建化粪井，实现水冲化，排入污水井，残余粪渣用吸粪汽车运送。2003年，抗击“非典”时期，1000余名环卫职工连续10个昼夜进入市肺科医院红色警戒区内作业，清除粪便2万余吨。

二　公厕保洁

自1984年，实行挂牌服务，90%以上的公厕均达到规定标准。2000年，实施公厕保洁查评制度，每月为先进保洁班组颁发流动红旗，定期向居民群众征求意见，公厕外环境保洁由2米延伸至3米。2001年，社会厕、代保厕纳入业务检查范围。2004年，三、四级公厕按一、二级公厕保洁，设专人24小时巡查。2005年，落实公厕承诺服务制，保持公厕整日干净整洁。2007年，改变公厕原有保洁作业模式，采取定人承包的管理方式，实行16小时定人保洁，二类以上公厕设专人24小时保洁。2008年，对150座公厕进行日常保洁维护，确保二类以上公厕24小时专人保洁，其他类厕实行16小时定人保洁。2009年，辖区内150座公厕实行保洁承包责任制，组成一、二类厕专职作业分队，对29座二类以上公厕设专人24小时值守保洁，其他121座公厕实行16小时定人保洁。2010年，建立完善公厕保洁内部考核监督机制，规范公厕管理，完善一、二类厕交接班记录和公厕工作日志制度。细化公厕保洁考核标准，建立自查、抽查、联查的检查网络，形成规范的内部考核监督机制。完善公厕无障碍设施，并通过验收。

第五节　监察与查处

自1979年，对乱泼乱倒、乱堆乱放等污染市容卫生的现象进行检查管理。1985—1995年，建成区、街、居委会三级环卫管理体系。建立环境卫生管理队，后更名区环卫监察队，除制止乱泼乱倒、乱堆乱放及各种运输车辆对道路造成的污染外，对农贸摊群市场、重点商业繁华区、建筑工地、各种破路施工现场等造成的污染源加强监察治理。1996—1998年，落实部门行政执法责任制，加强全方位监察管理，开展环卫法规宣传教育，提高全民环卫意识。环卫监察管理以站划片，细化管理职责，对重大污染依法治理。驻街监察员坚持每日巡视制度，加强施工工地的执法检查。加大环卫监察管理工作力度，清除卫生死角，实行规范化管理，落实门前清扫责任制。1999—2010年，全区工地达标率100%，优秀率35%。亚太大厦等7个工地获市最佳达标工地称号；罗马花园等6个工地获优秀达标工地称号。实行规范化收集和专业化运作，每日10部挤压车完成袋装垃圾收运。成立综合执法队，加大对27条主干道和重点地区的治理力度，处罚3824起，取消冲车点100余处。向施工单位下发渣土排放通知书，超前服务。

第六章　市容卫生管理

自80年代，河西区成立市容管理委员会，与爱国卫生运动委员会、环境保护、卫生管理、综合执法等部门齐心协力，开展以区容街貌、环境秩序为主要内容的综合整治管理工作。21世纪初，争创国家卫生区，完善城市基础设施建设；对各类违章建筑进行大范围拆除，治理城乡接合部地区脏、乱、差；实施旧楼区整修改造，对居民区进行净化、绿化、亮化；封堵垃圾通道，实行垃圾袋装化管理等一系列综合治理措施。加强市容环保、园林绿化、环境卫生、市政管理、爱国卫生、综合执法等工作，通过开展爱国卫生运动、创建国家卫生城

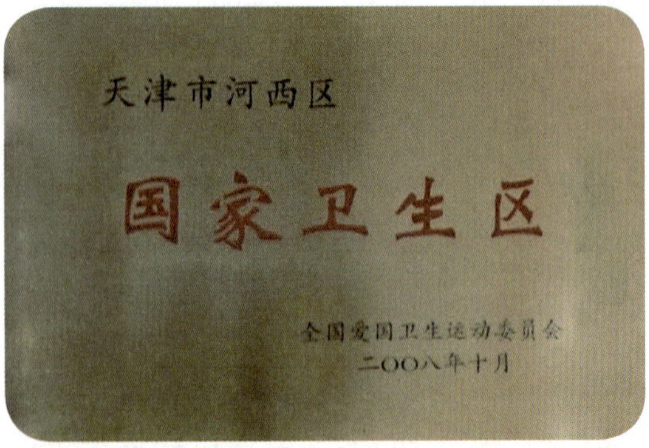

图4-24　2008年，河西区获全国爱国卫生委员会“国家卫生区”牌匾
（区政府办公室提供）

市、市容环境综合整治等项活动，全区市容环境面貌发生明显变化。2008年10月，河西区获国家卫生区称号。

第一节　创建国家卫生城区

一　爱国卫生运动

自1989年，每年开展一次区域性爱国卫生月活动。至1995年，全区坚持每年开展卫生大清整。以除害灭病和清脏治乱为重点，采取专业力量与群众参与相结合的方法，建立工业垃圾收运场，加强各街道清扫保洁队伍建设。全区参加市容卫生整顿的人员达120余万人次，有17个街道、55条路段实施“门前三包”，涉及沿线700多个单位，半数以上签订“三包”协议书，尖山村、抗震里、体院北等社区，建成绿化美化庭院式居民区。各街整修主干道路，开展创建无违章街和居委会活动。

1996年，在第三次全国城市卫生检查中，6个单位被评为市爱国卫生红旗单位、150个单位被评为市先进单位。1998年，开展综合整治，组织大规模卫生突击清整队伍，完成对137个居民区清整工作任务指标。1999年，迎接第4次全国城市综合卫生检查团检查，在18个街道居民社区开展创建达标活动，165个居委会有67个成为市容环境达标居委会。实施居民社区绿化和硬铺装工程，有56个居民社区新建、补建绿地3671平方米，实施硬铺装1.32万平方米；46个居民社区翻修甬路3.37万平方米；37个居民社区实行垃圾袋装化管理。全区4个单位被评为市级卫生红旗单位、73个被评为市级卫生先进单位，区爱卫办被评为市级爱国卫生先进集体。

2000年，拆除违法建设、违章棚亭6998间、81500平方米。清理楼道、楼间堆物、圈占、卫生死角、工程渣土、乱涂乱画，推动垃圾袋装化管理。2001年，全区分阶段、搞综合、打专项，整体推进，对96个双气居民区、3523个楼栋实行垃圾袋装化，90%的居民小区实现垃圾袋装化管理。2002年，以创建国家环保模范城区为切入点，开展创建市级卫生区活动。越秀路等7个街道拆除各类违法建设986间、15293平方米，清除卫生死角370处，圈占4800处，堆物39127处，清理楼道8470栋。新增居民区绿地10余万平方米，硬铺装面积15.48万平方米，新建卡墙1160米，垃圾窑117个，粉刷楼道162栋，封阳台73个，建车棚290平方米，总投资230余万元。2003年，配备消毒员130名，建立消毒组织13个。在居民区投放2.5吨“非典”灭菌消毒用药，控制“非典”传播。

2004—2007年，开展创建国家卫生城专项检查，切实落实责任。2008年，开展“清洁家园、健康奥运”活动，落实病媒生物防治标准，对“四害”滋生地进行综合治理、物理防治、科学消杀。7个单位被评为市级卫生红旗单位、81个被评为市级卫生先进单位。2009年，开展以迎接建国60周年城乡清洁行动为主题的爱国卫生运动和第21个爱国卫生月活动。2010年，以城市化与健康为主题，开展第22个爱国卫生月活动。

图4-25　2006年，综合治理后的街景
（区市容和园林委提供）

二　市容环境综合整治

80年代，开展治理道路乱象、美化市容街景、提高城市功能的街道综合整修活动。主干路段全面

图4-26　2007年，清理堆土
（区地志办提供）

推行门前"三包"责任制。建成全市第一个封闭式资水道农贸市场。开展"黄土不见天"活动，改善居民区的环境面貌。90年代，以主干道路和居民社区为重点，开展市容环境综合整治、街道整修、灯光建设、园林绿化、拆除违法建筑、清理居民区脏乱差死角等活动。1997年，组织8次市容环境清整高潮日活动，50余万人参加。使公厕布局、道路清扫、垃圾收运、粪便无害化处理，均达到国家规定标准；健康教育覆盖率、传染病防治率、免疫接种率达100%。1999—2001年，以创建国家卫生区为目标，连续3年开展城市环境综合治理。2003年，对已实现集中供热的成片旧楼区进行综合整修，共整修旧楼区124片、15.8万户，44.8万余居民受益，宾水西里、鹤园里被评为整修优秀居住小区。投入2000余万元为居民社区封堵改造垃圾窑门和投入口，配置垃圾桶，配发垃圾袋，对零散单气楼房、平房区，统一配备防火金属框架人造大理石垃圾箱（桶）。投入电瓶垃圾清运车200辆，实行垃圾对接直运。

2004年，整顿治理陈塘铁路沿线环境工程，拆除各类建筑物19823平方米，清运工程渣土30余万吨，铁路沿线多年形成的脏乱问题得到治理。2005—2006年，完善城市基础设施，加强城市环境综合治理。在民意测评调查的基础上，连续开展两个创卫百日活动，拆除东海街小二楼和尖山街八大里违章建筑，清整小区杂物，粉刷楼房立面，整修居民区甬路。各社区自发成立社区环境卫生监督队、中老年骑行环保宣传队、青少年爱绿护绿"小卫士"等志愿者队伍，走上街头、公园，开展义务奉献活动。先后投入3.3亿元，改造旧居民区166片，硬铺装和绿化总面积达672.2万平方米；每年投入1000多万元，对改造后的小区实行物业管理；投入2000余万元，为556个居民社区封堵改造垃圾窑门和投入口；拨专项资金，购置垃圾袋、垃圾箱（桶），全区564个居民区实行生活垃圾袋装，袋装化率达92%。

2007—2010年，完成胡同里巷改造135个，整修面积29.19万平方米，有15.77万户居民受益。2009年，完成旧楼区改造126个，整修面积约547.03万平方米。2010年，开展市容环境综合整治，实施经典线路和人民公园、天塔地区等标志性工程。结合全市奋战"三百天"市容环境综合整治，整治重点由主干道路向次支道路拓展、重点地区向社区里巷推进，有78个社区、114个小区完成清整和楼体粉刷、绿化提升、道路修补、供热管线切改等任务。各社区清理乱贴乱画、乱圈乱占、私搭乱盖，整顿居民区楼道内环境卫生。配套硬件设施、进行道路硬化修补、新建园林绿地、更换垃圾箱（桶）、配置文化体育活动设施、粉刷楼道、实施物业、准物业、社区自治管理。

三　街道整修

1984年，开展以美化市容街景、提高城市功能为主的街道综合整修工作。至1994年，全区共整修街道84条，总长10.11万米，其中整饰楼房2036栋、平房16376间、围墙78976米；拆除有碍市容观瞻的破旧建筑及临时工棚477间、清运废土11908吨，新辟绿地1.68万平方米。

1995—2004年河西区街道整修情况表

表4-26

年份	整修路段(条)	整修长度(米)	整修楼房(栋)	整修平房(间)	整修围墙(米)
1995	11	13680	113	1137	8113
1996	4	7130	125	1457	5557
1997	6	4360	34	339	2072
1998	3	–	72	179	2310
1999	8	13210	169	1527	11532
2000	7	8425	142	885	5595
2001	30	–	450	3600	24000
2002	10	–	132	1662	7924
2003	12	–	168	364	4102
2004	15	31950	690	3879	64407

2005年，实施道路综合整修，拆除鸽子窝、遮阳罩、护栏、吊栏，封堵私开门脸、拆除违法建筑及违章小院、投影阳台及风挡。加大临街窗护栏、塑钢窗的规范力度。对爱国道、黑牛城道、珠江道、微山路等道路再次进行查修，粉刷居民区各类污染墙体办证广告10万余条，对成片旧楼房地区的568个敞开式垃圾窑池进行改造。

图4-27　2006年，解放南路环境整治后新貌　　（区市容和园林委提供）

2006年，对地铁一号线河西段全线及地铁站点、黑牛城道、解放南路、卫津南路和大沽南路两侧的建筑物、华夏未来艺术中心周边的环湖中路、环湖西路、环湖南道等进行综合整修。2007年，迎接北京奥运会期间，完成友谊路等10条道路及天塔地区的市容环境综合整修任务。围绕创建国家卫生城区，实施东海街小二楼地区和兰江里整修。2008年，提升5条道路、15.4千米的景观效果，整修居民楼房，粉刷平房围墙，规范空调机位，安装空调罩，清拆吊挂物，规范广告牌匾等。2009年，对宾馆西路、宾馆南道、人民公园及天塔地区等29条道路综合整修、建筑物改型，对5片旧楼区、6个城乡接合部的脏乱点位综合治理。2010年，开展环境治理奋战300天行动，对33条道路、78个社区、1个公园、6个项目进行整治，占市内六区总量的60%以上。完成夏季达沃斯论坛国际会务的城区环境保障任务，实施道路整治、楼房立面整修、“平改坡”、新建街景绿地等工程。

2005—2010年河西区街道综合整修情况表

表4-27

年份	整修路段(条)	整修长度(米)	整修楼房(栋)	整修围墙(米)	拆吊挂物(个)	规范护栏(平方米)	规范空调窗户(个)
2005	–	1875000	218	14659	5262	3505	1313
2006	7	–	133	3846	–	–	–
2007	10	32480	321	986	4796	4130	–
2008	5	15400	23	14092	1826	–	7107
2009	29	24693000	367	512	12650	18792	56144
2010	33	–	1599	–	–	–	–

灯光建设　1996年，完成1000余户破损灯光维修和续保，沿街单位新装灯光314处，大沽南路123家商店门脸亮灯，佟楼地区建两处大型灯光景点。1997—2000年，实施友谊路、大沽南路的夜景灯光建设，新装射灯736盏，新增灯带560米。市召开夜景灯光建设现场会，推广河西区经验。在宾

图4-28　2007年，街道夜景灯光
（区人大代表摄影组提供）

图4-29　2008年，宾馆南道
（区市容和园林委提供）

水道等迎宾干线，安装灯光，装点树挂灯，丰富夜景灯光效果。在中环线、友谊路、宾水道、紫金山路、气象台路等路段，安装灯光、灯箱、宫灯、串灯、软管霓虹灯、网片霓虹灯、各型射灯，悬挂各种彩旗、刀旗、角旗2075面。2000年，对津河两岸建筑物进行整修，增加灯光设置，完善景观道路霓虹灯、广告、灯箱规模。

2001—2009年，实施友谊路、台儿庄路等28条道路灯光建设，安装霓虹灯、灯光广告、灯箱牌匾等7000余处。在12条主干道路、9个景观路口的55栋15层以上高层公建、高层住宅、居民楼实施夜景灯光工程。在28条主干道路的137栋建筑物、1座大型桥梁、2座过街天桥安装灯光设施，设有园林绿地灯光6处、户外广告灯光195处、商业牌匾灯箱3600块、霓虹灯278块、辖区灯光设施共5000余处。在友谊路、紫金山路、马场道等27条道路两侧的建筑物上，按各类载体建筑特性，运用不同灯光装饰，进行夜景灯光建设。其中，有高层建筑72栋、居民楼98栋、大型公建“里光外透”64栋、多层建筑29栋。2010年，完成夏季达沃斯论坛等重大活动的灯光设施，80多批次市容环境保障工作。重大活动和节日期间，悬挂彩旗、彩灯、彩色标识牌等，烘托喜庆气氛。

户外广告管理　1997—2000年，清除乱贴乱画、乱拉乱挂的违章户外广告、信息牌、指示牌、破旧灯箱等，街景立面整洁规范。1998年，市市容委在河西区召开街景立面清整工作现场会。2001—2010年，以大沽南路商业街、利民道等135条道路为重点，规范户外广告、牌匾。按照统一设计、规范标准、色彩协调、特色鲜明、简约大方等要求，完成利民道、爱国道、宾水道、气象台路、吴家窑大街、围堤道、双水道等82条道路商业牌匾的拆除换新和规划工作。柳林、纪庄子城郊接合部地区，新建围挡、设置大型遮挡式广告牌。建筑物综合整修，对沿街商家门脸牌匾、户外广告等立面违章，进行整顿规范，对辖区道路街景立面牌匾、户外广告，进行拆除。2010年，实施友谊路全线、大沽南路、黑牛城道、珠江道、吴家窑大街5条重点道路及梅江等地区综合整治，规范各类广告牌匾4.75万平方米。

图4-30　2006年，规范后的黑牛城道商业网点牌匾
（区市容和园林委提供）

四 申报与验收

21世纪初，投资1.33亿元创建市级和国家卫生城区。2005年，通过市检查验收，成为天津市卫生城区，批准申报创建国家卫生区。2006年，接受市爱卫办调研技术考核验收、市级卫生区复验和创建国家卫生区工作考核验收。2008年，通过外省区专家、全国爱卫会暗访调研、技术评估、考核鉴定和社会公示，河西区成为市区首个获国家卫生区称号的城区。是年10月，全国爱卫会作出关于对河西区创建国家卫生区工作考核鉴定及命名的表彰决定。市政府对河西区54个先进单位、27个二等功、57个三等功、528个嘉奖的单位给予表彰。

五 数字化管理

2009年，设置考核监督科，负责数字化城管、巡查监督、社会监督考核，考核内容涉及辖区内12个部门及13个街道办事处，涵盖全区城市管理的各个方面。开展网格管理，与市寰球通信息服务公司建立合作关系，由该公司负责组建管理信息采集队伍，接受市容委的日常管理和监督。2010年，在全市招募一线采集员上岗培训。在友谊路街、越秀路街、马场街、天塔街的28个责任网格试运行，率先在全市推行数字化城市管理信息采集。除梅江街网络信号原因，信息采集范围覆盖到12个街的大部分区域。开展巡查监督，每日以暗查为主，发现问题，以督办单位的形式，下发至责任单位，督促整改落实，并按规定时限进行复查，作为月考核的依据。

第二节 综合执法

自1983年，成立区城市建设管理监察中队。2000年，成立区城市管理综合执法大队。2007年，撤队建河西区城市管理综合执法局。

一 环境专项整治

图4-31 2010年，执法人员现场操练（区综合执法局提供）

1983年，以驻街方式协助街道办事处作市容环境整治工作。1987年，对设置户外广告、道路两侧建筑物外檐装修、各建筑工地围圈及堆物堆料等进行执法监察，规范审批程序。1998年，组成百人队伍，进行联合执法，开展以清理乱摆乱卖、私搭棚亭、整顿农贸摊群市场为重点的综合执法活动。2005年，围绕创建国家卫生城区，规范城市环境秩序，治理脏乱路段22个、脏乱点位196个、占路市场56条、违章占路摆卖摊点1万余处，使无照经营、马路餐桌、乱摆乱卖等现象得到遏制。2007年，继续根治占路摆卖现象，实现道路环境秩序长效化管理。针对露天烧烤、马路餐桌顽疾问题，发现一个，取缔一个，严格执法管理，夜间烧烤、马路餐桌大幅减少。2008年，以市容环境秩序长效化、队伍建设正规化、执法服务人性化为目标，以执法职责全方位、执法范围全覆盖、执法时间全天候为工作模式，执法工作迈入全市先进行列。2009年，专项治理银河公园周边市容环境秩序，清理各类违章摊贩1000余个。开展新一轮综合整治，拆除辖区范围内所有楼顶单体字、刀牌广告、违章风挡，实施绍兴道、大沽南路、广东路等道路的牌匾整修工程。协同各街道办事处，对21条道路的立面进行综合整治。把居民区纳入日常管理，与100余个社区和物业小区建立双向联系，规范早点车经营时间，对不规范早点经营行为予以取缔。2010年，启动“零点行动”，处罚运输撒漏等违章现象20余起；采取徒步巡查的方式，清除道路两侧和地面的涂鸦贴画2万余条、贴画近20万张；开展奋战300天综合整治，集中力量规范违章牌匾，拆除各类户外广告600余处、面积3万平方米，拆除各类LED灯、电子显示屏600余块；清除各类窗贴、信息牌28000余处，使友谊北路、珠江道、梅江、佟楼等地区的市容环境和景观效果明显提升。

二　查处违章

2000—2007年，推行行政处罚权制度，城市管理进入综合管理、综合执法阶段，管理职能和执法权限扩大。按照依法拆迁、以情拆迁原则，抽调40名执法队员，配合东海、尖山等街道办事处，对东海街小二楼及尖山八大里地区环境秩序进行专项治理，拆除违章建筑1万余间。配合区建委等职能部门，完成小白楼地区居民拆迁、排险项目及解放路拓宽项目，依法拆迁40余个公建单位、60余户居民住宅、8000平方米，拆除违章户外广告100余处。2008年，保障市、区重点工程建设，完成大沽南路95路汽车站、刘庄车站、海河泵站等20余个单位公建拆迁、排险项目。2009年，完成德才里地铁建站拆迁拆违工作。2010年，配合陈塘科技园工程建设，对东江道、怒江道等道路两侧设施进行拆违，拆除果品公司、特种变压器厂、名都洗浴等单位的违章建筑70余间、3500平方米，拆除围墙300平方米。

图4-32　2006年，拆除违章建筑工作现场（区地志办提供）

三　执法服务

21世纪初，对一些占路经营的群体，扭转过去只侧重强制暂扣物品的驱赶式管理方式，帮助经营者解决后顾之忧。2008年，实行领导接待日和现场办公制度，与商家面对面沟通，为企业、商户提供服务，实现由单纯管理型向综合服务管理型转变。编印城市管理综合执法制度规定汇编，收录各类规章制度50条、20余万字。加强队容风纪管理，为执法队伍正规化建设提供制度保障。2009年，开展“强素质、树形象”主题教育活动，对执法队员进行依法行政、执法礼仪等方面的集中培训。2010年，创办法制学习园地，对城管规定、条例及行政强迁程序等专业知识，进行重点学习培训，提高执法人员依法行政能力。

第五编
工　业

80—90年代，区街经济快速发展，渐成规模，形成区街工业、校办工业、民政福利工业共同发展的格局，经济效益连年增长，创出一批部、市级名优产品，获得诸多先进称号。自90年代末，政企分开，区属经济逐步实现管理体制转型。

70年代末—90年代，河西区是天津市属大中企业集中、类别齐全、技术先进、经济贡献大的工业区域。重工业产品支撑天津工业发展，轻工业产品成为华北、西北、东北等地区人民喜爱的优质产品。20世纪末，随着经济体制改革深入发展，天津市工业布局战略性东移，经济结构变化和新兴产业兴起，耗能高、污染重、技术含量低的企业关停并转迁出河西区，陈塘庄和土城工业聚集地区大部分企业迁出区境。2003年，河西区“陈塘工业园”起步建设。2010年，定名为“天津陈塘科技商务区”，重点发展高新技术产业、文化创意产业。

1993年，天津河西针织厂生产线　　（张笑仙提供）

第一章 区属工业

90年代，区属工业(含街办、校办工业)达到鼎盛时期。1995年，年产值1.97亿元，利润1253万元，生产领域涉及服装、食品、印刷、机电、机械、五金等20个行业。2003年，依照国有企业改制相关政策和集体企业改革精神，实施挂靠集体企业改制。2004年，599家区街企业与主管部门脱钩或转营。2010年，区工业管理职能划归区经济社会发展局，年产值257.95亿元。

第一节 管理体制

一 综合计划局

1978年11月，区工业局撤销，区属46家企业上交市属工业局管理，街办工业由区综合计划局指导管理。

二 生产服务管理局

1980年，成立生产服务管理局，组建河西针织厂。1984年，区管企业发展为3家，即河西五金电器修造厂、河西针织厂和旅游服装制品厂，职工1101人，产值731万元、利税98万元。

三 经济委员会

1987年，成立经济委员会，管理直属工商企业，并对街办工商企业实施宏观管理和业务指导。

四 经济贸易委员会

自2001年，成立经济贸易委员会，管理全区工业发展。实施挂靠集体企业和自有集体企业改制。至2004年6月，599家区街企业完成改制，与街道等主管部门脱钩。2010年，经济贸易委员会工业经济管理职责整合划入经济社会发展局。

第二节 发展历程

一 企业概况

70年代，区属企业46家，其中全民所有制企业3家、集体所有制企业43家，职工1.1万余人，年产值9638万元。1978年11月，46家区管企业全部上交市局管理。80年代，区工业重新起步，逐步形成区办工业、街办工业、校办工业、商办工业、劳动服务工业、民政福利工业共同发展格局。1995年，区属工业涉及20多个行业227家，从业人员近8000人，固定资产8200多万元，年产值3亿余元。2000年，全区独立核算工业企业246个，年产值10.76亿元。2002年，随着企业改革深入，行政事业办企业脱钩退市，低效益、高耗能污染企业关停并转，全区独立核算工业企业下降至69个，年产值4.46亿元。2010年，区属工业生产总值275.95亿元，其中规模以上独立核算企业37个，工业总产值7.81亿元。

街办工业 1990年，街办工业141家，固定资产1341万元，产值7281万元，利润1319万元。1995年，街办工业124家，职工3297人，年产值1.89亿元。1999年，街办工业400余家，有针织、服装、塑料、五金等20个门类，其中10多个重点产品出口，多个产品获部优、市优。2000年，完成收入28.65亿元，利润2.54亿元。

校办工业 1995年，校办工业产值1.31亿元，利润1203万元，连续16年位居全市校办工业之首。2000年产值3亿元，利润2543.2万元。2004年产值4.93亿元，年创利润百万以上企业11家，2010年，完成增加值14.08亿元。

商办工业 1995年，商办工业10家，职工678人，固定资产2986.7万元，产值2555万元，销售收入1965万元。2000年产值3.63亿元，2004年产值12.28亿元，2010年产值8100万元。

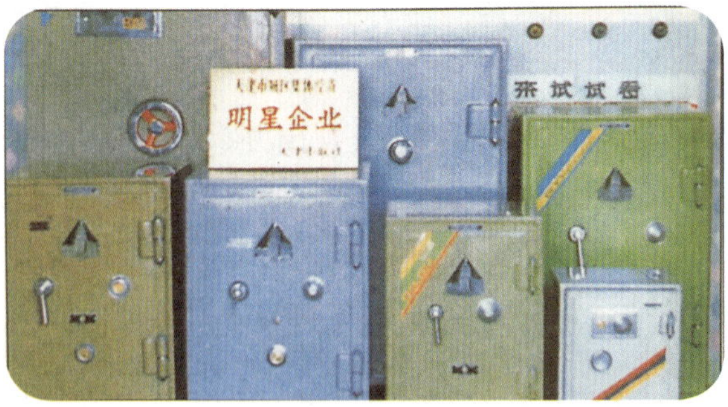

图5-1 1993年，大楼金属柜（区地志办提供）

民政福利工业 1988年产值428.32万元。1995年产值428万元，利润38万元。2005年产值9059万元。2010年产值4205万元。

二 企业改革

1979年，47家街办企业实行计件工资、定额加奖励和基本工资加奖励分配形式。区属工业调整，生产不足的街办、校办工业淘汰旧产品，生产高技术含量市场需求新产品。尖山街、马场街新建8个生产点，撤销13家污染企业。区集体企业推广四号路街缝纫厂、塑料厂和陈塘庄街针织厂实行计件工资、定额加奖励和基本工资加奖励三种改革分配形式经验。全区街办企业发展到260家，产品涉及服装、印刷、五金、食品等10余个行业，年产值1415.06万元，职工1.4万人。

1980—1990年，区属工业实行经营风险承包、股份合作、利改税承包经营责任制，新建街办企业划归劳动服务公司管理。1992年，制定《加快改革开放，促进经济发展意见》，全区集体经济实行政企分设，尖山街、越秀路街、马场街110家企业实行股份制经营。19个街生产管理处改为工贸实业公司。1993年，经委系统实行股份制经营企业41家，369个小企业实行公有民营，区街企业嫁接改造新建三资企业37个，投资额1910万美元。1995年，区经济实行引进资金和科技发展改革思路，新建20家股份制合作企业和有限责任公司。1999年，编制经济发展战略，成立国有资产经营投资公司。经委系统成立二级集体资产管理委员会，区街经济由行政管理向资产和行业转变，天马集团的企业转制为有限责任公司，越秀集团挂牌经营。全区独立核算企业245家，工业总产值4.55亿元。

2000年，6个街建立集体资金管理委员会，18个企业完成产权界定，195家集体小企业采取股份制、委托经营、拍卖等形式转制。天马集团世纪兴业公司、桂发祥麻花集团实行股份制改造。全区工业总产值25.11亿元。2001年，采取多种形式放活小企业，79家实行股份合作，16家组建有限责任公司，61家实行连锁经营，95家实行公有民营，90家通过整体转制和出售拍卖与企业脱钩为民营企业，盘活资产2237万元。2003年，制定《陈塘工业园区规划方案》，建成占地2.78万平方千米工业园区。318家企业与街办事处解除挂靠关系。2004年，281家国有企业完成改制。注册成立区国有资产经营投资有限公司。

图5-2 2008年，桂发祥企业集团食品生产线（区地志办提供）

2005—2009年，制定中小企业融资、注册、登记等13项改革措施，新增企业1368家。成立区国有资产监督管理委员会，完成国有资产监督管理和运营体系，桂发祥麻花集团、山华集团、越秀集团等10家企业纳入监管。山华集团、3个股份公司和6个区属企业完成改制，明晰街道企业产权关系。

教育、民政部门经费不足，由国家统一拨发，不再靠办企业弥补经费不足，校办工业、民政福利企业，产权脱钩逐步退市。2009年，完成制冷器厂、理发器具厂、树脂厂、电冰箱门封条厂和房建公司5家困难企业退市、销户工作。

2010年，区属工业完成结构调整和改革工作。针对困难企业融资贷款、稳定就业、环境优化等问题，建立困难企业督办机制，搭建服务企业信息平台、政策平台和融资平台，解决中小企业发展问题，新增内资企业1973户，注册资金30.25亿元。成立中小型企业协会引进担保公司，扩大担保规模，帮助企业融资6.5亿元，支援企业做大、做强。实现区属生产总值257.95亿元，同比增长20.7%。

三 企业选介

天马集团 自1987年，随着改革开放的不断深入，集体经济出现超常规跳跃式发展。1988年，加强企业管理、调整产业结构、实行风险抵押承包经营，当年实现利润350万元，比上年翻了一番。1991年，为克服街办企业场地狭窄，资金不足的困难，实施“借船出海”的发展策略，先后租借34000平方米的场地，兴建6个工厂，在河北、山东等地建立10个联营厂，引进人才50余人，当年实现利润800多万元，实现第二次翻番，被誉为“区街经济之冠”。1993年提出“组建集团军，进军大市场”的目标。1994年2月，创建天津市区街系统首家集团企业——天马企业集团公司，当年完成产值收入1.7亿元，实现利润3787万元，上缴税收757万元，张立昌市长题词“天津区街经济之首”；中共天津市委授予街党委优秀党组织标兵称号；天马企业集团公司被市政府命名为优秀企业。1995年10月，天马集团拥有2.4亿元资产、10个总公司、107个企业、1700多名员工。集团经济触角遍及工业、商业、金融业、加工制造业、房地产业、餐饮娱乐业、旅游服务业和对外贸易等各个领域，在全国5个省市建立企业，在美国、日本和中国香港地区建立分公司和办事处。是年，天马企业集团公司完成产值收入2.2亿元，实现利润4600万元。

图5-3 1993年，天马集团汽车自动检测线 （区地志办提供）

山华集团 1998年10月，组建天津市山华集团股份有限公司。注册资本5008万元，资产总额5.6亿元。是以现代服务业为主体的综合性投资多元化的经济实体包括：投资担保、国际贸易、国内贸易、典当金融业、运业物流、旅游服务、电池电源、教育产业、文化产业、房屋置业、中介服务和人力资源服务等行业。拥有10个子公司，员工1200多人。净资产1.6亿元，年创利润6000余万元。是市百强企业、巨人企业、五星级企业、市著名商标企业。

旅游服装厂 1958年成立的街办企业。1984年，由区生产服务管理局接管。坐落于尖山街光明里大庆胡同40号，占地1700平方米，建筑面积2500平方米，正式职工800余人、临时工270人，主要生产“雪游”牌羽绒服装和羽绒制品。1989年，产值600万元，利润64万元。2010年，成立山东分公司，占地约2万平方米，建筑面积4200平方米。年生产羽绒服19万件，年产值约5000万元，主要出口日本、美国等国家。

图5-4 1992年，旅游服装厂 （区地志办提供）

河西针织厂 成立于1980年，集体性质企业，坐落于怒江道4号，占地面积3695平方米，建筑面积6800平方米，职工691人，主要生产毛衣和毛纺制品。1996

年，有职工1400人，年产量400万件，产值5200万元、利润310万元，产品出口日本、美国。2010年后，逐步退市，职工进入企业职工托管中心。

第三节　陈塘科技商务区

2003年8月，“天津市陈塘都市型工业园区”起步建设。东至微山路，南达珠江道，西至洪泽路，北至复兴河，占地2.78平方千米。工业园区内涉及99个产权单位，其中工业企业近40家，隶属天津市各类工业局。2005年，“陈塘都市型工业园区”更名为“天津陈塘科技文化园”，定位为：高技术服务业，高技术楼宇产业、文化创意产业，低能耗、高持续、低碳排放的工业生态园区。2010年，经天津市机构编制委员会批准，“陈塘科技文化园”更名为“陈塘科技商务区”。融资20.4亿元，收购土地103.68万平方米。2.4万平方米的商务区服务中心投入使用，三源振河科技园、陈塘科技商务区创业基地投入运营。至2010年，引进实体企业48家，注册资金4.06亿元。创智天地、青林大厦、香年广场3个科技楼宇园区项目投入建设，建筑面积14.6万平方米。

图5-5　2010年，陈塘科技商务区服务中心　（区地志办提供）

2010年陈塘科技商务区部分市属工业企业情况表

表5-1　　单位：人

企业名称	企业性质	职工数	主要产品
天津市一轻集团(控股)有限公司	国有企业	–	玻璃仪器、轻工业产品
天津市理发器具厂	国有企业	371	理发椅、电动剃须刀
天津市过滤器厂	国有企业	308	过滤器，过滤芯
天津远大感光材料有限公司	国有企业	818	工业射线胶片
天津昭和漆包线有限公司	合资企业	641	漆包线、裸铜线及绞线
天津大新电材有限公司	国有企业	–	聚胺酯漆包线，绝缘绕阻电线
天津市漆包线厂	国有企业	144	漆包线，绝缘漆，裸铜线
天津渤海化学原料有限公司	国有企业	–	化学试剂，医药中间体，氨基酸中间体及辅料
天津华升化工有限公司	国有企业	1428	液体氰化钠(30%)，双水氰化钠，固体氰化钠 偶氮二异庚腈
天津市近代化学厂	国有企业	1131	PVC 电缆料系列产品，PVC 医药用包装片，PVC/PVDC 医药用包装片
天津市第二自行车胎厂	国有企业	724	自行车胎、相关产品
天津华士化工有限公司	国有企业	1438	染料中间体，冰染染料，碱性染料
天津丹明化工有限公司(田冈化学)	国有企业	–	碱性染料
天津市异型刃具厂	国有企业	417	轻工机械、工业刀具
天津市化工设备厂	国有企业	598	化工设备
天津昭和电材有限公司	合资企业	1334	铜、漆包线、圆铜杆、绝缘漆
天津市油毡厂	国有企业	–	油毡
天津市再生胶厂	–	–	轮胎
天津市第四人民造纸厂	国有企业	1477	纸及纸板
天津市教学仪器厂	国有企业	345	教学仪器

第二章　市属工业

驻区市属工业是区域工业的主体。土城工业区和陈塘庄工业区位于界内东南部。70至80年代，有机械、冶金、电机、电子、棉纺、毛纺、染料、造纸、建材、食品加工等13个门类，产品技术在全国领先。

2000—2010年，随着市工业布局调整和国有企业改革，低效益、高污染、高耗能企业退出市场或转轨，大部分企业迁出河西区。

第一节　发展历程

一　工业概况

1978—1981年，全区市（部）属企业314家，职工17.8万人。1987年，市属工业企业经过调整，全区市属工业企业266家。其中，国有企业147家，集体所有制企业119家；重工业企业102家，轻工业企业164家。1995年，全区市属工业544家，其中国有企业352家，集体所有制企业185家，股份制企业7家，涉及纺织、冶金、化工、造纸印刷、电子通信、仪器仪表等工业，从业人员15.8万人。2000年，随着陈塘庄和土城工业区规划拓展，驻区市属工业610家，职工16.1万人，利税大户25家，工业总产值和利税均占全区工业总产值和利税的61%。奥的斯电梯有限公司、感光胶片厂、广播器材厂等产品均属全国领先地位，畅销国内外市场。

2005年，市属工业经过调整，环保、高效、高科技企业得到发展，全区市属企业368家，主要集中在电子、印刷、仪表和橡胶行业。2010年，按照天津市工业布局总体规划，部分市属大型企业迁出河西区，一部分企业划入陈塘科技商务区。全区市属企业有170余家，年工业总产值268.64亿元。

二　调整改革

1979—1990年，市属工业进行内部改革调整、吸引外资合资办企业，引进先进设备和现代化管理理念。天津电梯公司与美国奥的斯（OTIS）电梯公司、国际信托投资公司合资办奥的斯电梯有限公司。1991—1993年，天津铅笔厂、整流器厂、无线电元件厂等中小型企业，推行经营风险承包责任制，工资上不封顶，下不保底，打破“大锅饭”。

1994年，红旗造纸厂、塑料制品厂、刹车管厂等集体企业，实行股份合作制，清产核资，职工入股。15家企业实现利润2500万元，是1979年改革前4.5倍。

1985—1995年，部分市属企业实行资产重组，资源优化配置，环球磁卡股份有限公司兼并低效能企业造纸六厂，长城电视机厂兼并造纸一厂，天马集团兼并树脂厂、理发器具厂、制冷器厂等企业。

1996—2000年，天津市加大力度对污染企业治理，一些污染企业关停并转。染化三厂、造纸七厂、天津造纸厂、造纸四厂、香皂厂等污染企业关闭退市或转营。2001—2004年，市属企业深化改革，进一步调整，天津一、二轻工业局所属缝纫机台板厂、保温瓶厂、塑料制品厂等低效、高耗能企业退出市场。

2000—2010年，按天津市工业发展总体规划，天津纺织、冶金工业或东移迁出或转营。天津无缝钢管厂、钢丝绳厂、轧钢厂和冶金实验厂迁出河西区，棉纺一厂、四厂、六厂和天津毛纺厂退市。

第二节　企业选介

一　天津奥的斯电梯有限公司

成立于1984年，由美国奥的斯（OTIS）电梯公司、中国国际信托投资公司和天津市电梯公司三方合资组建的中外合资企业。1993年，公司晋升国家大型一级企业。1997年，公司在中国500家三资企业排第27位。公司投资7800万美元，增强公司实力。该公司实现电梯产品全系列微机控制和产品技术更新换代。其产品CHVF住宅电梯、E510自动扶梯和TOEC3F型载货电梯，达到国际先进水平或国内领先水平，产品行销全国，出口韩国、印度等国家。电梯部件出口美国、日本、澳大利亚等国家。1993年，公司通过ISO9001质量认证，先后被授予全国“十佳”合资企业、机械工业十大杰出企业称号。

图5-6　2010年，天津奥的斯电梯有限公司　　（郭枫摄）

二　天津远大感光材料公司

有60多年建厂历史，公司固定资产2.7亿元。辖属销售公司、技术研究所、第一、第二和第三涂布车间，干版车间、套药车间、环保车间、有机车间、包装材料车间等，具备大规模研制和生产高品质感光材料产品能力。可靠的检测手段、先进的标准、灵敏的信息，指导公司科研开发和生产经营。公司主要产品有：天津牌医用胶片、工业射线胶片、航空胶片、三环牌印刷胶片、科技感光版、友谊牌黑白照相胶片、双星牌冲洗套药、精美牌彩色喷墨胶片8大类74个品种、105个型号。主导产品医用X线胶片、工业射线胶片等分别获国家银质奖、国家级新产品称号，被评为市名牌产品和驰名商标，产品畅销国内外。

三　天津环球磁卡股份有限公司

又名人民印刷厂，占地面积6148平方米，建筑面积54402平方米。1995年有职工1526人，2010年有职工1200人。主要设备有进口电子扫描机、四色胶印机、国产双色单色胶印机。主要从事工业包装、画册、票证及文教用品的印刷，印刷质量居国内同行业前列，年产百万色令以上。1992年，引进磁卡生产线，组建天津磁卡公司，成为国内首家从事研制、开发、生产、销售信用卡产品的专业厂家。

图5-7　2010年，天津环球磁卡股份有限公司　　（区地志办提供）

四　中国电子科技集团公司第四十六研究所

始建于1958年，是国内最早从事半导体材料和光纤研究与生产单位。经过50年发展，形成半导体材料、特种光纤及器件、电子材料检测分析、电子工业仪表及电子专用设备四大专业领域。2010年，有职工700余名，其中专业技术人员440人，享受政府特殊津贴专家19人。1999年，通过质量体系审核认证，取得科研成果400余项，获国家级奖励11项，省部级奖励102项。拥有专利37项，包括：国内首创硅单晶、4英寸砷化镓单晶、6英寸砷化镓单晶、碳化硅单晶及熊猫型特种光纤等。

五　天津市合成材料工业研究所

成立于1957年，隶属渤海化工集团。1999年通过质量体系认证，2000年获得独立进出口营业权。该所是国内高分子材料及精细化学品的研发基地和专业生产商。在环氧树脂、聚氨酯、墨粉化学品专用树脂及有机化合物合成与应用领域取得600多项科研成果，获国家级、市级等各类成果奖80余项，达到国内领先水平。

六　天津国际联合轮胎橡胶股份有限公司

1985年成立，生产工程轮胎、特种轮胎。产品涉及185个规格、103种花纹类型、1553个品种形成装载机胎、自卸车胎、农业胎等多种系列，其规格品种居全国首位。企业连续16年被评为外商投资先进技术型企业，“天力”牌轮胎产品质量达到国际同类产品先进水平，并通过ISO 9001:2008标准质量管理体系认证。

图5-8　2009年，天津国际联合轮胎橡胶股份有限公司　（高明贤摄）

第三章　民营工业

自1979年，随着区域经济的发展，民营经济成为一支新兴的产业力量，在区域经济发展中占据重要地位。至2010年，民营企业达到1.44万户，占中小企业总数的85.56%，注册资金521.75亿元，销售收入1656.15亿，纳税总额37亿元，从业人员19万余人。个体工商户1.83万户，申报资金9.78亿元，从业人员23万余人。

第一节　发展历程

一　企业管理

1979年，区民营企业由工商河西分局注册登记管理。2010年4月，成立民营经济和中小企业发展促进局，对全区民营经济和中小企业履行综合协调、指导和服务职能，构建中小企业管理信息库、成立中小企业家协会、创立出版面向民营经济和中小企业刊物《企业聚焦》。

二　企业发展

1979年，区内新兴民营工业迅速发展，主要行业有服装、鞋帽、汽车修理、机械、机电产品、塑料制品、仪器仪表、建筑涂料、工艺品、家具、纸制品、印刷、化妆品、食品等。1993年，制定《扶植私营企业加快发展的若干意见》。1996年，民营企业900户。注册资金7.7亿元，从业人员将近3万人。

1999年，实施《中华人民共和国个人独资企业法》。2002年，国家颁布《中华人民共和国中小企业促进法》，促使区内民营企业依法参与公平竞争、公平交易。2003年，放宽民营注册资金缴付限制和注册地限制。2004年，在行政许可服务中心设立接待窗口，开始受理港、澳居民在津注册个体工商户申请。2008年，依照国家规定，停止征收个体工商户管理费，为民营经济发展营造良好环境。2009年，民营企业总数首次突破1万户。2010年，民营企业1.44万户，资金521.75亿元。从业人员23万余人，年均增长37.78%。销售收入550亿元，缴纳税收37亿元。

三　产业结构

第一产业865户占全区民营企业6%，包括农作物和花卉种植、木材等行业。第二产业1635户，占11.35%，包括制造业、建筑业、电力、燃气及水生产和供应等行业，注册资金83.45亿元，销售收入132.67亿元，税收4.67亿元，从业人员9万人。第三产业1.19万户，占82.65%，包括金融、房地产等10余个行业。

第二节　企业选介

一　天津市华彩电子科技有限公司

成立于2001年，注册资金5100万元，年纳税190余万元。是一家集专业规划设计、产品供应、施工、售后服务于一体的专业灯光照明工程公司。相继完成天津湾、大剧院、天津站、直沽桥等天津市大型夜景灯光工程。

二　天津市华泰建设监理有限公司

1988年成立，员工800余名，注册资金338万元，年纳税862.32万元。被市政府命名为“守合同、重信用”先进单位，企业获中国建筑业工程监理50强称号。是全国监理行业中获“六连冠”先进监理单位。

该公司属于技术密集型企业，涉及工业建筑、文化、体育、医药卫生、市政道路等装饰装潢、工程造价咨询、招标代理等服务项目。其中，天津日报大厦、天津电视塔等工程获国家鲁班奖；天津远洋大厦、北师大天津附中、天津科技大学教学楼等工程获国优奖；获部优及市优工程百余项。监理乌干达国家体育场、多哥洛美国家体育场、斐济多功能体育场等国外经援工程。

三　天津美迪亚影像材料有限公司

成立于2004年，是在原天津感光材料公司基础上改制而成立的一家民营高新技术企业。注册资金500万元，年纳税156.2万元，高新技术产品收入占总收入84%。公司有员工196人，高、中级工程技术人员占21.4%。2007年，“T7工业射线胶片”项目分别获得国家和天津市创新基金。2008年，“TM-1喷墨型防水制版透明胶片”项目获市科技成果转化项目。“天津牌”医用X线胶片、工业射线胶片等感光材料产品为市著名商标。2009年，被市定为高新技术企业和科技小巨人企业。

四　天津蓝马工业工程技术有限公司

创建于1999年，为股份制责任有限公司。主要经营建材、纺织产品及工程设计、技术服务和成套技术装备进出口等业务。注册资金500万元，年纳税29.64万元。科技人员占97.8%。1999—2010年，先后完成新港水泥公司水泥粉磨技术改造工程、葛洲坝水泥厂技改工程等20多个工程设计项目。

五　天津中荣胶业有限公司

始创于1998年，是一家中高端橡塑制品公司，年销售收入4亿元，纳税100.77万元。橡塑混炼胶生产加工、高端橡塑原料交易、橡塑改性及新材料应用开发是公司的三大支柱产业，主要产品适用于汽车、建筑密封系统、注射和模压制品、高端橡塑等，是朗盛（LANXESS）、陶氏（DOW）、中石油等国内外知名企业合作伙伴。

第六编
商贸　服务业

自1979年，随着改革开放进程，河西区推出一系列区属商业企业改革措施，新兴集体商业、个体商业、合资和外资商业蓬勃发展，形成多种体制、多种所有制，多种渠道、多种业态竞相参与、有序竞争的商业大流通格局。至2010年，全区有各类市场64处，各类商业网点及大、中型商贸服务设施3000余家，形成小白楼、南楼、佟楼、下瓦房、小海地、梅江等区域性商业组团，以及大沽路传统商业街和友谊路涉外商贸街、金融街。物资流通辐射国内外，社会商品零售总额跃居全市前列。

2000年，全区商业系统下设98个核算单位、570个商业网点，建筑面积近5万平方米，职工1.1万人，完成社会消费品零售额11.06亿元。2010年，实现增加值97.43亿元，其中批发零售业实现增加值86.77亿元。住宿餐饮业实现增加值10.66亿元。消费品市场购销两旺，实现企业销售总额1052.52亿元，其中批发业实现销售总额795.34亿元。零售业实现销售总额208.8亿元。住宿业实现销售总额5.34亿元。餐饮业实现销售总额43.05亿元。区属商业企业获得诸多天津市和全国先进称号。

2003—2010年，实施招商引资战略，每年举办一次商务商贸节，累计吸引国内资金821.63亿元、国外资金8.82亿美元。2010年，全区外贸出口额突破15亿美元，获天津市对外贸易工作铜牌奖。

2010年，河西区 CBD　（韩金波摄）

第一章 商业

80年代初，推进商业经济体制改革，管理机构不断调整。按照行业属性组建具有管理职能和经营职能商业公司，通过设立基层店和门市部，对零售商业实施分级核算和经营管理。1986年，管理体制改革调整，撤并基层店，管理型公司为经营管理型公司，减少中间层次、减轻企业负担。2000年，对区属商业局、商业公司推行企业转制改革。原区属国营商业局、公司撤销，改为国有参股或控股的有限责任公司和民营企业。2002—2010年，恢复经理负责制，转轨变型，组建新的专业实体公司，形成多种体制、多种所有制形式、多种商业业态的发展格局。

第一节 管理体制

一 财贸办公室

1981年，设财贸办公室，负责全区商业管理。1983年，随着零售体制改革，百货、饮食、副食、糖果、服务、修配等行业，由市下放区属管理。

二 商业委员会

1986年，撤销财贸办公室，组建商业委员会，管理区属商业局和商业公司。包括：粮食局，饮食公司、蔬菜副食品公司、百货公司、五金交电公司、煤建公司、土产日用杂品公司、糖果糕点公司、服务公司、修配公司和风味食廊管委会，以及从国有公司分离出来的集体性质百货股份公司、饮食股份公司、副食股份公司和糖果股份公司。

三 经贸委

2001年，撤销商委和经委，组建区经贸委，行使经济和商贸的规划、监督、协调、服务职能。

2009年，经贸委管理的区属国有和集体商业公司中，风味食廊管委会、南楼商贸集团、桂发祥麻花集团、蔬菜副食品公司、百货股份公司、粮贸总公司、佟楼副食综合商场和煤建公司划入区国资委监督管理，其余公司全部改制为民营企业。

四 商贸旅游局

2010年，撤销经贸委，组建商贸旅游局。按照区域经济发展总体战略，制定商贸旅游对外经济贸易和市场建设规划，实施区域商贸流通、对外贸易、市场建设、旅游经济等行业的监督管理、政策指导和协调服务工作。

第二节 商业改革

一 经营机制改革

租赁经营 1986年，国营与集体商业服务业实行租赁经营制，饮食公司、蔬菜副食品公司、糖果糕点公司基层店试行租赁制。商业系统228个小型企业实行租赁经营改革，占全区国营小型门市部总数的98%。

承包经营 1987年，大中型企业实行基数承包，全员风险抵押金承包改革。企业对上级公司、企业内部层层包，指标分解到基层或柜组。服务公司在旅店、照相、洗染行业实行基数承包、超收全留改革。蔬菜副食品公司各核算店，实行国家所有、集体经营、照章纳税、自负盈亏多种经济承包责任制，扩大核算店自主权。至1990年，全区商业系统完成企业第一轮承包的各项指标。

股份合作 1988年，区属集体企业推行股份合作经营，百货、饮食、糖果3个行业集体企业建立联合股份公司，集资入股50万元，入股职工2500余人。

二 管理体制改革

1985年，由公司、基层店和门市部3级管理变为公司、基层店2级管理。1986年，6个行业撤销46个基层店。90年代初，区属商业公司全部撤销基层店，公司直接对门市部，干部精简57.3%。1995年，区属商业公司全部转变为管理和经营实体性质公司。1999年，16家商业网点拍卖，组建有限责任公司，79家小企业实行股份合作，95家实行公有民营，90家通过整体转制和出售拍卖与原企业脱钩成为民营企业。

2000年，采取领办人牵头买断企业资产、股权转让，实现区街商业企业产权多元化。小企业和商业网点面向社会公开拍卖出售，盘活国有集体资产。2003—2004年，完成鸿起顺餐饮有限公司国有股份退出、副食股份公司整体转制；完成区属挂靠企业明晰产权和脱钩工作，614家企业与街道办事处解除挂靠关系；糖果公司转制为天津德盛商贸有限责任公司，完成鸿起顺餐饮有限责任公司和源盛公司、服务股份、饮食股份、糖果股份等商业企业的改制工作。2005年，完成山华集团、河西物资公司、粮贸公司改制。成立特困企业托管中心，实施资产与人员托管。2006年，完善国有资产监督管理运营体系，组建国有资产监督管理委员会和国有资产经营投资有限责任公司。

三 产权转制

资产重组 1997年，撤销服务公司，按照行业归属、资源互补原则，服务公司所属浴池、理发、照相、洗染等行业划归饮食公司、全通商贸总公司管理。1998年，饮食公司、糖果糕点公司和饮食股份公司，组建成以知名品牌为龙头的桂发祥麻花饮食集团公司，集团由17个基层商店（管委会）、141个自然网点组成。撤销全通商贸总公司、五金交电公司，以南楼百货商场为核心，依托佟楼百货商场、河西百货商场、津华五金交电商场等企业，组建天津南楼商贸集团公司。修配公司、土产公司整建制划归源诚工贸有限公司。1999年，西南楼百货商场整建制划转兆缘服务公司，在商场原址改建1000平方米河西轻纺城，实施资产重组。1999年，撤销粮食局，组建粮食管理办公室和粮油贸易总公司，职工由1356人减至682人。

出售产权 1997年，国有、集体小企业实行资产出售经营。蔬菜副食品公司大庆里、红升里和解放南路副食商店向社会出售产权。糖果股份公司茂林食品店17万元出售；棉四酒馆出售30万元；副食股份公司以17.5万元将“五二”商店出售给职工，职工随店脱离企业；南楼商贸集团19个商业小网点面向社会公开出售，置换资金1039.8万元；源盛工贸公司所属31家小企业职工买断企业资产，企业年内全部扭转亏损。1999年，国有和集体小企业出售国有产权，置换国有资金643.5万元。至2001年，全区转让小企业网点206个，盘活资产8485万元。

整体转制 1999年，412家商业小企业完成转制工作。2003年，副食股份公司更名为福盛商贸有限公司，由集体所有制转为民营区属商业行政性公司。2004年，国有糖果糕点公司转制为德盛商贸有限责任公司。2004年，鸿起顺由国有企业转制为民营企业。至2006年，实现整体转制的商业行政性公司7家。

1986—2009年河西区区属商业改革及企业转制情况表

表6-1

年份	改革内容	改革前企业名称（改革范围）	改革后企业名称（改革情况）
1986	租赁经营	国营、集体商业企业	228个小型企业完成租赁
	分配制度改革	–	实行工资总额与效益挂钩、按股分 配、基数承包和超收全留分配
1987—1990	承包经营责任制改革	大中型商业企业	商业系统完成企业第一轮承包
1988—1995	股份合作制	百货、饮食、糖果集体企业	组建百货、饮食、糖果、副食和纺 织品股份制公司
	管理体制革	推行经理（厂长）负责制	区属商业公司转变经营实体公司
1997	产权改革	服务公司浴池、旅店	划归饮食公司
		服务公司理发、照相、洗染行业	划归全通商贸总公司
		服务公司所属照相馆	划归百货商场
1998	组建企业集团	饮食公司、糖果糕点公司、饮食股份公司 与桂发祥麻花集团公司合并	成立桂发祥麻花饮食集团公司
		全通商贸总公司、五金交电公司、津华五 金交电商场和南楼、佟楼、河西百货商场 合并	天津南楼商贸集团
1999	管理体制改革	撤销区粮食局	粮食管理办公室和粮油贸易总公司
	跨行业兼并	修配公司和土产公司	源盛工贸有限责任公司
		西南楼百货商场	划归兆缘服务公司
		同乐食品厂	划归糖果股份有限公司
2001	资产重组	桂发祥麻花集团的糖果糕点公司和服务公 司旅馆业、洗浴业从集团剥离	糖果糕点公司
2003	企业转制	集体性质的区副食股份公司	民营天津福盛商贸有限公司
		蔬菜副食品公司所属佟楼副食综合商场	取消行政级别，成为独立经营实体
2004	企业转制	糖果糕点公司实行国有转民营	天津德盛商贸有限责任公司
		鸿起顺餐饮股份公司由国有转制为民营	鸿起顺餐饮有限责任公司
		饮食股份公司由集体转民营	嘉泰龙商贸有限公司
		源盛工贸公司集体控股企业	民营恒成工贸有限公司
		糖果股份公司	民营好德餐饮有限公司
2005	企业转制	粮油贸易总公司、食为天粮油制品有限公 司、粮食局运输队、军供粮站	民营食为天粮油连锁有限公司
2009	企业转制	蔬菜副食品公司	民营南楼烟酒商贸有限公司

第三节　商业布局

自1979年，区商业发展进入新时期。民营商业兴起，合资和外资商业进入区内，多形式、多渠道、多种所有制商业参与市场竞争，形成集购物、服务、旅游、文化为一体的商业区组团。有小白楼商业组团、南楼商业组团、下瓦房商业组团、佟楼商业组团、河西商场土城商业组团、小海地商业组团、梅江商业组团。商业辐射华北、西北、东北和环渤海等地区。

一　布局调整

80年代，商业布局逐步进行调整。至2010年，初步形成具有区域特色的商业布局，全区有大中型商业载体160余处，建筑面积138万平方米。

1996—2010年河西区商业布局调整情况明细表

表6-2

年份	商业布局内容	布局范围	主要功能
1996—2000	大沽路特色商贸街	以南楼、东楼、下瓦房为支持点，利 民道口、琼州道口、绍兴道口、南京 路口等十字路口为中心的商业区域	特色商业
	餐饮休闲集聚带	广东路、乐园道	餐饮休闲
	商贸商务区	大营门地区	商务楼宇经济
	友谊路经贸展览区	友谊路沿线	吸引金融业向河西转移
	多层次、多功能现代化商贸群	南楼、佟楼、体院北、小海地等商贸 设施	现代商业
2001—2005	商贸商务中心区	大沽南路和解放南路	现代商务
	环渤海、登发商贸群		大型专业市场
	文化中心	依托天津市博物馆、国际展览中心、友谊路绿地广场、天津宾馆大礼堂、水晶宫、友谊商场等大型设施和北方 金融大厦、奥东大厦等金融机构	文化博览、旅游、金融、会展
2006—2010	中心商务区、现代金融服务区	小白楼地区、友谊路沿线	商务、金融
	商贸物流经济带	大沽南路商业街、佟楼商圈和解放南 路商圈	商业、物流业
	特色商业街区	友谊风情街、气象台路商业街、人民 公园、永安道餐饮街	商业、休闲、旅游
	演出会展博览中心	友谊路为轴心，依托天津大剧院、国 展中心、科技馆、博物馆、自然博物 馆、图书馆和文化剧团	商务会展及文化、旅游、休闲
	改造提升特色商业街区	友谊风情街、气象台路商业街、人民 公园、永安道餐饮街等	商业、餐饮、休闲
	社区商业中心和菜市场建设	各街道、社区	居民日常生活

二　商业载体

超级市场　1998年，河西区与克瑞斯集团合作兴建超级市场开业。至2010年，全区有大型超市12家，建筑面积313万平方米。

图6-1　2002年，世纪联华超市　　　　　　　　（区地志办提供）

1998—2010年河西区超级市场情况表

表6-3　　单位：平方米

序号	超市名称	建成时间	建筑面积	体制变化情况
1	家乐超市南楼店	1998年12月	11000	2007年3月更名为华润万家南楼店
2	家世界南楼北店	2001年4月	22000	2007年3月更名为华润万家南楼北店
3	家世界友谊路店	2002年11月	42000	2007年3月更名为华润万家友谊路店
3	家世界紫金山路店	2004年6月	21000	2007年3月更名为华润万家紫金山路店
4	世纪联华广东路店	2003年1月	24000	-
5	易初莲花大沽南路店	2004年 月	23000	2010年1月更名为物美大沽南路店
6	乐购超市津友店	2005年1月	22000	-
7	欧尚超市峰汇广场店	2005年6月	20000	2007年6月停业，撤出天津市场
8	人人乐超市河西购物广场店	2005年9月	30000	-
9	大润发黑牛城道店	2005年10月	30000	-
10	易买得光华桥店	2008年12月	8000	-
11	易买得梅江店	2009年2月	30000	-
12	大润发大沽南路店	2010年9月	30000	-

农贸市场　1979年，建成资水道农副产品市场。1985年改建为封闭式农贸市场，江泽民、胡锦涛、朱镕基等中央领导先后到该农贸市场考察。至1995年，区办农贸市场8个、街办摊群市场27个、有关部门主办的摊群市场6个。

“九五”至“十一五”（1996—2010年）期间，先后对全区在册的农贸市场进行“建厅退路”规范改造。2010年，投资1.3亿元，拆除不具备改造条件的19个占路集贸市场，11个大棚农贸市场改造提升为全

图6-2　2003年，大沽路菜市场外景（区地志办提供）

图6-3　2005年，新苑菜市场内景（区地志办提供）

图6-4　2010年，博疆菜市场外景（区地志办提供）

图6-5　2010年，博疆菜市场内景（区地志办提供）

封闭市场，新建改建34个菜市场，全区标准化菜市场45个，建筑面积9.3万平方米。中央领导胡锦涛、习近平先后于2007年、2009年到河西区菜市场视察调研。商务部、国家工商总局、香港特区以及北京、上海、重庆、山东、海南等20多个省市代表团，专程到区考察菜市场建设管理工作。

2010年河西区农贸市场情况表

表6-4　　单位：平方米

序号	市场名称	所属街道办事处	坐落地址	建筑面积	投资及经营主体
1	新世纪菜市场	友谊路街道	黑牛城道南世纪城小区东侧清秀园西侧	1200	天津市博疆菜市场经营管理有限公司
2	友谊菜市场	友谊路街道	紫金山路与黑牛城道交口	2380	友谊路街太阳工贸公司
3	友华菜市场	友谊路街道	平江南道友华路交口	1000	友谊路街道
4	爱国菜市场	越秀路街道	中豪世纪花园地下	1900	爱国市场管理有限公司
5	复兴门菜市场	柳林街道	金海湾花园西北侧	1500	天津市澳泰房地产开发有限公司
6	艺林路菜市场	柳林街道	艺林路昌源公寓旁	1400	博疆菜市场管理公司
7	梅江津典菜市 场	梅江街道	珠江道涟水园北门	1000	梅江生态发展公司
8	新美菜市场	挂甲寺街道	古海道元件六厂内	3000	新美市场公司
9	丁家桥菜市场	越秀路街道	绍兴道东津河南	1200	天津市澳盟商业管理服务有限公司
10	平泉道菜市场	马场街道	建国楼煤厂平房	1000	爱国市场公司
11	永安菜市场	桃园街道	永安道泰达园西侧	2000	桃园街道
12	红霞菜市场	尖山街道	澧水道38号泰山路西	2600	尖山街道
13	荔湾菜市场	越秀路街道	前进道北荔湾路西侧	1500	越秀路街道
14	三义庄菜市场	大营门街道	苏州道与南昌路交口	1200	河西区瑞泽公司
15	大沽路菜市场	下瓦房街道	西楼后街3号	2800	河西区瑞泽公司
16	博疆菜市场	柳林街道	柳林街长湖路东侧雅致里北侧	4700	天津市博疆菜市场经营管理有限公司
17	三水道菜市场	东海街道	枫林路东三水道北	2900	天津滨海乐氏商贸有限公司
18	竹林路菜市场	陈塘庄街道	竹林路与三水道交口	4300	天津佳森菜市场有限公司
19	茂名道菜市场	陈塘庄街道	茂名道与曲江路交口	2000	天津市国梁商贸发展有限公司
20	瑞江菜市场	梅江街道	梅江道白云山路交口	3200	天津成功投资有限公司
21	梅江菜市场	梅江街道	九华山路玉水园	500	梅江街道
22	天塔菜市场	天塔街道	环湖西路东侧	2800	天塔街道
23	体南菜市场	天塔街道	环湖中路与富有道交口	2600	润鑫菜市场公司
24	体北菜市场	天塔街道	体北道环湖东路交口	3000	纪庄子村委会
25	体院北菜市场	天塔街道	环湖中路环湖北路交口滨湖大厦负一层	2600	天塔街道
26	宾友菜市场	马场街道	宾友道与文静路交口	400	马场街道
27	前进道菜市场	越秀路街道	前进道11—13号	630	前进副食总店
28	越秀菜市场	越秀路街道	白云路与利民道交口	2200	越秀路街道
29	彩虹菜市场	挂甲寺街道	利民道景兴西里与景兴里社区内	700	挂甲寺街道
30	新城菜市场	挂甲寺街道	古海道与解放南路交口	400	挂甲寺街道
31	湘江菜市场	下瓦房街道	湘江道北侧东舍宅内	420	下瓦房街道
32	徽州道菜市场	下瓦房街道	徽州道7号	500	河西区区煤建公司
33	新苑菜市场	陈塘庄街道	珠江道于学苑路交口	2300	陈塘庄街道
34	佟楼副食	马场街道	马场道与圩堤道交口	1590	佟楼副食

专业市场　自80年代，区内商业日趋繁荣，逐渐兴起一些大型专营商场。1980年，一号路开办自行车、木器、木料、花鸟鱼虫和工业品市场。1983年，新建镇江道工业品百货市场。1989年，建立人民公园信誉杯家具市场。1992年，建成儿童玩具大世界。1993年，新建蚌埠道洋货市场。至1995年，区内先后新建改建成镇江道服装百货市场、大世界商城、天津汽车配件城3个年交易额超亿元的专业

市场。1996—2010年，一批超大规模的专业市场先后建成。

1990—2010年河西区专业市场情况表

表6-5　　单位：平方米

建成年份	名称	经营项目	经营面积	销售额
1990	镇江道服装百货市场	服装、鞋帽、布料、电器、小五金等精品近万种	10500	近2亿元
1992	大世界商城	8大类近2000余种装饰材料	12000	1亿元
1992	汽车配件城	进口、国产汽车配件	30000	超过亿元
1998	环渤海地区中心批发市场	百货	-	-
2000	乐园窗帘布艺市场	家庭装饰产品	-	-
2010	登发装饰基地	房屋建材及装修材料	80000	-
2003	家宜家居博览中心	房屋建材及装修材料	35000	-
2003	天津厨具城	厨具、酒店用品	-	-
2003	红星美凯龙国际家居广场	房屋建材及装修材料	-	-
2001—2005	大沽南路沿线电器商城	国美电器、苏宁电器、大中电器、永乐电器等	-	-
2005—2010	环渤海家居商贸物流中心	汽车配件、家装材料	-	40亿元
	珠江国际家居建材基地	装饰	230000	-
		五金	80000	-
2005—2010	珠江国际家居建材基地	石材	30000	-
		家居购物	120000	-
		灯饰	40000	-
	珠江道茗都茶城	茶叶	30000	-

三　商业街区

大沽南路商业街　北起徐州道大营门地区，南至中环线南楼地区，是天津市传统商业中心。90年代，沿大沽南路两侧分布近300家商贸金融企业。1996年，对该地区进行重新规划和拆迁改造。至2010年，建有凯旋门、国贸中心、金皇大厦等19座商贸载体，建筑面积55万平方米，形成购物、餐饮、休闲、娱乐、金融等商业密集、功能完备的商务商贸区，是天津市城市CBD中心重要组成部分。有恒华大厦、龙云大厦、麦格里商厦、国华大厦和苏宁、国美、家乐超市、中原百货大型商业载体8座，沿街商业店铺256个，建筑面积10万平方米，形成以区域型电子电器为特色的商业街格局。

友谊路金融商贸区　北起马场道，南至黑牛城道，总长3.6千米。80年代，以友谊路为轴线在两侧地区招商引资，成为天津市涉外活动、会展、经济、高档酒店集中区域。至2010年，友谊路地区有商务商贸载体34座，建筑面积86.3万平方米，全市40%的银行、金融、保险、证券、期货机构均坐落在该区域。

佟楼商业街区　北起马场道，南至干部俱乐部，西至气象台路，东至友谊路金融服务区，该区域与南楼地区同为传统的区域商业中心。区域内有华润万家、友谊商厦等大型高端载体，天海、华钜等中档传统商业，杨柳青年画、佟楼绿色副食、品牌快餐店等商业店铺37个，建筑面积5万平方米。依托

图6-6　2007年，友谊路金融街夜景　（林毅摄）

马场道、干部俱乐部等区位优势和文化基础，以“高档品牌，绿色消费”为特色，形成绿色产业集聚、具有现代商业风格、功能齐全的高端消费区。

图6-7　2008年，佟楼商业街区
（区地志办提供）

梅江新海湾商业街区　坐落于友谊南路与珠江道交口，建筑面积5.6万平方米，入驻商户271家，由上海新海投资集团投资1.5亿元开发建设。作为梅江地区的商业中心。2009年，区政府把提升改造梅江新海湾商业街区，作为发展商贸旅游服务业的重点项目。2010年，梅江新海湾列为天津市繁荣商贸旅游服务业十大特色街区之一，先后举办“珠江啤酒之夜”“雪花啤酒花园夜市”等大型餐饮美食消夏活动。

社区商业中心　2004年，发展以便民商业进社区、便利服务进家庭为主要内容的社区商业中心。至2010年，全区13个街先后建成16个社区商业中心、1189个社区便民商业网点，社区商业覆盖率实现100%，社区商业网点连锁率80.03%。其中，桃园街永安道社区、尖山街瑞江花园社区、挂甲寺街利民道社区的3个社区商业中心，被商务部命名为全国社区商业示范社区。

第四节　商品行业

1979—2010年，商业管理体制和管理机构调整变化，新兴商业业态兴起，区内商品经营和服务行业不断进行合并与划分，逐步形成比较规范的多个商品行业。

一　粮油食品

1993年，天津市全面放开粮价和经营。至1995年，全区注册民营和个体粮油商59家。1999年，粮食局成立食为天粮油便民连锁公司。至1995年底，年销货额亿元，利润60万元。1999年，粮食局实行政企分开，所属国有企业调整为经营性粮油贸易总公司。2000年，国有粮油企业全部实行自主经营、自负盈亏的市场经营体制。2001年，粮贸总公司依托食为天粮油便民连锁公司，对所有经营实体和门店实行一级管理和一级核算，并培育和发展以快餐为主营特色的“食为天”品牌。1999—2010年，“食为天”拥有快餐店、西餐店、校园店和便利超市、配餐中心、配送中心连锁店35家，成为天津市中式快餐知名品牌。

二　蔬菜副食

1980年，副食行业主要有南楼副食商场、佟楼副食商场和解放南路副食综合商场，下设副食网点。1987年，南楼自选综合商场建成。至1991年，全区有国营副食门市部66家，集体股份公司门市部64个、民营副食网点60多个，个体摊点千余处。1992年，副食行业经营多样化，采取批零兼营、代购代销、加工生产、咨询服务等途径，扩大经营销售范围。1996年，副食股份公司率先建成6个蔬菜专卖点。蔬菜副食品公司组建蔬菜配送中心，在农贸市场建立售菜专点53个。2001年，逐步实施企业改制，蔬菜副食品公司下属4个分公司，实行独立核算。2003年12月，副食股份公司实现整体转制为民营商业公司。

三　糖果糕点

1986年，糖果糕点行业实行国营和集体分开经营，有国营网点65家、集体网点34家，食品加工厂2家。其中，一品香食品店、起士林食品店、红霞回民糕点店、同乐食品厂是国有店铺中的骨干企业。

1998年，糖果公司与饮食公司和饮食股份公司，整体合并为桂发祥麻花饮食集团公司。2004年，糖果糕点公司，整体转制为民营德盛商贸有限责任公司，转制后发展“红霞牌”系列糕点、烟酒糖茶经营、超市连锁、资产运营四大经济支点，“红霞牌”月饼先后被中国商业联合会、中国烹饪协会、全国工商联烘焙业公会，认定为天津地区首批优秀达标品牌，并被评为天津市首届消费者最喜爱的产品。

四　日用百货

80年代，商品限购措施取消，区内商业繁荣，全区商业年营业收入近5000万元。至1994年，国有与股份合作百货网点50余家，民营和其他企事业单位举办的百货网点数十家，另有个体摊点400余个。其中南楼百货商场、河西百货商场、佟楼百货商场等国有10大商业网点建筑面积16015平方米，从业人员1936人。

图6-8　2002年，转变经营的河西百货商场（区地志办提供）

图6-9　2002年，转变经营的南楼百货商场（区地志办提供）

90年代，区百货业被国美、苏宁等大型家电商场和一些服装纺织品批发市场代替，百货公司逐步转制，日用百货销售逐渐被各类超市和精品商店所取代。

五　五金交电

70年代末，区五金交电行业主要经营日用五金、交通器材、水暖器材、电料电器、日用工具、自行车、标准件等商品。80年代，五金交电行业呈现多渠道、多种所有制经营的格局。90年代起，大型百货商场也将五金、电料、自行车、化工颜料等商品纳入经营范围。至1995年，区内国有五金交电商店12家、化工商店5家、集体所有五金交电商店6家，从业人员近680余人，民营商店、摊点近100家。1998年，五金交电公司并入南楼商贸集团。新组建的南楼商贸集团，对原五金交电公司企业进行资产重组和机制转换，所属津华五金商场改制为津华五金交电商场有限公司；海地五金商场实施股份制改造。2003年，津华五金商场拆迁，专业市场、专卖店和超市成为五金交电行业的主要卖场。

六　煤炭建材

1979年，煤建公司为全区居民和企事业单位供应生产生活用煤。90年代，全区煤炭网点59个。2000年，煤建零售市场发生变化，液化气、管道燃气、电炊具的普及和居民住宅集中供热的实现，使煤炭需求量减少。至2010年，全区仅有3个国营煤炭网点。登发、欧亚达、红星美凯龙等大型装饰器材商场的建立，个体小型建筑装饰材料商店群起，国有建材市场萎缩，区煤建公司对一线网点进行改革转型，尚存的煤炭建材业务由部分民营物资公司经营。

七　区属企业选介

图6-10　2008年，桂发祥麻花饮食集团有限公司　（麻花集团提供）

桂发祥麻花饮食集团有限公司　该公司是有着百年经营历史的知名老字号企业，主打产品十八街麻花以其香甜酥脆、久放不绵的特色享誉海内外。诞生于20世纪初叶，因店铺地处东楼十八街，故得名“十八街麻花”。桂发祥十八街麻花所选用的主料是面粉、植物油和白糖，加入桂花、芝麻仁、青红丝等10多种小料，经过20多道工序精制而成。被国家认定为中华名小吃、中华老字号。1980年，注册“桂发祥、十八街”商标。1999年，投资800余万元研制开发电脑程控麻花机械生产线，日产麻花50吨。告别大锅炸制手工作坊生产，成为全国麻花食品龙头品牌，远销国内外。2009年，企业入选天津市非物质文化遗产名录。2010年，公司有员工491人，全年销售收入3.66亿元，实现利润6588万元，上缴税金5518万元。

南楼商贸集团有限责任公司　成立于1998年，由区属南楼百货商场、百货公司、五金交电公司、服务公司组建而成。集团下属6个子公司，商业网点19处，面积2.8万平方米。大型网点主要有南楼商场、河西商场、津华五金商场、海地五金商场和同乐食品厂等。2010年，南楼商贸集团在编职工284人，资产总额14279.39万元，经营总额1865.66万元。

图6-11　2003年，天津市食为天连锁公司　（区地志办提供）

食为天快餐食品有限责任公司　企业前身为区粮食零售企业。粮食流通体制改革后，企业转变经营业态和模式。1999年，在平山道开办第一家快餐店。企业坚持面向工薪、贴近百姓的经营理念，突出商品多样化、价格大众化、服务家庭化的经营特色，从早餐到晚餐各类炒菜150余个品种。2000—2002年，开办大沽路店、利民道店、双水道店、大成店、前进道店、下瓦房店、宾西路店、资水道店、泰山路店，以及榆林路和曲江路2个便民店，建成400平方米的主食生产基地。

2003—2005年，在新华中学分校、第四中学、四十一中学、四十二中学、十四中学、微山路中学、卫生高等职业学院等校园内开办食为天快餐店，适应机关学校、企事业单位后勤社会化需求。发展社区服务业，在美好里、紫金南里、龙海公寓、曙光里、和平区紫阳路，开办5家食为天社区便利店，经营早点、中晚餐以及粮油食品。投资550万元建成集科研、加工、配送为一体的食为天物流中心生产加工基地。2005年，成为由员工持股的股份制企业，先后被评为全国国有粮食系统改革先进单位、中国快餐连锁品牌企业、天津市放心早点示范店，被市商委、市烹饪协会命名为“天津市餐饮名店”和“津菜风味小吃特色店”。2010年，销售收入2702万元。

第二章　外经外贸

自1979年，以优质服务、优惠政策，优越环境，吸引国内外企业来河西区投资。用好商务商贸节和香港金融学院等招商平台，加速重点区域、重大项目招商，引进总部经济、研发中心，创建基地企业，壮大经济实力、蓄积发展后劲。1986—2010年，引进500强企业72家，其中世界500强企业39家，国内500强企业19家，民营500强企业14家。引进国内资金376.74亿元、国外资金9.21亿美元。2010年，成立对外贸易协会，全区外贸出口额突破15亿美元。

第一节　吸引资金

一　内资

1979年，优化投资环境，吸引5家外地企业投资。1986—1998年，吸引外地投资协议额30.79亿元，实际到位额9.77亿元。与全国32个省市地区建立友好合作关系，与130余个市（区县）建立经济往来关系。宝钢集团北方贸易公司、河南红高粱有限公司、TCL集团天津分公司、上海汽车销售公司等100余个企业落户区内。外地企业来区建立办事机构，以每年平均40家速度递增。至1998年，1283家外地企业在区注册。2000年，驻区"三产"3024家，年纳税1.35亿元，其中外地驻区经营单位174家，年纳税933万元。

2002年，"开展问需求、解难题"活动，深入1382家企业，收集资源信息300条，近20万平方米闲置厂房、网点，建立闲置资源网络管理系统，实现信息共享动态管理。落实项目121个，盘活闲置资产6万平方米。2005年，招商重点放在第三产业，举办商业载体推介会和餐饮娱乐项目推介洽谈会。北京国美电器1万平方米国华大厦旗舰店、上海永乐电器1.5万平方米亚洲旗舰店、2000平方米科嘉大厦金佰万餐饮等项目落户。全年实现招商引资额53亿元，其中内联引资协议额33.2亿元，完成年计划212.82%，比2004年增长118.42%。

2009年，面向北京、珠江三角、长江三角等地区，成立常驻外地招商局，引进外省市企业总部，开展大招商。2010年，引进500强优势企业和现代服务业企业10家。

1998—2005年河西区内联引资情况表

表6-6　　　　单位：亿元

年份	内联引资协议额		内联引资到位额	
	数额	完成年计划（%）	数额	完成年计划（%）
1998	5.00	100.00	1.70	107.00
1999	5.63	122.30	1.92	120.00
2000	6.15	102.50	2.00	111.00
2001	6.64	105.37	2.10	110.50
2002	6.72	110.30	2.38	135.00
2003	7.06	100.90	2.66	102.10
2004	15.20	179.41	10.51	268.25
2005	33.20	212.82	17.10	132.56

2006—2010年河西区国内招商引资情况表

表6-7　　　　单位：亿元

年份	国内招商引资实际到位额	
	数额	完成年计划（%）
2006	26.00	139.04
2007	55.00	176.30
2008	74.80	101.00
2009	77.70	100.00
2010	95.00	100.00

二　外资

1986—1997年，吸引“三资”企业（中外合资企业、中外合作企业、外商独资企业）投资协议额1.09亿元，其中外资额7836万美元。

1991—1998年，审批“三资”企业223家，其中合资、合作企业85家，独资企业138家，投资方由原来的中国香港、台湾地区及日本发展到新加坡、美国、韩国、罗马尼亚、意大利、德国、匈牙利、英国、墨西哥、赛浦路斯、利比亚、澳大利亚等国家和中国澳门地区。日本通文具有限公司、意大利利满地南奇机械有限公司、美国麦当劳食品有限公司、肯德基有限公司4家跨国公司落户河西区。工业总产值累计10.02亿元，利润8300万元。

2000年，为适应中国加入世贸组织，河西区与商务部、市商务委等部门，研究外商投资相关政策法规，提高审批立项时效和政策准度。2004年，围绕建设商务商贸区，引资重点放在管理咨询、房地产开发、物流、商业、餐饮、娱乐、广告等服务性行业。2008年，天津博智置业发展有限公司、事安（天津）商用设施开发有限公司等，20户外商投资企业落户河西区，合同外资额1.13万美元。为东津房地产开发（天津）有限公司（增资3.08亿美元）、天津博智置业发展有限公司（增资注册资本5350万美元）立项，成功竞拍小白楼欧加华地块项目和大沽路东侧地块。2010年，协调市审批管理部门，促成星美影城有限公司成为市首家外商合资文化产业。

1998—2010年河西区吸引外资情况表

表6-8　　　　单位：万美元

年份	外资协议额		外资到位额	
	数额	完成年计划（%）	数额	完成年计划（%）
1998	952.00	119.00	650.00	108.00
1999	1002.00	100.20	742.00	112.40
2000	1150.00	104.50	783.00	107.30
2001	1218.00	100.70	889.00	110.70
2002	1396.00	103.40	988.00	111.00
2003	1324.00	165.50	960.00	192.00
2004	2622.50	145.70	2600.00	113.04
2005	5800.00	247.86	3500.00	106.06
2006	–	–	3887.00	100.00
2007	–	–	5505.00	120.00
2008	–	–	10570.00	140.00
2009	–	–	35200.00	320.13
2010	–	–	18000.00	100.00

第二节　商贸经济

一　楼宇经济

自2002年，按照中心城区产业发展方向，发展培育楼宇经济，形成“向空间要效益、向空间谋发展”格局。至2010年，商务楼宇由65座增加到75座，建筑面积由115万平方米增加到230万平方米，楼宇内注册企业2780家，楼宇出租出售率由50%上升到90%以上，楼宇企业利税每年以10%以上速度增长。2010年，楼宇企业实现三级财政收入29.4亿元，占区三级税收收入48%，同比增长16%；实现留区税收15.3亿元，占留区税收总额的55%，同比增长6%。实现纳税总额超过亿元楼宇10座，包括环渤海发展中心、工行大厦、农行大厦、建行大厦、天银大厦、万顺温泉花园、渤海银行大厦、中环广场、宝钢大厦、森淼商务广场。以船运货运代理业为特色的外代大厦、以科技创新为特色的丽晶大厦、以文化教育为特色的文华中心等32座纳税超千万元楼宇。

楼宇经济产业结构形成以金融、商贸流通、船运及货运代理、商务服务、房地产5大支柱产业。其中，商务服务业、商贸流通业企业数量多，金融企业、房地产企业纳税能力强。

二　楼宇选介

天银大厦　位于区友谊路15号，1999年建成投入使用。大厦建筑面积34969平方米，为天津银行股份有限公司总部办公楼，年纳税21亿元，天津银兴物业管理有限公司提供服务。

图6-12　1999年，天银大厦　（楼宇办提供）

建行大厦　位于南京路19号，2005年建成投入使用。大厦建筑面积50000平方米，为中国建设银行天津分行总部办公楼，年纳税1亿元。

工行大厦　位于围堤道123号，1999年建成投入使用。大厦建筑面积44000平方米，为中国工商银行天津分行总部办公楼，年纳税1.4亿元。

万顺温泉花园　位于黄埔南路与宾水道交口处。建筑面积78848平方米，商业建筑面积24300平方米，年纳税10亿元。A区1至3层为盛京银行，4至30层为高档涉外公寓，B区为写字楼及餐厅。公共部位采用安防监控系统、电子安防巡更、消防报警等系统，确保大厦安全正常运行，为客户及业主提供便利的生活和工作环境。入驻重点企业：天津市规划设计院、天津市土地整理中心、盛京银行天津分行(总部)等。

图6-13　2005年，建行大厦　（楼宇办提供）

图6-14　1999年，工行大厦　（楼宇办提供）

图6-15　2010年，万顺温泉花园　（楼宇办提供）

图6-16　2010年，中环广场　（楼宇办提供）

中环广场 位于南北大街1号，建筑面积9.8万平方米，由大型商场、写字楼两种业态构成，其中商场面积5.97万平方米。写字楼面积2.02万平方米，年纳税1亿元，入驻重点企业：天津嘉茂中环商用设施开发有限公司、东莞徐记食品有限公司天津分公司、北京融信房地产经纪有限公司天津分公司、中恒基(天津)物业管理有限公司、金红叶纸业集团有限公司天津分公司和天津成通置业发展有限公司等。

友谊商厦 坐落在友谊路21号，商厦实行百货零售业的分层次经营，坚持“名店卖名品，名品塑名店”的定位战略，集纳众多世界一线品牌服装服饰、高级鞋类、高级化妆品、世界名表、进口高档玻璃器皿、高级名烟名酒、高档家品、工艺品、饰品、家具用品等系列精品。2000年，通过英国皇家认证机构ISO9002国际质量标准认证，成为天津市首家通过此项认证的大型商业零售企业。2003年10月，商厦再次取得ISO14000环境管理体系认证资格，获全国商业服务业先进企业。2004年，获全国“五一”劳动奖状、中国商业信用A级企业、全国商业名牌企业等称号。

图6-17 2004年，友谊商厦（区地志办提供）

2010年河西区楼宇经济产业结构情况表

表6-9 单位：个

产业名称	企业数量	所占比例(%)
商务服务业	1265	46
商贸流通业	912	33
船运及货运代理业	253	9
金融业	115	4
房地产业	59	2

三 商务中心

2003年，首届商务商贸节向国内外推出小白楼商务中心区，并对其进行建设规划。该中心区，北至徐州道、南至奉化道、东至台儿庄路、西至南京路连接大沽南路两侧，占地0.68平方千米。

强化该中心商务金融功能，提升楼宇档次，完善功能配套，重点发展商务服务、企业总部、高端商业和酒店等领域，吸引跨国公司、国内知名企业设立地区总部、研发中心、营销中心、结算中心等，形成开放的城市核心区。“十二五”期间，重点建设富力中心、天津国贸中心、美银综合体、小白楼联合广场等项目。

图6-18 2010年，大沽南路商贸街（区地志办提供）

2003年，进驻商务中心区的商贸、物流、科贸、办事处等各类企业118家，各类办事机构20家、物流企业21家、商贸类企业34家、科贸类企业11家、文化教育类机构5家、广告咨询类机构6家、金融保险类机构8家、房地产类企业4家、其他服务业9家。

2007年，商务功能不断完善，吸引众多企业到河西区经营办公。丽晶大厦与世界知名地产中介戴得梁行联手，引进美国爱思爱、阿里巴巴、搜狐、东京精密、国能滨海、天津建发、台橡天津公司、阿克苏诺贝尔工业油漆8家企业入驻；环渤海发展中心以打造总部型企业商务楼宇为目标，引进国家开发银行、新冠等。

2009年，举办小白楼CBD（商务中心区）规划与建设发展论坛，宣传发展楼宇经济取得的成果，与国内500强优势企业共同研讨CBD建设发展规划，深化小白楼商务中心区建设。2009年10月，第十届北京CBD国际商务节期间，与重庆、大连、沈阳等9个城市11个商务区共同加入中国城市商务区联盟，加快与国际经济接轨步伐，助推商务CBD建设。

2010年，泰达大厦、金皇大厦、北方金融大厦、丽晶大厦、大安大厦等商务楼宇投入资金，改善投资环境，提升各楼宇招商引企实力。北京盈科律师事务所、四方君汇律师事务所、天津维洛城信息技术有限公司、北京风尚大宅装饰有限公司天津分公司、华润置地物业有限公司天津分公司、亚联小额担保公司、广东发展银行、浙商期货等一批规模大、实力强、知名度高的优质企业落户；大地保险、信诚人寿保险等企业从外区转入。全年楼宇内新注册企业239家，占新注册企业总数的18%。

四　商贸节

2003年3月6日，以交流、合作、发展为主题，“中国·天津河西商务商贸节”开幕。此后，每年一届商务商贸节成为实施招商引资战略，搭建区域及国际间交流合作平台。

图6-19　2009年，河西商务商贸节项目签约仪式（区地志办提供）

2004年，推出涉及都市工业、房地产、综合商业开发等项目100个，接待国内外客商600余名，达成合同项目28个，合同金额36亿元。2005年，推出房地产开发及海河改造、工业开发合作、高档百货、商业载体等3大类60余个招商项目，对其中30个规模较大、有代表性项目进行重点包装，重点推介。达成合同项目12个，合同金额39亿元。2006年，推出44个重点项目，涉及房地产、商业、酒店、工业等12个项目签约，总投资50.2亿元，动工、开业11个项目，到位额26亿元。2007年，以提升商务功能，发展现代服务业为重点。推出房地产、海河综合开发、都市工业、商业合作等6大类60余个项目。举办发展楼宇经济、建设服务型政府、中小企业融资等7个专题论坛。促成12个项目签约，投资额86.25亿元。

2008—2010年，以构建和谐、开放现代化新城区为重点，宣传区位优势，达成签约项目47个，合同投资额298亿元人民币，28.2亿美元。

五　外贸出口

80—90年代，外贸出口主要是生产型外贸企业。1992年，外向型经济快速发展，与外商达成项目百余项。建立“三资”企业21家，与美国、俄罗斯、澳大利亚等6个国家联合投资兴办企业，3个系列产品打入国际市场。1995年，转批“三资”企业43家，有11大类60余个产品打入国际市场，出口额1000万美元。1996年，发展“三资”企业200余家，出口额1020万美元。1998年，全区外资企业达到223家，出口额1210万美元。1999年，出口额1.48亿元。2002年，出口额1400万美元，提前5个月完成全年出口任务。

2003—2007年，一批效益好的出口生产企业受区环境限制外迁，区管外资出口企业由30家减至

11家，出口进入相对低谷时期。2006年，完成外贸出口额1133万美元。2008年，成立外贸工作领导小组，加强出口企业管理，一批市管外贸企业下放到区，一些民营企业申办外贸出口权，全区外贸出口上升，全年实现出口额14.01亿美元，出口产品涉及纺织、服装、化工、冶金、电子等10多个行业，出口美国、日本、加拿大、韩国等160多个国家和地区。2009年，制定鼓励外贸出口企业政策，对达到一定规模的外贸企业，按增量分档奖励。全区出口额500万美元以上企业42家。7家出口企业进入天津市百强出口企业。

2010年，成立对外贸易协会，区政府部分外贸管理职能下放到外贸协会，为外贸出口企业提供全方位服务，全区外贸出口额突破15亿美元，河西区获天津市对外贸易工作铜牌奖。

六　驻区出口企业选介

天津莱特进出口有限公司　创建于1953年，坐落于宾水道9号。是中国500强进出口贸易企业。公司业务遍及140多个国家和地区。经营主要产品有：电子电工、家用电器、日用五金、建筑材料等。年出口额8234万美元。

天津利和进出口集团有限公司　1994年成立，坐落于宾水道。利和集团有直属外贸专业公司8家、区县外贸公司11家、股份制、合资、联营等企业27家、海外企业3家、生产型企业30余家。主要从事各类商品的进出口业务，经营范围包括轻工产品、土畜产品、工艺品、包装材料等上百大类、数千品种规格。业务遍及160多个国家和地区，与8000多个客商建立贸易关系。国内建立120余个出口商品生产货源基地。在澳大利亚等国家和中国地区设立海外销售网点。在欧盟中心比利时组建商贸展一体化的中国（天津）欧洲贸易中心，是天津和滨海新区在欧洲对外开放窗口。

图6-20　2010年，天津利和进出口集团有限公司　（区地志办提供）

天津盛泰昌合国际贸易有限公司　2005年成立，坐落于友谊北路广银大厦。经营范围：技术进出口、光机电一体化、软件技术开发、技术转让、钢铁、塑料制品、机械设备、电子产品、仪器仪表、电线电缆、化工产品、生铁、五金交电、纺织、皮革、橡胶、机电。

天津市祥龙盛泰国际贸易有限公司　成立于2008年，坐落于解放南路海汇名邸。经营范围：五金交电、机电设备、陶瓷、电器、纺织、计算机、建筑材料、塑料制品、矿产品、金属材料、木材及木制品、畜牧产品、焦炭及技术进出口业务。

天津市联景国际贸易有限公司　成立于2008年，坐落于东江道香年广场1号楼。经营范围：金属材料及制品、机械电子设备、工艺美术品、塑料原料及制品、文具体育用品、服装、纺织品、矿产品、建筑装饰材料、五金交电、化工产品、饲料、日用百货、木材及木制品、焦炭、农产品、建筑设备租赁、劳务服务、商务信息咨询、货物及技术进出口业务。

天津滨海津源国际贸易有限公司　2006年成立，坐落于体院北紫金南里49号。经营范围包括货物及技术进出口业务；金属材料、建筑装饰材料、玻璃制品、木材制品、煤炭制品、矿产品、纸浆及纸制品、针纺织品及原料、化工材料、塑料制品、橡胶及橡胶制品、五金交电、机电产品、电子产品、皮革制品、汽车、汽车零配件、服装、日用百货及建筑工程机械。

天津市宝来国际贸易有限公司　成立于2002年，坐落于围堤道峰汇广场内。公司是生产高频直缝焊接钢管进出口贸易企业。公司有6条制管和2条热镀锌钢管生产线，年产量40万吨。产品用于石油、石化和天然气输送、中低压锅炉、矿山井下送风和排水、深井泵配套和建筑脚手架等用管。

公司通过美国石油学会API-5L、API-5CT、ISO9001质量管理体系认证和ISO14001环境管理体系认证；通过进入欧盟市场准入条件—PED认证及AD2000－WO（德国压力容器技术规范）认证。产品出口欧共体25个成员国。公司取得国家质量监督检验检疫总局颁发的《特种设备制造许可证（压力管道）》。

天津冶金轧一国际贸易有限公司 成立于2008年，坐落于大沽南路928号。公司主要经营：铁矿粉、冶金煤、焦炭、热轧钢板、钢坯、冷轧卷板、镀锌带、角钢、焊管、无缝管、彩涂板、硅锰合金等。公司已通过ISO9001:2008质量体系、OSHMS职业安全健康管理体系和EMS环境管理体系认证。

第三章 服务业

1979年前，区内服务行业发展缓慢，设施陈旧，满足不了社会需求。80至90年代，加快服务行业建设，一批星级宾馆饭店建成。至2010年，全区二级以上宾馆酒店19家，年营业额100万元以上餐饮饭店66家，民营洗浴、理发、洗染、装饰、修配等服务行业遍及全区，满足人民生活需求。

2010年，全区服务行业实现增加值125.59亿元，其中商业服务业130个，营业收入10.15亿元；社会服务业324个，营业收入59.72亿元；居民服务业33个，营业收入5.03亿元。社会服务业已成为区域经济发展的主导产业。

第一节 住宿业

一 概况

自1979年，加快住宿网点建设，新建一批宾馆、饭店，区内有各类旅店15家，缓解住宿供需矛盾。2000年，一批规模较大、设施先进、服务方式新颖的宾馆建成。锦江之星、如家、汉庭等商务快捷酒店，陆续进入河西区。至2010年，区内有二星级以上宾馆、饭店19家，其中二星级3家、三星级5家、四星级7家、五星级4家，有客房3232间、床位4895张，区内注册的各类旅馆约160余家。全区住宿业实现销售总额5.34亿元，限额以上住宿业28家，营业总收入2.94亿元。

二 驻区酒店宾馆选介

喜来登大酒店 坐落在紫金山路上。酒店于1987年开业，有235套豪华客房和65套服务设施齐全的公寓，标间面积28平方米。主楼高6层，辅楼高8层，客房296间。娱乐设施有保龄球、模拟高尔夫、游泳池、冲浪浴、桑拿、按摩、网球、网吧。设有中、西餐厅及咖啡厅等各种风味餐厅。风味菜系有川菜、粤菜、上海菜。4个多功能厅可容纳300人左右。周围有电视塔、水上公园、友谊商场。

图6-21 2010年，天津喜来登大酒店
（区地志办提供）

金皇大酒店 地处南京路小白楼商务中心区，是一座集客房、公寓、餐饮、会议、健身、娱乐等多项设施为一体的商务型酒店。酒店外墙玻璃幕为进口24K黄金镀膜玻璃，拥有1000平方米的屋顶花园、3层地下车库、室内游泳池、健身中心、大型KTV等设施，客房内免费提供上网服务和直接饮用

水系统，楼高50层，公寓55套。

图6-22　2005年，金皇大厦（区地志办提供）

新桃园酒店　坐落于广东路与围堤道交汇处。由新加坡曼哈顿酒店管理有限公司管理，集客房、公寓、写字楼、会议、餐饮、娱乐为一体的五星级国际豪华酒店。建筑面积4万平方米，总投资人民币5.5亿元，拥有各类风格的豪华客房345间，包括标准客房、特色房、豪华行政套房、公寓套房、总统套房。行政酒廊吧、书吧、桌球室、红酒雪茄吧、大、中、小型会议室、商务中心、大堂音乐吧、商场等配套设施。

万丽天津宾馆　坐落于宾水道与天津大礼堂、天津国际展览中心毗邻。宾馆拥有368间客房和3900平方米的餐厅和会议厅。其中，大宴会厅1500平方米，会议厅1050平方米，2个贵宾会议室，8个可组合的会议室，并配备音视频系统、高速网络系统、舞台灯光等。

水晶宫饭店　坐落于友谊路与宾水道交汇处。建筑风格优雅独特，是国际现代光亮派杰作。饭店临湖而建，光亮风格，优雅宜人，欧美风情。饭店拥有346间（套）风格各异的房间，包括标准客房、套房、公寓、商务客房及写字间。餐饮设施有叙乡阁、潮汕阁、天子阁、瑞士咖啡厅、酒吧、湖边食廊等多间中西餐厅。多功能水晶厅是举行大型宴会、会议的场所。

图6-23　2010年，新桃园酒店（区地志办提供）

图6-24　2010年，天津万丽天津宾馆（区地志办提供）

图6-25　1997年，天津水晶宫饭店（区地志办提供）

2010年河西区星级饭店基本情况表

表6-10

饭店名称	星级	客房（间）	床位（个）	单位地址
万丽天津宾馆	五星	368	644	宾水道16号
喜来登大酒店	五星	365	465	紫金山路
金皇大酒店	五星	259	403	南京路18号
新桃园酒店	五星	150	186	中豪世纪花园7号楼

续表

饭店名称	星级	客房(间)	床位(个)	单位地址
水晶宫饭店	四星	319	471	友谊路28号
津利华大酒店	四星	270	457	友谊路32号
君豪酒店	四星	214	353	环湖中路22号
美都大酒店	四星	158	250	围堤道117号
海景花园酒店	四星	142	142	黑牛城道19号
世纪酒店	四星	140	176	黑牛城道179号
政协俱乐部	四星	95	142	解放南路273号
国际科技咨询公司酒店	三星	133	206	友谊路23号
超杰天水大酒店	三星	121	121	平山道25号
柳林宾馆	三星	100	187	大沽南路
凯撒皇宫大酒店	三星	100	138	气象台路46号
金桥宾馆	三星	45	85	卫津路241号
中冀宾馆	二星	126	247	围堤道1号
津利华名家酒店	二星	78	134	浦口道28号
钢管公司金竹宾馆	二星	49	88	尖山路2号

第二节 修配业

1978年，修配服务公司下辖各类修配业网点120余个，从业人员1700余人，主要项目有服装加工、理发、摩托车修理、黑白铁修配、电器仪表钟表修理、轮胎修配、刻字印刷、水暖安装等。1981年，修配业逐渐向高技术化、批量化发展，行业之间逐步整合，民营、个体和一些单位开办的修配网点不断增加，至1995年，全区修配门市网点数百家，摊点遍布全区。1995年，区修配公司改制为源盛工贸有限公司。2003年，源盛工贸有限公司整体转制为民营企业，修配行业及所属职工从公有体制中有序退出。至2010年，区内修配业全部为民营企业、个体商户经营。

图6–26 2010年，紫罗兰美容美发店（区地志办提供）

第三节 餐饮业

一 概况

1995年，有国营餐饮企业59家，从业人员1375人；合作经营企业40家，从业人员832人；其他饮食网点77家；个体餐馆和餐饮摊点500余家。餐饮企业遍布区内各街道，形成方便居民的饮食网络。至2001年，全区餐饮企业已发展到846家。其中，国有、集体企业234家，个体私营企业508家，合资、合作企业72家，其他类型企业32家。是年，全区各种餐饮企业总营业收入4.9亿元。餐饮行业强化品牌经营理念，扶优扶强，加快连锁经营和专业特色经营。鸿起顺、翠亨邨、天津风味食廊等原有老牌企业规模不断扩大，顺风海鲜、瀚金佰、金太阳等新增餐饮企业向规模大、档次高、服务全方位发展，企业经营场地1万平方米。2010年，餐饮业实现销售总额43.05亿元。年营业收入100万元以上餐饮企业66家，年营业收入12.34亿元。

二 饭店选介

图6-27 1998年，鸿起顺饭店
（区地志办提供）

鸿起顺餐饮饭店 1936年建店，经营清真菜品。1980年，区属商业企业改革，鸿起顺以其老字号和清真菜系组建连锁公司，加盟店23家。1994年，营业面积3000平方米的鸿起顺饭庄总店建成开业，并陆续扩大经营规模。2000年，发展成为营业面积近1万平方米，年营业收入超亿元，利税超千万元，资产4500万元，经济效益跻身全国餐饮百强企业。2006年，被国家商务委认定为中华老字号企业，鸿起顺商标被认定为天津市著名商标。

唐宋府海鲜酒楼梅江旗舰店 2009年开业，以川菜、粤菜为主，营业面积5500平方米，餐位数1500个，雅间58间。该店先后获中华餐饮名店、中华金厨奖、青年文明号、厨房管理先进单位、市A级卫生餐厅、区十佳企业称号，是达沃斯指定餐饮服务单位。

百饺园平山道店 1997年开业，营业面积2000平方米，以饺子为主，品种丰富。2001年，以229类品种的饺子获吉尼斯世界纪录。先后获得中华餐饮名店、百味饺子特色店、中华名小吃、天津商贸流通餐饮业十强、天津餐饮十强企业、全国餐饮百强企业、全国餐饮业优秀企业、天津市著名商标企业称号。2007年，被国家餐饮协会认定为国家特级酒家。

苏浙酒楼 2008年开业，营业面积2000平方米。将上海、江苏、浙江的各种名菜名点汇聚一堂。其名菜有砂锅火鸡炖大排翅、清蒸大鲥鱼、清炒河虾仁、葱烧关东刺参、清炖蟹粉狮子头等。该店是国家餐饮协会认定的国家特级酒家。

天津政协俱乐部酒店 是中西方文化融会的四星级国际精品酒店，有百余年历史，欧式风格的内部装修，充满异国情调。2007年，全面改、扩建，主楼7层、附楼4层，穿越大堂进入酒店庭院，11幢日耳曼风格别墅由精致绿野小道相连，形成花园式酒店。

宝轩渔府 总部坐落在区境。2010年，发展为6家连锁店。其中，河西区有体北店和永安道店，以烹制河海两鲜为特色的天津菜系。其特色菜肴清蒸带鱼、OK龙头鱼、醋熘黄鱼、宝轩老汤炖鱼头。

2010年驻区重点餐饮企业情况表

表6-11　　单位：平方米

单位名称	地址	面积	菜系
鼎泰丰	宾水道18号	1160	台湾菜
红旗饭庄	隆昌路68号	1500	津菜
鸿起顺饭庄	大沽南路668号	1200	清真
富祥贵宾楼	环湖中路18号	2000	东北菜
宝轩渔府酒楼	永安道安德公寓	1200	津菜
世纪荣华食府	大沽南路671号	4700	东北菜
西贝莜面村	黑牛城道31号	3000	西北菜
瀚金佰	大沽南路985号	12000	粤菜
富祥酒楼	环湖中路22号	3000	东北菜
天津宝轩大酒店	环湖中道9号	4800	津菜
狗不理大酒楼	琼州道103号增1号	2200	津菜
俏江南	友谊北路1号	1390	涮菜
苏浙酒楼	马场道107号	1600	上海菜
海底捞	南北大街1号(天津湾04层）	2300	川菜

第七编
财政　税务

1979—2010年，河西区推进财税体制改革。全面加强财政管理与监督，财政收入年均增长14.08%。实行分税制改革，将原税务局分建为国家税务局和地方税务局，明确划分各自的税收征管范围，税收工作重点转向加强税收征管和依法治税，不断优化纳税服务，税收信息化水平逐步提高。随着区域经济发展，税收收入逐年稳步增长。2009年，区财政局、地税河西分局获天津市先进集体称号。

2010年，华盛广场诚信兴商宣传月活动现场　　（区国税局提供）

第一章 财政

自1979年，河西区深化财政体制改革，加强预算收支管理、预算外资金管理、会计管理、国有资产管理、财政监督、国债发行与周转金管理。区级财政收入由1979年的5165.17万元增长到2010年的30.65亿元，年均增长14.08%；区级财政支出由1979年的1353.22万元增长到2010年25.7亿元，年均增长18.44%。财政工作的不断加强，为促进全区经济增长、优化资源配置、调节收入分配、保障改善民生、支持各项事业发展、维护社会和谐稳定等方面提供财力支持。

第一节 财政体制改革

1979—1983年，区财政恢复实行统收统支并设机动财力。每年提取预算收入的1.5%及超额收入的10%，作为机动财力使用。1984年，财政机动财力有所调整，预算收入的2%及超额收入的20%转入机动财力。1984年4月1日起，原区财政局分设为天津市河西区财政局和天津市税务局河西区分局两个机关。1985年，随着经济体制改革，调整财政管理体制，区按财政收入进行总额分成，支出由区自行安排。

1994年始，执行分税制体制。按1993年地方实际收入以及税制改革和中央地方收入划分情况，核定上划中央的收入数额，1994年区级收入低于1993年实际留区部分，采取由市向区返还的办法，保证地方的既得利益。

2003年1月1日始，实行新的市对区县分税制财政管理体制。是年10月1日起，实行税收属地征管。区财政局通过机构改革，职能有所调整，强化的职能有：原区审计局承担指导和管理社会审计的职能；建立公共财政框架，实施部门预算，实行国库集中收付，完善社会保障体系的职能；制定政府采购制度，管理政府采购工作的职能；促进区域经济，加强财源建设的服务职能。划出和弱化的职能有：按照建设现代企业制度的要求，除对企业国家资本实行监控外，不再审批国有企业具体财务事项、下达财务计划和考核指标；取消每年一次的税收财务大检查；取消国债推销兑付工作；在强化预算约束的基础上，改进对社会集团消费的控制管理办法，不再审批社会集团消费的专项控制商品；取消财政周转金发放。2004年6月，市政府下发《关于调整完善市对区县分税制财政管理体制的决定》，决定从2004年1月1日起，进一步调整完善市对区县分税制财政管理体制，主要有：下划大型企业税收收入，提高增值税和企业所得税区县分享比例，城市维护建设税和教育费附加由市与区县分享收入改为区县固定收入，下放园林、环卫和综合执法部门经费等内容。分税制财政体制对区域经济和社会发展起到推动作用，促使地方财力不断提高，上缴中央和市级的收入逐年增长。

图7-1 2009年，河西区获天津市财政局先进集体称号牌匾 （区财政局提供）

落实市政府《关于改革我市出口退税机制的通知》的决定，2004年1月1日起，实行出口退税机制改革。按照新体制要求重新核定河西区财政收支基数、定额上解额和出口退税基数。2004年5月，区政府授权区财政局（国资办）管理区国有资产经营投资有限公司。2005年1月1日起，将出口退税分别从中央和地方政府库款中退付，改为全部从中央库款中退付。2005年9月，国务院重新调整出口退税负担机制。

2008年1月1日起，银行保险信托企业以能核算营业收入的分支机构为单位，营业税实行市与区县按50：50比例分享，城市维护建设税和教育费附加作为区县级固定收入。

第二节　财政收支

一　财政收入

1981—1985年，第六个五年计划期间，以经济建设为中心，加快改革开放的步伐，经济持续快速发展，财政收入逐年增长，区级财政预算内收入总额为3.64亿元，比“五五”期间增长46.5%。

1986—1990年，第七个五年计划期间，全区兴办第三产业，以区街经济为代表的新兴集体经济、个体经济以及三资企业，形成一批新的税收增长点，区财政预算内收入呈逐年递增之势，区级年度财政预算内收入首次突破亿元，区级财政预算内收入总额为6.87亿元，比“六五”期间增长89%。

1991—1995年，第八个五年计划期间，市、区实行分税制财政体制，市财政局重新核定河西区财政收支基数，预算内财政收入大幅减少，经克服困难，挖掘增收潜力，财政收入保持增长的态势。区级财政一般预算收入总额完成7.72亿元，比“七五”期间增长12.4%。

1996—2000年，第九个五年计划期间，围绕“创一流、高起步、翻两番”的经济发展和城市发展目标，区级财政一般预算收入总额完成9.08亿元，比“八五”期间增长17.59%。

2001—2005年，第十个五年计划期间，河西区由原体制下的收入定额补助区改为收入上解区。其中，2005年国务院重新调整出口退税负担机制，将出口退税分别从中央和地方库款中退付，改为全部从中央库款中退付，出口退税负担机制的调整对河西区财政收入的贡献影响较大。区级财政一般预算收入完成32.45亿元，比“九五”期间增长257%。

2006—2010年，第十一个五年计划期间，由于市将金融保险信托企业的营业税、城建税和教育费附加下划到区县，增加区县的财政收入。财政部门组织收入，区级财政一般预算收入完成112.51亿元，比“九五”期间增长247%。

1979—1987年河西区预算内财政收入情况表

表7-1　　单位：万元

年份	企业收入	各项税收	其他收入	调拨收入	结算收入	上年结余	总计
1979	20.53	4160.33	63.48	—	—	920.83	5165.17
1980	-	4564.51	15.57	—	—	956.07	5536.15
1981	4.04	4917.99	14.29	—	—	1026.92	5963.24
1982	4.31	5170.15	22.29	—	—	1047.82	6244.57
1983	7.34	5428.34	17.67	—	—	1174.86	6628.21
1984	4.90	6177.60	30.60	—	—	1696.68	7909.78
1985	-0.30	8189.10	143.03	—	—	1326.15	9657.98
1986	40.70	8955.20	857.74	—	—	1270.01	11123.65
1987	23.60	9400.20	397.30	—	—	1436.05	11257.15

1988—1995年河西区预算内财政收入情况表

表7-2　　　　　　　　　　　　　　　　　　　　　　　　单位：万元

年份	企业收入	企业调节税	各项税收	其他收入	专款收入	国家预调	国家能源	市财政补助	调入资金	上年结余	总计
1988	44.81	–	10466.18	266.71	–	–	–	1992.23	–	1601.98	14371.91
1989	126.20	–	11303.32	527.24	–	–	–	2490.57	–	1509.86	15957.19
1990	190.83	–	11545.28	483.93	–	–	–	2351.14	–	1409.35	15980.53
1991	126.26	–	12051.05	399.83	–	–	–	2606.62	–	1036.78	16220.54
1992	149.48	−0.31	9485.27	291.82	–	–	–	2044.76	–	408.20	12379.22
1993	–	482.49	11017.68	519.46	–	–	–	4077.85	692.17	−1542.16	15247.49
1994	2202.76	–	6044.67	531.60	302.58	9.33	10.20	6389.30	–	−701.00	14789.44
1995	1862.50	–	8178.00	738.10	412.80	10.60	9.50	7364.40	–	136.00	18577.26

1996—2006年河西区财政一般预算收入决算统计表

表7-3　　　　单位：万元

年份	区级财政一般预算收入																				
	合计	增值税	营业税	企业所得税	个人所得税	固定资产投资方向调节税	城市维护建设税	房产税	印花税	城镇土地使用税	土地增值税	车船使用和牌照税	契税	行政性收费收入	罚没收入	专项收入	其他收入	企业所得税退税	工商税收税款滞纳金补税罚款收入	国家预算、调节基金类	国家能源交通重点建设基金收入类
1996	13900	2551	6146	1817	793	–	–	522	–	88	–	237	–	–	1049	494	–	–	195	4	4
1997	14990	2386	7403	2070	897	–	–	557	–	122	–	166	–	–	1320	–	–	–	69	–	–
1998	18573	2843	8689	2389	1146	–	–	1099	–	132	–	267	–	–	1464	538	30	-24	–	–	–
1999	20997	2993	10187	2561	1505	–	–	1438	–	115	–	163	–	46	1401	600	1	-13	–	–	–
2000	22445	3349	11473	2002	1824	–	–	1462	–	98	–	164	–	392	1038	635	8	–	–	–	–
2001	29042	3876	11853	4880	2530	–	–	1308	–	97	–	168	–	–	3644	686	–	–	–	–	–
2002	29438	4011	17196	1809	1768	–	–	1539	–	106	–	324	–	–	1917	765	3	–	–	–	–
2003	68999	6267	22977	3797	3040	8	2360	6954	1206	530	–	431	18240	391	1754	1002	42	–	–	–	–
2004	84005	2724	29797	6978	3722		5860	6740	1811	513	–	455	21451	287	897	2713	57	–	–	–	–
2005	113046	11478	33959	9651	4748	51	7123	8939	2707	672	149	613	25801	3488	284	3272	111	–	–	–	–
2006	136078	13090	39894	9615	4787	128	8475	12441	3758	660	1574	664	32592	3979	339	3988	94	–	–	–	–

2007—2010年河西区财政一般预算收入决算统计表

表7-4　　　　单位：万元

年份	区级财政一般预算收入																									
	合计	税收收入																		非税收入						
		小计	增值税	营业税	企业所得税	企业所得税退税	个人所得税	资源税	固定资产投资方向调节税	城市维护建设税	房产税	印花税	城镇土地使用税	土地增值税	车船税	耕地占用税	契税	烟叶税	其他税收收入	小计	专项收入	行政事业性收费收入	罚没收入	国有资本经营收入	国有资源（资产）有偿使用收入	其他收入
2007	173629	162578	11629	51115	23995	–	6528	–	98	10059	13911	4778	2315	1946	1127	–	35077	–	–	11051	4663	5837	390	–	161	–
2008	241312	230577	14029	90294	31005	–	7357	–	–	17841	17087	5477	3231	2469	3309	–	38478	–	–	10735	7836	1907	675	–	317	–
2009	267600	255156	17358	114619	19967	–	9026	–	–	20579	20105	8756	3442	2520	3036	–	35748	–	–	12444	9234	2578	443	–	189	–
2010	306476	287745	17935	123062	26081	–	12395	–	–	22083	20926	9024	3534	5047	4342	–	43316	–	–	18731	9885	5050	604	–	–	3192

二 财政支出

1981—1985年，第六个五年计划期间，全区财政一般预算支出总额为1.55亿元，比“五五”期间增长110.9%。其中，经济建设费、抚恤及社会救济费和城市维护费有较大增长。

1986—1990年，第七个五年计划期间，全区财政一般预算支出总额为3.2亿元，比“六五”期间增长107%。其中，文教科技事业费增幅较大。

1991—1995年，第八个五年计划期间，全区财政一般预算支出总额为6.19亿元，比“七五”期间增长94%。其中，教育经费支出增长较快，为2.4亿元，占财政支出的38.87%。

1996—2000年，第九个五年计划期间，全区财政一般预算支出总额为14.83亿元，比“八五”期间增长139.8%。其中，教育经费支出6.06亿元，占财政支出的40.88%。

2001—2005年，第十个五年计划期间，全区财政一般预算支出总额为35.61亿元，支出增加20.79亿元，比“九五”期间增长140.2%。其中，教育支出11.73亿元，占财政支出的32.93%。

2006—2010年，第十一个五年计划期间，全区财政一般预算支出总额为97.74亿元，比“十五”期间增长174.4%。财政支出增加的主要是规范公务员津贴和增加事业单位工资性补助支出、房改支出、创卫支出、社会保障支出。

1979—1987年河西区预算内财政支出统计表

表7-5　　单位：万元

年份	流动资金	新产品试制	经济建设费	社会文教费	抚恤及社会救济	行政管理费	其他支出费	城市人口下乡费	五七干校	城市维护费	本年支出合计	上解支出	年终结余	总计
1979	-	-	3.46	963.77	117.06	180.96	87.68	0.29	-	-	1353.22	2855.88	956.07	5165.17
1980	-	-	4.28	1124.18	166.56	226.04	94.99	43.70	-	-	1659.75	2849.48	1026.92	5536.15
1981	-	0.15	78.05	1282.05	166.40	241.00	22.12	36.40	-	-	1826.17	3090.15	1046.92	5963.24
1982	-	-	49.50	1393.06	228.15	256.60	38.82	-	-	0.43	1966.56	3103.13	1174.88	6244.57
1983	-	-	-	1608.99	135.15	269.45	4.64	-	-	329.93	2348.16	2583.37	1696.68	6628.21
1984	33.00	0.20	312.20	1703.80	166.20	397.80	92.30	-	-	9.10	2714.60	3869.70	1325.48	7909.78
1985	-	4.70	151.60	2212.60	188.30	409.10	80.50	-	-	550.60	3597.40	4790.57	1270.01	9657.58
1986	-	5.00	663.90	2827.70	226.10	590.70	281.40	-	-	646.10	5240.90	4446.70	1436.05	11123.65
1987	5.00	-	144.10	2944.70	285.40	660.50	170.50	-	-	934.00	5144.20	1436.06	4677.30	11257.55

1988—1995年河西区预算内财政支出统计表

表7-6　　单位：万元

年份	新产品试制	经济建设费	抚恤及社会救济费	行政管理费	其他支出	文教科技事业费	物价补贴费	教育附加支出	城市维护费	本年支出合计	上解支出	年终结余	总计
1988	53.00	362.61	296.30	500.76	183.33	3727.90	-	-	963.73	6087.63	6774.42	1509.86	14371.91
1989	268.00	120.82	353.30	581.78	364.84	4665.68	-	-	1147.20	7501.62	6576.22	1879.35	15957.19
1990	154.29	116.43	407.83	616.37	400.96	5019.00	-	-	1227.85	7942.73	7001.02	1036.78	15980.53
1991	92.60	154.37	439.88	710.47	437.83	5258.98	24.88	216.00	1279.90	8614.91	7197.43	408.20	16220.54
1992	20.00	76.00	514.72	948.87	340.14	5842.39	25.10	298.00	1361.57	9426.79	4494.59	-1542.16	12379.22
1993	20.00	109.99	565.01	890.90	1041.47	6393.92	193.06	384.00	1596.50	11184.85	4753.64	-701.00	15247.49
1994	76.47	45.50	803.00	1523.10	349.41	9092.30	255.00	808.00	1835.30	14788.08	-	1.36	14789.44
1995	146.90	235.00	968.80	1173.40	771.10	10573.50	225.00	719.60	2393.50	17806.80	105.30	665.20	18577.30

1996—2006年财政支出统计表

表7-7　　单位：万元

年份	区级财政一般预算支出																												
	合计	基本建设支出类	企业挖潜改造资金类	科技三项费用类	工业交通等部门的事业费类	文体广播事业费	教育支出	教育事业费	科学支出	科学事业费类	医疗卫生支出	卫生经费类	其他部门的事业费类	税务统计财政审计等部门的事业费	抚恤和社会福利救济费类	行政事业单位离退休支出	行政事业单位离退休经费类	社会保障补助支出	行政管理费类	公检法司支出	公检法支出类	城市维护费类	政策性补贴支出类	专项支出类	专款支出类	其他支出类	文教卫生事业费类	文教事业费类	价格补贴支出类
1996	23095	113	193	–	32	–	–	–	–	16	–	2071	123	–	545	–	490	–	2265	–	1873	2935	–	898	–	1509	–	9802	230
1997	24767	179	788	–	46	–	–	–	–	22	–	2323	136	–	624	–	505	–	2622	–	1811	2852	210	–	–	1542	–	11107	–
1998	28597	20	1360	–	171	617	–	11635	–	18	–	2569	–	290	779	–	487	10	2987	2829	–	2883	210	563	–	1169	–	–	–
1999	31991	138	1479	82	94	586	–	12700	–	18	–	2751	–	211	998	–	461	53	3207	3514	–	3175	465	600	–	1459	–	–	–
2000	39809	115	2028	109	121	671	–	16166	–	23	–	3091	–	102	1475	–	504	27	3437	3881	–	3888	613	635	–	2923	–	–	–
2001	48638	1300	1895	195	75	706	–	18118	–	21	–	3448	–	56	1661	–	517	179	4487	5792	–	4966	613	686	–	3923	–	–	–
2002	57191	1915	3856	195	81	850	–	20314	–	23	–	4717	68	–	3399	–	496	346	4999	5572	–	5358	593	765	–	3644	–	–	–
2003	70595	5129	5522	700	100	1196	22549	–	24		5251	–	128	–	4471	496	–	415	6109	5511	–	6317	583	815	–	5279	–	–	–
2004	81502	5011	3035	1000	100	1892	25936	–	24		5608	–	218	–	5131	488	–	875	10428	6702	–	7417	554	1562	–	5521	–	–	–
2005	98196	1037	3548	1500	128	3234	30344	–	28		6587	–	341	–	5533	495	–	1444	9930	8894	–	14741	554	2121	–	7737	–	–	–
2006	130336	4776	8014	1500	154	2350	36075	–	39		8018	–	351	–	6730	452	–	1940	13018	13600	–	13364	554	2837	–	16564	–	–	–

2007—2010年财政支出统计表

表7-8　　单位：万元

年份	区级财政一般预算支出																			
	合计	一般公共服务	外交	国防	公共安全	教育	科学技术	文化体育与传媒	社会保障和就业	医疗卫生	环境保护	城乡社区事务	农林水事务	交通运输	采掘电力信息等事务	粮油物资储备管理等事务	金融监管支出	工业商业金融等事务	地震灾后恢复重建支出	预备费	其他支出
2007	155824	23099	–	192	15142	45620	1857	1392	13304	10937	547	23901	–	–	–	–	–	1272	–	–	18561
2008	188437	38741	–	246	21734	55107	2612	1690	14038	15626	1026	23690	–	–	–	–	–	654	–	–	13273
2009	245764	45861	–	133	22769	68700	3502	1994	17314	16993	722	21272	–	–	151	594	–	–	–	–	45759
2010	256994	34428	–	163	24925	83122	3569	2844	23665	20380	–	38723	–	–	–	–	–	–	–	0	6464

第三节　财政管理

一　预算收支管理

图7-2　1999年，集体企业决算工作会议（区财政局提供）

1979年，贯彻“发展经济，保障供给”的方针，全区行政事业单位实行经费包干、结余留用的办法。1981年，实行“经费包干，结余留用，超支不补”办法。1984年，制定改进公费医疗管理的具体办法，实行公费医疗经费与单位个人利益挂钩，取消联单，实行现金报销。1986年开始，根据天津市新财政体制，市核定河西区收入分成比例为43.5%。开展“开源节流并重，增收节支并举”的“双增双节”运动。1989年，强化税收征管工作，全区建立15个稽征组，成立驻街税务派出所，配合税收征管工作。推行街道财政管理改革。1991年，利用计算机开发反映收支对比分析、收支进度的图形程序及有关表格等，预算管理工作开始实现电算化、图表化、系统化。1993年，根据分税制改革的要求，研究制定“超奖亏罚”的激励约束机制，加强对市场和个体税收的征管。

自1996年，预算管理实行“五严”管理，即：严格执行预算法，严格财经纪律，严格控制人员编制，严格控制社会集团购买力，严格控制会议费、购置费支出。按预算进度拨款，坚持保工资性支出、保重点事业适度发展。从严控制购买小汽车、高档办公用品及各类控购商品。自2000年，严格控制新批由财政供给经费的机构，严格控制新增行政事业单位人员，清理编外人员和临时工。严格控制招待费和出国经费，财政支出严格控制在预算范围内。

2002年，结合国库管理制度改革，制定《行政事业单位银行账户审批实施方案》《行政事业单位银行账户管理办法》，全面清理整顿行政事业单位银行账户，对全区218个单位申报的744个银行账户进行清理整顿。保留银行账户381个，杜绝单位银行账户过多、过滥和“账外账”“小金库”等问题。2003年，将预算内外资金全部纳入计算机管理，全区共有241个行政事业单位实行会计电算化，建立390个财务核算电子账套，实现会计信息的“数字化”，为国库统一收付和实行部门预算等项改革打下基础。制定《关于政府采购资金拨付和账务处理规定的通知》，完善政府采购工作的管理体制。是年，完善政府应急资金保障机制，筹措1350万元资金，抗击“非典”。

图7-3　2001年，河西区财政决算工作会议现场（区财政局提供）

2007年，制定《推行部门预算改革的实施方案》，计划用三年时间，在全区预算单位全面推行部门预算。推进国库集中支付制度改革，成立河西区财政集中支付中心。制定《财政国库管理改革试点资金支付暂行办法》，在区城市管理综合执法局等5个单位进行试点。成立区政府采购中心，政府采购规模逐步扩大，管理规范。2008年，控制各行政机关和事业单位会议费、差旅费、接待费等一般性经费开支，年内压缩公用经费开支10%，把节约的资金用于对口支援地震灾区震后重建工作。自2009年，受经济大环境的影响，市场需求有所下降，给企业发展带来困难。增值税转型及调低小规模纳税人税负、个人所得税提高起征点和建筑施工企业实行属地纳税等政策调整，使财政增收面临很大压力，全区开展“保增长、渡难关、上水平”活动，调整产业结构，抓住大项目好项目和重点企业，跟踪服务，培育新的经济增长点。全区75座商务楼宇实现税收13.3亿元，环渤海发展中心等6座楼宇实现年纳税超亿元。

二 预算外资金管理

1981年始，对行政事业单位、国营商业及部分集体企业进行结余存款的清理、解控。1984年，组织力量对全区预算外资金进行全面调查。1986年，扶持和帮助区属企业发展生产，用历年积累的预算外资金，向31家单位发放605万元临时性无偿贷款。区财政局将42个行政事业单位的预算外资金统一设专户储存。1988年，利用财政资金的时间差，向131户（次）发放财政贷款总周转金额757万元，向市财政、市劳动局、区属银行、区查抄办临时拆借145万元，支援企业发展生产。1995年，制定《河西区预算外资金管理与收费管理的暂行规定》，对全区61个单位的预算外账户进行清理合并，规范预算外资金的管理。

1996年，对预算外资金实行收支两条线管理，有220个单位的预算外收入纳入财政专户。1998年，根据行政事业单位新的会计制度，加大预算外资金的检查力度。落实《天津市预算外资金使用管理办法》，对150个单位的预算内外资金账号进行清理与合并。1999年，重点对行政事业单位收费和罚没收入进行清理，实行执收、执罚收支两条线制度，罚缴分离，防止乱收乱罚现象发生。全区执罚单位10个，执收单位267个，共清理账户367个，确认保留322个，撤销45个。全区10个执罚单位均和财政、银行部门签订“代收罚款”协议书。2001年，深化收支两条线制度改革，继续清理预算外资金、账户，取消所有预算外资金上解账户，经过清理保留行政事业单位账号260个，撤销50个。加强行政性收费项目的清理和检查，对建委、卫生、公安等8个单位的收费项目进行调查汇总。

2002年，加强区属240多个行政事业单位的预算外资金“收支两条线”管理，制定《预算外资金收支两条线拨款须知》《区级行政事业性收费和罚没票据购领须知》《医疗收费专用票证购领须知》《统一收据购领须知》。基层单位领用票证，坚持“先核验、后发放”原则，严格控制领用数量，并通过票据发售监督收费是否纳入财政专户。会同物价局对区属行政事业性收费项目进行清理，确定河西区行政事业性收费项目50项，编制《行政事业性收费项目目录》。2003年，制定《行政事业性收费和政府性基金年度稽查具体实施办法》，对近500个单位和1000个收费许可证进行审查。会同物价局等六部门开展治理教育乱收费专项检查。加强社会各界“非典”捐赠资金使用的监督管理，向民政、卫生、红十字会等部门发放捐赠专用收据，将捐赠资金纳入财政专户，保证全区社会捐赠资金的专项使用。2004年，继续深化“收支两条线”改革，研发预算外资金财政专户会计核算管理软件系统，建立预算外资金管理平台，监督各部门和单位及时、足额将预算外资金上缴财政专户。

2005年，对行政事业性收费重新认定，取消和停收10个行政事业性收费项目，行政事业性收费该进国库的进国库，该进专户的进专户。对全区行政事业性和经营性收费开展年审和换证工作，审验收费许可证431个，其中行政事业证212个，经营性证219个，收费员证553个。2009年，按照市财政局、市物价局关于开展2008年度收费审验工作的统一部署，完成各项审验工作。全区参加收费的单位330个，审验收费证330个，审核2008年度行政事业性收费总金额1.94亿元，经营服务性收费总金额2.59亿元。2010年，区财政局印发《关于区属行政事业单位资金往来结算票据使用管理等有关问题的通知》，对资金往来结算票据的启用、领购程序、使用和管理、保存和销毁、监督和检查等进行规范。

三　会计管理

1979—1997年，制定《河西区各街劳动服务公司财务管理实行办法》，对各街的工作人员进行业务培训。开展会计达标单位活动，经评比检查确认达标单位145个。承办124份会计证，组织7个行业210名会计人员进行系统培训。筹划会计管理数据库。开展会计人员清查工作，限期清除无证上岗人员。区属单位开展会计工作达标升级活动。培训各级各类财会人员5720人（次），组织9060人参加会计资格考试，颁发会计证书12406件。

图7-4　1990年3月，河西区珠算协会成立大会（区财政局提供）

1998—2003年，成立会计进修学校，主要负责财务会计人员的培训、进修和教务工作。举办会计准则——现金流量表、债务重组、事业单位会计制度、会计基础工作规范化、会计资格考试等培训班38期，计4800人（次）。加强会计人员基础培训工作，举办有2350名财会人员参加的“如何做好会计”“会计人员如何看报表”“如何做好出纳”的培训班。做好会计基础工作规范化及电算化推动工作，开展会计人员内部会计控制规范、会计人员职业道德、企业会计制度继续教育培训及会计专业技术资格考试和会计从业资格考试的辅导培训。珠算协会配合科技周活动组织100人的专场珠心算比赛和400人的海峡两岸珠算比赛，为全区800余人进行珠算等级鉴定。

图7-5　1999年，河西区代表队参加珠算比赛表彰会（区财政局提供）

2004—2009年，创建的“天津会计网”成为市首家会计人员交流的专业网站。成立市正财会计代理有限责任公司，并与10户企业签订代理记账协议。为区属及驻区单位约从事会计工作30年以上的300名会计人员颁发荣誉证书。完成驻区大中小学及幼儿园的珠算等级鉴定工作。完成辖区2万余名会计人员会计证年检工作。审批10家会计代理记账机构。完成会计专业技术资格考试报名、辅导、甄别工作。

四　国有资产管理

1979—1995年，全区开展清理财产工作，摸清区域内行政、事业单位财产的底数。严格控制社会购买力，在审批过程中加强审核，严格控制非生产性开支。制定严格控制社会集团购买的9条措施，建立17个专控商品供应专点，对违控违购的单位从严处理。成立国有资产管理科，摸清全区国有资产存量为4亿元，其中行政事业单位3亿元、区属企业1亿元。开展国有资产普查工作，对311户单位开展产权登记，对290户行政事业单位进行财产清查调查，基本摸清全区国有资产的现状。完成桂发祥麻花店的改造，参与股份制合作试点和全民企业体制改革中国有资产管理工作。完成全区253户国有企业的产权登记及清产核资，核实上述企业资产总额4.62亿元，各种负债3.45亿元，资产负债率74.6%，全部净资产为1.17亿元。对3户区属中外合资企业中方资产进行评估确认。参与恒通糖业总公司、全通商贸总公司、中亚餐饮贸易总公司从行政公司逐步过渡为以资产为纽带的经营性实体公司的改革试点工作。对十八街麻花集团公司、鸿起顺连锁店进行规范化国有资产管理工作。加强国有资产管理，财政局对区属134户国有企业下达国有资产保值增值计划指标1.29亿元。

1996年，成立区国有资产管理局，规格为副处级，由财政局管理。主要职责：维护国家所有者权益，落实国家有关政策法规，对区属国有资产的经营使用、资产处置、保值增值实施监督管理，做好清产核资、产权界定、资产评估等项日常工作。1997年，成立区国有资产经营投资公司，制定《河西区支持企业改革的若干措施》，将天马公司改制为有限责任公司，鸿起顺餐饮有限公司与原直属行政主管单位脱钩。全区资产总额为13.08亿元，其中经营性资产为10.17亿元，非经营性资产为2.9亿元，负债8.7亿元。国有资产总额为4.34亿元，其中经营性国有资产2.12亿元，非经营性国有资产2.22亿元。资产负债率为67%，经营性资产负债率为79%。是年，首次将国有资产保值增值考核列入区政府经济计划目标内容，经对全区132户国有企业进行考核，核定年度国有资产1.49亿元，完成年度国有资产1.78亿元，国有资产保值增值率为104.4%。

1998年，以产权登记为基点，建立企业财产法人制度，对全区389户企事业单位进行产权登记，确定国有资产的法律责任和义务。对87户企业进行资产评估。参与现代化企业制度改革，对南楼商贸集团和桂发祥麻花集团实行授权经营。指导天马集团接收市属下放企业，理顺产权关系，提高国有资本使用效率。1999年，成立区国有资产管理委员会，建立以政府为代表的区国有资产所有者——国有资产经营投资公司——国有全资、参股、控股企业三个层次的监管营运体系。围绕国有企业改革的中心环节，本着“以服务促管理、以管理促规范”的原则，初步形成统计评价、产权登记、资产评估、国有资产保值增值考核“四位一体”的监督体系。完成被列为全市106户现代企业制度试点企业的南楼百货商场和鸿起顺饭馆的资产评估、国家资本金核定工作。

2000年，参与国有企业改革，为区建设开发总公司和商委所属金宇房地产开发公司办理增资，增强企业的发展动力。支持和配合“抓大放小”“有进有退”改革方案，组织3次商业小网点的公开拍卖，收入1966万元，实现国有资产的合理流动。2001年，进行产权登记工作，完成国有资产产权年检登记124户，集体企业产权登记318户。严格规范资产评估工作，加强全区国有资产评估的规范化管理与合规性监控，全年评估立项28个，评估值达7305万元。2000—2001年，共出售商业小网点79户，转让收入4673万元，净收入4521万元。2002年，推进国有企业改革，促进经济结构调整。在桂发祥麻花饮食集团有限公司成立和天津桂发祥印刷厂改制中，按照现代企业制度要求，进行改制方案论证、资产评估核准、资本金核定等项工作。参与组织第8次商业小网点拍卖会，并对拍卖收入实行专户管理，加强对拍卖收入的监管。成立区固定资产处置会审小组，对全区行政事业单位进行清产核资，经过户数清理、资产清查及收支状况清理、资产处置申报、资金核实、重点检查和总结批复，摸清全区行政事业单位家底。2003年，探索国有资产管理的新途径，服务和推进国有企业改革工作，促进经济结构调整有序推进，制定《河西区国有、集体产权转让管理暂行办法》，防止国有集体资产流失。代理银河电器厂等房地产交易3件、联华房地产有限公司等企业股权交易5件，交易金额达3040万元。代理山华集团所属联华房地产有限公司股权转让，协调各方关系，采用竞标方法为企业实现2020万元的股权转让收入，高于资产评估820万，实现资产增值。

图7-6 2001年，河西区召开会计法执行情况检查动员大会 （区财政局提供）

2004年，开展国有、集体企业改制工作，完成鸿起顺、糖果公司、源盛公司、副食股份公司、饮食股份公司、糖果股份公司等改制工作。探索国有资本运营有效途径，加强产权交易管理工作，区国

图7-7　2002年，河西区召开行政事业单位清产核资工作座谈暨总结表彰会

（区财政局提供）

有资产经营投资公司进入市产权交易市场，为产权交易提供交易平台，全年代理鸿起顺餐饮有限公司股权转让、山华集团鑫盛典当行有限公司股权转让等8项产权交易。2005年，规范国有企业和行政事业单位房屋租赁行为和企事业单位国有产权转让行为，加强区属行政事业单位国有资产管理，财政局会同有关部门制定《关于国有企业和行政事业单位房屋租赁（暂行）规定》《关于加强行政事业单位国有资产专项管理的通知》。做大做强区国有资产经营投资有限责任公司，完成增资工作，注册资金1.3亿元。投资参股华淼投资担保公司1700万元，用于扩大担保规模，构建区域担保融资体系。利用产权交易平台，为企事业单位产权交易提供代理服务，全年代理房建公司、市公路局所属企业的产权转让。

2006年，开展区属行政事业单位和国有企业清产核资工作。全区资产总额预计为41.57亿元，国有资产总量为12.77亿元，其中行政事业单位资产总额为9.8亿元，国有资产总量为6.6亿元；国有及国有控股企业资产总额为31.78亿元，国有资产总量为6.17亿元。全区资产总额与2002年末的32.9亿元相比，增加8.68亿元，增长26.37%；国有资产总量与2002年末的9.44亿元相比，增加3.33亿元，增长35.23%，实现国有资产保值和增值。是年，组建区国有资产监督管理委员会，其相应的职能从财政局转到国资委。

2007年，完成企业改制、资产重组过程中涉及的资产划转、资产处置、资本金变动等审批工作。2009年，对区属行政事业单位房屋、土地情况和房屋租赁情况进行全面调查核实，并将有关数据输入区房屋资产管理系统，纳入国有资产的日常监管。对全区行政事业单位占有、使用的国有房屋资产，由区国资委代表区政府行使所有权，对其产权实行集中监管和统一运营。加强国资监管制度建设，制定《企业国有资产管理暂行办法》《行政事业单位国有资产管理暂行规定》《国资委直接监管企业（单位）若干管理暂行规定》等国有资产管理制度，完善监管制度体系，为监管工作规范化奠定基础。至2010年12月，区属国有企业国有资产总额为68.04亿元、所有者权益为37.53亿元，与区国资委成立之初相比，分别增长167.26%和4.68%。

五　财政监督

1979—1983年，在全区范围内开展发货票清理工作。对企业增产节约运动开展情况进行调查。测算社会集团购买力指标，严格审批手续，组织自查和检查。完善以《专管员手册》为主要内容的内部征管制度，开展税源普查工作和财经纪律大检查。

1985年，成立财政、税收、物价大检查领导小组，办公室设在财政局。1986—1998年，在全区开展税收、财务、物价大检查。1998年12月，区税收财务大检查办公室更名为财政监督科。财政监督新机制实行收支并举，专项检查与日常监督管理并重，逐步促进财政监督工作向经常化、规范化、法制化发展。

2000年，重点加强财政专款专用的监督检查。2001年，开展会计法执行情况检查，1199户企业、事业单位参加自查，发现未建立内部控制制度的单位共计102户、无会计上岗证人员193人、不列或少列费用4户、金额78万元。2002年，对会计信息质量及财政支出资金情况进行检查，对违反清理银行账户的有关规定、开立多头银行账户、逃避财政监督以及违反内部会计管理制度、随意涂改原始单据等问题，进行督促整改。2003年，制定《预算拨款内控管理办法》《社会保障金专户管理办法》，从制度上对财政预算资金拨付和社保资金使用进行规范及监督。制定《行政事业单位固定资产管理暂行办法》，加强对行政事业单位的会计信息质量、专款使用情况的监督。2004年，结合会计电算化验收，对区法院、区市容委、区综合执法大队等10个单位的会计信息质量、收支两条线执行情况、专项资金使用情况进行监督检查。开展清理整顿“乱收费、乱罚款”工作。在全区开展领导干部个人借用公款，单位用公款为职工购买商业保险等专项检查。2005—2010年，制定预算拨款内控管理办法，从制度上规范预算资金拨付与使用，建立财政专款使用情况日常监督与专项监督相结合的监控机制，确保专款专用。在全区开展政府采购执行情况专项检查，查处违规违纪行为，健全各项规章制度，完善管理机制和运行机制，提高依法采购的意识和能力。在全区党政机关和事业单位开展“小金库”专项治理检查工作，加强各单位的财务管理制度和内控制度，保证财政资金安全，从源头上预防腐败现象的发生。

六　国债发行与周转金管理

1981—1983年，组织认购国库券的工作。1981年，市分配河西区认购指标68.2万元，认购完成数71.3万元。1982年、1983年，开展国库券认购的组织推动工作，保证国库券任务及时足额地入库。1984年，市分配河西区国库券认购指标50.83万元，实际完成数为72.26万元，认购数58.02万元。1988年，市下达河西区国库券认购指标214万元，实际入库261.87万元。1989年，共向52户次贷款904万元，其中向市资金处争取贷款590万元，增加效益200余万元。国库券、特种国债、保值公债三种债券总计完成792.7万元，超额9.6%完成任务。1990年，支持区内工商企业63户次，融通资金1414万元，实现税利近300万元。市下达国库券认购指标230万元，实际入库657万元。

图7−8　1987年，河西区举行国库券工作总结表彰动员大会　（区财政局提供）

1995年，完成2000万元的国库券发行任务和4600万元的国库券兑付任务，共代理发行国债2600万元，兑付本息合计1.15亿元。1996年，发行国库券600万元，兑付本金1238万元。财政周转金放款1079万元，涉及企业21户，收回放款金额171万元。1997年，发行国库券3210万元，兑付国库券本息2730万元。向14户次企业发放周转金1240万元，新增利税230万元。对历年逾期贷款进行清理，清理13个单位的逾期贷款587万元。

1999年，重点对经委、商委所属企业及区域内的高科技企业提供资金支持，融资2620万元，增加利税500万元；兑付国库券本息1.32亿元。是年8月，成立区中小企业担保中心。2001年，按期完成财政国债中介机构撤销工作。发挥担保中心的作用，拓宽融资担保范围，尝试对私营和个体企业进行贷款担保，疏通个体、私营企业融资渠道。为18户（次）不同所有制企业累计提供贷款担保4366万元。回收周转金借款944万元。2002年，修订《中小企业信用担保中心担保评审规定》，成立中小企业信用担保中心担保评审小组，规范融资担保范围，降低担保风险。为区内15户次不同所有制企业提供贷款担保3650万元。

2003年，区财政局国债服务部完成国债兑付收尾工作，共兑付国债本金1242万元、本息1730万元。清理财政周转金逾期贷款6.7万元，筹措资金2000万元。建立河西区促进经济发展基金，支持小白楼商务区、大沽南路商贸区、友谊路金融服务区、海河经济带、解放南路物流经济带等区域经济发展。2006年，调度财政专户间歇资金，支持教育事业发展，两次从财政专户调拨资金4500万元，专项用于四十二中示范校建设项目。2007年，财政部门尝试政府投融资方式改革，首次尝试银行信贷资金用于公共事业建设，初步解决事业发展财政资金不足的问题。全年融资贷款6800万元，为“创建国家卫生城区”工程建设等提供资金支持。2010年，发挥财政政策和财政资金的引导作用，多渠道筹集资金，为市容环境综合治理、小锅炉并网改造融得信贷资金2.85亿元。配合做好区国投、建投融资贷款工作，为区国投公司投入1500万元。拨款1000万元，建立科技企业发展基金，支持陈塘科技商务区建设。

第二章　税务

1994年，实行分税制改革。将原税务局分建为国家税务局和地方税务局两套税务机构，明确划分两个税务局各自的税收征管范围，税收工作的重点转向加强税收征管和依法治税。依托税收信息化平台，不断提高对纳税人服务的质量和水平。随着区域经济的发展，税收收入逐年同步增长。

第一节　国家税务

一　体制改革

天津市河西区国家税务局于1994年成立，是分税制改革之后主管区内国家税收工作的行政机构，隶属于天津市国家税务局。主要职责：贯彻执行国家的税收法律、法规和规章，负责增值税、消费税、企业所得税、外商投资企业和外国企业所得税等中央税和中央地方共享税的征收管理和稽查工作。2008年1月1日起，实施《中华人民共和国所得税法》，合并内外资企业所得税后，区国家税务局负责增值税、消费税、企业所得税等中央税和中央地方共享税的征收管理和稽查工作。1998年9月，组建区国家税务局稽查局，专司稽查工作。

二　征收管理

1994—1996年，税收工作的重点转移到加强税收征管和依法治税上来。与天师高新技术发展公司合作，开发适用于税收征管、会统、税政等方面软件系统。改革税收征管模式，应用现代化的计算机技术，建立以纳税申报和优化服务为基础的征管模式。建立办税厅，为纳税人集中办理各项征收服务工作。推广计算机在税收征管中的应用，在纳税申报、发票管理、发票稽核、纳税检查等方面研制开发计算机管理系统。与天师高新技术发展公司联合研发征管软件投入运行，逐步实现“以票管税”的新格局，建立以纳税人“自核自缴”为基础的新的纳税申报制度。

1997—2002年，围绕改革的任务，设立税务登记、纳税申报、购领发票、税收政策宣传咨询以及办理其他税务事宜等服务窗口。建立以计算机网络为依托的管理监控体系，建立统一的纳税人识别号，完善征管监控应用系统。强化纳税申报制度，实行电子申报，纳税申报采取先缴纳税款后申报的办法。利用监控系统和IC卡进行发票管理。引进银行，建立企业税款预储账户。加强征管，把登记率、入库率、申报率、申报准确率、欠税增减率、滞纳金加收率、立案率、结案率、处罚率、复议撤销变更率完成情况纳入局目标管理考核办法。

2003年，对管辖企业实施税收属地管理，迁入企业809户，迁出企业209户。2004年，按照总局提出“一四六小”工作思路，即：“一”是加快推进增值税一般纳税人申报纳税“一窗式”管理模式，优化纳税服务，提高效率。“四”是加强对农副产品收购发票、废旧物资收购发票、货运发票、海关完税凭证的管理。"六"是实现增值税管理中防伪税控开票系统、认证系统、交叉稽核系统、协查系统、申报纳税系统和发票、会计、统计、评估管理系统的工作联系和信息共享。"小"是加强小规模纳税人的管理。加强增值税管理。是年，全面开展纳税评估工作，即根据税收法律法规、税源宏观数据、税赋变化信息和纳税人户籍资料，结合企业生产经营状况及行业指标横向分析、历史指标纵向分析，对纳税人纳税申报真实性和准确性作出定性定量判断。2005年，实施税收管理员制度，加强辖区内税源管理，堵塞征管漏洞。加强企业所得税征收管理，有针对性地推进内资企业反避税工作。自2009年，成立纳税评估科，对辖区重点管理纳税人实施纳税评估，并向稽查部门移交纳税评估中发现的纳税人涉嫌偷、骗税问题。

1994—2010年税收收入（按级次划分）统计表

表7-9　　单位：万元

年份	总额	中央	市级	区级
1994	32859	22284	7888	2687
1995	41998	28984	9697	3316
1996	32104	22082	6344	3678
1997	33192	23478	6290	3424
1998	25673	20014	2803	2856
1999	29923	24399	2521	3003
2000	39883	32861	3669	3353
2001	49197	40935	4385	3878
2002	42252	28903	9328	4021
2003	60364	44548	7908	7908
2004	60750	45106	3911	11733
2005	72831	53725	4774	14333
2006	85474	62334	5778	17363
2007	117999	80566	9933	27500
2008	150827	102920	11961	35946
2009	140982	103137	9377	28171
2010	151435	109325	10515	31595

三　依法治税

1994年，坚持依法治税，内外并举，重在治内，以内促外，应收尽收，坚决不收过头税，坚决防止和制止越权减免税的组织收入原则，各项税收政策得到落实。1998年，成立区国家税务局稽查局。发挥打击偷骗税的威慑作用，为国家挽回大量经济损失，维护税收秩序的稳定、税法的统一性和严肃性。2002年，贯彻修订后的《中华人民共和国税收征收管理法》。2004年，执行《中华人民共和国行政许可法》，推行税收执法责任制，强化税收执法监督。2006年，实施《天津市国家税务局税收执法责任制考核评议和税收执法过错责任追究办法（试行）》，进一步规范税收执法行为，杜绝执法随意性。以《税收岗位职责》以及工作规程为基础，依托税收信息化平台，将所有税收业务纳入执法责任制的监控之下，严格责任追究。2007—2009年，实行税收执法责任制，规范税收执法行为，提高执法水平。坚决打击偷骗税行为，规范税收秩序。集中开展对重点税源和低税负等企业专项检查。2010年，落实税收执法责任制考核评议和执法过错追究办法，执法平均正确率达99.8%，保证税收政策法规的落实。

四　信息化建设

1994年，区国家税务局有几台电脑，主要用于报表统计。至2010年，税务信息化基础建设累计投入专项资金千万元，有电子设备300多台（套），用于征管第一线，区域所有管辖户全部纳入计算机管理。

2001—2004年，建立健全局域网和网站，开通由市局到区局的网络联通。金税工程增值税征管信息系统开通运行。将使用万元版增值税专用发票的一般纳税人和临时一般纳税人全部纳入增值税防伪税控管理子系统。推广应用稽查软件、公文处理软件，提高工作效率。2005年，为推广应用综合征管软件做好准备工作。采集外部信息9267户，采集内部信息9267户，其中采集各类企业6518户，采集个体工商户2749户。2006年，综合征管软件成功上线，将税务登记、申报管理、发票管理、档案管理等信息集于一体，进入信息集中处理的征管系统。防伪税控系统“一机多票”工作全面启动，辖区内2350余户一般纳税人进行“一机多票”计算机升级工作，实现对增值税专用发票和普通发票的监管。2008—2010年，开通网上申报系统、网上认证系统，推广手机短信服务。通过信息化系统，列出零负申报企业名单，逐户开展核查。借助手机短信服务平台为纳税人提供税法宣传、信息反馈、申报提示等涉税服务。

五　纳税服务

1994年，利用信息化手段，改善对纳税人的服务。建立集办理税务登记、纳税申报、发票审批及领购、税务咨询等功能于一体的办税服务厅。2003年，推行“一站式”服务，纳税人需要办理的涉税事项统一到办税服务厅办理。是年8月，实施“一窗式”管理模式，即：征收单位办税大厅的纳税申报窗口必须进行“票表稽核”，以审核增值税纳税申报的真实性。2005年，简化办税程序和业务审批环节，开辟“绿色通道”，专门为外资企业单设服务窗口。实行发票认证预约制度，即来即办。2007年，区国税局提出“始于纳税人需求、基于纳税人满意、终于纳税人遵从”的服务理念，并付诸实施。

2008—2010年，以实行政府信息公开为重点，建立健全纳税服务制度。通过通告栏将机构设置、领导信息、办税指南、政策规定等信息及时公开。统一服务内容、统一窗口设置和功能、统一办税时限、统一服务标准、统一工作流程、统一办税公开内容、统一工作人员税容风纪。2009年，建立纳税热点难点问题解答及反馈机制，帮助纳税人解读税收政策法规。2010年，开展纳税咨询辅导工作和税法宣传。结合开展“解难题、促转变、上水平”活动，执法人员深入重点税源企业，对涉及企业经营的税收政策进行一对一辅导，使纳税人了解税收政策和有关涉税事项。

第二节　地方税务

一　体制改革

1994年7月，成立天津市地方税务局河西区分局（简称地税河西分局）。2005年2月，更名为天津市河西区地方税务局，加挂天津市河西区地方税务局稽查局的牌子。主要负责：征收和管理营业税、个人所得税、土地增值税、城市维护建设税、车船使用税、房产税、资源税、城镇土地使用税、固定资产投资方向调节税、地方企业所得税（包括集体、私营企业）、印花税、宴席税、地方税的滞补罚收入、按营业税附征的教育费附加和地方教育附加费。征管范围：区内所有的国有企业、集体企业、私营企业及事业单位，市纺织局、电子仪表局所属国有企业。

二　分级次收入

2002年1月，国家对所得税收入分配进行改革，以2001年所得税收入为基数，实行增量分成，中央和地方按6:4比例分享。2003年，分税制财政体制改革以前，实行条块结合的征管方式。征管范围中，市纺织局、电子仪表局所属国有企业的税收收入归市级所有，集体企业、私营企业及事业单位和各地驻津企业的税收归区级所有。是年，天津市改进完善分税制财政体制，实行属地化税收征管，所得税地方分享部分，由市与区县按照1:3及2:2比例分享，营业税由市与区县5:5分成。区级固定收入包括辖区内各类纳税人缴纳的城市维护建设税和教育费附加、房产税、资源税、城镇土地使用税、车船使用税、印花税、契税等。

1994—2010年河西区税收收入（按级次划分）统计表

表7-10 单位：万元

年份	中央级税收收入	市级税收收入	区级税收收入	合计	同比增长 %
1994	0	5493	5441	10934	-
1995	0	6057	6802	12859	17.60
1996	0	7265	8697	15962	24.10
1997	0	9693	10942	20635	29.30
1998	0	10314	13366	23681	14.80
1999	0	11811	15385	27196	14.80
2000	0	14750	16764	31514	15.90
2001	0	17620	20835	38454	22.00
2002	0	22064	26300	48364	25.80
2003	15590	30533	39662	85785	77.40
2004	21252	35201	53940	110393	28.70
2005	26630	40031	63899	134738	18.30
2006	25105	48046	110314	183466	40.50
2007	35898	62308	135079	233285	27.20
2008	40348	68265	159731	268345	15.00
2009	45544	80893	178649	305086	13.70
2010	62275	90236	201727	354238	16.10

三 分税种收入

1994—2010年，征收的各税种中，营业税、企业所得税和个人所得税是主体税种，随着国家税收政策的调整和经济社会的发展，房产税、契税等逐渐成为地方税收收入的重要来源。

营业税 2003年，受“非典”因素的影响，部分公交运输企业和出租汽车行业享受营业税减免税优惠政策，导致该行业入库税款减少。2005年，国家实行宏观调控，固定资产投资规模增速放缓，出台一系列抑制商品房价格的政策，建筑业与房地产业的增幅较上年同期有明显下降，营业税在所有税种中增幅最小，仅为13.97%，与2004年29.69%的增幅相比，下降超过一半以上。2006年，实施房地产企业营业税属地征管政策，营业税同比增幅为17.48%，占总体收入的比重为43.5%。2007年，房地产市场活跃和发展，营业税增幅达28.13%。2008年，受金融危机的影响，营业税同比增长8.4%。2009年，开始实施修订后的《营业税暂行条例》。2010年，国家实行一系列的房地产调控，致使房地产市场成交量显著回落，营业税同比仅增长3.55%。

企业所得税 2001年12月，国家实施所得税收入分配改革。自2002年1月，新登记注册的企事业单位企业所得税由国家税务局征管。企业所得税收入下降29.3%。2005年，房地产企业的应税所得率由原来的10%调整为15%，并对餐饮业实行所得税定率征收等政策，企业所得税增长34.99%。2006年，企业所得税同比下降21.09%，主要是由于多数开发建设或销售的房地产业项目企业所得税均不在区内征管。2008年，新企业所得税法颁布实施，税率由33%调整为25%，受金融危机的影响，收入同比仅增长12%。

个人所得税 2003年，与7858户企业建立个人所得税代扣代缴关系，开展个人所得税自查，扩大高收入者监控范围，建立电子管理台账，加强日常监管。2004年，对高收入的行业及个人建立代扣代缴关系，实施源头管理。2005年，调整个人取得全年一次性奖金计算个人所得税方法，并自6月1日起，个人所得税工资、薪金所得费用扣除标准调整为1200元。2006年1月，个人所得税工资、薪金所得费用扣除标准提高到1600元，年收入增长0.84%。2007年，年所得超过12万元以上自行申报，个人所得税全员全额申报，对二手房转让征收个人所得税，行政事业单位工资改革，由国库支付中心代扣个人所得税，年收入同比增长36.4%。2008年1月，个人所得税工资、薪金所得费用扣除标准调整为2000元，采取建立代征关系等一系列加强征管的措施，年收入同比增长12.7%。在个人所得税收入中，工资薪金所得税收一直占较大比重，最高达到90%左右。随着费用扣除标准的不断提高，一部分低收入者的负担逐步减轻，工资薪金所得税收所占的比例逐渐下降。2009年，工资薪金所得税收占个人所得税收入总额的76.3%。2010年1月，对个人转让上市公司限售股所得征收个人所得税。

契税 2006年5月，契税由财政局划转到地税局进行征管，并委托区房管土地部门代征。

土地使用税 2007年8月，天津市实施新的《土地使用税暂行条例》，调整土地使用税的单位税额，土地单位税额增长1倍以上，拉动土地使用税收入大幅增长。

土地增值税 2005年10月，开始征收土地增值税。对房地产开发企业开发销售商品房，按照销售取得的收入实行预征土地增值税，项目完工并全部销售后，办理土地增值税汇算清缴。

车船使用税 2002年，采用IC卡征收车船使用税。2004年，与区交管局建立车船使用税委托代征关系，实施机动车年检与完税一卡制，源头避免税收跑冒滴漏现象。2007年7月，实施新的车船税暂行条例，调整纳税额，并实行委托保险公司随交强险一并征收。

图7-9 2007年，河西区地税局征收所获全国巾帼文明岗称号 （区地税局提供）

固定资产投资方向调节税 1999年7月，固定资产投资调节税减半征收。2000年1月暂停征收。

屠宰税 2003年7月，停止征收屠宰税。

1994—2010年河西区税收收入（按税种划分）统计表

表7-11　　　　单位：万元

年份	营业税	企业所得税	个人所得税	城市维护建设税	房产税	土地使用税	车船税	印花税	固投税	土地增值税	契税	其他滞补罚收入	税收合计	非税收入	累计
1994	5500	2355	238	485	1006	783	283	453	259	0	0	16	10934	176	11556
1995	7003	1996	342	518	1660	737	307	467	128	0	0	35	12859	377	13781
1996	9961	1880	486	688	1518	731	275	517	192	0	0	37	15962	984	17272
1997	11346	2142	594	762	1663	688	270	425	643	0	0	21	20635	1048	19603
1998	12718	2411	1383	2793	2996	520	306	448	467	0	0	46	23681	1742	25784
1999	14650	2628	1749	2636	3807	5417	273	551	958	0	0	165	27196	1851	29645
2000	17336	2178	2564	2821	4470	780	233	534	996	0	0	84	31514	2040	33956
2001	18229	5708	5150	3222	4670	523	234	699	167	0	0	79	38454	2230	40686
2002	26365	4038	8238	3451	4483	530	408	851	0	0	0	70	48364	2534	50899
2003	45953	10781	15202	4719	6954	530	431	1206	8	0	0	67	85785	3766	89552
2004	59595	16810	18610	5859	6740	513	455	1811	0	0	0	82	110393	4405	114798
2005	67918	22691	23737	7111	8939	672	613	2708	51	298	0	117	134738	5845	140583
2006	79789	17906	23936	8445	12441	659	664	3758	0	3147	32592	206	183466	6976	190441
2007	102230	27191	32637	10028	13911	2315	1126	4778	0	3893	35077	109	233285	7939	241223
2008	110787	30460	36786	11793	17087	3231	3308	5476	0	4937	38478	1020	268345	11711	280057
2009	132562	30729	45128	20540	20105	3442	3036	8756	0	5041	35747	391	305086	13841	318927
2010	137273	41720	61973	22035	20926	3534	4342	9024	0	10094	43316	321	354238	15267	369505

四 税收征管

在1995年局部试点的基础上，1996年全面调整机构设置，实施新的征管格局，所辖企业全部自行到征收所进行纳税申报。采用计算机打印税票，取消专管员制度，形成征收、管理、稽查3个系列相互分离、相互制约、有机配合的新征管格局。

户籍管理 1996年，进行国、地税机构分设后第一次换发地方税务登记证工作，换发率达到95%。1998年，完成对个体税收管理国税与地税征管范围划分、交接工作，个体税收征管工作纳入地税日常管理。开展逐条街、逐座楼纳税户的清理工作。2000年，加大对国、地税共管户的征管力度，对摊群市场强化监管，对专业商城纳入规范管理，对无证经营的漏征漏管户、美容美发、洗浴、娱乐等行业进行重点检查。强化对假集体户、假停业户、不予纳税配合的钉子户等的治理。2003年，落实市对区县分税制财政管理体制改革工作，按照税收属地化征管原则，实施异地经营纳税人迁转工作，共迁入1470户，转入税款3亿元，迁出352户，转出税款2.05亿元。全面清理未登记、异区登记和登记信息不准确的纳税人，核实纳税人基本信息资料，修改无效记录，摸清所辖税源底数。共对3300户的4800余条纳税人信息资料进行补充、修改。对1926户未申报、申报税款未入库户进行催报催缴，对历年纳税人档案进行清理筛选，补充核实纳税人基本资料。对集贸市场零散税收实行区街代征代缴，对个体工商户调整纳税定额。2006年，再次进行税务登记证的集中换发工作，共换发税务登记11409户。2008年，实行区国、地税联合办证。根据纳税人依法诚信纳税情况，开展企业纳税信誉等级评定。自2009年，实行区国税、地税、工商、质监、卫生5部门联合审批，除个体户外，税务登记证由区地税局一家核发，国、地税通用。

税收分析 2000年，对近千户长期不申报户，采取查询电话、实地核实经营地点、冻结账户、银行扣款等税收保、强制执行追缴税款等措施，认真清理，提高正常申报率和税款入库率。成立税源调查组，加强对重点行业、重点户以及新的经济增长点的税源调查，掌握税源的变化趋势，加强源头控管，提高监控管理水平。2002年，扩大重点税源的监控面和对重点税源的监控数量，对影响收入变化较大的税种、行业或集团实行追踪调查，集中控管，建立重点税源基础资料数据库。2009年，制定《重大项目税源监控管理办法》，对市、区级重大项目实施税源监控，跟踪项目开工建设和投产达产情况，开展重大项目税收服务和监控工作，监控重大项目各阶段税收情况。2010年，实施楼宇经济税源监管，以楼宇为监管单元，以楼宇内的经营者、房屋产权人以及物业公司为监管对象，对缴纳的税收实施全面监管，及时掌握楼宇经济的规模、数量、分布等信息，实现按楼宇、区县、级次多维度展现楼宇经济税收情况。

执法文书 2002年，贯彻落实新征管法及实施细则，规范、细化、理顺执法程序。将过去税务行政处罚与税务处理不分、文书合二为一签发，改变为分别签发《税务行政处罚决定书》与《税务处理决定书》，启用税务文书送达回证、稽查通知书等一系列税务文书，对所有需审批的涉税申请、报告等，一律采用规范格式微机打印，规范统一税务执法文书的使用和管理。2007年1月，启用市地方税务局统一发布的征管、稽查、综合3大类200余种税务执法文书。随着管理员平台的应用，按照征管工作流程，各类文书被固化在管理员平台系统中，通过信息化手段规范文书的使用。

发票管理 2003年11月，在全市饮食行业推行定额有奖发票，对餐饮业限量发售填开式发票，全面实行定额有奖发票，餐饮业营业税收入比上年同期增加3696万元，增长134.97%。2005年，实行领购发票资质认定、验旧售新、兑奖、代开等发票事宜的“一条龙”服务和集中管理。2007年1月，推行公路内河货运发票税控系统。对使用“十万元版”服务发票的1873户纳税人进行清理审查，控制领购发票数量和面额，将其中缴纳营业税额较低的767户纳税人改为使用百元版服务发票。2009年7月，制定《有奖发票兑付和结报管理办法》，保障向消费者兑付的奖金及时到位。对公路内河货运自开票纳税人资格实行年审制度。是年，制定《发票管理办法（暂行）》，明确并规范发票管理、发售、使用、检查等工作环节。制定《冠名发票管理暂行办法》，对企业申请印制冠名发票及其管理作出明确规定，并制定《发票库房管理细则》，防范发票内部管理风险。制定《办税服务厅对纳税人开具发票管理办法》，对代开发票行为进行规范，防止纳税人通过办税窗口虚开发票、虚列成本费用，规范依法纳税行为。2010年11月，开展普通发票换版工作，启用国家税务总局统一式样的通用机打发票和通用定额发票，暂时保留天津市26种行业发票，取消46种行业发票。

协税护税 2005年，区地税局与区房管局、马场和天塔街道办事处建立对出租房屋行为代征税款关系，年共代征税款90万元。与区12个街道办事处、11个商城主办单位建立零散税收代征关系，实行代征税款。与大型超市签订代征协议，对超市内1500余户产权所有人和300余户个体租赁者代征税款，代征税款260万元。区地税局与车管所、通达公司、航道管理处等部门建立车船税代征关系，代征车船税317.4万元。2006年，区地税局与房管局、交管局建立代征关系，加强房产税、车船使用税的源头管理。区地税局与文化局、公安局组成联合定税小组，对娱乐业、洗浴、网吧进行综合定税。与区政府等部门联合成立房地产行业专项工作组，对在区内有开发项目的房地产企业，逐户建立房地产项目明细台账，摸清开工和销售情况，并对潜在的税收进行预测。加强与工商部门登记注册信息的比对，强化纳税人户籍信息的动态管理。2007—2010年，发挥工商、房管、街道等相关部门的协税护税作用，通过代征方式实现对零散税源的源头控管。

图7-10 2004年，实行“一站式”服务
（区地志办提供）

管理员制度 2005年，对区所辖12个街区，由4个管理所实行按片管理，明确税收管理员工作职责，细化分工。对重点税源实行总局、市局、区局、管理所以及管理员“五级”管理，建立重点税源户台账，定期进行重点税源分析和汇报，并依托信息化手段对重点行业进行收入分析和预测。2006年，制定税收管理员岗位职责，建立健全重点税源户汇报制度和企业纳税、购票、减免税、欠税和申报等情况模拟数据动态查询平台，规范20种税源管理台账。管理一所由发票管理专业所转为“片管所”。自2007年，稽查四所、稽查五所转为“片管所”，实施管理所职能，全面落实税收管理员制度。全局所辖纳税人属地征管与行业管理相结合，进行分解，落实到所，责任到人，并纳入考核体系。

纳税评估 2006年，对所辖大专院校、行政事业单位、医疗、餐饮等行业3000余户次纳税人开展纳税约谈、评估，纳税人自查自纠，自行申报补缴个人所得税等税款2100多万元。2007年，成立专门的纳税评估小组，对行业税收、分类发票使用及相应所得税款入库情况，进行系统评估分析，进一步堵塞税收流失漏洞。2008年，开展对行政机关及高收入行业个人所得税等重点税种的纳税评估、对普通发票的分析评估、对重点税源的纳税评估。2009年，对500余户重点税源户开展纳税评估，并利用管理员平台等信息技术手段以及工商局、国税局等各方信息、数据，开展综合性分析评估。对企业所得税、个人所得税、营业税、房产税等重点税种和重点税源户进行纳税评估，对纳税人发票领用、纳税情况进行评估。对连续三年以上亏损的企业进行有针对性的纳税评估，对其中的私营有限责任公司开展纳税评估。对行政事业单位和年收入12万以上个人所得税申报以及印花税零申报和未足额申报情况进行分析评估。2010年，增设纳税评估科，负责纳税评估综合管理和组织专项纳税评估。开展对楼宇经济和重大项目的调研评估，对银行、药店、超市、营利性医疗机构的房产税专项评估，对永安道餐饮行业的纳税评估。

五　税务稽查

1997年，成立稽查科，组建5个稽查所。制定《税务稽查工作操作程序》，从稽查的选案、实施、审理、执行，及档案管理等方面实行程序化、制度化的规范管理，规范稽查程序。1998年，建立稽查激励机制，制定《稽查工作考核办法》，将稽查收入、稽查户数、稽查质量、稽查滞罚率的考核与奖金挂钩，调动稽查人员工作积极性。是年，对2860户进行稽查，查补税款2815.9万元，稽查收入占年税收收入的14.69%。1999年，对营业税所涉及的行业进行检查，对重点企业所得税等税种进行专项检查，对全区范围内的漏征漏管户普遍搜寻、查找。全年共稽查4440户，查补税款4807万元，占分局税收收入的18.02%。2000年，重点打击洗车业、餐饮业发票违法犯罪行为，查处5起使用假票、借票经营案件，补缴税款20余万元。在公安机关的配合下，2次到安徽省破获制造假发票的犯罪团伙，铲除制假窝点。2005年，开展对建筑安装、金融证券、房地产业开发、旅游业、会计师事务、律师事务等行业的专项检查。

2006年，稽查工作开始由收入型向执法型转变，不再下达稽查收入任务，稽查重点转向整顿和规范税收秩序。2007年，重点对房产税重点户和事业单位、中小学、大专院校、医院及零申报企业开展专项检查，建立稽查和征管信息交流共享工作机制。是年，对涉及一起案件的544户企业的1840份发票进行调查取证，对55户虚开、代开发票企业进行处罚，涉及问题发票105份，查补税款56万元，滞纳金13万元，罚款97万元。2008年，重点开展房地产、建筑安装及烟草等行业专项检查、货运发票协查，将4起重大涉税案件及时移交公安部门。2009年，开展对建筑安装、交通运输、餐饮服务、营利性医疗及教育培训机构等行业检查，对两年以上未实施稽查的重点税源企业和大型汇缴企业进行评估、选案、稽查和发票专项检查。建立与征管系列的内部联动机制、与国税部门的外部信息交流机制，制定查前预案、查中定期汇报分析案情、查后总结行业性偷漏税规律的工作制度。2010年，开展对房地产、建筑安装、娱乐以及药品零售等行业的A级纳税信用等级纳税人和市区两级重点税源户专项检查。打击发票违法犯罪“卖方市场”，税警联合开展打击餐饮、洗浴服务等行业假发票突击检查行动。

1997年—2010年稽查收入情况表

表7-12　　　　单位：万元

年份	检查户数	查补税款额	同比增长	占当年收入比例%
1997	2137	1901	0	18.45%
1998	2860	2851.9	50.02%	21.07%
1999	4440	4807	138.68%	31.24%
2000	1005	1567	-67.40%	9.35%
2001	725	2141	36.63%	10.28%
2002	343	4046	88.98%	15.38%
2003	1274	1817.4	-55.08%	3.83%
2004	436	1394	-23.30%	2.58%
2005	402	1564.1	12.20%	2.27%
2006	246	824	47.32%	0.72%
2007	464	611	-25.85%	0.44%
2008	365	3457	253.12%	1.35%
2009	194	6933	106.20%	1.50%
2010	225	5506	-20.58%	1.55%

六 纳税服务

图7-11 2004年，河西区行政许可服务中心涉税窗口 （区地税局提供）

1998年，调整征收、管理工作分工，完善窗口岗位工作责任制，建立考核办法，规范工作程序，增强干部文明服务、文明执法意识，提高办税效率。扩建后的办税服务厅增设税款结报、涉税事宜、涉税解答、税务登记、发票发售、零散税收等窗口，纳税人在办税服务厅内办理全部涉税事宜。地税河西分局与天津市城市合作银行东海支行签订进驻办税服务厅的“协议书”，方便纳税人缴纳税款。1999年，在办税服务厅实行“首问责任制”和“一站式”服务，即：纳税人进厅办税，由第一个接待的税务人员负责答疑或指引服务到底的“首问责任制”。在办税服务厅内设置涉税事宜窗口，纳税人通过“一站式”集中办理各项涉税事务。2000年，在办税服务厅、5个管理所推行政务公开，文明办税，印发有关税收政策等宣传材料，增加执法透明度。2003年5月，执行预防“非典”特别时期办税服务措施，在办税服务厅门前设立接待处，防控疫情。2004年，在窗口部门开展规范化服务达标活动。通过层层推荐和考核验收，征收所被国家税务总局和团中央授予全国青年文明号称号。2005年，开展创建服务型机关活动，调整征收所职能，建立发票专业所，实行领购发票资质认定、验旧售新、兑奖、代开发票等事宜集中管理。2006年，启用银联卡刷卡缴税，纳税人在办税服务厅以银联卡刷卡方式缴纳税款。2007年，推行“一窗式”服务模式，征收所窗口实现“一窗多能、一人多岗、一机多用”，成为集征收、税务登记变更、发票发售等涉税事宜于一体的全职能办公窗口。2008年，撤销银行驻办税服务厅的窗口，推广应用银联卡刷卡方式缴纳税款。2009年，实行8项服务措施，即：一窗式服务、即时服务、预约服务、上前服务、上门服务、提醒服务、延时服务、绿色通道服务。为纳税信用A级企业和年纳税300万以上设立绿色服务通道。2010年，制定《纳税服务工作规范实施办法》，进一步规范纳税服务工作。整理印制涉税“一次性告知材料”，方便纳税人了解税收政策和涉税事宜。

七 信息化建设

2000年，实现与市局和各区县地税局电子邮件通邮。2001年，配合推行远程电子申报，在办税服务厅安装计算机，供纳税人自行进行远程电子申报。组建信息科，拓展电子申报领域，推广远程电子网络申报，扩大远程申报覆盖面。地税河西分局新办公楼内全部实现网络自动化办公。2002年，电话语音报税系统接入号码调整为12366。网上远程电子报税达1290户，征收税款1.43亿元。个体征管系统与分局主控服务器并网对接，实现征管数据的统一管理。2003年，增加计算机及其附属设备，基本实现网络硬件设施的更新换代，提高计算机人均占有率。安装ADSL宽带网，提高远程电子网络申报速度。实现远程电子申报2252户，完成税额达2.8亿元。建立分局网页，对因特网和局域网实行物理分离，严格网络数据查阅、删改的审批权限和程序，使用授权个人密码方法，设置兼职计算机管理员。2004年，完成征管系统数据的采集、复核和录入，“津税系统”正式投入运行。网络服务器实现升级，增加微机及附属设备，征管一线全部实现信息化。2005年，推行“全国重点税源监控”和“津税系统”软件。2006年，通过信息化手段，剖析大型企业电子软件核算系统，研究开发纳税人所属街乡镇软件查询系统。建设河西区地税局内外网站。是年，启用并试运行“银联卡刷卡缴税（费）系统”，实现纳税人以银联卡刷卡方式替代现金支付缴纳零散税收。

2007—2010年，试点并推广应用市地方税务局研发的管理员平台，规范税收执法流程，基本实现对纳税人的动态监管和税务登记、纳税申报、税务稽查等信息的“一户式”管理。按楼宇和街道，建立税源地理信息系统的基本框架。推广应用个人所得税管理系统，实现个人所得税全员全额扣缴申报。2010年，横向联网系统推广应用，涉及业务种类主要有：实时扣税、批量扣税、银行端缴税以及银联刷卡缴税等业务。

河西区志

第八编
金　融

自1979年，河西区金融服务业迅速发展，逐步形成以银行为主体，与证券、保险、担保等多种金融机构并存发展的格局。至2010年，坐落在区内的国有政策性银行2家、国有大型银行3家、股份制银行9家（其中外资银行1家）、城市银行8家。有15家保险公司、15家证券营业部和12家融资性担保机构。友谊路金融服务区汇集众多金融机构，有23家银行、10家保险公司、8家证券营业部，占全区金融机构的56.9%，形成金融服务为主、集商务办公、会展、餐饮、娱乐休闲、旅游等功能于一体的综合服务型经济带。金融服务业成为区域经济的支柱产业，为全区经济社会发展提供服务和支撑。

2009年，友谊路金融街塑像　　（区人大代表摄影组提供）

第一章 银行

1979—2010年，河西区金融服务业日渐兴盛。区内银行业务范围涵盖信贷、外汇、结算业务、内控案防、国际贸易、储蓄、理财等方面。支持促进工商服务、科学技术、文化教育、城市建设等方面发展，为个人购物、理财等提供多项金融服务。

第一节 国有政策性银行

一 国家开发银行股份有限公司天津市分行

成立于1999年3月。位于宾水道增9号环渤海发展中心A座26层。重点投向公路、电力、城建等领域，支持区域经济发展和社会主义新农村建设，开拓海外国际合作业务。

二 中国农业发展银行股份有限公司天津市分行

1979年恢复成立。位于紫金山路3号增6号。是中国农业发展银行在天津市设立的分支机构，以国家信用为基础，以服务“三农”（农村、农业、农民）为己任。共有营业网点350余家、员工7000余人，有覆盖面广的分支机构、庞大的电子化网络和广泛的客户群体。

图8-1 2008年，中国农业银行天津市分行（区金融办提供）

第二节 国有大型银行

一 中国银行股份有限公司天津市分行

成立于1912年，作为中国银行总行成立最早的分支机构之一，有近百年历史。2010年，迁入区友谊北路与永安道交口新址。分行树立品牌形象，先后为北京奥运、达沃斯论坛等提供专项金融服务，相继获天津市百家信誉企业、今晚传媒—胡润（天津）品牌价值企业、十大金融企业民生贡献奖、诚信金融企业等称号。

二 中国建设银行股份有限公司天津市分行

成立于1954年。位于南京路19号增1号。作为中国建设银行的境内一级分行，具有综合优势。秉承“注重综合素质，突出业绩实效”的人才理念，为客户提供更好的服务，为股东创造价值，为员工搭建发展平台，为社会承担企业责任。

三 中国工商银行股份有限公司天津市分行

成立于1984年。位于围堤道123号。中国工商银行股份

图8-2 2010年，中国银行天津市分行（区地志办提供）

有限公司在天津市的一级分支机构，下辖46家支（分）行，近300个网点，8200余名员工。分行不断提升业务创新能力、市场营销能力、品牌影响能力、客户服务能力及风险掌控能力，成为天津金融界的旗舰银行。2009年，获得利润、各项存款、各项贷款、中间业务收入、资产质量、内控案防、结算业务、国际贸易融资、电子银行、理财产品销售10项核心指标同业第一，成为天津市首家资产总额突破2000亿元的商业银行。先后获天津市最佳公众形象、最佳服务质量、最佳金融创新、最佳重大项目支持的奖项。

图8-3　中国工商银行天津市分行　（区地志办提供）

第三节　股份制银行

一　交通银行股份有限公司天津市分行

重组于1992年。位于南京路35号。坚持继承与创新并重，以诚信立行，以服务取胜，不断开拓创新，为广大企事业单位和个人客户推出一系列金融业务品种，提供优质高效的金融服务。

二　上海浦东发展银行股份有限公司天津市分行

成立于2001年4月21日。位于宾水道增9号环渤海发展中心5~6层。秉承“笃守诚信，创造卓越”理念，打造浦发品牌。以客户为中心，以业务和服务创新为基本途径，各项业务快速发展，支持天津市的经济建设和社会发展。

图8-4　2008年，上海浦东发展银行天津市分行　（区人大代表摄影组提供）

三　华夏银行股份有限公司天津市分行

2005年1月27日开业。位于宾水道增9号。是华夏银行的第27家分行，在天津市设立10家支行。围绕夯实基础、防范风险、加快发展三条主线，谋篇布局，各项业务均衡发展，2009年，一般性存款余额达到110.53亿元，各项贷款余额达到102.54亿元，不良贷款为零。

四　招商银行股份有限公司天津市分行

成立于2000年6月。位于友谊北路55号。坚持效益、质量、规模协调发展，依托体制、机制、科技、管理、人才和品牌优势，规范经营，开拓市场，业务全面均衡发展，综合竞争实力增强，树立“科技领先、管理先进、服务一流、信誉卓著”的社会形象。

五　兴业银行股份有限公司天津市分行

成立于2003年5月28日。位于绍兴道与永安道交口罗兰花园6号楼1~4层。按照“一流银行，百年兴业”的目标，坚持“从严治行、专家办行、科技兴行”战略，秉承“真诚服务，共同兴业”和“服务源自真诚”的经营理念，依托天津作为环渤海经济区中心城市的区位优势，探索新型现代化商业银行经营模式，建设现代化精品银行。

六 渤海银行股份有限公司

是1996年以来获国务院批准新设立的第一家全国性股份制商业银行，是第一家在发起设立阶段引入境外战略投资者的中资商业银行，也是第一家总部设在天津市的全国性股份制商业银行。位于马场道201~205号。渤海银行由天津泰达投资控股有限公司、渣打银行（香港）有限公司、中国远洋运输（集团）总公司、国家开发投资公司、宝钢集团有限公司、市信托有限责任公司和天津商汇投资（控股）有限公司7家股东发起设立，注册资本总额85亿元人民币。

图 8-5　2007年，渤海银行总行
（区金融办提供）

七 广发银行股份有限公司天津市分行

成立于2010年5月，是该行的第29家分行。位于解放南路天津公馆。以优质大客户为主导，以成长性强的中小企业为基础，开发差异化的金融产品，发展特色业务，向广大客户提供“专业专注”的金融服务，融入当地的金融市场环境，增强竞争力。

八 浙商银行股份有限公司天津市分行

2007年8月开业，位于友谊北路37号。是浙商银行在北方地区设立的第一家分行，浙江省外的第二家分行。

九 东亚银行股份有限公司天津市分行（外资银行）

成立于2008年5月。位于友谊北路47号。是首家获准在内地经营电子网络银行业务和第一家获得QDII资格的外资银行，从事人民币在内的各项金融业务。

第四节　城市银行

一 天津银行股份有限公司

成立于1996年。位于友谊路15号。设有6家分行、230个营业机构，注册资本为51.26亿元。2006年，引进澳新银行作为国外战略合作者，在市滨海新区组建一级分行。2007年，更名为天津银行，并获准跨区域经营，先后在北京、唐山、上海、济南和成都设立异地分行。2008年，设立蓟县村镇银行。2010年，参与设立南阳村镇银行。实施机构改革，组建6家中心支行，形成总分支三级管理机构。

图 8-6　2008年，天津银行
（区金融办提供）

二　天津农村商业银行股份有限公司

前身是有着近60年发展历史的农村信用社。2010年6月，挂牌成立。位于马场道59号国际贸易中心A座。天津农商银行依靠雄厚的资本金实力跻身中国银行50强和世界银行500强行列。

三　齐鲁银行股份有限公司天津市分行

成立于2008年11月。位于友谊北路37号。是齐鲁银行成立的首家省外异地分行，秉承“和谐中创新，稳健中发展”的核心理念，坚持服务中小企业的市场定位，以客户为中心，以客户需求为导向，以产品营销为创新重点，坚持二线服务一线，一线服务客户。

四　大连银行股份有限公司天津市分行

成立于2007年7月。位于围堤道53号丽晶大厦。以“支持地方经济、扶植中小企业、服务市民”为市场定位，开拓营业网点10家，设立新型社区支行及小微支行10余家。

五　盛京银行股份有限公司天津市分行

成立于2007年8月。位于乐园道42号。成为继上海银行、北京银行之后全国第三家实现跨省设立分支机构的城市商业银行。

六　哈尔滨银行股份有限公司天津市分行

成立于2008年9月。位于永安道223号。员工总数近300人。秉承“普惠金融，和谐共富”的经营理念，资产和负债规模均超百亿元。并在滨海新区、蓟县、北辰、东丽、南开、武清、静海、于家堡、和平设立9家业务支行。

七　上海银行股份有限公司天津市分行

成立于2008年10月。位于乐园道36、38号。以建设精品银行为契机，加快转型发展，探索以创新型产品和服务支撑业务发展的模式。结合天津市区域经济特点，把握市场导向，突出特色经营，在服务、产品等方面的开拓创新，形成稳健的风险管理体系。

八　河北银行股份有限公司天津市分行

成立于2009年12月。位于围堤道126号。坚持“立足河北、面向环渤海、服务中小、服务市民”的市场定位，通过跨区域经营，提供优质服务，打造具有核心竞争力的环渤海区域性银行。

图8-7　2009年，上海银行天津市分行(区人大代表摄影组提供)

第五节　驻区银行分支机构

中国工商银行、交通银行、北京银行等银行在河西区设立分支机构。

2010年部分驻区银行天津河西支行一览表

表8-1

名称	地址
中国工商银行天津河西支行	天津市河西区围堤道123号
建设银行天津河西支行	天津市河西区气象台路48号
中国银行天津河西支行	天津市河西区解放南路400号
农业银行天津河西支行	天津市河西区围堤道202号
交通银行天津河西支行	天津市河西区围堤道262号
中国邮政储蓄银行天津河西支行	天津市河西区宾馆南道1号
中信银行天津河西支行	天津市河西区气象台路89号增7号
北京银行天津河西支行	天津市河西区九龙路80号
锦州银行天津河西支行	天津市河西区解放南路392号
上海银行天津河西支行	天津市河西区大沽南路中钢大厦
天津银行津西支行	天津市河西区厦门路28号
浙商银行天津河西支行	天津市河西区解放南路477号

第二章　保险　证券　担保

2010年，河西区有15家保险公司和15家证券营业部在区内开展业务，有12家融资性担保公司在河西区注册经营。经营范围涵盖人身保险、财产保险、工程保险、信用保险、责任保险等各类保险业务和A股、B股、基金、权证、国债等交易品种以及各类担保，为经济社会发展和人民生活提供各项金融服务。

第一节　保险

一　太平财产保险有限公司天津分公司

成立于2003年6月。位于围堤道103号峰汇广场B座19层。下设：津西支公司、蓟县支公司和滨海新区支公司。共有员工220人，其中销售人员158人。财险经营范围：财产损失保险、责任保险、信用保险和保证险的人民币或外币保险业务，短期健康保险和意外伤害保险业务、各类财产保险的再保险业务、各类财产保险及其再保险的服务与咨询业务、代理其他保险公司办理有关业务、国家法律法规允许的资金运用业务。

二　渤海财产保险股份有限公司

2005年10月开业。位于解放南路256号泰达大厦28层。由天津市的国有骨干企业发起设立，是首家总部设在天津市的全国性财产保险公司，有25家省级机构，200多家地市级和县级机构，形成全国性销售服务网络。为客户提供交通工具保险、财产保险、工程保险、运输保险、责任保险、保证保险、意外伤害保险、短期健康保险等16大类保险产品。参与建设希望小学、设立助学基金等社会公益活动。2009年，被人民网评为中国十佳最具成长性金融机构。2010年，被中国社会科学院评为卓越竞争力成长型保险公司。

三　中国平安人寿保险股份有限公司天津分公司

成立于1993年11月。位于马场道59号增1号平安大厦。1994年10月24日，在天津市寿险市场上开辟个人寿险营销业务的先河。拥有个险、银保等销售渠道，产品体系涵盖从传统的保障型产品，到投资连结、万能、分红等新型产品。推出便捷的“一柜通”服务、信函办理、95511电话办理、电子函件服务和“平安一账通”网络服务等保单服务。举办一年一度的客户服务节，成立平安VIP俱乐部，为会员提供附加值服务。

四　新华人寿保险天津分公司

成立于2000年4月。位于永安道221号罗马商务中心G座19层。是新华人寿保险首批设立的分支机构之一。有各类管理人员140余人，销售队伍近2000人。

图8-8　2005年，新华人寿保险天津分公司
（区人大代表摄影组提供）

五　中国人民健康保险股份有限公司天津分公司

成立于2006年11月。位于马场道59号增1号平安大厦A座18楼。提供团体、个人健康保险，实施健康管理。依托中国人保品牌资源优势和公司专业优势，突出健康险专业化特色，打造差异化核心竞争力，发挥专业健康险公司的社会服务职能作用，构建多层次的医疗保险体系。

六　阳光人寿保险股份有限公司天津分公司

成立于2008年11月。位于友谊路41号大安大厦A座8层。是第15家省级分公司。2009年，形成市内区部为核心，蓟县、宝坻支公司为两翼的机构格局，内勤人员共计53人，营销员700余人。

七　长城人寿保险股份有限公司天津分公司

2009年1月开业。位于围堤道53号丽晶国际大厦12层。以客户为中心、以服务为核心、以价值为重心、以过程与目标双导向为经营策略，创新销售模式，提供多项服务。

八　海康人寿天津分公司

2008年10月开业。位于解放南路256号泰达大厦29层A+B座。是在全国范围内设立的第6家省级分公司。选择直效营销、银行保险和经纪代理等业务渠道进入市场，提供购买便利、形式多样的保险服务，开设团险和直域营销业务渠道，为提供多元化的分红、非分红以及投资类的人身保险产品，即：纯保障型保险、两全保险、年金保险、万能险、意外险及健康险等。

九　中国大地财产保险股份有限公司天津分公司

成立于2004年7月。位于解放南路283号创展大厦23、24层。公司下辖津西、津东、津北、滨海、南开、蓟县和宁河7家支公司。探索和完善“天津大地”的发展模式与管理模式，调整转型，转变发展方式，实施精细化管理，创新服务举措，推进渠道建设、销售管理体系建设和人才队伍建设，逐步走出一条适合城市型公司的发展之路。

十　中华联合财产保险公司天津分公司

成立于2004年12月，位于友谊路41号大安大厦8层。共有员工80余人。主要经营：财产保险、人身保险、涉外保险业务。

十一　阳光财产保险股份有限公司天津分公司

2006年1月开业。位于黄埔南路12号。主营车险、财产险、短期健康保险和意外伤害保险等综合性财产保险业务。有4个直属营业部，在南开区、河东区、滨海新区成立分支机构，在宝坻区、宁河县、蓟县、大港区设立营销服务部。员工170多人，其中销售人员70多人。

十二　华安财产保险股份有限公司天津分公司

成立于2005年6月。位于友谊路5号北方金融大厦13层。下设分支机构11家，其中有支公司1家、连锁营销服务部10家。主要经营：小额农业贷款信用保险、个人贷款抵押房屋保险、家庭财产保险、餐饮业综合保险、民用燃气综合保险国内货物运输承运人责任险、陆上运输货物保险、国家助学贷款信用保险、就学贷款保证保险以及车险、人身险等险种。

十三　天平汽车保险股份有限公司天津分公司

成立于2008年5月18日。位于围堤道103号峰汇广场B座2105室。秉承“让出行更美好”的企业使命，结合国际先进的保险技术、管理经验和中国市场实际，打造中国汽车保险第一品牌。

十四　华泰财产保险股份有限公司天津分公司

成立于2000年8月。位于乐园道68号银河大厦13层。走“集约化管理、专业化经营、质量效益型发展”道路，为中外客户提供服务。员工72人，其中销售人员36人。

十五　中银保险有限公司天津分公司

成立于2007年9月12日。是经中国保监会市保监局批准设立的天津市第一家银行保险公司，位于友谊北路广银大厦19层。拥有员工80余人。2008年5月，成立武清支公司。经营的保险产品分为传统产品及特色产品。传统产品：企业财产保险、家庭财产保险、建工保险、货运保险、运输工具保险、责任保险、信用保险、保证保险、意外保险、短期健康保险和意外伤害保险等。特色产品：安居综合保险、银行开户企业事业单位财务人员综合保险、“中银保险卡”产品等。

第二节　证券

一　大通证券解放南路证券营业部

1994年开业。位于解放南路325增1号。营业部面积937.5平方米。公司主要经营证券代理买卖，代理还本付息、分红派息，证券代保管、鉴证，代理登记开户。交易品种 :A股、B股、国债、基金。

二　东海证券有限责任公司天津友谊路证券营业部

位于友谊路50号友谊大厦4层。营业部面积1393平方米。交易品种：A股、B股、权证、国债、债券、基金、股份转让。

三　广发北方证券公司天津环湖中路证券营业部

1998年4月开业。位于体院北环湖中路华昌大厦E座。营业部面积1475平方米。交易品种：A股、

B股、国债、债券、基金、股份转让。

四　国都证券有限责任公司天津永安道营业部

位于永安道9号二层。营业部面积415平方米。交易品种：A股、国债、债券、基金。

五　国泰君安证券股份有限公司天津环湖中路证券营业部

1994年4月开业。位于体院北华昌大厦A座2~3层。营业部面积3262平方米。交易品种：A股、B股、国债、债券、基金、股份转让。

六　国信证券有限责任公司天津湘江道证券营业部

1997年12月开业。位于湘江道五矿大厦。营业部面积1800平方米。交易品种：A股、B股、国债、债券、基金、股份转让。

七　金元证券有限责任公司天津大沽南路证券营业部

1994年12月开业。位于大沽南路676号。营业部面积1050平方米。交易品种：A股、国债、债券、基金。

八　平安证券有限责任公司天津绍兴道证券营业部

1993年11月开业。位于绍兴道291号。营业部面积1500平方米。交易品种：A股、B股、国债、债券、基金。

九　申银万国证券股份有限公司天津浦口道证券营业部

位于浦口道22号汇通大厦。营业部面积2600平方米。交易品种：A股、B股、国债、债券、基金、股份转让。

十　招商证券天津友谊北路营业部

2006年9月开业。位于友谊北路51号合众大厦51号B座4层。营业部面积1103平方米。交易品种：A股、B股、国债、债券、基金、融资融券。

十一　中投证券股份有限公司天津尖山路营业部

1998年1月开业。位于尖山路2~3号。营业部面积1767平方米。交易品种：A股、B股、国债、债券、基金、股份转让。

十二　中信建投证券有限公司天津分公司解放南路营业部

1992年开业。位于解放南路353号新海大厦。交易品种：A股、B股、国债、债券、基金、股份转让。

十三　中信证券股份有限公司天津友谊路证券营业部

1994年3月开业。位于友谊路7号，营业部面积3148平方米。交易品种：A股、B股、国债、债券、基金、股份转让。

十四　渤海证券有限责任公司气象台路营业部

1993年5月开业。位于气象台路93号。营业部面积600平方米。交易品种：A股、B股、国债、基金。

十五　渤海证券有限责任公司天津友谊路证券营业部

1996年开业。位于友谊路6号。营业部面积2200平方米。交易品种：A股、B股、国债、债券、基金、股份转让。

第三节　担保

2010年，河西区注册经营的融资性担保机构共12家，其中国有出资的4家。注册资金总额10.81亿元，注册资金1亿元（含）以上有6家，注册资金5千万元至1亿元有3家。

一　瀚华担保股份有限公司天津分公司

成立于2010年7月。民营企业。注册及经营地址：增进道28号3001-B号。

二　天津市中小企业信用担保中心

成立于1999年9月。上级主管部门：市经济和信息化委员会。开办资金1.49亿元。注册及经营地址：解放南路华夏富裕广场4-4-8层。

三　天津联合创业投资担保有限公司

成立于2008年5月。天津市担保行业协会理事单位，联合创业集团的全资子公司。注册资金1亿元。注册地址：天津市河西区解放南路龙海公寓10号楼2门底商。经营地址：围堤道53号丽晶国际大厦1903B-1905。

四　立刻岱（天津）投资担保有限公司

成立于2005年1月。民营企业。注册资金1.01亿元。注册及经营地址：友谊路7号鑫银大厦2301-2303。

五　天津仁宇投资担保有限公司

成立于2007年7月。民营企业。注册资金6000万元。注册及经营地址：珠江道和九华山路交口蓝水园4-1-302。

六　天津中财担保有限公司

成立于2007年4月。民营企业。注册资金5080万元。注册地址：友谊北路广银大厦1701室。经营地址：和平区马场道114号马场大厦。

七　天津市日升昌投资担保有限公司

成立于2004年9月。国有控股公司。注册资金3亿元人民币。注册地址：友谊路宾馆南道4号418室。经营地址：南开区红旗南路仁爱濠景庄园福景园2-1。

八　广信恒业（天津）投资担保有限公司

成立于2006年9月。民营企业。注册资金1亿元。注册地址：平山道森森公寓21–1602。经营地址：银河大厦608室。

九　天津光正投资担保有限公司

成立于2005年2月。民营企业。注册资金5000万元。注册及经营地址：友谊路友谊公寓5号楼5门301室。

十　天津汇丰投资担保有限公司

成立于2007年1月。国有企业。注册资金3000万元。注册地址：马场道照耀里2门219室。经营地址：南开区红旗南路265号彩虹花园1–2–8。

十一　天津市鼎信投资担保有限公司

成立于2004年1月。民营企业。注册资金1亿元。注册及经营地址：黑牛城道伟业大厦905。

十二　天津华淼投资担保有限公司

成立于2002年8月。国有参股企业。注册资金6000万元。注册及经营地址：黑牛城道伟业大厦1001室。

第九编
经济管理

自1979年，河西区区域经济的发展模式由计划经济向市场经济转变。1990—2010年，计划管理工作转为编制区域国民经济和社会发展年度指导计划及中长期发展规划。随着区域经济的发展，逐步形成国有、民营、外资多元化经济结构。区内有内资企业13519户，注册资金350.95亿元；外资企业753户，注册资金10.5亿美元；个体工商户18847户，申报资金7.62亿元。自80年代，对全区各类市场进行规范管理。2003年，完成市场管办脱钩和退路进厅。2004—2010年，质量兴区全面开展，实施名牌战略，河西区有9家企业的9种产品获得天津市名牌产品称号。1984—2010年，完成审计及审计调查255项，2515户（次），查出违规金额4.42亿元，上缴区财政1420.2万元，纠正各类管理、收支等不规范资金12.62亿元，促进国家财政增收节支2.11亿元。自1990年，统计工作纳入法制轨道，通过统计、专项调查和普查，反映全区国民经济和社会发展的水平、规模、结构、速度、比例、效益，预测发展趋势，为区委、区政府决策提供依据。2005—2010年，实现区、街两级的安全生产监管体系，形成“关口前移、重心下移”动态监管模式，全区安全监管工作向广度和深度拓展。

2008年，河西区召开大力发展现代服务业推动区域经济又好又快发展动员大会

（区经济发展局提供）

第一章　经济社会发展计划

自1979年，河西区经济发展模式逐步由计划经济向市场经济转换，至1992年停止计划供应，物资管理开始转向市场化。1990年以后，计划管理工作转为编制区域国民经济和社会发展的年度指导计划和中长期发展规划。1991—2010年，分别完成制定第八个至第十一个河西区国民经济和社会发展五年计划，每年检查和总结计划执行情况。

第一节　计划体制改革

1981年5月，河西区计划局改称计划委员会。1990年，统计工作分出。

自1993年，开始转变职能，加强对区属经济的宏观调控及信息服务。2002年7月，计划委员会改称发展计划委员会，是区政府主管全区国民经济和社会发展的组成部门。增加的职能是：会同有关部门编制和实施全区国民经济动员规划和计划。划出的职能是：信息化工作交给区信息化办公室，房地产住宅项目管理交给区建设委员会。2010年4月，组建区经济社会发展局，承接原发展计划委、物价局、粮食工作办公室及经贸委工业管理职能。

第二节　计划与规划

一　年度计划

1981—1983年，消除地震造成的损害，编制基建计划。3年共完成基建投资6041万元，竣工住宅及各类公建项目共计27.16万平方米。自1990年，计划管理工作转为编制下达国民经济和社会发展的年度指导计划。1991—2010年，每年年初，依据政府工作报告中提出的各项经济建设指标、工作任务和市计委下达的指标，并结合区情，编制和下达、分解年度计划。年终汇总全年计划执行情况。2008年，将区域固定资产投资指标加入年度工作目标分解。

图9-1　2002年8月，河西区召开固定资产投资工作会议（区经济发展局提供）

二　中长期规划

1991年，制定《国民经济和社会发展第八个五年计划》。1993年，制定《1993年至1997年国民经济和社会发展五年计划》。2001年，制定《国民经济和社会发展第十个五年计划》，确定7个方面主要任务，提出主要指标有：国内生产总值年均增长15%，比2000年再翻一番；财政收入年均增长13%以上，到2005年达到4亿元；居民年人均可支配收入到2005年达到15000元。

图9-2　2004年8月，河西区召开“十一五”规划编制工作培训会（区经济发展局提供）

2006年，制定《国民经济和社会发展第十一个五年计划》，确定4个方面主要任务，提出主要指标有：地区生产总值年均增长18%。到2010年，按现行口径计算达到146亿元，服务业增加值占地区生产总值比重达到89%左右；财政收入年均增长16%，到2010年达到51亿元，区域口径固定资产投资总额年均增长15%；居民人均可支配收入年均增长12%。

第二章　工商行政管理

河西区工商行政管理局于1978年恢复建局，1999年更名为天津市工商行政管理局河西分局（简称工商河西分局）。2010年，有内资企业13519户，注册资金350.95亿元；外资企业753户，注册资金10.5亿美元；个体工商户18847户，申报资金7.62亿元。1994年，中共中央总书记、国家主席江泽民视察资水道农贸市场。1996年，区工商行政管理局获全国工商行政管理系统先进集体称号。2007年，中共中央总书记、国家主席胡锦涛视察大沽路菜市场。

第一节　企业登记管理

一　登记

内资登记　1989年，河西区共有内资企业4612户，从业人员37.52万人，注册资金31.42亿元。1991年，制定《支持企业搞活27条执法服务措施》，为1590户企业放宽经营范围和经营方式，为1109户企业核准直冠“天津市”的企业名称。1996年，全区登记国营集体企业7715户，其中新开业336户。2002年，在企业登记注册工作中全面推进首问负责制、一次讲清制度、限期办结制度、领办负责制和预约办事制度。2003年，落实市工商局《关于企业注册登记若干问题的指导意见》，糖果糕点公司整体转制组建天津市德盛商贸有限公司，成为河西区首家国有公司整体转制为民营的企业。全区集体企业解除挂靠关系，完成企业产权界定。2004年6月，工商河西分局注册登记部门入驻区行政许可服务中心。2010年，全区内资企业13519户，注册资金350.95亿元。

外资登记　1993年，区工商局成立外商投资企业登记管理科，负责辖区内外商投资企业登记注册的初审和监督管理工作。是年，在区内登记注册的三资企业134家。1994年，外资企业注册户数304户，注册资本3.1亿美元。2001年，市工商局将市外资企业在天津市设立分公司或办事处的初审登记、管理的权限下放给各区工商分局。2004年，外资科在区行政许可服务中心设立接待窗口。2005年，市工商局将外资企业区局受理初审的权限由500万美元以下，改为3000万美元以下初审、报批和发照。2008年，外商投资的大企业和服务型企业增多。2010年，区内共有日本、韩国、美国、新加坡、德国、加拿大、英国等30余个国家以及中国香港、台湾地区的外资企业753户，注册资本10.05亿美元。

二　管理

1979年，恢复工商企业登记管理工作。1981年始，对在区登记注册的工商企业每年集中进行年检。1984年，对全区党政机关开办的52家企业进行检查和清理整顿。1985年，对1984年以来登记注册的128户贸易公司、贸易中心、贸易货栈等企业进行清理整顿。1988—1989年，对所辖行政管理型公司、企业公司和商业批发型公司的政企职责、开办条件、审批手续等是否合法进行全面检查，验收后保留163户，撤销18户，降格5户。2001年，工商河西分局成立企业监督管理科。2003年，开始网上年检。2004年，网上申报和初审通过户数大幅增加。2005—2010年，网上年检成为企业参检的主要方式。

第二节 民营经济管理

一 注册

自1979年，河西区民营经济快速发展。1993—1994年，个体工商户由3290户增加到6337户，增幅92.5%。民营企业由118户增加到367户，增幅211%。1999年1月开始实施个人独资企业法。2月，工商河西分局依法核准天津市第一家个人独资企业“三乐投资咨询中心”注册经营。

2003年起，市工商局将部分个体工商户的注册登记工作下放到工商所。放宽私营注册资本缴付限制，注册资本在50万人民币以下的私营有限公司，首期缴付法定注册资金最低限额的20%即可注册。对传统产业、老字号、规模大、实力强、知名度高的私营企业，根据申请可打破行业界限；放宽个体、私营企业注册地限制；鼓励个体、私营企业参与国家、集体企业改制；实行个体工商户、私营企业名称全市网上核准登记等。落实下岗失业人员再就业有关政策，对持有“再就业优惠证”办理个体工商户营业执照的，免交名称查询费、个体工商户注册登记费和个体工商户管理费。应届高校毕业生从事个体经营的，除国家限制性行业外，自工商部门批准其经营之日起1年内，免交个体工商户注册登记类和管理类的各项行政事业性收费。2004年，开始受理香港、澳门居民在津注册个体工商户的申请。工商河西分局在河西区行政许可服务中心设立专门接待窗口。2008年，停止征收个体工商户管理费和集贸市场管理费。2010年，全区共有个体工商户18847户，注册资金7.62亿元；民营企业11373户，注册资金162.14亿元，其中注册资金百万元以上的企业达2568户，千万元以上的企业592户，亿元以上的企业57户。

二 行政审批

2005—2010年，推进行政审批制度改革，实行“并联审批”“一审一核”“一人核准”等登记制度，按照“非禁即入”和“非禁即可”的原则，放宽注册登记条件，改革登记注册程序，简化办事流程。

第三节 市场管理

一 交易市场

1979年始，河西区工商局建立资水道、一号路、镇江道、南昌路、体院北、珠江道、大沽路7个市场管理所。遵循“放而有度，活而有序，管而有法”的原则，对集贸市场内部进行规范管理。设立马场、尖山、小海地和下瓦房4个工商所，负责日常市场面的监督管理。1987年6月，区工商局市场检查中队成立。1993年，开始对辖区内商品交易市场办理“市场登记证”。1996年2月，检查中队查处6起购买无合法证明进口汽车案，没收日本产“本田”牌2.0汽车6辆。是年4月，查处1起倒卖12辆无合法证明进口汽车案，没收日本产“本田”牌进口汽车一辆，罚没款64.95万元。至2004年，共办理商品交易市场“市场登记证”59个。是年7月，“市场登记证”停办，对已开办及新办的商品交易市场进行企业注册

图9-3 2006年，工商执法人员检查食品安全（工商河西分局提供）

登记。制定《工商所日常食品安全监督管理巡查制度》《工商所食品安全重大事件（案件）报告制度》等一系列制度，加强流通领域食品安全监管工作。

2006年，依法对市场的交易行为进行行政监管。2008年，对商品交易市场实行信用分类监管，在全区59个各种类型商品交易市场全面开展商品交易市场信用分类监管信息采集录入工作，采集、录入率100%。是年，三鹿奶粉事件后，开展为期4个月的乳品专项整治，检查下架不合格婴幼儿乳粉237.15千克、液态奶1469.15千克。强化市场监管，实行网格化监管模式，将工商所辖区划分为若干网格，并将网格内经营行为的市场监管责任落实到每一名监管干部，建立巡查制度，确保食品安全工作落实到位。2009年6月，《中华人民共和国食品安全法》实施，工商行政管理机关负责流通环节食品安全监管。落实国家工商总局发布《食品流通许可证管理办法》。9月，开始向驻区企业、个体工商户核发"食品流通许可证"。至2010年，共发放151份。

二　文化市场

1987—2010年，查扣没收非法出版物14519册、盗版光盘51234盘，查扣各种假酒38100余瓶、假烟5766条。2010年，加强对在市梅江会展中心举办的"天洽会"、台湾名品博览会、中国旅游产业节等大型展会的驻会监管工作。

三　管办脱钩与退路进厅

2001年，对自办市场进行管办脱钩。结合退路进厅工作，陆续撤除一号路农贸批发市场、一号路农贸综合市场、镇江道服装百货市场、南昌路农贸市场、东江道服装百货市场、体北食品批发市场、大沽路钢材交易市场。至2003年，完成市场管办脱钩及退路进厅工作。

第四节　商标广告管理

一　商标

1980年，河西区有117户企业使用注册商标206件。1993年，有效商标442件，使用企业228户。至2001年，区内有效注册商标已达到1054件，企业620户。企业使用商标日趋规范，个体工商户和私营企业踊跃申请注册商标。

1994年，对"十八街""桂发祥""津花"3个商标在使用中出现的问题进行现场咨询服务，与联营的8家企业重新签订商标使用合同，规范这一著名品牌的使用。2001年，天津三绝之一的"十八街"麻花被假冒侵权。开展为期一年的打假维权行动，捣毁制假贩假窝点，强化对著名商标的保护，查处假冒仿冒"桂发祥""十八街"麻花案件和非法印制"十八街"麻花商标标识案8起，收缴销毁标识1.9万个、包装1万余套，罚款18440元。指导帮助企业先后注册"桂发祥"和"桂发祥十八街"组合商标。行政许可法实施后，工商河西分局在区行政许可服务中心设立服务窗口，负责商标广告管理业务方面的工作。

图9-4　2005年，工商执法人员深入桂发祥集团开展商标和知识产权等法律法规的宣传活动　　（工商河西分局提供）

2006—2007年，加强网络域名注册工作，指导企业申报市著名商标、争创中国驰名商标。策划设计“4·26世界知识产权日维护公平竞争秩序保护商标专用权”主题公益广告，利用辖区主要街道设置的26块户外广告灯箱，免费为11家企业的12件驰名著名商标做宣传。举办“开拓市场，商标先行”主题研讨现场会。为获得著名商标称号的桂发祥、杨柳青画社等22家企业举行命名授牌仪式。通过开展商标法百日宣传系列活动，逐步树立区内企业对“有商标先注册，有实力创品牌，品牌好创著名，防侵权报驰名”现代经营理念，增强保护商标知识产权意识。

2008年，重点开展商标的宣传、服务和保护工作，加大奥林匹克标志专有权的维权保护力度。开展“商标法暨奥运标志保护宣传活动”。制定《保护奥林匹克标志专有权应急方案》，宣传《奥林匹克标志保护条例》等有关规定，发放《关于禁止为商业目的擅自将奥运标志用于广告宣传的通知》，签订“保护奥林匹克标志专有权承诺书”。查处商标、广告违法案件32件，罚没款12.08万元。召开“著名商标企业表彰大会”，向5家获市著名商标的企业授牌，对3家企业各奖励20万元。通过履行中国加入的国际知识产权公约或协定的承诺，对“路易威登”“耐克”“阿迪达斯”“标马”“梦特娇”“美洲虎”等世界名牌侵权案件的查处，净化涉外商标品牌的经营环境，维护涉外商标所有人的合法权益。2009年，针对侵犯市肉类联合加工厂著名商标“迎宾”牌生熟肉制品行为，开展专项执法行动，检查各类市场7处，拆除带有“迎宾”字样的铜牌、布标、牌匾6个，保护企业合法权益。2010年，区内共有注册商标2675件，其中市著名商标41件，中国驰名商标2件。

二　广告

1980年，全区仅有4户广告兼营单位和报纸、杂志两种广告媒介。1982年始，开展辖区企业的广告管理工作。1992年，从事广告经营的企业大量增加，新登记广告经营单位30户，广告经营单位增至75户。从业人员164人，经营额155.6万元。全年广告经营额1250万元。

1994年，区内175户广告经营单位全部加入天津市广告协会成为会员。1997年，区内广告协会成立。2000年，有广告发布单位34家，分别建立健全报纸、期刊的样报、样刊和电视的检测制度，规范广告发布行为。2003年，在抗击“非典型性肺炎”（简称“非典”）期间，加大监管力度，查处虚假广告损害消费者利益案件，强化对预防“非典”商品（药品、医疗器械、口罩、消毒用品等）广告的监督检查。开展对药品、医疗、保健食品，房地产和致富信息、电视直销广告的集中整治行动。

2004年7月，实施《中华人民共和国行政许可法》。工商部门对企业从事广告经营不再核发广告经营许可证，取消对一般印刷品广告的登记。是年，在区行政许可服务中心设立广告接待服务窗口。2008年，对辖区20余条主要街道发布烟草广告的治理和巡查，巩固创建国家卫生城区成果。2010年，区内广告经营单位1313户，其中广告公司530户、兼营广告业务企业725户、个体工商户21户、广告经营许可单位37户，从业人员4400余人，广告经营额6.5亿元。

第五节　经济合同管理

一　示范文本推行

自1990年，推行经济合同示范文本制度。1995年9月始，施行《中华人民共和国仲裁法》。原区经济合同仲裁委员会撤销。1999年10月，施行《中华人民共和国合同法》，开展经济合同相关法律法规培训工作，为企业签订合同人员签约的资格进行培训发证。通过自办、联合办学的形式，举办企业签订合同人员资格证取证培训班100余期，经培训考核合格颁发“天津市签订合同人员证书”1.2万余人次。发放法定代表人证明书和委托代理人证明书3000余个。2010年，加强合同文本使用行为监管，遏制霸王条款，打击合同欺诈，维护公平竞争。

二　动产抵押登记

1995年，落实《中华人民共和国担保法》。1996年始，办理企业动产抵押物登记。2007年，落实《中华人民共和国物权法》，办理动产抵押登记。2007—2010年，帮助企业办理动产抵押登记71件，涉及抵押物价值8.18亿元，主债权4.95亿元。

三　拍卖监管

自1997年，落实《中华人民共和国拍卖法》，对驻区拍卖企业及辖区举办的拍卖会实施监管。1997—2010年，受理生产资料、生活资料、艺术品、文物、演艺市场、房地产、土地、股权、破产企业、公务（海关缉私物品、法院及行政执法机关查扣没收物品）等各类拍卖备案1299场次，审查委托拍卖合同7019份，委托金额95.54亿元，审查成交确认书11959份，拍卖成交金额171.9亿元。

四　"守合同、重信用"活动

自1985年，开展"重合同、守信誉"活动。1997年，更改为"守合同、重信用"活动。2003年，区内81家企业被国家工商总局和市政府授予"守合同、重信誉"称号。

第六节　经济监督检查

一　打击走私贩私

1978—1995年，查处走私贩私案件14件，罚没款16.7万元。1998—2003年，查处走私贩私案件35件，罚没款近300万元。依法没收走私汽车24辆、查获走私摩托车30余辆、走私自行车97辆，走私香烟200条、走私JB修复剂油3960桶。2000年，经济监督检查科被评为全国公平交易执法办案先进集体。

二　打击传销和规范直销

自2005年，开展打击传销宣传活动，工商执法人员到大学、街道社区及繁华地区张贴宣传画，接待现场咨询群众发放宣传册，增强群众防范传销的意识，营造打击传销的社会氛围。2006年，查处首例非法传销案。2009年，召开河西区打击传销非法集资会议，通报打击传销的工作情况，布置工作方案。查处全市首例依据直销管理条例处罚的赵某组织直销员业务培训案。

三　查处不正当竞争行为

2001年，查处一家公司排挤其他经营者、限定他人购买指定商品案，其做法在全市转发，并收录在《纪念反不正当竞争法实施十周年论文交流典型案例法律法规选编》一书中。2002年，对公司出资行为进行整顿规范，收缴罚没款90余万元。在"3·15"销毁假冒伪劣商品活动中，改变往年用火焚烧方式，采取科学环保的粉碎掩埋和再利用的新方式，对价值50余万元的假冒伪劣商品进行销毁。是年10月，接到市长城电子公司的投诉后，派员同市局人员与长城电子公司专业技术人员一起专程赴江苏省无锡市湖滨工业塑料制品厂、太仓市浮南塑料有限公司为长城电子公司打假维权，查封假冒长城电子公司的电视机外壳3460件，查封制造假冒电视机外壳的钢铸模具2套，总价值达50余万元。

2006年，查处市某动物食品有限公司仿冒美国马斯公司产品包装装潢一案。2008年，依法查处1起通过网络销售侵犯"法国皇家A.3"注册商标案，查扣侵权商品49袋，商品标识53张，涉案金额3.3

万余元。2009年，走访桂发祥麻花饮食集团了解到其产品包装、装潢被仿冒的情况。上报市工商局后，协调全市各区县，集中开展专项执法行动，检查各类经营场所30余处，查扣侵权违法物品1.8万余件。2010年，打击仿冒商品和虚假宣传等违法行为，查扣侵犯"LV"注册商标专用权商品26件，假冒"南极人"衬衫28件；查扣假冒"比亚迪"汽车散热器、车灯、车标等配件120件；查扣假冒"天狗胶"30桶；查扣侵权"桂发祥十八街"麻花包装物7.1万个；查扣假冒"壳牌"润滑油58桶。工商执法人员赴河北省香河县为市著名商标"鸿起顺"维权。

第七节　消费者权益保护

1990年，成立河西区消费者协会。自1992年，每年举行一次纪念"3·15"国际消费者权益日活动，通过各种形式宣传有关法律法规，接待消费者投诉。2003年，成立消费者权益保护科，受理消费者申诉、举报，打击假冒伪劣商品、商品欺诈等经营违法行为和损害消费者合法权益行为。2004年，工商河西分局"12315"指挥中心成立，依托全市消费者申诉举报电话，加强对申（投）诉、举报的分拨、指导、反馈、绩效考评及信息整合工作。

图9-5　2009年，工作人员开展执法检查　（工商河西分局提供）

2009年，工商河西分局与企业建立和完善消费维权直通互动机制，在超市、商场、市场等重点商业网点，挂牌建立30个二级消费维权直通站点。开展"一会两站"（消协分会、"12315"联络站和消费者投诉站）示范站建立工作，方便消费者就近申诉举报，及时查处消费者侵权行为。大沽路工商所辖区的龙天园居委会、友谊路工商所辖区的谊景村社区居委会被市工商局和市消费者协会命名为市级示范站。至2010年，共接待消费者投诉10.28万人，办结4319件，为消费者挽回经济损失2646.12万元。

第三章　物价监管

自1979年，全区商品价格逐步放开，转化为以市场调节为主，物价管理体制改革重点转向对市场商品价格的监测、审核和执法检查。2001年，区物价所被命名全国规范化物价检查所。2004年，被评为全国价格举报工作先进集体。

第一节　管理体制改革

1979—1984年，物价管理体制改革主要以调为主，以放为辅，调放结合。三类农副产品和一、二类农产品实行议购议销。扩大农副产品议购议销范围，蔬菜价格执行统购包销，小商品价格首批放开161种。对市场出售的鲜嫩蔬菜实行最高限价，开放集团购买98种，第二批放开351种。对占收购量90%的19种主要蔬菜继续实行统购包销，定量供应以外的水产品价格也由市场调节。小商品价格全部放开，实行产销双方协商定价，进行市场调节。

1985—1987年，物价管理体制改革实行"放调结合，小步前进，以放为主"，粮油购销体制由统购统销改为合同定购，放开生猪收购和鲜活商品价格，蔬菜亦从统购包销、统一定价改为合同定购，多渠道经营，价格基本放开。将已经放开的生猪、鸡蛋、蔬菜等，实行有指导的议购议销。牛羊肉、禽类和水产品价格随行就市。1986年，放开自行车、黑白电视机、电冰箱、80支以上纯棉纱及其织物、中长纤维布等7种日用工业品价格。1987年，南楼副食品自选商场予以放权，市管以下商品价格实行经理决策责任制。

1988—1993年，物价管理体制改革重点为管理和控制物价的总水平。1988年，放开毛纺织品价格，提高凭票定量供应的猪牛羊肉价格，再次调整烟酒价格。1990年，蔬菜实行分品种按阶段保价，议价粮油制品不再收取粮票；放开烟筒、炉子价格，提高市场民用煤和煤制气、天然气、液化气、劈柴的价格。1991年，放开老醋、鸡蛋、糖果、罐头、小食品及鞋类、搪瓷面盆、口杯的价格，放开38种市管工业品出厂价格，取消12种商品价格备案制度。1992年，市管价格目录由原来265种减为53种。再次提高粮食定购和统销价格，实行购销同价；各种粮油制品及饲料产品的价格实行市场调节，由企业自主定价。调整自来水、牛奶价格；放开行业用粮、粮食相关产品、奶粉、猪饲料、生猪、猪牛羊肉及肉类制品价格。再次提高民用煤价格。1993年，商品和劳务价格由1992年的53种减为25种。

1994—2010年，物价管理体制改革重点转为市场物价检测。1994年，成立价格监测领导小组，建立价格监测网络。1998年，建立价格监测制度，对重要商品、服务价格的变动进行监测。对粮食、食用油、肉蛋、水产、水果、蔬菜、服装等主要商品价格实行监测。2003年，构建全区监测网络的新框架，建立健全监测工作考核制度，对监测网点进行考核、管理。监测数据以隔日报、五日报、周报、月报和季报等不同形式上报。监测品种15大类，上报数据平均每年达2.5万次。在“非典”疫情和粮油价格波动期间，对集贸市场、各大超市和医院、药店进行价格监测，及时把价格波动的原因、抢购商品的销售、库存等情况上报市、区有关部门。2004—2010年，坚持对粮、油、肉蛋、菜、成品油、煤、液化气、汽车、房屋等品种进行价格监测，采集和上报数据。

第二节　物价审核

一　商品价格

1985年始，对各主营公司系统外企业，按分级管理权限规定和有关作价办法实施审核定价。主要品种有：皮鞋、电子计算器、电子手表、面包、糕点、小食品等。定价单位134个，品种502种。1992年，随着社会商品价格全部放开，区物价局部分定价职能随之消失。

二　服务业价格

1987年，建立旅店行业协会、饮食行业协会，引导行业实行行业自主定价。对区餐馆、旅店、对外开放的招待所（不包括市公司开办的餐馆、旅店）分期分批进行整顿，核定户级，实行明码标价。

1988年，个体理发实行最高限价，组织理发店人员进行考评，纳入市理发技术系列标准等级，不同级类执行不同收费标准。对个体照相户洗染店核发全市统一规定的价格标准。对非专营汽车出租部门、企业以及个体专业户的出租汽车实施定价。1992年，浴池、理发、洗染、照相等行业价格放开。1995年，共核定出租汽车3900辆。为全区系统

图9-6　2004年4月，景兴里社区价格公示栏　（区经济发展局提供）

外旅店核定户级267户次，为正餐餐馆核定户级45户。1997年，其定价职能取消。1999—2000年，对房地产企业进行商品房初审，定价159户。

三 行政事业性收费

1987年，成立区清费领导小组，下设以物价、财政、工商、教育、卫生、劳动、公安、城建、民政等部门参加的推动小组。对全区48个系统、192个收费单位进行摸底调查，分期分批进行清理整顿。1997年，核发行政事业性收费许可证930册，审验收费项目435项，纠正错误收费项目8项。

1998年始，将行政事业单位中的经营服务性收费从行政事业性收费中分离出来，对从事经营性服务的事业单位进行审查，对审查合格的单位发放经营性收费许可证。至2010年，完成经营性收费项目的清理、转项。清理收费项目275项，注销收费许可证361个。

第三节 物价监督检查

一 监管职责

1981年，区物价委员会对辖区内所有生产、经营单位违反物价政策的问题进行检查。对市公司以上单位的处理，须报经市物价委员会批准。1983年，对违反物价纪律的事件，区物价委员会按规定进行处理。1987年，物价检查实行市、区两级分权，市属企业和中央驻津企业由市物价检查部门负责检查，区属企业由所在区物价检查所负责检查。1989年，区物价检查所的权责范围有所扩大，有权对同级人民政府业务主管部门及区内的企事业单位（不含中央驻津单位、市属企业和生产资料价格）和个体工商户在执行价格法规、政策等方面进行监督检查，参与市统一组织的检查和完成委托交办的检查任务。自1991年，对区属企业事业单位、市物价检查所管辖范围以外的市属零售企业、农贸和摊群市场及个体工商户进行检查。

二 执法检查

1984—1995年，把与人民生活密切相关的商品、凭票证供应应季商品，作为常年检查的重点，规范市场价格。1985年始，每年按全市统一部署定期开展税收、财务、物价大检查。对区内各工商系统、文教卫生系统、行政事业单位进行检查，重点是：人民生活必需品，生产资料，重要产成品，行政事业等收费。查处万元以上大案160件，罚没款844.61万元。组建河西区职工物价监督检查站，组建街道义务物价监督检查站，全区建站17个，群众义务物价监督检查员342人。

图9-7 2009年，工作人员进行执法检查（区经济发展局提供）

1996—1999年，加强价格监督检查工作，依法惩处价格违法行为。1996年，对政府定价的商品、服务价格和收费的执行、经营者定价的商品、服务价格的运行情况等进行监督检查，对价格的形成和运行实行监督。重点对居民基本生活必需品价格的监督检查，加强对“米袋子”“菜篮子”“火炉子”价格和明码标价的检查，加强对群众反映热点问题和重大节日期间及价格调整出台前后的市场价格检查，查处牟取暴利、价格欺诈等违法行为。是年，成立流动物价检查所，配备机动车和现代通信工具，全天候执法，开展商业和服务业价格欺诈查处专项行动。1997年，重点治理向企业乱收费、乱罚款和各种摊派问题。以清费、治乱、减负为中心，整顿价格秩序。2001年，开通全国统一价格举报电话“12358”，价格举报工作形成网络化。价格行政执法的重点逐步转移到制止不正当价格竞争和规范市场价格秩序上，对虚假和谎称降价、模糊标价、虚假优惠等价格欺诈行为进行查处，开展实施明码标价示范工程活动。2003年，以预防非典型肺炎有关的商品价格为重点，开展市场价格监督检查，综合运用调查、提醒、告诫、劝阻等方式，引导和规范市场价格行为。2004年起，对市属企业实施监督检查。对一般违规者实施行政处罚的，采取先教育规范，再限期整改，最后依法处罚的方式实施。建立企事业单位物价员工作网络，开展价格监督进社区活动。自2005年，聘请人大代表、政协委员和社会监督员对执法情况进行监督。

2007年，加大经常性市场巡查力度，以超市和菜市场为重点，规范市场价格秩序。2008年，加强对纳入提价申报和调价备案范围商品价格的市场巡查。加强对行政事业性收费及民用水、电、气和公立学校、医疗机构、科研院所等价格、收费的举报件的处理。1995—2010年，对药品和医疗服务价格、涉企收费、教育、房地产及物业收费、中介服务中价格欺诈等行为和违价、违规案件予以处罚，罚没款累计351.25万元。2001—2010年，价格举报中心共接待群众咨询和价格举报2954件，为消费者挽回经济损失180余万元。2010年，制定干预措施，制止粮油肉蛋奶的市场波动。开展对医疗、成品油价格和教育收费的专项检查。每年定期开展物价专项检查。检查的重点逐年有所调整，重点查办各种严重违价及违规收费行为。

1985—1995年河西区市场物价检查情况表

表9-1

年份	检查户次	处罚件数（件）	罚没金额（元）
1985	6977	301	-
1986	14544	808	110000.00
1987	18256	-	52453.88
1988	25286	792	120000.00
1989	1218	171	11952.00
1990	22659	2461	120000.00
1991	11332	1515	66800.00
1992	1284	613	28100.00
1994	70383	333	60670.00
1995	7911	366	320800.00

1996—2010年河西区价格监督检查情况表

表9-2　　金额单位：万元

项目 年份	出动检查人次	检查户数（户）	违法件数（件）	处理件数（件）	经济制裁	其中	
						退还用户	上缴财政
1996年	11984	6205	407	370	375.46	331.22	44.24
1997年	8920	4112	946	881	113.91	52.80	61.11
1998年	6707	2439	808	718	129.84	59.64	70.20
1999年	4719	2378	384	318	270.79	250.36	20.43
2000年	4105	1695	33	33	72.08	43.62	28.46
2001年	4167	1550	107	72	29.26	16.93	12.33
2002年	3109	1256	46	46	94.40	80.00	14.40
2003年	3293	1285	51	51	157.97	130.59	27.38
2004年	2587	1472	32	32	388.32	380.22	8.10
2005年	2246	1035	38	30	2.63	1.63	1.00

续表

年份＼项目	出动检查人次	检查户数(户)	违法件数(件)	处理件数(件)	经济制裁	其中	
						退还用户	上缴财政
2006年	1242	561	22	20	19.77	2.65	17.12
2007年	5018	1656	32	32	42.03	31.01	11.02
2008年	6520	2250	57	45	28.50	8.50	20.00
2009年	6285	1942	14	14	10.46	2.00	8.46
2010年	3940	680	29	24	8.90	1.90	7.00

第四章　质量技术监督

1988—2010年，河西区质量技术监督部门加强区域内计量、质量、食品安全监管和特种设备安全监察，推进标准化管理，全面开展质量兴区，实施名牌战略。维护市场正常秩序，保障经济社会健康发展。1988年，河西区被市政府授予实施计量法先进单位。1990年，河西区被评为市查处伪劣商品先进单位。2008年，区质量技术监督局获全国质检系统法制工作先进集体称号。

第一节　计量监督管理

一　计量监督检查

1988年，成立区计量管理局。推进计量法的贯彻实施，组织国营集体店、个体摊点自查，市、区人大代表对85个街局公司所属49个商店门市部视察，市检查团复查。1989年，建立区计量检定所，授权区计量检定所为法定计量检定机构。1989—1991年，在重大节日、肉蛋菜供应旺季、粮油蛋调价期，重点检查企事业单位、国营集体店、农贸摊群市场、个体摊点、医疗卫生、计量器具准确度情况，检查企事业、国营集体商店1123个(次)、农贸摊群市场及个体摊点12553个(次)、计量器具19552台(件)，罚款29626元。为消费者复秤313次。

1993—1996年，在全区开展围剿鬼秤、严打缺斤短两违法行为活动。1993年12月，副市长李慧芬检查南楼副食商场。至1995年，出动16次、180人(次)，检查市场及摊位2088个，没收不合格秤具512件，罚没款4395元。《今晚报》进行专题连续报道。是年，27个农贸市场固定摊点取消杆秤，通过市技术监督局验收。评选出百个计量信得过摊位。为防止杆秤反复，组织多次执法检查，抽查9个市场、2800个摊位，计量器具合格率97%。

1997—2010年，开展对餐饮业计量器具、加油站加油机、安全防护用压力表、眼镜店、医院医用计量器具执行强检情况检查，共检查市场44个，餐饮业、企业、医院、加油站等302家、计量器具2439台(件)、定量包装商品471批(次)，处罚20家。

二　计量管理

1989—1993年，开展物价计量信得过单位(简称“双信”)验收，评出“双信”单位201个，市级“双信”单位8个。1990年，推行法定计量单位。通过检查、考核、验收，至1995年，颁发实施法定计量单位合格证书1377个。

1997—2002年，在菜市场设立缺斤短两监督岗，为消费者复秤。对集贸市场、眼镜店等企业法人进行计量培训。深入企业医院帮助建立计量管理制度和计量器具台账，完善基础管理，培训计量人员，对区内制造(修理)计量器具许可证企业实施管理和颁证。颁发定量包装产品企业计量合格证20

家。至2005年，进行计量器具强检登记备案740家，建立计量工作数据库。2006—2010年，推进能源计量工作。每年召开专项服务工作会，与重点耗能单位签订责任状，帮助企业建立并完善能源计量工作管理制度、体系，通过考核验收。组织开展能源计量“回头看”，加强检查，督促落实。开展能效效率标识宣传。以国美、苏宁两大电器商城为重点，宣传能效标识，对超市、电器城销售的列入能效标识产品目录的家电产品加贴能效标识情况进行检查。至2010年，区内制造修理计量器具许可证企业14家。

图9-8　2007年3月，计量检定人员在大沽路菜市场现场检定计量器具　（区质监局提供）

三　计价秤统配统管菜市场

2007年，在全市率先探索创建“政府监督、主办者管理、经营者自律”的“计价秤统配统管菜市场”，6家菜市场通过验收。实行逐级签订计量责任状，实施计量承诺制度，悬挂计量承诺书，建立较完善的诚信监督机制。2008—2010年，19家菜市场通过计价秤统配统管考核。计量检定人员定期深入菜市场，免费检定计量器具2500余台件。

第二节　质量监督管理

一　打击假冒伪劣商品（产品）

1990年，区计量局改建为技术监督局。是年，成立区产品质量监督检验所。全区建立企业内部监督队伍专职95人、兼职监督员600余人，群众监督队伍居委会义务检查员700人，形成技术监督三级管理网络，在加强计量、商品质量、标准化管理中发挥作用。是年，开展查处生产经销伪劣商品活动，共检查678个单位，检查商品11559种、68.76万件、价值164.22万元，查封49个单位，306种、35.03万件、价值35.35万元的伪劣商品，集中销毁26120件、价值44464元的伪劣商品。帮助企业挽回经济损失22176元。1992年，重点检查批发单位，断源截留，销毁三无产品，处罚、指导8个被市政府曝光的企业和90个单位现场整改。邀请区人大代表进行检查、视察。举办假冒伪劣商品实物展览。1993年，召开全区质量工作会议，宣传贯彻产品质量法，部分企业介绍经验，被市政府点名批评的企业制定整改措施。1995—2004年，每年召开打假工作会议。1998年，组织12个职能部门与区政府领导签订打假责任状。开展日常检查，重大节日检查和大要案检查，采取联合检查、行业检查、专项检查、行业与区域检查相结合的方式，从零售到批发，从生产到流通等环节，查食品、无生产许可证产品、强制性认证产品、三无产品、假冒伪劣商品。共查处违法案件1368起，立案550起，罚没款532.7万元，端窝点21个。2000年，技术监督局更名为质量技术监督局，修改后的产品质量法实施，设有质量监督岗和投诉台的企业开设咨询服务点，为消费者服务。2004年，建立打假网络，由街干部担任打假联络员。

2005—2010年，打假及产品质量监督管理重点转入生产领域。开展农资、地条钢、儿童用品、煤炭、建材、纺织品、节日热销食品、强制性认证产品、有机认证产品、导航产品、食品标签通用标准及防控甲型H1N1流感疫情物资、抗震救灾物资等专项执法检查和打假行动，共检查1243家、3285批（次），罚款117.22万元，帮助企业整改291起。2006年，开始履行强制性产品认证（简称3C认证）监管职责，宣传3C认证产品知识，对列入目录的认证产品获证情况依法检查。2007年，承办市首届汽车安全主题咨询服务活动和汽车零部件产品强制性认证推进会，举办提升汽车服务行业整体水平暨汽车零部件3C认证研讨会，开展“3·15”汽车维修咨询服务等活动。至2010年，立案查处3C违法案件17起，罚没款61.3万元。获得3C认证的生产企业7家。

图9-9 2007年，天津市督查小组到河西区进行中期督导检查 （区质监局提供）

二 质量监督检查

1992—1999年，在全区经销企业开展“商品质量信得过单位”评定活动，共评定商品质量信得过单位22个，其中区级19个、市级3个。自1998年，进行生产企业产品质量定期检验，对经检验不合格的企业帮助整改，定检合格率连年上升。2007年，开展产品质量和食品安全专项整治行动。通过专题培训、印发宣传材料、制作宣传横幅、媒体宣传等形式宣传相关法律法规。对食品生产加工和强制性认证产品生产企业进行检查，建立食品、消费品生产企业质量档案。制定《关于对强制性认证产品、许可证产品生产企业管理规定》，开展食品质量安全专项整治百千万行动，对添加剂苏丹红、食品无证查处、桶装饮用水、暑期食品安全等进行专项检查，对21家食品生产加工企业、5家许可证企业、4家3C生产企业、4家冶金企业179台（件）的起重机械安全进行检查，纠正消除24个违规问题和安全隐患。通过天津市专项整治工作中期推动督查小组和市质监局的督导检查。至2010年，抽检产品35大类，合格率均达到100%。1995年，李丽娟被评为全国技术监督宣传工作先进工作者。2008年1月，国家质检总局局长李长江在副市长任学锋陪同下，到区质量技术监督局视察。

图9-10 2005年，执法人员在超市检查有机认证产品 （区质监局提供）

三 工业产品生产许可证

1990年，市对8种冷饮食品实施地方生产许可证发证管理，至2002年结束，共为灌肠类制品、冷饮食品、液体饮料及部分工业产品生产企业发、换地方生产许可证212家（次）。1997年，开始对获证企业进行年审，至2002年年审121家（次）。1994—2001年发临时生产许可证14家、换证62家。1998—2010年，对部分产品实行工业产品（地方）生产许可证管理。开展工业产品生产许可证企业年度审核、巡查，加强证后监管。2008年，制定《工业产品生产许可证企业后续监管办法》，对许可证生产企业进行业务培训，建立许可证企业质量档案。获得工业产品生产许可证的15家眼镜店、11家连锁店公开向社会提出9项服务承诺，举办服务承诺启动现场会，邀媒体报道，接受社会监督，引导眼镜业自律。至2010年，许可证生产企业32家。

四 企业质量档案

2002年，履行质量管理职能，开展质量状况普查，建立企业质量档案。至2003年，建立企业质量档案84家。2004年，对食品企业调查摸底。2005年，共为32家食品企业建立质量档案，进行质量状况分析。2008年，完成8类产品77家企业的质量档案建档工作，纸质档案、电子档案的录入各达到100%。

五　质量兴区与名牌战略

2004—2010年，制定《质量兴区工作实施方案》。开展产品质量状况分析，到300家生产企业调查研究，从企业经济类型、质量总体状况、重点行业的质量状况、市场产品的质量评价、质量投诉情况、加强全区质量工作的建议等方面进行分析，形成书面报告。举办友谊路地区国际标准化服务高峰论坛，专家学者、业界代表、新闻媒体共120余人出席论坛。每年制定质量兴区工作实施意见，确定目标任务和重点工作，进行年终总结。组织企业开展质量攻关活动，开展质量管理知识培训，召开名牌企业座谈会，开展质量月宣传活动。深入36家快捷酒店，开展延伸服务。邀请市饭店协会、长城认证中心、市质检站专家专门为酒店业“把脉会诊”，对酒店业的管理、控制环节提出指导性意见，推动管理工作的开展。

图9-11　2006年，举办友谊路地区国际标准化服务高峰论坛　（区质监局提供）

2005年，开始名牌产品申报工作。培育、服务、帮助区内的生产企业申报、复评天津名牌产品。至2010年，9家企业的9种产品获得市名牌产品称号。

第三节　标准化管理

一　实施标准化

1990年，开始清理整顿区属生产企业现行标准，全区共有193个生产企业875个产品。其中，有标准产品685个。至1991年，帮助76个企业的262个产品制定或修订企业标准。

1996年，集中消灭无标生产工作全面展开。至1997年，全区249个企业标准覆盖率从38.5%上升至97.8%，通过国家技术监督局的一次性验收。1999年，印发《关于成立河西区标准化工作领导小组的通知》，全区上下联动，建立工作机构，动员发动，建立网络，培训骨干，按步实施，整体推动，建立数据库，实施动态管理，18个企业的8种产品采用国际标准，一批技术骨干成为标准化工作技术力量。2000年，河西区再次通过消灭无标复查验收，进行标准化管理软件升级，实现标准化管理规范化、科学化。

1996—2010年，进行标准制定、修订、登记、备案、复审。废止1693个，企业采用国家标准70个，发法人审批标准资格证222个，发执行标准登记证327个。开展规范清理标准化数据库和企业执行强制性标准工作，对标准备案和执行标准登记的企业进行核对，清理迁出、注销企业129家。对企业产品执行标准和强制性标准情况进行监督检查，对不符合强制性标准要求的指导整改，纠正违法行为。举办国标培训。2009年，食品生产企业标准备案移交区卫生局。完成区内注册的29家食品生产企业的60个现行有效企业标准备案的上报和档案移交工作。2010年，对全区生产企业执行标准情况调查摸底，对1107家企业进行分类筛查。

二 公共信息图形符号

1994年，迎接43届世乒赛，推行公共信息图形符号。至1995年，在全区18个公共场所、宾馆安装1100块图形符号标志牌。2008年，迎北京奥运会，规范涉奥宾馆区域的公共信息图形符号，对3家酒店的公共部位及700余间客房所设置的3000余处图形符号进行检查，整改9大类50余种公共信息图形符号，设立导向图3处，修改标识牌78个，补充标识牌233个。

三 组织机构代码

1990年，在全区进行单位编码试点工作。全区列入编码范围的单位4072个，经市编码办验收全部合格，赋码。1991年，核对复查，对3135个企、事业单位和社会团体赋码。1993年，全区颁发机关、企业、事业、社团、工会法人等各类组织机构代码证书工作全面展开。

2004年，区质量技术监督局代码办进驻区行政许可中心办公。组织机构代码证书的办理时限由最初的三周缩短为3个工作日。2009年起，执行联合审批制度，提供绿色通道服务。至2010年，对近5万个组织机构颁发代码证书。

第四节 食品安全监督管理

一 安全制度

2002年7月，实行食品质量安全市场准入制度。2003—2010年，受理食品生产企业申请15家。2005年，食品监管职能划转至区质监局。开展食品安全宣传教育，在越秀路市民学校、解放南园、马场街新闻西里等社区开展食品安全知识讲座。印发《食品安全生产告知书》及相关管理规定，加强制度约束。

二 执法监督

2008年，完成供奥运会和达沃斯论坛食品的安全监管。三鹿奶粉事件发生后，开展“三聚氰胺”专项执法检查，进驻乳品企业，实施24小时生产监管，对出厂产品批批检验。制定《乳制品生产加工企业驻厂监管人员工作规范》，监督企业销毁300吨不合格乳制品。

图9-12 2010年，执法人员到乳制品企业督察 （区质监局提供）

2009—2010年，进行食品及相关产品生产企业分等级巡查及年审，食品企业签订承诺书。出动执法人员258人次，检查企业135家次。开展食品添加剂、乳制品、蜂产品、淀粉、清真食品、化妆品、食用油等专项整治，对查出的问题发告知书，责令整改。督促乳制品获证企业落实新乳品安全国家标准，并进行考核。抽样检验77批次原料乳、乳制品、乳饮料、糕点等均未发现含三聚氰胺。

第五节　特种设备安全监察

一　监督检查

2001年7月，市政府将原由各区、县劳动部门承担的锅炉压力容器及特种设备安全监察监督职能交由各区、县质量技术监督部门承担。是年12月，全建制划转人员到岗。2002年，组织元旦、春节期间锅炉压力容器压力管道特种设备安全监察，进行锅炉压力容器压力管道特种设备普查登记。至2004年，普查结束，进入数据库共607个单位、1.1万只气瓶和锅容管特设备4390台（套），建立动态管理档案。2005年，规范特种设备数据，修改近1600余条，导入市局数据库，实现安全监察计算机网络化动态管理。聘请12个街和区属单位的122人为特种设备安全监察协管员，与特种设备使用单位签订安全目标责任书。2003—2010年，为特种设备作业人员考核发证，进行特种设备使用登记。安全生产月期间，开展特种设备安全监察法律法规宣传，组织特种设备安全进社区、进校园、进企业主题宣传活动，发放挂图等宣传材料，普及特种设备安全使用知识，提高预防危险和安全自救能力。

图9-13　2004年，执法人员在超市检查电梯安全运行情况　（区质监局提供）

图9-14　2009年，执法人员检查医院特种设备安全　（区质监局提供）

二　专项整治

2008年，保障北京奥运会期间特种设备安全。对涉奥酒店、体育运动学校开展电梯专项整治，摸清底数，签订安全责任书，进行应急演练，共出动632人次，检查291个单位、特种设备1892台（套），下达指令书22份，限期整改。2010年，对17家核心区酒店、医院、餐饮单位的159台（套）特种设备进行多次安全排查，组织制定应急预案，进行应急模拟演练。完成达沃斯论坛和联合国气候大会期间特种设备安全保障任务。开展民用电梯整治，上报电梯安全状况分析报告。解决多年未检或检验不合格的118部电梯问题。

2005—2010年，坚持日常检查与专项检查相结合，在重大节日、重要会议期间加强安全监察，开展特种设备隐患排查和起重机械、电梯安全、压力管道元件、压力容器、气瓶安全、大型游乐设施、锅炉安全等专项整治，对重点监控单位、重点监控设备、重点领域、重点场所进行重点安全监察，共出动执法人员1242人次，检查768个单位、特种设备5695台（套），下达安全监察指令书236份，发现隐患并整改483起。

第五章 审计

1984年，河西区审计局成立。围绕中心工作，加强权力运行的制约监督，发挥维护经济社会健康运行的“免疫系统”功能。至2010年，完成审计及审计调查255项、2515户(次)，提出审议建议千余条，查出违规金额4.42亿元，上缴区财政1420.2万元，纠正各类管理、收支等不规范资金12.62亿元，促进国家财政增收节支2.11亿元。

2004年，河西区被命名为全国经济责任审计工作先进地区。2006年，城市维护建设资金审计调查项目获天津市优秀审计项目第1名，被推荐参加国家审计署优秀审计项目评选；区审计局被评为全国审计系统先进集体和市“四五”普法依法治理工作先进单位称号。行政事业审计科被评为2008年度市模范集体。2008—2010年，连续3年报送的3个审计项目获得市优秀审计项目。

第一节 财政与经济责任审计

一 财政审计

1996—2001年，依法加强审计工作，针对发现的问题，提出整改意见。1996年，区审计局工作人员对区财政局1995年度区级财政预算执行情况进行审计；对区卫生局和东楼街道办事处预算执行情况进行审计。1997年，以区财政局总预算为主，对17个主管预算单位预算执行情况、部分行政事业单位预算外资金收支情况、4个学校教育经费收支情况进行审计。1998年，按照“账户入手、下审一级”的方法，对21个主管预算单位预算执行情况进行审计，占全区主管预算单位的32.8%，审计总金额1.65亿元，占财政预算资金的77.11%。1999年，对8个主管预算单位1998年度预算执行情况进行审计，延伸区教委系统等16个基层单位。对10个行政单位预算外收支情况进行审计。并对区环卫局、区市容委、区整修办等7个单位的1998年财务收支情况进行审计。2000年，对区财政局1999年度预算执行情况进行审计。对市、区财政专款进行审计，延伸覆盖面达84%；对财政周转金贷款发放、回收情况进行审计；对教育经费、科技三项费用及主管单位预算执行进行重点审计，审计单位12个，审计资金811万元。2001年，采取公开竞争方式，确定审计组长及审计成员，审计单位13个，延伸部门5个。

2002—2003年，区审计局把财政预算资金、其他财政资金、部分主管预算单位资金和教育事业费等作为审计重点，对区财政局和12个单位、4个部门进行审计，涉及资金总量11.9亿元。2004年，查出违纪违规金额1400多万元，发现纠正专款未专用、虚列支出、拆迁补偿费不入账等10类问题。区人大常委会、区政府常务会分别专题听取预算执行审计结果报告，并就落实审计建议提出要求。2005年，对12个单位进行预算执行审计，延伸审计52个单位，查出违规金额2572万元，查出漏税87万元，查出私存放公款1000余万元、对外借款等180余万元、挤占挪用专项资金200余万元。2006年，对13个单位进行财政预算执行及其主管预算单位财政财务收支审计，查出违规金额280万元。

2007年，对区内7个主管预算单位及41个基层单位的预算执行情况进行审计。2008年，对16个主管预算单位和38个基层单位预算执行情况进行审计，发现6个单位擅自扩大开支范围占用财政资金2914万元，24个单位国有资产管理不规范223.8万元，10个单位未按规定核算收入支出741.8万元，5个单位往来款长期挂账694.1万元，5个单位会计核算不规范96.3万元。各相关单位根据审计意见进行整改。2009年，对区财政部门具体组织预算执行情况、区劳动局等6个主管预算单位2008年预算执行情况进行审计，延伸10个基层单位。2010年，对区财政部门组织2009年度本级财政预算执行情况、6个主管预算单位2009年度预算执行情况、区重点项目等9项资金管理使用情况进行审计，涉及全区116个单位和部门。

二　经济责任审计

2000年，对21个街、局、委、办、企业进行审计，查出漏缴税款29.8万元，入库10.2万元，发现企业潜在亏损573万元，进行损益调整。2001年，成立由区委副书记、区长任组长，区委组织部长任副组长的经济责任审计工作领导小组，下设由区纪检委、监察局、组织部、人事局、审计局组成的区经济责任审计工作联席会议办公室。2005年，区国资部门加入联席会议。

2001年，对22个单位29名领导干部进行经济责任审计，依据审计结果，区委将2名领导干部调离原工作岗位。2002年，对59名党政领导干部和6名企业领导人员进行经济责任审计。2003年，对29名行政事业单位领导和企业单位领导人进行经济责任审计，查处违纪违规资金来源1.22亿元。2004年，对52名处级领导干部和企业领导人员进行经济责任审计，查处违纪违规资金4800余万元。发现查处漏缴税款、“小金库”、账外资产等问题，实行经济责任审计公示。

2005年，对27个单位处级领导干部和企业领导15人进行经济责任审计，并对46个行政事业单位116人（次）处级党政领导干部、16个区属企业20人次的领导人经济决策情况进行监督，涉及违规金额7942万元。完成审计调查11项，涉及资金1.67亿元。2006年，对43名处级领导干部和企业领导人员进行经济责任审计，查处违规金额1529万元。2007年，对19名处级领导干部进行经济责任审计，对调动的13位处级领导干部办理交接手续。2008年，完成29个单位33名处级领导干部和企业领导人员的经济责任审计，查出各种违规金额5861万元。2009年，对区34名处级领导干部履行经济责任情况进行审计，查处违纪金额近2000万元。2010年，对33名处级领导干部履行经济责任情况进行审计，查处管理不规范金额5559.73万元。

1999—2010年，对全区66个应审计单位进行422人（次）的经济责任审计，实现对区内有经济责任的处级党政领导干部和企业领导人员的经济责任审计全覆盖。纠正违纪违规金额6.65亿元，上缴财政406.61万元。

第二节　专项审计与审计调查

2002年，开展最低生活保障对象应保尽保情况审计。2004年，开展“收支两条线”、最低生活保障资金收支及管理、政府专项拨款使用、会议费及招待费支出等审计调查。2005年，对最低生活保障资金、残疾人就业保障金、环境保护专项资金、城市维护建设费、区星光计划专款、抗击“非典”专项资金、经济普查等20余项专项资金和专项拨款进行审计和调查，揭示个别单位专项资金不专用、挤占挪用专项资金、专项资金使用效率不高等问题。2006年，对区教育卫生系统收支、2005年区政府拆迁资金以及7个区属商业企业国有集体资产量化情况进行审计，对拆迁资金存款账户多、拆迁备款等资金使用不当问题提出审计建议，区政府责成区建委认真落实。对改制企业中量化给职工的国有集体资产不确定性等问题，提出理顺改制企业劳动关系，健全管理机制的审计建议。

2007年，开展劳动社会保障、扶贫、救济、教育、卫生、拆迁资金，以及残疾人就业保障金等10类专项资金的审计，对存在的薄弱环节提出改进建议。2008年，对区重点项目资金陈塘科技商务区资金进行全程跟踪监督，提出的应编制园区经营收支预算、贷款资金应专款专用等审计建议被区政府采纳。对涉及资金4800万元的迎奥运市容综合整治项目进行审计，编制《迎奥运整修绿化工程工作流程图》《迎奥运整修绿化工程工作表》，对立项、设计、工程招投标等12项内容实施全程监控。成立专项审计小组，对2008年汶川地震救灾资金和物资的接收、管理使用情况进行跟踪审计。2009年，对“数字河西”专项资金使用效益和市财政专项转移支付资金管理使用情况、居委会改造专项资金管理使用和社区公共卫生服务专项经费管理使用情况进行审计。2010年，对2008年、2009年救助优抚资金收支、失业保险金管理使用、街道系统其他收入、社区医疗中心收支现状、文化系统拆迁补偿费管理使用等情况进行审计调查。对舟曲特大山洪泥石流救灾资金进行跟踪审计。

第三节　建设项目投资与企业审计

一　建设项目投资审计

图9-15　2006年，审计局工作人员到工地现场办公　（区审计局提供）

2006年，对区劳动局办公楼改扩建工程造价进行审计，审减工程造价230万元，占工程总预算的22%。2007—2009年，对区劳动局办公楼装修改造工程、市容委、园林局管理的135工程、15条道路、两个重点地区清理整修及绿化、二级河道绿化、环卫局公厕改造、房管局平顶房改坡顶、社区学院、四十二中学教学楼、清真寺、文化局图书馆改造等政府投资建设项目工程造价进行审计，审减金额到7000万元。2008年，建立区重点建设项目备审库，涵盖已完工、开工及即将开工的42个建设项目，工程概算10亿元。2009年，制定《河西区投资建设项目审计工作方案》，对区教育局、园林局、文化局的7个建设项目工程造价进行审计，审减金额达4000余万元。2010年，对河西区2008年以来政府投资和使用国有资金项目的建设及招投标情况整体摸底。涉及27个单位的35项工程，工程预算总金额10.08亿元，投资和使用国有资金8.14亿元。对华林小学、清真寺等项目开展工程造价审计，涉及金额3000万元，审减金额达100万元。

二　企业审计

1996年，对77个国有企业的财务收支、资产、负债、损益进行审计，共查出违纪金额421.4万元。对21户市属集体企业生产、经营状况、产品、产值、利润、税收、历年欠税、应收应付款、损益等方面情况，进行摸底调查。1997年，对区商业系统18个单位进行审计，帮助企业健全管理制度，清理坏账，促进企业加强管理。1998年，对区属15个单位进行财务收支、资产负债损益等5个项目的审计，查出应补交税款34.8万元，追回国家资本金6万元。1999年，对8个国有商业企业财务收支情况进行审计，查出违规金额1568.6万元；对45个集体企业的1998年财务收支及纳税情况进行审计，查出违规金额867万元，上缴财政16万元。2000年，对一批国有商业企业资产、负债、损益、财务收支进行审计，查出违规资金共625万元；对11个集体企业进行财务收支审计。2001年，对区属17个单位和3个“五好班子”候选单位进行财务收支审计，查出违规金额471万元。审计建议采纳后企业增加收入70余万元。2003年，对11户企业财务收支及资产、负债、损益等实施审计，规范工程结算资金10亿元。

第四节　效益与内外部审计

一　效益审计

2006年，坚持真实合法审计与效益审计并重，从专项调查入手探索效益审计。对区卫生系统2004—2005年度的财政财务收支状况进行审计调查，提出预算资金进行二次分配时对公共卫生和社区医疗的支撑不明显问题，区卫生局落实审计意见，增强预算编制和事业费下拨的目的性，加大对社区医院的投入。对全区12个街道办事处及所属便民服务总站、工会等所属部门2005年度财政财务收支情况、账户设置情况等进行审计调查及分析，为区政府规范预算分配秩序、提高财政资金使用效益提供决策依据。2007年，选择政府投资的重点建设项目、环境资金，“准物业”资金管理使用、环保专项资金管理使用等8个效益审计项目，深入环保、园林等单位，在审计有关经济活动的真实性和合规性的基础上，重点审计项目的效率和效果。2009年，对将陈塘科技商务区专项资金、新一轮市容环境综合整治工程专项资金管理使用情况进行全程跟踪审计监督。2010年，对建设周期长、资金量大的陈塘科技商务区专项建设资金管理和使用、公共服务重点投资项目等情况全程跟踪审计，对区国有资产经营投资有限公司“借用管还”等运行情况进行审计。

二　内部审计

1986年，区属单位建立内审机构。至1995年，全区有内审机构45个，应建率达100%，有专兼职内审人员201人。1986—1995年，全区内审机构共审计系统内企事业单位5946个（次），查出并纠正违纪金额721万元，促进增收节支1328万元。2002年，有专职内审机构27个，内审人员163人，其中专职人员45人，建成由委办局、街道、集团公司为一体的内审网络。2004年，加强内审协会建设。全区内审人员195人，其中专职71人。2007年，组织2次内审人员学习培训。至2010年，对全区已取得资格证书的100多名内审人员进行后续教育培训，完成127本内审岗位资格证书年检工作。累计完成审计单位12983户（次），查出损失浪费金额2236.6万元，促进增加经济效益2759.6万元，纠正违纪违规金额3130.3万元，提出审计意见和建议2077条。

三　社会审计

1988年，成立区审计事务所。至1995年，承办审计查证93项，验证、年检企业注册资金5027户（次），对申报总额达11.8亿元的注册资金，验证核实11.6亿元，核减2180万元。1998年，拓宽区审计事务所（博达审计事务所）业务工作范围，开发外资审计业务。博达审计事务所更名为市博达会计师事务所。1999年，博达会计师事务所与区审计局脱离关系。

图9-16　2010年12月，河西区开展审计法宣传进社区活动（区审计局提供）

第六章　统计

自1979年，统计制度改革逐步推进，统计内容不断丰富，统计手段由信息化代替手工操作。区统计局与街道统计科上下合作，政府综合统计与部门专业统计互相协调，形成统计与社会互动的格局，为河西区的经济和社会发展提供各项统计数据。1982—2010年，全区进行4次人口普查。2004—2008年，进行2次经济普查。区统计部门先后获市统计系统先进集体、统计调查先进单位、全国第四次至六次人口普查和第一次、第二次经济普查先进集体等称号。

第一节 统计改革

一 管理体制

自1979年，统计工作归计划局管理，主要负责工业统计。1981年，区计划局改为区计划委员会，成立统计科，承担全区的工业、商业、劳动工资统计工作。1990年，统计科脱离计划委员会，成立区统计办公室，成为区政府独立的行政部门，除承担定期统计报表和各种类型的统计调查任务外，为区属经济和社会发展提供统计服务和统计法检查工作。

1996年，区统计办公室改为区统计局，承担全区生产总值、劳动工资和工业、建筑业、批发零售业、餐饮业、社会服务业、三资企业等统计报表任务，以及人口普查、经济普查、基本单位普查、工业普查、商业普查、服务业普查等任务。2003—2007年，各街组建统计科。聘用招收统计人员，完成市、区统计局下达的各项统计报表和调查任务。各系统、各部门与区统计局建立报表关系，定期上报专业统计报表，参与区统计局开展的各项调查。

二 统计制度

80年代始，统计制度改革逐步开展。自1987年，每年进行人口变动抽样调查，陆续增加劳动力抽样、居民生活抽样等调查。1988年，进行统计计算技术改革，微机、打印机等现代设备开始应用在统计工作中，代替手工操作技术。90年代，抽样调查逐渐进入统计报表领域，在工业、批发零售业、餐饮业、服务业陆续展开，形成一套比较科学、完善、实用的统计抽样调查技术，逐步代替过去实行的报表制度。

1990年，统计报表增设国民生产总值统计，通过汇总劳动者报酬、生产税金、固定资产折旧、营业盈余4大经济指标，反映生产经营的新价值。1995年，增加值开始按可比价格进行考核，有分项目构成、分经济类型构成、分部门构成三张统计报表。1999年，建立统计信息自动化网络，在区内逐步进行统计系统联网，开始试验网上报表，与市局建立网上报表制度。2004年，劳动工资统计率先实现网上报表，有445个单位实行网上报表。

1990—2010年河西区区属生产总值完成情况表

表9-3 单位：万元

年份	本年完成	可比价格增速(%)	现价增速(%)
1990	28385	–	–
1991	31742	–	11.83
1992	39679	–	25.00
1993	47900	–	20.72
1994	77521	–	61.84
1995	96168	13.16	24.05
1996	127863	25.10	32.95
1997	158811	22.90	24.20
1998	179653	16.91	16.81
1999	207377	17.99	15.85
2000	251558	18.82	21.31
2001	300847	18.16	19.59
2002	361100	20.27	20.03
2003	447720	24.19	23.99
2004	556113	23.14	24.21
2005	640400	20.61	21.82

续表

年份	本年完成	可比价格增速(%)	现价增速(%)
2006	758000	16.33	18.36
2007	968275	20.95	23.24
2008	1135687	18.43	22.80
2009	1334691	19.47	17.52
2010	2579502	16.93	20.69

2006—2010年，区属生产总值实行下管一级的核算办法，执行数据评估制度。2002年，工业、批发零售业、餐饮业开始分限额以上企业和限额以下企业进行报表，限额以上企业全面报表，限额以下抽样调查。2004年，服务业逐步由一年、半年统计逐步变为按季度上报。是年，第一次经济普查后，市统计局开始每年定期核算反馈各区区域生产总值完成情况。2007年，启动能源统计，与区经贸委联系、重点监测30家企业的能源消耗状况。2008年，建立街域经济统计，基本查清驻街的纳税单位、异地经营单位和无照经营单位，建立全区的基本单位名录库。定期组织各相关单位对注册单位、纳税单位和新增单位进行资料交换，对每年的纳税情况进行分库，下达各街作为考核的依据。

第二节　监测预警

一　综合统计

1979—2010年，在区管工业统计项目基础上增加劳动工资统计。1982年，商业统计归属区管。1987年，每年进行人口变动情况抽样调查，承担政府综合统计部门的责任。1990年，增加区属生产总值统计。1999年，开始执行三资企业综合统计报表。自2002年，开始独立核算工业企业主要经济指标。

2002—2010年河西区独立核算工业企业主要经济指标情况表

表9-4　　　　单位：万元

年份	单位数(个)	工业总产值	资产合计	销售收入	利润总额
2002	69	44610	85608	43649	451
2003	56	43738	69296	43353	58
2004	95	117299	141160	112528	6594
2005	75	70889	90539	80133	785
2006	64	76212	85037	74903	2195
2007	58	72190	87603	79803	2711
2008	52	80815	100346	82243	2661
2009	52	72465	134397	84657	2224
2010	36	73315	85798	82282	3124

二　统计分析

自1990年，统计分析工作逐渐纳入统计工作日程，通过调查、分析、研究，总结成果，查找问题，提出预警和对策建议。把经济运行趋势、经济社会发展中的热点难点问题、重大调查结果等作为分析的重点课题，提供统计调研报告。向区级领导和各部门提供全区经济和社会发展统计资料，每月编辑《河西区主要经济指标完成情况》，汇集区经委、商委、劳动服务、民政、校办、街道便民等系统各项经济指标完成情况，提供《市内六区主要经济指标交换资料》，不定期编辑《统计资料》《统计分析报告》，为决策提供参考依据。

2003年起，改为每月定期编印《河西经济统计月报》，反映全区生产总值、财政收支、社会商品零售额、劳动工资、工业、批发零售业、餐饮业、服务业、三资企业、私营个体、商品交易市场、企业集团的经济运行情况，显示重点工业、批发零售业、餐饮业企业和旅行社的经营状况。2004年，第一次经济普查之后，建立基本单位名录库，并与区国税局、地税局、工商局等单位建立资料互换关系。每年进行半年报工作，对新增单位、撤销单位进行及时的更新和维护。2005年，编印《河西经济运行分析与研究》一书。2006年，编印《河西区第一次经济普查数据开发研究成果》一书，收集40余篇统计分析报告。2007年，《经济统计月报》改名《经济综合统计信息》，每季度出版一期。编写《统计分析报告》《统计专报》提供信息资料和调研报告。2010年，通过《天津日报·新河西》、有线电视台、政务网、统计网等新闻媒介对外公布经济发展状况和统计分析文章，为河西区经济和社会发展提供综合数据资料。

1990—2002年河西区总收入完成情况表

表9-5 单位：万元

年份	本年计划	本年完成	完成计划 %	去年同期	比去年 ±%
1990	14618	110938	96.79	100728	-
1991	118834	133633	112.48	110938	20.48
1992	146250	150789	103.10	133633	12.81
1993	174600	191225	109.52	150189	26.82
1994	253470	253495	100.01	191225	32.56
1995	288600	308259	106.81	253495	21.60
1996	251743	360594	102.52	308259	16.98
1997	412389	423070	102.59	360594	17.33
1998	532840	545564	102.39	423070	28.95
1999	670000	687783	102.65	545564	26.07
2000	824043	835431	101.38	687783	21.47
2001	990000	1000372	101.05	835431	19.74
2002	1092000	1111774	101.81	1000372	11.14

2001—2010年河西区社会商品零售额完成情况表

表9-6 单位：万元

年份	本年完成	去年同期	比去年 ±%
2001	588939	501044	17.54
2002	709276	588939	20.43
2003	822777	709276	16.00
2004	975965	822777	18.62
2005	1022487	975965	4.77
2006	1247481	1022487	22.00
2007	1448371	1247481	16.10
2008	1736338	1448371	19.88
2009	2058636	1736338	18.56
2010	2098153	2058636	1.92

第三节 专项调查

自1987年，河西区每年开展人口变动情况、城镇住户基本情况、城镇劳动力抽样调查。1990年，开展第四次全国人口普查。1995年，开展全国第三次工业普查和全国第一次基本单位普查。1996年，开展天津市商业普查。1997年，开展全国投入产业调查，全国增加值普查，全国高新技术产业调查。1998年，开展天津市商品交易市场调查。1999年，开展全社会R&D资源清查。2000年，开展全国第五次人口普查。2001年开展全国第二次基本单位普查。2002年，开展天津市第二次商业普查。2003

年开展全国投入产出调查。2004年，开展全国第一次经济普查。2007年，开展天津市部分服务业普查、城市中心区房屋使用人调查、城镇住户基本情况调查。2008—2010年，先后3次进行组织工作满意度民意调查。

一 人口普查

1982—2010年，进行四次人口普查。1982年，开展第三次人口普查，全区共有13.26万户、50.12万人。1990年，开展第四次人口普查，全区共有20.48万户、66万人。2000年，开展第五次人口普查，全区共有26.23万户、79.14万人。2010年，开展第六次人口普查，全区共有31.75万户、87.06万人。

河西区第四、五次人口普查主要数据对比统计表

表9-7

指标名称		第四次人口普查	第五次人口普查	±%
总户数(户)	合计	204829	262314	28.06
	家庭户	203745	252885	24.12
	集体户	1084	9429	769.83
总人口(人)	合计	660020	791350	19.90
	按性别分			
	男	337124	404127	19.87
	女	322896	387223	19.92
	按户口分			
	农业	14046	66330	372.23
总人口(人)	非农业	644104	718758	11.59
	其他	1870	6262	234.87
	按年龄分			
	0—4岁	40666	17976	-55.80
	5—9岁	51322	25562	-50.20
	10—14岁	30784	47497	54.29
	15—19岁	42385	79407	87.34
	20—24岁	47412	62197	31.18
	25—29岁	70528	55254	-21.66
	30—34岁	82137	55796	-32.07
	35—39岁	68352	79485	16.29
	40—44岁	43651	89397	104.80
	45—49岁	33594	79096	135.45
	50—54岁	35552	48343	35.98
	55—59岁	37658	34910	-7.30
	60—64岁	30634	33560	9.55
	65—69岁	20302	33548	65.24
	70—74岁	12048	25505	111.69
	75—79岁	7430	14354	93.19
	80—84岁	3770	6232	65.31
	85—89岁	496	2440	391.94
	90—94岁	283	661	133.57
	95—99岁	39	115	194.87
	100及以上	3	15	400.00

河西区第五、六次人口普查主要数据对比统计表

表9-8

指标名称		第五次人口普查	第六次人口普查	±%
总户数(户)	合计	262314	317519	21.05
	家庭户	252885	293578	16.09
总户数(户)	集体户	9429	23941	153.91

续表

指标名称		第五次人口普查	第六次人口普查	±%
总人口(人)	合计	791350	870632	10.02
	按性别分			
	男	404127	428075	5.93
	女	387223	442557	14.29
	按户口分			
	农业	66330	80396	21.21
	非农业	718758	784918	9.20
	其他	6262	5318	-15.08
	按年龄分			
	0—4岁	17976	22060	22.72
	5—9岁	25562	18111	-29.15
	10—14岁	47497	20956	-55.88
	15—19岁	79407	48141	-39.37
	20—24岁	62197	106717	71.58
	25—29岁	55254	87200	57.82
	30—34岁	55796	56629	1.49
	35—39岁	79485	57917	-27.13
	40—44岁	89397	57672	-35.49
	45—49岁	79096	78189	-1.15
	50—54岁	48343	84817	75.45
	55—59岁	34910	75937	117.52
	60—64岁	33560	46712	39.19
	65—69岁	33548	33319	-0.68
	70—74岁	25505	29058	13.93
	75—79岁	14354	24576	71.21
	80—84岁	6232	14741	136.54
	85—89岁	2440	5999	145.86
	90—94岁	661	1523	130.41
	95—99岁	115	338	193.91
	100及以上	15	20	33.33

二 经济普查

2004—2008年，全区进行两次全国经济普查。普查时点为2004年12月31日和2008年12月31日，时期资料分别为2004年度和2008年度。2004年，第一次经济普查资料显示，全区经济总量在市内六区居第一位，区域生产总值为261.33亿元，单位数量居市内六区第二位，法人单位为8140个，产业活动单位为9956个。2008年，第二次经济普查资料显示，全区经济总量在市内六区居第一位，区域生产总值为403.14亿元，单位总数为12377个，分别比第一次经济普查增长54.26%和23.32%。

图9-17　2004年，统计局到大营门街指导经济普查工作　（区统计局提供）

河西区第一、二次全国经济普查主要经济指标对比情况表

表9-9

指标名称	计算单位	第一次经济普查	第二次经济普查	±%
法人单位	个	8140	11308	38.92
从业人员	人	307928	339930	10.39
企业资产	亿元	1328	1419	6.85
实收资本	亿元	421	580	37.77
营业收入	亿元	1023	1996	95.11
税金及附加	亿元	10	11	10.00
利润总额	亿元	26	37	42.31
劳动报酬	亿元	40	72	80.00

第四节　咨询服务

一　资料汇编

1993年始，对全区各系统、各部门的统计年报进行汇总，编纂国民经济统计资料，反映全区人口、工业、商业、财政、教育、卫生、劳动工资等方面的基本情况。1992年，汇编内容归并为区街经济、城市建设、财政工商、教卫文体、劳动工资、人民生活6个大类。1998年，增加人口与计划生育内容。2003年起，统计公报纳入汇编内容。

二　数据公布

90年代，利用《统计资料》《统计分析报告》《统计专报》等形式，定期或不定期对外发表统计信息和统计工作动态，利用新闻媒体、政府网、天津统计系统内部网等宣传统计工作成果，介绍统计新知识。承接各级领导、各工作部门和社会各界的统计咨询。每次大型调查任务完成后，编印资料汇编，在全区范围内发行。自2003年，开始对外公开发表《天津市河西区国民经济和社会发展统计公报》。内容涉及经济发展、改革开放、城市建设、社会进步、人民生活等方面的情况，每年在《天津日报·新河西》版刊登。

第五节　执法检查

一　登记造册

1994年，成立法规检查科，统计法制建设纳入统计工作日程。1996年，在全区范围内开展统计登记业务，有1832个单位办理统计登记，并按12个系统分门别类登记造册，进行档案化管理。开始办理统计变更、统计合并、统计撤销业务。自2005年，区统计局在区行政许可服务中心大厅，办理统计登记备案和统计资格认定工作。

二　宣传教育

自1996年，开展“三五”统计普法宣传教育。1998年，区统计局获市统计普法先进单位称号；2000年，获市统计“三五”普法宣传教育先进单位称号。2001年，开展“四五”统计普法宣传教育，全区1317人取得统计普法合格证。2005年，获2001—2005年度市统计法制宣传教育先进单位奖牌。

2006年，进行“五五”统计普法宣传教育。2009年，全区有4300余人参加“五五”统计普法答卷。

三 执法检查

1994—2010年，统计执法工作步入正轨。1998年始，重点检查工业、商业的经济指标和劳动工资指标。每年抽查30余户单位的统计数据，发现问题，分析原因，下达责令改正通知书，制定整改措施，控制统计差错的发生。2004年和2008年先后开展经济普查，对200余户下达“天津市经济普查报表催报通知书”。

第七章 安全生产监督管理

21世纪初，建立区街两级安全生产监督管理体系。坚持安全第一，预防为主的方针，加强综合监督管理。开展专项治理，从增强意识、提高能力入手，加强对重点群体的教育培训。消除安全管理的死角和盲区，全区安全监管工作逐步向广度和深度拓展。

第一节 安全监管

一 监管体制

2001年12月，区安全生产监督管理局成立，为区政府经贸委下属的二级局，负责区内生产经营单位的安全生产监督管理工作。2004年7月，安全生产监督管理局从经贸委中分离出来，独立建制，成为区政府的直属机构。2005年，各街道成立安全生产监督管理科。初步形成“关口前移、重心下移”动态监管模式。

二 安全事故

2005年，全区共发生生产安全死亡事故5起，死亡5人，同比事故起数增加1起，死亡人数增加1人。2006年，发生生产安全死亡事故5起，死亡5人，同比持平。2007年，发生生产安全死亡事故5起，死亡5人，同比持平。2008年，发生生产安全死亡事故2起，死亡2人，同比减少3起，死亡人数减少3人。2009年，发生生产安全死亡事故5起，死亡5人，同比增加3起，死亡人数增加3人。2010年，发生生产安全死亡事故4起，死亡4人，同比减少1起，死亡人数减少1人。

三 综合监管

2005年，加强综合监管，开展专项整治，共计检查单位390个，下达隐患整改通知书210份，通过复查按期整改率达到91%。2006年，检查各类单位685个，下达隐患整改通知书296份。对建筑施工单位首次实行安全施工备案制度，向38个施工单位下发《建筑施工安全备案的通知》，逐一对全区建筑施工单位进行检查，针对一些工地安全防护设施损毁严重的问题，开展两次专项检查，共计检查单位86家。2007年，以大型企业为重点，以中小企业为突破点，以危险化工企业为

图9-18 2006年，安监局第三次安委会（扩大）会议现场 （区安监局提供）

关键点，以预防较大、重大事故，降低一般事故起数为目标，提高检查频率，规范执法程序，落实安全生产主体责任。对1074家单位进行安全检查1218次，查出安全隐患3010项，下达责令改正指令书454份。2008年，落实隐患治理和奥运安全保障的任务，建立以市属单位、建筑系统、危化系统、区属单位为主的行业线式监管模式和以街道为单元的中小企业区域监管模式，基本覆盖全区安全生产的主要领域。深入952家单位进行安全检查1377次，查出安全隐患2084项，下达责令改正指令书291份、整改复查意见告知书119份、询问通知书6份、处罚意见告知书23份、处罚决定通知书4份。

2009年，开展专项整治活动，检查单位658个（次），查处隐患456项，下达执法文书87份。对全区52个在建工程进行检查，对22家单位实施安全备案管理，对22家生产型企业开展以基础管理和现场安全管理为主要内容的指导与检查。对各街道新增中小企业和人员聚集场所进行检查，检查201个，治理隐患295项；对全区烟花爆竹零售网点进行195点次的检查，清理违禁花炮120余箱；对全区4家危化生产使用单位和15家加油站开展专项治理活动。成立治理车辆非法超载办公室，加强组织、协调、督办工作，采取源头治理和路面治理相结合的方式，建立长效管理机制。2010年，在日常检查中，坚持“安全隐患台账化、台账管理动态化、隐患治理责任化、整改验收制度化”的工作模式，加大容易引发事故的重大隐患治理力度，检查单位369个（次），查处隐患423项，下达执法文书77份。开展专项行动，组织8次联合集中整治行动，每日进行路面巡查，出动执法人员1800余人次，治理超载超限车辆240余辆。

第二节　宣传与培训

一　宣传

2007年，分5批组织区属单位和危险品化工、建筑施工、生产等企业及相关事业单位负责人近600余人，参加《生产安全事故报告和调查处理条例》讲座，发放条例单行本1000余册。

二　培训

2005年，加强对重点群体的培训教育，对3000余名电工、焊工等特殊工种人员进行安全知识培训考核；对区教育系统的法人代表和200余名企业法定代表人、主要负责人进行安全管理培训；组织街道安监人员进行相关法律法规和业务知识培训。2006年，制定安全培训工作实施意见，组织2000余人的对口培训，开办培训特殊工种22个班，受训1200人次。培训教育系统单位安全管理人员104人、房管局系统单位法人和安全管理人员143人。以街道为单位组织开展法人和安全管理干部安全知识培训，培训66人，培训电、焊工作业人员120人。首次开办制冷工培训班。2007年，完成企业主要负责人、安全管理人员和特种作业人员2020人的培训考核；组织桃园街域内72名外来务工人员进行义务培训；组织建筑系统、教育系统和房管等系统360人的安全培训工作。2008年，推动生产经营单位安全管理人员、特种作业人员和其他从业人员三个层面的安全培训工作，全年举办各类培训班24期，培训各类人员2461人次，开展专题讲座和义务培训8次。2009年，重点加强对外来务工人员、农民工的业务培训。举办7期安全管理人员培训班、12期特种作业人员培训班，培训1116人次。2010年，举办特种作业人员培训14期，受训775人，组织主要负责人和管理人员的安全培训5期，受训537人。

第十编

中国共产党

1980年5月，河西区革命委员会撤销，恢复中共河西区委员会，增强区委在全区工作中的领导核心地位。1980—2010年，共召开6次党的代表大会、6次党员代表会议。按照党中央确定的关于党的建设方针，根据经济社会发展不同阶段实际，制定一系列区域发展战略决策，不断加强党的思想、组织、作风、制度建设和反腐倡廉建设，带领全区人民开创改革开放、经济建设和各项事业发展新局面。

2006年12月5日，中国共产党天津市河西区第九次代表大会召开　　（区委办公室提供）

第一章 党员 会议

1979—2010年，中共河西区委按照《中国共产党章程》和《中国共产党地方委员会工作条例》规定，做好党员工作，以党员履行的义务和党员享有的权利为核心，加强党员的发展、教育、监督和管理工作，党员数量逐步增加，党员结构不断优化，党员工作水平和实效逐年提高。定期召开区党代表大会，不定期召开区党代表会议。会议作出的决议、决定，对贯彻执行党的路线、方针、政策，加强党的领导和党组织的自身建设，推进全区经济社会发展起到决定性作用。

第一节 党员数量与结构

一 党员数量

1979年，河西区党员总数7272人。1980年，7704人；1985年，11093人；1990年，14511人；1995年，17252人；1996年，18127人；1999年，21853人；2009年，44162人。2010年，全区党员总数45695人，是1979年党员总数的6倍。

二 党员结构

1980—2010年，中青年党员和女党员逐年增多，文化程度明显提高。

1980—1995年部分年份党员构成统计表

表10-1 单位：人

年份	党员总数	性别		年龄				文化			
		男	女	25以下	26~45	46~60	61以上	大专以上	高中（中专）	初中	小学以下
1980	7704	4466	3238	172	2464	5068	–	539	1162	2726	3277
1985	11093	6232	4861	233	3170	6690	–	1207	2415	3217	4194
1990	14511	8119	6392	130	3781	6219	4381	2698	3252	3505	5056
1995	17252	9671	7581	240	3881	5928	7203	3825	4052	4203	5172

1996—2010年党员构成统计表

表10-2 单位：人

年份	党员总数				年龄				文化			
		女	少数民族	台湾省籍	25以下	26~45	46~60	61以上	大专以上	高中（中专）	初中	小学以下
1996	18127	8069	303	1	363	3893	6365	7506	4119	4473	4378	5157
1997	19453	8654	340	1	377	4278	6911	7887	4645	4980	4742	5086
1998	20663	8992	368	1	343	4123	6915	9012	5100	5330	5211	5022
1999	21853	9596	421	1	346	4602	7118	9787	5724	5718	5404	5007
2000	26553	11386	486	1	369	4741	9001	12442	7442	7191	6774	5146
2001	29402	12469	559	1	401	4703	9468	14830	8580	8081	7551	5190
2002	32189	13481	610	2	422	4915	10440	16412	9893	8859	8267	5170

续表

年份	党员总数	女	少数民族	台湾省籍	年龄				文化			
					35以下	36~45	46~59	60以上	研究生	大本大专	高中（中专）	初中以下
2003	34571	14665	662	2	2672	2932	11390	17577	125	10973	9772	13701
2004	36512	15374	697	2	2789	3014	12109	18600	149	12081	10340	13942
2005	37820	16109	728	2	3013	3098	12295	19414	198	13387	11468	12767
2006	39470	16893	776	2	3275	3225	12444	20526	229	14390	11109	13742
2007	40965	17596	799	2	3490	3457	12425	21593	341	15592	11358	13674
2008	42518	18376	850	2	3694	3575	12675	22574	435	16621	11831	13631
2009	44162	19114	886	3	3960	3659	12904	23639	550	17640	12315	13657
2010	45695	19879	944	2	4280	3674	12901	24840	653	18513	12943	13586

说明：以1995年为界限，前后因统计方式不同，故党员结构分两个表格体现

第二节　党代表大会

自1980年，河西区党代表大会每5年举行一次，由区委召集。主要议程：听取和审查中共河西区委员会工作报告；听取和审查中共河西区纪律检查委员会工作报告；讨论全区范围内重大问题并作出决议；选举中共河西区委员会，选举中共河西区纪律检查委员会。至2010年，共召开6次区党代表大会。党代会代表的产生，由区委按照全区党员总数的一定比例，将名额分配到各基层，由基层党组织召开党员代表会或党员大会，反复酝酿代表候选人，采取无记名投票、差额选举的方法，选举出席区党代会代表。代表产生后，报区委代表资格审查委员会审查，符合党章规定者，代表资格有效；不符合党章规定者，当选资格无效，由基层党组织补选。1979—2010年，进行6次党代表换届选举，共选举区级党代会代表2023人。其中，第四次党代会代表351人，第五次党代会代表298人，第六次党代会代表301人，第七次党代会代表346人，第八次党代会代表348人，第九次党代会代表379人。

一　中国共产党天津市河西区第四次代表大会

1985年12月20—23日，在区少年宫礼堂召开第四次代表大会。出席正式代表351人，代表全区11093名党员。各方面代表的比例是：各级领导干部占71.23%；各类专业技术人员占19.09%；劳动模范和先进人物占6.27%；其他方面（街办企事业、街道党员）占3.42%；武装部有2名代表。在代表中，50岁以下的占52.99%；妇女占27.92%；少数民族占1.99%；归侨、台胞占1.14%。列席代表99人，特邀代表8人。大会听取审议并通过区委书记刘瑞生所作《振奋精神，锐意改革，为进一步开创河西社会主义建设的新局面而团结奋斗》工作报告和吕勇所作《全党动员，再接再厉，为实现党风根本好转而奋斗》纪律检查委员会工作报告，选举产生第四届委员会委员28人，候补委员4人；纪律检查委员会委员11人。

二　中国共产党天津市河西区第五次代表大会

1989年12月4—8日，在区少年宫礼堂召开第五次代表大会。出席正式代表298人，代表全区13577名党员。各方面代表的比例是：各级领导干部占70.67%；各类专业技术人员占19%；劳动模范和先进人物占7.33%；其他方面占3%。代表中，妇女占20.33%；50岁以下的占50.67%；少数民族占2%.列席代表86人，特邀代表23人。大会听取审议并通过区委书记刘瑞生所作《加强党的领导，进一步治理整顿和深化改革，把河西区两个文明建设推向前进》工作报告和唐宝珊所作《加强党的纪律，发扬优良传统作风，保持河西区两个文明建设顺利进行》纪律检查委员会工作报告；选举产生第五届

委员会委员22人，候补委员4人；纪律检查委员会委员11人。

三 中国共产党天津市河西区第六次代表大会

1992年12月9—13日，在区少年宫礼堂召开第六次代表大会。出席正式代表301人，代表全区14690名党员。各方面代表的比例是：各级领导干部211名，占70.1%；劳动模范和先进人物26名，占8.64%；专业技术人员43名，占14.29%；其他方面21名，占6.97%。代表中，妇女代表84名，占27.91%；少数民族8名，占2.66%；50岁以下（含50岁）的代表157名，占52.16%。列席代表79人，特邀代表10人。大会听取审议并通过区委书记吴吉栋所作《以建设有中国特色的社会主义理论为指导，加快河西区改革开放和现代化建设的步伐》工作报告和陈广怡所作《中共天津市河西区纪律检查委员会工作报告》；选举产生第六届委员会委员26人，候补委员4人；纪律检查委员会委员11人。

四 中国共产党天津市河西区第七次代表大会

1997年12月10—13日，在天津大礼堂召开第七次代表大会。出席会议正式代表346人，代表全区17604名党员。各方面代表的比例是：各级领导干部242名，占69.9%；专业技术人员、劳动模范、先进工作者104名，占30.1%；代表中，妇女代表126名，占36.4%；少数民族代表10名，占2.9%；50岁以下（含50岁）的代表228名，占65.9%。列席代表124人。区委书记吴金组代表中共天津市河西区第六届委员会作《全面贯彻党的十五大精神，以优异成绩和崭新面貌迈向新世纪》报告。大会通过《关于中共天津市河西区第六届委员会工作报告的决议》和《关于中共天津市河西区纪律检查委员会工作报告的决议》。大会选举产生第七届委员会，选出区委委员29人、候补委员6人；区纪律检查委员会委员17人。

五 中国共产党天津市河西区第八次代表大会

2002年11月3—6日，在天津大礼堂召开第八次代表大会。出席会议正式代表348人，代表全区30088名党员。各方面代表的比例是：各级党员领导干部241名，占69.3%；经济、教育、科技、卫生等方面的专业技术人员60名，占17.2%；各条战线的先进模范人物47名，占13.5%。代表中，妇女代表132名，占37.9%；少数民族代表12名，占3.4%；50岁以下（含50岁）的代表227名，占65.2%；大专以上文化的308名，占88.5%。列席代表100人。区委书记吴金组代表中共天津市河西区第七届委员会作《认真实践“三个代表”重要思想，为建设现代化新城区而努力奋斗》报告。大会通过《关于中共天津市河西区第七届委员会工作报告的决议》和《关于中共天津市河西区纪律检查委员会工作报告的决议》，选举产生中共天津市河西区第八届委员会，选出区委委员33人，候补委员6人；区纪律检查委员会委员19人。

图10-1 2002年11月，第八次党代会会议现场 （区委办公室提供）

六 中国共产党天津市河西区第九次代表大会

2006年12月5—8日，在天津大礼堂召开第九次代表大会。出席会议正式代表379人，代表全区37820名党员。各方面代表的比例是：各级党员领导干部254名，占67%；经济、教育、科技、卫生等方面的专业技术人员78名，占20.6%；各条战线的先进模范人物47名，占12.4%。代表中，妇女代表171名，占45.1%；少数民族代表11名，占2.9%；50岁以下（含50岁）的代表209名，占55.1%；大专以上文化代表361名，占95.3%。列席代表99人。区委书记沈家聪代表中共天津市河西区第八届委员会作《把握新机遇，创造新优势，实现新辉煌，为建设和谐的现代化新城区而努力奋斗》报告。大会通过《关于中共天津市河西区第八届委员会工作报告的决议》和《关于中共天津市河西区纪律检查委员会工作报告的决议》。选举产生第九届委员会，选出区委委员35人，候补委员7人；区纪律检查委员会委员19人。

第三节　党代表会议

一　议事规则

区党代表会议由区委在必要时召集，讨论和决定需要及时解决的重大问题。区党代表会议代表的名额和产生办法，由区委决定，不需要报中共天津市委员会批准，部分代表可不采用选举办法产生。党代表会议不是党的领导机关。

二　会议议程

1983年11月、1988年3月、1993年4月、1998年3月、2002年1月、2007年2月，区委先后召开6次党员代表会议，会议议程均为选举产生出席天津市党代会代表。分别选出出席市第四次党代会代表11人、候补代表1人，市第五次党代会代表11人，市第六次党代会代表10人，市第七次党代会代表13人，市第八次党代会代表14人，市第九次党代会代表18人。

第二章　区级党组织

1979—2010年，中共河西区委贯彻执行党的十一届三中全会以来路线、方针、政策和国家的法律法规，落实地方党委工作条例，加强党的思想建设、组织建设、作风建设、制度建设与反腐倡廉建设，对河西区政治、经济、文化和社会发展等工作实行全面领导。

第一节　常委会

一　组成人员

1985—2011年，召开第四至第九届党代会后，常委会委员由全委会以无记名投票方式，采取差额选举办法，在委员中选举产生。常委会组成人员因届中人事变动而有所变动。

中共河西区第四至第九届委员会常委会委员情况表

表10-3

时间	书记	副书记	常委
1985年12月至1989年12月（第四届委员会）	刘瑞生1985.12—1989.12	鲁　夫1985.12—1987.07 吕　勇1985.12—1986.02 吴吉栋1985.12—1989.12 刘峰岩1986.08—1989.12	刘瑞生1985.12—1989.12 鲁　夫1985.12—1987.07 吕　勇1985.12—1986.02 吴吉栋1985.12—1989.12 叶厚荣1985.12—1988.10 雷伯轩1985.12—1989.12 陆君毅1985.12—1989.12 王兴君1985.12—1989.12 郭迎秋（女）1985.12—1989.12 刘峰岩1985.12—1989.12 绳　方1986.08—1989.12
1989年12月至1992年12月（第五届委员会）	刘峰岩1989.12—1991.08 吴吉栋1991.08—1992.12	吴吉栋1989.12—1991.08 郭迎秋（女）1989.12—1991.01 雷伯轩1989.12—1992.12 陈明铎1991.08—1992.12 张同庆1991.08—1992.12	刘峰岩1989.12—1991.08 吴吉栋1989.12—1992.12 郭迎秋（女）1989.12—1991.01 雷伯轩1989.12—1992.12 王兴君1989.12—1992.12 王洪宾1989.12—1992.12 李茂森1989.12—1992.12 陈明铎1990.07—1992.12 张同庆1989.12—1992.12 夏宝龙1991.08—1992.12
1992年12月至1997年12月（第六届委员会）	吴吉栋1992.12—1993.08 陈明铎1993.08—1996.06 夏宝龙1996.06—1997.11 吴金组1997.11—1997.12	陈明铎1992.12—1993.08 张同庆1992.12—1997.12 王兴君1992.12—1997.12 夏宝龙1993.08—1996.06 王九鹏1997.11—1997.12	吴吉栋1992.12—1993.08 陈明铎1992.12—1996.06 张同庆1992.12—1997.12 王兴君1992.12—1997.12 夏宝龙1992.12—1997.11 李玉田1992.12—1997.12 刘祖让1992.12—1991.12 沈树和1992.12—1997.12 郑立水1992.12—1993.12 沈家聪1992.12—1997.12 刘占忠1992.12—1994.11 陈润祥1993.12—1997.12 王九鹏1994.04—1997.12 李炳建1994.04—1997.02 朱玉祥1995.03—1997.12 张　立（女）1995.08—1997.12 史学群1996.08—1997.12 吴金组1997.11—1997.12
1997年12月至2002年11月（第七届委员会）	吴金组1997.12—2002.11	王九鹏1997.12—2002.11 张同庆1997.12—1999.12 沈树和1997.12—2002.11 沈家聪2000.06—2002.11 赵鸿琪2002.06—2002.11	吴金组1997.12—2002.11 王九鹏1997.12—2002.11 张同庆1997.12—1999.12 沈树和1997.12—2002.11 沈家聪1997.12—2002.11 张　立（女）1997.12—2002.11 陈润祥1997.12—2000.12 李炳建1997.12—2002.11 赵鸿琪1997.12—2002.06 薛世才1997.12—2000.12 朱玉祥1997.12—2002.07 梁宝明1997.12—2002.08 史学群1997.12—2002. 张秀春（女）2000.12—2002.11 曲孝丽（女）2001.12—2002.11 张志方2001.12—2002.11 刘开基2001.12—2002.11 李耀祥2002.07—2002.11

续表

时间	书记	副书记	常委
2002年11月至 2006年12月（第八届委员会）	王九鹏2002.11—2006.07 沈家聪2006.07—2006.12	沈家聪2002.11—2006.07 赵鸿琪2002.11—2006.11 张　立（女）2002.11—2006.11 张志方2002.11—2006.09 彭　三2006.08—2006.12	王九鹏2002.11—2006.07 沈家聪2002.11—2006.12 赵鸿琪2002.11—2006.11 张　立（女）2002.11—2006.11 张志方2002.11—2006.09 张秀春（女）2002.11—2006.05 刘开基2002.11—2006.12 李耀祥2002.11—2006.05 史学群2002.11—2006.12 曲孝丽（女）2002.11—2006.12 杨书奎2002.11—2006.12 刘正顺2002.11—2006.12 李清2002.11—2006.12 张俊利2005.11—2006.12 贾　庆2006.06—2006.12 彭　三2006.08—2006.12
2006年12月至 2011年12月（第九届委员会）	沈家聪 2006.12—2011.10	彭　三2006.12—2011.12 曲孝丽（女）2006.12—2011.03	沈家聪2006.12—2011.10 彭　三2006.12—2011.12 曲孝丽（女）2006.12—2011.03 杨书奎2006.12—2011.12 黄永刚2006.12—2007.12 李　清2006.12—2011.12 史学群2006.12—2011.12 张俊利2006.12—2008.01 贾　庆2006.12—2011.11 王惠敏（女）2006.12—2011.12 滕仲喜2006.12—2011.12 刘小芃2011.03—2011.12 陈玉恒2011.11—2011.12 苏　智2011.11—2011.12 赵年伏2011.11—2011.12

二　自身建设

自1979年，各届常委会组成后，加强自身建设。1986年1月，制定《关于加强区委常委自身建设的几项规定》。1993年9月，制定《关于加强常委一班人思想作风建设的规定》。1997年12月，制定《关于加强自身建设进一步提高整体素质规定》，印发《关于区委书记、副书记、常委分工通知》《关于区委常委会议保密规定》。2007年7月，制定《关于进一步加强自身建设的决定》。

第二节　全委会

区委全委会在区党代表大会闭会期间是全区党组织的领导机关，是本地区领导核心，对全区经济建设、政治建设、文化建设、社会建设、生态文明建设和党的建设及其他涉及全局性重大问题作出决策。

一　组成人员

中共河西区委员会第四届至第九届委员会共选举产生委员173名、候补委员31名。

中共河西区第四届至第九届委员会组成人员情况表

表10-4

届别	委员	候补委员
第四届委员会	王兴君、王培元、孔令辰、叶厚荣、白中和、吕勇、朱家秀、刘峰岩、刘瑞生、米金栋、李玉田、杨宗信、杨昌池、吴吉栋、沈家聪、陈广怡、陈明铎、杜玉光、陆君毅、郭迎秋、唐宝珊、绳方、鲁夫、董国萃、董致祥、雷伯轩、槐富荣、穆云霞	张映雪、焦国群、阎景芝、李昌
第五届委员会	王兴君、王洪宾、刘祖让、刘峰岩、米金栋、李茂森、李宝全、杨宗信、时锡敏、吴吉栋、沈家聪、张同庆、陈广怡、陈景图、周利、赵玉兰、姜德祥、高鸿儒、郭迎秋、曹汝深、董国萃、雷伯轩	李昌、焦国群、槐富荣、穆云霞
第六届委员会	王兴君、刘开基、刘占忠、刘祖让、孙汝泉、李昌、李玉田、李宝全、吴吉栋、沈树和、沈家聪、张广河、张同庆、张宝亮、张善忠、陈明铎、陈润祥、尚学斌、郑立水、赵玉兰、姜德祥、夏宝龙、曹汝深、董平、董致祥、焦国群	孙广荣、槐富荣、李莉、宋玉璞
第七届委员会	王九鹏、王戈、王金炳、史学群、曲孝丽(女)、朱玉祥、江洺、杨书奎、苏天辰、李汕源、李炳建、吴金组、沈树和、沈家聪、张立(女)、张同庆、张宝亮、张炳素(女)、张朝晖、陈文(女)、陈润祥、赵玉兰(女)、赵鸿琪、崔伟国、康凤海、盖钢、梁宝明、焦国群、薛世才	王秀文、景志刚、马玉成、王作清(土家族)、孙淑环(女)、董平
第八届委员会	王九鹏、王秀琴(女)、王惠敏(女)、孔繁丽(女)、田桂英(女)、史学群、曲孝丽(女)、刘工、刘开基、刘正顺、刘永刚、刘志勇、江洺、孙金强、苏天辰、李清、李玉玫(女)、李辉忠、李耀祥、杨书奎、吴金组、沈树和、沈家聪、张立(女)、张志方、张秀春(女)、张建国、张炳素(女)、赵鸿琪、崔伟国、董平、焦国群、魏涛	吴芳珍(女)、丁绍祺、袁家健、于荣清、马玉城、朱义海
第九届委员会	王炳祥、王惠敏(女)、毛英(女)、孔繁丽(女)、史学群、曲孝丽(女)、朱义海、庄路明、刘锐、刘开基、刘永刚、刘志勇、刘国胜、刘建忠、孙占军、苏天辰、李清、李辉忠、杨书奎、吴兴东、沈树和、沈家聪、张忠汉、张建国、张俊利、张炳素(女)、施伯洋、袁家健、贾庆、郭有勇、黄永刚、崔伟国、彭三(白族)、滕仲喜	孙伟民、张秉诚、杨玉芬(女)、马玉城、孟华(女)、孙秀芬(女)、王玉(女)

二 主要决策

1980年8月22日，召开区委全委（扩大）会议。区委书记王守西传达中央文件、市委常委扩大会议精神和市委关于组织这次讨论的部署和要求，区委副书记吕勇宣读天津市出席党的十二大代表预备候选人名单。

1986年11月6—8日，召开区委四届四次全委扩大会议。主要议程：贯彻落实《中共中央关于社会主义精神文明建设指导方针的决议》。

1991年7月17日，召开区委五届五次全体会议，审议通过《中共河西区委关于加强领导班子思想作风建设的决定》。

1993年7月13日，召开区委六届四次全体（扩大）会议。审议通过《关于在加快改革开放和经济发展中加强党的建设的决定》。1996年1月5—6日，召开区委六届十次全体（扩大）会议。会议传达市委六届四次全体（扩大）会议精神，审议通过《河西区国民经济和社会发展"九五"计划和二〇一〇年远景目标》。是年8月20日，召开区委六届十二次全体（扩大）会议。区委副书记张同庆宣读区委《关于建设高素质干部队伍的实施意见》。会议分组讨论《关于建设高素质干部队伍的实施意见》和《关于加强常委一班人自身建设，进一步提高整体素质的规定》。

1999年10月20日，召开区委七届六次全体会议。会议审议通过《河西区经济发展战略（1998—2015年）》和《河西区经济发展规划（1998—2002年）》。2000年12月20日，召开区委七届九次全体会议。会议传达市委七届七次全体会议精神，审议通过《中共河西区委关于制定国民经济和社会发展第十个五年规划的建议》。

2005年12月26日，召开区委八届九次全体会议。会议传达市委八届九次全会和中共中央政治局委员、市委书记张立昌重要讲话精神，审议通过《中共河西区委关于制定河西区国民经济和社会发展第十一个五年规划的建议》。

2007年1月8日，召开区委九届二次全体会议。研究决定推荐出席党的十七大市级党员领导干部代表候选人初步人选9名；河西区出席党的十七大代表候选人初步人选3名。2010年12月23日，召开区委九届十一次全体会议。全会审议通过《中共河西区委关于制定河西区国民经济和社会发展第十二个五年规划的建议》。对区委常委会2010年度干部选拔任用工作和新选拔任用干部进行民主评议。

第三章　决策要略

1980—2010年，中共河西区委坚持党的思想路线，围绕党的中心工作，把工作重点转移到社会主义现代化建设上来。结合实际，对改革开放和经济社会发展不同阶段的奋斗目标、重点任务作出方向性、指导性决策，为推动全区物质文明、政治文明、精神文明建设提供重要保障。

第一节　经济建设

一　战略目标

1987年，提出“敞开城门，综合开发、科教先行、工商并茂”的经济发展总战略，确定“从实际出发，全面而系统，坚决而有秩序地进行改革”的方针，全区41个单位在试点的基础上，有计划有步骤地进行经济体制改革。坚持以改革总揽全局，在改革中找出路，求发展，要效率。

2001年，在讨论河西区制订经济社会发展规划中提出，把河西区建设成为“特色突出商贸商务区、新型都市型工业区和现代化文博中心区，进而建成现代化一流城区”的奋斗目标，实现区委领导方式、工作方式和活动方式转变。从总体设计角度，对促进区域经济发展提出实现“五个转变”的领导经济工作新思路，即：经济布局从分散向合理集中转变；产业产品结构从低水平向高技术水平转变；资源配置从分散低效益向整体高效益转变；企业运行模式从传统体制向建立现代企业制度转变；企业管理从经济型向科学型转变。市委《对策研究》刊载，转发全市。

2003年7月11日，区委召开八届四次全体会议，通过《加快建设商务商贸区规划方案》《陈塘都市工业园区规划方案》《建设特色突出文化博览区规划方案》，提出建设“发达商务商贸区、新兴都市型工业区、特色突出文化博览区”（简称“三区”）的奋斗目标。2006年12月，第九次代表大会报告提出建设“经济强区、文化大区、宜居城区”，努力建设社会和谐现代化新城区的奋斗目标，丰富“三区”内涵。2009年，提出建设“国际商务城区、多元文化城区、生态宜居城区”新“三区”奋斗目标，提升“三区”建设的层次和水平。

二　转变职能

1998年，围绕经济建设中心，深化行政管理体制改革，进一步转变政府职能，确立“打服务牌”工作思路。提出：努力建设“行为规范、运转协调、公正透明、廉洁高效”服务型政府；创建服务型机关；推进行政审批制度改革。制定《关于开展服务区域经济大讨论和实践活动的安排意见》；举办建设服务型政府论坛，开展建设服务型政府大讨论和“强化服务意识、提高服务能力”主题实践活动，营造“所有部门都是服务部门，所有岗位都是服务岗位，所有人员都是服务人员，所有工作都是为人民服务”良好氛围等一系列转变区政府职能的决策意见。

第二节　社会事业

一　教育资源均衡发展

2006年，制定《教育区域管理体制改革方案》，确定以建设教育强区为目标，推动义务教育均衡发展，推广联合学区办学模式，实现优质教育资源共享，探索新型的区域管理体制，推进教育质量全面提高的目标和任务。在小学学段建立“教育发展联合学区”，实现硬件、软件、人力三大资源的共享机制，学区内各校携手并进，共同发展。将29所公办小学划分5个联合学区，形成5个教育发展团组。开设“建设教育发展联合学区，促进义务教育均衡发展”论坛，市教育局在河西区召开专题研讨会。2009年，河西区被评为全国推进义务教育均衡发展工作先进区。

二　社区卫生服务综合配套改革

2007年12月，制定《社区卫生服务综合配套改革方案》，提出深化社区卫生服务综合配套改革措施和目标。主要有：免费提供22项公共卫生服务，推行社区基本用药零差率销售，打造“15分钟社区卫生服务圈”，建设覆盖全区居民公共卫生服务体系、医疗服务体系、药品供应保障体系，为群众提供安全、有效、方便、价廉医疗卫生服务。

三　全国文化工作先进区创建

1986年，制定《河西区文化建设发展规划》，提出：创建全国文化工作先进区的目标和任务，推进河西区精神文明建设的进程。2009年，制定《河西区文化大区建设规划》。

四　全国卫生城区创建

2005年，提出“举全区之力，开展创建国家卫生区活动”，召开动员大会。经过三年创建，2008年8月国家爱卫办对河西区创建国家卫生区工作进行全面考核。10月30日，国家爱卫会授予河西区“国家卫生区”称号。11月，召开庆功表彰大会。副市长只升华代表全国爱卫会向河西区授予“国家卫生区”奖牌并讲话，评选表彰54个先进单位、1782名先进个人。

图10-2　2008年11月，河西区创建国家卫生区报告暨表彰大会现场　（区委办公室提供）

第三节　民主政治

一　人大工作会议

自1979年，区委在推进社会主义民主法治建设中，加强对区人民代表大会及其常委会工作领导。1994年，市委、市人大成立调研组到区进行专题调研，总结经验。区委在市委召开的加强人大工作领导会议上介绍经验。9月，区委召开河西区首次人大工作会议，加强和改善对人大工作领导，充分发挥人大地方国家权力机关作用。

二 政协工作会议

2004年5月20日，区委召开河西区政协工作会议，进一步加强和改善对政协工作的领导，进一步发挥政协政治协商、民主监督、参政议政的职能，提高协商议政质量和水平。

第四章 纪检 监察

1979—2010年，河西区纪律检查委员会围绕党委在各个时期中心任务，按照党章赋予的任务和职责，坚持标本兼治、综合治理、惩防并举、注重预防方针，建立健全教育、制度、监督并重的惩治和预防腐败体系，逐步形成党委统一领导、党政齐抓共管、纪检组织协调、部门各负其责、依靠群众支持和参与的反腐败领导体制和工作格局。

第一节 纪律检查

一 宣传教育

1979—1984年，对全区94%的党员进行党规党纪教育培训。1985—1990年，加强党员党性、党风、党纪教育，重点抓纪律规范，在党员干部中开展党的优良传统作风教育。1991年，举办党规党纪教育学习班169个，参加学习党员14411人。1993—1998年，开展廉洁自律、勤政为民主题教育活动。开展“学习孔繁森，演讲身边人”系列活动，用先进典型教育党员干部。召开领导干部廉洁自律工作会议。通过举办党风廉政歌曲演唱会、处级以上领导干部讲党课、行政执法部门的党员干部参加党纪政纪条规考试的方式加强廉政教育。区纪委和区委组织部与26名新提拔的处级领导干部进行廉政谈话及党内法规知识测试，并作为全区处级领导干部任用前党纪教育的重要环节。

图10-3 2010年，纪委组织处级干部进行廉政准则测试 （区纪检委提供）

1999—2003年，在开展“三讲”教育活动中，举办专题学习研讨会，开展党风廉政建设系列学习教育活动，组织全区党员干部观看《党员处分条例》录像片，制作7部电视教育专题片，有7000名科级以上干部参加党风廉政建设责任制知识测验。开展以“学、考、赛、讲、评、宣”为载体的“六个一”党风廉政教育活动，《中国纪检监察报》进行报道。2000年，贯彻《关于利用胡长清重大典型案件对党员干部进行警示教育的意见》，举办党风廉政教育报告会，请中纪委宣教室干部为全区560余名副处级以上领导干部讲党课。制定《关于利用胡长清等重大典型案件对全区党员进行警示教育的实施方案》，正处级领导干部及其配偶观看影片《生死抉择》。2002年，加强廉政文化建设，举办迎接党的十六大党风廉政建设主体竞答和党风廉政建设主体征文活动，编印《纪检监察工作回眸》专辑，录制《党风廉政建设和反腐败工作回眸》专题片，并制成光盘发放。在部分单位进行《自我鉴定书》公示，实行教育收费公示制度，为全区副科级以上领导干部建廉政档案，开通全市首家具有独立域名的党风廉政网。

2004—2010年，运用公益广告进行宣传，构建“大宣教”格局，全区4000余名党员干部观看《走进西柏坡》教育片。开展“学条例、找差距、守党纪、促自律”学习教育活动，以“六个一”（即：组织一次集中学习、进行一次专题辅导、开展一次测试活动、举办一次知识竞赛、撰写一篇体会文章、召开一次经验交流会）为载体，学习《中国共产党党内监督条例（试行）》和《中国共产党纪律处分条例》。在全市率先开展“廉洁教育进校园”活动，举办“廉政清风满校园”廉政教育成果展示会，使广大青少年从小接受廉政教育。

2008年，在全区开展“学党章、讲党性、重品行、做表率”主题教育实践活动，组织党员干部观看故事片《生死牛玉儒》。开展“观案例、记警句、敲警钟”活动，组织广大干部参观《新中国反腐败第一大案展览》《周邓纪念馆》教育基地。组织全区30余名区级领导和各街、局、公司、部、委、办170余名党政主要领导观看《忏悔录》，共组织156场次，12551人次观看，组织座谈会87场次，参加座谈人数1471人。开展廉政文化进社区，举办“知荣辱、树新风”廉政文艺演出。全区13个街道打造7个相对质量较高的廉政文化主题广场。2010年，在党风廉政网站开辟“焦点网评”“心得体会”等栏目，拓展反腐倡廉教育的广度和深度。

二　制度建设

1979年，成立端正党风工作领导小组，落实党性教育、严肃整顿纪律的任务。领导机关和领导干部起表率作用，狠抓大案要案，健全党内生活制度。1995年，制定《中共河西区委常委会抓党风廉政建设责任制的规定》《关于加强党内对区委常委会监督的意见（试行）》。区纪委与区委组织部、区商委、区工会联合制定《区属国有企业领导干部廉洁自律行为规范》《领导干部任期审计制度》以及礼品登记、收入申报、汽车配备等12项规章制度。1996年，制定《领导干部任期审计考核暂行规定》《处级以上领导干部必须遵守的五条禁令》和《处级以上领导干部解决住房审批报告的暂行规定》等规章制度，开展清车、清房和制止公款吃喝工作。1998年，建立《区领导与新上任处级干部廉政谈话制度》和《〈关于党风廉政建设责任制的实施办法〉的意见》。落实信访通知书、诫勉和经济责任审计等制度，加强对领导干部监督管理。

2000—2010年，制定《关于转发〈关于对领导干部工作时间以外活动加强监督管理的规定〉的通知》，严格落实领导干部廉洁自律有关规定，完善领导干部执行党风廉政建设责任制自我鉴定书制度，将廉政责任延伸到副处级领导干部。对领导干部在企业兼职问题进行清理，16名处级以上领导干部辞去在企业兼职。2003年，加大信访举报工作力度，制定《纪检监察信访工作责任制》《纪检监察信访工作目标考核制度》。实行党风廉政建设责任制，完善自我鉴定书制度，全区1300余名处、科级干部建立廉政档案。2007年，坚持“标本兼治，注重治本，综合治理，超前防范”工作思路，完善机制、强化监督，制定《关于落实〈建立健全教育制度监督并重的惩治和预防腐败体系实施纲要〉的实施细则》《年度目标责任考核党风廉政建设一票否决办法》。成立基层党风廉政建设工作协调委员会，开展“创建基层党风廉政建设示范单位”活动，加强对基层党风廉政建设的领导和工作协调。2009年，完善同领导干部谈话制度。对处级领导班子试行诫勉制度。2010年，“以构建政风行风评价体系为重点，不断增强惩防体系建设的实效性”做法被市纪委转发。

三　案件查处

1980—1995年，各级党委和纪检部门对廉政准则执行情况进行经常性检查，对违反财经纪律、乱发奖金和实物、利用职权谋取私利等问题进行纠正。重点查处利用职权为子女要房、违反政策徇私舞弊、骗取住房等27个案件，对群众反映较大的41件进行查处。1982年，检查党员违纪案件63件。1984—1986年，重点查处各种违纪案件和经济案件67件。其中，党员违纪案件24件，受党纪处分9人；经济犯罪案件8件，涉及金额156万余元。查处索贿受贿案件和领导干部用公款大吃大喝，维护党的纪律。

自1988年，召开党风建设研讨会。各级纪检组织查处党员违纪案件17件，结案14件，17人受到党纪处分。至1991年，各级纪律检查组织和行政监察部门加强监察检查，4年查处70件违纪案件，结案处理43件。其中，开除党籍2人，留党察看1人，撤销党内职务1人，警告处分1人，纠正不合理收费78项，为国家直接挽回经济损失351万元。

1996—2000年，共立案查处126件，结案123件，其中大案46件、要案2件。受处分党员干部7人。对17名不廉洁的干部采取调离、免职、降职处理。共立案6件，挽回直接经济损失近40万余元。2000年，立案查处贪污贿赂等职务犯罪案件67件，处级以上领导干部犯罪要案11件，查处国家工作人员渎职侵权案件7件，为国家、集体挽回经济损失800余万元。2003年，受理群众来信来访126件（次），办结119件，其中反映处级领导干部问题的42件。立案10件，挽回经济损失45万余元。2004年，办结89件，办结率为95.7%。其中，反映处级领导干部问题的41件，同比上升9.7%。给予开除党籍处分4人，留党察看1人，党内、行政警告1人，挽回经济损失25万余元。2005年，受理群众来信来访73件（次），与上年同比下降22%。办结69件，办结率为94.5%。其中，反映处级领导干部问题的26件，同比下降42%。给予开除党籍处分3人，挽回经济损失18万余元。

2006年，对两名党员给予纪律处分。办结93件，办结率为93.9%。其中，反映处级领导干部问题的42件，同比下降23.5%。2007年，办结142件，办结率98.6%。2008年，市纪委信访室转74件，其他部门转来5件。已办结信访件124件，办结率达到98%。2009年，受理信访举报97件（次），其中直接受理44件（次），市纪委信访室转来51件（次），市检察院、市卫生局各转来1件（次）。针对业务范围内的信访件，初核5件，直查快办8件，转基层督办20件，转基层阅办29件，转组织部、政法委等部门阅办7件，查存8件。办结信访件94件，办结率达97%。2010年，实行特邀监察员参加信访接待工作制度。受理案件线索10件，初核10件，查结10件，涉及处级干部以上的4件，为4名处级领导干部澄清事实。立案4件、自办2件、自办率达50%，结案2件，结案率达50%。

第二节　监察

1988年2月，设立区监察局，负责受理各行政部门及其工作人员和代表政府行使权力的其他工作人员违法违纪行为的处理。全区监察工作逐步健全行政效能建设长效机制，推进纠风工作进程，完善政风、行风评价体系，促进政府行政管理高效化。

一　行政执法监察

1989年，全区推行公开办事制度。制定《关于搞好廉政建设近期做好十二件事的具体规定》，对政府委办副处级以上领导干部住房状况、亲属子女在河西区工作、用公款安装电话、亲属子女经商、公款装修住房、在公司任（兼）职情况等进行专题调查，发现违规行为，按规定进行处理。1993年，重点开展纠行风、“治三乱”（乱收费、乱罚款、乱摊派）活动。会同物价局对28个单位的收费项目进行监督检查，共清理78项不合理收费项目。1994—1997年，参与拆迁现场监督78片，分房现场监督16片，受理群众信访举报32件，办结30件。对60户弄虚作假、空挂户口、违章立户的问题调查处理，纠正问题46件。共挽回经济损失280多万元。

1998—2005年，对执法人员管理实行执法范围、收费标准、职责分工、办事程序、处理结果“五公开”，并建立监督网；在执法部门开展“治乱减负、支企服务合格单位”活动，实行条块结合网络化管理，开展执法监察和廉政监督。深化重点企业保护服务岗工作，全区列入保护服务岗企业达90家，对环球磁卡等10家公司挂牌保护。开展“千家企业评执法”，对下岗职工基本生活保障资金、失业保险基金、城市居民最低生活保障资金进行监督监察。2002年，建立区行政效能投诉中心；组织实施“扶贫济困”监督检查，参加建筑市场的监督检查。加强对危房改造工作的监督，对湘江花园166户回迁居民选房、南围堤河沿岸居民拆迁及钢厂宿舍拆迁等5片实施监督检查，对30片、8000余户居民的动迁工作进行监督检查。2003年，制定《关于防治“非典”期间的纪律规定》，深入12个街道，对落实情况开展督查，对1名违反规定的处级领导干部进行处理。简化行政审批程序，简化比例达到50.2%。在全区推行政府采购制度，集中采购15次，节约资金为22.36%。

2005—2010年，成立行政许可法贯彻执行情况督察组，对区政府有关部门执法情况开展行政效能监察。召开城市建设构想听证会，将区政府重大决策进行公开，自觉接受群众监督。对副食股份公司、饮食股份公司、糖果公司等一批国有企业转制进行监管，按照“程序合法、阳光作业”原则推进企业改革改制。对全区33个具有行政主体资格的单位开展行政效能监察。把创建国家卫生城区目标和任务的落实作为执法监察工作的重点项目，采用建立工作日志及管理台账等方式进行监督。2007年，行政许可中心监察室改进和完善管理体制，制定18项规章制度，规范工作人员行为。制定《效能责任追究暂行办法》，重点对行政机关开展效能监察。行政许可服务中心完善联办机制，提升服务效能，将工商、国税等9个部门的18个工作事项确定为联办事项，办件审批率提升60%。2008年，受理各种事项197604件，办结190703件，满意度达100%。2009年，制定《关于贯彻落实“保增长、渡难关、上水平”目标要求，加强行政监察工作的实施意见》，围绕重点领域、关键环节，加大效能监察和执法监察工作力度。2010年，区纪委、区综合执法局将陈塘科技商务区建设、新一轮市容环境综合整治、数字河西建设、困难企业转制、发展夜市经济、发展现代服务业、人民公园改造、推进文化产业发展、健全国有资产监管制度、社区综合服务设施改善10项工作作为重点，推进政府效能建设。

二　纠正部门和行业不正之风

1993—2003年，开展纠风工作。组织区人大代表、政协委员、特邀监督员对教育、卫生、公安交通支队停止195项收费情况进行检查。到公安河西分局及西南楼派出所检查反腐工作。建立处级领导干部“黄牌”警告新机制，重点清理乱收费、公款出国旅游和无偿占用企业财物等问题，区纪检委和组织部组成12个督查小组参加68个单位的领导班子生活会，狠刹部门和行业不正之风。1999年，召开全区行风评议整改情况汇报会，水、电、气、交警、公安、卫生、房管等部门对各自整改情况进行通报。开展“万名群众评服务”活动，促进行风建设。2000年5月，区纠风办联合12个执法部门，历时4个月开展“千家企业评执法”活动，对全区14个行业160个基层科、所、站、队进行社区群众民主直评。2002年，继续在全区开展争创党风廉政建设最好地区活动，请城调队对党风廉政建设进行民意测评。开展“纳税人评行风”活动，在全区14个行业、33个执法部门，通过座谈走访、明察暗访、问卷调查、随机抽查等方式，归纳意见33条，为纳税人和群众解决实际问题85件，表彰10个行风先进单位。

2004—2010年，在社会各界开展评议政风行风活动，对区政府50个职能部门的服务质量、办事效率、依法行政的情况进行评议。发放调查问卷2万余张，明察暗访30余次，被评议单位制定整改措施270条，为企业办实事、好事583件。2006年，河西区政风行风评议活动首次实行免评制度。工商河西分局等10个部门被评为年度“政风行风建设先进单位”。开展“纳税人评行风”“社会各界评政风”“千家企业评执法”“万名群众评服务”等活动，实行网上评议，开辟行风热线。通过评议，为企业和群众解决实际问题854件。开展“系统自评、社区直评基层单位政风行风”活动，对136个基层科、所、站、队、医院、学校进行评议，向群众、企业和服务对象发评议问卷18015份，走访单位1808个，对25个单位进行暗访，召开征求意见会204个，收集评议意见926条，建议396条。2008年，全区纪检监察系统深入开展“三百”活动，即：联系和深入百家企业，听取企业提出的百条意见和建议，帮助企业协调解决百个困难和问题。开展政风行风评议和执法监察、效能监察。2010年，强化监督和检查，制止各种不正之风的发生。

第五章　组织工作

1979—2010年，按照党要管党、党管干部的原则，加强党员发展、管理和教育，推进党员和干部调整、教育和监督工作，推进基层党建、机关党建工作，加强老干部管理工作。加强组织、思想和作风建设，发挥党支部的战斗堡垒作用、党员的先锋模范作用和领导干部示范带头作用，为推进全区经济建设和社会发展提供组织保障。

第一节　党员发展

1979—1990年，有重点地发展在“四化”建设中做出贡献的知识分子、科技人员和业务骨干入党。1985年，重点解决优秀知识分子入党难问题，全年发展党员604名，其中大专文化程度的344名，专业技术人员274名。1988年，侧重在生产一线和青年中发展党员。1990年，对多年没有发展党员的单位进行专题分析，加强指导。1992—1996年，发展党员1390名。

1997—2005年，坚持“着眼长远，立足教育，重在培养，个别发展”方针，对中学生中的优秀分子进行重点培养，将具备党员条件的吸收到党内来。1999年，在区党校举办入党积极分子培训班，培训272人。2001年，注重做好在青年中，特别在生产第一线发展女党员工作，从思想、政治、业务上关心女入党积极分子，增加党员队伍中女青年比例。2004年，注重在工人、青年、流动人员、干部、知识分子，特别是高知识群体中发展党员工作，改善党员队伍结构。

2006年，把在非公有制企业中党员发展工作作为探索和实践党建工作主要课题，针对非公企业脱产培训难度大特点，利用节假日培训入党积极分子70余名，发展党员34名。2008年，围绕创建国家卫生城区、迎奥运等重点工作，开展党员考察、发展工作。做好直属单位发展党员的谈话、审批工作，发展党员19名，预备党员转正41名。对全区兼职组织员进行摸底统计，新审批兼职组织员22名。2010年，制定发展党员计划，在区党校举办2期入党积极分子培训班，256名入党积极分子参加党的基础理论教育。加大基层发展党员工作力度，指导教育局对发展学生党员工作进行自查，并接受市委组织部检查。发展35岁以下青年党员比例逐年提升，党员知识层次明显提高，党员队伍整体结构和素质进一步优化。

第二节　党员管理与教育

一　管理

1979—1989年，贯彻落实“党要管党、从严治党”的方针。1980年，举办党章(修改草案)学习班，培训党员领导干部和党员6988名，占党员总数93%。举办学习《关于党内政治生活的若干准则》培训班，培训党员7068名，占党员总数94%。1982年，对不团结领导班子和软懒散基层支部进行整顿。进入90年代，开展以“创先争优”为中心的党员奉献活动，建立《民主评议党员制度》《党员奉献日制度》《党员责任区制度》。1990—2000年，对全区党员进行民主评议，对10名违纪党员给予纪律处分，对35名不合格党员进行处理。1997年，建立区委、基层党委、党支部三级党建目标管理责任制。加强企业党建工作，研究新经济组织党建工作有效途径，推动街道党建工作制度化、规范化，18个街道194个居委会全部建立党组织。涌现出19个先进党委、34个红旗支部、439名优秀党员。马场街党委被评为全国先进基层党组织。1999年，召开社区党建工作会议，建立社区党建工作网络。

2001—2010年，表彰先进基层党组织69个、优秀党员281名、优秀党务工作者50名。2003年，表彰先进基层党组织63个、优秀党员229名、优秀党务工作者53名、防治“非典”型肺炎工作先进党组织17个、优秀党员24名。2005年，全区普遍召开先进性标准党员生活会。表彰在保持共产党员先进性教育活动、创建国家卫生区、发展区域经济、创建服务型机关和服务型政府各项工作中涌现出的先进基层党组织84个、优秀党员342名。2006年，以民主评议党员为契机，推进党员管理工作。表彰先进基层党组织96个、优秀党员362名、优秀党务工作者50名。2007年，加强和改进流动党员管理，对进城务工人员，建立城乡一体党员动态管理机制。2009年，采取先进典型事迹报告会、座谈会、巡回演讲等形式，开展“创先争优”活动。至2010年，结合民主评议党员工作，严格履行组织手续，有112名党员受到开除党籍、劝退、留党察看、严重警告等纪律处分。

二　教育

自1979年，组织党员学习党在新的历史时期路线、方针、政策，开展党性、党风、党纪教育和党章、党内政治生活若干准则培训，党员教育培训逐步正规化、系统化。1990—1996年，以“创先争优、发挥先锋模范作用”为重点，抓好党员教育，开展“我是优秀共产党员”奉献活动。举办“河西区先进党组织，优秀共产党员事迹汇展”，开展“党员形象”大讨论。基层党组织开展党员教育经验在全市党教工作会议上介绍。1997—2001年，建立健全党委中心组学习制度，区委中心组连续三次被市评为党委先进学习中心组。坚持搞好处级领导班子和领导干部民主评议、政绩考核工作，开展“学习焦裕禄，争做人民好干部”活动，评选表彰60名（次）人民好干部和10个五好班子。2002—2005年，以领导班子建设为重点，加强思想政治建设。组织基层党员开展“搞一次学习交流、开一次专题生活会、开展一次为民义务服务”基层党组织“三个一”活动，深化“千名书记讲党课”活动。2006—2010年，开展保持共产党员先进性教育活动。2007年，制定《党员教育工作安排意见》，举办党员教育骨干培训班，200余人参加。2009年，在《天津日报·新河西》开辟“党员教育之窗”专刊，宣传共产党员优秀事迹。2010年，开展学习实践科学发展观活动，集中对300多名社区党组织书记、副书记进行党的基本理论和组织业务知识培训。

图10-4　2003年，河西区召开纪念中国共产党成立82周年暨表彰大会

（区委组织部提供）

第三节　基层党建

一　基层党组织数量

1979年，河西区基层党组织545个。1996年，基层党组织1014个。2010年，基层党组织1778个、是1979年的3倍。

1979—1995年河西区党组织基本情况表

表10-5　　单位：个

年份	党委(组)	总支	支部	党员	发展党员	年份	党委(组)	总支	支部	党员	发展党员
1979	37	6	502	7272	217	1988	46	13	786	13363	173
1980	34	5	318	7704	165	1989	56	13	817	13940	155
1981	36	6	547	8178	165	1990	60	13	841	14511	126
1982	36	3	255	8666	146	1991	60	12	881	14997	244
1983	45	5	598	9253	191	1992	44	15	887	15559	230
1984	49	7	641	10061	377	1993	51	16	907	16067	243
1985	51	8	689	11093	604	1994	32	25	916	16646	309
1986	56	9	736	11822	409	1995	32	27	949	17252	412
1987	55	11	770	12677	333						

1996—2010年河西区党组织基本情况表

表10-6　　单位：个

年份	党委(组)	总支	支部	年份	党委(组)	总支	支部
1996	34	32	948	2004	105	145	1177
1997	30	39	825	2005	106	132	1281
1998	32	41	856	2006	127	124	1320
1999	34	43	843	2007	126	125	1346
2000	26	57	895	2008	127	125	1364
2001	43	81	946	2009	146	104	1375
2002	49	90	933	2010	145	114	1419
2003	52	89	960				

说明：以1995年为界限，前后因统计方式不同，故基层党组织分两种表格体现

二　社区党建

自80年代，在全区各级党组织和全体党员中，开展统一思想、整顿作风、加强纪律、纯洁组织的整党工作。1990年，开展升级达标工作，推进基层党组织建设全面发展。1996年，制定《关于加强居民区党组织建设，流动党员管理》的意见，街道基层党建工作进一步制度化、规范化。开展“充分发挥党组织和党员干部作用”大讨论活动，提高广大党员对加强党组织建设和加强自身作用的认识。

1998—2005年，探索街道、社区党建新途径，制定《关于加强社区党的建设工作的意见(试行)》，推广陈塘庄街加强社团党建工作经验。成立区人才交流服务党总支。开展“最佳党日”和创建社区党建示范小区活动。巩固示范小区创建成果，延伸社区党建工作领域，提高社区党建整体水平。中央宣讲团到气象南里一委宣讲座谈。2002年，全区7000多名在职党员和离退休党员到居住地社区党组织登记报到，参与社区建设。制定《关于企业改革过程中加强党建工作的实施意见》，召开企业党组织书记联席会，研究和探索新形势下企业党组织发挥政治核心作用的新途径。3个街道建立地区党员服务中心和党建工作指导站，各街成立社区党建协调指导委员会和居民楼栋党组织，健全社区共建体系，2005年，天塔街宾水北里社区党支部等8个党组织被评为市级先进社区党支部。推动商贸楼宇党建工作。开通“网上党建服务大厅”，开设基层党建等10余个栏目。

2006—2010年，推进社区党建工作，制定《关于深入开展创建党建示范小区活动的意见》，明确各种类型社区创建标准，开展“争先创优”活动，对在全区各项工作中做出突出成绩的先进党组织、优秀党员、优秀党务工作者进行表彰。2008年，巩固扩大先进性教育活动成果，开展“保持先进性，做群众贴心人”主题实践活动。推进社区党建创新发展，在社区党组织换届工作中实行“公推直选”试点，

探索扩大基层党内民主的途径。2010年，深化“强基创先”工程，172个社区党组织进行换届选举，班子成员在年龄结构、文化程度以及交叉任职比例都有明显改善，平均年龄下降3.5岁，书记、主任一人担任比例达到71%。建立187个党员服务中心，统一标识、规范制度，形成区、街、社区的服务网络体系。“加强党员服务中心建设、着力打造基层党建工作新阵地”的经验，被市委组织部转发。

三　非公党建

1993年，在街道企业和私营企业中，采用多种途径建立党组织，推行政治指导员制度，市委组织部在河西区召开现场会。1996年，制定《在新经济组织中实行政治指导员制度》的意见。2000年，探索和加强在非公有制经济组织、农贸市场、下岗职工党员和离退休党员中建立党组织，扩大党的工作覆盖面。成立首家地区非公有制企业万顺商务发展有限公司党组织。2004年，加大非公有制经济组织党建力度，在18家非公企业建立党组织，成立工商联会员企业党委，探索会员企业建立联合党支部和指派党建工作联络员新途径，推动非公企业党组织建设。尖山街道党工委在解放南路物流区成立党建工作指导站；越秀路街道党工委召开地区年度非公有制企业党建工作会议暨红宝石商务宾馆有限公司、庆达食品有限公司、依兰斋糕点食品有限公司党支部成立大会。建立全市首家街道地区性非公企业党委。2010年，制定《关于在深入开展创先争优活动中进一步推进党组织和党的工作全社区覆盖工程的意见》，加强非公企业党组织和新社会组织党组织的组建。

第四节　机关党建

一　思想建设

自1989年，作出专题学习安排，组织学习教育活动。1990年，制定《区直机关干部理论学习安排》。区委领导干部为机关600名党员做理论联系实际辅导报告。1992年，举办为期三天“中国特色社会主义理论学习班”。1995年，召开“学理论、促工作”成果交流会，区委党校党总支、区建委党支部等党组织作典型发言。1997年，召开区直机关“学习贯彻十五大精神交流座谈会”，区经委、区商委党支部介绍学理论促发展的典型经验。1998年，召开区直机关“学习邓小平理论经验交流会”。

图10-5　2010年，机关工委召开基层组织建设推动会　（区直机关工委提供）

2000年，制定《关于认真学习贯彻“三个代表”重要思想的通知》《关于学习贯彻党的十五届五中全会精神的安排意见》，召开区直机关学习体会交流会。2003年，组织“学习‘三个代表’重要思想知识竞赛活动”。2007年，制定《关于学习贯彻党的十七大精神的意见》，订阅辅导材料2000册。2008年开展“解放思想、干事创业、科学发展”大讨论活动，召开纪念建党87周年读书心得座谈会。建立区直机关党员电化教育和图书资料室，编印《河西区区直机关党员干部读书心得体会集锦》《区直机关干部手册》。2009年，举办学习实践科学发展观活动专题讲座，邀请市委党校教授作题为“世情、国情新变化与科学发展”报告。2010年，机关工委召开基层组织建设推动会。

二　组织建设

自1992年，每年组织入党积极分子培训班，进行党的基础知识教育。1995年，多次举办申请人培训班。发展新党员280人，预备党员转正288人。2000年起，每年召开机关党建工作会议，不定期召开党建工作研讨交流培训会。2001年起，每年组织党员培训，组织形势政策、文明礼仪、能力提升等方面讲座30余场，培训6000人(次)。

2003—2010年，制定《关于在区直机关建立发展(转正)党员公示制度的规定》。按照基层党组织工作条例，进行机关党支部的定期换届选举。举办党支部书记培训班，组织机关党员到西柏坡、大沽口炮台爱国主义教育基地参观学习，对加强机关党建工作进行专题培训。编印《区直机关党建工作实用指南》。制定《关于在区直机关党组织中深入开展创先争优活动的实施方案》，召开汇报展示会，进行评比表彰。

三　作风建设

1993年始，每年组织机关党员到郁江道、小海地、体院北，珠江道等地参加植树节全民义务劳动。1995—1999年，组织党员干部5000人到尖山街、大营门街、东海街、越秀路街等社区参加清整环境卫生劳动。1997年，组织机关500名党员到谦德庄拆迁片回居工地参加劳动。1999年，组织机关党员参加卫生清整劳动。2003年，组织党员参加社区建设，机关362名党员到居住社区认领第二岗位。2005年，抽调区机关200名党员深入“创卫”一线工作。2008年，区直机关党员心系灾区、奉献爱心，捐款达60余万元。2010年，开展以“比学习、比服务、比创新、比和谐、比效能，争创人民满意的文明和谐团队”为主要内容的“五比一创”服务竞赛活动，人民网等多家媒体进行报道。

图10-6　2005年，区直机关举办“创卫(拆迁)一线感悟”征文颁奖暨演讲会
(区直机关工委提供)

四　廉政建设

1990—1996年，坚持抓廉政与勤政有机结合，以党风廉政建设促进机关党员干部队伍建设，从机关工作实际出发，突出重点、注重实效，开展纪检监察工作。1990年，召开机关廉政建设经验交流会。1993年，制定党内廉政规定、加强长期在外党员管理等规定。1995年始，先后组织观看多部警示教育录像片，学习中纪委下发的廉政规定，召开报告会解读辅导，开展专题讨论和知识竞赛等活动。1996—2010年，组织科级以上党员干部观看《代价》录像片，进行“党纪政纪条规”答题活动。200余人观看廉政片《生死抉择》。2004年，举办区直机关学习《党内监督条例》《党内纪律处分条例》辅导报告会。2007年，组织收看中纪委专题辅导报告，对中纪委廉政规定进行解读。2010年，区直机关召开反腐倡廉宣传教育工作会议，观看警示教育片《贪之悔》，提高机关党员廉洁自律自觉性。

第五节 干部工作

一 干部调整

1979—1982年，围绕着召开党代会、完成换届任务，推进干部制度改革，优化领导班子结构，第三梯队建设，实行干部分级管理。1983—1989年，按照干部队伍革命化、年轻化、知识化、专业化的方针和德才兼备的标准，多次调整各级领导班子，年龄结构和知识结构趋向合理，新老干部合作交替的新格局基本形成。1990—1994年，建立500余人的处级干部后备队伍，结合党委换届提拔年轻干部129人。1997年，以优化班子结构为目标，加大培养选拔优秀年轻干部的力度。共调整充实48个处级领导班子，提拔37人，交流45人。制定《关于处级领导干部任职前公示制的试行意见》，对拟提拔处级职务的34名干部实行任职前公示，对党政机关新提拔的31名副处级领导干部实行试用期，接受群众监督。新设立企事业干部科，加强和改进企事业干部的管理。选派9名处级领导干部赴无锡市崇安区挂职锻炼。

图10-7　2004年，公开选拔副处级领导干部笔试考场（区委组织部提供）

1999年，推进干部制度改革，推行竞争上岗、试用期制、任职前公示制，制定《关于在区党政机关推行副处级领导职位竞争上岗的实施意见》，在区机关12个职能部门和即将换届的23个街局的93个行政副处级职位中实行竞争上岗，全区144名处科级领导干部参与竞争，36名科级干部走上副处级领导岗位。52名处级干部继任，41名领导干部进行交流，23人改任非领导职务，3人免职。2002年，调整充实67个处级领导班子，提拔处级领导干部87人，交流64人，改任48人。调整街道区划，18个街道合并为12个，116名领导干部压缩为87名。规范领导干部任期制，将任期届满的20名领导干部进行交流，19名改任非领导职务。以基层党委换届为契机，对8个党委局的32个副处级领导职位实行竞争上岗。2004年，对14个处级领导班子进行充实调整，提拔35名处级领导干部，对33名领导干部进行交流，1名改任非领导职务。

2005年，继续推行公开选拔和竞争上岗工作，制定《关于公开选拔党政机关副处级领导干部的实施意见》，对区内7个单位（部门）的7个副处级领导空缺职位，面向全区公开选拔，7名干部走上处级领导岗位，14名处级领导干部进行轮岗交流；对新提拔的16名处级干部进行任前公示，对11名副处级干部实行试用期，对试用期满的21名干部履行考核任职手续。2007年，公开选拔街道办事处副主任，5名干部走上副处级领导岗位。在全区部委办、党组局处级领导干部中进行述职上岗，提拔干部32名，调整交流干部51名，改任非领导职务16名。对25个处级领导班子进行调整，提拔干部52名，交流干部34名，改任非领导职务16名。对18个副处级空缺职位，采取竞争上岗方式面向全区进行公开选拔，对5个专业性较强的空缺职位面向全市进行公开选拔。探索干部正常退出机制，研究制定处科级干部提前退休的有关政策规定。完善后备干部培养选拔制度，开展竞争上岗和公开选拔后备干部。2008年，对29个处级领导班子进行调整，提拔干部24名，交流干部25名，改任非领导职务11名。对10个空缺职位竞争上岗。编印《处级以上领导班子建设制度汇编》，制定《关于选派优秀干部实践锻炼的意见（试行）》《关于建立领导干部谈心谈话制度的意见（试行）》《干部工作流程》。2009年，加强干部交流，提任交流处级干部31名，占提任干部数的65.9%，平职交流处级干部24名。派2名年轻的副处级干部驻北京、上海招商局工作。加强对处级班子和干部的日常考察，逐步为每一位处级干部建立日常考察档案。2010年，做好干部的选拔任用和调整配备，全年干部调整共涉及62个单位和部门、110人。其中，提任干部38人（正处级10人、副处级28人），交流干部53人（正处级22人、副处级31人），退出领导岗位的干部19人（正处级15人、副处级4人）。建设高素质后备干部队伍的做法在全市党建工作会议上介绍经验。1995—2010年，共为910名干部办理退休手续。

二　干部教育

1979—1990年，编制干部教育规划，进行工作部署，干部教育逐步正规化。会同宣传部对全区干部文化状况进行调查摸底，制订全区干部培训规划，召开全区培训工作会议，交流经验，部署并落实任务，109人参加干部理论培训班，86人参加领导科学培训班。200余人参加市委党校大专班。全区各级干部中开展"学习焦裕禄、争当人民好干部"活动。1991年起，连年举办处级干部学习建设中国特色社会主义理论研读班。1995年，举办处科级干部培训班7期，225人参加学习，选送36人分别到中央党校、市委党校和大专院校进修。1997年，培训177名处、科级干部。1998年，加强培训工作的制度化、规范化管理，举办4期处级领导干部进修班，1期新上岗处级领导干部进修班，1期女处级干部培训班，224人参加培训。选派14名区、处级领导干部到中央党校和市委党校学习进修，完成全区处级领导干部每三年到区委党校进修一次的培训任务。在摩托罗拉公司建立人才培训基地，组织领导干部实地参观学习。

1999年，以区委党校为阵地，培训处、科级领导干部831人次。举办第11期青年干部培训班，集中3个月时间，组织34名青年干部系统学习理论和高科技知识。组织80名处、科级干部参观学习摩托罗拉公司开展党建工作的经验做法。举办党委书记培训班，对创新的思考与实践、民主集中制、发挥党委政治优势等3个专题进行交流和研讨。聘请专家、学者，围绕"金融全球化""税法知识"等课题进行12期专题系列讲座。2000年，举办处级领导干部进修班、青年干部和企业经营者培训班，34名处级领导干部、30名35岁以下有发展潜力的年轻干部以及区商委、经委系统的34名企业厂长、经理参加学习。举办区级领导干部计算机知识系列讲座和处级领导干部英语强化班；选派10名处级领导干部参加天津市首批赴香港干部培训班。

2002年，组织128名区、处级领导干部赴新加坡、美国等国家学习培训。举办处级领导干部培训班、新上岗任职资格培训班、青年干部培训班等5期，培训各级各类干部180余人。在西柏坡建立培训基地，开展主题党日活动。2005年，在处级干部进修班中首次尝试"菜单式"教学方式，设置36项菜单内容，形成"基本理论、执政能力、发展形势、自身修养"4大版块，培训完成率达90%。"菜单式"教学培训在全市干部教育培训会上进行交流。新建澳大利亚培训基地，先后组织169名处级领导干部和区行政执法人员赴澳大利亚、新加坡学习考察。2007年，加强处级领导干部全员培训，对照处级领导干部岗位能力标准和需求，分6期对311名处级领导干部进行培训。举办30讲课程和2次专题讲座，区、处级领导干部5000余人次参加培训。邀请高校专家学者授课，区领导在菜单式培训平台授课。2010年，组织22期青干班到中组部井冈山干部学院学习，提高年轻干部综合素质。

三　干部监督

2001年，制定《关于加强干部监督工作的实施意见》，召开干部监督成员单位联席会，开设"组织部长信箱"，建立电子信箱。2003年，坚持领导干部谈话制度，区级领导与处级党政一把手谈话300余人次，并对新提拔的35名处级领导干部进行廉政谈话和党纪党规考试。2005年，拓宽干部监督渠道，将"依法纳税"作为重点，为客观公正评价使用干部提供依据。2006年，制定《河西区关于党员领导报告个人有关事项的通知》，组织开展申报工作，并向市委组织部报告。会同审计局，制定年度经济责任审计计划，完成17名处级领导干部经济审计工作。2007年，从基层30个有科级任免权限的单位聘任61名干部工作监督员，拓宽干部监督渠道。2008年，建立干部监督科。通过经济责任审计等制度的执行，加强对领导干部特别是“一把手”的监督管理。受理对干部选拔任用工作的监督检查和选人用人问题举报，规范选人用人工作。在中组部委托国家城调总队对河西区组织工作和组织干部形象的民意调查中，满意率在全市名列前位。

2009年12月，干部监督科更名为干部监督室，对全区领导班子、领导干部和党政领导干部选拔任用工作进行监督。落实党政领导干部选拔任用工作纪实登记制度，为提任干部逐人建立考查工作档案，纪实登记由区委主要领导、组织部部长、分管副部长三级签字，上报市委组织部，实行干部选任工作全程痕迹管理。2010年，制定《处级党政正职拟任人选和推荐人选征求区委全委会成员意见的办法(试行)》《区委常委会讨论决定干部任免事项投票表决办法(试行)》。将干部监督工作制度作为处级以上领导班子中心学习组、民主生活会和干部教育培训的学习内容，以专题讲座形式对处级领导干部和组工干部进行集中辅导，组织问卷测试。开展干部监督制度宣传月活动。

第六节　老干部管理

1983年，河西区老干部局建立。1987年，区老干部活动中心建立。1992年，落实工作目标责任制度，促进老干部待遇的落实。2006年，被评为天津市老干部工作先进集体。2008年，中组部在《关于进一步加强新形势下离退休干部工作的意见》中，肯定河西区建立长效工作机制经验。

一　政治学习

1985年始，每年举办“国内外形势报告会”和“区情报告会”。1990年，组织部分老同志参加市“国内外形势通报会”。1995年，为老同志订阅《天津日报》《天津老干部》《中老年时报》等报纸杂志。1998年，加强老干部党支部建设，共建立党支部44个，党小组6个，老干部参与支部工作人员73人。每年分批组织离退休党支部书记参加市举办的支部书记培训班。开展“双先”创建表彰和各项主题实践活动。2001年，以纪念中国共产党建党80周年为契机，组织参观《中华魂》展览、卢沟桥抗日战争纪念馆。

2005年，以先进性教育为契机，围绕“十一五”规划，通报河西区发展前景。2006年，组织“我的幸福晚年生活”主题教育活动，在《天津市组工通讯》《天津老干部工作简讯》及中组部老干部局《情况交流》刊登活动情况。2010年，组织报告会5次，向老同志介绍国际国内形势、天津市及河西区发展情况。

二　生活服务

自1990年，在分房、配备专车、安装电话等方面办一批实事。2001年，组织老干部到杭州、宁波健康疗养。每年为老干部进行健康查体，发放防暑降温食品，召开新春联欢会。2003年，区领导带队走访慰问老红军、特困户、重病号、遗属。2006年，研究解决离休干部医保机制运行中出现新问题，联合相关部门制订《离休干部医疗保障制度》，确保医药费按规定实报实销，对患大病的医药费及时给予结算，对困难企业老干部给予特殊帮扶。制定《预防和处置突发老干部信访事件应

图10-8　2005年，河西区老干部活动中心举行落成仪式　（区委老干部局提供）

急预案》，做好老同志来电、来访、咨询工作。2008—2010年，制定《关于做好帮扶有特殊困难离休干部的意见》和《河西区帮扶特困离休干部暂行办法》，通过完善工作机制，帮扶有特殊困难的离休干部，让他们度过一个幸福安详的晚年。开展老干部“就近”服务工作，利用社区资源为老干部搞好服务，构建老干部原单位、老干部部门、社区和家庭“四位一体”的服务体系。成立由区委组织部牵头、19个相关单位组成服务工作领导小组，多次召开成员单位协调会和全区老干部工作会议。

三　文体活动

90年代，根据老同志的特点，科学、合理设置文体活动项目，为摄影协会、台球队、艺术团等老干部团体提供服务。2001年，老干部活动中心在完善10个志趣协会基础上，成立保健俱乐部，增添走毯、按摩、跑步、周林频谱仪等设备。2005年，投资230万元在金华道建设2300多平方米老干部活动中心。是年，在重阳节区领导陪同老干部参观海河开发和食品街建设，座谈河西区发展前景。老干部书画协会加入河西书协，邀请书法家共同切磋技艺。2007年，举办离退休干部书画摄影艺术展。2009年，举办解放天津攻城突破口纪念地巡礼活动，由当年战斗英雄现场讲述战斗历程。完成《往事阶梯—天津60年》老同志回忆录组稿件任务，2篇文章刊登。2010年，举办离退休干部庆祝建国60周年文艺会演。1992—2010年，连续21年举办“离退休干部运动会”。

图10-9　2009年，河西区离退休干部庆祝建国60周年文艺汇演（区地志办提供）

四　发挥作用

自1992年，调整充实关心下一代协会。在自愿和力所能及的前提下，组织老干部为河西区的发展献计献策。1999年始，做好关爱青少年系列工作，每年召开“关心下一代工作委员工作会议”，明确全年工作目标，捐资助学活动从1994—2010年坚持16年，共救助家庭困难且表现优异的中小学生644名，捐资款达32.78万元。190余名老同志加入社区志愿者队伍，担任楼长46人，参加治安巡逻的185人。2001年，结合庆祝建党80周年，开展“大手拉小手红心献给党”“颂歌献给党”“百名英烈画展”和“老少同书画”等系列活动。2006年，开展荣辱观进社区、进学校宣传教育活动和崇尚科学、热爱自然活动。2010年，编写《情系朝阳》一书，记载关心下一代工作历程。

第六章　宣传思想工作

1979—2010年，全区宣传思想工作结合区情实际，开展改革开放的基本路线纲领、方针政策及国内外形势的宣传教育，加强党员干部以中国特色社会主义理论体系、社会主义核心价值体系为重点的理论学习，开展新闻报道和先进典型的宣传。坚持以科学的理论武装人，以正确的舆论引导人，以高尚的精神塑造人，以优秀的作品鼓舞人。

第一节 党员与干部教育

一 党员教育

1979—1997年，开展真理标准和解放思想大讨论，举办党员领导干部学习邓小平理论研读班。学习建设有中国特色的社会主义理论。1998—1999年，对处级以上领导干部进行以"讲学习、讲政治、讲正气"为主要内容的党性党风教育，自上而下，分期分批进行。2001年，组织"弘扬危改精神，建设美好家园"教育活动，用改革成果教育人。2003年，开展科学发展观教育，组织"千名书记讲党课"活动，区委宣传部被中宣部和《党建》杂志社评选为学习新党章知识竞赛活动组织先进集体。2005年，分两批开展保持共产党员先进性教育活动，各级党组织历时一年半，完成先进性教育各项任务。2006年，组织基层党员开展"搞一次学习交流，开一次专题生活会，开展一次为民义务服务"的"三个一"活动。区委领导带头为全区党员讲党课。2009年，开设"理论学习大讲堂"，深化"千名书记讲党课"活动。2010年，举办处级领导干部研修班，邀请区委领导和中央党校教授作专题辅导和讲座。

二 干部教育

70年代末，加强各级干部特别是领导干部经济方面知识的学习。1985年，组织广大干部、职工收听党的十二届三中全会公报和《关于经济体制改革的决定》。采取分层次培训的方法，举办社会主义政治经济学和领导科学学习班，组织各街、局、公司领导和宣传骨干进行系统学习，并对2000多名各级干部进行5次学习辅导。1994年，选送5名干部分别到南开大学和天津财经学院深造，组织3100名干部参加现代经济管理知识培训。1997年，进行党的十四届六中全会《决议》、党的十五大精神学习。1999年，开展马克思主义无神论教育、揭批邪教组织活动。2000年，举办各级各类培训班。2001年，在处级以上领导干部中开展读一本理论著作，写一篇调研报告，讲一次党课或作一次辅导的"三个一"活动，作辅导报告410次，撰写调研报告332篇。2003年，开展"盛赞家乡变化，加快天津发展"主题教育活动。2007年，运用多种形式开展创卫宣传，弘扬"科学决策，真抓实干，万众一心，攻坚克难，甘于奉献，造福人民"的"河西创卫精神"，制作电视专题片《征程》，记载创建国家卫生区的实践。2008年，开展"解放思想、干事创业、科学发展"大讨论，深化党委中心组理论学习，开展处级以上领导干部读书活动。2010年，深入开展学习实践科学发展观活动，区级领导深入基层联系点，作宣讲报告30场。

第二节 思想政治工作

一 先进典型宣传

1982年，在全区进行共产主义理想、近代史和职业道德教育，开展学习英雄模范事迹活动。下发《关于学习"舍己救人四勇士"的通知》，号召广大干部、群众和青少年学习宣传"舍己救人四勇士"先进事迹（余安立、张长柱、董吉秋、聂玉祥抢救落水儿童，余安立牺牲）。1983年，广大干部、群众和青少年以雷锋、张海迪、朱伯儒等英雄模范人物为榜样，开展做

图10-10 2005年，河西区第三届文化博览节开幕 （区委宣传部提供）

好事活动。1987年，开展向雷锋等英雄模范学习活动，组织义务劳动，召开老山英雄事迹报告会、见义勇为先进事迹报告会。1991年，掀起向焦裕禄学习的高潮，邀请焦裕禄的夫人作焦裕禄事迹报告。

1996年，纪念建党75周年和红军长征60周年，承办《新民主主义革命时期中国共产党在津革命活动巡回展》，全区3000多名党员干部参观学习。开展市民行为道德规范、职业道德建设和“做人民好公仆”大讨论，增强市民的社会公德意识、干部群众的职业道德观念和党政机关干部的公仆意识。1998年，树立5人为“红旗标兵”、13人为“十面红旗”。2000年，依托电视、广播、网络等媒体，报道全区典型人物的先进事迹。组织“十佳巾帼”系列评选活动和创先争优活动等。2006年，下瓦房街富裕广场居委会党总支在全市“七一”表彰大会上作书面发言。2009年，组织“100位为新中国成立做出突出贡献的英雄模范人物和100位新中国成立以来感动中国人物”及“60位感动天津人物—海河骄子”评选活动，集中宣传一批不同历史时期做出突出贡献的革命功臣、劳动模范、改革先锋。环卫工人孙丽华、教师朱兆林当选“海河骄子”。

二　研讨与交流

1984年，召开新时期思想政治工作经验交流会，作加强改革中的思想政治工作的报告，修建公司等单位介绍工作的经验。1987年，成立思想政治工作研究会。1989年，召开首届青少年思想政治工作会议，成立“青少年思想政治工作研究会”。1995年，区房管局政研会撰写的《浅析新形势下思想政治工作的难点及对策》，在全国房管系统思想政治工作研讨会上进行交流；区环卫局政研会撰写的《以唯物辩证法为指导，培育和弘扬创业精神》，在国家建设部职工政研会上进行交流。1996年，制定《关于加强和改进新时期思想政治工作的意见》。2000年，制定《关于加强社区思想政治工作的实施意见》，召开河西区社区思想政治工作会议，马场街、越秀路街4个单位介绍社区思想政治工作经验。纪庄子街党委被中宣部确定为全国典型，《加强流动党员教育、扩大思想政治工作覆盖面》的经验，中央媒体进行集中报道。2006年，柳林街《社会意识的培养》研究论文在市交流会上发言。2007年，天塔街“邻居节”被评为全国思想政治工作创新案例。“构建和谐邻里关系的邻居节”经验在中国思想政治工作研究会会刊刊发。举办“中国社区睦邻文化高层论坛”。2009年，采取专题讲座、集中培训、体会交流、个人自学、竞赛答卷等多种方法，加强政治理论学习，300多名处级领导干部参加《科学发展观知识测试题》答卷活动。2010年，《梅江党建工作初探》和《利益是构建和谐园林的基础》论文分别获市政研会一、二等奖。

第三节　社会宣传

1979年，《尖山新貌》《桂发祥麻花》等文章先后被《中国新闻》、香港《大公报》《文汇报》和《澳门日报》采用。1984年，恢复并健全党的思想政治报告员、党课教员、宣传员、通讯报道员制度。1987年，《天津日报》连续报道河西区工作，刊登《城市功能全面提高》《把市区改革引向深入》《推行承包责任制权利下放到基层》《改革给区街增强活力》《年年办实事依靠人民》《房子·孩子·篮子》《转变工作作风，提高办事效率》等稿件。1992年，建立全市第一个区办有线电视台。1995年，创建《河西报》。自1998年，成立新闻中心。围绕全区中心工作和重点项目，开展新闻和社会宣传工作，群众文

图10-11　2005年，文化博览节社区居民举行广场舞蹈擂台赛　　（区委宣传部提供）

化、危陋平房改造、服务型政府建设等多项工作被市、中央及境外媒体报道。编印《都市河西》系列宣传册，制作《发展中的河西》中英文光盘。围绕庆祝香港回归，开展爱国主义教育活动。举办“河西区危漏平房改造成果展”，市委宣传部及全市17个区县宣传部领导参观展览。

2000年，围绕全区中心工作，进行集中宣传报道，在市级以上各类媒体发稿2000余篇，6名通讯员分别被天津日报社和今晚报社评为功臣通讯员和优秀通讯员。2001年，纪念建党80周年，举办“聚焦河西”摄影展，编印《党在我心中》一书。组织群众性歌咏大会。开展“弘扬危改精神，建设美好家园”“安居节”“邻居节”“夸夸咱们的好主任”等群众性宣传教育活动。2003年，加强抗击“非典”的宣传工作，编印《非常时期非常记录》一书。参与中央电视台和天津电视台举办的“跨越发展的天津”大型易地采访活动，与江苏电视台联合拍摄反映全区经济社会发展的专题片《河西人的三级跳》，并在中央电视台、天津电视台、江苏电视台、美国CNN台播放。2004年始，连续4年举办文化博览节，打造文化品牌。2006年，在创建国家卫生区工作中，在街头设置宣传站点，张挂宣传标语，播放宣传录音，发放宣传资料，形成“创卫”氛围。2008年，开展纪念改革开放30周年宣传活动。2009年，围绕庆祝新中国成立60周年，开展群众性爱国主义宣传教育活动，举办“唱响红色旋律、歌颂伟大祖国”歌咏大会。应对国际金融危机，开展“保增长、渡难关、上水平”宣传教育活动，与天津电视台策划推出“新年新气象”和“拼搏二季度”采访报道活动。2010年，加大对楼宇经济、总部经济的宣传报道力度，在《天津日报》推出专题报道。

图10-12 2008年，纪念改革开放30周年文艺演出 （区地志办提供）

第七章 统一战线

1974年11月，成立统一战线工作部。1996年，与台办合署办公。1979—2010年，统一战线工作坚持和完善中国共产党领导的多党合作和政治协商制度，高举爱国主义、社会主义旗帜，团结一切可以团结的力量，调动一切可以调动的积极因素，发挥汇聚力量、建言献策、服务大局作用。

第一节 统战

一 理论学习

1979—1989年，在民主党派和人民团体中，开展爱国主义、国际主义和社会主义思想教育。加强民主党派思想政治工作调查研究。协助民主党派开展党的路线、方针、政策和坚持四项基本原则的教育。1990—1996年，成立社会主义学校，举办党派团体领导、统战干部学习班11期、448人参加学习。举办三胞、四眷及海外关系人士后代学习班，140人参加学习。1997—2005年，组织统一战线成员学习党的新时期统一战线理论，引导党派提高对新世纪、新阶段统一战线工作性质、地位和任务认识。2006—2010年，组织学习第20次全国统战工作会议精神，开展纪念“五一”口号发布60周年和改革开放30年系列活动，开展庆祝新中国成立60周年、中国多党合作制度确立和人民政协建立60周年学习教育活动。组织党派学习统一战线理论知识，深化新阶段参政党性质、地位认识。

二 合作共事

1980—1989年，建立民主党派联席会议制度。下发《关于坚持和完善中国共产党领导的多党合作和政治协商制度的实施细则》《河西区四套班子党员领导干部与党外人士交朋友的意见》《关于在监察局、检察院、审计局、教育局聘请特约员的意见》《关于做好向民主党派推荐部分党外优秀分子作为发展对象工作的意见》《关于建立民主党派联席会制度的意见》等文件，规范合作共事。1989—1999年，区委召开协商会40余次，就重大问题征求意见建议450多条；区领导干部与党外人士交朋友80对；召开情况通报会20次，坚持每季度一次的党派联席会制度。2005年，制定《关于进一步完善同各民主党派政治协商的有关规定》，推进多党合作制度化、规范化、程序化，把政治协商纳入决策程序。2006年，对《区领导与党外人士谈心交朋友制度》进行修改完善。

三 参政议政

自1979年，发挥统一战线人才荟萃、智力密集的资源优势，坚持组织各民主党派、有关人民团体围绕市、区重点工作深入开展调查研究。自1989年，建立各届民主人士参政议政制度，每年召开两次区情通报会，区政府就经济、城市建设、教育、卫生等方面向党派通报区情。1996—2000年，区委先后5次就全区重点工作、发展规划向各民主党派负责人进行通报，坚持党派与政府部门对口联系制度。举办民族宗教理论政策培训班，邀请市民委和宗教局领导主讲宗教知识、理论和国际宗教形势。2002—2006年，各民主党派、团体成立5个咨询机构，向社会提供38次义务咨询。撰写调研文章65篇。2007年，向各民主党派负责人通报河西区经济发展建设情况。

图10-13 2007年7月，区政府向民主党派通报经济建设情况 （区委统战部提供）

2008年，做好招商引资工作，发挥统战系统服务经济工作机制的优势和作用，加强与海内外的联系与沟通。先后组织36家国内外企业参加河西商务商贸节活动。促成长城认证中心、南华期货经纪公司等4家企业来区落户。2009年，各民主党派、团体撰写调研文章26篇。2010年，在“调结构、促转变、上水平”活动中，走访40余家驻区民营企业，听取意见建议，帮助企业解决生产生活中的实际问题。在民营企业党组织和党员中持续开展创先争优活动，提高区民营企业党建工作水平。1979—2010年，提交全国和市、区人大、政协会议的多件建议、议案和提案被采纳和实施。

四 党外人士安排

1980年，重视选拔和吸收非中共人士担任行政领导职务。自1985年，在区人大、区政府、区政协和有关部门安排各届非中共人士任职。1989年，制定《关于建立非党后备干部队伍的意见》，进行调查摸底，全区非党副科级以上干部184人，其中处级1人。到1991年，有220名科级党外干部，副处级4名。1992年，党外副区长1人，党外处级干部1人，科级干部10人，党外人士兼任审计局、监察局、技术监督局副局长3人。1994年，在区政府有关部门实职安排6名党外副处级领导干部，在区建委、商委、文化局安排党外兼职干部3名。1995年，安排副处级党外干部3名。2001年，民盟区委会主委提任市委会专职副主委、民进专职副主委提任民进市委副秘书长。2007年，九三河西区委实施组建。完成区民革、民盟、民建、民进、农工党、致公党6个民主党派和工商联换届工作。河西区7个民主党派全部成立区委会。至2010年，共有副处级以上党外干部15人，其中副区级1人、正处级5人、副处级9人。兼职安排党外干部经验在全市推广。推荐党外人士当选市人大代表11名、市政协委员19名。推荐区十届政协党外委员162名。安排全国、市、区人大代表（党外）和党外政协委员262名。区十二届政协党外人士160名。帮助民主党派物色、培养一批与中共密切合作、参政议政能力强、具有较强组织能力党外人士担任负责人。

第二节　对台宣传与交流

1979—1988年，对台工作由区委统战部负责。1989年，成立区对台工作领导小组。1991年10月，建立区委台湾工作办公室，加挂区政府台湾事务办公室牌子。2005年，对台工作连续6年被国务院台湾事务办公室宣传局评为对台宣传工作先进单位。

一　津台经贸合作

1988—1993年，编印《天津有关对台经济政策》200册。与区经协办等部门合作召开台胞台属经济信息沟通会，加大招商引资力度，经牵线搭桥，签订引资项目3个，投资意向15个，实现投资9个，促成合作项目5个，共引资额1321万美元。签订合资企业1家，独资企业4家。为台资企业解决生产经营难题14件。1994年，组织60名台胞台属参加区招商大会，2家台资企业参加天津市“亚洲工业精品展示会”，推荐15家台资企业加入市台资企业协会。1995—2002年持续开展招商引资政策宣传，经济信息通报。自2003年，连续8年完成每届“天津·河西商务商贸节”20名台商的邀请、接待和项目推介工作，引进资金和先进技术，先后接待多个台湾工商界经贸考察团。2008年，接待首届津台经贸合作洽谈会考察团组。扩大津台经贸往来，落实在谈和在建台资项目。宝岛眼镜华北总部、永和豆浆北方总部、上岛咖啡华北总部、青叶火锅总部、鼎泰丰餐饮有限公司、乐购、大润发超市、仲立国际租赁公司等知名台资企业先后到区落户。2010年，邀请台湾电机电子工业同业公会大陆研究学者，参加区首届“打造国际化营商环境”论坛演讲。配合市台办组织完成天津首届台湾名品博览会有关工作，重点承担接待到津231名重要采购商参会工作。以“天津首届台湾名品博览会”等重大活动为契机，多次接待台湾经贸考察团组，邀请台商到区参会、参观。

二　涉台投诉协调

1996年，为5家企业提供法律服务，1997，召开河西区台资企业联谊会，对台商提出的意见建议逐一落实，为15家企业发放认定证书和优惠证书。自2003年，依据政策先后协调因地铁施工为一企业减免房租、为另一企业解决办公楼拆迁补偿金等，为企业减少或挽回经济损失。自2007年，依法从速协调解决台商投资和涉台纠纷，落实各项惠及台胞的政策措施，预防和妥善处置涉台突发事件，保护台商合法权益，为台商挽回经济损失，增强台商到区投资信心。制定并启动《涉台突发公共事件应急预案》。自2009年，建立由区委主管领导牵头，职能部门负责人为会议成员的服务台商季谈会制度，确保台商正当经营活动开展和合法权益保护。共受理投诉案近百件。其中，台湾高雄某人因与受雇台资企业发生纠纷后，按其请求经与市台办及公安部门密切配合，经多方努力，帮助其返回台湾。

三　津台交流

1991年，做好重点地区、重点领域和重点对象工作，创造条件，规划交流项目，发挥河西区教育资源优势，邀请台北幼稚园访问团到区参观少年宫和第一幼儿园。1996年，由驻区台属和少年宫一行6人赴台进行幼儿教育学术研讨交流，为河西区首个民间团体赴台交流。此后岛内与河西区民间交流进一步加强。2001年，由海河中学承办的国台办、市台办重点交流项目“天津市海峡两岸青少年首届‘海河情’夏令营”开营。2002年，协助河西区建筑企业团办理赴台考察，加强建筑行业技术交流与合作。2004年，南楼中学排球俱乐部邀请台北排球协会及台中县丰原高级商业职业学校男子排球队来津交流访问。2006年，第四十一中学邀请台北县原住民中小学师生到津参观访问。自2007年，以民间社团为纽带，先后接待台湾首个警察团组访问大陆的社区安全参访团、由原住民组成的台东社教馆代表团、以台北市副市长为团长的台北市文化基金会参访团。2010年，接待以台湾政治大学外交系教授、台北市文山社区参访团等到天塔街、马场街等社区进行参观考察。组织经贸、建筑、教育、体育、文化等团组赴台，通过双向交流，扩大河西区在岛内知名度，密切与台湾同胞的感情。

图10-14　2010年，台北市文山社区参访团等到天塔街特色社区进行参观考察

（区台办提供）

四　对台宣传涉台教育

1980—1994年，组织有关人员撰写向台湾同胞介绍大陆情况慰问信。制作《天津河西风光》新闻照片，拍摄台属幸福生活的专题录像片。举办对台政策知识报告会，放映《台情》录像片。召集工商界人士座谈台湾当局开放台胞到大陆探亲政策。1997年，依托区台属联谊会向台属宣传党的对台方针政策。多次向区内台胞台属印发慰问信、倡议书，寄发明信片。在台属中开展“写一封信、打一次电话、结识一位新台胞”活动，做好到津各类台胞接待工作。1998—2002年，开展“百题问答、百场讲座”“千人问卷调查”、涉台知识有奖竞赛，受教育近万人，其中台湾问题有奖知识竞赛活动得到市台办通报表扬。2007年，在全区中小学校、街道社区发放《推进祖国和平统一大型涉教挂图》，组织“津企台协杯·海峡两岸楹联诗词大赛及书法联展”、津台两地民间交流摄影大赛征稿工作。组织全区涉台知识考核答题活动，处级干部涉台知识答卷活动等。2009年，配合市台办接待台湾TVBS摄制组等岛内宣传媒体，对十八街麻花、挂甲禅寺采访拍摄，制作旅游影片。采用实地参观、赠送专题光盘等形式，搞好入岛宣传。2010年，分别举办处级以上领导干部、对台工作干部、离退休干部、区政协港澳台侨专委会、台联、海联、侨联台情报告会。

五　对台服务

自90年代，每年做好接待台湾同胞到津交流、探亲访友、学习等工作。为台商台胞台属办实事，帮助解决租房、买房、就医、就学和民事诉讼等问题。1999年，台湾地震后，印发慰问信500余封，走访驻区台资企业及台湾学生，帮助4名台属联系岛内亲属。2000年，妥善处理一名台胞自杀身亡突发事件，市台办通报表彰，将《关于台胞死亡善后处理工作的体会》转发各区县。2009年，发起为遭受台风台湾受灾民众捐款活动，全区共计捐款7.02万元。在中国传统节日期间，开展走访慰问台商、台属活动，组织节日联谊，凝聚爱国之情。

第八章　精神文明创建

1979—2010年，以深化精神文明建设，提升全民文明素质为引领，先后开展“讲文明、讲礼貌、讲卫生、讲秩序、讲道德”和“语言美、心灵美、行为美、环境美”及“热爱党、热爱祖国、热爱社会主义”为主要内容的“五讲”“四美”“三热爱”活动，开展“同在一方热土，共建美好家园”等群众性教育实践活动，推动公民思想道德建设，净化社会文化环境，提高全区人民思想道德素质和科学文化素质。诸多单位、个人获市、全国文明集体和个人称号。

第一节　公民思想道德建设

一　五讲四美三热爱活动

80年代初期，成立“五讲四美三热爱”工作委员会，开展“五讲、四美、三热爱”活动，提升人民群众的文明素质。1982年12月24日，全国人大常委会委员长叶剑英复信平山道小学少先队员，向少先队员祝贺新年，赞扬孩子们开展丰富多彩的“三热爱”教育活动，希望孩子们努力学习成才，将来成为共产主义事业接班人。1983年，创建工作与开展读书活动、文明礼貌月活动紧密结合。90年代，“五讲四美三热爱”活动逐步扩大到社会精神文明建设的各方面。学习贯彻《天津市民守则》，开展争做文明市民活动。

图10-15　2003年，尖山街市民学校展示作品（区文明办提供）

二　公民道德建设

2000年，宣传贯彻《公民道德建设实施纲要》，制发实施意见，以“倡导文明新风，共建美好家园”为主题，开展讲文明树新风活动，征集新世纪文明用语，落实精神文明建设年度10件实事。2002年，组织“公民道德知识竞赛”“中华传统美德”巡回展，开展“邻居节”“安居节”等品牌活动。2003年，在全区居民中开展“爱河西，护河、护绿、护路”实践活动，强化群众“住河西、爱河西、建河西”的意识。开展“争做人民好公仆”“争做人民满意的公务员”和创建文明机关活动，发挥党政机关在道德建设和精神文明创建中的表率作用。2006年，利用市民学校、社区文体中心等阵地，宣传荣辱观。开展“同在一方热土，共建美好家园”“我为奥运作贡献、争当文明市民”等群众性教育实践活动。2008年，开展“践行《市民文明公约》《市民行为守则》，做文明河西人”和“迎奥运，讲文明，树新风”活动。河西区被评为全国未成年人思想道德建设先进城区，青少年“快乐营地”作为未成年人思想道德建设创新案例在全国推广，中央文明委和全国净化社会文化环境督察组分别来访检查。2010年，编印《公民道德教育读本》，作为市民学校的教材。

图10-16　2006年，天津博物馆内“艺萃藏珍”民间收藏展（区地志办提供）

第二节　系列创建活动

一　万千百十工程

自1994年，制定《关于在全区实施精神文明建设“万千百十工程”的意见》，在全区评选1万名有理想、有道德、有文化、有纪律、具有现代文明素质的文明市民，千户家庭和睦型、事业成功型、文化科技型和教子有方型等文明家庭，百个领导班子建设好、思想政治过硬、单位容貌美、服务质量优、经济效益佳的文明单位，10个政治安定、秩序优良、生活方便、环境优美、文化活跃、经济繁荣的文明小区活动。1997年，成立区精神文明建设委员会。开展社会公德、职业道德、家庭美德“三德”教育。

图10-17　2003年，老年大学举行专场文艺演出　（区文明办提供）

二　创建文明称号

1984—1997年，开展“做文明市民、创文明单位、建文明城市”活动，涌现出一批助人为乐、见义勇为的典型和各级各类文明单位，命名22个居民区为“文明居民区”。2000—2006年，开展争做文明市民、创建文明家庭、楼院、商店、学校等群众性创建活动，438个集体和个人被命名为市级精神文明创建活动先进集体和先进个人，尖山街被命名为市创建文明社区“五个一”活动先进社区，一批个人被市委、市政府授予精神文明创建活动标兵。被评为创建文明城市工作先进城区。“食为天”便民连锁公司、马场街、天塔街和环卫局获全国精神文明建设工作先进单位。开展“知荣辱，树新风，做文明有礼河西人”主题活动。天塔街的“邻居节”作为精神文明建设品牌活动在全国推广，《光明日报》《大公报》《天津日报》等媒体进行集中报道，市委领导作出批示并参加“邻居节”活动。2009年，推进文明社区建设，凤凰城等6个社区被评为天津市文明社区标兵和文明小区，桂发祥麻花饮食集团有限公司等5个单位分获全国文明单位和全国精神文明建设工作先进单位称号。

第九章　政策研究　党校教育　保密工作

1979—2010年，区委的政策研究、党校教育、保密工作，坚持围绕中心、服务大局，发挥各自部门的职能作用。开展调查研究，起草重要文稿，为制定决策服务，诸多调研成果转化为区委的决策，在市级以上刊物发表。加强党校教学和科研工作，工作按照条例进入法制化轨道，多篇科研成果在市和国家级刊物上登载并获奖。搞好保密管理，开展宣传教育培训，加强检查与查处。2003年12月，获全国先进保密工作集体称号。2006年12月，获全国“四五”保密法制宣传教育先进集体称号。

第一节　政策研究

一　专题调查研究

1986—1988年，每年开展多领域专题调研，完成50多个课题调研，有40多篇调研成果在《人民日报》《天津日报》《天津工作》、市委《调研工作通讯》等十几个报刊发表。1990年，完成6大类42项重点研究课题和近百个专门调研课题，有23个重点课题转化为区委、区政府的决策依据和内容，组织基层单位开展近百个调研课题，形成79篇调研成果，有17篇被市级以上刊物刊载。1991年6月1日，恢复《调研工作通讯》《决策参考》内部刊物，每年编发40多期。1992年，《关于街经济发展情况的调查》，市领导作出批示，市委《对策研究》刊发。1993年，承办中央研究室、市委研究室重点调研课题《关于加强党的民主集中制问题》调研工作，承办市委研究室、市委政法委《关于社会治安综合治理问题》的调研工作。1994—1995年，28篇调研成果被市级以上刊物刊发。

1996年，《管住管好领导干部，推动廉洁自律工作》调研报告在中纪委召开的全国会议上介绍，《家和万事兴》一文获天津市美好家庭银奖。1997年，策划全区跨世纪发展战略规划的调研活动，区级领导和40多名委办局领导分组参加调研活动，召开两次成果汇报会。2000年，参与总结纪庄子街的河西区社区思想政治工作经验，中央多家媒体予以报道。2001—2010年，多篇调研成果在《决策参考》和《调研通讯》刊登供区委领导参考，并在市级刊物发表。其中，《民族文化：社会文化的根基》在《中国文化报》上刊发。2002年，全区经济社会发展定位研究成果入选《天津市经济社会发展蓝皮书》。2003年，《对社区居委会负担问题专题调研报告》在市委《参阅件》刊发，多名市委和市政府领导作批示，该调研报告获天津市2003年优秀调研成果二等奖。

二 起草重要文稿

自1986年，撰写《1988年至2000年文化建设规划》。配合中央办公厅调研组起草区文化建设调查报告。1993年，撰写《真抓实干、把领导班子建设落到实处》经验材料，在全市组织工作会议上发言，并上报中组部。1996年，参与制定《河西区国民经济和社会发展“九五”计划和2010年远景目标》《社会主义精神文明建设五年规划》《党政机构改革实施意见》等文件。2000年，撰写《区委关于制定河西区国民经济和社会发展第十个五年计划的建议》。协助区委宣传部起草中央新闻单位来区考察社区精神文明示范街有关材料。2001年，与市社科院联合做好“十五”计划的修订工作，《天津市经济与社会发展蓝皮书》刊登河西区“十五”期间经济和社会发展前景。起草区委向中央610办公室领导报送做好教育转化工作汇报材料；撰写向市委汇报实施创新和跨越式发展思路措施材料。2002年，撰写区委向中共中央政治局常委汇报材料。参与撰写《1998—2002年经济发展社会进步和党的建设主要情况》。与区委组织部、区人事局联合制定《人才队伍发展规划》。2004年，撰写在全国经济责任审计工作会议经验材料、在全国人事工作会议经验材料。2005年，撰写争创全国社会教育先进区申报材料。2010年底，撰写《中共河西区委关于制定河西区国民经济和社会发展第十二个五年规划的建议》和《关于制定河西区国民经济和社会发展第十二个五年规划建议的说明》。

三 服务重点工作

1988年，会同有关部门撰写《关于开展“双增双节”运动的工作意见》和17篇调查报告，推广典型经验。积极稳妥地推进政治体制改革，确立4个方面、24个专题，两次组织400多人次参加的党建工作研讨会，会同有关部门对全区政治体制现状进行定性定量分析。赴北京、山东、辽宁、黑龙江、西安等省市学访考察，撰写关于政治体制改革调查报告。1989年，协助区财经工作领导小组召开汇报会、研讨会，提出区域经济发展的特点和优势，为研究制定经济发展规划提供依据。1991年，会同河西税务分局研究制定促产增税目标责任制管理办法；会同区计委研究经济和社会发展“八五”计划总体思路。1993年，参与筹备全国十城市街道集体经济首届联谊会。1994年，会同有关部门研究制定《关于鼓励到河西区新办企业的若干政策规定》《平改还迁住房销售奖励政策》《加快土地批租奖励政策》《区属自管房屋出售政策》。

1995—2010年，围绕推动跨世纪人才工程、精神文明建设工程进行调研，提出《关于推动跨世纪人才工程实施的几点建议》，承办跨世纪人才工程推动会。参与区级领导班子、领导干部“三讲”教育前期调研和试点工作，参与撰写向中央“三讲”教育检查指导组汇报材料。参与筹备应对入世区域经济发展战略研讨会，策划经济结构调整、招商引资、企业组织结构3个研讨板块，组织新加坡亚洲商业与经济研究中心主任与河西区经济综合部门负责人、企业家代表对话，提出城区政府应对中国加入世贸组织对策意见。抽调专人参与天津市规划展河西展厅创意设计、文字编纂和布展工作。参考新一轮市容环境综合整治工程和“保增长、渡难关、上水平”活动，抽调人员参加为区域经济发展服务、人民公园工程改造等工作。参加全区科学发展观学习实践活动领导小组调研、资料等项工作。2010年，参加市委研究室中心城区全面提升发展水平的战略与政策研讨座谈会，与滨海新区、其他区县交流经济合作、区划及财政体制等情况。

四　资料信息

1985年5月，团体建立区机关信息网络，8月在各街局公司（总店）建立信息网络。至1986年，建立信息点85个、信息员95名。编发《河西信息》增刊和特刊23期。编发《信息选编》11期。向市委办公厅报送信息206条，56条被《每日要闻》《要闻选编》刊发。区有关部门春节慰问知青烈士家属的信息转报中央书记处。在《天津日报》《今晚报》刊发消息15篇，《天津日报》《内参》刊发8篇。

1986—2010年，定期对图书资料进行整理更新，共计购置图书1万余册，每年订购期刊资料60多份、各地报纸40余种、杂志60多类，编印《资料与信息》24期、《信息选编》57期、《文集》4期，印发《报刊要目》1500余期，编辑《中心城区年度经济和社会发展主要指标、重点任务》10期。每年编制文章索引300余条，共计提供资料查询1万余人次，图书报刊阅览服务1.5万余人次。

第二节　党校教育

1979年8月，重建区委党校。1991年6月，党校改为事业编制。1995年，校领导体制改为校委制，成立党校校务委员会。2003年5月，党校迁往茂名道新校址。2010年，贯彻党中央《党校工作条例》精神，区委制定《进一步加强党校工作的意见》，党校工作进入法制化轨道。

一　教学

1979—1988年，在学员中开展真理标准大讨论，统一学员思想，并确定以经济建设为中心的教学方向。主体班次打破哲学、政治经济学、科学社会主义、党史、党建“老五门”教学体系，探索建立完善新的教学体系，针对新的实际学习马克思主义经典著作，辅之以学习社会主义现代化建设需要各种新知识教学格局。在教学中，贯彻理论联系实际的方针，教师通过教学，引导学员全面准确地把握马克思主义基本原理、联系深化改革、扩大开放、促进发展、保持稳定的实际，加强对一些重大现实问题的研究，把学习和掌握理论同改造世界观、增强党性锻炼相结合。1989—1994年，举办各类培训班共100多期，培训党员干部4000多人次。1995年，以干部的培训需求为办学出发点，坚持分类别多层次的培训体系。每年举办处级干部进修班、处级干部研讨班、中青年干部培训班、科级干部进修班、支部书记培训班、申请入党积极分子培训班、离退休干部学习班、科级公务员任职培训班、初任公务员培训班和宣传干部培训班等班次，每年培训近20期，培训在1500人次以上。

为满足区域内学历教育需求，承办中央党校函授本科班和市委党校函授学院大专、本科班。高峰期曾开设领导干部、经济管理、党政管理、法律4个专业，三个年级12个班次学历教育，每年在校生千余人。2000年，河西区企业家培训中心在区委党校举行成立大会，培训中心由区经委、商委、党校联合组成，其主要任务是：培训企业家队伍，为区经济发展提供人才保证。与天津师大联办研究生进修班，在校生100余人。与区妇联创办妇女干部培训学校。2003年，坚持用提高教学质量带动培训工作。在教学内容上，突出"三个代表"重要思想的地位和分量，使之进教材、进课堂、进学员头脑。并结合不同班次特点，设置教学课程。在教学形式上，采取本校教师与外聘教师讲授相结合，教师的主导作用与学员参与相结合，理论学习与考察锻炼相结合等多种形式。在教学手段上，提倡课件教学。加大主体班次教学管理的规范化力度，深化教学改革，在第十六期青年干部培训班中，首创《青干之窗》小型报刊，采用试行笔试与口试相结合的考核结业方式。

2005年，在处级干部进修班中首次尝试"菜单式"教学方式，在全市党校系统推行。2008年，面对"大规模培训干部，大幅度提高干部素质"新形势，实行项目化教学管理，责任到人。加强区情教育，开展研究式教学模式，整合校内、校外师资资源，区委、区政府领导及18个部门负责人定期授课，提高培训的针对性和实效性。全年完成6个主体班次、1个委托班次和6个系统内外派培训，培训各级干部2000余人次。2010年，推进党校主体班次办学制度化管理，推进干部培训向广度、深度发展。

二　科研

自1989年，加强对全区改革与发展重大现实问题调研，把为区街经济发展服务，为区领导科学决策服务作为科研重点。1994年，共撰写论文及调研报告140多篇，有的文章在省市级报刊发表和市区级研讨会上获奖。1996年，确立"科研要为提高教学质量服务，为社会实践服务，为区委、区政府决策服务"方向，突出应用性、对策性研究。至1998年，共撰写论文230篇，约101万字，其中在国家级刊物发表6篇，省市级刊物发表35篇，获市级等级奖55篇。1999年，庆祝建校40周年，编辑出版论文集《理论耕耘》。2001年，举行纪念建党八十周年理论研讨会，提交论文30篇，其中12篇获优秀奖，18篇获鼓励奖，有6名教职工代表宣读论文。2002年，举行学习"三个代表"重要思想理论研讨会，提交论文30篇，其中12篇获优秀奖、18篇获鼓励奖，有8位教职工代表宣读论文。

2004年，完成"十一五"规划重点调研课题"中介服务情况的调查"和"人才的开发与利用情况调查"。2008年，坚持科研工作的基础地位，围绕区委、区政府中心工作，加强对社会热点和区域经济社会发展问题研究，参与重大调研活动，起到决策"思想库"作用。党校教师与学员共同组成专题课题组，完成《现代服务业发展中的优势、存在的主要问题及对策》《创建和谐社区，整合开发资源的研究》《推进服务型机关建设，提高公共服务效能》《推广清洁生产、推进节能减排，深化环保工程，推进生态宜居城区建设》4篇调研报告。2010年，制定《区委党校加强科研工作的实施办法》，8名任课教师分别深入区3个市级社区党建示范点、5个市级先进社区党组织，以推进社区党建科学化为题，开展调研工作，对8个社区党建工作进行解剖分析，提出意见建议，形成调研报告9篇，汇集成册。召开调研汇报会，教师结合主要班次教学以科研为先导，开展研究型教学实践，《以研促学，学用结合，多种形式开展研究式教学》成果入选市委党校研究型教学成果文集。

三　信息资料

1989年，创办《资料参考》，至1994年发行48期。是年，创办《理论信息》，至2008年，发行100多期。2004年1月，建成中央党校卫星远程教学网接收系统，共接收录制教学讲座200余讲，为主体班次教学和教师备课提供讲座150余讲。2008年，《理论信息》改名为《理论动态》，至2010年发行15期。

第三节　保密工作

自1980年，贯彻保密工作有关政策和法律法规，建立保密工作的机制，规范和强化保密工作管理，做好保密法宣传教育和执法检查工作。

一　保密委员会

1980年7月，恢复保密委员会，下设办公室，负责处理日常工作。1984年，将保密委员会办公室设在区委办公室，设保密干部1人。

1990年9月，建立区委保密委员会办公室、河西区保密局。规格为处级，无内设科室，行政编制4名。1998年、2001年机构改革中，人员编制和领导职数进行重新核定，行政编制为3名，其中主任（局长）1名，由区委办公室管理。

1980—2008年河西区历届保密委员会主任名录

表10-7

保密委调整时间	保密委主任	保密委副主任
1980年7月	张谅	-
1984年9月	鲁夫	陆君毅
1987年7月	刘峰岩	雷伯轩
1989年6月	刘峰岩	雷伯轩、李廷瑄
1991年3月	雷伯轩	陈明铎、李茂森
1992年3月	雷伯轩	夏宝龙、李茂森
1993年7月	雷伯轩	夏宝龙、李茂森
1994年10月	张同庆	沈家聪、薛世才
1997年4月	张同庆	沈家聪、薛世才
1998年2月	张同庆	薛世才、梁宝明、张志方
2000年2月	沈树和	薛世才、梁宝明、张志方
2001年3月	沈树和	薛世才、梁宝明、张志方
2001年6月	沈树和	薛世才、梁宝明、张志方
2001年7月	沈树和	梁宝明、刘开基
2002年9月	沈树和	梁宝明、刘开基
2004年12月	张立	李清、黄永刚
2007年7月	张立	李清、黄永刚
2007年7月	李清	-
2007年8月	李清	-
2008年11月	李清	-

二　保密管理

自2008年，着手研发保密工作管理系统数据库，于2010年交付使用。管理系统数据库有组织机构、人员管理、台账管理、保密制度、保密检查、保密宣传、信息公开、年度汇总等8个大类，全面系统了解和掌握全区各项保密工作的动态和进展情况，提升保密工作管理水平。此项研发，天津市国家保密局向全市推广，并报国家保密局。2009年5月，下发《关于开展保密承诺书签订工作的通知》，保密承诺书签订不漏一岗一人。区、处级以上领导干部、保密重点部门要害部位的工作人员，实行全员签订保密承诺书，形成动态、长效管理机制。

图10-18　2007年，全区保密工作培训
（区地志办提供）

2010年3月，由区保密局、区信息办邀请市经信委安全处、市电子政务中心、市保密局技术处、市电子政务中心，对区政务外网安全保密方案进行论证，认定该网络为非涉密政务外网，结构规划基本符合国家信息化及安全保密建设的要求。

三 宣传教育

1991年，每年5月在全区范围内开展保密法宣传周活动。各单位、各部门采取悬挂标语口号、张贴宣传挂图、摆放宣传展牌、观看保密教育光盘、散发宣传材料、利用社区板报墙报等多种形式，组织干部、职工学习保密法，开展宣传教育活动。区新闻媒体报道活动动态，河西政务网发布图文简讯。2002年12月，区保密局网站在河西政务网上开通，对各级领导、涉密人员、保密干部不定期、分层次进行保密业务知识培训。区委党校将保密法教育课纳入教学计划，有专门的课时安排和专职授课老师，邀请区保密局领导为公务员培训班、青年干部班等讲授保密教育课。自2009年5月，对全区各单位、各部门分管保密工作的领导、干部、涉密人员及计算机信息系统网络管理人员进行保密工作业务知识培训和考试。召开由全区各级党政机关保密干部、网络管理员参加的保密检查工作专项业务培训，并刻录计算机检查工具光盘，编号分发全区各级党政机关保密干部，用于本单位保密检查使用。

图10-19　2010年，宣传保密法现场
（区保密局提供）

四 检查与查处

自80年代，落实有关保密管理规定，监督、检查、指导全区高考的保密管理工作，进行保密工作大检查，全年不定期对全区计算机信息系统进行保密检查和抽查。1993年3月，对挂甲寺街丢失秘密级中央文件事件进行查处，对相关责任人在全区范围内进行通报批评。2000年1月，会同公安河西分局治安科、区工商局三义庄工商所，对“墨艺复印店”违反保密规定，复印秘密级中央文件事件进行调查、整顿、处罚。2006—2007年，区保密局、公安河西分局、工商河西分局、经贸委、信息办5个单位组成联合执法队，对全区的20个物资回收站逐一进行检查，没有发现密级文件、资料等涉密内容。2007年，对河西区居民伏某在网上出售秘密资料的事件，会同公安河西分局、国保支队、指挥中心、市公安局信息中心等组成联合调查组，到伏某现居住地进行调查，当场查获其收藏并拟出售的涉密资料3本，上缴市国家保密局。会同公安河西分局国保支队，对天津图书大厦周边地区进行联合查缴，将准备出售秘密文件资料的吕某当场查获，收缴涉密文件资料59份，其中秘密级文件3份、内部刊物25份、其他材料31份。

2009年，做好全国和全市保密大检查的迎检工作，在全区范围内开展拉网式保密检查。在各机关单位自查的基础上，区保密局组织协调各协作组互查，并有针对性的进行抽查，对于涉密重点部门、要害部位的计算机，不漏一人、一机、一盘、一网，对发现的问题即查即改。建立和完善区党政机关涉密计算机、非涉密计算机、涉密移动存储介质和非涉密移动存储介质分类台账。对区属党政机关所有涉密计算机和重点部门部位的非涉密内部工作单机，安装保密安全控制系统。2010年，由区委办公室、区保密局、公安河西分局、工商河西分局、区商贸旅游局等部门组成的清理取缔涉密文件资料非法交易专项工作领导小组，制定《关于回收、销毁国家秘密文件、资料、物品的规定》，发给各物回站点负责人，签订保密承诺书。对物回站点进行专项清理检查，未发现涉密文件资料非法交易及泄密事件。

五　行政审核

80年代，对坐落在区内的印刷、复印等行业进行注册登记和调研核查。1991年，确定天津市人民印刷厂、天津新华印刷二厂为河西区复制、印刷国家秘密载体定点单位，签批复制国家秘密载体定点单位（营业性）申报表。2000年，重新调研审查核定，并签订责任书。2003年，增加市美术印刷厂为定点单位，签批复制国家秘密载体定点单位（营业性）申报表，并签订责任书。2006年，对区内复制、印刷国家秘密载体定点单位进行摸底调查，重新确定原天津市人民印刷厂（现名为天津环球磁卡股份有限公司）、新华印刷二厂（现名为天津新华第二印刷有限公司）为河西区复制、印刷国家秘密载体定点单位；原天津市美术印刷厂（现名为天津金彩美术印刷公司）转制为民营股份制公司，现行体制不具备定点单位的条件，其原有国家秘密载体复制、印刷许可证作废。

河西区志

第十一编
人民代表大会

1980年，河西区第八届人民代表大会第一次会议召开，恢复人民代表大会制度。1980—2010年，河西区第八届至第十五届人民代表大会及其常务委员会，履行宪法和法律赋予的各项职权，围绕中心，听取和审议区政府、法院、检察院（简称“一府两院”）各类专项工作报告613项，其中人民代表大会审议报告137份；围绕全区政治、经济、文化、社会等方面的重大事项作出决定、决议121个；组织开展执法检查、专项调研和专项视察568次；提出议案、建议、批评和意见1.09万件；任免国家机关工作人员1540名。推进全区民主和法制建设进程，促进区域经济和社会发展。

2010年1月，河西区第十五届人民代表大会第五次会议闭幕式会场

（区人大常委会办公室提供）

第一章 人大代表

1980年，河西区根据《中华人民共和国全国人民代表大会和地方各级人民代表大会选举法》规定，区人大代表由选民直接产生，并实行差额选举办法。1980年区第八届人民代表大会至1992年区第十一届人民代表大会期间，每2~4年为一届；1993年区第十二届人民代表大会后，每5年为一届。1980—2010年，共召开8届区人民代表大会，依法选举产生区人大代表2026名。

第一节 代表产生

一 产生程序

人大代表是依照选举法的规定，严格按照选举程序，经民主选举产生，采取直接选举和间接选举两种方式。

直接选举：进行选民登记，按选民居住状况划分若干选区，按选区提名代表候选人。代表候选人由各政党、各人民团体推荐或选民10人以上联合推荐。实行差额选举，选用无记名投票方法，得票数在参加投票选民的半数以上，始得当选。

间接选举：市代表由区人民代表大会间接选举产生。代表候选人获得区人民代表大会全体人员过半数的选票，始得当选。

图11-1 1997年11月，驻区大学开展选举宣传活动（区人大常委会办公室提供）

二 区人大代表

自1980年5月第八届人民代表大会始，设立区人大常委会。此后，区人大常委会依法主持下一届的人民代表大会代表的普选工作，到2006年共主持7次普选。

河西区人大代表普选情况表

表11-1　　单位：人

次数	时间	常住人口	选民人数	投票选举日	参加投票选民	参选率	选出代表
第一次	1983年底	510922	411873	1984.4.16—4.19	401173	97.40%	315
第二次	1986年9月	589709	437351	1986.12.20—12.22	410543	93.90%	313
第三次	1989年9月	616796	452481	1989.12.20—12.24	419890	92.80%	313
第四次	1992年9月	605232	459393	1992.12.20—12.24	419834	91.40%	314
第五次	1997年10月	576274	447946	1997.12.20—12.23	403258	89.85%	257
第六次	2002年8月	586790	491792	2002.10.28	472254	94.00%	257
第七次	2006年8月	610464	533984	2006.11.15	492474	92.23%	257

三　河西区的市人大代表

在区人民代表大会上，区人大代表选出河西区出席天津市人民代表大会的代表。区人民代表大会闭会期间，区人大常委会会议选举由市提名的河西区出席天津市人民代表大会的代表。1980—2008年，选举产生河西区的市人大代表523名。

第二节　代表构成

区历届人大代表均由工人、农民、干部、知识分子、解放军、民主党派及其他爱国人士组成，具有先进性、代表性、广泛性，比例与分布较为合理。

1979—2010年河西区历届人民代表构成情况表

表11-2　　单位：人

届次	构成总数	身份				政治面目			年龄			文化程度			其中	
		工农	干部	知识分子	其他	中共党员	民主党派无党派	群众	35岁以下	36~55岁	56岁以上	大专及以上	中专及高中	初中及以下	妇女	少数民族
八	330	115	48	78	89	—	—	—	14	196	120	—	—	—	97	8
	占代表	34.85%	14.55%	23.64%	26.97%	—	—	—	4.24%	59.39%	36.36%	—	—	—	29.39%	2.42%
九	315	91	67	68	89	194	40	81	28	187	100	98	69	148	103	13
	占代表	28.89%	21.27%	21.59%	28.25%	61.59%	12.70%	25.71%	8.89%	59.37%	31.75%	31.12%	21.90%	46.98%	32.70%	4.13%
十	313	97	63	65	88	193	36	84	27	194	92	128	中学 149	小学及其他 36	95	9
	占代表	30.99%	20.13%	20.77%	28.12%	61.66%	11.50%	26.84%	8.63%	61.98%	29.39%	40.90%	47.60%	11.50%	30.35%	2.88%
十一	313	95	69	91	58	209	25	79	10	198	105	157	中学(专) 127	小学及其他 29	97	—
	占代表	30.35%	22.04%	29.07%	18.53%	66.77%	7.99%	25.24%	3.19%	63.26%	33.55%	50.16%	40.58%	9.26%	30.99%	—
十二	314	104	80	72	58	212	102	13	202	99	165	—	—	121	11	
	占代表	33.12%	25.48%	22.93%	18.47%	67.52%	32.48%	4.14%	64.33%	31.53%	52.55%	—	—	38.54%	3.50%	
十三	257	—	—	—	—	202	16	39	—	—	—	190	—	—	71	—
	占代表	—	—	—	—	78.60%	6.23%	15.18%	—	—	—	73.93%	—	—	27.63%	—
十四	257	72	88	62	35	198	24	35	10	202	45	219	22	6	69	7
	占代表	28.02%	34.24%	24.12%	13.62%	77.04%	9.34%	13.62%	3.89%	78.60%	17.51%	85.21%	8.56%	2.33%	26.85%	2.70%
十五	257	86	79	62	30	202	21	34	14	207	36	237	16	4	47	9
	占代表	33.46%	30.74%	24.12%	11.67%	78.60%	8.17%	13.23%	5.45%	80.54%	14.01%	92.22%	6.23%	1.56%	18.29%	3.50%

第二章　代表大会

1980—2010年，区人民代表大会共召开8届、38次会议。会议听取和审议区人民政府、区人大常委会、区人民法院、区人民检察院工作报告，审查财政决算和预算报告，并通过相应决议；选举人大常委会正副主任、常委会委员和区政府正副区长，选举法院院长和检察院检察长；选举河西区出席天津市人民代表大会的代表；通过人大代表议案，收集整理人大代表建议、批评和意见。出席区政协会议的全体委员和其他列席人员均听取并讨论政府工作报告。

第一节　第八届人民代表大会

本届代表大会任期4年，共召开5次会议。

一　第一次会议

1980年5月3—7日召开。出席会议的代表330人，列席113人。会议听取和审议区革命委员会工作报告、区人民法院工作报告、区人民检察院工作报告，并通过相应决议。选举产生区人大常委会主任1人、副主任7人、委员14人；区长1人、副区长5人和区法院院长、区检察院检察长；选举出席市第九届人大代表82人。

二　第二次会议

1981年5月14—16日召开。出席代表291人，列席111人。大会听取和审议区人民政府、区人大常委会、区人民法院、区人民检察院的工作报告，并通过相应决议。

三　第三次会议

1982年4月27—29日召开。出席代表289人，列席129人。大会听取和审议区人民政府、区人大常委会、区人民法院、区人民检察院的工作报告，并通过相应决议。通过关于坚决执行市九届人大三次会议通过的法规决议和组织全区人民参加讨论宪法修改草案的决议。

四　第四次会议

1983年3月8—12日召开。出席代表256人，列席111人。大会听取和审议区人民政府、区人大常委会、区人民法院、区人民检察院的工作报告，并通过相应决议。选举河西区的天津市第十届人大代表。审议通过关于学习、宣传、实施新宪法的决议和关于深入开展“全民文明礼貌月”活动的决议。

五　第五次会议

1983年10月27—28日召开。出席代表294人，未邀列席人员。补选河西区人大常委会主任王守西、副主任席元祥，河西区人民政府区长鲁夫、副区长叶厚荣。

第二节　第九届人民代表大会

本届代表大会任期2年零10个月，共召开3次会议。

一　第一次会议

1984年5月7—10日召开。出席会议的代表297人，列席103人。大会听取和审议区人民政府、区人大常委会、区人民法院、区人民检察院的工作报告，并通过相应决议。选举产生区人大常委会主任1人、副主任6人、委员12人；区长1人、副区长4人和区法院院长、区检察院检察长。

二　第二次会议

1985年4月11—13日召开。出席代表272人，列席106人。大会听取和审议区人民政府、区人大常委会、区人民法院、区人民检察院的工作报告，并通过相应决议。

三　第三次会议

1986年5月21—24日召开。出席代表245人，列席125人。补选河西区人大常委会主任鲁夫，河西区人民政府区长刘峰岩。

第三节　第十届人民代表大会

本届代表大会任期3年，共召开3次会议。

一　第一次会议

1987年2月24—28日召开。出席会议的代表264人，列席174人。大会听取和审议区人民政府、区人大常委会、区人民法院、区人民检察院的工作报告，并通过相应决议。选举产生区人大常委会主任1人、副主任5人、委员11人；区长1人、副区长5人和区法院院长、区检察院检察长。

二　第二次会议

1988年2月29日至3月5日召开。出席代表284人，列席132人。大会听取和审议区人民政府、区人大常委会、区人民法院、区人民检察院的工作报告、区财政局《河西区1987年财政决算和1988年财政预算的报告》，并通过相应决议。选举出席天津市第十一届人民代表大会代表72名。

三　第三次会议

1989年3月20—23日召开。出席代表299人，列席208人。大会听取和审议区人民政府、区人大常委会、区人民法院、区人民检察院的工作报告、区财政局《河西区1988年财政决算和1989年财政预算的报告》，并通过相应决议。

第四节　第十一届人民代表大会

本届代表大会任期3年，共召开4次会议。

一　第一次会议

1990年2月27日至3月3日召开。出席会议的代表291人，列席206人。大会听取和审议区人民政府、区人大常委会、区人民法院、区人民检察院的工作报告、区财政局《河西区1989年财政决算和1990年财政预算的报告》，并通过相应决议。选举产生区人大常委会主任1人、副主任5人、委员13人；区长

1人、副区长5人和区法院院长、区检察院检察长。

图11-2　1990年2月，召开河西区第十一届人民代表大会第一次会议
（区人大常委会办公室提供）

二　第二次会议

1991年3月13—17日召开。出席代表305人，列席193人。大会听取和审议区人民政府、区人大常委会、区人民法院、区人民检察院的工作报告、区财政局《河西区1990年财政决算和1991年财政预算的报告》，并通过相应决议。审议区人民政府关于发展经济的预案；审议通过《河西区人民代表大会议事规则》，补选2名区人大常委会委员。

三　第三次会议

1991年10月17—18日召开。出席会议的代表225人，列席131人。会议选举雷伯轩为区人大常委会主任，陈明铎为区人民政府区长。

四　第四次会议

1992年2月26—29日召开。出席代表285人，列席146人。大会听取和审议区人民政府、区人大常委会、区人民法院、区人民检察院的工作报告、区财政局《河西区1991年财政决算和1992年财政预算的报告》，并通过相应决议。

第五节　第十二届人民代表大会

本届代表大会任期5年，共召开7次会议。

一　第一次会议

1993年2月23—27日召开。出席会议的代表263人，列席人员457人。大会听取和审议区人民政府、区人大常委会、区人民法院、区人民检察院的工作报告、区财政局《河西区1992年财政决算和1993年财政预算的报告》，并通过相应决议。选举产生区人大常委会主任1人、副主任4人、委员13人；区长1人、副区长6人和区法院院长、区检察院检察长。

二　第二次会议

1993年4月26—28日召开。出席会议的代表289人，列席人员135人。会议选举出席天津市第十二届人民代表大会代表72名。

三　第三次会议

1993年10月15日召开。出席会议的代表276人，列席人员145人。会议选举区人民政府区长夏宝龙。

四　第四次会议

1994年2月20—23日召开。出席代表285人，列席420人。大会听取和审议区人民政府、区人大常委会、区人民法院、区人民检察院的工作报告、区财政局《河西区1993年财政决算和1994年财政预算的报告》，并通过相应决议。

五 第五次会议

1995年2月16—19日召开。出席代表256人，列席433人。大会听取和审议区人民政府、区人大常委会、区人民法院、区人民检察院的工作报告、区财政局《河西区1994年财政决算和1995年财政预算的报告》，并通过相应决议。审议通过关于深入贯彻市人大常委会《关于市和区、县国家机关实行部门执行责任制的决定》的决定。

六 第六次会议

1996年1月20—23日召开。出席会议的代表289人，列席人员425人。大会听取和审议区人民政府、区人大常委会、区人民法院、区人民检察院的工作报告、区财政局《河西区1995年财政决算和1996年财政预算的报告》，并通过相应决议。讨论河西区国民经济和社会发展“九五”计划和2010年远景目标的书面报告；讨论关于贯彻落实区十二届人大五次会议通过的《关于深入贯彻市人大常委会〈关于市和区、县国家机关实行部门执法责任制的决定〉的决定》的书面报告。

七 第七次会议

1997年1月21—24日召开。出席代表278人，列席443人。大会听取和审议区人民政府、区人大常委会、区人民法院、区人民检察院的工作报告、区财政局《河西区1996年财政决算和1997年财政预算的报告》，并通过相应决议。

第六节 第十三届人民代表大会

本届代表大会任期5年，共召开6次会议。

一 第一次会议

1998年1月9—13日召开。出席代表249人，列席455人。大会听取和审议区人民政府、区人大常委会、区人民法院、区人民检察院的工作报告、区财政局《河西区1997年财政决算和1998年财政预算的报告》，并通过相应决议。选举产生区人大常委会主任1人、副主任5人、委员17人；区长1人、副区长6人和区法院院长、区检察院检察长。

二 第二次会议

1998年3月26—27日召开。出席会议的代表246人。会议选举出席天津市第十三届人民代表大会代表73名。

三 第三次会议

1999年1月15—18日召开。出席代表232人，列席448人。大会听取和审议区人民政府、区人大常委会、区人民法院、区人民检察院的工作报告、区财政局《河西区1998年财政决算和1999年财政预算的报告》，并通过相应决议。

四 第四次会议

2000年1月8—11日召开。出席代表225人，列席450人。大会听取和审议区人民政府、区人大常委会、区人民法院、区人民检察院的工作报告、区财政局《河西区1999年财政决算和2000年财政预算的报告》，并通过相应决议。选举河西区人民检察院检察长。

五　第五次会议

2001年1月5—8日召开。出席代表223人，列席450人。大会听取和审议区人民政府、区人大常委会、区人民法院、区人民检察院的工作报告、区财政局《河西区2000年财政决算和2001年财政预算的报告》，并通过相应决议。大会讨论河西区国民经济和社会发展第十个五年计划。选举陈润祥为区人大常委会副主任。

六　第六次会议

2002年1月21—24日召开。出席代表235人，列席450人。大会听取和审议区人民政府、区人大常委会、区人民法院、区人民检察院的工作报告，区财政局《河西区2001年财政决算和2002年财政预算的报告》，并通过相应决议。选举吴金组为区人大常委会主任。

第七节　第十四届人民代表大会

本届代表大会任期5年，共召开5次会议。

一　第一次会议

2002年12月6—10日召开第一次会议，出席会议的代表251人，列席人员450人。大会听取和审议区人民政府、区人大常委会、区人民法院、区人民检察院的工作报告、区财政局《河西区2002年财政决算和2003年财政预算的报告》，并通过相应决议。选举产生区人大常委会主任1人、副主任4人、委员17人；区长1人、副区长6人和区法院院长、区检察院检察长。

图11-3　2002年12月，召开河西区第十四届人民代表大会第一次会议
（区人大常委会办公室提供）

二　第二次会议

2004年1月5—7日召开。出席会议的代表232人，列席429人。大会听取和审议区人民政府、区人大常委会、区人民法院、区人民检察院的工作报告、区财政局《河西区2003年财政决算和2004年财政预算的报告》，并通过相应决议。

三　第三次会议

2005年1月6—8日召开。出席会议的代表242人，列席431人。大会听取和审议区人民政府、区人大常委会、区人民法院、区人民检察院的工作报告、区财政局《河西区2004年财政决算和2005年财政预算的报告》，并通过相应决议。

四　第四次会议

2005年9月16—17日召开。出席代表219人，列席22人。会议依照地方组织法、河西区十四届人大四次会议选举办法，选举史学群为河西区第十四届人民代表大会常务委员会副主任。

五 第五次会议

2006年1月4—6日召开。出席代表254人，列席536人。大会听取和审议区人民政府、区人大常委会、区人民法院、区人民检察院的工作报告、区财政局《河西区2005年财政决算和2006年财政预算的报告》，并通过相应决议。

第八节 第十五届人民代表大会

本届代表大会任期5年，至2010年共召开5次会议。

一 第一次会议

2007年1月10—13日召开。出席会议的代表257人，列席613人。大会听取和审议区人民政府、区人大常委会、区人民法院、区人民检察院的工作报告、区财政局《河西区2006年财政决算和2007年财政预算的报告》，并通过相应决议。选举产生区人大常委会主任1人、副主任5人、委员21人；区长1人、副区长6人和区法院院长、区检察院检察长。

二 第二次会议

2007年11月27—29日召开。出席代表236人。通过无记名投票方式，依法选举出席天津市第十五届人大代表68名。

三 第三次会议

2008年1月5—7日召开第三次会议。出席代表227人，列席595人。大会听取和审议区人民政府、区人大常委会、区人民法院、区人民检察院的工作报告、区财政局《河西区2007年财政决算和2008年财政预算的报告》，并通过相应决议。

四 第四次会议

2009年1月7—9日召开。出席代表252人，列席601人。大会听取和审议区人民政府、区人大常委会、区人民法院、区人民检察院的工作报告、区财政局《河西区2008年财政决算和2009年财政预算的报告》，并通过相应决议。

五 第五次会议

2010年1月28—30日召开。出席代表244人，列席590人。大会听取和审议区人民政府、区人大常委会、区人民法院、区人民检察院的工作报告、区财政局《河西区2009年财政决算和2010年财政预算的报告》，并通过相应决议。

第三章 常务委员会

自1980年河西区第八届人民代表大会第一次会议始，选举产生区人大常委会组成人员。区人大常委会作为区人民代表大会常设机构。在区人民代表大会闭会期间，行使区人民代表大会的职权。至2007年1月，通过换届选举，共产生8届人大常委会。

第一节　组成人员　工作机构

一　组成人员

区人大常委会由区人民代表大会选举产生，其组成人员有主任1人、副主任若干人、委员若干人。1980—2010年，区人大常委会历任主任、副主任共55人次。

第八届至第十五届河西区人大常委会主任、副主任名表

表11-3

届次	主任	任职时间	副主任	任职时间
第八届 1980.5—1984.5	庞志民 王守西	1980.5—1983.10 1983.10—1984.5	郑森(女) 曲世英 吕英杰 丁凡一 陈祖瀛 吕清德 席元祥	1980.5—1982.1 1980.5—1983.10 1980.5—1983.10 1980.5—1983.10 1980.5—1984.5 1980.5—1984.5 1983.10—1984.5
第九届 1984.5—1987.2	王守西 鲁　夫	1984.5—1986.5 1986.5—1987.2	席元祥 吕清德 焦　林 李素忠(女) 陈祖瀛 缪方明	1984.5—1987.2 1984.5—1987.2 1984.5—1987.2 1984.5—1987.2 1984.5—1985.7 1984.5—1987.2
第十届 1987.2—1990.3	鲁　夫	1987.2—1990.3	吕清德 李素忠(女) 张瑞庆 梁孟儒 缪方明	1987.2—1990.3 1987.2—1990.3 1987.2—1990.3 1987.2—1990.3 1987.2—1990.3
第十一届 1990.3—1993.2	郭迎秋(女) 雷伯轩	1990.3—1991.1 1991.10—1993.2	陆君毅 张瑞庆 缪方明 梁孟儒 杨永铭	1991.2—1991.10代理主任 1991.10—1993.2副主任 1990.3—1993.2 1990.3—1993.2 1990.3—1993.2 1990.3—1993.2
第十二届 1993.2—1998.1	雷伯轩	1993.2—1998.1	赵孟臣 张炳来 缪方明 刘如琦	1993.2—1998.1 1993.2—1998.1 1993.2—1998.1 1993.2—1998.1
第十三届 1998.1—2002.12	雷伯轩 吴金组	1998.1—2002.1 2002.1—2002.12	王兴君 陈润祥 徐明辉 谷炳路 刘如琦 冯培英(女)	1998.1—2000.12 2001.2—2002.12 1998.1—2002.12 1998.1—2002.12 1998.1—2002.12 1998.1—2002.12
第十四届 2002.12—2007.1	吴金组	2002.12—2007.1	徐明辉 谷炳路 史学群 康风海 冯培英(女)	2002.12—2007.1 2002.12—2006.5 2005.9—2007.1 2002.12—2007.1 2002.12—2007.1
第十五届 2007.1—	沈树和	2007.1—	盖　钢 康风海 王亚令 王秀琴(女) 边　海	2007.1— 2007.1— 2007.1— 2007.1— 2007.1—

二 工作机构

1980年5月，区第八届人大常委会成立初期设办公室。1982年2月增设调研室，1984年7月撤销，1990年5月恢复并更名研究室。1994年9月，增设代表联络室。根据工作需要，1998年8月，设财政经济、城市建设、教科文卫、内务司法4个工作委员会，为正处级单位。自2004年2月，区第十四届人大常委会第九次会议作出《关于在街道设立人大常委会工作委员会的决定》，在全区各街设立人大街道工委，并明确其组织、协调和服务职能。

第二节 重要会议

一 常委会会议

区人大常委会会议由主任、副主任和常委会委员出席，每两个月至少举行一次，常委会会议日程安排由主任会议决定。1980—2010年，共召开常委会会议268次。听取审议“一府两院”和区人大常委会主任会议提请审议的议题和重大事项。

1980—1984年，第八届人大常委会共召开会议28次。主要听取和审议区政府震灾恢复重建及配套工程建设规划、代表提案处理、商业网点建设等情况报告。

1984—1987年，第九届人大常委会共召开会议25次。主要审议通过区政府卫生和防疫工作、城市建设设想、食品卫生等情况报告。听取审议区检察院《关于打击严重经济犯罪的情况报告》，区法院《关于经济审判工作情况的报告》。

1987—1990年，第十届人大常委会共召开会议29次。分别听取和审议区政府关于区街集体经济发展、平房改造、计划生育、实施义务教育法和贯彻执行新治安管理条例等情况的报告。

1990—1993年，第十一届人大常委会共召开会议36次。第十四次会议根据十一届人大二次会议决定，对大会原则通过的《河西区人民代表大会议事规则》进行修改和审定。审议通过《河西区人民代表大会代表联系选民暂行办法》。

1993—1998年，第十二届人大常委会共召开会议46次。第三十次会议审议通过《关于实行区人大代表统一活动日的实施意见》。第三十七次会议作出《关于表彰选民信赖的好代表和先进街代表组的决定》。

1998—2002年，第十三届人大常委会共召开会议36次。第九次会议决定对马秀苓等40名人民信赖的好代表和尖山街等8个先进街代表组进行表彰。第十四次会议审议通过《关于行使重大事项决定权的暂行规定(试行)》和代表工作制度修改情况的报告及修改意见。第二十五次会议审议《河西区国民经济和社会发展第十个五年计划》，并作出相应决议。

2002—2007年，第十四届人大常委会共召开会议40次。第九次会议作出《关于在街道设立人大常委会工作委员会的决定》，在全区12个街设立人大街道工委，并明确其组织、协调和服务职能。第二十次会议，审议通过《河西区关于贯彻中小企业促进法的实施意见》。第二十一次会

图11-4 2009年11月，召开河西区十五届人大常委会第二十一次会议
（区人大常委会办公室提供）

议依照法定程序，通过无记名投票，补选田玲、王硕、刘炳赫为天津市第十四届人大代表。第二十二次会议审议通过《河西区国民经济和社会发展第十一个五年规划纲要（草案）》。

2007—2010年，第十五届人大常委会共召开会议28次。第三次会议听取和审议创建可持续发展实验区规划的报告，并作出相应的决议。第八次会议听取和审议《河西区生态城区建设规划》，并作出相应的决议。

二　主任会议

主任会议处理常委会的重要日常工作，由常务委员会主任、副主任参加，主任会议一般每月举行1—2次，主要内容：讨论提请人大常委会审议的区人代会召开日期、主席团和秘书长名单、代表大会列席人员名单、议程等；提出人大常委会向代表大会所作的工作报告以及人大常委会年度工作要点、人大常委会决议、决定草案；决定人大常委会会议日期、议程；对区“一府两院”向人大常委会提出的议案、人事任免案，决定是否提请人大常委会会议审议；听取“一府两院”有关工作汇报；讨论决定区人大常委会召开的会议和组织人大代表活动等；讨论提请区人大常委会讨论审议的其他事项。

第四章　主要工作

1979—2010年，历届河西区人大常委会依法行使对“一府两院”法律和工作的监督权、经济和社会发展重大事项的决定权、人事任免权。创新代表活动方式，组织人大代表开展检查、视察等活动，开展调查研究和工作交流，督办代表议案和建议、批评和意见的办理和落实，处理群众的来信来访，为全区经济和各项事业的发展献计献策。

第一节　监督检查

一　法律监督

历届人大常委会加强对法律法规实施情况的审议，有针对性地提出意见，并以审议意见书的形式，提交有关部门办理。开展专项检查、联动检查和个案检查，加大法律监督的力度。

1980—1990年，区第八届、第九届、第十届人大常委会听取和审议刑法、刑事诉讼法、治安管理条例、药品管理法、义务教育法等法律法规的执行情况的报告。

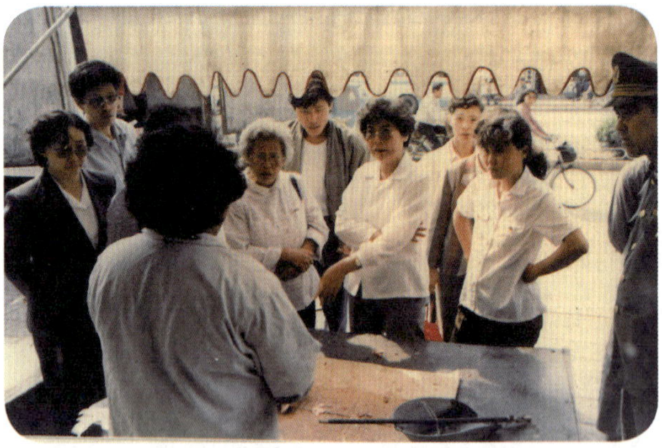

图11-5　1990年9月，区人大常委会组织人大代表视察食品卫生情况

（区人大常委会办公室提供）

1990—1998年，区第十一届、十二届人大常委会审议传染病防治法、食品卫生法、标准化法、劳动法、城市规划法、教师法、体育法、归侨侨眷权益保护法、妇女权益保护法、残疾人保障法、环境保护法等法律法规执行情况的报告，其中1991年对义务教育法的实施情况进行为期4个月的检查。

1998—2002年，区第十三届人大常委会听取和审议21部法律法规实施情况的报告。组织人大代表对城市规划法、反不正当竞争法、刑法、刑事诉讼法等15部法律法规执行情况进行30余次联动检查和专项执法检查。组织人大代表27次旁听41个案件的开庭审理，促进公诉水平和审判质量的提高。

1998年，推动消费者权益保护法、计量法等法律法规的贯彻实施，组织部分常委会委员和代表，听取有关执法单位打击假冒伪劣商品的情况汇报，督促销毁价值20余万元的商品。1999年6月和2001年6月，常委会分别用3个月时间，组织人大代表对区技术监督局、环境保护局贯彻实施产品质量法、环境保护法、大气污染防治法等8个法律法规的执法工作开展评议，对评议小组提出的意见和建议认真进行整改。

2002—2007年，常委会听取和审议税收征收管理法、中小企业促进法、科学技术普及法、居民委员会组织法、物业管理条例、民法通则、城市居民最低生活保证条例等20余部法律法规的贯彻落实情况；审议"四五"普法实施情况和"五五"普法实施方案的报告。

2007—2010年，常委会听取和审议中小企业促进法、劳动合同法、义务教育法、公务员法、安全生产监督条例、物业管理条例、城市房屋拆迁管理规定、消费者权益保护法、食品卫生法、人口与计划生育条例10部法律法规实施情况的报告。

二　工作监督

1980—1993年，区人大第八至十一届常委会听取财政经济、危陋平房改造、商业网点建设、中小学教育、食品卫生和社会治安治理等工作情况的汇报。

1993—1998年，区第十二届人大常委会组织常委会委员和各工作委员会委员开展对税法、税制改革方案的学习，举办专题辅导讲座。听取法院行政审判工作和检察院案件审理、法纪检查及监督检查工作的汇报；对区工商局企业管理科、个体私企登记管理科、马场工商所、尖山工商所、镇江道市场管理所和体院北小食品批发市场管理所6个单位进行评议。1995年，对区检察院查处贪污贿赂案件的执法情况开展评议。推行部门执法责任制。

1998—2002年，常委会听取和审议43个有关经济发展重大事项的报告。每年召开"一府两院"深化部门执法责任制工作会议，重点解决执法不到位、交叉执法等问题，促进依法行政和公正司法。围绕群众关注的教育布局调整、中小学招生制度改革、实施再就业工程、社会治安综合治理等热点问题，听取教育局、劳动局、公安河西分局等单位的汇报，提出的意见和建议被有关部门采纳。

2002—2007年，常委会听取审议经济体制改革、商务商贸、都市型工业、招商引资、经济普查等40多个情况报告，提出建议数百条。

2007—2010年，第十五届人大常委会围绕创建国家卫生区、园林城区、生态宜居城区的目标任务，连续3年组织人大代表深入全区50多条道路、公园、居民小区进行检查和视察，提出建议。组织人大代表旁听法院案件开庭审理、重点信访案件听证和听取检察院民事执行、渎职侵权检察等工作汇报。围绕迎奥运、迎建国60周年，确保社会安定和食品安全，听取区政府有关部门工作汇报，对全区酒店、中小餐饮业、超市、配餐中心、菜市场等进行检查和视察，提出意见和建议，解决一批实际问题。修订《关于加强经济工作监督的暂行办法》和《关于财政预算审查监督的暂行办法》，听取审议国民经济和社会发展计划执行情况、国有资产经营投资、税收征管、商务商贸节、招商引资、第二次经济普查、"三类"企业退市、生态城区建设规划、中小学招生、小锅炉并网改造、民族教育、民族宗教、残疾人社区康复、支援四川地震灾区、菜市场管理等工作情况报告，并进行检查、视察。

第二节　决定重大事项

区人大常委会依法履职，对涉及全区政治、经济、教育、科技、文化、卫生、民政、民族工作的重大事项，行使决定权。1999年11月，区人大常委会制定《关于行使重大事项决定权的暂行决定（试行）》，界定常委会讨论、审议和决定重大工作的范围，完善决策机制。

1988—2010年部分年份河西区人大及其常委会重大决议、决定情况表

表11-4

时间	会议	决议、决定
1988.8.3	河西区第十届人大常委会第十三次会议	《关于进一步深入贯彻执行食品卫生法的决议》
1989.3.23	河西区第十届人民代表大会第三次会议	《关于依法治区的决议》
1991.3.17	河西区第十一届人民代表大会第二次会议	《关于发展和振兴河西经济的决议》
1991.6.25	河西区第十一届人大常委会第十六次会议	《关于在全区实施法制宣传教育第二个五年规划的决议》
1991.8.10	河西区第十一届人大常委会第十八次会议	《关于加强社会治安综合治理的决定》
1992.6.26	河西区第十一届人大常委会第二十九次会议	《关于进一步贯彻实施<标准化法>、<工业产品质量责任条例>、<食品卫生法>，加强食品质量工作的决定》
1995.2.19	河西区第十二届人民代表大会第五次会议	《关于贯彻天津市人民代表大会常务委员会关于市和区、县国家机关实行部门执法责任制的决定》
1996.11.12	河西区第十二届人大常委会第三十五次会议	《关于在全区深入开展"三五"普法教育推进依法治区的决议》
1999.11.9	河西区第十三届人大常委会第十四次会议	《河西区人民代表大会常务委员会关于行使重大事项决定权的暂行规定（试行）》
2001.4.12	河西区第十三届人大常委会第二十五次会议	讨论《河西区国民经济和社会发展第十个五年计划》，并作出相应的决议
2002.11.13	河西区第十三届人大常委会第三十七次会议	《天津市河西区人大常委会关于加强经济工作监督暂行办法》
2006.2.23	河西区第十四届人大常委会第二十二次会议	听取审议《河西区国民经济和社会发展第十一个五年规划纲要(草案)》，并作出相应的决议
2007.5.24	河西区第十五届人大常委会第三次会议	听取审议《河西区创建可持续发展实验区规划的报告》，并作出相应的决议
2008.2.20	河西区第十五届人大常委会第八次会议	听取审议《河西区生态城区建设规划》，并作出相应的决议

第三节　人事任免

一　任免事项

在区人民代表大会闭会期间，区人大常委会会议讨论决定区长代理人选，副区长的个别任免，政府各委、办、局正职人员和法院副院长、庭长、副庭长、审判委员会委员、审判员，检察院副检察长、检察委员会委员、检察员的任免事项。

二　任免程序

任命前，了解被任命干部的情况，并进行开闭卷结合的法律知识考试。任命中，由提请机关说明任免理由，介绍被任免人员的政绩和考察情况，拟任人员供职发言后，采取无记名投票方式进行表决。任命后，每两年向区人大常委会作书面述职，部分人员在常委会会议上做口头述职。

三　任命情况

自1980年选举产生区人大常委会至2010年底，依法共任免国家机关工作人员1540人次。

第八届人大常委会任免135人次；第九届人大常委会任免89人次，第十三次会议任命夏宝龙为河西区人民政府副区长；第十届人大常委会任免176人次；第十一届人大常委会任免199人次。

第十二届人大常委会任免218人次。第五次会议决定夏宝龙为河西区人民政府代区长。第八次会议任命刘开基为河西区人民政府副区长。第四十四次会议，因夏宝龙任天津市人民政府副市长，决定接受其辞去河西区人民政府区长职务的请求，因吴金组任中共河西区委书记，决定接受其辞去河西区人民政府副区长职务的请求，决定王九鹏为河西区人民政府代理区长。

第十三届人大常委会任免259人次。第十三次会议决定接受张宝亮辞去河西区人民检察院检察长职务的请求，决定河西区人民检察院副检察长刘工任代理检察长。第二十三次会议通过王兴君辞去河

西区人大常委会副主任职务，薛世才辞去副区长职务，任命杨书奎为河西区人民政府副区长。第三十次会议通过沈家聪辞去副区长职务，任命盖钢为副区长。第三十六次会议通过张俊芳辞去副区长职务，任命黄永刚为副区长。

第十四届人大常委会任免203人次。第二十四次会议通过谷炳路辞去区人大常委会副主任职务。第二十七次会议通过沈家聪辞去区长职务，任命彭三为代理区长。第二十八次会议通过张志方辞去副区长职务，任命许迪春为副区长。第三十次会议通过刘工辞去区人民检察院检察长职务，决定王炳祥为区人民检察院代检察长。

第十五届人大常委会至2010年任免261人次。第十四次会议通过任命刘国胜为副区长。第二十八次会议通过李汕源辞去副区长职务。

第四节　代表工作

一　组织建设

1982年2月，区人大常委会办公室下设代表联络组，各街成立代表小组，配备代表组秘书。1984年，改为代表联络科。1994年，设立代表联络室。2004年，各街成立人大街道工委。2008年，根据工作需要，代表联络室增设市人大代表联络科。

二　统一活动日

1996年始，建立人大代表统一活动日制度，每月第一个周三（遇节假日顺延一周），组织全区人大代表开展以“统一时间、统一主题、统一组织、统一要求”的代表统一活动日活动。以代表履行职务发挥作用为主线，以统一活动日为主要形式，以各街代表组为依托，开展主题鲜明、内容丰富、形式各样、参与广泛的闭会期间代表活动，全国人大杂志刊载经验做法。

三　检查视察

历届区人大常委会每年都组织人大代表对“一府两院”的工作进行全面视察或专题检查，发挥监督、支持“一府两院”工作的作用。

1980—1984年，区第八届人大常委会组织代表对全区的“两个文明”建设、“五讲四美”活动、夏季卫生、震损房屋改造、重建商业网点、植树绿化等项工作重点进行视察。

1984—1987年，区第九届人大常委会围绕有关法律、法规的执行情况和各项改革情况进行视察，并结合检查法规执行情况，宣传贯彻食品卫生法。代表到57个委、办、局、公司和基层单位听取汇报，召开座谈会，进行实地视察。

1987—1990年，区第十届人大常委会组织代表对“一府两院”工作进行年终全面视察。代表深入基层听取汇报、实地察看。此届区人大常委会共组织112次各街代表组检查和视察活动。

1990—1993年，区第十一届人大常委会对区政府经济工作运行、法律法规的贯彻实施、合资企业和商业系统食品制售单位进行视察检查。1991年5—9月，组织代表到全区57个委、办、局、公司和基层单位进行视察。

1993—1998年，区第十二届人大常委会组织各工作委员会委员及部分代表，分别到21个委、办、局和部分街听取汇报，检查工作，并对全区11个基层单位和20多项工程项目进行视察。常委会就区街经济发展、房地产开发、土地批租、平房改造等工作专题听取汇报，对全区43个重点工程项目的进展情况进行分析，并重点进行视察、检查。连续2年组织代表对环境保护法和消费者权益保护法等贯彻实施情况进行视察检查。

1998—2002年，区第十三届人大常委会丰富代表活动内容，创新活动方式，完善活动机制。以“加快区域经济发展”为主题，组织20多次代表视察活动，代表们献计献策300余条。围绕城市环境综合治理、社区建设等重点工作，开展调研、视察、检查等活动，提出意见和建议，推动重点工作的落实。

2002—2007年，区第十四届人大常委会组织20多次代表视察活动。以“为建设现代化新城区作贡献”为主题，组织代表对行政许可服务中心、社区卫生服务站、旧楼区改造工程、示范高中校、民计民生工程等进行视察检查，召开代表献计献策座谈会，就加快区域经济发展、加强城市建设管理、推进社会事业发展、建设服务型政府提出280余条建议。以“推进国家卫生区的创建”为主题，组织代表开展视察、检查和调研，提出200余条建议。围绕“关注社区建设，情系百姓冷暖”主题，深入社区视察，提出建议450多条，为群众办实事760余件，为公益事业、扶贫助困捐款近百万元、捐物6万余件。

2007—2010年，区第十五届人大常委会围绕创建国家卫生区、国家园林城区、生态宜居城区的目标任务，组织10余次代表视察活动。组织代表就区域功能定位、社区建设、教育卫生、交通安全等专题，开展视察、考察和调研活动。组织代表视察小白楼商务中心区、陈塘庄科技商务区、友谊路金融服务区、桂发祥旅游点、区少年宫、谊景示范小区等20多个单位和街区，提出129条意见和建议，并为基层办实事334件。

图11-6　2008年12月，人大代表年终视察座谈会会场　　（区人大常委会办公室提供）

四　争创活动

1988年始，开展“争当选民信赖的好代表，争创先进街代表组”活动，对先进街代表组和区人大代表进行表彰。1988—2010年，共表彰选民信赖的好代表900余名、先进代表组近200个。1998年，在抗洪救灾捐款活动中，代表个人捐款4.6万余元，代表单位捐款448万余元。1999年，人大代表为下岗职工和弱势群体送温暖，为群众办好事实事600余件。为绿化新建居民小区，4个街代表组发出倡议，市区人大代表捐款1.8万元，在谦福里建造“人大代表世纪林”。2001年，评选并表彰42名选民信赖的好代表、6个先进街代表组、6个成绩显著的街代表组。2009年，举办代表先进事迹报告会，24名代表交流履行代表职责的经验，50名代表向选民述职，为群众办实事167件。

第五节　调研交流

一　调查研究

1980—2010年，历届常委会围绕常委会审议的议题、改革开放的重大事项、法律法规的贯彻实施和人民群众关心的热点问题开展调查研究。常委会组成人员、工作委员会、人大代表按全年工作要点开展调查研究，将全年审议的议题，分解落实到人，撰写调研报告。财经、城建、教卫、内务司法4个工作委员会，分别对区财政收入、区街经济、商业改革、城市建设管理、科教文卫体工作、执法服务等课题，开展对口调研。撰写《蓝天碧水总关情》《教育布局调整的现状与对策》《德式风情区的保护与开发》等调研报告，为决策提供依据，国家和市级刊物登载。

二 工作交流

图11-7 1999年9月，河西区承办全国十五城区人大工作研讨会 （区人大常委会办公室提供）

1988年，河西区与北京朝阳区、上海长宁区联合发起召开全国十三城区人大工作研讨会。90年代，发展为十五城区，每年召开2次。河西区参加全国十一城区和市内9区人大工作研讨会。1988—2010年，共撰写《紧密围绕经济建议，认真履行人大职责》《浅谈新形势下的人大监督工作》《认真行使决定权，推进依法治区》《坚持代表统一活动日制度，充分发挥闭会期间的代表作用》等48篇论文，在全国和市内人大工作研讨会上交流。

第六节 议案建议督办

一 督办制度

1990年，常委会制定《关于代表议案和建议、批评、意见的提出及审理、办复的办法》，对议案的范围与内容、收集与提出、审理与成立、承办与要求、承办成果等作出明确规定，对代表的建议、批评、意见的收集与办复，提出具体程序与要求。1995年，河西区第十二届人大常委会二十一次会议通过《河西区人大代表大会代表建议、批评和意见办理工作办法》。1999年，区第十三届人大常委会第十四次会议通过《河西区人民代表大会代表议案工作办法》。

二 工作机制

区人大常委会对历届历次人民代表大会市区代表提出的议案、批评意见和建议，会后交由“一府两院”等有关部门办理。区人大常委会确定一名副主任主管，有关科室专人督办。1990年，区政府成立提案办公室，负责人大代表议案、建议的办理，由常务副区长主管，各街、局、公司、委办设立提案办理组，明确承办人，形成区长分工抓、部门领导负责抓、承办人员具体抓的办理工作机制。

三 督办情况

1980年5月—2010年1月，共办理代表提出的议案、批评意见和建议10906件，涉及政治、经济、城建城管、社会治安、内务司法、教育、文化、卫生和社会生活等各个方面。议案全部落实，批评意见和建议解决率90%以上。

区第八届人大一至五次会议，收到代表建议3189件。代表提出的加快震损房屋的恢复修缮、道路失修、下水道不通、常年积水的老大难问题得到解决。

区第九届人大一至三次会议，收到代表建议2193件。其中，一次会议期间代表提出建议852件，区政府承办的637件；二次会议代表提出建议766件；三次会议代表提出建议575件，区政府承办的383件。代表多次反映的资水道农贸市场两侧下管修路、贺家口小学门前修路等问题得到解决。

区第十届人大一至三次会议，收到代表建议1888件，议案1件。一次会议期间，代表提出尖山铁道南梅江道，因多年失修，影响运输和职工上下班，经多方努力，筹措资金，完成路面工程。二次会议期间代表提出的一号路南头土道坑洼不平、前进道路面狭窄经常交通堵塞等问题得到解决。

区第十一届人大一至四次会议，收到代表建议1541件，议案10件。由代表出面筹措资金47万余元，促成一批群众生活中的行路、吃水、购物、绿化等问题的解决。

区第十二届人大一至七次会议，收到代表建议850件，议案10件。

区第十三届人大一至六次会议，收到代表建议263件，议案4件。推动平江道拓宽改造、东江道二期市场建设、梅江道地区环境综合整治等问题得到解决。

区第十四届人大一至五次会议，收到代表建议489件，议案1件。一次会议期间，代表提出美化里平房改造的建议，因居民密集、出房率低，区政府反复研究改造方案，经多方融资实施拆迁，使400多户居民告别低矮破旧的平房。三次会议期间，促使文明里市场管理、湘江道洗车一条街治理、红波里67门周围污水跑冒、小珠江道的整修等问题得到解决。

区第十五届人大一至五次会议，收到代表建议466件，议案1件。一次会议期间，代表提出建议147件，区政府10个部门就代表提出的发展社区卫生服务、新城小区6~8层居民楼吃水难、合理布局增建菜市场等10件重点建议，2007年8月底全部完成。2008年，三次会议期间区人大就代表提出的珠峰里社区路面破损、文苑里便民早点进社区、居委会办公用房扩建增加功能等问题的落实情况进行视察，促进问题的解决。2010年，五次会议期间代表提出佛山里13~15栋危房修缮问题的建议，区有关部门克服困难筹措800万资金实施原拆原建。

第七节　信访处理

一　工作制度

1991年，区第十一届人大常委会第十六次会议通过《关于加强群众来信来访工作的暂行办法》，对受理人民群众来信来访的范围、信访处理的办法、信访工作人员的要求做出明确规定。1991—2010年，健全接待、转办、督查、答复等办理制度，完善驻会主任、副主任接待日制度，主任会议定期听取信访工作汇报制度。设立专人负责处理代表和群众的来信来访和上级交办的来信来访。对涉及人民群众切身利益的疑难案件重点处理，对信访发现执法中的问题，召开公检法信访联席会协商办理。

二　办理情况

区第八届人大常委会受理代表和群众的来信来访277件（次），第九届人大常委会受理代表和群众的来信来访94件（次），第十届人大常委会受理代表和群众的来信来访666件（次），第十一届人大常委会受理代表和群众的来信来访529件（次），第十二届人大常委会受理代表和群众的来信来访594件（次），第十三届人大常委会受理代表和群众的来信来访723件（次），第十四届人大常委会受理代表和群众的来信来访737件（次），第十五届人大常委会受理代表和群众的来信来访655件（次）。1980—2010年底，人大常委会受理代表和群众的来信来访4275件（次），办结率100%。

河西区志

第十二编
人民政府

1980年5月，撤销河西区革命委员会，恢复区人民政府。80年代末，根据市区管理体制改革的要求，加大区政府发展经济、管理社会的责任和自主权。区政府制定经济和社会事业发展的目标和任务，召开会议进行动员部署，适时制定相应的保证措施，实行目标管理和过程管理，促进各项决策的落实。经济工作重点由区属经济向区域经济发展转变，社会管理和服务转向全方位和多元化。推进机构改革，转变职能，减少办事环节，提高工作效率。21世纪初，强化各级干部“政府就是服务”理念，创建服务型、学习型、法治型、数字型政府。坚持为人民群众办实事，实施“民心工程”。确立“规划立区、环境兴区、服务强区”的思路，发挥指导、引领、推动、协调、服务职能，拓宽服务领域，深化服务层次，不断提高公共服务实效和水平，促进区域经济和各项事业发展。

2010年，河西区人民政府办公楼　　（区地志办提供）

第一章 机构 领导成员

1996—2010年，河西区本着“精简、统一、效能”的原则，进行3次行政体制改革。1980—2010年，经区人民代表大会换届选举，产生8届区政府领导成员。至2010年，区政府工作部门34个，部门管理机构2个，派出机构15个（含13个街道办事处）。

第一节 机构设置

一 工作部门

河西区政府工作部门有：政府办公室、人力资源和社会保障局、机构编制委员会、监察局、信访办公室、侨务办公室、法制办公室、商贸旅游局、民营经济和中小企业发展促进局、安全生产监督管理局、投资促进局、金融服务办公室、经济社会发展局、人口和计划生育委员会、建设管理委员会、供热办公室、科学技术委员会、市容和园林管理委员会、财政局、国有资产监督管理委员会、教育局、体育局、民政局、审计局、统计局、房地产管理局、市政工程管理局、环境保护局、文化局、档案局、卫生局、综合执法局、司法局、人民防空办公室。

二 部门管理机构

区环境卫生管理局、市政工程管理局（由区市容和园林管理委员会管理）。

三 派出机构

陈塘科技商务区管理委员会、行政许可服务中心、13个街道办事处。

第二节 领导成员

1980—2010年，经区人民代表大会换届选举产生8届区政府领导成员。

1980—2010年河西区政府领导班子成员名表

表12-1

人民代表大会届次	区长	任职时间	副区长	任职时间
第八届人民代表大会 1980.5—1984.5	张　谅 鲁　夫	1980.5—1983.10 1983.10—1984.5	席元祥 郭迎秋（女） 杨　义 鲁　夫 刘峰岩 叶厚荣	1980.5—1984.5 1980.5—1984.5 1980.5—1984.5 1980.5—1983.10 1980.5—1983.10 1983.10—1984.5
第九届人民代表大会 1984.5—1987.2	鲁　夫 刘峰岩	1984.5—1986.5 1986.5—1987.2	叶厚荣 郭迎秋（女） 刘峰岩 杨　义 夏宝龙 李玉田	1984.5—1987.2 1984.5—1987.2 1984.5—1986.5 1984.5—1987.2 1985.12—1987.2 1986.11—1987.2
第十届人民代表大会 1987.2—1990.3	刘峰岩	1987.2—1990.3	叶厚荣 郭迎秋（女） 杨　义 夏宝龙 李玉田	1987.2—1988.12 1987.2—1990.3 1987.2—1990.3 1987.2—1990.3 1987.2—1990.3

续表

人民代表大会届次	区长	任职时间	副区长	任职时间
第十一届人民代表大会 1990.3—1993.2	吴吉栋 陈明铎	1990.3—1991.9 1991.10—1993.2	陈明铎 夏宝龙 李玉田 王九鹏 吴金组 薛世才 柯　兰(女)	1990.3—1991.10 1990.3—1993.2 1990.3—1993.2 1990.3—1993.2 1990.3—1993.2 1991.9—1993.2 1992.1—1993.2
第十二届人民代表大会 1993.2—1998.1	陈明铎 夏宝龙 王九鹏	1993.2—1993.9 1993.10—1997.11 1997.11—1998.1	夏宝龙 王九鹏 李玉田 吴金组 薛世才 柯　兰(女) 刘开基	1993.2—1993.10 1993.2—1997.11 1993.2—1998.1 1993.2—1997.11 1993.2—1998.1 1993.2—1998.1 1993.12—1998.1
第十三届人民代表大会 1998.1—2002.12	王九鹏	1998.1—2002.12	沈家聪 薛世才 刘开基 张志方 周振浩 张俊芳 杨书奎 盖　钢 黄永刚	1998.1—2002.12 1998.1—2000.12 1998.1—2002.12 1998.1—2002.12 1998.1—2002.12 1998.1—2002.10 2000.12—2002.10 2002.1—2002.10 2002.10—2002.12
第十四届人民代表大会 2002.12—2007.1	沈家聪 彭　三	2002.12—2006.8 2006.8—2007.1	张志方 杨书奎 盖　钢 黄永刚 李汕源 张金英 许迪春	2002.12—2006.9 2002.12—2007.1 2002.12—2007.1 2002.12—2007.1 2002.12—2007.1 2002.12—2007.1 2006.9—2007.1
第十五届人民代表大会 2007.1—	彭　三	2007.1—	杨书奎 黄永刚 李汕源 张金英 许迪春 江　洺 刘国胜	2007.1— 2007.1— 2007.1—2010.9 2007.1— 2007.1— 2007.1— 2009.1—

第二章　施政要务

1980—2010年，河西区政府围绕全区经济社会发展的重点、改革开放的着力点、社会关注的热点、人民群众生活的难点，履行职能。制定经济社会年度和中长期发展目标、计划和主要任务，适时推出具有前瞻性、指导性和可操作性意见、办法和方案，形成文件印发，召开会议进行动员部署，采取一系列措施，落实各项任务，将决策付诸实施，推动全区改革开放和经济社会发展的进程。

第一节　重要文件与会议

一　文件

中长期规划　1988年，编制《整体教育规划》；1995年，编制《国民经济和社会发展"九五"计划和2000年远景目标》；1999年，编制《经济发展战略(1998—2015)》和《经济发展规划(1998—2002年)》《1998—2010年教育发展战略大纲》；2001年，编制《国民经济和社会发展第十个五年计划》；2005—

2008年，制定《关于可持续发展的规划》《关于开展第五个法制实施教育，全面推进依法治区工作规划》《社区建设五年规划》《关于陈塘科技文化园建设规划》《关于生态城建设规划》。2006年，编制《国民经济和社会发展第十一个五年规划》，分别制定《关于加快建设商务商贸区规划方案》《关于加快建设特色突出的文化博览区规划方案》《关于加快发展都市型工业规划方案》。2010年，编制《国民经济和社会发展第十二个五年规划》。

方案与决定 自1983年，每年作出《关于为全区人民办十件实事的决定》。1996—2010年，制定《关于行政审批制度改革实施方案》《关于创建全国社区建设试验区实验方案》《关于街道行政区划调整的方案》《关于政府机构改革方案》《关于创建全国社区卫生服务示范区的方案》《关于深化社区卫生服务综合配套改革的方案》《关于创建天津市可持续发展试验区方案》《关于财政管理制度改革的方案》《关于部门预算改革的方案》等。

意见与规定 1987—2010年，制定《关于促进经济发展若干规定》《关于加快第三产业发展意见》《关于实施义务教育若干意见的规定》《关于评选表彰人民满意公务员的意见》《关于引进人才的意见》《关于加快小白楼商务区的意见》《关于招商引资的意见》《关于扶植和营造加快发展的意见》《关于创建全国环境保护模范城区的意见》《关于开展市民教育的意见》《关于服务区域经济发展的意见》《关于组建国有资产经营投资有限公司的意见》《关于加强依法行政的意见》《关于创建国家园林城区的实施意见》《关于做好农民工作的实施意见》《关于成立金融服务办公室的意见》《关于加强国有资产监管的实施意见》《关于促进个体民营企业发展的意见》《关于加快金融服务业发展的意见》《关于加快楼宇经济发展的意见》《关于推动中小型科技企业发展的意见》等。

二 会议

综合会议 1979—2010年，召开年度工作总结和来年工作部署会议，将任务落实到责任部门和责任人。各系统召开相应的工作会议，1983—2010年，召开为人民办实事工作和实施“民心工程”总结部署会议，将办实事项目层层分解责任部门。

专题会议 自80年代，召开区街经济、商业、城市建设和管理、教育、卫生等工作会议。1990—2010年，召开经济体制改革会议、教育工作会议、社区教育工作会议、体育工作会议、创建服务型政府会议、深化部门执法责任制会议、创建国家卫生城区工作会议、实行“首长负责制”现场推动会议、民主评议动员会、整顿规范市场经济秩序工作会议、区域经济发展战略研讨会、发展区域经济推动会议、法制工作会议、安全生产工作会议、安置就业工作会议、环境综合治理会议、社区建设工作会议、加强执法队伍建设会议、商贸商务节部署会议、招商引资推动大会暨优惠政策发布会、廉政工作会议、打造友谊路金融服务区推动会议、创建服务型机关动员会、城市建设和管理工作会议、加强食品安全工作会议、招商引资做出贡献单位表彰奖励会议、社会管理创新推动会、创建全国和谐社区推动会等。

第二节 重点工作

一 经济发展

工业 1979年，全区工作重点转移到以经济建设为中心，加大改革力度，对区属工业企业进行调整改革。对生产不足的街办和校办企业，淘汰旧产品，开发技术含量高、市场需求的新产品。在马场街、尖山街新建8个生产厂点，撤销13个污染企业。在47家街道直属厂实行计件工资、定额加奖励和基本工资加奖励分配形式。街办企业发展到260家，产品涉及印刷、五金、服装、电子等10余个行业，年产值1415.06万元，职工1.4万人，财政收入5165万元。

1980年，区属工业实行独立核算，自负盈亏、按劳分配、民主管理，调动职工生产积极性。街办工业销售和加工比1979年增长83.67%，总产值2599万元。财政收入5536.15万元。1983—1990年，街道集体经济实行利改税承包经营责任制，新办企业由劳动服务公司管理。街办工业持续增长，平均年递增8.9%。1990年，街办工业209家，固定资产1341万元，产值7281万元，利润1319万元。财政收入1.61亿元。

1992年，集体经济管理实行政企分设，尖山街33家企业实行股份合作经营，19个街生产管理处改为工贸实业公司。工商总收入15.08亿元，财政收入1.24亿元。1993年，制定《扶植私营企业加快发展的基本意见》，私营企业增加到367家，校办工业产值突破1亿元，利润2000万元。经委系统实行股份制经营企业41家，369个小企业实行公有民营。区街企业加快开放嫁接改造，新建三资企业37个，投资额1910万美元。1995年，街办经济进入规模化发展轨道。街办工业124家，固定资产总值2312.9万元，年产值1.89亿元，利润1203万元。校办工业54家，固定资产2044万元，年产值1.3亿元，利润2542.2万元，连续16年获天津市校办企业第一。经委系统新建20家股份制合作企业和有限责任公司。财政收入1.86亿元。1991—1998年，审批“三资”企业223家，工业总产值10.02亿元，利润8300万元。1999年，成立国有资产经营投资公司。经委系统成立二级集体资产管理委员会，区街经济由行政管理向资产和行业管理转变，天马集团企业转制为有限责任公司，越秀集团挂牌经营。独立核算企业245家，工业总产值4.55亿元。

图12-1　2010年，桂发祥麻花集团生产线（区地志办提供）

2000年，全区实现生产总值25.16亿元，同比增长21.08%，超额完成市下达指标。经委、校办企业、劳服、民政利润保持市区第一。民营企业发展到2886户，企业集团4户。民营经济年增加值达到54亿元，占生产总值70.02%，成为区域经济重要增长点。2001年，实现生产总值30.1亿元，同比增加18.4%。区街企业加大新技术、新产品开发。天津造船厂研发沸腾床制盐设备、文龙机械公司全自动高速上光机、树脂厂树脂生产设备出口国外，汇源、慈瑞印刷厂投资2000余万元引进国外先进设备，提升生产能力。财政收入2.9亿元。2003年，制定《陈塘工业园区规划方案》，建成占地2.78万平方千米工业园区。区属挂靠企业明晰产权和脱钩基本完成，318家企业与街办事处解除挂靠关系。财政收入6.9亿元。2006年，生产总值77.12亿元，财政收入13.3亿元。实现生产总值96.86亿元，同比增长23.55%。工业完成增加值7.22亿元。出台中小企业融资、注册、登记等13项服务措施，新增民营企业1368家，累计9725家。

2010年，实现区域生产总值526.59亿元，区属生产总值257.95亿元，区级财政收入30.65亿元，同比增长14.53%；非公有制经济实现增加值108.28亿元，同比增长16.55%，新增民营企业1371户，注册资金14.99亿元。陈塘工业园区融资20.4亿元，收购土地103.68万平方米，引进企业98家，注册资金4.06亿元。区国有资产总额107.4亿元，同比增长63.2%，国有资产保值增值率105.6%。

商贸　1979年，随着改革开放的进程，区商业形成多种体制、多种所有制、多种渠道、多种业态竞争参与的商业大流通格局。1980年，全区商业服务业888个，营业额2.76亿元。1995年，商委系统完成总收入16.85亿元，利润3100万元，同比增长31.65%、15.68%。1999年，完成总收入37.08亿元，同比增长26.82%。2000年，商业系统14个集团公司，完成总收入45.4亿元，同比增长22.43%，利润8890.34万元，同比增长23.48%。2005年，社会消费零售总额102.25亿元，比2001年，增长96.69%，年均增长18.41%。全区大中型购物场所25座，建筑面积83万平方米。至2010年，有各类市场64处，各类商业网点及大中型商业服务设施3000余家，形成小白楼、南楼、佟楼、下瓦房、小海地、梅江等区域性商业组团，以及大沽路传统商业街和友谊路涉外商贸街。商业实现增加值97.43亿元，同比增长17.43%，零售业实现销售总额208.8亿元。

图12-2 2007年，河西商务商贸节项目签约仪式 （区地志办提供）

外贸出口主要是生产型外贸企业，80—90年代，出口额逐年上升。1986年，发展“三资”企业200余家，出口额1020万美元。1998年，外资企业213家，出口额1210万美元。1999年，出口额1048亿美元。2004年，出口额2000万美元。2008年，外贸出口额14.01亿美元，出口产品涉及纺织、服装、冶金、电子等10余个行业。2009年，制定《河西区鼓励外贸出口企业意见》，出口额500万美元以上企业42家。2010年，成立区对外贸易协会，外贸出口额突破15亿美元。

1979年，优化投资环境，吸引国内外企业投资。1986—1998年，吸引国内投资额30.79亿元，实际到位额9.77亿元。吸引“三资”企业投资协议额1.09亿美元。2000年，驻区“三资”企业3024家，年纳税1.35亿元。内联引资到位额2亿元，外资到位额1150万美元。2003年3月，举办“中国天津·河西商贸节”，国内外400余家企业参加，到位投资额26亿元。2005年，招商引资53亿元，其中内联引资协议额33.2亿元，完成年计划112.82%。2010年，引进国内500强企业和现代服务业企业10家。国内招商引资到位额95亿元，外资到位额1.8亿美元。

2002年，确立中心城区发展方向，培育发展楼宇经济。2003年，小白楼商务中心建成，进驻企业118家。2004年，完善小白楼商务中心区配套设施，20座写字楼入驻企业500家。至2005年，楼宇入驻率85%以上。2007年，丽晶大厦引进美国爱思爱和国内知名企业入驻，环渤海发展中心引进开发银行。2010年，楼宇内注册企业2780家，楼宇出租率90%以上，楼宇企业实现三级财政收入29.9亿元，占区三级税收98%。实现纳税总额超亿元楼宇10座。

二 城市建设与管理

1979—2010年，以改善人民群众居住条件为着力点，采用多种途径，历经3次大规模城区危陋平房改造和新区建设，一批新型居民区和大中型商业楼宇及公共设施相继落成，城区管理逐年加强，载体功能显著增强。

建设 1976年唐山大地震至90年代初，以震损房屋修复和重建为契机，以改造北洋工房为突破口，进行第一次大规模住宅建设。至1981年，全区拆除震损房屋33处，临建棚1.6万余间，对多片房屋进行修复加固，占市区任务总量的三分之一。重建房屋开工37处、53栋，建筑面积为13万平方米。1985年始，对“三级跳坑”危陋平房进行改造。此类房屋有数千间，分布于全区10个街道社区，涉及2000余户居民。是年，北洋工房“三级跳坑”动迁并竣工，建成2.2万平方米的7幢庭院式住宅楼。将市属棉纺、冶金、造纸、化工等企业的职工宿舍及三义庄、南楼“窝铺”、南华里等片危陋房屋实施改造，建成砖混式楼房。

1993年，以全市面积最大(0.478平方千米)、人口最稠密(6600户，人均居住面积3.7平方米)、危陋程度最严重、改造难度最大的谦德庄危陋平房区改造为重点，进行第二次大规模住宅建设。1997年

9月，历时3年零9个月，相继完成谦德庄、土城、三义庄、贺家口、玉川居、西南楼、杨庄子、挂甲寺、丁家桥等48片危陋平房拆迁改造，在市区率先完成市政府提出5至7年改造成片危陋平房任务。拆除91万平方米，开工面积410万平方米，竣工面积246万平方米，建成16个新型居民小区，新楼房达1000余栋，4万户居民告别危陋平房，16万群众受益。

图12-3 2005年，河西区危陋房屋改造纪念广场

（区人大代表摄影组提供）

1997—2010年，以房地产业发展为主导，加快城市建设体制改革步伐，开启第三次大规模住宅建设和配套设施及商业楼宇建设。通过土地批租、出让、划拨、拍卖等多种形式，吸引市内和外埠房地产企业来区开发建设。以商品住宅开发为重点，相继建成中豪世纪花园、世纪城、水晶城等40余片新型居民住宅小区，总建筑面积642.79万平方米的梅江国际生态居住区成为天津市面积最大居民区。各类商业楼宇同步建设，一批大中型商业楼宇相继落成。至2010年，在区内注册的房地产企业119家，开工面积1049.19万平方米，竣工面积993.49万平方米。全区城市建设步入以市场化、商品化为主导的新阶段。

管理 1979—2010年，城市规划、土地、房地产、市政、市容和环境保护、环境卫生、园林绿化、综合执法等工作逐年加强。自2000年，推进城市环境卫生综合治理，建设蓝天、碧水、安静工程，开展创建全国卫生、环保、园林城区活动。在创建国家卫生区中，强化管理，开展以区容街貌、环境秩序为主要内容的综合整治工作，加强和完善城市基础设施建设，持续开展全区性的爱国卫生运动、市容环境卫生综合整治等活动。2008年，河西区成为市内六区首个获国家卫生区称号的城区。是年11月，全国爱卫会作出《关于对河西区创建国家卫生区工作考核鉴定及命名的表彰决定》，并向河西区政府授牌，市政府对河西区创卫工作的54个先进单位、27名二等功、57名三等功人员、528个嘉奖单位予以表彰。

三 社会事业

教育 1980—1987年，部分中学兴办职业中学，各类中专、中职、中技和普通高中招生比例达6:4。调整学校布局，分期分批综合治理基础薄弱校。加大教育经费的投入，逐年新建、改建校舍，增加教学设施。

1987—1993年，小学入学高峰期，每年小学生人数净增5000人。发动社会力量，采取多种途径解决“二部制”问题。依靠国家投资、企事业集资、社会募捐等多种渠道，先后投资1亿多元，相继建成8200平方米的区教育中心、4200平方米的区幼教中心，新建、改建、扩建80余所中小学，建成区文化馆、图书馆、少儿图书馆、少年科技宫、体育场馆等文化体育设施，新建、改建工程34项，面积8.83万平方米，投资4908.5万元，改造维修老陋校舍4.49万平方米，总投资1065.6万元，添置和更新教学设备2559.8万元。1988年始，先后5次获全国少年儿童工

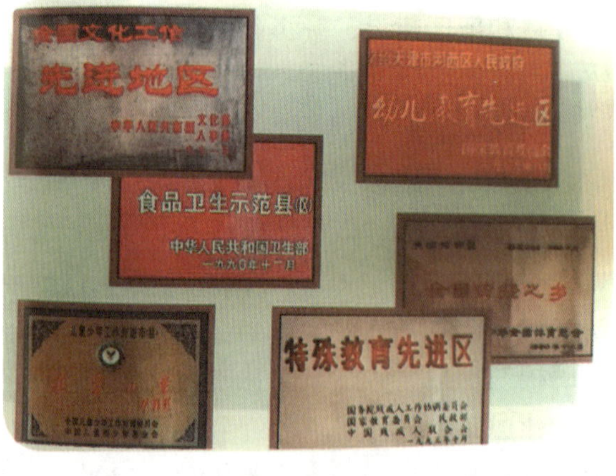

图12-4 河西区获全国先进奖牌图照选录

（区地志办提供）

作先进区称号。

1993—1998年，调整教育结构布局。1996年，有中学51所，其中初中校38所、高中校1所、完中校12所；有职业中学19所、小学78所、幼儿园30所、启智学校1所。小学毕业合格率99.28%，初中毕业率99.86%，高中会考合格率99.8%，高考一次上线人数1401人。1997年，中考毕业合格率100%，高中会考合格率99.86%，高考录取率80.3%。1998年，适龄儿童入学率、小学毕业合格率、特殊教育入学率、中考毕业合格率均达100%，高考一次上线率为66.67%。

1998—2002年，制定《1998—2010年教育发展战略大纲》，启动国家级高中示范校建设工程。2000年，完成九十七中、二十七中等11所学校调整工作。2002—2010年，启动中学示范校建设工程。被评为全国特教先进区和学前教育工作先进区、全国幼儿教育先进区、全国青少年心理健康教育示范基地、全国首批社区教育示范区、全国推进义务教育均衡发展工作先进区、全国未成年人思想道德建设先进区。

科技 1988年，承办国家级中国航天展览工作。1989—2000年，在中国科协“为一万个中小乡镇企业服务”活动中，区科技咨询服务中心被评为先进集体，并获“金牛奖”。在市第五届青少年科技小发明竞赛中，参赛的19件作品全部获奖。新华中学“麦饭石固体保健饮料”科研成果在第二届世界青年发明家成果展中获金奖，组队参加全国首届青年科技发明博览会获金奖。全市第七届青少年科技发明竞赛获奖总数市区第一名。建成5个市级科普示范社区、36个市级科普示范小区、22个市级文明家庭、3个市级科普示范基地。

2001—2010年，进行市级科技成果登记和鉴定，推荐天津市科技成果推广项目，申报国家、市新产品计划项目和申请申报办理专利，认定登记技术交易合同，扶持并资助专利项目。制定《创建天津市可持续发展实验区方案》，通过专家评审。加强科技创新体系建设，开展天津市高新技术企业资格认定，制定科技企业孵化器发展意见和管理办法，成立区科工贸发展中心，进驻科技型企业23家。天津天感科技园引进企业31家，形成以数码耗材为主，其他关联产业并存的特色科技产业区。创建和谐社区工作被评为市科协系统优秀科普活动，多个社区和家庭被评为市科普示范社区和市科学文明家庭。在市科学素质先进单位及个人表彰大会上，全区12所科技活动先进学校、8名优秀科技辅导员、2名优秀组织工作者、4名科技传播之星受到表彰。组织第二十三届科技周开幕式暨科普工作现场推动会、科普讲座报告会、科普培训、科普展览7个主题等12大系列活动、45项重点活动。

文化 1979—1998年，建立7个业余剧团，组织5次调演。实施区文化馆、街道文化站、居委会文化室三级群众文化网建设。1988年，中共中央办公厅、文化部来区进行文化建设调查，中共中央政治局常委胡启立来区考察。《人民日报》以《城市精神文明建设的一条有效途径》为题进行报道。全区新建扩建文化站20个。举办以爱国主义教育为主题的文艺演唱会、诗歌朗诵会、读书会、歌曲大汇唱，以歌颂英模为主题的职工演讲、摄影展，以弘扬民族文化为主题的群英荟萃暨社区文化大展演、青年七彩荟萃节、戏迷大世界、百名票友大汇唱、民间花会调演，以家庭文化为主题的“千家万乐”活动等。1991年，以“街道文化、企业文化、校园文化、军营文化和家庭文化”为一体的社区文化活动不断发展，河西区获全国文化工作先进地区称号。1992年，与文化部、市文化局等联合举办“马三立杯”全国相声（业余）邀请赛。1997年，190多个居委会和社区文化10条网络，举办200余项“河西之夏”夏季消暑纳凉系列群众文化活动。

1999—2004年，围绕迎接建国50周年、澳门回归、纪念天津解放50周年等开展系列群众文化活动，举办招商银行之夜大型消夏文艺晚会、庆祝建党80周年歌咏活动，20余万群众参加。实施小区文化工程。举办天津市海河之春音乐节——河西专场演出。2004年，举办首届合唱节、首届文化博览节和加强未成年人思想道德建设文艺演出。快板书《红柳楼》、儿童美术作品《五彩缤纷》获全国群星奖，马场街被评为全国文化先进社区，社区文化广场被评为全国特色文化广场。2005年，举办文化博

图12-5　2004年，河西区首届文化博览节社区文艺专场演出　（区地志办提供）

览节、中外名曲音乐会、芭蕾舞精品专场、中外文化交流、新春民族音乐会、"新河西人"展演等活动。

2006—2010年，与市文化局、今晚传媒集团联合主办交响乐专场、郎朗天津钢琴独奏音乐会、市首届"银河之夜"广场演出闭幕式暨区第三届文化博览节开幕式专场演出。举办首届社区教育志愿者节。与天津日报报业集团联合主办"打开音乐之门""春华秋实"系列音乐会。举办金秋商贸旅游文化节、民间民俗文化艺术节、文化旅游博览节和都市浪漫夜高雅艺术精品演出等活动。以奥运文化广场为平台，举办国际大中学生管乐演出、庆奥运广场歌会、书画摄影集邮展。举办大型图书展销、社区文化擂台赛、鼓舞大赛、群众性歌咏以及书画、摄影、集邮展、电影进社区、"相约环渤海""天津之春"大型交响音乐会、西岸室内乐精品演出等活动。挂甲寺庆音和永音法鼓列入国家非物质文化遗产。上海三联书店西岸书屋、中华花戏楼等文化产业项目开业。

医疗　1980—1992年，建立口腔病防治所和大营门、三义庄、下瓦房、东楼卫生院，河西骨科医院开诊。扩建河西医院、中医医院和马场、陈塘庄、尖山卫生院。各卫生院普遍开设家庭病床。新建小海地、珠江道、体院北卫生院，扩建河西产院和灰堆卫生院妇产科病房。1985年，全区病床达到910张，其中产床235张，产妇住院难问题得到缓解。1987年，推进卫生医疗体制改革，在友谊路卫生院进行管理体制试点。1989—1996年，区防疫站被评为全国食品卫生示范站，区卫生局被评为全国尘肺流调先进单位，河西区代表天津市接受联合国儿童基金会和世界卫生组织对计划免疫工作的检查审评，全区计划免疫达标率达100%，代表天津市接受全国计划免疫检查验收。1993年，河西妇产科医院经世界卫生组织和国家卫生部审评，被命名为"爱婴医院"。成立家庭医疗保健服务中心，初级卫生保健达标街14个，河西医院被评为二级甲等医院。自1997年，河西区被评为全国城市初级卫生保健达标区、牙病防治先进区，连续3年被评为市社区卫生服务达标区。至2001年，50%的基层医院整体转型为社区卫生服务中心，2003年4月20日，区内发生非典型肺炎疫情。25日，全区防治"非典"工作进入常态化管理。5月1日，中共中央总书记胡锦涛、国务院副总理吴仪深入社区、超市和医学观察所考察"非典"防治工作。2004—2010年，建成48个社区卫生服务站，覆盖率达100%。制定并实施《社区卫生服务综合配套改革方案》，依托驻区市属医院多的优势，成立社区卫生医疗联合体，探索建立双向转诊绿色通道，打造15分钟社区卫生服务圈。推进社区卫生服务基本用药网上统一采购、零差率销售。

体育　1979—1996年，区属街、局、公司开展小型多样业余体育活动。中小学建立重点项目网点校、市区传统体育项目校，组建212个体育运动队，建立河西体校，举办全区运动会。区业余体校被评为全国业训工作先进集体。在市青少年乒乓球比赛中连年获得冠军。至2008年，连续多年在天津市中小学田径运动会上获团体总分第一名。

图12-6　2002年，土城小学群星杯足球赛现场　（区地志办提供）

至2010年，全民健身网点3000余个，社区体育指导员700余名。街道、区属学校的体育健身在市和全国展赛及评比中获多个奖项和先进称号。河西区获全国群众体育先进单位和“田径之乡”“武术之乡”称号。

社会管理　80年代至2010年，加强法制建设，推进依法治区进程，构筑和完善社会治安防控体系，河西区被评为全国治安综合治理优秀地区。加强服务型政府建设，推进社区管理创新。建立区街两级行政许可中心、为民服务中心、就业(人才)服务中心等公共服务机构，完善社会服务和民生保障体系。推进“数字河西”和“智慧河西”建设进程，公共服务质量、效率和水平逐年提高。开展群众性精神文明创建活动，人民群众和城市文明程度逐年提高。

第三章　行政许可服务

21世纪初，河西区推进行政审批制度的改革，服务区域经济建设和社会事业发展。2004年，成立行政许可服务中心(简称中心)，坐落于永安道219号。2010年3月，迁至洞庭路20号，办公区面积4500平方米。以“公开、规范、高效、廉洁”为工作宗旨，不断完善服务细节，实行一站式集中办公，为公民、法人和其他组织投资申办企业提供行政许可和非行政许可服务。

第一节　审批体制改革

一　规范审批

2004年，首批15个行政职能部门、5个咨询部门、4家配套服务单位进驻中心，115项行政许可和审批事项实行集中办理。2批14个行政职能部门进驻中心。2009—2010年，落实市政府《关于取消、调整行政审批事项和向区县下放审批权限的通知》，依据法律法规确定保留事项。未进驻中心的11个部门，统一实行代理制，实现“一门受理、内部流转、限时办结、统一送达”。完成全区行政审批事项的整理、审核和汇总工作。全区具有审批职能部门33个，其中市属部门8个、区属部门25个；事项275项，其中行政许可类事项161项、非行政许可类审批事项102项、服务类事项12项，许可和审批事项中初审上报事项66项；进驻中心175项，其中行政许可事项129项，非行政许可审批事项46项。

图12-7　2009年，河西区行政许可服务中心　　(区地志办提供)

2004—2010年河西区进驻部门情况表

表12-2　　单位：个

进驻时间	进驻单位(部门)	进驻单位(部门)名称
2004年	15	工商分局、国税局、地税局、质监局、外经贸委、市容委、科委、经协办、文化局、环保局、市政局、公安河西分局、卫生局、交警河西支队、消防处
	5	人事局、劳动局、房管局、园林局、档案局
	4	公证处、博达会计事务所、工商银行河西分行、商务中心

续表

进驻时间	进驻单位(部门)	进驻单位(部门)名称
2005年	1	监察室
	12	建委、计委、人防办、财政局、教育局、劳动局、民政局、园林局、统计局、环卫局、安监局、规划处
2010年	22	工商分局、国税局、地税局、质监局、外经贸委、市容委、科委、文化和旅游局、环保局、计委、市政局、公安河西分局、卫生局、消防处、规划分局、建委、环卫局、园林局、新闻出版局、统计局、药监局、房管局
	11	安监局、人力社保局、民政局、民宗办、教育局、体育局、档案局、财政局、人口计生委、司法局、交警河西支队
	6	博达会计事务所、随安财务咨询公司、万象税务师事务所、河西区企业代理中心、融裕资产管理公司、商务中心

2005—2010年受理行政审批情况表

表12-3

	行政审批事项(项)	行政许可事项(项)	非行政许可事项(项)	受理各类事项数量(件)
2005年	157	107	50	46398
2006年	154	110	44	111233(含营业执照、组织机构代码证年检及税务登记证换证)
2007年	156	73	83	69749(含营业执照及组织机构代码证年检)
2008年	190	102	88	100188(含营业执照及组织机构代码证年检)
2009年	133	105	28	76638(含营业执照及组织机构代码证年检)
2010年	175	129	46	73307

二　政务公开

2004年，对审批事项实行政务公开，在内外网公示，并编印告知单供行政相对人查询。2005年，推行审批内容、办事程序、政策依据、申报材料、承诺时限、收费标准、责任部门、责任人、联系电话、投诉电话、办公地址、网址等公开。2008—2010年，启动政府公开信息查阅中心工作，开辟专门区域，设置专人负责，做好政务信息查询接待工作。

三　简化流程

2004年，区工商分局相关审批科室整建制进驻中心，实现受理、审批、发证一站式便捷服务。区工商分局、质监局、国税局、地税局等部门专网引入中心。2010年，全面推行现场审批，确定22名行政审批首席代表，对86项进驻事项进行现场审批授权，启用行政审批专用章，现场审批率100%。

四　服务措施

2004年，推出值班长制度，实行首问负责，开通重点项目绿色通道，由专人负责全程跟踪服务。2005年，启动区长接待企业服务日机制，为来区投资的企业实行零距离服务；开通网上表格远程下载功能，启动河西区企业信用网。2006年，实施联席会机制，帮助企业分析、研究、解决登记注册、照前审批遇到的特殊问题和紧急需求。2007—2010年，探索开展全时服务和审批预约服务。启动投资项目联合审批，实施企业设立联合审批。建立企业回访制度，对办结的行政许可事项进行抽样回访，为企业提供现场服务和延伸服务。

五　监督管理

2004年，建立监督考核与奖惩相结合的管理机制，考核工作经常化、数字化、多样化、人性化，将工作人员日常和年终考核，纳入全区机关考核体系。区监察局在中心设立监察室（加挂区行政效能监察投诉中心牌子），负责行政效能监察工作，受理对区属各级行政机关及其工作人员有关行政效能方面问题的投诉。2005年，完善《服务窗口与工作人员考核实施细则》，利用闭路电视数字监控系统实行办件时限全程监控。2007—2010年，与市行政许可服务中心实现网络对接，审批工作实行全程网络监督，锁定审批时限。

第二节 审批形式

一 联合审批

2008年，启动投资项目联合审批，设置联审服务窗口，为企业提供全程领办、跟踪服务。组织区计委、经贸委、环保局、规划分局、房管局、人防办、消防处及建委8个联审部门上门服务，提前介入，做好政策解释、组件指导，协助项目单位理清办事流程，在短时间内完成全部审批工作。组织召开联席会，掌握项目办理进度，帮助项目单位分析存在问题，促进项目快审批、快开工。2009年，开展实施企业设立联合审批，按照一窗受理、并行办理、依次审批、限时办结原则，实行并行审批方式。2010年，启动企业变更联合审批系统，企业办理设立、变更营业执照，5个工作日内办结。

图12-8 2008年，联合审批服务现场（区地志办提供）

二 审批标准化

2008年，将质量管理体系引入内部建设，开展质量管理体系认证工作，将先进的管理方法、理念和模式，逐步融入行政审批工作。2009年，通过英国劳氏质量认证机构审核，取得ISO 9001:2000质量管理体系认证证书。2010年，质量体系标准版本升级为ISO 9001:2008。

第四章 依法行政

1979年，河西区法制工作逐渐恢复。1990年9月，成立区法制办公室。各行政执法部门及街道办事处设立法制科，配备专职法制干部。2004—2010年，制定《关于全面推进依法行政的实施意见》和《全面推进依法行政"十二五"规划》。区政府常务会定期进行法律知识学习，强化领导干部依法行政观念，把依法行政贯穿到各项工作之中。围绕中心，服务大局，依法行政，强化监督，为经济和社会各项事业的发展创造良好的法治环境。2010年，被授予全国法治县（市、区）创建活动先进单位称号。

第一节 行政执法

一 执法责任制

1994—2003年，实行部门执法责任制，各行政执法部门依据法律赋予的职权，分解任务，明确职责，健全制度，研究和解决执法中存在的问题，接受区人大及其常委会的监督。1996年，全区开展争创文明执法单位(部门)活动，召开河西区首批争创文明执法单位(部门)表彰大会。2007年，对行政执法主体、执法依据、行政处罚等行政职权进行梳理，在区政务网上进行公示。制定《河西区推行行政执法责任制实施方案》，健全宣传、培训、执法岗位责任制、监督检查以及执法错案和过错追究等相关配套制度，理顺执法关系，完善执法程序，规范执法行为，把法律、法规和规章规定的责任细化分解到相关执法部门，指导督促各执法部门把所承担的执法任务、目标责任分解到所属的科、所、站，层层签订责任状，逐级落实到每个人，推进行政执法责任制工作的落实。2008—2010年，完成各执法单位《行政执法责任制基础资料汇编》编纂工作。

图12-9　2006年，河西区召开法制工作会议（区法制办公室提供）

二　执法监督

自80年代，建设服务型政府，规范执法行为，加强行政执法监督工作。1998年6月，成立区行政执法纠察组。2000年，区政府特邀监督员对区各行政执法单位及街道进行行政执法检查，评查案卷459卷。2002年，重新整理执法人员底档，做好机构改革后人员变更、重新申办执法证件工作。2003年，对全区1000多名行政执法人员重新登记造册。组织行政执法骨干培训班，对公共法律知识进行专题培训。对1100名行政执法人员进行考试，通过率达99.76%。2004年，开展执法服装、车牌、标志清理工作。2010年，制定《河西区行政执法争议协调规定》，解决行政执法部门之间的执法争议。

图12-10　2010年，河西区依法行政培训现场（区法制办公室提供）

三　规范性文件备案审查

2001年，组织46个单位对700多件规范性文件进行集中清理。2008年，制定规范性文件的制定办法、备案实施细则、审核办法、申请审查、定期清理等一系列制度类文件。2010年，对区现行规范性文件进行集中清理，对存在的问题，根据不同情况，认真审核，分类处理，统一备案，共审阅文件188件，属于行政规范性文件8件，其中废止1件。

四　行政执法投诉

2000年，针对在综合治理城市环境秩序工作中执法人员与管理相对人发生冲突的投诉问题，深入实际，调查研究，了解案情，掌握证据，分清责任，做好思想工作，及时化解矛盾。2002年，成立行政效能投诉中心，协调处理行政机关和执法人员不依法履行法定职责等有关行政效能方面的投诉，完善行政执法投诉工作的各项制度，健全行政执法投诉程序、渠道、网络。至2010年，共接待来访来电千余次，受理行政执法投诉140余件。

五　行政复议

2003年起，建立重大行政复议案件、撤销行政复议案件、败诉的行政诉讼案件备案制度。贯彻行政复议法和行政复议法实施条例，维护法律尊严，当事人合法权益与政府公信力相统一，确保复议案件质量。至2010年，共受理行政复议案件403件，办结率100%。

第二节　法制保障

一　法律咨询

2004年，区政府聘请7名法律顾问，为区政府的重要政务和经济活动提供法律咨询。2010年，组织相关部门对区18个部门机构改革方案进行法律审核。

二　保障重点工作

自1979年，围绕区重点工作，坚持依法行政，工作前移，注重协调，强化服务。为重点工程建设、市容环境整治、规划片房屋征收政策的制定、创建全国模范卫生城区等急难工作提供法律依据，保证政策合法有效。1997年，在贺家口片拆迁中，2100户居民10天内全部搬迁。2002年，在南围堤河改造、桂江里综合改造、海河大桥建设等市区重点工程中，专门成立法制保障组，提供法制咨询服务，协调解决施工受阻等问题，保护群众合法权益，保证工程顺利进行，执法部门、施工单位、人民群众三方满意。2003年，协调解决长芦房地产、红星美凯龙、城建学院等多处施工受阻问题，参与海河综合开发改造、地铁一号线建设、永安道、大沽路、纪庄子等地的拆迁改造工作。2004年，深入长泰河改造、旧楼区综合整治、市政道路桥梁建设等重点工程现场，搞好综合协调，解决难题。2009年，协调区房管局、建委、综合执法局做好民航楼、“五一”造纸厂宿舍拆迁工作。到小海地小二楼拆迁现场，提供法律咨询服务，进行政策解答，协调解决各类矛盾。2010年，协调区房管局、建委、综合执法局做好东海“小二楼”、陈塘庄工业区拆迁工作。

第五章　信访办理

1979年10月，河西区建立人民群众来信来访办公室，后更名为区委、区政府信访办公室。自2005年，全区各街道办事处设立信访办公室，区属各单位配备专职或兼职信访接待人员。针对经济社会发展中的不稳定因素，解决群众诉求，维护社会稳定。1980—2010年，信访办多次被评为天津市信访工作先进单位。2001年，被评为全国信访系统先进集体。

第一节　来信来访

一　受理查办

1979—1985年，主要解决平反冤假错案、查抄、遣送等历史遗留问题和地震后的住房安置等问题。1985年后，群众危陋房屋改造的呼声越来越高，此类的信访量显著增加。1986年始，群众来信来访反映平房改造、下岗再就业、劳保福利、拆迁安置、环境污染、食品卫生、城市管理等问题，约占信访总量的85%。自2000年，各类新矛盾、新问题相继出现，群众信访量不断增加，信访形式发生明显变化，群众联名信、集体上访量和群体性事件呈上升趋势，呈现出上访主体多元化、上访行为组织化、内部矛盾社会化等特点，非正常上访逐渐增加。区信访办公室协调处理群众反映的问题，化解各类矛盾。1995—2010年，受理群众来信来访总量为42532件（次），其中，来信13216件，个人访11897人次，集体访17437人次，信访办结率达96%以上。

二　化解矛盾

90年代至2010年，落实“来访百分之百接待，符合受理条件百分之百受理，上级交办事项百分之百答复”工作要求，信访一次办结率达到98%以上。开展争创“文明接待室”和“无集体上访，无越级上访，无信访积案和老户”的“三无”活动。开辟网上信访，借助“148”专线电话为群众提供法律咨询服务，邀请律师参与接访，处理和分流信访问题。按照“发现得早、化解得了、控制得住、处置得好”的要求，加强矛盾纠纷排查化解工作，制定《不稳定因素排查制度》《重大紧急信访信息报告制度》。围绕重要会议等工作，坚持信访关口前移，深入基层、深入现场，化解矛盾，解决信访突出问题。健全和完善处理集体访工作预案，落实处理集体访责任制，加强群众集体访情况的通报和责任追究工作。2010年，开展综合治理信访服务中心（站）进社区活动。全区13个街道成立综合治理信访服务中心，各社区成立169个综合治理信访服务站，将信访、司法、综合治理等工作力量进行整合。191个社区的楼栋长做好群众工作，维护社会稳定，对不稳定因素及时发现、反馈、稳控、调处和化解。协调解决重点信访积案217件，化解稳控集体访434批，交办、协办、督办和立案查办各类信访案件4307件，到期结案率为100%。

三　信息网络

2005—2010年，健全信息员队伍，把信访信息工作触角从街、局、公司延伸到基层科、所、站、队和社区居委会、楼栋长，提高信访信息覆盖面。组织以街、局、公司为主体，以居委会、厂、院、所、校、队为基层的三级信访信息网络，发挥信访信息的反馈作用，及时报送社情民意。

第二节　制度

一　承包

1979年，进行建立信访渠道、工作程序及信访工作制度的探索和实践。1982年始，建立“定办案人员、定具体措施、定结案时间，一包到底”的“三定一包”制度。至1994年，各系统、各单位开展将信访工作及时办妥的“门前清”活动，实施周四领导下访接待服务制度。推出“分级负责，归口办理”的公开办事制度，层层签订责任书。1995—2010年，推行各级领导包片、包案、包落实的信访“三包”责任制。2000年始，推行信访工作“一把手工程”，各单位的党政主要领导亲自抓、负总责，其他领导按分工各负其责，齐抓共管。

二　例会

1982年，建立联合办公制度。1990—1994年，建立基层信访例会制度，将全区各单位、各部门分成4个例会组，每月召开工作例会，通报、沟通情况，部署工作任务。针对国有企业转轨变型和危陋房屋改造等工作实际，建立与驻区国有大中型企业横向联席会制度和房屋改造“一条龙”服务制度。1990年始，建立与司法机关、行政执法、群众团体、新闻机构等部门的联系制度。1995—2010年，区信访办与11个市属委、办、局建立联席会制度。2008年，建立区领导信访例会制度，每周二主持信访例会，听取工作情况汇报，研究协调处理各种疑难、重点信访问题。建立处理信访突出问题和群体性事件联席会议制度，设立区联席会议办公室，形成统一领导、反应快速、部门协调、统筹兼顾、标本兼治、各负其责、齐抓共管的信访工作格局。

三 接访

1995—2004年，实行逐级上访制度，健全信访工作目标管理办法，实行政务公开挂牌接待，各级领导亲自阅批群众来信，接待群众来访，处理重大信访问题。领导每月用一个工作日，集中精力研究处理信访问题。制定《关于严格控制和认真处理集体上访问题规定》，建立信访情况通报和责任追究制度。建立预警、排查机制，制定信访工作潜在矛盾和不稳定因素排查制度。实行初信初访主办人制度和“首问”负责制，建立《信访工作督查制度》。

2005—2007年，健全并落实《领导干部信访接待日制度》《处理群众信访工作的规定》《关于信访案件办理的规定》《领导干部信访事项包案责任制的规定》等制度和规定。制发信访事项的处理、复查、复核意见书和各类告知书等，对信访事项的登记、交办、转送、督办、回复、复查、复核等各个环节的工作进行规范、调整和充实，加强信访工作目标管理考核工作，推进信访工作制度化、规范化和法制化建设。

图12-11 2010年5月，河西区召开信访工作研讨培训会（区信访办公室提供）

2008—2010年，以北京奥运会、纪念建国60周年、全国和天津市的人代会和政协会、天津夏季达沃斯论坛等重要会议和活动为主线，以处理信访突出问题及群体性事件工作为重点，在全区开展领导大接访活动。成立由区委组织部、纪检监察、政法委、信访办等部门组成的领导大接访工作督导组，制定《河西区处理信访突出问题及群体性事件工作方案》和《领导干部接访、下访工作安排》。采取现场接待、带案下访、重点约访等方式，直接听取群众诉求，现场协调解决群众反映的问题。确定每周四有1名区领导在区信访接待室接待群众，每季度区委书记、区长接访一次，对重点信访事项进行约访。区级领导分别对全区13个街进行承包，负责所在区域内的信访稳控、调处、化解工作。包片领导督促检查辖区矛盾纠纷的排查化解工作，督促检查辖区信访重点人的稳控、帮教工作，督促检查辖区各级负责人包案、接访、下访等项工作及重点积案的化解情况，督促检查辖区有可能出现的突发性群体性事件。对群众反映的疑难复杂、涉及面广的信访事项，深入剖析，找准症结，研究解决措施。各街、局、委、办成立党政主要负责人挂帅的领导接访、下访工作领导小组，制定工作方案和接访下访时间安排表，每日有1名处级领导值班随时接待上访群众，深入社区、科、所、站、队和施工现场等地，面对面与群众沟通对话，协调解决实际问题。

四 宣传培训

1990—2010年，加强信访条例的学习宣传和培训工作，开展宣传咨询服务，有步骤、分层次地对全区处以上领导和信访干部进行学习培训。每年举办信访业务学习、交流和培训、研讨活动，学习党和国家信访工作的方针政策、法律法规和业务知识，交流工作经验。

第六章　民族　宗教　侨务

自1979年，河西区民族、宗教、侨务工作逐步恢复。1992年，成立区人民政府侨务办公室，1996年，组建民族宗教事务办公室，与侨务办公室合署办公。1979—2010年，落实党的民族宗教侨务政策法规，发挥民族宗教侨界人士的作用，促进全区民族团结、宗教和顺、侨界和谐、社会稳定。区政府获全国3个届次民族进步模范集体称号，区民族宗教办公室4次获市民族团结进步模范集体称号，2次被评为全国侨务工作先进集体。

第一节　民族事务

1993年，全区有少数民族31个，12693人，占全区人口总数的1.9%。2000年，有少数民族35个，19255人，占全区人口总数的2.43%。2007年，有少数民族43个，21730人，占全区人口总数的2.85%。2010年底，全区有少数民族35个，23742人，占全区人口总数的2.73%。少数民族流动人口595人。

一　民族团结进步创建活动

1979年始，民族团结进步创建活动与“二五”普法相结合，采取多种形式，进行民族团结进步宣传教育。1994年，各街开展知识竞赛、书画展、灯会等，宣传党的民族政策和常识。1997年，组织各单位1000余名干部、职工学习《城市民族工作条例》。2002年，开展“鸿起顺”杯民族知识竞赛活动，全区各单位、各部门的负责人及广大群众参加，发放并回收问卷1万份。2004年，举办以“弘扬民族团结，促进共同发展”为内容的民族团结进步模范人物风采演讲活动。2006年，对民族团结进步模范单位（先进单位）、模范个人（先进个人）表彰进行和宣传。2007年，组织街道、区属相关单位3155名机关干部和群众参加由国家民委、司法部和全国普法办联合开展的“民族法律法规有奖知识竞赛活动”，民宗办获优秀组织奖。

图12-12　2009年，河西区举办民族团结进步创建工作经验交流会
（区民族宗教侨务办公室提供）

图12-13　2005年5月，河西区获全国民族团结进步模范集体奖牌
（区民族宗教侨务办公室提供）

二　清真食品市场管理

1993年始，少数民族人员到区经商逐渐增加。至1995年，有清真餐点156个。区民族宗教事务办公室会同有关单位和部门加强对清真食品的管理，每年至少对全区的清真食品管理工作进行两次联合检查。1997年，聘请200余名人大代表、政协委员、各街道、相关部门干部为清真食品管理监督员，开展对清真食品市场的调查研究，协助有关部门实施日常管理。1998年，全区各单位自查和区清真食品管理领导小组集中检查24次，提出整改要求37条。各执法管理部门配合，加大清真食品市场的管理力度。2010年，对全区150余家生产经营清真食品的企业和个体工商户开展普查，涉及清真饭店、餐馆、经营清真牛羊肉、糕点、茶叶等商铺，分布在全区各街范围。为规范、净化清真食品生产经营秩序，与区食品安全办、工商局、卫生局、商贸旅游局、市场办等单位配合，开展清真食品市场检查

工作，规范清真食品市场。执行清真食品认定标准，公开办事程序，简化审批事项，限时办结，提高管理水平。

三 民族教育

1996年始，区教育系统开展与西藏自治区、新疆维吾尔自治区、甘肃省的教育对口支援协作工作，支援甘肃渭元县贫困小学电脑40部、人民币20万元。同望小学先后与全国五个省、市、自治区的汉族、蒙古族、回族、藏族等8所学校建立手拉手关系，支援财物40余万元。开展民族教育进课堂活动。2000年，师大二附小探索在小学生中进行民族教育的做法，学校“纸服装队”自己动手设计民族服装进行展示。2005年，微山路中学代表市区承接兴建“内地新疆高中班”任务，投资近3000万元，建成9000平方米的综合楼，配备优秀教师，来自维吾尔族、哈萨克族等16个民族、460名学生享受优质教育资源。天津电视台、区有线电视台介绍新疆班学习生活情况。2007年9月，《新疆日报》等多家媒体进行采访，国家教育部民族教育司、新疆教育厅领导到校考察。自2008年，河西区民族教育工作经验交流会暨民族教育网开通仪式在微山路中学举行，民族教育网设有民族政策、民族概况、民族文化、民族知识等板块，拓宽民族教育普及面。

四 社区民族工作

自1992年，开展党的民族理论、政策、法规教育培训，整合资源，发挥有资助能力的单位作用，为少数民族群众排忧解难。2004年，建立统战部、民宗办、公安国保支队“三位一体”的运行机制，健全区、街、社区民族工作三级管理网络，区有领导组、街有协调组、社区有推动组，自上而下形成分管领导、科室负责、专人落实的工作机制。推进网络建设，完善并落实例会、调研、排查和信息反馈等制度。马场街、柳林街、天塔街、越秀路街、挂甲寺街、下瓦房街等单位形成具有自身特点工作模式。

第二节 宗教事务

1979年后，党的宗教政策开始得到落实，河西区宗教活动场所重新开放，宗教活动得以正常进行。1993年始，在恢复重建挂甲寺工作中，依照国家法律，尊重佛教仪规，向市、区及有关部门办理相应手续。1994年，贯彻执行国务院颁布的《宗教活动场所管理条例》《中华人民共和国境内外国人宗教活动管理规定》，依法管理宗教事务，保障宗教信仰自由，坚持独立自主自办的原则。每半年组织一次宗教教职人员学习政策法规、时事政治，推进“同心工程”，帮助、指导宗教活动场所加强自身建设，进行自我管理、自我约束、自我教育。1994年，民宗办被评为天津市宗教工作先进集体。2004年，在全区各级党政干部、宗教教职人员、信教群众中开展宗教法规宣传教育，举办8期培训班，培训1700余人次。2005年，民宗办被评为全国宗教系统“四五”普法先进集体。2010年，开展和谐宗教活动场所创建活动，在规范管理、教职人员素质、服务社会、慈善事业水平等方面得到提升，实现宗教工作的常态化、制度化。

第三节 侨务

至2010年，河西区内有侨眷、侨属7000余人，海外华侨华人约2600人，主要分布在东南亚、北美洲、欧洲、澳洲等26个国家和地区。这些人员出国主要是探亲、定居、留学、劳务、进修等。全区有华侨华人110人，早期归国华侨67人，侨资企业30家，侨属企业252家。建有区侨界投资者协会、区侨商会社团。1979—2010年，从侨情调查入手，依法护侨，以侨引资，推动侨务工作进社区。

一　法律宣传

自90年代，学习宣传归侨侨眷权益保护法。利用宣传角、街道网站、归侨侨眷座谈联谊会、侨法知识答题竞赛等多种形式进行宣传，营造知侨法、懂侨法、遵侨法的社会氛围。1994年始，开展基本侨情调查，把握海外侨情新特点和新变化，掌握海外侨胞、归侨侨眷的需求和意见建议，梳理数据和档案。指导社区有重点、有特点地开展侨务工作。2007年，马场街凤凰城社区创建全区第一个“全国社区侨法宣传角”。相继有越秀路街、友谊路街谊景村社区、大营门街蚌埠道社区等7个社区创建的“全国侨法宣传角”，并被国务院侨务办公室命名。

二　以侨引资

1993年始，到区落户的侨资企业逐年增多。每年为侨界办实事、好事，维护侨胞合法权益。1996年和2004年，先后成立区侨界投资者协会和侨商会，搭建侨资企业与政府沟通平台，发挥侨界海外联系多、信息灵、联络广的优势，牵线搭桥，促进合作交流。拓展海外侨务工作，增强海外侨胞向心力和凝聚力。借助河西商务商贸节的平台，邀请海内外朋友、企业家参会，考察河西区投资环境。2004年，注册1000万元的津侨强旺商贸有限公司落户入驻。2005年，区侨商会与加拿大、美国、日本、澳大利亚、欧洲等国家的29个商会建立联系，在区第三届商务商贸节上，加拿大中加国际投资公司与区侨商会签订委托侨商会代理出口药品和食品的合作服务项目。日本山海株式会社在区投资1000万元建立“纳豆”生产基地，产品申请注册，获得专利。2006年，投资200余万元的海尔售后服务中心在区内落户，安置100余名下岗职工再就业。1997年—2008年，帮助侨资侨属企业协调解决问题78件次。开展“侨帮侨，献爱心”活动，仅2008年救助生活困难归侨侨眷14户。侨资企业为汶川大地震灾区捐赠价值500余万元的实物和现金。搭建联谊平台，发挥侨资企业作用，开展侨务外宣系列活动。2008—2010年，举办侨界文艺演出、归侨侨眷迎奥运、赞河西联谊会等活动。

三　维护合法权益

1993—2010年，加强涉侨信访工作和区人大代表议案、意见、建议和政协委员提案办理工作，维护归侨侨眷的合法权益。接到来信来访120余件(次)，调处各类涉侨矛盾纠纷30余起，解决涉侨子女入学、遗产处置、房产办理、婚嫁、就业、就医、社会保险等信访问题80余件(次)，办复率达100%，承办区人大代表意见建议18件、政协委员提案25件，召开座谈会，协调有关部门与人大代表和政协委员面对面沟通，对涉侨的建议和提案逐一进行答复，解决率和满意率为100%。

第七章　调查研究　指导经济体制改革

1989年，河西区人民政府成立研究室。围绕区中心工作、重点任务和中长期发展目标开展调研，发挥调研机构参谋、助手作用，为区政府决策提供参考和依据。提出一系列指导、推动、保证各项事业发展的办法、措施，把调研成果转化为推动河西改革建设的决策。1992年7月，区经济体制改革委员会成立，与区政府研究室一个机构两块牌子，指导、协调、推动和服务区属企业经济体制改革。2010年，区人民政府办公室加挂研究室牌子。

第一节　调查研究

一　经济建设

1993年，撰写《关于促进个体经营发展的对策研究》，获市调研论文一等奖。1997—1999年，撰写《关于加快发展第三产业的意见》《关于搞活企业的意见》和《关于进一步加强工业，促进区街经济发展的意见》。1998年，撰写《关于进一步加强为区域经济服务的意见》《关于农贸摊群市场税收实行代征代收的实施办法》，成为区政府服务区域经济发展的基础性和指导性文件。2007—2009年，撰写《关于招商引资奖励办法》《关于加强属地纳税管理办法》《关于发展服务业引导资金使用管理办法》《关于鼓励支持服务业发展财税政策》《关于促进经济发展十条措施》等文件。参与撰写《关于国有资产整合监管》《关于大力发展服务业研究》。根据陈塘科技商务区的发展定位，经过调研论证，撰写《关于陈塘科技商务区发展优惠政策》。

二　社会事业

1989—1990年，编印两部区政府系统调研优秀论文集《调研与决策》。1996—2005年，参与谦德庄危改方案制定的调研论证，撰写动迁有关政策解答。撰写《关于进一步加强为基层服务工作的意见》，参与组织服务型政府建设高端论坛和优秀示范服务中心达标活动，编印《为民服务指南》。2000年，创办综合性、政务类刊物《河西研究》。2004年，撰写旧楼区准物业管理系列调研报告3篇，被市政府《内参》刊发。编印《社区建设论坛》。2005年，《建设服务型政府取得成效》《办好社区教育，构建和谐城区》《城中村有关问题分析》等4篇调研成果被市政府《政务参考》刊发。2006年，出刊《第一次经济普查成果专集》。2007年，编印《研究与实践》一书。

图12-14　2002年4月，河西区召开调研工作推动会　　（区政府研究室提供）

图12-15　1989—2007年，政府研究室编印的部分刊物书影　　（区政府研究室提供）

三　中长期规划

2003年，撰写《河西区“三步走”战略实施方案》。2004年，完成区“十一五”规划重点调研项目《经济社会发展总体目标及对策研究》。2005年，参与完成《国民经济和社会发展“十一五”规划纲要》《河西区可持续发展实验规划》《“十一五”人才发展规划》的撰写工作。自2007年，《信息服务业产业发展规划》《创建可持续发展实验区》等调研成果付诸实施。

第二节 指导经济体制改革

一 体制转换

90年代，指导推动区商业系统企业放开放活、集体企业巩固扩大股份合作经营、企业完善承包责任制和租赁制等改革。1991年，撰写《中国企业承包实践·天津卷》河西区相关文稿。1992年，推进尖山街32家集体企业进行股份合作制试点。1994年，77家街办企业转为股份合作制。1998年，协调推动天马、山华、南楼、越秀企业集团的组建工作。编印《企业改革运作指南》。中小企业改革和改制的调研文章在《中国改革报》《中国改革》杂志等刊物发表。1999年，《天津日报》以《河西区经营体制改革见成效》为题进行报道。2003年始，推进挂靠企业解除行政隶属关系和区属企业的国有、集体资产有序退出。2004年，指导推动山华集团股权结构调整、增资扩股工作。完成区房建公司、区粮贸总公司、桂发祥麻花集团、南楼集团等600家区街集体企业改制工作。2006年，撰写《河西区文化体制改革的调研提纲》和《河西区文化体制改革实施方案》。

二 产权交易

1999年，成立区产权交易事务所，为区体改委下设自收自支单位，负责街道企业、个私企业、三资企业、驻区企业等非国有资产产权管理工作。自2000年，产权交易所与山华集团联合建立产权交易所，开展拍卖、典当等业务。2009年12月，体改委职能及下属的区产权交易事务所隶属关系一并划转至区国资委。

第八章 信息化建设

1998年，河西区政务网站成立。2002年2月，区人民政府成立信息化办公室。是年10月，区信息中心成立。2007年，河西区政府网站获中国社会科学院颁发的特色网站奖。2008年3月，召开"数字河西"工程建设动员大会，启动工程建设，从完善基础设施建设着手，推进各部门信息化应用建设，搭建集应急联动、城市管理、便民服务于一体的数字化平台，初步形成资源整合、信息共享的"大网络""大平台"和"大数据"格局。2009年7月，在市18区县学访活动中，参观"数字河西"建设项目。2010年，信息中心获市模范集体。

图12-16 2007年，河西区政府网站获特色网站奖牌
（区地志办提供）

第一节 信息系统

一 政务网络

2003年，与中国联通天津分公司（原天津网通公司）合作，实施政务网络改造工程，在区委、区人大、区政府办公楼引进光纤。是年，改造全区电话系统，组建VPN电话网，职能部门之间通话无费用。2006年6月，调整机房部分设备，政务外网网站服务器与数据库服务器由政府机房托管到网通绍兴道机房。2007年，作为天津市电子政务应用的试点，完成区政务网和市政务专网的联网。2008年8月，与中国移动通信集团天津有限公司签署《共同推进无线城市及信息化建设战略合作框架协议》，

整合区政府基础网络、服务器、网络安全设备、应用系统等软硬件资源，建设基于云计算平台的无线城区。2009年11月，与中国联通天津市分公司签署建设光纤城区战略合作框架协议。率先在市区完成光纤覆盖，商业区、办公楼实现千兆到大楼、百兆到楼层、十兆到桌面，社区居民光纤接入互联网。2010年1月，与中国电信天津分公司签署《数字集群网络试点协议》，由天津电信公司投资建设，组建覆盖全区的800M数字集群网，增强区政府及其下属各个部门之间应对紧急事件的反应能力。河西区被列为市互联网统一安全接入试点城区。

二　政务网站

1998年，建成区政务网并利用“天津热线”信息平台进入国际互联网，成为市内六区中首家接入国际互联网的政府网站。2003—2010年，区政务网站先后进行6次改版，重点提升政府信息公开、公众参与、政府服务功能。2007年，在由中国社会科学院信息化研究中心、国脉互联政府网站评测研究中心联合主办的“第二届中国特色政府网站评选”活动中，区政府门户网站获得“在线办事特色与创新奖”。2008年，区政务网在市政府门户网站评选活动中获得区县网站第一名，区政府被评为市政府网站建设先进单位。

图12-17　2008年，河西区政民互动平台截图　（区地志办提供）

三　应用系统

2003年11月，启用公务邮箱。建成社区居委会信息管理系统，并在桃园街和陈塘庄街试用。2005年，社区居委会信息管理系统全面推广，在9个街道131个社区居委会使用。2006年，搭建政府热线服务平台和区长信箱系统。整合政府热线电话、信访业务系统、城市管理监督系统、北方网“政民零距离”系统以及各职能部门的投诉、举报、咨询等信箱，形成全区统一的政民互动平台。将居民群众反映的各类问题分为22大类77小类，扩大覆盖面，成为区政府为百姓办事的重要渠道和联系群众、了解社情民意的窗口。建成城市管理监督信息平台，按照问题登记、立案、办理、验收、结案流程，解决城市管理方面存在的问题。

图12-18　2008年，河西区数字化城市公共管理平台截图　（区地志办提供）

2008年，数字化城市公共管理平台升级改造，建成数字城管指挥中心。数字城管系统平台试验性推广使用，实现服务外包。启动“数字执法”项目，通过GPS定位，实时对执法队员勤务的监督考核。是年，启动视频监控系统建设，依托区电子政务平台，完成90个监控点位和监控设备的安装测试，建成1个一级分控中心、1个二级分控中心，13个三级分控中心的视频监控基础网络，实现区内重要点位、要害部门、易发案地区路段、主要道路交口等部位的视频图像监控。启动视频监控二期工程，完成汉江里小区视频监控系统建设，整合人民公园内视频监控点位11个，视频监控图像相继接入区环卫局、区交管局等单位，实现资源整合与共享。是年，建设完成区环卫局GPS车辆定位综合监控管理系统。区政府制定信息公开指南，借助天津市统一政务公开平台，实现机构职能、政府文件、规划、统计等各类信息的汇总、上报、核实和发布。2009—2010年，完成真图影像系统一期建设，通过审核，在互联网上发布。建立沿街门脸牌匾、户外挂件、立面形象、道路绿化的数字化档案。

第二节　信息公开

一　主动公开

2008年，成立区信息公开领导小组，组建工作机构，全区51个信息发布单位开展信息公开工作。依托区政府网站，建设区信息公开网络系统，实现区和街两级政府信息的网上报送、网上审核、发布、受理信息依申请公开。设立档案馆、行政许可服务中心、图书馆3个政府信息公开查阅服务中心，面积135平方米，信息查阅座席56个，电脑9台数。2010年，接待查阅公众1884人次，接听查阅咨询电话220余次，公众查阅公开文件226份。

二　依申请公开

2010年，规范依申请公开办理工作，完善受理、审查、处理、答复以及保存备查各个环节的流程，依法依规满足人民群众的特殊信息需求。

第九章　其他工作

90年代，建立为民服务网络，设立“公仆接待日”，区政府领导和相关部门负责人到天津广播电台直播间，听取答复群众反映的问题。2007年，成立应急办公室，制定应急预案，应对突发公共事件。至2010年，逐年加强各项任务落实的督查督办，做好为人民代表建议、议案和政协委员提案的办理工作。

第一节　为民服务网络

一　为民服务热线

1995年，区政府办公室设值班接待科，负责为民服务网络工作。1998年，成立为民服务网络协会，全区各委办局和街道办事处作为网络协会成员单位。每年评选表彰为民服务网络“双十佳”单位和个人。编发《热线专刊》，至2010年，受理为民服务网络电话10万余件。

二　公仆接待日

2007—2010年，每月第一周的星期二设为“公仆接待日”，由一名区长和有关职能单位负责人现场受理群众电话。2010年，组织完成公仆接待日活动10余次，受理问题200余件。公仆走进直播间2次，受理问题60余件，加强对各责任单位的督办和协调力度，限期解决。

三　应急处置

2007年，制定《突发公共事件总体应急预案》，编修24部专项应急预案，对应急指挥的职责分工、应急准备、应急处置、善后处置提出明确的任务和要求。成立驻京联席办公室，开展进京接访工作。

设立应急避难场所，组织安全、公安、消防、人防、红十字会部门开展各类应急培训40余次，3000余人参加。通过电视、网络、宣传栏、报纸、手册多种方式进行应急知识宣传，开展应急演练，处置突发事件。

第二节　督查工作

一　政务督查

90年代至2010年，每年围绕重点工作任务目标和民心工程开展跟踪督查。将年度任务分解，建立督查台账，督查督办。做好市区领导批示信件的办理工作。对区重点工作、重点项目定期开展督查督办。推进职能转变和督查服务工作，对决策落实情况进行督查。

二《政民零距离》栏目

2009年10月，受理北方网《政民零距离》栏目反映的问题。至2010年，受理问题1150件，回复率保持100%。

第三节　提案办理

一　机制

1979—2010年，每年把做好人大代表建议、议案和政协委员提案办理工作，列入区政府重要议事日程。1990年，在区政府办公室内设提案科。每年区人大、区政协两会后，对办理工作进行部署，对重点建议、议案和提案签署落实责任状。办理前沟通情况，办理中梳理分类，办理后统一答复，征询办理意见。接听代表、委员反映问题“9811”专线电话，按照办理规定，及时处理解决。

图12-19　2008年，提案督办工作现场　（区地志办提供）

二　数量

2000—2010年，人大代表和政协委员提出的建议、议案和提案的重点由城市建设和管理逐步转向社会协调统一发展上来，更加关注经济发展、社会医疗、养老、全民素质提升。1993—2010年，办理代表建议2399件、政协提案2367件，办复率100%，满意率100%，解决率逐年提高，连年被评为市优秀承办单位。

1993—2010年河西区办理代表建议政协提案情况统计表

表12-4　单位：件

年份	人大	政协
1993—1997	873	568
1998	146	85
1999	117	121
2000	117	158
2001	104	177

续表

年份	人大	政协
2002	88	163
2003	161	141
2004	122	114
2005	110	143
2006	96	147
2007	147	144
2008	125	158
2009	84	117
2010	109	131
合计	2399	2367

第十三编 人民政协

1980年5月，河西区政协第五届一次会议召开，恢复人民政协工作。1980—2010年，河西区第五届至第十二届政协，履行政治协商、民主监督、参政议政的职能，听取并讨论《政府工作报告》140次，围绕区中心工作和人民群众关心的热点难点问题，开展视察检查264次，调查研究566次，通过提案反映社情民意等形式提出意见和建议1.18万条。协商有计划、监督有力度、参政议政上水平，推进履职能力建设，提升机关服务水平，促进全区重大决策的科学化、民主化，为推进河西区经济和社会发展献计出力。

2002年12月，中国人民政治协商会议河西区第十一届委员会第一次会议会场（区政协办公室提供）

第一章 政协委员

1980年区政协第五届委员会至1992年区政协第八届委员会期间，每两年至四年为一届，1993年区政协第九届委员会后，按中央规定每五年为一届。1980—2010年，共召开8届区政协会议，共产生政协委员2070人。

第一节 委员产生

一 推荐办法

根据中国人民政治协商会议章程、市委关于区县领导班子换届工作精神及区委有关区政协换届工作的意见，经与各民主党派、无党派人士、各人民团体和有关方面反复协商推荐，征得被推荐委员单位党组织的同意，确定政协委员人选。每届政协委员产生的名额、界别设置由区政协常委会协商决定。

二 委员人数

第五届至第十二届委员分别为236人、252人、266人、268人、255人、255人、267人、271人。

第二节 界别构成

一 界别

人民政协由界别构成。历届区政协委员均由各民主党派、各人民团体、各民族、各界别人士构成。

第五届委员会共25个界别，在原有界别基础上增加台籍同胞和军烈属界别。

第六届委员会由23个界别构成。中共、民革、民盟、民进、九三学社、农工党、民建、致公党、共青团、妇联、工会、工商、科技、文教、医务、华侨、军烈属、保育、台胞台属、文艺、民族、特邀、企事业。

第七届委员会由24个界别构成。中共、民革、民盟、民进、九三学社、农工党、民建、致公党、共青团、妇联、工会、工商、科技、文教、医务、华侨、保育、文艺、台胞台属、民族、宗教、特邀、企事业、军烈属。

第八届委员会由26个界别构成。中共、民革、民盟、民建、民进、农工党、致公党、九三学社、无党派、台胞台属、共青团、工会、妇联、工商、文艺、科技、科协、教育、医务、民族、归侨、侨联、青联、军烈属、宗教、特邀。

第九届委员会由26个界别构成。中共、民革、民盟、民建、民进、农工党、致公党、九三学社、无党派、台胞台属、共青团、工会、妇联、工商联、文化艺术、经济、科技、科协、教育、医务、民族、侨联、青联、军烈属、宗教、特邀。

第十届委员会由26个界别构成。中共、民革、民盟、民建、民进、农工党、致公党、九三学社、无党派、共青团、工会、妇联、青联、工商联、侨联、科协、文化艺术、科技、经济、教育、医药卫生、少数民族、台胞台属、烈军属、宗教、特邀。

第十一届委员会由25个界别构成。中共、民革、民盟、民建、民进、农工党、致公党、九三学社、无党派、共青团、工会、妇联、青联、工商联、科协、台联、侨联、文化艺术、科技、经济、教育、医药卫生、少数民族、宗教、特邀。

第十二届委员会由23个界别构成。中共、民革、民盟、民建、民进、农工党、致公党、九三学社、无党派、工会、妇联、共青团、工商联、台联、侨联、文化艺术、科技、经济、教育、医药卫生、少数民族、宗教、特邀。

二　委员构成比例

区政协委员会均由中共党员、民主党派、无党派人士、妇女、少数民族等组成。

第五届至第十一届部分届次河西区政协委员构成比例表

表13-1　　单位：人

届次	政治派别						其中			
	中共党员		民主党派		无党派人士		妇女		少数民族	
	人数	占比	人数	占比	人数	占比	人数	占比	人数	占比
第五届	70	29.20%	–	–	–	–	–	–	–	–
第六届	74	29.40%	–	–	–	–	71	28.10%	16	6.30%
第七届	81	30.50%	–	–	–	–	71	26.70%	17	6.39%
第九届	97	38.00%	74	29.00%	84	33.00%	67	26.30%	16	6.30%
第十届	101	39.60%	82	32.16%	–	–	73	28.63%	17	6.67%
第十一届	107	40.00%	–	–	–	–	66	24.70%	15	5.66%

第二章　全体委员会议

1980年5月至2010年1月，区政协共召开8届、31次全体委员会议。会议听取和审议政协常委会工作报告和提案工作报告，并通过相关决议。列席区人大会议，听取并讨论《政府工作报告》。每届第一次全体委员会议，选举产生本届政协主席、副主席、秘书长和常务委员。

第一节　第五届委员会

本届任期4年，共召开4次全体会议。

一　第一次会议

1980年5月2—6日在市政协礼堂举行，出席会议的委员236人。会议审议通过《政协河西区第四届委员会常务委员会工作报告》和大会决议；委员们列席河西区第八届人民代表大会第一次会议；大会选举产生政协河西区第五届委员会主席1人、副主席6人、秘书长1人、常务委员48人。

二　第二次会议

1981年5月13—16日在市政协礼堂举行，出席会议的委员226人。会议审议通过《政协河西区第五届委员会常务委员会工作报告》和大会决议。

三　第三次会议

1982年4月26—29日在市政协礼堂举行，出席会议的委员235人。会议审议通过《政协河西区第五届委员会常务委员会工作报告》和大会决议。

四 第四次会议

1983年3月2—3日在区少年宫礼堂举行，出席会议的委员230人。会议审议通过《政协河西区第五届委员会常务委员会工作报告》和大会决议。

第二节 第六届委员会

本届任期2年零10个月，共召开3次全体会议。

一 第一次会议

1984年4月25—27日在四十二中礼堂举行，出席会议的委员217人。会议审议并通过《政协河西区第五届委员会常务委员会工作报告》和大会决议；天津市政协副主席王恩惠、中共河西区委书记刘瑞生分别在开幕式和闭幕式上讲话；委员们列席河西区第九届人民代表大会第一次会议；大会选举产生政协河西区第六届委员会主席1人、副主席8人、秘书长1人、常务委员45人。会议收到提案72件。

二 第二次会议

1985年4月10—13日在区少年宫礼堂举行，出席会议的委员180人。会议审议通过题为《锐意改革，面向未来，为中华腾飞和祖国统一作出新贡献》的政协常委会工作报告和大会决议。会议收到提案87件。

三 第三次会议

1986年5月20—24日在区少年宫礼堂举行，出席会议的委员187人。会议审议通过题为《进一步开创新时期人民政协工作新局面，团结奋斗，再展宏图》的政协常委会工作报告和大会决议。会议接受李虹辞去区政协主席职务，补选刘瑞生为区政协第六届委员会主席。会议收到提案61件。

第三节 第七届委员会

本届任期3年，共召开3次全体会议。

一 第一次会议

1987年2月23—28日在区少年宫礼堂举行，出席会议的委员242人。会议审议通过题为《坚持四项基本原则，调动一切积极因素，为统一祖国、振兴中华作出新的贡献》的政协常委会工作报告和大会决议；中共河西区委统战部部长传达中共中央和中共天津市委统战工作会议精神；委员们列席河西区第十届人民代表大会第一次会议；大会选举产生政协河西区第七届委员会主席1人、副主席8人、秘书长1人、常务委员45人。会议收到提案99件。

二 第二次会议

1988年2月29—3月4日在区少年宫礼堂举行，出席会议的委员225人。会议审议通过题为《在建设有中国特色的社会主义伟大旗帜下和祖国统一、振兴中华的爱国主义伟大旗帜下，团结起来为振兴河西努力做出贡献》的政协常委会工作报告和大会决议。会议收到提案138件。

三　第三次会议

1989年2月22—25日在区少年宫礼堂举行，出席会议的委员219人。会议审议通过题为《认清形势，团结奋斗，为治理整顿和深化改革做出新的贡献》的政协常委会工作报告、关于提案审查情况的报告和大会决议。会议收到提案299件。

第四节　第八届委员会

本届任期3年，共召开3次全体会议。

一　第一次会议

1990年2月26—3月2日在区少年宫礼堂举行，出席会议的委员233人。会议审议通过《政协河西区第七届委员会常务委员会工作报告》、关于提案审查情况的报告和大会决议；中共河西区委书记刘峰岩在会上讲话；委员们列席河西区第十一届人民代表大会第一次会议。会议选举产生政协河西区第八届委员会主席1人、副主席7人、秘书长1人、常务委员42人。会议收到提案296件。

二　第二次会议

1991年3月11—14日在区少年宫礼堂举行，出席会议的委员205人。会议听取并审议通过政协常委会工作报告、关于提案工作情况的报告和大会决议。会议收到提案186件。

三　第三次会议

1992年2月25—28日在区少年宫礼堂举行，出席会议的委员237人。会议听取并审议通过政协常委会工作报告、关于提案审查情况的报告和大会决议。会议收到提案183件。

第五节　第九届委员会

本届任期5年，共召开5次全体会议。

一　第一次会议

1993年2月22—25日在区少年宫礼堂举行，出席会议的委员206人。会议审议通过《政协河西区第八届委员会常务委员会工作报告》、关于提案工作情况的报告和大会决议；天津市政协办公厅副主任王长寿、中共河西区委书记吴吉栋在会上讲话；委员们列席河西区第十二届人民代表大会第一次会议；会议选举产生政协河西区第九届委员会主席1人、副主席9人、秘书长1人、常务委员39人。会议收到提案166件。

二　第二次会议

1994年2月19—22日在区少年宫礼堂举行，出席会议的委员212人。会议听取并审议通过政协常委会工作报告、关于提案工作情况的报告和大会决议。会议收到提案141件。

三　第三次会议

1995年2月15—18日在区少年宫礼堂举行，出席会议的委员223人。会议听取并审议通过政协常委会工作报告、关于提案工作情况的报告和大会决议。会议收到提案153件。

四 第四次会议

1996年1月18—21日在区少年宫礼堂举行，出席会议的委员242人。会议听取并审议通过政协常委会工作报告、关于提案工作情况的报告和大会决议。表彰129名政协活动积极分子。会议收到提案174件。

五 第五次会议

1997年1月19—22日在区少年宫礼堂举行，出席会议的委员261人。会议听取并审议通过政协常委会工作报告、关于提案工作情况的报告和大会决议。会议收到提案173件。

第六节 第十届委员会

本届任期5年，共召开5次全体会议。

一 第一次会议

1998年1月8—11日在天津宾馆中礼堂举行，出席会议的委员245人。会议审议通过《政协河西区第九届委员会常务委员会工作报告》、关于提案工作情况报告和大会决议；天津市政协副主席陆焕生出席会议并讲话；委员们列席河西区第十三届人民代表大会第一次会议；大会选举产生政协河西区第十届委员会主席1人、副主席8人、秘书长1人、常务委员38人。会议收到提案151件。

二 第二次会议

1999年1月14—17日在天津礼堂中剧场举行，出席会议的委员257人。会议审议通过政协常委会工作报告、关于提案工作情况报告和大会决议。会议收到提案185件。

三 第三次会议

2000年1月7—10日在天津礼堂中剧场举行，出席会议的委员246人。会议审议通过政协常委会工作报告、关于提案工作情况报告和大会决议。会议收到提案220件。

四 第四次会议

2001年1月4—6日在天津礼堂中剧场举行，出席会议的委员279人。会议审议通过题为《团结奋进，求真务实，开创新世纪我区政协工作的新局面》的政协常委会工作报告、关于提案工作情况报告和大会决议。表彰政协活动积极分子84名。会议收到提案265件。

五 第五次会议

2002年1月20—22日在天津礼堂中剧场举行，出席会议的委员248人。会议审议通过政协常委会工作报告、关于提案工作情况报告和大会决议。3名政协委员以发挥委员作用为题作大会发言。会议收到提案236件。

第七节　第十一届委员会

本届任期5年，共召开4次全体会议。

一　第一次会议

2002年12月4—7日在天津礼堂中剧场举行，出席会议的委员256人。会议审议通过《政协河西区第十届委员会常务委员会工作报告》、关于提案工作情况的报告和大会决议；天津市政协副主席张德铨出席会议并讲话；委员们列席河西区第十四届人民代表大会第一次会议；会议选举产生政协河西区第十一届委员会主席1人、副主席7人、秘书长1人、常务委员36人。会议收到提案233件。

二　第二次会议

2004年1月4—6日在天津礼堂中剧场举行，出席会议的委员263人。会议审议通过政协常委会工作报告、关于提案工作情况报告和大会决议。会议收到提案157件。

三　第三次会议

2005年1月5—7日在天津礼堂中剧场举行，出席会议的委员279人。会议审议通过政协常委会工作报告、关于提案工作情况报告和大会决议。会议收到提案161件。

四　第四次会议

2006年1月4—6日在天津礼堂中剧场举行，出席会议的委员269人。会议审议通过政协常委会工作报告、关于提案工作情况报告和大会决议，表彰政协活动先进个人，并颁发荣誉证书。会议收到提案181件。

第八节　第十二届委员会

本届任期5年，至2010年共召开4次全体会议。

一　第一次会议

2007年1月9—12日在天津礼堂中剧场举行，出席会议的委员249名。会议审议通过《政协河西区第十一届委员会常务委员会工作报告》、关于提案工作报告和大会决议；天津市政协副主席周绍熹出席会议并讲话；委员们列席河西区第十五届人民代表大会第一次会议；4名政协委员作专题发言。会议选举产生政协河西区第十二届委员会主席1人、副主席8人、秘书长1人、常务委员37人。会议收到提案204件。

图13-1　2007年1月，区政协第十二届委员会第一次会议　（区政协办公室提供）

二　第二次会议

2008年1月4—5日在天津礼堂中剧场举行，出席会议的委员255人。会议审议通过政协常委会工作报告、关于提案工作情况报告和大会决议。会议收到提案225件。

三　第三次会议

2009年1月6—8日在天津礼堂中剧场举行，出席会议的委员240人。会议审议通过政协常委工作会报告、关于提案工作情况报告和大会决议。会议收到提案168件。

四　第四次会议

2010年1月27—29日在天津礼堂中剧场举行，出席会议的委员242人。会议审议通过政协常委会工作报告、关于提案工作情况报告和大会决议。会议收到提案202件。

第三章　常务委员会

1980—2010年，共产生8届区政协常务委员会，在全体委员会议闭会期间，负责组织实施中国人民政治协商会议章程规定的任务，每届根据情况适时召开会议。区政协常委会议和主席会议，均不定期召开。

第一节　组成人员与工作机构

一　组成人员

政协常务委员会由主席、副主席、顾问、秘书长、常委组成，经全体委员会选举产生。1980—2010年，共选举产生主席9人次、副主席63人次、秘书长8人次、常务委员333人次。

第五届至第十二届政协河西区委员会主席、副主席名表

表13-2

届次	姓名	职务	任职时间	党派
第五届（1980.5—1984.4）	李　虹（女）	主席	1980.5—1984.4	中共
	杨建新	副主席	1980.5—1984.4	中共
	韩诚信		1980.5—1984.4	中共
	王景文		1980.5—1984.4	中共
	李书铎		1980.5—1984.4	农工
	盛振煌		1980.5—1984.4	民建
	龙在天		1980.5—1984.4	民革
第六届（1984.4—1987.2）	李　虹（女）	主席	1984.4—1986.5	中共
	刘瑞生		1986.5—1987.2	中共
	张淑梅（女）	副主席	1984.5—1987.2	中共
	曲世英		1984.4—1986.5	中共
	李书铎		1984.4—1987.2	农工
	周　朗		1984.4—1987.2	台盟
	何　驰		1984.4—1987.2	民革
	龙在天		1984.4—1987.2	民革
	盛振煌		1984.4—1987.2	民建
	朱俊龄		1984.4—1987.2	民盟

续表

届次	姓名	职务	任职时间	党派
第七届（1987.2—1990.2）	刘瑞生	主席	1987.2—1990.2	中共
	张淑梅（女）	副主席	1987.2—1990.2	中共
	杜玉光		1987.2—1990.2	中共
	李书铎		1987.2—1990.2	农工
	周　朗		1987.2—1990.2	台盟
	何　驰		1987.2—1990.2	民革
	龙在天		1987.2—1990.2	民革
	盛振煌		1987.2—1990.2	民建
	朱俊龄		1987.2—1990.2	民盟
第八届（1990.2—1993.2）	万树明	主席	1990.2—1993.2	中共
	绳　方	副主席	1990.3—1993.2	中共
	杨　义		1990.3—1991.5	民建
	李廷瑄		1990.3—1993.2	中共
	周　朗		1990.3—1993.2	台盟
	何　驰		1990.3—1993.2	民革
	陈景图		1991.3—1993.2	中共
	张德育		1990.3—1993.2	无党派
	柯　兰（女）		1990.3—1992.2	民革
	沈能珏（女）		1992.2—1993.2	无党派
第九届（1993.2—1998.1）	万树明	主席	1993.2—1998.1	中共
	王洪宾	副主席	1993.2—1998.1	中共
	李茂森		1993.2—1998.1	中共
	李宝全		1993.2—1994.2	中共
	张玉江		1994.2—1998.1	中共
	周　朗		1993.2—1998.1	台盟
	梁孟儒		1993.2—1998.1	民建
	张德育		1993.2—1998.1	无党派
	沈能珏（女）		1993.2—1998.1	无党派
	王庆成		1993.2—1998.1	民革
第十届（1998.1—2002.12）	李玉田	主席	1998.1—2002.12	中共
	张玉江	副主席	1998.1—2002.12	中共
	柯　兰（女）		1998.1—2002.12	民革
	关苏芬（女）		1998.1—2002.12	中共
	刘正顺		1998.1—2002.12	中共
	王庆成		1998.1—2002.12	民革
	武国维		1998.1—2002.12	无党派
	匡文昇		1998.1—2002.12	民进
	盛黎明		1998.1—2002.12	民盟
第十一届（2002.12—2007.1）	沈树和	主席	2002.12—2007.1	中共
	张玉江	副主席	2002.12—2007.1	中共
	周振浩		2002.12—2007.1	中共
	关苏芬（女）		2002.12—2007.1	中共
	王庆成		2002.12—2007.1	民革
	武国维		2002.12—2007.1	无党派
	匡文昇		2002.12—2007.1	民进
	史宝龙		2002.12—2007.1	民建
第十二届（2007.1—	刘开基	主席	2007.1—	中共
	张秀春（女）	副主席	2007.1—	中共
	魏　涛		2007.1—	中共
	李玉玫（女）		2007.1—	中共
	李金水		2007.1—	中共
	武国维		2007.1—	无党派
	史宝龙		2007.1—	民建
	孙惠玲（女）		2007.1—	民进
	王丽萍（女）		2007.1—	民盟

二 工作机构

1980年5月，区第五届政协一次会议开始设专职主席、副主席、秘书长、副秘书长和常务委员，无科室设置。1985年7月，六届政协期间，在秘书长领导下设置秘书科、联络科、宣传科。1994年3月，设置办公室，下设秘书科、行政科、联络科、宣传科。1995年9月，设置专门委员会办公室，下设一科、二科，取消联络科、宣传科。2002年6月，设置研究室。2006年10月，设置联络室。

三 专门委员会

从1980年7月，设立学习委员会。下设医药卫生、科技、教育、工商、妇女、侨务、民族、文史资料和对台宣传共9个工作组。1984年6月，增设提案工作委员会、文史资料委员会和专业委员会，专业委员会下设祖国统一、科技、教育、工商、文体、医药卫生、妇女、民族宗教、华侨、城建、法制11个工作组。1987年，设置学习、提案、专业、文史、祖国统一联谊5个委员会。专业委员会下设14个工作组。1990年2月，将专业委员会改为专门委员会，设立学习、文史、提案、经济、城建、教育、文化、医药卫生、祖国统一、社会法制、科技11个专门委员会。1994年1月，增设民族宗教委员会。2003年，设立提案、文史、经济、科技、城建、教育、文化、港澳台侨、医药卫生、社会法制、社区建设、民族宗教12个专门委员会。

第二节 重要会议

一 常务委员会议

区政协常委会议由主席、副主席、秘书长和常务委员参加，不定期召开。1980—2010年，共召开181次常委会议。

1980—1984年，区政协第五届委员会共召开常委会议22次。听取工作总结，研究工作要点，传达中央统战工作会议、市政协会议精神，学习讨论宪法修改草案，讨论政协章程修改草案，研究关于政协体制和基本建设问题等。

1984—1987年，区政协第六届委员会共召开常委会议15次。研究工作要点，讨论组建委组事宜和有关会议制度，讨论六届二次、三次会议议程，传达中央领导和国家领导人到津视察时的重要讲话等。

1987—1990年，区政协第七届委员会共召开常委会议25次。研究常委会工作报告，听取区政府通报上半年工作和下半年工作计划并提出意见建议，审议通过进一步搞活中型百货商场经营、动员社会力量支持贯彻中小学生日常行为规范等建议案。

1990—1993年，区政协第八届委员会共召开常委会议19次。研究政协机构设置，传达区委统战工作会议精神，通过区科协和区侨联作为八届政协组成单位的决定，讨论政协常委会工作报告等。

图13-2 1992年，区政协第八届常委会研究常委会工作报告 （区政协办公室提供）

1993—1998年，区政协第九届委员会共召开常委会议39次。审议通过政协副秘书长建议名单、听取区政协关于财政工作汇报、区监察局关于反腐败工作情况汇报；听取区平抑物价情况和实施全员劳动合同制方案情况通报，通过区政协《关于政治协商、民主监督、参政议政的实施细则》，听取区政府通报危改及城市建设工作、大沽路东侧改造情况等。

1998—2002年，区政协第十届委员会共召开常委会议27次。审议通过政协常委会工作规则、专门委员会通则，听取区社会治安治理情况、城市管理工作情况、科技兴区工作的通报并形成常委会建议案，审议通过《关于加强和完善特邀监督员工作的意见》，就搞好“减负”工作、加快河西区第三产业发展、区经济发展贯彻“十五”计划、加强社区建设、河西区跨越式发展等专题建言献策，审议通过常委会建议案等。

2002—2007年，区政协第十一届委员会共召开常委会议18次。围绕推进河西区产业结构优化升级、加强社区建设、推进经济发展、构建和谐社区建设、实施区“十一五”规划、加快“三区”建设等专题协商，建言献策，并形成常委会建议案。

2007—2010年，区政协第十二届委员会共召开常委会会议16次。传达贯彻全国“两会”精神，通报常委会会议议题计划，围绕进一步搞好国有资产管理与运营、以人为本关注民生、市委市政府对河西区的新定位、搞好河西区“十二五”规划等专题，建言献策，并形成常委会建议案。

二 主席会议

区政协主席会议由主席、副主席、秘书长参加，不定期召开。1980—2010年，共召开129次主席会议。

1980—1984年，区政协第五届委员会共召开主席会议5次。讨论工作要点，研究季度工作，传达中央统战工作会议、市政协会议精神，讨论政协章程修改草案，研究全会准备工作和人事安排。

1984—1987年，区政协第六届委员会共召开主席会议22次。研究工作要点，讨论组建委组事宜和有关会议制度，讨论六届二次、三次会议议程，传达中央和国家领导人来津视察时的重要讲话等。

1987—1990年，区政协第七届委员会共召开主席会议15次。研究季度工作计划，讨论常委会工作报告，研究委组机构人选，研究评选岗位责任制。

1990—1993年，区政协第八届委员会共召开主席会议13次。讨论工作规则、提案条例，研究季度工作计划、年度工作要点，研究讨论常委会工作报告，研究年终表彰会事宜，听取工作进展情况的汇报，协商决定部分辞呈和人事安排。

1993—1998年，区政协第九届委员会共召开主席会议14次。讨论上半年工作总结，下半年工作要点，研究挂甲寺遗址调查报告，审议通过特邀人士名单，讨论主席会议议题计划，通报危改情况、社会治安综合治理情况，听取年终视察活动安排，协商政协实施细则、委员守则、专委会通则。

1998—2002年，区政协第十届委员会共召开主席会议22次。审议通过主席、副主席分工，审议政协常委会工作规则、专门委员会通则，研究常委会会议议题，讨论增补海内外联谊会特邀人士，审议通过建厅退路的调研与建议，讨论加强调研工作的意见，听取半年工作总结，部署半年工作要点。

2002—2007年，区政协第十一届委员会共召开主席会议19次。研究主席、副主席工作分工，研究年度工作要点，审议通过在政协委员中开展协助政法系统加强队伍建设活动安排，审议构建和谐社区专题调研，研究加快陈塘都市型工业园区建设专题论坛有关事宜。审议关于实施“十一五”规划，加快新“三区”建设专题调研安排。

2007—2010年，区政协第十二届委员会共召开主席会议19次。审议拟聘请特邀委员名单，审议常委会关于进一步搞好国有资产管理与运营促进河西区现代化新城区建设的建议案，审议政协工作要点、常委会议题计划，听取各专委会工作总结和计划，审议通过“以人为本，关注民生，促进河西和谐发展”的建议案，审议加强界别工作的意见，审议通过增补特邀委员建议名单。

第四章　主要工作

1980—2010年，河西区历届政协履行政治协商、民主监督、参政议政的职能，创新工作形式，完善运行机制，提高协商议政质量，认真落实政协提案，开展学习培训、理论研究、文史资料征集、统战联谊和政协委员进社区活动等各项工作，为经济发展和社会进步建言献策。

第一节　政治协商

一　内容

1995年9月，区政协九届常委会第十九次会议通过《政协天津市河西区委员会政治协商、民主监督、参政议政的实施细则》，确定政治协商的内容，对河西区大政方针以及政治、经济、文化、社会生活中的重要问题，在决策之前和执行过程中进行协商。

二　形式

1980年，区政协恢复活动后，丰富完善协商形式，探索协商议政的途径。通过主席会议、常委会议等参与对全区重大事务、重大决策及重要人事安排的协商。区政协有关领导分别列席区委、区人大和区政府的有关重要会议，全体委员列席区人代会。1994年，实行主席会议常委会议议题化管理，引入议题制。建立多层次、全方位的协商议政组织形式，并完善相应的组织制度，形成“全委会议整体协商、常委会议专题协商、主席会议重点协商、秘书长会议日常协商、各专门委员会对口协商、社区活动组区域性协商”的协商议政组织格局。开辟论坛的形式，邀请市经济界有关专家、社会名流参加协商活动，就区经济社会发展的重大课题开展论证，完善协商议政格局。1980—2010年，开展整体协商活动31次，常委会会议专题协商180次，主席会议重点协商270次，专门委员会对口协商310次。

第二节　民主监督

一　视察检查

1980—2010年，历届区政协发挥人民政协联系面广、渠道畅通的优势，开展监督性的履职活动。围绕重点工作和群众关注的热点问题，开展专题视察、检查活动，年终综合视察，加强民主监督。对全区重点工作开展全委全面视察和专委会专项视察，委员全面地了解全年各项工作开展情况，推动全区各项重点工作的落实。区五届政协组织视察活动21次，重点视察区环境卫生、计划生育工作和分房、拆棚等工作。区六届政协围绕提高教学质量、区街工业发展、违章摆摊设点造成交通堵塞等问题，先后进行10余次视察。各政协工作组按照专业

图13-3　2010年，区十二届政协组织政协委员开展年终视察活动（区政协办公室提供）

特点开展对口联系，进行专题调查。区七届政协分8个组对区城建、教育、卫生、公安、检察、工商等12个系统33个单位的工作进行全面视察，参加委员近500人次，提出意见建议90条。区属部门以对口形式向政协通报工作50次，开展视察检查48次，召开协商会、对话会、意见听取会63次。开展20项专题调查，写出调研报告17篇，提出3项建议案。区八届政协选准年终视察的时间点，注重视察过程，保证视察效果，参加委员近500人次，提出建议200条。向区行政执法及公检法司等单位推荐50位监督员、检察员。区九届政协把民主监督与协商议政活动相结合，听取对口部门通报、开展视察活动、专题调研和政协提案相结合，把民主监督落到实处。选派15名政协委员担任区级行政执法监督员，负责检查监督52个行政执法单位和部门，开展11次监督检查活动，进行3项专题调研。区十届政协开展多形式监督，加强提案监督，反映社情民意，组织视察4次，180余场专题视察。区十一届政协协助区政法系统加强执法队伍建设，提出70余条意见和建议。组织各类视察70余次，搜集各类社情民意1000条。十二届政协围绕区委、区政府工作重点，确定专题调研课题，由政协主席牵头开展专题调研，进行专题视察30次。

二　特邀监督员

1990年始，区政协推荐部分政协委员到区行政执法部门及公、检、法、司等单位担任特邀监督员。1992年，制定《关于聘请特邀监督员工作的办法》。1995年，制定《关于加强和完善特邀监督员工作的意见》，由部分政法机关、政府行政执法部门扩展到几十个，形成对政府机关、政法部门的全覆盖。聘请20名政协委员为区政府特邀监督员，聘请89名政协委员为区政府所属部门和司法机关特邀监督员。1998—2010年，特邀监督员参加区纪委、监察局等部门联合开展的对区政府部门、执法和服务部门的政风、行风评议活动，评分所占比例重达30%。2003—2004年，在政法系统的行风评议中，提出意见建议70余条，政法系统认真吸纳和整改。2005年，在政风评议中，针对政府机关工作人员履行职责、办事效率、执法程序、服务态度等方面存在的问题，提出意见56条。特邀监督员围绕“十一五”规划的制定，提出建设性意见89条，大部分被采纳。自2008年，与区纪检委、监察局共同召开特邀监督员、监察员工作会议，交流经验，拓宽民主监督领域。

三　知情渠道

1980—2010年，政协委员参加全委会、对口部门工作通报会、专题协商议政会、视察考察工作等活动，知政情、知上情、知区情、知民情，为民主监督创造条件。自区政协第七届委员会始，组织委员参加区情报告会，听取区委、区政府工作情况通报，增强委员的责任感和使命感。区政协第十二届委员会通过向居民发放委员联系卡、走访交谈等多种形式，收集社情民意，反映群众的呼声，提出合理化的意见和建议，在市政协《社情民意专报》和市委《内部参考》刊登，多条信息被全国政协采用。

第三节　参政议政

一　专题调研

1980—2010年，围绕区委、区政府中心工作进行调查研究，提出操作性强、有预见性的建议。区五届至九届政协期间，围绕改革开放、经济建设、民生问题进行专题调研100次，提出发展外向型经济、加强区开发新项目前期评估、鸿起顺回民饭馆扩大经营、成立桂发祥麻花有限公司、联合办学、早期幼儿教育和智力开发、减轻学生课业负担、治理基础薄弱校、医疗收费、重建挂甲寺等调查报告和建议50篇。区十届政协期间，围绕发展区域经济、增加区财政收入开展调研论证，提出对策与建议。围绕推进社区建设，提出深化社区建设管理体制和运行机制改革的建议。围绕发展旅游经济、保护不可再生资源，提出保护德式风貌建筑和开发人文资源的建议。区政协“关于建厅退路的调查与建议”，提出“要治乱，先退路；要退路，须建厅；要建厅，给政策”的思路，在市政协十届五次常委会议作重点发言，《天津日报》全文刊载。市政府颁布的《天津市占路农贸市场建厅退路的若干规定》吸收河西区政协的建议。区十一届政协期间，提出建立陈塘科技商务区的建议，被列入市、区“十一五”发展规划。连续多年开展协助政法系统加强队伍建设活动，提出意见和建议，政法系统吸纳和整改。区政协围绕河西区建设“国际商务城区、多元文化城区、生态宜居城区”的课题，开展专题调研，举办论坛，提出对策建议。2008年，在调查研究的基础上，形成“以人为本，推进非公企业和谐劳动关系发展”等调研成果20篇。1980—2010年，400余条建议转化为区委、区政府的决策。

二　建议案

1990年，区政协常委会提出“关于进一步提高青年教师素质的建议案”，教育系统修改教师培训计划，加强青年教师双素质培训工作。1993年，区政协“关于修复挂甲寺的建议案”，被区政府采纳，1997年挂甲禅寺建设完工。2001年，第十届区政协常委会提出“关于保护和开发河西区德式风貌建筑和人文资源的调查与建议”被采纳，“莱茵小镇”列入天津市12大旅游板块之一。2005—2010年，区政协第十一届、第十二届常委会又相继审议通过“关于进一步推进和谐社区建设的建议案”“关于坚持科学发展观，实施区‘十一五’规划，加快‘三区’建设问题的建议案”“关于进一步搞好国有资产管理与运营，促进河西区现代化新城区建设的建议案”“关于以人为本，关注民生，促进河西区和谐发展的建议案”“关于围绕新定位、实现新发展的建议案”，转化成河西区经济和社会发展的决策。

第四节　提案

一　提案委员会

提案委员会由主任、副主任和委员若干人组成，每届任期五年，成员从本届政协委员中产生，由每届政协第一次全体会议决定。

1984年6月，区六届政协建立提案委员会，确定专人办理。1995年，委员提案改称为政协提案，增加以党派、团体名义提出的提案。2001年，区十届政协第22次常委会议通过《提案工作条例》，明确提案委员会的联系和工作程序。

二　办理制度

1987—2010年，建立并健全政协提案办理的五项制度，即：登记分办制度、督促查办制度、领导审核制度、反馈联系制度、情况通报制度。2001年，制定《政协天津市河西区委员会提案工作条例》。2009年，制定《河西区政协关于重点提案的产生和办理意见》。定期召开提案委员会会议，组织委员听取区政府提案办理情况汇报。

三　解决率

自1980年，委员围绕区内各项事业的发展提出各项提案。区六届政协至十二届政协大会期间提案共4512件，涉及市区有关政治、经济、教育、科技、文化、卫生、城市建设管理、法制等方面，日常提案55件，区属提案解决率逐年提高。至2009年，十二届政协区属提案解决率达84.57%。

河西区第六届至第十二届政协提案情况汇总表

表 13-3 单位：件

届别	时间	总计	提案件数				区属提案解决率
			大会期间提案			日常提案	
			小计	区属	市属		
第六届	1984.4—1987.2	8	8	8	—	—	—
第七届	1987.2—1990.2	650	629	423	206	21	63.00%
第八届	1990.2—1993.2	706	706	474	232	—	70.00%
第九届	1993.2—1998.1	822	807	568	239	15	71.00%
第十届	1998.1—2002.12	1057	1057	761	296	—	82.50%
第十一届	2002.12—2007.1	732	732	578	154	—	85.29%
第十二届	2007.1—2009	592	573	440	133	19	84.57%
合计		4567	4512	3252	1260	55	—

第五节 理论研究

自1980年，组织委员、各界人士召开学习交流会、座谈会、辅导报告会、组织参观等活动，对政协委员进行时事政治、统战政协理论、市场经济、社会法制、现代科学技术知识的学习培训。1980—2010年，共组织学习交流354次，辅导报告557场，参观考察活动322次，提供各类学习辅导资料2668册。2003年8月，成立区政协理论研究会，召开理论研讨会，启动区政协理论的研究、宣传和教育工作。2004—2010年，每年组织政协委员集中培训，开展政协理论研究活动。政协委员承担宣传政协工作的义务，利用自身联系面广、影响力大的优势，利用各种场合和条件，宣传人民政协理论，宣传人民政协的性质、职能、作用和任务，扩大政协社会影响，《人民政协报》《中国政协》《天津日报》等报刊和电台、电视台等媒体，宣传区政协工作的经验，宣传推进全区经济社会发展、加强民主政治建设、心系民情、关注民生等方面取得的成绩。开通河西政协网站，开辟政协委员网上联系渠道，设立政协工作动态、专委会活动、委员风采、政协知识等栏目，宣传政协委员先进事迹、政协知识和区政协的重要活动，与区有线电视台合办“河西风物”“委员话民生”等专栏。

第六节 资料征集

1990年，区八届政协期间共征集、撰写有价值的文史资料365篇，涉及经济、文化、党史、军政、教育、工商等方面，计242万余字。至2009年，共征集文史资料442万字，征集照片3000余帧。至2010年，共编辑出版《工商史话》《城隅变迁》《难忘岁月》《百年风云》《海河河西史话》《天津德式风情区》《天津河西老学校》《天津河西政协春秋》等，收录《河西文史资料选辑》1—8辑，发挥文史存史、资政、团结、育人的作用。

《河西文史资料选辑》情况表

表 13-4

书名	选辑	篇数	字数（万）	照片书影（帧）	出版日期
《工商史话》	第一辑	34	12	0	1996.11
《城隅变迁》	第二辑	35	16	0	1997.12
《难忘岁月》	第三辑	39	18	6	1999.9
《百年风云》	第四辑	67	15	30	2001.1
《海河河西史话》	第五辑	100	31	60	2004.9

续表

书名	选辑	篇数	字数（万）	照片书影（帧）	出版日期
《天津德式风情区》	第六辑	95	2	433	2006.2
《天津河西老学校》	第七辑	156	23	278	2008.12
《天津河西政协春秋》	第八辑	217	50	270	2009.7

第七节 社会活动

一 统战联谊

1980年，建立对台工作组。1984年，建立归侨工作组。1990年，成立祖国统一联谊委员会。1993年，成立政协之友联谊会。加强与台胞、侨胞、港澳同胞及历届政协委员、特邀人士的联系。开展“写一封信，接待一位亲友来访，提供一条经贸信息，促进一个经贸项目，提一条建议”的活动，拓展海外统战工作。1995年，联谊会有会员108名。区九届政协有联系人士104名，先后与26个国家和地区的323个家庭建立经常联系，接待14个国家和地区亲友1280人次探亲来访，有60余名有海外关系的委员及联系人士，赴港、澳、台和国外探亲、讲学、考察。区十届政协利用每年的端午、中秋、国庆等传统节日开展联谊活动，共接待10余个国家和地区230余人次来区考察，开展海外招商引资活动，并取得成效。区十一届政协拓展与党派、团体的联系，密切与民族宗教界的联系，加强对台、对外政策宣传，举办区情、政情、台情报告会。区十二届政协坚持走访各民主党派、有关人民团体机关和召开座谈会制度，听取对政协工作的意见和要求。各民主党派和有关人民团体参与全区重大事务的政治协商、民主监督、参政议政，区民革、民盟、民建、民进、农工党、致公党、九三学社、工商联、侨联、伊协在政协全委会和常委会上，以本党派、本团体名义发言，提出许多意见和建议。开展海内外联谊，宣传“和平统一、一国两制”方针，宣传滨海新区的开发开放。

二 书画笔会

自1988年，区政协成立书画艺术联谊会后，以“同心千秋”为主题，开展形式多样的书画笔会活动，以文会友，聚集一批区内外书画艺术家。1997年，围绕香港回归，举办“迎回归，抒豪情”书画展。2002年，举行“喜迎党的十六大”书画笔会，出版《同心千秋书画作品集》，收录作品179件。2004年，举办书画精品展，展出百余位书画家创作的作品160余幅，拍摄《同心千秋绘宏图书画展专题片》。2007年，举办彩墨抒怀，同心千秋——喜迎党的“十七大”书画笔会。2008年，四川汶川发生地震灾害后，举办“同心千秋，爱心永恒”书画捐助活动，30余位书画家捐赠49幅作品，编辑出版《抗震救灾书画作品专辑》，收录60余幅作品。

图13-4　2002年，区十届政协举办书画笔会（区政协办公室提供）

三　社区活动

2003年，区十一届政协成立社会建设委员会及政协委员社区活动组，为委员参与社会建设、开展活动搭建平台。政协委员以社区为阵地，开展扶贫助困、调解纠纷、丰富社区文化、维护社会治安、促进社会和谐等方面的工作，参政为民，奉献社会。2007—2010年，区十二届政协以“体察民情、反映民意、发挥优势、履职为民”为主题，组织各界委员走进社区、服务群众，通过实地考察、走访居民、座谈交流等形式，开展建言献策活动，一批与人民群众密切相关的问题得到解决。组织政协委员开展送温暖、献爱心活动，为弱势群众捐款。教育界委员出资帮助特困自强学生，为外来务工人员子女建立“希望书屋”。医药卫生界委员开展送健康活动，面向困难群众举行义诊、查体、咨询。文化界委员开展文化进校园活动，20余名委员艺术家进行文艺演出、文学艺术讲座。社会法制委员会委员开展法律咨询、参与治安巡逻和街道调解工作。

第十四编
民主党派　人民团体

1979—2010年，全区内各民主党派发扬“爱党、爱国、敬业”传统，坚持中国共产党领导的多党合作和政治协商制度，把促进经济和社会发展作为第一要务，参政议政，实施民主监督，推动各项事业发展。区工会、共青团、妇女联合会、残疾人联合会、红十字会等社会团体和组织围绕全区改革、发展、稳定的大局，在不同领域，根据自身的特点和工作实际，履行职责，进行主题教育，开展争先创优活动，发挥各自的职能作用，为经济社会发展贡献力量。

2008年，天津大礼堂　　（郭枫摄）

第一章 民主党派

1979—2010年，民革河西区委、民盟河西区委、民建河西区委、民进河西区委、农工党河西区委、致公党河西区委和九三学社河西区委，加强自身建设，建立健全各项工作制度，完善工作机制。围绕全区的中心工作和重点任务，通过多种形式，发挥各自优势，参政议政，服务经济建设和社会进步，为促进各项事业发展献计出力。

第一节 中国国民党革命委员会

一 党员大会

1980年2月，恢复民革河西支部。1988年，民革河西支部第三次改选。1993年11月，召开民革河西区全体党员大会，选举产生首届民革河西区委员会。1998年，召开民革河西区第二次党员大会，选举产生第二届委员会，推选主委一人。2001年6月，召开民革河西区第三次党员大会，选举产生第三届委员会，推选主委1人。2006年1月，召开第四次代表大会，选举产生第四届委员会，下设经济、文卫、退休、直属4个支部，共有党员128人。

二 参政议政

1979—1989年，民革河西区委领导参加中共河西区委协商会、座谈会和情况通报会。一名党员任副区长，两名党员任区政协副主席。至1993年，上报全国政协提案3件、市人大议案13件、市政协提案116件、区人大议案17件、区政协提案200余件，其中获市级优秀奖17件，调研研讨文章获奖7篇、民革党员本岗论文获奖6篇。1999年，提出“尽快发展社区服务，拓宽再就业渠道”的提案，在全国政协六届二次会议上发言。2001年，提出“关于整顿市容规划集贸市场，以恢复道与路功能”提案，副市长张好生给予批示。提出“以‘入世’为契机加快河西区各项工作上水平”等提案。2002年，提出“努力促进天津市社会力量办学健康发展”的提案，在市政协九届三次大会上发言。提出“面临即将加入世贸组织，河西区应采取的措施与建议”。2003年，提出“天津艺术博物馆迁址的建议”“关于把大沽炮台建成爱国主义教育基地”“关于筹建天津博物馆”3项议案被市政府列入为民办的二十件实事。“进一步加快社区服务产业化的建议”被区政府作为决策参考。

2004年，在市政协大会提出“关于发展天津市会展经济的对策与建议”提案，列入戴相龙市长十件督办提案议案之一。提出“天津野生鸟类被捕杀、贩卖，使生态环境受到破坏”的议案，被《人民日报》《今晚报》、天津电视台等新闻媒体采访报道。是年，在区政协大会上提出“关于办好河西区职业教育，为市区经济发展服务的建议”和“关于为滨海国际股权交易所发展做好服务的建议”。2005年，提出“关于策划楼宇经济建设，促进区域经济全面发展”集体提案。2010年，“关于为滨海国际股权交易所发展做好服务的建议”列入区政协重要提案。

三 服务社会

1997年9月，民革河西区中山学校成立，由中山小学与陵水道小学、卡西欧公司联办的“卡西欧琴室”在陵水道小学投入使用。民革成员法人企业德祥集团向教育和解困基金捐款人民币180万元，捐资协建的两所德祥中心小学在蓟县落成使用。1999年，为围堤道小学改善教学环境捐款10万元。为区教师基金会捐款30万元。2000年，帮助老字号盛锡福帽业公司发展，连续5年出资120万元，助养335位退休工人。向市职工解困基金会捐款20万元。赞助澜沧江源头探险考察100万元。2003年，为蓟县两所小学翻新改建校舍捐款40万元。2005年，为市交通职业学院、现代职业技术学院捐献价值12万元的图书和办公用品，为该校勤工俭学的500余名学生赞助半年的车辆接送和午餐费，连续多年为河西区10名贫困学生捐助学费。2008年，为汶川大地震救灾捐资18万元。组织医疗界党员开展多次义诊活动。至2010年，编写《早期的天津棚架厂》《玉川居酱菜厂》《景志刚与大营门百货服装市场》《多姿多彩的天津风味食廊》《漫话小刘庄的青萝卜》《智慧与艺术的宫殿、人才的摇篮》《黄埔系骨干——贺衷寒》《一个旧军人的新生》《从高参到参士》等文章和书籍。区民革及党员获得各种先进称号100多个。其中，刘建章被市委、市政府授予1949—1999立功勋章。

第二节　中国民主同盟

一　盟员大会

1979年10月，成立民盟河西区工作委员会。1987年3月，召开全体盟员大会，选举产生民盟河西区第一届委员会。盟员71人，下设5个支部1个直属小组。1992年1月，召开第一次盟员代表大会，选举产生第二届委员会，盟员115人，下设7个支部。1996年5月，召开第三次盟员代表大会，选举产生第三届委员会，盟员159人，下设8个支部。2001年6月，召开第四次盟员代表大会，选举产生第四届委员会，盟员203人，下设10个支部。2006年6月，召开第五次盟员代表大会，选举产生第五届委员会，盟员292人，下设10个支部。2010年，下设14个支部，共有盟员310人。

二　参政议政

自1988年，在市、区人大和政协“两会”中提交建议、议案和提案上百件。副主委阴发明连续四届担任市人大代表，提出建议、议案总量和被采纳数量连续多年位居全市人大代表之首。1998年，在区政协大会上提出“关于发展区域经济，增加财政收入的建议”。2000年，开展反映一个问题，提一条建议，写一条信息活动，报送100多件。2003年，“关于加快河西区信用担保业发展的对策建议”“关于对天津市市容环境清整工作的建议”“关于在海河综合开发改造基础设施建设中建立‘共同沟’的建议”作为政协会议提案被采纳。2004年，“关于提高河西区学校体育馆、场利用率，实现全民健身、资源共享的若干建议”提案得到落实。2005年，“关于加强河西区房产税征管工作的建议”被区有关部门采纳。2006年，“关于落实《中小企业促进法》进一步拓宽河西区中小企业融资渠道的建议”等十余件集体提案得到采纳。2007年，5件关于完善市医疗保障体系的系统性议案、建议，被市政府采纳。“关于河西区生态宜居城区建设有关问题的思考与建议”吸纳到发展规划中。“关于将友谊路建成天津的华尔街的建议”被区政府采纳，纳入《天津市加快发展现代服务业实施纲要》和《天津市国民经济和社会发展第十一个五年规划纲要》中。提出“关于加快天津市金融业发展的几点建议”被市委《内参》、市政协《社情民意专报》刊用。2010年，“加强公共文化体系建设推进河西区成为文化大区的建议”收入政协调研文集。

三　社会服务

自1979年，每年组织盟员面向社会开展义务咨询服务活动，并作为一项制度长期坚持。1983年，创办民盟河西光明学校，开办17期成人高考补习班、28期高自考助学班、7期少儿剑桥英语辅导班等，近1.5万人参加学习。1992年，成立区咨询服务部，开展中介、培训等项业务。1995年，光明学校被市评为社会力量办学先进单位。1998年，为下岗职工举办7期技能培训班，免费为200多名下岗职工进行营销培训。2000年，到越秀路街、大营门街、尖山街、马场街等街道开展义诊查体、教育健康讲座、法律科普进社区等活动，多次组织盟员为困难学生捐款、捐书，到市儿童福利院慰问孤、残儿童等社会公益活动等。2006年，主委王丽萍被评为全国司法行政系统劳动模范。2名盟员承担中国教育学会课题，获天津市科研成果二等奖。2010年，四十二中学支部与蓟县华严寺中学开展教学交流活动。

四 自身建设

自1979年，组织盟员学习政治理论，举办辅导报告，开办盟员工作成绩展览。1988年，创办《河西民盟》刊物。至1995年，45人评为全国、市和区模范教师。2001—2010年，发展新盟员110人，平均年龄42岁，其中具有高级职称的41人，占37.27%；教育界84人，占76.36%。2003年，召开学习实践“三个代表”重要思想交流暨表彰大会。自2004年，盟区委获市先进集体。每年举办盟员培训班，召开纪念民盟河西区委会成立20周年大会，制定《民盟河西区组织发展程序实施意见》。至2010年，全区盟员300余人。

第三节 中国民主建国会

一 会员大会

1979年，民建恢复活动，成立民建河西区工作委员会，会员99人。1982年，会员130人。1987年8月，召开民建河西区第一次会员大会，出席会员148人，选举第一届委员会。1990年8月，召开第二次代表大会，出席代表101人，选举第二届委员会。1994年12月，召开第三次代表大会，出席代表72人，选举第三届委员会。2001年6月，召开第四次代表大会，全区会员258人，出席代表68人，选举第四届委员会。2006年6月，召开第五次代表大会，出席代表62人，选举第五届委员会。

二 参政议政

1999年，九届十届全国政协委员、市政府参事、原区委会主委冯培英提出的“发展现代服务业的建议”获全国政协优秀提案奖，2005年提出的“关于加强政府建设项目管理的建议”等提案获全国政协优秀提案奖。副主委王惠敏2006年提出“关于加快建设我区现代服务业的建议”“关于加快陈塘都市工业园建设的建议”“关于把河西区建设成为生态宜居城区的建议”“关于城市色彩理念融入生态宜居城区建设的建议”“关于建立河西区生产资料交易市场的建议”“关于发展我区创意产业的建议”等提案。2008年，提出“树立品牌国际化意识，提高国际竞争力”，论文在全国非公经济论坛获优秀奖。“关于加强河西区主要干道繁华地区摆放垃圾箱的建议”获区政协优秀提案奖，区政府拨款110万元落实此项提案。

图14-1 2006年，民建河西区第五次代表大会现场 （区民建提供）

2009年，提交“关于构建城市形象战略制定中新天津生态城色彩规划的建议”提案，市领导给予批示。2010年，提交“关于完善信用担保体系，促进非公有制经济发展”“关于非公有制企业实施“走出去”战略的探讨”，论文在全国非公经济论坛获优秀奖。副主委艾军提交“关于振兴津门老字号的建议”“关于增加退休居委会主任待遇问题”，获市、区政协优秀提案奖，连续4次提交的“关于行业商会作为法人社团资格的建议”获市政协第十一届参政议政杰出贡献奖。主委史宝龙在市政协第十二届三次会议上作“关于进一步推进天津资本市场的建议”大会发言，在区政协第十二届四次会议上作“关于大力发展提升商贸旅游业，增强我区商贸文化旅游知名品牌”大会发言。是年，与市直属工委财经大学支部开展互助合作“结对子”活动。提交“关于推动河西区金融服务业又好又快发展的建议”，在区政协大会书面发言。2010年9月，民建中央副主席辜胜阻到区调研。

三　服务社会

自1979年，把开展经济咨询服务作为工作重点，梁孟儒创办马场汽车修理厂。协助区政府安置返城青年，发展区街经济，开办马场街汽车修配厂、四号路街漆包线厂、尖山街红霞糕点厂、下瓦房街安青商店、红桥电器开关厂、河西房屋修建厂等20多家企业。1990年，会员利用家族关系，招商引资。2003年，在抗击非典中，捐款捐物220万余元。2004年11月，周绍杰为蓟县希望小学捐款20万元。2008年，为四川汶川灾区捐款捐物833万余元。王惠敏、齐莹被民建中央评为抗震救灾优秀会员称号。2009年，李金元获第五次全国民族团结进步模范个人称号。至2010年，捐助慈善款14多亿元。区委会与天津人民艺术剧院联合举办情系玉树、抗震救灾募捐义演话剧《钗头凤》，募集救灾款65650元，侯立尊为玉树抗震救灾捐款1000万元。通过鹤童老年公益基金会捐资3500万元，用于建设天津中医药大学护理学院，培养高级护理人才。

四　自身建设

1979—2008年，加强思想建设，结合履职实际，组织会员学习会章会史，提高参政议政能力。加强组织建设，对基层组织进行调整。2007年，加强组织建设，对基层组织进行调整，新成立法政支部和5个专业委员会，选拔德才兼备、热心会务工作的会员担任基层组织的领导，增强组织活力。区委会建立领导联系基层组织制度，定期深入基层，了解情况，解决问题，区委会和基层组织的关系更为密切，使民建工作向规范化、制度化迈进。2009年8月，成立社服支部和老龄化会员工作委员会；举办第一期新会员培训班和“爱祖国 跟党走 真诚合作 风雨同舟迎国庆60周年恳谈会暨干部读书班”。金融支部获民建天津市优秀支部。2010年，编写河西简史。制定《办公室工作制度》《财务管理制度》《信息宣传调研工作流程》等。

第四节　中国民主促进会

一　代表大会

1979年6月，第一届工作委员会成立。1980年1月，下设9个基层小组，会员83人。1984年2月，第二届工作委员会下设16个基层支部，会员146人。1987年，召开会员大会，选出第一届委员会，下设24个基层支部，会员185人。1990年11月，召开河西区首届会员代表大会，选举产生第二届委员会，下设24个基层支部，会员214人。1993年10月，选举产生第三届委员会，下设24个基层支部，会员227人。1996年12月，选举产生第四届委员会，下设24个基层支部，会员254人。2001年6月，选举产生第五届委员会，下设24个基层支部，会员293人。2006年6月，选举产生第六届委员会，下设23个基层支部，会员384人。至2010年底，民进会员416人，基层支部25个。

二　参政议政

1995—2001年，2名会员分别被区委和区人大授予党和政府的好参谋、人民的好代表称号。通过专题调研等活动，反映群众的意见和建议，为区委和区政府制定决策提供依据。提出“选派100名外语教师出国进修的建议”，被区教委采纳。向市委会、区政协、区统战部提供信息200余件，其中100余件被市委会报刊采用。魏锡林被市人大誉为选民信赖的好代表和提案明星。11名会员被评为区政协提案先进个人和活动积极分子。8名会员被聘为司法、审计、教育和卫生部门的特邀监督员。

2006年，会员中有市、区人大代表、政协委员22人，在市、区人大和政协会议上提出建议、议案、提案384件，其中14件被市人大列为重点议案。5名会员获区十一届政协活动先进个人。2010年，在市、区人大和政协会议上提出建议、议案、提案384件，其中有14件被市人大列为重点议案。开展专题调研7次，提出建议、议案、提案70件。20名会员分别被区政协评为提案先进个人和活动积极分子，6名会员获市民进参政议政先进个人称号。全国政协委员孙惠玲在全国政协十一届会议上，提出基础教育相关问题提案10余件，先后参加国务委员刘延东主持召开的“国家中长期教育改革和发展纲要座谈会”和国务院副总理李克强出席的政协教育组联组会，并作专题发言。

三 办学支边

自1987年，创办育贤财经专科学校。1992年，更名为务实学校。至1995年，开办中小学各类特长生班254个，学生达8622人，培养中专会计3800多人，该校被评为办学先进单位。

自1993年，先后10次共18名教师分赴甘肃、内蒙古、河北省等地，参加支边活动。2008年，在民进天津市委会举行的四川汶川灾区捐款活动启动仪式上，捐助3名孤儿，捐款7.6万元，捐物千余件。响应中央统战部号召，为毕节扶贫试验区捐款1.6万余元。

四 服务社会

1987年，出资与陈塘庄中学合办幼儿园，举办初、高中和高考辅导讲座，受益学生达2400多人，办学收入资助求实中学和启智学校，为河西区教育办10件实事。1992年，成立民进河西务实信息咨询部。1996年，区委会建立年末会员业绩汇报和表扬表彰制度，向会员发出“讲名课，写名文，做名师，带名徒”号召。至2001年，7人（次）受到国家级表彰，72项成果获得国家、市、区级认定和奖励。2002年，与实验中学联合开展“用我爱心助你成才”的活动。会员中，30余名中、高级教师与区内13所学校20余名残疾学生结成帮扶对子，并赠送学习用具。2003年，与民进市委会、东海街联合举办计算机义务培训班，承办下岗职工再就业培训450余人。2006年，协助微山路中学“新疆内地高中班”开展艺术与教学开发活动，民进区委会获市民族团结进步模范集体称号。2010年，举办“民进迎春笔会”；开办教师声带保健知识讲座和声带疾病检查活动；为240余名小学语文教师开办“名师讲座”；举办“名校名师义务讲座”，组织各科特级教师、学科带头人在卓群高级中学举办义务辅导讲座。

五 自身建设

自1979年，区委会注重学习，先后建立中心组学习制度、区委会例会制度和参政议政制度。坚持每年举办干部培训班，到1995年底共培训百余人次。会员中获市、区、校各级各类奖励的约占在职会员总数的50%。1996—2001年，区委会加强组织建设，先后成立青年工作委员会、文化支部、四十一中学支部和中心小学支部。2003年，天津外国语学院等5所大学支部（58名会员）。是年，师二大附小支部被评为全国基层组织建设先进集体；2004年，新华中学支部被评为民进天津市组织建设先进集体；区委会连续两年获两个文明建设先进集体和组织建设先进集体；2010年，区委会被评为民进全国先进地方组织、天津市先进区级组织。

第五节　中国农工民主党

一　机构设置

1980年6月，成立农工党河西区第一届支部委员会，主委景乃业。1986年7月，成立农工党河西区第二届支部委员会，主委王明忻，有党员30人。是年，原河西医院支部并入河西支部，成员增加到39人。1996年11月，成立农工党河西区委工作委员会，张洪明任主委，有党员54人；2001年5月，第一次代表大会召开，选举产生第一届委员会，主任委员张洪明，下设4个基层支部，有党员79人；2006年6月，第二次代表大会召开，选举产生第二届委员会，主任委员王文波，下设5个基层组织，有党员104人。至2010年底，共有党员139人。

二　自身建设

自1979年，围绕中心任务，举办各种讨论会，组织党员参加社会主义学院学习班，自身建设不断得到加强。1990—1995年，制定和完善议事规则、学习制度、谈心制度和述职制度等。2001年，制定《关于加强领导班子建设的意见》，进行届中调整。2006年，区委会和基层支部完成换届工作。制定《关于进一步加强领导班子建设的意见》。2007年，建立谈心会制度和述职制度。2010年，建立滚动发展的后备干部队伍，配合市委会坚持办好每年一期中青年党员培训班，做好到区级政府部门担任领导职务的推荐工作。

三　参政议政

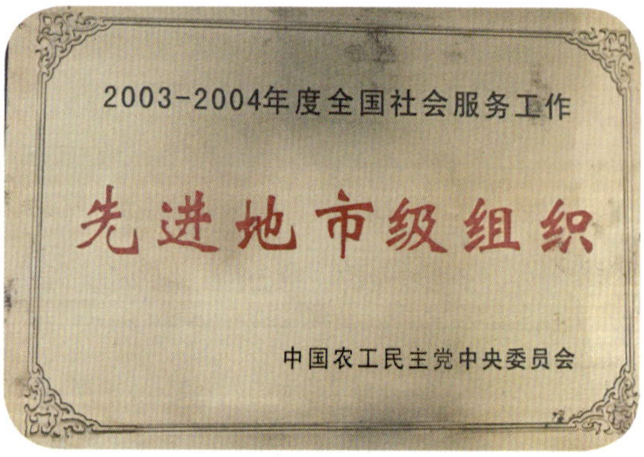

图14-2　2003—2004年，农工党河西区委员会获全国社会服务工作先进地市级组织奖牌　（区农工党提供）

农工党河西区委会领导人参加历届中共河西区委、区政府召集的协商会、座谈会，就市、区在改革、开放的政策、对策、重大问题等进行协商、发表意见。参加历届人大、政协组织的市、区的视察和检查活动。宣传和贯彻中共河西区委和区政府的方针、政策，反映人民群众的意愿，提出意见及建议。自1986年，在历次区人大、政协会议上，提出议案、提案和建议150余件。1990年、1991年王明忻主委连续两次被中共河西区委授予“十佳”人民的好代表称号，1994年获河西区人大授予“选民信赖的好代表”。1996年，主委张洪明在市十三届人大会议上领衔提出“彻底整治‘母亲河’培育天津市新的经济增长点”的议案，被市政府列为本市20件重点督办议案之一；被授予“党和政府好参谋”称号。1999年，通过9811专线电话，提出意见和建议，中央电视台进行报道。2006年，周建峰提出《人畜禽共患传播性疾病应引起政府重视》的提案，市领导陈超英批示责成有关部门办理。房玉靖撰写的“关于归范天津市公共场所英语标识的建议”和“关于规范幼儿双语教学的建议”提交市政协。6件党员提案以《河西政协信息专报》报送市政协，并被作为市政协督办的重点提案。2008年，“建议建立就医‘双向转诊’制度”提案报送市委内参。集体提案“关于进一步完善卫生医疗网络的建议”“加强河西公共卫生突发事件防范措施的建议”“关于我区进一步完善社区卫生服务的几点建议”“关于预防 艾滋病课题进入中学课堂的建议”“关于提高我区社区卫生服务水平的的几点建议”等被收录进《河西政协》一书，区领导分别批示，责成有关部门专题研究办理。“对我区进一步完善社 区服务的几点建议”和“河西公共卫生突发事件防范措施的建议”被列为党派优秀提案。2010年，提交“关于大力加强河西金融发展的建议”“关于解决河西区民营经济和中小企业融资难题的建议”“关于心理卫生服务进社区的调查与建议”“关于加强河西区社区卫生服务体系建设的建议”等多篇调研报告。

四 社会服务

自1986年，相继组织开展“预防艾滋病及安全性行为的专题讲座及现场咨询”“迎奥运科普知识进社区活动”“弘扬科学，关注 民生，发展公益，促进和谐”知识讲座等主题服务活动。开展义诊、查体、助学、支教等系列服务活动。1990年，每季去三义庄颐寿园进行义务医疗服务，为桃园街社区居民开展健康知识讲座，受益社区居民3000余人（次），《天津日报》作专题报道。开展“中国环境与健康宣传周”“国际科学与和平周”活动。2006年，农工党中央在天津建立“中国农工民主党构建和谐社会河西联系点”授牌仪式。2008年，为贵州“小水窖建设”捐款11320元。获市委会“抗震救灾先进集体”称号；方堃、李兢、肖明乾获农工党中央“抗震救灾优秀党员”称号。83岁高龄的党员李兢随国家中医药管理局专家组奔赴四川灾区进行救治指导工作，党员肖明乾参加天津市援川抗震医疗防疫队。2008、2010年为汶川和玉树地震灾区捐款5万余元。

五 主要奖项

1985年，孙未君获全国科学大会奖和国家科技进步二等奖，获英国剑桥国际名人传记中心“有成就的人”证书，被收入《世界5000名人录》和《世界矿物学家名录》，获国务院政府特殊津贴。1986年，李兢被评为天津市劳动模范、天津市卫生行业优秀卫生工作者和全国卫生文明建设先进工作者称号，被载入《中国高级医师咨询辞典》；研究课题获国家中医管理局重大科技成果乙级奖和天津市科技成果三等奖。1986年，主委张洪明的一项国家级科研成果“田径运动微计算机训练测试系统”，经专家鉴定为国内首创。研制成功的“通用船舶车辆自动记录报警器”填补国内空白，处于国际领先地位，获国家专利及全国发明展览会金奖和新加坡“国际贸易与科技博览会”金奖。两项成果获国家专利，获天津市劳动模范称号。2006—2010年，区委会和退休支部连续被评为市级先进基层组织，6人被评为市级优秀党员。2010年，韩士薇三项成果获国家专利；王鸿英被中国农学会评为农业园区优秀工作者，获天津市科技进步三等奖，被评为天津市畜牧兽医行业模范；房玉靖被评为天津市师德先进个人；刘文洁被授予天津市“百名优秀护士”称号。

第六节 中国致公党

一 党员会议

1988年，成立致公党河西区支部。1994年，更名为致公党河西区工作委员会。下设3个支部。到1995年，有党员58人。2001年5月，召开第一次代表大会，选举产生第一届委员会，中国致公党天津市河西区委员会成立。下设3个支部。到2002年底，有党员103人。2004年2月，增补委员，选举增补副主委。下设4个支部，有党员125人。2006年4月，增补2名委员。6月，召开第二次代表大会，选举产生第二届委员会。下设4个支部，有党员133人。2008年，下设5个支部，有党员148人。到2010年，共有党员181人。

二 参政议政

自90年代，参与市、区召集的协商会、党派联席会、通报会、政协专门委员会等活动，就全区经济建设和社会事业重要问题协商讨论。1990—2010年，多名党员担任全国和市、区人大代表或政协

图14-3　1996年，区致公党在中国致公党市委会参政议政表彰会上领奖
（区致公党提供）

委员，有的被聘为特邀监督员、检察员。每年提出建议、议案和提案50余件。1993年，“依靠科技兴农是提高农产品质量的关键提案”，市政协会印发。并得到致公党中央陆榕树副主席的肯定。1994年，“关于制定加强市人大对法院、检察院工作的监察条例和实施办法的议案”，被市人大常委会列入工作计划；“关于在平改规划中应考虑街道企业的重建和移建，并发给房屋产权证和土地使用证”和“关于综合治理摊贩占道、影响和阻滞交通现象”建议，列入市政府马上就办的群众关注的实事。1996年，“关于防止黑牛城道黑化趋势提案”，被区政协评为先进提案。1998年，主委张福明在市十三届人大代表大会上提出“还海河一河清水，彻底整治‘母亲河’，培育我市新的经济增长点”“关于建议市人大立法、规范行政收费标准，用法治理行业不正之风最突出的乱摊派、乱收费的议案”“关于打通友谊路、广东路，以提高此段功能和价值”“关于在房地产建设中贯彻‘谁投资，谁所有，谁收益’的规律，应从转换资本金入手”“关于开发海河黄金水道恢复海河下游通航”等9个建议和议案。

2001年，在市人代会上提出关于城市建设、房地产开发、零售商业和大学教育等9个建议。2002年，提交“关于在中小学体检中停止使用X光的建议”和“关于河西区在天津市环境管理上水平率先建成文明区的建议”等议案。2003年，在市政协十一届一次大会上提交“关于尽快在‘五大道’地区实现集中供热的建议”等6个提案。2004—2006年，“关于尽快在‘五大道’地区实现集中供热的建议”，在市政协会列为提案。集体提案“利用社会闲散资金加快区域建设”，区政府采纳。区委会获市委会参政议政先进集体称号，21名党员获参政议政先进个人称号。“关于治理手机短信诈骗行为”等4个建议列为市政协提案。“关于提高我市餐饮业和集体用餐配送单位营养健康意识与服务水平，保障我市居民营养健康安全的建议”，被市政协、致公党中央采纳。2006年，有农业发展、气候变化和通讯产业等4个建议在市政协大会提交议案。2002—2006年，有关于海河经济、信托业务、气象预警和疾病预警等10篇调研成果收录市政协参政议政文集。2007年，提交“关于增强河西区企业科技创新能力的建议”和“关于保护历史文物和开发旅游产业的建议”。

2008年，提交“关于进一步加强对塑料袋的使用和管理的建议”和“关于加强我市农村劳动力培训工作转移的若干意见提案”，1名党员获致公党天津市委员会参政议政先进个人称号。2009年，“充分发挥优势，积极参政议政”获区政协理论研讨三等奖，“关于促进我市现代服务业聚集区发展提案”列为市政协80件重点督办提案之一。“关于社区建设的调研报告”的集体提案提交区政协会议。4件个人提案提交致公党市委会，8件个人提案提交区政协提案委员会。2010年，10名参政议政骨干参加市委会重点课题组，8件调研转化为市人大议案和政协提案。“以科学发展观拯救和保护非物质文化遗产，促进文化大繁荣”“关于加强天津和谐劳动关系建设的几点建议”，作为市十二五规划座谈会提案报致公党市委会。

三　社会服务

1983年，主委王瀛与夫人伍玉田赴内蒙古开鲁县支边义诊，逝世后将遗体捐献给医学研究事业。1992年，1名党员退休后投身社会办学，担任致公党津沽学院院长，该校被评为天津社会办学先进单位。参与编写《中国抗日战争图志》在香港出版。1994年，撰著学术论文30余篇，其中4篇论文被中国大百科全书医学卷收录，2篇论文被评为市内军内学术会议优秀论文，1篇论文被中国植物病理学会华北区分会第七届年会论文集收录。2002年，与区园林管理所共同举行的“绿化爱心园”活动。2003年，34名党员捐款3600元，资助2名在校特困大学生完成学业。2004年，举行受助大学生毕业欢送会。2006年，在越秀路街举办老年病的防治与治疗讲座。2008年，安玉梅为四川地震灾区捐款10万元，获致公党中央颁发的突出贡献奖。开办社会热点问题专题讲座。2009年，开展为汶川地震灾区学校捐助鼓号队器材的活动，参加市委会组织灾区慰问活动。2010年，开展为市社会福利院捐款和书画作品捐赠暨赈灾义卖活动。

四　自身建设

90年代，参加区委组织的各种报告会、讲座会、座谈会。每年组织一次爱国主义教育活动。1991年，在致公党市委会召开“为两个文明建设作贡献”经验交流暨表彰大会上，河西区支部被评为先进支部，并介绍经验，7名党员受到表彰。1994年，在第二次表彰大会上，8名党员受到表彰。2003年，邱志华获中国致公党抗击非典先进个人称号。2005年，区委会获致公中央先进集体称号。2007年，12名党员代表参加致公党市第四次代表大会。1名党员获市优秀教师和天津市中小学德育先进工作者称号。2009年，齐朝晖被评为全国侨联先进个人。2010年，举办“小支部、大作为”研讨班。市财经大学支部设立“才智奖学金”，为全市首次由民主党派和大学联合设立的奖学金。

第七节　九三学社

1986年，九三学社河西医院支社成立。2007年7月12日，成立九三学社河西区委第一届委员会，选举主委1人、副主委4人，有社员464人，下设17个基层组织。

一　参政议政

区委会成立以来，发挥参政议政、民主监督作用，履行参政党职能。围绕天津市、河西区中心工作和社会热点问题，深入实际调研，为经济建设和社会发展建言献策。自2007年，针对事关群众根本利益的热点难点问题，开展调查研究，提出提案100余件，其中“关于修建大沽路国美、苏宁两个电器商城之间过街天桥的建议”等被评为年度优秀提案。“关于加快实施供暖计量收费改革”等多件提案被市、区两级政府采纳。提出“优化河西医院社区卫生服务功能增加养老康复服务项目的建设”等多件提案，区领导给予批示。

二　服务社会

区委会及各基层组织投身公益事业，打造社会服务品牌。开展义诊、讲座、助学支教等项活动，《天津日报》、河西有线电视台等媒体进行报道。连续多年赴西青区辛口镇为3000名患儿义诊。深入社区为困难群众捐助生活用品等物资，到西部地区开展支教、办学、捐助活动。汶川特大地震发生后，医药卫生界多名社员第一时间赶赴灾区开展医疗救助，2人分获卫生部、解放军总后勤部卫生部抗震救灾医药卫生先进个人及天津市抗震救灾先进个人称号。社员为灾区踊跃捐款，召开抗震救灾事迹专题

图14-4　2008年，九三学社召开抗震救灾座谈会　（区九三学社提供）

报告会。

三　自身建设

2007年，岳宝山、由立宏作为代表参加九三学社第九次全国代表大会。区委会制定《九三学社河西区委主、副委主要职责》等多项制度。各基层组织形成学习制度。岳宝山等4人被评为全国优秀社员，气象局支社等获先进基层组织。2008年，由立宏等2人获九三学社中央奥运先进个人称号，博物馆支社获九三学社中央奥运先进集体称号。社员立足本岗，多名社员获省部级科技成果奖和国家级、市级劳动模范、先进个人称号。

第二章　人民团体

1979—2010年，河西区工会、共青团、妇女联合会、工商业联合会、科学技术协会、青年联合会等人民团体，围绕党的中心工作和全区各个时期的重点任务，履行各自的职能作用，立足自身的特点，创新工作机制，发挥工作优势，开展各项活动，服务区域经济和社会发展，获得一批天津市和全国先进称号。团区委被团中央确定为共青团建设创新试点单位。区工会获全国普法、干部培训、全民健身、群众体育、促进再就业、培训外来务工先进单位和全国“五一劳动奖状”等称号，涌现出一批全国、天津市劳动模范和国家部委先进个人。区妇联先后获全国妇联系统先进集体、“三八”红旗集体、妇女儿童维权工作先进集体、“三优”工程试点工作先进集体、家庭教育工作先进集体、平安家庭创建活动先进区、儿童工作先进区标兵、“九五”实施妇女儿童规划先进区、实施妇女儿童发展纲要示范区等10余个全国先进称号。区工商联作为市工商联系统唯一的先进集体，在中共中央统战部召开的“为全面建设小康社会做贡献经济交流暨表彰大会”上受到表彰。

第一节　工会

2002年，河西区工会更名为河西区总工会。通过市场化运作，对区工人俱乐部进行管理体制改革。至2010年，下属基层工会组织1574个，工会会员13.66万人。

一　代表大会

1973年5月18—19日，召开第一次工会代表大会。出席代表793人。会议听取并通过中共河西区委书记王守西所作的工作报告。选举产生第一届委员会。

1989年6月22—25日，召开第二次代表大会，代表200人。会议听取并通过主席杨宗信所作的工作报告。选举产生第二届委员会；选举产生经费审查委员会。

1996年11月21—22日，召开第三次代表大会，代表200人。会议听取并通过主席王戈所作的工作报告。选举产生第三届委员会；选举产生经费审查委员会。

2002年4月6—8日，召开第四次代表大会，代表200人。会议听取并通过主席张炳素所作的工作报告。选举产生第四届委员会；选举产生经费审查委员会。

2007年9月14—16日，召开第五次代表大会，代表200人。会议听取并通过主席张炳素所作的工作报告。选举产生第五届委员会；选举产生经费审查委员会。

1979—2010年河西区工会历届主任、主席名录

表14-1

职务	姓名	任职时间
主任	安云峰	1973.5—1981.4
主任	李荣纯	1983.11—1989.3
主任	杨宗信	1989.3—1989.6
主席	杨宗信	1989.6—1996.11
主席	王　戈	1996.11—2002.4
主席	张炳素	2002.4—2010.1

二　主要工作

劳动竞赛　自70年代，全区开展社会主义劳动竞赛。1978年，在全国科学大会上区工会被授予先进集体称号。1985—1989年，开展为完成“七五”计划献计出力活动，涌现出劳动模范和先进工作者5304人(次)，模范集体、先进集体908个(次)，有182人(次)获得全国五一劳动奖章和市“七五”立功奖章。自1990年，开展“人人提一条合理化建议，人人为企事业贡献100元利润，人人为增效益做一件好事”和“为实现‘八五’计划建功立业”活动。至1995年，涌现出市级劳动模范和先进工作者53名(次)，模范集体、先进集体11个(次)，有274人获“八五”立功奖章，55个集体获“八五”立功奖状。3人被评为全国劳动模范、先进工作者。1996年，开展以技术创新、合理化建议、劳动竞赛为主题的“九五”立功活动。至2002年，共提合理化建议4.66万件，创效4293万元。2人被评为全国劳动模范、先进工作者，4人获全国“五一劳动奖章”，6人(次)获市级特等劳动模范、3个班组获特等模范集体，36人(次)获市级劳动模范，8个(次)班组获市级模范集体称号；970名(次)职工、84个(次)集体单位受到市级“九五”立功表彰。

自2003年，启动“我为河西发展做贡献、我为企业发展当先锋”主题竞赛活动，开展岗位立功、技术比武、劳动竞赛、节能降耗等活动。至2008年，开展劳动竞赛、技术比武1480场，涉及企事业单位3624家，参与职工7.35万余人次，职工提合理化建议1.5万多件，申报职工技术创新成果89项、职工先进操作法6项，1人被评为天津市职工“十大先进操作法”先进个人，2人获全国劳动模范称号,2人获全国“五一劳动奖章”，2个单位获全国“五一劳动奖状”先进单位称号，60人获天津市劳动模范称号，16个单位获市劳动模范集体称号。市级“十五”立功先进个人和“五一”劳动奖章获得者254人(次)、“十五”立功先进集体和“五一劳动奖状”获得单位103个(次)。是年，区总工会被授予全国“五一劳动奖状”先进集体称号。2009年，召开劳动竞赛推动大会，全区102家企事业单位2万余名职工参加竞赛活动。河西区作为天津市区唯一代表出席全国总工会召开的劳动竞赛专题座谈会。2010年，开展“奋战300天”重点工程劳动竞赛，10个重点行业的20个示范企业参加。

劳动模范协会　1992年8月召开第一次代表会议，通过协会章程，区人大常委会主任雷伯轩、区政府常务副区长夏宝龙任名誉会长，工会主席杨宗信任会长。1996年，区工会主席王戈任会长。1999年6月，召开第二次代表会议，11名劳动模范任理事。2004年12月，召开第三次代表会议，区委书记王九鹏担任名誉会长、区委副书记张立担任名誉副会长，区总工会主席张炳素任会长，21名劳动模范任理事。2009年12月，召开第四次代表会议，区委书记沈家聪担任名誉会长、区委副书记曲孝丽、区政府常务副区长杨书奎担任名誉副会长，区总工会主席张炳素任会长，31名劳动模范任理事。劳模协会宣传劳模先进事迹和先进思想，发挥劳模示范引领作用，维护劳模合法权益，为劳模办实事解难题。协会获天津市先进社团和劳模管理等先进单位称号。

培训　1989年，举办为“八五”献计创业最佳岗位知识百题竞赛，8000余名职工参加竞赛。1993年，

成立区职工思想政治工作研究会，开展工作研讨。成立区职工素质工程领导小组，制定职工素质工程规划。2005年，被全国总工会授予“四五”普法工作先进单位称号。2006年，被全国总工会授予工会干部培训工作先进单位称号。至2010年，550家企事业单位实施职工素质工程，183家企业建立市职工素质工程目标管理评估体系，建立职工素质档案3.26万份，建有培训基地77个，形成三级培训工作网络，参加各种培训的人数占职工总数的80%，技术上等级人数占20%以上。

文体活动 1981—2010年，承办天津市职工棋手大赛，举办“劳动者之歌”“新河西人”才艺展示、职工书画展等活动。围绕建党纪念日、迎香港、澳门回归等重大活动，开展知识竞赛和文艺展演，成立音乐、舞蹈、书画、摄影等职工文体协会，指导基层工会建立220个业余文体团队。组建电影流动放映队，创建181个班组小乐园，培养一批职工文体活动骨干。全市“五一”职工长跑比赛连年获冠军。2004年，区总工会被授予全民健身周活动先进单位称号。2005年、2009年，被授予全国群众体育先进单位称号。

图14-5 1997年，区工会迎香港回归创文明岗位知识竞赛 （区工会提供）

民主管理 1979—1996年，在教育、卫生系统建立教工代表大会和医务工作人员代表大会制度，把民主管理组织扩展到科室及班组，形成三级民主管理网络。开展评议企业工作和评议领导干部的“双评”活动，有50名局、公司主要党政领导接受职代会的民主评议。1997—2003年，会同有关部门对企业经营决策、廉政建设、国有资产保值增值进行测评，推进平等协商集体合同工作，签约率达60%。

2004—2010年，加强企业改制过程的民主管理，探索非公企业民主管理的实现形式。在市区召开首家街道区域性职代会，并在13个街道推开。开展“职工代表日”活动，组织100名职工代表到滨海新区和区内企事业单位参观学访，提合理化建议。从完善协调社会利益、劳动关系矛盾入手，推进区域性、行业性集体合同制度。在国有集体企业和事业单位实施“集体协商工作计划书”，在非公有制企业推行“和谐企业共建承诺书”。2004年，会同区劳动局在全市建立首家职工维权服务站。2006年，在全区企业中开展劳动关系和谐企业创建活动。至2008年，共受理职工来信来访3.2万余人次。至2010年，4426家非公有制企业建立各种形式的民主管理制度、4885家企业建立集体合同制度、3940家企业签订工资协议、4624家企业签订女职工专项合同，覆盖职工7.74万人。建成1个劳动关系AAA级和谐企业、5家AA级和谐企业和85个A级和谐企业。

办实事 1983年，推广五金交电公司永进商店为职工建“三小”（小浴室、小食堂、小厕所）生活福利设施的做法，1984年《工人日报》予以报道，市政府在河西区召开现场会，市长李瑞环出席并讲话。是年，成立红娘协会，共有基层建立红娘组织322个。1985—1995年，成立职工物价监督检查站，建立三级职工物价监督体系。成立区退休职工管理委员会，基层建立退休职工管理组织，为退休职工送温暖、办实事。建立劳模保健门诊，为100多名历届劳模办理优先就医证，定期安排劳模疗养。与有关单位协调，为住房困难的劳模解决住房70间。1990年6月，中共中央政治局常委李瑞环为区工会红娘协会副会长刘津英题写“红娘状元”的匾额，河西区召开大会为之命名。1996—2002年，成立各级送温暖活动领导小组，组织1200支小分队，1.3万人次参加各项救助活动，慰问职工22970人次，慰问金额1199余万元。

2003—2010年，成立困难职工帮扶中心，建立困难职工动态管理档案，建立全市首家困难职工帮扶超市，以资金、物质、岗位、助学、医疗帮扶和法律帮扶为重点，帮扶困难职工、农民工3.2万余人（次），为420人（次）困难劳模、职工进行免费体检，为1046名困难学生提供助学资助，共计3650余万元。2003年，成立西泰家政公益性公司，联合驻区企事业单位建立18家再就业基地，形成就业供需联盟。与有关部门联合举办20多次下岗失业人员免费招聘专场，帮助4200名职工实现稳定再就业。2004年，获全国促进再就业工作示范单位称号。2006年，获全国再就业工作先进单位称号，调研文章《尽心竭力做好下岗再就业工作》获全国工会工作创新与实践调研一等奖，被多家刊物转载。2008年，工会主席张炳素被授予全国关爱农民工先进个人称号，组宣部部长杨广顺被评为全国组建工会工作先进个人，区帮扶中心被评为天津市模范帮扶中心。筹资100万元在全市率先建立“关爱劳模专项资金”。2009年，开展“六送”（送温暖、送服务、送岗位、送知识、送安全、送健康）帮扶活动，走访慰问困难职工2639人（次），发放款物总计75.2万元。组织260名劳动模范、困难职工进行免费体检。全区工会系统共筹措资金179.5万元，慰问困难职工1589户。全区13个街道成立困难职工帮扶站。2010年，对全区低保边缘困难职工进行调查摸底，建立困难职工援助档案，制定年度职工帮困援助工作方案，开展帮扶解困活动。

附：

1996—2010年河西区市级以上先进集体名表选录

表14-2

年份	先进集体名称	单位名称
1996	天津市特等模范集体	河西区鸿起顺饭馆
	天津市模范集体	河西区第十三中学校办工厂生产管理组
	天津市模范集体	河西区排水管理所一工段
	天津市模范集体	河西区茂名道垃圾转运站
	天津市九五立功先进企业	河西区饮食公司
	天津市九五立功先进企业	河西区五金公司
	天津市九五立功先进企业	河西区天马企业集团
	天津市九五立功先进企业	河西区全通商贸总公司
	天津市九五立功先进集体	副食公司前进道副食综合商店
	天津市九五立功先进集体	饮食公司鸿起顺饭馆
	天津市九五立功先进集体	全通商贸总公司大营门玻璃商店
	天津市九五立功先进集体	修配公司艺云工艺印刷材料经营部
	天津市九五立功先进集体	五金公司津华五金交电商场家电部
	天津市九五立功先进集体	糖果公司德盛食品商店
	天津市九五立功先进集体	南楼百货商场电讯部
	天津市九五立功先进集体	房管局公房管理所锅炉维修组
	天津市九五立功先进集体	城建局排水一工段
	天津市九五立功先进集体	环卫局茂名道垃圾转运站
	天津市九五立功先进集体	园林局公园管理所气象台路绿地组
	天津市九五立功先进集体	统计职业中等专业学校教科研组
	天津市九五立功先进集体	第十三中学校办工厂生产管理组
	天津市九五立功先进集体	下瓦房医院西楼北里社区卫生服务站
1997	天津市九五立功先进企业	鸿起顺餐饮有限责任公司
	天津市九五立功先进企业	建设开发总公司
	天津市九五立功先进企业	天马企业集团公司
	天津市九五立功先进集体	南楼副食综合商场自选部
	天津市九五立功先进集体	排水管理所一工段

续表

年份	先进集体名称	单位名称
1997	天津市九五立功先进集体	大营门玻璃装饰品供销公司
	天津市九五立功先进集体	茂名道垃圾转运站
	天津市九五立功先进集体	桂发祥麻花饮食集团公司第一麻花车间
	天津市九五立功先进集体	金星金属柜厂钣金车间
	天津市九五立功先进集体	河西医院血液病研究室
	天津市九五立功先进集体	艺云工艺印刷材料经营部
	天津市九五立功先进集体	南楼中学体育组
	天津市九五立功先进集体	津华五金交电商场电料部
	天津市九五立功先进集体	教育中心教研室中学组
	天津市九五立功先进集体	红霞回民糕点商店
	天津市九五立功先进集体	公园管理所气象台路绿地组
	天津市九五立功先进集体	南楼百货商场电讯部
1998	天津市特等模范集体	鸿起顺餐饮有限责任公司鸿起顺饭馆
	天津市模范集体	茂名道垃圾转运站
	天津市模范集体	第四中学校办工厂经营管理组
	天津市模范集体	南楼百货商场电讯部
	天津市模范集体	文龙机械有限公司新产品开发研制部
	天津市九五立功先进企业	鸿起顺餐饮有限责任公司
	天津市九五立功先进企业	天马企业集团有限公司
	天津市九五立功先进企业	南楼商贸集团有限责任公司
	天津市九五立功先进集体	前进道副食综合商店
	天津市九五立功先进集体	市政局排水四工段
	天津市九五立功先进集体	麻花集团向工美食园
	天津市九五立功先进集体	环卫局茂名道垃圾转运站
	天津市九五立功先进集体	麻花集团十八街老店
	天津市九五立功先进集体	园林局中环公园班组
	天津市九五立功先进集体	紫罗兰美容美发厅
	天津市九五立功先进集体	第四中学校办工厂经营管理组
	天津市九五立功先进集体	南楼百货商场电讯部
	天津市九五立功先进集体	电子职专微机应用二部
	天津市九五立功先进集体	艺云工艺印刷材料经营部
	天津市九五立功先进集体	体北医院体南社区卫生服务站
	天津市九五立功先进集体	文龙机械有限公司新产品开发研制部
	天津市九五立功先进集体	马场街工会
1999	天津市“九五”立功先进单位	桂发祥麻花公司
	天津市“九五”立功先进单位	南楼商贸集团有限责任公司
	天津市“九五”立功先进单位	鸿起顺餐饮有限责任公司
	天津市“九五”立功先进单位	天马企业集团有限公司
	天津市“九五”立功先进单位	山华集团股份有限公司
	天津市“九五”立功先进集体	南华里副食综合商店
	天津市“九五”立功先进集体	桂发祥十八街麻花老店
	天津市“九五”立功先进集体	大众粮油食品贸易公司平山道店
	天津市“九五”立功先进集体	艺云工艺印刷材料经营部
	天津市“九五”立功先进集体	台北路煤业门市部
	天津市“九五”立功先进集体	纪庄子房管站碎修组
	天津市“九五”立功先进集体	茂名道垃圾转运站
	天津市“九五”立功先进集体	环卫局疏通班

续表

年份	先进集体名称	单位名称
1999	天津市“九五”立功先进集体	排水管理所四工段
	天津市“九五”立功先进集体	河西医院老干部医疗保健中心
	天津市“九五”立功先进集体	二师附小校办厂生产管理组
	天津市“九五”立功先进集体	第四十二中学德育处
	天津市“九五”立功先进集体	滨湖公园管理所综合办公室
	天津市“九五”立功先进集体	文龙机械有限公司新产品开发研制部
	天津市“九五”立功先进集体	鸿起顺饭庄厨房组
2000	天津市特等模范集体	鸿起顺饭庄总店厨房组
	天津市特等模范集体	公安河西分局土城派出所
	天津市模范集体	文龙机械有限公司新产品开发研制部
	天津市模范集体	实验中学数学组
	天津市模范集体	环卫一队疏通班
	天津市模范集体	桂发祥麻花十八街老店
	天津市技术创新活动明星集体（九五立功先进集体）	佟楼副食综合商场大肉柜组
	天津市技术创新活动明星集体（九五立功先进集体）	桂发祥麻花十八街老店
	天津市技术创新活动明星集体（九五立功先进集体）	大众粮油贸易公司大沽路商店
	天津市技术创新活动明星集体（九五立功先进集体）	南楼百货商场电讯部
	天津市技术创新活动明星集体（九五立功先进集体）	理发美容设备公司电动椅革新小组
	天津市技术创新活动明星集体（九五立功先进集体）	环卫五队修理车间
	天津市技术创新活动明星集体（九五立功先进集体）	市政道管所油碾工段
	天津市技术创新活动明星集体（九五立功先进集体）	园林花苗木管理所二十二亩地班组
	天津市技术创新活动明星集体（九五立功先进集体）	第四十一中学总务处
	天津市技术创新活动明星集体（九五立功先进集体）	河西医院血液内科
	天津市技术创新活动明星集体（九五立功先进集体）	文龙机械有限公司新产品研制部
	天津市工会系统送温暖再就业先进集体（九五立功先进集体）	河西区粮油贸易总公司工会
	天津市技术创新活动明星单位（九五立功先进单位）	天马企业集团有限公司
	天津市技术创新活动明星单位（九五立功先进单位）	鸿起顺餐饮有限责任公司
2001	天津市十五立功先进单位	鸿起顺餐饮有限责任公司
	天津市十五立功先进单位	桂发祥麻花饮食集团有限公司
	天津市十五立功先进单位	环境卫生管理局
	天津市十五立功先进单位	天马企业集团有限公司
	天津市十五立功先进集体	鸿起顺饭庄总店厨房组
	天津市十五立功先进集体	文龙机械有限公司新产品开发研制部
	天津市十五立功先进集体	粮油贸易总公司平江道店
	天津市十五立功先进集体	市政道管所油碾工段
	天津市十五立功先进集体	佟楼副食综合商场大肉柜组
	天津市十五立功先进集体	体院北房管站管理组
	天津市十五立功先进集体	津华五金交电商场机电部
	天津市十五立功先进集体	第四十二中学现代教育技术处
	天津市十五立功先进集体	园林绿化监理所法制股
	天津市十五立功先进集体	下瓦房医院全科门诊
	天津市十五立功先进集体	艺云印刷材料经营部
2002	天津市特等模范集体	实验中学数学教研组
	天津市模范集体	桂发祥麻花饮食集团有限公司十八街老店
	天津市模范集体	食为天粮油便民连锁公司利民道快餐店
	天津市模范集体	格瑞园林发展有限公司工程部
	天津市模范集体	友谊路街巾帼社区服务站

续表

年份	先进集体名称	单位名称
2002	天津市“十五”立功先进单位	环境卫生管理局
	天津市“十五”立功先进单位	桂发祥麻花饮食集团有限公司
	天津市“十五”立功先进单位	鸿起顺餐饮有限责任公司
	天津市“十五”立功先进单位	河西区总工会
	天津市“十五”立功先进集体	艺云工艺印刷材料有限公司
	天津市“十五”立功先进集体	粮贸总公司食为天快餐利民道店
	天津市“十五”立功先进集体	副食公司南楼烟酒专营店
	天津市“十五”立功先进集体	南楼集团佟楼商品交易市场
	天津市“十五”立功先进集体	市政局道路管理所油碾工段
	天津市“十五”立功先进集体	格瑞园林发展有限公司工程部
	天津市“十五”立功先进集体	房管局房地产权属科及发证中心
	天津市“十五”立功先进集体	天马供热集团马场地区供热中心
	天津市“十五”立功先进集体	人民检察院办公室
	天津市“十五”立功先进集体	微山路中学2002年级组
	天津市“十五”立功先进集体	实验中学国际部
	天津市“十五”立功先进集体	下瓦房医院大沽路社区卫生服务站
	天津市“十五”立功先进集体	越秀路街金星纸制品厂糊盒车间
	天津市“十五”立功先进集体	山华集团正兴德茶庄
2003	天津市“十五”立功先进单位	河西区卫生局
	天津市“十五”立功先进单位	河西区教育局
	天津市“十五”立功先进单位	河西区环卫局
	天津市“十五”立功先进单位	河西区房管局
	天津市“十五”立功先进单位	天津市食为天粮油便民连锁公司
	天津市“十五”立功先进集体	河西区友谊路街保洁队
	天津市“十五”立功先进集体	河西区市政局排管所六工段
	天津市“十五”立功先进集体	河西区房管局龙都置业投资集团
	天津市“十五”立功先进集体	天津市四达石化有限公司
	天津市“十五”立功先进集体	天津市山华运业有限公司
	天津市“十五”立功先进集体	河西区园林局绿化监理所
	天津市“十五”立功先进集体	天津市源盛公司滨海五金电器商场
	天津市“十五”立功先进集体	桂发祥麻花集团十八街老店
	天津市“十五”立功先进集体	河西区佟楼副食商场大肉柜组
	天津市“十五”立功先进集体	河西区卫生局体北医院
	天津市“十五”立功先进集体	天津市海河中学英语组
	天津市“十五”立功先进集体	河西区有线电视台工程部
	天津市“十五”立功先进集体	河西区审计局经济责任审计科
2004	中华全国总工会促进再就业工作示范单位	河西区总工会
	天津市模范集体	桃园街办事处城市管理科
	天津市模范集体	湘江道小学体育组
	天津市模范集体	劳动局劳动保障服务中心
	天津市模范集体	房地产开发公司项目管理部
	天津市模范集体	检察院反贪污贿赂局
	天津市再就业先进企业	西泰家政服务有限责任公司
	天津市“十五”立功先进单位	房地产管理局
	天津市“十五”立功先进单位	园林管理局
	天津市“十五”立功先进单位	恒成工贸有限公司

续表

年份	先进集体名称	单位名称
2004	天津市“十五”立功先进单位	司法局
	天津市“十五”立功先进单位	桂发祥麻花饮食集团有限公司
	天津市“十五”立功先进集体	东海街办事处社区工作科
	天津市“十五”立功先进集体	红星美凯龙国际家居广场安保部
	天津市“十五”立功先进集体	天津造船厂船舶修造班组
	天津市“十五”立功先进集体	天塔街办事处城管科
	天津市“十五”立功先进集体	排水管理所排水一工段
	天津市“十五”立功先进集体	挂甲寺街办事处劳动保障中心
	天津市“十五”立功先进集体	环卫局三队珠江道分队
	天津市“十五”立功先进集体	上海道小学
	天津市“十五”立功先进集体	柳林医院妇产科病房
	天津市“十五”立功先进集体	第四中学数学组
	天津市“十五”立功先进集体	鸿起顺饭庄总店厨房组
	天津市“十五”立功先进集体	天津师大第二附属小学双语组
	天津市“十五”立功先进集体	区总工会困难职工帮扶中心
	天津市“十五”立功先进集体	君怡物业公司国际经济贸易中心项目部
2005	天津市“十五”立功先进单位	市政工程管理局
	天津市“十五”立功先进单位	审计局
	天津市“十五”立功先进单位	有线电视台
	天津市“十五”立功先进集体	经济贸易委员会市场建管科
	天津市“十五”立功先进集体	财政局政府采购科
	天津市“十五”立功先进集体	区总工会困难职工帮扶中心
	天津市“十五”立功先进集体	环境卫生管理局三队珠江道分队
	天津市“十五”立功先进集体	房地产开发公司项目管理部
	天津市“十五”立功先进集体	桂发祥麻花饮食集团技术创新小组
	天津市“十五”立功先进集体	建设开发总公司供热站
	天津市“十五”立功先进集体	德盛商贸公司德盛食品店
	天津市“十五”立功先进集体	天津市船厂船舶公司
	天津市“十五”立功先进集体	河西医院心内科
	天津市“十五”立功先进集体	第四十二中学高三年级组
2006	天津市模范集体	马场街办事处城管科
	天津市模范集体	第四中学数学教研组
	天津市模范集体	河西医院天津市血液病研究室
	天津市模范集体	鸿起顺河东饭庄厨房组
	天津市模范集体	食为天快餐食品公司大沽路快餐店
2008	天津市模范集体	佟楼副食综合商场大肉柜组
	天津市模范集体	第四中学2008届高三年级组
	天津市模范集体	河西有线电视台新闻采编部
	天津市模范集体	挂甲寺街彩虹老人院护理组
	天津市模范集体	瑞泽企业管理公司大沽路菜市场
	天津市模范集体	审计局行政事业审计科
2010	天津市模范集体	格瑞园林发展有限公司项目一部
	天津市模范集体	河西区教育中心教学研究室
	天津市模范集体	河西区人力资源和社会保障局调解仲裁科
	天津市模范集体	河西区人民政府信息中心
	天津市模范集体	河西区人民政府区域经济服务办公室

第二节 共青团

自1979年，河西区各级共青团组织围绕全区中心工作，开展有益于团员和青少年健康成长的活动，服务于改革开放，服务于区域经济社会发展，服务于就业创业。团区委获全国和市多个先进集体称号。2004年，全国人大常委会副委员长顾秀莲到区视察全国青少年违法犯罪社区预防计划实施试点单位，并为之授牌。

一 代表大会

1982—2007年，共青团区代表大会共召开8届。

1982—2007年共青团河西区代表大会召开情况表

表14-3 单位：人

会议	召开时间	出席代表	委员	常务委员	候补委员	书记	副书记
第五次代表大会	1982.11	394	21	5	–	1	2
第六次代表大会	1987.03	381	31	7	–	1	1
第七次代表大会	1990.05	410	31	9	–	1	2
第八次代表大会	1995.04	363	31	9	6	1	1
第九次代表大会	1998.04	320	29	7	4	1	2
第十次代表大会	2001.09	313	29	7	4	1	2
第十一次代表大会	2004.12	304	31	9	9	1	2
第十二次代表大会	2007.10	200	30	8	9	1	1

1979年，全区有共青团委员会31个、团总支28个、团支部205个、专职团干部111人、兼职团干部381人，团员11735人。1997年，机构改革，机关设6个职能部（室）。2002年，机构改革，机关设5个职能部（室）。至2010年，基层团委28个、团总支20个、团支部422个，区属系统团员26877人，占青年总数的53.4%。

二 主要活动

主题教育 1979—1994年，围绕培养"有理想、有道德、有文化、有纪律"新人，进行共产主义、爱国主义、形势政策和革命传统教育。微山路中学团干部于荣清获全国"新长征突击手"称号。成立"河西区青少年思想政治工作研究会"，表彰"学雷锋十面红旗"等先进典型。开展报告演讲会、座谈会、党史知识竞赛和万余名青少年颂党寄语活动。成立基层团委理论中心组，基层团支部学哲学小组千余支。以"学雷锋、学赖宁、争做河西好少年"为主题，开展教育活动。成立"河西区青年业余党校"，在街、局、公司、中学设立分校和业余团校。各行业组织"学雷锋为民服务小分队"，连年召开"青少年思想政治工作会议"。全区青少年集资捐款，在区青年宫树立雷锋塑像。命名表彰"十佳学雷锋"和"十佳改革先锋"等青年先进典型。

图14-6 2004年，团干部培训会现场（区团委提供）

1995—2010年，通过培训班、报告会、研讨会、座谈会、交流会、征文、知识竞赛等形式，开展"学理论、明使命、做贡献"等主题活动。举行"迎香港回归歌唱祖国歌咏大会"，召开新长征突击手迎回归座谈会，开展纪念改革开放20周年知识竞赛和纪念“五四”运动80周年系列活动。制定《关于进一步加强和改进青少年思想政治工作的意见》，召开青少年思想政治工作会议。组织团干部、优秀青年到抗日纪念馆参观学访，开展“青春献祖国”主题团日、“学理论、知团情”党团知识竞赛活动，召开青年成长成才座谈会和“当前世界形势与中国青年的责任”报告会，开展团员青年形象标准大讨论活动。2007年，开展以“青春凝聚党旗下”为主题的系列活动。2008年，举办“解放思想、干事创业、科学发展”论坛，召开“光荣岗位打造青春事业，真情付出成就无悔人生”座谈会。

区属单位团建 自80年代，从团支部规范化入手，抓好基层团组织建设。制定《团区委常委会重要职责、议事范围、议事规则的规定》，向首批规范化达标团支部颁发证书。制定《关于共青团工作目标管理考核的实施意见》和百分评比考核标准。召开共青团整体化建设总结会，团员与青年比例增加7.6个百分点，团员总数达1.5万人。1996年，围绕青年生产、经营、学习、生活组合方式和流向变化，调整组织结构。1997年，在市区团组织中率先建立居委会团支部。1998年，建立43个居委会团支部，经验在全市团的组织工作会上介绍，团中央、团市委领导专程到区调研。2000年，在全市率先成立尖山红霞里农贸市场团支部、友谊路街保洁队团支部。与区委组织部联合制定《关于街道团组织设置有关问题的意见》，完成团工委转制工作，13个街成立社区青年工作委员会，217个居委会成立团支部。团区委被团中央确定为团建创新试点单位，获天津市首批创新奖。马场街团委获全国“五四”红旗团委称号，天塔街团委被评为市级“五四”红旗团委。团区委在中组部、团中央联合召开的全国基层“党建带团建”会议上作典型发言，被推荐申报全国团建先进县(市)。2003年，全面启动青年文明社区重新考核、认定工作，河西区被推荐申报全国团建先进县(市)。2008年，制定《关于进一步加强共青团组织建设工作的意见》。2009年，制作《共青团组织工作手册》，规范组织运行机制，增强工作的可操作性。2010年，桃园街道团组织格局创新试点工作启动。

非公经济组织团建 自1995年，制定《关于加强三资企业团组织建设的意见》，探索共青团在新兴组织中的有效工作形式，成立海普公关学校团委、津西城市信用社团支部等团组织。成立第一个私营企业团组织。至2000年，非公有制经济组织建立团组织24个。2007年，制定《关于进一步加强非公有制经济组织团的建设工作的意见》和《关于非公有制经济组织团建工作实施方案》，举办企业团干部培训班。在团市委召开的加强基层组织建设会议上作典型发言。2009年，召开团建工作会议，开展系列活动。2010年，提出并实施“用服务促凝聚，以活跃促发展”的建团工作新思路，建立青年联谊会等组织。启动青年文明号、青年文明社区和青年文明服务之星创建活动，8个青年集体被评为市级青年文明号，28个青年集体被命名为区级青年文明号(社区)，16个窗口服务行业优秀青年代表被评选为区级青年文明服务之星。举办青年礼仪、心理、低碳等主题论坛和“创文明交通城市，做文明交通人”主题活动。

1997—2010年河西区团组织情况表

表14-4

年份	35岁以下青年数(人)	团员数(人)	基层团委数(个)	团总支数(个)	团支部数(个)	团工委数(人)	专职团干部数(人)
1997年	41588	18218	68	2	755	–	–
1998年	45163	18059	57	35	757	–	–
1999年	46728	18494	61	18	784	–	30
2000年	46843	18184	45	18	972	12	51
2001年	47810	22081	63	27	1076	12	56
2002年	45776	23062	34	48	1128	12	118
2003年	47150	23972	29	25	1188	12	20
2004年	38343	19532	37	22	1002	12	22
2005年	41500	22649	26	25	847	12	61

续表

年份	35岁以下青年数(人)	团员数(人)	基层团委数(个)	团总支数(个)	团支部数(个)	团工委数(人)	专职团干部数(人)
2006年	50639	34307	30	6	554	12	44
2007年	54044	24117	37	21	1110	13	66
2008年	37144	21466	31	10	1163	13	44
2009年	50499	25317	30	3	398	3	48
2010年	58369	28976	28	2	410	3	45

推荐优秀人员 自1979年，各级团组织开展争先创优活动。1991年，评选表彰“关心、支持共青团工作好党委”5个、“好领导”15人。1996—2008年，私营企业、街办企业团组织发展团员青年比例增至70%以上。加强中学、生产一线及外来务工青年的团员发展工作，少先队“推优入团”1.7万人。召开双推优工作交流会，制定实施《青年人才工程推进计划》，建立跨世纪三级青年人才工程信息库。与区委组织部联合制定《关于做好推荐优秀团员作党的发展对象的意见》，规范28岁以下青年入党必须经过团组织推荐的组织程序。2009—2010年，发放“青年文明号”社会监督牌，对在创建国家卫生区、抗震救灾、奥运安保等工作中先进集体和个人予以表彰。

图14-7 2009年，发放“青年文明号”社会监督牌 （区团委提供）

敬岗爱业 自1979年，开展敬业爱岗系列活动。1987—1995年，连续举办九届青年七彩荟萃节。制定《关于建立创建青年文明社区激励机制的意见》，马场街获“全国青年文明社区”称号，团市委在河西区召开青年文明社区创新工作暨社区团建工作现场会。1990年，开展“迈好九十年代第一步”主题系列奉献活动。1991—2000年，在全国卫生城复查中，组建“义务劳动突击队”。在土城平房改造等重点工程建设中，发挥青年志愿者的突击队作用，开展义务奉献活动。各街万余名青年成立青年监督队，设立百名青年监督岗，配合全区“畅通工程”的宣传、监督工作。

2001—2004年，向54家单位颁发“创建青年文明社区”工作优秀共建单位荣誉册。越秀路街、下瓦房街被评为天津市青年文明社区，陈塘庄街华山里社区被确定为全国青年文明社区大家乐舞台。团中央书记处书记黄丹华到区参加敬老助老活动。区教委团委被评为2001年度全国18岁成人仪式教育活动优秀单位，获全国中学生暑期教育活动优秀组织奖。启动青年环境整理行动，开展“青年植绿护绿活动日”和“为创建国家卫生区做贡献”活动。2004年，评选表彰10个区级青年文明社区。首批青年中心卡加盟单位50余家。

2005—2010年，制订《城市青年中心建设基本规范细则》，举办城市青年中心建设工作研讨会，挂甲寺街景兴西里社区青年中心被评为全国优秀青年中心；开展“充分发挥共青团作用积极构建社会主义和谐社会”专题调研活动。举办“书·与爱同行”第一届公益书市，与文明办共同下发《关于开展“青年文明号”创建评选工作的通知》，评选表彰“青年文明社区”和“青年文明号”。举办首届陈塘科技创意周活动。制作《知名餐饮企业名录》。

社区志愿者 1994年，建立天津市青年志愿者协会河西区联络处，成立35支青年志愿者服务小分队。开展志愿者奉献日、争做精神文明先锋活动，建立珠江公园“青年园”和“青年绿色文明园”等活动基地。1996年，为“希望工程”助学活动捐款。在鸿起顺饭店召开“建功跨世纪，创业在河西”主题活动。1998年，尖山地区青年志愿者服务站挂牌成立。举办“转变就业观念，促进区域经济发展”下岗青工专场招聘会，400余名下岗青工走进区街人才市场，200多人与用人单位达成意向。2000年，开展青年志愿者奉献月活动，召开青年志愿者誓师大会，命名6个青年文明园作为植绿护绿活动基地。天津电视台专题报道南楼商场10兄弟助残活动事迹。开展“跨越新世纪，扮靓天津城”主题活动及“青年志愿者服务日暨注册志愿者招募活动”。2004年，开展“长泰河改造工程青年志愿者行动”。在团中央组织开展的“我的创业故事”征集活动中，获“十佳”创业故事和“十佳”创业者称号。制定志愿行动发展规划，成立区青年志愿者协会及下属志愿服务分站，形成服务网络。依托团区委网站，建立区青年志愿者协会QQ群。

2008—2010年，区志愿服务协会成立，制订《志愿服务条例》。在天津自然博物馆、天津博物馆、陈塘庄街长泰老人院、人民公园建立青年志愿服务基地。举办就业创业洽谈会和毕业生专场交流洽谈会，百余家企业进行现场招聘和产品展示，2000余人（次）大学毕业生和待业青年参加。成立区青年创业金融服务站，启动全市首个“青少年创新创业基金”和“创业就业行动”，培训创业青年700多人。新建青年就业见习基地35家，完成农民工订单式培训224人，青年创业小额贷款91笔。全区青少年志愿者达3万人，区青年志愿者协会团体会员20余个、志愿服务队60余支，登记注册的骨干志愿者600余人，区青年志愿者组织的三级网络逐步形成。

预防青少年犯罪　80—90年代，成立社区青少年思想政治工作宣讲团、马列主义理论学习小组，在社区开展青少年拒绝邪教、外来务工青年寄一封家书反邪教等行动。在217个社区居委会全部建立社区团支部，在保洁队和建筑工地建立18个团支部，发挥预防青少年违法犯罪的组织堡垒作用。

图14-8　2001年，“社区预防计划”现场推动会暨“为了明天工程”启动仪式现场
（区团委提供）

自2001年，成立综治委员会预防青少年违法犯罪领导小组，由团区委、区综治办公室、区教委等19个部门组成，办公室挂靠在团区委权益部。加强对预防青少年违法犯罪工作的领导和协调，建立多方配合、齐抓共管的工作机制，加强督促检查，推动各项工作在基层的落实。率先在全市实施预防青少年违法犯罪工程，会同综治委制定《关于进一步加强预防青少年违法犯罪的实施意见》《关于在全区中小学聘任法制副校长的意见》。2002年，组织全区青少年开展“德治、法治教育进社区”活动，建立青少年成长俱乐部、法制教育基地、法制教育宣讲团，对社区青少年进行法制教育和跟踪帮教。2003年，东海街被命名为全国青少年违法犯罪社区预防计划实施试点单位，马场街获全国示范“青少年法律学校”称号。

2004年5月，全国人大常委会副委员长、全国妇联主席顾秀莲到全国预防青年犯罪试点东海街视察，并为之授牌。启动“未成年人零犯罪社区”创建工作，东海街粤江里、挂甲寺街滦水里、陈塘庄街秀峰里被团市委命名为首批市级“未成年人零犯罪社区”。会同区有关单位举办“预防青少年违法犯罪工程法律知识统考”，全区近10万在校学生、社区闲散青少年和部分刑释解教对象参与答题，中央电视台等媒体报道。启动进城务工人员的“筑城行动”，招募维护社会治安志愿者403名，建立青少年犯罪研究会。团区委获市社会治安综合治理先进集体称号。加强对“未成年人零犯罪社区”“示范性青少年法律学校”等创建工作的推动、检查、指导和考核，创建“未成年人零犯罪社区”24个，样板社区覆盖率占三分之一。

2010年，创建“未成年人零犯罪社区”和“示范性社区青少年法律学校”工作在全区推开，预防工作专题培训有序展开，创建“未成年人零犯罪社区”深入推进。召开预防青少年违法犯罪工作联席会议。团区委（区预防办）再获市社会治安综合治理先进集体称号。

未成年人维权和保护　1991年，成立全市区县首个未成年人保护委员会，会同区教育局编写《天津市未成年人保护条例辅导讲话》，发行4万册。1996年，建立“信访接待日”等规章制度。1999年，10个单位被命名为优秀青少年维权岗，区检察院、区工商局大营门所、区法院刑二庭被评为全国优秀青少年维权岗。区教委团委获第三届全国未成年保护委员会工作先进集体称号，区未成年保护委员会获市第二届未成年人保护工作先进集体称号，区检察院和越秀路街2人获市级保护未成年人优秀公民称号。2000年，建立未成年人维权保护三级网络，先后在13个街道建立社区青少年维权服务中心，在217个社区居委会成立社区青少年维权服务站，开通社区维权服务热线，发放“青少年维权卡”，开展“青少年维权服务进社区”工作。

2001—2004年，大营门街成立“做社区自护、自律好少年”共建基地，开展“青春自护暑期行动”，启动“画说青少年自我保护暨我的自护经历”征文大赛。在武警一支队成立区青少年自护教育基地，召开青少年自我保护工作推动会。区检察院被评为全国优秀青少年维权岗，区司法局被评为市级优秀青少年维权岗。开展青少年防治艾滋病志愿者“面对面”宣传教育月活动和“珍爱青春年华，携手远离毒品”主题宣传活动，开展“无毒社区”“无毒校园”创建活动。

2005—2010年，市政法系统、团市委等有关部门到区调研未成年人保护工作。会同区综治办公室下发《关于开展“青少年维权岗”主题活动的通知》。与区检察院、司法局共同组织“珍惜自由、安心矫正”警示教育活动，开展“远离网络陷阱享受阳光假期”教育活动，与天津市气象学会建立天津市首家青少年气象科普自护教育基地，团区委获天津市青少年自护妙招有奖征集活动优秀组织奖。

普法宣传　1991—2008年，与劳教部门在全市率先成立“青少年法制教育基地”，各学校配备法制副校长，区法院、教育、新闻中心、劳动、工商等单位分别开展青少年模拟法庭、“爱生月”、未成年人保护法知识竞赛活动。在全区80余所中小学开展模拟法庭活动，开展青少年法制教育宣传月、“禁毒巡回展”“青少年模拟法庭”等共建活动，中小学“两法一例”宣传普及率达100%。在市区率先作出《河西区中小学加强学生进入“网吧”的管理及限制中小学生进入“网吧”的规定》，中央人民广播电台等10余家新闻媒体进行报道。举办“保护明天”宣传周活动被团中央报刊报道。2009—2010年，与区教育局、司法局等相关部门启动“健康成长法律护航”法制宣传教育月活动。获天津市法治知识竞赛优秀组织奖。

捐资助学　自1991年，开展向“希望工程”自愿捐款活动，团中央书记处书记刘奇葆作出批示，中央电视台进行报道。1996年，以“重温长征史、祭扫先烈墓、爱心献老区”为主题，捐款救助失学儿童187余名，支援6所小学建起图书室，并赠送价值万元的学习用品。至2010年，接收社会各界捐款近700万元，通过各种渠道发放爱心助学款61万元，救助贫困失学儿童万余名，为11所希望小学配备“希望书库”，受到团市委的通报表彰。

外来务工青年培训　自1998年，启动社区“千校百万”外来务工培训计划，团区委和陈塘庄街流动人口服务站分别被评为全国外来务工培训工作先进集体和天津社区外来务工培训工作先进集体。2001年，柳林街等4个单位被评为市级进城务工青年培训先进单位，马场街范宝恒被评为全国优秀进城务工青年。2002年，成立全市首家“进城务工青年之家”。2004年，开展“进城务工青年知识竞赛”活动，全区23个单位的百余名进城务工青年参与竞赛，2007年，团区委被评为全国外来务工培训工作先进集体。2008年，共建各类培训学校（站、点）118个，培训外来务工青年46842人。2009年后，团委不负责外来务工人员培训工作。

少年先锋队　1980—1989年，在少年儿童中开展思想好、学习好、身体好活动。在校少年儿童全部加入少先队，成为红领巾区。召开区首届少先队代表大会，成立区少先队工作委员会。1990—1995年，召开区第二届少代会。开展“跨世纪河西少年雏鹰行动”，涌现出“市十佳童星”“挂奖章好少年”等一批优秀少年，实验中学的石彧和新华中学的王之浩获全国社会实践教育奖章，区少工委被评为全国少先队工作基础达标先进单位和全国少先队工作先进集体称号。1992—2010年，16名少先队员获“津门童星”称号，48名少先队员被评为“津门好少年”，128名少先队员在科技创新大赛活动中获得全国和市级奖项。在全国首创“坚强孩子俱乐部”，建立47个分部，吸引坚强孩子7000余人，社会各界捐助54万元，3850人（次）受到资助，2000多名学生受到各级各类表彰。在全国率先探索成立社区少先队，建立社区少先队大队13支，少先队员近3万名。在全市成立首家“红领巾团校”，创建14支全国红旗大队和55支全国特色小队，创建天津市红领巾示范校24所、市级优秀中队43个，区级红领巾示范校25所。大中队辅导员3000人（次）参加高级研修培训。区少工委连年被评为市级少先队工作先进单位。被评为全国“十佳”少先队辅导员1人、全国优秀少先队辅导员2人、市级“星星火炬”获奖者5人、天津市优秀少先队辅导员23人、天津市少先队辅导员新秀14人。

学生联合会 1984年，区学生联合会成立，召开区学联第一次代表大会，选举产生第一届委员会。1991年，召开第二次代表大会。自1995年，开展讨论交流、专题报告、知识竞赛等活动。青年党校共举办培训班240期，培训学员1.3万人，少年团校共举办培训班475期，培训学员2.2万人。开设“青春热线”，建立“知心屋”，创建青少年法制教育基地和青少年维权岗。以文学社、摄影社、广播站、电视台等社团组织为载体，举办校园文化节、艺术节、科技节、体育节。2008年，推举新华中学赵洪凯为奥运火炬手。组织中学生开展“三十年的今与昔”老照片搜集和征文活动。开展“仪式教育”活动和“十八岁”成人宣誓等仪式教育活动33场次。至2010年，交纳“特殊团费”助学。197个学生社团中登记入社的学生有1.7万人，百余人在科技比赛中获奖，其中7人获全国科技创新奖，8人获全国中学生创新设计大赛二、三等奖，2人获全国中学生正泰品学奖，26人获天津市“十佳”中学生称号。建立中小学生教育实践基地300多个。

第三节 妇女联合会

一 代表大会

第五次至第八次妇女代表大会分别于1980—1992年召开。自1997—2010年，共召开妇女代表大会3次。

第九次妇女代表大会。1997年9月8—9日召开，出席代表374人。会议听取并通过工作报告，选举产生区妇联第九届执行委员会委员29人、常务委员11人、主席1人、副主席2人。

第十次妇女代表大会。2002年9月25—26日召开，出席代表377人。会议听取并通过工作报告，选举产生区妇联第十届执行委员会委员29人、常务委员10人、主席1人、副主席2人。

第十一次妇女代表大会。2007年9月28—29日召开，出席代表234人。会议听取并通过工作报告，选举产生区妇联第十一届执行委员会委员29人、常务委员11人、主席1人、副主席2人。

1987年10月，全区20个街道办事处建立街妇女联合会。至1995年，全区387个居委会建立妇代会。1995—2010年，经重新整合，除新建的梅江街道办事处，12个街道办事处均建立街妇联，170个居委会中均建立妇代会。在机关、教科文卫等事业单位建立妇委会16个，到2010年增加到20个。

二 主要活动

岗位建功 1988—1995年，组织广大妇女参加储蓄，总额达8000余万元。1989年，与工商银行联合创办全市第一家联办储蓄所——东楼储蓄所。1991年，与工商银行联合创办佟楼储蓄所。到1995年，9个街妇联均创办不同类型的经济实体。1991—2010年，开展为“八五”计划建功、“巾帼奥运行”“争创模范先锋岗、巾帼建功展风采”等主题实践活动。开展“人人争创模范先锋岗、科科争创党员示范岗”和以“比一项工作创新的点子、比一手熟练过硬的技能、比一个解决问题的方案”为内容的素质比武“三个一”活动。组织开展“半边天家园”主题活动。8人被评为全国“三八”红旗手和全国巾帼建功标兵、16个集体被评为全国“三八”红旗集体和全国巾帼文明岗，1人获全国优秀妇联干部称号，5人被授予“津门女将”称号。

创业与再就业 1998—2010年，举办下岗女工技能技巧培训120期、择业观培训101期。实施联合国开发计划署小额贷款项目，多次举办下岗女工小额贷款培训班，为676名下岗女工办理小额贷款。召开下岗女工经验交流会、自强不息报告会、开辟社区服务岗位现场会、女创业者沙龙座谈会、成功创业分享现场会等，为创业女性提供借鉴和帮助。每年与区劳动局开展“三八”免费专场招聘会。开展创业计划书大赛、“明星打工姐”评选，支持下岗女工编织作品参加天交会、国际博览会、市下岗女工创业成果展示展卖等活动，引导和扶持下岗妇女参与“巾帼社区服务工程”，建立家政服务、社区保洁、手工编织、小饭桌等多项社区服务项目。2002年，全国妇联再就业工作会议代表到区女创业者标兵、尖山街下岗女工兴办的小饭桌参观学访。2003年，全国人大常委会副委员长、全国妇联主席顾秀莲到下瓦房街连心编织社、骎骎家政服务公司视察。2008年，1人获中国银行业协会(花旗集团)微型创业奖服务业一等奖。

图14-9 2008年，编织巧手作品展示现场 （区妇联提供）

三 创建文明家庭

80年代，开展“五好”家庭创建活动。90年代，丰富争创文明家庭和美好家庭活动的内容，建成学习家庭、平安家庭、绿色家庭、最美家庭等特色家庭创建体系。1994—1995年，区各级妇联组织发动广大妇女以家庭为阵地，开展“争创文明家庭、争当文明市民”活动。1994年，为国际家庭年，组织开展系列家庭文化活动。1996—2010年，开展家庭美德创建、万户文明家庭扶贫助孤、助困活动，组织文明家庭与孤老户和特困户结成帮扶对子。2000年，召开文明家庭先进事迹报告会，发动文明家庭为贫困地区捐献书籍5万余册。2004年，开展“美德在我家”读书征文及演讲活动。2009年，发动居民参加市和谐生活家庭摄影大赛。1990—2010年，8户家庭被评为全国五好文明家庭，113户家庭被评为市级文明家庭标兵户，16户家庭获得最美好家庭金奖户、银奖户称号，2人获全国孝亲敬老之星称号。

学习型家庭 自1997年，开展优秀家庭图书角评选活动，举办家庭手工艺品展、书法绘画展、家庭文艺展演和父母读书等活动。2003年，结合创建学习型城区，举办区首届学习型家庭电脑网络作品竞赛。2005—2010年，编印《学习型家庭集锦》，组织社区居民举办家庭美食大赛，承办市创建学习型家庭现场推动会。组织编织能手参加全国“情系奥运手工编织品网络大赛”，收集作品300余件，2件作品分获特别奖和优秀奖。87户家庭被评为市级学习型家庭。2009年，编印《学习型家庭事迹个案汇编》。创建学习型城区、共建共享和谐生活的经验在全国妇联思想政治工作会议上交流。2010年，3户家庭被评为市社区教育杯学习型家庭，柳林街东海里社区、友谊路街谊景村社区被全国妇联命名为全国创建学习型家庭示范社区。

绿色家庭 2005年，开展首届区级绿色家庭评选表彰和绿色家庭故事征文和演讲活动。2006年，开展“美德在我家暨创卫连着你我他”征文活动。开展“巾帼林”捐种活动，全区600名各界妇女参加。在天塔街召开绿色家庭工作现场推动会。召开绿色家庭表彰大会暨绿色环保知识进家庭讲座，编印《关注绿色共建和谐》一书。3户家庭被评为全国绿色家庭。2008年，开展创卫主题实践活动，组织妇女对捐种的“巾帼林”捡脏护绿、补绿，开展小区认建认养绿地活动和创建绿色生态社区行动。承办全国妇联“妇女携手迎奥运、节能减排我先行”科技周示范活动。2010年，在马场街开展家庭低碳档案试点活动，2户家庭被评为全国低碳生活创新明星家庭。

平安家庭 2006年，开展"树廉洁家风、建和谐家庭"主题实践活动、"读书思廉"征文活动、平安家庭知识宣传橱窗制作活动，组队参加市妇女权益保障法实施办法知识竞赛。"创建平安家庭、构建和谐城区"的做法入选全国《平安家庭创建活动经验汇编》。2007年，制定《关于深化"平安家庭"创建活动的安排意见》。2008年，挂甲寺街科艺里社区被评为全国平安家庭创建活动先进示范社区，2户家庭被评为全国平安家庭示范户，17户家庭被评为市级平安家庭。2009年，在区法院干警及家庭成员中开展"干部勤廉赢民心、家庭助廉万事兴"为主题的系列活动。2010年，开展禁毒主题宣传月和平安家庭创建活动，启动以"文明交通幸福家庭"为主题的"万户家庭文明交通行动"，举办"百场交通安全知识进家庭"讲座。

四 维护合法权益

信访接待 1984—1999年，全区三级妇联组织共接待处理来信来访1.51万余件。开展送法律知识到基层活动，先后举办区街妇联干部维权工作和信访条例培训班。开展妇女权益保障法、女职工劳动保护规定宣传活动。联合相关单位到部分三资企业、私营企业检查妇女权益保障法贯彻执行情况。举办私营企业厂长、经理贯彻妇女权益保障法培训班。制定《妇联系统"三五"普法规划》，各街妇联、局、公司女职工委员会采用媒体和上街宣传等多种方式，宣传各项法律法规。2000—2010年，全区三级妇联组织共接待处理来信来访6000余件。开展"三八"维权周、妇女权益保障法宣讲、安置帮教、禁毒、"四五"普法等活动。7人被聘为区人民法院陪审员。在区党校干部培训班开设男女平等基本国策宣讲和妇女权益保障法专题讲座。为9名孤儿协调入学及学费减免问题。东海街漓江里社区妇代会被评为全国妇联系统信访工作先进集体。

创建半边天家园 21世纪初，以创建"半边天家园"项目为载体，每年开展有关婚姻家庭等法律知识的讲座，举办个案工作方法培训、社会工作理论培训和"半边天家园"工作理论研讨。2004年，以越秀路街为试点，全面开展创建活动。2005年，联合国消除妇女歧视委员会成员前来视察。2007年，召开"半边天家园"项目试点总结推动会，推广越秀路街、东海街、柳林街和挂甲寺街的经验，全区13个街道社区实现全覆盖。2008年，探索共建、联建"家园"模式，"家园"志愿者达到1897人。成立区"家庭问题社区干预中心"，在市"半边天家园"建设推动会上介绍经验。台湾同胞和辽宁省200余人学访团到区学访。至2009年，"一街一精品、一园一特色"的"半边天家园"模式基本形成。2010年，友谊路街谊景村社区被确定为"中国社会工作职业化研究"调研课题试点单位。台湾和香港同胞、陕西省妇联来区学访，全国人大、全国妇联调研组到区调研。国务院妇儿工委刊物和《环渤海经济瞭望》等媒体对"半边天家园"工作进行专题报道。

检查和调研 1995—2003年，开展妇女权益保障法的执法检查活动，深入多家企业检查劳动用工、再就业、妇女劳动保障情况，对非法出版书刊、音像制品及有损妇女形象的黄色书刊进行查处。全国24个省市的370名区县领导到区学习《九十年代儿童发展规划纲要》实施的经验。2004—2008年，开展"玩具强制认证保障儿童安全"咨询宣传活动，引进全国儿童基金会安康宣传项目，在社区建立72组安康教育宣传栏。2004年，撰写的《河西区8—14岁儿童道德水平和行为习惯文明程度调查》，被国务院妇儿工委评为优秀调研报告二等奖。2006年，代表天津市接受国务院评估督导组对社区实施妇女儿童两个发展纲要工作的督导和检查。2008年，"以创新发展，实现妇女儿童工作新突破"的做法和经验，入选《全国实施妇女儿童发展纲要示范工作交流会经验材料选编》。2009年，推进《河西区妇女儿童健康行动计划》的落实，启动25个项目，32781名妇女儿童享受9项惠民措施的免费保健服务。开展控制出生缺陷宣传月活动，对0~16岁流动儿童基本信息情况进行摸底调查。2010年，作为天津市"受人口流动影响的儿童保护"项目市区唯一试点区，接受联合国儿基会、国务院妇儿工委的检查。

五　扶贫帮困

图14-10　2008年，河西区实施“阳光计划”尖山小学站　（区妇联提供）

1995—2010年，吸引、鼓励、挖掘社会力量参与妇女儿童救助，开展扶贫帮困、捐资助学、助医等活动，为单亲困难母亲、孤残儿童、困难优秀学子办实事办好事，为灾区儿童、孤残儿童编织毛衣、存钱罐义卖，与有关单位联合开展向社区妇女发放免费医疗救助卡、药品、轮椅、助行器活动。组织文明家庭与困难家庭结对子，实施“女性安康保障计划”为单亲困难母亲免费办理安康保险，开展女性“两癌”（宫颈和乳腺癌）免费筛查、免费体检和困难单亲母亲手术及大病救助活动。2007年，完善单亲困难母亲、特困儿童救助保障机制，建立全区单亲困难母亲和特困儿童信息库，对库内数据进行调整，加强动态管理。2008年，实施大型流动儿童素质教育援助公益项目“阳光计划”，全国妇联、中国儿基会会同安利公司投资10余万元，为尖山小学捐建“阳光图书馆”。发放助学、助医、助困款项和物品价值68万元，3800余名单亲困难母亲、孤残儿童、困难优秀学生受益。

六　培养推荐女干部

90年代，注重维护妇女的政治权利，配合有关部门做好培养推荐女干部工作。2000年，全区共有处级以上女干部68人，占同级干部总数的22.4%，其中区级女领导4人（不含党外兼职），比1997年提高50%。区党政领导班子中各有1名女干部，12个街道办事处共有处级女干部23人，10个街道办事处配有2名以上女干部。2005年，共有处级以上女干部81人，占同级干部总数的24.1%，其中区级女领导5人（不含党外兼职），比2000年提高25%；区党政领导班子中各有1名女干部；各街道办事处处级女干部配备率达83%。2010年，全区共有处级以上女干部84人，占同级干部总数的25%，其中区级女领导6人（不含党外兼职），比2005年提高20%；区党政领导班子中各有1名女干部；各街道办事处领导班子中女干部配备率达100%；区委组织部、卫生局、民政局、文化局、投资促进局、金融办公室等重要部门均由女干部担任主要负责人；与妇女权益相关的教育、科技、文化、卫生、计生、民政、劳动、体育、司法9个部门均配备女干部。科级女干部的比例始终保持在45%以上。

七　家庭教育

1985—1995年，成立家庭教育研究指导委员会、家庭教育顾问组，建立家庭教育讲师团，创办《婴幼儿家教指南》，召开首次全区家庭教育工作会议，开办200余所家长学校，开展争做合格家长、表彰模范母亲和家长学校达标活动。1985年，全国妇联主席康克清到美育托儿所视察。1993年，全国“三优”工程试点单位中期评估工作交流研讨会在河西区召开。

1996—2001年，组织家庭优生、优育、优教知识传播与实践行动、家庭教育座谈会、家庭劳动小能手大赛等活动，编印《家庭教育集锦》，推广先进家教经验。1996年，开办小学生服务站72个，为536名小学生解决接送、午饭、辅导“三难”问题。1997年，制定《家庭教育工作“九五”计划》《家庭教育工作评估方案》。开展把知识送给家长活动，在年轻妈妈读书活动中，4名家长获全国荣誉称号。1999年，对全区4322名散居儿童统一建档立卡，实行规范化管理。2002—2010年，开展教子格言征集、家教征文、向学习型母亲赠书活动和亲子活动大赛。实施早期儿童养育与发展项目，树立52户科学育儿典型家庭。开展外来务工子女、散居儿童迎奥运亲子健身主题活动。启动家庭教育指导与服务进社区项目。下瓦房街富裕广场社区被评为全国家庭教育工作示范社区。

八 “三胞”妇女联谊

1987—1995年，建立健全“三胞”（即侨胞、台胞、港澳同胞）妇女联谊组，组织“三胞”妇女与海外亲朋好友联系，为发展市、区经济提供信息143条，达成投资协议26项，投资总额8030万美元。市妇联和全国妇联先后在河西区召开妇女统战工作现场会。1996—2010年，召开“三胞”妇女、知名人士联谊会，组织“三胞”妇女开展庆“三八”、参观改革开放成果等活动。

第四节　工商业联合会

自1980年，河西区工商联恢复活动后，与区民主建国会联合办公。1990年，与区民建分开办公。1994年1月，兼称河西区商会。1982—2006年，召开六届工商联合会会员代表大会，加强组织发展工作，为全区经济发展贡献力量。

图14-11　2006年，河西区获全面建设小康社会作贡献先进集体奖牌　　（区工商联提供）

一　会员代表大会

第五届工商联会员代表大会　于1982年12月召开，出席代表124人。听取《坚决贯彻党的十二大会议精神，积极开创两会工作新局面》的工作报告；选举杨义为主委。

第六届工商联会员代表大会　于1989年5月召开，出席代表127人。听取《深化改革，团结奋进，发挥优势，为实现新时期的总任务积极贡献力量》的工作报告；选举陈文珪为主委。市工商联主委刘世增出席会议。

第七届工商联会员代表大会　于1992年9月召开，出席代表141人。听取《团结、民主、务实、鼓劲，为振兴河西、发展河西做贡献》的工作报告；选举梁孟儒为主委。市工商联副主委王金标出席会议。

第八届工商联会员代表大会　于1997年3月召开，出席代表94人。听取《肩负新使命，跨向新世纪，为发展河西繁荣河西作出新贡献》的工作报告；选举武国维为会长。全国工商联副主席、市人大常委会副主任、市工商联副主委朱文桀、市委统战部副部长张炳学出席会议。

第九届工商联会员代表大会　于2001年10月召开，出席代表97人。听取《河西区工商业联会会(商会)第八届执行委员会工作报告》；选举武国维为会长。全国工商联副主席、市人大常委会副主任、市工商联副主委朱文桀、市工商联党组书记王崇义出席会议。

第十届工商联会员代表大会　于2006年8月召开，出席代表113人。听取《围绕中心，发挥优势，为建设现代化新河西而努力奋斗》的工作报告；选举武国维为会长。市工商联党组书记王崇义出席会议。

二　主要工作

组织发展　自80年代，吸收国有、集体、中外合资、私营企业等会员，相继建立10个商业同业公会。1991年，工作对象转向私营企业、“三胞”投资者和个体工商业者等非公有制经济的代表人士。至2010年底，发展近400会员，成立红星美凯龙、海地地区、登发装饰基地、珠江家居建材基地、环渤海建材基地5家分会。

推荐工作　自80年代，开展非公有制经济代表人士的政治安排推荐工作。1991—1995年，区工商联会员中有10人当选市工商联执委，3人当选市人大代表，8人当选区人大代表，9人当选市政协委员，20人当选区政协委员，1人当选为市、区工商联副主委和全国工商联执委。1997—2001年，有4人分别当选市十三届人大代表和市十届政协委员，有18人分别当选区十三届人大代表和区十届政协委员，届中4人增补为区政协委员，在区政协中担任职务达到22人，有3人进入全国工商联和市工商联执委班子。有2人分别担任市工商联副会长、区政协副主席和市政协常委。2001—2006年，当选市人大代表6名、市政协委员9名、区人大代表21名、区政协委员40名。2007年，会员中担任区人大代表36名、担任区政协委员和特邀委员58名，5名会员企业家当选市人大代表、1名会员企业家被推荐为市政协委员。20名会员代表出席市工商联第十二次会员代表大会，2人分别当选市工商联副会长和商会副会长，2人当选为市工商联常委，7人当选为执委。

调查研究　2001—2010年，会员提交提案173件，其中改善民营经济发展环境和优化城区个体私营经济发展环境的专题报告，在市政协第7次常委会议上发言。在会员企业中开展“问需求、解难题”调研活动。驻会领导和机关干部定期走访企业，帮助协调解决各类难题，《强化服务，优化环境》调查报告，获市联调研成果奖。2009年，区工商联机关干部分成4个组开展调研服务，向全体会员企业发放“全球金融危机对民营企业的影响及对策调查问卷”，撰写“国际金融危机对工商联会员企业的影响及对策”等多篇调研报告，向市、区委提出相应的建议。2010年，在区人大、政协会议期间提交建议、议案和提案20余件，在区政协十二届四次会议上作题为《发挥区位优势，推进会展经济加速发展》的大会发言。完成中共中央统战部、全国工商联等部门组织的调查问卷和市工商联交办的调研任务。

创办领办企业　自1980年，选派有经验、会管理、懂技术的原工商业者参与街办企业发展，其中马场汽车修理厂、大楼金属柜厂被评为市级明星企业。帮助蓟县五百户乡柳河套村津蓟测绘仪器厂扭亏为盈，受到市政府的表彰。协助宁波道中学创办“兴华五金建材商店”，获市先进校办企业称号。协助市工商联投资服务公司创办8家企业，安置待业青年174人。创办经济咨询服务部、汽车配件商店等数家企业。20世纪末，不再创办和领办企业。

学习培训　2004—2007年，组织会员企业家学习培训，联合市内6个区工商联举办经济管理MBA核心课程培训班，与区劳动和社会保障局共同举办“规范企业劳动用工制度”专题培训对话会。与区质量技术监督管理局、区食品安全专项整治办公室召开“服务民营企业，促进经济发展”现场服务会。开展商会经济论坛等10余次主题的活动。建立会员培训中心和民营经济服务中心，借助清华大学创新学院的远程学堂优质教育培训资源，为企业家提供人才开发、财务管理、生产运营战略等课程的培训，举办“心理和谐管理、卓越领导力与执行力”等培训10余次，举办现代企业薪酬福利设计及应用、宏观经济管理等讲座7期。依托律师、会计师事务所等社会资源，为企业提供财务审计、验资年检、法律等服务。2008—2010年，配合统战部做好“党外代表人物队伍工程”人选推荐工作。与区劳动局共同举办“劳动用工政策培训活动”，与培训和金融机构合作举办“中国中小企业经营的误区及对策”企业论坛。

融资理财　自80年代，不断探索为会员融资服务方式，多渠道为会员企业搭建融资平台。1997年，成立“会员资金互助会”。到2008年，拥有会员企业43户，资本金总额260余万元，为会员企业融资达11361.5万元。2007—2010年，与市中小企业信用担保基金管理中心合作，为会员企业办理大额贷款业务。与渤海银行、大连银行、民生银行、中信银行、天津银行、哈尔滨银行天津分行建立合作关系，推荐20多家骨干型诚信企业作为贷款对象。为民营企业提供信贷支持、理财建议、信息咨询、金融知识培训等服务，搭建为会员企业融资平台，开辟新的融资渠道。借助会员企业投资基金有限公司的资金优势，探索为急需解决周转困难的会员企业融通资金的新途径、新模式。2010年，为会员企业解决融资贷款达1.5亿元。

公益事业　自1980年，协助市、区政府为原工商业者落实政策。引导广大会员致富思源、富而思进，进行捐资助学、扶危济困、助残赈灾和推进“光彩事业”等社会公益性活动。发挥人才优势，开展经济咨询服务、支教、助残、支援新疆少数民族和贫困地区发展经济等活动。1995年，大维制衣有限公司向第43届世界乒乓球锦标赛组委会捐赠价值72万元的服装。2003—2010年，为困难职工、抗击“非典”、汶川和玉树地震灾区、毕节同心水窖建设等救灾扶贫项目捐助款物1亿多元。

对外交流 自80年代，注重发挥民间商会优势，加强对外交流、扩大招商引资领域。21世纪初，邀请北京、上海、浙江、河北、广东、山东、江苏等地民营企业家参加区商务商贸节。承办中国·天津河西2007商务商贸节“十省市工商联（商会）市场竞争与企业发展战略”论坛，有多家全国500强企业及上市公司参加。2008—2010年，承办区政府、区政协主办的商务商贸节民营经济发展论坛，邀请重庆力帆集团、天士力集团企业家担任主讲嘉宾，分别围绕“民营企业家怎样面对困难”和“民营企业家如何创新与发展”的主题进行研讨，全国各地商会代表团、工商联会员及300余名民营企业家参加。先后与湖北、四川、山东、河北、内蒙古、辽宁、广东、江苏、贵州等省、市、自治区及北京、上海等直辖市所属的40个工商联结为友好商会。组织会员参加国内外商务活动，进行考察和学习、商贸洽谈，参加天津春交会、上海秋交会、昆明民交会、黑河边贸会、环渤海地区民营经济研讨会、齐鲁行经贸洽谈会、大连市东北老工业基地招商引资会、东北亚暨环渤海国际商务节等一系列大型商贸展销、洽谈活动。组织会员到俄罗斯、澳大利亚、韩国、新加坡、美国等国家和中国台湾地区进行经贸考察。

会刊与网络 《河西商会》自1998年创刊，至2010年底共出版84期。10篇信息被《天津日报》《中华工商时报》等报刊采用。2008年，区工商联网站开通，开设会务资讯、经济要闻、服务指南、企业党建、会员之声等栏目。

第五节 科学技术协会

一 代表大会

1981—2000年，区科学技术协会召开四届代表大会，选出的科协主席分别由驻区和区属企业工程技术人员及区领导担任。

1981—2010年河西区四届科协界次及科协主席名录

表14-5

届次	时间	主席
1	1981.8—1993.4	李忠亭（天津造纸厂总工程师）
2	1993.4—1998.5	金民华（天津轧钢一厂总工程师）
3	1998.5—2004.11	潘鸿胜（天马集团总工程师）
4	2004.11—2010	张金英（河西区副区长）

二 主要工作

1979—1984年，23家大型驻区企业的科协组织吸收会员4100多人。围绕生产和技术关键环节，开展科技活动，举办科技讲座，放映科技电影，普及科技知识，组织科技展览26次。工厂科协和7个区属学会面向社会提供科技咨询服务，7个驻区大厂科协成立科技咨询服务站，形成由本市及德州、沧州、唐山等地区百余个单位参加的咨询联络网，扩大科技咨询业务。承接科技咨询服务，完成技术攻关846项，取得经济效益3777万元。1985—1989年，成立“友联技术协作网”，在唐山、德州两地召开技术市场交易会，开展科技咨询服务和技术攻关，提供科技信息、引进技术项目、培训管理人员，为发展区街企业提供技术支持。区科技咨询服务中心加入环渤海地区技术协作网，建有41个咨询站。1989年，在中国科协“为一万个中小乡镇企业服务”活动中，区科技咨询服务中心被评为先进集体，获“金牛”奖。

1987—1993年，区基层科协达25个、学会15个，会员近2000人。1993年，发挥驻区单位科技优势，开展科技攻关活动，开发新产品、新项目67个。1997年，区属企业成立首家科协组织—天马集团公司科协。自2002年，开展“科技进社区”活动，尖山等3个街被市科委、科协评为科普示范街，陈塘庄体育彩票公园被定为科普活动基地，教师村等18个社区被评为科普示范小区。驻区企业科协以科普车间、科技俱乐部等载体，开展技术改造和技术交流活动。

图14-12　2002年，教师村科普示范小区景观　（区地志办提供）

2008—2010年，集中与分散结合，开展科普活动。“创建和谐社区”工作被市科协评为优秀科普活动。6个社区被评为市科普示范社区，5户家庭被评为市科学文明家庭。区科协获全国科普日活动先进单位称号。

第六节　青年联合会

一　委员会议

1988年4月，成立青年联合会。召开区青联第一届委员会第一次会议。青联委员153人。

1991年4月，召开青联第二届委员会第一次会议。青联委员150人。选举产生青年联合会第二届委员会常务委员会。

1995年9月，召开青联第三届委员会第一次会议。青联委员140人。选举产生青年联合会第三届委员会常务委员会。

1998年10月，召开青联第四届委员会第一次会议。青联委员124人。选举产生青年联合会第四届委员会常务委员会。

2002年10月，召开青联第五届委员会第一次会议。青联委员124人。选举产生青年联合会第五届委员会常务委员会。

2008年9月，召开青联第六届委员会第一次会议。青联委员168人。选举产生青年联合会第六届委员会常务委员会。

二　主要活动

自1988年，围绕新时期青年工作的主旨和任务，开展多种形式的宣传教育活动，参与共青团区委会重点工作，在市区率先成立青联组织，实行“执行主席制度”，开展各项适合青年特点的活动。1994年，被评为市级“八·五立功”先进集体。1995年，成立青联之友联谊会和青年企业家协会，召开为经济发展献计献策会。1996—2010年，开办“现代经济管理专业”大专班。举办“颂歌献给党”文艺晚会、“学理论明使命”知识竞赛、区域经济形势报告会、“知区情、明使命、做贡献”座谈会等活动，开展“狱中搭建心灵桥，感动浪子塑新生”帮教服务，捐助爱心款20余万元。在抗洪、抗击非典和抗震救灾中，捐款捐物300多万元。建立“天津市青年大学生就业见习基地”。召开“建言献策，促进发展”座谈会，开展争先创优活动，为重点全区经济社会发展献计献力。

第十五编
政　法

自70年代末，河西区加强法制建设，开展普法教育，增强全民法制意识。公安、司法、消防、交通管理部门落实部门执法责任制，坚持公开、公正、文明执法，依法履行各自职能，推进依法治区进程。加强社会治安综合治理。建立防爆、巡(特)警，开展创建安全居民区和安全单位活动，群防群治。推进司法体制改革，不断提高司法效率、质量和水平。21世纪初，加大物质保证投入，加强队伍建设，创新工作机制，坚持不懈地开展专项斗争。加大对经济、职务、网络等犯罪的打击和案件审判检察力度；推行案件的公开审判，做好民商事和行政案件的审判和监督。疏导缓解群体事件，建立防范机制。加强人民调解工作，做好各项司法服务，维护社会稳定，为重点工作保驾护航，为经济社会发展提供司法保证、创建良好的法制环境。公安河西分局多次被评为全国优秀公安局，区检察院相继获全国先进检察院、模范检察院、反贪污贿赂先进集体称号，区反贪污贿赂局获全国“十佳”称号，区法院连续多年被评为天津市人民满意的好法院，司法局先后被评为全国普法和人民调解工作先进单位。河西区获全国社会治安综合治理优秀地区称号。

2006年，民警出警巡逻防控现场　　（公安河西分局提供）

第一章 政法委及综合治理

自80年代，河西区以创建安全居民区和安全单位为重点，群防群治，开展社会治安综合治理。制定并实施《关于加强政法工作，更好地为改革开放和经济建设服务若干意见》，推进政法工作进程。1996年，制定并实施《关于加强政法委员会工作的意见》。自2005年，启动“平安河西”建设，开展“十佳卫士”评选表彰活动。至2010年，逐年加强政法委自身建设，提高应急能力，社会治安综合治理深入开展，发挥防范机制的作用，维护社会稳定，形成齐抓共管的工作格局。

第一节 维护社会稳定

一 应急

1999年，成立维护稳定工作领导小组办公室。自2001年，开展为期两年“严打”整治斗争。2005年，开展矛盾纠纷排查调处工作，完善工作机制，健全区、街、居三级网络。2007年，编制《突发公共事件总体应急预案》，建立健全应急工作组织机构体系，规范分级响应程序，完善后期处置保障措施，增强全民应急意识。2008年，成立反恐怖工作协调小组。2009—2010年，组成15个协调小组对辖区内党政机关、军事机构、民用设施、新闻机构、大型宾馆、超市等138个重点点位进行督导检查，提高应急能力。

图15-1 2001年，河西区开展严打整治斗争（区政法委提供）

二 防范

自2001年，组建防范和处理邪教问题办公室，为区委、区政府常设机构，由区委办公室管理。持续开展防范和处理邪教和有害气功组织一系列工作，立足教育转化，惩前毖后，治病救人，绝大多数参与人员实现转变，同邪教组织在思想上划清界限，在组织上脱离关系。2003年始，开展以“崇尚科学、关爱家庭、珍惜生命、反对邪教”为主题的反邪教警示教育活动，增强干部群众抵制邪教的能力。2007年，办公室隶属于区委政法委。至2010年，开展教育转化攻坚和巩固工作，全区形成自觉反对和抵制邪教的氛围。

第二节 社会治安综合治理

1985年，成立区社会治安综合治理领导小组。1987年，以创安全居民区和安全单位为重点，在全区开展社会治安综合治理。1988年，选派副处级政法干部任街道办事处副主任，主管街道社会治安综合治理工作。1990年，推行居民住宅小区公寓式管理。1991年，召开社会治安综合治理工作会议，确定综治基本任务、工作范围、目标要求和社会分工。1994年，实行社会治安综合治理目标责任制，区领导与各街局领导签订年度综治目标责任书，形成覆盖全区的综治责任体系。至1995年，全区建成公寓式居民小区156处，位列市区第一名。1997年，中央综治委对河西区创新工作机制通报表扬。

2003年，推广准物业治安管理，将治安防控设施建设列入旧楼区综合整治计划。2004年，启动预

图15-2 2004年，在第四十二中学开展法庭进校园教育活动 （区政法委提供）

防青少年违法犯罪工程，完善学校、家庭、社区三位一体的预防青少年违法犯罪工作体系。在东海街进行青少年违法犯罪社区预防计划试点，全国人大常委会副委员长顾秀莲到东海街视察。是年7月，在解放南路物流区实行以治安自治联防为主要内容的新型治安管理模式。11月，选派百名优秀教师进社区，做好青少年教育工作。组建“河西区公益保安总队”，协助民警从事社区治安巡逻。2005—2009年，开展未成年人零犯罪社区创建活动。区综治办和区公安分局联合开展两届河西区“十佳社区卫士”评选活动，对评出的最受群众欢迎的23名优秀社区民警予以表彰。全面启动“平安河西”建设，组建平安天津志愿者队伍。在各街道建立社会治安综合治理工作中心，在社区居委会增设社区专职综治副主任，加强社区综治工作的协调指导。2010年，全区13个街道、169个社区建立综治信访服务中心和综治信访服务站。

第二章 公安

自1979年，河西区以整顿治安秩序为中心，严厉打击刑事犯罪。针对不同时期社会治安特点，开展查禁“黄赌毒”“反窃盗”“追逃”等专项斗争和专项治理，进行“破案会战”。1999年，被公安部评为“追逃”专项斗争先进单位。运用打击、防范、管理、疏导、帮教等各种形式，开展创建“安全居民区和安全单位”活动，妥善处理群体性事件。2006—2010年，开展“平安河西”创建活动，加强巡控防范机制建设，加大打击和预防犯罪力度，完成各项安全保卫任务，为各项事业发展和社会稳定创造良好治安环境。

第一节 体制

1979年，公安河西分局有科室9个。1982—1987年，科室增至12个，成立打击经济犯罪办公室。1988年，组建区保安服务公司。1991年，成立公安防暴总队河西支队。1995年，防暴支队扩编为4个中队，组建7个流动治安派出所，有干警160名。1999年，成立警务督察队；防暴（巡警）支队调整为副处级单位；政治工作办公室更名为政治处，成立警卫科。2002年，局办公室改建为指挥室，政保科改建为国保支队，均为副处级单位。2003年，组建刑侦支队，撤销预审科，派出所缩减为15个。2007年，组建河西巡（特）警支队，从防爆支队中筛选50余名民警组建2个大队和一支警犬训练队。至2010年，有警务监督、廉政和为民服务3个窗口单位和14个派出所，机关科室有22个。

2010年公安河西分局窗口单位及派出所地址一览表

表15-1

单位	地址
河西分局	黄埔南路5号
警务监督	黄埔南路5号
廉政	黄埔南路5号
为民服务	黄埔南路5号

续表

单位	地址
大营门派出所	芜湖道25号
下瓦房派出所	龙海公寓24号底商1号
挂甲寺派出所	利民道晨星园3号楼
桃园派出所	广顺道12号
天塔派出所	环湖南道1号
马场派出所	吴家窑大街20号
友谊路派出所	紫金山路75号
越秀路派出所	越秀路20号
土城派出所	红云里9号
陈塘庄派出所	怒江道3号
柳林派出所	大沽南路1041号
东海派出所	辰水道1号
梅江派出所	珠江道99号
文化中心治安派出所	隆昌路（二支路）

第二节 治安

一 群防群治

自1979年，各派出所成立治安纠察队。1985年，成立区治安巡逻机构和治安巡逻队，各街道组建治保巡逻队，发动群众看楼护院、分片包干巡逻。301个内保单位划分为20个治安联防中心片，实行24小时巡逻值班。23个派出所根据界内地区情况划分70个巡逻警区，组成“点、线、面”的巡逻网络。1987—1996年，加强社会治安管理，开展专项斗争和专项治理工作。加强行业管理，实行群防群治，创建安全居民区和安全单位。加强隐蔽斗争，实行社区民警制，社区民警与巡逻民警、治安民警构成新的警务格局。建立公寓式管理小区，覆盖率达到70%以上。1997—2002年，提前介入危陋平房改造工程。开展与邪教组织的斗争。建立预警系统和情报信息网络，疏导缓解群体上访700余起。2000年，赵素海被授予全国优秀人民警察称号。2001年，土城派出所被评为全国人民满意基层单位，体院北派出所民警王长明被评为全国优秀人民警察。2003年，完善并落实信访制度，成立查办组，办理积案13起。完善处置各类暴力恐怖事件的工作预案，开展反恐实地演练。

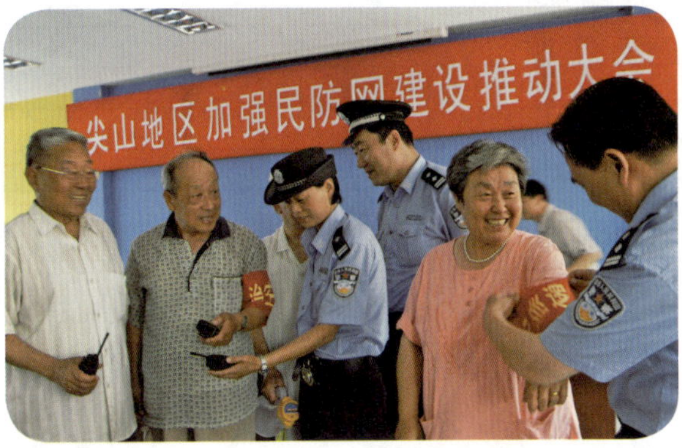

图15-3　2007年，尖山地区民防网建设推动会（公安河西分局提供）

图15-4　2010年，治安巡防员路面巡视（公安河西分局提供）

2004—2007年，从提高动态预警能力入手，加强情报信息采纳，加强对邪教组织的监控和查处工作。加强反恐怖工作，开展追捕在逃人员专项行动。对13个街1080名居委会主任、200余名街干部和全体社区民警、社区辅警人员进行维稳工作培训，全区社区信息员队伍达2000余名。2008年，开展迎奥运、创平安社区的活动，启动以净化治安、整改漏洞、消除隐患“大扫除”行动，预防群体性事件发生。完成3万名“平安天津志愿者”的招募、培训工作，组织以“平安奥运”为主题的防范宣传活动。2009年，开展“平安社区行动”的做法在市政法系统推广。2010年，加强民防网建设，群众治保组织达178个，成员1800余人；联合治保会151个，成员3800余人；治保巡逻队伍183支、6000余人；群众义务巡逻队225支、4000余人。志愿者队伍达2.7万人，群众信息员队伍达1.4万人，辅警队伍达900余支。召开现场会，推广东舍宅社区治保会工作经验。各街道工委组成居委会、治安积极分子、信息员、楼栋长“四级群众防控网络”，维护社会稳定。

2010年河西区社区警务室统计表

表15-2　　　　单位：个

派出所名称	警务室数量			达标情况	
	独立	中心	合署	达标	未达标
东海派出所	–	4	16	20	–
柳林派出所	–	4	12	16	–
陈塘庄派出所	–	4	12	16	–
土城派出所	–	3	16	19	–
挂甲寺派出所	–	4	15	19	–
下瓦房派出所	–	4	9	13	–
大营门派出所	–	4	3	7	–
桃园派出所	2	4	8	14	–
越秀路派出所	–	4	10	14	–
马场派出所	–	4	7	11	–
天塔派出所	–	4	15	19	–
友谊路派出所	2	4	13	19	–
梅江派出所	–	4	4	8	–
合计	4	51	140	195	–

二　特种行业管理

自1985年，加强特种行业安全防范大检查，刑事、治安案件逐年下降。2000—2006年，连续开展专项治理，对旅店、网吧、棋牌室、洗浴、茶社、洗头房、洗脚房等行业场所违规违章经营进行治理。加强对物资回收、印刷、刻字刻章等行业日常管理。101家旅店安装“旅店业治安管理信息系统”。加强对配钥匙、修配、汽车修理、金银饰品加工、废金属回收等行业的管控工作。把特种行业作为公安工作打击违法犯罪活动的第二战场，严密控制，严格管理。2007—2010年，开展打击制贩假证、清查废旧金属收购点，在174家娱乐场所、79家旅馆、11家典当行、15家机动车维修点和31家手机经营店、金银首饰加工点安装闭路电视监控探头2222个。2009年，集中开展治理“六黑”（黑旅店、黑网吧、黑棋牌室、黑洗浴、黑茶社、黑洗头洗脚房）等场所的专项行动，依法取缔205家“黑”行业场所。开展酒店旅馆业整治和文化娱乐场所清查行动，通过实施滚动排查、“回头看”等措

图15-5　2006年，珠宝街反抢劫演练
（公安河西分局提供）

施，形成治安整治长效机制。

三 专项治理

1981—1989年，对淫秽书刊、录像进行查禁，开展文娱场所安全检查和互查，开展打击、取缔卖淫嫖娼活动和“扫黄”除害等专项斗争和专项治理。1990—1995年，加强对歌舞厅、音乐茶座、酒吧等场所的管理，对区内的大型商场、文化娱乐场所，实行民警派驻和巡视检查制度。开展禁赌查禁取缔和赌博游戏机集中清理整治行动。1996—2005年，持续开展一系列专项治理，对“黄赌毒”等影响社会治安环境的违法行为，采取多种专业手段，不间断地开展查禁取缔行动。2005年，查办境外淫秽网站案等一批有影响的重点治安案件。2006—2010年，捣毁前进道某宾馆内聚众赌博窝点，抓获涉嫌赌博和吸毒的犯罪嫌疑人32名，收缴赌资30余万元，10名吸毒人员被强制戒毒。开展娱乐场所监控设施建设，提升公安机关掌控娱乐场所治安状况的能力。坚持开展扫黄打非、禁娼禁赌等专项治理工作，严查幕后操纵者、指使者，促进“绿色经营”。2010年，侦破跨省市特大贩毒团伙，缴获毒品1000余克，毒资20余万元，为天津市有史以来首起公安部和市局毒品目标案件。

1996—2010年河西区打击黄赌毒情况表

表15-3

年份	赌博案件（起）	卖淫嫖娼案件（起）	毒品案件（起）	处理人犯（名）	收缴
1996年	144	154	95	117	淫秽制品1152盘、淫秽书刊267册
1997年	946	337	112	328	毒品210克
1998年	985	232	120	177	毒品240科
1999年	542	394	61	286	淫秽制品2203盘、淫秽书刊582册
2000年	561	111	53	147	淫秽音像制品3412盘、淫秽书刊861册
2001年	423	275	78	350	淫秽音像制品15782盘、淫秽书刊21册
2002年	655	225	111	215	淫秽音像制品2349盘、淫秽书刊22册
2003年	335	87	82	108	淫秽音像制品1832盘、淫秽书刊113729册
2004年	262	156	66	74	淫秽音像制品2256盘、赌博游戏机680台
2005年	274	194	97	112	淫秽音像制品1256盘
2006年	233	71	112	166	淫秽音像制品722盘
2007年	124	55	62	97	淫秽音像制品356盘
2008年	55	13	27	359	淫秽音像制品296盘
2009年	68	33	37	286	淫秽音像制品566盘
2010年	52	45	35	501	淫秽物品1196件

四 危险品管理

1979—1998年，开展以防特、防盗、防火、防治安灾害事故为内容的安全大检查、对112个点位换发剧毒、爆炸物品购买储存证。开展爆炸物品生产、使用、运输、储存、保管安全检查，加强枪支弹药、管制刀具、爆炸物品的管理和收缴，对各类危险品逐类逐项专项调研、建档、统一管理。1999—2004年，开展繁华场所、重点地区危险品管理和依法取缔工作。对全区使用、存储剧毒化学物品、放射性物品、爆炸性物品的单位进行安全防范检查，对存在安全隐患的单位下

图15-6 2004年，取缔危险品演习
（公安河西分局提供）

达隐患限期整改通知书督促整改，推广剧毒化学物品、放射性物品的安全技术防范信息系统。2005—2010年，加强易爆化学品的购买实名制和烟花爆竹的管理，对私制、私藏危险品爆炸物的部位，进行拉网式清理清查。开展“治暴缉枪”行动，收缴散失在社会上的枪支弹药、管制刀具、爆炸物品，加大涉枪案件办案力度。持续开展系列专项整治行动，消除治安“盲区、盲点”。

1996—2010年河西区打击危险品情况表

表15-4

年份	枪支(支)	子弹(发)	刀具(把)	备注
1996年	2188	1642	352	–
1997年	1053	1224	286	–
1998年	869	932	205	–
1999年	25	710	48	–
2000年	117	612	245	–
2001年	326	1280	1837	炸药7.50千克、雷管638枚
2002年	459	1200	469	雷管等爆炸物品3904件、查扣违禁鞭炮5.80万头、销毁剧毒物品120余千克
2003年	435	900	733	雷管247枚
2004年	332	852	224	–
2005年	176	1875	8	–
2006年	280	2151	259	–
2007年	207	950	314	–
2008年	230	1624	580	雷管553枚、剧毒化学品146千克
2009年	214	1192	620	–
2010年	15	962	337	–

五　治安巡逻

1981—1996年，建立治安巡逻网络，成立治安联防队。大营门街江苏路治保会巡逻队4次获公安系统先进集体称号。1997—2000年，成立巡警支队摩托机动大队。开展群众义务巡逻、邻里关照等群防群治工作，在桃园村地区实行“社区守卫者协会”试点工作。公寓式小区169个，其中149个小区达到安全标准。强化对重点地区要害部位巡逻防控。2001—2006年，购置33部巡逻专用汽车投入日常巡逻，组建23支治安联防队，强化多警种的协调配合。加强社区党员和群众义务巡逻队伍建设，组建专职巡逻队伍，加大巡控区域和巡逻密度。自2004年，每天出动90余名警力在街面巡控，有201个单位、518户家庭安装自动报警系统，金融系统安装电子监控设施360个。组建河西区公益保安总队，招聘千名下岗职工，充实社区巡控力量。推进“屯警街面、网格巡控”工作，为派出所配备34部社区警务巡逻车，组织4支公益保安队伍。

图15-7　2009年，民警带领治安员巡逻防控（公安河西分局提供）

2007年，投入230万资金，购置200部手持电台，实行所长跟车巡逻制度，整合群防力量1.5万余人、各类社区巡逻队伍560支。2008年，提升“大巡控”机制效能，保持每日28部巡控车全天24小时公开巡控常态模式，52个警务室有48个达到市局规范化标准。全区有群防力量2.5万人，其中社区巡逻队6360人。刑事案件同比下降30.01%。2009年，围绕国庆60周年活动，提升社会面防控能力，建立新的预警机制，以派出所警情为准，每日监测、每旬分析，精确防范。完善三级指挥平台建设，在派出所建立指挥岗，丰富出巡方式，完善大巡控体系，购置100辆电动自行车投入巡控，提高快速反应能力。每天有350余支群众巡逻队、3000余名巡逻队员在社区巡守。刑事警情同比下降17.8%。2010年，以完善指挥体系升级改造为重点，实现由“指巡一体化”向“指防一体化”转变，实现办公室向司令部、参谋部、作战部转变。建立防控会商制度，对警情走势开展评估，调整防控措施，建立区域联动防控机制，推进巡控警力多层级发展，在警情高发期或重大敏感期，将刑警便衣队、警训队、机关科室作为补充力量，参与巡控、布控抓获嫌疑人，遏制案件高发。

六　挽救工程

1995年，实施“挽救工程”，对罪行轻微、危害不大的初犯、少年犯，本着“注重教育，慎重处罚”原则，放在社会上进行挽救。1996—1999年，963名违法犯罪的青少年改好率达到97%，其做法和成效新华社《内部参考》刊载，“全国综合治理成果展览会”专板、中央电视台和《天津日报》进行报道。自2000年，对252名有轻微违法犯罪的青少年实行挽救，经过考查，无一人重新犯罪。

第三节　惩治犯罪

一　刑事犯罪

1979—1991年，开展整顿社会治安秩序和严厉打击严重刑事犯罪活动的斗争，保持对各类违法犯罪行为的高压、严厉打击态势，依法从重从快打击严重危害社会治安的犯罪活动，打击盗窃“三车”（汽车、摩托车、自行车）的专项斗争。1992年，打团伙、抓破案、查赌博、搞防范，破获某银行66万元有价证券被盗大案及市内电话通讯电缆被盗特大案件。破获在某公司内发生的蒙面持刀抢劫外商经理的恶性案件。1993—1995年，开展“打霸”和收缴凶器、打击流氓犯罪、查禁卖淫嫖娼为重点的专项斗争。1996—2000年，加强破案攻坚，7起杀人案件，侦破6起。1997年，开展冬季、春季严打、夏季治安、禁毒、打击盗窃机动车、追逃等专项斗争和整治，开展破大案、打团伙、追逃犯行动。1998年，加强对刑侦改革工作，形成覆盖全区的刑侦工作网络。刑侦支队20个昼夜侦破迎宾馆内发生1起蒙面持刀抢劫、强奸案件，将犯罪嫌疑人唐某抓获归案。历经19天，破获体院北界内发生的1名司机被杀案件。1999年，破获1起绑架案和土城界内加油站抢劫案。通过公安部签发红色通缉令，向国际刑警组织申请协助缉捕，将犯罪嫌疑人从菲律宾抓获并引渡回国。

2001—2003年，加强刑侦和打击查处工作。破获纪庄子故意杀人案、灰堆持刀入室抢劫案等5起

图15-8　2007年，治安大扫除专项行动会议（公安河西分局提供）

图15-9　2009年，侦破胜利楼盗车案（公安河西分局提供）

市局督办案件。侦破连续发生驾驶汽车拦截或撞击女青年、实施抢劫并强奸的恶性案件。2004年，开展侦破命案、打击涉车违法犯罪等专项行动。破获入室抢劫强奸案、福至里杀人案、杀人碎尸案、跨省市撬防盗门案件。摧毁盗自行车300余辆、收购销售赃车500余辆的团伙，取缔隆昌路自行车非法交易市场，召开被盗车辆发还大会。2005—2007年，破获绑架、抢劫、强奸、盗窃、杀人等案件。侦破公安部督办黑社会组织案，破获某犯罪嫌疑人雇用2名凶手，将6人作为杀害对象，杀死第1名被害人后，将其抓获的案件。2008年，14起命案全部破获，破获3起遗留的命案积案，破获财政部驻津办事机构盗窃案件，破获1起特大入室盗窃系列案件。2009年，开展"百日冲刺"等一系列专项打击活动，15起命案全部侦破。成立便衣巡控队伍，破获各类刑事案件526起，事迹被中央电视台、天津电视台、《天津日报》《天津政法报》等10余家媒体报道。2010年，侦破命案11起和2起命案积案。

1995—2010年河西区打击刑事犯罪情况表

表15-5

年份	破获各类刑事案件(起)	打击处理各类违法犯罪嫌疑人(名)	为企业个人挽回经济损失(万元)
1995	3963	673	2100.00
1996	3899	820	1538.00
1997	2388	780	2722.50
1998	2796	927	4732.00
1999	4533	1094	4085.00
2000	2283	1174	4000.00
2001	2478	1521	5538.69
2002	2720	1367	8900.31
2003	2488	823	9350.00
2004	2564	1038	5168.41
2005	2767	891	3056.13
2006	3436	900	7723.17
2007	4216	1748	7920.00
2008	2288	770	3677.01
2009	1984	841	4880.00
2010	2666	869	4389.00

二　经济犯罪

自1987年，成立打击经济犯罪办公室。开展打击经济犯罪、投机倒把、假冒伪劣产品、偷税、漏税等专项行动。1993—1998年，捣毁伪造假币窝点，打击假币犯罪。开展打击经济犯罪宣传周活动，展示打击犯罪成果，提高群防群治功效。联合工商部门对企业注册资金进行查证，对虚报、挪用注册资金进行打击。1997年，依据新刑法，开展打击市场经济犯罪活动。1999年，启动打击传销专项行动。破获侵占某企业人民币395万元的经济案。2001—2002年，打击发票类犯罪专项行动，侦破发票类犯罪576起，票面金额达8000余万元，捣毁发票窝点10个，收缴各类发票60余万张。2003—2005年，开展追逃督捕工作，抓获网上逃犯75名，其中市局督捕逃犯10名，挽回经济损失550余万元。2006—2008年，召开辖区金融保险、工商企业、行政执法等单位座谈会，通报金融犯罪、合同诈骗犯罪、职务犯罪的发案特点，提出预防措施，建立定期联络制度。2009年，开展打击假币行动，收缴假币43080元。2010年，与区地税局开展打击假发票统一稽查行动，对梅江界内的65家餐饮及娱乐场所进行突击检查，缴获假餐饮发票20本、3046份。

1997—2010年河西区打击经济犯罪情况表

表15-6

年份	立案(件)	破案(件)	涉案金额(元)	挽回损失(元)
1997	267	262	2337.90	19970.60
1998	284	279	1988.10	1942.60
1999	289	295	3315.70	3089.50
2000	436	431	3847.50	3755.60
2001	493	493	6411.70	5891.50
2002	460	460	5229.35	5229.35
2003	434	425	11258.50	9322.47
2004	399	399	2407.58	2219.90
2005	320	320	4191.61	4191.61
2006	285	285	5975.64	5975.64
2007	677	664	5621.82	11936.70
2008	104	104	4747.83	3747.83
2009	179	156	6142.50	5123.60
2010	282	238	6684.78	4395.84

三 网络犯罪

21世纪初，随着网络犯罪在区域内显现，加大管理和打击力度。2006年，协助网监总队抓获犯罪嫌疑人。2007年，实行网吧实名制。2008年，加强对互联网和网吧的管理，利用网络手段配合各办案单位侦破案件，发现网上不良动态1000余件，深入各网吧开展安全检查和专项整治行动400余次。2009年，会同市区工商管理局打击黑网吧4家，处罚不按规定上网的互联网接入单位18家。2010年，根据互联网各类信息和负面舆情炒作增多的实际，设立公共信息网络安全监察支队。

图15-10 2010年，民警检查网吧
（公安河西分局提供）

2006—2010年河西区打击网络犯罪情况表

表15-7

年份	配合破获各类案件(起)	抓获各类犯罪嫌疑人(名)
2006年	10	14
2007年	26	46
2008年	40	35
2009年	70	24
2010年	39	96

第四节 人口管理

一 户籍

1998年前，市农转非户口实行限制审批制。2003年，调整新生儿落户政策，由原来新生儿只能随母落户，调整为既可随母也可随父落户。2006年，全面放开知青回津户口，所有知青上山下乡到外省落户的50岁以上已退休回津投靠子女或有住房的，可回津落户。1992年，实施蓝印户口管理，在津一次性全款购买30万元以上的商品房一套即可迁入全户成员户口。至2007年，购房款上调至100万元以上。2008年底，下调至80万元以上。

1979—2010年河西区常住人口情况表

表15-8

年份	户数（户）	人数（人）
1979年	118795	466869
1980年	125061	482653
1981年	129454	492077
1982年	132566	503548
1983年	145282	523379
1984年	156841	551350
1985年	171052	581562
1986年	178142	599290
1987年	187212	614040
1988年	196312	626237
1989年	201164	636887
1990年	206958	647656
1991年	211295	654907
1992年	216233	662982
1993年	222229	670481
1994年	226275	676802
1995年	229354	681564
1996年	232221	685246
1997年	232468	685565
1998年	238470	696679
1999年	241097	702605
2000年	240922	699463
2001年	243597	701025
2002年	247861	708767
2003年	252226	720496
2004年	256823	729997
2005年	260165	907934
2006年	263396	754479
2007年	267223	763114
2008年	270176	777393
2009年	273764	779675
2010年	277341	790563

二　身份证

1986年，颁发身份证工作基本完成，转入后期发证和日常管理。2004年，召开换发第二代身份证户口核对工作现场推动会。2005年，开展二代证人像采集，完成33.6万名二代证人像采集上传任务，制证率达到71%以上。完成25768人的底数核实工作，其中澄清无须换领人数9319人，应换领人数16449人。开展户口项目核对和照片采集工作，修改户口动、静态项目20余万项，新采集人口照片9000余张。对人口信息系统进行升级换代，确保二代证换发工作的开展和全国人口信息库的建设。2006—2008年，实行集中办理二代身份证。由原来群众到派出所办理，改为统一到公安分局办理。河西区作为“二代证”换发工作第二批试点单位，采用入户发放排序号码的形式，群众依照计划的时间前来派出所照相制证，等候时间缩短。2009年，规范工作流程，建立岗位责任制，制定一系列便民措施。2010年，完成身份证纠重任务。

三 外来人口

管理制度 90年代，开展对外来人口的清理整治和登记，将暂住人口身份信息纳入检索范围，以纪庄子、三水道、土城为重点地区，开展清理整治。2000—2007年，对外来人口进行清理、收容遣送，进行查验暂住证行动。2002年，取消出租房屋“治安许可证”制度，组建87个流动人员治保组织。2003年，以落脚地治安管理为根基，建立房屋出租治安管理示范小区，加强出租屋治安管理。在柳林街先登里社区建立流动人口管理服务站，上门服务，办理暂住证。以柳林街为试点，建立并推广流动人口控制信息管理网络，1500余名群众加入到信息员队伍，制订《辅警、信息员定期见面沟通制度》，对外来人口实行层次管理制度，解决外来人口管理中的登记、办证、注销问题。2008—2010年，开展外来人口的人口核查登记，建立专职流动人口协管员队伍，开展区域性清理行动，登记房屋出租经营户，签订治安责任保证书。对外来人口实行“暂住证”登记管理，清理清查违规经营的日租房。

图15-11 2010年，社区治安重点地区排查整治专项会议 （公安河西分局提供）

信息网络 至2010年，建立以治安积极分子、楼栋信息员为主体的四级“人口信息网络”，即：第一级，由治保会、楼栋信息员组成，每楼栋和平房每15户设1人。在雇用外来人口较多的大型企事业单位，设置专兼职信息员，及时向民警和辅警反馈情况，动员、提示外来人口登记办证。第二级，由辅警力量组成，每名社区民警配备1名辅警，以15天为一周期，定期走访信息员，对新变动的现住人口进行入户走访，收集人口、治安、社情信息，协助民警进行警务室接待，及时发现外来人口的变动情况，代为办理暂住证，宣传人口政策，动员、告知外来人口及时登记办证。第三级，社区民警为人口信息网络的轴心，组织辅警人员和楼栋信息员有计划进行人口信息沟通，对辅警和信息员的工作进行点评和考核，督促信息员了解责任楼栋的人口居住和变化情况，搜集、整理、上报外来人口信息，对反馈上来的外来人口信息进行复核、登记、调查、变动，宣传人口政策和法律法规。第四级，由派出所主管所长和内勤民警组成督导组，对人口信息网络运行情况的考核、验收、督促等日常工作。建立统一规范的辅警信息记录簿，走访辖区内信息员，责任民警每天保持与辅警进行信息交流和工作指导。全区发展信息员1400余名，辅警队伍达到600余人。通过上网比对抓逃犯5名，通过信息员提线破案件392起，抓获嫌疑人428名，提供有价值社情信息328件。

图15-12 2009年，社区民警检查登记流动人口 （公安河西分局提供）

出租房管理 2007—2009年，制定《外来人口高危人群分层次管理实施办法》，发挥人口信息网络作用，强化人口登记。推行社区平面图做法，以图找屋，以屋找人，摸清出租房屋底数。开展对租房人员的行为、出租房屋内物品和“日租房”的调查，民警入户调查核实，同房主建立房屋出租户档案，签订“治安责任保证书”。建立与房主和雇主的联系制度，强化房（雇）主对租房者和打工外来人员的监管职责，社区民警查登记、查人员、查安全，房（雇）主报告外来人口的异常情况。对写字楼实施“三查一核对”，即查合法性、查安全性、查外来人口，核对法人代表身份。对奥运比赛场馆和训练、住宿地周边地区开展专项治安整顿。2010年，对全区现住人口进行全面核查整顿，共核查27.61万户、102.82万人，发现纠正户口项目差错16.1万件，对工地、暂住地的流动人口实行“先发现、先登记”，实施双向登记管理。

1979—2010年河西区暂住人口情况表

表15-9 单位：人

年份	暂住人口数
1979年	7537
1980年	7575
1981年	7650
1982年	10270
1983年	7604
1984年	14032
1985年	16368
1986年	18725
1987年	27940
1988年	19939
1989年	17944
1990年	17315
1991年	14920
1992年	13563
1993年	61360
1994年	19943
1995年	32403
1996年	33200
1997年	29317
1998年	33198
1999年	41499
2000年	44853
2001年	28280
2002年	64689
2003年	98990
2004年	68000
2005年	69052
2006年	68216
2007年	60318
2008年	95721
2009年	87573
2010年	93566

第五节 消防

1979年，河西区消防工作由公安河西分局消防科承担。1983年，消防科与消防队划归武装警察序列。1998年，消防科、消防队合一，成立公安消防队河西支队，下辖土城中队、佟楼中队、复兴门中队、体院北中队和特勤中队，2010年，有275名消防官兵，执勤车辆38部。

一 宣传

1997—2007年，采取媒体、教育、防消三结合模式，强化消防宣传教育。依托消防政务网、官方微博和公共微信等宣传平台发布火灾信息，以照片、视频图像报道消防工作典型人物和先进集体。将消防法律法规纳入党校教育内容，面向全区领导干部、重点单位负责人举办消防法律法规讲座。

图15-13 2008年，消防干警对少年儿童进行消防知识教育 （消防河西支队提供）

2008—2010年，教育系统举办小手拉大手，情系119消防主题征文活动，印发《消防安全优秀文章集》，动员6万余名中小学生进行家庭火患自查活动。创建儿童世界消防科普教育基地，1万余名少年儿童受到教育。执勤中队借助演练时机，向群众、单位员工发放宣传单，传授防火常识，讲解自救逃生、扑救初起火灾技能，协助弱势居民家庭查找火灾隐患。社区设置消防宣传栏，张贴《居民防火公约》和消防知识宣传挂图。发动消防志愿者5500人，发放《居民防火手册》《高层失火自救》等消防宣传资料6万余份。

二 监管

1996—2001年，进行水源、商场、建筑设施和高层建筑消防专项治理。检查单位926家，发现隐患1039个，整改720个，下达“消防水源通知书”“监督检查通知书”。对13家商场、35家年货市场、122家娱乐场所、19家地下建筑、59家伙楼大院、1323个消火栓进行专项检查治理。对143家娱乐场所进行专项治理，开展拉网式检查，督促整改火灾隐患547件。对其中火灾隐患严重单位依法实施停产、停业整顿。对24家重要专业库、附属库等进行检查，查出火灾隐患进行专项整治。

2002—2008年，以减火灾、保稳定、促发展为主导，开展消防安全检查。检查单位1938个，发现各类火灾隐患4005件，下发消防安全检查意见书128份，责令当场改正通知书138份，责令限期改正通知书2135份，复查意见书1603份，消防处罚18.54万元。2004年，开展火灾隐患大排查、大整改，保安全活动，制定《集中开展火灾隐患排查整治工作方案》。有165个单位提交“单位火灾隐患自查整改承诺书”，自查火灾隐患184件，整改151件，对公共场所和易燃易爆危险品单位进行清查，先后组成检查组63个次，出动警力168人次，检查单位207家，发现火灾隐患249件，整治火灾隐患150余处。

图15-14 2001年，消灭火灾现场 （消防河西支队提供）

2009年，对消防重点地区、重点行业和重点单位进行隐患排查，出动警力2200余人次，发现火灾隐患3986件，督促整改3798件，罚款15.75万元，停产停业29家。国庆安保期间，对娱乐场所、商场、市场、医院、学校等重点单位开展消防安全大检查，检查单位413家，发现火灾隐患574件，下发《责令限期改正通知书》233份，整改火灾隐患543件，完成安保任务。2010年，成立应急、安监、公安、消防、工商、文化等部门领导组成消防安全责任制工作领导小组。召开消防工作联席会议，分析消防工作形势，研究解决重大消防隐患问题，开展百日会战，对建筑工地、中小学、幼儿园、各类市场、消防产品等进行专项治理。检查单位587家，消除各类火灾隐患483件。

2000—2010年河西区火灾情况表

表15-10

年份	火灾数(次)	伤人数(人)	亡人数(人)	财产损失(万元)
2000	298	4	2	7.94
2001	384	1	5	24.16
2002	394	2	0	11.39
2003	66	1	3	4.44
2004	84	9	7	19.50
2005	71	4	3	149.09
2006	35	0	1	7.81
2007	124	0	2	22.47
2008	262	1	2	50.50
2009	236	2	2	21.50
2010	219	1	3	24.46

第六节　交通管理

1979—1982年，区交通管理机构设第五、第六两个中队，隶属于市公安局治四处。1982年，建立交通河西区队。1991年，更名为天津市公安交通管理局河西区支队，下设第五、第六、东风里、小海地4个交通中队。1997年，4个交通中队更名为交通大队。

一　勤务改革

自1979年，交通管理工作实行扩大管理范围、延长控制管理时间、增强民警责任心为主的勤务改革。1984年始，改革“一亭一台一岗组，责任范围50米”的执勤方式，民警走出岗亭，采取平峰时进行路段巡察，高峰时在路口疏导交通的执勤方式。1990年，将勤务分为夜间勤务、双人勤务、单人勤务、辅助性勤务、时间性勤务、临时勤务。各中队执勤民警的数量原则上不得少于全队民警总数的70%，执勤民警每人每个工作日执勤时间不少于7小时20分钟。自1999年，在区内有条件的路口逐步撤除岗台，使执勤民警的管理模式从站岗台变为向路口、路段管理延伸，扩大管理范围，提高警务效率，把管理重点放在依法纠正行车、停车违章上，变静态指挥模式为动态管理模式。2000—2010年，交通管理逐步调整为固定岗位与游动岗位相结合的勤务管理模式，扩大交通管理的覆盖面。

二　机动车与驾驶员

80年代末，全区注册机动车近1万辆，驾驶员1.5万余人。2000—2010年，全区机动车进入快速增长时期，至2010年，全区注册机动车8万余辆，其中私家车快速增长，达到5.4万余辆，占全区注册机动车总数的67%。注册驾驶员14万余人。

第三章　检察

1979—2010年，河西区检察院履行法律监督职责，开展刑事、经济、民事行政、法纪、控告申诉、监所等检察，加快科技强检步伐不断提高检察工作科技含量和信息化水平。1990—2010年，区检察院被命名为全国检察系统反贪污贿赂先进集体。2次立全国检察系统集体一等功，4次获全国先进基层检察院称号，2次获全国模范检察院称号；反贪局、渎职侵权检察科分别被最高人民检察院授予全国“十佳”称号。

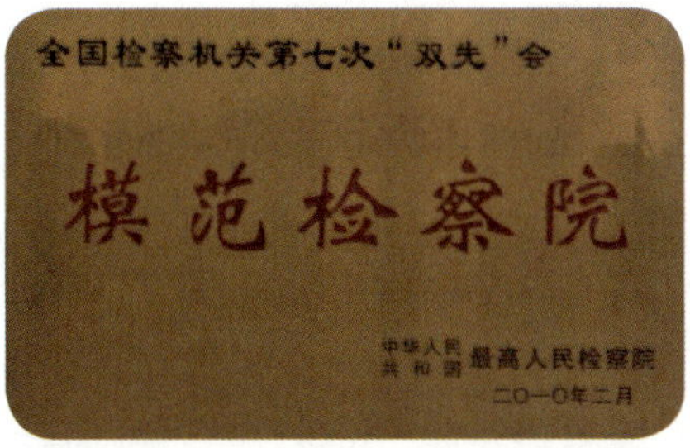

图15-15　2010年，区检察院获全国模范检察院奖牌
（区检察院提供）

第一节　刑事检察

一　审查批捕

1979年，区检察院设立侦查监督科，负责审查批捕工作。1983年，区检察院与区法院、区公安机关依法从重从快打击刑事犯罪，共批准逮捕701名案犯，超过恢复建院后4年中批准逮捕案犯的总和。1990年，保持严打势头，参加“扫黄”“除六害”“反盗窃”等专项斗争，经审查批捕401人。2002年，区检察院被团中央和最高人民检察院命名为全国优秀青少年维权岗。2006年，区检察院作为全市检察机关唯一试点单位，实行未成年人犯罪捕、诉、防一体化工作机制。2008年，成立未成年人刑事检察科。2010年，批捕652人。

1979—2010年河西区检察院批准逮捕情况表

表15-11

年份	批准逮捕件数（件）	批准逮捕人数（人）
1979	—	132
1979—1982	—	616
1983	—	701
1984—1989	—	1855
1990	—	401
1991—1995	—	2389
1996—2000	—	3778
2001—2005	—	4211
2006	489	703
2007	424	569
2008	483	653
2009	447	635
2010	459	652

二　侦查监督

1980年，区检察院强化对公安机关侦查活动的监督，对侦查活动中出现的刑讯逼供、以拘代侦等违法行为及时予以纠正，发现和纠正应捕而未报捕的案犯3人。1983年，追诉15人。1984—1988年，追捕共计172人，追诉4人。1989—1993年，追捕共计30人，追诉27人。1994—1998年，追捕26人，追诉33人。

1999—2003年，追捕39人，追诉32人。2004—2008年，追捕24人，追诉36人。2009年，追捕15件17人，追诉13件19人。2010年，追捕25件27人，追诉17件24人。

三　审查起诉

1979年，区检察院设立审判监督科，后更名为起诉科，负责审查起诉和出庭支持公诉工作。2003年，起诉科更名为公诉科，科长张学军获全国优秀公诉人称号。

1979—2010年河西区检察院提起公诉情况表

表15-12

年份	提起公诉件数（件）	提起公诉人数（人）
1979	128	186
1980—1982	300	-
1983	301	665
1984	-	527
1985—1989	973	1450
1990—1994	1485	2245
1995—1999	2119	3202
2000—2004	2817	4385
2005—2009	2654	3883
2010	523	746

四　审判监督

1980年，区检察院对公安机关移送起诉的刑事案件补充漏罪5件，改变定性9件，改变援引法律条款3件。1986年，对法院一审判决提出抗诉2件3人。1989—1993年，提出抗诉6件。1995—1997年，提出抗诉24件。1998—2001年，提出抗诉1件。2002—2003年，提出抗诉4件6人。2004—2005年，提出抗诉1件。2006—2009年，提出抗诉51件。

第二节　经济与民事行政检察

一　经济检察

1979年，区检察院设立法纪检察科，专门处理法纪和经济案件。1981年，区检察院设立经济检察科，受理侦查贪污、贿赂、投机倒把、诈骗等经济犯罪案件，立案侦查经济犯罪案件17件17人。1988年，成立驻税务局检察室。1989年，先后两次在全市检察系统介绍查处贪污、贿赂大案的经验，经济检察科立天津市检察系统集体二等功。1990年，查处地方铁路局工程公司原经理宋某某贪污50余万元特大案件，《今晚报》进行报道。1994年，共立案侦查贪污贿赂案件101件，其中万元以上大案和县处级领导干部犯罪要案66件，包括影响较大的市商检局、水利局、民政局、中国银行河西支行等单位工作人员贪污贿赂案件，被市检察院评为全市检察系统查处贪污、贿赂大要案先进集体。

1995年，推行办案程序阶段责任制和案件质量层层负责制，建立案件主办人制度，实行办案数量和质量双项考核。立案侦查贪污贿赂大要案84件，挽回经济损失500余万元。立案侦查各类涉税案件29件。在全国发票打假工作会议上，区检察院驻税务局检察室被授予先进集体称号。1996年，共立案侦查各类经济犯罪大要案52件。开展对利用增值税发票进行犯罪的专项斗争，全年立案侦查涉税案件

15件。1997年，以查办国家工作人员贪污贿赂等职务犯罪大案要案为重点，共立案侦查各类经济犯罪大要案46件。1998年，撤销原经济检察科、驻税务局检察室，成立反贪污贿赂工作局，下设侦查一科、侦查二科和综合预防科。立案查办贪污贿赂等职务犯罪大要案28件。1999年，立案查办贪污贿赂等职务犯罪案件46件。2000年，立案查办贪污贿赂等职务犯罪案件72件，挽回经济损失800余万元。2001年，全面推行主办检察官办案责任制，立案查办贪污贿赂等职务犯罪案件67件，占全市立案总数的11%。查处银行、保险、证券等金融行业职务犯罪19件，涉案金额达3000余万元。追捕贪污、贿赂逃犯工作受到最高人民检察院和公安部的联合表彰，被授予全国检察、公安追捕逃犯专项行动先进集体称号。2002年，立案查办贪污贿赂等职务犯罪案件65件，其中大要案60件，立案查办海河下游管理局处级以上领导干部职务犯罪要案8件，其中正局级、副局级各1人，正处级、副处级各3人。

2003年，区检察院立案查办贪污贿赂等职务犯罪大要案42件，为国家和集体挽回经济损失1400余万元。2004年，建立“一案一总结，一案一回顾”机制，加强侦诉配合，探索实行一体化工作机制。聘任12名人民监督员，对执法办案工作进行监督。立案查办贪污贿赂等职务犯罪案件46件，其中大要案44件，挽回经济损失2000余万元。2005年，加强职务犯罪案件的审查起诉工作，对自行侦查案件实行审讯等侦查活动全程同步录音录像。立案查办贪污贿赂等职务犯罪大要案41件。2006年，立案查办贪污贿赂等职务犯罪案件39件，均为大案、要案。2007年，立案查办贪污贿赂等职务犯罪大要案率100%。2008年，立案查办贪污贿赂等职务犯罪大要案率达96.8%。2009年，立案查办贪污贿赂等职务犯罪案件42件。2010年，立案侦查职务犯罪案件34件37人，大要案率为97%，其中百万元以上大案6件6人，处级以上领导干部犯罪要案5件。

1979—2010年河西区检察院立案侦查经济犯罪案件情况表

表15-13 单位：件

年份	立案侦查经济犯罪案	年份	立案侦查经济犯罪案
1979	1	1997	49
1980	8	1998	30
1981	17	1999	46
1982	83	2000	72
1983	63	2001	67
1984—1988	295	2002	65
1989	124	2003	45
1990	247	2004	46
1991	125	2005	43
1992	78	2006	39
1993	125	2007	28
1994	101	2008	31
1995	100	2009	42
1996	65	2010	34

二　民事行政检察

1990年，区检察院成立民事行政检察科，开展经济审判检察监督试点工作。1992年，先后为区劳动服务公司、双林外贸、双林商业公司等企业解决经济合同纠纷8件，挽回经济损失30余万元。1993年，受理民事行政申诉案件3件。1994年，受理民事、经济申诉案件9件，立案审查3件，其中1件提

图15-16　2008年，区检察院送法进社区服务现场　（区检察院提供）

请并被上级检察机关支持抗诉。1995年，受理民事行政申诉案件13件，立案审查4件，提请抗诉1件。向市检察分院提请抗诉的胡某某人身损害赔偿案，经区法院再审获得改判，此案为天津市基层检察院首例提请抗诉成功的民事申诉案件，《天津日报》进行报道。民事行政检察工作在全市检察系统实现受理案件、立案、提请抗诉、抗诉成功多项"零"的突破。1996—2010年，共计受理民事申诉案件566件，立案275件，提请和建议提请抗诉178件，经法院再审获得改判37件。

第三节　法纪检察

1979年，区检察院设立法纪检察科。1983年，法纪检察科撤销。1985年，法纪检察科恢复，全年立案侦查5件，主要是危害公共安全和侵犯公民人身权利的案件。1986年，立案侦查9件，起诉并获判决7件，其中特大案件1件、大案1件、影响较大的案件2件。1987—1991年，重点查处玩忽职守、重大责任事故、徇私枉法等案件，加强执法和综合治理，会同区监察局对驻区及区属900余家企业的购销活动进行调查，召开贯彻经济合同法预防渎职犯罪宣传教育大会，1000余名企业厂长、经理参加会议。区检察院与区劳动局联合举办两期安全施工法律知识培训班和驻区、区属企业厂长、经理安全生产法律知识培训班。1991年，加大对侵犯公民人身权利、民主权利等犯罪案件的查处力度，立案23件25人，挽回经济损失150余万元。法纪科被授予全国法纪检察系统先进集体称号，蒋俊刚被授予全国法纪检察系统优秀侦查员。1992年，立案侦查19件，其中玩忽职守案件10件，重大责任事故案件5件。1993年，加强非法拘禁等侵权案件和玩忽职守、重大责任事故等渎职案件的查处工作，立案侦查25件。市检察院召开法纪工作现场会推广区检察院的经验，中央电视台"法制经纬"栏目进行专题报道。1994年，立案侦查各类法纪案件28件，挽回经济损失700余万元。1995—1999年，立案侦查各类法纪案件共计57件。2000—2005年，立案侦查渎职侵权案件共计61件。2000年7月，区检察院法纪检察科更名为渎职侵权检察科。2006—2009年，查办国家机关工作人员渎职侵权案21件。2006年，区检察院渎职侵权检察科更名为反渎职侵权局。2008年，在第二届全国检察系统"百优双十佳"评选活动中，区检察院反渎职侵权局被授予全国检察机关优秀反渎职侵权局称号。2010年，查办国家机关工作人员渎职侵权案件3件6人，均为大案要案。

1979—2010年河西区检察院立案侦查法纪案件情况表

表15-14　　　　单位：件

年份	立案侦查法纪案	年份	立案侦查法纪案
1979	4	1992	19
1980	6	1993	25
1985	5	1994	28
1986	9	1995—1999	57
1987	10	2000—2005	61
1988	15	2006—2009	21
1990	24	2010	3
1991	23		

第四节　职务犯罪预防

一　预防机制

1979—1998年，预防工作由经济检察部门结合办案开展。1998年，成立反贪污贿赂工作局，内设综合预防科，负责职务犯罪预防工作。2000—2004年，针对办案中发现的企业管理漏洞，提出检察建议20件，帮助企业建章立制45项，对华北设计院等单位的重点建筑工程实行跟踪预防。区检察院与驻区部分金融单位联合签订预防职务犯罪协议书。河西区成立预防职务犯罪工作领导小组，在区检察院召开第一次工作会议。区检察院与天津财经学院、天津博物馆、天津玻璃厂等重点工程单位签订预防职务犯罪协议书。区检察院被最高人民检察院确定为预防职务犯罪工作联系点单位。与天津财经大学和市城建集团共同会签预防职务犯罪工作纪要，多次深入到天津财经大学后续工程和大沽桥、直沽桥等重点工程现场，开展法律咨询和服务。结合办案开展个案预防，提出检察建议5份，建立21项个案预防档案。2005年，区检察院成立职务犯罪预防科，开展市重点建设工程专项预防工作，深入市重点工程现场，与市城建集团召开联席会议，相互通报情况，完善预防工作制度。2006年，在区劳动保障局、天津财经大学、天津工程师范学院等单位先后举办预防职务犯罪警示教育报告会和驻区高等院校预防职务犯罪座谈会。通过全市检察系统初评和复评，区检察院大沽桥专项预防项目和向天津外国语学院提出的检察建议，分别被评为市检察系统优秀工程专项预防项目和优秀检察建议。2008年，区检察院与多个单位召开预防职务犯罪联席会，签订联合预防协议。2010年，深入多家重点企业和行政执法部门，召开联席会，签订联合预防协议，提出检察建议，加强系统预防和重点工程项目专项预防，协助有关单位健全制度。

图15-17　2006年，区检察院召开惩治职务犯罪维护公平正义新闻发布会（区检察院提供）

二　预防教育

2000年，结合典型案例，深入重点行业以案讲法21次。2002年，在驻区国企、金融、工商、税务及区属20余家联系单位，开展预防职务犯罪知识竞赛，向8个系统和预防网络单位发放答题试卷千余份。结合典型案例以案讲法，受教育干部达1300余人。2003年，多次到海河综合开发、天玻集团、天津博物馆等重点工程现场开展法律咨询和服务，进行警示教育。2010年，举办警示教育报告会和座谈会。

第五节　控告申诉与监所检察

一　控告申诉检察

1979—1988年，通过区检察院信访人员提供的线索，有关部门侦破多起重大犯罪案件。1986年，设立控告申诉检察科，接待信访，受理和调查人民群众检举、控告、申诉等各类案件。1987年完成重新建院前免诉案件的复查工作，重点对17件历史案件进行复查并妥善处理。1988年，成立经济犯罪举报中心，控告申诉检察与经济检察部门立案侦查一批经济犯罪案件，其中通过受理信访获取线索侦破一起涉案金额24万余元的贪污案件。1989—1993年，共受理群众信访、举报2087件，处理申诉案件7件8人。1998年，在全国检察机关表彰会上，区检察院举报中心立集体一等功。1993—2008年，区检察院控申举报接待室连续4次被评为全国检察机关文明接待室，连续3次被评为全国检察系统文明接待示范窗口。1994—2009年，共受理群众信访5471件。2010年，受理群众来信、来访、举报334

件，检察长接待19次。

二　监所检察

1979—1982年，开展监所检察业务，派专人常驻分局看守所、拘留所，重点检查人犯实行分类关押和改善人犯生活等情况，掌握各类押犯在诉讼过程中各阶段的羁押时限，以保证和监督司法人员在法定时限内依法办案，做好在押犯思想教育工作。1983年，设立监所检察科，依法对驻区监改场所履行检察监督职责。在严厉打击严重刑事犯罪斗争中，依法对在押人员的管理进行监督，配合各级公安机关对假释、缓刑、管制和保外就医人员进行考察教育。1985年，增加驻劳改场所开展劳改监督的任务，监所检察科分别向市第四劳改队（玛钢厂，即天津市第二监狱）、天津建新建筑公司（建新劳动教养管理所）派驻检察组，开展检察监督。

1987—1992年，办理“两劳”（劳动改造、劳动教养）人员加刑案件，纠正劳改劳教工作中存在的违法问题。会同有关部门对河西区的“两劳”人员遣疆返津情况、重新犯罪情况、刑满释放安置情况以及即将释放人员思想动态情况等进行专题调研，妥善查处劳教队工作人员重大责任事故案件。强化监所文明管理，加强对“两劳”单位执法情况的检察监督，依法查处管教干部体罚虐待人犯案件。集中对被判处管制、缓刑、假释、剥夺政治权利和保外就医等“五类”人犯进行考察。加强对因犯贪污、受贿罪而被宣告缓刑的科技人员，或有一技之长的管理人员的帮教考察。

1993—1999年，加强对监狱、劳教所、看守所、拘留所的执法监督，向监管改造部门提出检察建议。依法查办个别司法人员徇私舞弊、受贿案件，完善对减刑、假释和保外就医工作提前介入的监督方法。区委政法委、区检察院、公安河西分局组成联合检查组，对全区22个公安派出所的执法情况，重点是对保外就医、缓刑、假释等监外罪犯的监控管理工作进行检查，发现2名监管失控、取保不当的保外就医罪犯，向市监狱局提出收监建议并被采纳。

2000年，开展对保外就医和暂予监外执行的专项检察，针对保外就医罪犯监管失控、取保不当的问题，向有关部门提出纠正违法通知。2001年，严格审查呈报减刑案件，对发现的8起不符合减刑条件的案件，依法向有关部门提出驳回意见，均被采纳。配合“严打”整治斗争，依法对在押罪犯又犯罪案件4件4人提起公诉。加大办案力度，依法立案查办监管场所职务犯罪案件4件。2002年，开展对社会服刑人员执行情况及法律文书交接情况的专项检查，纠正1起因文书未及时送达有关部门而造成的不当判决。配合有关部门将1名不符合保外就医条件的罪犯收监执行。立案查处监狱、劳教单位干警徇私舞弊案件2人；开展对在押邪教人员羁押时限的检察监督，有效避免3名邪教人员超期羁押。2003年，针对发生在监管场所的罪犯非正常死亡事件及监管场所存在的安全隐患等问题，依法向有关部门发出书面检察意见书。配合建新劳教所开展对在押邪教人员的教育转化工作。推行监管场所信息网络自动化管理，加强派驻检察室规范化等级建设，在全市监所检察系统开展的派驻检察室规范化等级评定中，区检察院驻河西监狱和建新劳教所检察室分别通过二级检察室的评定。对劳动教养工作中存在的突出问题进行专题调研，调研报告被最高人民检察院转发。2004年，以审查服刑人员减刑、假释、保外就医工作为重点，针对发现的问题向有关部门提出书面检察建议，参与社区矫正工作。建议并帮助河西监狱建立服刑人员精神疾病医疗服务体系，开通服刑人员及家属的举报绿色通道。强化对在押人员羁押时限的监督，确保超期羁押零目标。2005年，派驻河西监狱检察室被最高人民检察院评为全国一级规范化检察室。

2006—2010年，依法查办监管场所正处级干警涉嫌职务犯罪要案2件，被列为全国监所检察系统挂牌督办的第一号案件。加强对刑罚执行和监管活动的法律监督，实现在押人员超期羁押“零”目标。区检察院监所检察科被最高人民检察院评为全国检察机关查办刑罚执行和监管活动中职务犯罪案件先进集体。派驻河西区监狱检察室再次被高检院评定为全国检察机关一级规范化检察室。

1995—2010年河西区检察院监所部分年份检察业务情况表

表15-15

年份	业务内容
1995	向监管场所提出检察建议72件，纠正违法1件
1998	向监管场所提出检察建议69件，审查罪犯减刑753人，发现不符合减刑条件提出纠正建议1件，审查罪犯假释2人，审查罪犯保外就医12人
1999	发现2名监管失控、取保不当的保外就医罪犯并向有关部门提出收监建议
2000	发出书面检察建议11件，纠正违法1件
2001	对8起不符合减刑条件的案件依法向有关部门提出驳回意见，均被采纳。发出书面检察意见10件；依法对在押罪犯又犯罪案件4件4人提起公诉。立案查办监管场所职务犯罪案件4件
2002	纠正1起不当判决；收监1名不符合保外就医条件的罪犯。立案查处监狱、劳教单位干警徇私舞弊案件2人；发出书面检察意见9件。避免3名邪教人员超期羁押
2003	避免3起超期羁押违法情况发生。发出书面检察意见书23件。促使71名邪教人员思想发生转变
2004	提出书面检察建议37件
2005	提出书面检察建议21件，书面纠正违法3件。审查起诉服刑人员故意伤害案件2件2人
2006	提出书面检察建议16件，书面纠正违法3件。审查起诉服刑人员又犯罪案件3件3人
2007	提出书面检察建议27件。查办监管场所正处级干警涉嫌职务犯罪要案2件
2008	立案查办1件司法工作人员贪污、受贿大案。提出书面检察建议34件
2009	依法向有关部门提出书面纠正违法的检察建议44件
2010	提出书面纠正违法36件、检察建议39件

第六节　检察技术

1998年，区检察院成立技术科，配备刑事技术人员，承担现场痕迹、物证照相、法医等检察技术工作及司法会计工作。2001年，在互联网上开通院检务网站。2003年，初步实现办公自动化和办案管理网络化以及全院各部门之间的信息资源共享和数据交换。建成数字化明录室、多功能视频电视电话会议系统。区检察院成为全市第一个被最高人民检察院确定的基层检察院建设示范院。2004年，在最高人民检察院召开的全国检察机关信息化工作会议上，区检察院被评为全国检察机关信息化工作先进单位，并作经验介绍。

2005—2008年，综合事务管理系统启用，形成检察业务动态管理系统用于辅助办案，动态信息发布系统用于专线网上发布动态信息，业务办公系统用于发文拟制、外来文件网上签阅，综合事务管理系统用于全院干警日常办公、综合事务的信息化管理体系，基本确立以信息化管理覆盖、贯穿业务管理、队伍管理、综合事务管理的长效管理机制。规范案件线索网上管理系统，开发线索储备管理库功能。自主研发电子笔录管理系统，加大电子卷宗的数据积累，提高网上办公、办案的信息化管理水平。2009年，自主研发并投入使用《九类重点罪犯检察监督系统》《办案工作区综合管理系统》等7个软件。2010年，自主研发并投入使用检察院社区工作管理系统、检察院司法警察工作管理系统软件，规范执法行为，提高工作效率。

2000—2010年河西区检察院技术工作情况表

表15-16

年份	检察技术工作情况
2000	完成司法会计鉴定2件，文件检验鉴定4件，监控室录像3次，物证照相2次，多媒体举证4次，法医检验鉴定4件
2001	完成司法会计鉴定8件，文件检验鉴定33件，监控室录像12次，物证照相85次，多媒体举证9次，法医检验鉴定6件，法医文证审查16件
2002	完成司法会计鉴定2件，司法会计技术协助43件，文件检验鉴定45件，监控室录像10次，物证照相100次，法医检验鉴定11件，法医文证审查20件

续表

年份	检察技术工作情况
2003	完成司法会计鉴定3件，司法会计检查15件，文件检验鉴定17件，监控室录像21次，多媒体举证3次，案件全程录像2件，声纹鉴定4件，提供技术服务43件，现场勘验鉴定5件，痕迹检验鉴定1件，痕迹文证审查8件，法医检验鉴定8件，法医文证审查55件，提供其他技术服务113件
2004	完成司法会计鉴定3件，司法会计检查17件，文件检验鉴定19件，监控室录像29次，多媒体举证5次，案件全程录像10件，声纹鉴定2件，现场勘验鉴定1件，文证审查22件，法医检验鉴定7件，法医文证审查62件
2005	完成法医检验鉴定7件，文证审查31件，文件检验鉴定19件，司法会计检验鉴定2件，司法会计检查8件，视听技术声纹鉴定2件，监控提讯35件，案件全程录像1件，提供技术服务10件，现场痕迹文证审查12件
2006	完成法医检验鉴定7件，文证审查30件，文件检验鉴定13件，司法会计检验鉴定3件，司法会计检查8件，声纹鉴定4件，监控提讯30件，案件全程录像1件，提供技术服务10件，现场痕迹文证审查19件
2007	完成法医检验鉴定7件，法医文证审查40件，文件检验鉴定10件，司法会计检查4件，司法会计鉴定4件，声纹鉴定2件，案件全程录像22次，现场痕迹文证审查20次
2008	完成法医检验鉴定6件，法医文证审查6件，文件检验鉴定14件，司法会计检查2件，司法会计鉴定2件，声纹鉴定2件，案件全程录像64次，现场痕迹文件审查8次
2009	完成法医检验鉴定4件，法医文证审查24件，文件检验鉴定10件，司法会计检查2件，司法会计鉴定3件，声纹鉴定1次，案件现场录像76次，现场痕迹文件审查2次，现场文证审查4次
2010	完成法医鉴定4件，法医文证审查15件，文件检验鉴定11件，司法会计检查1件，司法会计鉴定4件，声纹鉴定2件，案件现场录像85次，现场痕迹文件审查、现场文证审查3件

附：

1978—2010年河西区检察院检察长名表

表15-17

姓名	任职时间
曲世英	1978年10月—1980年6月
邢毓芳	1980年7月—1987年2月
傅景隆	1987年2月—1993年2月
张宝亮	1993年2月—1999年8月
刘　工	1999年8月—2006年10月
王炳祥	2006年10月—2010年

第四章　法院

1979—2010年，河西区履行司法职能，加强刑事、民事、商事、行政等案件审判，加强审判管理、监督和立案、诉讼、执行。共受理各类案件17.94万件，审（执）结17.96万件（含旧存），收、结案数在天津市基层法院中位居前列，为全区的经济发展和社会进步提供司法保障。司法警察大队连续2年获全国青年文明号。区法院连续6年获天津市人民满意的好法院称号，获2次三等功、3次二等功、1次一等功。获全国未成年人保护先进集体称号。河西区被确定为全国社区矫正工作试点区。

第一节　刑事审判

1979—1994年，区法院被列为全国法院系统实施刑法和刑诉法的试点单位，《人民司法报》对试点经验进行报道。集中开展打击严重危害社会治安刑事犯罪分子的工作，进行反盗窃、“扫黄打非”、打击制毒贩毒和打击“涉枪”犯罪等专项斗争。

1995—2004年，严厉打击金融犯罪、严重危害公共安全的暴力犯罪、涉枪犯罪、毒品犯罪和黑社会性质的组织犯罪。严厉打击杀人、抢劫等严重危害社会治安的刑事犯罪分子。开展整顿规范市场经济秩序活动，审结一批生产销售伪劣产品、合同诈骗、贩卖贩运假币、虚开增值税发票、偷税漏税、非法经营、销售不符合卫生标准的食品等破坏市场经济秩序的犯罪案件。

2005—2010年，严惩贪污贿赂犯罪，打击各类经济犯罪，参与“扫黑除恶”专项斗争和禁毒专项斗争，审结公安部督办的传播淫秽物品牟利案。参与社会治安综合治理和“平安河西”创建工作。加大刑事审判领域的人权保护力度，通过公开审理等方式，扩大刑事审判的社会效果。针对信用卡诈骗犯罪案件增多、银行对信用卡管理尚欠规范的情况，向驻区各银行发出司法建议书。

1982—2010年河西区法院刑事案件收结案统计表

表15-18　　　　单位：件

年份	收案数	结案数	年份	收案数	结案数
1982	222	232	1997	425	424
1983	381	370	1998	565	574
1984	405	411	1999	619	617
1985	198	211	2000	638	636
1986	311	307	2001	727	669
1987	345	351	2002	636	656
1988	311	311	2003	555	589
1989	369	369	2004	567	595
1990	454	453	2005	557	535
1991	395	396	2006	579	561
1992	426	425	2007	495	512
1993	396	393	2008	542	560
1994	601	603	2009	571	562
1995	496	496	2010	625	620
1996	556	560	合计	13967	13691

第二节　少年刑事审判

1988—2002年，在刑事审判庭中设立少年合议庭。成立少年刑事审判庭，为中国北方首家独立建制的少年犯罪审判机构。在开庭审理少年刑事被告人时加入庭审教育的做法，被最高人民法院在《关于办理少年刑事案件的若干规定》中采纳，成为全国法院审理少年刑事案件的必经程序。新的刑诉法施行后，开始依照简易程序审理案件。召开对少年犯帮助教育经验交流会，完善少年刑事审判和中小学法律教育运行机制。制定《关于加强学生进入“网吧”的管理及限制中小学生进入“网吧”的规定》，在北师大附中和海河中学开展“法庭进校园”活动，探索少年刑事审判工作的新路子，全国人大内务司法委员会和最高人民法院有关领导听取区法院少年刑事审判工作汇报。1994年，少年刑事审判庭被评为全国法院少年案件审判工作先进集体，少年刑事审判庭马军被评为全国法院少年案件审判工作先进个人。1997年，少年刑事审判庭被评为全国未成年人保护工作先进集体。2002年，马军被评为全国青少年犯罪研究先进工作者。

2003—2010年，启动“法庭进社区”活动，多家中央新闻媒体进行报道。联合天津人民广播电台举办“关注孩子，关注未来”法制进社区现场直播活动，中央电视台、中央人民广播电台、《人民法院报》等10多家中央和地方新闻媒体进行报道，并获全国广播电视类二等奖。开展预防和减少青少年犯罪的调研活动，《呼吁强化对大学生的法制道德心理教育》信息被市高院转发，新华社刊发，中央人民广播电台内参刊载。分析网络色情对青少年危害并提出防范对策，对未成年人犯的刑事审判实行“教育、感化、挽救”，尝试对未成年人犯引入心理干预机制。少年刑事审判庭先后4次代表天津市在全国少年刑事审判工作会议上介绍经验，全国20个省市的同行前来学习交流，多家新闻单位进行专题报道，国际犯罪研究学会学术委员会主席卡尔纳博士及日本法学专家先后到区法院交流少年司法情况。

第三节　房地产与民事审判

一　房地产案

80年代后期，房地产案件不断增长。1988年，在民事审判中设立房屋组。1991年，设立大营门法庭专门负责审理房地产案件。1992年，建立房地产审判庭，成为天津市首家房地产案件专门审判机构。1992—1995年，共审结房地产案件1360件。把与重点工程和危陋平房改造拆迁工程相关的案件作为重点，拆迁前参与制定政策，拆迁中派员进驻现场协助调处纠纷，拆迁后处理有关案件。1993年，房地产审判庭被评为市政法系统模范集体，并立集体二等功。1994年，区法院被评为市危陋平房改造工作先进单位。1996年，房地产审判庭纳入民事审判庭。

二　民事案

自1979年，案件数量不断增多，类型和性质呈多样化趋势。90年代，受理的离婚、赡养、抚育、继承等婚姻家庭案件占受理的民事案件50%，劳动关系案件增加，因个人参与经济生活而导致的经济类纠纷占总收案数的比例逐年上升。1991年，为方便群众诉讼，在体院北、小海地分别设立基层法庭。1998年，将民事审判庭分立为民一庭、民二庭。2000年，合并为民一庭。2002年，再次分为民一庭、民二庭。21世纪，涉及供热、物业管理的案件大幅上升。审判人员深入街道居委会就地办案，人民陪审员参加审理案件，邀请当事人单位及街道代表旁听庭审，参与调解化解矛盾，方便群众诉讼。法官张东良连续4年、刘凤榕连续2年被评为市人民满意好法官，并记二等功。2001—2006年，持续审理婚姻家庭、债务等大宗普通民事案件，重点审理涉及城市建设、国企改革、劳动争议等关系到社会稳定、矛盾突出、容易激化的案件，妥善处理下岗职工基本生活保障、房屋拆迁、商品房买卖、劳动合同纠纷等民事案件。加强案件的审判力量，进行专题调研，依法办案。

2007—2010年，将解决民生问题、保护群众权益、促进社会和谐作为民商事审判的重点，诉前与诉中调解相结合，妥善处理各类物权纠纷案件，引导当事人在自愿互让的基础上达成协议。增设民事审判四庭，成立诉前联合调解中心，在办理财产权属、损害赔偿、婚姻家庭等案件中，运用调解的方法解决纠纷，民商事案件调撤率达到54.2%。集中审理侵权类民事案件以及供热、物业等群体性较强的案件，成立物业、供热诉前调解工作室。建立交通事故联合调解工作室，成立交通事故巡回法庭，巡回法庭与调解室合署办公，在全市推广交通事故巡回法庭和调解工作经验现场会上介绍经验。探索对供热、物业、医疗事故等纠纷进行诉前联合调解的举措，2010年，诉前调处纠纷2985件，受理的供热、物业、医疗事故案件同比分别下降71%、50%和75%。

1982—2010年河西区法院民事案件收结案统计表

表15-19　　单位：件

年份	收案数	结案数	年份	收案数	结案数
1982	1033	1050	1997	3065	2825
1983	932	947	1998	3842	3745
1984	1017	979	1999	7466	7627
1985	966	1005	2000	5865	6015
1986	1218	1144	2001	7303	5865
1987	1313	1369	2002	6677	6618
1988	1041	1090	2003	6393	6578
1989	1293	1276	2004	5757	5786
1990	1731	1570	2005	4963	4953

续表

年份	收案数	结案数	年份	收案数	结案数
1991	1852	1827	2006	4781	4873
1992	2311	2284	2007	4951	4786
1993	2121	2217	2008	6688	6762
1994	2203	2255	2009	8030	7975
1995	2255	2301	2010	5662	5878
1996	2661	2565	合计	103390	104165

第四节　商事审判

80年代，随着商事审判工作量加大，扩大收案范围，采用集中立案、集中时间、集中人力、集中线路、集中办理的办案方法，解决各类纠纷，发挥经济审判直接调整经济关系的作用，企业的生产经营提供司法保障。1981年，成立经济审判庭。1998年，分立为经一庭、经二庭。2000年，合并为民二庭，是年更名为民三庭。

图15-18　2003年，金融机构法律服务现场会　　（区法院提供）

1983—1997年，面对受理的国有大中型企业债权债务案件逐年增加的实际，召开贯彻执行经济合同法交流大会。受理天津市首起保密协议纠纷案件。公开审理多起重大经济纠纷案件，《人民司法》对一起诉购销合同货款纠纷审判案件进行专题报道。审结一批有影响的涉外案件，其中香港中国通讯社编发的一家中美合资公司的广告胜诉案，在天津经济审判和执行工作会议上介绍经验。

1998—2002年，发挥审判工作的惩罚、调节、保护和服务职能，审结百余件与国企改革密切相关的破产、联营纠纷等案件，为企业挽回经济损失近亿元。审结涉及驻区大型企业、“三资”企业合同纠纷案件，为企业挽回经济损失2.5亿元。审理的某网络有限公司网络空间回收纠纷案在天津市为首例，多家新闻单位连续进行报道。

2003—2010年，对审理技术合同、工业产权保护及消费者权益保护等案件进行探索，发挥商事审判调节经济关系的作用，多次召开驻区金融系统法律服务会，处理涉及银行、保险、证券等金融机构的案件，审理因金融危机引发的各类经济纠纷案件。

1982—2010年河西区法院商事案件收结案统计表

表15-20　　单位：件

年份	收案数	结案数	年份	收案数	结案数
1982	27	1	1997	770	748
1983	34	16	1998	1215	947
1984	57	60	1999	1175	1170
1985	127	110	2000	1057	1136
1986	171	161	2001	1056	1057
1987	157	175	2002	969	1021
1988	230	184	2003	972	975
1989	308	238	2004	1215	1208

续表

年份	收案数	结案数	年份	收案数	结案数
1990	332	294	2005	798	804
1991	292	368	2006	982	987
1992	384	367	2007	961	889
1993	456	403	2008	1112	1198
1994	457	466	2009	1724	1684
1995	504	500	2010	1494	1509
1996	679	632	合计	19715	19308

第五节　行政审判

1988年，成立行政审判庭。1989—1998年，结案228件。1999—2005年，在城市综合整治工作中发挥审判职能的经验在市法院行政审判工作会议上介绍，在《行政审判通讯》上刊载。举办机关诉讼代理人培训班，开展送法上门活动。召开纪念行政诉讼法颁布十五周年座谈会，举行法律咨询活动。处理一批治安、城建、工商、税务、教育行政案件和非诉行政执行案件，其中多起案件为天津市法院首次受理，收、结案件数量居市基层法院之首。2004年，行政庭被最高法院评为全国先进集体。

2006—2010年，引导当事人通过法律程序表达诉求，协调行政主体与行政相对人的关系的经验在市行政审判工作会议上介绍，《人民法院报》进行报道。慎重处理与“小二楼”拆迁相关的案件。通过协调的方式解决行政争议的做法和经验在市行政诉讼法实施20周年纪念大会上介绍。

1989—2010年河西区法院行政案件收结案统计表

表15-21　　单位：件

年份	收案数	结案数	年份	收案数	结案数
1989	9	7	2001	225	195
1990	4	6	2002	140	163
1991	9	7	2003	552	553
1992	4	6	2004	560	586
1993	7	7	2005	601	618
1994	14	14	2006	874	982
1995	36	9	2007	649	672
1996	36	45	2008	488	501
1997	45	85	2009	356	358
1998	55	41	2010	1035	919
1999	44	44	合计	5789	5865
2000	46	47			

第六节　审判管理与监督

一　审判公开与督察

1979—1998年，市高院在区法院进行民诉法和经济审判工作试点工作，召开审判方式改革理论研讨会，实行证据登记制度，在市法院系统审判方式改革汇报会上作经验介绍。

1999—2003年，加强法庭建设，改建、增建审判专用法庭26个，在全市基层法院中率先实现应公开审理的案件全部在法庭公开进行，案件的直接开庭率达到89.8%，公开审判率和公开宣判率均达到100%。设立电子公告牌，案件开庭前三天依法公告，向社会公开审理的案件，允许公众凭身份证进行旁听，准允新闻记者在文责自负的前提下，对案件进行报道，《今晚报》对审判公开进行专题报道。《强化法官在庭审中的作用》在市法院系统审判方式改革经验交流会上介绍。贯彻落实民事诉讼证据、行政诉讼证、推行民事诉讼风险告知法规，适用简易程序审理民事案件，减少案件周转时间，提高办案效率。落实案件质量复查制度、错案追究制和审判长、独任审判员责任制，完善案件质量督察机制，规范审判委员会议事规则，保证案件质量，严格审限管理，遵守报延案件限额、审限预警、开庭后限期合议、限期宣判等制度，案件的平均审限降低到61.6天，案件报延率低于0.2%，无违法超审限案件。聘请30名廉政监督员，向200余名败诉方当事人征求意见，向区200余名人大代表和政协委员发出《意见反馈信》，向廉政监督员发出90份意见表征询意见。

图15-19　1987年，公开审判大会　（区法院提供）

2004—2010年，提高工作的科技含量，完善案件流程管理，以信息综合管理系统为平台，实现审判信息同步管理、监控；以裁判文书质量为突破口，提高审判人员的裁判文书写作水平。开展案件质量评查活动，强化案件质量管理，推行签章管理系统，提高法官的法律适用能力，《人民法院报》对完善庭、院长对案件监控、协调、审核、把关机制和改进中介机构选任工作进行报道。在市法院学术征文、优秀裁判文书、优秀案例评比中多次获奖。

二　人民陪审员

1999年，聘任22名特邀陪审员。2000年，进行法律专业知识培训。2005年，制定《人民法院陪审员管理暂行办法》，对区人大常委会任命23名人民陪审员进行集中培训，设示范观摩庭。

2010年，区人大常委会任命39名新一届人民陪审员，其中有上届原任陪审员20名，新任陪审员19名。2005—2010年，陪审员共参加各类民商事、刑事、行政案件审理2567件。

2005—2010年河西区法院人民陪审员参审情况表

表15-22　　单位：件

2005年	2006年	2007年	2008年	2009年	2010年
85	289	478	1010	356	349

第七节　告诉立案与执行

一　立案和诉讼

1998—2000年，成立告诉立案庭。实行立审分立、审执分立和审监分立，完善告诉审查制度，接待处理群众来信来访，对已结案件实行随结随查，对发现的问题逐项予以纠正。成立督察室，加强内部监督制约，对上级法院发回重审案件、指令再审和改判案件进行审查。对审结案件按每位审判员每月判决、调解结案数一定的比例，进行抽查。完善院长接待日制度，建立《审判人员业务档案》。2001—2004年，完善“审限跟踪”制度，加快案件的周转，减少当事人的诉累。通过院长接待当事人、参与研讨案件、旁听案件审理等方式，直接监督案件审理、执行过程。对重点案件和重点当事人进行统计排队，逐一研究对策。加强立案工作制度化建设，研究新类型案件的受理问题，慎重处理敏感案件立案，把好审判第一关，增强预防处理突发群体事件的能力。推行申诉案件听证制度，把握申诉立案标准，规范申诉的案件审理过程，解决无限申诉问题。2005—2010年，完善立案标准，健全立案手续，设置诉讼信息查询系统，为经济困难的当事人缓、减、免交诉讼费。试行案件信访评估制度。诉讼服务中心挂牌成立，将导诉、咨询、诉前调解、材料转收、档案查询、判后答疑等工作加以整合，形成"一站式"诉讼服务模式。诉讼服务网开通，设立民意沟通信箱，并将原有的庭长接待工作进行整合，常年开展诉讼服务，最高法院和市高院派员前来诉讼服务中心调研。

二 执行

1982年，在民事审判庭中设立执行组。1987年，在执行组的基础上成立执行庭。1996—2002年，开展"执行年"活动，增加人员，改善装备，采取执行会战、变通执行方式等措施，编印《执行工作手册》，解决"执行难"问题。召开执行大会，集中传唤被执行人，对拒不履行债务的给予司法拘留。采取扣押、查封、搜查等措施，实现收、执结案件的良性循环，审结一批疑难案件，《天津法制报》进行报道。探索执行工作新举措，尝试财产审计、财产调查、限制被执行人高消费、奖励举报被执行人财产及债权凭证制等做法。改革执行案件立案方式，实行先立案执行、后收取执行费用的办法，减轻申请人的经济负担。

2003—2008年，落实执行听证制度，强化申请执行人举证责任，增进当事人对法院执行工作的理解，规范执行工作，公开执行程序，接受社会监督。在杨庄子、上河圈、陈塘庄、尖山、浦口道、马场道等片拆迁改造工作中发布拆迁公告，加强执行工作，为海河综合开发、市容景观整治等重点工程提供司法支持。利用多种手段恢复执行一批难度大的案件，成立清理执行积案领导小组，对重点案件，逐案分析情况，找准问题焦点，分清类别，制定措施，用足用好法律赋予的各种执行手段，提高相关案件的执结率。

2009—2010年，规范工作规程，对强制执行阶段的案件，调查被执行人的银行账号、房产登记、车辆登记和工商登记，推行执行过程公开和执行事项告知制度，建立执行权分权制约的监督机制，严格办事程序，规范执法行为。2010年，获市集中清理执行积案活动先进集体称号。

1982—2010年河西区法院执行案件收结案统计表

表15-23　　　　单位：件

年份	收案	结案	年份	收案	结案
1982	116	114	1997	1342	1221
1983	87	52	1998	1190	1122
1984	118	117	1999	1957	2006
1985	157	145	2000	2401	2492
1986	254	237	2001	2265	2325
1987	307	311	2002	2398	2371
1988	306	321	2003	2391	2414
1989	395	385	2004	2321	2343
1990	412	420	2005	2533	2424
1991	485	488	2006	2541	2456
1992	595	504	2007	2293	2361
1993	615	589	2008	1930	1915
1994	542	609	2009	2509	2502
1995	606	640	2010	2599	2833
1996	909	861	合计	36574	36578

附：

1979—2010年河西区法院院长名表

表15-24

姓名	任职时间
苏　克	1976年10月—1980年5月
张　利	1980年5月—1987年2月
陆君毅	1987年2月—1990年2月
宋振宇	1990年2月—1993年2月
焦国群	1993年2月—2007年1月
张建国	2007年1月—2010年

第五章　司法行政

1981年，成立河西区司法局，开展普法教育、人民调解、律师事务、公证事务、法律援助、矫正帮教等司法行政工作。1992年，成立合作制律师事务所。1995—2010年，建立社区法制教育基地、中小学法制教育基地，法制教育普及率99%。建立法律援助中心，为困难群众提供法律援助。妥善做好社区矫正对象、刑释解教人员安置帮教工作。司法局被评为全国普法先进单位和全国司法行政系统人民调解工作先进单位。

第一节　普法教育

一　一五普法

1985—1990年，对全区16岁以上公民进行法律常识普及教育工作。编写出版《法律常识读本》《少年与法》普法书籍。拍摄运用法律保护青少年健康成长电视教育片《希望之树》。举办“安定杯”法制文艺大赛，开办电视栏目《法制纵横》。全区14.36万人取得普法合格证书，普及率99%。司法局获全国普法先进单位称号。全区11个单位被评为市级普法先进集体，200人被评为先进个人。

二　二五普法

1991—1995年，按共同性、行业性、岗位性相关法律的原则，开展法制教育。1992年，普及宪法和国旗法，受教育37万人次。1993年，普及全民所有制工业企业法、全民所有制企业转换经营机制条例等法律法规，受教育46万人次。1994—1995年，普及国家安全法、残疾人保障法、劳动法、仲裁法、监狱法等法律法规，受教育45万人次。1995年，在市区县领导干部法律知识竞赛中，河西区代表队获团体第一名。

三　三五普法

1996—2000年，建立中小学法制教育基地，组织法制教育专题讲座，开展法制专题演讲比赛，自编自演法制文艺节目，观看法制教育录像。民营企业普法和依法治理工作培训1042人次。举办“三五”杯法律知识竞赛，全区1.5万余名干部群众参加。印发《普法文件专辑》《法律法规汇编》《普法经验专辑》《公民生活常用法条》等10余种普法宣传教材。全区组织法律培训318次，法制讲座1092场，法律咨询549次，法律知识竞赛316场，普法展览807次，宣传板报1172期。

四　四五普法

2001—2005年，建立法制宣传员、信息员队伍。举办2期普法骨干培训班，370余人参加培训，征集普法教材1.8万余册、论文60余篇。12个街建立社区法制教育基地，光华二委居委会、谊景村居委会、惠阳里居委会、科艺里居委会获天津市法律进社区先进居委会称号。2003年，“非典”期间加强传染病防治法等法律法规宣传工作。开展行政许可法、公务员法培训，举办行政许可法知识竞赛。

五　五五普法

2006—2010年，全区13个街和中小学校启动“人文奥运·法治同行”普法活动，有线电视台播出百集奥运法制宣传动漫公益广告。普法网开通，设置《普法要闻》《法治专题》《法律服务》《以案说法》《法治论坛》等栏目。举办法治区创建和依法行政培训班、法治河西研讨会。

第二节　人民调解

一　调解组织

1981年，在企事业单位、居民楼院设立调解小组，形成调解委员会、调解小组、调解员三级调解网。1987年，区个体劳动者协会建立调解委员会，其工作做法和经验向全国推广。2000年，各街建立社区司法调解中心，尖山街在市司法调解建设会议上介绍经验。是年，区司法局被评为全国司法行政系统人民调解工作先进单位。2003年，各街建立调解庭，天津卫视、中央人民广播电台作专题报道。2007年，调整充实调解员队伍，走进法庭，实地培训，聘请法官讲授人民调解知识。2010年，区司法局与区法院、交管支队建立交通事故联合调解室，受理调解交通事故案395起，调解室工作经验在全市推广。

二　调解纠纷

1996年，基层调委会实行目标责任制，379个调委会与街道签订目标责任书。2002—2006年，向全区基层调解组织推广桃园街永安道居委会“筑牢社会治安综合治理第一道防线”的做法。司法部及全国10家新闻媒体，深入挂甲寺街、尖山街采访报道人民调解工作。推广平安楼栋和阳光服务热线等工作做法，召开“防止矛盾激化、创建平安社区”经验交流会、演讲会。

2007年，在陈塘庄街、友谊路街、下瓦房街举办防止矛盾激化演讲会。2008年北京奥运会期间，开展创和谐、迎奥运人民调解宣传日活动。评选出20个“四无”（无因民间纠纷激化引起自杀、无因民间纠纷激化转化为刑事案件、无重新违法犯罪、无集体上访事件）社区居委会、24名防止矛盾激化先进个人。2010年，区司法局与区法院建立诉前联合调解中心，化解纠纷30余件。

1983—2010年河西区人民调解工作情况表

表15-25

项目 年份	调解委员会（个）	调解员（人）	调解纠纷（件）数	调解成功（件）数	调解成功率（%）	项目 年份	调解委员会（个）	调解员（人）	调解纠纷（件）数	调解成功（件）数	调解成功率（%）
1983	450	10373	4166	3749	90.00	1997	591	–	996	923	92.70
1984	450	13009	4257	3617	85.00	1998	231	12248	1602	1565	97.70
1985	525	12007	4938	4432	90.00	1999	231	4666	–	–	–
1986	614	12977	4560	3684	80.80	2000	231	6238	2366	2315	97.80

续表

项目 年份	调解委员会(个)	调解员(人)	调解纠纷(件)数	调解成功(件)数	调解成功率(%)	项目 年份	调解委员会(个)	调解员(人)	调解纠纷(件)数	调解成功(件)数	调解成功率(%)
1987	798	19119	3676	2966	80.70	2001	231	5316	1053	1009	95.80
1988	790	19271	3846	3145	81.80	2002	231	–	1350	1310	97.00
1989	813	18300	2920	2465	84.40	2003	–	–	1264	1213	96.00
1990	568	18012	3391	2882	85.00	2004	–	–	821	801	97.60
1991	540	18012	2929	2509	85.70	2005	201	8547	618	611	98.90
1992	591	18012	2900	2632	90.80	2006	168	4188	682	665	97.50
1993	591	18012	2268	2087	92.00	2007	171	9360	686	679	99.00
1994	591	18012	2026	1877	92.60	2008	206	8019	594	576	97.00
1995	591	18012	1548	1462	94.40	2009	172	6649	843	841	99.80
1996	521	18641	1428	1332	93.30	2010	172	9962	904	889	98.30

第三节 律师事务

1981年，成立河西区法律顾问处。1992年，成立合作制律师事务所。至2010年，全区有律师事务所66家，执业律师732人。

一 法律咨询

1982—1995年，律师办理刑事、民事案件7374件。1996—2001年，办理各类案件7130件。2002年，举办民诉法证据若干规定和上网操作培训，11家律师事务所近百名律师参加培训，义务为残疾人提供法律咨询。2003年，律师服务进社区，与大营门街、马场街签订协议书，向群众发放联系卡200余张、宣传资料300余册。2004年，组建区政府法律顾问团，承办法律事务。2006年，法律顾问团承办副食公司产权转让、陈塘工业园《技术咨询合同》和《河西区政府投资建设项目审计监督办法》论证、《区域经济服务中心与大金中央空调系统合同书》审查、区建委房屋拆迁协议审查等工作。

图15−20　2008年，青年律师法律服务进社区活动　（区司法局提供）

2008年，律师事务所与街道开展结对子活动，律师深入社区，向社区居民发放联系卡，举办法律法规讲座，提供法律咨询。2009年，制定《关于促进律师业发展的工作意见》，确保每个社区配备一名法律顾问。2010年，区政府法律顾问团为市、区政府部门宏观调控、转变经济发展方式，提供法律服务。为滨海新区提供各项法律服务15件，为市区重点工程提供服务11项。为小海地小二楼拆迁提供法律咨询。

二 法律援助

1997—2006年，建立法律援助中心，无偿为符合援助条件的当事人提供法律援助服务。制定《法律援助奖励办法》。在区残联建立法律援助接待站，为残疾人提供法律援助。开展农民工法律援助志愿者服务活动，公布热线电话，维护农民工合法权益。2007年，制定《法律援助办案补贴办法》，开展"我是法律志愿者"活动，法律工作者发放宣传资料4000余份，发放法律援助卡1500张。2008年，开展"迎奥运促和谐，法律援助在行动"专项活动，在全国助残日、六一儿童节等节日宣传法律知识。

2009年，制定《法律援助民心工程项目实施方案》，13个街道办事处及区工会、团委、妇联、老龄委、残联等部门建立法律援助工作站，设专门人员负责。成立由100名律师参加的法律援助团，在居委会增设172名社区法律援助信息员，扩大基层法律援助服务网络覆盖范围。制定《法律援助案件质量评查标准》，成立援助案件质量评查组，对已经审结的法律援助案件进行审查评议，确保案件质量。2010年，在全区设立法律援助受理点25个，在社区居委会设立法律援助联系点172个。开展法律援助便民服务进社区活动，深入马场、桃园和挂甲寺等街，免费为群众提供法律咨询。利用网络、电子显示屏等载体宣传法律援助，公布法律援助中心电话号码，向社区困难群众发放法律援助实名联系卡516张、宣传材料2000余份。

1982—2010年河西区律师办理案件情况表

表15-26　　单位：件

年份	刑事案	民事案	经济案	行政案	非诉案	法律顾问	案件总数
1982—1995	2645	3296	1433	–	–	–	–
1996	156	331	252	–	–	169	739
1997	238	557	409	5	153	151	1362
1998	314	419	327	5	–	134	1065
1999	244	364	324	4	55	95	991
2000	355	743	464	10	103	104	1675
2001	336	510	377	15	60	122	1298
2002	354	753	571	17	193	126	1888
2003	264	552	432	43	260	154	1551
2004	222	541	276	85	358	186	1482
2005	153	340	233	192	261	164	1179
2006	205	687	409	86	570	–	1957
2007	223	957	–	60	307	260	1547
2008	554	3020	–	30	882	–	4486
2009	741	4985	–	64	1285	1126	7075
2010	648	4635	–	179	1250	1248	6712

2004年—2010年河西区法律咨询及法律援助情况表

表15-27　　单位：件

年份	法律咨询	承办援助	法律服务
2004	84	29	1497
2005	91	–	976
2006	101	21	1124
2007	93	21	1324
2008	105	35	1124
2009	430	61	–
2010	175	124	–

第四节　公证事务

1982年，成立公证处，承办收养子女、继承权、遗嘱、赠与、析产、委托书等公证文书办理。1984年，承办经济合同公证。1987年，为居民拆迁安置办理协议公证。1997—1999年，设立公证咨询服务处，办理拆迁协议公证15372户，还迁分房11533户。2002年，完成台湾路、南围堤河、小围堤道等22片拆迁公证工作，现场办理拆迁安置协议1725份。为天津劝华电器有限公司有奖销售活动公证，为津房置换所属房产无主财产证据保全公证，为工商银行天津市分行房改办理委托书公证。2003年，参与综合开发海河、地铁一号线、道路拓宽、景观建设及旧楼区改造等市区重点工程建设公证。2006年，为驻区大型企业进行保全公证，对赋予强制执行效力债权文书出具执行证书。为低保户、残疾人减免公证费，为孤老户、低保户自愿去养老院生活办理公证。

2009年，公证网站上线运行，办理各类公证9915件。2010年，完善首问责任制、服务承诺制等制度，配置身份证识别系统、录音音像设备、POS机等现代化办公设备，开辟网上公证咨询。为区重大工程项目提供公证服务，为地铁3号线吴家窑拆迁工程办理证据保全公证。区公证处被评为市2008—2009年度文明公证处。

1984—2010年河西区公证处办理案件情况表

表15-28　　　　　　　　　　　　　　　　　　　　　　　　　　单位：件

年份	国内经济	国内民事	涉外经济	涉外民事	执行	案件总数
1984—1995	18184	13156	989		–	–
1996	3550	1835	2444		7829	–
1997	办理拆迁协议公证12350件、回居2526户					19437
1998	办理拆迁协议公证2492件、还迁分房7286户					11220
1999	5516	1113	2992	9621	–	–
2000	4085	1905	4127	10117	–	–
2001	1988	1734	动迁4431件	13006	–	–
2002	2885	2858	6739	12482	–	–
2003	2761	13885	132	5218	–	21996
2004	1219	4098	138	4746	–	10201
2005	1972	2059	59	3520	–	7610
2006	1848	1734	57	3508	16	7147
2007	612	2080	123	3446	20	6261
2008	457	3006	57	3931	–	7487
2009	561	3799	119	4846	7	9332
2010	1185	4812	65	4732	11	10805

第五节　矫正帮教

一　社区矫正

2004年，成立社区矫正工作领导小组，制定《社区矫正实施方案》《社区矫正工作记录簿》《社区矫正工作制度》《社区矫正对象须知》等工作制度和流程。建立由街社区矫正工作办公室、社区民警、社区志愿者组成社区矫正工作队伍。司法部领导2次到越秀路街进行社区矫正工作调研，社区矫正工作经验3次在天津市相关会议上交流。

2005年，组织矫正对象到养老院，开展“为了明天奉献爱心”公益劳动活动。2006年，对矫正对象实施细心、爱心、真心、诚心教育挽救工作，开展以“珍惜自由、安心矫正”为主题的实地法制教育活动。2007年，完善社区矫正对象的监管纪律、考核、奖惩、迁居、会客、外出请销假等各项工作规章制度。2009年，建立区公安、检察、法院、司法等部门联席会议制度，形成由区、街、社区和社区矫正工作小组4级社区矫正工作网络。组织社区矫正工作业务和心理矫正培训，演示接收社区服刑人员程序。对新接收的社区服刑人员宣读《社区矫正宣告书》，签订《社区服刑人员接受社区矫正保证书》

及《社区服刑人员协议书》。2010年，先后建立法制宣传教育基地、公益劳动基地、安置就业基地，在尖山街、桃园街司法所设立心理矫正咨询室。累计接收社区服刑人员619名，解除317名，未发生社区服刑人员重新违法犯罪。

二　安置帮教

1997年，成立安置帮教工作协调小组，推广越秀路街恩德里调委会安置帮教工作经验，并拍成专题片进行宣传。1999年，全区建立18个安置帮教工作站。2001年，对刑释解教人员安置帮教由3年改为5年，逐一建卡、建档，形成三级帮教网络。在建新劳教所举办以“难忘的手”为主题的帮教活动，用歌声、书法等形式表达对学员的期望和关爱，《天津政法报》作专题报道。2002年，为河西监狱安装有线电视网络，开办多种技能培训班，200多名服刑人员参加电脑、家电维修、烹饪等技能培训。2003年，推广陈塘庄街和柳林街安置帮教工作站工作经验。2005年，下发《关于加强对刑释解教人员排查工作的通知》，修改完善刑释解教人员转递名单，对辖区内刑释解教人员、社区矫正对象摸底排查，帮教落实到人。2006年，开展解难题、渡难关、亲情帮教促新生活动，春节期间给帮教对象送生活用品。开展“狱中搭建心灵桥，感动浪子塑新生”活动，对区籍服刑人员分组帮教。2008年，落实刑满释放人员户口问题，制定《加强刑释解教人员安置帮教工作若干问题意见》。区领导开展大接访活动，解决释放人员因原住房屋拆迁而无房屋居住的困难，妥善做好刑满释放人员的解困救助工作。

2010年，区领导到劳教所向区籍服刑在教人员发放日常生活用品、书籍，进行座谈帮教。文化传媒单位和文艺界演员到劳教所开展“爱的延伸”主题帮教活动，《法制日报》、天津电台、天津电视台等新闻媒体作专题报道。

1999—2010年河西区安置帮教工作情况表

表15-29

年份	刑释解教人数	安置人数	安置率(%)	办低保人数	提供就业信息(条)	办实事(件)
1999	592	574	97.00	12	173	286
2000	712	682	95.80	15	201	398
2001	1027	996	97.00	23	197	369
2002	1110	1086	97.80	26	202	584
2003	1098	1073	97.70	11	188	136
2004	1063	1042	98.00	19	196	312
2005	1027	999	97.30	26	183	285
2006	971	949	97.70	38	197	162
2007	1078	1061	98.40	39	212	389
2008	979	952	97.20	28	185	264
2009	866	864	99.80	33	184	212
2010	793	780	98.40	29	200	202

河西区志

第十六编 军事

河西区是城区海河西岸重要防区。1979—2010年，军事形成解放军、武警部队和民兵预备役相结合的武装力量体制。实现信息化战争高科技条件下，常备武装与国防后备力量相结合，部队建设，民兵建设、兵役工作、双拥共建、国防动员和人民防空等方面取得长足进展。河西区是全国双拥模范城区，驻区人民子弟兵，为维护社会安定和谐政治局面，建设新河西发挥重要作用。列入国防动员重要内容的人民防空工作，指挥机构多次调整，形成军政双重领导体制，人民防空指挥建设、工程建设、通信警报建设、平战结合、教育训练等得到发展提高。天津科技大学被评为全国国防教育先进校，河西区获天津市人民防空先进单位称号。

2006年，高炮实战射击训练　　（区武装部提供）

第一章　军事组织

1979年，恢复人民武装委员会。区人民武装部经历1986年由军队建制改地方建制，1996年由地方建制回归军队建制。80年代，辖区武警内卫部队、消防部队改编为中国人民武装警察部队。1979—2010年，境内驻军多次进行编制体制改革，在不同年代有不同程度增减，至2010年有20个军事单位。

第一节　组织机构

一　人民武装委员会

成立于1960年，是河西区人民武装工作领导机构，承担国防动员职能。“文化大革命”期间撤销，1979年，恢复人民武装委员会。1996年，人民武装委员会与国防动员委员会合署办公，主任由中共河西区委书记兼任。

二　国防动员委员会

成立于1996年10月，负责区人民武装动员、人民防空、交通战备、经济动员等国防动员工作。国防动员委员会由区委、区政府相关部门和公安河西分局、交通河西支队、区人民武装部等单位组成。区委书记任第一主任，区长任主任。区人民武装部部长负责常务工作。区国防动员委员会办事机构：人民武装动员办公室、经济动员办公室、人民防空办公室、交通战备办公室、综合办公室。

国防动员工作，以区国防动员潜力为基础制定区国防动员计划。1998—2008年，修订《河西区战时经济预案》。2003年，完成《河西区“十一五”国防动员工作规划》《河西区兵员动员计划》。2007—2010年，对全区进行国防动员潜力调查，对经济动员重点单位进行通用物资、装备器材调查核对，修订防空作战、兵员动员、维护治安、军警民联防、抢险救灾等保障计划。

三　人民武装部

中国人民解放军河西区人民武装部受天津警备区和区委、区政府双重领导，是区委军事部和区政府兵役机关。1978年，为正团级军事单位，区委书记兼任武装部第一政委；1986年，区武装部归地方建制；1996年，收归军队建制，为副师级单位，编部长、政治委员、副部长、区委书记兼任武装部第一书记，下设军事科、政工科、后勤科。

图16-1　2010年，中国人民解放军河西区人民武装部办公楼
（区地志办提供）

1996—2010年，区武装部被北京军区评为全面建设先进单位，被天津警备区评为战备训练工作先进单位、组织动员工作先进单位、信息化建设先进单位，被天津市委、市政府评为征兵工作先进单位。

2010年，区人民武装部辖19个基层武装部，有36名专职武装干部。

第二节　驻军

一　解放军部队

中国人民解放军天津警备区，为驻区部队最高驻军机关，1974年初迁入河西区。

中国人民解放军31033部队，1979年9月进驻。中国人民解放军天津陆军预备役第2师，1987年8月进驻。（1998年陆军预备役1师与2师合并迁出。）中国人民解放军海装天津代表局，1976年1月进驻。中国人民解放军92678部队，2004年3月进驻。中国人民解放军93688部队，1969年5月进驻。中国人民解放军天津市河西区人民武装部，1958年3月进驻。

中国人民解放军61527部队进驻。天津警备区第三干休所，1982年1月进驻。天津警备区第八干休所，1984年10月进驻。北京军区天津房管处，2001年11月进驻。中国人民解放军92859部队，1978年7月进驻。中国人民解放军海军天津干休所，1984年进驻。中国人民解放军北京空军干休所，1983年7月进驻。二炮驻天津地区军事代表室，1999年4月进驻并于2006年迁出。

图16-2　2010年，驻区部队训练场面
（区武装部提供）

二、武警部队

中国人民武警警察部队天津总队，1988年10月进驻，1995年3月由正师级调整为副军级。天津市公安警卫局，1982年3月进驻。中国人民武装警察部队天津总队一支队，1983年4月进驻。天津市公安消防总队河西支队，1957年8月进驻。天津市公安消防总队医院，1987年进驻。

第二章　兵役

1978年3月，实行义务兵与志愿兵相结合的兵役制度。1984年5月，实行以义务兵役制为主体的义务兵与志愿兵相结合，民兵与预备役相结合的兵役制度。1999—2010年，兵役制度进行调整改革，实行2年义务兵役制与士官制。河西区征兵工作落实优抚安置政策，加大对现役军人优待、退伍军人安置力度，调动广大应征青年参军热情，按时保质、保量完成各年度征兵任务。

第一节　征兵

一　兵役登记

自1978年，区武装部安排兵役登记工作，街道、机关、企事业单位具体组织实施，每个街道开设5~10个兵役登记站，按户口管理范围，对18~22岁男性公民进行登记，并进行初步检查和审查，对符合基本应征条件的确定为应征公民，报区人民武装部审批。1996年，针对公民流动性大的状况，设立流动登记站。2002年，建立征兵工作管理系统。2005—2010年，学生军训、国防教育期间，进行兵役调查摸底。

二 兵员征集

图16-3 2008年11月，河西区征兵宣传现场（区武装部提供）

1978年，依据兵役法，区政府、区武装部和有关部门成立征兵领导小组，负责组织实施兵役征集工作。每年12月31日前，征集年满18周岁的男性公民服现役。当年未被征集的，在22周岁以前仍可以被征集服现役，普通高等学校毕业生的征集年龄放宽至24周岁。

自1979年，每年11月征兵体格检查由区兵役机关，区卫生局实施。1990年，对应征人员进行性病检查。1996年，开展征兵宣传教育，组织街道、居委会干部，分片包干对适龄青年及家长进行思想发动。2000年，天津财经学院、师范大学为天津市大学生应征入伍试点校，200余名大学生报名。2002年，对应征人员进行心理测试。2009—2010年，制定大学生入伍优惠政策，大学生入伍人数逐年增多。

1978—2010年，向中国人民解放军陆、海、空、二炮部队和中国人民武装警察部队输送合格兵数千人，其中女兵数百人。

三 国防生选拔培养

图16-4 2009年，国防生训练成果展（区武装部提供）

2004年，天津科技大学与北京军区政治部，签订在应届高中毕业生中招收国防生培养协议。至2010年，招收国防生数百人。

国防生招生基本条件：政治合格，拥护中国共产党的路线、方针、政策，从事国防事业，毕业后服从组织分配；品德优良，模范遵守国家法律、法规和有关规章制度；应届、往届普通高中毕业生，年龄17—20周岁；身心健康，符合《中国人民解放军军队院校招收学员体格检查标准》。

秉持“铸军魂、塑脊梁、插翅膀”的培养理念，践行社会主义核心价值观和当代革命军人核心价值观。组织国防生进行基地化集训、当兵锻炼、教学法集训和代职磨炼，开设军政理论课程，提升国防生军政素质。搭建国防生荣誉室、信息化实验室、宿舍军营文化长廊，营造军营文化氛围。

2007年，天津科技大学获天津市第三届普通高校学生射击比赛优秀组织奖，10名国防生获射击优秀奖。2008年，国防生教育管理中心被评为天津市民兵预备役人才培养示范单位。2009年，在全民国防网络知识竞赛中获第一名，获全民国防教育先进单位。2009年4月，召开国防生签约5周年纪念大会，总政治部、北京军区、天津警备区和市领导出席并观看国防生军事演练。2010年，国防生预备役7连被天津市预备役师授予智勇双全神炮连、政治工作先进单位、感动军营先进集体、基层建设先进连队等称号，22名国防生预备役士兵被评为优秀士兵。

第二节 预备役

一 预备役登记

1978年，实行预备役制。基干民兵列为第一类预备役，普通民兵列为第二类预备役，35岁退出预备役。1981年，民兵组织调整，民兵和符合条件的复员退伍军人服预备役，并进行登记。至2010年，全区每年预备役登记人数数千人。

1984年，退伍军官进行预备役登记。1992年，完成数十名军转干预备役登记。1996年，登记人数若干名，并授予预备役军衔。2010年，完成数百名预备役军官登记。

二　预备役部队

1988年，建立预备役专业技术民兵储备站。储备人员包括部队复员转业的预备役专业技术人员、专业分队民兵技术人员、编入储备分队的专业技术人员。平时实行编组、训练、装备、储备一体化，紧急情况时，按照储备兵种迅速转入现役部队。1999年，组建河西区预备役高炮营。

第三章　国防后备力量

国防后备力量由民兵和预备役部队及经过军训的大、中学校学生构成，受区委、区政府领导。后备力量建设坚持党管武装原则，实行党管武装体制。自1979年，国防后备力量经过多次调整改革，从单一步兵发展为适应信息化战争的电子对抗、卫星定位、军事气象、防空防化等民兵分队，适应经济社会发展和国防建设需要。

第一节　民兵

一　党管武装

民兵、预备役建设坚持党管武装体制，即区委主要领导兼任区人民武装部党委领导。区武装部主官兼任区委常委。1979—1986年，区委书记兼任区武装部党委第一书记。1986—1996年，区武装部移交地方，区委书记兼任区武装部党委书记。1996年，区武装部收归部队建制，区委书记兼任区武装部党委第一书记，定期召开议军会议，研究、解决武装工作重要事宜，组织地方各级领导干部到国防教育训练基地和驻军单位过“军事日”，军地沟通，增强国防观念。

图16-5　2010年，党管武装述职会（区武装部提供）

1979—2010年中共河西区委主要领导任区武装部书记情况表

表16-1

姓名	职务	兼任职务	兼任时间
王守西	河西区委书记	武装部党委第一书记	1979.9—1983.9
刘瑞生	河西区委书记	武装部党委第一书记	1983.9—1986.5
刘瑞生	河西区委书记	武装部党委书记	1986.5—1989.12
刘峰岩	河西区委书记	武装部党委书记	1989.12—1991.8
吴吉栋	河西区委书记	武装部党委书记	1991.8—1993.8
夏宝龙	河西区委书记	武装部党委书记	1993.8—1996.3
夏宝龙	河西区委书记	武装部党委第一书记	1996.4—1997.11
吴金组	河西区委书记	武装部党委第一书记	1997.11—2002.11
王九鹏	河西区委书记	武装部党委第一书记	2002.11—2006.7
沈家聪	河西区委书记	武装部党委第一书记	2006.7—2010

二 民兵编组

组织落实 1978年，民兵编组重点转向武装基干民兵和动员对象。武装基干民兵编组与行政生产组织相适应，区编团，街局公司、千人以上大厂编营或连。女基干民兵占15%。1979年，全区民兵为师级编制。

图16-6 2005年6月，马场街武装部进行民兵编组 （区武装部提供）

1981年，民兵组织进行调整，基干民兵年龄18~28岁，普通民兵18~35岁，基干民兵按上级给予的任务数进行编组，其余为普通民兵。女性只编基干民兵。调整后全区民兵分为基干民兵和普通民兵。在组建基干民兵中，其中技术兵，涉及专业64项。1982年，分阶段进行战争动员扩编工作。完成步兵师、师部、直属分队、独立团编组任务。1986年，民兵整组，缩减步兵分队，扩大专业技术分队，专业技术人员占基干民兵26.8%。1995年，组建民兵高技术专业分队电子对抗营。是年，天马企业集团和驻区13家宾馆饭店，组建民兵分队。1997年，组建军事气象、卫星定位、信息情报、计算机指挥、民兵工程保障、隐蔽伪装等特种分队，专业门类发展到20个。

图16-7 2009年，医疗应急分队 （区武装部供稿）

1998年，进行区民兵组建调整改革试点，按照有利于领导，有利于开展活动，有利于执行任务的原则进行编组。基干民兵压缩到35%。

1999年，组建电子对抗、医疗求援、防化救援、自动化指挥、卫星定位、军事气象、水文监测、地震地爆监测8个分队。2010年，全区基干民兵和普通民兵万余人。

分类编组 2004年，规范民兵编组，全区民兵分为步兵分队、应急分队、专业技术分队和对口专业分队4类。组建16个民兵对空抗击分队，13个对空作战保障分队。步兵分队建立步兵营、步兵连、机炮连。应急分队组建应急营、重点应急营、应急连。专业技术分队组建防空团。对口专业分队组建运输、信息作战、通信支援、维修抢险、卫生勤务、油料物资等民兵专业分队。

图16-8 2006年4月，编组后民兵进行集合点验 （区武装部提供）

2009年，全区民兵分为应急队伍、作战队伍、勤务保障队伍和其他队伍4类。应急队伍由应急维稳分队和应急救援分队组成，其中应急救援分队又有燃气设施抢修、供水设施抢修和医疗应急分队。作战队伍由防空作战分队和信息作战分队组成，信息作战分队由网络战分队和心理战分队组成。其他为高炮营、对空侦察连、地面导弹连等。

三 民兵训练

训练组织 1980年，民兵训练由原民兵建制连、排组训，改为基层武装部组训。1985年，训练时间由2年1个周期改为年度训练，训练时间每年不超过20天。区人民武装部按照天津警备区下达的民兵军事训练计划，在训练基地组织轮训。

专职武装干部训练，由天津警备区和区人民武装部组织训练。新任职的专职武装干部由天津警备区训练，每年举办1期，每期15天，内容按训练大纲规定，1979—2010年，全区320余人次参训。

基干民兵连、排长训练，由区武装部和街道、企事业单位武装部组织分期、分批到民兵训练基地轮训。训练内容为配发武器、装备操作使用，步兵、炮兵、高射炮连、应急各分队攻防战斗、防空作战组织指挥。训练时间基干民兵连、排长80小时，专业技术民兵分队连、排长160小时。

训练活动 1980年，高炮、通信、防化、侦察等专业技术分队，进行兵器（装备）、班排连战术训练。2002年，组织1100余名民兵进行电子对抗、网络攻防、应急通讯、城市防空等训练，实弹打靶950余人次。2004—2006年，高炮营连续3年完成高炮分队综合演练，取得击落拖靶好成绩。2006年，组织10期民兵训练，完成15个专业793人训练任务，高炮实弹射击年度评比取得好成绩。2007年，高炮机枪、防化、四〇火箭筒、通信网络等民兵专业分队骨干，参加天津警备区训练，取得6个专业2项第一。2010年，民兵医疗救护分队进行编组训练，提高应急情况下医疗救护能力。

第二节 学生军训

一 军训内容

训练内容参照教育部、总参谋部、总政治部制定的学生军事训练教学大纲，以开设军事课形式进行。高等院校军事技能训练和军事理论课作为公共必修课纳入教学计划，按照国家规定的教学大纲实施。军事理论课以《普通高等学校军事课教学大纲》《军事理论》《新编大学生军事教程》为教材。高级中学军训内容为国防法规、人民军队性质宗旨和光荣传统，共同条令、轻武器射击、救护和单兵战术等。

二 军训活动

1984年，按照兵役法高级中学以上学生进行军事训练规定，天津财经学院定为天津市开展学生军训试点校。1986年，第四中学定位中学生军训试点校。至2001年，天津师范大学、天津轻工业学院（天津科技大学）、实验中学先后加入学生军训试点院校行列。至2010年，区内高级中学、大专院校学生军训工作全面展开。高级中学训练时间72学时，高等院校训练120~130学时。利用驻区部队采取军校共训方式。在武清区建立占地8.6万平方米，建筑面积1.3万平方米学生军训基地，可供1000名学生同时展开军事技能训练。1983—2005年，有14万名高中学生参加军训，参训率连续保持100%。

图16-9 2003年，科技大学军体拳科目训练（区武装部提供）

1996年，在天津学生军训试点会上，河西区参训队取得射击比赛第一名。天津财经学院被评为天津市学生军训先进单位。2001年，组成百人受阅方队，参加全国学生军训成果汇报会，受到中央军委领导检阅。天津市第二届学生军训定向越野赛，获中学组团体第三名。2010年，天津科技大学在全国网络攻防演练中获第一名。

2001—2010年河西区高级中学军训课目学时表

表16-2

课程	科目	学时	百分比(%)	考分
—	中国人民解放军性质任务	2	2.8	—
必修课	队列、纪律条令	10	13.8	25
	城市防空知识	6	8.3	—
	轻武器射击	32	44.4	40
	手榴弹投掷	4	5.6	10
	爆破知识	4	5.6	10
	单兵作战动作	12	16.7	15
	战地救护	2	2.8	—

第四章　国防教育

80—90年代，国防教育以民兵青年之家为教育阵地，发挥区教育资源优势，把国防教育纳入全民教育体系，提高公民国防观念，激发爱国热情，履行国防义务。2002年，建立国防教育基地，开展"军事日"、国防教育大讲堂活动，全区形成社会、学校、家庭三位一体国防教育网络。2009—2010年，天津科技大学被评为全国国防教育先进校。

第一节　教育组织

一　组织领导

1979—1990年，国防教育由区武装部和区委宣传部负责。1992年，成立国防教育领导小组。1993年，改称国防教育委员会，主任由区委副书记、区长担任，副主任由区委副书记、常务副区长、区武装部政委、部长担任。成员由区委组织部、宣传部、公安分局、区政府所属单位组成。国防教育委员会下设办公室，各基层单位建立国防教育领导小组，负责国防教育日常工作。

二　组织活动

自1994年，国防教育委员会每半年召开一次会议研究落实工作。需国防教育委员会解决的问题，召开现场办公会，区领导出席，有关责任部门到场，做好协调落实工作。每年组织区领导干部到驻区部队"过军事日"，参观军营、军史、观看战士演练、打靶等活动。2000—2010年，区委、区人大、区政府、区政协领导每年参加国防大学，军队首长为机关干部举办的国家安全形势、国防教育讲座。

第二节　教育宣传

一　国防教育基地

2002年，利用地下人防设施建设国防教育基地，基地面积1000多平方米，分为三部分：图片部分，介绍中国百余年国防兴衰史、国际形势、区民兵、人防建设和双拥工作；模型部分，展示陆海空三军、武警、民兵武器装备和军服演变；军事演练部分，设置模拟训练、超级射手、城市巷战、飞机格斗、坦克大战、工兵探雷、军事天地、国防在线、立体影院等军事科目。该基地被命名为市级国防教育基地。

二　国防教育活动

80年代，区武装部按照专业对口、单位就近、便于活动、讲究实效原则，全区129个单位划片，建立9个国防教育宣传站。1989年，各基层单位开展国防教育宣传周活动。通过举办报告会、图片展览、组织观看军事题材影视片、文艺演出等多种形式开展国防教育。1997年，迎接香港回归和纪念建军70周年，举办国防知识竞赛。

2000年，在国防教育基地开展国防教育进万家、军事夏令营、军营一日、人防知识问答等活动。2001年，开展国防教育法宣传周活动。宣传贯彻国防法、国防教育法，设立咨询站、组织军事形势报告会和文体活动，拓宽教育辐射面，增强全民国防意识。2004年，组织领导干部军营一日活动，到军营参观、参加军事训练，体验一天士兵生活。2005年，国防教育进机关、学校、企业、社区。2007年，开展国防教育进家庭系列活动，2万余个家庭参与国防知识竞赛，举办国防形势报告会30多场，国防教育征文200多篇，评选出32个好家庭。2009、2010年，利用市民学校、社区教育活动平台，扩大国防教育覆盖面，开展第9个全民国防教育日、第20个国防教育周活动。在全国国防教育网络竞赛中，天津科技大学获高校组第一名。开展中小学军营一日活动，组织学生参观部队训练，观看枪械拆装组合、擒拿格斗等表演。举办国防知识展览和国防教育讲座，增强全民国防意识。天津科技大学被评为全国国防教育先进校。

第五章　人民防空

自1979年，区人民防空（简称人防）机构经过多次调整，形成军政双重领导体制，履行人防领导机构职能。人防指挥建设、工程建设、通信警报建设、教育训练、平战结合、专业队整组训练等方面得到发展提高。2000年，区人防国有资产普查工作经验在全市推广，滨湖中学、河西中学和一一三中学获市级人防教育示范校。新城大厦裙房人防工程建成，实现地上地下一体建设开发利用新模式。2002—2003年，在北师大天津附中、南楼中学地下人防工程建立国防教育基地，被定为市级国防教育基地。2006—2010年，河西区获天津市人民防空先进单位称号。

第一节　指挥组织

一　指挥机构

1980年，河西区战备办公室改为区政府人民防空办公室。1982年，建立区人民防空委员会。1985年，组建人民防空办公室通信站。1996年，成立国防动员委员会，区人民防空委员会撤销。2001年，加挂区政府民防办公室牌子，实现战时防空、平时防灾，人防、民防一体化。

图16-10　2001年，区人防办加挂民防办牌子　（区人防办提供）

二　防空预案

1983年，制定《河西区防空袭预案》《河西区临战人口疏散计划》《河西区防核化事故救援方案》。1984年，与对口疏散地域建立对口疏散联系，落实人口疏散计划，每年修订完善预案。1997年，对《人口疏散计划》

《留城人员紧急隐蔽计划》《通信警报保障计划》等人防规划进行修订。2004年，参加天津市“金盾—04”人民防空研究性演习，完善应急方案编程、专业地图和相关数据录用，掌握现代战争条件下，人防职能、作用以及处置突发事件应对措施，获天津市人防演习先进集体。2005年，对重点防空袭目标进行调查摸底，建立重点目标数据库，绘出《区防空袭部署图》和《保障图》。2006年，参加“攻坚—2006”首都联合防空作战演习，完善人防应急准备基础资料，修订城市防空袭总体预案。2008年，开展疏散基地实地调研工作，修订疏散方案和保障计划，落实区属各重点经济目标防护方案。2009年，对区域内重点经济目标、人员密集场所开展调研，对人口疏散地域水源、电力、通信、交通、医疗等保障情况实地调查。2010年，修订区重要经济目标防护和人口疏散方案。

三　专业队伍

1983年，在城建、卫生、公安等部门组建医疗救护、防空、消防、治安、抢修、通信专业队伍。1986年，区属人防专业队改建为防化、医疗救护、抢修、通信、运输、消防、治安专业队伍。1996年，人防专业队伍进行整组。1998年，结合民兵整组卫生局组建医疗救护队，房管局组建水电抢险连，市政工程局组建道路抢修连，修建工程公司组建桥梁抢修连，环卫局组建防化消洗连，天津华士化工公司组建防化侦检连，棉纺六厂组建消防连，人防办通信站组建通信班，每年对各专业队进行整编调整和训练演练。2009年，调整专业队伍组织布局，拓展组建范围，对战时专业队扩编实力及装备器材进行调查统计。2010年，制定人防专业队整组配装点验方案，人防专业队进行整组，配发专业服装、应急装备器材。

图16-11　2010年，人防专业队授旗点验仪式活动现场　（区人防办提供）

第二节　人防建设

一　人防工程

1980年，全区划分为灰堆、尖山、马场、人民公园4个片，制定人防工程建设规划。1985年，人防工程建设与城市建设相结合，建平时战时两用骨干工程。1987年，构筑500余平方米地下防空室和商场地下营业厅平战结合工程。1994年，早期人防工事维护管理达标。1999年，投资900万元建设新城大厦地下一层、地上两层裙房人防工程，成为市人防办推广典型。2000年，人防国有资产清查登记工作，被市人防办和市国资局列为试点区。2002—2004年，对2处人防工程进行整修改造，建成国防教育基地。2005—2008年，对已建人防工程进行清查登记、制图实现计算机管理。2009年，开展人防工程现状分析核查。2010年，民用建筑修建防空地下室。

二　人防通信

有线通信　1976年，建立市、区、街三级人防专线电话。1980年，建立首脑机关和各街人防专线电话，形成上对市、下对街的人防通信网。1985年，安装电话会议机，为人防战备服务。

无线通信　1976年，增加无线通信，配发新型短波接收机。1985年，将电台更新为短波单边带电台。1987年，配置车载电话。1992年，配置800兆移动电话，加强区级无线指挥通信能力。2009年，安装新型短波电台。

微机通信　1986年，实现河西区与天津市人防系统微机联网。2000—2010年，区人防实现指挥自动化、办公自动化联网，开通人防网站。

三　防空警报

1997年，对全区警报器进行检查登记造册，落实设点单位负责人、维修计划。1999年，更换新型电声警报器，绘制《河西区警报器分布图》，对防空警报器安装单位进行检查，《天津市人民防空警报器设施维护管理有关规定》发放到每个警报器点。2000年，绘制《河西区人防警报器分布及规划图》，制定2001—2005年，防空警报建设发展规划。2001年，与警报器设点单位签订《警报器管理协议书》，建立定期巡查制度，修改《河西区警报器建设规划》。2002年，制定警报试鸣计划和鸣放方案，成立区演习指挥部，首次鸣响成功。

2003年，参加全市首次夜间警报试鸣，区人防警报器全部鸣响。2004—2010年，警报器全部达到统控，音响覆盖率由50%提高到95%，建立两级警报器管理网，提高社会化管理水平。

第三节　防空教育

一　教育网络

自2001年，建立三级“三防”（防核武器、防化学武器、防生物武器）教育网络。人防办、教育局组成防空防灾知识教育领导小组，负责全区人防教育领导工作。人防办、教育局主管科室及教研组，负责教育工作。全区各中学分成6大片，由任课教师组成各片人防教研组，定期开展人防教研与交流。

二　教育活动

1979年，宣传《人民防空条例》，“三防”教育纳入中学教学内容。1986—1995年，33所中学59776人接受系统教育。举办“三防”夏令营、“三防”运动会、“三防”智力竞赛。1992年，滨湖中学、人民公园中学被市人防办和市教育局评为“三防”教育先进校，4名教师获先进称号。

1996年，利用区有线电视台、《河西报》宣传人防法，举行防空宣传活动。召开区“三防”教育工作座谈会，滨湖中学、河西中学和一一三中学等学校，获市级“三防”教育示范校。1997—2003年，向全区33所中学下发《关于继续在中学开展“三防”知识教育的通知》。派出一〇五中学、河西中学、九十七中学“三防”教师，参加市人防办举办的“三防”知识教育师资培训班。在北师大天津附中、南楼中学地下人防工程，建立国防教育基地，先后组织近千名学生参观，并开展应急疏散演练活动。2006—2010年，人防教育纳入党校领导干部培训计划，成立人防教育教研组，制定教育教学计划。2010年，在东湖小学和四十二中学举办校园防空防灾应急避险疏散演练。举办中学人防教育师资培训班，提高人防教学质量，人防知识开课率100%。举办领导干部人防法律法规讲座，增强各级领导人防法制观念。

图16-12　2006年9月，中小学生上街宣传人防知识　（区人防办提供）

第十七编
教　育

1979—2010年，河西区以建设高水平教育强区为目标，深化教育体制改革，建立健全教育机构，加强学前教育、普通教育、职业技术教育、特殊教育、社区教育、成人教育，抓好教育管理，搞好教师队伍建设，建立协调发展的现代教育体系。1979年，全区有中学33所，小学46所，幼儿园16所。经过31年的发展，教育布局不断调整，教育结构得到优化，教育综合实力明显增强，在教育均衡、素质教育、教学质量、内涵发展、队伍建设等方面逐年提高。至2010年底，国办中学18所、小学29所、幼儿园22所，职业中等专业学校2所，特殊教育学校1所，成人教育院校2所，民办中小学、幼儿园15所。在校学生70446名，2025个教学班，教职工7325名，专任教师5494名。

1988年—2000年，河西区先后获得5次全国儿童少年工作先进区称号。1996年，被评为全国“三优”工程试点先进区、教育工作实验区和家庭教育先进区。2000年，被评为全国德育教育先进实验区。2002年，被评为全国特教先进区和学前教育工作先进区。2003年，被评为全国幼儿教育先进区。2005年，被评为全国青少年心理健康教育示范基地。2008年，被教育部确定为全国首批社区教育示范区。2009年，被评为全国推进义务教育均衡发展工作先进区和全国未成年人思想道德建设先进区。1998—2010年，连续12年获全国和谐德育先进实验区。

在中国第一所大学——北洋大学堂旧址上1895年创建并几经易名的百年老校海河中学

（区教育局提供）

第一章　教育改革

1980年，上海道小学拉开教育改革的序幕。1984年，土城小学、十三中学实行以校长负责制为核心的学校内部管理体制改革试点。1986年，进行德育改革。自90年代，进行管理体制、办学体制、教育教学、人事制度等改革。1996年，纯真里小学首先启动办学体制改革。2001年，实行人事制度的改革。2007年，进行区域管理体制改革。改革为教育事业的发展注入生机活力。

第一节　体制改革

一　管理体制改革

1988年，管理体制改革试点校扩大到12所；1991年，扩展到31所。1993年，制定《河西区教育系统关于全面实行校长负责制工作方案》。至1994年，全区中小学、幼儿园全面实行校长（园长）负责制。1995年，对校长负责制任期已满的学校进行审定评估，由区教育局决定重新聘任校长、签订任期责任书。1998年，实行校长三年任期目标责任制，深化行政副职和中层干部的聘任制，试行校长职级津贴制。2003年，在干部选拔任用上，对新提任的校长实行试用期一年制。自2009年，形成党支部保证监督、校长负责、教代会民主管理“三位一体”的领导体制，学校成为相对独立、充满活力的办学实体。

二　办学体制改革

1997年，河西区有6所中学为办学体制改革实验校，即：津海中学（海河中学）、精治中学（四十一中）、自立中学（四中）、华宁中学（新华中学）、津沽中学（实验中学）、培杰中学（四十二中）。1998年，民办公助校发展到21所。体院北中学（滨湖中学）、育仁中学（河西中学）、佟新中学（佟楼中学）和昭明中学（南楼中学）4所完中校完成初高中剥离。是年，市华夏未来文化艺术基金会与区教育委员会组建具有艺术特色的寄宿制普通小学——华夏未来艺术小学。1999年，现代中学与华冠学校联合组建“现代华冠中学”，属于民办公助性质的完中校。21世纪，探索以政府办学为主、社会各界广泛参与、多种办学形式共同发展的多元化格局。调整、规范民办公助校，扶持社会力量办学，创办1所民办公助高中校——卓群高级中学。2000年始，探索委托办学形式，委托广达工贸公司承办南湖小学；同望小学委托校长办学，转制为国有民办校。2001年，十三中和统计职专校舍合并，与四十二中组成办学集团，引入北京师范大学的品牌，建成国家级示范性高中——北师大天津附中。2003年，加强示范高中校建设，四十二中与北师大天津附中各自独立。2006年，公办民助、民办公助类型逐步退出民办教育市场。2008年，中学完成改制校的整顿与清理工作，将自立中学、培杰中学转制为民办学校。2010年底，民办小学3所，在校生2863人；民办初中校3所，在校生2394人；民办职业高中3所，在校生2103人。

图17-1　2007年5月，中央采访团到中心小学考察义务教育均衡发展情况

（区教育局提供）

三　区域管理体制改革

2007年始，探索新型的区域管理体制，在

小学学段建立"教育发展联合学区"，组建教育发展团组，建立硬件、软件、人力三大资源的共享机制。将29所公办小学，划分5个联合学区，形成5大教育发展团组，学区内各校携手并进，共同发展。2007年，区教育局举办"建设教育发展联合学区，促进义务教育均衡发展"论坛。是年4月，市教委在河西区召开"教育均衡发展"专题研讨会。8月，尝试在联合学区发展中心校设立"联合学区办公室"，明确工作职能和标准，学区内制定《联合学区合作协定》。

2007年河西区小学联合学区一览表

表17-1

学区	发展中心校	成员校
第一联合学区	上海道小学	天津师范大学附属小学、马场道小学、恩德里小学、四号路小学、平山道小学
第二联合学区	闽侯路小学	台湾路小学、东楼小学、湘江道小学
第三联合学区	天津师范大学第二附属小学	尖山小学、澧水道小学、土城小学、卫东路小学、友谊路小学
第四联合学区	中心小学	滨湖小学、中山小学、南湖小学、东湖小学、兴国学校
第五联合学区	三水道小学	华江里小学、灰堆一小、珠江道小学、新会道小学、陵水道小学、东海里小学

第二节　教育教学改革

一　德育改革

1986年，从政治课改革入手，逐步形成德育改革的总体设计。中学政治课以一年级为试点，结合新编教材，教法改革上注重理论的学习、能力的培养、行为习惯的养成。把知识考查和行为评定结合起来。政治课的成绩，由卷面成绩和行为评定两部分构成，比例各占50%。小学以5所学校为试点，对教材进行选编，突出明理、激情、导行和实践的关系，思想品德课教学发生整体性变革。1986—1987年，编写《中学德育大纲》和《小学德育大纲》，全面确立德育内容和途径。1987年，开始实施德育大纲。1987—1993年，在平山道小学、二师附小、上海道小学等11所小学和实验中学、第四中学，进行6年的实验。修订、完善德育大纲内容，推广到各校实施。1988年，完成《家庭教育大纲》《青春期教育纲要》《班主任工作考核办法》《中学生思想品德考核办法》等13项实施大纲的配套材料，在中小学试行。1998年，河西区被确定为全国区域推进心理健康教育实验区，《河西区区域推进心理健康教育工作规划》出台。2004年，创办"河西学子节"，每年一届，分别以"诚信、礼貌、劳动、感恩、责任、爱国、理想、行动"为主题开展活动。2007年，开展"国学"进校园活动，学校覆盖率、学生参与率均100%。天津市明德国学馆在培杰中学成立。2009年始，每年举办"传统文化教育月"，开展诵读大赛、师生国学论坛、美德少年评选等系列活动，深化素质教育。

二　教学改革

1980年，上海道小学在一年级一个班进行改革实验；1981年，在第二个班进行实验；1984年，在全校推广，提出综合性整体改革实验方案。1984—1988年，开展群众性教学改革实验，实验项目达79个。海河中学将初中数学、语文的教材教法改革实验扩展到高中阶段的数学、语文、物理、化学、外语5科改革实验，并列为区科研课题。通过改革实验，学生在身心素质、学习能力、个性特长诸方面得到提升。1995年，闽侯路小学作为全国学习科学实验校，进行"自主学习分项落实"为目标的考试方法改革，建立素质教育评价考核机制。2002年，全区小学进行课程改革。2004年始，连年举办教学节，开展专家讲座、论坛、课例研讨、教学反思、新课程教学观摩周、优秀课评比等活动。2005年，在改革课堂教学评价的同时，进行学生综合素质评价的改革。2005—2006年，初中、高中先后启动课程改革，制定《河西区初中新课程改革实施方案》。2008年，制定《河西区初中学生综合素质评价实施细则》。2009年，区承办天津市初中课改总结“校本教研”论坛，海河中学、四十二中学、环湖中学介绍校本教研经验。

第三节 人事制度改革

一 聘任制

2001—2010年，坚持分步实施，分类指导的原则，实行教职工聘任制，教职工实行竞争上岗，签订聘用合同，落实定编、定岗、定责。

二 奖励制

2001年始，对贡献突出者实行奖励制度。制定评选方案，发布评选通知，由基层单位推荐申报，进行全面审查、评选，报批后公示评选结果，实施奖励表彰。逐步实现以岗位管理取代身份管理，建立健全符合事业单位特点的人事管理和监督制度。

三 绩效工资制

2009年，区教育局、人事局、财政局联合制定《河西区义务教育学校绩效工资中奖励性绩效工资分配办法指导意见》。奖励性绩效工资由班主任津贴、年级组长津贴、教研组长津贴、备课组长津贴、超课时津贴、目标考核奖和教育教学成果奖7个项目组成。各类津贴由各单位制定相应的标准，根据实际工作情况，按月发放。目标考核奖，分为基础考核奖和岗位责任奖两部分。教育教学成果奖，各单位在确定获奖级别的基础上，制定详细的分配办法，按学期或学年发放。义务教育学段推行绩效工资制度。

第二章 学前教育

1979—2010年，河西区幼儿园贯彻落实《幼儿园教育纲要》《幼儿园工作规程》，在园所设置、幼儿保育和教育等方面建立新机制，坚持保育和教育相结合，注重养成教育，对幼儿进行体、智、德、美全面发展的培养。学前教育形成“设园布局合理、资源配置优化、办园形式灵活”的学前教育格局，促进幼儿身心和谐发展。

第一节 园所设置

一 园所发展

1979年，国办园有16所、96个班、幼儿2073名。1988年，有各类幼儿园317所，其中国办园30所、街办园83所、企事业办园50所、个体联办154所。1989年，成立河西幼儿教育中心。1995年，区内有国办园34所、194个班、幼儿6147名；企事业办园40所、188个班、幼儿5114名；民办园34所、68个班、幼儿1282名。1996—2010年，学前教育快速发展，全区各街均有2~3所各类幼儿园，保障幼儿就近入园。全区成立4个联园互动片，每片有1~2所市级示范园，带动区域学前教育整体水平提升。实施名园带新园，一幼、八幼、二十二幼、二十四幼、二十六幼相继开办分园，大比例压缩公办园小小班，最大限度满足3~6岁幼儿入园需求。二十二幼、二十四幼专门招收外来务工人员和低收入家庭子女。全区32个早教资源中心和2个特殊教育早教机构形成网络。至2010年，有国办幼儿园22所、256个班、幼儿8175名；民办（街办）园6所、71个班、幼儿1781名；社会人士办园13所、137个班、幼儿3835名。

1995—2010年河西区国办幼儿园发展情况表

表17-2

年份	国办园			
	园数（个）	班数（个）	幼儿数（人）	教职员工（人）
1995	34	194	6147	1090
1996	30	184	6025	1052
1997	28	177	6008	917
1998	27	165	5657	908
1999	26	159	5532	862
2000	26	161	5505	817
2001	28	246	7753	1277
2002	24	241	7704	1194
2003	24	246	7769	1234
2004	22	229	6929	1193
2005	23	244	7271	1228
2006	23	199	5714	1195
2007	23	210	6115	1180
2008	23	215	6242	1197
2009	23	249	7599	1247
2010	22	256	8175	1223

2001—2010年河西区民办（街办）、社会人士办幼儿园发展情况表

表17-3

年份	民办（街办）园				社会人士办园			
	园数（个）	班数（个）	幼儿数（人）	教职员工（人）	园数（个）	班数（个）	幼儿数（人）	教职员工（人）
2001	11	92	2854	609	14	97	2959	627
2002	8	30	827	184	20	134	3823	787
2003	11	97	2867	533	19	134	3851	786
2004	11	95	2866	533	19	141	4176	807
2005	13	31	812	482	18	128	1075	831
2006	8	37	962	392	17	137	3513	816
2007	9	38	1046	469	14	124	3671	819
2008	10	38	1070	473	15	120	3748	829
2009	6	60	1494	419	12	125	3339	790
2010	6	71	1781	462	13	137	3835	882

二　园所名称

1996年，区幼儿园所多为公办，名称以数字排列。至2010年，兴建园所的称谓，多以名称冠名。

1996—2010年部分年份河西区幼儿园情况表

表17-4

年份	园数	幼儿园名称
1996	30	一幼、二幼、三幼、四幼、五幼、六幼、七幼、八幼、九幼、十幼、十一幼、十二幼、十四幼、十五幼、十六幼、十七幼、十八幼、二十幼、二十一幼、二十二幼、二十三幼、二十四幼、二十五幼、二十六幼、二十七幼、二十八幼、二十九幼、三十幼、三十三幼、三十四幼
2002	44	一幼、二幼、四幼、五幼、六幼、七幼、八幼、十幼、十一幼、十四幼、十五幼、十六幼、十七幼、十八幼、二十幼、二十一幼、二十二幼、二十四幼、二十五幼、二十六幼、二十七幼、二十八幼、二十九幼、三十三幼、市直机关第一幼儿园、市直机关第二幼儿园、师大幼儿园、青少年活动中心艺术幼儿园、河西区少年宫艺术幼儿园、河西保育院、空军天津蓝天幼儿园、警备区第一幼儿园、美育托儿所、兰园保育院、六一保育院、幼光幼儿园、河西区北洋爱心幼儿园、河西区精英海外爱育院、蒙特得幼儿教育中心、河西区离退休教育工作协会幼儿园、河西区妇联家庭托儿所、太阳雨爱婴学校、外贸幼儿园、华夏艺术幼儿园
2006	40	一幼、二幼、四幼、五幼、六幼、七幼、八幼、十幼、十一幼、十四幼、十六幼、十七幼、十八幼、二十一幼、二十二幼、二十四幼、二十五幼、二十六幼、二十七幼、二十八幼、二十九幼、三十三幼、市直机关第一幼儿园、青少年活动中心艺术幼儿园、师范大学幼儿园、河西区少年宫艺术幼儿园、中水北方实业总公司幼儿园、基督教女青年会幼光幼儿园、河西保育院、兰园保育院、六一保育院、梅江幼儿园、蒙特得幼儿教育中心、美育托儿所、瑞江幼儿园、蓝天幼儿园、警备区第一幼儿园、华夏未来艺术幼儿园、河西区妇联家庭托儿所、湘江道小学乒乓球训练俱乐部
2010	36	一幼、二幼、四幼、五幼、六幼、七幼、八幼、十幼、十一幼、十四幼、十六幼、十七幼、十八幼、二十一幼、二十二幼、二十四幼、二十五幼、二十六幼、二十七幼、二十八幼、二十九幼、三十三幼、市直机关幼儿园、华夏未来双语幼儿园、瑞江幼儿园、河西区少年宫艺术幼儿园、蒙特利东江幼儿园、基督教女青年会幼光幼儿园、河西保育院、兰园保育院、六一保育院、梅江幼儿园、警备区第一幼儿园、蓝天幼儿园、启明幼儿园、河西区天池艺体幼儿园

第二节 幼儿保育

一 卫生保健

自1979年，各类幼儿园建立幼儿一日生活制度，完善健康检查、预防疾病、幼儿安全、卫生保健登记统计制度，提高幼儿自理自护能力。2009年，开展六龄齿窝沟封闭预防龋齿、儿童肥胖筛查与干预、儿童高血压筛查与干预、儿童心理行为健康教育、儿童视力保护等工作，早期发现高危儿童和异常儿童。2010年，建立幼儿健康档案，定期录入查体、身高体重测量数值。

二 体育活动

自80年代，坚持晨间、早饭后、午睡起床后开展户外活动。实行定场地、定内容、定时间的户外活动制度，以游戏为基本形式，适当安排运动密度和运动量，实行幼儿体育活动制度化、游戏化、多样化、幼儿化。自1989年，推广二十六幼打破班级界限开展区域性体育活动的做法。

图17-2 2007年4月，第二十六幼儿园组织孩子进行室外体育活动 （区教育局提供）

三 膳食营养

自80年代，制定和完善饮食管理制度，保证幼儿所需营养。幼儿一日主要进食量标准按不同年龄段安排：1~3岁，粮100~156克、菜150~200克、肉蛋100克；3~6岁，粮180~260克、菜200~250克、肉30~40克，蛋60克、奶300~500毫升。每周15餐不重样。每季度进行膳食调查和营养评估，蛋白质、热量、优质蛋白等指标均达到国家规定的标准。

第三节　幼儿教育

一　思想品德教育

自90年代，贯彻《天津市幼儿园品德教育大纲》，将品德教育及养成教育融入幼儿一日生活，融入体育、语言、社会、科学和艺术5大领域的教育，编排幼儿礼仪操，5所幼儿园成为品德教育特色园。2010年，22所幼儿园中的1900余名幼儿心理健康、品德养成教育考评优良率达100%。

图17-3　2008年3月，幼儿教师在给孩子们上课（区教育局提供）

二　知识能力教育

自1979年，以直观教具和游戏为基本教学形式，幼儿手脑并用，开发智力，培养能力。1996年始，实施《幼儿园工作规程》，促进幼儿富有个性的发展，各幼儿园加大教育环境创设力度，将科学领域的教育内容融入益智区或科学区，将语言领域的教育内容融入阅读区，将艺术领域的教育内容融入美工区或音乐区，活动区环境的创设与教育目标相结合。2001年，实施《幼儿园教育指导纲要》，突出以游戏为基本活动的教学形式，组织幼儿开展游戏化的教学情境、提供便于操作的活动材料、设定教学提问。2010年，对22所国办幼儿园进行教学活动考评，优良课率达到100%，幼儿发展指标均达A级水平。

三　美育教育

自1995年，美育教育内容逐渐完善，将美和教育主题紧密结合，创建自然美和环境美的幼儿园，体现环保性及师幼思维的灵动性。节日庆祝活动中，编排节目让所有的孩子都有上台表演展示的机会。

第四节　园所选介

一　河西区第一幼儿园

始建于1948年，坐落于宁波道2号。建筑面积4670平方米。1949年3月8日，由市军事管制委员会和市人民政府正式接管，成立天津市第一所国办保育院，命名为天津市保育院。几经沿革，于1956年划归区教育局，更名为河西区第一幼儿园。该园以“一切为了孩子”为办园宗旨，严格幼儿生活常规培养，提高幼儿健康水平，重视德育教育，开展形式多样的主题综合教育活动。1979年，被评为市级幼教先进单位。1983年，被命名为市示范性幼儿园。2009年，开办梅江南第六田园分园，占地面积2800平方米，建筑面积2000平方米。先后接待国内各省市和港、澳、台地区及日本、澳大利亚、英国、法国、美国、新加坡等十几个国家的幼教专家及同行。2所幼儿园招收2~6岁幼儿700余名，25个教学班。每班均有一套设施齐全的独立用房，户外设有玩沙、玩水、种植及多功能运动器械，室内设有电脑、音乐、陶艺、乒乓球等专用活动室。拥有多媒体、视频转播、监控系统、特色网站等信息化设施设备。全园教职工81人，教师100%达大专以上学历，拥有一批市区级优秀教师、学科带头人、师德楷模、教坛新秀。1990年，被确定为贯彻全国《幼儿园工作规程》10所试点园之一。1994年，幼儿园被编入《中国教育大词典》。1995—1999年，两次举办贯彻《幼儿园工作规程》五年和十年改革成果汇报会，教育改革的经验在全国和天津市有关会议上介绍。先后出版《幼儿园教育课程》《教育活动资料库》《幼儿园管理集成》《幼儿园课程实施指导手册》等教育专著。全国人大常委会副委员长、全国妇联主席彭珮云和原国家教委副主任柳斌为一幼题词。2010年，加快“精字品牌”发展进程，推进历史名园整体建设。

图17-4　2005年，河西区第一幼儿园
（区教育局提供）

二　河西区第二幼儿园

1952年建立，坐落于河西区宁波道50号。园址是吉林督军孟恩远的私邸。1952年，取名“念慈楼”，其子女将其捐献给区政府兴办幼儿园。该园占地2593平方米，是天津市一级幼儿园。全园教职工50名，任课教师24人，教师中96%大专毕业，接收幼儿380余名。设有12个教学班，设有钢琴、音响、空调、电脑、闭路电视系统、多媒体数字监控系统、内部程控对讲系统等。与活动室相配套的有智能书屋、艺术创造室、科学探究室、语言智能室、音体室、幼儿计算机房、巧手工作坊、娃娃超市、潜能开发室等。室外建有风雨操场和活动器械。该园以“教育入微、服务入实”为办园理念，以“成就孩子、成就家长、成就教师”为办园宗旨，以“以爱为魂、以实为本”为园训，以艺术教育为特色，开设健康、语言、艺术、科学、社会等领域的基本课程和双语、分享阅读等特色课程。是一所办学水平和教育质量较高的现代化幼儿园。北京奥运会女子柔道冠军和三次世锦赛冠军佟文，1986—1989年在该园就读。

图17-5　2009年，河西区第二幼儿园
（张学锋摄）

第三章　中小学教育

1979—2010年，河西区中小学教育迅速发展，布局调整变化较大，经过调整，学校布局更趋合理。1993年，贯彻《中国教育改革和发展纲要》，基础教育由应试教育转向素质教育，整合教育资源，合理安排学制及课程，改革教育教学，提高教育质量。学生的思想道德、文化科学、劳动技能和身体心理素质全面提高，获诸多国家和天津市先进称号。1994—1998年，区中学生在全市中学生劳动技术课技能竞赛中获五连冠。2002年，全国初中数学竞赛中有25名学生获一等奖，占全市获奖人数的51%。

第一节　小学

一　基本情况

1979年，河西区有小学46所。随着教育事业的发展，小学大量增加，1995年，有小学77所，其中国办65所、私立4所、公办民助7所、企业办1所，教学班1270个、在校生58978名、教职员工4028人。2007年，全区有小学43所，其中国办30所、民办校3所、公办民助小学10所，教学班854个、在校生29406名、教职员工2412人。2007年，公办民助小学停止招生。至2010年，有小学32所，其中国办校29所、民办校3所，公办民助小学10所，教学班835个、在校生29153名、教职工2381人。

1994—2010年河西区小学布局调整情况表

表17-5

学校	并入年份	并入学校	学校	并入年份	并入学校
刘庄小学	1998年	湘江道小学	谦德庄小学	2004年	东楼小学
金星里小学	1999年	师范大学第二附属小学	渤海小学	2004年	东海里小学
苏州道小学	2000年	三义庄小学	枫林路小学	2005年	珠江道小学
浦口道小学	2000年	三义庄小学	三义庄小学	2006年	闽侯路小学
灰堆第二小学	2001年	灰堆第一小学	南楼小学	2004年	师范大学第二附属小学
桃园村小学	2001年	马场道小学	广东路小学	1996年	谦德庄小学，后并入东楼小学
宾馆小学	2001年	中山小学	兴国学校小学部	2008年	中心小学
浯水道小学	2001年	华江里小学	贺家口小学	1998年	福建路小学
杭州道小学	2001年	闽侯路小学	西南楼小学	1996年	电子职专
三号路小学	2003年	四号路小学	小海地小学	2002年	新会道小学
陈塘庄小学	2003年	土城小学	利民道小学	1999年	南楼小学
挂甲寺小学	2003年	湘江道小学	佟楼小学	2002年	上海道小学
红光里小学	2003年	澧水道小学	东风里小学	1999年	平山道小学
上河圈小学	2003年	新会道小学	资水道小学	1995年	二师附小
竹林路小学	2003年	榆林路小学和华江里小学	三德里小学	1997年	桃园村小学和谦德庄小学
解放南路小学	2003年	湘江道小学	绍兴道小学	1994年	河西职工大学
人民公园小学	2004年	闽侯路小学	围堤道小学	1998年	中心小学
榆林路小学	2004年	三水道小学	郁江里小学	1997年	金星里小学
福建路小学	2004年	湘江道小学	春阳小学	1994年	土城小学
八里台小学	2002年更名为天津师范大学附属小学				

1996—2010年部分年份河西区小学情况表

表17-6

年份	校数（个）	学校名称
1996年	80	台湾路小学、杭州道小学、刘庄小学、福建路小学、贺家口小学、湘江道小学、上海道小学、三义庄小学、苏州道小学、浦口道小学、闽侯路小学、人民公园小学、绍兴道小学、马场道小学、桃园村小学、佟楼小学、平山道小学、东风里小学、八里台小学、中山小学、滨湖小学、东湖小学、兴国小学、谦德庄小学、三德里小学、广东路小学、丁家桥小学、四号路小学、恩德里小学、中心小学、资水道小学、三号路小学、围堤道小学、南楼小学、东楼小学、西南楼小学、十八街小学、利民道小学、解放南路小学、挂甲寺小学、春阳小学、友谊路小学、宾馆小学、二师附小、红光里小学、金星里小学、澧水道小学、尖山小学、土城小学、卫东路小学、陈塘庄小学、上河圈小学、小海地小学、灰堆第一小学、灰堆第二小学、渤海小学、陵水道小学、珠江道小学、竹林路小学、榆林路小学、新会道小学、枫林路小学、东海里小学、三水道小学、郁江里小学、南湖小学、华江里小学、广大小学、克瑞思小学、华萃美校、浯水道小学、敬华小学、誉台小学、开发小学、新海小学、忠遐小学、新世纪小学、金马小学、新平山小学、十八局子弟小学

续表

年份	校数（个）	学校名称
2002年	59	台湾路小学、福建路小学、湘江道小学、上海道小学、三义庄小学、闽侯路小学、人民公园小学、马场道小学、佟楼小学、平山道小学、师大一附中、中山小学、滨湖小学、东湖小学、兴国小学、谦德庄小学、四号路小学、恩德里小学、中心小学、三号路小学、南楼小学、东楼小学、解放南路小学、挂甲寺小学、师大二附小、红光里小学、澧水道小学、尖山小学、土城小学、卫东路小学、陈塘庄小学、上河圈小学、灰堆一小、渤海小学、陵水道小学、珠江道小学、竹林路小学、榆林路小学、新会道小学、枫林路小学、东海里小学、三水道小学、南湖小学、华江里小学、广大小学、克瑞斯小学、敬华小学、誉台小学、开发小学、新海小学、忠遐小学、新世纪小学、金马小学、新平山小学、十八局子弟小学、友谊小学、同望小学、华夏未来艺术小学、小红旗艺术小学
2006年	46	中心小学、湘江道小学、闽侯路小学、四号路小学、台湾路小学、平山道小学、南湖小学、滨湖小学、三义庄小学、兴国学校、友谊路小学、澧水道小学、卫东路小学、华江里小学、土城小学、上海道小学、马场道小学、师大附小、中山小学、东湖小学、恩德里小学、东楼小学、师大二附小、尖山小学、灰堆第一小学、陵水道小学、珠江道小学、新会道小学、三水道小学、东海里小学、开发小学、金马小学、誉台小学、新平山小学、广大小学、十八局子弟小学、友谊小学、同望小学、华夏未来艺术小学、忠遐小学、新海小学、新世纪小学、小红旗艺术小学、珠江寄宿小学、天水寄宿小学、天津小学
2010年	42	中山小学、滨湖小学、东湖小学、师范大学附属小学、四号路小学、东楼小学、恩德里小学、湘江道小学、卫东路小学、澧水道小学、土城小学、尖山小学、灰堆第一小学、陵水道小学、新会道小学、东海里小学、华江里小学、平山道小学、南湖小学、中心小学、闽侯路小学、台湾路小学、友谊路小学、上海道小学、马场道小学、师范大学第二附属小学、珠江道小学、三水道小学、新平山小学、水晶小学、忠遐小学、开发小学、誉台小学、友谊小学、新海小学、金马小学、新世纪小学、珠江寄宿小学、天水寄宿小学、同望小学、华夏未来艺术小学、天津小学

2010年河西区国办小学情况表

表17-7

校名	班数（个）	学生数（人）	教职工数（人）	其中教师（人）	占地面积（平方米）	建筑面积（平方米）
上海道小学	49	1968	179	169	20222	14704
马场道小学	17	491	93	84	5994	4085
恩德里小学	12	343	40	31	4800	3465
四号路小学	14	313	46	29	2530	3370
平山道小学	25	918	83	72	7870	7120
天津师范大学附属小学	24	828	71	67	6032	5400
闽侯路小学	59	2576	179	155	10227	9200
台湾路小学	15	551	52	44	3933	3450
东楼小学	13	322	39	24	4570	3666
湘江道小学	22	721	79	56	8978	7270
天津师范大学第二附属小学	77	3084	211	185	32393	19815
尖山小学	15	469	39	32	4132	2947
澧水道小学	14	406	50	31	6312	2710
土城小学	18	443	69	53	15905	6128
卫东路小学	25	761	74	73	6876	4868
友谊路小学	13	406	45	31	5600	4080
中心小学	65	2484	233	181	29189	15515
滨湖小学	20	582	66	54	12133	4027
中山小学	24	690	80	71	13176	6393
南湖小学	12	338	39	37	7110	4698
水晶小学	14	481	33	28	13320	6600
三水道小学	36	1273	142	120	20259	8613
华江里小学	23	831	62	49	5744	3371
珠江道小学	21	736	65	57	6133	3628
新会道小学	16	513	52	43	7326	3080
陵水道小学	25	845	65	54	5739	5620
东海里小学	19	577	55	42	7200	3780
灰堆第一小学	21	663	49	37	3637	3262

二　学校选介

台湾路小学　建于1909年，前身是“天津德国侨民学校”，坐落于台湾路1号，建筑面积3500平方米。是1949年天津解放后市人民政府接收的三所公办学校之一。1956年，改名为台湾路小学。1993年，建成具有德国建筑风格的新校舍。学校有教师51人，其中市级学科带头人2人、区级学科带头人8人。有18个教学班，学生631人。学校以“开发潜能、发展个性”为育人理念，以“严、实、和、新”为校风，以“诚、勤”为校训，全面推进素质教育。1995—2010年，先后被评为全国中小学创造教育先进集体、天津市首批义务教育示范校和教学改革先进单位。

图17-6　2007年，台湾路小学
（区教育局提供）

上海道小学　1979年，上海道小学迁至广东路校舍。2000年，佟楼小学并入，在原佟楼小学校址建上海道小学新校舍，2001年建成。学校有72个教学班，在校学生3000余人，教职工183人，其中骨干教师90余人。1979年始，学校实施整体综合改革。90年代，创建主题综合活动课实验，推行素质教育。进入21世纪，学校建成师生畅享成长的发展乐园。学校先后被评为全国德育实验名校、全国艺术教育、全国青少年科技活动等先进单位，获全国中小学教学改革金钥匙等奖项。先后培养出全国十佳少年、津门童星、市十佳少先队员30余人。在全国科技创新大赛、全国文艺汇演、全国机器人等比赛中均取得团体第一名。

图17-7　2010年，上海道小学
（区教育局提供）

第二节　中学

一　基本情况

1979年，全区有中学33所。自80年代，区内中学布局调整。其中六十八中学、利民道中学改为职业学校和职业中专；土城中学、湘江道中学分别并入九十七中学和解放南路中学；人民公园中学与大沽路中学合并建成河西中学；二十二中学、下瓦房中学、河西体校、一〇四中学、爱国道中学先后撤销。其间，新建微山路中学、环湖中学、枫林路中学、曲江路中学、滨湖中学、双水道中学和兴国学校7所中学。同期，社会力量开始兴办中学，1995年，共有各类中学46所。其中，国办中学30所、私立学校5所、公办民助中学10所、企业办中学1所。2007年，区内共有中学42所、911个教学班，在校生35777人，教职工3698人。至2010年，有中学18所、731个教学班，在校生28494人，教职工3348人。

1985—2009年河西区中学布局调整情况表

表17-8

学校	并入年份	并入学校	学校	并入年份	并入学校
利民道中学	1985年	部分并于电子计算机职专	西南楼中学	2005年	求实中学
九十七中学	1995年	统计职专	六十八中学	2005年	统计职专
宁波道中学	1999年	海河中学	求实中学	2007年	佟楼中学
一〇八中学	1999年	环湖中学、滨湖中学	佟楼中学(高中部)	2007年	梅江中学
二十三中学	2000年	电子计算机职专	解放南路中学	2009年	分别并入四中、四十二中和海河中学
二十七中学	2000年	一〇六中学	南楼中学	2009年	四十二中学
一〇六中学	2002年	四十一中学	曲江路中学	2009年	枫林路中学、双水道中学
陈塘庄中学	2002年	佟楼中学	一一三中学	2009年	统计职专
尖山中学	2002年	统计职专	兴国学校	2009年	初中部并入四中
友谊职专	2002年	统计职专	河西中学	2009年	海河中学
一〇五中学	2003年	南楼中学			

1996—2010年部分年份河西区中学情况表

表17-9

年份	校数(个)	学校名称
1996年	50	海河中学、二十七中学、宁波道中学、解放南路中学、四十一中学、二十三中学、一〇六中学、西南楼中学、求实中学、佟楼中学、一〇八中学、环湖中学、滨湖中学、兴国学校、四十二中学、第四中学、尖山中学、南楼中学、河西中学、一〇五中学、陈塘庄中学、十三中学、一一三中学、微山路中学、枫林路中学、曲江路中学、双水道中学、新华中学、实验中学、育德中学、同仁女子中学、华萃美校、同文涉外职校、新世纪外语、华宁中学、21世纪实验学校、现代中学、津海中学、自立中学、培杰中学、精治中学、华夏中学、屹东中学、十八局子弟学校、魁北克国际学校、纯真中学、华冠外语中学、音舞职校、一一五中学、河西外国语学校
2002年	47	海河中学、解放南路中学、四十一中学、西南楼中学、求实中学、佟楼中学、环湖中学、滨湖中学、兴国学校、四十二中学、第四中学、南楼中学、河西中学、一〇五中学、北师大天津附中、一一三中学、微山路中学、枫林路中学、曲江路中学、双水道中学、新华中学、实验中学、育德中学、同仁女子中学、华宁中学、津沽高中、津海中学、自立中学、培杰中学、精治中学、华夏中学、屹东中学、十八局子弟学校、华冠外语中学、一一五中学、外国语学校、天健职专、北方职专、华胜排球运动学校、体育学校、电子计算机职专、小红旗艺术学校、卓群中学、商贸服务学校、津沽实验、静文高级中学
2006年	39	兴国学校、海河中学、枫林路中学、环湖中学、求实中学、滨湖中学、一一三中学、四十一中学、北师大天津附中、实验中学、佟楼中学、双水道中学、一一五中学、河西中学、微山路中学、第四中学、南楼中学、新华中学、解放南路中学、四十二中学、梅江中学、瑞江中学、津海中学、自立中学、初级职业学校、精治中学、华夏中学、实验华冠学校、屹东中学、外国语学校、华胜排球运动学校、育德外语学校、同仁女子中学、卓群高级中学、津沽实验中学、华宁中学、培杰中学、体育学校、小红旗艺术学校
2010年	18	梅江中学、第四十二中学、海河中学、第四十一中学、北京师范大学天津附属中学、微山路中学、第四中学、培杰中学、新华中学、实验中学、自立中学、实验华冠学校、卓群高级中学、滨湖中学、环湖中学、佟楼中学、枫林路中学、双水道中学

2010年河西区中学(国办)情况表

表17-10

校名	班数(个)	学生数(人)	教职工数(人)	其中教师(人)	占地面积(平方米)	建筑面积(平方米)
梅江中学	28	1132	194	132	24378	14010
第四十二中学	49	1882	452	349	71987	57440
海河中学	42	1589	332	234	22674	22871
第四十一中学	42	1702	276	175	31061	34043
北京师范大学天津附属中学	59	2146	276	211	98716	57722
微山路中学	30	1246	172	136	35000	17273
第四中学	42	1894	377	284	50669	42902
新华中学	59	2362	324	277	39671	35935
实验中学	58	2089	361	253	40807	56171

续表

校名	班数（个）	学生数（人）	教职工数（人）	其中教师（人）	占地面积（平方米）	建筑面积（平方米）
滨湖中学	20	744	88	68	17067	7044
环湖中学	22	861	83	65	14000	6204
佟楼中学	23	697	132	114	15933	12480
枫林路中学	22	768	80	60	22191	8974
双水道中学	21	902	107	82	14101	7107

二　区属学校选介

海河中学　位于河西区南京路5号。1873年，始建海军教练所。1886年，筹建博文书院中西学堂。1895年，改为北洋西学堂。期间，在此地建立中国第一所大学——北洋大学堂（天津大学前身）。

后历经德华中学、直隶省立女子中学、河北省立天津女子中学、天津市第一女子中学。1968年，更名为天津市海河中学。为天津市首批市级重点中学和高中示范校。

该校具有革命斗争传统。1939年，在抗日民族先锋队的领导下，开展抵制日货和反对日本教官的斗争。1945年，建立中共地下党支部。在解放战争时期开展"反甄审、反内战、反饥饿、反迫害"和迎接天津解放等斗争。

该校树立"为学生终身健康发展为本"的教育理念，确定"国际视野、全国占位、特色发展"的兴学战略，坚持"以德立校、科研兴校、文化建校"的治校方针，秉承"朴毅敬诚"（朴素、刚毅、谦恭、诚实）的校训，注重生命教育和体验式教育。

学校有南京路和徽州道两个校区，建筑面积22872平方米。设有高中部和初中部，教学班64个，在籍学生2247人。在岗教职员工333人，其中特级教师3人、高级教师130人，市、区、校三级学科带头人38人，博士学历1人，硕士学历35人。

学校获全国重点德育课题先进实验校、天津市文明学校、落实中小学生日常行为规范先进校、基础教育科研先进校、科学素质教育先进校、心理健康教育先进校、教育技术工作先进校、阳光体育运动先进校、绿色学校等称号。被教育部命名为中学校长培训项目实践基地，被市教委命名为未来教育家奠基工程实践基地。建有海河中学教育博物馆，是近代天津中西方文化交流和近代天津教育发展的缩影。

图17-8　2007年，第四十二中学
（区教育局提供）

第四十二中学　建于1954年，坐落于大沽南路837号，占地6.33万平方米，建筑面积5.1万平方米，是首批国家级示范高中，市级重点中学。有现代化的教学楼、实验楼、多功能综合楼、报告厅、网络中心、体育馆、游泳馆、全封闭塑胶操场等设施，校园环境花园化。校园网进入各办公室和专用教室，网络教学和双语教学成为办学特色。学校秉承"科学务实"的校训，形成"尊重、严格"的校风、"敬业、专业"的教风、"勤奋、超越"的学风。有初、高中6个年级70个教学班，学生4000余名，教师359名，其中特级、高级职称教师有193人，硕士58人，研究生水平的教师163人，任职教师100%大本毕业。学校注重培育学生的健全人格，关注学生的个性差异，发展学生的个性特长，是中央教科所的德育试验基地，德育工作连年受到国家和天津市的表彰。初中升学考试成绩和高考成绩均位于天津市前列，高考本科一次上线率达99%，一本上线率达70%以上，双语班、重点班成绩更加突出，一本上线率均达到90%以上。1997年成为全国首批现代教育技术实验学校。2000年始进行双语教学实验和对外文化交流。1998—2001年连年获得全国教学软件大奖赛的一、二、三等奖。体育卫生工作成绩优异。先后被授予全国现代教育技术实验校、中央教科所实验学校、国家级语言文字示范校、全国体育卫生工作先进学校、市文明单位、市先进基层党组织、市德育先进学校等多项荣誉称号。

第四中学　建于1949年8月，坐落于隆昌路11号，占地5万余平方米，是天津市第一所完全中学，是教育部命名的全国现代教育技术实验学校、全国绿色学校。学校坚持以人为本、依法治校、文化立校、科研兴校。获全国先进基层党组织、全国巾帼文明岗、天津市普教系统先进单位、天津市行为规范示范校、天津市德育特色校等称号，连续6届被评为市文明学校标兵。2004年，与天津师范大学建立天津市首家教师专业发展学校，启动提升教师素质行动计划。2007年，数学教研组获市劳模集体称号。2008年，初三年级组获天津市“五一劳动奖状”先进集体称号。2009年，高三年级组获市劳模集体称号。学校拥有国务院特殊津贴获得者、国家级骨干教师、市十佳青年教师等一大批优秀教师。学校培养学生的综合素质，设有门类多样的校本课程和各类学生社团。每年有数百名学生在学科、科技、艺体等各类竞赛中获全国及市级奖项，培养出四届中国少年科学院小院士、市十佳中学生等一大批全面发展的优秀学生，是全国科技教育先进校、市艺术教育特色校，连续5届获得市教育教学成果一等奖。被评为“十五”期间中央教科所科研教改先进实验校，天津市基础教研科研先进单位。

图17-9　2007年，第四中学图书馆
（区教育局提供）

第四十一中学　1954年建校，前身是1933年创立的志达中学。坐落于马场道195号。1978年二十二中、2002年一〇六中先后并入该校。2002年，经市教委批准成为天津外国语学院第二附属中学。2003年，晋升为市级重点中学。2005年，被命名天津市首批历史名校。2008年，改扩建后的学校与五大道地区的建筑风格相协调为欧式建筑风格。学校建筑面积由原1万多平方米扩大到2.6万平方米，有教学楼、综合实验楼、体育馆、学生公寓等设施和先进的教育教学设备。2010年，办学规模由25个教学班扩大到42个，在校学生达1702余人。在岗教师260余人，特、高级教师84人，占近40%，其中研究生学历和在读研究生占20%。学校遵循“诚、勤、勇、朴”的校训，坚持“敬业、竟职、镜己、竞上”的教风和“思明、思问、思恭、思义”的学风。学校设有国际交流部，招收外籍学生。开设文科、理科、英语、韩语、西班牙语等特长班。学生还可选修韩语、西班牙语等小语种。学校先后获得天津市普教系统先进集体、文明学校、实施素质教育“三A”学校、实施《中小学

图17-10　2009年，第四十一中学
（区教育局提供）

学生日常行为规范》示范校、艺术教育特色校、体育传统项目学校、义务教育示范校、义务教育完成率先进单位、优秀家长学校等称号。

图17-11　2007年，北师大天津附中学生劳技课场面　　（区教育局提供）

北京师范大学天津附属中学　学校前身是1952年8月由天津市人民政府批准建立的第十三中学，坐落于大沽南路1010号。1958年起，坚持开展勤工俭学。1980年，学校被认定为区重点校。1982年和1988年，被评为全国勤工俭学先进单位。1990年，被选入国家教委编著的《教育大辞典》天津10所中学之一。1992年，被列入国家教委编写的《中国名校》一书。1993年，创办兼有升学预备教育和就业预备教育的综合高中。2001年6月，由河西区人民政府与北京师范大学签约，联合创建国家级首批示范高中校，定名为北京师范大学天津附属中学。学校占地近10万平方米，建筑面积57000平方米。有14座功能楼馆，体育场占地21600平方米，有400米塑胶跑道和人工草皮足球场。2010年，有59个教学班，学生2146人，教职工259人。涌现出一批以全国模范教师袁滨渤为代表的爱生典型。A课率均达80%，多人获学科竞赛、科技发明制作全国和市级奖项。在市、区中小学田径运动会和各级艺术展演比赛中获多个奖项。学校形成“技术立身、艺术修心”的办学特色，是全国现代教育技术实验学校、中央教科所德育研究中心直属实验校和中国教育学会中小学劳技教育研究会研究实验中心。

三　驻区市属中学

新华中学　位于河西区马场道。始建于1914年的圣功女学校，多次更名，1973年更为现名。为天津市重点中学和示范高中校。

1937年，在中共地下党组织的领导下，师生开展抗日救亡运动。1945年，参加“反甄审、反内战、反饥饿、反迫害”斗争，为革命根据地输送青年学生。建校近百年，形成良好的学风、教风、校风。

进入21世纪，学校建筑面积5万余平方米，拥有先进的教学设施。有50余个教学班、2000余名学生。与华宁中学合计有80余个教学班、5000余名学生。教职员工334人，其中硕士研究生60余人、一线教师近300人、高级教师（含特级教师）百余人，中级教师近百人、博士生1人。学校和多名师生获多个国家、市、区级奖项和先进称号。

图17-12　新华中学校徽

实验中学　位于平山道1号。始建于1923年的天津工商学院附属中学，多次更名，1981年更为现名。为天津市重点中学。

抗日战争和解放战争时期，在中共地下党组织的领导下，开展反抗帝国主义和国民党反动统治的一系列斗争。建校近90年，形成良好的学风、教风和校风。

进入21世纪，学校建筑面积3万平方米，拥有先进的教学设施。有学生近2000名，有10余名特级教师、50余名高级教师，80余人获得或正在攻读博士或硕士学位，研究生课程班毕业的教师90余人，天津市中小学“未来教育家奠基工程”学员6人。与20多个国家和地区的学校建立

图17-13　实验中学校徽

友好关系，学校和多名师生获多个国家、市、区级奖项和先进称号。

第三节　学制与课程

一　学制

自1980年，高中复改为3年，初中学制为3年，小学实行6年制。上海道小学、马场道小学进行单班5年制综合整体改革试验，并与实验中学初中部进行“五四”学制（小学5年，初中4年）试验。两小学5年试验单班，1985年和1986年的毕业生直接升入实验中学4年制初中试验班。1984年，上海道小学从一年级新生起实行5年制。1985年，平山道小学与实验中学进行中小学“五四”学制试验。1989年，建立9年制实验的兴国学校。1999—2006年，试行“五四”学制，自2007年开始施行“六三”学制。

二　课程

小学　1979年，恢复小学毕业、升学考试。开设语文、数学、政治、自然常识、体育、音乐和美术，高年级设英语课。1980年始，上海道小学探索课程改革，80年代末形成“大课堂”理论，即课程分为学科类、活动类和潜在类课程，著有《大课堂实验研究》。1981年始，各校均设思想品德课；1988年，小学低年级设自然课；1989年设劳动课，低年级设健康课，中、高年级设体育与健康课；1995年，三年级设社会常识课。2003年始，实行新课程改革，开设品德与生活、品德与社会、科学、语文、数学、英语、体育、音乐、美术及地方课程。2009年始，部分课程进行调整，一、二年级地方课程开设快乐英语，三至六年级地方课程开设天津与世界、发现与探索。

初中　1979年，开设思想政治、语文、数学、外语、物理、化学、地理、历史、生物、农基、生理卫生、体育、音乐和美术课程。1981年，取消农基课增设劳动技术课。部分学校增加电子计算机等选修课。2005年，全面启动初中新课程改革。2009年，按照《天津市九年义务教育课改实验课程安排》设置课程。

高中　1979年，开设政治、语文、数学、外语、物理、化学、历史、生物、农基、体育课程。1981年增设劳动技术课、计算机课。1996年，国家教委颁布《全日制普通高级中学课程计划（试验）》。2000年，对教育部颁布《全日制普通高级中学课程计划（试验修订稿）》进行试验。2006年，贯彻市教委制定《普通高中课程方案（实验）》，实施高中新课程。自2008年，九年义务教育阶段全部纳入新课改体系。

第四节　招生与毕业

一　招生

1995年始，初中义务教育完成率始终保持在95%以上。2008—2010年，保持在100%，初中毕业生合格率、高级中等学校入学率均达到100%，中考高分段人数占天津市内六区的25%左右。

1986—2010年河西区小学招生与毕业情况表

表17-11　　单位：人

年份	招生数	毕业生数	年份	招生数	毕业生数
1986	6400	6109	1995	8925	12133

续表

年份	招生数	毕业生数	年份	招生数	毕业生数
1987	7193	5016	2003	4747	6727
1988	10000	5359	2004	4665	5977
1989	11756	5365	2005	4929	5499
1990	11344	5219	2006	4563	5230
1991	10199	6701	2007	4706	5099
1992	9345	6441	2008	4967	4941
1993	8772	7568	2009	4609	5023
1994	8808	10257	2010	4774	5005

二　毕业

1996年，高中毕业2033人，高校录取1401人，占毕业生68.91%。到2010年，毕业人数达5146人，高校录取4883人，占毕业生94.89%。

1996—2010年部分年份河西区高中毕业生高考录取情况表

表17-12　　单位：人

年份	高中毕业人数	高校录取		年份	高中毕业人数	高校录取	
		人数	占毕业生%			人数	占毕业生%
1996	2033	1401	68.91	2006	6679	5295	79.28
1997	2639	1666	63.18	2007	7318	6098	83.33
1998	2733	1700	62.20	2008	7515	5817	77.41
1999	3116	2593	83.22	2009	5214	4645	89.09
2004	5948	5106	85.84	2010	5146	4883	94.89
2005	6108	5201	85.15				

第四章　特殊教育

1979年，河西区恢复工读学校。1983年，普通小学试办智障儿童就读实验班。1985年，成立智障儿童学校。1989年，成立天津市第三聋哑学校。至2010年，探索特殊教育模式取得新进展，逐步形成学前康复、义务教育、初级职业教育的一体化办学体系。启智学校先后被评为全国智残儿童康复工作先进单位、全国特殊教育先进单位、天津市素质教育示范校。

第一节　智障儿童教育

一　启智学校

1983年，永安道小学试办两个智障儿童辅读实验班。1983年起，逐年招收智商在70—50的低常儿童。1985年，永安道小学改为智障儿童学校，定名“启智学校”，是天津市第一所特殊教育学校。有教师6名、学生24名。1988年，迁址至越秀路健春里2号。1994年，增建一幢教学楼，设有行为康复、智能康复、功能康复、医疗康复及劳技职业教育训练专用教室和场地。1995年，有教学班12个，在校学生169人，教职工40人。招生22人，毕业学生18人。2007年，迁入挂甲寺湘阳大街37号。学校占地3600平方米，建筑面积3481平方米。2010年，有教学班10个，在校学生96人；教职工31人，本科学历水平占85%，其中研究生占6%，受特殊教育专业培训教师达100%，各级各类骨干教师学科带头人20名。

二　学制

学制为九年，分为三个年级段：一、二年级为低年级段，3~6年级为中年级段，7~9年级为高年级段，形成基本完成普通小学任务的智障教育学制。

三　特殊教育中心

图17-14　2007年，河西区特殊教育中心
（区教育局提供）

2007年9月，学校成立特殊教育中心，进行残疾青少年实施均衡教育的探索，开展社区残疾青少年教育康复工作。2009年，选派优秀教师到重度残疾儿童家庭，上门送教服务。“阳光之家”进行每周一次的职业劳动技能康复指导。是年，成立河西区听力及言语康复训练中心，重点改善学前重度残疾儿童语言障碍，提高交往能力。以科研为引领，探索特殊教育教学方式的变革。成立启明星艺术团和特奥体育运动队，每年举办校园体育艺术节。在市华夏未来残疾少儿艺术节上学生参赛作品获一等奖，天津市特奥地滚球团体赛第一名，全国第五届三类特殊教育学校文艺汇演小品优秀奖。

第二节　聋哑教育

1989年8月，成立天津市第三聋哑学校，坐落在挂甲寺南北大街东于家胡同4号。占地面积1973.79平方米，建筑面积2300平方米，教室22间，9个教学班。1992年，建立并完善幼儿康复、小学、初中一体化教育体系、科学教育的管理体系和聋哑儿童听力语言障碍的康复体系。1993年，成立全国第一所校办医院——天津市光华耳聋专科医院。1988—1995年，有14名聋儿被送到普小随班就读。1995年，在校生88人，教师57人。2005年9月，第三聋哑学校与天津市聋哑学校、第二聋哑学校合并，重组并更名为天津市聋人学校。

第三节　工读教育

1979年，成立天津市工读学校。坐落在小海地渌水道与微山路交口西南处，占地面积2.66万平方米。1995年，有教学班14个，在校学生551人。2007年，市教委将该校发展目标确定为天津市社会实践教育中心，负责全市的初、高中新课程改革和社会实践活动、军事训练等任务，探索工读学校发展的新模式。学校设有军训部、军事理论部和社会实践部，能满足每期800名学生的军训实习。2010年，有任课教师41人，其中高级教师22人，15人具有大学本科学历。

第五章　职业技术教育

1979—1995年，河西区职业技术教育得以恢复和发展，新型职业教育全面兴起，建立各类职业学校和技术学校，为培养社会急需专业人才填补空白。1996—2010年，经过调整，仅有6所中专校，多数职业技术教育学校、职工学校相继撤离区境或停止办学。职业教育经过恢复发展、调整变化，为经济建设培养出新型的专业人才。

第一节　基本情况

一　恢复发展

1979年始，先后建立地毯、旅游、纺织企业管理、电子、统计等职业学校117所。1980—1986年，相继建立由高中改办的属于职业高中性质的职业学校，有行政干部职校、冶金职校、卫生技术职校、幼教职校、河西商校、包装装潢职校、棉纺织技术职校。1980年，宁波道中学高中部建立统计职业学校，1996年，改为统计职专。1980年，利民道中学高中部建立电子计算机职业学校，1985年，改为电子计算机职业中专。1993—1995年，依靠社会力量办学，建立华萃美校、中日国际电子职校、同文涉外职校、蜀天职校。至1995年，区内有市属中等专业学校6所：市纺织工业学校、市房地产管理学校、市经济管理学校、市建筑工程学校、市劳动保护学校、市第二师范学校；技工学校16所；区属职业技术学校13所。

1980—1996年河西区职业学校变化情况表

表17-13

校名	建立时间	原校	变化情况
电子计算机职专	1980年	利民道中学高中部	1985年改为电子计算机职专
统计职校	1980年	宁波道中学高中部1993年并入104中	1995年改为统计职专
行政干部职校	1982年	23中	后改为翔宇职专
幼教职业学校	1983年	陈塘庄中学	1995年改为音乐舞蹈职校
河西商校	1984年	68中	1996年改为友谊职专
棉纺织职校	-	尖山中学	后改为北方职专
冶金职校	1985年	解放南路中学	后改为天健职专
卫生技术职校	1986年	解放南路中学	后改为天健职专
包装装潢职校	-	大沽路中学	-

二　调整变化

1996—2010年，由于教育布局调整和社会需求等原因，市属中等专业学校、行业办学的技工学校逐渐失去招生就业优势，逐步退出。到2010年，坐落在区内的市属中等专业学校、技工学校均已停办；区属职业技术学校进行布局调整。1996年，河西商校升格为友谊职专，后并入北方职专。2000年，翔宇职专并入电子计算机职专。2002年，北方职专并入统计职专。2009年，天健职专并入统计职专。冶金职校、音乐舞蹈学校、包装职业学校、华萃美校、国际电子、同文涉外职校、蜀天职校相继撤销办学资格。至2010年，区内有统计职专及电子计算机职专等6所中专校。

1996—2010年部分年份河西区职业技术学校情况表

表17-14

年份	校数	学校名称
1996年	19	统计职专、翔宇职专、包装职校、冶金职校、天健职专、音舞职校、友谊职专、电子计算机职专、北方职专、华萃美校、中日国际电子职校、同文涉外职校、蜀天职校、旅游外事职校、汇才职专、涉外综合职校、现代中等职校、建华职校、晨光职校

续表

年份	校数	学校名称
2002年	17	统计职专、电子计算机职专、天健职专、友谊职专、北方职专、中日电子计算机职专、旅游外事职校、汇才职专、现代中等职业学校、晨光职校、河西职大附属职专、电子仪表职专、盲人职校、博华职校、仪电自动化学校、劳动局和社会保障局第二职校、建筑工程学校
2006年	10	统计职专、电子计算机职专、天健职专、天津市盲人按摩职业学校、仪电自动化学校、旅游外事职校、国际商务学校、晨光职校、天津市残疾人职校、劳动和社会保障局第二职校
2010年	6	统计职专、电子计算机职专、天津市盲人按摩职校、天津旅游外事职校、国际商务学校、天津市残疾人职校

2010年河西区职业技术学校情况表

表17-15

校名	班数（个）	毕业生（人）	招生（人）	在校生（人）	专业设置	教职工总数（人）
电子计算机职专	43	691	604	1827	计算机应用、计算机网络、动漫游戏	146
统计职专	32	340	500	1223	数控、机电、会计、学前教育等	115
盲人按摩职业学校	–	–	–	33	正常人体解剖学、中医基础理论、经络腧穴学、按摩学基础、触诊诊断学、心理咨询基础、计算机、保健按摩学、英语、按摩师职业修养、伤科按摩学、内科按摩学、妇科按摩学、儿科按摩学	53
国际商务学校	15	211	237	692	商务英语、商务日语、国际商务、物流服务与管理、计算机网络技术、电子商务、旅游服务与管理、市场营销	60
旅游外事职业学校	24	478	270	1140	旅游外语、商务英语翻译、商务英语、航空服务、旅游服务与管理、酒店服务与管理	148

第二节　学校选介

一　电子计算机职业中等专业学校

1980年，利民道中学高中部成立电子计算机职业学校，1985年改为电子计算机职业中专。1992年成为省级重点职专，1996年，晋升为首批国家级重点职专。坐落于利民道48号，占地面积4.7万平方米，建筑面积3.94万平方米，实验实训场所建筑面积5451平方米，实训设备总值1030.87万元。在校生1827人，教职员工146人，专任教师100人。稳定招生专业7个，拥有“五年一贯制”和“三二分段”招生资格。2003—2004年，获天津市文明学校称号；2004年，被确定为全国“计算机应用与软件技术”技能紧缺人才培养基地。2005年，获天津市最具影响力品牌学校，计算机应用专业被教育部列为全国重点建设专业，学校被确定为紧缺人才培养基地。2006年，被市政府授予天津市职业教育先进单位称号。2007年，被确定为天津市首批示范性中等职业学校。2010年，计算机应用专业成为天津市骨干专业。是年，“动漫游戏”专业成为中央财政支持的职业教育实训基地，得到中央和主管部门共计260万元的设备支持。

图17-15　2004年，电子计算机职业中等专业学校教学楼　（区教育局提供）

二　统计职业中等专业学校

1980年，宁波道中学高中部成立统计职业学校。先后将河西区职工中专、北方职专、友谊职专

图 17-16　2009年，统计职业中等专业学校
（区教育局提供）

等多所学校并入。2010年，发展成为一所国家级重点职业中专。坐落于珠江道西横街27号，占地面积6.13万平方米，建筑面积3.15万平方米。2007年，新建近8000平方米的综合实训楼及宿舍楼，投资1000万元购置数控车床、台式车床、铣床、维修电工实习设备、多媒体教学系统、PLC 可编程控制系统、计算机及加工软件等261台（套）大型教学实习设备，成为天津市数控实训基地。与甘肃、山西、陕西、内蒙古、河北等省、市、自治区联合办学。学校教育教学设施先进齐全。设有财经、计算机、旅游服务、机电、外语等13个专业。拥有一支双师型教师为骨干的师资队伍，研究生比例为22%，高级教师占30%以上。一批青年教师被评为市、区级“十五”立功先进个人和“阳光教师”。学校坚持就业与升学、理论与实践、学历教育与在职培训并重的办学思路，学生毕业可取得中专毕业证及中高级职业资格证，毕业生就业率保持在95%以上。组织教学经验丰富的教师对有升学意愿的毕业生进行春考和成人高考的培训。学校先后获全国职业技术学校职业指导先进学校、天津市三 A 学校、行为规范示范校、花园学校、精神文明建设先进单位等称号。

第六章　成人教育

1979年后，河西区成人教育逐步得到恢复。业余学校、职业中专、职工大学的建设得到加强，成人初等教育、中等教育、高等教育有所发展。至2010年，随着改革的不断深入，成人教育经过发展和调整，由初期的职工培训发展到学历教育，由初等教育发展到高等教育，为社会培养出各类专业人才。开办老年人大学，成人终生教育得到发展，社会综合素质整体得到提升。

第一节　职工教育

一　业余学校

1979年始，成人初等教育开始恢复。区内建立职工中学，并在普通中学内附设业余中学12所。区属各系统开办文化班和专业技术班700个。1982年，区内一些单位实行两级办学，采取脱产、半脱产、业余3种形式与学校挂钩，开设全科、单科、双科等班级。提倡青年自学成才，参加自学考试。1983年建立第二职工中学。全区有职工学校15所，597个班，学员2.7万余人。1988—1995年，除各企事业自办的业校外，直属区教育部门管理的职工高中仅有2所。1995年，两校有教职工22人，在校生661人。1996年，职工高中并入职工中专。2000年，职工中专并入统计职专。

二　职工中专

1979年后，区成人中等教育有所发展。1981年，创办职工中专学校，主要承担市、区中等专业人才培养。1993年，职工中专开始招收应届初中毕业生，进行定向职业技术教育。1995年，学校共有31个教学班，在校生1300余名。开设电子计算机及其应用、餐旅管理、公关文秘、家电维修、财务会计、工业与民用建筑、机械制造工艺及其设备维修8个专业。1995—2010年，经过调整，区内有区职工中专、棉纺织公司职工中专、建工集团总公司干部中专、市化工局干部中专、市二轻局地毯公司职工中专、市政工程局职工中专、市房管局职工中专、广播通信器材公司职工中专、棉纺四厂职工中专、市公安学校、河北省航运职工中专、市交通局职工干部学校等，有教职工667人，在校生5665人，开设50多个专业。

三 职工大学

1979年，教学步入正轨。1980年，改称天津市河西区职工大学。1987年，与天津广播电视大学河西工作站实行站校联合，电大河西工作站归属河西职大。1995年，绍兴道小学校址划归职大。河西职大与北京美国英语语言学院实行联合办学，成立北京美国英语语言学院天津分院。1996年，经市教委综合评估被命名为A级校，成为职大、电大、美国英语语言学校三位一体多学科的成人高校。1998—2003年，成立河西职大附属职业中等专业学校。依托河西职大和天津美国英语语言专修学院，为学生毕业后升入大专、本科继续深造提供条件。2000年，学校开设开放教育本科。2005年，更名天津广播电视大学河西分校。成立天津城市职业学院河西分院，招收春季高考学生。学校成为集职工大学、广播电视大学、高等职业院校和开放大学为一体的办学实体。2006年，被市教委评估定为教育教学先进A级校，被评为中央广播电视大学示范性基层电大。2007年始，将河西职大与天津电子计算机中等职业学校整合，成立河西社区学院，开展社区教育和终身教育。学校教学设备完善，配有计算机宽带网络系统、多媒体电化教学系统、网络教学系统等现代远程教育及多媒体电化教学设施。学校拥有本、专科30个专业，专兼职教师162名，讲师、副教授占84%，正教授1名。各类学历教育在校生近6000人。河西职工大学为党政机关和企事业单位培养一批人才。

图17-17 2009年，河西区职工大学
（区教育局提供）

第二节 老年人教育

一 天津市老年人大学

1985年4月成立，坐落在友谊路西园道1号。建校初期开设4个专业学科、10个教学班，招收552名学员。2007年始，率先成为全国“双万校”（校舍建筑面积1万平方米，在校学员1万名）的老年大学。设有：礼堂、报告厅和钢琴、电子琴、古筝、声乐、舞蹈、戏曲、拳剑、书法、国画、油画、摄影、烹饪、花卉等专用教室50多个。2010年，开设150个专业学科、413个教学班，招收学员12000多人。教师240人，70.98%具有高级职称和相关专业的特殊技术、技能，工作人员86人。1985—2010年，该校作为全市老年教育中心和教育科研中心，坚持以科

图17-18 2010年，市老年人大学
（区地志办提供）

研为先导，探求老年教育规律，多项成果在全国老年教育理论研讨会上获奖。创办《天津老年教育论坛》期刊，编印年鉴版式《年报》，出版学报，开设网站。学校建有校、系学员委员会和班委会，组建26个学员社团组织，形成1900余人的学员骨干队伍。在教学管理中，发挥学员主体地位和自我管理作用。搭建形式多样的展览展演平台，许多学员参加全国和天津市书法、绘画、摄影、舞蹈、拳剑等比赛，获诸多奖项。2009年，获得全国先进老年人大学、全国优秀成人教育培训机构称号。2010年，获全国老龄工作先进单位称号。

图17－19　2008年，学员在音乐系钢琴班上课（区地志办提供）

二　河西区老年人大学

1988年9月成立，坐落于隆昌路66号。2009年6月，迁至大沽南路961号，2006年，扩建梅江分校，坐落于九华山路与韩江道交口。1988年，开设书法(软、硬笔)、国画(写意、工笔、素描)、声乐、器乐(钢琴、电子琴、二胡等)、舞蹈(民族舞、健身舞、交谊舞、拉丁舞)等十几个专业学科和多个不同层次的教学班，培训900余人次，设有专业教室9个。2010年，新增计算机应用、英语、文史、京韵大鼓、京剧、瑜伽、数码影像、太极拳(剑)、医疗养生等，共开设20多个专业，总校培训2000余人，分校培训400余人。教师队伍最初由文化馆专业干部组成，随着培训人员的递增，部分教师外聘。1988—2010年，被评为天津市民办学校先进单位、老龄工作先进单位、先进老年人大学。

图17－20　2007年，河西区老年人大学梅江分校民族舞专业课堂（区文化馆提供）

第七章　社区教育

1997年，河西区建立社区教育委员会，设社区教育办公室。创新教育载体，完善管理体制，加强队伍建设，创办社区早期教育发展中心、社区教育中心和终身学习服务中心。开办社区青少年快乐基地，各街建立家长学校和市民学校，扩展社区教育领域。整合和依托区域内各种教育资源，开展创建学习型城区活动。2006年，获全国创建学习型家庭示范区称号。2009年，被评为全国社区教育示范区、全国未成年人思想道德建设示范区。

第一节　管理体制

一　社区教育中心

1997年9月，成立河西区社区教育中心，为具有独立法人资格的副处级单位，与社区教育委员会办公室合署办公。

二 学习型城区工作委员会

2003年4月，成立河西区建设学习型城区工作委员会，区领导任正副主任，区文明办主任兼办公室主任、社区教育办公室主任兼常务副主任，29个委办局主要领导任委员。各单位整合资源，共建共享，开展学习型机关、企业、学校、家庭、社区5类学习型组织创建工作。至2010年，共评选出学习型机关51个，占全区机关总数的75%；学习型企业85个，占建立工会企业的28.3%；学习型学校70个，占全区学校总数的92.1%；学习型家庭103520个，占全区家庭总数的41.4%；学习型社区122个，占社区比例的72.6%。

第二节 教育载体

一 市民学校

图17-21 2002年7月，河西区市民教育工程启动仪式（区教育局提供）

自90年代，探索“政府统筹、部门配合、街道管理、社会支持、群众参与”的市民教育新模式。2002年7月，启动“512”市民教育工程，即在全区12个街道，建立12所市民学校，确定12个职能部门，在每年12个月开展12个主题教育活动。市民学校由街道、学校联合管理，双休日开课，做到有学期计划、有课程安排、有固定的教室、师资和管理人员。市民自愿参加，不限年龄，免费入学，课程自选。注重加强教研和校本课程开发，打造特色课程，先后成立英语、编织、合唱、红十字4个市民学校教研组，自主研发102册。市民学校教材，开展市民学校特色课程的申报和评选，其中5门课程被评为“全国社区教育特色课程”。2008年，投入200多万元创建80个社区终身学习服务中心。至2010年，区内有市民学校总校1所，街道市民学校15所，社区市民学校分校166所，建立驻区单位对社区开放教育基地222处，各类培训场所312处。每年开设16大类、237门课程，办班7060班次，参加学习活动的学员达412万人次。

二 社区早期教育发展中心

2004年，由区教育局与社区办合作，依托河西八幼，成立社区早期教育发展中心，负责社区0~3岁散居儿童的早期教育与开发工作。区社区教育办公室专门设立“儿童部”，全区13个街安排一名专职社区教师，专岗专人负责社区0~3岁散居儿童教育工作。2004—2010年，早期教育发展中心每年举办社区0~3岁散居儿童游戏大赛，涉及全区各个街近百个社区居委会，参赛人数达1.6万人次。

三 社区青少年快乐营地

2006年始，将工作重心下沉到社区，整合硬件资源达5000余平方米，整合社会教育力量，创建100个“青少年快乐营地”。选派优秀社区教师走进营地担任专职辅导员，为小营员提供专业辅导。联系博物馆、科技馆、青少年活动中心等校外教育机构，向营地派送志愿者教师，免费为孩子们讲授科技、艺术技能。邀请界内卫生院、派出所、交管局等单位把青春健康、安全防护、环境保护等讲座送进营地。聘请社区志愿者作为辅导员，走进营地开展志愿服务，形成多位一体的教育优势。创新社区未成年人教育载体，构建学校、社区、家庭三位一体育人的新模式。“青少年快乐营地”获全国未成年人思想道德建设工作创新案例二等奖。

四　家长学校

2000年，创建家庭教育培训基地，建立家长学校教师持证上岗制度，组建家庭教育专家讲师团和优秀家长巡讲团，出版《我的育儿经百言感悟》《家长课堂教案集》等家庭教育丛书8册。开展家长学校优质课评选活动，编辑《家长学校优质课程录像集锦》音像资料，推动家长学校课程与教材建设。每两年召开一次区家庭教育工作会议，评选表彰家长学校示范校、优秀家庭教育工作者、优秀家长，树立典型，交流经验。

第三节　队伍建设

一　社教专职教师队伍

90年代始，全区各中小学抽调60余人到各街文教科开展社区教育工作。到2010年增至100余人。建立一套完整的专职教师管理机制，对专职教师选派、培训、考核、评聘、晋升。实行社区专职教师选聘制度，制定《社区教育专职干部管理暂行规定》，对任聘满两年的教师进行述职评议。定期出版《社区园丁报》，开展“我为社区教育添光彩”征文比赛。

二　志愿者队伍

2006—2010年，1500余名社区名人、专家、驻区单位专业人才、大专院校师生和具有特长的志愿者参加的市民学校的师资队伍。天塔街志愿者魏乃生被评为全国社区教育先进个人，大营门街5名志愿者被评为天津市社区教育先进个人。

第八章　教师

自90年代，随着师范类高等教育日益专业化，师范类大中专、本科毕业生成为教师队伍主力军。教师的培训和评聘工作不断加强，教师队伍专业整体素质逐年提高。至2010年，晋升高、中、初级职称分别为76人、155人、76人。除当年见习期教师外，全区具有初级、中级、高级职称教师共5233人，100% 具备专业技术职称。涌现一批获全国和天津市各类先进称号的教师。

第一节　师资

一　队伍结构

1996—2002年，按计划分配高等师范院校毕业生，改善师资队伍结构。与有关院校签订协议，推荐综合性院校非师范类毕业生、外省市院校的天津籍毕业生、急需学科的天津院校外省籍本科毕业生，到普通中学和职业学校任教。2003年，由统招统分改为双向选择、自主就业。结合新的编制标准，按照少招、优选、适量补充原则，引进优秀大学本科毕业生，提高教师队伍的整体素质水平。2004年始，招聘应届研究生和外地院校本科尖子生到示范性高中任教。

二 数量

1979—2010年，教师数量随着教育体制改革和教育布局调整有所变化，教师队伍相对稳定。

1979—2010年河西区中小学教职工人数情况表

表17-16　　单位：人

年份	中学	小学	年份	中学	小学
1979	4572	3082	1995	3792	4028
1980	4600	3091	1996	3912	3837
1981	4462	3220	1997	4133	3720
1982	4412	3215	1998	4066	3487
1983	4590	3174	1999	4006	3287
1984	4355	3067	2000	3837	2998
1985	4320	3129	2001	3716	2917
1986	4331	3142	2002	3837	2998
1987	4483	3360	2003	3512	2803
1988	4152	3404	2004	3289	2782
1989	4113	3594	2005	3449	2745
1990	4167	3820	2006	3281	2605
1991	3984	3947	2007	3208	2539
1992	3953	4038	2008	3028	2429
1993	3861	4143	2009	2969	2422
1994	3746	4139	2010	2810	2336

1995—2010年部分年份河西区中小幼师资情况表

表17-17　　单位：人

项目 / 年份	中学教师		小学教师	幼儿园教养员
	高中	初中		
1995	468	1928	3169	565
1996	360	1763	2890	495
1997	382	1876	2820	425
1998	382	1876	2597	431
1999	438	1751	2463	426
2000	500	1643	2278	394
2001	563	1493	2214	354
2002	510	1579	2278	360
2003	686	1369	2160	384
2004	777	1265	2154	385
2005	1234	1494	1736	388
2006	1117	1421	1816	400
2007	1014	1191	1909	389
2008	1054	1256	2042	449
2009	760	1244	1706	378
2010	913	1056	1817	492

第二节　培训与评聘

一　培训

1996—2010年，制定“九五”期间教师培训规划，重点搞好青年教师提高学历层次教育和青年骨干教师的培训，做好校内自培工作，强化教师基本功训练。面向全员教师开展3个周期继续教育，参培率近100%。建立新任职青年教师岗前培训制度。2010年，制定《河西区教师队伍提升行动计划》，启动全员教师提高工程、青年教师培训工程、骨干教师培养工程和名师发展工程。是年底，幼儿园、小学大专及以上学历教师分别达到97.6%、97%，其中本科及以上学历分别为82.2%、82.8%，初中任课教师本科及以上学历为96.4%，高中任课教师28.4%取得硕士学位，中职教师98.7%达到本科及以上学历。

1996—2010年河西区师资培训情况表

表17-18　　单位：人

年份	培训类型	期数	培训学员数
1996—2000	中小学教师教育理论补习班	1	1160
	新教师岗前培训	5	300
	“小支中”教师培训班	3	–
	教师基本功训练班	1	560
2001—2005	第三周期全员教师继续教育	5	3393
	骨干教师培训	1	912
	英语 ESEC 培训班	1	42
	暑期英语高级研修班	1	103
	小学校长提高、资格认定班	2	88
	教师境外培训	10	133
	国家级（市级）骨干教师培训	3	60
	“信息化教育”研究生课程班	1	7
2006—2010	第四周期全员教师继续教育	5	4230
	天津市普通高中新课程试验国家级培训	1	7
	幼儿教师计算机培训	1	21
	幼儿园教师技能培训	1	35
	骨干教师市级培训班	1	5
2006—2010	科学和信息脱产班	2	72
	省级新课程骨干培训者国家级培训	2	23

二　评聘

1988年始，进行教师专业技术职称评聘工作。教师专业技术级别结构趋于稳定，中高级职称新晋指标逐年递减，每年评定职称教师人数呈逐年下降趋势。

1998—2010年河西区在职教师专业技术职称情况统计表

表17-19　　单位：人

职称类别	高级	一级	二级	三级	合计
中　学	1145	1125	308	4	2582
小　学	1837	242	5	0	2084
幼儿园	425	118	4	0	547

说明：离退休教师未计

1988年，对中、小、幼教师中特别优秀者通过综合考察评定后，向市政府推荐特级教师人选，由市政府授予特级教师称号。1988—1995年，河西区有特级教师37名。1996—2010年，河西区有特级教师52人（含退休教师）。

1996—2010年河西区特级教师情况表

表17-20

学校	教师姓名	评选时间	学校	教师姓名	评选时间
实验中学	张红（女）	1999.9	四中	胡英江	2003.8
	孙惠玲（女）	1999.9		杜朝凤（女）	2007.9
	苗维新（女）	2003.9	少年宫	张宝忠	1999.8
	王萍（女）	2003.9	师大二附小	周静（女）	2007.9
	曹学良	2007.9	四十二中学	赵祝胜	1999.8
	史巧玲（女）	2007.9		袁滨渤（女）	2007.8
新华中学	朱兆林（女）	1999.9	北师大天津附中	王威	1999.8
	张鸿林	2003.9		何穆彬	2003.8
	潘春芬（女）	2003.9		张晓	2007.9
	张之鑫	2003.9	上海道小学	黄艳芬（女）	1999.8
	陶扬（女）	2003.9		吴晓红（女）	2003.8
	马慧（女）	2007.9	三水道小学	李德俊	1999.8
	于川（女）	2007.9	十七幼儿园	李奇（女）	2007.9
海河中学	于大中	1999.8	二十六幼儿园	邱慧（女）	2003.8
	李桂民	2006.12	教育中心	李红英（女）	1999.8
	许莉莉（女）	2007.9		卞永海	1999.8
四十一中	徐望	1999.8		刘冬梅（女）	1999.9
	陈天顺	2003.8		王业春	1999.9
	徐长群	2007.9		陈立鸿（女）	2003.6
电子职专	肖金立	1997.9		魏瑞江	2003.8
四中	魏永田	1999.8		何琪	2003.8
	蔡运安	1999.8		洪双义	2003.8
	张树义	2001.9		李军	2003.8
	俞声弟	2003.8		李植	2003.8
教育中心	朱育红（女）	2007.9	教育中心	窦宝铁	2007.9
	杨玉东	2007.9			

第九章　教育管理

自80年代，河西区加强教育管理，建立健全教育机构，教育局调整科室，细化分工，相继建立教育中心等7个直属单位，为教育事业发展提供保证。加强教育教学研究，强化教育督导检查，加快教育信息化建设，加大教育经费投入，加强基础设施建设，办学水平逐年提高。

第一节　管理体制

一　教育局

1979年，区教育局管理全区教育工作。1996年5月，更名为区教育委员会。2002年1月，又更名为区教育局。2010年底，区教育局设科室21个。

二　直属单位

产业管理服务中心　1980年，成立天津市中小学校办工业公司河西分公司。2005年5月，更名为河西区教育局产业管理服务中心，负责全区中小学校办产业的管理工作。2007年，将蓟县基地建成集军训、学农、会议为一体的综合基地。下属单位劳动技术教育中心负责全区中小学生劳动实践课程。

青少年宫　1982年，河西区少年之家更名为河西区少年宫。2009年，新的建筑载体落成为河西区青少年宫。是区教育系统校外教育单位，成为青少年儿童接受素质教育与发展兴趣特长的校外教育活动场所。

教育中心　1988年9月成立。前身为河西区教师进修学校和教学研究室，是全区教科研、师资培训、信息、电教和图书资料中心。1998年6月，批准为法人事业单位。有教职员工89人，其中市级特级教师9人、区级特级教师8人、中学高级教师55人、中级教师17人。

社区教育中心　1997年9月成立。协调相关部门共同指导、推进社区教育所涵盖的各类教育和理论研究，与社区教育委员会办公室合署办公。

房屋管理站　1999年1月成立，具有独立的法人资格。负责新校舍的建设、新建小区教育配套接收、校舍维修、改造和管理。2007年8月，局基本建设管理科并入。

考试中心　2002年1月成立。负责研究生招生考试、普通高等学校招生考试、高等教育自学考试、成人高等教育招生考试、普通高中学业水平考试以及社会委托的初等英语水平等级考试等。编制8名。2008年，高中阶段招生考试调整到中学教育科。

财务中心　2004年1月成立。职工44人，其中注册会计师1人、高级会计师1人、会计师7人。负责对教育系统所属101个事业单位的财务、会计核算、票据审核、档案保管、原始凭证审核和资金使用审批。

第二节　教育教学研究

一　教学研究

1978年，成立教学研究室。以具有丰富教学经验的教研员为主体，选编各科教学大纲，研究各科教学内容、方法和手段，进行改革实验，组织专题调研。2002年，承担中国教育学会“十五”重点课题“小学语文教学整合评价研究”及国家级课题“北师大实验教材培训资料的制作”等专题的研究和“国家小学科学课程标准实验教材”实验。2003年，举行校本教研研讨活动，制定《河西区校本教研指导意见》和实施细则。2007年，教研室中获国家级先进个人、先进工作者、优秀教研员等称号10人次，获市先进个人、先进工作者10余人次。参与各类教辅材料和试卷的编写工作，初步形成河西品牌。2010年，以“构建高效课堂教学”为主题，举办各年级多学科课改观摩课、研究课和课堂教学改革研讨会。

图17-22　2005年11月，河西区中学举办第二届教学节　（区教育局提供）

二　教育研究

1984年，成立教育科学研究室，开展区域教育研究，教育科研管理。全区中小学设立科研室或科研组，聘请专家教授10余人和兼职科研人员27人，组成300余人的科研队伍。1999年，坚持以科研为先导，不断强化管理，内挖潜力，优化队伍，逐年推进教育整体水平提高。2005年，区承担中央教科所“整体构建学校德育体系”课题，参与《高中分论》《小学分论》专著的编写。学校主办国家级成果展示会16次，市级展示会20次，出版成果93本，在市级以上报刊上发表学术论文293篇。2006—2010年，全区有89项成果在国家级会议上交流，48项成果在市级会议上交流。

三 教育信息化

2006—2010年，成立教育科研与信息化办公室。下设信息技术部，人员6人，建有独立的信息中心，其中有网络机房、信息技术培训教室、电教平台、资源中心等。网络中心6台专用大型服务器，拥有2条10M光纤出口，保障教育行政办公内网及面向社会的河西教育信息网24小时不间断运行。基层学校全部建成校园网，拥有自己的内部管理服务器。基层学校信息化工作人员由分管领导、对应部门、相关教师和管理人员、技术人员组成。建设经费及日常保障根据不同情况确定，大型统一和公共项目建设由教育局安排，其余由基层单位自筹。

图17-23 2010年，第四十一中学现代化信息技术教室 （区教育局提供）

第三节 教育督导

一 督导组织

1989年8月，区政府成立教育督导室，主任由教育局局长兼任，在区教育局内下设办事机构。1995年，督导室升格为区人民政府教育督导室，由主管教育的副区长任主任。建立并完善督学聘任制度，坚持专、兼职督学相结合，依据督学任职条件遴选，聘请不同学科、不同专业享受国务院特殊津贴的专家、特级教师、知名校长等担任兼职督学，特邀人大代表、民主党派代表充实督学队伍，人员结构合理完善。注重督学专业化培养，发挥引领学校发展的作用。组建区政府督学队伍，每月根据工作重点和要求分学段深入中小幼各基层单位进行督查指导，并形成反馈意见。从各学校中先后选拔10余名副校级以上优秀青年干部，到督导室进行为期1~2年的挂职锻炼，参与督导前评估标准的制定、深入学校督导评估、督导后汇总分析等评估全过程，通过锻炼得到全面的发展与提高，逐步走上学校党政主要领导岗位。

图17-24 2010年3月，市教育综合督导评估组评估检查教育先进区会场（区教育局提供）

二、督导工作

自1998年，推行校长三年任期目标责任制，发挥督导评估的激励、导向作用。重点抓实目标制定、过程管理、届满考评等环节，确保目标达成，促进学校发展，提升河西教育整体水平。实行校长轮岗交流制，规定每位校长在一所学校的任职不超过三个任期，促进优质教育管理资源的均衡。1998年，督导室被评为全国督导工作先进集体。2004年，启动学校现代化建设先进校督导评估工作，制定高中、初中、小学、幼儿园四个学段的评估标准，引入社会评价，督导评估更加公正、客观、权威。2003年、2005年督导室被评为天津市人民政府教育督导先进单位。2008年，实施《天津市义务教育学校现代化建设标准》达标建设工作，实行领导班子责任校联系点制度，召开不同层面的工作推动会和研讨会，开展区内预评估。2009年，区政府、教育局、申报校三方联动，首批申报21所学校100%达标。是年12月，召开实施标准工作总结会，编辑出版《河西区实施标准工作专辑》。2010年，第二批17所申报校100%通过市级评估验收。

第四节　经费与设施

一　经费

1985年前，教育经费由国家包揽。自1985年，由区财政全额拨款。除正常经费负担外，市、区财政对校舍修缮、设备维修、购置项目、学科带头人等先进奖励、学生奖学金、助学金发放等进行专项拨款。1996—2003年，教育经费来源主要是区财政拨款，校办产业、学杂费、捐资助学等，成为教育经费的来源。2007年始，实行“两免一补”政策，即义务教育阶段的公办学校免收学杂费，为贫困家庭学生免费提供教科书，补助寄宿生生活费。对小学新生收取的小学报考费，对跨区招收的学生收取的义务教育阶段教育经费补偿金相应取消。

1996—2010年河西区教育经费决算情况表

表17-21　　单位：万元

年份	区教育经费	年份	区教育经费
1996	10368	2004	31093
1997	11681	2005	35113
1998	13334	2006	39734
1999	13990	2007	47880
2000	20146	2008	56923
2001	19998	2009	70887
2002	21583	2010	86089
2003	24117	—	—

二　校舍

1989—2010年，河西区注重基础设施建设，改造维修危陋校舍总面积70万平方米。新建、改建、重建的工程项目25项，总面积30万平方米。其中，2000年区高中示范校4.8万平方米教学楼、实验楼、图书馆等开工建设，总建筑面积5.2万平方米。

2010年河西区普教系统校舍情况表

表17-22　　单位：个

单位	校数	占地面积（平方米）	建筑面积（平方米）	教室数	音美专用教室	实验室	语音教室	计算机房	电化专用教室	阅览室
中学	19	566896	421377	1344	2280	18082	1140	5295	1140	1140
小学	29	317743	199418	1204	3480	2646	2063	3658	1740	1740

续表

单位	校数	占地面积（平方米）	建筑面积（平方米）	教室数	音美专用教室	实验室	语音教室	计算机房	电化专用教室	阅览室
幼儿园	22	112281	83582	活动室	睡眠室	保健室	图书室	–	–	–
				29786	14853	1122	1904	–	–	–

三 设备

在设备配置、活动场地和器材配置上，加大对教育教学投入。

1999—2010年部分教学设备投入情况表

表17-23　　单位：万元

年份	设备专款	教学仪器	投入音体美款	实验室新建、改造	装配电化语音室	信息技术课投入
1999	871.93	49.37	8.92	188.39	–	–
2000	618.63	48.48	25.66	44.33	16.90	–
2001	713.85	75.59	–	319.00	–	100.00
2002	1246.80	33.26	–	21.00	–	1152.40
2003	1225.70	753.79	402.40	–	–	–
2004	488.00	315.00	46.00	–	–	–
2005	336.00	200.00	–	–	–	136.00
2006	482.00	–	57.00	–	–	357.00
2007	195.27	143.30	6.90	–	–	–
2008	148.82	36.18	–	–	–	–
2009	595.96	575.02	–	–	–	380.70
2010	2058.77	1300.83	27.95	–	–	525.50

2009—2010年河西区中小幼电化教学设备情况表

表17-24

年份	计算机（台）	投入经费（万元）	多媒体（套）	投入经费（万元）
2009年	963	355.19	78	140.32
2010年	1621	566.87	103	238.32

2009—2010年河西区义务教育现代化学校建设场地和器材配备情况表

表17-25

年份	学校（个）	投入经费（万元）
2009年	10	314.73
2010年	12	1087.51

第十章　驻区高等院校

河西区具有驻区高等院校多的教育资源，至2010年驻区市属高等院校有师范、外国语、科技、财经、体育及高等职业技术院校9所，占市属高校的50%以上。区依托高校教育资源的优势，开展联合办学与和谐共建活动，促进全区的普通教育、职业教育和社区教育的发展，驻区高校为推进全区经济社会发展提供人才和智力支持，社区也为高校提供教育实践基地。

第一节　全日制本科院校

一　天津师范大学

1958年建立天津师范学院。1982年，更名为天津师范大学。分南北两院，南院为校本部，坐落于八里台。1999年4月，教育部批准将原天津师范大学、天津师范高等专科学校、天津教育学院合并组建新师范大学。学校占地近21万平方米，建筑面积85.42万平方米。2005年9月，坐落于西青区的新校区启用。设有25个学院、66个本科专业，涉及文学、理学、教育学、历史学、法学、经济学、管理学、工学、艺术学9个学科门类。学校有2个国家重点学科、13个市重点学科、4个市“重中之重”学科、6个教育部特色专业建设点、16个天津市品牌专业建设点、5个天津市战略性新兴产业相关专业建设点、8个省部级设置的研究实验室（院、中心）。有教职工2256人，其中专任教师1357人，有正、副教授580人，具有博士学位的教师260人。全日制在校生20545人，其中本科生16604人，博士、硕士研究生1873人，外国留学生和培训生2068人。学校先后获全国“五一劳动奖状”、全国精神文明建设工作先进单位等称号。

图17－25　2004年，天津师范大学礼堂（连卫宏摄）

二　天津外国语大学

天津外国语学院2010年更名为天津外国语大学，是全国8所独立设置的高等外语院校之一。分为主校区和滨海校区（大港区），主校区坐落于马场道117号，是原天津工商学院校址，占地面积近13万平方米。大学设研究生部、英语学院、日语学院等15个教学单位、26个本科专业。是一所以外国语言文学学科为主体，文学、经济学、管理学、法学、教育学等多学科型高等院校。有英语、日语等12个硕士点，有英语语言文学、日语语言文学2个市重点学科，俄语语言文学1个市级重点建设学科。学校有按新机制办学独立设置的滨海外事学院。学校有各类实验室63个、多媒体教室72个、开放视听阅览室2个、2套国际标准的同声传译实验室、11个语种、23套国际卫星电视接收系统。图书馆藏书107.68万册。专任教师576人，其中具有高级职称人员280余人，外籍教师40余人，教师中具有硕士以上学位的比例占80%。学校同美国、日本、英国、法国、德国等15个国家的65个学校、团体建立友好交流关系。

图17－26　1996年，天津外国语学院（区地志办提供）

三　天津体育学院

建于1958年，坐落于卫津南路51号，占地35.6万平方米。建有综合训练、田径、篮球、排球、游泳、舞蹈等教学训练馆12座，国际标准的塑胶田径场、足球场和灯光棒球场等室外训练场地20余个。各类实验室26个。建有实习实践基地100余个。设有体育教育、运动训练、社会体育等15个本科专业，涉及教育学、管理学、文学、艺术学、理学5个学科门类。1979年，开始招收硕士研究生。1986年，获得硕士学位授予权，有运动人体科学、体育人文社会学等7个硕士研究生专业。2009年5月，在全国高校体育教育专业学生基本功大赛中，取得基础理论知识和运动技能7个单项比赛中的5个第一，以总分第一的成绩获得一等奖。2010年，学院被教育部批准为具有推荐优秀应届本科生免试攻读硕士研究生资格的院校。有教职工466人，专任教师289人，其中教授51人，副教授85人，具有硕士学位的教师146人、博士学位的教师71人。全日制在校生6000余人，其中本科生5000余人，硕士研究生540余人，博士研究生12人。2010年，经国务院学位委员会批准为立项建设的新增博士学位授予单位。

图17-27　2010年，天津体育学院
（区地志办提供）

四　天津财经大学

始建于1958年，以南开大学经济类专业为基础组建，原名为河北财经学院，校址分设在河西区徽州道和和平区河北路。1965年，迁址到河西区珠江道25号，校本部占地近100万平方米，建筑面积4556万平方米。除校本部外，还有马场道校区。1969年10月，更名为天津财经学院。2004年5月，更名为天津财经大学。是天津市市属重点大学和中国北方培养高级经济管理人才的重要基地。新建数字化的逸夫图书馆、14万平方米的大学生公寓城、16万平方米新教学楼。1996年，经国家教委批准，招收工商管理硕士（MBA），拥有在职人员以研究生同等学历申请硕士学位的授予权。2010年，学校设有商学院、经济学院等12个教学系部，有现代经济管理研究院、房地产研究所等多个研究机构。学科涵盖经济学、管理学、文学、理学、法学、工学、教育学7个学科门类、33个本科专业；有应用经济学和工商管理学两个一级学科博士点和博士后流动站、14个博士点、24个硕士点和工商管理、会计硕士、公共管理硕士等专业硕士点。专任教师800余人，其中正教授117人、副教授226人，专任教师中80%以上具有研究生学历，其中33%具有博士学位。学校有全日制本科生1.2万余人、研究生2000余人、留学生近500人。

图17-28　2006年，天津财经大学
（区地志办提供）

五　天津科技大学

创建于1958年，为河北轻工业学院，隶属于原中国轻工业部。1968年，更名为天津轻工业学院。

1998年，学校管理体制改为由中央与地方共建，以天津市管理为主。2002年，更名为天津科技大学。建有河西、泰达、塘沽三个校区，总占地面积133.87万平方米，总建筑面积69.49万平方米。校本部坐落于大沽南路1038号。图书馆馆藏图书211余万册，教学、科研设备总值3.1亿元，体育场馆和专项训练设施齐全，建有校园网和各项生活设施。设有机械工程学院、电子信息与自动化学院等17个学院（部）。有全日制在校生2.3万余人。57个本科专业、“发酵工程”国家重点学科、4个国家特色专业、7个省部级重点学科和3个天津市“重中之重”学科。依托重点学科形成生物发酵、食品科学与工程、造纸工程、海洋科学与工程、化工、包装工程、高分子材料与工程等一批全国领先的特色学科专业。教职工2070人，博士生导师、硕士生导师382人，教授、副教授689人，其中双聘院士5名。2005年后，先后承担国家“十二五”科技支撑计划等各类科研项目520余项，获得国家专利120余项，被国家知识产权局列为全国企事业知识产权试点单位。2009年，成为接受中国政府奖学金来华留学生院校。

图17-29　2009年，天津科技大学
（区地志办提供）

六　天津医科大学（广东路校区）

1979年3月，天津市卫生学校升格为天津医学专科学校。1984年6月，天津医学专科学校升格为天津第二医学院。坐落于广东路1号。现址曾是第一次世界大战后的美国兵营，为欧式建筑群，是天津市重点保护建筑。全院（含附属医院）占地面积10.79万平方米，建筑面积16.86平方米。其中，校本部占地面积2.1万平方米，建筑面积4.24万平方米。设置医疗、医学检验、医学影像、药学4个专业，招收医疗、医学检验、医学影像3个专业五年制和药学四年制本科生，办学规模1500人。保留中专部，更名为第二医学院附属卫生学校。1994年6月，天津医学院和天津第二医学院合并组建为天津医科大学。校本部位于和平区气象台路22号，原天津医学院所在地。广东路1号成为该校区东院。2005年3月，更名为天津医科大学广东路校区。设有医学影像学系、医学检验学院系两个本科院系，还有天津医科大学教育学院、天津医科大学职业技术学院等。2010年，天津医科大学有中西医结合、临床医学、基础医学3个博士后科研流动站。有博士研究生导师158人，硕士研究生导师550余人。全日制在校研究生2378人，其中博士研究生367人。

图17-30　2008年，天津医科大学广东路校区
（区地志办提供）

第二节 全日制高职院校

一 天津医学高等专科学校

图17－31 2010年，天津医学高等专科学校教学楼 （市卫生局提供）

1998年，天津市护士学校与职工医学院合并重组转制。2002年，经教育部同意，天津市批准，建立天津医学高等专科学校，以医学高职高专教育为主，主要培养技能型卫生人才，是全国百所国家示范性高等职业院校之一。坐落于河西区柳林路14号，占地33.67万平方米，建筑面积15万平方米。有着专科教育、职工教育和近百年护理教育的历史。设有：护理、临床医学、口腔医学、药学与医学检验技术、医疗技术、公共卫生与卫生事业管理6个系、基础医学和公共课2个教学部、5所附属医院和160余家校外实训基地，开设护理等专业19个。全国职业教育先进个人1人、政府特贴专家3人、市级优秀教学团队4个、市级教学名师3人。学校依托行业，走联合办学之路，突出职业教育的职业性、开放性、实践性。在校生7000余人，就业率一直保持在98%以上，毕业生遍布全国，为中国卫生与健康事业发展输送大批优秀人才。学校获国家级教学成果二等奖3项、国家级精品课程9门、市级精品课程13门、市级教学成果一等奖5项。

二 天津职业技术师范大学

图17－32 2010年，天津职业技术师范大学主楼 （区地志办提供）

成立于1979年，隶属于原国家劳动部。2000年，转制为中央与地方共建，以天津市管理为主，2010年，更名为天津职业技术师范大学。学校秉承“动手动脑、全面发展”的办学理念，在全国首创实行“双证书”制，培养“一体化”职教师资的人才培养新模式。坐落于大沽南路1310号，占地80余万平方米，建筑面积48余万平方米。建有国家级实验教学示范中心1个、教学实训中心11个、实训实验室160个、创新实践基地5个，有教学科研仪器设备资产3.5亿余元。设有工学、教育学、理学、管理学、经济学、文学、艺术学7个学科门类，有省部级重点学科4个、校级重点学科5个、校级重点发展学科1个。与天津第一机床总厂合作共建企业博士后工作站，获批博士后创新实践基地。学校副高级以上专业技术职务教师占专任教师总数的47.4%，有天津市“千人计划”、教育部新世纪优秀人才等高层次人才27人。建有世界技能大赛中国研究中心、应用技术大学（学院）联盟和地方高校转型发展研究中心。有省部级重点实验室3个、省部级重点技术工程中心3个，设有38个学术研究机构。

三　天津现代职业技术学院

图 17-33　2010年，天津现代职业技术学院
（区地志办提供）

成立于2001年，位于柳林东，是一所独立设置的公办全日制高职院校，学院有6个二级院系、3个教学部、33个专业，其中有4个国内领先的特色专业、3个市级教学改革试点专业。学院教职员工451人，其中专任教师275人，双师型教师达90%，正高级职称7人，副高级职称103人，中级职称141人，省市级教学名师2人。学院是滨海新区技能型紧缺人才培养基地。学院坚持"特色立校，文化制胜"的发展理念和"进来的是学生，走出的是能手"的人才培养理念，致力于高职教育的教学研究和改革。《生产实训一体化教学车间模式的研究与实践》获第六届高等教育国家级教学成果二等奖和天津市教学成果一等奖。2008年、2010年，学院承办全国职业院校技能大赛相关赛项并两次取得一等奖。2010年，被教育部和财政部确定为全国示范性骨干高职院校建设单位，是首批进入天津海河教育园院校之一。

四　天津对外经贸职业学院

图 17-34　2009年，天津对外经贸职业学院
（区地志办提供）

成立于2001年，是天津市经贸外语类的全日制高等职业学院，隶属于天津市商务委员会和教育委员会。前身系创建于1960年的天津对外贸易学校，坐落于珠江道86号，占地面积16万余平方米，建筑面积10万平方米。有现代化的信息中心，兼具教学、管理与信息交流功能的校园网络，包括千兆教学校园网、监控网、卫星电视系统、计算机中心、语言中心、校园无线广播电台、校园一卡通等。有藏书近50万册的现代化图书馆。建有学生公寓、外国专家公寓、礼堂、运动场、体育馆、篮排球场等生活、体育设施。设有5系、3部、3个中心和17个职能部门。开设商务英语、应用日语、应用德语、应用法语、应用韩语、国际商务等17个专业。学院连续多年为华北、西北、东北地区千名外经贸在职干部提供轮训，为天津市纺织集团、渤海化工集团、机电集团、一轻集团等几百家企业的万名外向型业务人员提供专项技能培训。2008年，建立天津服务外包人才培训中心，成为天津市第一家服务外包人才培养基地。

河西区志

第十八编
科学技术

自80年代，河西区确立科技兴区发展战略，举办科技周活动。1992年，出台实施方案，制定并落实科技进步、促进企业发展、开发引进科技企业和科技人才的一系列措施，加强各级科普组织建设，形成覆盖全区的科技、科普工作网络体系。1991年，获市青少年科技活动先进区称号。1999年，获全国青少年科技优秀组织先进区称号，科技进步监测工作位居市区第一名。2004年，制定《关于开展创建国家级可持续发展实验区工作意见》，成立创建领导小组。2005年，制定《河西区可持续发展总体规划》，将创建工作纳入区内重点任务，加快示范项目建设，强化科技进步对可持续发展的引领作用。是年，河西区被天津市确立为可持续发展实验区。2008年，河西区获全国科教进社区活动先进单位称号。

1996年，天津科学技术馆外景　　（区人大代表摄影组）

第一章　实体　管理

自1979年，河西区坚持科技与经济结合，强化科技对经济发展的引领和促进作用，提高产品的技术含量和竞争力。自90年代，制定并实施《关于科技进步和引进科技人才规划、实施意见和办法》。1996—2010年，民营科技企业迅速发展，科技成果数量不断增多。加强科技成果管理，开展科技进步监测工作，引导企业提升产品的科技含量，促进生产力的发展。加强科技园区的开发建设，增强科技成果对经济发展的转化效应。

第一节　工作措施

1992年，制定《关于在街道系统聘任兼职科技副主任的暂行规定》《关于加快改革开放促进经济发展的意见》《关于科技兴区方案》，对加强科技工作的领导、增加科技投入及相关奖励政策作出规定。1993年，制定《关于加速发展经济的决定》，提出依靠科技进步的任务和要求。1994年，制定《关于跨世纪人才工程实施纲要》，确立加强科技人员队伍建设目标和任务。1995年，制定《关于科教兴区“九五”发展工程实施意见》，提出科技进步对经济增长的贡献率和培养跨世纪优秀科技人才的目标和措施。1997—1999年，召开全区科技表彰大会，制定《关于科学技术委员会人员过渡工作实施方案》，设立科技兴区领导小组办公室。制定《关于建立专业技术人员带头人队伍的实施意见》，召开科技表彰大会。2001年，制定《关于科学技术进步奖励办法》。2005—2010年，制定《“十一五”科技规划》和《可持续发展总体规划》，通过天津市可持续发展实验区专家评审。加强科技创新体系建设，制定《关于科技企业孵化器发展意见》，提出目标和管理办法。

第二节　科技实体

一　科贸街

自1998年，在平江道兴建科工贸发展街，成立科工贸发展街管委会，制定优惠政策和管理暂行规定，11家民营科技企业进驻。2000年，由科技进修学院河西分院投资组建技术交易所，为企业提供人才、科技成果推广转化、无形资产评估、科技咨询、技术等服务。2004年，撤销科工贸发展街管委会，成立科工贸发展中心，以科亿公司的办公用房为招商引资载体，采取政府搭台、社会参与、市场运作的模式。至2005年，引进企业23家。2010年，工贸发展中心更名为生产力促进中心。

二　科技“孵化器”

自90年代末，工业区建设与科技孵化器建设相结合。21世纪初，将位于陈塘工业区内的“天感科技园”列入“孵化器”建设的重点。园区以感光耗材、数码影像输出材料为依托，吸引相关科技型中小企业，引进数码行业的知名企业，打造数码影像输出材料平台，建设数码输出耗材的产业化生产基地。2005年，园区“数码影像输出材料评价系统建设”课题经过评审，列入市科技创新能力与环境建设项目。数码影像输出材料评价系统建设项目，拥有具有自主产权的多种数码影像输出材料的涂层技术，

图18-1　2003年，陈塘科技企业孵化器　（区地志办提供）

开发出喷墨打印等多个产品，其中数码打样纸、RC高光防水相纸产品在国内处于领先地位，热敏涂层技术填补国内空白。

2005—2010年园区入驻企业和投资情况表

表18-1

产业板块	代表单位	涉及单位(个)	投资总额(万元)
影像材料	天感感光材料公司	8	1000
金属机加工	单飞科技发展有限公司	4	400
照相化学	天感有机化工有限公司	4	300
涤纶薄膜	乐凯薄膜有限公司	2	3000
其他关联		10	500

三　技术市场

1980年，区科学技术协会成立外文翻译所。1983年，改名为区科技咨询服务部。1984年，更名为区科技咨询服务中心，有19家驻区工厂科协、7个区属学会成立科技咨询站，形成跨省的咨询联络网。1986年，承担技术合同认定登记工作。1988年，区科技咨询中心设有41个咨询站。

1994年，举办技术交易会。1995年，举办“科技成果展示招标交易大会”，48个单位近500个新技术、新工艺、新产品及科技信息在会上展示交流。1999年，举办春季科技成果人才智力交流会和科工贸发展街秋季技术交易会，组织大专院校、科研单位、大中型企业、区属企业和民营企业的300余项新产品、新技术、新项目参加交流。2002年，修订《申办技术交易服务机构的审核程序》《办理民营科技企业技术经营资格认定程序》《办理技术合同认定登记程序》，建立相应的监管制度。2003年，举办科技成果展示交流洽谈会，50家企业参加。2008年，发挥区域经济服务中心科技窗口的作用，认定登记技术合同近千件，技术交易额4.2亿元。区科委获市技术市场管理工作先进单位称号。2009—2010年，年均完成技术合同认定额超5亿元。

四　民营科技企业

图18-2　2003年，陈塘科技园区企业车间　（区地志办提供）

1987年，成立第一家民营科技企业。1988年，开展技术商品经营服务和领取营业执照前的审核工作。至1996年，区民营科技机构发展到195家，科工贸总收入在400万元以上的企业6家。对新注册的民营科技企业进行审核及备案，简化民营科技企业申办审批手续。1998年，进入企业发展快速期，部分企业由一般科贸型，转为具有自主知识产权和一定市场竞争能力的产业化研发型企业。年科工贸总收入为2.25亿元。区域内注册的民营科技企业涉及电子信息、生物技术、新材料、新能源、环保、化工、机械制造等领域。2000—2007年，取消对民营科技企业领取营业执照前审核，改为备案登记。在区行政服务大厅，设立工作窗口，开展民营科技企业备案、技术合同认定登记和有关科技政策咨询等服务。

至2008年，备案注册的民营科技企业296家，年科工贸总收入32亿元，利税3.55亿元。2010年，召开加快科技型中小企业发展动员大会，制定20条举措，成立区科技专家委员会，加大资金投入，培育“科技小巨人”，推动区域经济发展走上创新驱动、内生增长的轨道。

第三节 管理与监测

一 奖励和审报

1991—2000年，对具有发展潜力的科技成果重点给予扶持，组织专家对科技成果鉴定，对市级以上科技成果登记、申报各类国家和市级科技成果计划以及市、区科技进步奖。1997年，制定并实施《关于科学技术进步奖励办法及实施细则》。2000年始，进行专利申请。2001年，14个项目进行市级科技成果登记，3个项目获市科技进步奖，推荐市科技成果推广项目6项，申报国家、市新产品计划6项，全年技术合同登记额9200万元。2002年，3项科技成果通过专家鉴定，15项成果进行市级科技成果登记，1项新产品获国家新产品计划证书，5个项目推荐申报市科技发展计划，1个项目获市科技进步三等奖。2003年，完成科技成果鉴定2项，获市科技进步奖项目2项，列入市以上科技计划4项，市以上科技成果登记项目17项，认定登记、统计技术合同588份，技术交易额1.47亿元。

2004年，签订合作意向16项，完成技术认定登记交易额1.63亿元。登记市级以上科技成果18项，申报市科技发展计划项目5项，申报市科技进步奖3项。申请专利659件，为244件专利办理天津市专利。2005年，登记市级科技成果20项，认定登记技术合同3.33亿元。2006年，完成科技成果登记22项，6项科技成果通过专家鉴定，1个项目获市科技进步奖，受理专利申请资助207项。2007年，认定登记技术交易合同900余份，技术交易额3.6亿元，登记市级科技成果23项。成立区知识产权局，受理专利申请资助228项。2008年，认定登记技术交易合同1000余份，登记市级科技成果30项。全区5家企业列为区专利工作重点单位，1家企业列入年度市重点扶持专利产品目录，受理专利申请资助125项。2009年，登记市级科技成果30项，4家企业列为市级专利试点企业，6家企业列为区级专利试点企业，受理专利申请资助115项。完成“保增长、渡难关、上水平”群体扶植项目申报，全区10家企业获资金370万元，贷款120万元，2家企业获国家科技资金支持140万元。15家企业申报市高新技术企业资格认定，13家企业通过高新技术企业资格认定。2010年，修订完善奖励措施，加大奖励力度，调动企业和个人科技创新的积极性。

1991—2010年河西区科技成果情况表

表18-2

年份	专利申请量	纳入市级以上计划数(件)	科技成果登记数(次)	获天津市科技进步奖数(次)	获河西区科技进步奖数(次)
1991	-	-	1	-	-
1992	-	-	2	-	-
1993	-	-	3	-	-
1994	-	-	6	1	-
1995	-	-	5	-	-
1996	-	-	6	-	-
1997	-	2	11	2	26
1998	-	2	16	1	27
1999	-	3	16	1	28
2000	242	8	22	4	29
2001	275	4	14	6	30
2002	557	7	15	4	39
2003	525	2	19	3	41
2004	659	3	18	1	42
2005	621	4	20	1	46
2006	575	5	25	1	46
2007	648	4	26	2	46

续表

年份	专利申请量	纳入市级以上计划数(件)	科技成果登记数(次)	获天津市科技进步奖数(次)	获河西区科技进步奖数(次)
2008	743	6	30	2	46
2009	768	5	30	2	21
2010	860	4	30	8	21

二　知识产权

2003年，成立区知识产权办公室。2005—2010年，建立知识产权联席会制度，由区属相关部门以及驻区科研院所、大专院校组成。发挥联席会成员单位的协作机制作用，加强知识产权法律法规的宣传。制定《知识产权"十一五"发展规划》，落实专利奖励和扶植政策，推进知识产权工作开展。

三　监测

1996年，开展科技进步监测工作。1998年，组成科技工作网络，定期召开会议，部署监测工作，通报监测结果，分析监测数据，科技产出指标逐年提高。2003年，召开"坚持科技进步，依靠技术创新工作推动会"，通过市科委2003—2004年度科技进步考核。2008—2010年，科技进步监测保持市区前2名位次。

1996—2010年河西区科技进步监测情况表

表18-3　　单位：名

年份	市内六区总排序	科技投入	科技产出	经济发展	社会进步
1996	6	3	4	6	4
1997	5	4	4	4	2
1998	2	2	1	3	2
1999	1	2	2	1	6
2000	2	2	3	1	5
2001	3	2	3	4	2
2002	3	4	4	3	1
2003	3	3	3	3	2
2004	3	3	3	2	2
2005	4	3	5	2	2
2006	3	3	3	4	1
2007	3	3	3	3	2
2008	2	2	2	2	1
2009	2	3	3	3	2
2010	2	2	2	3	2

第二章　科学普及

自80年代，河西区加强各级科普组织建设，开展经常性、多层次、多形式、多内容的科普教育。举办科技周活动，实施科普示范工程。2003年，学习贯彻科学技术普及法，确立大科普工作思路，把科普工作寓于全区各项工作之中。是年，成立区反邪教协会，开通全市首家崇尚科学反对迷信网站。2008年，编印《我们身边的科学》培训教材，下发各个街道社区。至2010年，落实《全民科学素质行动计划纲要》，开辟科普特色课堂，做好各街道科普、市民学校培训工作，实施全民科普素质教育工程，在市和全国青少年科技大赛中获诸多奖项。

第一节 基层科普活动

一 青少年科技活动

1982年，在南楼中学建立青少年电子活动指导站，成立区青少年电子计算站。在区少年宫成立青少年科技发明学校。1990年，在市第五届青少年科技小发明竞赛中，参赛的19件作品全部获奖，获奖总数市区第一名。1991年，新华中学“麦饭石固体保健饮料”科技成果在第二届世界青年发明家成果展中获金奖，组队参加全国首届青年科技发明博览会获金奖，在全市第七届青少年科技发明竞赛中获奖总数市区第一名。1992年，成立区青少年业余电台。1994年，制定并落实《关于在全区中小学开展“我为区街搞发明活动”的实施方案》。1996年，在第十三中学举办首届市区青少年计算机应用能力测试活动，获团体总分第一名。2000年，成立科技兴趣小组。组成青少年小博士科学院，聘请工程院院士侯锋为名誉院长，成员由历年获得市级以上青少年科技竞赛一等奖的中小学生组成。

1991—2005年，参加市青少年科技创新大赛和国家科技创新竞赛，获诸多奖项。连续三届被评为市青少年科技活动先进区，多次获得全国青少年科技创新大赛优秀组织奖。1999年，被评为全国青少年科技优秀活动组织先进区。2008年，在市第二十三届青少年科技创新大赛中，中小学的590项科技作品获奖，其中一等奖82个，占获奖总数的14%。河西区获第二十三届青少年科技创新大赛突出贡献奖。举办“科普联合行动宣传日”活动。2010年，参加市第二十五届青少年科技创新大赛，共87人获奖。参加全国青少年科技创新大赛，有13个项目参赛并获奖。

二 街道科普

1988年，在三义庄街成立街道科普协会，全区各个街道相继成立科普协会。1995年，各街开展“讲精神文明，比科学生活，创建科学文明家庭”的活动。1998年，实施科普示范工程。2000年，马场、越秀路等街道被评为市级科普示范街，多个居委会和社区被评为市级科普示范小区，2所学校被评为全国青少年科技活动示范校，90户被评为市级科学文明家庭。2001年，实施市民教育工程，在全区12个街道的市民学校开展科学普及主题教育，开设身边科普知识、食品保健与身体健康、气象知识与身体健康、环境保护与身体健康等内容的讲座，共2.16万人（次）参加培训。在越秀路街组建全市首家街道科普学校。2003年，开展精品科普社区创建活动。2004年，评选出精品示范社区7个。

2005—2010年，召开街道科普工作座谈会，表彰先进集体13个、先进科普工作者13名。13个街举办主题科普月活动和市民学校课程培训。在越秀路街、下瓦房街、大营门街举办“科普知识进社区”活动。举办民营企业科普展览、主题科普讲座，组织科普专家为社区居民进行健康保健咨询义诊。与人民防空办公室等部门联合组织防空知识进企业、进学校、进社区系列活动。2008—2010年，组织34项重点活动和百余项基层活动。创建和谐社区工作被评为市科协系统优秀科普活动，6个社区被评为市科普示范社区，5个家庭被评为市科学文明家庭。

第二节 科技周与培训

一 主题活动

1987—2000年，举办首届科技周活动，每年设定一个主题，开展主题科普宣传活动，连续23年被评为天津市科技周活动先进单位。开展科普展览、征文、讲座、培训、科技交流、学术研讨、表彰自主创新的先进科技工作者等系列活动。社区科普大学组织科普培训，街道社区开展建设节约型社区主题活动，青少年宫、文化场馆等科普教育基地开展科普活动。全区中小学校开展以“我的低碳生活”为主题的科学调查体验活动和主题升旗仪式。人民防空、地震、环保等部门开展预防和应对事故灾难、自然灾害、公共卫生事件等科普教育活动。

1988年，承办国家级“中国航天展览”相关工作。1991年，承办市第五届科技周开幕式，中国科协、市领导和15个省市地区参会人员参观科技荟展园区。第四中学被评为全国“小星火”活动先进集体。1994年，举办第八届科技周，由区政府和市科协共同承办“94全国城市科技（科普）周暨天津市第八届科技周开幕式”，全国政协、中国科协、中科院、国务院有关部委办领导和全国40个省（市）科协领导与国外代表出席开幕式，全国政协副主席、中国科协主席朱光亚出席开幕式。举办“河西区科技成果交易展示会”，来自大专院校、科研单位、大中型企业、文化卫生、校办企业、商业系统、城建环保等近百个单位参加展示交流，涉及电子、机械、化工、轻工、纺织、冶金、生物、医疗器械等专业的先进技术和工艺。

2001年，举办以“科技·环境·可持续发展”为主题的第十五届科技周。3个街被评为市级科普示范街，18个居民小区被评为市级科普示范小区。2002年，以“科技·人世·发展”为主题开展“科教进社区”活动，尖山街等3个街被评为市科普示范街，陈塘庄体育彩票公园被确定为科普活动基地，教师村居委会等18个小区成为科普示范小区。2个科普工作先进集体、4名科普工作先进工作者、6所科技活动先进学校、3所科技活动示范学校、8名优秀科技辅导员受到市里表彰。2003年，以“依靠科学，战胜‘非典’”为主题，举办50个“崇尚科学文明，摒弃生活陋习”系列科普图展。开通全市首家崇尚科学反对迷信网站。建成5个市级科普示范社区、36个市级科普示范小区、22个市级科学文明家庭、3个市级科普示范基地。2004年，创建精品社区活动被列入天津市科普活动的内容，并在河西区召开现场会向全市推广。2005年，围绕“珍惜资源——建设节约型社会”主题和创建可持续发展实验区工作，举办“百场科普知识报告会”系列活动。配合创建全国卫生城区工作，开展科普窗口宣传教育活动。

2006—2010年，以实施《全民科学素质行动计划纲要》为主题，市民学校开辟科普特色课堂。编写15万字的市民学校科普知识教材《我们身边的科学》和《身边科普知识》《节约专题典型事例汇编》《科普示范社区、和谐社区经验汇编》《青少年科技教育工作汇编》等60万字科普读物的编辑工作。2009年，在市科学素质先进单位及个人表彰大会上，全区12所科技活动先进学校、8名优秀科技辅导员、2名优秀组织工作者、4名科技传播之星受到表彰。组织第二十三届科技周开幕式暨科普工作现场推动会、14个科普讲座报告会、3次科普培训、4场科普展览、7个主题等12大系列，45项重点活动。至2010年，组织24届科技周、共1080项活动。

图18-3　2006年，第二十届科技周开幕式现场　（区地志办提供）

二　科技培训

70年代末，市科技进修学院河西分院开设大学单科班、短期辅导班和工农兵大学生补习班等。自1980年，设18个专业课程。至1985年，培训学员5600人。开办学制4年的中、西医大专学历班，112名学员取得大专毕业证书。1990年，制定《1990年至1992年继续教育规划》，开展多种形式的继续教育活动。1993年，1424名专业技术人员完成培训任务，占全部人员的72%。实行《继续教育管理目标卡制度》，将继续教育工作纳入各级领导的责任制。专业人员继续教育工作转归人事部门管理。

第十九编
文　化

自80年代，河西区确立“大文化”发展思路和目标。依托市属文艺团体、文化载体众多和文化底蕴深厚的资源优势，坚持先进文化的发展方向，举全区之力，相继创建“先进文化区”“文化博览区”和“文化大区”，推进文化体制改革，将社区文化、企业文化、校园文化、军营文化融为一体，推进文化事业与文化产业相应发展、群众文化与专业文化齐头并进、民族文化与世界文化相互交融，不断满足人民群众日益增长的文化需求。区域内国家、天津市和外省市及国外文化团体推出或与河西区联合举办一系列大型文艺演出，河西区在市和全国展演中获得诸多奖项，涌现出一批市级和国家级文化先进集体和个人。1988年，中共中央办公厅和国家文化部来区调研文化工作，中共中央政治局常委胡启立深入河西区考察文化建设。《人民日报》以《城市精神文明建设的一条有效途径——天津市河西区文化建设的调查与思考》为题刊载调研报告，《天津日报》进行系列报道。1991年，获全国文化工作先进地区。2008年，获全国文化信息资源共享工程示范区、文化产业先进集体、文化市场行政执法先进单位称号。河西区连续多年获市文化工作先进称号。自2009年，制定文化建设规划，确立文化建设的战略定位、发展目标和方法途径。天津市文化中心项目在区内银河公园东侧天津乐园原址兴建，2012年竣工。河西区被定位为天津市“文化中心区”。

2008年，迎奥运文化活动现场　　　　（张颖摄）

第一章 天津文化中心

2009年，天津市在原天津乐园旧址上动工兴建，2012年落成。四至为：东至隆昌路、南至平江道、西至友谊路、北至乐园道。除原有的中华剧院、博物馆、科技馆、自然博物馆、青少年活动中心和银河公园等建筑设施外，建成新的博物馆、图书馆、大剧院、新建美术馆、银河国际购物中心、阳光乐园、地下商业广场及景观配套设施。总建筑面积100万平方米，其中地上53万平方米，地下47万平方米。区政府成立天津文化中心区域管理办公室。天津文化中心是天津市有史以来规模最大的公共文化设施，也是天津市一个标志性文化建筑群，被称为城市“会客厅”和天津市的“名片”。

图19-1 2012年，天津文化中心外景 （区地志办提供）

第一节 文化设施

一 天津博物馆

该馆有近百年历史，是展示中国古代艺术及天津城市发展历史的大型艺术历史类综合性博物。2004年，天津博物馆新馆落成开放，建筑共3层，最高处33米，建筑外形为仿天鹅造型，内部由陈列展览区、藏品库房区、图书资料中心等组成。天津自然博物馆坐落其间。室外设有容积为6500平方米的天鹅湖。2012年，新建的天津博物馆，建筑面积6.9万平方米，地上五层，地下一层。共设计13个展厅，展厅面积1.4万平方米，地下文物库房1.1万平方米。馆藏20万件、文献20万册，其中国家一级文物千余件。

图19-2 2012年，天津博物馆（天津市文化中心管理办公室提供）

二 天津美术馆

建筑面积3.7万平方米。是天津市以收藏、研究、推广、展示近现代以及当代艺术家作品为重点的综合造型艺术美术馆。地上4层，地下1层，展区总面积1万平方米，展线达3千延米。

图19-3 2012年，天津美术馆（天津市文化中心管理办公室提供）

三　天津图书馆

建筑面积6.5万平方米，地上5层，地下1层。建筑设计立意为“智慧乐园”，具有借阅、数字图书、藏书、古籍保护和修复功能，定位于市民阅读服务中心。其中，文化中心馆区是天津图书馆的主体馆区，藏书600万册，开架阅览100万册图书、3500种期刊、400种报纸，增加音乐图书馆服务，开辟音乐培训教学区、音乐普及体验欣赏区、专业欣赏和深度体验区、音乐资料收藏等区域，为读者提供公益性图书馆服务。

图19-4　2012年，天津图书馆
（天津市文化中心管理办公室提供）

四　天津大剧院

建筑面积10.5万平方米，地上5层，地下3层。大剧院由歌剧厅、音乐厅、小剧场、多功能厅、排练场及艺术长廊、地下停车场等附属设施组成。歌剧厅容纳1.6万座席，安装现代化大型舞台机械设备，满足大型歌舞剧演出需要，具备接待国际顶级艺术团体和自主制作节目的能力。音乐厅1200座席，可承办中外顶级交响乐团、合唱团等大型演出；小剧场、多功能厅各容纳400人，可承办话剧、小型音乐会、时装表演、中小型会议、展览、新闻发布会等；建有5千平米的艺术长廊。

图19-5　2012年，天津大剧院夜景
（天津市文化中心管理办公室提供）

五　天津青少年活动中心

1985年6月1日，占地面积55万平方米的市青少年儿童活动中心竣工开放，是天津市最大的集文化、娱乐和青少年课外培训教育为一体的活动场所，全国政协主席邓颖超为之题词。2003年，兴建2.3万平方米的综合教育楼。青少年活动中心面积近9万平方米，内设各种功能厅、馆、教室、艺术幼儿园，配有数字化和多媒体语言辅助教学、会议及智能化管理系统。

图19-6　2010年，天津青少年活动中心
（郭枫摄）

该中心是中国教育学会少年儿童校外教育专业委员会理事单位、中国青少年宫协会常务理事单位、共青团中央科技创新教育实践基地、国际游艺机游乐园协会会员、中国游艺机游乐园协会副会长单位。获首届中国青少年社会教育银杏奖、优秀团队奖。先后3次获全国先进青少

年宫和全国先进游乐园称号，成为中国青少年宫协会副会长单位和中国青少年宫协会主题活动专业委员会主任单位。

六 天津科学技术馆

1993年建成开业。建筑面积1.8万平方米，是全国科普教育基地。常设展厅1万平方米，分上下2层、5大展区，共展示310件（套）集科学性、知识性、趣味性、参与性于一体的展品，建设主体上方的球形建筑是宇宙剧场，放映全天域科教电影。

图19—7 2010年，中华剧院 （郭枫摄）

七 中华剧院

2006年竣工开业。建筑面积1.6万平方米，分为剧院、综合楼、金禧园宾馆、园林功能区，天津青年京剧团亦坐落于此。剧院建筑面积9079平方米；综合楼建筑面积3039平方米；金禧园宾馆建筑面积3815平方米；园林占地1.5万平方米。4个功能区构成艺术生产、文化经营及园林景观为一体的建设格局。剧院常年演出传统和新编剧目及其他文艺节目。

图19—8 2012年，天津自然博物馆
（天津市文化中心管理办公室提供）

八 天津自然博物馆

该馆有近百年的历史。位于银河公园的原天津博物馆内，建筑面积5.3万平方米，1层为探索展区，2层为生命展区，3层为生态展区。1998年，被评为国家首批一级博物馆。

第二节 其他设施与管理

一 商业设施

银河国际购物中心 建筑面积36万平方米，是集购物、餐饮、娱乐、休闲等多功能业态聚合的载

图19—9 2012年，银河国际购物中心
（天津市文化中心管理办公室提供）

图19—10 2012年，阳光乐园·彩悦城
（天津市文化中心管理办公室提供）

体。“日辉”“月光”“星光”“大地” 4个主题共享空间，寓意日月同辉。

阳光乐园·彩悦城 建筑面积8.2万平方米，平面布局采用“三叶草”形式，是天津市大型室内青少年活动场所，集教育培训、餐饮娱乐、购物于一体，为儿童提供益智游乐和家庭体验消费。

银河地下商业广场 有商铺61间，面积8万平方米，有公共交通枢纽，机动车停车场2.8万平方米。

二 配套设施

天津文化中心有18.9万平方米的景观绿化、27万平方米的广场铺装、10万平方米的中心湖区、1150座各类检查井、1.85万延米排水管道，配有景观照明系统、弱电监控系统、标志标识系统、配电间和变电站，地下空间总面积达47万平方米，设有公交、停车场等综合交通枢纽，区域管理的面积77万平方米。

三 管理

按照属地管理的原则，成立天津文化中心区域管理办公室，为区政府的正处级派出机构。依法组织实施天津文化中心市容市貌、环境卫生、园林绿化、水体喷泉、夜景灯光、市政道路、综合执法等方面的管理以及社会治安和应急处置，维护文化中心的公共安全和社会秩序。

第三节 市属其他文化设施

市属大型文化载体多集聚于区域的市文化中心，尚有一些分散的载体。

一 华夏未来少儿艺术中心大厦

坐落于体院北环湖中道3号。2001年，扩建新厦，建筑面积1.5万平方米，教室56间，剧场1座，可容纳观众400人，有多功能厅、工程、办公、附属用房等。2005年，续建华夏未来少儿艺术中心二期工程，建筑面积2万平方米，设有儿童戏水馆、国际儿童会展中心（世界儿童画馆）、国际会议中心、体育竞技中心、音乐中心、舞蹈中心、表演中心、多功能排演厅、国际儿童公寓等场馆。华夏未来儿童公园面积5.32万平方米，设有竹园、春景园、秋景园、四季景园、墨尔本儿童花园、老少同乐园、木色湖畔、水生植物展示园、美人鱼沙滩等景观区。表演场、4D影院。焦裕禄塑像坐落其间。

二 滨湖剧院

坐落于环湖中路6号。原为天津京剧院的专属剧场，始建于1988年。2006年，在原址拆除重建，2008年落成，建筑面积1.74万平方米。剧场观众厅分为上下两层，共设818个座席，配有6个包厢。先后有北京、上海、湖北、云南、辽宁、山东、河北等10余省市和20余个国家文艺团体到此演出。

图19-11 2010年，天津滨湖剧院（区地志办提供）

三 光华剧院

坐落于新围堤道与南北大街交口。2008年建成投入使用。剧场面积5247平方米，观众厅面积770平方米，共有912个座位，舞台面积576平方米。突出为孩子服务的特色，其中儿艺小剧场设有直径15米的旋转伸出式舞台。剧场内设有6个点位地锚，特制的弧形座椅，前6排座椅可随时拆装。市儿童艺术剧团坐落于此。

四　北疆博物院

坐落于马场道117号，外国语大学校区。原为黄河白河博物馆，为天津自然博物馆前身。1914年，法国天主教耶稣会神甫、博物学家桑志华主持创建。1928年，对公众开放，建筑面积1640平方米。

北疆博物院是中国最早的自然历史博物馆之一，是收藏中国古哺乳动物化石最为丰富的博物馆，开创中国古哺乳动物学研究的先河。其藏品有：动物、植物、古生物、古人类、岩石矿物标本以及历史民俗文物20余万件，奠定天津自然博物馆的馆藏基础。1922年，北疆博物院兴建北楼。1925年，在北楼西侧扩建陈列室。1929年，再次扩建南楼，南楼与北楼两座建筑以连廊相接，整体工程呈“工”字型布局。30年代在世界上有较大影响。1937年封馆。

图19-12　1991年，北疆博物院旧址牌匾（区地志办提供）

第二章　区街文化场所

1979—2010年，河西区加强文化载体建设，新建和改扩建区文化馆、少年宫、图书馆、少儿图书馆、街道文化站和市民学校等一批文化设施。90年代，区少年宫、青年宫、工人俱乐部、影院相继转变经营模式，歌舞厅、影像制品经营、网吧、影城等新兴文化产业陆续兴起。21世纪初，河西区西岸文化中心建成。众多的文化载体成为文化繁荣发展的优质资源和重要依托。

第一节　文化馆站

一　文化馆

1986年8月，文化馆竣工。成立“月季花”舞蹈团、少儿民族舞蹈团、广角摄影学会、业余话剧团、模特表演队、曲艺队等十几个群众业余文化团体。1988年，中央办公厅和文化部调查组来馆调查研究，文化部部长刘忠德到馆视察。1990年，被评为全国先进文化馆。多次被评为国家一级文化馆。2007年，购置数字电影放映设备，组建数字电影放映小分队。自2008年，开展数字电影进社区活动，每年向社区、街道、企业放映数字电影50部。建成2300平方米的新文化馆，集业余文艺培训和文化娱乐为一体，设有演艺厅、报告厅、舞蹈排练厅、文化培训教室、会议室和办公室等场地。21世纪初，对区文化馆、图书馆所在大楼进行整修改造，区文学艺术界联合会、区少儿图书馆迁入，成为河西区文化中心。

二　街道文化站

1979年，在挂甲寺街文化站召开推广普及街道文化站工作现场会。1983年，全区18个街均建有文化站。1985年，三义庄街文化站获全国先进文化站称号。1988年，居委会文化室321个。至1990年，新建、扩建文化站10个。1993年，9个街文化站被评为全国标准文化站。2010年，新建文化站3个。各街道文化站面积300~600平方米，设有多功能活动厅、书刊阅览室、培训教室、电子阅览室等用房。

2010年河西区各街道文化站情况表

表19-1　　单位：平方米

名称	地址	面积
友谊路街文化站	平江道22号	611
越秀路街文化站	前进道8号	682
东海街文化站	微山路与三水道交口	787
马场街文化站	气象台路德才里平房	600
陈塘庄街文化站	东江道36号	480
柳林街文化站	双林路与海地道18号交口	500
大营门街文化站	江西路82号	530
下瓦房街文化站	富裕广场一期3号楼底商	500
桃园街文化站	永安道与黄浦北路交口	700
挂甲寺街文化站	隆昌路5号	600
尖山街文化站	沅江道温泉小区	1200
天塔街文化站	体院北环湖东里57门旁	500
梅江街文化站	绥江道川水园公建用房	530

三　西岸艺术馆

位于友谊北路3号，于2008年6月开馆，常规席位80个，是一座具有哥特式风格的建筑。常年开展室内乐、艺术讲座等高雅艺术活动，形成特色和品牌。

图19-13　2008年，天津西岸艺术馆　（区地志办提供）

第二节　青少年宫与工人俱乐部

一　少年宫

图19-14　1982年，少年宫　（李世明摄）

原名“少年之家”，1980年迁至小围堤道北侧（原北楼小学）。1982年，更名为河西区少年宫，建有主楼、科技楼、文艺楼及坐落在体院北的分宫。1992年、1993年，获全国少年儿童校外教育先进集体称号。1995年，参加在天津举行的第43届世乒赛开、闭幕式大型演出。1996年，应国务院国庆办公室邀请，百名优秀学员赴北京登天安门城楼并观看国庆升旗仪式。自2000年，获天津国际少儿文化艺术节先进单位和全国少儿主题教育活动先进集体、天津市教育系统先进集体、艺术教育工作先进集体等称号。在天津市和全国各类展演和比赛中获100余项奖，先后被20多家媒体报道。中共中央政治局常委胡启立、全国人大常委会副委员长王光英、文化部部长刘忠德等党和国家及市领导人到少年宫视察，接待世界56个国家和地区及全国各地260余个参观团。2005年，原少年宫主任张福清获国家“十部委”授予的全国青少年社会教育终身成就奖。2009年11月，坐落于解放南路357号2万余平方米的河西区青少年宫落成。内设青少年剧场、多功能大厅、美术展厅、舞蹈排练厅、科技中心、艺术培训室、体操练功房、数字化图书馆、功能性广场等设施，是中小学学生接受素质教育与发展兴趣特长的校外教育场所。2010年，开展一系列活动。

图19-15　2010年，青少年宫
（区地志办提供）

二　青年宫

1993年开放。1997年，因建设华夏未来少儿艺术中心征用其馆舍土地，区青年宫关闭。

三　工人俱乐部

1990年，对工人俱乐部剧场进行改建。1991年竣工。1993年，改制为企业。至2010年，主要经营艺术培训、文化娱乐等业务。

第三节　图书馆

一　图书馆

1981年，迁入广东路安德里42号（原区少年宫旧址）。1994年，在全国首次公共图书馆评估中名列全市第一名，被评定为国家二级图书馆、全国文明图书馆。1999年，投资2000余万元建成新馆，坐落于大沽路961号，建筑面积为4470平方米。内设图书外借处、新书阅览室、参考咨询处、报刊阅览室、地方文献阅览室、青年自习室等，并通过局域网实现业务与行政办公的计算机管理。2000年，被评为国家一级图书馆。2001年，建立计算机电子阅览室。2004年，建立独立网站。2006年，建成由电子阅览室、主机房、多功能演播厅组成的共享工程中心，藏书30余万册，年订购期刊达到600种，报刊阅览室免费对读者开放，老年读者享受免费办理借阅证优惠。2009年，再次被评为国家一级图书馆。

二　少儿图书馆

1986年落成，1987年对外开放。1989年，建立区少年宫玩具图书馆，属少儿图书馆管理，面积500平方米，藏书2万册，有儿童玩具140种4000余件。1999年，因城市建设征地，区少儿图书馆在榆林路小学、中山小学、少年宫临时办公。先后建立馆外图书流通站12个，建立学校图书馆16个。1994年、1998年，被评定为国家二级图书馆。2010年，搬至区图书馆，面积约1000平方米，在区青少年宫建立分馆。新少儿图书馆设有行政办公室、采编部、计算机房、外借部、综合阅览室、电子阅览室、辅导活动部等部门，馆内采、编、流系统的业务工作实行计算机自动化管理。藏书8.6万册，音像资料900张。

第四节　影剧院

一　北京影院

1990年，改造电影大厅，成为特级电影院，以电影为主业，兼营舞会、歌厅、录像厅等业务。2007年11月4日中午，天津市电力局路灯管理处的员工在施工时将高压线损伤，造成漏电，观众厅顶棚及装修材料、灯带、电影放映机、观众座席等被大火烧毁，录像厅的放映设施被高压电流击毁，影院停业。2008年，北京影院异地置换建设影城。

二　下瓦房影院

1988年，进行内部装修改造，被定为市特级豪华影院。1993年，对影院结构进行改造。1996年，因地铁施工，琼州道封道，停止营业。自2005年，出租开设酒吧和歌厅。

三　珠江影院

1989年开业。1995年，在影院主体北侧建设6000平方米综合大楼。自1996年，出租转营新项目。

四　百花影院和红星影院

位于谦德庄地区。90年代，家庭电视普及，各类娱乐场所增多，电影市场萎缩，影院先后停业。

五　星美影城和西岸金逸国际影城

2009年，星美影城在天津湾·嘉茂购物中心营业。2010年3月，西岸金逸国际影城落成开业，建筑面积9680平方米，设有7个电影厅，1000个座位。

图19-16　2010年，西岸金逸国际电影城
（区文化局提供）

第五节　文化市场

一　产业项目

歌舞厅　1984年，部分文化单位试办营业性舞会。1987年，除文化单位外，宾馆、饭店等单位开设舞厅。进入90年代，舞厅娱乐业迅速发展，并由大众低端消费娱乐型向高档豪华型发展。1995—2000年，为集中发展时期，数量达到100多家。2001年后，歌舞厅引进先进的电子技术，采用电脑点歌系统，升级硬件设施，大众舞厅逐年减少。至2010年，全区拥有合法登记的歌舞厅68个。

录像厅　1984年，经营录像放映的单位或个人逐渐增多。1987年，对录像放映市场统一管理。1995年，全区录像放映厅有24家。由于录像放映涉及版权问题，数量减少。2000年后，录像厅不再换发经营许可证，逐步停业。

电子游艺　1990年，开办营业性电子游戏。1995年，发展到159余家，由纯娱乐型发展到有奖游戏，出现赌博性的游戏机。自2000年，对经营电子游戏厅提高准入门槛，进行清理整顿。2010年，营业面积超过300平方米、游戏机超过100台的电子游戏厅仅剩2家。

台球厅 始兴于1985年前后，最多时发展到40多家。1987年，区体育馆、文化馆等建立高档台球厅，多次举办全区及跨区性台球比赛。1995—2004年，趋向于高档化、品牌化发展。2004年，按照有关规定，台球厅不再归文化部门管理。

书店 1980年，个体图书业逐渐恢复。自1990年，发放许可证，每年组织联合检查。至1995年，共有图书经销商85家。自1996年，图书零售店（书店）快速发展。至2000年，达到200余家。自2001年，小型书店数量锐减。2009年，上海三联书店天津西岸书屋落成开业。2010年，书店减少到106个。

音像制品 1982年，区内出现录音制品零售业。1990年前后，录音录像制品销售租赁行业快速增长，良莠不齐，管理压力加大。1991年，开始依法整顿治理音像制品市场，音像制品的出租、零售经营由区文化局审批发证，只限全民和集体单位，个体经营不予审批。大量个体音像制品经营户通过挂靠和加盟连锁的形式继续经营。1993年，达100余家。2000年后，音像制品经营渐萎缩。至2010年，减少到51家。

网吧 2001年，建立第一家网吧。逐步建立健全网吧监督机制，加强网吧的日常监管和专项整治，查处各种违法行动，对中小学校周边200米范围内设立的网吧进行取缔。由于家庭电脑及上网设备的普及，经营用房紧张和租金不断增长，部分网吧陆续停业或外迁。至2010年，网吧有75家。

戏楼 2009年，中华花戏楼竣工开业。坐落于徽州道29号人民公园内，将文艺与茶艺、美食融为一体，一楼为演艺厅，二楼为雅间。

二 市场管理

80年代，建立打击非法出版活动领导小组，组织有关人员上街查禁不健康小报、刊物、光盘等。1990年，更名为“扫黄打非”领导小组。区文化局设立社会文化市场管理科、新闻出版管理科，把文化市场管理逐渐纳入法治轨道。1994—1999年，区委成立“扫黄打非”领导小组，成立“扫黄打非”文化稽查队，每年在全区开展“扫黄打非”集中行动。2000年，开展“扫黄打非”专项治理活动，查禁淫秽色情出版物，打击侵权盗版非法行为，整治互联网低俗之风和“网吧”违法违规经营。2008年，被评为全国文化市场执法先进单位。是年，旅游市场管理职能划归区商贸旅游局。自2009年，加大“扫黄打非”工作力度，组建义务监督员队伍，开展集中治理整顿，取缔黑网吧3个，清理违法经营场所15家，收缴非法出版物8000多件。实行查缴政治性非法出版物情况零报告制度，对印刷复制企业、音像市场开展拉网式检查。开展治理非法卫星电视接收设施专项行动。至2010年，对各类经营业者进行培训。对网吧、书店、舞厅、演出场所、旅游机构、殡葬市场等进行监管、稽查和服务，查处取缔“黑网吧”50家，查扣没收非法出版物14519册、盗版光盘51234盘，依法打击非法经营，维护正常的经营秩序。

第三章 非物质文化遗产

河西区历史上，挂甲寺街有挂甲寺庆音法鼓銮驾老会、杨家庄永音法鼓老会，代代相传，保留至今。在挂甲寺庆音法鼓第九代传承人会长傅宝安、杨家庄永音法鼓在第七代传承人会长杨奎举的带领下，在传承中创新。2008年6月，两个法鼓老会均入选国家级非物质文化遗产名录。是年，古铜（银）鎏金器修复及复制技艺入选天津市河西区非物质文化遗产名录。2009年，十八街麻花制作技艺入选市级非物质文化遗产名录。

第一节　国家级非物质文化遗产

一　挂甲寺庆音法鼓

挂甲寺庆音法鼓銮驾老会由明朝崇祯皇帝后妃娘娘所赐的半副銮驾而得名。相传明代的挂甲寺地区（原名大孙庄）位居天津卫四官庄之首，每年向皇宫进贡后妃娘娘的“脂粉钱”。崇祯年间，大旱歉收，村民纳贡分文不少，受到后妃娘娘褒赏，亲赐“半副銮驾”以示恩泽。清雍正九年（1731年），半副銮驾起会，将法鼓与銮驾组合命名，成立挂甲寺庆音法鼓銮驾老会。清嘉庆六年（1801年），武法鼓由田庄传到庆音銮驾老会，在行会队列里加入飞铙、飞钹。半副銮驾几经损毁和修复，法鼓銮驾老会几度坎坷。1984年，把“文化大革命”期间藏进牲口棚草堆中的半副銮驾取出几次修复，老会新生。“半副銮驾”成为具有“活态传承”意义的明代珍贵文物，民间古韵得以传承。庆音法鼓表演中展示舒展而高难的舞蹈动作，大花式暗藏着太极十三绝的精华，显阳刚之气。庆音法鼓经过多次加工整理、改革创新，参加北京“龙潭杯”民间花会表演获三等奖。参加天津市两届月季花节表演和“南开杯”全国花会邀请赛获表演奖。

图19-17　2008年，津门法鼓·挂甲寺庆音法鼓获国家级非物质文化遗产证书（挂甲寺庆音法鼓老会提供）

图19-18　2010年，庆音法鼓表演现场（区非遗保护中心提供）

二　杨家庄永音法鼓

杨家庄永音法鼓老会形成于清康熙年间，伴随居住村落自然形成，成为一种娱乐、庆典活动。会员多为世代相传，传说其倡导者是清朝康熙年间天津西头的和尚。该法鼓主要表现的是太子出游的场面，出会的人数一般在40人左右，由“文场”和“武场”两大部分组成。

文场，是指法鼓老会的仪仗队。设置摆设主要有：软对、硬对、灯牌、高照、茶炊、龙梢子、茶食箱、点心箱等道具，大都用玻璃镶嵌，饰有彩绘、浮雕镂花等图案，其中有楷、行、草、隶体等楹联，展现古香古色的特色。每件道具成双、成对、成套、成行，在行会时按顺序排列。其中，法老鼓会乐器由鼓、钹、铙、铬子、铛铛组成，以鼓为首，位于中央，钹的左右各七八个人，铬子、铛铛各2人均在鼓后鱼贯而行。演奏开始时先击鼓数声，继之头钹连敲四声之后，各乐器按谱齐奏。在表演中，各种手持的乐器“耍”轮流独奏。会员们在打击乐伴奏下，身穿演出服装，肩挑不扶，方步而

图19-19　2008年，津门法鼓·杨家庄永音法鼓获国家级非物质文化遗产证书（杨家庄永音法鼓老会提供）

进。在行会中，会标开路，手旗护卫，门旗前导，纛旗殿后。九龙灯昂首其间，设摆时对称排列，整齐有序。如在夜晚，灯火通明，更具魅力。

图 19-20 2010年，杨家庄永音法鼓老会表演现场 （区非遗保护中心提供）

武场，俗称“家什场”，主要以各种打击乐器为主。按一定的曲牌格式、曲谱进行演奏，钹和铙等乐器在表演中随着节拍上下翻飞，左右开弓，展示缠头裹脑、左右盘花、海底捞月等技巧。表演道具主要有：鼓、铙、钹、镲歌、铛铛。鼓为五音之首，司鼓佬是武场的关键。在“鼓”的统领下，各种乐器的打击节奏快与慢是常行点到奏曲谱的间奏转换，须由鼓点的轻重缓急来统领，由鼓手来驾驭掌握整场的效果和板眼。法鼓演奏的曲牌通常有：富贵图、阴阳鱼、对联、四时如意、八卦图、绣球6种。按曲谱、词牌各司其职，表演时，鼓、铙、钹默契配合，鼓乐齐鸣，节奏紧凑、情绪激昂。

1952年，老会曾参加全市民间的文艺会演，赴京参加华北地区文艺调演。“文化大革命”中活动一度停滞，大部分道具散失。自1979年，经民办公助，增添道具，培养新秀，阵容不断扩大，在海河之春、人民公园灯节花会、宁园津沽花会、杨柳青法鼓会演、乐园国庆活动、月季花节、妈祖节花会等大型活动中表演。1989年2月，获全国第二届龙潭杯花会表演优秀奖。2007年8月，应邀赴韩国进行文化交流。

第二节　市、区级非物质文化遗产

一　天津市桂发祥十八街麻花制作技艺

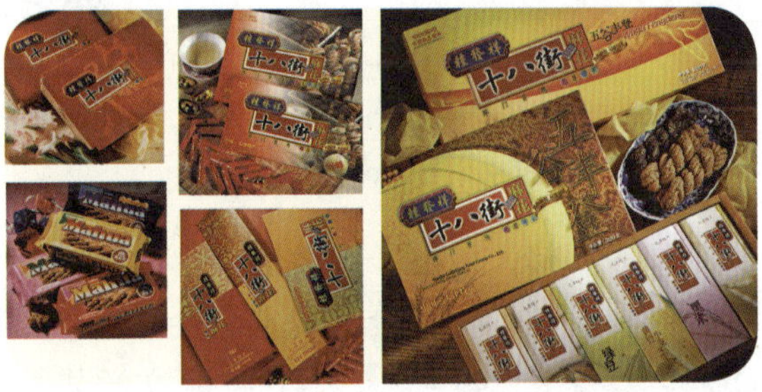
图 19-21 2009年，十八街麻花外包装图照 （区非遗保护中心提供）

20世纪初，桂发祥十八街麻花制作技艺，由卖麻花为生的手艺人刘老八首创。其制作技艺具有选料精细、工艺考究的传统。根据面粉的特性和气候变化，通过手摸、眼看、鼻闻等方式，来确定施碱比例。制作时，选用面粉，植物油和白糖为主料，又加桂花、芝麻仁、青红丝、闽姜、花生仁等十几种小料，熬糖提浆、热油烫酥、糖粒拌馅，压条、断条、对条、搓制成型、炸制等20多道关键工序精制而成。制作过程中，根据面粉质量调整油酥大小，适应气温高低变化而增减面肥和用碱剂量，保证投料配比合理。每支麻花由数根细面条组成，在白面条和芝麻面条中间夹一条含有桂花、闽姜等多种小料的酥馅，经拧花搓制成形美、色艳的不同规格、大小各异的麻花品种，并以其香甜酥脆、久放不绵的特色享誉全国。手工操作搓制成型，是其技艺中的精华。2009年，入选天津市级非物质文化遗产名录。

二　古铜（银）鎏金器修复及复制技艺

早在战国时期已经发明鎏金技术，迄今已有2000多年历史，曾为宫廷所御用，清末流至民间。古铜（银）鎏金器修复及复制技艺是传统的手工艺制作方法和技艺。它将残破、变形、腐蚀的古铜（银）鎏金器进行修复及复制，恢复器物原貌，并保留其传世的研究价值和艺术效果。

该项技艺主要以金、银、铜、宝（玉）石、蜡、雕塑泥等为原材料。技艺方法和工具种类繁多、制作工序复杂，有鎏金技术，套铸“双色”金属等古典技艺窍门：剔、刮、挫、拉、錾、铸、锻、钣、焊、钻等。有：设计图纸、塑型、制胶模、灌制、二次制模、二次灌制、修蜡型、组装蜡型、设定浇冒口、制作砂壳、脱蜡、焙烧、炼铜浇铸、清砂、焊接、整型、细工、鎏金、做旧等共113道工序，用数百种工具。制作者需掌握物理学、化学、冶金学、铸造学、表面工程学、痕迹学、考古学等多种学科。其作品造型、材料、痕迹、锈层等方面均需符合原器物要求。2008年，古铜（银）鎏金器修复及复制技艺入选天津市河西区非物质文化遗产名录。

图19-22　2008年，古铜（银）鎏金器修复及复制的作品　（区非遗保护中心提供）

第四章　区街文化活动

自80年代，河西区把弘扬民族优秀文化作为主导，坚持寓教于乐。有组织或群众自发地建立各类文艺团体，坚持群众文化和专业文化结合，公益演出与商业演出并行，以群众性文艺活动和公益文化为主，街道社区和区属各系统开展各具特色的文化活动，创立和形成一批文艺品牌。21世纪初，探索演出新模式，与市属文化部门和专业演出公司联合举办大型系列演出，打造“西岸”文化品牌，提升区域文化的吸引力和辐射力。至2010年，全区各类业余艺术团体近600个，1.5万余人常年参加展演活动。在全国和市展演中获得诸多奖项，一批单位、社团和个人获得全国和市先进称号。

第一节　文化社团

一　区文学艺术界联合会

2009年初，组建区文学艺术界联合会。9月30日，召开区文学艺术界联合会成立大会，作《文学艺术界联合会筹备工作报告》，大会通过《文学艺术界联合会章程》，选举主席、副主席、秘书长、副秘书长，聘请名誉主席、副主席、委员。

2009年，组建区书法家协会、作家协会、摄影家协会、美术家协会等社会团体。其中，书协有中国书协会员25名、市书协会员128名、社区书画组织6个。被中国书法家协会评为全国书法家进万家先进单位。2010年，筹建区音乐家协会、区戏剧家协会。

图19-23　2009年，区文联成立大会现场　（区文化局提供）

二　西岸艺术团

2010年，与远洋地产公司联合建立远洋地产河西西岸艺术团，由社区优秀群众文化社团和驻区企事业单位、部队、学校中的优秀文艺人才组成。下设歌舞、戏剧、曲艺、器乐等演出队。聘请专业院团和

图19-24　2010年，西岸艺术团成立演出现场　（区地志办提供）

文艺人才进行指导，举行专场文艺演出，到社区、校园、企业、军营、机关进行演出和文化交流等活动，在全国和天津市文艺展演中多次获奖。人民网、新华网、《中国日报》《天津日报》《今晚报》、北方网等全国及本地10余家媒体进行报道。

第二节 集中活动

一 系列活动

自1986年，举办艺术节和“街道之秋”文艺会演。1990年，举办“百年历史铸国魂”文艺演唱会、“祖国在我心中”诗歌朗诵会、读书会、歌曲大汇唱。举办以歌颂英模为主题的职工、青年演讲大赛和摄影比赛，群英荟萃暨社区文化大展演、第四届青年七彩荟萃节、戏迷大世界、百名票友大汇唱、民间花会调演和“千万家乐”等活动。1991年，举办百花迎春社区文化展演、大型夏季纳凉晚会、“乐在河西”迎新年文化庙会。1992—1996年，与文化部、市文化局等联合举办“马三立杯”全国相声（业余）邀请赛。举办纪念毛泽东诞辰100周年群众文化活动、老年文化大观园、万盏彩灯迎世乒文化庙会、纪念抗日战争胜利50周年系列文艺会演、第二届戏迷大世界等活动。承办全国部分城市文化局长理论研讨会。举办“赞长征、颂双拥”和庆祝谦德庄危改动迁、乐园灯展等一系列文化活动。创作现代评剧《玉兰情》。建立“乌兰牧骑”文化小分队，演出超百场。成立学校艺术教育委员会，组建中小学艺术团，开展文艺到校园活动。

1997—2005年，区少年宫小红旗艺术团赴新加坡演出。围绕迎接香港回归，举办灯展、书画展。190多个社区举行200余场“河西之夏”夏季消暑纳凉系列群众文化活动。举办纪念党的十一届三中全会20周年、建国50周年、澳门回归、天津解放50周年和老年书画大赛、“招商银行之夜”消夏文艺晚会等文化活动。开展第四届校园艺术节活动，举办近百场文艺专场演出。95%以上的学校建立各类艺术团体。举办“颂歌献给党”歌咏活动。会同《今晚报》举办“聚焦河西”摄影大赛，参赛作品268幅。实施“小区文化工程”，举办市海河之春音乐节大型宣传日河西专场、广场舞大赛、书画展。在全国玩具大赛上，获金银铜和优秀奖10余枚，被市文化局授予优秀组织奖。全面启动中小学课外文体工程，创办区经典音乐艺术中心，先后举办5场高雅音乐艺术欣赏会。举办抗击非典文艺节目专场、辉煌的篇章诗歌朗诵音乐会、改陋习树新风漫画巡展、群众摄影赛和青年文化艺术节。举办首届合唱节、文化博览节文艺会演和加强未成年人思想道德建设专场文艺演出。区第二届文化博览节开展文艺演出、文化展览、文化论坛3个板块26个系列活动，市属文艺团体专业演员和社区文艺骨干1万余人参演，观众25万人（次）。举办社区文化擂台赛、中外名曲音乐会、芭蕾舞精品专场、中外文化交流、新春民族音乐会、人才展示演出、全国社区文化论坛等活动。

2006—2010年，文化服务网站开通。探索文化演出业新模式，与媒体和专业演出公司联合举办系列演出。与市文化局、今晚传媒集团联合主办市首届“银河之夜”广场演出开幕式暨交响乐专场，与今晚传媒集团主办的“银河仲夏夜——郎朗2006天津钢琴独奏音乐会”、市“银河之夜”广场演出闭幕式暨民族歌舞专场演出和社区教育志愿者节。与天津日报报业集团联合举办大型多媒体情景朗诵剧《红色箴言》和“打开音乐之门”暑期系列普及音乐会、

图19-25 2007年，在河西区举办的天津市鼓舞大赛现场 （区文化局提供）

“春华秋实”系列音乐会和区文化博览节。其中，“打开音乐之门”近10家中外文艺团体演出交响乐、声乐、芭蕾舞、京剧40余场。举办河西商贸旅游文化节、第二届民间民俗文化艺术节、文化旅游博览节和“都市浪漫夜”演出。以奥运文化广场为平台，举办国际大中学生管乐演出、广场歌会、书画摄影集邮展。举办第三届大型图书展销、社区文化擂台赛、鼓舞大赛、群众性歌咏活动、书画摄影集邮展、电影进社区等群众性文化活动。举办“相约环渤海”“天津之春”大型交响音乐会、西岸室内乐高雅演出。承办福耀玩家乐园彩灯文化艺术节，成为全市规模最大的灯会。开展中小学艺术展演活动，50所学校3000余名学生参加，27个节目在市级文艺展演中获一等奖。举办第二届区中小学艺术之星大赛，51所学校2600余名学生参加。新华中学合唱团获第二届中国少年儿童合唱节金奖。6000余名学生参与各类艺术展演活动。73个节目在市级学校文艺展演活动中获得奖项。3支队伍在市级学生合唱节获一等奖。

二　专项活动

打开音乐之门演出　2007—2010年，举办“打开音乐之门”暑期系列普及音乐会。向广大音乐爱好者特别是青少年普及音乐知识，提高音乐鉴赏水平，兼顾经济和社会两方面效益，以“高品位、多门类，低票价，公益性”丰富演出市场，被列入市文化产业重点推动项目之一。2007年，40天演出46场，观众近8万人（次），票房130余万元。2009年，48天演出56场，票房200万元。

图19-26　2007年，打开音乐之门暑期演出现场　（区地志办提供）

社区文化擂台赛　创立于2005年，每年一届。以街道特色文化为基础，以社区群众文化社团为主体，开展群众演出和娱乐活动，选派节目参加集中会演，由艺术家进行指导、点评。每年组织演出上百场，参与群众5万余人（次）。是年，区老年大学演出的舞蹈《不老花季》被中央文明办、文化部授予铜奖。

图19-27　2005年，河西区社区文化优秀节目展演现场　（区地志办提供）

西岸音乐演出　2008年，坐落于马场道的西岸艺术馆开馆，常年以举办高雅室内乐演出为主，兼有艺术沙龙的功能，承办绘画艺术展、诗会、音乐舞蹈艺术讲座、艺术品鉴赏、格调婚礼等文化活动。“今晚听听室内乐”系列演出，每周五、六举办，天津交响乐团、歌舞剧院、音乐学院等专业知名团体，演出国内外经典室内乐作品。“西岸艺术沙龙”每周六下午举办，主讲人系天津音乐学院知名人士。该馆以高雅风格定位，成为文化交流活动一个窗口，多次承接市文化接待活动，被称之为“天津的城市记忆”。2009年，获市文化产业示范基地称号。至2010年，演出200余场次，接待7000余人（次）。

三　社区艺术节

大营门街　1987年，举办第一届文化艺术节，展示手工编织、剪纸、雕刻、花卉等。1996—2010年，艺术节举办家庭才艺展、个人收藏展、读书文化月、“我爱读书、我爱学习”演讲会、“学习型社区”创建研讨会、“诗歌文化广场”等活动。组织读书节系列活动，编印《我生活的城市优秀征文》一书。

下瓦房街 1990—2010年，每年确立一个主题，相继举办"让人民生活更美好"文艺演出、"爱墙子河畔，保畅重点河工程"消暑纳凉晚会、"顺驰之夜"迎金秋文艺晚会、社区文化艺术展，"构建和谐社区，共绘津城美景"之夜演出、"万把文明扇，扇出文明新风尚"演出等一系列活动。福盛花园、富裕广场社区举办纪念回居十周年、暨胡锦涛总书记视察五周年等文艺活动。

马场街 2000—2010年，举办十届居民节，其中有以"温馨365"为主题的社区居民节、第九届生育文化摄影展、社区居民节、社工节及文化大拜年等活动。

越秀路街 1987年，举办首届文化艺术节。自2008年，每年举办一次"浦发之秋"文化艺术节，近20个文化社团的800名演员参演，《天津日报》《今晚报》、天津电视台等媒体予以报道。

挂甲寺街 2004—2006年，挖掘、保护、发展传统民间艺术，举办挂甲寺杯风筝艺术节，其中有美食擂台赛等活动。举办以"民间瑰宝放异彩、和谐社区谱新篇"为主题的首届民间民俗文化艺术节，有民间工艺荟萃、京剧名段赏析、精品风筝展示、京东大鼓艺术专场演出、民间文化发展研讨会等活动板块。自2008年，每年确立一个主题举办文化艺术节活动。

图19–28 2007年11月，挂甲寺街举办首届民间民俗文化艺术节（挂甲寺街提供）

尖山街 自1979年，常年开展社区文化活动：春季有"千万家"家庭文化荟萃节；夏季有"尖山之夏"消夏纳凉系列活动；秋季有"街道之秋"文艺会演；冬季有"冬季文体艺术节"。自21世纪初，举办"社会文化艺术节"，围绕"文化惠民、共建共享结硕果"等主题，举办劳动保障知识比赛、美丽尖山精品建设项目推介会、情景剧展演等活动。社区文体团队进行太极扇、民族舞蹈、体育舞蹈、柔力球等表演。

图19–29 尖山地区第五届社区文化艺术节现场（尖山街提供）

友谊路街 2002年，举办社区民族民俗艺术节。围绕弘扬民族艺术，表达爱党爱国的主旨，每年确定一个主题，开展系列活动。2009年，"祝福祖国"获市第四届老年文化艺术节第一名。

陈塘庄街 自2003年，举办首届社区文化节，开展专场文艺晚会、邮品收藏展、家庭亲子游戏大赛、戏曲演唱会等系列活动，2008年，举办"迎奥运、爱天津"艺术节文体活动。2009年，举办"喜迎祖国60年华诞歌咏比赛"，社区文体团队和辖区17个单位200多名文艺爱好者参加比赛。2010年，联合驻地学校、企事业单位、部队，与天津市电视台合作举办艺术节。陈塘地区形成企业文化、军营文化、校园文化、家庭文化广泛参与的社区文化新格局。

柳林街 2001—2010年，举办社区文体艺术节和读书节等活动。

梅江街 2009—2010年，举办文化节，20件书画作品在市老年大学展出。

第三节　文艺类别

一　声乐　舞蹈

声乐　桃园村街老大妈合唱团于1984年组建，多次参加各类文艺演出。1993年，参加市电视台举办的“海河之春”歌咏演唱会。1990年，大营门街组建“好声音合唱团”。1998年，由国家一级演员李绮组建小海地街海之声合唱团，有团员近百人。演唱无伴奏四声部合唱《半个月亮爬上来》《祝福祖国》《美丽的草原我的家》等歌曲。大合唱《祖国颂》获市合唱比赛二等奖。合唱团成为市老年大学首批校外教学基地，多次被评为优秀班集体，连续3年被评为优秀教学基地。1999年，尖山街成立和谐之声艺术团，常年排演节目。2001年，友谊路街成立谊景村合唱团和七彩合唱团。2003年，越秀路街市民学校合唱班学员参加全国老年合唱比赛，获天津赛区三等奖。

舞蹈　1992年，马场街成立“酷外婆”舞蹈队，常年排练演出踢踏舞、爵士舞、民族舞、街舞等舞蹈，《快乐踢踏》舞获天津市广场舞大赛一等奖。是年，友谊路街成立银光时装表演团，创作40多个主题节目，表演300余场，在天津市和全国赛事中多次获得奖项。1998年，举办颂扬改革开放文艺演出，市电视台《枫叶正红》栏目对街艺术社团表演的《木兰扇》进行报道。1999年，“百年婚礼”节目获全国计生研讨会文艺展演最佳创作、最佳表演奖。2005年、2006年，分别赴马来西亚和韩国进行民间文化交流演出。赴云南开展迎北京奥运万里行宣传活动，与12个少数民族进行文化交流。2007年，赴香港、澳门、海南等地进行奥运万里行宣传演出，多家媒体进行报道，被称为天津的“老来俏”和“中国老年形象大使”。至2010年，深入社区、部队、敬老院、保洁队等单位慰问演出200余场次。组建晨星民族舞队、风采国标舞队。

自21世纪初，马场街获市广场舞蹈大赛特等奖、市第五届老年艺术节最佳舞蹈结构奖。东海街举办广场舞（操）大赛，有32支辖区居民组队参赛。越秀路街服饰班学员服饰表演在全中国中老年服饰表演大赛中夺冠。2005年，参加“天塔杯”激情五月广场文化展示暨河西区第十届广场舞蹈大赛。2007年，获“华夏健康杯”中老年交谊舞擂台赛优秀奖。

二　花会

陈塘庄同音高跷会　成立于清朝末年，属渔樵耕读门派，艺术形式源于明代宝繁会图。1983年，重新组建后，把民族舞蹈、戏剧舞蹈、杂技技巧与高跷艺术融为一体，继承老会传统，其整体艺术结构、表演风格、表现技巧等方面有创新和发展。主要表演动作有：滚翻、卧鱼、小过桥、踢毽子、后空翻、蝎子爬、五人过桥等，洒脱惊险。发挥中老年传帮带作用，演员逐渐年轻化。有元老队1支，青年队3支，学生童子队1支。自80年代，每年多次参加各类表演。

小海地秧歌彩车会　1993年初组建，由李琦担任会长，拥有300多名中老年会员，经常参加演出的表演者100余人，是区内规模最大的花会组织。在传统秧歌舞步的基础上，推陈出新，融入现代舞步，舞者扮成各种民间传说人物，手持扇子、手帕、彩绸等道具，以锣鼓伴奏，随之起舞。秧歌队中穿插旱船、彩车，红火喜庆。每年在社区展演，参加公益、节庆、商业演出。艺术团的彩车会、大鼓队、秧歌队曾多次走出津门，到上海、山东、内蒙古等地进行文化交流演出。

三　戏剧　曲艺

京剧　谦德庄地区历史上就有票房。70年代末，老艺人和老戏迷成立“老头乐”京剧团。1984年，组建京剧之友联谊会，开展“周日京剧大家唱”活动，多次参加区和市组织的演唱活动。1991年，参加天津电视台摄制的《唐风宋韵》电视剧的拍摄。1994—1995年，参加首届中国京剧票友节和首届京剧艺术节演出，被组委会授予“全国最佳票房”之一，中央电视台《焦点访谈》专题节目组进行采播。

1988年，越秀路街业余京剧团和曲艺团到天津市养老院进行慰问演出。1993年，街京剧团获天津市老年节汇报演出优秀节目奖。2004年，在劝业场天乐剧场演出。1995年，下瓦房街成立“国剧社”，吸收辖区众多的京剧爱好者参加。是年，友谊路街成立家庭戏曲协会，每年7—9月每周进行两次展演。获津门百老文化之星优秀奖、市退休职工社区戏曲大赛一等奖。90年代初，尖山街开办戏曲茶座。1999年，全国政协副主席万国权在该戏曲茶座与票友同台演出，中央电视台、天津电视台进行报道。

越剧 2001年，尖山街成立百花越剧团，为全市第一家由社区票友、戏迷组成的业余越剧团。有演职员43人，以退休职工为主。始由清唱逐步发展为彩唱、演出折子戏。彩排演出《重圆》《碧玉簪》《珍珠塔》等著名曲目。2002年，在全国越剧票友大赛“利群杯”中获老年组二等奖。在中华大剧院上演经典越剧《珍珠塔》。该团成为天津市社区文化品牌社团，多次参加义演。2007年，区文化馆民乐团、社区好合唱团与市小百花越剧团、天大北洋民乐团和越剧联合会排演的大型民族交响越剧《红楼梦》赴宁波等地演出。2010年，剧团编撰的《越剧教程》一书获市民学校全国特色课程奖。

图19-30 2006年6月，百花越剧团表演现场 （尖山街提供）

话剧 2001年，马场街排演大型无场次话剧《热土》。

曲艺 2008年，东海街组建曲艺队，演出的剧目在天津电视台《鱼龙百戏》栏目播放。

评剧 2010年，东海街组建评剧团，尚淑珍参加全国评剧票友大赛，获得一等奖和全国十佳名票称号。陈塘庄街文华评剧团的演出多次在天津电视台和广播电台播放。

四 书画

三义书画社 2000年，在大营门街成立，会员60人。每年举办和参观书画展。开设课程有：书法、诗词、装裱等。2005年，举办“大营门杯书画擂台赛”；绘制以“创建国家卫生城区”为主题的12米长卷《创卫颂》，赠送给区政府，《天津日报》《老年时报》等媒体进行报道。

图19-31 2009年，三义书画社活动现场 （三义书画社提供）

《彩虹图》 2000年，挂甲寺街共建单位绘制《彩虹图》，分为：一泓碧水绕津城、教育腾飞展宏图、商业发展促繁荣、安居工程树丰碑、群星璀璨映明月、新闻战线奏凯歌、百舸争流迎彩虹7篇。长120米、宽0.66米，选绢为材料，采用中国画工笔技法，配以风格各异的书法。2001年8月，《彩虹图》在天津日报社展出，市委常委、副市长夏宝龙题词。

草根书画社 2005年，尖山街瑞江花园书画爱好者自发组成“草根书画社”，以写地书为主。后陆续进驻李克玉等书画家。2010年，在著名诗人、天

图19-32 2009年，尖山街“淡淡墨海香、悠悠书山情”迎国庆书画展现场（尖山街提供）

津画院院长白金的建议下，在“草根书画社”的基础上筹建“瑞江书画院”。

画展　画集　80年代，著名美术家刘奎龄的长孙刘新星作为艺术传人，将外国绘画艺术融入到中国传统绘画中，出版《刘新星画集》。2004年，越秀路街书法联谊会8名会员作品获第六届天津市老年书画大赛优秀奖。2005年，御板书和儿童美术作品《五彩缤纷》获全国群星奖。2008年，举办“喜迎奥运，构建和谐”书画展，展出65幅。桃园街书画社以“迎奥运、讲文明、树新风”为主题，制作20米奥运福娃长卷，在奥运火炬接力仪式上进行展示。2009年9月，河西区在天津博物馆举办“迎接建国六十周年书画展”，展出作品180余幅，并结集。是年，尖山街举办迎国庆书画展，参展的绘画作品有京剧脸谱、山水、花鸟等多种题材。

五　剪纸

2009年，举办天津市“挂甲寺杯”首届剪纸艺术大赛。2010年，举办“挂甲寺杯”剪纸擂台赛。越秀路街剪纸花雨社获二等奖2个、三等奖1个。《剪纸花雨飘香》剪纸程序获“全国社区教育特色课程”。街市民学校剪纸班师生作品获市剪纸大赛一等奖。

六　摄影

1984年，由河西区发起并组织成立天津广角摄影学会，作品在北京中国美术馆展览。1985年，天津、北京、武汉广角摄影学会在北京开办交流展。王羽来、雷平、刘学礼等人的作品在联合国教科文组织的亚太地区摄影展中获奖。2009年，在天津博物馆举办“中国红”摄影展，展出200余幅作品并结集。是年，编印《人大代表眼中的河西》摄影集。2010年，区人大代表摄影组举办“亲近自然，心系生态”摄影展，展出200余幅作品并结集。是年，由区社区教育办公室、环境保护局、人大代表摄影组编辑天津市第一部以鸟类为题材的长篇摄影故事集《海河上的红嘴鸥》，有60个页码200余幅摄影作品，通过拟人化的故事情节，图文并茂表达“生态、环保、文明、和谐”的主旨。是年，举办“西岸之星”摄影大赛，评选10名摄影之星，展出优秀作品并结集。

图19-33　2010年，《海河上的红嘴鸥》摄影故事集书影　　（郭枫提供）

七　图书读书

90年代，在中小学生中开展读书活动，吸引万余名中小学生参与。1999年，成立新世纪中学生读书俱乐部，发放读书会员卡1万张。2004年，选拔的优秀选手参加市级读书比赛，获奖人数和获奖等级均在市区领先。自2007年，创办天津银河书市，每年在银河公园举办，成为市文化品牌活动。2009年，在天津大礼堂前广场举办图书展销会。举办环渤海杯中小学读书成果展，40所中小学近万名学生参加活动，500幅作品进入决赛，展示120幅获奖作品。2010年，在国际展览中心举办图书展销会，同时举办民营图书订货会、津版图书

图19-34　2009年，在河西区举办的“庆国庆天津大型图书展销会”开幕式现场
（区地志办提供）

展销会，称为“西岸图书节”。

八 文学

1979—2010年，社区居民自发地组建文学社团，为文学爱好者搭建交流展示的平台。区属单位干部、职工著书立作，编印、出版多部著作。

著作选介 集体编著：《河西社区文化采珍》，是记述社区文化发展建设的文集，天津人民出版社1989年版，市长李瑞环撰写序言。柳林文学社编辑出版中国民间文学集成天津卷《河西民间文学》。《风采·风韵·风范——天津河西英模赞礼》，是记述河西区英模事迹的报告文学集，天津人民出版社1991年版，中共河西区委书记刘峰岩主编，作者有柳溪、航鹰、周骥良等著名作家。《小政府大社会之路——天津市河西区区政管理探微》，是论述区政管理的文集，天津人民出版社1995年版，主编为中国著名行政学专家、中山大学校委会副主任夏书章教授。区政协编写多部记述区史的书籍，其中2007年区政协文史委与区建设委员会主编《天津德式风情区漫游》，分为12章，每章以历史风貌建筑为重点，记载相关的人物和事件，录入430幅照片。

个人著作：宋安娜文学作品集《神圣的渡口—犹太人在天津》《圣光》《桅顶瞭望》《海之吻》《别让我成为富人》《闻遍人间香气》；肖文苑诗评、诗歌集《唐诗琐语》《唐诗趣话》《往昔的歌吟》、魏锡林小说集《荷花女》；唐乃丁纪实文学集《贾三立探案记》；李德新小说集《遣送还乡纪事》《三场娇子》；李秀云报告文学集《生活因你而精彩》；王儒臣回忆录《山里关外的岁月》；郭枫随笔集《一叶知秋》等。

文学社 自1986年，柳林文学社成立，社员80人。聘请作家、编辑授课，召开研讨会。组织社员深入生活，采写以报告文学和民间文学为主的作品，在《天津日报》《天津工人报》《新作家》《旅游》等报刊上刊登。参加全国精短作品和市各类文学体裁的征文等活动，多篇作品获奖。参与《风采、风范、风韵》的撰稿和编辑出版工作。举办文学创作培训班，招收学员40余名。

1987年，小海地街昆仑诗社成立。由居住昆仑里的著名诗人鲁黎发起，故名昆仑诗社，有成员60余人。常年举办各类诗会，出版《昆仑诗刊》。自1989年，易名《昆仑诗选》。与诗社保持联系的新老诗人200余人，遍布全国26个省市，常年向诗社报送诗作。曾被中国台湾、澳门、香港地区和马来西亚、日本等国的一些报刊介绍。

2002年，尖山街成立晚晴诗社，社员30余人。至2010年，出专刊26期，创作诗歌400余首，在天津今晚杯大赛中获得多个奖项。

2003年，友谊路街成立友谊诗社。与天津师范大学共同举办诗歌朗诵会。2006年，创作《河西创卫之歌》《友谊路街创卫争先》《复兴河美丽的家园》等诗歌，并编成文艺节目在社区展演。

1997—2009年河西区群众部分文艺作品获奖情况表

表19-2

年份	作品	作者	奖项	评选者
1997	珠帘快书《岳云锤震金蝉子》	区文化馆	全国第七届群星奖优秀奖	文化部
1997	御板书《腾飞图》	郑文昆、张庆长	群星奖铜奖	文化部
1997	梅花大鼓《心愿》	词：郑文昆、张庆长 曲：骄衡锦	全国广播曲艺节目评比特等奖	广电总局
2001	戏剧《烛光》	导演：傅渤彦、孙洁 作者：傅渤彦 表演者：董艳华、孔照庆、吴琼	全国第十一届“群星奖”比赛金奖	文化部
2001	书法作品	作者：张博 辅导者：姜仲圣	全国第二届“蒲公英奖”银奖	文化部
2002	小品《烛光》	作者：傅渤彦 导演、辅导：孙洁 演员：董艳华	全国老年文艺会演金奖	中共中央组织部、文化部等

续表

年份	作品	作者	奖项	评选者
2004	舞蹈《不老的花季》	编导：孙洁、乔丽 作曲：王伟 辅导：谢惠斌 表演：郑美玲等	全国第十三届群星奖天津地区选拔赛金奖	天津市文化局
2004	御板书《红柳楼》	创作：郑文昆 辅导：臧颖 表演：张万年	全国第十三届群星奖天津地区选拔赛银奖	天津市文化局
2004	对口快板《春风绕校园》	创作：郑文昆、郑屹 辅导：吴振英 表演：李添翼、贾博洋	全国第十三届群星奖天津地区选拔赛金奖	天津市文化局
2004	女声独唱《芊芊中国结》	作词：王和平 作曲：张一楠 辅导：臧颖 演唱：李纪妹	全国第十三届群星奖天津地区选拔赛金奖	天津市文化局
2004	板胡齐奏《黄河古戏台》	作曲：李开庆 辅导：臧颖 演奏：陈春锁等	全国第十三届群星奖天津地区选拔赛银奖	天津市文化局
2004	舞蹈《太平鼓舞》	编导：李琦 表演：杨学琴等	全国第十三届群星奖天津地区选拔赛银奖	天津市文化局
2009	女声独唱《我爱你五星红旗》	词曲：李孝辉	全国第十五届“群星奖”天津地区音乐报送选拔赛银奖	天津市文化广播影视局

第五章　市属文艺团体

1979—2010年，10余家市属文艺院团曾坐落在区内，占全市总量的70%以上，拥有一批享有高级职称和国家级荣誉称号的艺术家，其中许多艺术家所在院团和居住地在区境，编排演出的剧目和创作的作品获诸多奖项。河西区依托和发挥市属文化场地、院团、人才等优势资源，促进区域文化的繁荣发展。

第一节　院团

一　天津人民艺术剧院

坐落于平山道。于1951年9月成立，郭沫若为天津人民艺术剧院题写院名。拥有一批艺术家，演出古今中外大小剧目300余部。代表剧目有：《一仆二主》《雷雨》《曙光照耀莫斯科》《蔡文姬》《骆驼祥子》等。拍摄《莎菲女士日记》《尊严》《乔迁》《准星》《乱世有情天》《政府官员》《以爱的名义》《张伯苓》等数十部电视作品，获多个国家级奖项。成立电视剧制作中心，是持有甲种证的电视剧制作单位。话剧《雷雨》《钗头凤》《蛐蛐四爷》《夏天的记忆》《家》《望天吼》《日出》《原野》《茂陵封侯》等剧作获“五个一工程”奖、文华新剧目奖、国家舞台艺术精品工程提名剧目、话剧新剧目交流演出优秀剧目奖、梅花奖、金狮奖、白玉兰奖等奖项。2005年，剧院获全国文明单位称号。

二　天津歌舞剧院

坐落在尖山路96号。于1959年10月建立。有：歌舞团、芭蕾舞团、管弦乐团、民族乐团等演出实体和舞台美术中心、培训中心。剧院拥有一批艺术家，创作演出民族舞剧20余部、外国经典芭蕾舞剧及芭蕾精品10余台、中外歌剧50余部、歌舞晚会、民族管弦乐、交响乐音乐会数百场，其中创作演出民族舞剧《石义砍柴》《孔雀恋歌》、大型舞乐《妈祖》、音舞诗画《唐宋风韵》、芭蕾舞剧《精卫》《斯巴达克》《海盗》《天鹅湖》、交响音乐史诗《东方慧光》、歌剧《唐·帕斯夸勒》《江姐》和大型乐舞《异彩流金》等大型剧目。剧院多次出访亚洲、欧洲、非洲、澳洲、美洲的50余个国家和地区，多次完成国家级演出和全国各地的巡回演出任务。在维也纳金色大厅及欧洲巡演，举办“鸡年中国春节民族音乐会”，参加“意大利·中国天津周”的开、闭幕式演出。大型乐舞《异彩流金》赴日本进行2个半月的巡演，在37个城市演出60余场。2006年，在澳大利亚悉尼歌剧院举办“中华情·情聚悉尼”民族音乐会。

三　天津河北梆子剧院

坐落于佟楼三合里111号。设置一团、小百花团等。拥有一批艺术家，创作并保留一批经典剧目，演出《泗洲城》《喜荣归》《秦香莲》和新编历史剧《荀灌娘》等一批优秀传统剧目。小百花剧团多次为党和国家领导人及外国贵宾演出，多个剧目获国家级奖项。其中，新编大型现代戏《方增光》获天津市首届反腐倡廉优秀剧目奖、第三届天津市戏剧节优秀剧目奖。新编历史剧《袁世凯装疯》获文华新剧目奖。新编大型现代剧《庄稼院的红辣椒》获中宣部第六届“五个一工程”入选作品奖。《辕门斩子》及新编历史剧《易水寒》获第二十届戏曲梅花奖。剧院有演职员126人，高级专业职称47人，常年上演剧目有60余部。

四　天津评剧院

坐落于挂甲寺南北大街2号。于1958年建立，拥有一批艺术家，多人获“梅花奖”“文华奖”“白玉兰”表演奖，多部剧目获天津市和国家级奖项。代表剧目有:《包公三勘蝴蝶梦》《杜十娘》《回杯记》《牧羊圈》《卖油郎独占花魁》《周仁献嫂》等。经常上演的古装戏和现代戏有30余台。创作编导《牛郎织女》《花木兰》《夫人令》《杀妃剑》和现代戏《闺女大了》《村南柳》《白云深处》等，在全国地方戏会演中获得奖项，有的拍成电影或电视片。新排现代戏《九九艳阳天》《路在脚下》《狗不理传奇》，古装戏《半把剪刀》《三关明月》《凤阳情》等，其中《狗不理传奇》参加首届中国评剧艺术节获12个奖项，《三关明月》在第二届中国评剧艺术节获14个奖项，《凤阳情》在第三届中国评剧艺术节获16个奖项。《凤阳情》获文华新剧目奖和2004—2005年国家舞台精品工程备选剧目。

五　天津京剧院

坐落于体院北环湖中路6号。1995年8月，由原天津市京剧团、天津市京剧三团组建而成。拥有一批艺术家。2006年，被评为国家重点京剧院团，下属一团、二团、实验团。获多个国家级奖项。有8人先后获得中国戏剧梅兰芳金奖、《中国戏剧》梅花奖。

老剧目有《六号门》《火烧望海楼》等。新创作《岳飞与杨再兴》、现代戏《华子良》、历史剧《妈祖》等。其中，现代京剧《华子良》获中宣部第八届精神文明建设“五个一工程”奖、第三届中国京剧艺术节“金奖”及12个单项奖、第十届文华奖及3个单项奖。获“上海戏剧大奖”、国家舞台艺术精品工程“十大精品”剧目。拍摄戏曲电影获第九届电影“华表奖”。《大·探·二》《野猪林》《龙凤呈祥》《四郎探母》《秦香莲》《三娘教子》《十八罗汉收大鹏》《杨家将》《伍子胥》《铁公鸡》《红鬃烈马》等成为保留剧目。以天津戏校九五届毕业生为主体组建的实验团，多人获文化部、中央电视台大赛奖项。常年演出《杨门女将》《白蛇传》《强项令》《昭君出塞》《龙潭鲍骆》《穆桂英挂帅》《望江亭》《锁麟囊》等几十个剧目。新编京剧《妈祖》在第四届中国京剧艺术节上获优秀剧目奖和4个单项奖。在CCTV第五届青年京剧演员电视大赛中，实验团参加决赛的6名演员全部获金奖。

六　天津青年京剧团

坐落于隆昌路106号。于1984年建立，拥有一批艺术家。自1986年，组织百日集训活动，聘请京剧艺术大师张君秋先生担任剧团的艺术总顾问，延聘数名表演艺术家授艺，排出多台传统剧目。被评为国家重点京剧院团，获多个国家级奖项，在一至四届中国京剧艺术节上，经过整理改编的剧目《秦香莲》《西厢记》获示范演出奖，《金·断·雷》获优秀保留剧目创新奖与荣誉改编奖等6个奖项，《楚宫恨》获优秀保留剧目创新奖和荣誉编剧奖等4个奖项，《锦袍情》《曹操父子》《岳云》等剧目先后获文化部颁发的优秀青年剧目奖和文华剧目奖。多人分获或兼得中国戏剧梅花奖、文华奖、中国戏剧梅兰芳金奖、中国京剧电视大奖赛优秀表演奖和京剧艺术之星等称号。

剧团演出传统剧目百余部，其中有原全国政协主席李瑞环改编的《西厢记》《刘兰芝》《金·断·雷》《楚宫恨》《韩玉娘》等剧目。新编和改编剧目有《凤吉公主》《草莽劫》《锦袍情》《马嵬香销》《截江夺斗》《曹操父子》《岳云》等。有《秦香莲》《四郎探母》《大·探·二》《长坂坡·汉津口》《挑滑车》《英雄义》《失空斩》《伍子胥》《杨家将》等数百余部优秀剧目。先后到日本、新加坡、泰国、秘鲁、阿根廷、墨西哥、古巴等国家和中国香港、澳门、台湾地区访问演出。

七　天津交响乐团

坐落于尖山路96号。于1985年建立，是全国大型交响乐团之一，拥有一批艺术家。演奏多部著名中、外作曲家的大型交响乐作品及独奏、重奏、独唱、合唱作品，其中许多作品由天津交响乐团首演，多次在国内外进行巡回演出。2003—2010年，参加在日本大阪举办的“第二届亚洲交响乐周”专场音乐会。除上演大型交响乐外，常年举办独唱、独奏、重奏等多种形式的室内乐音乐会，并与众多中外著名指挥家、作曲家、演奏家、歌唱家进行合作演出，到大、中、小学校进行普及高雅艺术演出。乐团获全国文化工作先进集体称号。

八　天津曲艺团

坐落于宁波道15号。拥有一批艺术家，编演剧目有相声《买猴》《十点钟开始》《精打细算》《开会迷》《批三国》《论捧逗》《挖宝》《聊天》《纠纷》，快板书《劫刑车》《孙悟空三打白骨精》，京韵大鼓《剑阁闻铃》《光荣的航行》《珠峰红旗》《探晴雯》《宝玉娶亲》，梅花大鼓《黛玉葬花》《二泉映月》，河南坠子《宝玉探病》《偷石榴》，天津时调《放风筝》《春来了》，单弦《游春》《地下苍松》，西河大鼓《百亭争秀》《一百单八州》，乐亭大鼓《太公卖面》《良心》，山东琴书《选路》等。多个剧目在天津市和全国曲艺大赛中获奖，曾出访澳大利亚、美国等国家及中国香港、澳门、台湾等地区。

九　天津杂技团

坐落于佟楼三合里81号。拥有一批艺术家，多个剧目获国家级奖项。独创《走钢丝》《团身后空翻两周》《直体后空翻连翻》等具有高难度动作的节目。创作演出《单手倒立》《三人滚杯》《皮条》《双杠杆》等精品节目30多个。其中，《单手倒立》分别在法国第十九届明日国际杂技节和第四届全国杂技比赛中获最高奖法兰西共和国总统奖和金狮奖，获文华新节目奖，《三人滚杯》分别在第八届比利时图尔奈“希望之路”国际杂技节和第四届全国杂技比赛中，获比利时皇家马戏特别奖和金狮奖，《皮条林的钟声》和《陶艺顶花坛》在全国少儿杂技比赛上获金狮奖。

十　天津儿童艺术剧团

坐落于南北大街2号。于1985年建立，其前身是市木偶剧团。拥有一批艺术家，每年演出木偶剧和儿童剧260多场，多个节目获国家级奖项。创作演出《孙悟空三打白骨精》《金银龙太子》《猪八戒背媳妇》《狐狸的诡计》《寻找如意果》《欢乐的小木偶》《老鼠娶亲》《快乐的汉斯》《淘气包的机遇》《聪明的大公鸡》和大型儿童音乐剧《少年霍元甲》等大小剧目近百部。大型神话木偶剧《大肚弥勒佛》1992年获国家文化部文华奖，赴香港参加儿童综艺嘉年华演出。大型儿童剧《红蜻蜓》获国家文化部文华奖。大型中学生校园剧《周恩来在南开》获中宣部“五个一工程”奖。大型人偶剧《杜子春伟》赴日本演出。1996年，大型儿童剧《少年霍元甲》获中央宣传部“五个一工程”奖，并应邀进京参加国庆献礼演出。1999年，大型儿童剧《尼玛太阳》应邀赴拉萨参加西藏自治区民主改革四十周年庆祝演出，获中央宣传部“五个一工程”奖，并被中央宣传部、国家文化部等6部委推荐为向国庆50年献礼的重点文艺项目之一，应邀进京参加优秀剧目献礼演出。2000年，获文华奖。是年，应邀赴江苏参加第六届中国艺术节演出，获优秀剧目奖。2001年，应邀赴北京参加第二届全国少数民族文艺会演，获创作金奖和演出金奖。该剧演出860多场。大型神话人偶剧《华山小子》获2003年全国第二届木偶皮影戏金狮奖比赛金奖，布袋木偶剧《兄弟打虎》等多次应邀赴德国、奥地利、瑞典等国家演出。剧团被评为全国未成年人保护工作先进集体和全国“三下乡”活动先进集体。

十一　天津华夏未来少儿艺术中心

坐落于体院北环湖中道3号。于1995年建立，是国家文化部授予的全国文化单位先进集体和全国青少年校外活动示范基地。设有10个艺术教育中心、1个教研室、26个艺术教育基地和夏威夷、墨尔本海外基地。建有幼儿园、保育院、早教中心、学前教育中心。华夏未来艺术小学，在校学生507人。少儿艺术团有10个分团，600余名小演员，承担着国家、天津市的大型演出任务。开展“环球之旅”活动，到53个国家和地区，演出380个节目，百余万人观看，受到16个国家元首的接见，被称为“和平友谊的使者”，被国家民政部授予全国先进民间组织。

图19－35　2008年，天津华夏未来少儿艺术中心（区人大代表摄影组提供）

中心先后主办、承办第五届全国少儿小提琴比赛、第二届全国少儿歌手大赛、第二届“小荷杯”全国少儿舞蹈比赛、“华夏未来”全国儿童音乐节等全国性艺术活动。承办第六届国际童声合唱节、天津国际少儿艺术节、国际儿童画展等大型国际少儿艺术交流活动，与甘肃、青海、宁夏、山西、河北、贵州、云南等省市的少儿艺术教育单位结成对口支援单位，与全国各省（市）自治区青少年文化交流演出的“华夏大地行”活动，先后获30个市级和31个国家级先进称号和奖项。华夏未来少儿艺术中心成为国内知名的少年儿童艺术基地。

第二节　画社与彩塑

一　杨柳青画社

坐落于佟楼三合里111号。以研究、创作和出版有300余年历史的杨柳青木版年画而著称，是国家新闻出版署核定的美术图书出版、发行单位和国家文物局认定的文物经营单位。主要出版杨柳青年画、木版水印画、胶印画、轴画、历画，美术工具书、技法书、理论类图书，并经营出版名人字画、湖笔、徽墨、宣纸、端砚、画色、画具、碑帖、印章、装裱字画、挂图等。已出版年画500多种，木版水印画200多种，年胶印年画达5600万张(套)，册页画集20多种，手拓印谱10多种。

设有创作、编辑、出版、制作、销售及发行等专业部门，下辖杨柳青文化发展公司、图书编辑部、图书发行部、年画编辑发行部等业务部门。有凝翠轩、文化街杨柳青画店、长春道杨柳青画店和杨柳青镇古柳斋销售部，并与国内各大省市及美国、法国、日本、韩国、新加坡等国家和香港、台湾地区建立贸易合作关系。

经营册页、线装书籍等，营销工艺品、礼品、文房四宝等文化用品。出版中国近现代名家精品丛书、中国画范本丛书、中国当代实力派油画丛书、中国古典诗词画意丛书、美术教学示范作品之写意画、工笔画、素描、少儿美术世界等16个系列图书。2006年，杨柳青木版年画入选国家第一批非物质文化遗产名录。

二　泥人张彩塑工作室

坐落于马场道202号。从事“泥人张”彩塑艺术的挖掘、整理和艺术创作。1989年，注册登记“泥人张”商标，在文化街、鼓楼商业街、杨柳青明清街从事“泥人张”相关艺术品的经营。有中、高级以上职称25人。泥人张彩塑室内陈列雕塑，一般高约40厘米，可放置案头或架上。它所用材料是用含沙量低无杂质的纯净胶泥，经风化、打浆、过滤、脱水、加以棉絮反复砸揉而成熟泥，辅助材料有木材、竹藤、铅丝、纸张、绢花等。塑造好的作品自然风化，入窑烘烧，出窑后经打磨、整理并着色。随着科技的发展，由水粉色改为丙烯色，不爆裂、不脱落、不易褪色，可用水冲洗。郭沫若、赵朴初、吴作人、徐悲鸿等大师分别题词，并著文赞扬。中央电视台、天津电视台和多个国家媒体进行专题报道，作品多次参加各级美展并获奖。多名艺术家的作品先后被中国美术馆等诸多国家博物馆收藏。2006年，“泥人张”彩塑艺术入选国家第一批非物质文化遗产名录。

第六章　媒体

1979—2010年，河西区加强文化载体建设。1993年，建立有线电视台。1998年，组建区新闻中心。市主流媒体《天津日报》和天津电视台新址相继在区内落成。河西区在发展新型传媒中，坚持正确新闻导向，加快硬性设施的提升和改造，加强队伍思想和业务建设，提高编制采播水平。区新闻中心获第三届全国精神文明建设工作先进单位奖、全国巾帼文明岗奖、全国三八红旗集体、市文明单位、精神文明建设活动优秀组织者、五一劳动奖章先进单位等称号，为经济和社会发展提供精神支持和舆论导向。

第一节　区有线电视

一、台网建设

1992年6月，被市列为发展有线电视工程试点区，租用河西商场四楼300平方米办公区域作为有线电视工程指挥部和营业厅，海南光电通讯公司作为招标建设单位，完成机房、卫星地面站、电视演播间等工程，安装和播出试点。是年12月，在市区首家领取有线电视经营许可证。1993年1月，区有线电视台网向1.6万户居民开播自办节目，成为市区首家区有线电视台。区有线电视工程总体规划和技术方案通过市广播电视局专家论证。选择小海地、体院北、大营门等区域设立5个分前端，传送简易信号。

1994年，进口光发机安装到位，全区20个街道实现联网，接通信号，传送多套中央、地方电视节目和自办台电视节目。设光电缆18.69千米，干支线电缆57.8千米。1995年，投资方终止合作，经协商达成移交协议，完成有线电视联网，发展用户10万户。在新城小区兴建的建筑面积1400平方米新台址竣工。1996年，与市有线电视台联网，推进网络系统运行。制定有线电视发展规划，投资40万改造网和发展新网。1997年，发展用户16万户，居市区之首。1998年，扩建台址，建筑面积达到4398平方米。至1999年，用户发展到20万户，传输有线电视节目39套。2000—2003年，建成有线电视台网站。2003年，与市广电局签订协议，进行网络资产评估，办理资金入股，成为天津市有线电视网络股份公司市内六区唯一董事单位。实施有线电视信息化工程，开通宽带视频点播系统。

图19-36　1998年，河西新闻中心外景（区地志办提供）

图19-37　2005年，新闻中心编辑人员制作节目（区地志办提供）

2004—2008年，市网络电视股份公司更改为“天津广电网络总公司”，将区属有线电视网络维护和用户管理部分收归总公司管理。对区属网络资产进行核算，签订逐年赎买方式协议。区有线电视网络整体移交，网络经营收入达2000余万元。至2009年，分6年返还网络赎买款，区属有线电视网络分离，组成公司。河西新闻中心担负全区对外影视制作播出及自办频道管理，受市广电部门监督管理。

二　节目录播

制作　2004年，台网分离后，利用完整频道优势，加强自办频道整体包装。设计制作新台标、节目背景板、节目片头，提升“河西有线”品牌价值。是年，投资近200万元，完成电视采录制播设备数字化改造工程，提高电视新闻和专题片画面质量。购置和使用非线设备，自办栏目和专题片实现非线性编辑制作，增加电视转播车参与录制大型活动。2005—2006年，走出网络养台模式，开拓平面设计领域。《河西新闻》《河西报道》栏目，创新报道形式，加强新闻策划，延伸报道内容，增强编、视互动。2007年，电视转播车赴北京、河北、山东、江苏等地，为央视和省市台录制节目。2008年，实现自动播出切换，更新升级微机排版系统。2009年，自办节目全新改版，增加现场报道和社会新闻。《河西报道》栏目增加《新闻回顾》板块。《健康新生活》《平安河西》栏目进行调整，《新视野》改版为《百姓故事》，《相约荧屏》开设新板块。

图19-38　2005年，“与爱同行”慈善表彰大会现场（区地志办提供）

播报　自2000年，录播重要会议和区商务商贸节、文化博览节、创建国家卫生城、迎奥运、建国建党纪念日等重点工作新闻。2004—2006年，开展保持共产党员先进性教育、庆祝抗日战争胜利60周年、万名市民评政风、建设服务型政府等活动进行报道。摄制《为河西喝彩》、“银河之夜”广场舞蹈大赛、《东方红》交响音乐演出、《打开音乐之门》、郎朗钢琴独奏音乐会等节目。《相约荧屏》栏目推出“记者说创卫”“聚焦有线”“每周厨艺”等板块。策划摄制区经济社会发展第十一个五年规划、跨越发展等多部综合性新闻专题节目。

2007—2010年，制作《人文河西、魅力河西》访谈节目专题片，邀请部分委办局负责人坐客《河西报道》专栏。摄制大型专题片《现代河西、活力河西》。配合天津电视台和区县电视台，共同策划、制播大型节目《我们的家园》。完成抗震救灾、喜迎奥运、纪念改革开放30年等报道任务。开办纪念改革开放30年特别节目、建设生态宜居城区等专栏。与市内6区合作推出《金风秋韵看津城》特别报道。完成“西岸艺术节”“银河读书节”“天塔街邻居节”“环卫工人节”和“服务达沃斯论坛”等活动宣传。开辟“创先争优”“创建学习型党组织”等专栏，宣传全国劳模等先进典型。制作电视教学节目《名师讲堂》。

1996—2010年河西区有线电视报道情况表

表19-3

年份	新闻报道（期）	专题片（部）
1996	208	100
1997	208	100
1998	208	100
1999	240	100
2000	273	229
2001	364	295
2002	262	265
2003	364	260
2004	356	271
2005	361	240
2006	366	240
2007	356	186
2008	360	175
2009	348	216
2010	352	216

2004—2010年河西区新闻中心获主要奖励情况表

表19-4

年份	获奖名称
2004	在全市党建电视专题片展播活动中，两部电视专题片分获一等奖和三等奖、党建栏目获优秀奖。获市第三届法制好新闻一等奖、三等奖。获“天津市百佳广告单位”称号
2005	摄制《活力天津》国庆节特别报道节目，被天津电视台评为二等奖。配合中央电视台新闻联播节目，拍摄天塔街“邻居节”社会公德新闻，实现在中央电视台新闻联播节目中编发新闻零的突破
2006	被市总工会授予“五一奖章先进单位”称号
2007	获市级文明单位、市精神文明建设活动优秀组织者先进集体奖励。新闻采编部获市五一劳动奖章先进单位称号。设计报送的平面广告在天津市“迎奥运、讲文明、树新风”公益广告评选活动中分别获一等和三等奖
2008	获第三届全国精神文明建设工作先进单位；全国巾帼文明岗。2008—2009年获“模范职工之家”称号
2009	获全国三八红旗集体称号。参加市广电学会优秀作品评选活动，获5个一等奖、4个二等奖、2个三等奖。被市文化广播电视局评为安全播出保障工作先进单位
2010	获市级卫生先进单位称号。2004—2010年，连续获市人大宣传人民代表大会好新闻奖

第二节 天津数字电视

图 19-39 2009年，天津数字电视大厦外景 （区地志办提供）

2009年，天津数字电视大厦竣工。四至范围为：东至九连山路、西到友谊南路、北至郁江道、南到梅江道。建有演播中心、综服中心、转播中心、奥运新闻中心和多功能剧场以及配套建筑。地上建筑面积15.07万平方米，地下建筑面积7.2万平方米。建筑高度为158米，地上27层，地下2层。天津电视台始建于1958年10月。1960年3月20日开播，是中国创建最早的4家电视台之一。1991年10月1日，天津广播电视塔启用，开播第三套节目。1998年12月，原17频道上卫星播出，并更名天津卫视，进入全国30省会城市及直辖市200多个地级市的有线网络，收视人口达6亿。2008年12月，天津电视台第10套节目国际频道开播。2010年7月，天津卫视推出高清频道。电视台有员工1400人、17个专业频道、1个高清演播室、1部16讯道高清数字转播车、9个标清演播室和全数字录音棚。

第三节 报刊

一 报纸

图 19-40 2010年，《天津日报》大厦 （区地志办提供）

《天津日报》 新址坐落于大沽南路与围堤道交口。创刊于1949年1月17日，毛泽东主席两次为《天津日报》题写报头。天津日报报业集团成立于2002年8月21日。天津日报传媒集团有限公司由天津日报社出资设立，于2010年8月10日挂牌运营。由《天津日报》《每日新报》《城市快报》《假日100天》《新金融观察》《采风报》《球迷》《私家画报》《滨海时报》《天津政法报》《新广角》《蓝盾》《求贤》《范》杂志、“天津网”等组成。下设有：天津北方报业印务股份有限公司、天津每日新报文化传媒发展有限公司、天津新青年传媒发展有限公司、天津假日传媒发展有限公司、天津每日新传媒发展有限公司、天津津报传媒投资有限责任公司、天津津报体育文化产业有限公司、天津新金融文化传媒有限公司、天津津报市场研究咨询有限公司等20多家公司和一所经报学院，形成以报业为主体，横跨印刷、教育、广告、发行、资本运营、活动会展、体育产业、市场调研、物流配送、互联网、新媒体等多个领域的跨区域、跨媒体、跨行业的现代传媒产业格局。

《天津工人报》 坐落于尖山路78号。创刊于1949年7月1日，是解放后全国第一家地方工人报。60年代，因报刊合并而停刊。1983年10月1日复刊，每日一期，每期4~16版。

《天津日报·新河西》 编辑部坐落于区新闻中心。前身为于1996年3月创刊的《河西报》，每周1期，4开版，4个版面，适时增发专刊。2004年，并入《天津日报》区县版，更名为《天津日报·新河西》，实现公开发行和单面彩印。2005—2008年，策划和组织全区保持共产党员先进性教育、创建国家卫生区采访报道活动，推出“平安建设”专版，增加“聚焦创安”“法治在线”“红绿灯下”等板块，编发“健康新生活”专版。开展“创造新优势开创新局面”和“改革开放30年”专栏和有奖征文活动。开办喜迎奥运、建设生态宜居城区专栏。采编抗震救灾的新闻报道100余篇。2009—2010年，开办的“居委会建设”专题被《天津日报》民生专版刊发。每月编发《文化博览》专版。报道全区实现科学发展的新闻，展示区商务节成果。完成西岸艺术节、银河读书节、天塔街邻居节、环卫工人节和服务夏季达沃斯论坛等节庆活动的宣传。宣传新当选的全国劳模、第七届十大杰出青年、第二届十佳社区医生护士等先进典型事迹。与区民政部门合作，每月推出一期专版，与区人力资源和社会保障局共同推出《特别关注》专刊版。所设副刊版刊发文艺作品和专刊。至2010年底，编印1233期，发行量升至每年2.5万份。

1996—2010年《天津日报·新河西》出报情况表

表19-5

年份	出报(期)	编发稿件(篇)	新闻(篇)	图片(幅)	副刊稿件(篇)	专版(期)
1996	2	35	18	4	17	0
1997	52	1263	913	127	350	0
1998	53	1282	951	199	331	10
1999	53	1506	1108	301	398	14
2000	53	1500	1100	306	400	9
2001	52	1463	1093	566	370	21
2002	52	1630	1200	450	430	38
2003	53	1694	1187	467	507	52
2004	47	1428	1171	632	257	44
2005	54	2166	1317	535	319	52
2006	53	1620	1300	700	320	52
2007	53	1690	1430	540	260	60
2008	52	1710	1440	600	270	63
2009	53	1668	1420	580	268	60
2010	50	2080	1200	380	880	77

二　杂志

1987年，创办《柳林》杂志。2006年，梅江街办事处与画平川广告公司编印《梅江》杂志，设有工作信息和图片影像栏目，推出迎奥运、生态梅江建设、文化建设、地区党建等板块。居民免费订阅，每期印刷量2万余册，覆盖社区和驻街单位，辐射周边地区。

第七章　档案

1979—2010年，河西区档案馆建设逐年加强，丰富馆藏，加强档案接收、征集、整理、检索、鉴定与开放工作，推进编研与数字化建设，推进行政机关、企业和社区的档案工作发展，为经济社会发展服务。1997年2月，区档案局成立，与档案馆合署办公。1991年、1999年，获全国档案系统先进集体称号。

第一节　档案馆建设

一　馆藏

2010年，区档案馆馆藏档案共147个全宗，18.3万卷，排架长度6000延米，资料3200余册。有文书、工商、科技、会计、婚姻、诉讼、名人、公证等档案。档案来源有：中央、华北局、河北省、天津市等上级党政机关文件和区党政机关文件、直属单位和撤销机关（单位）的档案及对河西区有重要贡献的名人档案。档案的内容有：党务、政务、财政、工商、文化、教育、卫生、体育、政法、民政、工业、交通、城市管理、计划生育、科技、劳动工资、工会、青年、妇女、民兵工作。另有：挂甲禅寺档案、学籍档案和老照片、旧钱币、票证、房地契、勋章等。部分中华人民共和国成立前珍贵档案在档案馆档案珍藏室向社会公众免费开放。

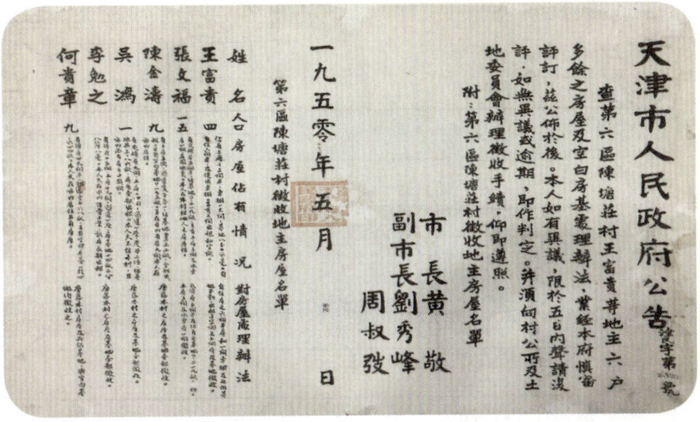
天津市人民政府公告

查第六區陳塘莊村王富貴等地主六户多餘之房屋及空白房基處理辦法，業經本府慎審評訂，茲公佈於後。本人如有異議，限於五日内聲請復評，如無異議或逾期，即作判定。并須向村公所及土地委員會辦理徵收手續，仰即遵照。

附：第六區陳塘莊村徵收地主房屋名單

市長 黄敬
副市長 劉秀峯 周叔弢

一九五零年五月 日

第六區陳塘莊村徵收地主房屋名單

姓名	人口	房屋佔有情況	對房屋處理辦法
王富貴	四	[illegible]	[illegible]
張文福	一五	[illegible]	[illegible]
陳金濤	九	[illegible]	[illegible]
吳鴻	一	[illegible]	[illegible]
李勉之		[illegible]	[illegible]
何青章	九	[illegible]	[illegible]

图19-41　馆藏1950年5月《天津市人民政府公告》影印件（区档案馆提供）

二　接收与征集

图19-42　1991年6月，区档案馆举行名人档案捐赠仪式（区档案馆提供）

1959年，区档案馆建馆后，区各党政机关每10年向档案馆移交一次档案。受馆库面积限制，1989年始，档案馆暂停全面接收工作。1990年，开展档案征集活动。1991年6月，举行名人档案捐赠仪式，全国劳动模范孙丽华、孙汝泉，市劳动模范梁孟儒，市特级教师王培德等向档案馆捐赠个人档案。1998年，区档案馆接收80余个单位50个全宗3万余卷文书、公证档案。2000年6月，征集18世纪出版的朝鲜宫廷御医书《东医宝鉴》12册。2001年，接收婴儿出生档案。2003年，拍摄海河改造前沿线标志性建筑，地铁一号线两侧、黑牛城道快速路两侧、统计职专校园、尖山路两侧应拆房屋以及刘庄、毛织宿舍、钢丝绳宿舍、棉纺二厂、棉纺四厂、天津钢厂等历史照片计1500余幅。2010年，征集接收非物质文化遗产挂甲寺庆音鼓銮驾老会、杨庄子永音法鼓老会、民间手工技艺罗氏鎏金等计29件。

三　整理

自1979年，档案保管条件得到改善，购置底图柜、防磁柜等设施，档案库房分类不断完善，在专业类、实物类、资料类库房的基础上，增加声像类和特色类档案库房。1986年，开展档案系统化整理。调整全宗排列，理顺全宗号、目录号、案卷号，建立全宗卷，调整案卷质量，打印案卷目录，抢救复制破损档案。1991—1993年，对3.5万卷文书档案补填整理说明和备考表，重新整理查抄物资档案10484卷、工商档案14206卷、死亡干部职工档案1060卷。1997年，将区人大办公楼8楼作为档案库房，重新调整库房布局。

四　鉴定与开放利用

1980—2010年，共进行3次较大规模的鉴定，依法销毁档案22065卷。1980年12月，鉴定销毁区革命委员会1967—1977年档案428卷。1982年3月，鉴定销毁90多个单位和部门（包括临时机构）1951—1977年会计档案13338册。2000年2月，鉴定销毁馆藏1968—1985年已超过保管期限的10个单位会计档案1024卷。1988年，向社会开放首批档案3418卷。1991—2010年，档案馆接待利用者39892人（次），提供档案73565卷（次）。

2001—2010年河西区档案馆接待查档情况表

表19-6

年份	接待查档人次(人)	提供档案卷次(次)
2001	1769	3464
2002	1069	2194
2003	1634	2285
2004	1476	2306
2005	1246	1773
2006	1756	2363
2007	1780	2387
2008	1585	2087
2009	1815	2510
2010	2018	2394

五　检索

自80年代，建立种类多样、功能齐全的检索工具系统，包括：案卷目录、全引目录、专题目录、文件号索引、人名索引、人名卡片、工商户卡片、全宗介绍、档案馆指南、全宗卷等。档案馆库房和箱柜标有案卷存放指引标志，设有总的案卷存放地点索引。编制总账、分类账、明细账等统计工具。编有《档案馆简明指南》。1998年始，档案电子目录著录，到1999年全部馆藏档案实现计算机档案。

六　数字化建设

1994年，实现馆藏档案案卷级条目录入。1998年，实现馆藏档案文件级条目录入。1999年，建立档案信息目录中心，实现全部档案文件级检索。2001年，建立档案局馆网站。2007年，建立馆内档案管理局域网。2008年，对馆藏婚姻档案、知青档案、部分招工档案和区委、区政府全宗进行全文数字化扫描，形成200万页的数字档案。

七　编研

1979—2010年，利用馆藏档案资料编写区《大事记》《城建大事记》《文物建筑简介》《抗震救灾纪实》《档案志》《组织沿革》《区行政区划沿革》《会议简介》《基础数字汇编》《区领导名录》《档案利用效果实例》等参考资料。编写并出版《天津德式风情区漫游》等书籍。

第二节　档案管理

一　法制宣传

1998年、2003年、2008年，在《中华人民共和国档案法》实施10周年、15周年、20周年之际，开展档案知识竞赛、档案法培训和街道社区宣传等一系列活动。2001—2010年，每年12月4日全国法制宣传日开展宣传活动。

二　行政管理

自1979年，每年开展立卷归档检查和档案执法检查工作，加强机关档案管理。1991年始，开展档案升级工作。1996年始，开展档案目标管理工作。1986—2010年，建立档案接收、专业档案、民生档案管理等规章制度16项。加强企业档案工作，加强对重点工程项目档案的监督管理，确保档案材料齐全完整。为海河综合开发改造、商务商贸节、创建国家卫生区、创建国家园林城区、道路改造、旧楼区改造、房屋拆迁等重点工作做好档案工作。2001年，开展社区居委会档案目标管理工作，推动有条件的社区建立以低保档案、再就业档案、居民健康档案为基础，涵盖家政服务、物业管理、养老托幼、医疗保险的档案体系。

三　信息服务

至2010年，共建立民生档案87.68万卷，其中馆藏37132卷，包括婚姻、公证、知青、招工、出生等门类。基层档案室保管有社会保障档案12806卷、劳动再就业档案23.18万卷、居民健康档案72074卷、婚姻档案47458卷、拆迁档案6404卷、产权产籍档案40.22万卷。

四　干部培训

自1979年，每年举办文书、科技、会计等各种类型档案专业培训班，组织档案干部参加市档案局举办的持证上岗培训。2000年始，举办档案管理软件培训班。2006年，制定《档案人才队伍建设规划》。

五　学术交流

1985年1月，召开全区文书档案学术交流会。1994年12月，区档案学会成立。1996年6月，召开首届档案学术研讨会。1997—2010年，档案干部在全国、市档案刊物上发表30余篇论文，推荐9篇论文参加地区研讨会。

第八章　修史编志

80年代，河西区成立党史工作机构，征集资料，挖掘和收集区境内革命遗址遗迹和史料，组织编写多部党史书籍，进行党史的宣传教育。90年代，历时4年，完成河西区首部志书的编修，并获天津社会科学优秀成果奖。2000年，启动《河西年鉴》编纂。

第一节　党史

一　征集编写

1987年，查阅档案15300卷，走访老同志5500人，发函1060件。1991年，编写《河西党史资料汇编》《中国共产党天津市河西区组织史资料》。1995年，编写《中国共产党天津市河西区社会主义时期大事记》，近50万字。2007年，编辑出版《中共天津市河西区历次代表大会文献选编》，辑录自1953年6月中共河西区第一次代表大会至2006年12月第九次代表大会的工作报告等资料。2008年，与区委组织部等部门联合编辑出版《河西区纪念改革开放30周年文集（1978—2008）》，记述河西区改革开放三十年来的工作历程。2003—2009年，先后编辑出版中国共产党天津历史资料丛书《奋斗的历程——河西区卷》1949—1956年、1957—1966年、1966—1978年三卷，该丛书由概述、文献选编、报刊文摘、回忆文章和历史照片组成，共计70余万字。2010年，为纪念建党90周年，编写中国共产党天津历史丛书《中共天津市河西区历史（1949—2010）》，全书共33余万字，对外公开出版发行。该丛书获得“全国党史部门党史优秀成果奖”著作类三等奖。2010年，制定《河西区革命遗址普查工作方案》，对坐落在区境内的革命遗址、遗迹和史料进行全面搜集、挖掘。经整理统计，报市委党史研究室审核，确认河西区1919—1949年的革命遗址25处，其他遗址10处。

二　宣传教育

21世纪初，对全区党员干部群众进行党史宣传教育。2007年7月，在全市率先成立区党史宣讲团，统一编写课件，半年宣讲15场次。2008年，向全区中小学、机关、企业赠送《河西区纪念改革开放30周年文集》2万册、《中共天津市河西区历史（1949-2010）》1000册。2009年，组织党员干部、中小学生开展解放天津红色遗址巡礼活动，参观解放天津战役突破口遗址。2010年，依托区委党校、网络和媒体加大党史宣传力度。在区政务信息网开辟党史专栏，开展以"牢记历史、勿忘国耻"为主题的纪念抗日战争胜利65周年图片展，在《天津日报·新河西》开辟《河西区地方党史史话连载》专栏等。组织党员干部通过党史论文征编、专题学习研究、党史党建宣讲、形势报告会等形式，开展知史爱党、知史爱国教育。

第二节　区志与年鉴

一　区志

1993年6月，成立编修《河西区志》筹备组，12月成立编修委员会，召开编修委员会第一次会议，确定工作指导思想，审定《河西区志》篇目设计，讨论通过编修规划和实施方案。1994年1月，召开修志工作动员大会，全区修志工作全面展开。1994—1995年，共填写资料卡片5万余张，搜集资料约4000万字，撰写长编约500万字。1996年3月，经编辑修改形成志书初稿，印发编委会成员和有关单位征求意见。1997年，进入志书总纂阶段，形成《河西区志》蓝本稿。1998年初，召开《河西区志》稿评审会，梳理、归纳修改意见193条，对志稿进行全面的修改，1998年6月，完成首部《河西区志》印刷出版。2000年，获天津市第七届社会科学优秀成果奖。

图19-43　1998年，河西区首部志书书影
（区地志办提供）

二　年鉴

2000年，启动《河西年鉴》编纂工作。首部《河西年鉴》为1996—2000年合订本。2001—2010年，每年编印上年度年鉴。

图19-44　河西区年鉴书影
（区地志办提供）

第二十编
医疗卫生

自1979年，河西区加强区属医疗机构各项建设，进行管理体制改革试点。21世纪，推进社区卫生服务综合配套改革，建立健全公共卫生、医疗管理、执法监督的长效机制，建立各级红十字组织。发挥驻区医疗资源多的优势，在市区率先打造“十五分钟社区卫生服务圈”，开展社区卫生服务，优化医疗环境，提高医疗水平，不断满足人民群众日益增长的医疗卫生需求。2003年，中共中央总书记胡锦涛、国务院副总理吴仪到区考察“非典”防治工作。2009年，卫生部党组书记张茅考察社区卫生服务工作。至2010年，全区有市级医院8家、区属医院7家，卫生服务中心9家。有疾病预防控制中心、妇女儿童保健中心、结核病防治所、公共卫生监督所等机构。区属医院编制床位1141张，实际开放611张，在职职工1982人，其中卫生技术人员1375人。社会办医43家。河西区分别被评为全国初级卫生达标区、牙病防治工作先进区、天津市社区卫生服务示范区。红十字会获多个天津市和全国先进称号。

2003年，护士节宣誓仪式 （河西区卫生局提供）

第一章 区属医疗服务

80年代，河西区友谊路卫生院率先实行管理体制改革试点工作。在区属医疗机构相继实施管理体制、诊疗方式、药品购销、医疗保险、人事制度等医疗卫生体制改革。整合全区卫生资源，加强医院硬件设施建设。组建社区卫生服务临床指导中心和医疗质量控制与管理委员会，成立临床诊治、医学影像质量控制中心和病案、护理、院内感染、中医质量控制小组。与市属医院对接，建立医疗卫生联合体，开拓社区卫生服务新领域，创新完善各项工作机制，队伍素质和医疗水平逐年提升。2005年，梅江健康体检中心建成开业。自2008年，成立社区残疾人康复中心，对8家社区卫生服务中心和5个社区卫生服务站进行提升改造，新建7个标准化社区卫生服务站，对大营门、天塔、下瓦房康复中心等医疗机构的设施进行充实完善，新建18个社区卫生服务站。

第一节 区属机构

一 诊疗

河西医院 坐落于琼州道43号，建筑面积2.04万平方米。为二级甲等综合性医院，设病床300张。有职工390人，其中卫生技术人员302人。医院集预防、医疗、科研、疾病、检测为一体，开设24小时急症、心内科、综合内科、血液内科、老年病科、骨与关节病中心、外科、妇产科、医学检验科、医学影像科等。突出中西医结合治疗血液病专科特色，在治疗心脑血管病上具有一定特长。拥有双螺旋CT、彩色多普勒、腹腔镜、麻醉机、C型臂X光机、X线计算机影像处理系统（CR），全自动生化分析仪、心电中央监护系统及各种级别病房。引进高压氧舱治疗设备，应用于急性一氧化碳中毒及中毒性脑病、脑梗塞、突发性耳聋、冠心病、牙周炎等厌氧菌感染、失眠、末梢循环障碍、糖尿病、面瘫、股骨头坏死、脑外伤等治疗。1998年，飞鹰集团对医院进行托管。1999年结束托管。2010年12月，根据天津市城市建设规划，对河西医院进行资源调整，医院整体停诊。

图20-1 2009年，河西医院（区卫生局提供）

康复医院 坐落于大沽南路365号，建筑面积约6000平方米。为二级乙等专科医院，编制床位50张。有职工107人，其中卫生技术人员81人。1982年4月，成立骨科医院。2009年，成立康复医学科。2010年11月，更名为康复医院，开展医学康复和骨科领域疾病治疗。所在辖区人口3.8万人，下设敬重里、荣华里两个社区卫生服务站。医院承担着大营门街辖区居民的基本医疗和公共卫生服务任务职能。在常见骨科疾病手术治疗方面有着一定的影响力。

图20-2 2010年，康复医院（前身为河西骨科医院） （区卫生局提供）

中医医院 坐落于黄埔南路6号，建筑面积2.285万平方米，东楼门诊部坐落于大沽南路670号，建筑面积854平方米。中医医院组建于1982年12月，1983年12月开诊，是一所二级中医医院和中医药适宜技术培训基地，编制床位120张。有职工156人，其中卫生技术人员121人。病房开设普内及痔瘘2个病区70张床左右。担负着越秀路街近8万居民的社区公共卫生服务职能。门诊科室有：胆结石科、老年病科、妇科、儿科、心脏科、针灸科、皮肤科、按摩科、内科、外科。增设：针灸、骨伤、老年病、中风、肿瘤、消渴、脾胃病、妇科等专家门诊。另有：心脏病、痛风、痹症、肾病、儿科等专病门诊。

妇产科医院 坐落于宁波道12号，建筑面积2769平方米，编制床位60张。有职工110人，其中卫生技术人员93人。1982年，将旧楼拆除，新建新楼计2500平方米，1984年建成使用。1991年7月4日，开设家庭化病房25间，每间设大人床2张、婴儿床1张，亲属可昼夜陪伴。1993年，开展母乳喂养，经中华人民共和国卫生部、联合国儿童基金会、世界卫生组织委派专家评审，10月21日，被授予"爱婴医院"称号。1995年，被评定为二级乙等专科医院。新生儿寄养室引进"JD–I型"经皮黄疸仪的临床应用获2000年度河西区卫生系统引进应用新技术填补空白项目。引进"新生儿行为神经评分（NBNA）在临床应用"，为2001年填补河西区医药卫生空白技术项目。2003年，购置新生儿听力筛查仪，早期筛查听力障碍儿童，早期干预。2004年，引进"新生儿游泳项目"为填补天津市卫生系统应用新技术空白项目，获科学技术进步三等奖。服务项目有：宫颈癌筛查"液基细胞检测"，激光微波治疗各种急、慢性宫颈炎、阴道炎、巴氏腺囊肿、宫颈息肉、功能性子宫出血、不孕症等妇科疾患。手术治疗子宫肌瘤、卵巢囊肿、子宫肌腺症、宫外孕、绝育术、输卵管再通术、子宫内膜异位症等。

图20–3　2004年，妇产科医院

（区卫生局提供）

柳林医院 坐落于大沽南路1033号，建筑面积0.32万平方米，编制床位110张。有职工127人，其中卫生技术人员101人，以妇产科为专科特色。1983年，天津市为解决孕产妇住院难问题，拨专款在灰堆卫生院东侧建新楼，于1985年3月竣工，命名为河西区灰堆妇产科医院，保留灰堆卫生院名称。1989年6月5日，更名为柳林妇产科医院后，收治内、外科病人。又更名为河西区柳林医院。1995年6月22日，通过"爱婴医院"评估。1997年，评定为二级乙等综合医院。设有：预防保健科、全科医疗、内科、外科、眼科、口腔科、中医科、检验科、急诊、麻醉科、影像科及性病诊治等科室。

图20–4　2010年，柳林医院

（区卫生局提供）

口腔医院 坐落于广东路安德里37号，占地1543.26平方米。河西区唯一的口腔专科公立医院，有职工52人，其中卫生技术人员40人。配备口腔综合治疗台、高压蒸汽灭菌器、口腔显微镜、热牙胶充填仪、冷光美白仪等各类先进的诊疗仪器。医院前身为三义庄卫生院。1980年，恢复河西区口腔病防治所。1986年，成立牙防组。1990年，购入进口牙科综合治疗台，提高硬件诊疗水平。1992年，增名为河西区口腔医院。1993年，"口干液"（人造唾液）项目，被评为市卫生局1993年度科技进步二等奖。1996年，引进金属烤瓷修复技术在临床中的应用、钴铬合金精密铸造在口腔修复中的应用、脱色技术治疗四环素牙氟斑牙的临床体会、光固化复合树脂间接贴面用于前牙变色的治疗等多项新技术，弥补口腔临床的空白。1998年，河西区被卫生部命名为全国牙病防治先进区。2001年，制定《科技兴院，突出专科特色发展规划》。2002年，成立医疗质量管理领导小组。2006年，引进种植牙、全瓷牙新技术，发挥口腔专科医院优势。2008年，建成医保联网系统。自2009年，宣传甲型H1N1流感预防知识，为社区居民免费检查牙齿。

马场街社区卫生服务中心 坐落于气象台路85号，建筑面积4800平方米，编制床位50张。有职工83人，其中卫生技术人员63人。前身为河西区马场医院。1987年，更名为马场地段医院。1992年6月，评定为一级甲等医院。1993年，更名为河西区马场医院，开设老年病和引进脉管炎、糖尿病、肿瘤等专科、专病医疗技术。相继加挂"老年病医院""脉管炎医院和脉管炎、糖尿病联合治疗中心""中西医结合肿瘤医院"的牌子。设立医养结合病房暨老年病房，患者95%为植物生存状态，践行家庭式服务。

图20-5 1993年，马场医院（后更为社区卫生服务中心） （区卫生局提供）

东海街社区卫生服务中心 坐落于枫林路25号，建筑面积0.18万平方米。有职工59人，其中卫生技术人员45人。前身为海地珠江卫生院。1984年，小海地卫生院和珠江道卫生院开诊。1986年1月1日，小海地卫生院和珠江道卫生院合并，称海地珠江卫生院，小海地院区设保健科和门诊部，珠江道院区设门诊和住院部。1987年8月，更名为海珠地段医院。1991年，评定为一级甲等医院。1993年，海珠地段医院更名为珠海医院。1998年11月，由一、二级医院双向转诊逐步走向集团化管理的新路，小海地院区由河西医院托管。1999年，兴建三水南里、桂江里、粤江里社区卫生服务站。2000年5月，回归珠海医院管理。2002年12月，因行政区域调整，小海地院区由陈塘医院接管。2010年10月，更名为东海街社区卫生服务中心。

图20-6 2006年，友谊路街社区卫生服务中心 （区卫生局提供）

友谊路街社区卫生服务中心 坐落于友谊东里57号，建筑面积0.2万平方米。有职工72人，其中卫生技术人员57人。前身是友谊路卫生院，成立于1987年10月。1988年2月开诊，设置病床50张；1989年增到70张。1990年，更名为友谊路地段医院。1993年，被评定为一级甲等医院，更名为友谊医院。2003年11月，进行内部股份合作制管理体制改革。2008年1月，与宾西医院合并。2010年10月，更名为友谊路街社区卫生服务中心，设置公共卫生服务区、门诊医疗区、中医药特色服务区等区域。承担着15个社区居委会、十几万人口的公共卫生与基本医疗服务任务。

图20-7 2009年，天塔街社区卫生服务中心 （区卫生局提供）

天塔街社区卫生服务中心 坐落于环湖中路体院北八区，建筑面积2007平方米。有职工82人，其中卫生技术人员64人。1984年9月开诊，初名体院北卫生院。1987年，更名为体院北地段医院。1992年，通过一级医院评审，被评定为一级甲等医院。1993年，更名为体北医院。1997年，与体院南卫生院合并，承担体院南地区居民的医疗、预防卫生保健等服务。建院初期与市属天和、滨江、天津医院合作开展外科手术，手科断手再植等外科手术，开启拇指延长术等治疗。

下瓦房街社区卫生服务中心 坐落于宁波道52号，建筑面积3000平方米。有职工66人，其中卫生技术人员51人。前身为下瓦房卫生院。1980年，开设住院病床20张，完善手术室的设备建设，以收治眼科、外科住院病人为主。1987年，与市一中心医院联合办医成立天津市第一中心医院脑系科住院分部。1990年，改为下瓦房地段医院，病床增至50张，开设前列腺专科门诊。1992年，更名为下瓦房医院，成立河西区前列腺专科医院。医院引进享受国务院津贴的翟兴龙主任医师，开展前列腺专科手术住院的治疗。提供医疗、预防、保健、康复、健康教育、计划生育技术指导"六位一体"服务的卫生服务，承担辖区12个社区居委会、5万余人的基本医疗和公共卫生服务任务。2008年9月，进行布局调整，新增面积1400平方米。2009年3月，启用新的公共卫生服务楼。建立刘庄、大沽路、富裕广场3个社区卫生服务站。中心在中医药治疗老年病、慢性病、常见病方面形成特色。采用舌针、脐疗、拔罐、针灸、按摩药物透入等中医传统手法治疗皮肤病、抑郁症、慢性前列腺疾病、胆肾结石等疑难杂症，在辖区乃至周边地区有一定的知名度。

图20-8 2008年，下瓦房街社区卫生服务中心 （区卫生局提供）

尖山街社区卫生服务中心 坐落于澧水道40号，建筑面积1700平方米。有职工62人，其中卫生技术人员50人。前身是尖山医院。1983年，原址扩建。1993年，被评定为一级甲等医院，更名为尖山医院。以"四病"（高血压、冠心病、脑卒中、恶性肿瘤）防治为特色。1989年，代表天津市分别接受美国、芬兰考察团考察。1992年，接受世界卫生组织的验收，成立"四病防治基地"。1993年，菲律宾考察团到院考察，接待由50名专家组成的全国社区医学卫生检查团的检查和上海市社区卫生考察团。承担辖区8万人口的疾病预防等公共卫生服务和一般常见病、多发病的基本医疗服务；负责社区预防、保健医疗、康复、健康教育、计划生育等工作。设有：全科医疗科、预防保健科、中医科、康复医学科、医学检验科、医学影像科、妇产科、口腔科等科室。

图20-9 2010年，尖山街社区卫生服务中心 （区卫生局提供）

陈塘庄街社区卫生服务中心 坐落于小海地茂名道29号，建筑面积1007平方米。有职工60人，其中卫生技术人员45人。前身为陈塘庄卫生院。1996年1月，被评定为一级甲等医院，更名为陈塘庄医院。曾与天津医院联合办医，设骨科病房，共20张病床。1992年，改为内科病房，病床增加到30张。2003年2月，由于大沽南路拓宽及富民桥建设，将陈塘庄医院迁到小海地茂名道29号，原珠海医院门诊部并入。2008年，增盖新楼。2010年10月，更名为陈塘庄街社区卫生服务中心。是一所集医疗、预防、保健、康复、健康教育、计划生育技术指导六位一体的综合性医院。设有：预防保健科、全科医疗科、中医科、妇产科、口腔科、康复医学科、医学检验科、医学影像科、健康教育室等诊疗科室，突出中医特色，曾有多位中医名家坐诊。

桃园街社区卫生服务中心　坐落于西楼后街西楼北里8号，建筑面积3450平方米。有职工55人，其中卫生技术人员36人。1986年扩建后，设病床30张。成立“精神卫生中心”，收治心身疾病患者。1991年，病床增至50张，由卫生院改为地段医院。1993年，被评定为一级甲等医院。是年，更名为桃园医院。聘请专家开设中西医结合治疗皮肤病专科，对外增加“中西医结合皮肤病专科医院”名称。2003年，桃园医院与西南楼卫生院合并，称桃园医院。

图20-10　2010年，桃园街社区卫生服务中心（区卫生局提供）

挂甲寺街社区卫生服务中心　坐落于新城小区68号增1号，建筑面积1220平方米。有职工57人，其中卫生技术人员44人。前身是挂甲寺卫生院。1985年6月，开办按摩科，购置红外线真空治疗仪。1990年，创建联合里社区站。1997年，与妇幼保健站合并，仍称挂甲寺卫生院。2010年，与市三甲级医院开展合作，有多名内科、妇产科、中医等医生轮流到中心出诊。

二　预防

结核病防治所　坐落于柳林路3号，建筑面积2771.56平方米。编制床位80张。有职工30人，其中卫生技术人员18人。是防治肺结核病的医疗机构，设有：病房、门诊、预防等科室。以治疗为主，开展早期发现、监督治疗、宣传预防工作。利用流动X光机等设备为全区各大工厂、学校、机关单位的职工进行体检，将发现的结核病人进行登记、管理、治疗，减少重症肺结核病人，降低肺结核病的发病率、患病率及死亡率。

疾病预防控制中心　坐落于平江南道23号，建筑面积2175平方米。有职工95人，其中卫生技术人员51人。前身为区卫生防疫站。1984年，更名为卫生防病站。开展对急性传染病和部分非传染病管理、控制和防治，开展食品卫生、环境卫生、劳动卫生、放射卫生、教学环境的卫生监测和监督，进行流行病学、卫生学的调查和科学研究，进行卫生宣传教育、卫生防疫专业人员培训和卫生防病咨询、鉴定和特种技术服务。开展计划免疫和各种预防接种的技术指导和统计分析工作。2009年，更名为疾病预防控制中心。在市区率先获得职业病危害因素及放射卫生的检测与评价、建设项目职业病危害评价、预防性健康检查资质认证。非传染病监测和健康教育工作在全市业务工作考核中位于前列。中心获得多个市级先进称号，多次参与国家卫生部、市疾控中心组织的全国营养调查等大型综合性工作。检验科获得天津市技术监督局的质量体系认证。在抗击非典型性肺炎、甲型流感、埃博拉中东呼吸综合征、人感染禽流感等重大疫情防控工作中发挥职能作用。

图20-11　2010年，疾病预防控制中心（区卫生局提供）

2010年河西区区属医疗单位情况表

表20-1

机构名称	坐落地点	在职职工(人)	卫生技术人员(人)	编制床位数(张)	建筑面积(平方米)
河西医院	琼州道43号	390	302	300	20353.16
河西区康复医院	大沽南路365号	107	81	50	6000.00
河西区中医医院	黄埔南路6号	156	121	120	3139.43
河西妇产科医院	宁波道12号	110	93	60	2769.00
河西区柳林医院	大沽南路1033号	127	101	110	3159.57
河西区口腔医院	广东路安德里37号	52	40	30	1543.26
河西区妇幼保健站	宁波道12号	19	12	0	200.00
河西区结核病防治所	柳林路3号	30	18	80	2771.56
天塔街社区卫生服务中心	环湖中路体院北八区	82	64	300	2007.00
桃园街社区卫生服务中心	西楼后街西楼北里8号	55	36	50	3450.00
下瓦房街社区卫生服务中心	宁坡道52号	66	51	50	3000.00
挂甲寺街社区卫生服务中心	新城小区68—1	57	44	0	1220.00
马场街社区卫生服务中心	气象台路85号	83	63	50	4800.00
陈塘庄街社区卫生服务中心	茂名道29号	60	45	30	1007.00
友谊路街社区卫生服务中心	友谊东里57号	72	57	70	2013.06
东海街社区卫生服务中心	小海地枫林路25号	59	45	55	1791.43
尖山街社区卫生服务中心	澧水道40号	62	50	30	1700.00
疾病预防控制中心	平江南道23号	95	51	0	2175.00

第二节　配套改革

一　体制

1987年，在友谊路卫生院进行全民所有、集体经营、独立核算、自负盈亏的管理体制改革。2003年，实行内部股份合作。1990年，对各医院进行分级管理。1998年，飞鹰集团对河西医院进行托管，建立急救绿色通道和老干部医疗保健中心、民政退休人员医疗中心。河西医院承包珠海医院门诊部，成立河西医院分院。1999年，飞鹰集团结束对河西医院托管。2001年，实施医疗机构分类管理，18个区属医疗机构和124个企事业单位保健站被定为非营利性医疗机构，55个个体诊所和部分社会办医机构定为营利性医疗机构。对各类医疗机构进行验收，换发执业许可证。实施基层医院向社区卫生服务中心整体转型试点工作，6家基层医院进行机构和功能双重改革，成立全科诊室，设置康复、心理等诊室，建立特色病房，实行“病人选医生”内部运行机制改革。区属医院设立医生公示牌，作为考评业绩的依据。将监督所从防病站分离，成立公共卫生监督所，政事分开、统一执法、综合管理。2002—2010年，制定《河西区卫生机构调整方案》，14家基层医院转型为12家社区卫生服务中心。和睦家国际医院进驻区内。

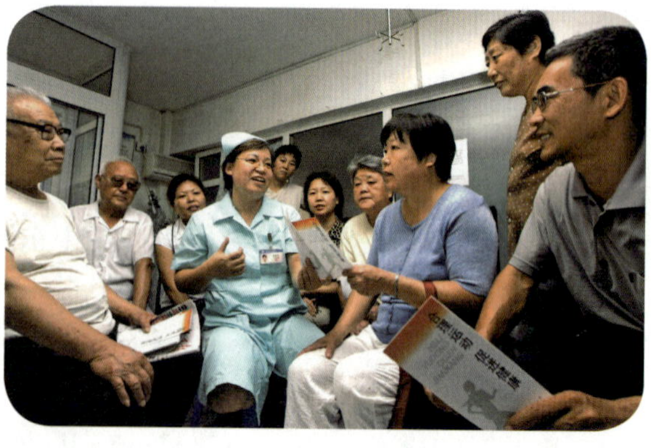

图20-12　2005年，社区医疗服务（区地志办提供）

二　转诊

2008年，组建河西区社区卫生服务集团，与辖区三级医院和医学高等专科学校签订对口支援社区卫生协议，建立双项转诊制度。2009—2010年，驻区6所市属三级甲等医院与12家社区卫生服务机构开展定点支援项目，4所市属医院与7个社区卫生服务中心签署合作和志愿工作协议，市属医院开展百名医生进社区活动。新增民营医疗机构8家。社区卫生服务联合体的合作范围逐步扩大，建立“十五分钟社区卫生服务圈”。

三 药品

1986年，建立制剂中心，后更名为联合制剂室。1997年，建立区药物不良反应中心，开展合格药房达标工作，并加入国际互联网络。2008年，在9个社区卫生服务中心实行药品零差率销售，首批遴选508种药品、694个品规和基本用药目录，由政府招标、集中采购、统一配送和结算，药品零差率销售价格降低28%。2009—2010年，完成与天津市537种基本用药品种与采购对接，推行药品网上采购。

四 保险

1982年，区妇产科医院进行公费、自费医疗改革试点。1990年，天津电影制片厂以“河西区公费医疗改革”为题材拍摄专题片。2001年，区属18个医疗机构被确定为医保定点医院。2002—2007年，开展全国卫生服务调查，建立医保管理制度。区卫生局和河西骨科医院在市医保工作会议上介绍经验，区卫生局被评为市医保管理工作先进单位。2008—2010年，实施医保联网刷卡结算。

五 人事

1985—1987年，河西医院建立护理责任制，召开首次护理工作会议，成立“护理专业技术咨询委员会”，建立护理管理体制。1995年，首次办理护士注册。所属7个单位实行院长负责制，在机关干部中实行聘任制。自1999年，制定全员聘任实施方案，启动用工制度改革，实行全员聘用制和岗位合同制。制定专业技术职务聘任管理工作意见，评聘分开，以岗定薪。2005—2010年，编制卫生系统“十一五”人才规划，开展各项培训，加强聘后管理，设立人才奖励基金，对引进高级人才进行奖励。

六 献血

1982年，成立公民义务献血委员会。1992年，连续10年获公民义务献血先进单位。2001—2010年，探索献血工作新模式，实行街道分流包干责任制，被评为市无偿献血工作先进集体。

1995—2010年河西区义务献血情况表

表20-2

年份	任务数(个)	义务献血人数(人)	百分比(%)
1995	-	474	-
1996	-	802	-
1997	-	785	-
1998	-	810	-
1999	-	2242	-
2000	-	2615	-
2001	-	1000	-
2002	-	5319	-
2003	5552	6020	108.4
2004	5552	6263	112.8
2005	3955	926	23.4
2006	1582	1743	110.2

续表

年份	任务数(个)	义务献血人数(人)	百分比(%)
2007	取消指标任务	–	–
2008	–	253	–
2009	–	50	–
2010	–	372	–

第三节　诊疗保健

一　诊疗体系

1980年，各卫生院设简易病房。1983年，区属医院建立家庭病床科。1984年，河西骨科医院在全国家庭病床经验交流会上介绍经验。1996—1998年，启动居民健康促进工程，成立30个社区卫生服务站，河西区被评为全国初级卫生保健达标区，中央文明办、国务院纠风办、卫生部到区考察社区卫生服务工作。1999年，为全区54万人口建立《居民健康档案》，与3.5万户签订《家庭卫生保健合同》，建立健康教育组织网络155个。召开发展社区卫生服务工作推动会议，制定创建社区卫生服务站的意见和制度，开展社区卫生服务的经验在市卫生服务工作会议上介绍，连续3年被评为市社区卫生服务达标区。

2000—2003年，成立卫生规划领导小组，制定规划方案。社区卫生服务站达到55个，在217个居民委员会配备责任医生，新建老年健康档案8.24万份，建档率为83%，社区卫生服务入户率达到66%，初步形成区有临床指导中心、街有卫生服务中心、居委会有卫生服务站、居民户有家庭责任医生的社区卫生服务网络。2002年6月，市政府在河西区召开社区卫生服务现场推动会，市委书记张立昌题写“立足社区、着眼群众”的题词。成立社区质量控制专家组和社区卫生服务协作组，启动社区卫生服务信息管理系统软件。完成对口支援农民9万人体检任务。天塔街、下瓦房街社区卫生服务中心和大沽路社区卫生服务站被评为天津市社区卫生服务先进单位，河西区代表天津市在创建全国卫生服务示范区复检会议上介绍经验。

2004—2007年，召开创建全国社区卫生服务示范区动员会议，提出目标和任务，制定实施方案，落实工作责任，制定考核评比办法。12家基层医院社区卫生服务中心和37个卫生服务站进入市政府服务网络。2008—2010年，加强社区卫生服务网络建设，公益性卫生服务项目扩大到22项。在市区率先打造功能多样、方便群众的“15分钟社区卫生服务圈”。开展创建残疾康复示范城市和平安医院活动，区属医院成立残疾人康复中心。

二　中医药

自1979年，中西结合治疗急腹症、骨折等疾病。1983—2004年，建立区中医医院，“中西医结合治疗疮疡研究所”成为全国专科学术带头单位。成立“中医胃肠病临床研究室”。完成中医药特色标准站的市级验收工作，代表天津市接受世界银行、世界卫生组织、国家卫生部VII项目检查评比。2005—2010年，开展“中医药中国(天津)行”主题活动，开设中医特色诊区(国医堂)、名中医工作室，引入精制饮片项目，制定中医药发展和中医药人员配备的目标和任务。下瓦房和陈塘庄社区卫生服务中心被评为市中医特色社区卫生服务中心，中医医院中风病项目被列入市重点中医专病项目。

三　慢性病防治

80年代，开展慢性病防治工作。1997年，被国家卫生部评为全国口腔病防治先进区。1999年，被评为全国牙齿防病工作先进区。2002—2007年，5种慢性病（高血压、糖尿病、冠心病、慢性呼吸道疾病和脑血管病）管理率达到80%。完善三级健康教育网络，建立专兼职人员和志愿者的健康教育队伍。60岁以上老年慢性病管理率达60%，高血压和糖尿病管理率分别为74%和76%。区新闻中心开播《健康新生活》栏目。建立职业病数据监测系统，就诊人数逐年增多。2008—2010年，建立肿瘤防治基地。制定并实施流动人口计划免疫管理办法，开展"健康大讲堂进社区"公益活动，在交通干道和繁华地区设立健康教育宣传点。诊断患尘肺病由60人增至231人。

四 妇幼保健

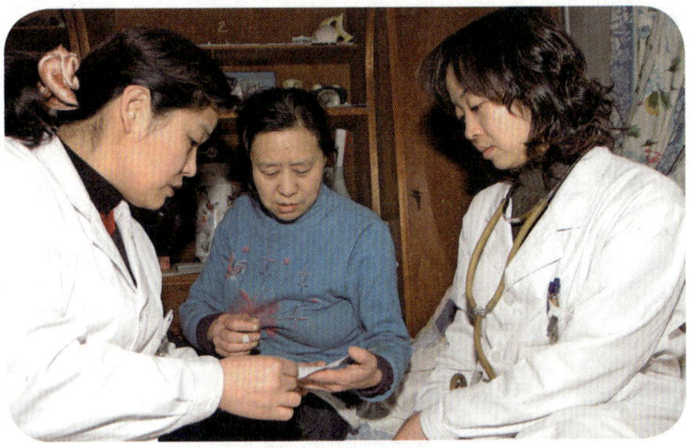

图20-13 2005年，宣传妇女保健知识（区卫生局提供）

自1979年，建立并落实孕、产妇医疗管理制度。1982年，区属17家卫生院设儿童保健门诊。1984年，完成区妇产科医院扩建。灰堆卫生院扩建竣工，更名为灰堆妇产科医院，后更名为柳林妇产科医院加挂柳林医院牌子。河西妇产科医院被国家卫生部、联合国儿童基金会、世界卫生组织授予"爱婴医院"，被评为二级乙等专科医院。1997年，妇幼保健站开诊。1998年更名为妇幼保健所。1999年，妇幼保健工作经市有关部门考评，达到国家妇女儿童发展规划纲要中期目标水平。2000—2005年，区保育院被评为市一级幼儿园。"四苗"（即卡介苗、百白破制剂、脊髓厌质炎疫苗、麻疹疫苗）接种率达到100%，孕产妇系统管理合格率98%，流动人口儿童脊髓灰质炎疫苗接种率100%。推行新生儿神经行为测定技术和高危出生缺陷监测及高危儿童筛查工作。河西医院、柳林医院、妇产科医院被授予"婴儿抚触室"称号；计划免疫接种率达到100%。完成妇女儿童规划纲要监测工作，进行儿童发育调查和一级托幼院所达标工作。2006—2010年，在婚姻登记处设置孕前专项检查监测点，启动万名妇女乳腺筛查工作。建立区属助产医院与市属三级医院双向转诊网络。落实惠及妇女儿童10项措施，对孕产妇和儿童保健实行信息化管理，启动25个保健项目，1.9万名适龄妇女受益。

1996—2010年河西区孕产妇死亡、5岁以下儿童死亡、新生儿死亡数据情况表

表20-3 单位：例

年度 \ 项目	孕产妇死亡	5岁以下儿童死亡率（‰）	新生儿死亡率（‰）
1996年	1	8.40	6.14
1997年	0	11.93	6.67
1998年	0	12.32	6.65
1999年	0	10.62	7.30
2000年	0	7.78	5.30
2001年	1	7.05	5.09
2002年	1	6.70	4.69
2003年	0	4.84	3.02
2004年	1	4.52	3.29
2005年	0	4.28	3.56
2006年	0	9.19	6.72
2007年	0	6.27	5.13
2008年	1	6.25	2.88
2009年	0	4.20	1.40
2010年	1	6.70	3.23

第四节　传染病防治

一　突发传染病

2002年，制定突发公共卫生事件应急预案。2003年4月20日，区内发生非典型性肺炎疫情，成立医学观察所，制定防治工作预案和实施方案，加强消毒隔离和医院感染控制，开展督查指导。5月1日，中共中央总书记胡锦涛、国务院副总理吴仪，在市长戴相龙陪同下，视察教师村社区、友谊路华润超市等单位。天津市唯一隔离监控楼栋——挂甲寺街景兴西里91门201号4人感染"非典"，区卫生防疫部门对整个楼栋全部隔离进行医学观察。5月16日，解除18家住户、41名居民的医学观察工作。6月4日，全区隔离观察的128户家庭313人、10个单位、300人及区医学观察所先后留观的3批、25人，计638人全部走出隔离区。2004年，完善突发公共卫生事件应急预案。二级以上医疗机构开设发热门诊，各医疗机构增设甲型NH流感诊疗门诊，组建医疗救治专家组，实行医疗零报告制度。对归国返津的40名学生进行检查，对3所学校的疫情进行调查处置，接诊居家治疗55例。

二　普通传染病

自1979年，开展以霍乱为主的防治工作，传染病总量呈逐年下降趋势。21世纪，一些已经基本绝迹的传染病呈现复发趋势，2003年肺结核416例，2008年水痘647例、流行性腮腺炎205例，2009年梅毒377例，2010年手足口病891例。自2006年，制定《结核病防治工作进社区工作意见》。实施预防接种工作人员上岗管理，接种率达到95%。建立艾滋病防治科和7个HIV初筛实验室，对收教人员和在押人员进行初筛检查，对娱乐场所服务人员和既往献血人员进行检测。

1996—2010年河西区甲乙丙类传染病发病/死亡率情况表

表20-4

年份	甲类		乙类		丙类	
	发病率	死亡率	发病率	死亡率	发病率	死亡率
1996年	0	0	384.4	0.15	31.02	0
1997年	0	0	365.51	1.02	29.67	0
1998年	0.43	0	343.06	0.14	27.97	0
1999年	2.29	0	385.34	0	43.31	0
2000年	0.43	0	328.80	0	49.63	0
2001年	0	0	266.07	0.14	103.65	0
2002年	0	0	298.40	0	195.69	0
2003年	0	0	290.41	1.26	57.50	0
2004年	0	0	518.86	0	504.29	0
2005年	0	0	445.05	1.10	621.56	0
2006年	0	0	411.71	0.12	1021.19	0
2007年	0	0	355.58	0.12	574.15	0
2008年	0	0	371.53	0.23	574.06	0
2009年	0	0	295.82	0.32	406.69	0
2010年	0	0	252.32	1.04	317.08	0

说明：分母为10万

1996—2010年河西区主要传染病发病情况表

表20-5 单位：例

病种 年份	痢疾	猩红热	疟疾	流行性出血热	流脑	病毒肝炎	伤寒	斑疹伤寒	麻疹	水痘	梅毒	手足口病	肝炎	流行性腮腺炎	风疹	肺结核
1996	2326	4	2	6	–	270	4	–	–	–	–	–	–	–	–	–
1997	2142	14	2	13	2	309	4	6	8	–	–	–	–	–	–	–
1998	2015	10	–	8	2	363	–	2	3	–	–	–	–	–	–	–
1999	2453	21	–	9	1	287	2	6	9	–	–	–	–	–	–	–
2000	1937	26	2	23		367	1	5	7	–	–	–	–	–	–	–
2001	1592	8	–	27	1	205	1	4	36	–	–	–	–	–	–	–
2002	1816	11	–	39	1	238	1	1	8	–	–	–	–	–	–	–
2003	1233	10	–	18	1	176	–	–	34	–	–	–	–	–	–	416
2004	1714	53	–	20	3	523	1	–	5	–	–	–	–	–	–	266
2005	2368	34	–	17	2	479	–	–	99	–	–	–	–	–	–	368
2006	2111	22	–	1	1	509	1	–	75	–	–	–	–	–	–	340
2007	1653	74	2	–	–	507	2	–	87	–	–	100	–	172	287	416
2008	2033	83	1	–	–	–	–	–	–	647	261	242	246	205	513	416
2009	1651	46	–	–	–	–	–	–	9	637	377	330	252	101	84	291
2010	1361	36	–	–	–	–	–	–	128	–	361	891	201	95	39	312

第五节　卫生监督

1979—2010年，河西区开展对食品、环境、劳动等卫生监测和监督，进行流行病学、卫生学的调查，进行卫生宣传和防病咨询、鉴定和特种技术服务。

一　大型活动

自1979年，加强对市区政治、经济、文化等大型活动的卫生监管。1999年，迎接世界体操锦标赛的召开，对传染病防治、食品卫生、公共场所卫生、二次供水等项工作进行检查，被天津市委、市政府授予组织工作先进集体称号。2000—2008年，落实全国卫生城市检查相关的任务，卫生系统承担的4大项26个小项、198个子项指标全部达标，被天津市评为全国卫生城市检查受检立功单位。2008年，做好奥运会、达沃斯论坛、世界杯足球外围赛等活动卫生监督保障工作，组建应急医疗保健专家组和5个救治分队，进行2056项（次）现场快速检测，救治伤病员160余名。完成天津市投资贸易洽谈会、国际女子佩剑世界杯大赛等活动的卫生安全保证工作。2010年，完成达沃斯论坛、联合国气候大会、融洽会、津洽会、台湾名品博览会等活动的食品卫生和医疗保障工作。

二　食品安全

自1979年，加强对食品市场的检查。1982年，制定并落实《食品卫生管理办法》。1989年，被评为全国食品卫生示范区。1996—2002年，成立区卫生监督所，建立食品卫生监督三级网络。在500余家大中型商场、食品超市、餐馆等企业建立卫生质量监督岗。开展食品卫生达标街创建活动，7条街达标。加强对工地食堂的监督。2003—2010年，卫生综合执法服务大厅建成运行，向社会公开投诉电话。制定并实施食品“放心工程”、食品安全专项治理、食品卫生监督量化分级管理等方案，开展专项检查。与辖区学校签订卫生管理责任书，在区教育局推行学校食堂卫生量化管理，与各学校签订食品安全责任书，对学校食堂进行监督检查。实施“食品放心工程”，对餐饮业进行量化分级管理，中小餐馆达标率达80%以上。

三 医疗市场

自80年代，随着多种所有制医疗机构和个体行医者逐渐加入医疗行业，成为公有医疗的补充。针对存在诸多问题，2002年制定《关于治理整顿医疗市场秩序实施方案》，重点对医疗美容业进行执法检查和从业人员法律知识培训。2005年，确定为“医院管理年”，开展“以病人为中心，以提高服务质量为重点”的主题活动，组织专家组对医疗机构质量管理和药事管理及安全使用等工作进行检查监督，对所属医疗机构的临床科室和外聘医务人员进行检查。2006—2010年，加强对各类非法行医案件的查处，建立并实施打击非法行医责任制和依法执业诚心承诺制度，并聘请社会监督员。召开药事工作会议，对从业人员核发证件。加强对各类无证行医的诊所、药店、美容店的查办和取缔。

第六节 队伍

一 医德医风

1979—1996年，加强医德医风教育。1985年，开展“学习白求恩，争做医德高尚人”活动。1986年，开展服务窗口竞赛活动。1990年，召开整顿医德大会。1995年，河西医院在市纠风工作会议上作典型发言。1997—2000年，3个单位被评为市级文明单位。50%的医疗单位成为无假日医院。河西医院血液科、公共卫生监督所和下瓦房医院分别被评为市级卫生文明行业示范点和文明单位，区卫生局被评为市纠风工作先进集体。2001—2005年，开展学习白求恩和“人民好医生”李维廉先进事迹活动。区卫生局机关获市文明机关称号，区卫生局和河西医院党委分别被评为市防治非典型性肺炎工作先进党组织和先进集体，河西医院发热门诊被评为“三八”红旗集体，区卫生局被评为市“十五”立功先进集体。

2006—2009年，开展“共筑诚信主题教育活动”，20个诚信科室、50名诚信个人在《天津日报》公示。1人被评为天津市十佳护士。选派优秀防疫人员奔赴汶川地震灾区，受到市委、市政府表彰。组建白衣天使艺术团，举办文艺演出和百名护士宣誓仪式。2010年，评选并树立党员示范岗100个。开展评选首届百姓信赖的社区医生、护士和人民满意的好医生、好护士、好医院活动。

二 医疗水平

1979—2000年，河西医院检测急性白血病科研项目获市青年科技成果博览会金奖，乳房肿块切除活检研究获市科研成果奖，62篇医学论文在国家级刊物交流，4篇论文在国际上交流。建立卫生培训中心，召开继续教育工作推动会，被评为市培训工作先进单位。

2001—2004年，推进人才培训工程，开展职业医师资格考证和核发资格证书工作，首次进行医师执业注册。加强全科医学教育和全科医生的培养和岗位培训，207人获岗位证书，16人晋升为全科高级职称，达到每万人口配置2名全科医生的标准。口腔医院“固定矫治器对外伤性前牙脱落松动”的治疗项目和区妇产科医院新生儿游泳项目填补市卫生系统空白。启动远程继续医学教育工作，2005—2010年，开展岗位技能大赛。举办8期国家级、省市级医学教育培训，1285人次参加培训。启用远程集训教育管理软件系统，5个社区卫生服务中心被定为市全科医师社区培训基地。

1996—2010年河西区区属卫生系统高级职称人员名表

表20-6

年份	正高级职称	副高级职称	审批时间
1996	唐琛、闫桂兰	满惠琴、刘清通、郭长发、周凡、陈少萍、苏振铭、李和春、吕玉琴、阴发明、侯兆瑞、王天祥、柯嘉瑞、李培龙	1996.12

续表

年份	正高级职称	副高级职称	审批时间
1997	祁士正、王子云、张映雪、顾泳裳	张静安、张丽丽、王峥、张葆岭、张燕萍、句国栋、郝世奋、宋燕霞、赵志敏、窦迎建、李丽、周桂兰	1997.9
1998	谷素贞	崔建国、冯桂芹、李金凤、陈国兰、庞莉、吕凤珍、郑玉荣、仉红刚、李迎国、陈兴洲、张忠智、韩秀鸾、刘桂芝、吴鲁萍、董春妹、卓群	1998.8.
1999	卜秦琍、吴允琦、杨宝珠、徐正慧、林梓家、王士宝、高国桢	刘长慧、杨坤、王玉华、张晓兰、刘琮蔚、邢军、王宝奎、华素云、蔡全艺、李英、汤泽生、王文波、史同乐、王滨、李其英、王克娟、张拥、阚绍刚、张宝兴、张宏、马世昌	1999.11
2000	刘家奇、吕传林、李以嘉、李学增、邸禄年、赵水仙	许文英、刘建新、张捷生、庄希瑶、于秀英、曹逸环、赵莉、鲁冬莉、毛春雷、单建国	2000.12
2001	–	牛治欣、宁书良、刘战云、郝宝刚、唐静、曹曼丽、何欣、宁培兰、崔美华、陈秀香、李秋茹、张振江、夏吉英、王乃武、刘玉楼、孙家林、李强、杨宝春	2001.9
2002	李振华、庞树玲、窦迎建	王润刚、郝瑞军、潘林、杨睿、解民、高志刚、李峰、孟建民、邢迁	2002.9
2003	–	杨晓熹、赵建英、马秀玲、卢燕、任艺、邹燕、王智怡、李小玲、吴明志、徐心、刘俊杰、温来欣、杨东平、李宝华、陈文新	2003
2004	刘琮蔚	钱影、陈桂珍、张珏、梁丽惠、李宏、郑鸿庆	2004.11
2005	王文波、崔建国	迟晓文、姚进、周东红、李春迎、韩景秋、年云娜、史勇、朱海霞、徐平、何建忠、李建国	2005.9
2006	–	杜淑兰、李淑敏、范梓航、贾建梅、曹双起、王桂茹、顾伟仪、刘洪玲、李郁慰	2006.10
2007	李迎国、王宝奎	张强、黄健、樊晓丽、陈娟、黄鼎立、张萍、孙志伟、石云、刘庆云、贺桂泉、李建新、瞿志明	2007.11
2008	杨晓熹、马秀玲、牛治欣	陈新瑛、王海青、何梅、焦红权、刘文洁、李毅、张燕梅、倪学英、孔洁、李学冬	2008.11
2009	李其英、吴鲁萍	郭二荣、王心平、吴长春、李红、侯绍辉	2009.11
2010	许文英、徐平、郝瑞军	郑红、郑娟、魏瀛年、曹鹏、曹杰、古梅、刘俊雅	2010.11

第二章　驻区医院

1981年，河西区颁发私人行医执照，民营医院相继兴办，逐年增多。1986年，成立区个体医疗协会。1993年，建立区社会办医工作者协会。2010年，民营医院和门诊部43家。到2010年，驻区市属医院8家，占市属医院总数的40%，与区属医疗单位建立医疗联合体，形成社区卫生服务网络体系，人民群众享有良好的卫生医疗服务。

第一节　市属医院

天津医院　于1972年定名。1999年，增名天津骨科医院，坐落于解放南路406号，建筑面积5.4万平方米。以骨科专业为重点，以创伤急救和骨科疾病及骨科疑难重症为特色，集医疗、教学、科研、康复、预防为一体的大型三级甲等骨科专科医院。有病床717张，设备170台，职工总数1202人，其中高级技术人员147人，重点学科带头人22人，享受政府特殊津贴专家25人。设有：创伤骨科、脊柱外科、手显微外科、小儿骨科、骨肿瘤科、骨关节镜科、风湿骨病科、创伤外科、骨内科、骨伤按摩科及中医外科、五官科、中西医结合骨科综合治疗室等35个临床医技科室。《中华骨科杂志》编辑部、市中西医结合骨科研究所、市创伤交通医学研究所、市创伤急救中心、天津医科

图20-14　2009年，天津医院

（市卫生局提供）

大学骨科临床学院、市关节外科中心、市尚天裕中西医结合骨伤治疗中心、市骨科康复中心均设在该院内。受国家卫生部委托，自1953年在天津市创办全国骨科高级医师进修班，由中国骨科事业开拓者方先之主持开办，至21世纪初开办50余届，为全国各地培养输送骨科专业人才4000余名。

天津儿童医院 坐落于马场道225号，是市三级甲等综合性儿科医院，建筑面积6.13万平方米，床位521张。有职工1348人，其中高级专业技术人员152人，享受政府特殊津贴17人，市授衔专家3人。设临床及医技科室38个，其中内科11个专业科室、外科11个专业科室。另设有：耳鼻喉科、中医科、眼科、口腔科、皮肤科、心理科、康复科、麻醉科和中医康复、语言训练、保健等治疗门诊。在心血管疾病诊疗中心、微创外科、新生儿内外科、急救中心、耳聋复聪等重点学科基础上，发展语言训练、自闭症管理等边缘学科，形成综合学科优势。2001年，获首批全国“百姓放心医院”称号。

图20-15　2008年，天津儿童医院（市卫生局提供）

天津环湖医院 坐落于气象台路122号，建筑面积3.1万平方米。1988年开诊。1992年，增名为市脑系科专科医院，后更名为市脑系科中心医院，是三级甲等专科医院。有病床600张，职工973人，其中高级技术人员173人，政府特贴专家8名。设有：神经外科、神经内科、内科、外科、眼科、耳鼻喉科、麻醉科、中医科、急诊科等；脑血管病组、炎症治疗组、癫痫病组、脱髓鞘疾病组、心脑病组、肺脑型组、脑血管外科治疗组、鞍区部位治疗组、胶质瘤组、脑膜瘤及脊髓病变组、呼吸组、内分泌组、心血管组、普外等。医技科室有：普通放射科、神经放射科、药剂科、检验科、病理科、功能检查科、理疗科、神经电生理、高压氧、营养科等。建成神经外科研究所、颅脑损伤抢救中心、血管介入治疗中心、立体定向放射治疗中心、亚低温脑保护研究室、三衰急救科（危重病急救病房）、鼻病诊疗中心、神经外科专科医师培训基地和临床药师培训基地。2010年，成为天津市唯一国家级工伤康复定点单位。

图20-16　1988年，天津环湖医院（市卫生局提供）

天津海河医院 住院部、行政办公楼坐落于柳林路14号，建筑面积2.9万平方米，门、急诊部坐落于和平区沙市道36号。1991年，更名为天津市肺科医院，1999年，增名为天津市结核病医院。2003年4月，与中铁第十八工程局中心医院合并，组建天津市海河医院，是三级甲等专科医院。有职工622人，其中高级职称51人。床位600张，临床科室11个。设有结核病学研究室、介入性肺病学研究室、人工肺研究室和哮喘病研究室、结核科、结核外科、胸外科、肿瘤科、呼吸科、中西医结合科、急诊科物理治疗中心。获卫生部科研课题奖1项、市级科研课题奖2项、市级科研成果20余项。医院迁至津南区。

天津安定医院 坐落于柳林路13号，占地面积7.85万平方米，床位1220张。原名天津市精神病院，是立新医院（原广济医院）与精神病防治院于1978年合并组建。1989年，更为现名，坐落于吴家窑大街39号。2004年，接收丁字沽医院和立新医院筹备处。2005年，接收北京铁路分局天津结核防治疗养院，在原地建设新院。2006年，增名天津市精神卫生中心，为三级精神卫生专科医院。有职工

753人，其中高级技术人员54人、享受政府特殊津贴3人。设有：普通精神科、临床心理科、儿童青少年心理科、老年科、中西医结合精神科、门急诊科、社区预防科、司法精神疾病鉴定科等。医技科室有：药剂、检验、放射、功能检查、脑功能治疗、心理测查等；开设心理咨询门诊、儿童青少年门诊、普通门诊、专家门诊和特色门诊(睡眠、抑郁和非药物治疗)。获市级科研成果3项、局级科研成果20项，新技术引进12项。

图 20-17　2006 年，天津安定医院（市卫生局提供）

天津医科大学第二医院　坐落于平江道23号。1994年，由天津医学院第二附属医院更名为天津医科大学第二医院，改扩建后，建筑面积13.2万平方米，病床734张。职工1667人，其中高级职称221人。有博士学位授权点9个，硕士学位授权点18个，承担卫生部2个部办班，有14个教研室，是集医疗、教学、科研、预防为一体的市级大型综合性三级甲等医院。设有：感染内科、呼吸内科、消化内科、肾内科、血液内分泌科、中西医结合科、神经内科、心脏科、普外科、胸外科、泌尿外科、骨科、神经外科、放射科、肛肠科、疼痛科、ICU、新生儿科、儿科、妇科、产科、眼科、耳鼻喉科、口腔科、皮肤科、麻醉科、急症科、血液透析、碎石科、老干部保健科、放疗科、伽马刀；检验科、药学部、放射科、核医学科、病理科、康复医学科、输血科、查体科、腔镜检查科、营养科。1998年，立项列入国家“211工程”和重点建设学科；被确认为国家药品临床研究基地、全国心律失常介入诊疗培训基地、冠心病介入诊疗培训基地。有22位专家在国家级专业学会及天津医学会各分会担任主任、副主任委员职务。完成国家、部级、市级科研项目基金课题140项，科研成果鉴定41项、国际领先22项，国内领先19项，获科技奖励48项。

图 20-18　2010 年，天津医科大学第二医院（市卫生局提供）

天津肿瘤医院　坐落于环湖西路。1986年，由市立人民医院的肿瘤专科医院更名为市肿瘤医院，首任院长金显宅。1987年，由和平区大沽路87号迁至现址。1997年，增名天津医科大学附属肿瘤医院。1999年，建立中国天津乳腺癌防治研究中心。2003年，中国天津乳腺癌防治研究中心大楼落成，建筑面积9.4万平方米，病床增至1452张，为国内规模最大肿瘤专科医院。有职工1624人，其中高级专业技术人才233人、中国工程院院士1人，博士生导师16人。是集医、教、研、防为一体的肿瘤专科三级甲等医院。国家一级核心刊物《中国肿瘤临床》，中国抗癌协会总部2007年由北京市迁址，挂靠该院。为 WHO 国际肿瘤登记报告协会（IACR）成员、世界卫生组织肿瘤登记中心之一，国际抗癌联盟（UICC）会员单位。肿瘤学科为国家“211工程”和重点建设学科、国家级继续医学教育基地，是市内第一个国家级学科继续医学教育基地。2007年，建立天

图 20-19　2003，天津肿瘤医院（市卫生局提供）

津市肺癌中心。自1954年，创办全国高级肿瘤临床医师进修班，共举办41届。2005年，获全国文明单位称号。

天津第四医院 坐落于微山路4号，建筑面积2.16万平方米。1988年7月1日建立，以烧伤整形为特色的综合性三级乙等专科医院。天津市烧伤急救中心、烧伤研究所设在该院。有职工486人，其中高级技术人员78人，硕士15人。烧伤整形科为重点学科，为中华烧伤外科分会常委单位。设有：重症烧伤病房（BICU）、综合烧伤病房、整形康复病房和市美容整形外科中心。主攻方向为中西医结合救治大面积烧伤、烧伤营养代谢和吸入性损伤，形成烧伤急救、早期治疗、后期整形、修复重建、康复美容为一体的临床和研究体系。1991—2008年，发表论文200余篇，获62项科研成果，其中5项为市级科技进步三等奖。

图20-20 1989年，天津第四医院 （市卫生局提供）

天津医科大学第三医院 坐落于河西区马场道91号。创建于1946年，始称私立德美医院。自1949年，先后更名为天津红十字会医院、韶山医院、医学专科学校附属医院、天津第二医学院附属医院。1994年，更名为天津医科大学第三医院，是一所承担医疗、教学、科研等的三级综合医院。设有：内科、外科、妇产科、儿科、五官科、中医科、皮肤病科、血液血栓病专科、神经内科、老年病科、消化内科、心胸外科、皮肤病科、整形美容科、颈肩病科、心理咨询门诊等，有临床、医技科室39个，另有嗓音医学研究室、耳神经外科研究室、血液血栓研究室，胃肠病研究室。编制床位502张。在编职工878人，高级职称人员79人。2005年，医院撤并。

第二节 社会办医

一 分布

自80年代，多种形式和所有制社会办医逐渐兴起。至2010年，发展到43家，成为公立医院的补充，方便群众就医。

2010年河西区社会办医情况表

表20-7

机构名称	坐落地点	面积（平方米）	在职职工数	卫生技术人员	编制床位数(张)
天津肿瘤综合医院	河西区滨水道47号	1737	53	50	90
天津河西区滨湖中医医院	河西区体北环湖南里	534	34	31	20
天津河西伊美尔医疗美容专科医院	河西区吴家窑大街13号森淼公寓底商	1675	90	49	20
天津曹开镛中医医院	河西区解放南路447	12000	63	19	60
天津河西天泰医院	大沽南路藤华里底商	1000	17	12	20
河西爱民医院	河西区友谊路34号	3000	97	45	226
天津河西颂世中医医院	河西区体院北道与环湖东路交口	500	19	15	20
天津华夏医院	河西区黑牛城道25号	8000	260	28	80
天津乐园医院	河西区隆昌路86号	10107	338	62	200
天津东华医院	河西区广州路与围堤道交口	400	40	20	20
天津现代脾胃病医院	河西区九龙路金达园	753	30	22	20
天津河西兴和医院	珠江道园丁公寓	1300	80	31	20

续表

机构名称	坐落地点	面积（平方米）	在职职工数	卫生技术人员	编制床位数（张）
天津河西区土城医院	河西区桃园村大街20号	1126	66	51	0
天津河西圣安医院	河西区郁江道71号	6000	97	68	30
天津医联综合医院	河西区尖山路104号	650	37	25	29
天津河西东方医院	河西区广东路广顺园3号楼	963	56	45	0
天津河西五洲妇科医院	河西区紫金山路67号	4396	50	37	50
天津河西瑞京代谢病医院	河西区宾水道51号	3420	126	63	90
天津滨海医院	河西区广东路328号	3000	276	246	87
天津滨海泌尿专科医院	河西区新围堤道92号	800	32	26	63
天津康健中医门诊部	河西区体院北环湖中路13号增1号	300	13	11	0
天津河西康盛中医门诊部	河西区乐园窗帘布艺城底商二楼	700	18	12	0
天津河西区体东门诊部	河西区纪庄子街高风里	160	9	7	0
天津长康综合门诊部	河西区体院北环湖南里91—105	180	9	7	0
天津河西华健门诊部	河西黑牛城道立达博兰苑增1—101	440	16	12	0
天津河西海津门诊部	河西区小海地三水道1号	450	14	10	0
天津河西长青中医门诊部	河西区平江道29号	200	14	9	0
天津河西亚中中医肿瘤专科门诊部	河西区体北七区环湖南里100号	150	7	6	0
天津河西桦昌门诊部	河西区尖山路108号	520	21	13	0
天津河西久美齿科门诊部	河西区平山道平山里42门101	200	9	9	0
天津河西区太湖路门诊部	河西区越秀路8号	200	12	10	0
天津河西振国门诊部	河西区黑牛城道16号增5号	308	10	8	0
天津河西区皮肤专科门诊部	河西区平泉道增4号	220	10	6	0
天津河西平山门诊部	河西区平山道47—49	200	21	14	0
天津河西医华门诊部	河西区瑞江花园	500	36	17	0
天津德才中医门诊部	佟楼德才里平房1号	80	7	5	0
天津河西正道中医门诊部	宾水道欧亚花园7号302－303室	300	8	8	0
天津河西欣爱齿口腔门诊部	河西区九龙路泰达园底商84号	921	45	44	0
天津河西康盟合众医学门诊部	河西汇峰广场	1750	57	52	0
天津河西靓齿口腔门诊部	河西区永安道197号	100	4	2	0
天津市河西区空港门诊部	河西区浦口道6号	980	22	20	0
天津市河西爱慕芳容医学美容门诊部	友谊南路龙水园1—B23	226	10	7	0
天津国际（SOS）紧急救援诊所	河西区紫金山路	350	23	10	0

二 民营医院选介

爱民医院 坐落于友谊路34号，建筑面积3000平方米。1999年成立。2002年，更名为爱民减肥医院。2009年，变更为爱民医院。2010年，被核准为医保定点医疗机构，增设中西医内科。先后为4万多名中外患者减肥，连续三次创造减肥方面的吉尼斯世界纪录。在本部设有一个住院部及两个门诊部，床位226张。每天平均接诊量在600~1300人次，开展多种并发症的治疗。采用特许经营管理模式，在国内外开办连锁医院，在国内开设21家减肥分院，在国外开设5家减肥中心，多家报刊对中医“石氏减肥疗法”给予报道。

图20–21 2007年，爱民医院外景（区卫生局提供）

曹开镛中医医院 坐落于解放南路447号，建筑面积12000平方米。有员工63人，其中高级职称的医师19名。是一家以中医男科为特色的综合性中医医院、医保定点医院、天津中医药大学实习医院。由中医男科专家曹开镛于1987年创建，其前身是天津市中医男科门诊部。曹开镛历任世界中医药学会男科分会会长和国际中医男科学会主席，研制出治疗不育不孕症、性功能障碍、前列腺炎、前列腺增生等各类疾病的系列纯中药制剂20余种。设有：中医男科、国医堂中医专家门诊、妇科、内科、外科、针灸科、推拿科等科室及中西医结合病房，床位60张。治愈各类患者遍及全国各省市及几十个国家和地区。2007年，《人民日报》《健康时报》联合多家媒体评为人民群众满意医院。

东华医院 坐落于广东路与围堤道交口，是集预防、医疗、保健、康复为一体的综合性医院，原为天津医科大学所属教学医院的非营利性医疗机构，医疗保险定点单位。2003年，更名为天津东华医院。设有：内科、中医科、外科、妇科、口腔科、皮肤科、眼科、计划生育科、理疗康复科、检验科、中西药房、B超室、心电图室、放射科等。医护技术人员40余名，其中高级职称10余人。

图20-22 2010年，东华医院评优等级牌匾（东华医院提供）

第三章 红十字会

1979年12月，河西区红十字会恢复工作。1979—2004年，区红十字会弘扬“人道、博爱、奉献”的红十字精神，发挥区政府社会救助领域助手作用，保护人的生命和健康，逐渐向依法建会、治会、兴会的方向发展。2005年，河西区获全国首批社区红十字服务示范区称号。2006年，区红十字会被评为全国卫生救护培训工作先进集体。2008年，获全国十佳区（县）红十字会组织最佳提名奖。2010年，被评为青海玉树抗震救灾工作先进集体。实验中学被评为全国红十字会模范校，马场街红十字会被评为全国百名先进街道红十字会组织。2010年底，红十字会基层组织99个，其中街道13个、教育系统58个、商业服务行业8个、三资企业2个、团体会员单位18个。红十字会员（包括红十字青少年）和志愿工作者逾3万人，占全区总人口的4.6%。

第一节 代表大会

1979年12月，重建区红十字会，与区卫生局合署办公。至1987年，区红十字会会长由区政府分管区长担任，区红十字会主要负责人任常务副会长。2007年始，聘请区委、区政府主要领导任区红十字会名誉会长。区红十字会会员代表大会每5年召开一次，1988—2009年，共召开5次代表大会，理事会会议每年初召开1次。

1988年—2009年红十字会代表大会情况表

表20-8 单位：人

时间	届次	参加人数	会议地点
1988年4月12日	第三次会议代表大会	356	区人大礼堂
1993年3月25日	第四次会议代表大会	143	武警礼堂
1999年6月3日	第五次会议代表大会	158	京津宾馆
2004年5月26日	第六次会议代表大会	134	新华中学
2009年12月15日	第七次会议代表大会	117	区人大礼堂

第二节　主要活动

一　救护与培训

自90年代中期，建立群众性急救队伍、逐步形成全区性救护网络。分别在街道、教育、交管、三资企业、游泳、建筑、商业服务等系统和行业，开展适合群众和行业特点的卫生保健、突发事件中意外伤害的救护技术和心肺复苏技能培训。1992年，对区域内的4万余名机动车驾驶员进行卫生救护培训，占应训人员的83%。1995年、1999年，对天津市第四十三届世乒赛和第二十三届世体赛有接待任务的14家宾馆、饭店的556名接待服务人员进行急救知识和技能的培训。1997年7月，在越秀路街恩德里社区举行遭遇洪灾后紧急救护模拟演练，区、街和社区三级救护队展示组织指挥、协调行动和救护技能。2005年，区红十字会与社区教育办公室协作，将红十字、卫生救护和避险逃生等知识纳入各街市民学校的教学计划。2008年，参加3次奥运文化主题活动的志愿服务综合保障工作。配合卫生医疗单位，对30多名出现中暑、晕厥的外国重病学生进行现场紧急救护和治疗。至2010年，共培训卫生救护师资850名、救护员6500名，建立80支近千人的救护队伍，增强自救互助能力。

二　备灾救灾

进入21世纪，以建立备灾、救灾网络为依托，开展经常性的募捐活动，有灾救灾，无灾备灾。2002年，建有200平方米的区备灾救灾中心。各街相继建立红十字募集站，60%以上的社区建立募集分站，全区三级备灾救灾网络初具规模。2008年，红十字会系统共为四川汶川地震募捐达2000多万元。至2010年，共开展13次大型募捐活动，为遭受严重地震灾害的外省市自治区及印度洋遭海啸的国家募集救灾款物3125万余元，其中为青海玉树地区抗震救灾募集款物476.87万元。

三　社会救助

自80年代，区各级红十字会组织开展一系列的救助和服务活动，为社会上孤老病残和一时陷入困境的人群提供帮助。1986年，开展“迎汉森，发扬人道主义，动员全社会力量关心残疾人”的社会募捐活动。自1988年，以助困、助老、助残、助孤、助学为主要帮助对象，实施“红十字博爱送万家”等救助行动。每年配合区送温暖活动，走街入户，将救助款和食品衣物送到特困家庭家中。区和各基层红十字会共向1.15万余户（人）捐助390多万元款物，每年开展为社会特困家庭的孩子博爱助学活动，采取一帮一结对子和统一组织资助等形式给予帮助。2010年，区红十字会、区慈善协会与区关工委等部门联合对50多所学校的800多名困难生实施资助，发放资助款达40余万元。

图20-23　2008年，抗震救灾捐款现场（区人大摄影组提供）

四　社区服务

2004—2010年，与区民政局制定《河西区开展社区红十字服务工作的意见》，建立116个红十字社区服务站，近千名医务人员、红十字救护员和志愿工作者为急需帮助的居民提供服务。挂甲寺街创办“彩虹救助超市”，友谊路街在菜市场接纳商贩为红十字会员，为困难人群献爱心。制订《河西区志愿服务工作管理规则》，建立志愿者队伍151支，志愿者达万余人。

五 造血干细胞捐献

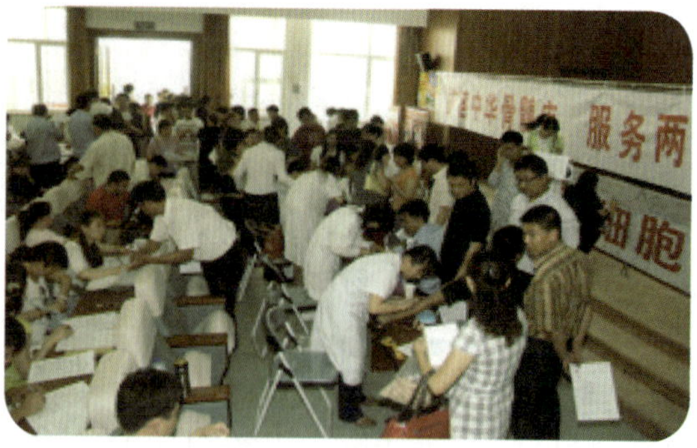

图20-24 2006年，河西区各界加入造血干细胞志愿捐献者队伍报名现场
（区红十字会提供）

自20世纪初，倡导社会各界人士向生命处于危机、急需抢救的病患者捐献造血干细胞。连续8年完成捐献任务，共计入库达812份。2010年12月，桂花祥麻花集团职工徐波为西安白血病患者无偿捐献造血干细胞，成为河西区首位造血干细胞捐献者。

六 红十字青少年

20世纪末，红十字青少年活动与学校素质教育、德育教育、校内外活动相结合进行。以社区服务基地为依托，以红十字青少年奉献日活动为载体，开展系列活动。1998年起，开展创建红十字标准校活动。四十二中学在红十字青少年中开展"忠心献给祖国、爱心献给社会、孝心献给父母"活动。至2002年，全区各中小学校相继建立社区服务基地116个。实验中学与市职工养老院结成服务关系。2004年10月，全国人大常委会副委员长、全国红十字总会会长彭珮云视察实验中学开展红十字青少年活动情况，为之题词"红十字青少年活动是培育四有新人的一片沃土"。是年，实验中学被评为全国红十字模范校。2008年，承担红十字国际委员会"探索国际人道法"项目试点工作。全区14所中学初一年级开设人道法课程，向近万名学生普及人道法知识。至2010年，有50所中小学被评为区以上红十字标准校，占学校总数的78%。全区58所中小学红十字会拥有2万名红十字青少年。

七 普法宣传

图20-25 2003年10月，开展红十字会法颁布10周年宣传活动现场
（区红十字会提供）

自1986年，利用每年5月8日世界红十字日确定一个主题开展纪念活动，宣传红十字会宗旨、性质和任务。1992年起，将每年的5月5日至12日作为"红十字活动周"，所有会员为社区办1件实事好事，开展无偿献血的宣传推动工作。1993年，开展知识竞赛、文艺演出等活动，宣传《中华人民共和国红十字会法》，各街专门设立宣传展牌和橱窗。1998年，辖区内的医疗机构、个体诊所、游医散药、兽医站、药店等规范红十字标志的使用行动，进行执法检查和清理纠正，维护红十字标志的严肃性。2000—2010年，在《天津日报》《今晚报》《天津红十字会报》等6家报刊和天津电视台、河西有线电视台播发刊登稿件820余篇、专刊6版，专题片2部，讲座3次。自编红十字手册5000本，向社会发放。马场街利用宽带网宣传红十字会法和红十字活动知识。

八 友好往来

自1986年，先后与福建南平市、浙江温州市、北京崇文区、吉林延边市、广西南宁市、辽宁大连西岗区、云南大理自治州等地的红十字会建立友好关系，定期进行相互学访，拓宽工作视野。自1994年，先后接待土耳其、澳大利亚、纳米比亚、美国、日本等国家和中国香港地区及多个友好协会的参观学访团。2001年，京津沪渝直辖市红十字会工作研讨会与会代表到马场街考察。组团赴韩国及福建南平市、浙江温州市、北京崇文区、云南大理等地参观学访。

第二十一编
体　育

自1979年，河西区体育工作步入正轨，学校纷纷组建适合学生特点的运动队，加强体育传统校建设，开展多种体育项目竞赛活动。各系统、各行业、各街道建立体协组织，举办企事业单位、区直机关干部、街道干部、妇女、离退休老干部运动会。河西区获全国推行《国家体育锻炼标准》先进单位称号。自1985年，全面宣传全民健身运动和“奥运”精神，争创全国“田径之乡”。1990—2010年，河西区获全国“田径之乡”、全国业余体校先进单位、全国“武术之乡”称号，连续多年获市中小学田径运动会团体总分第一名。河西区被评为全国学校体育场地向社会开放试点区，获全国全民健身先进单位、全国阳光体育先进区等称号。区体育局和多个街道、社区、学校被评为全国和市群众体育活动先进单位，涌现一批全国和市群众体育先进个人。至2010年，区运动员在国家级、市级各项比赛中获金牌千余枚，向国家和市队输送一批优秀运动员。区体育局获第十一届全运会贡献奖。

2008年8月2日，天津奥运火炬传递主会场　　（郭枫摄）

第一章　体育设施

自1979年，河西区加强体育硬件设施建设。区属学校和各街新建一批不同规模、多种功能的体育健身活动场所，各社区建有健身广场和点位。1998年，借助国家体育彩票资金，建设社区体育设施。尖山街作为全国全民健身工程示范点，实施全民健身路径的建设。曲江公园改建成体育彩票健身公园。全区体育场馆、站点在逐年增多的同时，健身设施日趋完善，学校体育场地向社会开放，为全民健身创造条件。

第一节　区街体育场所

一　体育馆

1982年，完成续建，承接大型文体活动。1995年，体育馆被评为市群众体育工作先进单位。2000年，进行修缮。2005年，因失修，暂停营业。是年，其附属的游泳馆，被评为全国优秀游泳馆。2009年，体育馆改建为西岸金逸影视城。

二　体育场

1984年，征用南郊区（津南区）土地建成区体育场。1992年，封闭式田径跑廊投入使用。每年在体育场举行全区春、秋季中小学田径运动会和体育考试，承接田径、足球等比赛活动。2002年，体育场迁至北京师范大学天津附属中学（第十三中学）。2004年，被评为市级文明单位。2010年，获全国体育场馆向社会开放先进单位称号。

三　健身路径

1998年，建成尖山街和天塔街全民健身路径，国家体育总局在尖山街温泉小区举行“中国体育彩票捐赠全民健身工程揭幕仪式”，国家体育总局局长伍绍祖和市政府领导剪彩。1999年，各街实施全民健身体育路径工程，国家体育总局副局长张发强和市领导到马场街视察全民健身路径建设工作。自2000年，在中国体育彩票资金的资助下，全区12个街道建设14条社区健身路径，为10个居委会的健身路径配置器械。2003年，健身路径70处。

四　小区健身场所

2001年，健身网点390多个。自2005年，依托体彩基金，实施“全民健身工程”，在各社区修建群众健身中心等场所，安装一批健身器材。2010年，改造提升佟楼公园体育设施。在97个居委会、113个小区安装体育器械。

五　健身公园

2000年，投资240万元，将占地面积1.2万平方米的曲江公园改建为体育彩票健身公园，建有文体广场，设有篮球场、门球场、羽毛球场、乒乓球活动区及400米塑胶步道。接待全国各地参观团30余次、500多人来访，国家体育总局和市领导多次视察。

第二节　区属学校体育场地

一　场馆修建

自1979年，各区属学校修建体育场馆，添置体育器械，改善体育教学和训练条件。区属83所中小学的体育场馆和器械达标。

2010年河西区中小学体育场地统计表

表21-1　　　　单位：个

种类学校	400米跑道	300米跑道	250米跑道	200米跑道	150米跑道	小场地	排球馆	排球场	游泳池
中学	1	6	12	18	5	49	2	2	2
小学	—	5	10	10	4	10	1	2	2
合计	1	11	22	28	9	59	3	4	4

二　场馆开放

自90年代，有条件的中小学体育场馆向社会开放，资源共享，为社区居民健身提供场所。实验中学被评为全国群众体育工作先进单位，在全国学校体育场馆向社会开放会议上介绍经验。环湖中学、中心小学被评为全国群众体育工作先进单位。四十二中学校长张鼎言获全国群众体育工作先进个人称号。2001年，在微山路中学建立东海街全民健身活动中心。2006年，开放的学校达20多所，其中国家体育总局命名为试点的有10所，学校体育场地开放工作在全国专题会议上介绍经验。河西区被命名为全国学校体育场地向社会开放试点区。2007年，区属学校与市体育局、市属大学共建16个体育项目训练基地，其中4所学校为职工文体活动基地。区体育局、实验中学、马场社区体育健身俱乐部分别获全国全民健身活动优秀组织奖、健身气功突出贡献奖、全民健身活动先进单位。2008年，国家体育总局派员到实验中学和湘江道小学调研学校场馆开放工作，《天津日报》进行专题报道。2010年，实验中学、新华中学、微山路中学、环湖中学、湘江道小学、土城小学、中心小学等学校被评为全国中小学校体育场馆向社会开放先进单位。

图21-1　1999年，土城小学足球场向社会开放　（区人大代表摄影组）

第二章　群众体育

1979—2010年，河西区群众体育活动普遍开展。各街道社区根据居民的性别、年龄和生理特点，开展各具特色的体育健身活动。成立区田径运动协会、区老年人体育协会、区武术社、津城武术摔跤馆等。组建区商业系统所属各公司体育协会、社区体育协会、区直属机关体育协会、区青年体育协会、区体育联合会。区属各系统、各单位建立群体组织，开展一系列体育活动，涌现出一批先进单位和个人。

第一节 系列展示

1979—2006年，各单位、各系统、各社区举办运动会，组织“三八”妇女健康杯、广场舞蹈表演、个体劳动者协会运动会等活动。结合“建卫600周年”纪念活动，开展长城穿越挑战、健身大拜年等活动。组队参加市“NEC”马拉松、社区健身操、全民健身路径运动会等群体赛事，获7个奖项。组队参加第十届市民乒乓球大赛、吉特巴体育舞蹈大赛。在市第五届残疾人运动会上，获金牌总数第一名、团体总分第二名。承办市第二十一届群体节开幕式大型团体操、太极拳、健身气功表演赛和展示。区健身队参加市第十一届运动会开幕式、全国社区优秀体育健身项目展演。

2007—2009年，参加市第九届运动会开幕式大型团体表演，开展迎奥运系列全民体育健身活动。选送的“中国功夫”入选全国第三届体育健身项目展示大会。参加黄崖关国际徒步大会、围棋大赛、全国啦啦操大赛、京津长城穿越挑战赛、花式足球王总决赛。承接国家体育总局“少儿游戏活动培训”试点。开展社区体育健身项目展示活动。组织全市“激情2008足球赛”并派队参赛。参加全市“登山大赛”，获3个奖项。650人参加市新广播体操展示和健步行活动，7名火炬手参加全市“共享全运”火炬传递活动，在第一届全国老年人健身大会上获6个奖项。2010年，代表天津市参加由中央电视台体育中心举办的华北赛区的群众体育赛事，获第三名和特别贡献奖。组团参加首届全民健身大会少年、大学生、老年等6个组别的46个大项比赛，共获49枚金牌、59枚银牌、46枚铜牌。

第二节 活动项目

一 趣味活动

自80年代，友谊路街举办社区趣味运动会。尖山街与市体育学院联合举办近千人参加的“祝北京申奥成功暨全民健身家庭趣味运动会”。组织地区第三届社区老年人趣味运动会，在2000余报名者中，选拔出660名人员参加运动会，有威风腰鼓、体育舞蹈、广场舞、趣味保龄球、赶球绕障碍、定点投沙袋等比赛项目。各街相继举办社区趣味运动会。

图21-2　2008年，尖山街地区第三届社区老年人趣味运动会参赛队员（尖山街提供）

二 门球

2002年，陈塘庄街秀峰里居委会建立老年门球队。建设曲江公园门球场地，承办河西区首届门球比赛。陈塘庄街3支门球队参加市体育彩票“全民健身运动”门球大赛，获得奖项。2009年，协办京、津、渝、深残疾人门球邀请赛，以陈塘庄街残疾人门球队为主的两支队伍代表河西区参赛分别获得第一名和第三名。

三 毽子

自80年代，毽球爱好者和球队多次参加市和全国的比赛与表演。市毽协命名“天津四大名腿”，其中有河西区的邱明宽、邱明德。2007年，举办区第一届花毽联谊赛。区花毽队获第三届全国社区优秀体育健身项目展示活动优秀组织奖。2009年，花毽队代表天津市参加全国首届群众喜爱的体育展示活动，获一等奖。2010年，在市首届全民健身大会获得奖项。

四 健身操

自90年代，天塔街晨练队在市区推广第二套广播体操中获银奖，广场舞《巴比伦河》获市“三八杯”赛事优秀锦旗。2000年，下瓦房街道机关干部代表队获市健身操展赛二等奖。梅江街获市健美操健身舞大赛暨市健美操锦标赛“社区组健身操（舞）”大赛一等奖。柳林街获市第二届“欣园杯”秧歌健身舞大赛一等奖、最佳表演奖。

五 秧歌 腰鼓

2000年，尖山街秧歌队获市区展演赛奖项。2002年，友谊路街成立秧歌腰鼓队，创作《娶亲》《渔翁戏蛤蜊》《公子戏蝴蝶》等节目，常年演出，多次获市、区文体展演奖。2003年，陈塘庄女子大鼓队成立，有13面大小不同的鼓和16副镲，最大一面鼓直径为2米，由40名中老年妇女组成，有“40鼓秀”之称，在市区多次展演并获奖。2005年，越秀腰鼓队在“天津市百万市民晨练电视展示大赛”中获优秀奖。2007年，参加市鼓舞大赛，连获津门鼓王称号。全国妇联、国家体育总局授予全国亿万妇女健身活动巾帼文明健身队称号。2006—2010年，在中国广播、电视主持人金话筒奖颁奖大会，友谊秧歌腰鼓队被指定为天津文体社团活动拍摄单位。友谊路街腰鼓队受邀参加天津市首届民间花会、春季马拉松开幕式、十一届运动会开幕式第二届全国社区体育大会以及奥运会宣传等重要活动表演。2007年，东海街松嫩腰鼓队获市鼓舞大赛优秀奖，陈塘庄街大鼓队、腰鼓队被誉为“津门鼓王”。2008年8月，在北京奥运会火炬接力传递中，桃园、越秀民间艺术团腰鼓队200余人沿线表演。2009年，下瓦房街获市大亚杯腰鼓大赛三等奖。

图21-3 2005年，鼓舞大赛展演
（区人大代表摄影组提供）

六 舞龙 舞狮

自80年代，陈塘庄街舞龙舞狮队，多次应邀到市区和全国多地演出。1999年，获得全国舞狮大赛亚军。2001年，参加全国龙狮大赛，获奖项。2002年，参加日本大阪国际文化邀请赛，获一等奖。

七 武术

自1983年，成立区武术社，培养一批武术骨干。2000年，在第六届世界精武武术文化交流大会上获22枚金牌、11枚银牌、10枚铜牌。2001年，桃园街武术队获三亚首届世界太极拳健康大会团体一等奖。2007—2009年，选送的“中国功夫”入选全国体育健身大会。

八 太极

1998—2010年，举办太极拳、木兰拳、剑、扇、12生肖操等学习班。成立百老太极拳队和木兰拳队。友谊路街组建银河太极表演队。梅江街太极舞队获市社区教育展示调演三等奖。东海街朝阳太极队的《太极扇》参加银河广场举办的太极舞擂台赛并获奖。越秀路街太极拳队获全国健身气功站点联赛北部赛区健身气功集体项目

图21-4 2006年，社区居民练习太极拳 （区人大代表摄影组提供）

二等奖。

九 气功

2006年，越秀路街、陈塘庄街太极拳队被评为全国健身气功试点。至2010年，区健身气功代表队在全国城市比赛和全国健身气功大赛及市健身气功比赛展演中获多个奖项。桃园街太极队在市首届全民健身大会健身气功比赛中获老年男子组第一名。

十 风筝

1999年，越秀路街成立全市第一支群众业余“风筝队”。2007年，东海街风筝班成员部分作品参加市区比赛。2010年，其制作工艺被评为全国社区教育特色课程。

第三节 民族体育

80—90年代，河西区有组织或自发地开展各具特色的体育活动。2002年，由区内30个单位的回、维吾尔、苗、满、朝鲜等少数民族150名运动员、教练员组成的少数民族传统体育代表团，参加市第四届少数民族传统体育运动会，获5枚金牌、4枚银牌、1枚铜牌和2个先进集体、1名先进个人，全市金牌总数第一名、团体总分第二名。2006年，加强海河中学、微山路中学、闽侯路小学等校传统民族体育项目培训基地建设，并为少数民族传统体育项目培训基地命名。2008年，发挥少数民族传统体育项目训练基地的载体功能，开展民族特色的体育项目培训，定期或不定期举办比赛和展示活动。命名实验中学、海河中学、微山路中学、土城小学、闽侯路小学、工人俱乐部、市青少年培训中心为少数民族传统体育项目训练基地。2010年，参加市第六届全市少数民族传统体育运动会，获3枚金牌、3枚银牌、7枚铜牌。

第四节 指导与监测

一 指导

21世纪初，对群众性体育建设活动给予技术性指导。举办社会体育指导员培训班。2000年，5名社会体育指导员获全国群众体育先进个人称号。2006年，二级社会体育指导员120人，1人获全国首批国家级健身气功社会体育指导员证书。建有13个市民健身指导站，指导300多个晨晚练队伍常年开展活动。2008年，完成4个街、8个居委会、496户的第三次全国群众体育现状调研工作。2008年，参加全国社会体育指导员技能大赛，获3个奖项，3人被评为全国群众最喜爱的指导员。2010年，全民健身网点3000余个，社区体育指导员700余名，5人获天津市百名优秀社会体育指导员。区晨练队参加全国首届群众喜爱的社会体育指导员评选展示活动，《天津日报》进行报道。

二 体质监测

1999年，河西区作为市民体质监测的试点区，共测试3000余人和多个项目指标。2005年，开展第二次国民体质检测工作，组建21人参加的测试队伍，确定13个测试点，对全区3~69岁4个年龄段的2100余人进行体质监测和数据登记。2010年，培训专业人员，启动第三次全国国民体质监测活动，涉及从3~69岁年龄段共1540人，完成各项样本的监测任务。

第五节　先进称号

80—90年代，河西区城建、粮食、饮食、房管、教育等单位获市级职工体育先进称号。2000—2010年，区业余体校、新华中学获全国群体先进单位，四十一中学体育教师石文利获全国群众体育先进个人称号。尖山街获全国全民健身宣传周先进单位、市群众体育工作优秀单位、市妇女体育工作先进单位。区体育局被评为全国群众体育工作先进单位。尖山街、马场街、天塔街、陈塘庄街、大营门街、桃园街、挂甲寺街、友谊路街被评为全国体育先进社区。其中，马场街体育进社区的经验被收入《国家体育总局经验汇编》一书，《中国体育报》进行报道。马场街在第二届全国社区优秀体育健身项目展演论坛会上，代表天津市介绍经验。区健身气功站获全国健身气功管理先进站点称号。马场街、越秀路街和区健身气功队被评为市群众体育先进单位。东海街、挂甲寺街、区体育局被评为全国全民健身宣传周活动先进单位，6个健身站获市先进称号。4户家庭和4名街道社区工作者获全国群体先进称号。

全区各街道办事处建立社区体协，桃园街、尖山街被评为全国先进体协。创办马场社区体育健身俱乐部，通过国家体育总局和中央文明办的审核，得到国家和市的资金支持。区体育场和柳林街获国家级社区体育俱乐部称号。柳林街、环湖中学被评为全国群体先进单位。区体育局获市关心少年儿童健身行动日优秀单位、首届全民健身大会优秀组织奖、二等奖和业余训练综合评估优秀奖。桃园街太极队获市推广健身气功先进单位称号。河西区获全国全民健身活动优秀组织奖、市第29届奥运会突出贡献单位奖。

第三章　区属学校体育

自80年代，河西区全面推行新的国家体育锻炼标准，中小学达标率90% 以上。每年开展长跑、田径、乒乓球、排球、航模、篮球、跳绳、踢毽、足球等比赛。90年代至2010年，重点向青少年转移，推广“大课间”校操、校舞，加强体育传统校和业余体校建设，组建体育俱乐部。中小学小型多样的竞赛活动逐年增多，形成传统，参加田径运动的学校和运动员数量呈上升趋势，球类项目参赛队相对减少。连续多年获天津市中小学田径运动会团体总分第一名。在全国和市级比赛中，获得诸多奖项和先进集体、个人称号。向国家和市输送一批优秀运动员。

图21-5　2006年，乒乓球比赛

（区体育局提供）

第一节　体育课

1979年，区教育局成立体育卫生科，管理中小学体育教学的教研和培训。80年代前期，结合青少年学生生理和心理特点，从锻炼身体的实际出发，开展对教法和运动负荷量等方面的研究。1986年，全面试行新的体育课本，重视体质和能力的培养。自1989年，落实体育教师职责和体育课标准，以体育科研推动教学改革。90年代，着重落实《学校体育工作条例》。

21世纪初，树立“健康第一”办学指导思想，开展阳光体育运动，在全区营造“我运动、我健康、我快乐”的健身氛围。制定《关于加强日常体育课质量管理的实施意见》，落实体育课程，成立日常体育课质量评估组，定期对每所学校体育课质量进行评估，并纳入校长三年任期目标考核。落实每天一小时体育活动，开展大课间校操、校舞及课外体育活动突出学校办学特色，定期进行评比。每年组织开展春、秋两季田径运动会和足球、篮球、排球、乒乓球、长跑、游泳、体操、跆拳道、棋类、校操等项目比赛，参加人数达到4万人。举办阳光体育展示，近万名中小学生参加，成为学校体育活动品牌。实验中学、新华中学、天津师范大学第二附属小学、湘江道小学、中心小学、上海道小学被命名为北京奥林匹克教育示范校。

图21-6　2009年，台湾路小学开展大课间活动　（区教育局提供）

第二节　竞技体育

一　体育传统校

自1979年，建立体育重点项目网点校和市、区传统体育项目校。1983—1994年，建成29所体育传统校，每年进行评审和指标管理。举办传统项目校体育课和课外活动的观摩及论文报告会。每两年召开一次传统校工作总结表彰大会。1993—1995年，南楼中学被评为全国排球传统校先进单位。上河圈小学的花毽队和毽球队参加全国和市的比赛多次获金牌，上河圈小学获全国开展毽球运动先进单位称号，天津电视台和中央电视台录制专题片。红光里小学被国家体委、国家教委命名为全国体育（排球）传统校，上海道小学获全国田径传统校称号。中小学建立乒乓球、体操、游泳等训练基地。体育传统校达到31所。新华中学、实验中学、三号路小学被评为市传统校先进单位。上海道小学被评为全国体育传统校先进单位。

1997年，以体育传统项目校为龙头，以26所训练点校为重点，举办春、秋季中小学田径运动会、冬季长跑和各项球类、棋类、“雏鹰起飞”“小能手”“希望之星”等竞赛活动。四十二中学获全国体育传统校先进单位称号，实验中学赵子声获全国体育传统校先进个人称号。1999年，四十二中学获全国青少年体育工作先进集体称号。2003年，土城小学、培杰中学（原南楼中学）被命名为国家级体育传统项目学校。

2004年，湘江道小学乒乓球训练基地落成。市青少年网球训练基地、区少年网球学校在中山小学举行揭牌仪式。南楼中学连续多年获得市中学排球赛冠军，多次代表天津市参加全国中学生排球赛，获多个奖项。河西区被评为全国课外文体工程示范区。2005年，5所学校被评为传统体育校。中央电视台《少年体校》在南楼中学、实验中学、新华中学拍摄专题片。中山小学举行网球特色学校展示活动，市人大常委会副主任刘文藩出席。2006年，体育传统校达到40所，其中国家级2所、市级12所、区级26所；青少年体育俱乐部9所，业余训练人数达2000人。向市体校、泰达足球学校输送体育后备人才13人，向10余所高校输送优秀运动员21人。湘江道小学为国家培养优秀体育后备人才的经验在市专题会议上介绍。上河圈小学花毽队获全国优秀体育项目奖。

2007年，泰达足球训练基地揭牌仪式在梅江中学举行。天津科技大学、天津体育学院、市体工队、乒乓球管理中心、市青少年活动中心与第四中学共建乒乓球、艺术体操项目基地，第四中学与区少年宫、上海道小学、师大二附小学、卫东路小学、平山道小学、湘江道小学共建乒乓球、艺术体操

图21-7 2009年，体育活动传统校——第四十二中学 （张永亮摄）

项目基地。举行市少儿体操培训基地签约授牌仪式。2008年，奥运冠军陈一冰参加平山道小学的体操训练基地活动。海河中学、津海中学青少年体育俱乐部通过国家体育总局验收并命名。是年，天津泰达青少年足球培训中心在土城小学落成。2009年，命名7所学校为体育传统校。首届市青少年阳光运动大会开幕式在实验中学举行。河西区被评为全国和天津市阳光体育先进区。2010年，市和区级体育传统校由1989年的22所发展到32所。其中，14所市级传统项目学校有：新华中学、实验中学、北师大天津附中、四十二中学、海河中学、梅江中学、四十一中学、中心小学、师大二附小、湘江道小学、珠江道小学、马场道小学、中山小学、平山道小学。18所区级传统项目学校有：第四中学、微山路中学、佟楼中学、环湖中学、双水道中学、卓群中学、上海道小学、三水道小学、台湾路小学、闽侯路小学、滨湖小学、南湖小学、东楼小学、名都小学、卫东路小学、新会道小学、三水道小学、水晶小学。传统项目由7个发展到10个。

二　体育俱乐部

自2000年，着手建立青少年体育俱乐部。2001年，推动业训工作普及与提高，业训网点33个、青少年体育俱乐部5个。2002年，建成体育网点校33个，青少年体育俱乐部5个。2003年，组建7个青少年体育俱乐部。2006年，新华中学和湘江道小学“青少年体育俱乐部”举行揭牌仪式。实验中学被命名为国家级社区体育健身俱乐部。2009年，市青少年乒乓球夏令营开营仪式在福建路小学乒乓球俱乐部举行，国家乒坛名将马文革为活动开球。2010年，南楼青少年体育俱乐部赴越南进行排球友谊赛。

三　业余体育学校

1979—1995年，南楼小学设有童星体育班，在红升里中学建立体育中学。体育场、馆、业余体校合并，由区体育场管理，乒乓球、游泳项目由体育馆管理。体育场馆、业余体校、体育中学、上海道小学田径训练重点校和少年宫体育班成为全区业余训练主要载体。1996年，被评为全国业余体校先进单位。2000年，开设19个训练项目，其中田径、足球、武术项目实行相对集中的训练和管理。2008年，南楼青少年体育俱乐部获市青少年排球比赛高中男女、初中男女4个组别的冠军。2009年，区业余体校在市年终评估中获一等奖。2010年，业余体校在市业训综合评估中获得优秀单位。

图21-8 2010年，河西区小学乒乓球运动员获得奖杯图照

（湘江道小学提供）

四　主要赛事

1979—2010年，河西区运动队和运动员在市和全国各类比赛中获诸多奖项。

1996—2010年河西区参加主要赛事金牌成绩情况表

表21-2 单位：枚

年份	赛事活动	金牌
1996	全国“宋庆龄基金会”足球赛	1
	天津市中小学乒乓球比赛	1
	全国排球、柔道、国际摔跤、毽球比赛	7
	天津市中小学天津运动会团体总分	1
	天津市“市长杯”足球比赛初中组	1
	全国“宋庆龄基金会”足球赛华北地区	1
	万科足球俱乐部参加全国甲 B 少年组比赛秦皇岛赛区	1
	华北地区“BTV”三高杯足球联赛	1
	全国“奥星杯”乒乓球大赛女子团体	1
	天津市中小学运动会（田径、乒乓球、篮球）团体总分	1
	天津市中小学田径运动会达标赛	1
	天津市青少年田径运动会团体总分	1
	天津市“贝贝杯”足球比赛	1
	天津市“李宁杯”足球比赛	1
	天津市“市长杯”足球比赛	1
	天津市第三届“市民杯”乒乓球比赛团体	1
	天津市中小学排球比赛高中男子组、初中男子组	2
	天津市小学排球比赛	1
1998	第十六届北爱尔兰“牛奶杯”国际青少年足球锦标赛	1
	第九届世界仿真模型比赛	2
	全国第二届“奥星杯”乒乓球大赛	4
	天津市九运会	3
	中、日、韩少年儿童足球锦标赛	1
	天津市中小学运动会团体总分	1
	天津市“李宁杯”和“市长杯”足球大赛	2
	天津市室内青少年田径大赛和田径达标赛团体总分	2
	天津市“育才杯”乒乓球大赛团体	1
1999	全国田径和少年儿童游泳比赛	5
	全国三项棋类冠军赛	1
	天津市少年击剑比赛	3
	天津市艺术体操比赛	11
	天津市少年武术比赛	2
	全国“广汕杯”足球邀请赛	1
	全国冠军赛三级跳远	1
	全国“开拓杯”乒乓球比赛	2
	天津市中小学田径运动会团体总分	1
	天津市室内少年田径赛	4
	天津市田径冠军赛	16
	天津市少年游泳比赛	11
	天津市中小学足球锦标赛高中组、初中组	2
	天津市第五届“市民杯”乒乓球	4
	天津市排球比赛小学组、初中组、高中组	5
1999	天津市业体校举重比赛	7
	天津市业体校垒球比赛	1
	天津市青少年击剑积分赛	1
	天津市柔道比赛	3
	天津市业体校摔跤分龄赛	1

续表

年份	赛事活动	金牌
2000	第十届世界仿真航海模型比赛	2
	世界青少年排球巡回赛	1
	全国健美操锦标赛	1
	全国少年田径比赛	1
	全国青少年游泳比赛	3
	第6届世界精武武术文化交流大会	22
	第10届世界仿真航海模型比赛	2
	全国少儿游泳分区赛	8
	全国"有线杯"乒乓球比赛	2
	"华晨杯"足球比赛	1
	全国青岛"舒乐杯"足球赛	1
	天津市第7届中小学运动会	37
	天津青少年击剑锦标赛	3
	天津市业余体校网球比赛	1
	天津市春季田径邀请赛	5
	天津市业余体校暨少年武术锦标赛	6
	天津市业余体校举重分龄组比赛	7
	天津市少儿游泳积分赛	23
	天津市业余体校"育才杯"乒乓球比赛	4
	天津市艺术体操达标赛	20
	天津市中小学足球锦标赛	2
2001	全国游泳分龄组比赛	2
	第五届全国"奥星杯"乒乓球比赛	1
	全国分龄组举重比赛	1
	全国分龄组举重比赛	1
	其余市级以上比赛	94
2002	天津市第十届运动会	67.5
	天津市乒乓球"育才杯"比赛	1
	"俱乐部杯"U11比赛	1
2003	天津市中小学排球锦标赛	2
	天津市垒球锦标赛	1
	其他国家级、市级比赛	208
2004	全国青少年游泳锦标赛	6
	第十二届残奥会	4
	天津市青少年游泳冠军赛	22
	天津市青少年举重锦标赛	4
	天津市青少年乒乓球比赛	1
	天津市足球锦标赛初中组	1
2004	天津市足球锦标赛初中组	1
	天津市足球锦标赛(青少年组)暨中小学足球比赛初中组	1
	天津市青少年举重锦标赛	4
	全国青少年游泳锦标赛	6
2005	全国"十运会"	10.5
	全国青少年游泳比赛	2
	"士宝(英发)杯"全国少年儿童游泳锦标赛	1
	其他市级比赛	167
2006	天津市全运会	91.5
	天津市第十一届运动会	16
	全国群众新年登高健身活动	9
	天津市排球锦标赛(青少年组)	4

续表

年份	赛事活动	金牌
2006	天津市组织的田径、游泳、足球、乒乓球、网球、体操、跆拳道、角力、举重、武术、排球比赛项目	61
2008	天津市青少年游泳冠军赛	4
	天津市青少年排球比赛	4
	天津市乒乓球锦标赛	4
	天津市青少年武术套路锦标赛	1
	天津市五人制足球比赛	2
	天津市拳击锦标赛	4
	天津市青少年排球比赛初高中男女组	4
	可口可乐杯天津市中小学(中职学校)田径运动会团体总分	1
	天津市乒乓球锦标赛	4
	天津市青少年武术套路锦标赛	1
2009	全国举重分龄赛	1
	全国第十一届运动会	7
	天津市组织的田径、游泳、跆拳道、武术、排球、柔道、足球等比赛项目	40
2010	天津市第十二届全运会	93.5

第三节　达标与测试

一　达标

自1979年，全面实行新的《国家体育锻炼标准》，上海道小学被评为全国先进单位。至1998年，实施面100%。各学校全面开展体育课和活动课，举办小型多样的校园体育活动。推广中小学生、幼儿系列广播体操。2000年，东湖小学、二师附小、三水道小学、中心小学、闽侯路小学、双水道小学、海河中学、新华中学、南楼中学、陈塘庄中学获市实施《国家体育锻炼标准》先进学校称号。1988—2010年，对中小学进行达标检测，达标率93%，优秀率20%。

二　测试

1987年，建立二级测试站。1989年，建立8个三级测试网点。1990—1992年，获市科学选材奖，1名科学测试人员被评为全国优秀选材先进工作者。1999年，培养二级运动员89名。至1995年，普测人数达6000多人（次）。2000年，对田径、足球、排球、武术、柔道、乒乓球、游泳、网球等项目的重点运动员和新选定的150多名运动员进行跟踪测试。2002年，对重点运动员跟踪监测，完成市第十届运动会青少年组科测工作。2007年，二级以上等级的运动员情况上网公示。2010年，建立青少年体育人才库，对输送的运动员跟踪服务。

第四节　教练员与裁判员

一　教练员

自1984年，分期分批组织教练员参加各级各类培训班进修。1987年，实行教练员聘任制和等级制。1988—1995年，实行教练员目标管理责任制。2010年，市游泳中心、市少儿体操学校与实验中学、滨湖小学、平山道小学共建体操、游泳等项目的训练基地，制定业余训练计划和制度，了解训练情况，反馈给教练员，改进训练方法，有针对性地进行训练。

2010年河西区业余体校教练员统计表

表21-3　　　　单位：人

项目	人数	性别		年龄结构		文化程度		职称			
		男	女	20—40	41—60	大专以上	初、高中	高级	中级	初级	无
足球	11	11	–	6	5	9	2	–	7	2	2
篮球	8	5	3	1	7	5	3	–	4	–	4
排球	9	5	4	3	6	8	1	–	7	–	2
田径	11	7	4	6	5	8	3	1	6	1	3
乒乓	4	3	1	2	2	3	1	1	2	1	–
游泳	6	2	4	3	3	5	1	1	–	5	–
体操	4	3	1	1	3	4	–	–	2	1	1
举重	1	1	–	1	–	1	–	–	–	1	–
柔道	1	1	–	1	–	–	1	–	–	1	–
武术	1	1	–	–	1	–	1	–	–	1	–
合计	56	39	17	24	32	43	13	3	28	13	12

二　裁判员

自80年代，加大对裁判员的培养力度，以老带新，进行学习培训和实践锻炼，提高思想和业务素质，满足各种赛事的需要。

2010年河西区各运动项目裁判员统计表

表21-4　　　　单位：人

项目	国际级	国家级	一级	合计
足球	–	3	17	20
篮球	1	3	34	38
排球	–	3	22	25
乒乓球	–	1	19	20
羽毛球	–	–	8	8
网球	–	1	3	4
手球	–	–	3	3
垒球	1	1	5	7
棒球	–	1	3	4
田径	–	10	55	65
游泳	–	3	20	23
跳水	–	–	4	4
水球	–	–	5	5
体操	–	2	23	25
举重	1	1	4	6
击剑	–	1	6	7
中国式摔跤	–	–	1	1
武术	–	2	2	4
国际象棋	–	–	3	3
围棋	–	–	2	2
自行车	–	–	2	2
航海模型	1	–	3	4
航空模型	–	1	1	2
拳击	–	–	1	1
毽球	–	–	2	2
门球	–	–	7	7
合计	4	33	257	294

第五节 优秀运动员选介

1979—2010年，在区内学习、训练、生活的运动员，输送到市和国家队，在全国和世界级比赛中夺得多个奖项，为家乡、为国家赢得荣誉。

一 田径

刘美玲 女，1958年生。1980—1984年，全国田径冠军赛和全国田径锦标赛女子100米栏1个第一名、3个第二名、3个第三名。

张丽 女，1961年生。1977年，全国青少年田径分区赛女子标枪第一名，并以51米的成绩打破全国少年纪录。1989年，第五届世界杯田径比赛获女子标枪第二名，被评为全国十佳运动员。1990年，全国田径冠军赛破亚洲纪录，第十一届亚运会冠军。

王达 1970年生。1989年，全国第二届青年田径锦标赛1500米冠军。1992年，全国田径锦标赛1500米冠军。1993年，日本横滨室内田径比赛1500米冠军。

二 乒乓球

马文革 1968年生。自1985年，先后6次夺得全国男子单打冠军。1991年第二届世界杯团体冠军。1989年第十届、1992年第十三届世界杯赛男子单打冠军、第二十五届奥运会男子单打第三名和第十一届亚运会团体、单打冠军。1991年，国际乒联排名第4名。1994年，第四十三届世界杯赛团体冠军。

周兴江 1969年生。1992年，全国乒乓球锦标赛获团体冠军，第七届全国运动会乒乓球比赛团体亚军。

三 排球

杨锡兰 女，1961年生。1982年，世界杯排球赛冠军。1984年，第二十二届奥运会排球赛冠军。1986年，世界排球锦标赛冠军。

田佳 女，1981年生。2000年，首届全国沙滩排球锦标赛冠军。2001年，第9届全运会沙滩排球赛冠军、釜山亚运会沙滩排球赛冠军。2002年，全国沙滩排球锦标赛冠军、世界女子沙滩排球巡回赛印度尼西亚站冠军。2003年，世界女子沙滩排球巡回赛意大利站冠军。2008年，北京奥运会银牌。2009年，第十一届全运会女子沙滩排球双打冠军。

图21-9 2008年，田佳全家观看北京奥运会女子沙滩排球比赛 （区地志办提供）

张萍 女，1982年生。2003年，世界女排大奖赛、亚洲锦标赛、世界杯冠军。2004年，雅典奥运会金牌和最佳扣球奖。2005年，瑞士女排精英赛亚军。

魏秋月 女，1988年生。2003—2009年，6次全国女排联赛冠军。2004年，全国女排大奖赛冠军、全国女排锦标赛冠军。2005年，全国女排锦标赛冠军、世界女排大奖赛第三、十运会女排冠军。2006年，亚洲俱乐部杯冠军。2007年，瑞士女排精英赛冠军、亚洲女排锦标赛亚军、世界女排大奖赛亚军。2008年，北京奥运会团体铜牌。2009年，全国十一届全运会女排冠军。

四　其他项目

张金生　1957年生。1979—1993年，全国运动会和全国棒球锦标赛等比赛中获得4个第一名、5个第二名、3个第三名。

左树声　1958年生。1980年，全国足球甲级联赛冠军。1982年，世界杯外围赛（亚洲、澳大利亚赛区）第三名。

李成刚　1958年生。1982年，远东及南太平洋地区伤残人运动会截肢A级组乒乓球、跳远、100米自由泳、50米蛙泳、50米仰泳5块金牌，创造截肢A级组100米自由泳1分34秒78的世界纪录。1983—1984年，全国伤残人邀请赛和全国伤残人测验中，获截肢A级100米自由泳冠军。1986年，第四届远东及南太平洋地区伤残人运动会50米蛙泳、50米仰泳、150自由泳、150米混合泳4块金牌。是年，第二届世界伤残人乒乓球锦标赛金牌和铜牌。

常丽娟　女，1961年生。1983年，全国优秀射手比赛冠军，以595环的成绩打破世界纪录该项。

刘树华　1962年生。1979年，全国网球团体、双打、单打冠军。1980年，亚洲青少年网球赛男子单打、双打冠军。1981年，世界青年网球巡回赛男子双打冠军。1983年，加法尔杯—亚洲团体锦标赛团体冠军。1990年，第十一届亚运会男子团体冠军。

杨震　1967年生。1986年，全国青年锦标赛男子佩剑冠军。1990年，第十一届亚运会男子佩剑团体冠军。

安仲欣　女，1971年生。1990年，第十一届亚运会女垒比赛。

白秀玉　女，1975年生。1991年，全国游泳短池赛200米仰泳第二名，破全国纪录。1993年，全国短池冠军赛100米和200米仰泳第一名。1994年，意大利、瑞典和德国世界短池系列赛50米和100米仰泳第一名。是年，世界友好运动会100米仰泳并4×100米混合泳接力赛冠军。

佟文　女，1983年生。2000年，福冈国际柔道锦标赛等6次国际大赛3个冠军、1个亚军和2个第三名。2003年世锦赛的无差别级冠军。2005年和2007年世锦赛78公斤级冠军。2008年，北京奥运会78公斤级金牌。

陈一冰　1984年生。2006年和2007年的体操世锦赛吊环冠军。2008年，北京奥运会团体冠军、男子吊环冠军。

图21-10　2008年，陈一冰全家观看北京奥运会男子吊环比赛　　（区地志办提供）

第二十二编
民　政

河西区民政工作承担社区建设、婚姻登记、殡葬管理、退役军人安置、社会救助等社会管理职能。自1979年，设民政科，增加国家工作人员安置、老年事业、社会福利及社会团体登记等工作。1988年，成立民政局。1987—2007年，先后成立老龄工作委员会、婚姻登记中心、社团管理办公室、慈善协会等机构。

1979—2010年，河西区围绕改革、发展、稳定的大局，推进民政事业的发展。拥军优属、拥政爱民（简称双拥）光荣传统进一步发扬，残疾人事业逐年发展，残疾人合法权益得到保障。河西区是全国残疾人社区康复示范区。老龄工作形成多元化投资、面向民众专业化服务的养老格局，老年人合法权益得到保障。1997—2008年，连续4次被民政部授予全国双拥模范城区。至2010年，河西区获全国首批社区建设示范区、军休所获全国军休系统先进单位、全国贯彻居民委员会组织法先进单位、全国和谐社区建设示范区、全国婚姻登记规范化窗口单位、全国残疾人社区康复示范区、全国殡葬工作先进单位、全国老龄工作先进单位等称号。

2009年，为困难职工和学生发放慰问金 （区民政局提供）

第一章 社区建设

1979年，加强基层自治组织（居委会）建设，全区有193个居委会。随着改革深入，整合资源，改善居委会办公条件，逐年提高居委会成员待遇。80年代末，建立社区服务中心，组织志愿者为社区无偿服务。1991年，居委会实行每3年一次换届选举制度，全区397个居委会，经过换届选举，建立民主选举、决策、管理和监督制度。1994年，形成服务中心与居委会便民服务网点互补，福利性服务与经营性服务相互促进的格局。2000年，居委会经费由政府补贴，不再从事经济活动。2002年，被民政部命名为首批全国社区建设示范区。2009年，被民政部命名全国和谐社区建设示范城区。

第一节 建设历程

一 社区服务

80—90年代，各街开展社区服务活动，包括拥军优属、拥政爱民、敬老、助残、便民服务等，完善社区保障体系。至1994年，区街两级服务中心11个，居委会便民服务网点759个，初步形成中心与网点互补、福利性服务与经营性服务相互促进的格局。1997年，居委会开展邻里互助、送温暖活动。1998年，居委会建立下岗职工再就业服务站，2000余名下岗人员从业。开展让楼道灯亮起来、墙壁白起来、环境美起来活动。1998年，被民政部评为全国社区服务示范城区。

图22-1 2000年，社区建设工作会议
（区民政局提供）

1999年5月，河西区被民政部确定为首批全国社区建设试验区，制定《创建全国社区建设试验区实施方案》《河西区社区建设五年规划》，确定全面推进社区建设重点。2000年9月，召开社区建设工作会议，总结社区建设工作，部署今后五年社区建设工作。

二 示范城区

2001—2004年，开展深化区街体制改革、争创首批全国社区建设示范区活动。区社区服务中心建成投入使用。市民政局对全市申报的社区建设示范城区检查验收。被民政部命名首批全国社区建设示范区。区政府对大营门街镇江道社区居委会等66个示范社区、武警总队等24个社区共建先进单位进行表彰。被市政府评为市社区建设示范区，马场街、越秀路街、尖山街被评为市级社区建设示范街，柳林街王惠敏、马场街李敏被评为全国优秀社区建设工作者。建立以社区为基本单位，纵贯区、街、居委会社区建设网络，横连各个家庭及社区单位，融文教卫生体育及综合治理等内容的社区发展网络。全区建有67处社区教育基地，成为全国社区教育实验区，被评为全国百佳学习型社区。以居委会为单位的社区卫生服务，覆盖率达到95%以上，被评为市社区卫生服务达标区。

2007年，制定《关于进一步加强河西区社区建设的意见》，部署和谐社区建设任务。市社区建设协调委员会成员单位到河西区实地检查验收，观看社区建设的专题片，检查社区建设的基础档案，并考察下瓦房街富裕广场社区建设工作。

2008年，河西区被评为市和谐社区建设示范区，马场街、天塔街、挂甲寺街被评为市级社区建设示范街，马场街先进里、尖山街平江北里、友谊路街谊景村等9个社区被评为市级和谐社区建设示范社区。

2009年，越秀路街、友谊路街谊景村社区，被评为全国和谐社区建设示范街道和社区。河西区被评为全国和谐社区建设示范城区；获全国民政工作先进区、全国双拥模范城、全国创建学习型家庭示范区、全国和谐邻里示范区、全国婚育新风进万家示范区称号。

图22-2　2006年，大手拉小手，清整社区环境　（区民政局提供）

三　社区标兵

2002年，树标兵，推进和谐社区建设。100名社区志愿者标兵、100名优秀社区工作者标兵进行表彰。2010年，表彰12名优秀社区居委会主任标兵、21名优秀社区志愿者标兵、7个和谐社区建设工作先进集体及100名优秀居委会主任，出版和谐社区建设系列丛书《志愿奉献　共创和谐——河西区先进典型人物集锦》，收录全区44名先进人物的典型事迹。

第二节　居委会建设

一　换届选举

1979年，有居委会193个。1983年，有居委会287个。1985年，对360个居委会进行改选整顿，一批退休干部、职工被选进居委会，3600名居委会积极分子进行专业培训。1991年，完成397个社区居委会换届选举，改选组成的居委会成员政治、文化素质、工作能力、年龄结构明显改善。1994年，完成397个居委会换届选举工作。1997年，全区18个街道办事处的194个居委会依法进行换届选举，采取居民代表选举的方式，推选出居委会成员1039人，大中专以上学历117人，占总数的11.2%，年龄结构由57.29岁下降到49.5岁。2000年，居委会换届选举采取居民代表选举方式，推选出居委会成员1078人，平均年龄45岁，党员467人，占总数的47%，大专以上文化265人。首次提出“社区居委会”概念，调整社区居委会规模，204个社区居委会调整为227个。2003年，227个社区居委会换届选举全部实行差额选举，推选出社区居民委员会干部1100人，平均年龄46岁，党团员572人，占总数的52%，大专以上文化有336人，占总数的30%。在尖山街平江北里和马场街先进里社区，实行户派代表直接选举并推行义务制居委会试点。2006年，194个社区居委会进行换届选举，在38个社区实行义务制居委会，全区98%社区居委会采取户派代表的方式进行选举，推选出社区居民委员会成员996人，党员526人，占总数53%，大中专以上文化916人，占总数92%。制定《关于加强社区居委会成员管理的指导意见》《社区居委会财务管理的若干规定》等规章制度，建立健全“两评三会一公开”制度，即社区居民代表评议居委会、社区居委会评议街道办事处各科室，居民代表大会、社区议事协调会、社区事务听证会和居务公开。2009年，全区100%社区居委会采取户派代表方式进行公开选举。社区居委会由193个调整为178个，选出社区居委会成员935人，聘用社工337人。

图22-3　2009年，越秀路街社区居委会换届选举　（区民政局提供）

二 设施建设

70年代末，居委会办公用房为几十平方米的小平房或单元房。随着区政府对社区建设资金投入加大，社区居委会办公条件逐年得到改善。至2010年，社区居委会面积在100平方米以上131个，占70%。其中，100~200平方米社区76个，200~300平方米社区27个，300~400平方米社区13个，400~500平方米社区7个，500平方米以上社区8个。100平方米以下的有47个。

图22-4 2009年，教师村社区居民为新建成的教师村居委会剪彩 （区民政局提供）

三 待遇经费

70—80年代，居委会工作人员每月补贴25元。1985年，对年迈退出岗位后无固定收入者，每月补助23元，1999年增至30元。2000年，事业编居委会成员每人每月600元，非事业编每人每月300元。2004年，社区居委会成员任职期间，补贴标准按不低于全市职工最低工资标准（每月480元），补贴提高到每月480元。2005年，社区居委会成员补贴提高到每月530元。2005年，社区居委会成员的补贴由每人每月530元提高到590元，居委会正主任提高到每人每月650元。2007年，为符合条件的240名居委会成员办理养老、医疗、失业、工伤和生育社会保险。2009年，社区居委会成员生活补贴标准提高到每月1200元。2010年，居委会成员生活补贴由原每月1200元调整到每月1600元。退养居委会成员补贴每人每年450元。

2001年，居委会办公经费按管辖户籍确定，1000户以上的居委会每年补助5000元，800~1000户每年补助4000元，500户以下的每年补助2000元。2004年，居委会办公经费由每年5000元，提高至7000元。2009年，每个社区办公经费，由每年不低于7000元，提高到每年每户不低于10元。2010年，按社区由每户每年不低于10元提高到每户每年不低于20元。

第二章 社会管理

自1979年，婚姻、社团、殡葬等社会管理工作取得不断进展。80年代初，指定医院实行婚前检查制度，排查不宜结婚的疾病。2000年，婚姻登记文明执法、温馨服务经验，被市民政局在全市推广。2000—2010年，婚姻登记和离婚登记呈逐年上升趋势。2000年，结婚登记3600对，离婚720对，至2010年，结婚、离婚登记分别为5552对和1618对。1979年，民间社团活跃，2001年63个，2010年增至162个。区婚姻登记处被民政部通报表扬为奥运期间婚姻登记工作先进集体，被民政部授予全国婚姻登记规范化窗口单位，被市民政局评为第四届文明示范窗口单位。殡葬管理、移风易俗、破除迷信和文明祭奠工作取得成效，河西区被评为全国殡葬工作先进单位。

第一节 婚姻登记

一 管理

90年代，成立婚姻登记服务中心，建立婚前健康检查、婚姻登记员持证上岗、婚姻登记档案制度，婚姻登记规范化。1986年，贯彻《中华人民共和国婚姻法》《婚姻登记管理条例》，实行婚前检查制度，指定韶山医院、河西产院、挂甲寺卫生院为婚检医院。1990年，建立婚姻登记站，与街道办事处同时办理结婚登记。

二　登记

2000年，市民政局在河西区召开全市婚姻工作现场会，推广区婚姻登记文明执法、温馨服务经验。2004年，创建婚姻登记文明行业，培训登记员，规范工作程序，公开服务内容，提高执法水平和服务质量，被市民政局授予文明示范窗口单位。2006年，完善婚姻登记岗位责任，规范服务内容，做好婚姻档案管理，被评为全国婚姻登记规范化建设窗口单位。2008年8月8日，北京奥运会开幕当日，办理结婚登记610对，创区婚姻登记单日最高纪录。2010年，开展公共服务标准化建设，对婚姻登记、休息等候厅等宣传图标进行重新设计，营造温馨舒适的环境和喜庆氛围。河西区获全国婚姻登记行风示范窗口称号。

图22-5　2010年，婚姻登记现场（区民政局提供）

第二节　社团管理

1978—1990年，区内民间社团成立学会、协会和研究会等社团组织，一些经营者组织同业公会。期间，出现设置过多、过滥问题。1990年，成立社团管理办公室，依法对各类社会团体进行清理整顿和复查登记。1990—1991年，对全区285社会团体进行摸底调查和清理整顿，125个社团予以复查登记。1994年，成立社会团体研究会，承担理论研讨、学术交流等职能，有102个社团加入研究会。

图22-6　2004年，河西区社区民间组织备案颁证仪式（区民政局提供）

2001年，对企业事业单位、社会团体和其他社会力量以及公民个人利用非国有资产举办的，从事非营利性社会服务活动的社会组织进行登记管理，全年成立民办非企业单位63个。2003年，举办民办非企业单位业务工作培训班，60个民办非企业单位进行培训。全年完成社团登记2个，民办非企业单位登记20个，办理变更登记21个。2005年，完成社团和民办非企业单位年检，办理民办非企业单位年检107个，社会团体年检36个，注销8个，成立民办非企业单位12个，办理变更15个。2006年，加强对民间组织的执法监察，撤销18个不规范的社团、民办非企业单位。至2010年，全区有社会团体59个，民办非企业单位162个。

1997—2010年河西区社会团体名表

表22-1

序号	单位名称	登记时间	地址
1	天津市河西区建筑企业协会	1997/10/28	友谊北路48号
2	天津市河西区劳动模范协会	1997/11/30	福建路32号
3	天津市河西区会计学会	1997/11/30	绍兴道4号

续表

序号	单位名称	登记时间	地址
4	天津市河西区珠算协会	1997/11/30	苏州道6号
5	天津市河西区税务学会	1997/11/30	越秀路越秀大厦B座
6	天津市河西区政协之友联谊会	1997/11/30	绍兴道7号
7	天津市河西区环境保护协会	1997/11/30	大沽路奉化道5号
8	天津市河西区文化经营行业协会	1997/11/30	绍兴道4号
9	天津市河西区社会组织促进会	1997/11/30	挂甲寺桥西街92号
10	天津市河西区审计学会	1997/11/30	大沽路奉化道46号
11	天津市河西区私营企业协会	1997/11/30	下瓦房西楼后街19号
12	天津市河西区广告协会	1997/11/30	友谊路宾友道18号
13	天津市河西区鸿起顺餐饮有限责任公司职工持股会	1997/11/30	大沽路668号
14	天津市河西区成人教育学会	1997/11/30	隆昌路3号
15	天津市河西区离退休教育工作者协会	1997/11/30	奉化道46号
16	天津市河西区红十字会	1997/11/30	杭州道八号增一号
17	天津市河西区社区教育研究会	1997/11/30	金华道1号
18	天津市河西区海外联谊会	1997/11/30	台北路6号
19	天津市河西区个体劳动者协会	1997/11/30	下瓦房西楼后街19号
20	天津市河西区人大常委会老干部协会	1997/12/15	绍兴道7号
21	天津市河西区为民服务网络协会	1998/4/16	绍兴道4号
22	天津市河西区内部审计协会	1999/8/23	环湖东路18号
23	天津市河西区社会办医工作者管理协会	1999/9/29	大沽南路935号
24	天津市河西区消费者协会	1999/9/29	下瓦房西楼后街19号
25	天津市河西区医学会	1999/9/29	绍兴道4号
26	天津市河西区园林学会	1999/9/29	黑牛城道298号
27	天津市河西区老年协会	1999/9/29	挂甲寺桥西街92号
28	天津市河西区党政机关退休干部协会	1999/9/29	解放南园内
29	天津市河西区见义勇为协会	1999/10/8	黄埔南路5号
30	天津市河西区教育学会	1999/10/8	隆昌路3号
31	天津市河西区红娘协会	1999/10/8	福建路32号
32	天津市河西区计划生育协会	1999/10/8	南昌路87号
33	天津市河西区思想政治工作研究会	1999/10/8	台北路6号
34	天津市河西区机动车驾驶人协会	1999/10/8	洞庭路35号增1号
35	天津市河西区外商投资企业协会	1999/11/8	绍兴道4号
36	天津市河西区侨界投资者协会	1999/11/9	绍兴道4号
37	天津市河西区青少年科技辅导员协会	1999/11/19	绍兴道4号
38	天津市河西区教育系统思想政治工作协会	1999/11/19	隆昌路3号
39	天津市河西区群众文化艺术协会	2001/2/14	大沽南路961号
40	天津市河西区体育总会	2001/4/24	琼州道103号
41	天津市河西区图书馆学会	2001/10/16	大沽南路961号
42	天津市河西区反邪教协会	2003/7/20	绍兴道4号
43	天津市天津市河西区商会	2003/12/4	解放南路303号
44	天津市河西区侨商会	2004/9/18	大沽南路985号
45	天津市河西区伊斯兰教协会	2004/11/9	九江路84号
46	天津市河西区安全生产协会	2004/11/29	绍兴道4号501
47	天津市河西区蓝盾基金协会	2004/12/20	解放南路291号
48	天津市河西区中小学德育工作研究会	2006/4/12	宁波道21号
49	天津市河西区少数民族体育运动协会	2006/6/6	杭州道8号增1号
50	天津市河西区中小学人事工作研究会	2006/7/5	广东路211号
51	天津市河西区慈善协会	2007/6/18	挂甲寺桥西街92号
52	天津市河西区志愿服务协会	2008/9/28	挂甲寺桥西街92号
53	天津市河西区菜市场管理协会	2009/4/15	爱国道29号
54	天津市河西区作家协会	2009/8/28	大沽路961号

续表

序号	单位名称	登记时间	地址
55	天津市河西区摄影家协会	2009/9/4	大沽路961号
56	天津市河西区美术家协会	2009/9/16	大沽路961号
57	天津市河西区文学艺术界联合会	2009/9/27	大沽路961号
58	天津市河西区中小企业家协会	2010/8/27	围堤道43号
59	天津市河西区对外贸易企业协会	2010/10/9	友谊路1号1—402

2001—2010年河西区民办非企业单位名表

表22-2

序号	单位名称	登记时间	地址	备注
1	天津市河西区南楼青少年体育俱乐部	2001/7/9	泰山路26号	体育
2	天津市河西区希望青少年体育俱乐部	2001/7/17	琼洲道103号	体育
3	天津市河西区土城青少年体育俱乐部	2001/9/11	大沽路935号	体育
4	天津市河西区同望小学	2001/10/11	绍兴道298号	教育
5	天津市河西区友谊小学	2001/10/11	友谊东路55号	教育
6	天津市河西区忠遐小学	2001/10/11	梅江道与紫金山路交口	教育
7	天津市河西区天水寄宿小学	2001/10/11	小海地天水道2号	教育
8	天津市河西区珠江寄宿小学	2001/10/11	小海地平江里21号	教育
9	天津市河西区广大小学	2001/10/15	体院南富有道1号	教育
10	天津市河西区新世纪小学	2001/10/18	资水道3号	教育
11	天津市河西区华文培训学校	2001/10/18	环湖中道4号	教育
12	天津市河西区社区教育中心培训中心	2001/10/22	澧水道38号	教育
13	天津市河西区建筑设计培训部	2001/10/22	气象台路95号	教育
14	天津市河西区新世纪少儿培训中心	2001/10/23	尖山泰山路2号	教育
15	天津市河西区职工大学培训部	2001/10/24	徽洲道31号	教育
16	天津市河西区广东路龙福宫老人院	2001/10/24	越秀路德恩里小区物业楼	其他
17	天津市河西区誉台小学	2001/10/26	台湾路1号	教育
18	天津市河西区和阳教育培训学校	2001/10/29	紫金山路38号	教育
19	天津市河西区拓能助学指导中心	2001/10/31	黄浦南路405号	教育
20	天津市河西区新海小学	2001/11/1	广东路5号	教育
21	天津市河西区科普培训学校	2001/11/7	佟楼平山道1号	教育
22	天津市河西区开发小学	2001/11/13	闽侯路1号	教育
23	天津市河西区西图教育培训学校	2001/11/13	大沽南路961号	教育
24	天津市河西区天津财会进修学校	2001/11/13	广东路67号	教育
25	天津市河西区天河职业培训中心	2001/11/19	珠江道西横街27号	教育
26	天津市河西区天津华夏未来艺术小学	2001/11/20	围堤道85号	教育
27	天津市道路运输培训中心	2001/11/20	陈塘庄洞庭路1号	教育
28	天津市河西区金马小学	2001/11/23	马场道津港路4号	教育
29	天津市河西区太阳雨爱婴学校	2001/12/4	梅江道瑞江花园竹苑小区底商	教育
30	天津市河西区民办阶梯英语培训学校	2001/12/4	围堤道100号宝钢大厦四楼	教育
31	天津市河西区会计培训中心	2001/12/7	解放南路富裕大厦1—1308、1309	教育
32	天津市河西区少年宫培训部	2001/12/24	解放南路357号	教育
33	天津市河西区科技培训学校	2001/12/24	大沽路1010号	教育
34	天津市河西区惠福养老院	2002/1/15	新围堤道南北大街3号	其他
35	天津市河西区乐园老人院	2002/1/21	祥和里北小二楼	其他
36	天津歌舞剧院河西艺术培训部	2002/2/6	尖山路96号	教育
37	天津市河西区乐乐养老院	2002/2/6	小海地双水道九江里3号	其他
38	天津市河西区民办博文培训学校	2002/2/10	大沽南路961号	教育
39	天津市河西区电子计算机职业中等专业学校培训部	2002/3/25	利民道48号	教育
40	天津市青少年儿童活动中心河西培训学校	2002/3/27	乐园路2号	教育

续表

序号	单位名称	登记时间	地址	备注
41	天津国际老龄村	2002/4/8	友谊南路与潭江道交口	其他
42	天津市河西区点石艺术培训学校	2002/4/24	大沽南路961号	教育
43	天津市河西区绿茵青少年体育俱乐部	2002/4/25	小海地江门路1号	体育
44	天津市河西区尖山街枫叶老人院	2002/4/25	尖山温泉小区增1号	其他
45	天津市河西区鹤童解放南路老人院	2002/4/26	解放南路郁江道37号	其他
46	天津市河西区快乐天使少儿思维拓展业余培训学校	2002/4/30	徽州道29号增1号二楼	教育
47	天津市河西区实验青少年体育俱乐部	2002/5/30	平山道1号	体育
48	天津市河西澳加教育培训学校	2002/6/28	江苏路5号二楼	教育
49	天津市河西区新天空培训学校	2002/7/11	大沽南路国华大厦801室	教育
50	天津市河西区蒙特利东江幼儿园	2002/8/1	小海地东江道11号	教育
51	天津市河西区陈塘养老院	2002/9/2	大沽南路985号（天津市毛织厂院内）	其他
52	天津市河西区桂江养老院	2002/10/28	小海地桂江里84号	其他
53	天津市河西区中心小学培训部	2002/12/3	梅江道与紫金山路交口	教育
54	天津市河西北方信息化培训中心	2002/12/4	友谊路39号	教育
55	天津市河西区建筑工程学校培训中心	2003/2/26	郁江道61号	教育
56	天津市河西区教育培训中心	2003/3/26	宁波道21号	教育
57	天津市河西区天津科技咨询培训中心	2003/4/1	友谊路23号	教育
58	天津市河西区中鑫培训学校	2003/5/12	杭州道14号	教育
59	天津市企业家河西培训中心	2003/5/13	广顺路2号	教育
60	天津市河西区津英培训学校	2003/5/21	解放南路329号	教育
61	天津市河西区大使美语培训学校	2003/6/10	西南楼红波里万海商务写字楼A座四层	教育
62	天津河西东方医院	2003/8/18	广东路广顺园3号	卫生
63	天津市天津医联综合医院	2003/8/25	尖山路104号	卫生
64	天津市河西区英卓语言培训学校	2003/9/10	南京路35号亚信大厦1701—1703号	教育
65	天津市河西区春华青少年体育俱乐部	2003/11/12	马场道195号	体育
66	天津市河西区屹东青少年体育俱乐部	2003/11/24	双水道14号	体育
67	天津市河西区多彩光谱瑞江幼儿园	2004/6/8	解放南路瑞江花园	教育
68	天津市河西区新华培训学校	2004/9/16	马场道99号	教育
69	天津市河西区培杰培训中心	2004/9/16	大沽南路837号	教育
70	天津市河西区天职教育培训中心	2004/9/17	气象台路93号	教育
71	天津市ELS美语专修学院	2004/9/23	围堤道146号华盛广场B—3D	教育
72	天津市华夏中学	2004/9/24	小海地江门路1号	教育
73	天津市实验华冠学校	2004/10/8	丽江路瑞江居住区	教育
74	天津市津沽实验中学	2004/10/10	平山道卫星里111号	教育
75	天津市新兴科技专修学院	2004/10/10	琼州道36号	教育
76	天津市计算机信息管理专修学院	2004/10/15	宾馆南道5号	教育
77	天津市华宁中学	2004/10/28	琼州道131号	教育
78	天津市国际文化进修学院	2004/10/28	紫金山路38号	教育
79	天津市津海中学	2004/11/3	徽州道2号	教育
80	天津市卓群高级中学	2004/11/3	西南楼白云路37号	教育
81	天津市博学外国语专修学院	2004/11/3	隆昌路94号	教育
82	天津市朝升终身学习培训中心	2004/11/3	宾水道47号	教育
83	天津市机械电气工程进修学院	2004/11/8	江苏路5号	教育
84	天津市美国英语语言专修学院	2004/11/9	徽州道25号	教育
85	天津市屹东中学	2004/11/9	小海地凌水道7号	教育
86	天津市新知电子信息专修学院	2004/11/11	友谊北路广银大厦1—306、307、308	教育
87	天津市精治中学	2004/11/15	绍兴道129号	教育
88	天津市现代中等职业学校	2004/12/2	绍兴道存诚里	教育
89	天津市河西区慧特国际英语培训学校	2005/4/15	友谊路41号大安大厦A座6层6A、6B	教育
90	天津市河西区东方金子塔儿童潜能培训学校	2005/4/15	南京路66号凯旋门大厦B座30E	教育

续表

序号	单位名称	登记时间	地址	备注
91	天津市客运交通培训中心	2005/4/15	保安大街圣德园4—18—108—111	教育
92	天津市河西区华信培训学校	2005/4/20	卫津南路21新金龙大厦北楼702\1101\1102	教育
93	天津市河西区行政培训中心	2005/5/17	小海地茂名道16号	教育
94	天津市北方人才培训中心	2005/5/30	友谊北路29号	教育
95	天津市河西区龙福宫老人院	2005/7/4	尖山路爱德西里1号	其他
96	天津市河西区建设工程造价培训中心	2005/8/8	气象台路93号	教育
97	天津市河西区丰泽培训学校	2005/9/12	小海地安江里八号院旁	教育
98	天津市服务外包培训中心	2005/9/28	解放南路贺江道8号	教育
99	天津市河西区北大软件教育培训中心	2005/11/9	南京路10号丝绸大厦2层	教育
100	天津市河西区柏斯文化艺术培训中心	2005/11/10	围堤道212号天海广场	教育
101	天津市国际商务学校	2005/11/16	解放南路贺江道3号	教育
102	天津市河西区浩瀚养老院	2005/11/18	小海地新会道28—32号	其他
103	天津市河西区蔚秀教育培训中心	2006/3/3	龙海公寓2—4—102—103号底商	教育
104	天津市华夏未来教育集团	2006/5/25	体院北环湖中路3号	教育
105	天津市明德国学馆	2006/6/1	大沽南路837号	教育
106	天津市河西区天津小学	2006/6/29	大沽南路77号	教育
107	天津市河西区彩虹老人院	2006/7/16	利民道鹤望里	其他
108	天津市河西区湘江道小学福建路青少年体育俱乐部	2006/8/1	福建路100号	体育
109	天津市河西区福寿宫老人院	2006/8/16	佟楼三合里49号	其他
110	天津市新华中学河西区新华青少年体育俱乐部	2006/9/5	马场道99号	体育
111	天津市河西区卓然教育培训中心	2006/11/17	江苏路5号	教育
112	天津市河西区韦博国际英语培训学校	2006/11/17	马场道59号平安大厦B座5层	教育
113	天津天财教育培训中心	2006/11/17	围堤道中冀宾馆3号楼	教育
114	天津市河西区广育培训学校	2006/12/12	隆昌路11号	教育
115	天津市河西区圣航雅教育培训中心	2006/12/14	解放南路解放南园内	教育
116	天津市河西区志达培训学校	2006/12/25	马场道195号	教育
117	天津市河西区华童教育培训中心	2007/2/7	大沽南路977号	教育
118	天津市河西区海河培训中心	2007/2/16	徽州道2号	教育
119	天津东华医院	2007/3/26	西南楼红波里	卫生
120	天津市河西区广育青少年体育俱乐部	2007/4/4	隆昌路11号	体育
121	天津市建筑学会河西培训中心	2007/4/25	西楼后街21号	教育
122	天津市河西区昂立教育培训学校	2007/6/8	徽洲道29号增1号五楼	教育
123	天津市河西区阳光未来教育培训学校	2007/10/15	气象台路98号创智大厦7层701房	教育
124	天津市河西区中天教育培训学校	2007/10/23	解放南路423号	教育
125	天津市河西区梅江幼儿园	2007/10/23	珠江道与九华山路交口	教育
126	天津市河西区阳光青少年体育俱乐部	2007/10/23	大沽南路1010号	体育
127	天津市河西五洲妇科医院	2007/11/12	紫金山路67号	卫生
128	天津河西桦昌门诊部	2007/11/12	尖山路108号	卫生
129	天津市河西区华夏未来双语幼儿园	2007/11/15	体院北环湖中道3号	教育
130	天津市河西区实验马场社区体育健身俱乐部	2007/11/30	平山道1号	体育
131	天津滨海泌尿专科医院	2008/3/31	围堤道92号	卫生
132	天津市滨海医院	2008/3/31	广东路328号	卫生
133	天津市河西区华冠培训中心	2008/5/15	梅江道69号	教育
134	天津市河西区长泰老人院	2008/5/27	洞庭路东江道70号	其他
135	天津市河西区山海华侨老年公寓	2008/6/12	大沽南路985号	社会工作
136	天津市培杰中学	2008/6/18	尖山泰山路26号	教育
137	天津市自立中学	2008/6/25	西园道18号	教育
138	天津市河西区海生青少年体育俱乐部	2008/8/18	南京路5号	体育
139	天津市河西区怡静老人院	2008/8/18	气象台路98号	其他

续表

序号	单位名称	登记时间	地址	备注
140	天津河西平山门诊部	2008/8/21	平山道卫星里133号	卫生
141	天津河西医华门诊部	2008/8/28	解放南路瑞江花园菊苑1号楼底商	卫生
142	天津市河西区绿茵柳林社区体育健身俱乐部	2008/10/20	江门路1号	体育
143	天津市河西区英之辅语言培训中心	2009/1/15	大沽南路与奉化道交口东北侧晶采大厦4层421—423	教育
144	天津市河西区环球雅思培训学校	2009/2/16	友谊路41号大安大厦A座14层	教育
145	天津市河西区福寿康居家养老服务中心	2009/3/30	双水道九江里平房1号	教育
146	天津市河西区天池艺体幼儿园	2009/5/13	环湖东路五一阳光	教育
147	天津市河西区延丰老人院	2009/7/12	太湖路1号	其他
148	天津市河西区天童快乐美语培训中心	2009/7/23	友谊路42号科嘉大厦3层	教育
149	天津市天津建设监理培训中心	2009/11/10	气象台路93号	教育
150	天津东方老年大学	2009/11/11	体北环湖中道3号	教育
151	天津市河西区五福养老院	2009/11/13	黑牛城道纯正路52号—1号	其他
152	天津旅游外事职业学校	2009/11/19	隆昌路94号	教育
153	天津市河西区英华培训学校	2009/12/24	平江道65号	教育
154	天津市河西区睿智忠健青少年体育俱乐部	2009/12/24	梅江道121号	体育
155	天津市滨海招商选资技术培训中心	2010/3/9	贺江道6号	教育
156	天津市河西区青果立方艺术培训学校	2010/7/1	环湖中路华昌大厦A区四层	教育
157	天津市河西区华艺培训学校	2010/7/20	围堤道85号	教育
158	天津市河西区学而思培训学校	2010/8/3	南京路58号中化写字楼三层	教育
159	天津市河西区启明幼儿园	2010/8/18	解放南路水晶城小区	教育
160	天津市河西区晚晴阳光护养院	2010/10/8	小海地茂名道29号	其他
161	天津市河西区逸麟老人院	2010/10/19	恒山里幼儿园	其他
162	天津市育仁体检站	2010/12/9	马场道117号	卫生

第三节　殡葬管理

一　清理整顿

80年代末，居民在操办丧事中，迷信活动抬头，有的沿途撒纸钱，有的披麻戴孝，有的大摆花圈花篮大操大办。区民政部门与执法部门配合，采取措施，严禁在丧事中搞迷信活动。大力推行火葬，除少数民族外，严禁土葬和骨灰装棺埋葬。90年代，每年由民政部门联合有关部门组成执法队，对殡葬用品市场进行清理整顿。1992年，取缔殡葬用品厂、店131家；1995年，取缔经营迷信用品店120余家，全区火葬率达到100%。2000—2010年，采取联合执法的形式，对违反殡葬管理规定行为进行清理。组织有关部门联合行动，对私建墓地、私埋乱葬及无照经营店进行清整，清理平整坟头1100余个，收缴封建迷信用品110件。2002年，联合执法21次，对无照经营店进行清理，销毁花圈、花篮等800余个、封建迷信用品300余斤，没收非法灯箱广告38个。

图22-7　2007年8月，河西区举行移风易俗万人签名活动　（区民政局提供）

二　文明祭奠

2000—2010年，清明节期间，开展移风易俗文明祭奠活动。2004年，印发《移风易俗、文明节俭办丧事倡议书》3万余份，在居民社区张贴、散发。整顿殡葬市场经营秩序。结合殡葬市场状况和殡葬改革工作，对殡葬经营点重新进行核查。2007年，创新管理办法，采取堵与疏相结合的方式，为每个社区统一配置焚烧箱，组织各街相关人员劝阻路边烧纸，净化社会环境。2009年，向各街发放清明节期间开展移风易俗活动通知，制定清明节开展文明共祭活动方案，民政局、文明办、市第二殡仪馆共同举办居民集体文明共祭活动。2010年，确定禁止烧纸道路62条，指定焚烧点693处，定制2600个焚烧箱安置到社区，方便居民文明祭奠。在重点防控节日，组成以民政、街道、社区干部为主的劝导组，上街劝导烧纸。各社区以追思墙、追思树、鲜花祭奠、网上祭奠、家庭追思会等形式，集体文明祭奠。

第三章　双拥优抚

自1979年，双拥优抚工作，以落实优待抚恤政策为重点，着力为部队解难题、办实事，发挥军地各方的优势，开展军地共建，军民共建，做到军地融合，全面发展。驻区部队与地方开展创建双拥模范城区活动，参加经济建设，维护社会稳定，承担急、难、险、重任务，为建设第二故乡新河西作出贡献。1996—2008年，连续四届被命名为全国双拥模范城区。

第一节　双拥工作

一　拥军优属

实事拥军　自1978年，每年7月26日定为拥军优属服务日，每个街道办事处创建3个拥军示范社区。制定《随军家属安置暂行规定》，解决驻军后顾之忧。1998年，为驻区部队建房减免配套费80余万元。2005年，投资14万元为海军导航中心修建健身馆，为双拥干事配备电动车。2006—2007年，支援预备役训练50万元。

图22-8　2004年，河西区向驻区部队赠送巡逻专用电动自行车　（区民政局提供）

教育拥军　利用教育资源优势，每年解决一批随军子女进入重点学校和幼儿园。80—90年代，开展地方、部队、家庭三方双拥教育，青年踊跃参军。每年举办国防教育周、军营夏令营、国防建设采风活动。2000—2005年，全区88个企事业单位、35所学校与部队签订精神文明共建协议。2006—2010年，开展国防教育进家庭活动，全区3万户家庭、10万余人参加国防知识竞赛。30余个家庭被评为情系国防好家庭。中央电视台拍摄反映河西区双拥工作专题片《海河的早晨》。

文化拥军　2001年，为驻区基层连队建立流动图书馆，图书流动量5万余册。2002年，成立“老兵俱乐部”，丰富退伍老兵文化生活。2010年，为驻区师以上部队建立“西岸图书漂流基地”。

科技拥军　2002年，建立三个社区科技拥军培训基地，每年举办军地两用人才培训，帮助部队解决科技兴训、信息化建设等问题。2008—2010年，光电集团向驻区部队无偿提供价值400余万元的移动视频监控设备，参与部队20余项军事科技攻关项目。

二　拥政爱民

80至90年代，驻区部队加强治安巡逻，参加“专项严打”和治安综合治理，制止多起危害社会治安事件的发生。1997—2000年，驻区部队官兵视河西区为第二故乡、多次参加平房改造、重点工程建设等义务劳动和爱民服务活动，出车350余辆次，1.5万多人（次）。与88个企事业单位、35所学校签订协议，开展精神文明共建活动，举办军营夏令营、国防建设采风、双拥活动月、国防教育周、爱民一条街等活动。2005年，驻区部队支持开展全国卫生城区创建工作，投入200多个劳动日、兵力1500余人（次），动用车辆300多台次，清理垃圾4000多立方米。2008年，驻区部队对优抚对象、离退休老干部、养老院进行慰问走访，开展关爱功臣和帮扶老战友活动，完成宾馆南道拓宽、友谊路改造等工程。

图22-9 2008年3月，驻区部队参加卫生城区建设 （区民政局提供）

2010年，支援地方建设出动兵力5600人次，车辆460台次，捐款80多万元，抢救人民群众财产损失1000万元，支教助残100多次，军训学生6000余人次，为青少年进行革命传统教育80余次，为群众义务巡诊，送医送药7万余元。驻区部队与街道、社区及有关单位成立军警民联防活动组织70余个，促进平安河西区建设。

第二节 优待抚恤

优抚工作，在国家抚恤的基础上，发挥社会和群众力量，依靠全社会共同做好优抚工作，保障优抚对象的抚恤优待与全区经济发展相适应，使抚恤优待标准与人民生活水平同步提高。

一 优抚政策

2001年，制定《现役义务兵军功奖励制度》《优抚对象抚恤标准自然增长机制实施意见》，鼓励义务兵立功受奖，扩大义务兵家属优待金社会统筹范围。2007年，印发《贯彻天津市拥军优属条例若干规定》，为优抚对象调整抚恤和补助标准，办理伤残、优抚优待审批审核事项，解决重点优抚对象在生活、住房和医疗等方面的困难。2008年，建立重点优抚对象临时救助制度，130多个帮扶小组，对重点优抚对象和老功臣进行日常生活承包服务。2009年，制定《河西区鼓励在校大学生入伍实施办法》，鼓励驻区大学在校生应征入伍，在服役义务期间，除每年对其家庭发放优待金外，对获得一至三等功和优秀士兵荣誉称号者给予现金奖励。

二 优抚工作

自1978年，对革命烈士家属、失踪病故军人家属、革命军人家属、革命残废人员、退伍红军老战士、复员退伍军人、军队离退休干部和退休人员开展普查工作。建立和完善国家、社会、群众三结合的优抚制度。1982年，对80岁以上的军烈属增发营养费。1991—1995年，抚恤补助标准提高107%~150%。1996年，调整优抚对象抚恤补助标准，为孤老烈属、在乡伤残军人办理家庭财产保险。为驻区部队老干部建房减免配套费50万元。筹集拥军优属保障金50万元，为503名伤残军人发放抚恤金84万元。

2001年，对2000余名重点优抚对象普查，伤残军人、军烈属进行抚恤调标，军烈属医疗费实行实报实销，全年增加补助10.6万元。对集中供热区域中的重点优抚对象减免安装、供热费65%左右。2004年，通过河西有线电视台宣传《军人优待抚恤条例》，在全区开展贯彻执行条例活动。2005年，为600名革命伤残军人换证、补发伤残金，采取走访方式慰问抗日时期老战士。完成重点优抚对象优抚标准调整工作。完善优抚对象健康档案，深入优抚对象家中，调查住房和生活状况，对存在的困难和问题及时解决。2008年，开展送温暖活动。完成残疾军人评残、换证，为残疾军人发放伤残金300余万元。审批“参战”“参试”退役员，发放2.7万余元生活和节日补助。2010年，为600名残疾军人发放伤残金552万元。建立医疗保障制度，组织“参试”人员和无军籍职工体检，在乡复员老军人进行疗养。完成优抚对象基本医疗保险和医疗补助发放，实现医改平稳过渡。

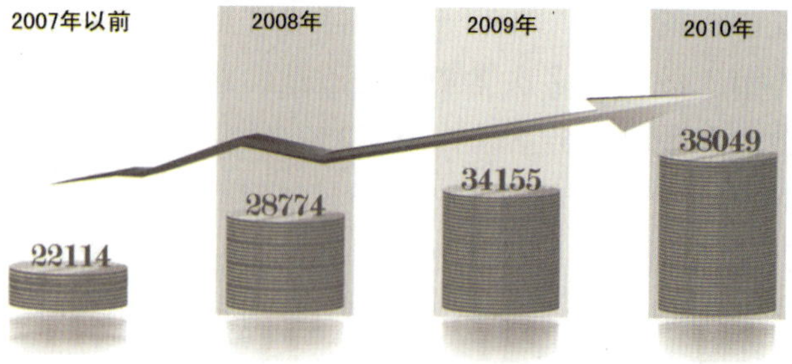

图22-10　2007—2010年，河西区优抚对象抚恤补助标准自然增长机制图　（区民政局提供）

第四章　安置

自1979年，每年退役士兵安置率100%，军休干部安置满意率100%。80年代，安置工作包括军队（含武警部队）移交地方管理的离退休干部、退休士官、无军籍退休退职职工接收安置、退役士兵、复员干部、伤病残军人接收安置。组织实施军地两用人才开发使用、退役士兵职业技能培训、军休所建设和服务管理工作。军休所连续9次被市评为先进军休所。先后获全国和谐军休家园、全国民政系统政风行风窗口等称号。被民政部评为民政基层单位行风建设先进集体。

第一节　军队离退休干部安置

一　安置状况

1985年，成立军队离退休干部休养所（简称军休所）。至1995年，安置军队离退休干部161人。1996—2010年，安置770人。1996年，区军休所被评为全国军队离退休干部安置工作先进单位。

二　服务管理

2000年，国家民政部考察河西区开展军休干部走出庭院、融入社区活动。《中国社会报》进行专题报道。2004年，开展服务进庭院，实事做到家活动，对319户军休干部进行入户走访，征求意见。2008年，对364名军休干部进行健康查体工作，调增军休干部住院伙食补贴，提高无工作离休干部遗属生活补贴，核发冬季烤火补贴及职务取暖补贴，为55位离退休干部发放伤残金。

2010年，举办首届“河西双拥·军休杯”全国楹联大赛。建立军休联谊网，为军休干部安装爱心专线服务电话，建立全国首家军休系统信息化服务爱心平台，新建梅江等5个社区军休活动场所。

第二节　退伍军人安置

一　安置政策

1978—1993年，义务兵服役前无工作的，统一安置全民企事业单位。入伍前有工作的，回原单位复工复职。1993—2000年，分配到实行全员劳动合同制企业单位的退伍军人，实行劳动合同制，确保退伍安置。2001—2010年，以政府指令性安置为主，辅之以双向选择和鼓励退役士兵自谋职业。

二 安置状况

区每年安排退伍军人与用人单位沟通协调，安置工作公开公正，做到退役士兵、退役士兵家属和用人单位三满意。与高等院校和社会培训机构合作，开展职业教育和技能培训，提高退役士兵职业技能。2001—2010年，为762名退役士兵办理自谋职业手续。为赴西藏义务兵预先安置工作，退役士兵安置率100%。

1979—2010年河西区安置复员、退伍军人情况统计表

表22-3　　单位：人

年份	接收人数	安置率(%)
1979	516	100.00
1980	740	100.00
1981	1307	100.00
1982	908	100.00
1983	666	100.00
1984	576	100.00
1985	433	99.50
1986	369	99.20
1987	308	98.70
1988	249	99.60
1989	116	99.10
1990	168	99.80
1991	207	99.00
1992	249	100.00
1993	204	100.00
1994	196	100.00
1995	179	100.00
1996	179	100.00
1997	170	100.00
1998	190	100.00
1999	225	100.00
2000	175	100.00
2001	226	100.00
2002	177	100.00
2003	204	100.00
2004	175	100.00
2005	184	100.00
2006	151	100.00
2007	163	100.00
2008	173	100.00
2009	186	100.00
2010	164	100.00
总计	9583	-

第五章　社会救济

自1979年，加大社会救助投入力度，把维护困难群众基本权利放在政府工作重要位置。在救灾工作中，坚持依靠群众，互助互济，一方有难，八方支援方针，调动全区军民共同参与抗灾救灾，筹措救灾款物，配合灾区安置救助受灾群众，恢复和重建家园。2001—2010年，加强扶贫脱困工作，最低

生活保障标准由241元提升至450元，特困救助金额由50元提升至135元；享受最低生活保障、特困待遇家庭由2684户7698人，增至7753户15219人，实现救助资金社会化发放。河西区被民政部授予全国抗洪救灾先进集体。陈塘庄街、尖山街和马场街被评为市级抗洪救灾先进集体。

第一节　救灾

一　募捐网络

1979—2010年，区救灾工作中，成立以主管区长为组长、区政府办公室、民政局、工会、共青团负责任人为成员的支援灾区领导小组。建立区、街道、社区（基层单位）三级募捐网络，全民参与募集款物支援灾区。

二　支援灾区

1991年，为安徽水灾捐款200万元，衣物70余万件。1996年，募集衣被158万余件，现金80余万元。1998年夏季，长江、松花江流域发生特大洪水，举行支援灾区奉献爱心捐款仪式，区领导和全区机关干部带头捐款，全区捐赠衣物251万件、人民币516万元。

图22－11　2007年11月，运送救灾物资（区民政局提供）

2005年初，为东南亚人民募集救灾款63.9万余元。9月，为甘肃贫困地区募集衣被66.2万件，资金48.5万元，超额完成市下达的指标，募集款物数量名列全市第一。2008年，为南方雪灾地区募集款41万元。5月12日，四川汶川大地震后，为灾区募集救灾款8872万余元，救灾物资帐篷64顶、口罩8箱、强力照明灯603盏、清洁用品2500箱、衣被29万余件，折合人民币628万余元。开展向地震灾区送温暖、献爱心活动，定制2.2万床被子，捐款110余万元。2010年，为青海玉树地震灾区捐款93万余元，为河北省承德灾区捐棉衣被和毛毯2.5万件。

第二节　救济

一　贫困救济

80年代，构建与经济社会发展水平相适应、覆盖全区困难群众社会救助体系，对困难群众应助即助。1979年，对无劳动能力、收入不能维持生活的贫困户发放救济款4.54万元。1994年，募集衣被130万件，救济甘肃天水贫困地区农民。1996年，组织夏令、冬令救济，发放救济金4万余元。中秋、国庆期间，对社救对象发放救济款4000余元。1997年，社会救济对象中精神病人转住民政安宁医院，每年节约民政经费10万元。1999年，完成低保调标审批工作，全区审批低保户530户1200余人，在夏令和冬令救济期间，发放救济款物8万余元。

2000年，走访慰问低保困难户760户，发放夏令、冬令救济金220多万元、食品33520千克、物品2830件，开展邻里互助志愿者献爱心活动。投入80万元对700户国有企业困难职工，实施低保补助。2001年，建立最低生活保障金、优惠政策、实物救助、社会互助的城市居民最低生活保障体系。全年审批低保户3984户，9161人。2002年，成立区社会救助中心，下设低保组、信访组等。2003年，建立爱心救助超市，全年接收捐款捐物折合51.8万余元，为2021户特困家庭发放救助物品8831件，价值37万余元。2004年，销售福利彩票130万元，募集社会福利基金45.5万元。全区街道建立爱心救助超市（中心），接收社会及个人捐物1.6万件，价值60万元。全区低保户10048户，22539人，支出低保金2331万元。2005年，为1744名享受低保待遇的“三无”（无生活来源、无劳动能力、无法定抚养义务人）人员、重病重残人员、单亲丧偶在学子女和65岁以上老年人办理分类救助。

图22-12　2008年，慰问困难家庭（区民政局提供）

2006年，完成低保特困救助家庭低保金和特困救助调标工作。8月，募集助学款10万元，为困难家庭高考生发放助学款20万元。11月，为确保困难群众温暖过冬，为低保和特困家庭发放救济补贴800余万元，爱心超市发放救济物品3.8万余件。2007年，低保标准由300元调整至330元。对低保户中的重病、重残、60岁以上老人、9年义务制在校学生、丧偶单亲家庭子女等3508人分类救助。低保和特困救助金支出2521.87万元。

2010年，制定《河西区关于街道受理最低生活保障申请的实施意见》《河西区申请享受最低生活保障待遇的补充规定》，全年发放低保金4985万元，受助群众1.5万人。

二　慈善救济

2007年，成立慈善协会，健全区、街、居委会三级慈善组织，制定慈善资金募集、使用管理、内审监督和档案管理办法，建立区救助工作联席会议制度，通过信息披露、跟踪反馈、评审评估、社会监督等多种机制，打造“阳光慈善”救助。慈善协会募集慈善资金380余万元。区民政局和区慈善协会联合出资25万元，解决2005年陈唐庄街昆仑里煤气爆炸事件。2008年，开展爱心成就梦想慈善助学活动，将13.6万元资助款，发放到应届高中毕业生困难家庭。区慈善协会为无业老人免费做白内障手术，为特困家庭安装暖气。2009年，发动企业及个人献爱心捐善款，募集善款200万元。环渤海金岸集团10年累计捐款350余万元，感光材料公司每年定期为困难户捐资5万余元。桃园街庆荣里社区发动居民捐废品，每年变卖废品万余元，全部用于资助困难群体。2010年，开展慈善救助活动，发放救助款313万余元。实施迎春助困情暖万家、让困难群众温馨过年项目和助老助困助残工程，救助5733户困难家庭。开展情系保洁员兄弟同喜同乐过大年活动，为598名外来务工保洁员进行春节救助。启动综合整治装点家居行动，为60户困难老年人和残疾人家庭清整家居。开展情系夕阳复明工程，为126名白内障老人免费手术。启动夏令慈善救济行动，对2312户低保边缘户进行夏令救济，每户发放50元购物券。开展呵护花蕾爱心成就梦想和与爱共成长慈善助孤等活动，支出善款70万元。

图22-13　2009年，慈善捐款活动现场（区民政局提供）

第六章　残疾人事业

1989年前，残疾人工作由民政部门代管。1989年6月，残疾人联合会成立，规格为副处级，1996年升格为正处级。自1989年，残疾人事业履行“代表、服务、管理”的职能，加快残疾人服务保障体系建设，形成“政府主导、各有关部门分工合作，残联组织协调、全社会支持、残疾人参与”的工作机制。坚持每年为残疾人办实事，改善残疾人生活，维护残疾人合法权益。先后涌现出以全国自强模范曹芸秀为代表的一批典型，残疾人自强精神和扶残助残社会风尚得到弘扬。2010年，河西区被评为全国残疾人社区康复示范区。

第一节　代表大会

1989年—2010年，共召开5次残疾人代表大会。

第一届残疾人代表大会　1989年9月召开，出席代表145人。会议听取并通过工作报告，选举产生第一届残疾人联合会主席团委员23人，执行理事会副理事长1人。

第二届残疾人代表大会　1994年10月召开，出席代表151人。会议听取并通过工作报告，选举产生第二届残疾人联合会主席团委员27人，执行理事会副理事长1人。

第三届残疾人代表大会　1998年6月召开，出席代表156人。会议听取并通过工作报告，选举产生第三届残疾人联合会主席团委员43人，执行理事会理事长、副理事长各1人。

第四届残疾人代表大会　2003年3月召开，出席代表236人。会议听取并通过工作报告，选举产生第四届残疾人联合会主席团委员15人，执行理事会理事长、副理事长各1人。

第五届残疾人代表大会　2007年12月召开，出席代表190人。会议听取并通过工作报告，选举产生第五届残疾人联合会主席团委员45人，执行理事会理事长、副理事长各1人。

图22-14　2007年12月，河西区残疾人联合会第五次代表大会现场　（区残联提供）

第二节　残疾人工作

一　社会保障

自80年代，制定各类政策性文件，对困难残疾人进行特殊扶助。2001年始，坚持每年为残疾人办10件实事。每年全国助残日、国际残疾人日，开展“助明、助聪、助困、助学、助行”活动，投入资金千余万元，对困难残疾人家庭实行按需实物救助，受助残疾人4.6万人次。2004年，制定《关于对60岁以上无业双残、孤残特困户给予生活补贴的规定》，每年每户补助600元，2006年提高到1200元，累计为105户困难残疾老人发放7.56万元补助金。2005年，制定《河西区关于对残疾人重大疾病生活特殊困难进行救助的规定》，对患重病的贫困残疾人给予一次性救助1000元。2008年，提高为3000元，为162名残疾人发放救助金31万元。2006年，制定《河西区特困残疾人户生活补助办法》，对双残、多残、单亲、丧偶的困难残疾人户实行每月50元的救助，为265户特困残疾人家庭发放补助金16万元。2007年，制定《河西区关于对大龄无业未婚中、重度残疾人实施救助办法》，提供家政服务、粉刷房屋、购买家用电器、卫生间无障碍改造等多项扶助，为170户残疾人家庭进行按需分类救助。2008年，与区慈善协会、区老龄委合作开展“温暖工程”。至2010年，累计给予区内享受低保或特困家庭中3039名残疾人生活补助1770万余元。累计出资35.9万余元，为全区91户低保户、特困残疾人家庭免费安装暖气设施。

二 医疗康复

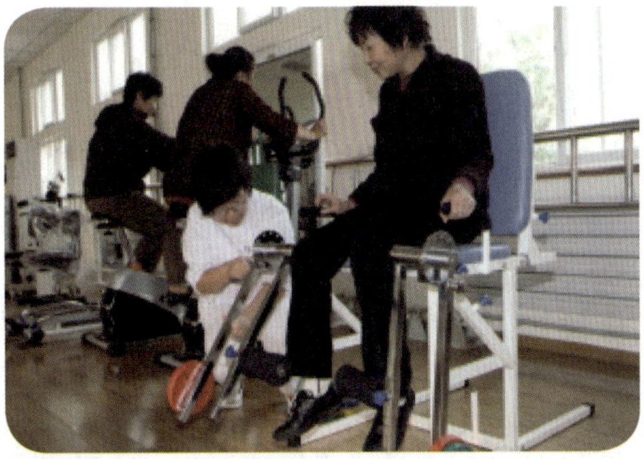

图22-15 2007年，河西区肢残人康复活动现场 （区残联提供）

2004年，与天津安定医院合作，为特困精残人发放400元医药救助卡，2009年提高至每人800元，先后有2148人受益。为500余名低保、特困及60岁以上的老年无业白内障患者免费实施复明手术，为有需求的残疾人免费装配假肢、助听器，发放小型器具、轮椅等各类辅助器具5000余件。逐步建立和完善三级医疗康复机构。13个街和社区卫生服务中心，建立残疾人康复服务站，配备社区康复专业人员。2007年，区残联与区康复中心、麦格眼科医院、天津医科大学第二附属医院、安定医院、区特殊教育中心合作，建立残疾人康复指导中心。依托启智学校的特教中心，聘请特教老师对成年智力残疾人进行康复训练指导。依托天津盲校进行盲人定向行走康复训练，230名盲人和低视力残疾人走出家门。各街道和13个社区卫生服务中心，为残疾人全部建立康复档案。2009年，被中国残联授予全国白内障无障碍示范区。2010年，被授予全国残疾人社区康复示范区称号。

三 教育培训

2001—2010年，完善残疾人终身教育体系。适龄残疾儿童入学率达到健全儿童水平。制定优秀残疾学生奖学金制度，为优秀残疾学生发放8000元奖学金。为1005名残疾人提供免费培训。为残疾学生、低保残疾家庭的健全子女3646人次发放助学金223万余元。

四 就业安置

80年代末，开辟就业渠道，分别安置残疾人就业。自1995年，开展多形式、多途径残疾人就业安置工作，完善就业服务日常管理，建立健全残疾人求职信息库，每年举办残疾人专场招聘会，33场招聘会共提供就业单位214家、岗位781个，到会残疾人2500余人次，达成意向598人。开展残疾人就业援助月活动，走访登记失业的残疾人员家庭388户，帮助残疾人实现就业21人，享受专项扶持政策16人。2005年，实行地税代征残疾人就业保障金工作，对全区行政、企事业单位按比例安排残疾人就业情况进行年审，地税局征收。自2006年，为残疾人个体工商户发放养老、医疗保险补贴，至2010年，为105人次发放10.3万元，为24人发放9.6万元自主创业补贴。为区内单位办理审核工作，征缴保障金1.1亿元，为70个超比例安排残疾人就业的单位发放补贴27万元。

五 托养服务

自2007年，桃园街、挂甲寺街、东海街成立“残疾人阳光家园”，投入开办及活动经费，对残疾人进行康复训练和劳动技能培训，让长期在家的智力残疾人接触社会生活，提高自理能力。2008年，越秀路街开展“政府买单，居家助残”的实践活动。由区残联出资，以街道办事处为主体与家政公司签订合作协议，由家政公司派专业人员，为28户生活困难无自理能力的残疾人家庭提供日常卫生清理、买菜购物和洗衣理发等14类家政服务。2010年，制定残疾人托养服务相关文件，出资为符合条件的残疾人提供居家和机构托养服务。

六　无障碍设施

自2005年，每年为重度残疾人及50岁以上的残疾人家庭，免费实施无障碍设施改造。投入资金114万余元，进行卫生间改造，安装扶手、坡道、语音及闪光门铃等，2000余户受益。

七　文体生活

图22-16　2010年12月，河西区残疾人艺术团成立演出现场　（区残联提供）

自1999年，扶持以马场街残疾人强生合唱团、东海街漓江里社区残疾人艺术团等为代表的基层残疾人文化社团组织，培育一批残疾人文艺骨干，在历届全国、市残疾人文艺比赛中获得近百项大奖。组织志愿者组成指导员队伍，针对残疾人特点具体指导开展基层残疾人体育健身活动，举办各类残疾人健身活动3000场次，8万余人次参加。先后投入资金20余万元组建门球、花毽、柔力球、羽毛球、特奥足球等7个残疾人社团组织和4个特奥活动示范社区。2005年，成立残疾人门球队，30余名残疾人组成的3支球队，先后40余次参加市、区举办的比赛，两次专程组队赴深圳参加邀请赛并获得奖项。2009年，投入60余万元，举办首届京津沪渝深残疾人门球邀请赛，吸引100余名各地残疾人参赛。区代表队在历届市残疾人运动会中团体总分成绩优异，先后有60余人次入选国家集训队，夺得各类世界级大赛奖牌近60枚。2010年成立河西区残疾人艺术团，举办多场残疾人文艺会演，有200余名残疾人参加演出。

八　信访维权

自1989年，强化信访接待岗位工作职能，安排业务骨干，听取残疾人意见，妥善化解矛盾。2005年，与区司法部门建立残疾人法律援助站，设立残疾人维权基金，为生活困难的残疾人进行司法帮助，维护残疾人合法权益。至2010年，共计为92名残疾人提供无偿法律援助。

九　残疾人证核发

1997年，召开核发《残疾人证》动员大会，作好证件管理工作。2009年，核发第二代残疾人证工作，实行网络动态管理。至2010年，全区持证残疾人13416名。

十　基层组织

1998年，各街道建立残疾人服务站，设立残疾人工作专职干部，实现规范化管理。2002年，各街残联聘请残疾人联络员。2004年，176个社区建立残疾人协会，配备残疾人专职委员。自2002年，先后建立肢体残疾人协会、聋人协会、盲人协会、智力残疾人、精神残疾人及亲友协会。

第七章　老龄事业

80年代末，河西区进入老年型城区，60岁以上老年人占全区总人口11.5%。为统筹和加强全区老龄工作，1986年成立老龄工作委员会。老龄工作情系老龄群体，以居家为基础、社区为依托、机构为支撑，形成面向公众、多元化投资、多层次发展、专业化服务的养老工作格局。2004—2010年，各个街建立老年协会，会员1.26万人，养老机构20家，日间照料服务中心（站）37个。区、街、社区三级老年教育网络覆盖全区。2010年，河西区被评为全国老龄工作先进区。

第一节　养老敬老

一　养老

1986年，建立三义庄、越秀路街道颐寿院。1995年，柳林老年公寓落成。1999年，新建越秀路、枫叶和乐园老年公寓，注册养老机构10家，床位646张，入住老人387人，其中个人出资兴办3家，形成国家、集体和个人共同兴办养老机构格局。

2000年，制定养老机构考核评比条件、养老机构膳食费管理暂行办法和定期账目公开制度。2006年，开展为孤老配餐等政府买单服务的居家养老试点。2007年，推进居家养老服务，建立老年服务中心、日托所、老年饭桌等，形成居家养老的初步模式。2008年，开展居家养老服务政府补贴工作，委托公益性公司为500多名老年人，提供居家养老政府购买服务。制定《河西区开展居家养老服务实施意见》，组织居家养老评估员培训。2009年，建立福寿康老年配餐服务中心，满足东海、柳林、陈塘庄、桃园等街道老年人用餐需求。采取新建、改建和吸收餐饮单位加盟等形式，为老年人提供助餐服务。至2010年，全区有养老机构20家，床位2960张，建成老年日间照料服务中心(站)37个，面积1.7万平方米。

二　敬老

80年代，每年对入住养老院的老年人进行慰问。1992年，举办尊老、敬老、养老道德演讲会。启动法律援助在行动活动，为70周岁以上老年人办理老年优待证。1999年，对百岁老人进行调查核实，为百岁老人每月发放生活补贴100元。开展敬老好儿女、维护老年人合法权益先进集体和先进个人评选活动。2002年，开展创建敬老模范家庭、敬老文明社区活动，评选出区级敬老模范家庭49个，敬老文明社区39个，市级敬老模范家庭9个，敬老文明社区3个。2005年，2460名困难老人纳入低保。老年优待证办理年龄调整为60周岁以上。2006年，建立法律咨询站40个，开通法律热线，开办法律讲座及法律课堂，解答老年人政策法律咨询230人(次)，帮助老年人开展法律援助服务33起。2007年，为保护老年人身心健康，提高抵御意外风险能力，为近万名80岁以下老年人办理老人意外伤害组合保险。2010年，为老年人提供免费法律咨询600余人(次)，法律援助服务20余人(次)，围绕老年人住房、婚姻、子女赡养等方面，解决300余件维权问题。

图22-17　2009年，为60岁以上的老年人发放温馨提示卡　（区民政局提供）

第二节 服务机制

一 社团

1988年，成立老年协会，1989年成立老年书法研究会。2003年，备案的文化艺术、体育健身、教育、卫生、科普类老年人社区社会组织684个，占全区备案社区社会组织总数62.98%。2004年，各街、居委会全部建立老年协会，拥有会员1.26万名，老年志愿者1.12万名。2007年，撰写反映社区老年志愿者先进事迹的《生活因你而精彩》故事专辑。2008年，召开庆重阳和谐表彰会，表彰35个先进老年协会、123名优秀老年志愿者，命名17个最佳老年团队和18名社区杰出老人。至2010年，全区13个街道和社区全部成立老年协会组织，维权咨询、生活服务、文体活动、老年教育等社团组织人数5万余人。

二 活动

1984年，三义庄、马场、谦德庄街道成立老年人活动站。1986年，建成区老年人活动中心，面积230平方米，开设阅览室、棋类室、球类室等活动室。1984—1994年，举办4届老年人运动会、4届老年人文艺会演和4届老年书画摄影展。1988年，开办区老年大学、市民学校、社区课堂，开设书画、健身、饮食等课程，满足不同老年人需求。1992年，举办首届老年艺术节。1999年，老年大学在校学员300名，以丰富的教学内容和适合老年人特点的课程设置，占领老年人晚年文化生活阵地，制止邪教对老年人思想的侵蚀。在全国老年文化工作座谈会上，区老龄委介绍加强老年文化工作、丰富老年文化生活经验。

2001年，举办九九重阳老年人歌咏大赛，区老年舞蹈队获全国老年人舞蹈大赛金奖。2002年，实施市民教育工程，投资1000万元，新建和改造35所社区终身学习服务中心，占地面积1万平方米。在公园、社区安装各类健身器材533件。

2004—2010年，建立1所老年大学示范学校和1所梅江老年大学分校，面积3000平方米，在校学员1000余人。创建80个社区终身学习服务中心，形成覆盖全区的区、街、社区三级老年教育网络。2万余人参加市、区、街、社区四级老年学校，教育覆盖率50%。2006年，举办赞和谐、庆重阳、展风采、老年人展示文化擂台、庆重阳节暨表彰大会、情系社区、共创和谐摄影展等12项活动，社区文化艺术团队演出50余场，数万群众观看。2007年，推广马场街和桃园街在社区建立敬老室、聊天站的经验。马场街开展相约你我他，说说心里话、慈善、仁爱大家谈等活动，老人谈人生往事，交流健康、快乐生活经验。桃园街“敬老室”为老年人读书、读报，消除老人生活寂寞。至2010年，建成全民健身工程点216个，参加经常性体育健身活动的老年人10万余人。

图22-18 2007年10月，“赞和谐 庆重阳 展风采”文艺演出现场 （区民政局提供）

第二十三编
人事劳动和社会保障

1980—2010年，河西区有序地推动机构、人事、劳动、社会保障制度改革。1985年始，建立养老、医疗、失业、工伤、生育等社会保障制度，逐步形成社会保障体系。1990年始，在行政机关工作人员中实行竞争上岗和考试录用制度。加强机关和事业单位的人事管理，完善人才引进和创新激励机制。1993年，区人事室改名为区人事局。1999年，区劳动局更名为区劳动和社会保障局。2000年始，加强全区专业技术人员的综合管理，做好人事调配工作，开展人才服务。自80年代，推进用工制度改革，为下岗就业和务工人员搭建寻找工作岗位的平台。加强劳动争议仲裁与鉴定，开展劳动监察和法律政策咨询。2000年，区人事局获全国人事系统先进集体称号。2002年，区劳动局获全国劳动保障系统一等功集体称号。2010年，两局合并组建为区人力资源和社会保障局。

2006年，河西区举办"人民满意的公务员(集体)"表彰暨事迹报告会

（区人力资源和社会保障局提供）

第一章　人事管理

1987年，在事业单位开始评聘专业技术职务。1990年始，公务员实行竞争上岗。1993年，实行考试录用制度，进行公务员考核和教育培训，加强公务员队伍建设。搞好干部调配和干部任免工作。2000年始，加强全区专业技术人员的综合管理工作，实行聘用合同制度，多方面开展人才服务。做好工资福利工作，建立休假、体检各项制度，推进人事制度改革，推动干部管理制度化、法制化进程。

第一节　公务员管理

一　考试录用

1993年，贯彻落实国家公务员暂行条例，实行行政机关工作人员考试录用制度。

1994—2010年河西区部分年份公务员考试录用情况表

表23-1　　　　单位：人

年份	录用人数	学历			
		研究生	本科	专科	其他
1994年	5	–	4	1	–
1995年	12	–	3	1	8
1996年	1	–	1	–	–
1997年	3	–	–	–	3
1998年	10	1	6	3	–
2002年	2	1	1	–	–
2003年	8	–	6	2	–
2004年	14	–	11	3	–
2005年	20	–	19	1	–
2006年	15	1	2	11	1
2007年	18	–	18	–	–
2008年	9	–	9	–	–
2009年	34	3	26	5	–
2010年	23	3	20	–	–

二　考核奖惩

1993年始，试行国家公务员考核制度，进行年度考核、目标管理责任制考核和任免考核。干部任免，采取民意调查、谈话、述职、阅档等进行考评。制定行政机关年度目标责任制考核奖励办法，对成绩优秀的单位授予荣誉称号，对达标单位给以奖励。1988—1995年，共有212个（次）单位被评为目标管理责任制优秀单位。2007年，《公务员考核规定（试行）》开始实施。

图23-1　2005年，河西区召开争做人民满意公务员表彰大会　　（区人力资源和社会保障局提供）

1994—2010年河西区干部考核情况表

表23-2 单位：人

年份	三等功	优秀	称职	基本称职	不称职
1994年	8	397	1859	0	4
1995年	15	438	2353	0	0
1996年	0	448	2165	0	0
1997年	21	221	1664	0	1
1998年	13	231	1625	0	0
1999年	8	205	1532	13	0
2000年	4	202	1597	10	0
2001年	7	200	1687	4	0
2002年	6	251	1696	2	0
2003年	1	258	1780	4	0
2004年	0	263	1816	0	0
2005年	6	275	1884	2	0
2006年	0	220	1608	0	0
2007年	10	426	1733	1	0
2008年	17	427	1744	1	0
2009年	62	433	1785	2	0
2010年	43	320	1555	0	0

自1985年，对工作成绩突出的干部，给予嘉奖、记功，授予区级先进工作者称号，每年召开一次表彰大会。1985—1995年，全区行政机关和事业单位奖励干部578名，其中机关339人，事业单位239人。3185名干部获区级先进工作者称号。1994—1996年，对机关事业单位不称职者亮“红牌”，辞退17名工作人员，《人民日报》《新华日报》相继报道。1996—2010年，对犯有玩忽职守、弄虚作假、贪污盗窃、打击报复、违法乱纪等问题的79名干部，根据情节分别给予不同处分，其中警告15人，记过16人，记大过13人，降级3人，降职1人，撤职7人，开除6人，处罚18人。

三 竞争上岗

根据公务员法和相关配套法规，自1990年始，逐步明确干部选拔任用的原则、方法、程序和相关要求，制定区科级空缺职位竞争上岗方案，规定全区机关空缺科级职位，原则上全部实行竞争上岗。1990—2010年，全区共有458人通过竞争上岗走上科级工作岗位。

图23-2 2006年，河西区召开实施公务员法工作会

（区人力资源和社会保障局提供）

四 干部任免

按照区干部任免工作的管理权限，做好职数管理、处级干部的职数申报、科级干部的职数审批和政府机关科级干部的考核任命工作。1987年，在100个单位进行行政职务评定。确定主任科员以下的共2575人，其中主任科员296人，副主任科员190人，科员1432人，办事员657人。1995年，确定主任科员以下的共1121人，其中主任科员354人，副主任科员263人，科员421人，办事员83人。2010年，主任科员以下的共1006人，其中主任科员305人，副主任科员256人，科员404人，办事员41人。

五 教育培训

1995—2010年，每年对公务员开展各类规范化培训和计算机、公文写作、政务礼仪等新知识培训，培训达28440人次。

1996—2010年河西区公务员教育培训情况表

表23-3　　单位：人

年份	培训内容	培训人数
1996年	科长任职培训、计算机培训	408
1997年	科长任职培训、计算机培训、公务员共修课培训、更新知识培训	854
1998年	初任培训、科级任职培训、计算机培训、更新知识培训	779
1999年	科级任职培训、更新知识培训	1398
2000年	科级任职培训、文秘写作培训、行政执法培训、英语培训	217
2001年	初任培训、科级任职培训、电子商务培训、WTO 知识培训	2444
2002年	初任培训、科级任职培训、电子商务培训	309
2003年	初任培训、科级任职培训、英语培训	185
2004年	初任培训、科级任职培训、电子商务培训、行政许可法培训、普通话培训	3478
2005年	初任培训、科级任职培训、政务礼仪培训、依法行政培训、计算机基础知识培训、电子政务培训	1856
2006年	初任培训、科级任职培训、政务礼仪培训、依法行政培训、MPA 公共管理知识培训、公务员法培训、廉政教育培训	7400
2007年	初任培训、依法行政培训	260
2008年	区情培训暨初任培训班、公文写作与处理知识培训	2295
2009年	公务员危机管理知识培训	2600
2010年	公务员初任培训、科长任职培训、依法行政培训	3236

第二节　干部调配

一　来源

1982年始，陆续接受安置军队转业干部。1983年，原“以工代干”人员转为正式干部。1987年，从社会上招聘干部。自1990年，大中专毕业生成为干部的主要来源。在集体所有制单位中，干部来源主要是“以工代干”转干，其次是统一分配的大中专毕业生。1982—2010年，共接收安置军转干部222人。1987—2010年，从社会上招聘1549名干部，大中专毕业生1036人。

二　调配

1991年8月，区内干部的录用、调入调出等调配工作纳入区人才交流服务中心，1992年，建立人才库。1993年，企事业单位的人事调配权下放，由基层自主决定干部调配。1994—2010年，调入3231人，调出1826人，共调配干部5057人，其中行政机关484人、事业单位3577人、国有企业996人。

第三节　事业单位人员管理

一　职称评定

1987年，开始评聘专业技术职务，由专业技术评审委员会评定。1992年始，评聘政工职称。1995年底，评出政工职称人员655人，其中高级92人、中级347人、初级216人；评定专业技术职称人员9805人，其中高级619人、中级4079人、初级5107人。2000年始，加强全区专业技术人员的综合管理工作，做好职称的申报、评审工作，引进高端专业技术人才。2003年，为212人申报、认定专业技术职称，其中高级37人，中级44人，初级131人。完成政工职称申报、评定和认定：高级13人，中级38人，初级36人，推荐享受国务院特贴专家人选1名。2009年，有13名申报高级政工师人选取得天津市高级政工师任职资格。2000—2010年，共审核办理专业技术人员职称证书2975人次，政工职称证书1159人(次)。

二　聘用招聘

2003年，在事业单位实行聘用合同制度。签订聘用合同，规范单位和工作人员的人事关系、法律关系，事业单位由固定用人向合同用人转变。面向高校毕业生为缺编事业单位公开招聘工作人员。2006年，制定《河西区事业单位招聘工作人员的实施意见》，作为事业单位招聘人员的依据。2007年，初步建立事业单位招聘人员题库，组织部分单位公开招聘笔试。至2010年，为45个事业单位招聘工作人员2000余人。

三　人才引进

1993年，人才合理流动的政策措施出台。1998年，设置流动调配科。1999年，在全市开通第一辆人才流动服务车，深入100多家企业，为企业提供便捷的人事人才服务。2002年，设置人才流动开发科。2004年，引进各类人才111人，其中博士生1名。2006年，引进各类专业技术人员127人。2008年，引进清华大学博士后4名。2009年，相继制定《河西区引进优秀紧缺专业技术人才待遇的意见(暂行)》《河西区引进优秀紧缺专业技术人才专家评审组人员组成办法及评审程序》《河西区享受引进优秀人才待遇的专业技术人员管理和考核办法》，形成引才用才政策体系。1994—2010年，共引进各类人才1622人。

四　人事代理

1993年，区人才交流服务中心开展人事代理服务，进行档案保存、保险代缴、企业人数关系接转等。1999年，人事代理单位202家。2000年，在18个街道居委会建立人才信息服务站，新增人事代理单位200家。2001年，扩大人事代理服务，与476家企业、8500多人建立人事代理关系。延伸人事服务领域，在全区各街道办事处挂牌成立“河西区人事服务工作站”。2002年，开展人才派遣业务。2003年，创新人事代理服务，做好招商引资工作，新增人事代理企业90家。2004年，由基础的档案、保险、录工退工，延伸到工商代理、人力资源策划多元化、全方位的人事代理，深入到1000余家企业，开展人事代理服务，新发展代理单位133家。2005—2009年，新发展代理单位689家。至2010年，发展到1508家，存档量3万余份。

图23-3　2009年，河西区召开金融机构人才服务座谈会(区人力资源和社会保障局提供)

图23-4　2007年，政工专业人员继续教育培训班开班仪式

(区人力资源和社会保障局提供)

五　继续教育培训

2003年，制定《河西区专业技术人员和管理人员继续教育规划》，在区人才交流服务中心设立专业技术人才培训窗口，举办人力资源培训班2期，参训人员百余人，为130余名非公有经济专业技术

人员和管理人员举办继续教育公共课程培训。2009—2010年，与天津市建筑设计院培训部、区职工大学、会计学校、卫生学校、统计局、教育中心等具有培训资质的单位联系，协调培训地点、题目、授课人等相关事宜，制定并在区政务网和人才网上公布区专业技术人员和管理人员继续教育计划。举办继续教育培训班3期，培训215人。

第四节 工资福利

一 工资制度

1985年，改革机关事业单位工资制度，实行由基础工资、职务工资和工龄工资构成的结构工资制。1993年，再次进行改革，机关除工勤以外实行职级工资制，由职务工资、级别工资、基础工资和工龄工资构成。2006年7月始，实施公务员工资制度和事业单位工作人员收入分配制度改革。公务员实施职级工资制，基本工资由原职务工资、级别工资、基础工资和工龄工资4项调整为职务工资和级别工资2项。事业单位实施岗位绩效工资制度，即由岗位工资、薪级工资、绩效工资和津贴补贴4部分构成，其中岗位工资、薪级工资为基本工资。

二 工资调整

1996—2010年，进行4次工资调整。

1996—2010年部分年份河西区工资调整情况表

表23-4

年份	工资类别	调资人数(人)	月人均增资(元)
1996年	调整职务工资	1660	10.00
	工资晋档	15340	27.50
1997年	调整机关、事业单位工资标准	15045	21.33
1998年	兑现政工系列职务工资	64	35.84
1999年	调整机关、事业单位工资标准	2499（机关） 11927（事业）	133.51 137.84
	正常晋升职务工资档次	12737	29.30
2001年	调整机关、事业单位工作人员工资标准	12092	118.20
	第二次调整机关、事业单位工作人员工资标准	15693	90.20
	正常晋升工资档次	14081	40.70
2003年	调整机关、事业单位工作人员工资标准	14875	60.50
	正常晋升职务工资	1903（机关） 10871（事业）	29.50 45.40
2005年	晋升职务工资	2014（机关） 10135（事业）	29.50 46.90
2006年	工资套改	2011（机关） 12152（事业）	399.21 344.09
2007年	事业单位绩效工资	—	1983.40
2008年	事业单位绩效工资	—	2101.10
2009年	义务教育工作人员绩效工资	4391 5120（退休）	589.00 555.00
2010年	正常晋升级别工资	591（机关） 10387（事业）	21.00 26.00

三　奖金补贴

1995—2010年，多次进行奖金补贴调整。

1995—2008年部分年份河西区奖金补贴调整情况表

表23-5

年份	工资类别	调资人数（人）	月人均增资（元）
1995年	职务（岗位）津贴	14479	52.74
1997年	职务（岗位）津贴	14973	53.94
2000年	提高工作目标管理奖标准	13849	61.33
2002年	年终一次性奖金	2363（机关）12504（事业）	1107.50
	一次性岗位责任奖金	12205	人均308.60
2003年	岗位责任奖金	2088（机关） 12492（事业）	55.00（机关） 51.00（事业）
	调整岗位责任奖金	14875	52.00
	年终一次性奖金	2104（机关）12341（事业）	1224.00
2004年	工作津贴	2201（机关） 12278（事业）	185.50 184.50
	年终一次性奖金	2168（机关）11991（事业）	1450.80
2005年	工作津贴	3000	17.65
	年终一次性奖金	2117（机关）11647（事业）	1573.70
2006年	年终一次性奖金	2011	1794.80
2007年	规范津补贴	2222	-
	年终一次性奖金	-	3736.00
2008年	第二步规范公务员补贴	2246	475.00
	年终一次性奖金	-	4295.60

四　福利待遇

休假制度　1985年始，凡连续工龄满5年以上的党政机关工作人员，不满30周岁的，每年休假10天；满30-50周岁的，每年休假15天；满51周岁以上的，每年休假20天。1992年，凡工作年限满5年以上的党政机关、人民团体和事业单位工作人员，工作年限满5年不满15年的，每年休假7天；工作年限满15年不满25年的，每年休假10天；工作年限满25年以上的每年休假14天。自2009年，机关事业单位工作年限满1年以上的工作人员，享受带薪年休假。工作人员工作年限满1年不满10年的每年休假5天；满10年不满20年的每年休假10天；满20年的每年休假15天。

体检制度　2001年，建立公务员定期体检制度。国家行政机关、党群机关及依照公务员制度管理人员（包括离退休人员），两年体检一次。自2009年，调整为一年一次。事业单位参照执行。

防暑降温补贴　每年夏季（6—9月）发放一次性防暑降温补贴，原标准为每人每月15元；1999年，调整为每人每月25元；2003年，调整为每人每月45元。自2008年，防暑降温月标准，按上年度全市职工月平均工资3%确定，离退休人员与在职人员同样享受防暑降温补贴。

集中供热采暖补贴　2000年，在每个采暖季发185元集中供热采暖补助费基础上，按月发放集中供热采暖补贴，标准为：副科级20元，科级30元，副处级45元，处级60元，副局级75元，局级90元。事业单位享受集中供热的职工，其补贴标准可由单位结合实际情况自行制定，但行政管理人员最高不超过上述对应标准，专业技术人员不超过以下标准：中级30元，副高级60元，正高级90元。自2004年，调整机关科级以上行政人员每月集中供热采暖补贴标准为：副科级25元，科级40元，副处级55

元，处级75元，副局级95元，局级115元。专业技术人员中级40元，副高级75元，正高级115元。

第二章　机构　编制

1989年，河西区成立编制委员会办公室。1994年，更名为区机构编制委员会办公室，与人事局合署，负责管理全区机构设置、人员编制工作。1996年、2001年、2010年进行三次机构改革。自2002年，制定《进一步严格控制党政机关、事业单位机构编制的意见》《河西区国家机关、事业单位机构编制管理暂行规定》，定职能、定机构、定编制，加强编制管理，形成精简、统一、高效的运行机制，为推进全区各项事业的发展提供组织保证。

第一节　机构改革

一　1996年机构改革

区委序列　区纪律检查委员会与区监察局合署办公，一个机构两块牌子；区委商业工作委员会与商业委员会合署办公；组建街道工作委员会，与街道委员会合署办公；台湾工作办公室（区政府台湾事务办公室）与区委统战部合署办公；党史资料征集委员会改为党史研究室，为事业单位。

政府序列　监察局不计入机构个数；机构编制委员会办公室与人事局合署办公；组建对外经济贸易委员会，与经济协作办公室合署办公；组建民族宗教事务办公室，与侨务办公室合署办公；爱国卫生运动委员会仍作为区政府议事协调机构，其办事机构挂靠在市容管理委员会。1999年1月，粮食局调整为粮食管理办公室。

二　2001年机构改革

区委序列　台湾工作办公室（政府台湾事务办公室）与统战部合署办公；档案局与档案馆合署办公，由区委管理；区委党校、党史研究室仍为区委直属事业单位；撤销街道工作委员会、商业工作委员会，其工作职能分别由区委有关部门承担。

政府序列　撤销经济委员会、商业委员会，组建经济贸易委员会；粮食管理办公室更名为粮食办公室，设在经济贸易委员会；在经济贸易委员会加挂个体私营经济办公室的牌子；设立安全生产监督管理局，与安全生产委员会办公室为一个机构两块牌子，设在经济贸易委员会。监察局不计入机构个数。经济协作办公室与对外经济贸易委员会合署办公，加挂区域经济服务办公室的牌子。人民防空办公室既是国防动员委员会办事机构，又是区政府职能部门，加挂民防办公室的牌子，地震办公室设在人民防空办公室。经济体制改革委员会更名为经济体制改革办公室，与政府研究室一个机构两块牌子。撤销街道委员会，在民政局加挂街道工作办公室牌子。组建信息化办公室，设在政府办公室。国有资产管理局并入财政局，加挂国有资产管理办公室牌子。市容环境管理委员会加挂爱国卫生运动委员会办公室的牌子。公安分局不计入机构个数。工商行政管理局、技术监督局调整为垂直管理机构。

1996年、2001年河西区党政机构改革调整情况表

表23-6

机构	1996年	2001年
区委	工作部门(6个)：办公室、研究室、组织部、宣传部、统战部、政法委员会(社会治安综合治理委员会办公室与其合署办公) 部门管理机构(3个)：老干部局由组织部管理；保密委员会办公室(保密局)由办公室管理；精神文明建设活动指导委员会办公室由宣传部管理 直属机构(1个)：档案办公室更名为档案局，与档案馆合署办公，为区委、区政府直属机构，由区委管理	工作部门(7个)：纪律检查委员会机关(监察局与其合署办公)、办公室、组织部、宣传部、统战部、政法委员会(社会治安综合治理委员会办公室与其合署办公)、研究室 部门管理机构(2个)：保密委员会办公室(保密局)由办公室管理。老干部局由组织部管理
政府	工作部门(36个)：办公室、研究室(区经济体制改革委员会)、计划委员会、经济委员会、城市建设委员会、商业委员会、科学技术委员会、计划生育委员会、体育运动委员会、市容管理委员会、法制办公室、侨务办公室、经济协作办公室、人民防空办公室、信访办公室(区委信访办公室)、人事局、劳动局、财政局、工商行政管理局、审计局、技术监督局、物价局、房地产管理局、园林管理局、环境卫生管理局、文化局、卫生局、民政局、司法局，公安河西分局、粮食局。教育委员会(教育局更名)；街道委员会(街道工作办公室更名)；统计局(统计办公室更名)；环境保护局(环境保护办公室更名)；市政工程管理局(城市建设管理局更名) 部门管理机构(2个)：组建国有资产管理局，规格为副处级，由财政局管理；组建地震办公室，规格为副处级，由人民防空办公室管理	工作部门(26个)：办公室、研究室、发展计划委员会(计划委员会更名)、建设管理委员会(城市建设委员会更名)、科学技术委员会、人口和计划生育委员会(计划生育委员会更名)、市容管理委员会、法制办公室、侨务办公室(民族宗教事务办公室合署办公)、经济协作办公室、人民防空办公室、信访办公室(区委信访办公室)、人事局、劳动和社会保障局、财政局、审计局、房地产管理局、文化局、卫生局、民政局、司法局、统计局、环境保护局、教育局(教育委员会更名)、体育局(体育运动委员会更名)、经济贸易委员会 部门管理机构(4个)：物价局由发展计划委员会管理；园林管理局、市政工程管理局由建设管理委员会管理；环境卫生管理局由市容管理委员会管理
街道	办事处(18个)：东海街、陈塘庄街、柳林街、刘庄街、挂甲寺街、下瓦房街、尖山街、东楼街、大营门街、桃园街、马场街、纪庄子街、友谊路街、天塔街、越秀路街、西南楼街、小海地街、黑牛城街 党工委设1个综合性办公室，街道办事处一般设置6—7个科室	办事处(12个)：东海街、陈塘庄街、柳林街、挂甲寺街、下瓦房街、尖山街、大营门街、桃园街、马场街、友谊路街、天塔街、越秀路街 党工委设办公室、组干科、宣传科，纪工委、武装部设置不变。工会、共青团、妇联按各自章程设置 办事处设办公室、社区工作科、城市管理科、文教卫生科、人口与计划生育办公室、社会治安综合治理办公室(司法科)、财务审计科
其他	区人大常委会机关设办公室、调研室、代表联络室3个处级综合办事机构 区政协机关设办公室、专门委员会办公室2个处级综合办事机构 区人民法院机关设15个职能部门。区人民检察院机关设14个职能部门。区工会机关设6个职能部门。共青团河西区委员会机关设6个职能部(室)。区妇女联合会机关设4个职能科室	区人大常委会机关设办公室、研究室、代表联络室、内务司法工作委员会、财政经济工作委员会、城市建设工作委员会、教育科学文化卫生工作委员会7个处级综合办事机构 区政协机关设办公室、专门委员会办公室、研究室3个处级综合办事机构 区人民法院机关设15个职能科室。区人民检察院机关设14个职能科室。区总工会机关设6个职能部室。共青团团河西区委员会机关设5个职能部(室)。区妇女联合会机关设4个职能科室

三 2010年机构改革

按精简、统一、效能的原则，对部分机构进行调整，对部门职责进行界定，明确和强化责任。

新组建8个工作机构：组建经济社会发展局，挂物价局、粮食办公室、服务业办公室的牌子。将发展计划委员会、物价局、经济贸易委员会工业经济管理的职责整合划入经济社会发展局。不再保留发展计划委员会、物价局、粮食办公室、经济贸易委员会。组建商贸旅游局，将原经济贸易委员会对内贸易管理的职

图23-5　2010年，河西区召开政府机构改革工作会议　（区机构编制委员会办公室提供）

责、对外经济贸易委员会对外贸易管理的职责、文化和旅游局旅游工作的职责整合划入商贸旅游局。不再保留对外经济贸易委员会、文化和旅游局。组建人力资源和社会保障局，挂公务员局牌子。将人事局的职责、劳动和社会保障局的职责整合划入人力资源和社会保障局。不再保留人事局、劳动和社会保障局。区机构编制委员会办公室改为独立设置，为区机构编制委员会的常设办事机构，区委和区政府的工作机构，列入区委工作机构序列。组建市容和园林管理委员会，将市容管理委员会、园林管理局的职责整合划入市容和园林管理委员会。不再保留市容管理委员会、园林管理局。组建文化局，挂新闻出版局、版权局牌子。将原文化和旅游局的文化工作的职责划入文化局。组建民营经济和中小企业发展促进局。组建投资促进局，挂区域经济服务办公室、外事办公室牌子。将经济协作办公室的职责、原对外经济贸易委员会招商工作的职责整合划入投资促进局。不再保留经济协作办公室。组建陈塘科技商务区管理委员会，为区政府派出机构。

调整8个工作机构：将民族宗教事务办公室由与侨务办公室合署办公改为区政府工作部门，挂侨务办公室牌子。将研究室的职责划入区政府办公室，在区政府办公室挂研究室牌子。不再保留研究室。将信息化办公室由设在区政府办公室改为在区政府办公室挂牌子。将地震办公室由设在人民防空办公室改为在人民防空办公室挂牌子。将金融服务办公室由区政府派出机构改为工作部门。将环境卫生管理局由原市容管理委员会管理改由市容和园林管理委员会管理。将市政工程管理局由建设管理委员会管理改由市容和园林管理委员会管理。行政许可服务中心挂行政审批管理办公室牌子，仍为区政府派出机构，由投资促进局管理。

四　改革后机构变化

1999年初，劳动局更名为劳动和社会保障局。2000年5月，街道管理体制进行改革，街道办事处由18个合并为12个。即：小海地街合并到陈塘庄街，东楼街合并到挂甲寺街，刘庄街合并到下瓦房街，黑牛城街合并到友谊路街，纪庄子街合并到天塔街，西南楼街合并到越秀路街。2001年初，组建政府防范和处理邪教问题办公室，为区委、区政府的常设机构，实行一个机构两块牌子，由区委办公室管理。

2004年2月，区文化局加挂区新闻出版局(版权局)牌子；6月，建立区行政许可服务中心(加挂区经济服务中心牌子)，为区政府派出机构，规格为正处级，由经济协作办公室管理；7月，将设在区经济贸易委员会的区安全生产监督管理局调整为区政府工作部门。2006年3月，区政协机关增设委员联络室，为区政协机关内设机构；8月，设立梅江街道办事处；10月，在原有国有资产管理办公室的基础上组建区国有资产监督管理委员会，为区政府工作部门。2007年1月，调整组建区城市管理综合执法局，规格为正处级，由区政府委托区市容委管理；3月，区科学技术委员会加挂区知识产权局牌子；8月，区人民政府法制办公室加挂区人民政府行政复议办公室牌子；10月，区文化局更名为区文化和旅游局，仍加挂区新闻出版局(版权局)牌子。2008年4月，设立区应急管理办公室，为各区县突发公共事件应急委员会常设办事机构，设在区政府办公室；组建区人民政府金融服务办公室，为区政府派出机构，规格为正处级。2009年4月，建立区委机要局和区国家密码管理局，为一个机构两块牌子，规格为副处级，归口区委办公室管理。

第二节　编制

一　精简比例

1996年，实施《天津市区县党政机构改革试点实施意见》，区级机关和街道的编制以1993年底市编委核定的编制名额为基数，按23%的比例精简。2001年，落实《天津市区县、街道、乡镇机构改革实施意见》的规定，全区党政群机关以1998年底市编委核定的行政编制名额为基数，按20%的比例精简；区法院、检察院、司法局机关专项行政编制，按10%的比例精简；街道机关行政编制以2000年街政体制改革前的编制为基数精简比例为15%。2010年，政府机构调整，在市规定的机构限额内进行，编制调整不突破核定的总额，领导职数严格按规定配备。

二　精简人数

1996年，区级机关和街道共核定行政编制1833名。2001年，共精简各项专项编制411名，其中区级机关和街道机关行政编制由1825名减为1460名，法院、检察院、司法机关专项编制42名，物价监督检查所专项行政编制4名。2010年，按天津市关于机构设置限额和编制定额的规定和要求，完善人员编制与财政预算相结合的机制，严把人员入口关。是年，区级机关和街道共核定行政编制1580名。

第三章　劳动管理

1980—2010年，河西区以市场需求为导向，以相关法制法规为依据，推进用工制度改革，打破统包统筹的劳动就业制度，实行劳动合同制，建立新型劳动用工制度，企业拥有用工自主权。开展多方面、多形式就业服务、职业技术培训、创业指导、返城知青安置工作。成立区劳动保障中心，开办职业介绍所和劳务市场。加强劳动争议仲裁与鉴定，开展劳动监察和法律政策咨询，落实各项劳动法律法规，维护劳动者合法权益。1993年，培训中心被评为全国重点培训中心。1996年，劳动监察科被评为全国职业安全卫生监察先进单位。1997年，区劳动争议委员会被评为全国先进劳动争议仲裁委员会。2001年，劳动监察科被评为市级劳动保障系统“三优”文明窗口、“十佳”文明执法部门和年度劳动监察目标责任制考核先进单位。2002年，区劳动局获全国劳动保障系统一等功集体称号。

第一节　劳动制度

一　用工制度

图23-6　2007年，公益性招聘会现场
（区地志办提供）

1980年，在政府统筹规划和指导下，由劳动部门介绍就业、自愿组织起来就业和自谋职业。1984年，改革用工制度，用工体制逐步向合同制、市场化转变。全民企业不再招收固定工，实行劳动合同制。国有企业自行组织招工，劳动部门办理手续。企业有权对违反厂规的职工给予处分，直至除名，不再报劳动部门审批。1988年，企业招工，除劳动局负责下达招工计划、审核招工简章、进行监督检查外，其他均由企业自行决定，基本形成“企业自主招工用人、个人平等竞争就业、劳动部门宏观调控、社会提供服务”的用工机制。1993年，实行企业用工自主权，在工资总额宏观调控下自主招工，不再到市劳动部门审批招工计划。1995年，实行全员劳动合同制，区有27万余人签订5~10年的劳动合同。1996年，建立与现代企业制度相适应的新型劳动用工制度，在全区范围内推行全员劳动合同制。2004年，落实国家劳动和社

会保障部颁布集体合同规定。2005—2010年，落实《天津市实施集体合同规定办法》，40余家用人单位签订集体合同，三年一签，劳动合同签订率为100%。

二 失业登记

自1994年，开始进行失业登记，失业人员登记后可领取失业保险金并享受有关优惠政策。至2010年，失业登记20余万人（次），发放失业保险金1000余万元。

三 工资福利

工资奖金 1984年8月，随着企业工资、奖金分配制度的改革，企业可在国家规定的工资总额的范围内，根据具体情况自定企业内部职工工资、奖金分配的具体形式和办法。1990年6月，执行市劳动局规定，企业职工年度和季度一次性奖金，与经常性奖金的考核办法挂钩，不搞人人等份。企业厂级领导干部全年收入适当提高，最高不得超过本企业职工年平均收入的50%。企业内部工资、奖金分配方案的制定和修改，必须经职工代表大会审查同意后方可执行。1991年10月，为在册并发薪的正式职工向上浮动一级工资并转入档案工资。至2008年，企业奖金发放不再受工资总额限制，不再经企业主管部门批准，由企业自行决定。

补贴 1992年，国营企业退休职工冬季取暖由原来每年每人32元调整为36元。1993年7月，离退休人员每月增加10元生活补贴。是年9月，在职及离退休职工每月增加5元水、电价格补贴。1995年，职工冬季取暖补贴由36元提高到90元。1996年，职工冬季取暖补贴由90元提高到135元。自2004年，职工冬季取暖补贴由135元提高到235元。

四 职工退休

1978年，按照国务院规定：全民所有制企业、事业单位和党政机关、群众团体的职工，符合四个条件之一者可以退休。即男年满60周岁，女工人年满50周岁，女干部年满55周岁，连续工龄满10年的；从事井下、高空、高温、特别繁重体力劳动者或其他有害身体健康的工作，男满55周岁，女工人年满45周岁，连续工龄10年的；男满50周岁，女年满45周岁，连续工龄10年，经劳动能力鉴定委员会确认完全丧失劳动能力的；因工致残，经劳动能力鉴定委员会确认完全丧失劳动能力的。1996年，落实《天津市城镇企业职工养老保险条例》。1997年，将职工连续工龄10年退休修改为累计缴费年（连续工龄与实际缴费年限之和）满15年退休。1993—2010年，办理职工退休12372人。

2005—2010年河西区退休、病退人数情况表

表23-7 单位：人

年份	退休人数	病退人数
2005	8700	1259
2006	7320	1411
2007	–	1473
2008	9754	2114
2009	8124	1236
2010	5049	228

五 劳动力市场

90年代初，区劳动局所属劳服公司河西区职业介绍所开设劳务市场，开展求职登记、职业介绍等业务。1992年12月，区劳务市场成立，实行就业招工、培训、劳动合同签证、失业保险、人员调配

一条龙服务。1993年3月28日始，实行每月8日、18日、28日的“逢八”劳务集市。逐步打破用工制度计划管理模式，将劳务用工推向市场。2000年，成立区劳动保障服务中心，继续开展职业介绍业务。1991—2010年，共接待求职人员10万余人次，7万余人次达成初步就业意向。

2010年河西区劳动力市场情况表

表23-8　　单位：人

名称	单位性质	服务项目	安置人员
职业介绍所	劳服企业	求职登记、职业介绍	2000年已关闭
平江劳动服务公司	服务型商贸企业	职业介绍	已倒闭
金茜劳动服务公司	服务型商贸企业	劳务派遣	1586
劳动保障中心	事业单位	职业介绍、用工登记、档案存放等	-
人才服务中心	事业单位	职业介绍、档案存放等	-
公共就业(人才)服务中心	事业单位	职业介绍、就业登记、档案存放等	1500

说明：2010年劳动保障中心和人才服务中心合并为公共就业(人才)服务中心

第二节　就业与培训

一　职工队伍

自1990年，随着经济和产业结构调整及多种所有制经济的发展，下岗人员总数15万人。全区职工队伍分布发生重大变化，国有企业职工人数下降，非公企业职工人数大幅上升；第一、二产业从业人员下降，第三产业从业人员大幅上升。一批高学历、高技能、高收入的青年人才成为外商投资企业、高科技民营企业和社会中介组织的中坚力量。企业职工学习新的劳动技能，调整知识和技能结构，外来人员提高知识和技能素质。

二　就业安置

就业帮扶　1990年，创办局属劳动服务企业平江商场，安置城镇失业人员21人。是年，创办平江劳动服务公司、金茜劳动服务公司，为局属服务型商贸企业，安置失业人员13人。由于市场、经营等方面的原因，平江商场、平江劳动服务公司停止，分流安置在册职工9人。1994年始，企业在竞争中优胜劣汰，相继出现停产、半停产企业，下岗职工和社会闲散人员逐年增加。劳动和社会保障部门利用市场机制，采取政策扶持等多种形式，扩大就业总量，消化失业存量，把失业率控制在3.8%以内。1994—2010年，通过发布用工信息、举办招聘会、开发公益岗位、举办创业培训等形式，为社会提供就业岗位30万个，介绍新生劳动力就业和安置下岗职工、失业人员29万人。至2010年，金茜劳动服务公司主要从事劳动派遣任务。

图23-7　2004年，河西区召开劳动保障工作暨再就业工作表彰大会
（区人力资源和社会保障局提供）

知青安置　70年代后，陆续放宽上山下乡知识青年及其子女返城的政策，区大部分知青返城，部分知青子女随之陆续返回。自1983年，知青科撤销后，知青工作转入工资科，主要办理向市局呈报知

青身份审核认定表、知青子女回津就读落户审批表的审核等业务。1990—2010年，共办理知青子女回津落户审批表3650件。

小额担保贷款 2003年，开始实施小额担保贷款工作，由市政府出资设立担保基金，委托担保机构承诺担保，由经办银行发放贷款，解决下岗失业人员在自主创业过程中自有资金不足的困难，初次申请小额担保贷款的额度为2万元。自2008年，贷款额度上浮到5万元，贷款期限为2年。

三 技能培训

1984年始，相继开设烹饪、幼教、电子计算机、电子、美发、音响师、调酒师等30个专业，培训学员10324名。1987年，新建占地1200平方米的区劳动就业培训中心，成立天和通讯公司等4个经济实体。1994年，区劳动局建立天津市商贸服务学校，开设商业经营、烹饪等专业，共有学员110名。1983—1995年，共培训11288人（次）。1993—2010年，共培训下岗失业人员3万余人（次）。依据政府部门和区属培训机构资源，对区属企业员工进行在职培训，培训企业职工1万余人次。利用区军地两用人才培训中心，对现役、退役士兵和随军家属进行电脑操作、驾驶、家政等技能培训，共培训1200余人。

第三节 劳动争议仲裁 鉴定

一 劳动争议仲裁

1986年，区劳动局设立劳动争议仲裁科。1988年，成立区劳动争议仲裁委员会，处理国有企业与职工间因除名、开除、辞退、履行劳动合同等发生的争议。1991年，调整区劳动争议仲裁委员会。1993年，工作范围不断扩大，除国有企业，集体、私营、个体等所有区内企业与职工的有关争议都要解决。区劳动争议仲裁委员会组建劳动争议仲裁庭。1995年，贯彻实施《中华人民共和国劳动法》，面对劳动争议仲裁案件逐年上升的实际，区仲裁委员会开始开庭审理劳动争议案件，仲裁工作一般采用先调解后仲裁办法。1998年，冯某被某厂开除决定一案，是区劳动争议仲裁委员会成立后处理的第一起劳动争议案件，经仲裁调解解决。是年5月，裁定某研究所员工张某被除名一案，经庭审调查和公开公正审理，裁定张某败诉，维持单位的处理决定。案件调解和裁决从1995年的31件和14件，到2010年上升到849件和296件。

1996—2010年河西区劳动争议仲裁案件受理情况表

表23-9　　单位：件

年份	案件调解	案件裁决
1996年	34	16
1997年	51	31
1998年	89	37
1999年	86	41
2000年	98	44
2001年	127	60
2002年	136	66
2003年	174	77
2004年	201	111
2005年	282	138
2006年	304	147

续表

年份	案件调解	案件裁决
2007年	316	137
2008年	982	462
2009年	997	529
2010年	849	296

二　劳动鉴定

劳动能力鉴定　1996年10月，职工工伤与职业病致残程度鉴定实施，由有关医院的专家组成区劳动能力鉴定委员会，负责对医疗期满时通过医学检查对伤残失能程度作出判定结论。1996—2010年，对5515人进行劳动能力鉴定。

工伤等级鉴定　1996—2002年，区劳动局职业安全卫生监察科负责组织全区的工伤等级鉴定工作。2004年，区劳动局成立医疗、工伤保险科。按照工伤保险条例，对全区的工伤等级鉴定，执行劳动力鉴定标准，依法为工伤职工维权。调整充实专家队伍，加强培训，指导工作人员正确使用国家标准，发挥鉴定委员会职能作用，加强相关法律法规的宣传，使企业和职工了解双方权利、义务及发生工伤后的相关待遇，减少社会不稳定因素。做好工伤预防及安全生产宣传工作，督促企业强化安全教育，减少工伤事故的发生。至2010年，对5436人进行工伤等级鉴定。

第四节　监察管理

一　执法监察

自1993年，区劳动局设立劳动监察科，开展辖区内用人单位执行劳动保障法律、法规、规章情况的监督检查，对辖区内职业中介机构进行工作指导、监督和检查，依法纠正和查处违法违规行为，受理劳动者的投诉、举报和事件的查处工作。

1997—2010年河西区开展劳动执法监察情况表

表23-10

年份	年份审查(家)	专项检查(次)	受理举报(件)
1997年	115	3	47
1998年	239	3	61
1999年	510	3	87
2000年	523	3	95
2001年	605	3	131
2002年	717	3	147
2003年	682	3	230
2004年	657	3	196
2005年	964	4	233
2006年	1210	4	261
2007年	1335	4	254
2008年	1644	4	282
2009年	1726	4	317
2010年	2047	4	306

二　权益保护

图23-8　2008年，河西区召开创建劳动关系和谐企业活动推动会
（区人力资源和社会保障局提供）

1997年始，劳动监察部门会同公安、工商、工会、妇联、人事、卫生、城建和企业主管部门，到各类用人单位，就贯彻劳动保障法律法规、维护农民工合法权益、落实女工和未成年工特殊劳动保护政策、禁止使用童工等情况进行监督检查，整顿劳动力市场秩序，打击违法用工行为，帮助用人单位完善用工管理制度，纠正和处理违法行为，维护劳动者合法权益，构建和谐劳动关系。2003年，开展辖区内用人单位拖欠职工和农民工工资的"维权清欠"行动，9天内为59名天津市职工和外地民工讨回用人单位拖欠工资33.72万元。2004年，按照市劳动保障部门统一部署，将拖欠克扣农民工工资、不依法签订劳动合同等作为维权重点，建立投诉绿色通道，公开举报电话，受理农民工举报投诉。用3天时间为40多名农民工追回拖欠工资10万多元。是年5月，对用人单位遵守劳动法律、法规情况进行执法检查，对不签订劳动合同、不缴纳社会保险、不支付加班工资的行为予以纠正。2008年，在接到7名农民工举报某一建筑工程公司拖欠66名民工30万元工资后，执法人员到工地调查核实，用人单位当场签下还款计划书，并在规定时间内补发工资。自2008年，拖欠农民工工资问题立案27件，查处用人单位19家，为400多名农民工追回工资700多万元。

三　劳动政策咨询

1995年始，开展劳动法、劳动合同法、劳动争议调解仲裁法、工伤保险条例等法律法规培训和政策咨询等活动200余场，向区属用人单位、劳动者和群众宣传法律法规，解读相关政策。加强信访接待与业务部门的协调配合，稳妥处理群众上访问题，进行信访接待1000余人次，办结率92%。2009年，组织全区13个街道的劳动保障服务中心，在辖区范围内，开展专题咨询服务，解答群众提出的涉及城乡居民基本养老保障、城乡居民基本医疗保险、社会保险补贴等方面的问题，为3510名群众进行答疑，其中为281人现场办理。组织辖区内用人单位进行现场招聘，为求职人员提供免费岗位援助。396家用人单位提供31040个就业岗位，求职人员达2670人，其中960人现场与用人单位达成用工意向。

第四章　社会保险

1985年始，河西区实行社会保险。1986年，建立城镇企业职工养老保险社会统筹制度。1995年，实行城镇企业职工失业保险制度。2001年，实行城镇职工医疗保险制度。2004年，启动工伤保险社会统筹制度。2005年，实行城镇职工生育保险。2007年，实行城镇居民基本医疗保险。至2010年，全区社会保险制度逐年健全，逐步形成社会保障体系。

第一节　养老保险

1986年，区、街劳动服务公司工作人员全部实行养老保险金统筹待遇。新型集体职工1453人参加养老保险。1987年，全区67个单位1509人缴纳社会养老金82.4万元。1993年，全民企业固定职工、集体所有制企业职工及合同制工人由所在企业按上一年本企业工资总额的18%缴纳基本养老保险费，职工按本人工资收入的2%缴纳基本养老保险费。是年，在3个公司开展养老保险工龄审定试点工作。1998年，落实市政府《关于进一步扩大城镇企业职工养老保险社会统筹覆盖面工作的通知》的要求，区劳动局配合市社会保险基金管理河西分中心扩大养老保险覆盖面，成立领导小组，确定扩面的重点和各自分工，共同推进扩大覆盖面工作。2000年，推进"全额缴拨"和养老金社会化发放工作，全区养老金社会化发放率达100%。自2008年，缴费比例逐步调整为企业按照职工个人缴费基数之和的20%缴纳，职工按照本人工资的8%缴纳。

1992—2010年河西区基本养老保险征缴情况表

表23-11

年份	征缴人数（万人）	征缴金额（万元）	支出（万元）
1992	23.65	8710.38	–
1993	22.40	4807.31	–
1994	23.09	24774.48	–
1995	24.01	31649.11	–
1996	25.59	37665.65	–
1997	23.16	39865.52	–
1998	21.75	17923.55	–
1999	22.57	49130.43	–
2000	19.73	49176.18	–
2001	10.63	46454.65	99821.21
2002	11.66	56432.22	105543.12
2003	12.55	61668.36	116811.55
2004	15.77	69173.95	126816.43
2005	15.72	82925.53	–
2006	15.43	90502.28	–
2007	15.98	103470.25	–
2008	4.36	27558.74	41584.54
2009	18.31	140265.03	237176.39
2010	18.31	140265.03	237176.39

第二节　失业保险

1995年10月，贯彻落实《天津市城镇企业职工失业保险条例》，将职工待业保险改为失业保险。是年10月，失业保险范围扩大到各类企业及其职工。自1998年，将职工失业保险基金缴纳比例由企业工资总额的1%调整为3%，由企业单方负担改为企业和职工个人共同负担。其中，企业缴费比例由1%调整为2%，职工个人缴费比例为1%，失业保险的最低缴费基数不得低于天津市规定的最低工资标准。自2001年5月，按《天津市失业保险条例》将城镇企事业单位全部纳入失业保险范围，对失业人员发放失业保险金。

2005—2010年河西区失业保险征缴情况表

表23-12

年份	征缴人数（万人）	征缴金额（万元）
2005	17.32	2533.20
2006	17.80	1168.36
2007	18.39	12767.16
2008	3.02	2225.16

续表

年份	征缴人数(万人)	征缴金额(万元)
2009	19.44	17322.03
2010	19.44	17322.03

第三节　医疗保险

2001年，建立城镇职工基本医疗保险。2002年，区医疗保险参保单位1426个，参保人数30.89万人，缴纳金额2089万元。2007年，实施城镇居民基本医疗保险制度。到2010年，基本医疗保险制度实现机关、各类用人单位职工、学生、儿童和非从业成年居民等各类人群的全覆盖。

一　城镇职工基本医疗保险

2001—2010年，落实《天津市城镇职工基本医疗保险规定》，基本医疗保险实行属地管理，保险费用由用人单位和职工共同负担；保险基金实行社会统筹和个人账户相结合，以收定支，收支平衡；保障范围为辖区内的国家机关、事业单位、社会团体、民办非企业单位、城镇企业的职工和退休人员。2010年，职工按照上年度月平均工资的2%，用人单位按照职工个人缴费基数之和的9%缴纳基本医疗保险费，按照职工个人缴费基数之和的1%缴纳门(急)诊大额医疗保险费，市财政按照不低于职工缴费基数之和的1%给予补贴。

图23-9　2007年，河西区实施城镇居民基本医疗保险培训班　（区人力资源和社会保障局提供）

二　城镇居民基本医疗保险

自2007年，实施《天津市城镇居民基本医疗保险暂行规定》，参保范围是学生、儿童和不属于城镇职工基本医疗保险制度覆盖范围的非从业城镇居民。参加城镇居民基本医疗保险的人员按规定缴纳基本医疗保险费，财政预算资金和相关公共资金同时给予补助。学生、儿童筹资标准为每人每年100元，个人缴纳60元，政府补助40元；非从业城镇成年居民筹资标准为每人每年560元，针对缴费对象的不同情况，由政府予以不同数额的补助。在一个年度内，学生、儿童发生的18万元以下的住院医疗费，其他城镇居民发生的10万元以下的住院医疗费按照不同比例予以报销。

2008—2010年河西区基本医疗保险征缴情况表

表23-13

年份	征缴人数(万人)	征缴金额(万元)	支出(万元)
2008	3.47	9455.00	7021.14
2009	22.00	67112.18	2405.95
2010	22.00	67112.18	2405.95

第四节　工伤保险

2004年，启动工伤保险社会统筹制度，将城乡各类企业及其职工纳入工伤保险制度覆盖范围。2005年，有雇工的个体工商户参加工伤保险。依照企业工伤发生频率的高低划分不同行业，按确定差别基准费率缴纳，一般在0.5%~20%之间。支付项目有工伤医疗费、康复性治疗费、辅助器具、配置费、生活护理费、一次性伤残补助金、一级至四级伤残职工的伤残津贴、丧葬补助金、供养亲属抚恤金、一次性工伤死亡补助金。职工办理工伤程序为：工伤认定、工伤伤残能力鉴定、工伤保险待遇。自2006年，将工伤保险覆盖范围扩大到事业单位、社会团体和民办非企业单位。

2004—2010年河西区工伤保险征缴情况表

表23-14

年份	征缴人数（万人）	征缴金额（万元）	支出（万元）
2004	10.60	1586.64	171.70
2005	14.08	1779.47	641.79
2006	17.56	2240.51	1230.60
2007	19.26	2919.00	1465.65
2008	3.70	897.89	2358.00
2009	20.83	3435.03	2354.16
2010	20.83	3435.03	2354.16

第五节　生育保险

2005年，全面实施城镇职工生育保险制度。用人单位按照职工个人上年度月平均工资之和的0.8%按月缴纳，并在税前列支，职工个人不缴纳。参险职工可享受产前检查费、生育津贴等免费待遇。

2005—2010年河西区生育保险征缴情况表

表23-15

年份	征缴人数（万人）	征缴金额（万元）	支出（万元）
2005	17.70	872.81	641.79
2006	17.70	2240.51	1230.60
2007	18.26	2919.00	1465.65
2008	3.02	897.89	2358.00
2009	18.73	3435.03	2354.16
2010	18.73	3435.03	2354.16

第二十四编
社会生活

1979—2010年，随着经济发展和社会进步，区内居民物质生活发生显著变化，人均收入和消费增加近10倍。衣、食、住、行等生活条件不断改善，从追求数量到注重质量，从满足基本需求到追求舒适美观，从大众化到个性化，科学的生活理念深入人心，渐成风尚。文化生活丰富多彩，从单一到多元，从家庭到社区，从普及到提高，追求休闲娱乐、健身养生的生活方式，居民幸福指数逐年提高。2008年1月，由新华社《瞭望东方周刊》主办、《今晚报》协办的天津最具幸福感城区推选活动中，河西区获幸福城市政府贡献奖、当选为天津最具幸福感城区。

21世纪，天津乐园和楼宇景观　　（区地志办提供）

第一章　收入　消费

自1979年，在引入市场经济、有计划的商品经济和建立完善市场经济体制的各个历史阶段，区内居民收入连年增长，消费水平逐年提高。居民收入和消费同比增幅近10倍，耐用品拥有量位居市内六区前列。2010年，居民抽样调查，家庭总收入26753元，总支出23865元。

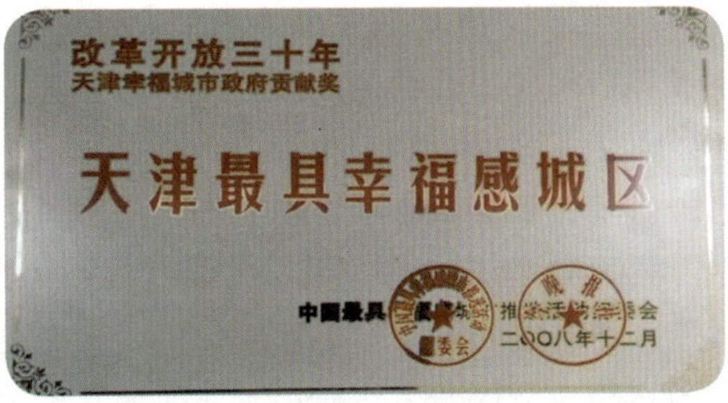

图24-1　2008年，河西区获天津市最具幸福感城区称号　　（区地志办提供）

第一节　收入

引入市场经济机制的改革阶段。1979年，职工平均工资549.42元。其中，卫生系统职工平均工资625.79元，高于全区职工平均工资76.37元。1984年，职工平均工资755.56元，比1979年增长37.52%。其中，全民所有制职工平均工资951.05元，集体所有制职工平均工资695.91元。

发展有计划商品经济阶段。中共十二大后，居民收入快速增长。1985年，职工平均工资972.5元，比1979年增长77%。1992年，职工平均工资2475.19元，比1985年增长2.5倍，比1979年增长3.5倍。全区城市住户年人均现金收入2250.36元。

建立社会主义市场经济体制阶段。中共十四大后，居民收入显著提高。1993年，职工平均工资2928.54元，同比增长18.32%。全区城市住户年人均现金收入2820.63元，同比增长25.34%。其中，实际收入2435.55元。2003年，全区单位从业人员人均劳动报酬15594元，全区居民人均可支配收入9614.99元。

完善社会主义市场经济阶段。中共十六大后，居民收入持续快速增长。2004年，全区单位从业人员人均劳动报酬17517元，同比增长12.33%。全区居民人均可支配收入10759.44元，同比增长11.9%。2010年，全区单位从业人员人均劳动报酬40192元，比2004年增长1.3倍。全区居民人均可支配收入24521元，比2004年增长1.3倍。

2010年居民抽样调查现金人均收入情况表

表24-1　　　　单位：元

项目	合计
一、家庭总收入	26753
其中：可支配收入	24521
（一）工资性收入	15905
1. 工资及补贴收入	15843
2. 其他劳动收入	62
（二）经营性收入	688
（三）财产性收入	300
（四）转移性收入	9860
其中：养老金或离退休金	8372
二、出售财务收入	7
三、借贷收入	8096

第二节　消费

1979年，社会商品零售额0.22亿元。其中，食品类零售额0.13亿元，占社会商品零售额的59.09%。1984年，社会商品零售额3.22亿元，比1979年增长13.6倍。其中，食品类零售额1.95亿元，占社会商品零售额的60.56%。

1985年，社会商品零售额3.66亿元，同比增长13.66%。其中，食品类零售额2.04亿元，占社会商品零售额的55.74%。1992年，全区城市住户年人均现金支出2200.03元。其中，消费性支出1813.86元。在消费性支出中，食品类支出1042.98元，恩格尔系数57.5%。

1993年，全区城市住户年人均现金支出2755.46元。其中，消费性支出2091.39元。在消费性支出中，食品类支出1174.23元，恩格尔系数56.15%。1996年，全区城市住户年人均现金支出6063.19元。其中，消费性支出4665.81元。在消费性支出中，食品类支出2462.81元，恩格尔系数为52.78%。2003年，全区城市住户年人均消费支出7711.79元。其中，食品类支出2925.5元，恩格尔系数37.94%。

2004年，全区城市住户年人均消费支出9295.95元，同比增长20.54%，其中食品类支出3289.7元，恩格尔系数35.39%。2010年，全区城市住户年人均消费支出17414元。其中，食品类支出5893元，恩格尔系数33.84%。是年末，每百户居民家庭拥有家用汽车16.9辆，比上年增加3.5辆；电脑92.9台，比上年增加8.7台；移动电话205.5部，比上年增加16.6部。

图24-2　2010年，家庭中的单反数码照相机
（区地志办提供）

图24-3　2008年，家庭中的钢琴
（张学锋摄）

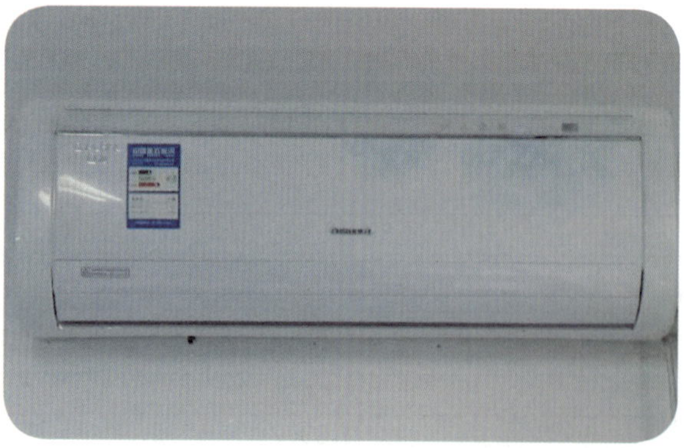

图24-4　2010年，家庭中的节能型空调
（区地志办提供）

图24-5　2009年，家庭中的电脑
（区地志办提供）

2010年居民抽样调查现金人均支出情况表

表24-2 单位：元

项目	合计
家庭总支出	23865
消费支出	17414
其中：服务性消费支出	5017
借贷支出	8308

2010年居民主要耐用消费品每百户拥有量情况表

表24-3

项目	单位	合计	项目	单位	合计
摩托车	辆	0.8	钢琴	架	2.8
助力车	辆	24.3	其他中高档乐器	件	2.4
家用汽车	辆	16.9	微波炉	台	96.9
洗衣机	台	99.2	空调器	台	145.5
电冰箱	台	105.5	淋浴热水器	台	100.0
彩色电视机	台	126.7	消毒碗柜	台	1.2
家用电脑	台	92.9	洗碗机	台	0.0
组合音响	套	23.5	健身器材	套	1.2
摄像机	架	13.3	固定电话	部	82.8
照相机	架	65.9	移动电话	部	205.5

第二章　衣食住行

1979—2010年，随着经济和社会发展，收入增加，居民的衣、食、住、行等从少到多，从劣到优，实现质的飞跃。着装样式呈现多样化、个性化和时尚化。饮食从粗到细、从限量到放开、从家庭制作到饭店消费。购物从副食店到超市、从小商店到大型购物中心和专卖市场、从吃饱到注重营养健康。住房从危陋平房到搬入新楼房、从三代同居一室到配套设施齐全的单元式套房，再到讲究装饰。家用电器升级换代频繁，代步工具从自行车、摩托车到私家车，选择多样，快捷方便。

第一节　服饰

一　服装

80年代初，区内居民着装款式老旧，色彩单调。女性多为素色便服或中性服装，男性多为蓝色、灰色中山装及军便服，以自制为主。自80年代中后期，着装理念发生很大变化，不只为御寒遮体，更注重漂亮时尚，服装样式颜色日新月异。进入21世纪，人们追求服饰美的观念更加开放，世界各大服装品牌深受青年人喜爱，中老年人逐渐讲究穿戴。唐装、西服、休闲装、运动装、时装等，成为不同场合的着装。除追求美观外，更注重舒适、健康、环保。

图24-6　80年代的夏季女式服装
（区地志办提供）

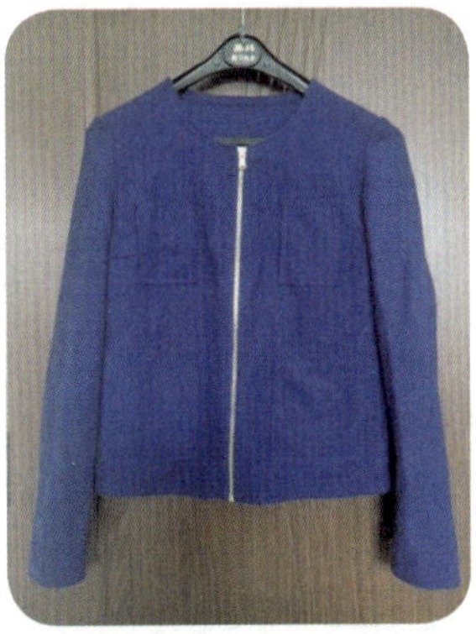

图24-7　90年代的秋季女式服装
（区地志办提供）

图24-8　70年代，家庭式缝纫机（张学锋摄）

图24-9　70—80年代，区内居民使用过的布票（区地志办提供）

二　鞋帽

鞋　70年代末，人们多穿布鞋、球鞋、解放鞋、塑料凉鞋等，上班族偶穿皮鞋。进入90年代，鞋的款式增多，各式平跟及高跟皮鞋、旅游鞋、休闲鞋、雪地鞋、皮暖靴等相继面市。21世纪，人们把鞋的样式、轻便、材质、质量视为首选，国内、国际名牌皮鞋、旅游鞋、运动鞋备受欢迎。

帽　70年代末，区内男性多戴解放帽。80年代，一度盛行戴鸭舌帽、荸荠帽。女性戴围巾、头巾。90年代，佩戴围巾、遮阳帽、毛线帽。21世纪，商场中的各种春秋帽、遮阳帽、礼帽、运动帽、真皮帽及知名品牌帽子一应俱全。

图24-10　1990年，老式球鞋　（区地志办提供）

图24-11　2010年，新型运动鞋　（区地志办提供）

图24-12　1986年，老式剪绒帽　（区地志办提供）

图24-13　2005年，新式休闲帽（区地志办提供）

第二节　饮食

一　购物场所

80年代前，居民购买农副产品，去公办的副食店，常常排队购买。80年代中期，市场日渐放开，大批农民携农副产品进区，各社区自发地形成大小不一的农贸批发摊群市场。到90年代，各街在空地和道路两侧建立一批棚亭农贸市场。自90年代中期至2010年，全面实施退路进厅。各街采用自办、联办等方式，加快封闭型农贸市场的建设。每个街有农贸市场3~4个，且实行规范化管理。随着大中小型超市的增多，居民购物环境大为改观。

二　食物

1979年，主副食匮乏，主食多为粗粮，饮食结构单调。自80年代中期，细粮已成主食，副食品增多。至90年代，购物渠道增加。居民饮食结构呈多样化，满足吃饱、吃好、讲营养的基本需求。

21世纪初，食用无公害、绿色有机食品是居民的首选，追求健康饮食和享受饮食文化。

粮食 80年代，居民须凭居民粮食供应证到粮店购买口粮。其中，杂粮为主，细粮为辅，也可支取粮票备用。职工在单位食堂吃饭，居民到饭店就餐、购买粮食制品，在付款的同时均需付相应粮票。少数缺粮者可以预借下个月供应的粮食。职工根据工种发放内部工种粮票。1993年，粮食价格放开，取消居民粮食定量，终止使用粮票及购粮证，粮食可自由购买。至90年代末，细粮占居民主食比例达90% 以上。进入21世纪，膳食讲求结构合理，各类杂粮开始受居民青睐，居民更注重食品的营养和保健，科学膳食。各种洋快餐获得青少年的偏爱。

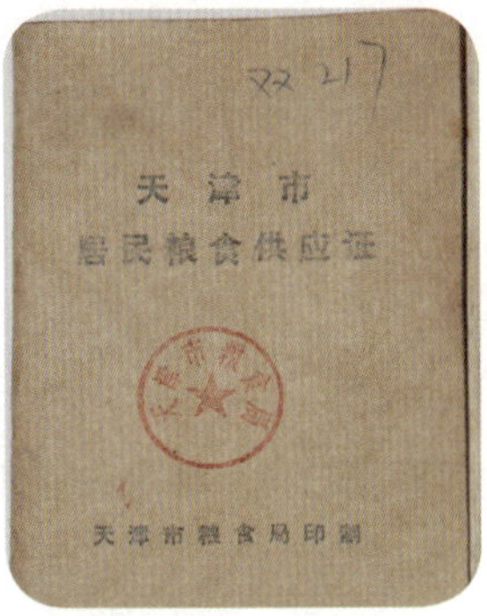

图24-14 70年代，区内居民曾用的"居民粮食供应证" （区地志办提供）

图24-15 80年代，区内居民曾使用的面粉票 （区地志办提供）

蔬菜 80年代初，区内实行蔬菜统购包销政策，品种少而单一。80年代中期至21世纪初，随着商品的大流通和蔬菜种植的大棚化，南菜北吃、夏菜冬吃。居民一年四季在农贸市场和超市均可买到各类蔬菜。吃蔬菜不只为摄取维生素，更注重食疗和养生保健，留意选择购买具有降血压、降血脂、减肥、防癌抗病作用的蔬菜和一些中药类的鲜菜。

肉食 禽蛋 70年代末，居民买肉、禽蛋（多为鸡蛋）凭肉票和副食本，每月限量供应。逢年过节适量增加供应。80年代，肉食、禽蛋价格放开。90年代，各类肉、蛋食品全部敞开供应，货源充足，随意选购。自21世纪，居民餐桌上菜肴丰盛，人们更加注重饮食多样化和科学化。

奶品 70年代末至80年代，由市奶品公司统一供应，有所限制。自90年代，奶品敞开供应。21世纪，各种品牌鲜奶、酸奶及奶制品充斥市场，销售量逐年增加。

水产品 70年代末，水产品匮乏，居民凭副食本，每人每月定量供应。80年代，水产品供应放开，仍不足。90年代，随着人工养殖的发展，水产品供应逐渐充足。自21世纪，国产、进口各类水产品繁多，满足居民对水产品的需求。

果品 80年代初，逢年节干果凭副食本供应，主要为花生和葵花籽。80年代末至90年代，天津市种植、外埠进区的种类和数量增加。自21世纪，由于保鲜设备的普及，人们随时可食用到产自世界各地的果品。

饮品 70年代末，优质白酒限量供应，果酒、啤酒及汽水品种有限。90年代，产自各地的各种饮料、酒类涌入，啤酒、葡萄酒销量增加。各种档次白酒、果酒、啤酒等满足不同层次人群需求。年轻人以可口可乐、雪碧、芬达等饮料取代传统汽水。自21世纪，国内和国外各种酒水充斥市场，成为居民常用饮品。友谊路酒吧街繁荣一时。

食油及其他 70年代至80年代初中期，食油和花生酱、红糖、白糖、碱面等副食品仍按计划限量供应。90年代初，食油及各类副食品敞开供应。自21世纪，市场上国产和进口食用油平分秋色，调味品及其他特色副食应有尽有。

图24-16　1966—1980年，居民使用的油票和麻酱票　（区地志办提供）

第三节　居住

一　老旧住房变迁

1976年，唐山大地震波及市区，全区的房屋有90%以上受到不同程度的损坏。对可修的进行加固，其余的拆除重建，先后兴建三义庄片、大营门片、下瓦房片几十万平方米的新楼房，临建棚随之拆除。

80年代初，危陋平房为235万平方米，约占全部住宅面积的三分之一以上，分布于10个街。其中，有建于1920年北洋工房为代表的“三级跳坑”式的危陋平房。有1949年前因水灾流落到南楼、谦德庄等地难民搭建的“窝铺”。所谓“窝铺”即：灾民用竹竿、秫秸和苇席等物盖起的半地下式简陋住所，夏秋蚊蝇肆虐，冬日寒风透骨。有50、60年代兴建的职工宿舍。人多房少，许多家庭老少三代同居一室，居民饱受夏天淹泡、冬天寒冷之苦。

到80年代末，通过旧区改造、新区建设，全区住宅总面积比地震前增加一倍以上。全区人口由1976年的42万人增加到60万人，人均住房面积由3.8平方米增加到7平方米。90年代初，在市区率先完成48片危陋房屋改造拆迁，建成16个新型居民小区，16万群众受益。自21世纪，随着住宅商品化和旧楼房综合整修，居民的住房条件大为改善。

北洋新里　原为北洋工房，是全市面积最大的“三级跳坑”危陋平房住宅区。始建于1920年，北洋纱厂为童工搭建的简易宿舍。到1985年初，共有居民476户，住房800多间。老百姓有句顺口溜：“砖头压油毡的房，篱笆灯的墙，三级跳坑的院，煤炉烤得慌，下雨就泡汤，大雨水上床，寒风吹透墙，

图24-17　1985年，改造前的北洋工房旧貌（区地志办提供）

图24-18　1986年，改造后的北洋新里新貌（李世明摄）

冬天透心凉”。改造前，居住1间房屋户占59%，2间房户占39%，3间房户只占2%。改造后，1室户仅占32%，2室及2室以上户占68%。由原来的户均15平方米，增加到户均24.6平方米，每户均增面积9.6平方米。

教师新村 前身为西南楼工人新村的一部分，河西区许多中小学教师在此居住。1987年，当年拆迁并建成，600多户搬入新居，并用住房奖励区里的“十佳教师”和“教师世家”。在小区内广种桃树和李子树，寓意“桃李满天下”。

图24-19 1988年，工人新村改造后的教师村
（李世明摄）

天津市市长李瑞环倡导，在西南楼16段27栋201号居民王梅村家装修出全市的第一个样板间。即：把厨房和过厅隔断墙拆除，改为一间多功能的住房，利用现有的空间，煤气灶、洗碗池置于壁橱内，做饭时是厨房，睡觉时是居室，吃饭时是饭厅，来人时是客厅，一室多用，增加房屋的使用功能。曾在部分新建住宅中推广。

棉纺四厂第一宿舍 前身为工厂建的职工平房宿舍。1987年5月，1100户居民搬迁。1989年底，8万余平方米的庭院式楼房竣工，3000多平方米的公建配套相继落成，居民搬入新居。

小二楼 将第一钢丝绳厂宿舍改造成联排单元式小二楼，每户由原来的平均1.6间房增加到2间房，户均建筑面积由原来的23.54平方米提高到38.15平方米，人均的居住面积由原来的3.12平方米提高到5.61平方米。每户有一个近5平方米的小院、3.3平方米的厨房、1平方米的厕所、3.3平方米的平台和两间12平方米的居室，并通上煤气和上下水道。相继改造建成小二楼的还有有机合成厂宿舍和造纸厂“五二新村”等。

南楼新居 原为窝铺。民国初年，境内裕元、北洋两大纱厂在厂区附近搭盖成片简易工房，作为童工及单身工人的宿舍，房间狭小、潮湿、简陋。20世纪初，河北省发生大水灾，大批灾民逃难到此处，搭起窝铺栖身。后集聚人口日益增多，窝铺逐渐变成土坯房和破旧砖房，成为穷苦劳动者密集的危陋住宅区。到1987年，南楼窝铺片共有居民426户，连同违章建筑在内，实有建筑面积7000多平方米，住房700多间。1989年，开始改造，部分楼房建成，居民回迁。

图24-20 1989年，在南楼窝铺原址建成的居民住宅
（区地志办提供）

安德公寓 原为近百年的谦德庄窝铺区，面积0.48平方千米，坑塘遍布。20世纪初，河北省遭遇水灾，大批难民进入区内。一名李姓商人以赈济灾民为名，在今广东路西侧盖土坯房200余间，出租

赢利。因房间窄小，被称为“李家小房子”。后一些房产主填坑平坟，在附近建成天祥里（即元兴里）、本部里、树德里等简易平房。1939年，河北省再遭洪灾，又有大批灾民逃难到津。在谦德庄义园前、元兴里、小河沿等地搭起窝铺栖身。人口密度和破旧程度闻名全市，最窄的胡同仅容一人通过，人去世后遗体抬不出去，只能靠人背出胡同。80年代初，天津拍摄一部反映危陋平房改造的电视剧《大雨小巷》，多数素材取自这里。最挤的院落，6间各八九平方米的小屋住着6户人家，共用几平方米的小院，人均居住面积不到2.5平方米。自80年代，对多片危陋房屋进行改造。1994年，以谦德庄为重点，实施大规模的危陋平房改造。1995—1996年，居民分期搬迁。在原地建成12万平方米的“安德公寓”，1636户居民乔迁新居。

旧楼房整修 自2003年，对区内250片、3732座旧楼区房整修改造，受益居民21.3万户、66.1万余人。

图24-21 1990年，在大营门建成全区第一座高层住宅 （区地志办提供）

图24-22 2001年，旧房拆迁建成的“广顺园”商品住宅 （区地志办提供）

二 商品住房

自21世纪，商品住宅开发全面兴起，通过批租、出让、置换、拆旧建新等形式，相继建成40余片住宅新区。由于居民收入不断提高和公积金制度的落实，贷款购置商品房形成趋势，住房条件大为改善。

三 住宅装修

自80年代，区内居民的住房以大白粉刷墙面。90年代，普遍用涂料刷浆。居民为美观开始用木料装饰门窗和室内墙面，厨房铺地砖和装吊柜，卫生间地面和墙面贴瓷砖，蹲便改坐便。装燃气或电热水器。进入21世纪，人们追求舒适的居住环境和享受现代化生活设施的意识更加强烈，装饰公司和个体装修队逐年增多。

图24-23 2008年，整体装修的厨房 （区地志办提供）

图24-24 装修后的卫生间 （区地志办提供）

装修风格按住户意图分为：简约式、中式、欧式、混搭式等。包工形式分为：全包、大包、半包不等。多数居民客厅装修增加吊顶、影视墙等，厨房装整体橱柜，卫生间分为干湿两个区域。在装修材料选择中，人们更加注重环保。

四 家居用品

电器 自70年代末，家庭耐用消费品仍实行凭票供应。1988年后，敞开供应。电视机（黑白）、洗衣机、电风扇、电冰箱、录音机等用品，成为人们新的追求。家庭耐用消费品升级换代速度加快。90年代，区内多数家庭彩色电视机取代黑白电视机，组合音响代替普通收录机。VCD、家庭影院进入百姓家庭。进入21世纪，电视机、电冰箱、洗衣机、吸尘器、空调机、家庭影院、组合音响、数码相机等家用设施趋于功能化和数字化。彩色电视屏幕变大，厚度变薄，功能增多。自1993年，在市区建成第一个有线电视台，居民家庭普遍安装有线电视接收系统，可收看几十个电视频道。全自动洗衣机取代普通洗衣机。双开门、三开门数控无氟节能环保型电冰箱，逐步取代单开门有氟电冰箱。具有冷暖双功能的空调机取代单纯制冷空调机。厨房用电器及各类理疗保健、运动健身器械等进入居民家庭，拥有高档耐用消费品成为新时期生活象征。

图24-25　80年代中后期，流行的组合音响　（区地志办提供）

图24-26　2010年，LED屏新式电视机　（区地志办提供）

家具　70年代末至80年代初，区内居民家庭家具数量少，款式单一，大件成品家具凭票证到家具厂或商场直接购买。多数居民还是自制家具，木材凭票供应。新婚家庭兴"36条腿"一套的家具，即床铺、立柜、五斗橱、床头柜、写字台、4把椅子。自1985年，木材等物资普遍放开供应。90年代，旧式家具逐渐被款式新颖的各类组合家具取代。折叠桌椅、组合沙发、茶几、电视柜等配套家具进入居民家中。自21世纪，居民结婚、乔迁新房或旧房装修后，多购买新家具。中式和西式家具种类繁多。

图24-27　1985年，老式衣柜　（刘婉婷摄）

图24-28　2006年，新式家具　（张学锋摄）

图24-29　2010年，中式古典家具　（郭枫摄）

照明　70年代末，区内居民室内多用明线接通电源，灯具多为白炽灯泡，还有节电灯管。因时常"拉闸限电"，蜡烛、油灯、电石灯（乙炔气灯）成救急光源。自80年代，普遍安装荧光灯。始兴吊灯、吸顶灯、壁灯、落地灯等照明。21世纪初，灯具趋向多样化、工艺化。实施绿色照明

天津市液化石油气

民用户

使用证

№ 0204383

天津市液化气集团有限公司

图24-30　1983年，液化石油气居民使用证　（区地志办提供）

工程，护眼灯、应急灯，高效节能灯和LED灯等照明灯开始普及。

燃气 80年代初，尖山地区部分楼房在市区率先安装天然气管道；居民使用罐装石油液化气逐年增多，区内有若干石油液化气供应站。1985年始，全区实施煤气化工程，10万户居民告别“煤炉子”用上天然气。加上已通气和使用液化气罐的，全区气化率达98%。至2010年，管道天然气全面普及。

第四节 出行

一 方式

80年代，居民在市区出行一般为步行、骑自行车或乘公共汽车。21世纪，增加私家车、出租车、地铁等交通工具。过经本区公交客运线123条，地铁1号线贯穿区境南北，设站9座，居民出行顺畅便捷。

二 车具

80年代末至90年代初，自行车敞开供应。始兴助力车、轻便摩托车。同期，自行车更新换代，轻便车、山地车、变速车、跑车等款式繁多，且微型小轮自行车风行。21世纪初，市区禁摩托车后，电动自行车迅速普及，逐年增多。

图24-31 1986年，“二八”型飞鸽牌自行车（崔伟国摄）

图24-32 2010年，家庭汽车（区地志办提供）

90年代，出租车由“黄色大发”车统一更换为“夏利”车，后升级为天蓝色一汽威志、丰田花冠等牌轿车。自2006年起，区内居民私家汽车拥有量增加。据抽样调查，2010年每百户家庭拥有生活用汽车17辆。

第五节 美容美发

一 美容

70年代末，区内女性居民鲜有护肤养颜意识。90年代，开始注重仪表、仪容，化妆兴盛，美容店应运而生，遍布大街小巷。青年女性美容化妆已成时尚。自21世纪，养颜护肤成为女性生活中的重要内容。一些中青年女性去美容院，或自我居家护肤美容。出国整容者也不乏其人。国内外知名品牌、美容护肤品畅销不衰。

二 美发

80年代初，中青年女性流行烫卷发。80年代末至90年代，理发店多更名为美发店，南方理发师纷纷到区内设店创业，多款新潮发型深受青年女性喜爱，中年妇女美发、染发日渐盛行。自21世纪，区内美容美发连锁店、形象设计室增多，追求国际流行发型和喜欢焗彩的女性日多，中老年人佩戴假发者增多，至2010年，美发消费逐年增高，每次达数百元至上千元，丰富了人们的生活和审美情趣。

第三章　娱乐休闲

1979—2010年，区内街道居民享用各种文化资源，在学习和生活中，有组织或自发形成娱乐团体，形成共性或个性爱好，涌现出一大批具有艺术特长的个人和家庭。居民在娱乐、休闲活动中陶冶情操。

第一节　艺术家庭

一　根雕之家

图24-33　1989年，卢德祥创作盆景艺术（下瓦房街道办事处提供）

下瓦房街的卢德祥家庭。卢德祥自幼受家庭熏陶，酷爱书法、诗文及传统工艺美术。曾先后师从梁崎、王麦秆、王亚维等名家，学习国画、油画、书法。在根雕、盆景艺术方面颇有造诣，其代表作品有根雕“情”“威”“十二生肖”、盆景“青山幻”“盼”“沙舟”“江山万里图”。自1982年，其根雕、盆景、书法、国画作品多次在国内外获金奖，中央和各地媒体多次报道，天津电视台将其部分根雕和盆景作品拍成专题系列片，天津杨柳青画社将其部分作品印成挂历和“十二生肖”明信片、画集在国内外发行。1991年，举办天津地区盆景精品选拔赛，在1044盆中选拔30件，卢德祥根雕作品“十二生肖图”“江山万里图”入选，在北京参加17个国家37个地区的国际展览中获得金牌，并被选为中国出席国际盆景会议的代表。曾4次应邀参加全国性盆景、根雕艺术讨论会，3次担任全国性评委工作，并应邀参加国际性的根雕、盆景艺术学术讨论会，多次发表论文。1984—2003年，参与市区多个项目美化、绿化方案的艺术设计，应邀担任张家界天门山主要景点的设计。

桃园街广顺园聚龙公寓的王家生家庭。2000年，退休后，到各地寻找可用树根，防裂、防虫、去皮、剔朽后，进行创作。2004年“中国龙”主题作品参加第三届中国国际民博会获优秀奖，被收入“中国民间艺术精品集”。2005年，作品“丰收”获全国老年书画艺术大赛银奖。2010年，庆祝达沃斯论坛在天津召开，盆景作品被选送展出。

二　朗诵之家

马场街的陈筱白家庭。自2009年初，在马场街市民学校义务教学朗诵的学员60余人。成立阳光朗诵艺术团，辅导老年人通过朗诵，学习普通话，吟诵古今经典名篇，赏析祖国的优秀传统文化。被评为“优秀教师”，被市文化局、老龄委评为津门百老文化之星。

三　书法、剪纸之家

挂甲寺街鹤望里的李克忠和刘淑俊家庭。李克忠，于1995年参加中国硬笔书法大赛并获奖。1998年，被区文化馆聘为硬笔书法老师。1999年，受聘在挂甲寺街市民学校任硬笔书法教师，由中国硬笔协会提名，参加全国代表大会，任理事。是年，“中国硬协”委托李克忠等人组成筹备小组，建立天津市硬笔书法协会，任副秘书长、评委委员，主要从事硬笔书法普及、提高及授课工作。常年到市民学校免费为学员们授课。10年来，教过的学员有十几批，并多次参加社区大型公益活动。

图24-34　2008年，挂甲寺杯剪纸擂台赛（挂甲寺街道办事处提供）

李克忠的爱人刘淑俊是一名剪纸爱好者。作品有花鸟鱼虫、人物、动物、神话传说等，其创作剪刻作品千余件。担任街市民学校剪纸班老师，带领社区居民开展剪纸活动。

四　越剧之家

尖山街的程秀云家庭。退休后加入到社区志愿者行列，于2001年组建尖山百花越剧团并任团长。剧团能演百余段清唱、几十个折子戏，曾排演大型古装越剧《红楼梦》。2004年，被街市民学校聘为越剧班教师。她拜名师，搜集教学资料编写教材，把自家作为排练场。2006年6月，在今晚报杯越友纪念越剧百年会演中，尖山百花越剧团及尖山市民学校越剧班，在谦祥益文苑演出新排大戏《红楼梦》精编版。全家都支持她演戏，大儿子梅花奖得主石晓亮教台步，二儿子买戏装，女儿替她做家务，使她全身心地施展才艺。获市级文明家庭和文明家庭标兵户称号。

五　舞蹈之家

天塔街环湖东里的傅根生和沈月霞家庭。夫妻二人退休后成为社区文艺活动的积极分子。沈月霞任街舞蹈协会的会长，自学自编自导舞蹈，组建舞蹈队，为社区居民演出。担任市民学校交谊舞、民族舞基础班的老师，每期学员45~60人。傅根生是沈月霞的第一个观众并兼任艺术指导，还负责修理道具、播放器等，共同营造家庭文艺氛围。

图24-35　1999年，天塔街舞蹈之家沈月霞的表演（天塔街道办事处提供）

东海街桂江里李芬兰家庭。1994年，牵头在小海地地区建立“海之美”模特队和交谊舞队、民族舞队，致力于创编排练适合中老年人活动的健身操、服饰表演、民族舞、交谊舞等。与丈夫共同设计、剪裁、制作演出服装。1997年，在市第四届中老年人交谊舞大赛上，获乙组三等奖。1999年，组织编排《中国大舞台》，2000年参加全国中老年广场舞蹈大赛获三等奖。是年，带队参加全国首届“鸿洋神”中老年广场舞蹈大赛获二等奖。1999—2004年，连续5年获得市中老年交谊舞大赛前三名。获市第十六届和平纳凉晚会交谊舞表演赛最佳表演奖、市老年时报“朋洋杯”舞蹈服饰竞赛和《建卫600年风采展示》优胜奖、市首届“九月红，晚霞美”中老年健身展示竞赛铜冠奖。2009年，获“意式风情杯”市第三届广场舞大赛最佳风采奖。

六　风筝之家

陈塘庄街的尹福生家庭。担任天津市风筝运动协会理事、街风筝运动协会会长、国家级社会体育指导员讲师。他自幼对中国风筝情有独钟，通过刻苦钻研熟练掌握着风筝制作中的扎、糊、画、放等工艺，继承发扬天津风筝的制作传统，逐步形成独特风格。2002—2009年，先后7次代表天津市参加澳大利亚国际风筝节，其制作的百米中国龙风筝被确定为历届澳大利亚国际风筝节的主会标，为中国争得荣誉。

七　剪报之家

柳林街龙天园的袁洪瑢家庭。先后剪辑《周总理的光辉一生》《纪念国庆60周年》《学习雷锋系列剪辑》《天津解放纪念日》《建设美丽天津》《践行社会主义核心价值观》《南水北调中线工程》等题材的资料。剪辑《海河娇子》《身边好人》《感动津城十佳消防卫士》《百姓英雄评选》《感动津门十大孝亲爱心学子评选》《天津道德模范事迹》《抗美援朝战斗英雄谱》《志愿军老兵新传》等共50余卷。2009年，获《今晚报》百佳优秀评报员称号，在《今晚报》和市集报协会共同举办主题剪报展作品中，入选参展。2010年，获天津市家庭档案示范户。

八　藏书之家

大营门街蚌埠道扬州里的李增耀家庭。全家四世同堂爱买书、爱读书、爱藏书，专门租房子存放，藏书上万册。

第二节　休闲

一　文玩饰品

文玩　90年代，区内文玩收藏爱好者逐年增多。主要有书画、瓷器、奇石、木雕、玉器等，以把玩、欣赏为主。爱好者常光顾沈阳道、鼓楼、文化街，偶到北京潘家园、十里河和河北省大城县“淘宝”。21世纪，形成一批不同类别的文玩收藏个人和群体，其中不乏一些“大玩家”。

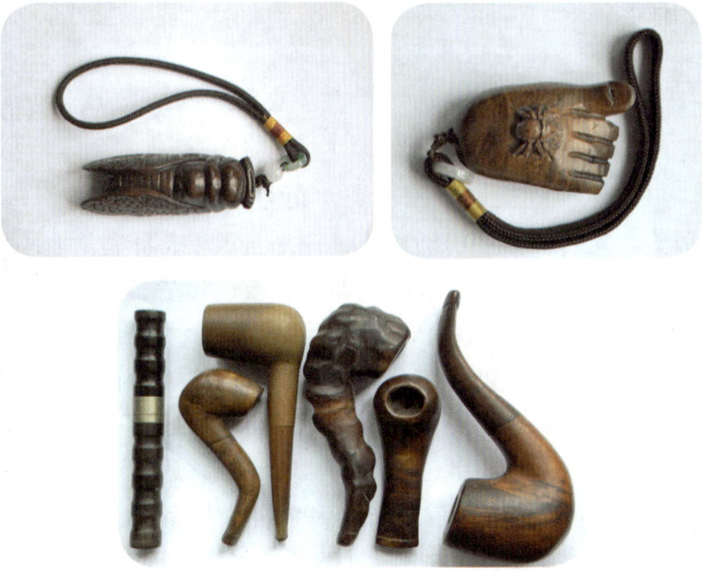

图24-36　2009年，木雕文玩　　（区地志办提供）

饰品　70年代末，区内居民多用家存首饰点缀自己。90年代，女性普遍佩戴饰品。每逢节日、婚典等喜庆之时，喜爱展示各种饰品，当中不乏仿品。进入21世纪，随着消费水平提高和文化品位的变化，佩纯金银饰品者减少，戴珍珠、钻石、玉石等首饰者增多，佩戴名贵材质饰品为身份的象征。

二　旅游

90年代，居民外出旅游渐多。集体出游的多为自己组团，家庭个人出游多为参加旅行社，少数家庭驾车出游。进入21世纪，随着收入增加和交通的发达，国内旅游成为常态，去国外和港澳台地区观光游渐成时尚。市内游以去蓟县山区农家院者居多。由于私家车发展迅猛，携全家开车外出旅游成为潮流，利用节假日外出旅游观光者日众。

三　网络

自21世纪，居民上网情趣日增。起初为台式电脑，内存逐渐加大，功能相应增加。智能手机的普及与移动网络的发展，手机的许多功能比电脑更方便快捷。主要用于查找资料，交流感情，了解时事，休闲娱乐，交友购物。上网群体青少年居多，不乏中老年人。区内一些青少年学生，痴迷网络游戏，移动网络带来的一些社会问题随之增多。

四　宠物与花卉

宠物　80年代，居民中有些爱好和赋闲者及空巢老人，成为豢养宠物的主体人群。所养宠物以猫、犬、鱼鸟居多。个别居民违规豢养大型犬，有时疏于看管，常引发社会矛盾。公安局明文禁养大型犬，适时收缴。自21世纪，宠物日渐多样。被主人抛弃的流浪狗、猫增多，养宠物引发的社会问题显现。

花卉　80年代，居民家中养花品种单一。自21世纪，花卉已成为家居的亮点。市场上国内外花卉种类增多，居民养花追求多样化和环保化。乔迁、各种纪念、慰问和节庆活动送鲜花已成时尚。

第四章　宗教活动

2010年底，区内有佛教、伊斯兰教、天主教、基督教等宗教。信教群众5万余人，其中佛教信众3万余人，伊斯兰教信众1.3万余人，天主教徒5000余人，基督教徒7000余人。有伊斯兰教协会宗教团体1个。

第一节　佛教

挂甲禅寺坐落于围堤道，距今已有1300多年历史。光绪十七年（1891年），四品直隶候补守备浙江人周尚达捐修大雄宝殿，即为后殿；光绪二十八年（1902年）重加修葺，并改建观音殿，为前殿。1943年、1945年相继扩建山门斋寮，最终成为符合规制的寺院。至1949年，由于变乱与战火，庙宇倾圮，日趋残毁，佛事一度消沉。1958年，遗留下前后两殿，改作挂甲寺文化站。1993年，区政协文化委员会提出《关于挂甲寺遗址的调查报告》，并以区政协提案提请区政府决策参考。社会各界呼请，区政府1994年决定重建挂甲寺，是年动迁。1995年初开工，1997年6月第一期工程完工。寺内建有天王殿、大雄宝殿、圆通殿、地藏殿、斋堂、寮房、客堂、流通处等。是年9月2日，举行大雄宝殿佛像开光庆典，社会各界及信众1500余人参加庆典法会。至2010年，有僧人15名、义工39人。禅寺常年对外开放，信奉者众。

图24-37　2008年，河西区挂甲禅寺
（区民族宗教侨务办公室提供）

第二节　伊斯兰教

一　河西清真寺

坐落于九江路84号。原名三义庄清真寺，始建于1922年，是一座具有阿拉伯风格的建筑群，占地面积640平方米，主体建筑为二层楼房，建筑面积964平方米，礼拜殿270平方米，可容纳200余人聚礼。由海内外知名的伊斯兰教学者、大阿訇王静斋于20年代初，从东南亚地区及国内各地穆斯林募化所建，是天津市最早的清真寺之一，后因年久失修和地震损坏。1987年6月前，为市第六便鞋厂使用。1988年重建。2007年，搬迁至绍兴道15号，占地面积2491平方米，建筑面积1862平方米。2008年3月，破土动工，10月落成使用。

图24-38　2008年，河西清真寺
（区民族宗教侨务办公室提供）

二　柳林清真寺

坐落于柳林路。为满足区境东部地区穆斯林群众的宗教生活需要，投资建设柳林清真寺，2004年7月开工，2005年4月完工，建筑面积975平方米。

第三节　天主教

一　纪庄子活动点

1996年1月批准登记，建立纪庄子分会活动点，坐落于纪庄子北里，建筑面积67平方米。

二　小海地昆仑里活动点

2007年10月批准登记，地点在小海地昆仑里，建筑面积62平方米，活动人数约60人。

第四节　基督教

一　小海地双山里聚会点

1996年10月批准登记，地点在小海地双山里，建筑面积53平方米，活动人数约50人。

二　小海地淞江里聚会点

1999年3月批准登记，坐落于小海地淞江里，建筑面积52平方米。活动人数约40人。

三　涉外活动点

自2003年7月，市宗教局对在津外国人宗教活动指定地点，区内外国人宗教活动点3处，供2000余人参加活动。

旅游管理干部学院活动点，坐落于紫金山路中国旅游管理干部学院内，是全市第一个基督教英语系外国人宗教活动临时指定地点，每周日在学院报告厅，约400人参加活动。

温泉宾馆韩国人基督教活动点，是韩国人基督教活动最早的活动点之一。2000年，由天津水晶宫大酒店迁至新围堤道温泉宾馆。宾馆国际会议厅为外国人宗教活动临时活动地点，约1000人参加活动。

世纪酒店韩国人基督教活动点，2005年2月由南开区红楼大酒店迁至黑牛城道世纪酒店，酒店会议厅为外国人宗教活动临时指定地点，约400人参加活动。

河西区志

第二十五编
人　物

传略（附名表）选录曾学习、工作、生活在区境的人物71人。历史上区境内居民多来自外埠，入志人物祖籍者少，客籍者多，尚有一些外国籍者。本着“生不立传”的原则，收录已故老红军、区级正职领导、烈士、教育、文艺、科学、卫生等人物43人，其中限内20人，为首部《河西区志》补遗23人；另附名表30人，其中限内16人，为首部《河西区志》补遗12人。

名表收录的先进模范人物有：全国劳动模范和先进工作者、国家部委先进个人、市劳动模范计217人（次）。

21世纪初，河西新貌　　　　（韩金波摄）

第一章　传略

本章收录曾在区内学习、工作和生活时间较长、知名度较高、对社会贡献较大的人物收入传略，分为限内和补遗人物，另附限内和补遗人物名录。所收录的部分人物资料和照片选自区委宣传部、区档案馆编纂的《天津市河西历史文化名人传略》一书。

第一节　限内人物

任秉钧（1910—2009）　字石斧。出身于书香门第。高中毕业，任小学美术教师。1947年，调到河北省立市女子中学（现海河中学）任教。受家庭的影响，任秉钧的弟弟妹妹以及儿孙20多人从事教师职业。1989年，区委、区政府特为任秉钧一家挂匾——“教师世家”。是年2月，李瑞环市长接见任老师一家。1990年，被评为第二届全国优秀教育世家。1994年，中央电视台《共和国之光》栏目组专题报道任老师一家四代从教的事迹。

任秉钧一家

任秉钧擅长书法绘画、金石篆刻，曾任中小学美术教学研究会负责人。1980年退休后，应聘于区教师进修学校讲授书法课，担任离退休干部、工人书艺学习会的书画辅导老师。2008年9月9日，海河中学为他举办百岁寿诞庆典活动，并编辑制作《任秉钧书画集》。2010年9月，在市青少年活动中心举办《任秉钧师生书法展》。

徐椵龄（1911—1998）　别名锡纯，号春、老春、春翁，斋号听雨轩，浙江绍兴人。曾就读于市觉民中学。1930年，考入河北法商学院。1934年，毕业后留校任书记员。他擅长书法篆刻，书法风格苍劲浑厚。60—70年代，与著名书法家王学仲创办市第一届书法研究会。1985年，被聘为市文史研究馆馆员。曾任中国书法协会会员、书协理事、区政协书画联谊会会长、市海河印社顾问、西泠印社社员、香港社会科学院名誉院士等职。曾居住区内小海地微山里。

徐椵龄

徐椵龄为书画同仁制印多方，著名书画家王学仲、溥佐、肖朗、赵松涛等都用他刻的印章。市长李瑞环出访日本时，将其制作的“中日两国人民世世代代友好下去”“中华人民共和国天津市文化展览会”等印章赠送给神户市市长。他特为著名红学家周汝昌赴美国参加“世界《红楼梦》研讨会”制印一枚，被联合国教科文组织收藏。为周汝昌作的《红楼梦》诗句配印数十方。由画家刘旦宅作画、周汝昌书法、徐椵龄篆刻共同制作的红楼梦人物画，在书画印三方面可谓珠联璧合。他治印转益多师，不拘一格，“意在先，刀在后；细心审，大胆奏”。其印以大篆为主，钟鼎亦常有之。其白文印，宗法浙派的方折峭拔，又融会皖宗的婉转、刚健、婀娜，可谓兼而有之。其朱文印，不走纤细婉转一路，多取古封泥余韵，不断创新，韵味无穷。

庞志民（1913—1998）　曾用名庞昆祥，河北省安国县人。1920年—1938年，在河北省安国县上小学务农。1938年，加入中国共产党。任安国县中新村党支部书记、二区委组织部长。1939年—1945年，任安国县组织委员、区委书记、抗联主任，晋冀党校学习、津沽人民政府秘书。1945—1953年，

庞志民

任天津县五区、三区委书记，津武县宣传部长，专属税务局副局长，武清县税务局长，税务天津七分局局长。1954—1965年，任南开区人委副区长、区长、书记处书记。1965年—1971年，任红桥区人委区长、副书记，区干校副校长。1971—1978年，任天津红光农场党委书记、津农学院、动植物检疫所所长。1978—1983年，任河西区委副书记、革委副主任、区人大常委会主任。1983年，离休。

骆玉笙（1914—2002） 女，艺名小彩舞，幼年即登台卖艺。1936年到津，以其甜美的嗓音、宽阔的音域、醇厚的韵味唱响津门，被誉为“金嗓鼓王”。1949年后，先后担任市人民广播电台说唱团副团长、市曲艺团副团长。1978—1997年，任第五、六、七、八届全国政协委员。1979年，加入中国共产党。1985年，当选为中国曲协主席（后任名誉主席）。曾任市文联副主席，获市特级劳动模范称号。1989年，以电视连续剧《四世同堂》主题曲《重整河山待后生》获“建国40周年最令人难忘的歌曲一等奖”。1989年，获首届中国金唱片奖。

骆玉笙

骆玉笙在80年的京韵大鼓艺术生涯中，研习继承前辈的艺术成就，博采众长，兼收并蓄，创立以字正腔圆、声音甜美、委婉抒情、韵味醇厚为特色的“骆派”京韵大鼓，达到这一曲种艺术高峰，并致力于京韵大鼓艺术的传承。《剑阁闻铃》是骆派京韵大鼓最具特色的代表作，50年来长盛不衰，并以此获得中国金唱片奖，60年代曾拍摄成电影。她还是一位优秀的曲艺改革家，《击鼓骂曹》为其代表作品之一。80年代，是她演唱的黄金时代，中国唱片总公司出版《骆玉笙京韵大鼓珍版典藏》激光唱片专辑。北京电视台的专题节目《金嗓歌王骆玉笙》制作成激光视盘。

马三立（1914—2003） 回族。原名马桂福，后改名马三立，“三立”源于《左传》：“君子有三立，立德、立功、立言。”祖籍甘肃省永昌县。1914年，生于北京艺人世家，15岁始步入艺人生涯。为生存、养家，在关东、平津一带跑码头，还数度南下，走遍大半个中国。1939年，正式登台演出。1941年，参加常宝堃等组织的“兄弟剧团”，兼演相声剧和反串京剧。1945年后，名声渐大，以文哏、贯口、评论等形式活跃在舞台上，并擅于加工笑料不多的“冷话”，通过巧妙再现，“变冷为热”，平中见奇，形成特有的幽默、灵俏、隽永深醇、轻松自然的艺术风格。

马三立

1952年，马三立参加赴朝慰问团文艺队并任副队长。回国后任市曲艺团副团长，市政协委员。1957年，被错化为右派分子。20年后，年届古稀的马三立与王凤山搭档，把《西江月》《文章会》《开粥厂》《卖挂票》等众多拿手绝活再度搬上舞台。编创表演一系列脍炙人口的单口小段《逗你玩》《家传秘方》《检查卫生》《八十一层楼》《追》等，融合传统相声讽刺、幽默的固有特点和特色，有着浓郁的市井气息。2001年12月，在市举办从艺八十周年告别演出。其代表著作有《马三立相声选》《艺海飘萍录》等。曾在区内解放南路科艺里居住。多次在河西区举办的文艺活动中演出。

伊斯雷尔·爱泼斯坦（1915—2005） 出生于波兰华沙。1920年，全家到天津，后搬到特一区（曾为德租界）的一栋公寓。他在津生活达20年。6岁时，进入设在马场道的一所美国人办的小学读书。1931年，从市英国文法学校毕业后，进入京津泰晤士报当记者。1934年，因撰写埃德加·斯诺著《远东前线》的书评，与斯诺相识。1935年“一二·九”运动爆发，他奔波于大街小巷，采访民众的抗日活动。天津市沦陷前后，他和同事们夜以继日

爱泼斯坦

地工作，以客观公正、朴实生动的文字，通过美国合众社在上海的总部向全世界报道所见所闻。他与斯诺一起帮助爱国者和革命者离开沦陷区到根据地去。为感谢爱泼斯坦对中国革命事业的贡献，1985年党和国家领导人邓小平、邓颖超特在人民大会堂为其祝七十寿辰。

王莘

王莘（1918—2007） 原名王莘耕，出生在江苏无锡荡口镇。1935年，在上海结识冼星海等人，从此走上革命音乐之路。1938年，奔赴延安，在鲁迅艺术学院跟随冼星海、吕骥、向隅等学习音乐。1942年，担任群众剧社的领导工作。1943年，加入中国共产党。在抗日战争和解放战争时期，创作歌曲《日头上山岗》《战斗生产》《选村长》《边区儿童团》《打击顽固分子》《永远跟着共产党》等数百首。1950年，创作歌曲《歌唱祖国》引起轰动。《人民日报》《人民文学》先后发表《歌唱祖国》的歌词，中央人民广播电台播放《歌唱祖国》大合唱，从此这首歌响彻全国。1952年，在抗美援朝的战场上，创作歌曲《中朝人民友谊之歌》《将军之歌》等。还为毛泽东主席诗词谱曲，为话剧《红岩》《钗头凤》写插曲。1954年，《歌唱祖国》获全国群众歌曲评选一等奖。1989年，获中国唱片总公司金唱片奖。1993年，入选华人音乐经典。《歌唱祖国》已经成为中国各种重大活动的礼仪曲。2008年，在北京第29届奥运会开幕式上，《歌唱祖国》为中华人民共和国国旗升旗仪式前演唱歌曲。

王莘先后担任市音乐团团长、市人民艺术剧院副院长、市歌舞剧院院长、中国音协常务理事、市音协主席、市文联副主席等职务。

王金鼎

王金鼎（1920—1997） 河北定州人。曾用名王平夫、王莫。参加“一二·九”抗日救亡运动。1938年，加入中国共产党。1941年8月，到天津从事地下活动。1942年，进市私立达仁学院读书。毕业以后在市工商学院任讲师、教授。以学习、教书为掩护，建立地下党组织，扩大党的外围组织。先后组织学生开展反对三青团、争取民主、“反内战、反饥饿、反迫害”等斗争。1948年，天津解放前夕，组织中纺七厂护厂队保护工厂，并开展对敌上层人物策反工作和争取国民党警察队伍归顺工作。

1949年，到河北女师学院，任教授、教务主任，负责接管工作。兼任学院党支部第一任书记。1950年，担任市委宣传部军事管制委员会文教部科长、主任秘书、直属机关总支书记兼市文教委员会副秘书长等职。1951—1952年，任津沽大学教授、教务长，并任党支部书记。1952年，任市院校调整委员会办公室主任。院校调整后，任南开大学教授、副教务长、党委书记兼市学校党委副书记等职。1956年，任市委文教部副部长。1960年，任部长、市委代理常委会成员。“文化大革命”中受到冲击。1973年始，先后出任天津师范学院党委书记、革命委员会主任，市革命委员会文教组组长、党委书记、市文教委主任、党组书记、市委文教部部长。1978年，任天津大学、南开大学分校领导小组副组长。

李虹

李虹（女）（1920—1999） 曾用名陈秀，山东省聊城市人。高中二年级肄业。1938年在山东聊城六专区政治部（中共鲁西特委办事机构）参加工作。1939年，加入中国共产党。1939—1945年，在鲁西区委党校学习后，历任妇救会长、县委委员、冀鲁豫区党委妇委委员等职。1945—1946年任中共濮阳市委委员。1946—1949年，历任中共济宁市委一区委组织部长、冀鲁豫七地委土改工作团团长。1949—1952年，任中国平原省委宣传部教育科夫科长。1952—1958年，历任中共中央华北局宣传部处长级干事、国营718厂（北京）筹备副主任、国营712厂（天津）副厂长、天津国营轻工业党委副书记、天津市委工业部办公室主任。1958—1965年，任天津市河北区委副书记。1965—1968年，任天津市化工局党委书记。1966年，"文化大革命"中受到冲击。1968—1969年，在化工局五七干校劳动。1971—1979年，历任天津市有机合成厂革委会主任、党总支书记；天津轻工业学院革委会副主任、党委常委。1979—1983年，任中共天津市河西区委副书记。1984—1986年，任河西区政协主席、党组书记。1986—1987年，任河西区政协常委。

罗坚忠（1920—2000） 四川省广元县观音村人。1938年，加入中国共产党。初中学历。1933—1942年，在红四方面军、红九军政治部、中央红军大学政治处宣传队，任副队长。在山西、西安、河南八路军办事处任联络副官。1943—1946年，在延安中共中央社会部行政处任管理生产队长、社会部做保卫工作。1947—1951年，在河北省平山县西柏坡中共中央社会部任资料保管室主任。在北京中共中央军委联络部联络处任科长。1952—1965年，转业到市，历任市染料厂党委副书记、市红十字会医院党总支书记、市罐头厂党委副书记。1966—1968年，任市河西区粮食局党委书记。1969—1980年，在区革委会政治部直政组、统战组任副组长。1981—1982年，区统战部任顾问、区政协常委。1983年1月离休。

王守西（1920—2003） 曾用名王德祯，河北省阜平县人。1937年8月，在阜平县柏崖乡参加青年抗日先锋队青救会。1939年，加入中国共产党。1938—1941年，在晋察冀军区军政学校青年队学习、任阜平县三区青救会主任、县青救会干事、晋察冀北岳区委党校学习、任本县青抗先总队部指导员。1942—1944年，任中共阜平县十区宣传委员、县委社会干事、五区副书记兼组织股长。1944—1949年，任晋察冀三专属公安办事处社会股长，冀晋行署公安局科员、晋察冀边区公安管理处科员、中共中央华北局社会部科员。1949—1950年，任市公安局副科长。1950—1954年，任中共市八区委员会宣传部长、九区委副书记。1954—1961年，任市国棉一厂党委书记、市委工业部处长。1961—1963年，任市经委副主任。1963年10月—1965年7月任区委副书记，1965年7月到职。1973年5月—1983年9月，任区委书记。1983—1986年，任区人大常委会主任。1987年12月离休。

王守西

张庄容（1921—1997） 女，福州人。1938—1940年，在北平辅仁大学数学系学习（肄业）。后在市达文中学任教。1949年后，到市圣功女中（今新华中学）任教。校名多次更迭，一直任数学教员。1978年，被评为市特级教师。1979年，加入中国共产党。任数学学科组长、兼任市数学学会理事、市中学数学教学研究会副理事长、市教育学会理事、市教研室数学研究员。在《天津数学杂志》等刊物发表论文20多篇。著有《中学代数复习指导》《初中几何自学纲要》等专著，参与编译《苏联高等院校数学试题集》。先后获全国和市三八红旗手、市教育系统先进工作者、市模范教师等称号。

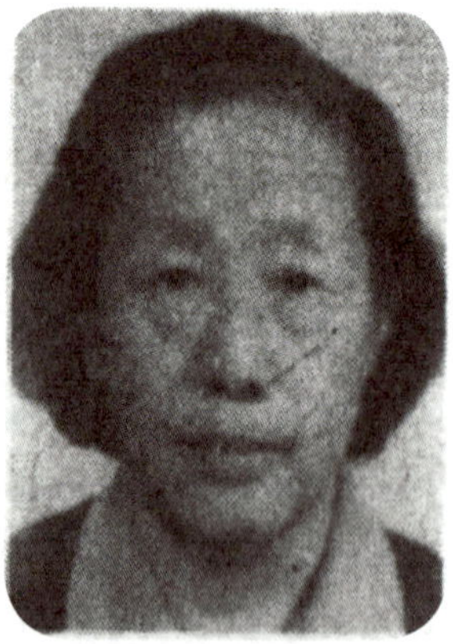
张庄容

王福重（1921—2004） 女，山东福山人，中共党员。1932年，市私立圣功小学读书。1940年，从圣功女中毕业，考入北平辅仁大学化学系。1946年毕业后，在市私立志达中学任化学教员，后回到母校市私立圣功女中任化学教员。1952年，圣功女中改为市师院女附中，先后担任理化生组教研组长、校工会主席。1954年，任教导副主任、主任。1956年，任副校长。1984年9月，调到市教育学院，后为市师范大学副教授。

王福重是市首批特级教师，编写的《如何使学生切实掌握化学基础知识》《化学教学参考资料》等书籍和文章。曾任全国第五、六、七、八届政协委员；市第五、六届政协常委。历任中国民主促进会中央委员会委员、中国民主促进会中央参议委员会委员、中国民主促进会市委员会副主任委员、市教育咨询委员会副主任、中国化学会理事、市化学会副理事长、市教育学会中学化学教学专业委员会理事长。获全国劳动模范、市劳动模范、市特等劳动模范等称号。

王福重

曹火星（1924—1999） 原名曹峙。河北省平山县岗南镇西岗南村人。1938年，参加平山县农民抗日救国会。1940年，在华北联大音乐系学习。1943年，加入中国共产党。创作歌曲《没有共产党就没有中国》。1945年8月，新华广播电台首次播音特选《没有共产党就没有中国》这首歌，引起毛泽东主席的关注。1950年，毛主席在歌词"中国"前加一个"新"，即《没有共产党就没有新中国》，这首歌广为传唱。

曹火星

1949年初，到市军管会文艺处音乐科工作，任市文工团副团长。1952—1966年，先后任市人民艺术剧院歌舞团团长、市人民歌舞剧院副院长、院长。创作《我们祖国到处是春天》等一批歌颂社会主义建设的歌曲。1958年，创作大型民族舞剧《石义砍柴》，在全国巡回演出200多场。1960年，排练演出大型芭蕾舞剧《西班牙女儿》。1961年，剧组到北京民族文化宫进行公演，刘少奇、周恩来、彭真等中央领导观看首场演出，并多次陪外国贵宾观看此剧。1962年，周恩来总理到天津市，在晚会上指挥大家唱《没有共产党就没有新中国》。曹火星在"文化大革命"中受到迫害。80年代，任市文化局局长，当选市舞蹈家协会与音乐家协会主席，多次带队出国访问演出。1984年，出版《火星歌曲选集》。1994年离休后，继续创作声乐作品百余首。为纪念新中国50华诞，谱写新曲《啊，我叫中国！》。2008年，河北省平山县西岗南村曹火星纪念馆落成。

小月珠（1924—1999） 女，原名李佩玉。11岁师从赵良玉学习评戏，艺名花小云。1937年，加入白玉霜剧团，将艺名改为小月珠。自1943年始，独立挑班，在市各戏院轮流演出。常演的剧目除继承白（玉霜）派外，还有白派以外的《大登殿》《王春娥》《对金瓶》《天雨花》《雷雨》等。1952年起，先后主演的曲目有《秋江》《李亚仙》《红梅记》《万福宝衣》《春香传》《沉香扇》《王昭君》《无监娘娘》《孟妃》《八女颂》《三代英雄》等。1956年，与他人合作组建联合评剧团。1958年，剧团归河西区政府领导，小月珠被任命为团长。她演唱于规范中见灵活，字清淳厚，情洽味醇，气口均匀，音随情至。在《三代英雄》（即《红灯记》），饰演李奶奶。1964年，该戏代表天津市参加河北省的现代戏会演。1980年，市评剧院特邀小月珠主演代表剧目《潇湘夜雨》，冠以"别树一帜的白派传人"，市电台录制有关剧目与唱段。

小月珠

印质明（1928—2008） 河北省香河人。1948年，考入市津沽大学，攻读工商管理专业。1950年，报考中央电影局表演艺术研究所（北京电影学院前身），毕业后进入北京电影演员剧团工作。先后拍摄《妇女代表》《神秘的旅伴》《虎穴追踪》《国庆十点钟》《铁道卫士》和大型话剧《红旗谱》《冬梅》《生活的浪花》《自有后来人》等。60年代末期，调入市人民艺术剧院从事话剧创作。70年代末，参与创作电影剧本《婚礼》并由北京电影制片厂搬上银幕。应邀参与《山乡风云》《戴手铐的旅客》《驼铃》拍摄。导演《大虎》《红三

印质明

角》《包公断奇案》等影视作品。曾担任过区政协第五至七届委员。

刘瑞生（1928—2009） 曾用名刘龙廷，河北省武安县（原属河南省）人。1942—1945年，任太行区磁武县公安局通讯员、太行区谦记货栈保管员。1946年5月，加入中国共产党。1945—1949年，任太行区五中干部训练班学员、武委会主任，中央团校学员。1949—1954年，任团中央干事。1954—1958年，任市河东区团委书记。1958—1960年，在北京人民大学马列主义基础系学习。1960—1966年，任河东区委宣传部副部长、曾在市工程机械厂搞“四清”工作，任“四清”办公室《四清通讯》负责人。1966—1968年，受到冲击。1968—1975年，任河东区革委会办事组副组长、中山门街党委书记、河东区委政治部副主任、革委会副主任。1975—1983年，任市民政局副局长、党组成员、副书记。1983—1989年，任区委书记，兼区政协主席、区政法委书记、区武装部第一政委。1990年12月30日离休。

刘瑞生

许鑫（1984—2010） 中共党员，大学本科学历。公安河西分局马场派出所民警，二级警司警衔。2002年9月，考入市公安警官职业学院。2005年8月，任马场派出所社区责任民警、办案队民警。2009年，与战友一起侦破各类案件50余起，抓获犯罪嫌疑人40余名，任派出所警区副警长。2010年2月24日，与战友们为武清区一名年仅1岁的重症患儿开辟出一条“绿色通道”挽救患儿生命，市局予以通报表扬，《每日新报》进行报道。在牺牲前4个小时，与战友一起帮助一名晕倒在马路上的朝鲜籍老人找到亲人。在抓获一名公安机关网上追逃的犯罪嫌疑人时受伤牺牲，被批准为烈士。

附：

1996—2010年限内人物名表

表25-1

姓名	生卒年月	简历
曾国珍	1905—?	南派魔术演员、天津市杂技团副团长
林崧	1905—1999	市一中心医院（曾坐落河西区境内）妇产科主任
张英元（女）	1907—2010	天津财经学院从教
袁家骝	1913—2003	天津工商学院附中（几经易名为实验中学）和天津工商大学求学
温宗祺	1914—1996	天津师范学院副院长、兼任党委书记，天津外国语学院院长、党委副书记
詹瑛	1916—1998	天津师范学院和天津师范大学从教
杨曾武	1916—2002	天津工商学院和天津财经学院从教
隆言泉	1919—2004	天津轻工业学院从教、院长
倪忠信	1920—	河西区下瓦房卫生院副院长、在河西医院从医、河西区政协委员
管桦	1922—2002	志达中学（几经易名为四十一中学）求学、北京市作家协会、文学艺术联合会主席
老云香	1922—2008	圣功女中（几经易名为新华中学）求学，在母校从教，河西区人大代表、政协委员
李世瑜	1922—2010	天津市文史研究馆、师范大学任职
吴健生	1923—1998	天津工商学院毕业，津沽大学从教
沙惟	1923—2005	天津人民艺术剧院导演、副院长
王玉磬	1923—2007	天津河北梆子剧团演员
陈兆雄	1930—1999	河北大学附属中学（几经易名为新华中学）校长、党支部书记，河西区教育局局长、党委书记

第二节　补遗人物

周馥

周馥(1837—1921)　字务山，号兰溪，原籍安徽建德县(今东至县)人。名门望族之后。清光绪七年(1881年)6月，任津海关道，兼北洋行营翼长。兴建水师、造轮船、铺铁路、开煤矿、架电报线路、造枪械弹药，创建集贤书院、博文书院、电报学堂、水师学堂、武备学堂等。清光绪十二年(1886年)，筹建博文书院(几经易名为海河中学)。“自捐三千两”以襄助之，延聘外籍教师授课，“招学生习洋文”，成为市第一所培养外语人才的学校。清光绪二十一年(1895年)，在博文书院旧址创办北洋西学学堂。先后易名为德华中学、大营门中学、河北省立女子中学、市立女一中、海河中学。

严复

严复(1854—1921)　14岁时考入福州船政学堂，为首届毕业生。后留学英国格林尼次海军大学，是中国最早到西方学习的知识分子之一。清光绪五年(1879年)，回国后在母校任教习。清光绪六年(1880年)，任北洋水师学堂总教习(教务长)。清光绪十五年(1889年)任会办(副校长)。清光绪十六年(1890年)，任总办(校长)。清光绪二十二年(1896年)，创办中国最早的官办俄文专科学校——市俄文馆，并任总办。1898年，新馆迁移到梁园门外(今河西区大营门一带)。清光绪十六年(1900年)，俄文馆因八国联军入侵天津市而停办。清光绪十七年(1901年)，德国在推广租界合同中明确指出，中国的俄文学堂“留归中国自用”。清光绪十九年(1903年)，并入北洋大学俄文专科班，专门培养翻译人才，学制四年。他提出教育救国、全面改革教育的主张，逐步形成其先进的教育思想，曾被梁启超誉为“于中学西学皆为我国第一流人物”。

桑志华

桑志华(中文名)(1876—1952)　本名 Emile Licent 黎桑，法国天主教耶稣会的神甫，任司铎。1914—1933年，考察河北、河南、山西、陕西、宁夏、甘肃、内蒙古和东北各省、西藏东部等地方。收藏20多万件自然标本，包括动物、植物、矿物、岩石、古生物化石，以及石器、陶器等民俗用品。动物的标本最多，约11万件，其中包括两栖类、爬行类、鱼类、软体动物和无脊椎动物。矿物和岩石标本千余件。有些海洋标本则取之于胶东半岛的附近海域。藏品中最珍贵的是甘肃省庆阳、山西省榆社、河北省泥河湾、内蒙古自治区撒拉乌苏河等地方采集的哺乳动物化石标本，在水沟洞、高家营子采集到的稀有石器。1922年，发现一颗“河套人牙”化石，这是在中国发现的第一颗古人类牙齿化石。采集后把标本进行分类制作，并聘请法国和俄罗斯专家来馆对藏品进行整理研究，开展学术研讨和出版工作。1922年，在工商学院内(现外国语大学校内)建造博物院办公楼。1925年，在办公楼西端建成陈列馆，为三层建筑。1928年5月，北疆博物院陈列馆向公众开放。1930年，在办公楼南增建新楼，南北二楼又以通道相连接，博物院遂形成完整的格局。他和德日进创建的北疆博物院是中国北方地区最早的自然博物馆，也是中国建立时间最早的博物馆之一。著有《中国东北的山区造林》《华北(黄河及北直隶湾其他支流流域)十年查探记》《桑干河草原旅行记》等，作为主要作者与他人合著《华北及蒙古人种学上的探险记》《北疆博物馆的鸟类及北疆博物馆收藏的树木标本》等。搜集图书1.7万余册以及大量的文物和民俗收藏品。1927年，被授予法兰西共和国“铁十字骑士勋章”、著名地质和考古学家、法国科学院院士。1938年，应召回国。

1952年，市政府接收北疆博物院，更名为市人民科学馆，馆藏标本达20万件。1957年，更名为市自然博物馆，是市文物保护单位。

邓庆澜

邓庆澜（1880—1960） 字澄波，天津市人，祖籍浙江绍兴。1905年，赴日留学期间，加入孙中山领导的同盟会。回国后，1907年任市县立师范讲习所所长。先后任市县教育学会会长、市县实业局局长等职。1928年，任天津特别市教育局长。1929年初，筹建市立师范学校，于1930年8月开学。是年，先后参加创办市立第一职业补习学校、市立图书馆、市立美书馆、市立民众教育馆。30年代，被收录于《中国人名辞典》，被誉为“北方教育三杰”之一。1945年10月，着手恢复市立师范学校。1946年9月，任校长，复校上课，迁校址至下瓦房。曾任私立渤海中学董事长、私立圣功女子中小学代理董事长等职。

1949年，任市立第一图书馆馆长。1954年，任市文史研究馆馆员、市政协委员等职。其教育思想：要发展教育，必须千方百计保障足够的教育经费；师范教育是教育事业的“工作母机”，是培养师资的基地，发展教育必须优先发展师范教育。他毕其一生创办普通教育、师范教育和社会教育。

德日进

德日进（中文名）（1881—1955） 本名泰亚尔·德·夏尔丹。先后攻读哲学、神学，后专门研究古生物学。在巴黎索邦大学攻读地质、植物和动物学科。1922年，获古生物学博士学位。1923年，耶稣会神甫桑志华率领古生物考察团到中国进行实地考察，他是成员之一。1923年6月，经北京奔鄂尔多斯，进行新生代地质和古生物研究，并发掘旧石器时代的遗物，尤其是找到“河套人”智人化石。在宁夏灵武县对水洞沟旧石器文化遗址进行挖掘。在北疆博物院任副院长。1923—1946年，先后多次来中国，对地层、古生物、区域地质进行研究。1924年，在河南、热河、察哈尔等地采集化石标本，并首次挖掘出日后被列为全国重点文物保护单位的泥河湾遗迹。与桑志华等人发表论文和著作，将当地哺乳动物化石种类称之为泥河湾动物群，引起世界关注。1926年，重返中国继续从事长达20余年的古生物化石考察研究工作。曾与中国政府合作绘制中国地图，参与对史前文明的研究，把精力放到艰苦的野外考察上。在北疆博物院对桑志华历年所采集的脊椎动物化石进行整理研究，发表有关中国的学术论文140余篇、17部著作。1929年，参加周口店“北京人”的发掘和研究工作。

1939年，大水灾使北疆博物院遭受淹泡。侵华日军对英法租界实施封锁，觊觎“北疆”的珍贵化石。“北疆”的代理院长罗学宾神父（Pierre Leroy）和德日进将尚待研究的重要化石、图书资料、仪器等转移到北平东交民巷。1940年，组建私立北平地质生物研究所。80年代，在整理“北疆”遗留档案时，发现十几页的移交标本清单，共有11775件，其中包括史前史学藏品5329件、脊椎动物化石5237件、现生哺乳类骨骼449件、地质岩矿760件。

德日进回法国后，于1950年当选法国科学院院士，是法国哲学家、神学家、古生物学家、地质学家、博物学家，又是探险家和旅行家。

罗尔夫·盖苓

罗尔夫·盖苓（1884—1952） 奥地利维也纳人。生长在一个“画玻璃画的绘画世家”。1903年，考入维也纳大学，学习建筑学和土木工程学。1907年，大学毕业后留校任教。1910年，获硕士学位。1915年，在俄罗斯被俘后被流放到西伯利亚。1920年，逃往中国。曾为北戴河海滨设计酒店、莲花山钟楼、咖啡屋、西山拱形桥以及市内交通设施。

1922年，来津工作，与家人在津生活30多年。并创办美术建筑事务所。其作品主要有：民园大楼、剑桥大楼、香港大楼、昆明路117号吴颂平公馆、睦南道74号的李勉之、李慎之公馆、花园路9号章瑞庭公馆、德国西门子公司大楼等著名建筑。1929—1934年，受市工商学院校方的邀请，任教土木工程系，讲授建筑设计、房屋建筑、建筑材料等课程。让学生到自己的事务所进行工程实践，培养一批优秀的建筑设计师。

雷振汉（1887—1938） 字舜笙，湖南省衡山县人。曾住今区内杭州道15号。1924年，担任马大夫纪念医院第一任华人院长。1934年，在自家宅邸开办雷大夫诊所。1930年，创办中华天津海大道基督教会，任执事长，开展基督教自立、自养、自传运动，成为天津市具有影响力的爱国宗教人士。他掩护过被追捕的爱国人士，带头参加抵制日货，支持纺织厂等民族企业。

雷振汉

其长子雷爱德（1912—1966） 汉口出生，在天津读书。1934年，考入北京协和医学院。1939年，到市马大夫纪念医院做见习医师。1942年，日本接管医院，主要收治日本伤员。他愤而辞职，重操父亲旧业，在杭州道故居开办雷大夫诊所。1949年后，创建市医学院医学摄影专业，培养一批医学摄影人才，发表多篇医学摄影作品和论文。拍摄彩色教学片《乳腺肿瘤切除术》和纪录片《心脏直视手术》，在国际学术会议上展示具有世界水平的新成就。1956年，为骨科专家方先之拍摄彩色立体教学片，成为中国首部彩色立体教学影片。制作一套4000张的临床学科“人体八大系统疾病”教学幻灯片。他成为中国医学摄影先驱和奠基人。

其次子雷爱光（1919—1966） 天津出生。1939年，齐鲁大学医学院学习。1946年，毕业后回到马大夫纪念医院任外科住院医师。1949年后，把继承父亲的杭州道15号楼房及自己住的楼房无偿捐献给政府，到沧州博施医院任院长。

裴百纳（中文名）（1889—1962） 本名A·Bernard。出生于法国里尔。耶稣会士，天主教神甫。法国里尔大学文学学士，哲学博士。1921年，来中国。1923年，到市工商学院任教，担任哲学、数学教授。1925年，任耶稣会市会长、市工商学院第二任校长。为工商学院发展筹集救济金，解决教育有关问题。聘请法国著名社会经济学者P·Dubois主持工商学院教务，聘请数名法国知名教授到华任教。先后与欧洲多所大学结成友好学校，把大量教材参考书赠送市工商学院。1931年，回国。1946年，再次回校任教。1948年，到北京从事歌剧创作至1950年返回法国。

裴百纳

金钺（1892—1972） 字浚宣，号屏庐，天津市人。先后居住在台北路2号、江苏路玉川居胡同5号。清末曾任民政部员外郎。幼承家学，喜好乡里文献，多方搜求、藏书、编书、刻书。编刻书籍主要分两大类：一是编刻自家先人诗文集《金氏家集》；二是乡里文献。王仁安《市政俗沿革记》是由其自费刻书。编刻的书有《金氏家集》《屏庐丛刻》（两函12册）《市诗人小集》《许学四种》《金刚愍忠表忠录》《江苏艺文志》等。还校订《市文钞》。编刻的乡人著述有王又朴《诗礼堂杂纂》、查为仁《莲坡诗话》、查礼《铜鼓书堂词话》、梅成栋《吟斋笔存》、杨光仪《耄学斋日卒语》、徐士銮《古泉丛考》等15种。编刻《王仁安集》4集。1918年，完成《戊午吟草》。1921年，完成《辛酉杂纂》《屏庐文稿》和《屏庐题画》。其中最能反映金钺学识、思想、人格、抱负的《辛酉杂纂》，包括《漫简》2卷、《屏庐臆说》1卷、《偶语百联》1卷，有读书笔

金钺

记、文学作品。擅画墨竹，清雅孤秀。曾在劝业场楼上题匾一块“毓文商行”。一生编刻市地方文献数十种。他是津门著名的收藏家。1952年，将收藏的“魏皇甫驎碑”连同其他珍贵收藏品捐献政府，获市文化局褒奖。

银达子

银达子（1895—1959） 原名王庆林。天津市人。1907年，在裁缝店学徒。后进入刘玉琦戏班学戏，拜老达子为师。因其嗓音柔润甘甜，犹如银铃清新悦耳，故取名银达子。20岁左右顶班唱戏，走红津门。他的演唱非常讲究吐字和发声，严格掌握尺寸板眼，演唱时有起有落、层次分明、情词并茂、疏密相间。学习小元红魏连升的演唱，借鉴京剧、京韵大鼓、太平歌词等各剧种艺术特点，兼收并蓄，逐渐形成个人风格。中年以后，则根据自己的嗓音特点，创造以铺叙为主，多用低音的“达子腔”，或称“银派”老生唱腔，以真假声并用，寓刚于柔，创出梆子唱腔的新流派。1914—1928年，除在市演出外，还去辛集、南宫、宝坻、霸县一带演出。1947年，在“中华茶园”搭班演出。主演河北梆子《四郎探母》《斩子》《战北原》《芦花计》《走雪山》《桑园会》《算粮》《三疑记》等。以《打金枝》的唱腔，流传较广。中华人民共和国成立后，参与筹建市戏曲学校，倡议组建共和班，定名为“复兴河北梆子剧团”。1953年，参与组建市河北梆子剧团。1958年10月，剧团由市属下放归河西区管理，团址在闽侯路20号，全团50余人。剧团恢复演出很多传统戏，并排练演出解放区带来的新剧目《兄妹开荒》《宝山参军》《夫妻识字》，以及一些新编历史剧《鱼腹山》《洪宣娇》《九件衣》等。曾任市河北梆子剧院副院长。病逝后，根据生前志愿被追认为中国共产党党员。

吴玉如

吴玉如（1898—1982） 名家琭，后以字行。出生于南京。1913年，入天津市南开学校就读。1936年，居住马场道老武官胡同（今马场道照耀里）。1945年，天津市工商学院任教。1947年，任国文系主任。1949年，在市津沽大学（前身市工商学院）国文系任教。“文化大革命”中，受到冲击。1979年后，在市图书馆和市文史研究馆工作。曾任市政协委员、中国书法家协会名誉理事、市文联委员、市文史研究馆馆员。中国书法界素有“南沈（沈尹默）北吴（吴玉如）”之誉。曾多次在国内和日本举办个人书法展。现有《吴玉如书法集》《迂叟魏书千字文》《迂叟自书诗稿》《吴玉如行书千字文》传世。2009年，出版《吴玉如诗文辑存》，共收录诗词遗作800余篇。在文学、文字学、声韵学、训诂学等方面有很深的造诣。

张弓

张弓（1899—1983） 笔名椠铭，江苏省灌云县人。1924年，毕业于武昌师范大学国文历史部。1949年后，历任河北师院文史系教授、河北北京师院中文系教授、中国科学院河北省分院语文研究所研究员、河北大学教授、全国政协第五届委员、高等学校文字改革学会顾问、中国语言学会理事、河北省语文学会会长、河北省社联副主席、中国修辞学会名誉会长等，是中国现代汉语修辞学奠基人之一。

在学术研究领域的贡献，主要体现在汉语修辞学、汉语教学与词汇研究方面。著有《中国修辞学》《现代汉语修辞学》《古汉语修辞学讲纲》等。1963年出版的《现代汉语修辞学》，成为当时修辞学教学与研究的重要参考书。在汉语教学及词汇研究方面著有：《现代汉语》《现代汉语教学大纲》《现代汉语同义词的几个问题》《现代汉语修辞手段对词法词义因素的变通作用》《现代汉语反义词探讨》等。他结合修辞研究的成果来研究词汇，在研究方法和研究角度上新颖独到。

陈亚华、陈亚南兄弟

陈亚华（1903—1976） 12岁拜金宝安学艺，开始魔术表演生涯。出师后随佛尔斯女子魔术团巡回演出，主演魔术，兼做教师和管理。其弟陈亚南（1908—1968）30年代在天津神州大天一魔术团拜师学艺。1936年，陈亚华、陈亚南、陈海荪三兄弟及挚友张学彬组建“市亚志旅行魔术团”。演出节目以西洋魔术为主。主演陈亚南把中国传统戏法中的手法技巧与西洋魔术道具巧妙结合，创演“背牌”“升牌”“苗子球”“顶针”“过棍”“砸表”“鸟笼子搬家”等手彩小魔术，以及大型魔术“老兵点将”“水晶箱”“大衣柜”“箱囊换人”等。陈亚华为陈亚南“量活”，托保严密，配合默契。他们把以丑角表演魔术，改为二人同样穿戴，庄重大方，用诙谐、幽默的语言贯穿节目全过程，形成自家风格。

1951年，陈亚华加入天津市曲艺团，参加第一届赴朝慰问团演出和赴西藏慰问解放军及藏族同胞的演出。1956年，调入市人民广播电台曲艺团。1958年，参加赴福建前线的慰问演出。1959年，调入市杂技团，任演员队长。1961年，加入中国共产党。曾两次为毛泽东、周恩来等党和国家领导人演出。1949年后，其弟陈亚南曾任市曲艺团副团长、市杂技团副团长。陈亚南在文化大革命期间遭受迫害，1968年5月逝世。

金显宅

金显宅（1904—1990） 朝鲜族。1919年3月前，在朝鲜汉城私立学校上小学、初中。因不满日本人的统治，全家移民中国，投奔兄长。1920年，考入上海沪江大学附中。1926年，考入北京协和医学院。1930年，加入中国籍。1931年，取得美国纽约州立法学医学院博士学位。1937年，赴美留学，学习肿瘤病理，进修肿瘤临床，尤以肿瘤外科和放射治疗为重点。1939年，访问英国、法国、比利时、德国、丹麦、瑞典、瑞士和意大利，考察各国的肿瘤医院或癌症中心的诊疗工作。是年，回到北平，任协和医学院外科副教授、肿瘤科主任。1942年，协和医院被日军征用，医院被迫关闭。他举家迁津，与同仁合资开办“恩光医院”，负责外科和肿瘤科的工作。1945年11月，赴美国芝加哥大学比林氏附属医院进修肿瘤外科，并兼任肿瘤研究所的研究员。1947年，回国后仍在恩光医院工作。

1951年，参加抗美援朝医疗队。1952年，在市人民医院创建中国第一个肿瘤科。组织一期肿瘤专业骨干培训班，请相关专家讲授骨肿瘤、中枢神经系统肿瘤、卵巢肿瘤、子宫肿瘤等学科。他指导学员整理笔记，并编成5个分册，定名为《肿瘤学讲义》。自1954年，受卫生部委托，在市人民医院开办第一届全国肿瘤医师进修班，“文化大革命”期间一度停办。至1990年，共开办23期，形成课本《肿瘤学讲义》。1963年，创办中国第一本肿瘤学杂志《市医药杂志肿瘤学期刊》，并任主编，后更名为《中国肿瘤临床》。1972年，任市肿瘤研究室主任。1977年，扩充为市肿瘤研究所，任副所长。1980年，任市人民医院院长和市肿瘤研究所所长。1972年，为91岁高龄的马寅初先生做癌症切除手术，马老百岁高龄辞世。自1931年，在国内外各种医学杂志中发表医学论文百余篇，其中用英文发表的有25篇，多次参加国际性学术会议。

1986年，市肿瘤医院在区境建成，金显宅为建设新院操劳多年。1988年，美国临床肿瘤学会吸收他为会员。1989年10月，在天津市召开的全国肿瘤医师进修班第二届学术交流会上，被誉为“中国肿瘤医学之父”。

方先之（1906—1968） 原名先知，浙江省诸暨县白门村人。1918年，考入浙江嘉兴秀州中学。1928年，考入北京协和医学院。1933年毕业后被留用。1937—1941年，先后担任总住院医师、副教授等职。其间曾于1938—1939年赴美国进修骨科学，获得医学博士学位。

方先之

1942年，与他人共同创办私立天和医院。1944年，参与创办的天津首家私立骨科医院，任院长。1949年后，骨科医院并入天津人民医院，被聘任为骨科主任。1950年，以手术清除病灶的骨关节结核病，获得首例成功，发明“骨关节结核病灶清除疗法”，第一次用手术彻底治疗骨关节结核，为世界医学的首创。1951年，参加天津市第一批抗美援朝医疗队。1953年，卫生部委托天津创办全国骨科高级医师进修班，成为中国第一个骨科培训基地。他主持的骨科进修班自1953年创办至1968年，共开办15期，近600人参加学习。著有《骨关节结核病灶清除疗法》《中西医结合治疗骨折》等专著。1957年，主持创办中国第一本骨科学术刊物《骨科进修班通讯》，1961年，改为《天津医药杂志骨科附刊》，至1981年定名为《中华骨科杂志》，成为一本医学骨科权威杂志，发行于海内外。方先之曾当选为全国人大代表、政协委员、全国先进工作者。

范权（1907—1989） 字慕柳，江苏省吴县（今苏州）人。1927年，被燕京大学授予理科学士学位。1931年，毕业于协和医学院，并获得韦氏奖学金。1931—1936年，在美国《试验生物医学学会会议录》和中国《中华医学杂志》《中华生理杂志》上发表论文8篇。1937年，赴美国哈佛大学医学院深造。1938年，出席美国儿科学会年会。1942年，开办私人诊所。1946年，受聘于市立传染病医院担任顾问，主持该院儿科工作。受马大夫纪念医院院长雷爱德之邀主持该院儿科，设立市第一个儿科病房，建立一套比较完整的儿科医护制度。1949年后，向黄敬市长提出建立儿童医院的设想。1951年，由市立妇婴医院改建的市立儿童医院开院，任首任院长。其“范氏输液法”在1957年苏联第七次儿童医学大会上作重点推介，被聘为苏联儿科学会名誉会员。研究并发布“口服补液疗法”。在国内外发表40余篇儿科学医学论文，被誉为“儿科圣手”“小儿范”“小儿王”。

范权

1960年，获全国劳动模范称号。历任市医科大学名誉教授，农工民主党中央常委和市委主任委员、全国人大代表、市人大常委会副主任、市政协副主席、国家科委医学专业组成员、卫生部医学科委会委员等职务。

朱星（1911—1982） 字星元，江苏宜兴人。在上海震旦大学、无锡国学专修学校学习。1933年，在上海美国教会所办的公撒格公学（Consaga College）中国学生部教国文。1933—1935年，在上海学习文法学。在市工商学院附中任职，并撰写附中校歌歌词。1939年，出版《星元诗集》。1946年，北洋大学任教。1949年后，到河北天津师范学院中文系任语言学教授，后任中文系副主任、教务长等职。1950年，加入中国共产党。1956年，河北天津师院中文系并入河北北京师范学院，任中文系语言学教授，后又任河北师范学院副院长。1980年，调市师范学院工作。

朱星

朱星先后担任市语文学会副理事长、市科学联合会社会科学部副主任委员、中国语言学会理事、中国音韵学会理事等职。研究范围涉及古今汉语语法、词汇、修辞、文字、音韵、训诂及普通语言学、语言学史，乃至通俗语文教育等各个方面。共有专著23种、译著1种、论文28篇。著有《周易经文考释》《新文体概论》《语言学概论》《河北方言概述》《汉语普通话小史》《中外语法比较》《汉语语法学的若干问题》《〈金瓶梅〉考证》等。出版的《古汉语概论》和主编的《古代汉语》成为大学文科学生和中学语文教师学习古代汉语的主要教材。

谢劲光（1913—1985） 1933年3月，加入红军四方面军九十一师廿七团三营九连，战士。1938年10月，是一二九师七七一团教导大队学员。1942年3月，任晋冀鲁豫冀南分区县大队政治教导员。1955年8月，到河北省公安十团学习。1960年3月，任市电瓷电器厂副厂长。1961年5月，任市刀剪厂副厂长。1976年5月，任区政府民政科副科长。1983年7月，离休。

韩俊卿（1915—1966） 女，出身于梨园世家。6岁学戏，10岁登台，12岁能兼演青衣、花旦、刀马旦、武生、彩旦等多种行当。1937年，银派创始人王庆林（银达子），收她为徒。根据自身条件，形成唱腔低回婉转，高音声高宽厚略带沙哑，中音浑厚甘甜，吐字清晰，表演细腻传神的戏路。专家同行将这一根据自身条件形成的定低调、唱腔低的艺术特色，称为"韩派"。

韩俊卿

1949年，韩俊卿主演的天津市移风剧社，与银达子的复兴剧社、梁蕊兰的益民剧社、张美华的民主剧社等剧社，号称"五杆大旗"。1952年，市文化局以复兴剧社为基础，抽调韩俊卿等主演，组成市实验秦腔剧团，参加第一届全国戏曲观摩演出大会。主演《秦香莲》，获演员一等奖，受到毛泽东主席、周恩来总理的接见。1953年，在她和银达子等倡议下，创建市河北梆子剧团，成为市第一家国营戏剧表演团体。1956年，获全国先进工作者称号。1958年，任市河北梆子剧院副院长兼小百花剧团团长。其主演的《柜中缘》由市电影制片厂拍摄成舞台戏剧片，发行全国。1959年，加入中国共产党。是年9月，率团参加国庆演出。1960年，被评为全国"三八"红旗手。1962年，移风河北梆子剧团归属河西区管理，并与区原戏曲训练队梆子班合并，为集体所有制演出团体。曾任第二至四届全国政协委员、中国戏剧家协会理事、剧协市分会副主席。擅长剧目有《秦香莲》《打金枝》《三上轿》《荒山泪》《孔雀东南飞》《窦娥冤》。1966年，受到冲击。1978年，市委为她平反。

丁至云（1919—1989） 女，原名学秋，别名学芳。祖籍武清县大王古庄镇丁辛庄。10余岁参加市渔阳国剧社，票演于平津等地。1942年，北平举办全国京剧票友大赛，她用赵学芳之名参赛，出演《女起解》《武家坡》，获得青衣组冠军。后自组"丁至云京剧团"。1944年，曾创办同芳慈幼院。1948年，在上海拜梅兰芳为师，并得到王少卿和魏方莲的指点。

1956年8月，市京剧团成立，丁至云任副团长。所演剧目有《玉堂春》《凤还巢》《太真外传》《奇双会》《西施》《生死恨》《宇宙锋》《四郎探母》《贵妃醉酒》《红鬃烈马》《霸王别姬》《宝莲灯》《穆桂英挂帅》等。晚年致力于书法。

丁至云

谭怀俭（1923—1980） 驻区北京军区空军高射炮兵第二师任副师长。北京市门头沟区人。1940年，参加八路军。1943年，加入中国共产党。历任战士、文书、政治指导员、副政治教导员、副科长、团参谋长、团长、师副参谋长、副师长等职。党内曾任支部书记、营党委书记、团党委委员、团党委副书记、师党委委员、师党委常委。先后参加西河营、大台、桑园等战斗。日本投降后，加入东北野战军第八纵队（后称中国人民解放军第四野战军第45军）。参加辽沈战役和平津战役，南下参加衡宝战役。随后进入广西剿匪，多次立战功。中华人民共和国成立后，转入空军部队，高级防空学校学习。毕业后到空军高射炮兵第二师第四团，任参谋长、团长、副师长。1967年，不顾体弱多病，主动请战，参加援越抗美战争。因病去世，被批准为烈士。

厉慧良

厉慧良（1923—1995） 满族。祖籍北京，生于江苏南通海门。1933年，学戏，在上海等地演出。集南北两派艺术精华于一身，成为京剧厉派武生的创始人。1949年后，先后到京、津、沪及山东等地演出。1956年，组建市京剧团，先后任副团长、团长兼主演。1956年，为到访的苏联最高苏维埃主席团主席伏罗希洛夫演出《野猪林》，受到毛泽东主席、周恩来总理等中央领导接见。50年代末，排演新编历史剧和新编近现代剧目，演出优秀传统剧目。

自1979年，厉慧良领衔中国京剧艺术家演出团多次赴香港演出，被称为“东方武王”。参加“东方雅韵—93南北京剧名家荣誉汇演”，于11月在人民大舞台演出压轴戏《艳阳楼》。1995年，应邀赴沪参加“菊坛精英闹元宵”大型京剧会演。

魏云峰（1927—1981） 中共党员，生前在市精神病院（坐落在区内）任保卫科科长。1981年6月，与刑满释放人员搏斗中牺牲。1985年3月，被批准为烈士。

附：

1916—1995年补遗人物名表

表25-2

姓名	生卒年月	简历
金韵梅（女）	1864—1934	北洋女医学堂（几经变更为驻区的天津医学高等专科学校）堂长兼总教习
李琴湘	1871—1947	筹建博文书院，创建北洋大学堂、德华中学、大营门中学，几经易名为海河中学
魏元泰	1872—1961	“风筝魏”创始人、工厂坐落在区境。风筝获巴拿马万国博览会奖章、国家非物质文化遗产
李建勋	1884—1976	毕业于北洋大学堂、天津师范学院副院长
曾昭德	1900—1981	从医，区政协第一届和第二届副主席
刘迺仁	1903—1975	天津工商学院院务长、津沽大学校长
张国藩	1905—1975	津沽大学校长
李宝震	1916—1993	天津工商大学毕业、从教，津沽大学副校长、天津财经学院财政系主任
沈湘	1921—1993	天津工商附属中学求学，实验中学立有其塑像
郭淑瑀（女）	1925—1984	郭沫若长女，在天津外国语学院从教
倪维德	1933—1995	天津交响乐团从事歌词创作
伯瑞尔	-	德美医院、创办人之一、副院长

第二章　名表

收录全国劳动模范和先进工作者、国家部委先进个人（享受省部级劳动模范待遇）、市劳动模范，国家和省部级先进集体。

第一节　全国劳动模范和先进工作者

收录全国劳动模范和先进工作者6人。

1999—2010年全国劳动模范和先进工作者名表

表25-3

年份	劳模类别	姓名	单位职务	备注
1999	全国劳动模范	孙汝泉	天津市河西区鸿起顺饭馆总经理	
	全国先进工作者	张金英(女)	天津统计职业中等专业学校教师	
2005	全国劳动模范	朱兆林(女)	天津市新华中学教师	
	全国劳动模范	温世存	天津市佟楼副食综合商场业务员	
2010	全国劳动模范	李辉忠	天津市桂发祥麻花饮食集团有限公司董事长、总经理	
	全国劳动模范	刘俊刚	友谊路街保洁队队长	

第二节　国家部委先进个人

收录国家部委先进个人28人(次)，均享受省部级劳动模范待遇。

1996—2010年国家部委先进个人名表

表25-4

年份	劳模类别	姓名	单位职务	备注
1996	全国五一劳动奖章	景志刚	河西区工商局大营门工商所所长	
	全国社会治安综合治理先进工作者	马纪文	中共河西区委政法委副书记	享受省部级劳模待遇
1997	全国商务系统劳动模范	王善伟	桂发祥麻花饮食集团有限公司副总经理	享受省部级劳模待遇
	全国五一劳动奖章	赵静荣(女)	南楼百货商场营业员	享受省部级劳模待遇
1998	全国五一劳动奖章	孙汝泉	天津市鸿起顺餐饮有限责任公司总经理	享受省部级劳模待遇
	全国五一劳动奖章	张金英(女)	天津统计职业中等专业学校教师	享受省部级劳模待遇
1999	天津市人民满意公务员	张炳素(女)	河西区商委主任	享受省部级劳模待遇
	全国建设系统劳动模范	王　晨	河西区房管局修缮一部副经理	享受省部级劳模待遇
2000	全国五一劳动奖章	朱兆林(女)	天津市新华中学教师	享受省部级劳模待遇
2002	全国五一劳动奖章	袁滨渤(女)	天津市第四十二中学教师	享受省部级劳模待遇
	全国机构编制系统先进工作者	叶树德	河西区人事局编委主任	部级劳模
	天津市优秀经营者	谭学增	天津英达集团有限公司董事长、总经理	享受省部级劳模待遇
	天津市优秀经营者	王贵文	天津四达石化产品经销有限公司总经理	享受省部级劳模待遇
	天津市优秀经营者	郝德利	河西区金三角海鲜美食城经理	享受省部级劳模待遇
	天津市优秀经营者	张建伟	河西区宴宾轩酒家经理	享受省部级劳模待遇
2003	全国档案系统先进工作者	韩宝安	天津市河西区档案局长、馆长	享受省部级劳模待遇
	全国建设系统先进工作者	李建敏(女)	河西区环卫四队体北分队队长	享受省部级劳模待遇
2004	全国模范教师	魏芙蓉(女)	天津市海河中学教务主任	享受省部级劳模待遇
2005	全国人事系统先进工作者	王惠敏(女)	天津市河西区编办主任、河西区人事局局长	享受省部级劳模待遇
	全国检察系统模范法官	王炳祥	天津市静海县人民检察院检察长	部级劳模。外区转入
2006	全国五一劳动奖章	王学成	天津市食为天快餐食品有限责任公司快餐店店长	享受省部级劳模待遇
	全国司法行政系统劳动模范	王丽萍(女)	巨川律师事务所主任	部级劳模
2008	全国五一劳动奖章	刘亚敏(女)	天津市河西区环卫局四队副队长	享受省部级劳模待遇
2009	全国模范教师	周　瑞(女)	天津师范大学第二附属小学教师	享受省部级劳模待遇
	全国模范教师	徐英杰	电子计算机职专实训处主任	享受省部级劳模待遇
	全国体育系统先进工作者	傅学军	天津市河西区体育局局长	享受省部级劳模待遇
	全国自强模范	曹芸秀(女)	-	享受省部级劳模待遇
2010	天津市最具影响力劳动模范	袁滨渤(女)	天津市第四十二中学副校长	享受省部级劳模待遇

第三节　市劳动模范

收录市劳动模范183人(次)。

1996—2010年市劳动模范名表

表25-5

年份	劳模类别	姓名	单位职务	备注
1996	天津市特等劳动模范	孙汝泉	天津鸿起顺饭庄经理	
	天津市特等劳动模范	孙丽华(女)	河西区环卫局清扫四队工人	
	天津市特等劳动模范	景志刚	河西区工商局大营门工商所所长	
	天津市劳动模范	王培德	天津市第四中学教师	
	天津市劳动模范	张　世(女)	佟楼副食综合商场党支部书记、经理	
1996	天津市劳动模范	吴　玲(女)	德盛食品商店经理	
	天津市劳动模范	宋玉璞	河西区马场街办事处主任	
	天津市劳动模范	赵静荣(女)	南楼百货商场营业员	
	天津市劳动模范	赵　宏	那美尼多包装装潢厂厂长	
	天津市劳动模范	樊青丽(女)	紫罗兰美容美发厅经理	
	天津市劳动模范	陆文祯	河西区房管局纪庄子房管站碎修组长	
	天津市劳动模范	曹揆菱(女)	天津市电子计算机职业中等专业学校教师	
	天津市劳动模范	黄艳芬(女)	河西区上海道小学教师	
	天津市劳动模范	张金英(女)	天津市统计职业中专教师	
	天津市劳动模范	刘桂云(女)	河西区妇产科医院总护士长	
	天津市劳动模范	佟丽丽(女)	佟楼百货商场售货员	
	天津市劳动模范	梅淑华(女)	河西区尖山街佳宾餐馆经理	
	天津市劳动模范	于德清	津美玻璃钢有限公司	外区转入，非当年河西区推选劳模
	天津市劳动模范	吴德贵	天津市第一房屋建筑工程公司八队队长	外区转入，非当年河西区推选劳模
1998	天津市特等劳动模范	孙汝泉	天津市鸿起顺餐饮有限责任公司总经理	
	天津市特等劳动模范	宋玉璞	天津市天马企业集团有限公司党委书记、董事长、总经理	
	天津市特等劳动模范	张金英(女)	天津统计职业中等专业学校教师	
	天津市特等劳动模范	景志刚	河西区工商行政管理局副局长	
	天津市劳动模范	樊青丽(女)	紫罗兰美容美发厅经理	
	天津市劳动模范	陆文祯	河西区房管局纪庄子房地产管理站碎修组长	
	天津市劳动模范	黄艳芬(女)	河西区上海道小学教师	
	天津市劳动模范	刘桂云(女)	河西区妇产科医院护士长	
	天津市劳动模范	佟丽丽(女)	佟楼百货商场售货员	
	天津市劳动模范	梅淑华(女)	河西区尖山街佳宾餐厅经理	
	天津市劳动模范	周宝仲	艺云工艺印刷材料经营部经理	
1998	天津市劳动模范	邢克敏	天津市第十三中学副校长	
	天津市劳动模范	温世存	佟楼副食综合商场柜组长	
	天津市劳动模范	徐立起	桂发祥麻花饮食集团公司饮食修配厂组长	
	天津市劳动模范	张　荣(女)	河西区环卫局环卫四队下瓦房分队队长	
	天津市劳动模范	刘惠文(女)	河西区园林局苗木管理所高级花卉工	
	天津市劳动模范	王培枝	河西区市政局排水四工段工人	
	天津市劳动模范	朱兆林(女)	天津市新华中学教师	
	天津市劳动模范	武国维	天津大维集团有限公司董事长	
2000	天津市特等劳动模范	孙汝泉	鸿起顺餐饮有限责任公司董事长、总经理	
	天津市特等劳动模范	朱兆林(女)	天津市新华中学教师	
	天津市劳动模范	王宝成	天津市华特旅游有限公司车队队长	
	天津市劳动模范	王培枝	河西区排水管理所工段长	

续表

年份	劳模类别	姓名	单位职务	备注
2000	天津市劳动模范	刘凤榕(女)	河西区人民法院副科级助理审判员	
	天津市劳动模范	孙世权	天津舒服特羽绒制品有限公司董事长、总经理	
	天津市劳动模范	邢和利	河西区福建路小学教师	
	天津市劳动模范	张　荣(女)	河西区环卫局环卫四队下瓦房分队队长	
	天津市劳动模范	李　嫦(女)	天津市海河中学教师	
	天津市劳动模范	李和芝(女)	河西区绿化工程队组长	
	天津市劳动模范	陈萍洪(女)	河西区西南楼房地产管理站房管员	
	天津市劳动模范	姜　桓	艺云工艺印刷材料经营部经理	
	天津市劳动模范	赵春香(女)	河西针织厂工人	
	天津市劳动模范	徐立起	桂发祥麻花饮食集团有限公司机械组组长	
	天津市劳动模范	徐正慧(女)	河西医院血液科副主任、主任医师	
	天津市劳动模范	殷　海	天津市理发器具厂总工程师	
	天津市劳动模范	袁滨渤(女)	天津市第四十二中学教师	
	天津市劳动模范	温世存	佟楼副食综合商场柜组长	
	天津市劳动模范	董长琴(女)	河西百货商场售货员	
	天津市劳动模范	范锡琴(女)	河西区马场街办事处计生办科长	
	天津市劳动模范	武国维	天津大维集团有限公司董事长	
	天津市劳动模范	王　彤(女)	河西区阿静菜馆经理	
	天津市劳动模范	牛玉嶺	天津市第一房屋建筑工程公司二队队长	外区转入，非当年河西区推选劳模
	天津市劳动模范	宋宝莉(女)	天津市东丽中学教师	外区转入，非当年河西区推选劳模
	天津市劳动模范	王春红(女)	天津市塘沽区塘沽二中教师	外区转入，非当年河西区推选劳模
2002	天津市特等劳动模范	孙汝泉	天津市鸿起顺餐饮有限责任公司董事长、总经理	
	天津市特等劳动模范	朱兆林(女)	天津市新华中学教师	
	天津市劳动模范	陈萍洪(女)	河西区房管局西南楼房管站房管员	
	天津市劳动模范	姜　桓	天津市艺云工艺印刷材料有限公司经理	
	天津市劳动模范	董长琴(女)	天津南楼集团河西百货商场有限公司科员	
	天津市劳动模范	王宝成	天津市山华运业有限公司总经理	
	天津市劳动模范	温世存	天津市佟楼副食综合商场柜组长	
	天津市劳动模范	袁滨渤(女)	天津市第四十二中学教师	
	天津市劳动模范	李　嫦(女)	天津市海河中学校长	
	天津市劳动模范	邢和利	河西区福建路小学教师	
	天津市劳动模范	徐正慧(女)	河西医院血液科副主任、主任医师	
	天津市劳动模范	李辉忠	桂发祥麻花饮食集团有限公司党委书记、董事长、总经理	
	天津市劳动模范	刘春鑫	天津市天马企业集团有限公司马场地区供热站站长	
	天津市劳动模范	周传勇	河西区排水管理所工段长	
	天津市劳动模范	李恩喜(女)	河西区环卫局三队珠江道分队队长	
	天津市劳动模范	姜德义	河西房地产开发有限公司总工程师	
	天津市劳动模范	张　维(女)	河西区审计局科长	
	天津市劳动模范	范　君(女)	金星金属柜厂厂长	
	天津市劳动模范	赵淑珍(女)	河西区体北百货商场柜组长	
	天津市劳动模范	王　梅(女)	公安河西分局政治处主任	公安系统，有时代管，有时不代管
	天津市劳动模范	孙传华	天津市第一房屋建筑工程公司副经理	外区转入，非当年河西区推选劳模
	天津市劳动模范	毕　霞(女)	中共红桥区委宣传部	外区转入
	天津市劳动模范	王天举	天津张盈律师事务所	外区转入
	天津市劳动模范	陈　涛	天津方正园林建设监理中心	外区转入

续表

年份	劳模类别	姓名	单位职务	备注
2004	天津市劳动模范	齐　薇(女)	天津市河西区上海道小学教师	
	天津市劳动模范	安　媛(女)	天津市实验中学教师	
	天津市劳动模范	杜　晖(女)	天津市河西区中心小学校长	
	天津市劳动模范	刘　一	天津市统计职业中等专业学校校长	
	天津市劳动模范	付志刚	天津市河西区陈塘庄街秀峰里社区居委会主任	
	天津市劳动模范	吴希刚	河西区人民政府东海街办事处主任	
	天津市劳动模范	杨万立	天津市河西医院电诊科主任	
	天津市劳动模范	任树森	河西区物资供销公司办公室主任	
	天津市劳动模范	郝广富	鸿起顺餐饮有限责任公司鸿起顺饭庄厨师	
	天津市劳动模范	李辉忠	桂发祥麻花饮食集团有限公司党委书记、董事长、总经理	
	天津市劳动模范	王建强	天津市食为天粮油便民连锁公司经理	
	天津市劳动模范	刘棚朝	河西区艺云工艺印刷材料经营部经理	
	天津市劳动模范	周传勇	河西区排水管理所一工段工段长	
	天津市劳动模范	刘金玲(女)	河西区房管局盛泰再就业服务有限公司经理	
	天津市劳动模范	万鹏祥	南楼百货商场职工	
	天津市劳动模范	杨冬生	河西区园林局格瑞园林发展有限公司经理	
	天津市劳动模范	赵家来	河西区环卫局第一队队长	
	天津市劳动模范	王秀琴(女)	河西区财政局局长	
	天津市劳动模范	尔　悦	天津红星美凯龙国际家居广场有限公司业务员	
	天津市劳动模范	白少良	天津市万顺置业有限公司董事长、总经理	
	天津市劳动模范	朱宝钧	天津市聚宝轩渔府酒楼经理	
	天津市劳动模范	刘俊刚	天津市河西区友谊路街保洁队队长	
	天津市劳动模范	吴宗毅	天津市河西区人口和计划生育委员会主任	
	天津市劳动模范	梁庆超	天津市第一房屋建筑工程公司工人	外区转入，非当年河西区推选劳模
	天津市劳动模范	姜德志	红桥区教育局	外区转入
	天津市劳动模范	付文双(女)	天津天鼎纺织集团	外区转入
2006	天津市劳动模范	李铭祥	桂发祥麻花饮食集团有限公司车间主任	
	天津市劳动模范	王可有	天津市船厂副厂长	
	天津市劳动模范	房义方	天津市煤业建筑器材河西公司党委书记、总经理	
	天津市劳动模范	刘惠庆	天津南楼商贸集团有限责任公司董事长、总经理	
	天津市劳动模范	孙金强	河西区市容管理委员会正处调研员	
	天津市劳动模范	刘金玲(女)	河西区房管局盛泰再就业服务有限公司经理	
	天津市劳动模范	李和平	河西区环卫局汽车队副队长	
	天津市劳动模范	孙　艳(女)	河西区城市管理综合执法大队中队长	
	天津市劳动模范	张　凯	河西区建设开发总公司总工程师	
	天津市劳动模范	王鸿魁	天津人民公园副园长	
	天津市劳动模范	赵　静(女)	河西区柳林街生产管理处副科长	
	天津市劳动模范	李玉昆	河西区挂甲寺街办事处城管科科长	
	天津市劳动模范	钟　友	河西区民政局科长	
	天津市劳动模范	张延江	天津市新华中学教师	
	天津市劳动模范	安　媛(女)	天津市实验中学教师	
	天津市劳动模范	王秀文(女)	天津市第四十二中学教师	
	天津市劳动模范	刘冬梅(女)	河西区教育中心教研员	
	天津市劳动模范	赵水仙(女)	河西区马场医院院长	
	天津市劳动模范	庞长春	天津市珠江仓储有限公司董事长	
	天津市劳动模范	沈耀俊	天津红星美凯龙国际家居广场有限公司总经理	
	天津市劳动模范	胡辉彬	天津世纪荣华食府总经理	
	天津市劳动模范	高　健	天津全聚德餐饮有限公司厨师长	
	天津市劳动模范	杜兴军	河西区越秀路街保洁队队员	

续表

年份	劳模类别	姓名	单位职务	备注
2006	天津市劳动模范	姜桂连	天津钢管集团股份有限公司	外区转入
	天津市劳动模范	田　怡(女)	人保财险天津分公司	外区转入
	天津市劳动模范	李铭祥	天津市桂发祥麻花饮食集团有限公司车间主任	
	天津市劳动模范	韩学师	广州宝洁有限公司天津分公司包装部经理	
	天津市劳动模范	王　伟	天津市华帝燃具销售有限公司副总经理	
	天津市劳动模范	陈来富	天津市福盛商贸有限公司董事长、总经理	
	天津市劳动模范	庞建平	天津市登发实业有限公司董事长	
	天津市劳动模范	邢凤林	天津市天马企业集团有限公司副经理	
	天津市劳动模范	吴盛柱	天津丰绅莲花酒店管理有限公司副总经理	
	天津市劳动模范	贺　历	天津宝丽金大酒店董事长	
	天津市劳动模范	吴向东	天津市河西区珠江园林管理所党支部书记	
	天津市劳动模范	孙立元	天津市河西区建设管理委员会供热办副科长	
	天津市劳动模范	艾维民	河西区环卫局六队党支部书记、队长	
	天津市劳动模范	孙茜妮(女)	天津市河西区三水道房管站房管员	
	天津市劳动模范	张延江	天津市新华中学教师	
	天津市劳动模范	魏欣宇(女)	天津市第四十二中学年级组长	
2008	天津市劳动模范	徐长群	天津市第四十一中学校长	
	天津市劳动模范	吴晓红(女)	天津市河西区上海道小学校长	
	天津市劳动模范	王　芸(女)	天津市河西区卫生局党委书记	
	天津市劳动模范	范秀娥(女)	天津市河西区人民政府下瓦房街办事处主任科员	
	天津市劳动模范	李旭生	天津市河西区人民政府天塔街办事处科长	
	天津市劳动模范	文和平	天津市河西区东海街生产管理处科长	
	天津市劳动模范	吴刚强	天津市河西区人民政府越秀路街办事处主任	
	天津市劳动模范	赵亮才	天津市河西区城市管理综合执法局科长	
2010	天津市劳动模范	张金才	天津市桂发祥麻花饮食集团有限公司车队队长	
	天津市劳动模范	邵毅恒	天津市经典假期国际旅行社有限公司总经理	
	天津市劳动模范	刘国喜	天津市家宝散热器有限公司总经理	
	天津市劳动模范	李树芝(女)	天津市德盛商贸有限责任公司董事长、总经理	
	天津市劳动模范	陈　豪	珠江投资(控股)集团有限公司企划部经理	
	天津市劳动模范	马桂珍(女)	河西区环卫局六队队长	
	天津市劳动模范	孟祥娥(女)	河西区市政局翔达市政工程有限公司开发部副主任	
	天津市劳动模范	王　海	河西区房管局拆迁中心主任	
	天津市劳动模范	杨　扬(女)	天津市新华中学年级组长	
	天津市劳动模范	王　琳(女)	天津市第四十二中学年级组长	
	天津市劳动模范	郑云娟(女)	河西区台湾路小学校长	
	天津市劳动模范	卢　荣(女)	河西区第二十六幼儿园教学副园长	
	天津市劳动模范	张振文	河西区桃园街办事处统计科科长	
	天津市劳动模范	程国顺	河西区陈塘庄街办事处招商科科长	
	天津市劳动模范	刘　嘉(女)	河西区桃园街连荣里居委会党委书记、主任	
	天津市劳动模范	袁　松(女)	中共天津市河西区委政法委员会副书记	
	天津市劳动模范	刘海军	河西区人民政府信访办公室主任	
	天津市劳动模范	孙建国	河西区卫生局工会副主席	
	天津市劳动模范	任连福	天津市工商行政管理局河西分局友谊路工商所所长	

续表

年份	劳模类别	姓名	单位职务	备注
2010	天津市劳动模范	陈　军	河西区城市管理综合执法局第四大队大队长	
	天津市劳动模范	王子元	河西区环保局环境监察支队支队长	
	天津市劳动模范	李　越（女）	河西区质量技术监督局副科长	
	天津市劳动模范	肖仲慧（女）	天津市交通（集团）有限公司	外区转入，非当年河西区推选劳模

专　记

本专记收录河西区革命教育和德租界两个部分的遗址与史略。其中，多数史料为前志补遗。遗址、史略及图片分别选录区委党史研究室、区政协文史委员会、区档案馆编辑的书籍。

河西区有着光荣的革命传统和斗争历史，曾是天津市工人、农民、学生开展革命斗争，义和团抗击八国联军的重要活动地区。这些革命遗址与史料，铭刻着革命的历程，成为珍贵的历史文化遗产和进行革命传统教育、爱党爱国教育和社会主义核心价值观教育的教材。

清光绪二十一年(1895年)1月，在天津设立德租界，占地面积0.69平方千米。其范围：东临海河，北至开滦胡同，南到琼州道北，西至海大道(易名为大沽路)东侧。光绪二十八年(1902年)扩张后的德租界地界：东临海河，北与英租界接壤，南至琼州道，并从下瓦房向南延伸至围堤道附近再向北折回琼州道，西界沿广东路向西至马场道，计2.8平方千米。21世纪初，对德式风貌建筑区进行整修和部分重建。

2006年，尖山郁江道(复兴河畔)解放天津战役突破口纪念碑　　　　（王儒臣、郭枫摄）

革命旧址史略

2008—2010年，河西区开展全国第三次文物普查工作，对全区13个街道办事处、194个居民委员会的行政管辖区域进行普查。在区内存有：工人革命运动、五村农民反霸斗争、学生爱国运动、抗日战争、解放天津战役、义和团抗击八国联军等遗址和史略，成为爱国主义教育素材。因收集范围与渠道所限，均为选录。

一、工人革命运动

北洋纱厂

旧址位于挂甲寺南北大街1号。天津北洋商业第一纺织股份有限公司（简称北洋纱厂）始建于1919年。1930年，改为北洋新记纱厂。1934年，改为北洋公记纱厂。1936年，成为诚孚公司所属的北洋纱厂，一直经营到1949年天津解放。

2008年，天津湾嘉茂商厦
（原北洋纱厂旧址所在地）

北洋纱厂有着悠久的工人运动斗争史。1924年5月，邓颖超率女星社社员先后深入天津北洋、裕元、宝成、裕大等六大纱厂，调查研究工人状况，向工人宣传社会主义思想和革命道理，启发女工的阶级觉悟。1924年7月，中共天津地方执行委员会（简称中共天津地委）成立后，加强对工人、农民、学生、妇女和军运工作的领导，开展工人运动，先后派党团员深入北洋、裕元等纱厂开展工作。1925年2月，北洋、裕元、宝成、裕大、华新等厂先后组建工会。为便于斗争，上述几个纱厂的工会代表又组成纺织工会联合会。各厂工人团结在党和工会的周围，同资本家和帝国主义者进行一系列斗争。8月，北洋、裕元两纱厂工人同裕大纱厂工人万余人将裕大纱厂公事房和一些机器砸毁，“五卅”期间天津以工人为主体的反帝爱国斗争达到高潮。1929年“五一”劳动节时，傅懋恭（彭真）在贺家口秘密召集北洋、裕元纱厂二三十名工人，向他们讲述“五一”国际劳动节的意义，介绍俄国十月革命的经验，对工人进行宣传教育，指导工人运动。此后，北洋纱厂工人不断提高觉悟，开展经济斗争和政治斗争相结合的工人运动。

中华人民共和国成立后，北洋纱厂更名为国营天津第六棉纺织厂。2003年，天津工业新一轮嫁接改造调整，棉纺六厂整体搬迁，在原址建成海景公寓、海河水上运动世界和天津湾购物广场等商住设施。

裕元纱厂

旧址位于小刘庄桥附近。1918年裕元纱厂开业。中共天津地委建立后，在裕元纱厂开展活动，启发工人群众建立工会，把自发的工人斗争引上党领导的经济和政治相结合的工人运动。

1925年初，新成立的裕元纱厂工会领导工人针对厂警施暴、打骂工人的恶行开展斗争。由于厂方惧怕工人闹事，被迫向工人们赔礼道歉，并开除打人的厂警。这场斗争的胜利，显示工人的力量，提高工会的威信。上海“五卅”惨案发生后，裕元纱厂工会投身反帝运动。8月，工会组织支援海河对岸

20年代，裕元纱厂（天津棉纺二厂）旧址

裕大纱厂工人罢工斗争失败后，奉系军阀李景林对工人的罢工斗争进行残酷镇压。天津各界联合会、总工会等爱国团体被解散，许多进步刊物遭查封，各纱厂的资本家也借机对工人采取各种手段，极力进行分化瓦解。面对严酷的形势，中共天津地委一面发动社会各界进行声援，一面秘密吸收工运骨干分子入党，发展壮大党组织。在地委书记李季达和工运委员李培良的帮助和培养下，裕元纱厂工人司福祥（司呈祥）、王益三、于恩荣、白振东、马筱峰、何玉亭等先后加入党组织。经中共天津地委批准，裕元纱厂党支部建立。是年底，李培良指挥裕元纱厂工会开展发还克扣工人“养老金”的罢工斗争。

1926年，裕元纱厂三纺厂细纱车间工会总代表左振玉发起反对增加细纱机看台面的罢工斗争，并取得胜利。1926年冬，左振玉还领导细纱车间工人开展反对工头安插亲信、借故开除工人的斗争。1928年12月，中共中央组织部长周恩来到天津主持中共顺直省委“十二月扩大会议”，司福祥向周恩来汇报裕元纱厂工人运动情况。1933年，日本侵略势力侵入华北地区，由于日货充斥市场，导致裕元纱厂连年亏损被收买。1934年底，破产停工，工人全部失业，党的地下活动也被迫中断。

1936年，日本商人钟渊纺织株式会社以赊账形式取得裕元纱厂，并更名为公大六厂，变为日本侵略者生产军需物资的战争工具。是年冬，为反抗日本资本家的残酷剥削与奴役，共产党员田学昭（女）受中共天津市委委派，化名李秀珍进厂，启发女工们的阶级觉悟，开展工人运动。

日本投降后，公大六厂被国民党官僚资本侵吞，改名为中国纺织建设公司天津第二棉纺织厂（简称中纺二厂）。中共冀中区党委城工部先后派地下工作人员进厂开展工作。1946年，建立党支部，团结群众，培养骨干，发展党员，壮大组织，组织罢工。1946年冬，工人对国民党反动政府的统治强烈不满，纷纷要求按实物发给工资。中共地下党支部抓住时机，通过党员和骨干，分头向工人们揭露国民党反动政府不顾百姓死活的内战政策，发动工人反对饥饿，并要求厂方按实物发给工人工资。这场斗争打破国民党反动派妄图利用青帮分裂工人的目的，增强工人斗争的勇气。1948年，为配合城市解放，保护城市与工业，组织工人开展“反南迁”和“护厂”斗争，使中纺二厂在天津解放后完好无损地回到人民的怀抱。

1949年天津解放，1月17日，天津市长黄敬亲临中纺二厂，向全体职工作立即恢复生产、支援大军南下、解放全中国的动员报告。7月1日，厂党组织正式公开，党支部改建为党总支。1950年，更名为国营天津第二棉纺织厂。2005年，企业进行重组，天津第二棉纺厂与其他纺织企业合并，迁址到河东区六纬路六号门17号，第二棉纺厂旧址被拆除。

裕元纱厂工会

旧址坐落于小刘庄富兴里2号，现已拆除。裕元纱厂工会曾于1925年初至1925年8月，在这里组织工运活动。至1924年冬，裕元工会秘密发展会员数十人，建立工会委员会，经常在小刘庄藕耕里平民学校和吉祥里16号秘密活动。1925年初，迁至富兴里2号成立办事处，进行半公开活动。全厂有2700多人参加工会，各车间、科室普遍建立工会委员会，开展反对厂警打骂工人的斗争，并取得胜利。

1925年5月，在天津地委委员李培良、卢绍亭领导下，裕元纱厂工会联合宝成、北洋、恒源、华新等纺织厂工会建立天津市纺织总工会，建立办事处。从此，裕元和附近纱厂工人运动连成一片。1925年，上海“五卅”惨案发生后，工会负责人司福祥（司呈祥）、杨泽轩等组织5000多名工人参加反对日本帝国主义、声援上海工人的全市示威游行集会。1925年8月，司福祥、张寿禄等又带领裕元1000多名工人支援海河东岸裕大纱厂工人罢工斗争。

20年代，裕元纱厂地下党活动地点之一“老布场”厂房（现已拆除）

纺织总工会、裕元工会

旧址坐落在小刘庄工房大街荣善里小楼二楼（工房大街29至31号），现已拆除。1925年，天津纺织总工会和裕元工会在荣善里二楼召开成立大会，挂纺织总工会、裕元纺织工会两个牌子。裕元纱厂除少数警卫、职员外，全体工人都是工会会员。为维护工人利益，工会多次领导工人同资本家斗争。1926年3月，司福祥（司呈祥）率领纺织工人队伍参加在南开大学操场召开的全市工人反对日本帝国主义和国内军阀的大会。还支持乾昌、庆生恒、荣业等地毯厂建立工会和开展罢工斗争。成为这一时期党领导裕元和附近各纱厂、地毯厂开展工人运动的指挥中枢。

50年代，天津棉纺二厂厂房（原裕元纱厂，已拆除）

2006年，龙海公寓（原裕元纱厂，后为天津棉纺二厂旧址）

上海纱厂

旧址位于河西区大沽南路969号。始建于1937年，由日本人开办，时称上海纺织株式会社天津工场（简称上海纱厂）。建厂之初，有纺锭29948枚，布机700台，职工1410人。厂长、技术人员和主要职员均为日本人。1944年冬，中共中央北方局城市工作委员会派遣党员干部李克简在工厂开展工作，建立党组织。1945年春，达生纱厂刘元春深入纱厂团结工人积极分子开展工作。1945年1月，上海纱厂大罢工中，工人积极分子发挥重要的作用，队伍进一步扩大，为建立厂工会奠定基础。日本投降后，国民党中纺公司接收该厂。但工厂继续受着日本人的管辖，军警继续打骂工人，物价飞涨，工人仍陷于苦难之中。纱厂工人不断掀起“争生存、争民主、反饥饿、反迫害”的斗争。上海纱厂成立全市第一个工会筹委会，左振玉任主任。由左振玉和苏志新等人代表全厂工人，要求按每一年工龄一匹布的标准，给每个工人发放恤劳金，以补助工人的困苦生活，并和附近棉纺厂联络共同行动。是年11月下旬，在土城左振玉家中成立上海纱厂党支部。为成立工会做准备，在工厂子弟小学办工人业余识字班，并编印《业余自修周刊》。工人们为反饥饿、求生存。12月14日，在纱厂地下党支部的领导下，举行全厂工人大罢工，并派出工人代表到天津社会局请愿。12月20日，中国纺织建设公司天津分公司成立，上海纱厂改为中纺四厂。

1946年1月，中纺四厂工会成立。国民党反动当局与地下党支部争夺工会领导权的斗争日益激烈，捣乱、破坏活动接连不断，四厂地下党支部与之展开针锋相对的斗争。为提高工人福利待遇，向厂方提出女工产假期间工资改发成实物、日本侵华时被开除的工人全部复工、增加工资、不许打骂工人、增加福利和工会基金等要求，并取得胜利。5月4日，中纺四厂和中纺五厂工会共同开展改变职工悲惨境遇的罢工斗争。厂方被迫答应撤换驻厂军队、赔偿工人损失、惩办行凶的士兵等要求。这些罢工的胜利，在天津工人阶级革命斗争史上留下重要的一页。

乾昌地毯厂

旧址坐落于厦门路与绍兴道东南角处（原人民公园中学）。由美籍犹太人创办。1926年初，为反抗帝国主义和资本家的压迫，乾昌地毯厂800名工人先后举行两次全厂大罢工，打击外国资本家的气焰。乾昌地毯厂雇用看门的印度人作为打手。工人每天下班出厂时，都要对每个工人搜身检查。有的女工被调戏凌辱，有的被强奸，含恨自杀，激起工人极大愤恨。1926年1月中旬，数百名工人罢工，达成工人复工、罢工期间的工钱照发、不能随意打骂工人的协议。

1926年初，天津地委委员李培良和陶亮（陶卓然）将工人运动刊物《工人生活》及工运传单交给工人积极分子。每两架机台8个人为一小组，选小组长一人；每四架机台16人为一大组，选一名工会干事。经过10余天的宣传发动，厂工会秘密地建立，有组织开展斗争。第一次工潮过后，工厂对工人伺机进行报复，在春节前解雇一批工人，一名工人被打伤。工会与厂方交涉，组织成立敢死队、纠察队、交通队，起草《罢工宣言》，呼吁各行业工人支援地毯业工人罢工斗争。裕元纱厂工会组织200多名工人赶来支援，迫使警察退出厂外。为营救被捕工人，坚持斗争，提出复工条件和释放工人代表的要求。但警方背信弃义，在工人复工后的当日把工人代表秘密抓到特一区公署。全厂工人立即组织起来，手持铁棍，冲到特一区公署示威，要求立即释放工人代表。在市总工会的发动下，各行业工人对乾昌地毯工人的斗争给予有力支援，资本家被迫接受工人罢工条件。这次罢工斗争在全市工人中产生很大影响，促进天津各行业工人运动的发展。

1965年7月，乾昌地毯厂原址改建为人民公园中学。1995年，人民公园中学与大沽路中学合并更名为河西中学。1996年，成立津海中学公办民助校。2007年，因改制，津海中学停止招生，校区成为

乾昌地毯厂旧址

2010年，津海中学分校（原乾昌地毯厂旧址所在地）

海河中学分校。

人民印刷厂

位于解放南路273号磁卡大厦。前身是协和印刷厂，由日本人于1938年初投资的合营企业，占地面积约9404平方米，建筑面积4690.3平方米，砖混结构，生产厂房、办公楼东临台儿庄路，西达解放路，北侧是奉化道，南面为温州道。

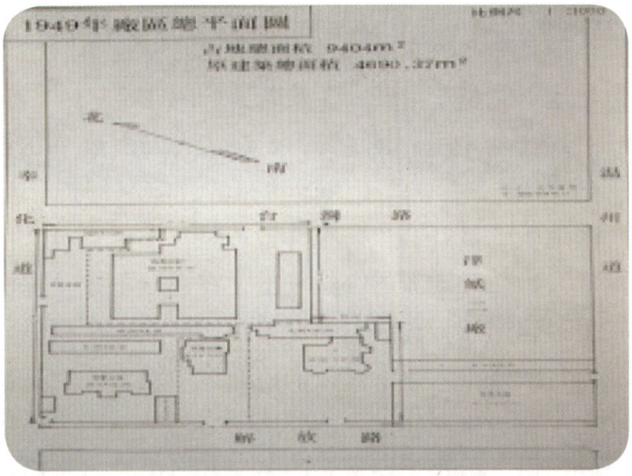

1949年，人民印刷厂厂址图

1945年12月，日本战败投降后，国民政府派员接收协和印刷厂。1946年2月，协和印刷厂秘密建立中共地下党组织。领导人为崔景波，党员有韩万成、陈宝富、陈兆和、杨绍霖、吴东山、刘金城、杨宝树。天津解放前夕，地下党秘密组织工人开展保护现有设备的活动，为新中国的成立后工厂的建设奠定基础。1949年1月15日，天津解放的当天，人民解放军代表郭明显等人进驻并接收该厂，开始承担中国人民银行的部分印钞任务。1954年3月，中国人民银行总行将人民印刷厂定名为国营五四三厂，扩大印钞任务。解放后，有军工产品、出口产品、图集、高级挂历、地图、装潢印刷品、出版物等系列产品。1992年，更名为环球磁卡有限公司。1993年，挂牌上市，更名为环球磁卡股份有限公司。

2008年，天津人民印刷厂外景

藕耕里平民学校

旧址坐落在解放南路东侧原棉纺二厂附近，原小刘庄工房大街。由中共天津地委委员卢绍亭、李培良创办，学校占地约300平方米，校舍30平方米，为青砖瓦房砖木结构。

1924年9月，卢绍亭和李培良在小刘庄工房大街裕元纱厂附近的藕耕里创办平民义务学校，把开展平民教育作为联系、教育、发动工农群众的重要途径。招收工人补习文化，学员一律免费入学。自编课本、亲自给工人们授课，向工友们介绍俄国十月革命的胜利。利用搜集的资本家、工头剥削、欺压工人，体罚徒工的事实，揭露资本家剥削工人的本质，启发工人群众的觉悟，传播劳苦大众以斗争求解放的真理，平民学校为建立工会做思想准备，很快团结200余名工友，培养出马筱峰、司福祥（司呈祥）、杨泽轩、张寿禄、白振东等一批积极分子，秘密组建裕元纱厂

2005年，藕耕里平民学校旧址

工会。1979年后，随着城市规划建设，学校拆除。

修德里2号

旧址坐落在刘庄大街修德里2号，已拆除，是1946—1949年，天津市党组织的一个秘密活动点，也是地下党员李鸿安、丁铁若夫妇的住宅。

1946年4月，李鸿安、丁铁若夫妇由冀中九分区派遣回津，以当教员为掩护，领导和组织中纺二厂（原棉纺二厂）的工人运动和解放前夕的护厂斗争。在修德里2号最里边的一间小屋里，秘密召集厂内地下党员开会，研究斗争策略，发展党员和读书会成员。上级党的领导人也曾到这里传达重要指示。为预防反动派的突然袭击，在锅台下挖一深洞，埋进一个煤油桶，把秘密文件、材料及传单等藏在里边，用石板盖好。为迎接天津解放，深夜刻印传单和警告信，通过厂内地下党员投递出去，震慑敌人，鼓舞工人群众。他们还通过中纺二厂党支部，动员组织工人纠察队开展护厂斗争，组织一些活动骨干在这里制作工人纠察队的红色袖章。为适应隐蔽斗争的需要，在刘庄大街鲍家胡同旁边的三间门脸房里，以李鸿安父亲的名义开设恒发号米面铺，作为地下联络点。并在店内巧妙地建造一个夹壁墙，以备紧急情况下藏身之用。

三义庄三吾照相馆

旧址位于南昌路芜湖道交口处，已拆除。1925—1927年，粟泽从苏联奉调回国任天津地委组织部部长期间，就在三吾照相馆楼上居住。当时，地委书记李季达和粟泽共同负责纺织、地毯行业地下党和工运工作，经常到小刘庄、三义庄一带开展工作，秘密发展党员，组织工会开展罢工斗争。1927年8月，活动点遭到敌人破坏。

2007年，三义庄三吾照相馆地下党秘密活动点旧址

贺家口段家胡同

旧址位于贺家口段家胡同，是一所红砖瓦房。1925—1927年，中共天津地委为加强对纺织行业工人运动的领导，在这里设置办公机关。裕元、北洋两厂党员和工会领导人经常到这里汇报、研究工作，许多重要决定也是在这里作出。地委书记李季达和其他一些领导干部曾居住在这里。

贺家口小公益里4号

旧址位于贺家口小公益里4号，也是司福祥的住宅，已拆除。1926年3月，裕元、北洋纱厂党组织转移到此秘密活动。中共天津地委成员李季达、栗泽、靳子涛（金城）、傅懋恭（彭真）多次到此参加党员秘密会议。1928年12月，中共中央组织部长周恩来在傅懋恭的陪同下到这里指导工作。

“存义志友社”联络站

旧址位于大沽南路与西楼后街拐角处，解放前是天津地毯工人的护权联络站，一间9平方米的土坯房，已被拆除。

1936年夏，大丰地毯厂工人马金台在文化补习夜校上学时接受中共地下党员教师阮务德的培养教育，萌发把工人们组织起来、与剥削者做斗争的革命思想。马金台因喜欢京剧，人脉广，联络李振华、张金耀、张春来、黄继道等人，经常在一起探讨对时局的看法。他召集大丰、乾昌、华泰、新新等十几个地毯厂的30多名工人，组建“存义志友社”秘密工人组织。他们以聚在一起唱戏、练武为名，发动工友入会，先把大丰地毯厂工会组织搞起来，再进一步扩展。他筹资在西楼后街租赁房屋，作为商讨事情秘密的联络站。

2010年，“存义志友社”联络站旧址

联络站建立后，加入“存义志友社”的工人增多，下班后经常在这里聚会，研究如何开展斗争等问题。1936年，他召集各厂骨干们在“存义志友社”联络站开会，决定先从大丰地毯厂开始，举行200多名工人罢工。向资方提出增加工人工资、棒子面改为白面、吃熟菜、逢年过节不准无故解雇工人等要求；资方迫于无奈答应工人们的条件。事过3天，资方向工人施压，强迫工人每天增加工作时间，不涨工资。工人再次发动罢工。两次罢工取得胜利，使地毯行业工人备受鼓舞。仅3个月的时间各工厂加入“存义志友社”的工人达7000余人，推动地毯行业工人运动的进一步发展。

为镇压工人们的反抗，资方暗地买通警察所。1936年，以“赤化党、煽动工潮”的罪名，便衣警察绑架马金台，搜查西楼后街“存义志友社”联络站。工人们悲愤地四处奔走，打听他的下落。他被监禁半年后，经其同乡具保获释。“存义志友社”成为地毯行业工会的发展的重要组成部分。

冀中军区地下军手枪队总联络站

遗址位于下瓦房宝和里，已拆除。1942年，“五一”扫荡后，地下军手枪队化整为零，在市内及出入津郊的各个关口都建立联络站，每个联络站为一个小分队，共设立11个联络站（即11个分队）。河西地区小分队设在下瓦房宝和里6号尚双凯（党的地下工作人员，河西小分队队长）家里，是天津总联络站，也是一个分站，为冀中解放区运输军需物资及提供军事情报，接受上级通过交通人员送去的指示和任务，联系各分队的情况。由于日军对根据地封锁得非常严，为解决根据地军需物资及情报的运送问题，党组织决定手枪队员打入敌人的“义侠队”组织，取得公开合法身份后，疏通天津与根据地之间的联系，更好地进行“水陆护航”。“义侠队”是由天津铁路警务段的日本人阿部授意，由华北运物株式会社收买一批青洪帮、地痞、流氓、恶霸等组成，维护京山、津浦、京汉等铁路沿线的治安。在打入“义侠队”后，手枪队的队员进出各关卡哨所不受限制，护送工作人员和转运枪支弹药等军用物资，多次受到冀中军区领导的表扬。

冀中军区地下军手枪队总联络站遗址纪念牌

2006年，冀中军区地下军手枪队总联络站遗址

1943年腊月，晋察冀根据地缺少食用盐，手枪队接到任务后，研究制定计划，冒着生命危险从西站出发，沿子牙河大堤南岸过杨柳青、当城，再通过第六埠，经十一堡，过一溜堡，直奔王口。沿途遇到敌人多次检查，因持有“义侠队”的身份证明而畅通无阻。到王口后，卸车装上冰排，由冰上转运到根据地，完成运盐任务。手枪队在抗日战争期间为根据地运送大批物资，还传递许多敌方情报。

1980年，宝和里平房拆除，新建成宝和里大楼。

二、农民反霸斗争

五村农民反霸斗争遗址

五村农民反霸斗争的五村，是指五个毗邻村庄，即小刘庄、小滑庄、东楼村、西楼村和贺家口的简称。居住着七八十户人家，耕地百余亩。清兵入关后，五村农民沦为清朝贵族的佃户，五村的土地由清朝贵族派出的“揽头”和“庄主”管制。北洋军阀统治时期，“揽头”李莛臣又称“李善人”，依仗军阀的势力，肆意提高地租，妄想使农民放弃租佃，将土地据为己有。佃户曾多次自发地与之进行斗争，但均受挫失利。

1926年，中共派傅懋恭，实名彭真，到中共天津地委工作，分管工人运动。在与附近纱厂工人接触中了解五村农民的情况，着手组织、发动农民开展反霸斗争。自1915年起，一直延续到1949年。其中几次重要斗争都是在傅懋恭直接领导下进行的。遗址在西楼前街24号，现已被拆除。

东楼魏家坟地柴禾厂

坐落于东楼太平街西头，已拆除。家住西楼村的刘文秀因参加罢工斗争，被北洋纱厂开除，迫于生计在东楼魏家坟地的空地上，搭一破屋，与他人合伙开一处柴禾厂，成为西楼村甄合元等青年农民聚集、练武强身的地方。

他在北洋纱厂参加工会时，结识傅懋恭。1926年冬，他将甄合元等农民佃户与李莛臣为增租、垫地等事发生纠纷的情况向傅懋恭汇报。傅懋恭深入到青年农民佃户中间，进行调查研究，宣传马列主义，介绍中国南方各省革命发展的情况和农民运动的情况，鼓励甄合元等人组织起来，齐心合力开展反霸斗争。

五村农民党支部

位于琼州道河西体育馆正门附近，已拆除。傅懋恭和裕元纱厂的共产党员左振玉经常在西楼村召集青年农民开会，介绍俄国革命的伟大胜利，号召农民团结起来参加反霸斗争。1927年4月，左振玉发展甄合元为五村农民中第一个共产党员。随后，又介绍曹同兴、张连荣（张大帅）、刘树生（黑刘）等先后加入党组织，成立五村农民党支部。后来因左振玉的工作转移到北洋纱厂工会，五村工作由五村支部书记甄合元、组织委员张连荣、宣传委员刘树生负责。1927年8月初，天津地下党组织遭到破坏，部分地委委员被捕。傅懋恭把中共天津地委第一部委（区委）书记司福祥（司呈祥）调到五村，参加五村的支部活动，领导五村农民反霸斗争。

1928年春，甄合元在自己菜园里搭起一个窝棚，专门为五村党支部开会使用。傅懋恭、左振玉、刘文秀等常来这里，指导五村农民反霸斗争。

五村农民护佃权委员会

坐落于大沽南路景兴里19栋东侧，已被拆除。1928年底，五村农民选出代表，组成“五村农民护佃权委员会”。在东楼老鱼市（学堂前街）召开“五村农民护佃权委员会”成立大会，甄合元被推选为总代表，统一领导护佃反霸斗争。会址设在东楼玉川居胡同内，已拆除。在傅懋恭的指导下，组织五村全体佃农，举行请愿示威。五村千余佃农手持“打倒土豪劣绅”“归还我土地”等标语小旗，冲破法警阻拦，向法院提起控诉，迫使李莀臣不得不降低地租。

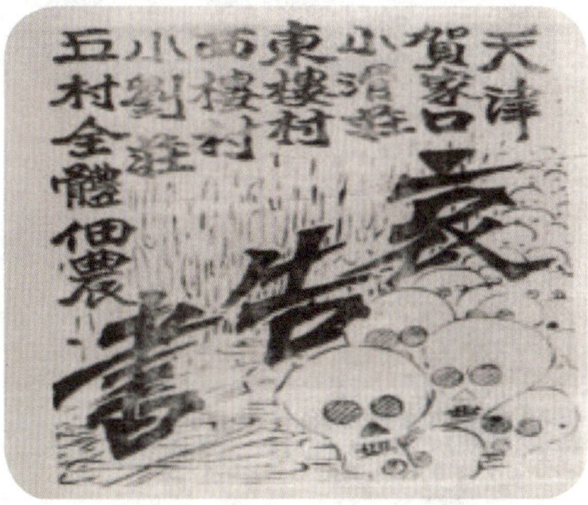

1934年，五村全体佃农的《哀告书》影印件

西楼前街国术馆

位于广东路西楼前街24号。为掩护反霸斗争，由傅懋恭组建以练拳习武为名，商讨抗霸对策，培养农民骨干。

1934年，李莀臣雇用律师，伪造契约，妄图全部收回五村土地的租佃。五村农民连同附近裕元和北洋两个纱厂的产业工人6000余人包围法院。法官迫于压力不敢轻易判决，只好无限期地拖延。通过这次斗争，农民取得不准收佃权、不交纳租金的胜利。为争取社会的支持，五村农民请人写《五村佃农哀告书》（原件存河西区档案馆），并广泛散发，把李家的恶行公之于世，在社会上引起很大反响。1935年，李家收买谦德庄的恶霸李珍，令其指使地痞流氓与村民寻衅闹事。傅懋恭及时指示五村党支部，把斗争矛头指向地主阶级，对地主收买的流氓要分化瓦解，李家的阴谋再次破灭。

2005年，五村农民反霸斗争遗址纪念亭

中华人民共和国成立后，国术馆为市级文物保护单位。1997年，西楼前街一带实施危陋平房改造，原国术馆连同周边的破旧房屋一同拆除，改建为新型居民住宅区和拥有万米绿地的西苑公园。为纪念傅懋恭领导的五村农民反霸斗争，公园修建“怀翁亭”。

三、学生革命运动

圣功女子中学

遗址坐落在马场道99号，总建筑面积5万多平方米。该校原名为圣功女学校，由天主教会夏景如等人于1914年创办，校址在长春道，后迁至滨江道。1929年，更名为圣功女子中学校。1941年，迁址马场道。

1937年，地下党负责人闫国珍等在该校组织“女同学会”，开展抗日救亡活动。成立“三人小组”，由魏鸿翔（1939届毕业生）与张启兰（1941届毕业生）负责。她们团结进步学生，宣传抗日救国，揭露日本侵华罪行。1945年，华北城工部刘仁派地下党员秋晨到该校领导学生运动。秋晨原名李健乔，在高一年级读书。她发展刁书芳等人入党，还发展“民青”（天津民主青年联合会）成员。她们冲破教会的

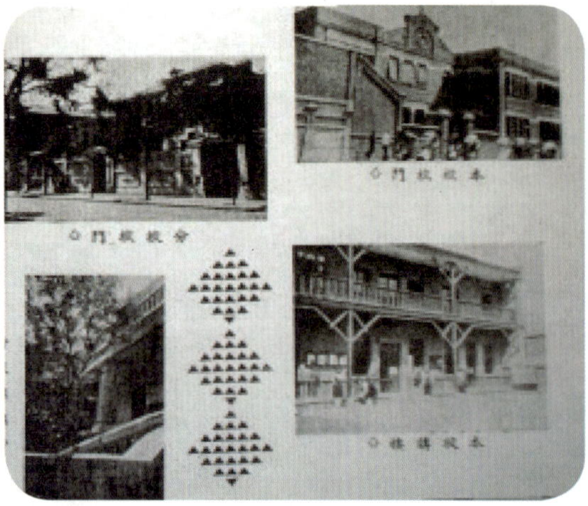

圣功女中旧照

2003年，新华中学（前身为圣功女中）

阻拦，组织该校学生参加“反甄审”“反内战、反饥饿、反迫害”的游行。1948年，地下党员方纪文接受指示，全家搬入学校，保护档案，开展护校活动，迎接天津解放。

天津解放后，圣功女中多次易名，1956年，开始招收男生。1958年，圣功女中更名为天津师范大学附属第一中学。1960年，更名为河北大学附属中学。1973年，定名新华中学。

志达中学

遗址位于马场道123号。由张岫溪创办于1933年，校址初设于英租界56号路。翌年2月，增设天津私立志达小学。1937年初，迁移到特一区（更名为河西区）马场道49号。

志达中学旧址

1944年，志达中学成立自发的学生进步组织“鸣新社”，自办刊物《鸣新》周报，隐晦地表达对日本帝国主义的仇恨，刊登一些如何做人的文章，通过诗歌歌颂祖国大好河山，表达强烈的爱国主义情感。刊载反对封建礼教的文章，起到启蒙、鼓动作用。鸣新社活动地点开始时有3处：孙锡九家（昆明路梅友里3号）、文元家（昆明路义德里）、李正之家（拉萨道金城里），后又聚集在阮同泽家（大理道86号）。鸣新社的人员也不断发展，前后共有成员20多人。

抗战胜利后，志达中学的历届毕业生组织志达中学校友会，筹办志达平民义务小学。学校给贫寒子弟传授科学文化知识，宣传爱国思想、革命道理，把这些劳动人民子弟作为开展革命斗争的后备力量。后来学校开办两个成人班，招收东亚毛纺厂等工厂的工人。

2009年，天津市第四十一中学（原志达中学）

1945年9月，国民党教育部公布《收复区中等以上学校学生甄审办法》和《收复区中等学校教职工甄审办法》两个文件，声称通过考试进行甄别审查，不合格的取消学籍或解聘。这件事激起广大师生的强烈不满。天津市公立、私立大中学校共30余所，在中共地下党领导下成立天津学生联合会，组织集会、示威请愿，与国民党当局展开针锋相对的斗争。是年12月，22所中学决定在民园举行一次反“甄审”集会，并宣布成立天津学生联合会。1945年12月，志达中学30人参加向国民党教育局的请愿斗争。

1946年，不少学生因经济困难而辍学，教师工资微薄。志达中学学生参加天津“学联”由孙锡九和李正之组织领导的“敬师助学”运动。1947年5月，志达中学100余名学生响应市学联组织的“反饥饿、反内战、反迫害”游行示威。

1952年，天津市人民政府接管私立志达中学，学校改为公立中学，更名为天津市第二十二中学。1955年高中部，1978年初中部先后并入第四十一中学，第二十二中学停办。

特一中学

1995年，特一中学旧址

遗址位于徽州道人民公园（原荣园）东北角，占地面积8000平方米，建筑面积6600平方米。1932年7月，由北平燕京大学毕业生程抱信、单贵我夫妇创办。

建校初期，只要交纳高额学费，即可入校。一些富家子弟为取得一张文凭，便到此就学。学生中有一批进步学生因参加学运活动被其他学校开除，经中共地下党组织帮助入校。当时，从各校进入特一中和经解放区学习后委派到特一中的地下党员、“民青”成员和进步学生达30余人，因学习成绩优秀，进入特一中后，很快在学生中树立起威信，开展各种形式的进步活动。

1946年，天津爆发大规模的“反甄审”请愿示威学生运动。特一中学在教务主任冠武支持下，召开全校学生大会，选举代表参加天津市学生联合会，投入全市“反甄审”运动中。1947年，特一中党支部秘密建立。倡导学生们阅读进步书籍，组建图书馆，使学生受到进步思想的熏陶和影响。地下党员刘即名组织歌咏团，请南开大学学生教唱进步歌曲。同时派学生到南开大学学习，回校后教学生们学唱反内战歌曲，在校内掀起反内战的热潮。党支部还组织学生们抵制伪人大代表选举。天津解放前夕，组织进步学生在市民群众中投寄人民解放军入城报告、开展护校执勤活动。解放军入城后，教师党员蒋志诚冒着炮火给解放军带路，攻打国民党军盘踞的耀华中学等据点。1965年，更名为大沽路中学。1995年，人民公园中学与大沽路中学合并更名为河西中学。1996年，成立津海中学公办民助校。2007年，津海中学停止招生，该校区成为海河中学分校。

河北省立天津女子中学

遗址位于南京路5号。河北省立天津女子中学简称“省女中”，始建于1907年，由德国人创办，名为天津德华中学。第一次世界大战后，由中国接管，改名为特一区大营门中学。1924年，改为直隶省立第一女子中学。1928年7月，改称河北省立第一女子中学。日本占领期间称天津特别市立第一女子中学。1945年，抗战胜利后又改称河北省立天津女子中学。河北省立第一女子中学属于公办教育，面向全省招生，不问门第，只问才学。省女中的学生勤奋读书、刻苦钻研、纪律严明、生活朴素。学生的课余活动丰富，不少进步学生积极参与“一二·九”运动。

抗战和国民党统治时期，省女中后成为天津学生运动的中坚力量，是党的力量最强、参加人数最多、学运搞得最活跃的学校之一。1935年“一二·九”运动期间，很多高中学生积极参加散发传单、游行示威等爱国抗日宣传活动，有3名高中学生因此被学校开除。天津沦陷后，学校增设日语课，由

1945年，河北省立天津女子中学旧址

日本人任教，学生进行抵制，并拒买教科书。1938年，学校建立中共地下党组织，领导并组织广大爱国学生与日本侵略者的奴化教育进行斗争。中华民族革命先锋队（简称“民先”）员的初三学生徐永馨经常向周围人讲抗日救国的道理，揭露日本帝国主义的罪行，她还介绍多名同学加入“民先”。高中毕业后，她到仁立毛纺厂夜校去当文化教员，在工人中宣讲国际战争形势。1941年，去冀东根据地继续参加抗日活动，直到日本大扫荡时牺牲。日本投降前夕，省女中已有近10名党员，并建立党小组，吸纳一批“民青”成员和进步学生成为积极分子。

1945年9月，省女中在进步学生的发动组织下，成立校自治会，统一领导全校的各种活动。国民党政府教育部颁布《甄审收复区中等以上学生办法》，把沦陷区的学生、教员污蔑为“伪学生”和“伪教员”。12月31日，在中共地下党组织领导下，天津爆发大规模的反甄审请愿示威学生运动，省女中600余名学生中绝大多数参加请愿。1946年1月，省女中的同学们参加天津学联在民园广场召开有2000余名学生参加的集会和示威游行。当时全校高中六个班中，大都有以党员或“民青”为主的进步同学战斗小组，开展宣传活动。各班班长召开联席会议，经过民主选举推选高三同学潘桂兰（党员）和唐风琴（民青）为省女中学生自治会正副主席，在市学生联合会的领导下开展全市的学生运动。是年4月，市学联发动“敬师助学”运动。省女中在14个学校中捐款最多，被《天津学联报》誉为“募捐冠军”。省女中高二学生张文琴接任第二届校学生自治会主席。1947年，张文琴入党，并负责省女中党的工作，在地下学委领导下继续开展学运工作，排除国民党当局和校方阻力，组织发起若干个读书会，开展阅读宣传革命思想的进步书籍活动，在学生中发起传唱进步歌曲活动，积极发展“民青”和共产党员。

1947年5月20日，以南开大学和北洋大学学生为主，全市的进步学生举行“反饥饿、反内战、反迫害”示威游行，遭到国民党当局血腥镇压，许多学生被军警打伤。这一震惊全国的“五二〇”流血事件激起省女中进步学生的愤怒，她们冲破校方的阻挠和封锁，组织各种校内外串联声援活动。1948年，由高三学生在学校小礼堂演出大型话剧《过年》（即解放区的名剧《白毛女》），第一次接受解放区的新文艺教育，参演的学生多数在新中国成立前夕奔赴解放区。是年，为接管城市准备干部，先后派二批进步青年到解放区进行短期训练。省女中地下党员李慧勤、张跃珍等前往泊镇解放区学习。年底，学校成立护校组织。

1949年8月，省女中被天津市政府接收，更名为天津市立第一女子中学，是当时河西区唯一的公立学校。1953年，女一中被定为天津市10所重点中学之一，直属天津市人民政府教育局。1968年，改为天津市海河中学。革命烈士张志新曾在此就读，后因反对江青反革命集团暴行、誓死捍卫真理被迫害致死，被誉为中共优秀党员和中华民族优秀儿女。

天津工商学院

遗址位于马场道117号。前身为天津工商大学，筹建于1920年，是法国天主教会在天津创办较早的一所大学。

天津沦陷期间，大部分高等学校南迁。该校为华北地区有较大影响的学校之一，有著名教授、专家高镜莹、谭真、沈理源、阎子亨、马沣、侯仁之、朱星元等。日军多方干扰，罗马教廷断绝对该院的经济支援，学校面临重重困难。刘迺仁等校领导多方联系地方士绅慷慨解囊捐助。由重庆政府教育部“战区教育委员会”组织领导的秘密抗日团体—天津教育促进会成立，刘迺仁等人秘密参加这个抗日团体。他们不顾个人安危，掩护抗日地下工作人员在津执行任务，多方引导广大爱国学生到大后方为抗战出力，开展一系列抗日爱国活动。1947年，天津学生“反饥饿、反内战、反迫害”运动中，该校学生与南开大学、北洋大学、耀华中学的学生联合行动，举行罢课，抗议国民党反动派镇压学生的罪行。

2009年，工商学院旧址

天津解放之前，教师由王金鼎领导，学生由金永清和孙延龄领导，帮助师生阅读进步书籍，在课堂上增加一些爱国内容。1948年春，工商学院学生赴北京大学参加北京、天津学生反饥饿、反内战、要求自由民主的活动。学校联合成立护校委员会，迎接天津解放。

1948年秋，工商学院改为津沽大学，刘迺仁为校长。1952年8月，津沽大学各学院并入其他大学，在津沽大学原校址组成天津师范学院。1958年夏天，扩建为天津师范大学。1960年夏，改为河北大学。1970年11月，河北大学由天津市迁至河北省保定市，天津外国语大学迁入此处。

天津工商学院附属中学

遗址位于马场道117号，原英租界马场道。创立于1923年，是一所由法国天主教耶稣会创办的私立学校。抗日战争和解放战争时期，广大师生为反抗帝国主义奴役和国民党反动统治，在中共地下党的领导下开展一系列斗争。

2003年，工商学院附属中学旧址

1938年，16岁的赵恩沐成为工商附中的第一名中共地下党员。他在校内组织读书会，发展进步力量。随后陆续有地下党员进入该校。学校地下“民青”组织日益强大，秘密印发内部刊物《课余杂谈》等。日本帝国主义统治时期，学校设立日本教官，开设日语课，唱日本国歌，进步师生进行坚决抵制。1939年，工商附中“民先”队员冒着生命危险，将抗日传单《告天津市人民书》发送到英、法、意租界和特一区市民家中。1945年，学生们在万国桥（更名为解放桥）散发揭露美蒋合流的传单。是年9月，工商附中反甄审联合会成员在刘增祚、冯炳坤、张福顺等进步学生的带领下，先后两次向市教育局局长黄钰生请愿，要求免于甄审，迫使当局允诺免除甄审，天津市在全国成为第一个免甄审的城市。

1946年1月，在刘增祚、张福顺、韩海泉的带领下，工商附中军乐队参加全市学生的“一二五”和平大会和游行，作为仪仗队走在队伍的最前列。游行后，校方开除进步学生韩海泉的学籍。1947年5月，校内成立第一个党支部，由学生刘增祚（又名甄健民）担任支部书记。天津发生“五二〇”惨案，附中地下党支部动员组织全校学生罢课三天。校当局宣布提前放暑假并锁上校门不准出入，开除带头罢课的刘增祚、冯炳昆、梁有根、冯宝增、梁宝根、吴恩义、倪梦雄7名同学。工商附中“民青”成员在地下党支部书记张椿的带领下经常到老师家里走访，宣传党的政策。在解放天津城中，党员李意天组织住校生护校，防火防盗防破坏；党员窦文光冒着枪林弹雨，从城防的复兴门带领解放军突击队攻打设在耀华中学的国民党守军司令部。1949年1月15日，解放天津的炮火还没停息，所有党员、民青均到校开展宣传共产党的城市政策、复校复课等项工作。

1949年8月，北疆博物院院长、天主教神甫盖斯杰无理囚禁工商附中住宿生陈振海、李凤禄，威胁恐吓前去解救学生的教务主任董绍康，引起师生极大愤怒。“民青”支部代理书记、校务委员会常务委员、学生会主席陈德仁组织校委会向市人民法院起诉，最后以判决盖斯杰7天劳役胜利结束，《天津日报》和全国各地报纸都相继跟踪报道这一轰动全国的“盖斯杰事件”。

1952年12月，该校由天津市人民政府接管。1954年，迁址到平山道1号。学校曾用名为工商学院附中、津沽大学附中、师院男附中、六十中学（十一中学）、师院附中、平山道中学。1981年，定名为天津市实验中学。2003年，天津市第二师范学校整建制并入该校。

天津市立师范学校

旧址位于大沽南路津海桥东北侧。学校始建于1930年8月。1937年“七七”事变后，日本帝国主义占领天津，学校被迫停办。抗日战争胜利后，师范学校于1946年夏迁至大沽南路。在此复校后，中共地下组织在该校派驻和发展地下党员，进行隐蔽斗争，扩大进步力量。建立基层组织，先后发展韩文卿（邓培）、李莘（李存）、于其贤（吉泰）、何希宁（何朔）、黑静丽5名党员。学校建立外围民主青年联合会。党员于其贤先后发展曲锡庚、孙德先（刘真）、张玉珍（章虎）、张伯康（张林）、史俊英等近20人为民主青年联合会成员。

1947—1948年，进步学生利用班会等机会开展社团活动，宣传教育群众，在校内传唱《黄河大合唱》《团结就是力量》等进步歌曲，以板报、壁报等宣传形式鼓舞进步力量、争取中间力量。组织读书会和秘密读书小组阅读《新民主主义论》《大众哲学》《简明社会科学教程》《母亲》《铁流》等书刊杂志。进步学生宣传《中国人民解放军宣言》和《目前形势和我们的任务》，使许多同学对中国人民解放军的八项政策、新民主主义革命的三大纲领和保护工商业的政策有更多的了解和认识。暑假组织两批进步学生去解放区参加学习，后又动员更多同学奔赴解放区，为解放天津做好思想准备。天津解放前夕，师范学校中的地下党员和“民青”成员加紧革命宣传工作，组织进步师生保护学校。天津解放当日，进步师生在学校周围贴出欢庆标语。地下学委肖岳等人进校接收。

天津市立师范学校学生门前合影

1978年，在前身天津市立师范学校的基础上，建立天津师范专科学校，为市属普通高等师范学校，担负着为天津市培养初中师资的任务。1996年4月，更名为天津师范高等专科学校。1999年4月，与天津师范大学、天津教育学院合并，组建新天津师范大学，同时撤销该校建制。

四、抗日战争

河西区人民抗日战争大事记

1937年

7月15日　天津各界人士成立天津各界民众抗日救国会，受中共河北省委领导下的华北各界救国会的指导。公大六厂、北洋纱厂等工厂成立救国分会。

7月16日　天津各界民众抗日救国联合会发出通电，表示拥护二十九军抗战到底，坚决要求以武力保卫华北，誓不接受任何屈辱条件。河西的工人、学生、商人、市民响应救国会号召，以极大热情踊跃捐款。爱国学生将大批慰问品送上前线，积极支持二十九军抗战。

8月　在中共天津市委的领导下，"民先"队天津地方队部重新建立，并组建起天津"民先"队中共党支部。坐落在河西的省女中、圣功女中、志达中学、工商附中和工商学院等学校，恢复和发展"民先"队队员，建立起以读书会为掩护形式的"民先"队小组，进行秘密活动，开展抗日救亡活动。

11月5日　在中共河北省委和中共天津市委的组织领导下，天津工人救国团成立。公大六厂、北洋纱厂、乾昌地毯厂为主要成员之一。其宗旨是推动各会员工厂组织起来，积极进行抗日救国活动。

12月12日　志达中学代表出席爱国教育家赵君达在海大道"女青年会"召开的天津租界学校秘密会议，商讨抵制奴化教育等问题。

12月底　党领导的天津工人救国联合会成立。在此前后，坐落在河西的纱厂、地毯厂工人的抗日救国组织相继成立。

1938年

3月8日　第三国际在天津地下党组织王森领导的爆破组，派公大六厂女工章巍和其女伴王淑媛，到以贩卖百货、实为日本特务监视进出租界抗日人员的重要据点田野洋行（日法租界交界处，今和平路与锦州道附近），巧妙安放定时炸弹（伪装在一个香烟盒内），两个小时后洋行被炸光。

春，朱峥（朱淑宜，化名王玉珍）先后在北洋纱厂、公大七厂做工，裕大、裕丰、烟草厂等党的关系由她联系。

8月　共产党员赵恩沐考入工商附中。他相继发展戚天庆等十几人加入"民先"队，并和在校的"民先"队队员王德华组成一个"民先"小组。

9月　中共平津唐点线工作委员会成立。平津唐点线工作委员会下辖北平、天津、唐山三个城市工作委员会（简称城委）和铁路线党组织。

本年　省女中初三学生、"民先"队队员徐永馨培养介绍徐文满、刘虞新、傅淑明等加入"民先"队。志达中学共产党员赵玉简在同学中开展抗日救亡活动。共产党员窦守瑜由大同中学转入圣功女中，在校组织读书会，进行抗日宣传。

1939年

1月1日　公大六厂工人在地下党组织下，把该厂一号仓库储存的数千包原棉点燃，连烧7天7夜，数千平方米库房烧光，并把高压线连燃，致使全厂停工。事后，日本宪兵进厂逮捕党员、粗纱女工田学昭及进步工人郭长军等三人。经酷刑，党的地下关系、原棉仓库过磅工郭长军牺牲。

5月16日　中共平津唐点线工作委员会天津城委成立。天津城委领导的地下支部有：小站党支部、王兰庄党支部、公大纱厂和北洋纱厂联合党支部以及天津"民先"队队部的党员。

7月　"民先"天津地方队部印刷《告天津人民》，号召全市人民节衣缩食，支援抗战。传单由工商附中王德华刻印。

7月6日　工商附中赵恩沐组织耀华学校和工商附中"民先"两个分队散发抗日传单。当晚，他们把传单投入英法租界内几条街道的住户门内，在群众中形成很大影响。

8月　天津“民先”队员发展到200余人，主要分布在圣功女中、省女中、志达中学、工商附中、工商学院、耀华学校以及法汉等大、中院校。

1940年

7月　由于日本宪兵队在市内搜捕抗日人员，党的地下工作环境进一步恶化。为保存革命力量，上级党组织决定，“民先”队必须采取秘密隐蔽的活动方式，坚持斗争。“民先”队领导干部相继撤往根据地。本月，天津重新组建的“民先”队队部结束工作。少数“民先”队员留下转入隐蔽活动。

1941年

5月17日　在党的抗日民族统一战线的指引下，全市40多个地毯厂约1500余名工人举行联合罢工。斗争坚持21天，这是地毯工人运动史上规模最大的一次罢工斗争。参加罢工的河西一带地毯厂有玉盛大街的新新、挂甲寺的义同、下瓦房的聚康和玉兴成等。

8月　平津唐点线工作委员会负责人被捕，中共北方分局指示平津唐点线工作委员会把所属各地党组织负责人全部接进根据地，市内地下党组织采取“多头单线”的形式，各条线由分局城委掌握，党员、干部间一律不发生横向关系，群众工作与敌工、情报工作严格分开；对于天津的工作，主要是打入电灯公司、纱厂、铁工厂。

12月　由于华北广大地区建立抗日政权，日商收购棉花遇到极大困难。日本当局把天津地区在纺的纱锭减缩，北洋纱厂减五分之一以至三分之一。

1942年

3月　晋察冀分局城工部决定停止平津唐点线工作委员会工作，撤销3个城委，决定在天津市内不再成立党的领导机关，采取“易地领导”方法，市内党组织归晋察冀中央分局城工部直接领导。天津周围解放区开始分别派人进入市内各区，秘密建立发展组织、自成系统，形成“多头并存，单线联系”的组织状况。

冀中军区党委派刘玉中、尚双凯在天津组织地下军手枪队，联络总站设在河西下瓦房宝和里（尚双凯家），并在市内及出入津郊各个关口设立11个小分队（联络站），为打通通往根据地的交通要道，提供根据地急需军用物资，搜集敌人军事政治情报，掩护我方工作人员出入天津，开展卓有成效的工作。

是年　公大六厂工人韩家信和同学李鸿安一起参加由进步爱国教师、学生在黄家花园求志里17号自发组织的抗日青年读书会后，在韩家信家里组织公大六厂工人读书会，成员有韩家礼、徐志平、赵金铭、王玉峰、李树江、李万玉、李文典、杨思荣、孙大华、马宣和等人。读书会成员以拜把兄弟、干姐妹的形式联系广大工人群众，宣传抗日，不断激发工人群众参加抗日斗争的热情。

1943年

8月　北方分局城委派地下党员秦良进入工商附中开展工作。

秋　天津抗联党总支成立，楚云任书记，康力为委员。天津抗联党总支下设四个党支部：工作方面遵照晋察冀中央分局城工部部长刘仁的指示，执行党中央“隐蔽精干，长期埋伏，积蓄力量，以待时机”的方针，所有成员均找公开职业作掩护。到抗日战争胜利前，天津抗联已积蓄相当的力量。河西多所大中院校中有天津抗联成员，如工商学院、工商附中、志达中学等。此时，天津抗联成员已达100余人，其中党员有五六十人。

12月　日伪当局强令北洋纱厂、恒源纱厂、达生纱厂拆卸纱锭“献铁”支援“圣战”。3个厂拆卸纱锭1.6万个、布机80余台，生产陷于瘫痪。

是年，天津抗联总会主任康力在冀中区党委城工部领导下，在志达中学开展活动，宣传抗日。本年，冀中区津南委员会派吕文彬在谦德庄一带建立地下联络站，了解敌情、传送情报、掩护同志。这一年，韩家信经李鸿安介绍，与读书会成员杨思荣通过地下党员刘格平的关系到渤海解放区学习。

1944年

2—4月　日本宪兵队相继逮捕中法大学教授王润秋、天津达仁学院院长袁贤能、天津工商学院院长刘迺仁、天津师范学校教导主任王晋恒等。同年11月25日，王润秋在狱中被折磨致死。

3月20日　日伪当局大肆逮捕教育界爱国抗日志士，仅工商附中一次就逮捕12名教师，残酷审讯后被释放。其中体育教师靳家禔被捕后一直下落不明。

下半年　刘增祚接受地下党员、天津抗联成员郭华交给的任务，转入工商附中，秘密开展学生工作。同时，工商附中学生陈振寰在天津抗联总会主任康力领导下，开展抗日活动，年底，由康力介绍入党。

冬　地下党员陆树慰在冀中区党委城工部领导下，组织志达中学进步学生孙锡九等人发起成立鸣新社，成员20余人，进行抗日宣传，培养革命骨干。

是年　日本侵略者把公大六厂的老布厂改为炮弹生产车间，严密控制。棉织工人针锋相对，通过读书会活动，发动军火车间工人，设法使炮弹多出残次品或臭弹。

年底　公大六厂读书会成员用夺取敌人的纱布作为解决工友困难的经费。他们向厂院墙外整匹、整轴地扔棉布，使日本侵略者损失很大。这一年，工人们“走”军用纱布达到高潮。日本侵略者对工人严密监视，肆意摧残。由于汉奸告密，韩家礼得到组织允许，暂时离开公大六厂，读书会未暴露的成员暂时隐蔽起来。

1945年

1月　上海纱厂工人为反抗日本侵略者及其走狗的残酷镇压，举行全厂大罢工。罢工取得胜利。晋察冀分局城工部派党员干部李剑裔（秋晨）到天津开展工作。她先后深入省女中、圣功女中、南开女中，发展党员，建立支部。

春　中共北方局城委派遣地下党员李克简来津工作。李克简部署达生纱厂工人刘元春（10月由李克简介绍入党）首先到上海纱厂开展工作。

2月　地下党员陆树慰进入志达中学鸣新社开展工作。

5月　李鸿安、丁铁若经柳凤龙的带领，到冀中九分区参加抗日斗争。经过一段学习，李鸿安被派回天津，利用学徒身份秘密组织地下军。此后，他又利用当小学教员和做小生意为掩护，输送进步学生到解放区去参加抗日斗争。受渤海区党委城工部派遣，地下党员周志敏、刘淑玉等考入省女中，开展工作。

6月　罗瑞和根据冀中区委城工部的安排考入省女中，并与省女中八名党员成立党支部。支部书记是辛冬。支部下设一个直属党小组，组长罗瑞和。

8月上旬　李克简召集刘元春、左振玉在营口道老华利里8号开会，决定成立上海纱厂工会筹委会（8月下旬正式成立，左振玉任主任）。

河西工人抗日斗争记事

1937年7月30日，日本侵略军攻占天津，大肆屠杀爱国者和无辜人民。郑道理先生著文《日军侵华罪行累累》记载：“我家住在天津市特一区（河西区）苏州道，临近海河岸边。曾目睹沦陷当天从河东郭庄子、旺庄子过摆渡上岸的难民，蓬首垢面，惊恐万分，其中有些披着单被、赤身露体的青年妇女，听说都是遭日军强奸的女同胞。最骇人听闻的是，7月30日上午占领特一区的日军，将一名督察长捆绑，先殴打，后遍身撒上汽油，引火烧焦，惨叫声不忍入耳，凶恶残暴，惨无人道。”

日本侵略者对天津进行敲骨吸髓的压榨和经济掠夺。日军占领天津的第一年，掠走各类物资价值达64万英镑；以“管理”形式吞并、控制、经营各类骨干企业达220多家。其中在河西区开办东洋制纸工业株式会社（今天津造纸厂）、上海纺织株式会社天津工场（今棉纺四厂）、维新株式会社化学厂（今天津染料厂）、协和印刷厂（今人民印刷厂）、满蒙毛织株式会社天津第一工厂（今天津毛织厂）、大仓食品产业株式会社（今天津罐头厂）等。

面对日本帝国主义的法西斯统治，河西人民没有屈服，在地下党的领导下，积极开展抗日救亡运动。在天津各界民众抗日救国会成立后，公大六厂（今棉纺二厂）、北洋纱厂（今棉纺六厂）等成立抗日救国分会。1938年7、8月间，天津的中华民族解放先锋队在河西的一些学校发展成员。其中，省女中（今海河中学）、圣功女中（今新华中学）、志达中学（今22中学）、工商学院（今外语学院址）和工商附中（今实验中学）等校“民先队”活动最为活跃。

公大六厂粗纱工人、共产党员田学昭（女），化名李秀珍在本厂女工中发展由任树荣、宋秀茹、方英冰等5人组成的姐妹团。姐妹团发动和组织工人采取磨洋工、泡茅坑、机器开慢转、偷拨亨司表（使数字增加）、在机器油孔中放细纱造成烧轴停产等手段，积极开展抗日活动。1939年元旦深夜，公大六厂一号仓库突然失火，连烧7天7夜，使数千包原棉化为灰烬，数千平方米的仓库变成一片瓦砾。1940年4月17日，公大纱厂又着了一场大火，烧毁原棉2000包。

1942年，抗日战争进入最困难的阶段，冀中军区党委为配合根据地军民打破日伪封锁的斗争，派出由刘玉中（谷立中）、尚双凯领导的地下手枪队直插天津。地下手枪队打开通往根据地的交通要道，提供根据地急需的物资，掩护我方工作人员出入天津，护送国际友人前往抗日根据地参观访问等方面作了大量的工作。我方人员利用与青洪帮的关系，打入青洪帮头子王海组织的汉奸队“义侠队”内部，从王海手中得到10余张通行证，刘玉中得到汉奸大队长的委任状，从此手枪队员出入敌人关卡再不受限制，我方的人员、物资顺利地到达根据地，多次受到冀中军区的表扬。

河西区是地毯工人集中的地方，在日军的压榨下，地毯工人“一日三餐窝（头）稀（粥）咸（菜），每天工资几毛钱，吃睡都在机器前，昼夜干活不停闲”。1941年5月17日，河西的美商古绅洋行（今地毯五厂）、辅有、协昌、义生等地毯厂，加入全市40多家地毯厂，有4000人参加的持续多日的联合抗日罢工。这次有河西地毯工人参加的大罢工，在华北沦陷区大城市中是罕见的，是中国地毯工人运动史上规模最大的一次罢工斗争。

1944年，处于日暮途穷的日本侵略者，把公大六厂的老布场改成生产炮弹的军火车间。为破坏敌人的军火生产，工人们组成读书会，发动军火车间工人，设法使炮弹多出残次品或臭弹，使其完不成军火任务。纱布车间的工人为了与日本侵略者斗争，将整匹、整轴的军用纱布巧妙地从厂院的大墙运往厂外。是年底，该厂工头毒打工人，引起工人们愤怒，他们停机停车．把工具当武器，并抓住行凶的打手，日方总领班面对工人的斗争，只得出面调解平息了事。在抗战胜利前夕，1945年1月，上海纱厂（今棉纺四厂）爆发了一场工人大罢工。罢工工人强烈抗议厂方用发霉的玉米面和烂土豆顶替粮食（工资）发给工人，工人坐在厂门口马路两边，不进工厂，厂方调来军警企图抓捕罢工的组织者，让人派代表谈判。工人识破阴谋，一致表示：我们没有领头的，这是我们工人的共同要求。这时，日军在太平洋战场节节败退，厂方怕事态扩大，不得不接受工人的要求，罢工取得胜利。

1945年4月到8月，靠近河西的津南县武工队，在河西人民配合下，先后袭击染业株式会社、大营门仓库、日军修械厂等十余处日军要害部门，缴获一批武器装备和物资，破坏了一批机器设备，狠狠地打击日本侵略者。

1945年8月15日，日本侵略者宣布无条件投降。10月8日，天津日军的受降仪式在美国海军陆战队第三军司令部门前举行。在受降仪式之前，李宗仁将军曾在今河西区台儿庄路51号花园酒店接受日军的虔悔。

五、解放天津战役

灰堆纪念地

90年代初，修建天津战役灰堆纪念地碑亭，位于原灰堆十字街东侧国民党守军司令部遗址（为大沽南路灰堆小学附近），现已拆除。

附文：

灰堆战斗

1948年12月31日，东北解放军司令部，遵照中央军委命令，决定缓攻塘沽和大沽，先打天津国民党守军。命令46军（即9纵）参加攻打天津，由津南实施突破，并限一周内完成战斗准备。为了有利攻打天津，必须先扫除进市区的障碍，攻占国民党守军在天津东南大门的灰堆据点。

2005年，灰堆战斗纪念地旧址

灰堆位于今河西区东南部，距守军城防前沿不足千米，守军灰堆据点外围有一道深1米、宽1.50米的壕沟，壕外有几道铁丝网和鹿砦、壕沿和土堤上筑有许多明暗碉堡的地堡群，还布满地雷，形成一个独立的防守区。保安第10、13、14、34四个团和一支队，总兵力有3800余人驻守。战斗力较强的保安34团分布在据点的南面，10团放在北面，另两个团放在西面和大河庄（何庄子）附近。守军保安司令部设在灰堆十字街的东北侧，由津南第一支队少将支队长白英杰统一指挥。这是守军在津东南城防的重要屏障。

解放军46军决定137和138两个师并肩从南面实施突破。以十字街为界，13师负责歼灭西部之敌，断其后路，并阻击市内守军支援；138师负责歼灭北部和东部的大河庄（何庄子）之敌，攻击部队经过3天的准备，1949年1月5日凌晨，进入阵地。410团插向灰堆和天津市区之间。6时半，410团发起进攻，在守军两面炮火间英勇作战。国民党94军43师一个连据点被毁，全连大部被歼，残部逃往市区。经3小时的争夺，拿下灰堆据点以西的灰堆造纸厂，关上了守军退路之门。9时，138师414团和137师411团，在6个山、野炮兵连的掩护下，并肩向灰堆以南守军发起突破。突击部队414团7连和411团8、9连拉起冲击后，向两翼发展，顶住守军数次反扑，并扩大突破口，后续部队插入灰堆纵深投入巷战，分割围歼一字街以东、以西之守军。同时，413团一举攻占灰堆东侧的大河庄（何庄子），转兵向西协助主力攻歼灰堆守军。国民党守军在解放军几面冲击下，企图逃往市区，市区守军也想出城接应，致使卡在灰堆造纸厂一带的解放军410团腹背受敌，战斗更加激烈，经部队顽强阻击，击退守军多次进攻。

经过一个小时的激战，取得灰堆战斗的胜利。毙敌640余人，活捉少将支队长白英杰及以下3200余人；获六〇炮、掷弹筒45门（具）、轻重机枪120挺、长短枪2000余支。从此，国民党守军的津南城防完全暴露在中国人民解放军面前。

护城河纪念地

遗址位于天津城区南部的郁江道复兴河畔。复兴河旧称护城河，始建于1947年。当时，国民党军队为抵御人民解放军解放天津，在天津东南部设置两道防御阵地，其中一道防御阵地自土城、陈塘庄、前后尖山至黑牛城，并在阵地外沿挖出宽10米、深4~5米的护城河，内筑6米高土墙，每隔200米筑一座大碉堡，周围有子碉堡群，企图借此深沟高垒固守顽抗。

1992年，解放天津战役尖山突破口纪念亭

2002年9月，解放天津战役尖山突破口爱国主义教育基地（王儒臣摄）

1949年1月14日，解放天津的战役打响后，根据解放军天津前线指挥部制定的“东西对进，拦腰截断，先南后北，先割后围，各个击破”的作战方针，上午8时，人民解放军46军对国民党天津城防南部防线发起攻击。在炮火支援下，46军138师从灰堆向上河圈、陈塘庄方向，159师（原冀热察独立7师）从纪家庄向八里台方向同时发起佯攻并占领部分阵地。9时40分，46军137师、159师以主力在前尖山南护城河桥（遗址为河西区南围堤河立交桥附近）东西两侧地段发起强攻。由于地形不利，46军攻城部队几次强攻未能奏效。在调整部署后，人民解放军以强大火力压制住敌地堡群的火力，137师409团重新发起冲击，3营7连和1营2连的战士率先冲在前面，2连3排3班长吕树华高举“登城先锋”的红旗，率领全班战士跃出战壕冲向突破口，不幸中弹牺牲，战士于米福接过红旗继续前进。在通过第三道铁丝网时，于米福被剐倒，副班长罗开云接过红旗奋勇前进。通过护城河时罗开云身负重伤，于米福再次接过红旗，终于在13时32分登上城垣，将红旗插上城头。

随后，46军所属各部队乘胜追击，相继歼灭土城、杨庄子、福建路、西楼、马场一带的敌人，直插耀华中学，与其他攻城部队胜利会师。整个战役中46军共歼敌26337人，人民解放军也有491名同志英勇牺牲，2424名同志光荣负伤。

为纪念东北野战军46军胜利攻破津南国民党军城防，1992年“八一”建军节前夕，河西区人民政府尖山街道办事处和天津铁路分局陈塘庄车站，在陈塘庄车站内联合修建解放天津战役突破口纪念亭，并立碑铭记。后随车站搬迁拆除。2002年，复兴河疏浚改建，在河的南岸建造一座石头雕塑，以纪念革命烈士们的英雄壮举。2009年，解放天津攻城突破口遗址被定为市级爱国主义教育基地。

附文：

南围堤河战斗

2003年八一前夕，解放天津战役南围堤河（今复兴河）桥突破口突击营营长、84岁的刘树森老人来到复兴河解放天津纪念碑前，向青少年生动地讲述了54年前解放天津战役，痛悼为解放天津而牺牲在南围堤河突破口的46军137师409团3营300多名战友。

1947年，陈长捷任天津警备司令，搞起了所谓“大天津堡垒化”的城防工事建筑，地处天津东南的尖山地带，是当年国民党守军的城防线。陈长捷决定沿复兴门、前后尖山和黑牛城的南围堤河一线，利用旧有河道，加深加宽，挖成了一条3米深、10米宽的城防河。南围堤河就是在这个时候成为了环绕全城43千米的城防河一部分。陈长捷还在南围堤河（城防河）内沿菜地筑起了一道6米高的土墙，墙上密布铁丝网、电网。每隔200米筑一个大碉堡，周围设子母堡群。至今南围堤河北岸还残存着一些碉堡。护城河外沿地势低洼，满是沼泽，是一片苇子地，敷设5道铁丝网，并通上了电流，埋设了宽40米的地雷区，还堆设了鹿砦。陈长捷为了防备人民解放军从津南突破，特别利用南郊众多的砖瓦、白灰窑，在灰堆镇陈兵设防。并在中纺二厂（今棉纺二厂）一带，设二道防线；耀华中学附近设第三道防线。敌人沿城防河共设380个大碉堡，集中了13万兵力，组成集团防御，企图固守顽抗。

平津战役指挥部确定从东西对进，拦腰切断，先南后北，先分割后围歼，先吃肉后啃骨头的作战方针。1949年1月14日，我军发起总攻。在天津南线由46军137师、145师担任主攻。137师为右翼，在36门山野炮、重迫击炮和7辆装甲车的掩护下，在南围堤河（城防河）桥（今解放南路南围堤河立交桥和尖山桥以西100米处，已拆除）以东地段实施突破。145师为左翼，在南围堤河桥以西地段实施突破。并部署一定兵力，东从灰堆向上河圈、陈塘庄方向；西从纪庄子向八里台佯攻。4时，各主攻团（137师409团、145师433团）进入阵地，3营是突击营，提前于13日夜12时就进入阵地。8时，佯攻方向开始动作。9时40分，我军强大的炮火一齐向敌人阵地猛轰。顿时浓烟火光笼罩了整个南围堤河城防。经40分钟轰击，145师突破口两侧敌人的明显目标已大部摧毁。但137师方向受地形限制，我军炮兵阵地距敌人目标较远，西北风又把左翼烟雾吹来，以致未能将突破口两侧敌人堡垒摧毁。

10时40分，我409团3营9连30名战士抬着梯桥在敌人的炮火下，向南围堤河猛进。敌人以大量燃烧弹向我袭击，梯桥被烧毁。第二梯队、第三梯队又连续架桥均未成功，我军伤亡重大。137师409团3营（突击营）刘树森营长，见架桥不成，决定向前冲击组织爆破。3营7连（尖刀连）沿着战友流下鲜血的路，甚至不得不踏着烈士的遗体，向敌人占据的南围堤河岸碉堡群冲上去。

13时20分，137师409团3营机炮连再次组织火力掩护，409团7连1排（尖刀排）1班（尖刀班）班长吕树华举起“登城先锋”红旗，率领尖刀班跃出交通壕，像脱缰的马、脱弦的箭，从硝烟弥漫的开阔地冲向突破口。敌人的子弹像雨点般的射来，吕树华中弹牺牲。紧跟在他后面的于米福接过红旗迅速前进，当他通过第三道铁丝网时被剐倒，副班长罗开云抢上前接过红旗，又向前方冲去，在通过南围堤河（城防河）时又负了伤。于米福再次接过红旗以迅雷不及掩耳之势向城防的碉堡连续投中了3颗手榴弹，消灭了碉堡里敌人，首先登上了城垣。13时32分，胜利的红旗在南围堤河桥以东地段的上空高高迎风飘扬。一排战士紧随而上。13时35分，145师在南围堤河桥以西地段也打开突破口，占领了突破口。

这时，409团3营7连2排6班班长郑英文也率领3名战士冲进城垣向地堡里的敌人射击，一个箭步就窜到两个枪眼之间，从枪眼塞进手榴弹，消灭碉堡里敌人10名，占据了城堡。守敌乘我立足未稳，从三面向我反扑。3营7连及后续部队8连、9连等连续打退敌人10多次反扑。300多名战士英勇牺牲，用血肉之躯坚持守住突破口。

此时，我军后续部队陆续插入，迅速向纵深发展。在前后尖山、土城、黑牛城与敌军反复争夺阵地。从13日夜12时3营进入阵地起，经过20多个小时的浴血奋战，至15日4时我军终于攻占前后尖山。46军主攻团——409团在突破口和前后尖山共伤亡836人。

1992年“八一建军节”前夕，在陈塘庄车站花园内建立解放天津攻城突破口纪念碑亭。尖山小学坚持10多年运用这个爱国主义教育基地对学生进行革命传统教育，并保持与当年参加突破口战斗的部队及指战员的联系。2002年，刘树森营长建议在南围堤河改造工程中，保留几个残存的碉堡，立上带有说明的牌子，成为解放天津的见证。他还建议在解放天津南围堤河桥突破口原址，结合南围堤河绿化，建立解放天津南围堤河突破口纪念碑，与平津战役纪念馆、解放天津会师纪念碑、东西突破口纪念地、解放天津烈士陵园形成解放天津的系列纪念地，以告慰为解放天津而牺牲的革命先烈。

中共中央华北局城工部秘密交通联络点

旧址位于琼州道33号，原德租界中街南头的刘庄中街38号小刘庄赵家大院，已拆除。建于1930年，占地约3333.35平方米，院内有各种房屋70余间。大院的主人是天津清末估衣街敦庆隆绸布庄首任经理赵翰墀。

这个大院在天津解放前曾是中共中央华北局城工部的一处秘密交通联络点。赵家孙辈、曾孙辈中，在抗日战争和解放战争时期参加革命的有12人。

早在1945—1946年间，这里就是地下党员和进步学生、妇女、工人秘密开会和接头的地点。天津解放前，大院曾作为省津中（更名为市三中）党支部开会地点，接待过天津地下党领导人张淮三（津委会秘书长、学委书记）、地下党员金爽（地下市委三人领导小组成员）、陈克非等，并提供食宿。地下党工作者在大院内收听解放区的广播，手抄后制成传单，提供党员学习并在市内散发。《天津国民党城防工事图》就是在1948年8月从这里送往解放区的，配合人民解放军解放天津。

国民党天津警察局第六分局

旧址位于解放南路291号，原六区威尔逊路东侧（遗址为海河中学）。解放天津战役中，六分局所在的这条街是中国人民解放军46军由市区南部向市中心挺进的重要通道。1949年1月15日清晨，中共地下党员、工人纠察队员何济广只身赤手空拳闯进六分局劝说行政组长立功，把六分局局长孟昭培引出后，何济广命令把枪支和所有人集中在大厅里，与赶来的纠察队员一道，不动一枪一炮拿下第六分局，将一面大三角形红旗升挂于比邻六分局的省立女中（几经易名为海河中学）操场旗杆上。

2000年，天津市公安河西分局（原国民党天津警察局第六分局旧址）

国民党警察六分局坐落地旧址

六、义和团抗击八国联军

纪庄子战场

遗址位于天津市区南部与体院北住宅小区南北相邻的纪庄子。历史上的纪庄子是一个距市中心十五六里的小村庄，全村只有二三十户人家。村头是横跨卫津河的纪庄子桥。桥东可达黑牛城、尖山，桥北通往八里台、海光寺。

19世纪末20世纪初，义和团反帝爱国运动在山东、河北一带开展起来，不久就波及到京津地区。当时纪庄子与周边的李七庄、王兰庄、梨园头等村庄是韩以礼率领的"乾"字号义和团的驻守地。

1900年7月9日，正当直隶提督聂士成奉命率领武卫前军从天津城南迂回进攻紫竹林租界地时，一支由英、俄、日等国侵略者组成的联军经东楼、黑牛城奔袭纪庄子，试图由纪庄子通过八里台包抄聂士成军队的后路，进而直取天津南城门，以解除紫竹林租界地受义和团围攻的局面。义和团首领韩以礼得知侵略军来犯的消息后，立即指挥团众埋伏于纪庄子桥东芦苇地里。当第一批敌骑兵来犯时，义和团团众用长钩将敌人钩下马，再用大刀砍杀，使敌人死伤惨重。不久，敌人援兵赶到，200多名侵略者从庄北冲到桥东，义和团的勇士们凭借着毛瑟枪和大刀、长矛，与敌展开肉搏战，打退敌军的多次进攻。后因义和团援军迟迟不至，而侵略军不断增兵，义和团在不得已的情况下，退往王顶堤方向，纪庄子不幸失守。在这场激战中，有1000余名爱国团民和老百姓壮烈牺牲。侵略者占领纪庄子后，三十几户的小村庄被烧成一片瓦砾，一些来不及撤离的团民和老百姓惨死在侵略军的屠刀下。

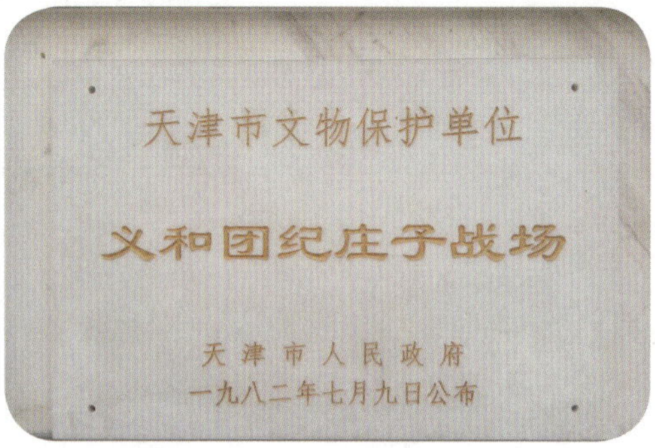

1982年，义和团抗击八国联军纪庄子战场遗址纪念碑　（王儒臣、郭枫摄）

为纪念义和团英勇抗击外族侵略的壮举，1982年7月天津市人民政府在纪庄子桥东侧树立义和团纪庄子战场纪念碑，以供后人瞻仰、凭吊。该遗址为天津市文物保护单位。

挂甲寺战场

遗址位于天津挂甲寺、土城、杨庄子、小刘庄一带紫竹林租界的南面，地跨海河两岸，因当时海河尚未裁弯取直，土城、小刘庄在海河西岸，而挂甲寺、杨庄子尚在海河东岸。挂甲寺一带是八国联军沿海河进入市区的必经之地，战略地位十分重要。

1900年夏初，入侵天津的八国联军中的一队德国士兵乘着小型兵舰驶进海河，路经杨庄子、挂甲寺一带时，遭到埋伏在两岸芦苇丛中的义和团的猛烈袭击。这支义和团的首领是邢家亨、阎震、郭环。他们利用海河旧道流经杨庄子、土城、挂甲寺、东楼等村时形成的一个马蹄弯道状的有利地形，发动当地居民组成一支400多人的保卫团，由挂甲寺村长孙国瑞任团长，邢、阎二首领为副团长。保卫团每天埋伏在河边苇蒿丛中和沿岸两侧的树林、坟丘后，对入侵者进行阻击。他们手持斧头、大刀、白蜡杆、红缨枪、猎枪和"二人抬"（两人抬起进行射击的土炮）等，同仇敌忾，从5月初到6月上旬，共袭击敌兵敌舰30多次，打死打伤敌兵100余名。当时，用破锅铁片、破犁铧铁片做的铁沙猎枪子弹，打伤打死敌人。德国侵略者进行报复，增派兵舰，用大炮、迫击炮向东西两岸芦苇地轰击。副团长邢家亨、队长杨春茂、郭老三等当场阵亡，50多名村民和团众也牺牲在敌军炮火下。

6月14日，300多名德军在猛烈的炮火掩护下，围剿打伏击的村民。孙国瑞等率团英勇抵抗、顽强拼杀，阎、郭二首领战死疆场。保卫团在敌我力量悬殊的情况下与德军血战5、6小时后，直到弹尽援绝，伤亡惨重。6月21日，200多名德国侵略军驻扎在杨庄子，每天向杨庄子、挂甲寺、土城、东楼等村庄搜捕保卫团和团长孙国瑞。德军到处滥杀无辜、焚烧民房、抢掠牲畜。孙国瑞看到村民惨遭杀戮，义愤填膺，挺身而出，于7月17日壮烈牺牲。

天津城沦陷后，义和团余部仍在挂甲寺、东楼一带秘密活动。他们平日以教拳脚为掩护，暗中发动群众继续打击入侵的八国联军。东楼村一带的村民，在义和团的组织下，经常在白河（海河）拐弯处的树林里（遗址为四十二中学至南楼商场一带）习武聚会。8月底的一天，4名德国兵骑着马到树林里打猎取乐，开枪打死一个练武村民，激起民愤，村民蜂拥而上。德国兵立即卧倒向村民射击，村民数人倒地。其余村民奋不顾身继续前冲，又被打倒了一片。此时，在树林西南侧看菜园的村民阎某目睹惨状，操起鸟枪向敌人还击。德国兵以为村民援兵到来，仓皇上马逃遁。不料其中一匹马受惊，裹足不前，德国兵被村民揪下，乱刀砍死，其余3人则逃之。

德国租界建筑遗存史略

清光绪二十一年（1895年），天津海关道盛宣怀会同天津道李岷琛，与德国领事司艮德签订《天津条约港租界协定》（中文称《德国租界地合同》）。天津被称为“万国建筑展览馆”，坐落在区域的天津德式风貌建筑区是其重要组成部分。其规划四至范围：东起台儿庄路、西至大沽南路、南到琼州道、北至徐州道，规划总用地面积0.47平方千米，规划可用地面积0.12平方千米。在德式风情区内，曾是近代名人荟萃之地，仅民国官员、企业家、建筑师、文化名人及德国名人家族人数众多。德式风貌建筑和众多的历史文化积淀，是天津市也是河西区重要文化遗产。据河西区房管部门2003年统计，保存较完整的德式风貌建筑约165处、11万平方米。其建筑包括名人旧居、公寓、兵营、教堂、会馆、电影院、博物院、宾馆、餐馆、学校、医院等。天津德式风貌建筑区形成时期正值西方建筑学发生巨大变革时期，呈现中西合璧的建筑风格。

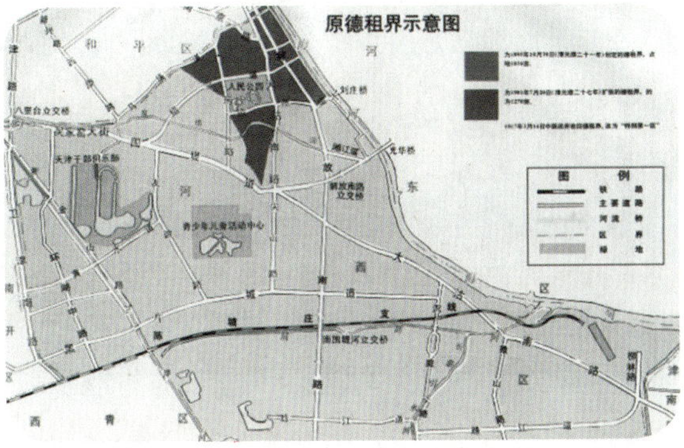

1912年，原德国租界示意图

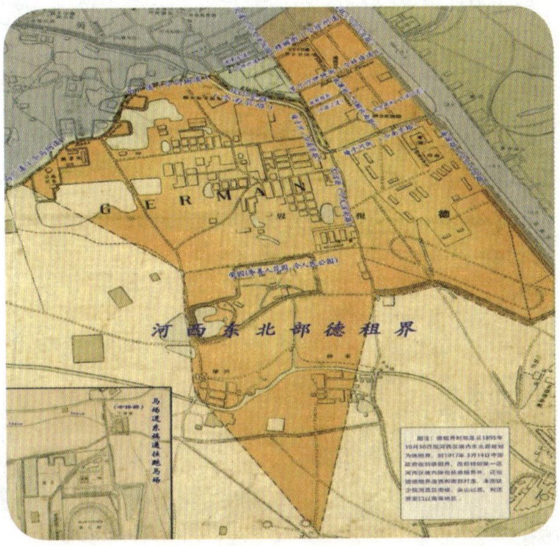

1912年，东北部德国租界示意图

21世纪初，河西区把德式风貌建筑区作为天津市海河两岸综合开发改造工程河西区段的重要节点之一，以解放南路为线，福建路、琼州道、台儿庄路、奉化道围合区域为片，实施综合整治德式风貌建筑区的环境，整修、重建历史风貌建筑。确立保护重建与综合治理环境、历史风格与现代功能、自然景观与人文景观结合的思路，挖掘德式风情街商业价值，启动海河沿岸环境优美、功能多样、集历史人文价值与商业价值于一体的德式风情街建设。维修和重建部分风貌建筑，德式风貌建筑区内奉化桥、奉化道、蚌埠桥、蚌埠道工程完工，大沽南路经改造得到提升，地铁一号线通车运行。

一、租界始末

区域

河西区境内从徐州道至琼州道的解放南路两侧的德式风貌区建筑，是保存较为完整的德式建筑群。天津的德租界，是在德帝国主义策划对华侵略政治背景下开辟的。早在清咸丰十年（1860年），天津开埠以前，已有德国商人到天津做生意，当时多分散居住在城里及东门外一带。直至天津被辟为通商口岸及英、美、法三国在紫竹林一带设立租界之后，德国侨民陆续迁入租界居住。德国要求享受与英、法等国同等的特殊待遇。

1895年6月，德国驻华公使绅科向清政府总理各国事务衙门提交关于在天津设立租界的照会，清政府授权天津海关道办理。是年10月，天津海关道盛宣怀会同天津道李岷琛，与德国领事司艮德签定《天津条约港租界协定》。于1896年1月，在天津设立德租界。德租界范围：东临海河，北至开滦胡同，南到琼州道北（琼州道不属于德租界，而属乡区五所管辖），西至海大道东侧。八国联军侵华后，联军

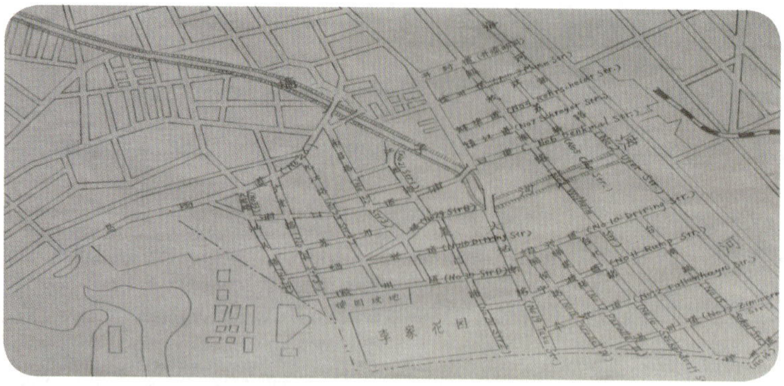

德国租界道路图

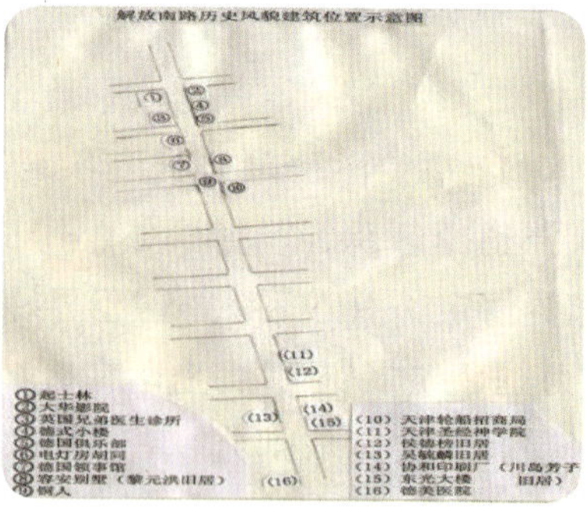

解放南路简介及历史风貌建筑示意图

司令官瓦德西在天津停留期间，将其军司令部设于德租界梁家园北洋大学堂校舍内（遗址为海河中学及解放南园），并在德租界及其附近三义庄、桃园村一带露营、放马和存储军械粮秣，其所占之区域，皆纳入德军的统辖之下。1902年，直隶总督袁世凯派天津海关道唐绍仪接受联军都统衙门时，德租界当局将德军所占据的土地划为新界。德租界向西与南方向扩界，沿琼州道与大沽南路交口处向南至围堤道再向西北到李家花园（易名为人民公园），沿桃园村大街至马场道（马场道北侧属英租界范围），折回东到南京路与大沽路交口处。扩张后的德租界地界：东临海河，北与英租界接壤，南至琼州道，并从下瓦房向南延伸至围堤道附近再向北折回琼州道；西界沿广东路向西至马场道，总计2.8平方千米。面积之大在天津的九国租界中居第三位，仅次于英、俄租界。

19世纪末至20世纪30年代，威廉街（威尔逊路）街景

20世纪初，沙石铺设的威廉街街景

1902年，德租界扩界后，包括安辛庄、开千庄、丁庄、大土地庙、下瓦房等几个小村庄。现在广东路医科大学东院原处，设有一个美国驻军营盘，营盘北部是美军司令部（曾为韶山医院）。美国营盘西侧有美军家属住的房子，俗称美国大院，即荣华里。美国大院和家属大院西邻是陶园游艺场（今新华中学址）。在小刘庄浮桥北面，德国人开设一个硝皮厂，厂后一块空地，南至琼州道，西至解放路，北临温州道，东至台儿庄路，作为跑马场，当时人们俗称德国马圈。1917年，天津闹大水，淹没很多村庄。由世界红十字会拨款、美国监工，在这里用苇把子盖起临时窝铺840余间，收容津郊灾民840余户。美国教会把灾民子女送到耶稣教办的临时学堂上学。赈灾窝铺的西面是德美医院。

1914年7月，第一次世界大战爆发。1917年3月14日，中国北洋军阀政府宣布与德国绝交，收回德国在华租界，直隶警务处处长杨以德遵照国务院的指示，接管天津德租界，并组建特种财产管理局，取代德租界工部局。是年8月14日，中国又宣布对德国及奥匈帝国作战，并于9月1日，与协约国达成协议，收回德、奥两国在天津、汉口的租界，取消两国的治外法权与庚子赔款。

1918年11月战争结束后，于1919年在巴黎郊外凡尔赛宫召开和会，6月28日签订《凡尔赛和约》，其中第一百三十二条确认中国收回德租界的正当权益。

德租界收回后，改称特别第一区（简称特一区），设特一区公署。1943年，特一区改称第六区。至1956年1月，改称河西区。

道路

1895年，开始规划道路，修筑的第一条道路是威廉街（易名为解放南路），其次是海滨路（易名为台儿庄路）、穆姆街（易名为徐州道）等。到1914年形成南至14号路（易名为琼州道），西到海大道（易名为大沽路），东临海河的近似梯形地块内二纵多横的棋盘状道路，大多是土道和碎石路。

威廉街（以德皇威廉二世名字命名）是现解放南路的一部分，又称一号路，北起开封道，南至琼州道，形成于1895年，是德租界内修建的第一条德式风情的重要街道。领事馆、工部局、武官府、德华学校（易名为海河中学址）、大华电影院（更名为北京影院）、俱乐部（易名为市政协礼堂）、德美医院（易名为河西医院的一部分）、起士林面包房等，以及德国官员、商人的住宅均集中在这条大街上。初为沙土路，1917年，德租界收回后，改称威尔逊路。

1900年后，以威廉街为中心，先后修建海滨街（易名为台儿庄路）、穆姆街（易名为徐州道）、罗尔沙伊特街（易名为蚌埠道）、俱乐部街（易名为江苏路）、纪念碑街（海河西路至大沽路间的浦口道）等30多条道路，大多是土道和碎石路。至1923年，威尔逊路（即威廉街，易名为解放南路）德租界铺上沥青。其他各条道路逐步改造成沥青路。

二、建筑风貌

风格

威廉街两侧与沿河码头公用和民用建筑，多以一个别墅式建筑为中心，辅以若干公寓式建筑，形成德国海外少有的大面积德式风貌街区。在造型及装饰上具有显著的日耳曼传统色彩。木屋架，牛舌瓦和瓦陇铁屋面或红瓦大坡顶，有阁楼和老虎窗，山尖、尖顶和塔楼较多。门窗多是又高又长的圆拱券，用天然石料砌筑，有的还用彩色玻璃。德租界，以德式建筑风格为主，将各种建筑风格融为一体，并呈现中西合璧的特点。在威廉街两侧的领事馆、工部局、武官府、德华学校、俱乐部、起士林面包房等以及德国官员、商人的住宅等具有日耳曼民族风格的建筑。排水系统是雨水、污水分流制，雨水多采用明渠排入海河，污水采用混凝土管材的地下水道排入墙子河。

1917年，德租界塑像

租界内设有德国营盘，与德国工部局都在威廉街上，管理租界内的一切事物。租界内设有巡捕房两处，一处设在威廉街靠近徐州道的工部局内，另一处设在德国兵营南半部（原公安河西分局与区环卫局处）。在租界内设有司令部（更名为领事馆，遗址为解放路浦口道东北角处）、德国球房（遗址为市政协俱乐部）、电灯房（遗址为蚌埠道西口路北）。

在解放路与浦口道十字路口原址处建有小广场，中央矗立着一座高约10米的头戴钢盔、手持宝剑和盾牌的铜像，在铜像前陈列着一门废弃的大炮。1918年，第一次世界大战德国战败后，天津的英、法、美等国家商团把铜像推倒。

选介

起士林 解放南路218~222号是天津最早的西餐馆“起士林”，德式建筑，拱形门窗，附有雕饰。创办于1900年，店名是创办人威廉·起士林（1879—1955）名字的译音，是德皇威廉二世的宫廷厨师。1900年，随八国联军来天津。1908年，店名改为“起士林—巴德”餐厅。

30—40年代，起士林餐厅

21世纪初，起士林食品店

大华影院 1916年，由美籍俄国人易·库拉也夫创建，为一座典型的俄罗斯式风格建筑。设备讲究，装饰豪华。主要放映美国影片。1931年，大华影院更名光陆影院。是年5月，该影院在天津首映全国第一部国产有声片《歌女红牡丹》，该片由著名影星胡蝶主演。溥仪、黎元洪、徐世昌、张勋等政要曾到此观影。相继更名为“光华”“莫斯科”“北京”影院。2009年10月，市政协委员活动中心在此旧址落成启用。

30年代，光陆影院（前身大华影院）

80年代，北京影院（前身光陆影院）

21世纪初，天津市政协委员活动中心（北京影院旧址）

电灯房胡同公寓 位于大沽南路电灯房胡同1~7号，1920年，德兴公司建，为天主教会神职人员住宅。建筑面积2491平方米，砖木结构，三层带地下室。外墙水泥饰面，有阁楼，铅铁坡顶，设备齐全。2006年拆除。

康科迪娅俱乐部 又称德国总会，1895年，始建于英租界戈登堂对面一座四层楼房里面。选址德租界威廉街（易名为解放南路）的康科迪娅俱乐部。1905年5月动工。1907年7月竣工。设计师库尔特·罗克格，德国汉堡施密特公司施工。占地6330平方米，建筑面积为3922平方米，是三层砖木结构，造价15万两白银。该建筑为新罗马式风格，在造型及装饰上具有显著的日耳曼传统色彩，木屋架、牛舌瓦和瓦楞铁屋面，有阁楼和老虎窗，山尖和尖顶较多。一层窗台至室外地坪以及门窗券皆用天然石料砌筑。门窗多是半圆拱券，系典型德式建筑造型。特别是室内的木雕装修、壁炉和家具都充分表现了德国中古时期的建筑风格和地域性传统特征。为德国侨民的政治、社交、娱乐中心。首层为酒吧、台球房、舞厅等，二层以礼堂为主，又称为德国俱乐部。

90年代，解放南路电灯房胡同

容安别墅 位于德租界威廉街（易名为解放南路，泰达大厦址），是1917年黎元洪退居英租界时所购，化名为宋卿府，购进后将旧房拆除，重建成一所花园别墅。楼房为三层，另有附属平房，共44间，建筑面积1878平方米。楼房为砖混结构，混水墙面，尖型瓦顶，为典型的德式建筑风格。室内首层大理石地面，二三层菲律宾木地板，周围有护墙板、多槽门窗、暖气，卫生设备齐全。房间的布局：一楼是大厅、音乐厅、餐厅等；二楼是卧室、书房、女客厅；三楼是卧室和使用间。附属平房是传达室、保卫室、厨房、储藏室及佣人住处等。院内的花园建有喷水池、方亭、石雕仙子、花窖等。黎元洪在寓所接待过孙中山夫人宋庆龄一行、美国木材大亨罗伯特·大莱、美国钢笔大王派克、英国报业巨子北岩公爵等。1928年逝世，灵柩停放在容安别墅，后葬于别墅里的西式坟墓中。

1907年，康科迪娅俱乐部

20年代，容安别墅

德国领事馆 建于1911年，遗址位于解放南路与浦口道交口处（解放南路281号天津武警总队大楼址），领事馆，并非租界管理机构，由侨民组成租界管理机构的董事会有否决权和监察权。1917年，德国租界名义上被收回，但其侨民依然在此经商和生活。1921年，中德恢复邦交，领事馆建在鲁母普街（易名为宁波道）3号。德国总领事先后有三人，第三位是魏德曼，曾担任希特勒的副官，第二次世界大战后被国际法庭列为战犯。

1911年，威廉路德国领事馆

天津轮船招商局 是天津港第一个与外商抗衡的“官督商办”航运企业，成立于1873年，局址在解放南路281号，欧式三层砖木结构建筑。1872年9月，李鸿章派朱其昂、朱其绍在天津、上海联络华商，召集资本，选购船只，招聘和雇用管理航业和轮船驾驶人员。1873年，李鸿章委任唐廷枢为津轮船招商局总办，朱其昂、徐润、盛宣怀、朱其绍等为会办，在各地设分支机构。

在原天津轮船招商局大楼（已拆）旧址兴建的楼房

天津圣经学院 于1932年9月由美国基督教通圣会创立，校舍租用特一区汉口路（闽侯路）13号楼房，由美国传教士文恒德任院长，丁立美牧师任副院长。雍剑秋（1875—1948），名涛，江苏高邮人。先后任德商礼和及捷成洋行军火买办，成为国内最大的军火中介商。他在天津宗教和慈善界捐款最多。1935年，校舍出现紧张问题。他献出特一区威尔逊路（原解放南路315号）地皮用于建设。1939年，新校舍落成，学校改名天津圣经学院。21世纪初，拆除另建新楼。

1939年，天津基督教神学院

侯德榜旧居 坐落于解放南路323号，为三层砖木结构欧式小洋楼，20年代，他与美国制碱专家G·T·李先生同住在这幢小楼里。21世纪初拆除另建新楼。

90年代，侯德榜在津旧居

30年代，吴毓麟旧居（今解放南路292号）

吴毓麟旧居 1924年，交通总长吴毓麟退居天津。1931年，著名实业家庄乐峰在威廉路（更名为解放南路）新建成一所德式洋楼。有砖木结构楼房3幢、北楼2幢、南楼1幢。北楼前后两幢均为3层并相互连通。南楼较小，为2层。北楼与南楼之间为庭院花园，有一条长廊连接。

东光大楼 （原为蛱蝶大楼）位于解放南路325号，建于1938年，建筑面积4889平方米，四层带地下室，砖木结构，红瓦、坡顶，磨砖清水

1938年，东光大楼

墙，局部水泥饰面，拱券门窗，弧形平台设铸铁栏杆，三层转角处有露天大平台，外观雅致，为典型德式建筑。原为日本协和印刷厂的一部分，天津人民印刷厂前身。

德美医院 1924年12月，德国人埃克斯（又名海阁士，HansScheidemann）、伯瑞尔（LeoBreull）、苏尔滋（AlbrechtMuensterSchultz）和美国人皮斯陶（WilliamPustau）、法克斯（CharlesJ.Fox）5人，在津威尔逊路260号（遗址在解放南路314号河西医院北院）创立天津德美医院有限公司。德国柏林医大教授海阁士、伯瑞尔任正副院长。1939—1940年被誉为“天津白求恩”的理查德·傅莱曾在此医院工作。20世纪初，改建为饭店。

1940年，德美医院

增延胡同公寓 原名德国大院，旧址建于1923年，坐落在福建路东侧，温州道以北50米处，占地面积为2.5万平方米，建筑面积为4875平方米，是一处典型联体式德式建筑，建筑平面成“口”字形，中间为花坛绿地，是排列整齐的里弄式公寓住宅。解放前为德国西门子、礼和、禅臣等洋行职员使用。解放后由天津市人民政府接管，现为民居。

2002年，增延胡同

2002年，增延胡同公寓牌匾

北洋西学学堂 遗址位于南京路与解放南路交口处。原为清朝海军练兵场所，1895年创建，成为北洋西学学堂。1896年，改为北洋大学堂，是中国第一所新型大学。1900年，被德军占领，学堂迁往西沽武库新址，这里改作“德国兵营”，联军司令官瓦德西的司令部设置于此。1910年，德国人用兵营一部分建“德华中学”（几经易名为海河中学）。原建筑为西式二层楼房，四合院式布局，毁于1976年大地震。遗址上建新教学楼。

1895年，北洋西学学堂

乡谊俱乐部 坐落于马场道268号。始建于1925年，由英国赛马会有限公司兴建，起初称为乡谊会俱乐部。1933年，与英国赛马会合并改称马场球房。太平洋战争爆发后被日军占用，改名国际俱乐部。1945年，日本投降后为美军的军官俱乐部。1951年9月，由天津市人民政府代管，辟作机关干部文化娱乐场所，定名天津干部俱乐部。其后又多次更名。1985年5月，复名为天津干部俱乐部，隶属于天津市机关行政事务管理局。

俱乐部的主要建筑被称为南楼，采用的是19世纪“探新运动”中出现的简化古典式建筑风格，包括地下室共三层，建筑面积9525平方米。楼入口有人字山墙及弧形山墙，墙面红砖砌筑，方壁柱。门廊为砖砌方柱，上有铁栏杆的阳台。大厅为两层混凝土梁柱结构，硬木地面。二楼大厅建有木制面回廊，厅顶为彩色玻璃穹顶。楼内设餐厅、茶室、球房、游泳池和弹簧地板结构的大舞厅。南楼的使用功能完备，建筑用材精细、质高，工艺考究。

党和国家领导人来津考察工作时多次来到这里出席活动。1958年8月13日，毛泽东观看河北梆子小百花剧团的演出。1966年春节，周恩来与天津文艺工作者联欢。1972年12月12日，周恩来陪同外宾来津考察时观看文艺节目。1958年7月8日至11日，刘少奇在小礼堂召集各阶层各部门代表，召开三次座谈会，听取各方面的汇报并作出重要指示。1978年8月，邓小平接见天津党政领导干部及第十世班禅额尔德尼·确吉坚赞。

1982年，博采中国园林建筑的特点，建造颇具宫廷园林韵味的燕园公园，成为天津市规模较大的集餐饮、娱乐、健身于一体的园林式娱乐中心。

附 录

选录发展计划2个、题词1副、碑记8通(幅)、考凭1张、神话传说1篇。

21世纪初，河西区风貌　　　　（张颖摄）

发展计划

天津市河西区国民经济和社会发展第十个五年计划

“十五”计划是我国进入新世纪的第一个五年计划，是开始实施现代化建设第三步战略部署的第一个五年计划，也是社会主义市场经济体制初步建立后的第一个五年计划。制定好河西区“十五”计划，对于贯彻落实党的十五届五中全会和市委七届七次全会精神，加快全区经济与各项社会事业的发展，具有十分重要的意义。

一、发展的基础和条件

“九五”时期，是我区经济和社会发展承前启后、继往开来的重要时期。区委、区政府领导全区人民，认真贯彻党的基本路线，紧紧围绕“九五”确定的奋斗目标，以改革开放为动力，以深入打好服务牌为特色，按照建立社会主义市场经济体制的要求，解放思想，开拓创新，迎难而上，团结奋进，各项工作全面上水平，全区经济继续保持持续、快速、健康发展，各项社会事业不断进步，人民生活水平进一步提高，全面完成和超额完成“九五”计划的各项任务和指标，成为河西区历史上发展最快的时期，为新世纪的更快发展奠定了坚实的基础和条件。

——全区经济持续快速健康发展，经济实力显著增强。2000年实现国内生产总值25.16亿元，比1995年的9.62亿元增加15.54亿元，按可比价格年均增长19.44%，高于全市年均增长水平。完成工商总收入83.54亿元，比1995年的30.83亿元增加52.71亿元，年均增长22.07%。实现工商总利润4.52亿元，比1995年的2.07亿元增加2.45亿元，年均增长16.95%。实现财政收入2.18亿元，比1995年的1.12亿元增加1.06亿元，年均增长14.23%。

——产业结构调整取得成效，第三产业发展迅速。“九五”期间，我区加快产业、产品结构调整步伐，二、三产业比例为18.7 ：81.3。工业结构不断优化，区属工业企业已发展到245家，工业增加值达到4.5亿元，是1995年的2.7倍，按可比价格年均增长23.28%；壮大了天马、山华等一批全市区街经济的龙头企业，形成了电子、机械、金属制品、食品、服装等主要行业，涌现出一批科技含量较高的名牌拳头产品，竞争能力进一步增强。第三产业成为经济发展的主导产业，2000年第三产业增加值达到20.46亿元，比1995年增加12.85亿元，按可比价格年均增长18.22%，第三产业对全区经济增长的贡献率达到78.55%。商贸业兴旺发达，建成一批大中型商贸服务设施，形成桂发祥、南楼商贸集团、鸿起顺等一批商业骨干企业，南楼家乐超市、“食为天”、富世连锁等新型商业业态快速发展，2000年实现社会消费品零售总额13.4亿元，比1995年增加8.63亿元，年均增长22.95%；各类交易市场蓬勃发展，建成房地产、建材、家具、钢材、装饰等一批辐射面广的大型市场；房地产、旅游、信息咨询等新兴的第三产业得到长足发展。

——区域经济全面发展，民营经济快速增长。全区上下深入打好服务牌，不断优化区域经济发展环境，越来越多的商家在河西投资办企业。截止2000年，在河西注册的内资企业5431户，累计注册资金51.81亿元，外资企业346户，累计注册资本10.4亿美元；私营企业和个体工商户9103户，累计注册资金22.12亿元。驻区三产企业实现税收总额占全区财政收入的一半，成为我区财政收入的重要来源。个体私营经济快速增长，比重逐年上升，2000年个体私营经济完成增加值10.22亿元，占全区国内生产总值比重的40.61%，比1995年的38.02%提升了2.59个百分点，对全区经济增长的贡献率达到47%，实现税收4330万元，占全区财政收入的20%。“三资”企业工业产值占全区工业的比重由41.1%提高到78.4%，增加值占全区国内生产总值的比重由3.07%提高到7.16%，五年累计创利税3.11

亿元。多种经济成份共同发展的格局已经形成。

——各项改革取得新突破，经济体制新框架初步构建。按照建立社会主义市场经济体制的要求，积极推进区街经济管理体制和区街企业改革，成立了国有和集体资产管理委员会，初步形成了资产监管运营机制，有力地促进了全区经济的健康发展；部分商业行政性公司实现了向经营性公司转变；通过资产重组，建成天马、山华、南楼、桂发祥、越秀等5个集团，形成了一批多元投资的母子公司；采取改组、联合、兼并、股份合作制、出售等多种形式，对全区400多个小企业实行产权制度改革，实现了小企业放飞；推行区街体制改革，顺利地完成街道调整，初步实现了政企分开；加快职工养老保险、失业保险等社会保障制度和住房分配制度改革步伐。

——对外开放进一步扩大，利用外资的质量不断提高。五年累计合同外资额5015万美元，实际利用外资额4025万美元，同美国、日本、韩国及中国台湾、香港等16个国家和地区的企业建立了投资合作关系，一些较大的外国企业来我区落户，并且逐年增资。对外贸易继续增加，五年累计外贸出口额7223万美元，是“八五”期间的2.9倍。对内开放取得新成绩，五年累计协议内资额26.2亿元，实际到位额8.4亿元，加强了与全国130个地区经济往来与协作，457个市、地、县政府和企业在河西区设立办事机构。

——提前完成危改任务，城区面貌显著改观。“九五”期间，区委、区政府提出了“拆危房、修道路、搞配套、上绿化、兴小区、建市场”的城市建设基本思路，加大基础设施建设力度。用三年零十个月的时间率先在全市基本完成了成片危陋平房改造任务，累计拆除谦德庄、土城、刘庄、玉川居、贺家口等危陋房屋48处，建成安德公寓、新城小区、龙海新村、园丁公寓、福盛花园、财院东等一批新型住宅小区，累计拆除危陋平房108万平方米，竣工331万平方米，41457户居民迁入新居，新增供热面积140万平方米；相继建成十几座大型商贸商务设施，大沽南路商贸示范街正加紧改造；拓宽改造了大沽南路、友谊路、广东路等71条干支线道路，配合全市实施了墙子河改造工程和海河防洪通道建设工程，新建翻修排水管道46公里、道路110万平方米；新建绿地130万平方米，绿化覆盖率达到32%，绿地率达到20%；积极推进“一控双达标”，基本实现工业污染源达标排放，提前一年实现环境保护总量控制目标；深入开展综合治理环境秩序和“治乱”活动，“畅通工程”取得明显效果，市容环境明显改观。

——“科教兴区”战略取得初步成效，各项社会事业全面发展。截止2000年，累计发展民营科技企业380家，年创税900万元；累计引进开发新项目500余项，获得科技成果62项，有7项科技成果获市级以上奖励，大通通译软件、文龙开窗复膜机、UV上光机等项目获得重大技术成果奖，技术市场交易额达到7094万元。教育事业蓬勃发展，基础教育设施和教育水平居全市前列，成为全国首批“普九”达标单位，高考一次上线人数达到历史最好水平，素质教育取得可喜成效，职业教育、成人教育和社区教育有了新进展，中小学布局调整取得良好效果，一批教学质量高、硬件设施先进的现代化学校正在形成，整体办学实力明显提高，在高水平教育强区的创建上取得显著进展。被评为全国儿童工作先进区标兵。加强了文化设施建设，建成河西图书大厦和新闻中心大楼，河西图书馆被评为国家一级馆，有线电视入网率达到85%，群众性文化活动丰富多彩，我区被命名为全国社区文化先进区。全面实施《全民健身计划》，保持了全国“田径之乡”称号，连续十一年获得全市中小学田径运动会冠军称号，参加国际性比赛获得奖牌57枚。建立和完善医疗卫生预防保健体系，在全市率先启动健康促进工程，社区卫生服务覆盖率达到95.83%，被评为全国初级卫生保健达标区、妇幼保健及口腔病防治工作先进区。以社区服务为重点的社会福利保障体系初步建成，被评为全国双拥模范区、全国社区服务示范城区、残疾人工作先进区和抗洪救灾先进集体，并被国家民政部确定为社区建设实验区。人口得到有效控制，2000年人口出生率控制在4.08‰。区计生委被授予全国计划生育先进集体称号。

——居民收入保持较快增长，人民生活得到明显改善。全区居民人均现金收入由5835元提高到

9834元，年均增长13.94%。新建住宅296万平方米，人均居住面积由7.1平方米增加到12.5平方米，人均绿地面积由3.04平方米增加到5.1平方米，住宅热化率由29.5%提高到60%，气化率由90%提高到99%。居民出行、购物、邮电通讯、医疗保健、文化娱乐等生活质量进一步提高。下岗职工得到妥善安置，养老保险、失业保险覆盖面达到95%以上。人民生活提前达到小康水平。

——精神文明建设取得新成果，民主法制建设不断加强。深入开展社区精神文明建设和群众性创建活动，我区被命名为天津市创建文明城区工作先进区，天塔街纪庄子地区被中宣部确定为全国社区思想政治工作重大典型，鸿起顺饭庄被评为全国创建精神文明先进单位。“三讲”教育取得成效，廉政建设取得新进展，监督机制进一步完善。行业风气持续好转。依法治区步伐加快，社会治安综合治理成效显著。

五年来，我区经济和社会发展取得了令人鼓舞的成绩。但是，由于多种因素的影响，在经济和社会发展中仍然存在着些突出问题。表现在：一是人力资源开发相对滞后，人员素质、观念和管理水平与发展市场经济和加入WTO的要求还不适应。二是经济总量的增长与发展各项社会事业的要求不相适应。

二　指导思想和奋斗目标

（一）面临的新形势

新世纪之初的五年，我国将全面建立社会主义市场经济体制，加入世贸组织，实现与国际经济接轨，实施现代化建设第三步战略部署。市场经济体制的建立、经济的全球化、以及高新技术的迅猛发展，将导致人们的理念、工作方式乃至生活方式等一系列变革。我们既有新的发展机遇，又面临新的挑战。要求我们站在时代的前列，以历史的责任感、紧迫感和忧患意识，抓住机遇，开拓创新，迎接挑战。加入世贸组织必然要求企业按照国际惯例来规范自己的行为。一方面，使经济的发展具有更大的空间、更多的机会，可以充分利用国际、国内两个市场、两种资源，引进高新技术，启动后发优势，实现跳跃式发展；另一方面，又使现有企业特别是传统产业受到更多的冲击，竞争能力较弱企业的市场份额将会减少，一些企业将面临重组、兼并甚至破产。这就要求我们必须加快企业改革和转换机制的步伐，加快与国际经济接轨，学习运用国际惯例，掌握经济发展的主动权。市场经济体现为资源的市场配置，给传统的行政管理方式、工作运行机制提出了新课题、新任务。要求政府减少对企业的直接干预，真正使企业摆脱对政府的依赖，自主经营、自我管理、自负盈亏，在激烈的市场竞争中求生存、求发展；要求政府把主要职能转向提高宏观管理能力，创造更好的发展环境，提供更优的公共服务上来。按照天津市建设现代化国际港口大都市和我国北方重要经济中心的要求，城区功能更加突出。要科学地找准河西区独有的位置，充分利用好区域优势，尽快形成自己的城区功能特色，在全市的发展中发挥更加突出的作用。未来区域竞争力将更多地体现在服务环境上。要求我们广泛、持久地打好服务牌，全面提高各个领域、各个方面、各个层次的服务水平，以优良的服务环境，吸引国内外客商，不断壮大区域经济，振兴河西、繁荣河西，进而把河西建成一流城区。市场竞争的核心是人才的竞争。建设一支宏大的、高素质的人才队伍，是经济和各项事业全面发展的重要保证，是立于不败之地的根本保证。

（二）指导思想

“十五”期间，经济和社会发展总的指导思想是：以党的十五大、十五届五中全会和市委七届七次全会精神为指导，按照市委确定的新世纪初的三大历史性任务、经济工作的三件大事和提高人民生活水平的三件新事，依据《中共河西区委关于制定国民经济和社会发展第十个五年计划的建议》，围绕建设特色突出的商贸商务区、新兴的都市型工业区、现代化的文博中心区的战略目标，以发展为主题，以结构调整为主线，以改革开放和科技进步为动力，以提高人民生活水平为根本出发点，坚持优化服务，强化管理，实干创新，再上水平，造福人民的工作思路，大力发展区域经济，加强社区建设和城市管理，实现经济跨越式发展和社会全面进步。

（三）奋斗目标

经过全区人民的共同努力，用五年左右的时间，基本建成“三线一园”，即大沽南路商贸街、解放南路物流线、友谊路文博会展聚集带和河西工业园，成为支撑特色突出的商贸商务区、新兴的都市型工业区、现代化的文博中心区的基本框架，发展一批重点工程和重点项目，使全区综合经济实力显著增强，经济结构优化升级，城市功能不断完善，社区建设全面深化，人民生活水平和生活质量提高到一个新水平。

——区域经济实现跨跃式发展。国内生产总值年均增长15%，到2005年达到50.5亿元，比2000年再翻一番。财政收入年均增长13%以上，到2005年达到4亿元。非公有制经济在全区经济总量中比重明显提高。高新技术与劳动密集型相结合的都市型工业和现代服务业得到快速发展，工业增加值年均增长10%，第三产业增加值年均增长16%，社会消费品零售总额年均增长12%。

——对内对外开放提高到新的层次和水平。在招商引资上实现新突破，5年累计合同外资额7400万美元，实际到位额5000万美元。外贸出口总值突破1亿美元。与全国各地建立广泛的合作关系，5年累计协议内资额34亿元，实际利用额11亿元。

——现代化城区形象初步形成。建成南楼立交桥、地铁一号线（河西段）等一批功能完善、四通八达的交通设施，天津市博物馆、国际会展中心、天津图书城、友谊路绿地广场等一批大型商贸、商务、文博设施将落成，建设以梅江生态居住区为代表的一批现代化居住区，形成现代化城区容貌。

——各项社会事业全面发展。实施科教兴区战略，创建高水平教育强区，保持教育事业在全市领先位次。科技创新能力不断提高，技工贸总收入突破5亿元。竞技体育保持全市领先地位。形成新的医疗卫生机制，提高人民健康水平。落实妇女儿童发展规划。保持全国社区文化先进区称号。

——社区建设全面深化。建立具有现代化城区特色和满足社区成员需求的社区建设模式和体系，提高城区文明程度，创建全国社区建设示范区，建设管理有序、服务完善、环境优美、生活便利、治安良好、人际关系和谐的新型现代化社区。

——人民生活水平显著提高。到2005年，力争全区居民年人均可支配收入达到15000元，人均住宅使用面积达到18平方米，人均公共绿地面积达到8平方米，均高于全市平均水平。居民居住环境进一步改善，城市空气质量达到国家标准，居民养老、医疗、失业等社会保障体系全面建立，生活质量明显提高，人民生活更加富裕。

三　主要任务

（一）实施“三线一园”工程，构建“三区”基本框架

建设以大沽南路和解放南路为支撑的商贸商务中心区：改造大沽南路特色商贸街。借助地铁一号线的建设，形成以大营门、下瓦房、南楼地铁出站口为结点，以小白楼、下瓦房、南楼商圈为支撑，以若干专营店、特色店、便利店为衔接的商业区域发展框架，使大沽南路成为现代化商业示范街。加大解放南路至外环线周边地区的开发力度，依托大型国际会展中心，以环渤海、登发商贸群为载体，集中发展建材、装饰、石化、汽车、茶叶、工艺品等大型专业市场，发挥集散辐射作用，形成大型物流中心。

建设以河西工业园为支撑的都市型工业区：在双林农场区域内建设河西工业园，吸引各种所有制企业落户区。借助市属工业企业结构调整之机，积极利用土城、陈塘庄工业区基础设施，逐步形成都市型工业基地。发展具有高新技术和无污染、能耗低、吸纳劳动力多的都市型工业，增强经济发展后劲。

建设以友谊路为支撑的文博中心区：依托天津市博物馆、国际展览中心、友谊路绿地广场、天津宾馆大礼堂、水晶宫、友谊商场等大型设施和北方金融大厦、奥东大厦等金融机构，建成集文化博览、旅游、金融、会展为主体的文博中心区，塑造国际化交流中心的城市品牌。

（二）加快区域经济发展，增强综合经济实力

实施区域经济一体化发展战略，以大力培育税源经济，壮大财政实力为核心，形成区属经济、民营经济、驻区经济相互融合、共同发展的新格局，不断壮大综合经济实力。

1. 培育重点经济区域。围绕建设“三区”目标，开发建设一批大型商贸设施。建设友谊家世界购物广场、登发装饰购物中心、宜家购物广场（暂定名）、新世纪购物广场、河西商贸大厦、图书城等。繁荣广东路、二号路、乐园道餐饮、休闲集聚带，引导各类餐饮业到广东路投资经营特色餐饮。搞好小白楼、佟楼、体院北、小海地、梅江等商贸群的规划建设。探索构建解放南路北段欧式风貌区。形成多层次、多功能的若干现代化商贸群。

2. 大力发展非公有制经济。把发展非公有制经济作为区域经济的重要增长点，进一步优化发展环境，使非公有制经济与其他所有制经济享有同等待遇，同样服务，加大引导和政策扶植力度。推动私营企业的资本扩张，支持个体私营企业以多种形式参与国有、集体经济的改制与资本重组，鼓励有实力的私营企业兼并收购其它企业，着力培育有规模、有实力的私营企业上市融资，培育一批滑干企业，促进私营企业向科技型、规模型、外向型和集团化发展。

3. 加强财税管理。加大税法宣传力度，强化企业法人和公民依法纳税意识。坚持依法治税，加强对各种税源的征稽和管理，确保各项税收及时足额入库。加大对税收的考核力度，最大限度地调动有关单位和企业增收增税的积极性。发扬艰苦奋斗、勤俭节约的传统，坚持适度从紧的财政政策，严格控制财政支出，加强审计监督和预算外资金管理。国税、地税、工商、财政等部门要通力合作，各部门和单位要做好协税、护税工作，确保财政收入逐年增长，实现财政收支状况的进一步好转。

（三）依靠科技进步，加快产业结构调整

坚持以市场为导向，以企业为主体，按照有取有舍和抓大放小的原则，对产业结构进行战略性调整。大力发展第三产业，优化第二产业，形成高新技术与劳动密集型相结合的都市型工业和现代服务业为主导的产业新格局，进而形成一批优势产业、骨干企业和名牌拳头产品。到2005年二、三产业比重为15：85。

1. 大力发展第三产业，优化内部结构

改造提升商贸流通业。巩固商贸流通业的主导地位，以建设特色突出的商贸商务区为目标，以发展辐射力强的商业业态为重点，构筑现代商贸流通业。把改造区属商业与引进国内外大的商贸企业相结合，加快商业经济增长方式的转变，实现商业业态的调整和创新，带动我区商贸流通业整体水平的提高。大力发展大型连锁超市、仓储式配送中心和大型商厦，实现规模经营，努力向外拓展，形成跨地区辐射能力；传统的中小商业企业要通过加快发展特色店、专卖店、便利店等新兴业态，提升经营管理档次，实现品牌经营、特色经营，形成各类商业功能匹配、错位经营的商业结构，满足消费者的不同需求。大力发展各类市场，进一步扩大市场规模和档次，增强市场的辐射力。

大力发展现代服务业。积极拓展新型服务领域，形成我区新的经济增长点。努力开发旅游业。充分挖掘旅游资源，重点发展观光、科普、商务、购物等旅游；搞好商旅结合，活跃假日市场；大力开拓国内国际旅游市场。积极发展产权交易、典当、拍卖、经纪人和会计、律师、评估师等中介服务业。推进文化、卫生、体育产业化进程。

2. 发展高新技术产业，促进工业结构优化升级

用先进适用技术改造劳动密集型产业。改造升级食品、针织品和服装制造、印刷、通用设备制造、装饰建材等传统优势行业。适度发展劳动密集型产业。食品行业要加快产品结构的调整，大力开

发市场潜力大的绿色方便食品、营养保健食品、冷食饮料、乳制品、食品添加剂等产品。针织品和服装制造行业要提高行业的装备技术水平和产品档次，继续扩大现有生产能力，成为我区出口创汇的支柱行业。印刷行业要改造落后工艺技术，利用已有的开窗复膜等先进技术，发展高品质的印刷产品。通用设备制造行业要提高自主开发能力，重点发展中高档电梯、绿色环保印刷设备、液压设备等产品。装饰建材行业要重点发展绿色环保型纳米墙面涂料新技术和墙体保温材料。用新技术和先进适用技术改造传统产业。进一步巩固和发展我区传统产业的比较优势，实现企业生产方式和经营方式的根本转变。

发展高新技术产业。坚持引进技术和自主开发相结合，引导有条件的企业向科工贸一体化企业转轨，鼓励企业加大高新技术产品和项目的开发与投入力度。以具有高新技术产品和项目的企业为龙头，带动我区高新技术产业的发展。

3. 实施品牌战略，形成一批优势产品和知名企业

发挥名牌产品效应。采取联合、重组、政策支持等多种途径，培育一批知名度高和市场占有率大的名牌拳头产品。一是壮大已有品牌的规模，发挥“桂发祥”麻花、“大维”服装的品牌效应，带动食品加工、包装、服装等相关行业的发展，争创驰名品牌。“雪游”牌羽绒服、“帽子王”不断提高档次，形成著名品牌。将天力康牌医疗保健用品、凌寒牌计算机专用蓄电池、康必硒抗癌新药、EASCO牌电扶梯、创新饲料等培养为市级名牌。二是培育新的品牌，加快培养科技含量高、市场容量大的新兴产品，形成新的名牌产品。

发挥知名企业效应。以骨干企业和名牌产品为龙头，着力发展天马、山华、越秀、桂发祥、南楼商贸、大维等一批主业突出、核心能力强的知名企业，在塑造企业形象，扩大生产经营规模，提高产业集中度和产品开发能力上下功夫。同时，培育新的知名企业，形成区域经济的支柱。发展和壮大鸿起顺饭店、迎宾楼、家乐超市等名店，突出经营特色，实现规模效益。扩展“食为天”、富世配送等一批连锁商业企业。创建一批新的名店。

4. 加快信息网络建设，实现信息化城区目标

把推动信息化工作作为我区产业结构调整的重点，以政务、公共事务和社区服务为主要内容，以宽带通信网络为载体，构建互联互通、资源共享、畅通快捷的数字化城区。坚持统一规划、市场主导、政府推动、社会共建的原则，充分利用河西区的地理、人文、社会等环境优势，加强全区网络基础设施建设，建立河西区宽带网络体系，形成信息高速公路。全面实施重点应用系统工程，建成河西政务网、社区服务网、商务网、教育网、卫生网、传媒网等信息资源库，为社会提供更好的信息服务。在此基础上加快信息产业化发展，带动传统产业的改造和优化升级。

（四）深化经济体制改革，扩大对内对外开放

按照建立社会主义市场经济体制的要求，结合我区实际，遵循积极稳妥的原则，全面深化经济体制改革，扩大开放，推动区域经济快速发展。

1. 深化区街企业改革

调整所有制结构，探索公有制多种实现形式。按照抓大要强，放小要活的思路，坚持有进有退的方针，对区国有、集体经济进行调整和重组。以股份合作制、改组、联合、兼并、租赁、承包以及出售等多种形式，加大放开搞活中小企业的力度，到2005年，区属中小国有、集体企业全部完成多种形式的改革。通过出售、转股等形式，改变一批国有、集体企业性质，使国有、集体资本有序退出。对于极少数债务负担过重、扭亏无望的企业，要依照法律程序进行破产。退出的公有资本要向名牌产品和优势企业集聚。

建立和完善现代企业制度。区属国有、集体企业凡达到《公司法》规定注册资本规模的，都要完成公司制改组，组建有限责任公司或股份有限公司。已完成公司制改组的企业要根据发展需要，增资

扩股，优化股权结构。大力推进产权多元化，广泛吸纳社会法人和自然人资本，支持鼓励企业内部职工出资入股和经营者持大股。企业集团要进一步理顺母子公司资产关系，壮大资本规模，完善集团化运行机制。桂发祥集团要在重组基础上进行股份制改造。南楼集团要改变国有独资性质，形成多元资本结构。加快龙都集团组建，使其成为房地产业骨干企业。注重研究和确定集团发展战略，强化主导产业，形成核心竞争力。建立和完善企业领导体制，充分发挥董事会对重大问题的统一决策和监事会的有效监督作用，形成有效制衡的法人治理机制。

加强企业管理，转换经营机制。建立与新的资本组成形式相适应的管理制度，采用现代企业管理方式，把依靠能人办企业与依靠制度发展企业结合起来。重点企业要全部通过IS09000国际质量体系认证。深化劳动分配制度改革，坚持按劳分配为主的多种分配制度，形成经营者能上能下、人员能进能出、收入可增可减的运行机制。加强企业文化建设，增强企业凝聚力。

深化企业劳动人事制度改革。把人才作为第一资源，建立公开、平等、竞争、择优的用人环境，培育高素质、职业化的企业家人才队伍，落实区委、区政府关于《聚集人才，充分发挥专业技术人员作用的意见》，制定优惠政策，营造拴心留人的环境。加大人才资源开发力度，强化人才交流服务中心的功能，积极引进和培养企业家、经营管理、市场营销等较高层次的各类专业人才。建立竞争激励机制，对有贡献的企业经营者和业务技术骨干，在事业、物质和政治上多重激励，在分配上实行年薪制，探索期股、期权制，允许经营者和业务技术骨干以生产经营能力、技术等作为生产要素参与分配。完善人才管理办法，调整结构，优化资源，为全区经济持续、快速发展提供强有力的人才保障。

2. 搞好社会保障制度改革

充分发挥社会保障体系重要支柱作用。按照市政府统一部署，继续扩大各类企业和个体经济组织基本养老保险、企事业单位失业保险覆盖面，在企事业单位、机关和社会团体中实行基本医疗保险制度，加大基金征缴和追欠缴力度。将所有制结构调整中出售国有、集体企业或国有、集体股权所得的资金优先用于失业、下岗职工的安置和补偿，部分资金用于弥补社会保障资金的不足。搞好优抚安置和社会救济工作，落实最低生活保障制度。

以扩大就业为目标，建立市场导向的就业机制，继续实施再就业工程，落实再就业各项政策，妥善安置失业、下岗职工，保障其基本生活。强化就业服务中心的功能，促进劳动者自主择业，鼓励企业下岗职工和失业人员自谋职业。搞好对失业、下岗职工的就业指导、职业介绍和转岗培训。下岗职工由进入企业再就业服务中心，保障基本生活逐步转向享受失业保险，进入劳动力市场，实现就业。调动社会各方面的积极性，拓宽就业渠道。到2005年将登记失业率控制在5%以内。

3. 扩大对内对外开放

抓住“入世”和西部开发的机遇，大力发展开放型经济，充分利用国内外两个市场、两种资源，广泛借助外力加快发展。

大力推进经济协作。充分利用天津港口城市和河西区市场、土地、资金、技术、人才的综合优势，搞好协调服务，大力推进区域经济合作，促进区内外生产要素的有效结合、优势互补、共同发展。加强与中央驻津单位、大专院校、跨国公司的沟通、协作，及时获得政策、信息、人才、资金以及科技成果。

千方百计利用外资。围绕盘活土地资源、城市基础设施建设、产业产品结构调整和区街企业的嫁接改造，加大招商引资力度，拓宽融资渠道，实现资源的有效利用和合理配置。

加大外经工作力度。引导企业按照国际通行规则，探索国际经济合作的方式，积极参与国际市场分工和竞争，大力开拓国际市场，扩大进出口贸易。

（五）加强城市建设，提高管理水平

按照城市总体规划，加强房地产开发，强化城市管理，树立良好的城市发展形象，努力把河西区建成功能齐全的现代化新型城区。

1. 加快房地产开发，改善群众居住条件。坚持旧区改造和新区建设相结合的原则，在巩固危改成果的基础上，加快区内零散危陋平房的改造，采取有力措施，多渠道筹措资金，在改造危陋楼房方面实现突破。重点建设经济适用房，积极配合市有关部门搞好梅江新型生态居住区的建设。以市场需求为导向，有计划地建设中高档商品住宅，形成一批高质量的住宅小区。

2. 完善各项配套建设，提高城市载体功能。积极抓住市修建海河大桥和地铁工程的机遇，相应发展道路两侧的基础设施，提高城市载体功能。以扩建纪庄子污水处理厂为契机，从加强雨、污水管网建设入手，积极推进居民小区雨、污水分流的配套建设，加强对低洼积水片和污水片的改造。以争创国家园林城区为目标，以友谊路绿地广场为中心，以海河、津河、卫津河为轴线，开辟三条景观绿化带，完善沿河和主干道绿色风景线工程，建设绿色生态环境，实现“黄土不见天”。拓宽改造黑牛城道、纪庄子道、广东路北段、永安道北段、南北大街北段，整修治理友谊南路及其两侧建筑。积极推进三年热化工程，全区住宅热化率达到80%。

3. 强化市容环境管理，塑造城区新形象。在巩固“畅通工程”成果的基础上，探索和实践长效管理的措施和办法，不断深化环卫、园林管理体制改革，在街道设立环卫、园林管理所。充分发挥街道在区域管理中统一领导、综合协调、监督检查的职能和城管综合执法、规划、工商等专业执法的作用，努力实现道路、市场、居民区管理的规范化，不断提高城市管理水平。整修主要道路，实施两纵（友谊路、大沽南路）、两横（中环线、马场道）、四团（天塔、佟楼、大营门、南楼）灯光夜景工程。撤销全部占路市场，建设一批较高档次的厅式市场，全面实现建厅退路。环境卫生保持全市领先水平，建立双港垃圾焚烧厂，垃圾无害化处理率和道路清扫保洁率达到100%，机扫率达到40%以上，居民区垃圾袋装率达到80%，分类收集率达到20%以上。进一步扩大达标范围，使我区市容卫生面貌发生显著变化，努力建成国家卫生达标区。以创建“国家环境保护模范城区”为目标，重点治理废水、废气、固体废物和噪声污染，创建无燃煤区，使辖区内环境质量达到国家标准，大气主要污染物排放基本达到国家标准，烟尘控制区覆盖率、工业废水处理率和噪声达标区覆盖率达到100%，总悬浮颗粒物、二氧化硫和氮氧化物等达到国家二级标准，全区污染物总量比2000年削减10%。

（六）发展各项社会事业，全面深化社区建设

坚持经济和社会协调发展的原则，进一步拓宽各项社会事业的发展空间，开创和发展新的特色和优势，努力把我区建成教育一流、文化发达、医疗卫生先进、人口素质较高的中心城区。

1. 全面发展教育事业。以建设高水平教育强区为目标，建立协调发展的现代教育体系，形成多元化的办学格局，教育综合实力位居全市前列，达到中等发达国家水平。教育设施一流。完成中小学布局调整，学校设备配置全部达到国家一类标准，10%达到国际先进水平；全区教育信息化建设达到较高水平，实现“校校通”。教育质量一流。构建起“发展教育”的育人模式和评估体系，学生的思想道德素养、创新精神和实践能力得到全面提高，普及三年制学前教育，保持适龄儿童及有学习能力的残疾儿童入学率100%，保持义务教育完成率100%，高中阶段教，育普及率达到99%以上。办学水平一流。建设一批在全市、全国有影响的高水平中小学和幼儿园，争创3—5所国家级示范性高级中学，创建2—3所市级示范幼儿园，办好2所国家级重点职专，建成一批特色校。队伍建设一流。幼儿教师70%达到专科水平，小学教师基本达到专科水平；初中教师90%达到本科水平，高中教师20%左右达到研究生水平，实现博士学位教师零的突破，构筑河西教育的“人才高地”。在教育投资、办学和学校内部管理三个方面的体制改革上实现新的突破。

2. 繁荣文化体育事业。坚持文艺的“二为”方向和“双百”方针，繁荣以街为主体的群众文化，丰富广大居民的文化生活。坚持正确的舆论导向，办好“河西报”和有线电视，有线电视入网率达到95%。大力加强文化设施建设，迁建区少年宫和少儿图书馆，文化站达标超过50%。坚持不懈地开展

"扫黄"、"打非"活动，净化和繁荣文化市场。全面实施《全民健身计划纲要》，创建2个具有一定规模的全民健身公园，广泛开展群众体育活动。继续保持全国"田径之乡"和中小学田径运动会的优势，争创"全国武术之乡"、"全国足球之乡"。加强体育设施建设，建成设施齐全的体育场。

3. 着力发展医疗卫生事业。实施区域卫生规划，合理配置卫生资源。建立以二级综合医院为指导，以社区卫生服务中心为主体，以社区卫生服务站、点为基础的社区卫生服务网络；新建梅江小区综合医院和保育院，重建妇幼保健指导中心，结合城市建设规划，改扩建尖山、陈塘庄、西南楼三所一级医院。积极推进无偿献血工作。加大卫生执法力度，食品卫生监督合格率达到85%以上，公共场所卫生监督合格率达到95%以上。做好妇女儿童工作，以优生优育为重点，加强妇幼系统管理，完成甲类地区妇幼保健指标。积极探索多种办医模式，开展延伸服务、特需服务，推行全科医疗服务，为形成具有河西特色的医疗预防保健体系奠定坚实的基础。

4. 搞好人口与计划生育工作。坚持计划生育基本国策，采取综合措施，稳定低生育水平。加强对流动人口的计划生育管理，加大计划生育综合治理力度，严格控制人口出生率，到"十五"末，我区人口自然增长率控制在 -1.06‰以内，人口出生率控制在5‰以内。着力建设社会主义生育文化，提高人口素质，改善人口结构，实现我区人口与经济、社会、资源、环境协调和可持续发展。重视人口老龄化趋势，妥善解决老龄人口社会保障和精神文化生活问题。

5. 进一步深化社区建设。以创建全国社区建设示范区为目标，以不断满足社区居民的社会需求，提高居民生活质量和文明程度为宗旨，努力构建新型现代化社区。改革基层社区管理体制，建立并完善由社区党组织、社区成员代表大会、社区议事委员会和社区居民委员会组成的社区组织体系，使广大社区居民依法行使民主权利，依法管理社区事务，逐步实现基层民主自治。加强社区队伍建设，实施社区工作者专业化培训工程，对各街道办事处及有关委办局从事社区建设工作的人员进行培训，建设一支高素质的社区工作者专业队伍。加大资金投入，建立完善的设施网络体系，建成一座2500平方米以上的区级社区服务中心，各街都要建立设施较为完备、功能较为齐全、具有一定规模的街级服务中心和社区服务站，实现区、街、居电子化社区服务。强化社团组织管理，发挥社团在社区建设中的作用，培育为社区建设发挥积极作用的行业性、公益性、福利性的民间组织，积极发展社区中介组织，活跃志愿者协会、文化协会、老年协会活动，使之成为社区建设的重要力量。整合社区资源，建立社区建设多元支持体系，调动社区成员和驻地单位参与社区建设的积极性，引导和动员驻区企业单位服务设施向社区开放，形成社区资源互惠互利，共建共享，最大限度地满足居民群众的需要，实现社区建设可持续发展。

（七）加强社会主义精神文明，推进民主与法制建设

加强社会主义精神文明和民主法制建设，全面提高居民素质，为全区改革开放和现代化建设提供强大精神动力和政治法律保障。

1. 深化精神文明创建活动

坚持两手抓、两手都要硬的方针，坚持不懈地进行党的基本理论和基本路线教育，弘扬爱国主义、集体主义、社会主义精神，在全社会形成共同理想和精神支柱。全面提高全区人民的思想道德水平和科学文化素质，努力培养和造就有理想、有道德、有文化、有纪律的社会主义新人，把我区建设成为社会治安稳定、城区环境优美、社会风气良好的社会主义精神文明先进区。组织干部职工继续深入学习邓小平理论，学习社会主义市场经济理论和现代科学技术知识，发挥思想政治工作的优势，调动各方面的积极性，搞好社会主义现代化建设。大力倡导社会公德、家庭美德和职业道德，大力开展争创文明社区、文明单位、文明窗口、文明家庭、文明市民的活动。加强科普宣传教育，反对封建迷信活动，倡导科学文明健康的生活方式。提倡帮残助残，全面落实残疾人保障法。巩固"双拥"模范区成果，把创建"双拥"模范区活动的深度和广度向基层推进。

2. 积极推进社会主义民主法制建设

加强民主政治建设，发扬社会主义民主。不断完善和加强民主集中制，坚持重大问题向人大、政协通报和征求意见的制度，自觉接受区人大的法律监督、工作监督和区政协的民主监督，不断提高决策的科学化、民主化。

加强法制建设，坚持依法治区。深入开展法制宣传教育，全面实施“四五普法”，不断提高全民的法律意识。严格执行行政执法责任制和评议考核制，提高行政执法水平。加强行政执法队伍建设，树立执法队伍的良好形象。

加强稳定工作，创造安定的社会环境。加强社会治安综合治理，正确处理新时期人民内部矛盾，确保社会稳定，为改革开放和经济建设创造良好的社会环境。坚持以防为主，打防并举，发挥综合治理网络功能，依法打击各种经济犯罪和刑事犯罪，及时处理各种经济和民事纠纷，严厉打击危害国家安全和社会治安的刑事犯罪和各种恶势力，扫除黄赌毒等社会丑恶现象。

四、进一步转变政府职能，营造加快经济和社会发展的环境

按照建立社会主义市场经济体制的要求，进一步转变职能，实施政府机构改革，探索新的工作方式和运行机制，为全区经济和社会的发展创造优良环境。

（一）转变政府职能

实现政府管理重心转移。大力推进政企分开，改变区属企业与政府的依附关系，减少行政管理环节和审批事项，优化政府提供社会公共服务和管理社会的职能，提高政府宏观管理能力。着力抓好基础设施建设、生态建设、环境保护和社会事业发展。营造优良的城区环境和人文环境，吸引国内外企业到河西长期发展，不断扩大税源经济，壮大财政实力。

实施政府机构改革。按照精简、统一、效能的原则，以建立“小政府、大社会”为目标，围绕政府的职能和工作重点，精减政府机构和人员。加强公务员队伍建设，引进竞争机制，形成人员能进能出、职务能升能降的运行机制，完善各项考核制度和奖惩制度，搞好公务员培训，提高公务员整体素质。

完善街道管理体制。按照建立“两级政府、三级管理”和管理重心下移的区街管理体制的要求，形成以街为主，街道与专业职能部门在城市管理中相互协调的运行机制。通过加强街办事处城市基层管理职能，发挥社区资源优势，创造有利企业发展的社会环境，服务和促进社区发展。

建立公有资产监管运营机制。按照资产所有权与经营权分离的原则，建立区和经济主管部门两级国有、集体资产管理监督和运营体系，实现政府对公有资产由行政管理向产权管理转变。在区国有资产管理委员会指导下，成立区国有资产投资经营公司，行使国有资产出资人职能，并在有国有资产管理和运营的部门成立国有资产经营分公司；集体资产要按照谁所有，谁管理的原则，建立区、街两级集体资产管理机构，加强对公有资产管理，实行资产经营责任制，实现保值和增值。打破部门、行业、系统对资源的分割界限，实现资源在全区的合理流动和优化配置。

积极发展社会中介组织。将应由社会承担的职能从政府中分离出来，大力培育和发展各种类型的社会中介组织，减轻政府的压力，满足社会的各种需求。

（二）提高政府服务水平

强化服务意识。全体公务人员要以全心全意为人民服务为宗旨，牢固树立为社会服务的意识，为区域经济发展服务的意识，为纳税人服务的意识，把全方位的服务意识体现在各个办事环节上。

落实服务措施。各部门根据不同职能，按照区域经济发展的要求，制订和完善服务措施和制度。强化对区域经济全方位服务职能，加大服务力度，规范办事程序，缩短办事时限，坚持和完善“一站式”服务，扩建“一站式”服务大厅，强化相关部门协调机制，提高办事效率。坚持与企业建立联系制

度，及时为企业提供服务，排忧解难，营造企业发展的宽松环境。

完善服务政策。进一步完善和落实促进区域经济发展的相关政策，增强对企业的吸引力，促进区域经济更快发展。

（三）加强政府廉政建设

发挥社会监督、舆论监督和群众监督的作用，促进政府廉政建设。搞好反腐倡廉教育，健全管理制度，从制度上、机制上有效遏制腐败现象。通过企业评议执法部门、社会评议政府、下级评议上级、群众评议公仆等多种形式，树立一批服务水平高、办事效率高、社会认可度高的先进单位和个人典型，促进政府工作不断上水平。坚持每年开展驻区企业评议执法部门活动，促进执法服务工作不断改善。加大对公务人员，特别是行政执法人员的监督和监察力度，对个别有违法乱纪行为的行政执法人员要严肃处理。严禁对企业乱摊派、乱收费、乱罚款。大力推进政务公开，提高政府依法行政、服务和管理社会的透明度，使政府行为置于社会和群众的监督之下，树立清正廉洁的政府形象。

五、计划的实施与管理

（一）本计划是按照《中共河西区委关于制定国民经济和社会发展第十个五年计划的建议》编制的。总体思路是围绕区委、区政府提出的“建设特色突出的商贸商务区、新兴的都市型工业区、现代化的文博中心区”的战略目标制订的，各项指标是预测性和指导性的。本计划一经区人大常委会审议通过即予实施。

（二）广泛开展计划的宣传工作，动员全区各级组织和广大群众参与计划的制定和实施。

（三）区政府全面组织“十五”计划的实施，落实各项任务。政府各职能部门要将本计划作为制订各类专项计划的主要依据，贯彻落实本计划确定的各项任务，特别是对涉及全区发展的重点工程和重点项目要在进行可行性研究论证的基础上，确保实施。

（四）区计委负责计划的管理工作，对本计划的运行进行监测和反馈。

（五）根据经济和社会发展的实际情况，及时对计划进行调整和修订。

天津市河西区国民经济和社会发展第十一个五年规划纲要

“十一五”时期，是全面落实科学发展观，构建和谐河西的重要阶段；是实现“三步走”战略目标，全面建设现代化新城区的重要时期。依据《中共河西区委关于制定河西区国民经济和社会发展第十一个五年规划的建议》，科学编制和有效实施“十一五”规划纲要，具有重大的现实意义和深远的历史意义。规划纲要提出的“十一五”时期全区发展的方向、目标、任务和重点，是指导全区国民经济和社会发展的纲领性文件，是制定其他各项发展规划和政策的重要依据。

第一章　形势分析

一　“十五”计划期间的回顾

“十五”期间，全区人民在区委、区政府的正确领导下，认真贯彻党中央、国务院一系列方针政策和市委、市政府各项决策部署，坚持解放思想，开拓创新，艰苦奋斗，迎难而上，全面实施“三区”建设发展战略，经济建设和社会发展取得了突出成就，圆满完成了第十个五年计划确定的主要目标和任务。

经济实力显著增强。2005年实现地区生产总值64.04亿元，比2000年增加1.55倍，年均增长20.54%；实现三级财政收入24.07亿元，其中区级财政收入11.30亿元，比2000年增加4.18倍，年均增长38.97%；完成社会消费品零售总额102.25亿元，比2000年增长1.04倍，年均增长15.34%；累计利用外资8937万美元，年均增长34.92%；累计完成外贸出口额9059万美元，年均增长10.68%；累计完成内联引资到位额35.86亿元，年均增长53.60%；累计完成固定资产投资总额298亿元；新发展各类企业7389个，注册资金（本）60.85亿元。

“三区”建设成效显著。全力推进发达的商务商贸区、新兴的都市型工业区和特色突出的文化博览区的建设进程，商务商贸区形成了小白楼商务中心区、友谊路现代金融服务区、大沽南路商业街、解放南路商贸物流经济带等主要功能区；商务商贸节、文化博览节搭建全方位对外开放的平台，已成为河西的形象品牌；陈塘都市型工业区完成了控制性详细规划，基本建设开始起步。

产业结构调整取得新进展。现代服务业成为区域经济的支柱产业，都市型工业稳步发展，二、三产业构成由2000年的18.7：81.30调整为2005年的12：88。开放型经济快速发展，非公有制经济比重达到77%，区域经济发展的大格局基本形成。

各项改革不断深入。区政府机构改革顺利完成，行政审批制度改革取得实效，行政许可事项得到全面规范。建立和完善区级国有资产监督、管理和运营体系，全面推进国有集体企业改革，599家街道企业实现产权清晰，商业公司转制工作基本完成。教育、卫生等各项事业改革进一步推进。

城区建设管理取得明显成效。“十五”期间，是市、区对城市建设管理投入最多的时期。新建改造道路64条、桥梁8座、河道5条，累计468.27万平方米；地铁一号线、城市快速路、解放南路与黑牛城道立交桥、海河大桥等一批道路桥梁相继建成，区域主干路网基本形成“九横九纵”的格局；配合市整修改造津河、卫津河、复兴河、四化河、长泰河，实现了5河水系与海河连通；改造危陋房屋275万平方米，新建住宅小区101个，建筑面积500万平方米；绿化覆盖率37.50%，人均公共绿地面积5.98平方米；区域空气二级良好以上天数年均达到277天，垃圾无害化处理率100%，热化率92.86%。城区功能不断完善，环境质量有新的提高。

社会事业全面发展。落实教育优先发展的战略地位，中小学公办校全部成为市级规范化学校，优质学校数量位居全市前列，教育质量全面稳步提高，教育现代化步伐加快；区域信息化指数达到

321.3；社区卫生服务覆盖率达到100%，建立了依法科学长效的突发公共卫生事件应急机制，夺取了抗击非典型肺炎的伟大胜利；群众体育广泛开展，居民体质普遍增强；天津图书大厦、天津博物馆、银河广场等一批天津市重大项目相继在河西区落成，众多大型文化博览活动在河西区举办；精神文明建设不断加强，市民的整体素质不断提高。先后荣获全国创建文明城市工作先进城区、全国社区建设示范城区、全国双拥模范区、全国社会治安综合治理优秀地区等32项国家级荣誉称号。

居民生活质量和社会保障能力有新的提高。城区居民人均住房建筑面积达到28平方米，比2000年增加3.70平方米；恩格尔系数为35.39%；城镇登记失业率控制在3.70%以内，增加就业岗位59225个；建立和完善了社会保障机制，职工养老、医疗、失业保险参保率分别达到84%、85%和80%。

服务型政府建设成果突出。政府公共服务意识不断增强，政务行为不断规范，公务员素质不断提高。区行政许可服务中心落成运行，全区26个职能部门的157项行政许可和咨询事项实行集中办理，极大地方便了公民、法人和其他社会组织。区、街为民服务中心和劳动保障服务中心的功能进一步完善，为居民群众提供了高效便捷的服务。政府工作透明度不断增强，构建了河西区电子政务平台，开通了河西政务网、招商网、企业信用网、便民服务网，提高了行政效率和服务水平。

二 “十一五”发展环境

未来五年乃至更长一个时期，是河西经济社会发展的重要历史阶段。经济全球化、区域经济一体化进程的加快，科技进步与创新速度日新月异，消费结构不断升级，社会主义市场经济体制进一步完善，全面建设小康社会向前推进，为河西经济和社会发展提出了更高的要求，拓展了更大的空间。特别是建设好滨海新区被纳入国家发展战略总体布局，为天津也为河西的经济和社会发展提供了难得的历史机遇。市委八届八次全会提出“中心城区要以海河综合开发改造为契机，进一步提高城市载体功能，大力发展服务业和都市型工业，全面繁荣各项社会事业，逐步形成以服务型经济为主的产业结构，为全市和新区的发展提供智力支持和服务保障”，这一发展定位为河西经济和社会发展指明了方向。“十一五”时期河西区经济和社会发展具备诸多有利条件。一是天津市深入实施“三步走”战略，更加凸显了河西建设商务区和宜居城区的发展优势，将加速河西对外服务功能的拓展和居住环境的优化提升。二是海河综合开发改造和2008年北京奥运会，带动着城区建设向纵深发展。随着地铁一号线、快速路等城市交通体系的形成，海河河西段的开发建设，将整体提升河西的城区功能。三是突出的商务、商贸功能，为现代服务业的发展提供了更广阔的空间。区域内有商务楼宇75座，集聚了全市90%以上的分行级内资银行和40%以上的中介机构，小白楼、友谊路地区已成为天津商务、金融集聚区。一批大型商务楼宇将在“十一五”期间建成，更加增强了河西服务全市、服务滨海新区的功能。四是丰富的人文资源，为文化博览区和宜居城区的建设提供了重要支撑。区域内有各类学校、科研院所、文化设施、卫生机构和公园740余个，一大批市级大型标志性文化建筑坐落在河西区，成为天津市中外文化交流展示的平台。五是“十五”期间，河西区全面落实科学发展观，推动改革和发展，进一步理清了全区经济和社会发展思路，总体规划了“三区”发展战略，明确了主要功能区定位，加快推进服务型政府建设，全区上下团结拼搏，经济社会发展环境进一步提升。

“十一五”时期河西发展也面临一些问题和制约因素。一是综合经济实力与经济和社会发展需求还有差距，财政实力还不强，经济建设与社会事业投入还不足；二是区域各类资源还不能满足经济社会发展的需要，产业发展与土地资源的矛盾逐步显现，社会事业资源整合利用不够充分；三是产业结构与中心城区的地位和发展要求不相适应，都市型工业刚刚起步，现代服务业发展水平不高，产业结构调整、优化的任务依然艰巨；四是政府公共管理和服务的能力有待进一步增强。

我们要紧紧抓住战略机遇期，努力克服前进道路上的各种困难，充分利用好比较优势，更大程度地释放多年积累的发展能量，形成自己的城区功能特色，努力建设服务型政府，全方位优化发展环境，在全市各区县竞相发展的形势下保持领先优势，实现河西又快又好的发展。

第二章　指导方针和战略目标

一　指导方针

按照科学发展观和构建和谐社会的要求，河西区“十一五”期间国民经济和社会发展总的指导方针是：以邓小平理论和“三个代表”重要思想为指导，认真贯彻党的十六大、十六届五中全会精神和市、区委八届八次、九次全会的各项部署，用科学发展观统领经济社会发展全局，抓住滨海新区开发开放的历史性机遇，切实把工作的着力点放在科学发展、全面发展、统筹发展上来。坚持以经济建设为中心，加快推进经济结构调整，促进增长方式转变；坚持改革开放，增强自主创新能力，加快服务型政府建设；坚持以人为本，加快推进社会事业和生态建设，不断提高人民生活水平。坚持规划立区、环境兴区、服务强区，努力构建集约型、节约型、生态型发展模式，全面提升城区功能、服务能力和综合竞争力，实现经济社会全面协调可持续发展。

二　战略目标

“十一五”期间，河西区国民经济和社会发展总的目标是：加快“三区”建设进程，进而建设以商务为特色、现代服务业蓬勃发展、都市型工业初具规模的经济强区；建设高品位、多样化、开放型的文化大区；建设功能完善、环境优良、安定祥和的宜居城区。努力实现社会和谐的现代化新城区奋斗目标。

（一）经济发展主要预期目标

地区生产总值年均增长18%，到2010年按现行口径计算达到146亿元，服务业增加值占地区生产总值比重达到89%左右；财政收入年均增长16%，到2010年达到51亿元，其中区级财政收入达到24亿元；区域口径固定资产投资总额年均增长15%；社会消费品零售总额年均增长16%；外贸出口额年均增长10%，到2010年达到3865万美元；五年累计实际利用外资2.20亿美元，年均增长15%；累计实际利用内资100亿元，年均增长16%。产业结构不断优化，资源利用效率显著提高，创新能力进一步增强，形成一批现代服务业品牌和竞争力较强的都市型工业企业，高新技术产业增加值比重明显提升。

（二）和谐社会主要预期目标

财政性社会事业支出占区级财政支出比例达到50%；接受优质高中阶段教育的学生达到90%以上，高等教育入学率达到85%以上，新增劳动者平均受教育年限15年以上；社区卫生服务覆盖率保持100%；养老、失业、医疗、工伤、生育等社会保险参保率分别达到95%、95%、90%、90%、90%；人口自然增长率控制在0.55‰以内；人均住房建筑面积35平方米；居民人均可支配收入年均增长12%；城镇登记失业率控制在3.70%以内，累计创造就业岗位6万个以上。民主法治建设和精神文明建设取得新进展，社会公共安全体系进一步完善。

（三）城区功能和生态环境主要预期目标

推动建成一批重大基础设施项目，人均拥有道路面积10平方米，居民住宅热化率98%，信息化指数达到400，基本形成完善的综合交通体系，城区载体功能和管理水平有明显提升。生态环境明显改善，绿化覆盖率45%，人均公共绿地面积10平方米，生活垃圾无害化处理率保持100%，城区空气二级良好以上天数达到310天，率先建成生态宜居城区。

三　战略布局

围绕“三区”建设发展战略，全力打造产业功能突出、规模效益显著、辐射范围广泛的服务型经济功能区：

（一）商务集聚区：重点发展小白楼商务中心区和友谊路现代金融服务区。推进建设一批商务楼宇、宾馆酒店、精品店、专卖店等载体，着力发展金融保险、商务服务、酒店业、高端商业、特色餐饮服务等行业。

（二）商贸集聚区：重点发展大沽南路商业街、佟楼商圈和解放南路商贸物流经济带。推进建设一批大型商业综合体、餐饮娱乐场馆、高档文化消费中心等载体，着力发展零售商业、酒店业、餐饮娱乐等行业；解放南路以“家”和“车”为两大板块，着力发展家居建材饰品、仓储物流、汽配汽贸行业。

（三）海河休闲旅游集聚带：以德式风情街、海河城市广场、海河水上运动世界、柳林风景区为建设重点，突出发展购物观光旅游、休闲体育运动等特色行业，形成海河西岸具有一定规模的经济带、文化带、景观带。

（四）陈塘都市型工业区：规划建设一批楼宇工业载体，重点发展高新技术和高智力服务的“双高型产业”。

（五）文化博览区：以友谊路为轴心，依托天津大剧院、国展中心、科技馆、博物馆、自然博物馆、图书大厦和文化院团等，形成演出会展博览中心；挖掘小白楼商业文化底蕴，形成时尚商业文化中心；以海河休闲旅游为特色，形成旅游文化带；以天塔、青少年活动中心、公园、广场和街道文体活动中心为基地，形成休闲娱乐文化群。构成点、线、群结合的区域文化框架。

四　战略着力点

按照“效应集聚、相互交融、和谐发展”的思路，整体推进“三区”建设。在经济发展和城市建设管理中融入文化元素，创造生产力，提高竞争力，增强凝聚力；坚持经济效益和社会效益的统一，大力发展文化产业，实现“三区”建设的协调发展，为构建和谐河西奠定坚实基础。

（一）科学整合资源。立足可持续发展，全面梳理、整合区域内土地、人力、信息、技术、文化、教育等资源，制定科学可行的资源利用计划和规划，合理有效地开发和利用各类资源。按照级差地租价值规律，优化利用和有效配置土地资源，发挥土地资源的最大潜能，实现资源配置和使用的综合效益最大化。

（二）搞好结构调整。坚持优化经济结构，培育新的优势产业，增强中心城区服务功能。以海河综合开发改造为契机，以商务楼宇为载体，以金融保险、商务服务、商贸物流等产业为主要支撑，大力发展现代服务业。以科技型、集约型、环保型为产业导向，发展都市型工业。改善个体私营经济发展环境，鼓励非公有制经济做优、做大、做强。重点建设“三区”主要功能区，实现区域经济跨越发展。

（三）增强创新能力。坚持以创新为源泉和动力，着力自主创新，把提升自主创新能力作为调整经济结构、转变增长方式的中心环节，坚持技术创新、管理创新、体制与机制创新，增强各行各业自主创新能力。完善体制机制，以改革创新为经济社会发展提供强大动力。

（四）扩大开放领域。坚持开放带动战略，实施全方位、多层次、宽领域的开放。树立大开放意识，创新招商方式，扩大招商领域，把更多的资金、技术和人才引进来。加强教育、文化等各项事业的对外交流与合作，提高河西区在国内外的知名度，形成多形式、多渠道、多领域的开放格局。

（五）优化人居环境。以建设宜居城区为目标，坚持高起点规划、高质量建设、高标准管理，加快基础设施建设，进一步完善综合交通体系、多功能绿化系统和市容景观系统，提高城区综合环境质量，创建人与自然和谐统一的生态环境。运用政策引导、优质服务和教科文卫体等事业的优势，提高城区的开放度和外向吸引力。加强民主法制建设，完善社会保障体系，维护社会稳定，促进经济社会和人的全面发展。

第三章　发展区域经济

以科技创新为引领，以巩固和扩大税源为着力点，大力发展区域经济，加快产业结构的优化升级，努力提高经济增长的质量和效益，构筑以现代服务业为支撑、都市型工业为特色的服务型经济产业体系和集约型、节约型、生态型、开放型经济发展模式，实现经济增长方式的转变，增强全区综合经济实力。

一　重点发展现代服务业

以楼宇经济为重点，依托一批基础性、功能性项目，全力打造商务强区，创建高层次的服务业品牌，增强中心城区的聚集、辐射效应。到2010年服务业增加值达到130亿元，年均增长18%，其中现代服务业增加值占整个服务业比重的80%以上，新增就业岗位5万个以上。

（一）金融保险业

重点建设友谊路现代金融服务区，积极争取国内外金融企业入驻河西，着力提升金融保险的服务功能，形成人流、资金流、信息流的集聚地。加快推进金融保险机构载体建设，建成国际金融大厦、万顺商务楼、新大地商务办公区等载体。

（二）商务服务业

发挥河西商务楼宇集聚的比较优势，吸引律师、会计师、评估师、广告、设计、投资服务、信息咨询等知名中介服务公司和国内外企业总部、研发机构入驻河西，提高河西区在这些领域的服务能级。加快推进白楼商务广场、冶金大厦、世贸大厦等商务楼宇的建设。

（三）商贸物流业

加快商业街区建设，形成各具特色、定位明确的商业特色功能区。以业态创新为抓手，通过引进外来资本拓展新的业态形式和新的经营理念，形成“大型”“精品”“便利”的商业格局。发展大型商业载体，推进尖山商业广场、南楼商业综合体、佟楼商业综合体等大型商业设施的建设。提高经营档次和品位，重点引进世界知名经销商进驻经营，引进一批国内外知名品牌的旗舰店、精品店、专卖店。培育完善友谊风情街、气象台路商业街、广东路永安道餐饮街等特色商业街区。加快社区商业中心和菜市场建设，发展多种社区商业。重视和保护“桂发祥”等商业老字号，拓展著名品牌声誉，扩大品牌效应。解放南路商贸物流经济带重点发展两大板块：一是以“家”为主题，精心培育和壮大以环渤海建材中心为代表的建材装饰物流贸易区，再建40万平方米商贸物流载体。二是以“车”为主题，建成20万平方米的汽贸汽配街。发展与“家”和“车”两大板块相配套的现代物流业。

（四）房地产业

增强规划调控力度，发挥中心城区土地级差效应，合理开发和整合区域土地资源，扩大招商引资力度，重点建设现代服务业设施。以创建宜居城区为目标，加快生态示范居住区建设。“十一五”期间销售商品房350万平方米，二手房交易400万平方米，房屋租赁管理率达到80%以上。新建河西房地产交易大厦，大力发展房地产中介，繁荣房地产市场。

（五）演出会展业

依托天津大剧院、银河广场和文化艺术院团发展演出业，培育演出公司，引进国内外知名表演团体、文化艺术精品来河西展演。推动市少儿文化艺术中心、市华夏未来艺术中心等文化载体的建设。形成天津市文化展演聚集地。依托天津国展中心、博物馆、自然博物馆、科技馆发展会展业，完善会展配套设施，整合会展资源，引进国际著名展览商，积极举办国际性、区域性博览会、展销会、招商会和研讨会，创建河西会展基地。依托天津日报报业集团、天津出版局、天津广电集团和坐落在区域内225家广告公司，发展文化传媒、音像制品、广告、图书出版业。

（六）休闲旅游业

围绕海河综合开发改造，发展高品位的休闲旅游业。以“休闲娱乐”为主题，推进德式风情街、海河城市广场、海河水上运动世界、柳林风景区等旅游项目的开发建设，改造提升友谊风情街、青少年活动中心、人民公园，形成各具特色的旅游板块。充分利用星级宾馆、旅行社和餐饮娱乐载体众多的资源优势，积极培育壮大旅游产业，加大对外开放力度，抓住奥运机遇，开拓河西旅游市场，发展旅游经济。

（七）社区服务业

重点发展家政服务、物业管理、日常维修、养老托幼、医疗保健、休闲娱乐、体育健身等社区服务业。多渠道、多方式整合社区资源，引入社会投资主体，积极兴办服务项目，创立和培育服务品牌，发挥示范作用，形成规范有序的社区服务市场。

（八）培训服务业

充分挖掘和整合区域内教育培训资源，大力发展职业培训。培育具有知名品牌和一定规模的技能培训机构，鼓励和支持有条件的职业学校和培训机构发展合作办学，办好一批特色鲜明、质量和效益高、具有示范作用的专业。全面推进职业资格证书制度和教育培训市场化，加强职业指导和就业服务，满足区域经济发展需要。

二　积极推进都市型工业

以天津陈塘都市型工业区控制性详细规划为依据，加快陈塘都市型工业区的建设。坚持以市场为导向，遵循级差地租规律，着力发展楼宇工业，以此引进适应楼宇工业的相关产业，力争达到“双高型产业”定位，即以高新技术产业、高智力服务业为重点，在有限的园区空间内，创造高效益、高产出、高税收。大力吸引科技型中小企业、大专院校和科研院所的实验中心、中试机构来园区创业和发展，充分发挥中小企业在技术创新方面的优势，形成中小科技企业集聚效应。加强“双高型产业”的引导，注重与“三区”建设、城市功能和生态环境相协调，与滨海新区产业发展相衔接，提高产业层次和关联度。创造有利于“双高型产业”发展的制度和政策环境，以产业政策为中心，集成科技、投融资和人才等各种政策手段，促进“双高型产业”健康发展。努力走出一条占地少、无污染、产出高、关联性强，具有城区特色的都市型工业发展模式。

三　提升招商引资水平

紧紧抓住滨海新区开发开放的机遇，以融入环渤海经济圈、增强河西经济辐射能力为切入点，加强与环渤海其他区域的联系与合作，以中国天津河西商务商贸节为平台，不断扩大国内外影响，提高河西知名度，增强服务滨海新区、服务全市、服务环渤海区域的能力和水平。坚持优商选资，全面提高招商引资的能级和水平，实现招商方式由单一项目招商向规划招商、集群项目招商、产业链项目招商转变。坚持“走出去、引进来”，大力吸引国内外有竞争实力的知名企业投资基础设施建设和高新技术产业、现代服务业，力争在吸引外资方面有新的突破。坚持发展楼宇经济，进一步整合区域楼宇资源，吸引更多的国内外地区总部设立研发中心、采购中心、培训中心、投资性公司和中介服务机构。五年累计引进内外资120亿元。

四　深化企业改革

按照建立现代企业制度和现代产权制度的要求，继续依法有序规范推进区属国有、集体企业改革，调整产权结构，推动混合所有制经济发展，实现投资主体多元化，建立完善的法人治理结构，增强企业创业创新能力和市场竞争力。拓宽企业融资渠道，建立和完善河西区中小企业信用担保体系。进一步完善企业信用体系，优化企业发展环境。

五　加快个体私营经济发展

大力发展个体私营等非公有制经济，进一步优化个体私营经济的发展环境，加强和改进对个体私营经济的服务和监管。鼓励和支持非公有制经济制度创新，鼓励和支持非公有制经济参与国有企业改革，进入金融服务、社会事业、公用事业、基础设施等领域。鼓励和支持私营经济做大、做优、做强。鼓励个体私营经济大力发展现代服务业、高新技术产业和文化产业，发展科技型企业，使个体私营经济在“三区”建设中发挥重要作用。引导私营企业以资产为纽带，以先进技术和名牌产品为龙头，组建企业集团，到2010年，非公有制经济占全区经济总量达到90%以上。

第四章　构建和谐社会

着眼于满足人民群众物质和精神文化多层次需求，全面发展各项社会事业，建立促进经济、社会和人的全面协调发展的社会事业体系和发展格局，努力创建天津市社会事业首善之区。

一　繁荣城区特色文化

突出文化博览特色和功能，充分利用区域丰富的文化资源，构建完善的文化事业体系和文化产业格局，打造现代文化与传统文化、高雅文化与大众文化、审美功能与教育功能相互交融的高品位、多样化、开放型的文化大区。

（一）塑造文化新形象

研究制定“文化大区”发展规划。充分发挥区域文化资源优势，加快构建友谊路演出会展博览中心、小白楼时尚商业文化中心和海河休闲文化带，构筑点、线、群结合的区域文化框架。加强国内外文化交流，争取更多的国际性、全国性的文化艺术交流展示活动在河西举办，使河西成为中外优秀文化成果进入天津的重要窗口，提高河西高品位文化的影响力和辐射力；开发独具优势的科普类、休闲类主题性文化旅游线路，形成河西特色的都市旅游竞争优势；大力发展会展业、精品艺术表演、时尚商业、都市旅游等特色文化产业，积极发展动漫、网络游戏、策划创意等新兴领域，增强河西文化产业的竞争力；挖掘历史文化内涵，宣传河西名人、名楼、名街、名居和名牌系列，培育和塑造河西文化博览节、品牌广场、社区文化社团等文化名牌，打造河西特色文化品牌，展现高品位的河西文化新形象。

（二）活跃社区文化

保持社区文化群众性、广泛性、品牌效应显著的特色，提升“四季文化”活动的质量和档次，树立精品意识，策划精品活动，增强河西文化的社会凝聚力。发挥文化网络功能，完善区、街、居三级文化网络，形成以家庭为细胞、小区为基础、街道为主体、网络为纽带的条块结合、层级管理的文化工作运行模式，提高群众文化社团的艺术水平，丰富繁荣群众文化活动。

（三）加强文化设施

建设充分挖掘、整合、利用区文化馆、活动站资源，提高文化资源利用率。增加图书馆的藏书总量，完善区级图书馆、文化馆的服务功能，提高服务质量，保持一级馆水平。建设少儿图书馆、河西档案馆。加强街道文化设施建设，全区各街道均建有达标的宣传文化娱乐中心。结合柳林风景区和水上运动世界项目的开发，建设富有人文特色的主题公园，包括艺术公园、体育公园等。加强城市雕塑建设，充分体现中心城区的文化品位。

二　提高教育发展水平

坚持教育优先发展的战略，努力提高全民文化素质，形成高水平的现代教育体系和功能完善的学习型城区，成为教育改革先行区、名师名校聚集区、全国教育知名区，率先基本实现教育现代化。

（一）进一步完善现代教育体系

学前三年制教育普及率保持95%以上；高标准普及义务教育，巩固率保持100%，实现高水平均衡发展；大力发展优质高中阶段教育，接受优质高中阶段教育的学生达到90%以上；扩大职业教育办学规模，80%左右的毕业生取得相关的职业资格证书；高等教育入学率达到85%以上；广泛开展各种形式的成人教育与培训，成人各类继续教育和培训年参与率达到75%以上；新增劳动者平均受教育年限15年以上。

（二）提高教育质量和办学水平

认真落实教育“十一五”规划，促进各类教育高标准协调发展。以示范性幼儿园建设为带动，使全区国办园都成为市级示范园和一级园。实施天津市义务教育学校现代化标准建设项目，完成模范小学、示范高中和历史名校建设。建成青少年宫。适应区域经济发展的需要，培育职业教育体系，建设实训基地和品牌专业，精心打造国家级重点职业中专。进行新一轮河西区学校现代化建设评估，力争把每一所学校都建成现代化的学校。大力实施素质教育，深化课程改革，推进教育创新，改进与完善人才培养模式，提高学生的身心素质，促进学生全面发展。实施人才战略，加强教育人才高地建设，打造一支适应河西教育可持续发展的人才队伍。提高教育信息化应用水平，加强国际间教育交流与合作，提高教育科研能力与水平。

（三）建设学习型城区

围绕创建全国社区教育示范区，全面落实各单位、各部门教育职能，以社区学院为龙头，健全区、街、居三级社区教育网络，积极推进学校资源向社会开放。完善市民学校建设，发展老年大学，开展学习型家庭、学习型单位和学习型社区的创建工作。基本形成学历教育与非学历教育并重，正规教育与非正规教育互补，学校教育与社会教育、家庭教育紧密结合，各级各类教育相互衔接的学习型城区教育体系。

三　推进科技创新和人才战略

深入实施“科教兴区、人才强区”战略，发挥科技先导作用，以人才引进与培育推动科技创新，加速科技成果向现实生产力转化，不断提高企业自主创新能力和区域整体竞争力，创建可持续发展实验区。

（一）强化科技创新

加强科技园区、科技平台、科技孵化器的载体建设。以信息服务业为突破口，大力推进和引进一批科技中介服务机构，健全科技中介服务体系和高科技产业服务咨询网络，加大信息业和高新技术产业的比重。采取多种途径，支持企业技术创新项目的研发和生产，引导企业科技创新与技术工艺更新，鼓励产、学、研一体化，形成政府、企业、科研院所互动合作的平台。加大知识产权保护力度，优化创新环境。加强质量管理，积极推进质量体系贯标认证工作，力争30%以上企业取得相应体系认证，出口企业100%通过质量管理认证体系。以创建全国可持续发展实验区为契机，深入推进科学普及教育，利用好公共科普设施，完善科普教育网络，保持河西区科普工作在全市领先地位。

（二）加强人才资源开发

进一步加强人才资源开发，把培育、吸引和用好人才作为一项重要的战略任务切实抓好。完善人才政策，营造优秀人才健康成长、脱颖而出的社会环境，建立完善的人才流动机制、人才评估机制和激励机制。以能力建设为重点，优化调整人才资源结构，实施人才培养工程。加强党政领导人才队伍建设，造就和选拔一批与构建和谐社会相适应，有一定科学决策能力、驾驭全局能力、开拓创新能力的党政人才；建设现代化的企业经营管理者队伍，为各类企业培养、引进一批高素质、专业化、职业化的经营管理人才；加快高级专业技术人才培养，培养选拔一批优秀“拔尖人才”、学术带头人、青年科技人才；加快培养技能人才，使各类高中初级技能人才结构与“三区”建设需求相适应，其中高级工以上高技能人才占一线工人总数的20%以上。到2010年，区域各行业党政人才、企业经营管理人才、专业技术人才、技能人才队伍总量达到60000人，区属党政机关、企事业单位专科以上学历人才达到80%以上。人才的知识水平和能力素质有较大提高，人才分布合理，人才产业结构优化，人才环境亲和、友好。

四　构建现代卫生服务体系

以居民健康为中心，以公共卫生、社区卫生为重点，深化卫生体制改革，优化卫生资源配置，提高医疗质量和卫生服务水平，构建符合河西城区地位与功能要求的、满足人民健康需求的现代卫生服务体系。

（一）完善医疗卫生服务体系

建立以市区域性医疗中心、专科医院为依托，区属二级医院、保健机构为指导，社区卫生服务机构为主体，社会办医机构为补充的区域医疗卫生服务网络。进一步整合卫生资源，以二级甲等综合医院为龙头，发展区属二级医院专科特色，按标准设置社区卫生服务机构，为社区居民提供连续、协调、可及、综合的卫生服务。推进中医和中西医结合事业发展，建设符合标准的二级中医医院。延长全区居民期望寿命，提高生存质量，居民健康主要指标继续保持世界中等发达国家平均水平。

（二）加快公共卫生体系

建设强化政府公共卫生监管职能，加强突发公共卫生事件应急机制建设，健全突发公共卫生事件应急处理体系、疾病预防控制体系和卫生执法监督体系，提高对突发公共卫生事件的应急处理能力。加强公共卫生设施建设，建设区疾病预防控制中心、区卫生监督所和区妇幼保健院。

（三）提高医疗质量和卫生服务水平

加强医院管理，建立医疗质量管理长效机制，发挥医疗质量控制管理网络作用，构建和谐的医患关系。大力开展社区健康教育。着力培养公共卫生、护理和管理专业人才，每千人口卫生技术人员数达到14.14人，构建结构合理、素质优良的卫生人才队伍。建立科技兴医奖励机制，促进临床科研及新技术项目的引进开发。推进信息技术在医疗服务、预防保健、卫生监督、科研教育等领域的应用，努力提高医疗质量和服务水平。

五　发展体育事业

立足于增强人民体质，提高全民健康素质，扩建和完善体育场馆设施，增加全民健身体育路径数量。保持排球、足球、乒乓球、田径等体育项目优势，继续保持在全市的领先地位。发展和形成游泳、网球等体育项目新优势，输送更多的优秀体育后备人才。加快推进体育产业化的发展，发挥体育协会的作用，鼓励和支持社会兴办各种体育健身场所，使参加体育锻炼的人数不断增加。经常性参加体育活动的人数占总人口比重达到40%以上，中小学生国家体育健康标准合格率达到95%以上。

六　加强社区建设

发挥全国社区建设示范区优势，努力建设管理有序、服务完善、环境优美、治安良好、文化繁荣、生活便利、文明祥和的新型社区，不断夯实和谐社会的基础。

（一）加强社区居委会建设

依据各种不同类型的社区，努力在管理体制、运行机制上探索适应新形势要求的运行模式。加强社区民主政治建设，增强社区居民的主人翁意识和社区凝聚力。完善社区民主决策、民主管理、民主监督制度，健全完善社区居民代表会、听证会、民主评议会制度，深化居务公开，使居民的民主权利真正落到实处。

（二）加强社区工作者队伍建设

采取多种行之有效的方式，吸引热心社区公益事业、能力强、有威信的优秀人才充实社区工作者队伍，增强社区居委会的凝聚力。有计划地组织社区工作者集中培训，提高社区工作者的素质。调整提高社区工作者的待遇，稳定社区工作者队伍。发展公益性民间社团组织，不断壮大社区志愿者队伍，发挥其在社区中的作用。

（三）加强社区设施建设

采取多渠道筹集资金的方式，改善社区环境，增强社区功能，建成一批示范社区、标准社区和达标社区。拓展社区服务，推动社区服务社会化、实体化、产业化。积极推进社区居委会信息化网络基础设施建设和应用，提高办公现代化水平。

七　健全社会保障体系

以扩大劳动就业、完善社会保险和社会救助机制为重点，健全社会保障体系，为经济社会发展提供保障。

（一）努力扩大就业

把扩大就业摆在经济和社会发展更加突出的位置，全面落实就业和再就业的各项政策措施，改善创业和就业环境，努力将城镇登记失业率控制在与河西区经济社会发展相适应的水平。充分发挥区域经济发展对创造新的就业岗位的主渠道作用，大力发展个体私营经济，努力挖掘社区就业岗位，做大做强公益性再就业公司。重点搞好“4050”人员等困难群体的再就业工作。加强区、街、居三级劳动保障平台建设，完善就业服务和培训体系。加强劳动合同管理，规范单位的用工行为，妥善处理各种劳动争议，依法维护劳动者的合法权益，促进劳动关系和谐。

（二）完善社会保险机制

不断扩大社会保险的覆盖面和生活保障筹资渠道，实现社会保险管理和服务的社会化，确保社会保险运行平稳。全面实施养老、失业、医疗、工伤、生育“五险合一”。做好退休人员社会化管理工作。

（三）优化老、幼、妇、残、困等群体的发展环境

适应河西区老龄化的发展趋势，采取多种途径加强养老机构的建设，完善以家庭养老为基础、社区服务为依托、社会养老为补充的养老机制，发展老年福利服务事业，探索养老服务社会化新途径，为老年人服务覆盖率达100%。落实责任，保障《河西区妇女发展规划》《河西区儿童发展规划》的实施，切实保障妇女的合法权益，充分发挥妇女在政治、经济、社会发展和社会管理等方面的重要作用。按照“儿童优先”的原则，提供儿童优生优育、保护和发展的良好条件。认真贯彻残疾人保障法，落实残疾人保障措施，鼓励和引导全社会关心、参与残疾人的保障工作。进一步建立健全居民最低生活保障制度，加强动态管理，实现应保尽保。完善和落实特困人群的社会救助机制。加强对流动人口的服务，依法保障保护外来人口合法权益。

八　优化可持续发展的人口环境

按照以人为本、统筹协调的要求，把人口问题作为经济和社会可持续发展的重大战略问题，努力实现人口增长与经济社会发展相适应。建立和完善计划生育利益导向机制，加强基层计划生育基础工作，大力发展新型社会主义生育文化，巩固全国计划生育优质服务先进区成果，加快推进人口管理信息化进程。推进人口和计划生育工作的综合治理，完成各项人口控制目标。人口出生率控制在8.2‰以内，自然增长率控制在0.55‰以内。

九　创建“平安河西”

充分发挥社会治安综合治理优势，深入开展平安创建活动。进一步有效整合全区社会治安防控资源，推进社会治安防控体系建设，建立和完善社会治安形势评估预警和政法部门配合制约机制。健全完善处置各类社会治安和社会救助服务紧急工作预案，提高处置紧急突发事件的能力。进一步加强政法队伍和社会治安群防群治队伍的建设，强化以社区治安防范为重心的基层基础工作。建立健全重点群体犯罪预防工作网络，预防、控制和减少各类违法犯罪案件的发生。进一步加强对公共场所的治安管理，查禁各种社会丑恶现象。建立覆盖全区全时空治安防控网络，主要道路的重点路段、繁华商业区及重点公共场所逐步实现电视监控系统联网，提高社会治安防控水平。加强普法工作，增强人民群众法律意识。正确处理新形势下的人民内部矛盾，畅通诉求渠道，完善社会利益协调和社会纠纷调处机制。

十　深化精神文明创建活动

巩固发展全国创建文明城市工作先进城区成果，以提高市民整体素质为重点，加强公民思想道德建设，深化社会公德、职业道德和家庭美德教育，丰富“邻居节”“居民节”“安居节”“学子节”等创建活动。以文明社区“五个一”为重点，加强文明社区建设；以诚信建设为重点，加强文明行业建设；以提高服务意识，增强服务能力为重点，加强文明机关建设。进一步优化城区环境，规范日常行为习惯，融洽新型人际关系，建立良好公共秩序，整体提高城区文明程度。

第五章　建设宜居城区

以创建国家卫生城区和国家园林城区为目标，巩固国家环保模范城区成果，进一步加快城区基础设施规划和建设步伐，全面构筑网络化、功能型、协调化的城区基础设施体系，达到中国人居环境奖的标准，率先建成生态宜居城区。

一　搞好城区规划

充分发挥规划的综合协调、管理和监控作用。以河西区控制性详细规划为依据，明确发展目标，优化总体布局，完善设施配置，提升环境品质，突出建筑特色。依照规划全面规范绿化、住宅建设、市政配套、拆迁与工程建设，引导城区建设高起点、高标准有序发展，提升河西区综合优势。

二　加强基础设施建设

配合市重点工程的建设，围绕服务全市、服务滨海新区和河西区“三区”建设布局，进一步完善“九横九纵”道路交通组织网络，优化区域路网布局。加快城市综合交通建设工程，协助完成国泰桥、洞庭路跨海河大桥、柳林路跨海河大桥等桥梁的建设，推进完成尖山路—郁江道、洪泽路等快速路疏导线路和绍兴道、浦口道等旧路改造任务，加快推进陈塘庄、小海地地区路网改造，增强与滨海新区和其他区域的路网贯通能力，缩短时空距离。加强静态交通和动态交通管理，着手推进小白楼、佟楼、下瓦房等地区停车场、楼的建设，合理布局区域公交线路与公交站点，配合完成解放南路、梅江等分区级、普通级公交枢纽站的规划建设，形成快捷畅通的公交体系。推进二级河道综合治理工程。完成旧供水管网改造工程，增加上水容量。配合完成纪庄子污水处理厂扩建工程。积极争取陈塘庄、小海地地区排水大管网改造，推进泵站的新建、扩建，解决区域排沥问题。大力推进热电联产，加快推进陈塘供热三期扩建及配套工程，提高区域集中供热能力。

三　改善居住条件

按照“高起点规划、高水平设计、高质量施工、高标准管理”的原则，加快建设示范住宅区，注重生态环保、智能化、节能节地与居住功能的有机融合，切实提高总体环境品质。加快老区改造和新区建设，实施旧楼房的规划改造；全部完成旧楼区综合整修；基本完成梅江生态居住区建设。人均居住建筑面积达到35平方米，热化率达到98%。加强物业管理，扩大物业管理范围，整体提升物业管理水平，全面推行旧住宅小区准物业管理，并逐步走向市场化。

四　优化生态环境

抓住创建国家园林城区的机遇，建设绿色河西。遵循以规划为先导，植树为重点，立体绿化为特色，历史、文化、人本为内涵的绿化指导思想，建设总量适宜、分布合理、植物多样、景观优美、简约大气的城市绿地生态系统。立足于科学、有效的管理，实施公共绿地建设、居住区绿化、垂直绿化、闲置空地绿化、单位绿化、绿化改造、植树绿化等工程。绿化覆盖率、绿地率、人均公共绿地面积分别达到45%、40%、10平方米。建设柳林风景区、梅江公园、陈塘庄公园，改造人民公园、滨湖公园等公园，提升公园景观水平。提高街景绿地质量和档次，形成各具特色的道路景观。加大河道两岸绿化，建设滨水生态绿色廊道。强化道路两侧立体绿化，实现规划道路全部绿化。实施住宅开发项目配绿工程和旧楼区绿地综合整修工程，全面提升居住区绿化水平，创建一批园林精品小区。大力推进单位绿化，建设“花园式单位”。

加强环境保护。突出“以人为本，生态优先”的理念，建立完善的生态环境保护监管体系，改善人居环境。继续实施“蓝天、碧水、安静”等六大工程，进一步改善能源结构，全面控制煤烟型污染。加强地面水的监督和管理，保护好区域河道及乐园、迎宾馆、梅江居住区、天塔湖等水域的水质。实现固体废物资源化，提高无害化处理水平。到2010年，地面水质达到景观水质标准，医疗废水、工业废水废物达标排放，烟尘控制覆盖率100%，环境噪声达标区覆盖率100%，二级以上良好天数达到85%。推进实施模范城市细胞工程，建成梅江生态示范居住区和海河生态示范景观带，构筑环境友好型城区。

推进循环经济。坚持开发节约并重、节约优先，按照减量化、再利用、资源化的原则，努力构建集约型、节约型、生态型的发展模式。大力推进节能节水节地节材，加强资源综合利用，实现经济发展高增长，资源消耗低增长，环境污染负增长，主要污染物再消减10%。培育企业间产业生态链，实现区域内资源最有效利用，废物最少排放。强化清洁生产监督，实行从生产源头到产品的全过程控制，积极开发和推广资源节约、替代和循环利用技术，加快企业节能降耗的技术改造。淘汰浪费资源、污染严重的落后工艺、设备和产品，建立一批清洁生产和循环经济型企业。强化节约意识，鼓励生产和使用节能节水产品，发展节能节地型建筑，形成健康文明、节约资源的消费模式。

五　强化市容管理

以创建国家卫生城区为目标，加大市容管理力度。按照现代化标准规范市容景观设施，统一协调建筑外观风格，在规模景观、艺术景观、夜色景观、特色景观建设上实现新的突破。完成105条街路两旁建筑物的整修、改造，打造一流城市景观。保持市容环境整洁，道路清扫保洁率达到100%，主要道路机械化清扫率达到85%以上。按照合理布局，积极推进新建、复建公厕，全部达到三级以上标准。区管物业小区实行垃圾袋装化，主干道附近门面垃圾袋装推行率达到100%，袋装垃圾全部实施密闭化运输。运用现代科技手段，强化废弃物分类、压缩处理工作，生活垃圾分类收集率达到60%以上。生活垃圾全部实现无害化处理。推进灯光建设工程，美化城市夜景。加强住宅小区卫生整治，提高环境品质，形成整洁、优美、文明、有序的城区新风貌。

六　打造"数字河西"

推进"数字河西"建设，完成政府外网、政府内网、涉密专网三个基础网络，公众信息服务、政务办公服务两个门户平台和数据综合管理、政务办公信息管理、企业服务信息管理、社区服务信息管理四个业务中心的建设。培育以电子政务、电子商务、电子社区为基础的数字化应用环境，城区信息化指数达到400。政府机关、企事业单位普及光纤专线上网，宽带家庭接入率达到60%以上，政府机关全部实现网络化办公，95%以上的企业信用信息实现网上查询，网上办事服务率达到80%以上，社区事务管理和社区信息服务基本实现互联互通和信息共享。重点抓好"天津河西"政府门户网站、"天津CBD"招商信息网、"9890"社区服务网、政务内网平台以及数据中心的建设。以城市地理信息系统为基础，进一步提高城市规划、建设、管理的信息化水平。完善"数字校园"工程和公共卫生信息系统，建设"数字房管""数字档案""数字图书馆"。积极发展数字电视，到2010年数字电视入户率达到56%以上。

第六章　建设服务型政府

按照建立行为规范、运转协调、公正透明、廉洁高效的行政管理体制的目标要求，转变政府职能，深入推进依法行政，强化政府社会管理和公共服务职能，努力建设服务型政府。

一　推进依法行政

认真贯彻国务院《关于全面推进依法行政实施纲要》，强化政府的法律责任意识，自觉接受区人大的法律监督、工作监督和区政协的民主监督及社会监督，落实政府职能部门法律责任，依法全面规范行政行为。建立科学化、民主化、规范化的行政决策机制，完善政府重大经济社会问题规范化决策程序，实行重大决策调研论证、专家咨询和公示听证制度，对事关全区发展和群众切身利益的重大决策事项依照程序广泛征求意见，提高行政决策的公众参与度，使行政决策科学规范。深入贯彻行政许可法，积极推进完善行政执法责任制，建立责任明确、行为规范、监督有效、保障有力的行政执法责任体制。加强行政复议工作，提高行政复议质量，完善行政复议责任追究制度，保障公民、法人和其他社会组织的合法权益。

二　完善公共服务载体

按照公开、务实、高效、规范的原则，完善区行政许可服务中心、为民服务中心、劳动保障服务中心、人才交流服务中心和12个街道为民服务中心，实现信息资源共享，形成联动机制。完善各中心规章制度，规范工作流程，树立服务形象，打造服务品牌，提高综合运转效能，不断提高服务质量和水平。

三 健全公共安全防控体系

建立健全公共安全防控体系。着力建设突发公共卫生事件防控体系，城市“防空、防灾一体化”的人民防空体系，重大安全生产事故预防控制、应急救援体系，警防、民防、技防紧密结合、全方位、立体化的治安防控体系，形成统一指挥、功能齐全、反应灵敏、运转高效的公共卫生、自然灾害、安全生产及社会治安等方面重大突发事件的应急处理机制，保障全区人民的生命财产安全和社会稳定。建成4B级区防空防灾应急指挥中心，工商贸企业10万人死亡率控制在3.50人/年以内，重点单位、要害部门、部位技防设施安装使用达标率达到100%，报警监控联网率达到100%。加强国防动员工作，使人民武装、经济动员、人民防空和交通战备等工作水平有明显提高。

四 增强公共服务效能

完善公共服务职能，提高公共服务能力和水平。发挥政府规划职能，遵循“规划立区”“规划有效”的原则，搞好规划管理与实施，促进经济社会协调发展。推进行政管理体制改革，加快政事、政社、政企分开，实现管理职能、经营职能和服务职能明确规范的体制机制。大力发展各类社会中介组织，扩大社会公共服务覆盖面，提高服务水平。健全完善市场监控体系，规范市场主体行为，促进市场诚信体系建设，维护公平、规范、有序的市场秩序。建立公共财政体系，完善对政府资金有效、全程监控的机制，提高资金使用效率。推行政府采购制度，制定政府办公用品配置标准，逐步扩大政府集体采购范围。逐年增加对基础设施、环境保护、基础教育、公共卫生等公共服务事业的投入，不断满足公共需求。健全各项服务制度，坚持开展各种服务活动，改进为民服务网络工作，畅通社情民意反映渠道。创新服务载体，改进服务方式，不断增强公共服务效能。

五 强化监督和监察

完善民主监督和行政监察机制。搞好民主评议，组织开展好“服务对象评执法”“万名市民评政风”活动；完善政风监督员制度，开通群众举报电话和信箱，畅通接受人民群众监督的渠道，采取群众评议为主，组织评议、网上评议、举报核查相结合等方式，提高民主评议政风工作水平。加强行政执法监察、廉政监察和效能监察，充分发挥区、街两级行政效能投诉中心作用，实行投诉承办、办理反馈和限时办结责任制度，及时受理和查处行政不作为、不勤政、不廉政行为，督促全区各项服务上水平。进一步加大对违法违纪案件的惩罚力度，健全激励约束机制，把公务员服务中心工作重点工作、服务基层和服务群众的绩效，作为考核奖惩和选拔任用的重要依据。

六 加强公务员队伍建设

认真落实《公务员法》，紧紧围绕全区经济社会发展的中心任务，强化公务员能力建设，完善公务员管理体制。按照公务员通用能力框架标准，建立系统的公务员在职培训体系，重点加强公务员依法行政、公共政策、公共管理、创新能力的培训，提高政府部门服务能力。根据“三区”建设和服务型政府的要求，有计划地培养引进专业人才，合理调整公务员队伍结构，加强公务员队伍管理，深入开展“做人民满意的公务员”和创建“文明示范岗”活动，全面提高公务员队伍整体素质。

结束语

“十一五”规划纲要确定的发展目标和任务宏伟而艰巨。全区人民要在区委、区政府的领导下，牢牢把握战略机遇期，贯彻落实科学发展观，振奋精神，团结一致，开拓进取，奋力拼搏，全面实施“三步走”发展战略和“十一五”规划纲要，为把河西区建设成为社会和谐的现代化新城区而努力奋斗。

题词　碑记　考凭

毛泽东为人民公园题词

1954年，张学良将军胞弟张学铭先生任人民公园副主任时，委托章士钊（章行严）先生致函毛泽东主席为公园题字。是年9月19日，毛泽东亲自复函并亲笔题写“人民公园”四个字。这是毛泽东为全国公园所写的唯一题字。

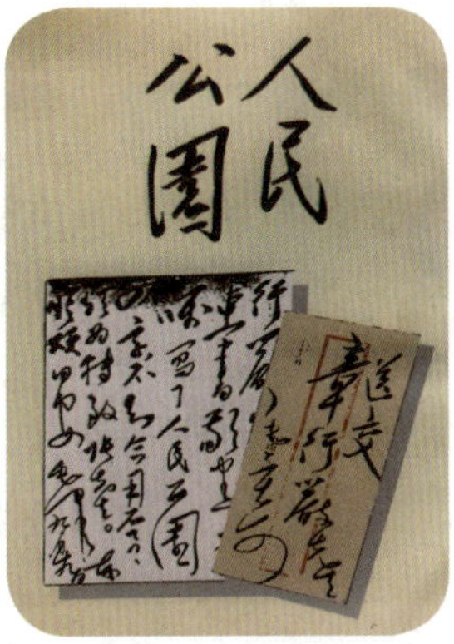

毛泽东题词

北洋新里回居剪彩碑文

北洋工房始建于一九二六年，原系童工居住之工棚，历经洪水地震，墙体碱蚀，椽檩糟朽，屋内低洼潮湿，形成路比院高、院比屋高的三级跳坑简陋危房，一九八五年中共天津市委、市政府决定河西区委区政府组织重建，近五百户两日迁出，经各方面通力协作，四月钻探，五月打桩，半年建成，当年回居，谱写了党和政府关心人民，人民支持政府的凯歌。

李瑞环市长题字建碑志念

一九八五年十二月二十五日　于志秋书

重建柳林碑记

柳林风景，沽上名胜，北濒海河，南依腴土。廿世纪初，植树固堤，积年成林，游客纷至，闻名遐迩。然历经沧桑，数度被毁。公元一九八六年，市区政府决定重建，区园林局组织（实）施，社会各界踊跃捐资百二十万，十万之众义务劳动。筑廊建阁，普栽苗木。千日施工，一期告竣，未耗国库毫厘，于一九八九年五月一日开放。百亩柳林园，胜景跃津沽，盘龙立圣，桂雪垂伞，春飘絮，夏舒翠，秋铺金，冬嵌银。三千株柳衬万余桧槐松柏，兔宿猬栖，鸟嘤蝉韵。五百尺廊绘数十典故轶事，亭阁双叠，狮轩一绝，独津门（野）趣，虫豸泥塑闹幽境，享垂钓雅乐，泼墨（吟）赋领风骚，不逾数载，斯园之胜更佳矣！此举泽被子孙，惟颂党和政府之功德，赞河西人民之精神，谨立石志念。

天津市河西区人民政府

公元一九九零年十月　田蕴章　书丹

天津广播电视塔碑记

天津广播电视塔，取首尾二字，简称“天塔”，415.20米，耸入云天，居当今亚洲之冠，跻世界高塔之林。天塔位于聂公桥畔，东邻紫金山路，西接浮翠龙潭。水中兀起，唯天下独有：挺拔俊秀，尽九州风流。环廊在瀑跌三层碧水，碟楼旋宫逐九天星辰。湖光塔影偕红莲绿柳，皓月朝霞迎胜友嘉宾。美哉！

“天塔旋云”，乃津门首景，旅游胜地。天塔为电视调频广播发射中心。斯塔建成，视听效果大为改观。电波传情，覆盖方圆百千米；声屏增色，万千人家凭添几多欢乐。众皆称颂，津沽广播电视步入新里程。

天塔于公元1988年6月5日破土动工，1991年10月1日竣工开播，历时3年又4个月。此工程系改善人民生活壮举之一，深得民心。在施工中，全市军民争做贡献，各行各业竞相支援，天津市暨武汉、西安、北京等十几路建设大军会战工地，同心协力，攻坚历险；精心设计，科学施工；严寒酷暑，昼夜兼程，顶风冒雪，搏电击雷。凝聚天塔精神，振奋人心，争创一流水平，功垂百代。

天塔工程集美化观瞻与多种功能于一身，工程浩繁，先后参建者近万人，耗资亿元，塔重4余万吨。飞碟式塔楼7层，建筑面积4450平方米，位于248.50~278米处。塔区水域22万平方米，缘塔得名曰“天塔湖”。

巍巍天塔，津城之魂。立碑铭志，昭示后人。

天津市人民政府立

一九九一年十月一日

天津科学技术馆落成碑记

天津科学技术馆建馆之议，酝酿盖久。一九九一年七月，开始筹备，次年即正式列为市政工程重点之一，金秋奠基，年底兴工，历时两载而告成。爰叙其始末而为碑记曰：

夫科学技术为立国之本，培育人才乃兴国之源。津门地滨渤海，拱卫京师，人文荟萃，百业繁兴，称中华三大名城之一，惟于普及科技知识，启迪青少年智力之所，犹付阙如。科学技术界人士竭诚吁请，有司广采众议，排除疑难，拨付专款，勘选馆址，社会各界捐资献物，各尽心力。受命从事者，栉风沐雨，夙兴夜寐而不辞劳瘁，群策群力，使此近二万平方米之巨构，终底于成，岂不伟哉！

斯馆也，其形类桥，如筑科技之津梁，开后学之通途，寓意至深。主体大厅设若干展区，展示科学技术成果，声光电力磁，靡不涵盖。基础理论，高精技术，乃至家居科学皆所包容。展品三百余乃集科技界精英之智慧，其内容之丰当属空前。尤可贵者，所展非若其他博物馆、展览会之仅供参观，而更鼓励参观者之参与，不仅可抚之摸之，且能亲加操作，现场交流，诱发兴趣。大厅之翼分设讲习室若干，可供宣讲讨论。普及科学知识，补课堂教学之不足。此固寓教于乐，潜移默化之良策，人才辈出，指日可待。大厅之顶载一球体，中设全天域穹幕电影，置身其中，恍若身临其境。上下亿千年，尽收眼底；纳须弥于芥子，一览而得其全。

斯馆也，美轮美奂，无论设置抑其功能，皆应属于当今先进之列。中华民族之聪明睿智可于此昭示，而科学技术之兴市建业，亦殷殷在望。语云：众志成城，观斯馆之兴建，信不诬也！

创业固不易，而继起者尤艰，斯馆之建成，乃开科普之先，而日后之经营维护犹有待焉。科技长河，源远流长，自今而往，不仅需时加关注，使其日新又新，永不失首列地位；亦当呵护维持，更使其蒸蒸日上。尤有进者，莘莘学子、黄童稚儿理应珍惜前人之苦心孤诣，视此为知识沃土，自育成材之地，以无负于父老之厚望。今乐观斯馆之落成，乃胪述既往，以励来兹。

萧山　来新夏　撰文

天津科学技术馆立

一九九四年九月

解放天津攻城突破口纪念地碑记

解放战争中，我军在各个战场连续取胜，国民党军心惶惶。天津国民党守军自一九四七年秋开始进行“大天津堡垒化”城防工事构筑。地处津东南的尖山地带，是当年国民党守军的城防线。沿复兴门、前后尖山和黑牛城一线，有宽十米、深三米的护城河。外设数道铁丝网、鹿砦、雷场，内筑六米高土墙，每隔二百米筑一碉堡，周围设子母堡群，墙上密布铁丝网、电网。并在中纺二厂、德国楼、丁家花园设第二道防线。企图以深沟高垒固守顽抗。

中国人民解放军第四十六军在攻克灰堆后，又于一九四九年一月十四日总攻天津城防时，受命以主力在尖山南侧护城河（距今尖山桥以西一百米处，已拆除）东西两侧地段，发起强攻。东从灰堆向上河圈、陈塘庄方向：西从纪庄子向八里台方向佯攻。

当日十三时二十分，一三七师组织火力掩护，四〇九团突击营进行冲击。两个连的战士以勇猛敏捷动作通过护城河，钻过三道铁丝网，冲向突破口，以炸药包、手榴弹消灭地堡之敌。十三时三十二分，从护城河桥以东地段登上城墙，将红旗插在突破口。并迅速占领有利地形，在近一个小时之内，连续击退敌人十余次反扑。四〇九团二连战至全连只剩下二十余人，仍坚守阵地。十四时许，后续部队及邻线友军插入，迅即向纵深发展，在前后尖山、土城、黑牛城与守敌反复争夺阵地。从十四日十七时起，经过十一小时的浴血奋战，至十五日四时，终于攻占了前后尖山。至此，南线敌人的防御体系已基本被摧毁。后相继扫歼了杨庄子、中纺二厂、福建路、西楼、马场之敌，十四时与友军胜利会师于耀华中学。在解放天津战役中，四十六军共歼敌二万六千三百余人。

河西区人民政府尖山街办事处

天津铁路分局西站陈塘庄车站

一九九二年八月立

解放天津攻城突破口纪念碑文

一九四九年一月十四日下午一时三十二分，中国人民解放军第四十六军一三七师四〇九团突击营尖刀连，在这里突破了国民党军城防线，打开了突破口，将“登城先锋”红旗，插在津南城垣上。有四百二十余名解放军战士在这里牺牲或受伤，鲜血染红了城垣河床。在解放天津战役中，四十六军营长阎纪臣、侦察股长高志坚、政治指导员蔺奇琛、营长郭海亮、副营长白萍等四百九十一名同志英勇献身；二千四百二十四名同志光荣负伤。为中国人民解放事业献身的烈士永垂不朽！

一九九二年八月立

墙子河改造工程碑记

天津全市人民瞩目的墙子河改造工程，于二〇〇〇年三月十日开工建设，九月十日全线胜利竣工。短短六个月，旧貌变新颜。昔日污水臭河，如今碧波荡漾，两岸绿草如茵，美景如画，成为津门一道靓丽的风景线。这是天津人民贯彻“乘势而上，开拓创新，全面上水平”工作基调的一项重要成果，是献给中华人民共和国建国五十一周年的一份厚礼。

上溯一百四十一年（清咸丰九年）、公元一八五九年清朝政府挖壕筑墙而成的墙子河。历史上的废墙子河、西墙子河、南运河兼有航运和灌溉的功能，然而随着时代的变迁逐渐变为排泄城市雨水和污水的河道。新中国成立后，党和人民多次进行疏浚整治，但长年积累的河道污染和环境脏乱问题日趋严重，群众迫切要求进行彻底根治。

一九九九年，中共天津市委、天津市人民政府根据人民群众的呼声和愿望，决定实施墙子河改造工程。整个工程包括：改造废墙子河、复康河、红旗河、西墙子河、南运河五条废旧河道，总长十八点五公里。工程项目包括：治理河道，清除淤泥，砌筑河坡，新建和加固桥梁，整修和绿化沿河道路；建设引水设施，在三岔河口修建提水泵站，将海河水引入南运河，经改造后的墙子河再排回海河，形成流动的活水，贯通墙子河。

在墙子河改造工程中，广大建设者付出了极大地努力，沿河途径的和平区、河西区、南开区、红桥区承担了工程的重要任务，驻津人民解放军、武警部队和全市四百二十一个单位、十多万人参加了工程义务劳动，为墙子河改造工程做出了历史性的贡献。

为铭记墙子河改造工程，中共天津市委书记张立昌欣然题词：“津河”。

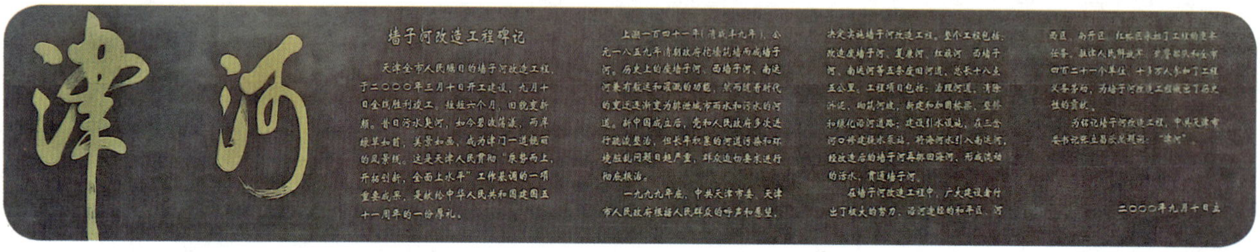

2000年，墙子河改造工程碑记　　（郭枫、王儒臣摄）

二〇〇〇年九月十日立

解放天津突破口纪念碑记

一九四九年一月十四日下午一时三十二分，中国人民解放军第四十六军一三七师四零九团突击营，在这里攻破了国民党军城防线，将红旗插在津南城垣上，从此天津回到了人民的手中。

有四百二十余名解放军战士在这里牺牲或受伤，鲜血染红了城垣河床。为中国人民解放事业献身的烈士永垂不朽！

天津市人民政府

二零零二年九月

中国第一所大学堂考凭

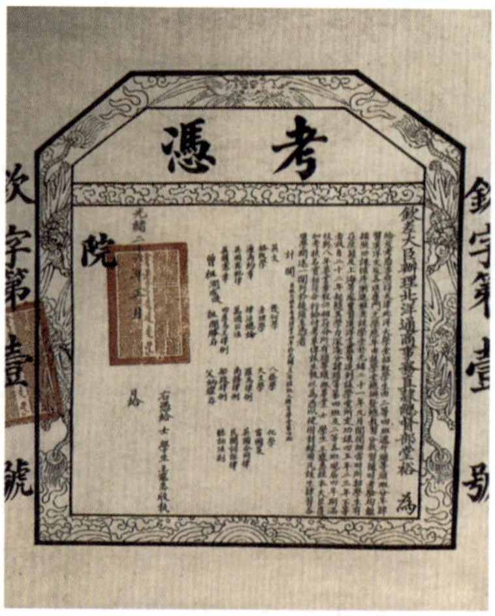

中国第一所大学——北洋大学堂的第一张考凭

神话传说

陈塘庄“哪吒闹海”

在祖国的每一方热土都有着和而不同的传统文化，大凡是被誉为历史文化名城，无外乎是：历史国都和重镇、古战场和要塞，或民族文化起源地、历史名人出生地、重大历史事件发生地、神话传说初始地……无疑积淀着源远流长、博大精深的文化底蕴。

20世纪初，有幸主持了天津市河西区陈塘科技商务区推介展览的策划，对“陈塘关哪吒闹海”的神话传说的由来和传奇产生了浓厚的兴趣和认知：哪吒，中国古代神话传说中的人物，做为民间信仰，主要记载源于元代宗教神话典籍《三教搜神大全》，活跃于明代神魔系列名著《西游记》《南游记》《封神演义》等多部古典文学作品之中。

于是“请教”《辞海》记载：小说《西游记》中，哪吒是托塔天王李靖的第三个儿子，年少，神通广大，曾与天兵天将一起大战孙悟空。在《封神演义》中，其年幼时于九湾河打死龙王太子敖丙。四海龙王向天帝告发，捉拿其父母时，他将骨肉还给父母，表示自己所为与父母无关。死后，魂魄借莲花为躯体，得以复活。他脚踏风火轮，英勇善战。后助姜子牙兴周灭纣，屡建战功。

随着本土化的传教和相融的文化传承，哪吒的神话故事从古盛传至今，广为流传，得享世人的崇拜与信仰。诸多媒体之中，将哪吒作为主角，以儿童化的少年英雄，塑造成为世代传颂且家喻户晓的知名艺术形象，深受民众特别是孩子们的欢迎和喜爱。

关于哪吒出生之地和闹海之地神话传说，全国一些地区挖掘史料，可谓奇思妙想，争相“结缘”，演生出各有说辞：一曰，在天津市河西区陈塘庄，地处退海之地，哪吒在九河下梢入海处闹海。二曰在山东省蓬莱仙境，系龙王聚集之地；三曰，在浙江省钱塘关，与陈塘关因地名和语音相近，且有大潮；四曰，在安徽省固镇县建有李靖和哪吒的神庙。五曰，在四川省宜宾的翠屏山上，有一个哪吒行宫。各地版本各异，众说纷纭，无疑是借“哪吒”提升地区的文化底蕴和知名度，不一而述。

笔者认为，哪吒神话传说故事之地源于地处滨海的天津市区境。无独有偶，“闹海”的情节与河西区陈塘庄有着许多惊人的关联和相似之处：“名正则言顺”，先从名称上说：一是，在区境设有陈塘庄街，在历史上为海浸之地，曾设“关”，名为“陈塘关”。二是，《封神演义》中哪吒之父李靖曾任镇守陈塘关的总兵。三是，陈塘庄位于九河流经海河入海口的下梢，与之毗邻的有小海地街和东海街。小海地街为洼淀而得名。哪吒闹海，退海为地，造福于民。中国古代只有东南西北四海之说，没有黄海和渤海的称谓，陆地以东为东海。四是，陈塘庄地区的三个街，区域内历史有上河圈和下河圈两个村落，恰似两个“风火轮”的印迹。这些契合哪吒“陈塘关闹海”“东海屠龙”“脚踏风火轮”等故事情节，使哪吒闹海在陈塘庄的神话传说故事更具神奇的色彩。

再以现实为证：一是，“陈塘关哪吒闹海”在津门民间早有流传，众人皆知。二是，民国年间，为感念哪吒，在陈塘庄街内建有哪吒庙，供奉着李靖和哪吒的神像，连年香火旺盛，后来年久失修，加之建设规划等原因拆除。三是，90年代坐落在河西区的天津市干部俱乐部院内的“燕园”，建有“哪吒闹海”的瓷板壁画墙，至今保存完好。四是，1999年，在天津市举办的世界体操锦标赛，曾把“哪吒”做为“吉祥物”。五是，河西区曾举办以哪吒命名的群众活动。

综上所述，“陈塘关哪吒闹海”的神话传说故事在津门传说之早、流传之广、相关度之多、认知度之高，不言而喻：其神话传说故事的起源地在天津市河西区陈塘庄还是“靠谱”的。

90年代，天津市干部俱乐部燕园的“哪吒闹海”瓷板壁画墙

（郭枫摄）

陈塘庄位于天津市河西区东南部，距今已有四百多年历史。据史料记载：始见于明·天启年间（1621年至1627年），称“陈堂庄”，到万历年间，这一带开垦田地，“用军垦田，以田分民”。燕王扫北时朱棣从江南招兵到天津屯田戍边，因最先居住的是陈姓人家，加之毗邻海河，兴修塘坝，以防水患，因此得名。清朝乾隆年间又称“陈唐庄”，道光年间“村舍亦稠”，始称“陈塘庄”。清同治九年（1870年），海河上设有重要渡口“陈塘庄渡”。同治、光绪年间，直隶总督李鸿章调淮军在此屯田修路、安家置业并设码头和关卡（常关），又名“陈塘关”。大批淮军官兵及其家眷入津后，在此世代生息繁衍，带来生产技术和风俗文化，淮河方言与海河方言融为一体，成为独特的天津方言语音。清光绪三十四年（1908年）在陈塘庄建成天津市第一家组装火车头的车辆工厂——津浦大厂。

“时势造就英雄”。新中国成立后，天津人在这片“哪咤闹海”传奇之地，实施大规模的经济建设，一座座工厂和科研单位相继建成，陈塘庄成为天津最大的工业聚集区。几万产业大军，艰苦奋斗，铸就了天津工业的辉煌：几十家国有大中型企业、上百个门类的名牌产品，见证者陈塘庄的兴旺和繁荣；为共和国创出的“工业百余个第一”，展现着陈塘庄的创举和实力；荣获的诸多先进称号，彰显着陈塘庄的荣光和骄傲。陈塘庄以其深厚积淀的工业历史、实力雄厚的工业规模、勤劳智慧的产业队伍，成为享誉天津市乃至全国的著名工业区之一。

“改革创造奇迹”。陈塘庄的企业和职工与时俱进，把握新的上升期和战略机遇期，锐意进取，对原有的工业和科技型企业改组改制，调整结构，转变方式，升级换代，谱写了经济发展新的篇章。河西区新的开拓者们与时俱进，整合企业资源，绘制陈塘庄发展的新蓝图，实施整体改造和建设。在不久的将来，这片神奇的土地上，代之而起的是一座现代化的科技商务新区。

从“陈塘关哪吒闹海”的传说，到陈塘庄的开拓者和建设者们创造经济发展的奇迹，徒生一个希冀：在陈塘庄发展的总体规划上，融入“哪吒闹海”神话传说的文化元素。

愚见：一是，将哪吒闹海的神话传说列入非物质文化遗产；将其形象进行商标注册，形成独有的文化品牌。二是，保留一些老厂房进行开发利用，开辟新兴产业。三是，选一片老厂区建一个工业遗址展区，将洞庭公园改造为工业遗存主题公园，开展工业旅游。把历史和文化底蕴留住，加以弘扬，利于筑巢引凤，扩大新区知名度和吸引力。

神话传说是中华文化的一个瑰宝，是一个城区的非物质文化遗产，也是一张城区“名片”，在传承中弘扬中，产生综合效益。

祝愿陈塘庄新的开拓者在这方神奇的沃土上续写新的历史传奇。

载于2012年3月《天津日报·新河区》《西岸风》期刊第二期、2017年《天津史志》第四期。此文略有增删。

作者：郭枫

索 引

图

图 1-1：2010 年，召开非公有制企业首届五次职代会现场 \36
图 1-2：2001 年，“安居节”活动现场 \38
图 1-3：2008 年，桃园街北京奥运会志愿者为火炬传递加油助威 \38
图 1-4：2004 年，街道社团文艺表演 \40
图 1-5：2006 年，“马场之夜”居民联欢会 \41
图 1-6 2006 年，越秀路街开展宣传活动 \43
图 1-7：2009 年，南北大街社区消防安全现场会 \45
图 1-8：1994 年 11 月，尖山街工业小区举行投产开业庆典活动 \47
图 1-9：1998 年 5 月，尖山街干部参加河西区第 14 届街道干部运动会 \47
图 1-10：2009 年，天塔街第十一届邻居节开幕式 \51
图 1-11：2009 年 10 月，举办和谐友谊全民行动成果展示会 \54
图 1-12：2008 年，梅江国际社区儿童联欢现场 \55
图 1-13：2008 年，梅江街迎“奥运”全民健身骑行活动启动仪式现场 \55
图 1-14：2009 年，清除圈占现场 \57
图 1-15：2005 年，河西区红十字会在曲江公园开展“红十字博爱送万家”启动仪式 \57
图 1-16：2010 年，东海街珠江里精品小区 \59
图 1-17：2004 年，柳林街“春之光”爱心岗位超市开业 \61
图 1-18：2004 年，人民公园雪景 \63
图 1-19：2003 年，天津乐园湖水景 \67
图 1-20：牵牛花 \71
图 1-21：2003 年，天津乐园自然景观 \71
图 1-22：灰喜鹊 \72
图 1-23：戴胜 \72
图 1-24：2009 年，海河刘庄桥水域红嘴鸥 \72
图 2-1：2007 年 10 月，第八届社区生育文化节婚育文明百姓明星颁奖典礼现场 \86
图 2-2：2008 年 12 月，天塔街举办生育文化研究会生育文明示范家庭讲评会 \88
图 3-1：1986 年，北洋工房遗址 \93
图 3-2：1986 年，北洋新里纪念碑 \93
图 3-3：1980 年，谦德庄窝铺区旧貌 \93
图 3-4：1998 年，谦德庄回居房安德公寓新貌 \94
图 3-5：1999 年，福盛花园新貌 \94
图 3-6：2006 年，原张勋德式建筑居所 \95
图 3-7：2010 年，翻建与整修后的德式建筑 \95
图 3-8：1980 年，危改前旧貌（区房管局提供）\99
图 3-9：1997 年，危改后龙都花园新貌 \99
图 3-10：2005 年，恒华大厦 \100
图 3-11：2004 年，白楼仕嘉商品房 \102
图 3-12：2010 年，虹溪公寓商品房 \102
图 3-13：2004 年，瑞江花园居民社区 \104
图 3-14：2006 年，梅江江胜天鹅湖新居 \104
图 3-15：2006 年，河西区路网结构图 \105
图 3-16：2006 年 11 月，市政工人道路整修作业 \111
图 3-17：2007 年，光华桥 \112
图 3-18：2007 年，直沽桥 \112
图 3-19：2008 年，富民桥 \113
图 3-20：1986 年，八里台立交桥 \114
图 3-21：2006 年，中石油桥 \115
图 3-22：2001 年，卫津河 \118
图 3-23：2003 年，复兴河景观 \118
图 3-24：2001 年，小海地锅炉房点火现场 \121
图 3-25：2010 年，河西区公交线网图 \122
图 3-26：2010 年，土城地铁站 \123
图 3-27：2009 年，陈塘庄货场铁路支线 \123
图 3-28：2003 年，河西区获全国创建园林城市先进集体奖牌 \127
图 3-29：2006 年，河西区获全国绿化先进集体奖牌 \127
图 3-30：2007 年，乐园道绿化带 \128
图 3-31：2010 年，解放南路绿化带 \128

图 3-32：2006 年，河西区获全国城市园林绿化先进集体 \129
图 3-33：2009 年，人民公园 \129
图 3-34：2006 年，珠江公园 \130
图 3-35：2008 年，西柳公园 \131
图 3-36：2009 年，友谊公园 \131
图 3-37：2003 年，天津乐园游艺设施 \131
图 3-38：2008 年，复兴河河岸绿化带 \134
图 4-1：2010 年，河西区规划图 \139
图 4-2：2003 年 4 月，小白楼商贸商务区 \139
图 4-3：2004 年 10 月，首批廉租房选房摇号现场 \145
图 4-4：2006 年，开展房管法规政策宣传咨询活动现场 \145
图 4-5：2004 年，全国物业管理示范大厦国际经济贸易中心 \152
图 4-6：2006 年，全国物业管理示范住宅小区香水园外景 \152
图 4-7：2000 年 5 月，龙都物业管理有限公司重组典礼 \152
图 4-8：2006—2009 年，河西区环境空气达到二级良好天数月变化图 \156
图 4-9：2006—2010 年，河西区湖泊污染综合指数变化趋势图 \157
图 4-10：2001—2009 年，河西区区域环境噪声平均等效声级汇总图 \158
图 4-11：2001—2009 年，河西功能区噪声夜间平均等效声级变化图 \158
图 4-12：2007 年，河西区召开污染源普查工作会议 \159
图 4-13：2006 年 9 月，保护臭氧层宣传日活动 \160
图 4-14：2006 年 4 月，洒水作业环保拆迁 \162
图 4-15：2010 年，大气监测 \166
图 4-16：2010 年，天塔湖水质采样监测 \166
图 4-17：2008 年，宁波道公厕 \169
图 4-18：2008 年，刘庄公厕 \169
图 4-19：2009 年，友谊南路洒水车作业 \169
图 4-20：2009 年，资水道垃圾转运站 \169
图 4-21：2010 年 4 月，区环卫工人与碧海环保技术有限公司收集餐饮废弃物 \171
图 4-22：2010 年 1 月，环卫清扫工人夜间清雪 \171
图 4-23：2006 年，环卫清扫车清雪 \172
图 4-24：2008 年，河西区获全国爱国卫生委员会“国家卫生区”牌匾 \174
图 4-25：2006 年，综合治理后的街景 \175
图 4-26：2007 年，清理堆土 \176
图 4-27：2006 年，解放南路环境整治后新貌 \177
图 4-28：2007 年，街道夜景灯光 \178
图 4-29：2008 年，宾馆南道 \178
图 4-30：2006 年，规范后的黑牛城道商业网点牌匾 \178
图 4-31：2010 年，执法人员现场操练 \179
图 4-32：2006 年，拆除违章建筑工作现场 \180
图 5-1：1993 年，大楼金属柜 \184
图 5-2：2008 年，桂发祥企业集团食品生产线 \184
图 5-3：1993 年，天马集团汽车自动检测线 \185
图 5-4：1992 年，旅游服装厂 \185
图 5-5：2010 年，陈塘科技商务区服务中心 \186
图 5-6：2010 年，天津奥的斯电梯有限公司 \188
图 5-7：2010 年，天津环球磁卡股份有限公司 \188
图 5-8：2009 年，天津国际联合轮胎橡胶股份有限公司 \189
图 6-1：2002 年，世纪联华超市 \196
图 6-2：2003 年，大沽路菜市场外景 \197
图 6-3：2005 年，新苑菜市场内景 \197
图 6-4：2010 年，博疆菜市场外景 \197
图 6-5：2010 年，博疆菜市场内景 \197
图 6-6：2007 年，友谊路金融街夜景 \199
图 6-7：2008 年，佟楼商业街区 \200
图 6-8：2002 年，转变经营的河西百货商场 \201
图 6-9：2002 年，转变经营的南楼百货商场 \201
图 6-10：2008 年，桂发祥麻花饮食集团有限公司 \202
图 6-11：2003 年，天津市食为天连锁公司 \202
图 6-12：1999 年，天银大厦 \205
图 6-13：2005 年，建行大厦 \205
图 6-14：1999 年，工行大厦 \205
图 6-15：2010 年，万顺温泉花园 \205
图 6-16：2010 年，中环广场 \205
图 6-17：2004 年，友谊商厦 \206
图 6-18：2010 年，大沽南路商贸街 \206
图 6-19：2009 年，河西商务商贸节项目签约仪

式 \207
图 6-20：2010 年，天津利和进出口集团有限公司 \208
图 6-21：2010 年，天津喜来登大酒店 \209
图 6-22：2005 年，金皇大厦 \210
图 6-23：2010 年，新桃园酒店 \210
图 6-24：2010 年，天津万丽天津宾馆 \210
图 6-25：1997 年，天津水晶宫饭店 \210
图 6-26：2010 年，紫罗兰美容美发店 \211
图 6-27：1998 年，鸿起顺饭店 \212
图 7-1：2009 年，河西区获天津市财政局先进集体称号牌匾 \215
图 7-2：1999 年，集体企业决算工作会议 \222
图 7-3：2001 年，河西区财政决算工作会议现场 \222
图 7-4：1990 年 3 月，河西区珠算协会成立大会 \224
图 7-5：1999 年，河西区代表队参加珠算比赛表彰会 \224
图 7-6：2001 年，河西区召开会计法执行情况检查动员大会 \225
图 7-7：2002 年，河西区召开行政事业单位清产核资工作座谈暨总结表彰会 \226
图 7-8：1987 年，河西区举行国库券工作总结表彰动员大会 \227
图 7-9：2007 年，河西区地税局征收所获全国巾帼文明岗称号 \232
图 7-10：2004 年，实行“一站式”服务 \235
图 7-11：2004 年，河西区行政许可服务中心涉税窗口 \237
图 8-1：2008 年，中国农业银行天津市分行 \241
图 8-2：2010 年，中国银行天津市分行 \241
图 8-3：中国工商银行天津市分行 \242
图 8-4：2008 年，上海浦东发展银行天津市分行 \242
图 8-5：2007 年，渤海银行总行 \243
图 8-6：2008 年，天津银行 \243
图 8-7：2009 年，上海银行天津市分行 \244
图 8-8：2005 年，新华人寿保险天津分公司 \246
图 9-1：2002 年 8 月，河西区召开固定资产投资工作会议 \253
图 9-2：2004 年 8 月，河西区召开“十一五”规划编制工作培训会 \253
图 9-3：2006年,工商执法人员检查食品安全 \255
图 9-4：2005 年，工商执法人员深入桂发祥集团开展商标和知识产权等法律法规的宣传活动 \256
图 9-5：2009 年，工作人员开展执法检查 \259
图 9-6：2004年4月,景兴里社区价格公示栏 \260
图 9-7：2009 年，工作人员进行执法检查 \261
图 9-8：2007 年 3 月，计量检定人员在大沽路菜市场现场检定计量器具 \264
图 9-9：2007 年，天津市督查小组到河西区进行中期督导检查 \265
图 9-10：2005 年，执法人员在超市检查有机认证产品 \265
图 9-11：2006 年，举办友谊路地区国际标准化服务高峰论坛 \266
图 9-12：2010 年，执法人员到乳制品企业督察 \267
图 9-13：2004 年，执法人员在超市检查电梯安全运行情况 \268
图 9-14：2009 年，执法人员检查医院特种设备安全 \268
图 9-15：2006 年，审计局工作人员到工地现场办公 \271
图 9-16：2010 年 12 月，河西区开展审计法宣传进社区活动 \272
图 9-17：2004 年，统计局到大营门街指导经济普查工作 \277
图 9-18：2006 年，安监局第三次安委会 \279
图 10-1：2002 年 11 月，第八次党代会会议现场 \285
图 10-2：2008 年 11 月，河西区创建国家卫生区报告暨表彰大会现场 \291
图 10-3：2010 年，纪委组织处级干部进行廉政准则测试 \292
图 10-4：2003 年，河西区召开纪念中国共产党成立 82 周年暨表彰大会 \297
图 10-5：2010 年，机关工委召开基层组织建设推动会 \299
图 10-6：2005 年，区直机关举办“创卫（拆迁）

一线感悟”征文颁奖暨演讲会 \300
图 10-7：2004 年，公开选拔副处级领导干部笔试考场 \301
图 10-8：2005 年，河西区老干部活动中心举行落成仪式 \303
图 10-9：2009 年，河西区离退休干部庆祝建国 60 周年文艺汇演 \304
图 10-10：2005 年，河西区第三届文化博览节开幕 \305
图 10-11：2005 年，文化博览节社区居民举行广场舞蹈擂台赛 \306
图 10-12：2008 年，纪念改革开放 30 周年文艺演出 \307
图 10-13：2007 年 7 月，区政府向民主党派通报经济建设情况 \308
图 10-14：2010 年，台北市文山社区参访团等到天塔街特色社区进行参观考察 \310
图 10-15：2003 年，尖山街市民学校展示作品 \311
图 10-16：2006 年，天津博物馆内“艺萃藏珍”民间收藏展 \311
图 10-17：2003 年，老年大学举行专场文艺演出 \312
图 10-18：2007 年，全区保密工作培训 \316
图 10-19：2010 年，宣传保密法现场 \317
图 11-1：1997 年 11 月，驻区大学开展选举宣传活动 \321
图 11-2：1990 年 2 月，召开河西区第十一届人民代表大会第一次会议 \326
图 11-3：2002 年 12 月，召开河西区第十四届人民代表大会第一次会议 \328
图 11-4：2009 年 11 月，召开河西区十五届人大常委会第二十一次会议 \331
图 11-5：1990 年 9 月，区人大常委会组织人大代表视察食品卫生情况 \332
图 11-6：2008 年 12 月，人大代表年终视察 座谈会会场 \336
图 11-7：1999 年 9 月，河西区承办全国十五城区人大工作研讨会 \337
图 12-1：2010 年，桂发祥麻花集团生产线 \344
图 12-2：2007 年，河西商务商贸节项目签约仪式 \345
图 12-3：2005 年，河西区危陋房屋改造纪念广场 \346
图 12-4：河西区获全国先进奖牌图照选录 \346
图 12-5：2004 年，河西区首届文化博览节社区文艺专场演出 \348
图 12-6：2002 年，土城小学群星杯足球赛现场 \348
图 12-7：2009 年，河西区行政许可服务中心 \349
图 12-8：2008 年，联合审批服务现场 \351
图 12-9：2006 年，河西区召开法制工作会议 \352
图 12-10：2010 年，河西区依法行政培训现场 \352
图 12-11：2010 年 5 月，河西区召开信访工作研讨培训会 \355
图 12-12：2009 年，河西区举办民族团结进步创建工作经验交流会 \356
图 12-13：2005 年 5 月，河西区获全国民族团结进步模范集体奖牌 \356
图 12-14：2002 年 4 月，河西区召开调研工作推动会 \359
图 12-15：1989—2007 年，政府研究室编印的部分刊物书影 \359
图 12-16：2007 年，河西区政府网站获特色网站奖牌 \360
图 12-17：2008 年，河西区政民互动平台截图 \361
图 12-18：2008 年，河西区数字化城市公共管理平台截图 \361
图 12-19：2008 年，提案督办工作现场 \363
图 13-1：2007 年 1 月，区政协第十二届委员会第一次会议 \372
图 13-2：1992 年，区政协第八届常委会研究常委会工作报告 \375
图 13-3：2010 年，区十二届政协组织政协委员开展年终视察活动 \377
图 13-4：2002 年，区十届政协举办书画笔会 \381
图 14-1：2006 年，民建河西区第五次代表大会现场 \387
图 14-2：2003—2004 年，农工党河西区委员会获全国社会服务工作先进地市级组织奖牌 \390
图 14-3：1996 年，区致公党在中国致公党市委会参政议政表彰会上领奖 \392

图 14–4：2008 年，九三学社召开抗震救灾座谈会 \393
图 14–5：1997 年，区工会迎香港回归创文明岗位知识竞赛 \396
图 14–6：2004 年，团干部培训会现场 \402
图 14–7：2009 年，发放“青年文明号”社会 监督牌 \404
图 14–8：2001 年，“社区预防计划”现场推动会暨“为了明天工程”启动仪式现场 \405
图 14–9：2008 年，编织巧手作品展示现场 \408
图 14–10：2008 年，河西区实施“阳光计划”尖山小学站 \410
图 14–11：2006 年，河西区获全面建设小康社会作贡献先进集体奖牌 \411
图 14–12：2002 年，教师村科普示范小区景观 \414
图 15–1：2001 年，河西区开展严打整治斗争 \417
图 15–2：2004 年，在第四十二中学开展法庭进校园教育活动 \418
图 15–3：2007 年，尖山地区民防网建设推动会 \419
图 15–4：2010 年，治安巡防员路面巡视 \419
图 15–5：2006 年，珠宝街反抢劫演练 \420
图 15–6：2004 年，取缔危险品演习 \421
图 15–7：2009 年，民警带领治安员巡逻防控 \422
图 15–8：2007 年，治安大扫除专项行动会议 \423
图 15–9：2009 年，侦破胜利楼盗车案 \423
图 15–10：2010 年，民警检查网吧 \425
图 15–11：2010 年，社区治安重点地区排查整治专项会议 \427
图 15–12：2009 年，社区民警检查登记流动人口 \427
图 15–13：2008 年，消防干警对少年儿童进行消防知识教育 \429
图 15–14：2001 年，消灭火灾现场 \429
图 15–15：2010 年，区检察院获全国模范检察院奖牌 \431
图 15–16：2008 年，区检察院送法进社区服务现场 \433
图 15–17：2006 年，区检察院召开惩治职务犯罪维护公平正义新闻发布会 \435
图 15–18：2003 年，金融机构法律服务现场会 \441
图 15–19：1987 年，公开审判大会 \443
图 15–20：2008 年，青年律师法律服务进社区活动 \447
图 16–1：2010 年，中国人民解放军河西区人民武装部办公楼 \453
图 16–2：2010 年，驻区部队训练场面 \454
图 16–3：2008 年 11 月，河西区征兵宣传现场 \455
图 16–4：2009 年，国防生训练成果展 \455
图 16–5：2010 年，党管武装述职会 \456
图 16–6：2005 年 6 月，马场街武装部进行民兵编组 \457
图 16–7：2009 年，医疗应急分队 \457
图 16–8：2006 年 4 月，编组后民兵进行集合点验 \457
图 16–9：2003 年，科技大学军体拳科目训练 \458
图 16–10：2001 年，区人防办加挂民防办牌子 \460
图 16–11：2010 年，人防专业队授旗点验仪式活动现场 \461
图 16–12：2006 年 9 月，中小学生上街宣传人防知识 \462
图 17–1：2007 年 5 月，中央采访团到中心小学考察义务教育均衡发展情况 \465
图 17–2：2007 年 4 月，第二十六幼儿园组织孩子进行室外体育活动 \469
图 17–3：2008 年 3 月，幼儿教师在给孩子们上课 \470
图 17–4：2005 年，河西区第一幼儿园 \471
图 17–5：2009 年，河西区第二幼儿园 \471
图 17–6：2007 年，台湾路小学 \474
图 17–7：2010 年，上海道小学 \474
图 17–8：2007 年，第四十二中学 \476
图 17–9：2007 年，第四中学图书馆 \477
图 17–10：2009 年，第四十一中学 \477
图 17–11：2007 年，北师大天津附中学生劳技课场面 \478
图 17–12：新华中学校徽 \478
图 17–13：实验中学校徽 \478
图 17–14：2007 年，河西区特殊教育中心 \481
图 17–15：2004 年，电子计算机职业中等专业学校教学楼 \483

图 17-16：2009 年，统计职业中等专业学校 \484
图 17-17：2009 年，河西区职工大学 \485
图 17-18：2010 年，市老年人大学 \485
图 17-19：2008 年，学员在音乐系钢琴班上课 \486
图 17-20：2007 年，河西区老年人大学梅江分校民族舞专业课堂 \486
图 17-21：2002 年 7 月，河西区市民教育工程启动仪式 \487
图 17-22：2005 年 11 月，河西区中学举办第二届教学节 \492
图 17-23：2010 年，第四十一中学现代化信息技术教室 \493
图 17-24：2010 年 3 月，市教育综合督导评估组评估检查教育先进区会场 \493
图 17-25：2004 年，天津师范大学礼堂 \496
图 17-26：1996 年，天津外国语学院 \496
图 17-27：2010 年，天津体育学院 \497
图 17-28：2006 年，天津财经大学 \497
图 17-29：2009 年，天津科技大学 \498
图 17-30：2008 年，天津医科大学广东路校区 \498
图 17-31：2010 年，天津医学高等专科学校教学楼 \499
图 17-32：2010 年，天津职业技术师范大学主楼 \499
图 17-33：2010 年，天津现代职业技术学院 \500
图 17-34：2009 年，天津对外经贸职业学院 \500
图 18-1：2003 年，陈塘科技企业孵化器 \503
图 18-2：2003 年，陈塘科技园区企业车间 \504
图 18-3：2006 年，第二十届科技周开幕式现场 \508
图 19-1：2012 年，天津文化中心外景 \511
图 19-2：2012 年，天津博物馆 \511
图 19-3：2012 年，天津美术馆 \511
图 19-4：2012 年，天津图书馆 \512
图 19-5：2012 年，天津大剧院夜景 \512
图 19-6：2010 年，天津青少年活动中心 \512
图 19-7：2010 年，中华剧院（郭枫摄）\513
图 19-8：2012 年，天津自然博物馆 \513
图 19-9：2012 年，银河国际购物中心 \513
图 19-10：2012 年，阳光乐园・彩悦城 \513
图 19-11：2010 年，天津滨湖剧院 \514
图 19-12：1991 年，北疆博物院旧址牌匾 \515
图 19-13：2008 年，天津西岸艺术馆 \516
图 19-14：1982 年，少年宫 \516
图 19-15：2010 年，青少年宫 \517
图 19-16：2010 年，西岸金逸国际电影城 \518
图 19-17：2008 年，津门法鼓・挂甲寺庆音法鼓获国家级非物质文化遗产证书 \520
图 19-18：2010 年，庆音法鼓表演现场 \520
图 19-19：2008 年，津门法鼓・杨家庄永音法鼓获国家级非物质文化遗产证书 \520
图 19-20：2010 年，杨家庄永音法鼓老会表演现场 \521
图 19-21：2009 年，十八街麻花外包装图照 \521
图 19-22：2008 年，古铜（银）鎏金器修复及复制的作品 \522
图 19-23：2009 年，区文联成立大会现场 \522
图 19-24：2010 年，西岸艺术团成立演出现场 \522
图 19-25：2007 年，在河西区举办的天津市鼓舞大赛现场 \523
图 19-26：2007 年，打开音乐之门暑期演出现场 \524
图 19-27：2005 年，河西区社区文化优秀节目展演现场 \524
图 19-28：2007 年 11 月，挂甲寺街举办首届民间民俗文化艺术节 \525
图 19-29：尖山地区第五届社区文化艺术节现场 \525
图 19-30：2006 年 6 月，百花越剧团表演现场 \527
图 19-31：2009 年，三义书画社活动现场 \527
图 19-32：2009 年，尖山街“淡淡墨海香、悠悠书山情”迎国庆书画展现场 \527
图 19-33：2010 年，《海河上的红嘴鸥》摄影故事集书影 \528
图 19-34：2009 年，在河西区举办的“庆国庆天津大型图书展销会”开幕式现场 \528
图 19-35：2008 年，天津华夏未来少儿艺术中心 \533
图 19-36：1998 年，河西新闻中心外景 \535
图 19-37：2005 年，新闻中心编辑人员制作节目 \535
图 19-38：2005 年，“与爱同行”慈善表彰大会

现场 \535
图 19–39：2009 年，天津数字电视大厦外景 \537
图 19–40：2010 年，《天津日报》大厦 \537
图 19–41：馆藏1950年5月《天津市人民政府公告》影印件 \539
图 19–42：1991 年 6 月，区档案馆举行名人档案捐赠仪式 \539
图 19–43：1998 年，河西区首部志书书影 \542
图 19–44：河西区年鉴书影 \542
图 20–1：2009 年，河西医院 \545
图 20–2：2010 年，康复医院（前身为河西骨科医院）\545
图 20–3：2004 年，妇产科医院 \546
图 20–4：2010 年，柳林医院 \546
图 20–5：1993 年，马场医院（后更为社区卫生服务中心）\547
图 20–6：2006年，友谊路街社区卫生服务中心 \547
图 20–7：2009 年，天塔街社区卫生服务中心 \547
图 20–8：2008 年，下瓦房街社区卫生服务中心 \548
图 20–9：2010 年，尖山街社区卫生服务中心 \548
图 20–10：2010年，桃园街社区卫生服务中心 \549
图 20–11：2010 年，疾病预防控制中心 \549
图 20–12：2005 年，社区医疗服务 \550
图 20–13：2005 年，宣传妇女保健知识 \553
图 20–14：2009 年，天津医院 \557
图 20–15：2008 年，天津儿童医院 \558
图 20–16：1988 年，天津环湖医院 \558
图 20–17：2006 年，天津安定医院 \559
图 20–18：2010 年，天津医科大学第二医院 \559
图 20–19：2003，天津肿瘤医院 \559
图 20–20：1989 年，天津第四医院 \560
图 20–21：2007 年，爱民医院外景 \561
图 20–22：2010 年，东华医院评优等级牌匾 \562
图 20–23：2008 年，抗震救灾捐款现场 \563
图 20–24：2006 年，河西区各界加入造血干细胞志愿捐献者队伍报名现场 \564
图 20–25：2003 年 10 月，开展红十字会法颁布 10 周年宣传活动现场 \564
图 21–1：1999 年，土城小学足球场向社会开放 \568
图 21–2：2008 年，尖山街地区第三届社区老年人趣味运动会参赛队员 \569
图 21–3：2005 年，鼓舞大赛展演 \570
图 21–4：2006 年，社区居民练习太极拳 \570
图 21–5：2006 年，乒乓球比赛 \572
图 21–6：2009 年，台湾路小学开展大课间活动 \573
图 21–7：2009 年，体育活动传统校——第四十二中学 \574
图 21–8：2010 年，河西区小学乒乓球运动员获得奖杯图照 \574
图 21–9：2008 年，田佳全家观看北京奥运会女子沙滩排球比赛 \579
图 21–10：2008 年，陈一冰全家观看北京奥运会男子吊环比赛 \580
图 22–1：2000 年，社区建设工作会议 \583
图 22–2：2006 年，大手拉小手，清整社区环境 \584
图 22–3：2009 年，越秀路街社区居委会换届选举 \584
图 22–4：2009 年，教师村社区居民为新建成的教师村居委会剪彩 \585
图 22–5：2010 年，婚姻登记现场 \586
图 22–6：2004 年，河西区社区民间组织备案颁证仪式 \586
图 22–7：2007 年 8 月，河西区举行移风易俗万人签名活动 \591
图 22–8：2004 年，河西区向驻区部队赠送巡逻专用电动自行车 \592
图 22–9：2008 年 3 月，驻区部队参加卫生城区建设 \593
图 22–10：2007—2010 年，河西区优抚对象抚恤补助标准自然增长机制图 \594
图 22–11：2007 年 11 月，运送救灾物资 \596
图 22–12：2008 年，慰问困难家庭 \597
图 22–13：2009 年，慈善捐款活动现场 \597
图 22–14：2007 年 12 月，河西区残疾人联合会第五次代表大会现场 \598
图 22–15：2007 年，河西区肢残人康复活动现场 \599
图 22–16：2010 年 12 月，河西区残疾人艺术团成立演出现场 \600

图 22-17：2009 年，为 60 岁以上的老年人发放温馨提示卡 \601
图 22-18：2007 年 10 月，“赞和谐 庆重阳 展风采”文艺演出现场 \602
图 23-1：2005 年，河西区召开争做人民满意公务员表彰大会 \605
图 23-2：2006 年，河西区召开实施公务员法工作会 \606
图 23-3：2009 年，河西区召开金融机构人才服务座谈会 \608
图 23-4：2007 年，政工专业人员继续教育培训班开班仪式 \608
图 23-5：2010 年，河西区召开政府机构改革工作会议 \612
图 23-6：2007 年，公益性招聘会现场 \614
图 23-7：2004 年，河西区召开劳动保障工作暨再就业工作表彰大会 \616
图 23-8：2008 年，河西区召开创建劳动关系和谐企业活动推动会 \619
图 23-9：2007 年，河西区实施城镇居民基本医疗保险培训班 \621
图 24-1：2008 年，河西区获天津市最具幸福感城区称号 \625
图 24-2：2010 年，家庭中的单反数码照相机 \626
图 24-3：2008 年，家庭中的钢琴 \626
图 24-4：2010 年，家庭中的节能型空调 \626 \626
图 24-5：2009 年，家庭中的电脑 \626 \626
图 24-6：80 年代的夏季女式服装 \627
图 24-7：90 年代的秋季女式服装 \627
图 24-8：70 年代，家庭式缝纫机 \628
图 24-9：70—80 年代，区内居民使用过的布票 \628
图 24-10：1990 年，老式球鞋 \628
图 24-11：2010 年，新型运动鞋 \628
图 24-12：1986 年，老式剪绒帽 \628
图 24-13：2005 年，新式休闲帽 \628
图 24-14：70 年代，区内居民曾用的“居民粮食供应证” \629
图 24-15：80年代，区内居民曾使用的面粉票 \629
图 24-16：1966—1980 年，居民使用的油票和麻酱票 \630
图 24-17：1985 年，改造前的北洋工房旧貌 \630
图 24-18：1986 年，改造后的北洋新里新貌 \630
图 24-19：1988年，工人新村改造后的教师村 \631
图 24-20：1989 年，在南楼窝铺原址建成的居民住宅 \631
图 24-21：1990 年，在大营门建成全区第一座高层住宅 \632
图 24-22：2001 年，旧房拆迁建成的“广顺园”商品住宅 \632
图 24-23：2008 年，整体装修的厨房 \632
图 24-24：装修后的卫生间 \632
图 24-25：80 年代中后期，流行的组合音响 \633
图 24-26：2010 年，LED 屏新式电视机 \633
图 24-27：1985 年，老式衣柜 \633
图 24-28：2006 年，新式家具 \633
图 24-29：2010 年，中式古典家具 \633
图 24-30：1983 年，液化石油气居民使用证 \633
图 24-31：1986 年，“二八”型飞鸽牌自行车 \634
图 24-32：2010 年，家庭汽车 \634 \634
图 24-33：1989 年，卢德祥创作盆景艺术 \635
图 24-34：2008 年，挂甲寺杯剪纸擂台赛 \636
图 24-35：1999 年，天塔街舞蹈之家沈月霞的表演 \636
图 24-36：2009 年，木雕文玩 \637
图 24-37：2008 年，河西区挂甲禅寺 \638
图 24-38：2008 年，河西清真寺 \639
任秉钧一家 \643
徐椒龄 \643
庞志民 \643
骆玉笙 \644
马三立 \644
爱泼斯坦 \644
王莘 \645
王金鼎 \645
李虹 \645
王守西 \646
张庄容 \646
王福重 \647
曹火星 \647
小月珠 \647
印质明 \647

刘瑞生 \648
周馥 \649
严复 \649
桑志华 \649
邓庆澜 \650
德日进 \650
罗尔夫・盖苓 \650
雷振汉 \651
裴百纳 \651
金钺 \651
银达子 \652
吴玉如 \652
张弓 \652
陈亚华、陈亚南兄弟 \653
金显宅 \653
方先之 \654
范权 \654
朱星 \654
韩俊卿 \655
丁至云 \655
厉慧良 \656
2008 年，天津湾嘉茂商厦（原北洋纱厂旧址所在地）\665
20 年代，裕元纱厂（天津棉纺二厂）旧址 \666
20 年代，裕元纱厂地下党活动地点之一“老布场”厂房（现已拆除）\667
50 年代，天津棉纺二厂厂房（原裕元纱厂，已拆除）\667
2006 年，龙海公寓（原裕元纱厂，后为天津棉纺二厂旧址）\667
乾昌地毯厂旧址 \668
2010 年，津海中学分校（原乾昌地毯厂旧址所在地）\668
1949 年，人民印刷厂厂址图 \669
2008 年，天津人民印刷厂外景 \669
2005 年，藕耕里平民学校旧址 \669
2007 年，三义庄三吾照相馆地下党秘密活动点旧址 \670
2010 年，“存义志友社”联络站旧址 \671
冀中军区地下军手枪队总联络站遗址纪念牌 \671
2006 年，冀中军区地下军手枪队总联络站遗址 \671
五村农民反霸斗争遗址 \672
1934 年，五村全体佃农的《哀告书》影印件 \673
圣功女中旧照 \674
2005 年，五村农民反霸斗争遗址纪念亭 \673
2003 年，新华中学（前身为圣功女中）\674
志达中学旧址 \674
2009 年，天津市第四十一中学（原志达中学）\674
1995 年，特一中学旧址 \675
1945 年，河北省立天津女子中学旧址 \676
2009 年，工商学院旧址 \677
2003 年，工商学院附属中学旧址 \677
天津市立师范学校学生门前合影 \678
2005 年，灰堆战斗纪念地旧址 \683
1992 年，解放天津战役尖山突破口纪念亭 \684
2002 年 9 月，解放天津战役尖山突破口爱国主义教育基地 \684
2000 年，天津市公安河西分局（原国民党天津警察局第六分局旧址）\686
国民党警察六分局坐落地旧址 \686
1982 年，义和团抗击八国联军纪庄子战场遗址纪念碑 \687
1912 年，原德国租界示意图 \689
1912 年，东北部德国租界示意图 \689
德国租界道路图 \690
解放南路简介及历史风貌建筑示意图 \690
19 世纪末至 20 世纪 30 年代，威廉街（威尔逊路）街景 \690
20 世纪初，沙石铺设的威廉街街景 \690
1917 年，德租界塑像 \691
30—40 年代，起士林餐厅 \692
21 世纪初，起士林食品店 \692
30 年代，光陆影院（前身大华影院）\692
80 年代，北京影院（前身光陆影院）\692
21 世纪初，天津市政协委员活动中心（北京影院旧址）\692
90 年代，解放南路电灯房胡同 \693
1907 年，康科迪娅俱乐部 \693
20 年代，容安别墅 \693
1911 年，威廉路德国领事馆 \693
在原天津轮船招商局大楼（已拆）旧址兴建的楼

房 \694
1939 年，天津基督教神学院 \694
90 年代，侯德榜在津旧居 \694
30 年代，吴毓麟旧居（今解放南路 292 号）\694
1938 年，东光大楼 \694
1940 年，德美医院 \695
2002 年，增延胡同 \695
2002 年，增延胡同公寓牌匾 \695
1895 年，北洋西学学堂 \695
毛泽东题词 \725
2000 年，墙子河改造工程碑记 \728
中国第一所大学——北洋大学堂的第一张考凭 \728
90 年代，天津市干部俱乐部燕园的“哪吒闹海”瓷板壁画墙 \730

表

表 1-1：—2010 年部分年份大营门街居委会情况表 \35
表 1-2：—2010 年部分年份桃园街居委会情况表 \37
表 1-3：—2010 年部分年份下瓦房街居委会情况表 \39
表 1-4：—2010 年部分年份马场街居委会情况表 \40
表 1-5：—2010 年部分年份越秀路街居委会情况表 \42
表 1-6：—2010 年部分年份挂甲寺街居委会情况表 \44
表 1-7：—2010 年部分年份尖山街居委会情况表 \46
表 1-8：—2010 年部分年份天塔街居委会情况表 \49
表 1-9：—2010 年天塔街邻居节情况表 \52
表 1-10：—2010 年部分年份友谊路街居委会情况表 \53
表 1-11：—2007 年梅江街居委会情况表 \55
表 1-12：—2010 年部分年份陈塘庄街居委会情况表 \56
表 1-13：1994—2010 年部分年份东海街居委会情况表 \58
表 1-14：1979—2010 年部分年份柳林街居委会情况表 \60
表 1-15：1979—2006 年部分年份河西区地热井分布情况表 \69
表 2-1：1979—2010 年河西区户籍人口迁移情况一览表 \77
表 2-2：1979—2010 年河西区户籍人口自然变动状况一览表 \78
表 2-3：第三、四次人口普查河西区各街道人口分布密度一览表 \80
表 2-4：第五、六次人口普查河西区各街道人口分布密度一览表 \80
表 2-5：1979—2010 年河西区户籍男女性别比一览表 \81
表 2-6：第三、四、五、六次人口普查河西区人口年龄结构统计表 \82
表 2-7：第三、四、五、六次人口普查河西区各民族人口统计表 \83
表 3-1：2003—2009 年河西区旧楼区综合整修工程统计表 \96
表 3-2：1996—2010 年河西区公建配套工程情况表 \97
表 3-3：2002—2010 年河西区房地产开工竣工面积表 \98
表 3-4：1986—1998 年部分年份河西区危旧房屋改造开发项目统计表 \98
表 3-5：1991—1998 年部分年份河西区危旧房翻建开发项目表 \99
表 3-6：1996—2010 年河西房地产开发有限公司主要开发项目表 \101
表 3-7：1993—2000 年部分年份河西区建设开发总公司危改还迁小区建设情况表 \101
表 3-8：1997—2010 年河西区房地产开发项目表 \103
表 3-9：2010 年河西区市管道路情况表 \105
表 3-10 ：2010 年河西区区管道路情况表 \106
表 3-11：2010 年河西区跨河桥情况表 \113
表 3-12：2010 年河西区人行天桥情况表 \115
表 3-13：2007 年河西区积水点改造工程统计表 \116

表 3-14：2009 年河西区创卫未达标小区排水改造情况表 \117
表 3-15：2008 年河西区市政道路排水设施改造工程情况表 \117
表 3-16：2009 年河西区市政道路排水设施改造工程情况表 \117
表 3-17：1988—1994 年河西区供热地片情况表 \121
表 3-18：1997—2010 年部分年份河西区供热面积情况表 \122
表 3-19：2010年河西区邮政营业场所分布表 \124
表 3-20：2010 年中国移动河西区营业厅分布表 \125
表 3-21：2010 年中国联通河西区营业厅分布表 \125
表 3-22：2010 年中国电信河西区营业厅分布表 \126
表 3-23：2010年河西居住区绿地（开发商小区）及小游园情况表 \127
表 3-24：2010年河西区公园绿化植物情况表 \132
表 3-25：2010 年河西区公园用地情况表 \132
表 3-26：2005—2006 年河西区基层单位认养绿地情况表 \135
表 4-1：1979—2010 年部分年份河西区建筑工程质量监督管理情况表 \143
表 4-2：2001—2010 年河西区房屋拆迁量统计表 \145
表 4-3：2008—2010 年河西区二手房交易情况表 \146
表 4-4：1994—2010 年河西区二手房置换统计表 \146
表 4-5：2003—2010 年河西区房屋契税收入表 \146
表 4-6：2010 年河西区第三次住房普查情况表 \148
表 4-7：2003—2010 年河西区治理私拆乱改房屋情况表 \149
表 4-8：1992—2010 年河西区公有住房出售统计表 \150
表 4-9：1991—2010 年河西区直管公产房情况表 \150
表 4-10：1992—2010 年部分年份河西区住房租金调整情况表 \151
表 4-11：1999—2004 年部分年份龙都物业小区接管情况表 \152
表 4-12：2001—2010 年河西区房屋租金收缴情况表 \153
表 4-13：2003—2009 年河西区房屋经营转租统计表 \154
表 4-14：2005—2010 年河西区物业维修资金使用统计表 \155
表 4-15：2007 年河西区开展全国第一次污染源普查情况表 \159
表 4-16：2008 年河西区绿色系列创建活动情况表 \161
表 4-17：2002 年河西区创建国家环境保护模范城区指标完成情况表 \161
表 4-18：2006—2010 年部分年份河西区生态城区建设指标体系情况表 \163
表 4-19：1996—2001 年河西区城市环境综合整治定量考核年度情况表 \164
表 4-20：2002—2010 年河西区城市环境综合整治定量考核年度情况表 \164
表 4-21：1993—2010 年河西区排污费征收情况表 \166
表 4-22：2005—2010 年河西区查处企业违法排污案件统计表 \168
表 4-23：1979—2010 年部分年份河西区环卫基础设施建设情况表 \170
表 4-24：1979—2010 年部分年份河西区扫道面积情况表 \172
表 4-25：1979—2010 年部分年份河西区垃圾收运及处理情况表 \173
表 4-26：1995—2004 年河西区街道整修情况表 \177
表 4-27：2005—2010 年河西区街道综合整修情况表 \177
表 5-1：2010 年陈塘科技商务区部分市属工业企业情况表 \186
表 6-1：1986—2009 年河西区区属商业改革及企业转制情况表 \195
表 6-2：1996—2010 年河西区商业布局调整情况

明细表 \196
表 6-3：1998—2010 年河西区超级市场情况表 \197
表 6-4：2010 年河西区农贸市场情况表 \198
表 6-5：1990—2010 年河西区专业市场情况表 \199
表 6-6：1998—2005 年河西区内联引资情况表 \203
表 6-7：2006—2010 年河西区国内招商引资情况表 \203
表 6-8：1998—2010 年河西区吸引外资情况表 \204
表 6-9：2010 年河西区楼宇经济产业结构情况表 \206
表 6-10：2010年河西区星级饭店基本情况表 \210
表 6-11：2010 年驻区重点餐饮企业情况表 \212
表 7-1：1979—1987 年河西区预算内财政收入情况表 \216
表 7-2：1988—1995 年河西区预算内财政收入情况表 \217
表 7-3：1996—2006 年河西区财政一般预算收入决算统计表 \218
表 7-4: 2007—2010 年河西区财政一般预算收入决算统计表 \218
表 7-5：1979—1987 年河西区预算内财政支出统计表 \220
表 7-6：1988—1995 年河西区预算内财政支出统计表 \220
表 7-7：1996—2006 年财政支出统计表 \221
表 7-8：2007—2010 年财政支出统计表 \221
表 7-9：1994—2010 年税收收入（按级次划分）统计表 \229
表 7-10：1994—2010 年河西区税收收入（按级次划分）统计表 \231
表 7-11：1994—2010 年河西区税收收入（按税种划分）统计表 \233
表 7-12：1997 年—2010 年稽查收入情况表 \236
表 8-1：2010 年部分驻区银行天津河西支行一览表 \245
表 9-1：1985—1995 年河西区市场物价检查情况表 \262
表 9-2：1996—2010 年河西区价格监督检查情况表 \262
表 9-3：1990—2010 年河西区区属生产总值完成情况表 \273
表 9-4：2002—2010 年河西区独立核算工业企业主要经济指标情况表 \274
表 9-5：1990—2002 年河西区总收入完成情况表 \275
表 9-6：2001—2010 年河西区社会商品零售额完成情况表 \275
表 9-7：河西区第四、五次人口普查主要数据对比统计表 \276
表 9-8：河西区第五、六次人口普查主要数据对比统计表 \276
表 9-9：河西区第一、二次全国经济普查主要经济指标对比情况表 \278
表 10-1：1980—1995 年部分年份党员构成统计表 \283
表 10-2：1996—2010 年党员构成统计表 \283
表 10-3：中共河西区第四至第九届委员会常委会委员情况表 \287
表 10-4：中共河西区第四届至第九届委员会组成人员情况表 \289
表 10-5：1979—1995 年河西区党组织基本情况表 \298
表 10-6：1996—2010 年河西区党组织基本情况表 \298
表 10-7：1980—2008 年河西区历届保密委员会主任名录 \316
表 11-1：河西区人大代表普选情况表 \322
表 11-2：1979—2010 年河西区历届人民代表构成情况表 \323
表 11-3：第八届至第十五届河西区人大常委会主任、副主任名表 \330
表 11-4：1988—2010 年部分年份河西区人大及其常委会重大决议、决定情况表 \334
表 12-1：1980—2010 年河西区政府领导班子成员名表 \341
表 12-2：2004—2010 年河西区进驻部门情况表 \349
表 12-3：2005—2010年受理行政审批情况表 \350

表 12-4：1993—2010 年河西区办理代表建议政协提案情况统计表 \363
表 13-1：第五届至第十一届部分届次河西区政协委员构成比例表 \368
表 13-2：第五届至第十二届政协河西区委员会主席、副主席名表 \373
表 13-3：河西区第六届至第十二届政协提案情况汇总表 \380
表 13-4：《河西文史资料选辑》情况表 \380
表 14-1：1979—2010 年河西区工会历届主任、主席名录 \395
表 14-2：1996—2010 年河西区市级以上先进集体名表选录 \397
表 14-3：1982—2007 年共青团河西区代表大会召开情况表 \402
表 14-4：1997—2010年河西区团组织情况表 \403
表 14-5：1981—2010 年河西区四届科协界次及科协主席名录 \413
表 15-1：2010 年公安河西分局窗口单位及派出所地址一览表 \418
表 15-2：2010 年河西区社区警务室统计表 \420
表 15-3：1996—2010 年河西区打击黄赌毒情况表 \421
表 15-4：1996—2010 年河西区打击危险品情况表 \422
表 15-5：1995—2010 年河西区打击刑事犯罪情况表 \424
表 15-6：1997—2010 年河西区打击经济犯罪情况表 \425
表 15-7：2006—2010 年河西区打击网络犯罪情况表 \425
表 15-8：1979—2010 年河西区常住人口情况表 \426
表 15-9：1979—2010 年河西区暂住人口情况表 \428
表 15-10：2000—2010 年河西区火灾情况表 \430
表 15-11：1979—2010 年河西区检察院批准逮捕情况表 \431
表 15-12：1979—2010 年河西区检察院提起公诉情况表 \432
表 15-13：1979—2010 年河西区检察院立案侦查经济犯罪案件情况表 \433
表 15-14：1979—2010 年河西区检察院立案侦查法纪案件情况表 \434
表 15-15：1995—2010 年河西区检察院监所部分年份检察业务情况表 \437
表 15-16：2000—2010 年河西区检察院技术工作情况表 \437
表 15-17：1978—2010 年河西区检察院检察长名表 \438
表 15-18：1982—2010 年河西区法院刑事案件收结案统计表 \439
表 15-19：1982—2010 年河西区法院民事案件收结案统计表 \440
表 15-20：1982—2010 年河西区法院商事案件收结案统计表 \441
表 15-21：1989—2010 年河西区法院行政案件收结案统计表 \442
表 15-22：2005—2010 年河西区法院人民陪审员参审情况表 \443
表 15-23：1982—2010 年河西区法院执行案件收结案统计表 \444
表 15-24：1979—2010 年河西区法院院长名表 \445
表 15-25：1983—2010 年河西区人民调解工作情况表 \446
表 15-26：1982—2010 年河西区律师办理案件情况表 \448
表 15-27：2004 年—2010 年河西区法律咨询及法律援助情况表 \448
表 15-28：1984—2010 年河西区公证处办理案件情况表 \449
表 15-29：1999—2010 年河西区安置帮教工作情况表 \450
表 16-1：1979—2010 年中共河西区委主要领导任区武装部书记情况表 \456
表 16-2：2001—2010 年河西区高级中学军训课目学时表 \459
表 17-1：2007年河西区小学联合学区一览表 \466
表 17-2：1995—2010 年河西区国办幼儿园发展情况表 \468
表 17-3：2001—2010 年河西区民办（街办）、

社会人士办幼儿园发展情况表 \468
表 17-4：1996—2010 年部分年份河西区幼儿园情况表 \469
表 17-5：1994—2010 年河西区小学布局调整情况表 \472
表 17-6：1996—2010 年部分年份河西区小学情况表 \472
表 17-7：2010 年河西区国办小学情况表 \473
表 17-8：1985—2009 年河西区中学布局调整情况表 \475
表 17-9：1996—2010 年部分年份河西区中学情况表 \475
表 17-10：2010 年河西区中学（国办）情况表 \475
表 17-11：1986—2010 年河西区小学招生与毕业情况表 \479
表 17-12：1996—2010 年部分年份河西区高中毕业生高考录取情况表 \480
表 17-13：1980—1996 年河西区职业学校变化情况表 \482
表 17-14：1996—2010 年部分年份河西区职业技术学校情况表 \482
表 17-15：2010 年河西区职业技术学校情况表 \483
表 17-16：1979—2010 年河西区中小学教职工人数情况表 \489
表 17-17：1995—2010 年部分年份河西区中小幼师资情况表 \489
表 17-18：1996—2010 年河西区师资培训情况表 \490
表 17-19：1998—2010 年河西区在职教师专业技术职称情况统计表 \490
表 17-20：1996—2010 年河西区特级教师情况表 \491
表 17-21：1996—2010 年河西区教育经费决算情况表 \494
表 17-22：2010 年河西区普教系统校舍情况表 \494
表 17-23：1999—2010 年部分教学设备投入情况表 \495
表 17-24：2009—2010 年河西区中小幼电化教学设备情况表 \495
表 17-25：2009—2010 年河西区义务教育现代化学校建设场地和器材配备情况表 \495
表 18-1：2005—2010 年园区入驻企业和投资情况表 \504
表 18-2：1991—2010 年河西区科技成果情况表 \505
表 18-3：1996—2010 年河西区科技进步监测情况表 \506
表 19-1：2010 年河西区各街道文化站情况表 \516
表 19-2：1997—2009 年河西区群众部分文艺作品获奖情况表 \529
表 19-3：1996—2010 年河西区有线电视报道情况表 \536
表 19-4：2004—2010 年河西区新闻中心获主要奖励情况表 \536
表 19-5：1996—2010 年《天津日报 · 新河西》出报情况表 \538
表 19-6：2001—2010 年河西区档案馆接待查档情况表 \540
表 20-1：2010 年河西区区属医疗单位情况表 \550
表 20-2：1995—2010 年河西区义务献血情况表 \551
表 20-3：1996—2010 年河西区孕产妇死亡、5 岁以下儿童死亡、新生儿死亡数据情况表 \553
表 20-4：1996—2010 年河西区甲乙丙类传染病发病 / 死亡率情况表 \554
表 20-5：1996—2010 年河西区主要传染病发病情况表 \555
表 20-6：1996—2010 年河西区区属卫生系统高级职称人员名表 \556
表 20-7：2010 年河西区社会办医情况表 \560
表 20-8：1988 年—2009 年红十字会代表大会情况表 \562
表 21-1：2010 年河西区中小学体育场地统计表 \568
表 21-2：1996—2010 年河西区参加主要赛事金牌成绩情况表 \575
表 21-3：2010 年河西区业余体校教练员统计表 \578
表 21-4：2010 年河西区各运动项目裁判员统计

表 \578
表 22-1：1997—2010 年河西区社会团体名表 \586
表 22-2：2001—2010 年河西区民办非企业单位名表 \588
表 22-3：1979—2010 年河西区安置复员、退伍军人情况统计表 \595
表 23-1：1994—2010 年河西区部分年份公务员考试录用情况表 \605
表 23-2：1994—2010 年河西区干部考核情况表 \606
表 23-3：1996—2010 年河西区公务员教育培训情况表 \607
表 23-4：1996—2010 年部分年份河西区工资调整情况表 \609
表 23-5：1995—2008 年部分年份河西区奖金补贴调整情况表 \610
表 23-6：1996 年、2001 年河西区党政机构改革调整情况表 \612
表 23-7：2005—2010 年河西区退休、病退人数情况表 \615
表 23-8：2010 年河西区劳动力市场情况表 \616
表 23-9：1996—2010 年河西区劳动争议仲裁案件受理情况表 \617
表 23-10：1997—2010 年河西区开展劳动执法监察情况表 \618
表 23-11：1992—2010 年河西区基本养老保险征缴情况表 \620
表 23-12：2005—2010 年河西区失业保险征缴情况表 \620
表 23-13：2008—2010 年河西区基本医疗保险征缴情况表 \621
表 23-14：2004—2010 年河西区工伤保险征缴情况表 \622
表 23-15：2005—2010 年河西区生育保险征缴情况表 \622
表 24-1：2010 年居民抽样调查现金人均收入情况表 \625
表 24-2：2010 年居民抽样调查现金人均支出情况表 \627
表 24-3：2010 年居民主要耐用消费品每百户拥有量情况表 \627
表 25-1：1996—2010 年限内人物名表 \648
表 25-2：1916—1995 年补遗人物名表 \656
表 25-3：1999—2010 年全国劳动模范和先进工作者名表 \657
表 25-4：1996—2010 年国家部委先进个人名表 \657
表 25-5：1996—2010 年市劳动模范名表 \658

人　名

C
曹火星 /647
陈亚华 /653

D
德日进 \650
邓庆澜 \650
丁至云 \655

F
范权 \654
方先之 \653

H
韩俊卿 /655

J
金显宅 \653
金钺 \651

L
雷振汉 \651
李虹 \645
厉慧良 \656
刘瑞生 \648
罗尔夫 · 盖苓 \650
罗坚忠 \646
骆玉笙 \644

M
马三立 /644

P
庞志民 \643
裴百纳 \651

R
任秉钧 /643

S
桑志华 /649

T
谭怀俭 /655

W
王福重 \646
王金鼎 \645
王莘 \645
王守西 \646
魏云峰 \656
吴玉如 \652

X
小月珠 \647
谢劲光 \655
徐椵龄 \643
许鑫 \648

Y
严复 \649
伊斯雷尔·爱泼斯坦 \644
银达子 \652
印质明 \647

Z
张弓 \652
张庄容 \646
周馥 \649
朱星 \654

地名、单位

街道
陈塘庄街道 /56
大营门街道 /35
东海街 /58
挂甲寺街道 /44
尖山街道 /45
柳林街道 /59
马场街道 /40
梅江街道 /55
桃园街道 /36
天塔街道 /48
下瓦房街道 /38
友谊路街道 /53
越秀路街道 /42

河流
复兴河 /67
海河 /66
津河 /66
双林引水河 /67
四化河 /67
天塔湖 /67
卫津河 /66
燕园湖 /67
长泰引水河 /67

道路、桥梁
八里台立交桥 /114
大沽南路 /109
洞庭一号桥 /113
复兴门桥 /113
富民桥 /112
光华桥 /112
国泰桥 /113
海津桥 /113
黑牛城道 /110
解放南路 /109

解放南路立交桥 /115
金阜桥 /112
津谊立交桥 /115
刘庄斜拉桥 /111
柳林立交桥 /114
马场道 /110
南京路 /110
南围堤河立交桥 /114
平山道 /110
新围堤道 /110
友谊路 /110
友谊南路立交桥 /115
郁江立交桥 /114
直沽桥 /112
中环线 /109
中石油立交桥 /114
珠江道 /110

公园

洞庭公园 /129
儿童公园 /130
红光公园 /130
华夏未来儿童公园 /130
解放南园 /129
柳林公园 /130
曲江公园 /130
人民公园 /129
天津乐园 /131
佟楼公园 /129
西柳公园 /131
西南楼公园 /129
西苑公园 /131
友谊公园 /131
中环公园 /130
珠江公园 /130

广场

解放路广场 /133
榕树广场 /133
天圆广场 /133
危改广场 /133

遗址

北洋纱厂 /665
北洋西学学堂 /695
“存义志友社”联络站 /670
大华影院 /692
德国领事馆 /693
德美医院 /695
电灯房胡同公寓 /692
东光大楼 /694
东楼魏家坟地柴禾厂 /672
纺织总工会、裕元工会 /667
挂甲寺战场 /687
国民党天津警察局第六分局 /686
河北省立天津女子中学 /675
贺家口段家胡同 /670
贺家口小公益里 4 号 /670
侯德榜旧居 /694
护城河纪念地 /684
灰堆纪念地 /683
纪庄子战场 /687
冀中军区地下军手枪队总联络站 /671
康科迪娅俱乐部 /692
藕耕里平民学校 /669
起士林 /692
乾昌地毯厂 /668
人民印刷厂 /669
容安别墅 /693
三义庄三吾照相馆 /670
上海纱厂 /667
圣功女子中学 /673
特一中学 /675
天津工商学院 /676
天津工商学院附属中学 /677
天津轮船招商局 /693
天津圣经学院 /694
天津市立师范学校 /678
吴毓麟旧居 /694
五村农民党支部 /672
五村农民护佃权委员会 /673
西楼前街国术馆 /673
乡谊俱乐部 /695

修德里 2 号 /670
裕元纱厂 /665
裕元纱厂工会 /666
增延胡同公寓 /695
志达中学 /674
中共中央华北局城工部秘密交通联络点 /686

工业

河西针织厂 /185
旅游服装厂 /185
山华集团 /185
天津奥的斯电梯有限公司 /188
天津国际联合轮胎橡胶股份有限公司 /189
天津环球磁卡股份有限公司 /188
天津蓝马工业工程技术有限公司 /190
天津美迪亚影像材料有限公司 /190
天津市合成材料工业研究所 /189
天津市华彩电子科技有限公司 /190
天津市华泰建设监理有限公司 /190
天津远大感光材料公司 /188
天津中荣胶业有限公司 /190
天马集团 /185
中国电子科技集团公司第四十六研究所 /188

餐饮

百饺园平山道店 /212
宝轩渔府 /212
鸿起顺餐饮饭店 /212
金皇大酒店 /209
苏浙酒楼 /212
唐宋府海鲜酒楼梅江旗舰店 /212
水晶宫饭店 /210
天津政协俱乐部酒店 /212
万丽天津宾馆 /210
喜来登大酒店 /209
新桃园酒店 /210

学校、幼儿园

北京师范大学天津附属中学 /478
第四十二中学 /476
第四十一中学 /477
第四中学 /477
电子计算机职业中等专业学校 /483
海河中学 /476
河西区第二幼儿园 /471
河西区第一幼儿园 /470
河西区老年人大学 /486
上海道小学 /474
实验中学 /478
台湾路小学 /474
天津财经大学 /497
天津对外经贸职业学院 /500
天津科技大学 /497
天津师范大学 /496
天津市老年人大学 /485
天津体育学院 /496
天津外国语大学 /496
天津现代职业技术学院 /500
天津医科大学（广东路校区） /498
天津医学高等专科学校 /499
天津职业技术师范大学 /499
统计职业中等专业学校 /483
新华中学 /478
职工大学 /485
职工中专 /484

医疗机构

爱民医院 /561
曹开镛中医医院 /561
陈塘庄街社区卫生服务中心 /548
东海街社区卫生服务中心 /547
东华医院 /562
妇产科医院 /546
挂甲寺街社区卫生服务中心 /549
河西医院 /545
疾病预防控制中心 /549
尖山街社区卫生服务中心 /548
结核病防治所 /549
康复医院 /545
口腔医院 /546
柳林医院 /546
马场街社区卫生服务中心 /547

桃园街社区卫生服务中心 /549
天津安定医院 /558
天津第四医院 /560
天津儿童医院 /558
天津海河医院 /558
天津环湖医院 /558
天津医科大学第二医院 /559
天津医科大学第三医院 /560
天津医院 /557
天津肿瘤医院 /559
天塔街社区卫生服务中心 /547
下瓦房街社区卫生服务中心 /548
友谊路街社区卫生服务中心 /547
中医医院 /545

金融机构

渤海财产保险股份有限公司 /245
渤海银行股份有限公司 /243
渤海证券有限责任公司气象台路营业部 /249
渤海证券有限责任公司天津友谊路证券营业部 /249
长城人寿保险股份有限公司天津分公司 /246
大连银行股份有限公司天津市分行 /244
大通证券解放南路证券营业部 /247
东海证券有限责任公司天津友谊路证券营业部 /247
东亚银行股份有限公司天津市分行（外资银行）/243
广发北方证券公司天津环湖中路证券营业部 /247
广发银行股份有限公司天津市分行 /243
广信恒业（天津）投资担保有限公司 /250
国都证券有限责任公司天津永安道营业部 /248
国家开发银行股份有限公司天津市分行 /241
国泰君安证券股份有限公司天津环湖中路证券营业部 /248
国信证券有限责任公司天津湘江道证券营业部 /248
哈尔滨银行股份有限公司天津市分行 /244
海康人寿天津分公司 /246
瀚华担保股份有限公司天津分公司 /249
河北银行股份有限公司天津市分行 /244
华安财产保险股份有限公司天津分公司 /247
华泰财产保险股份有限公司天津分公司 /247
华夏银行股份有限公司天津市分行 /242
交通银行股份有限公司天津市分行 /242
金元证券有限责任公司天津大沽南路证券营业部 /248
立刻岱（天津）投资担保有限公司 /249
平安证券有限责任公司天津绍兴道证券营业部 /248
齐鲁银行股份有限公司天津市分行 /244
上海浦东发展银行股份有限公司天津市分行 /242
上海银行股份有限公司天津市分行 /244
申银万国证券股份有限公司天津浦口道证券营业部 /248
盛京银行股份有限公司天津市分行 /244
太平财产保险有限公司天津分公司 /245
天津光正投资担保有限公司 /250
天津华淼投资担保有限公司 /250
天津汇丰投资担保有限公司 /250
天津联合创业投资担保有限公司 /249
天津农村商业银行股份有限公司 /244
天津仁宇投资担保有限公司 /249
天津市鼎信投资担保有限公司 /250
天津市日升昌投资担保有限公司 /249
天津市中小企业信用担保中心 /249
天津银行股份有限公司 /243
天津中财担保有限公司 /249
天平汽车保险股份有限公司天津分公司 /247
新华人寿保险天津分公司 /246
兴业银行股份有限公司天津市分行 /242
阳光财产保险股份有限公司天津分公司 /247
阳光人寿保险股份有限公司天津分公司 /246
招商银行股份有限公司天津市分行 /242
招商证券天津友谊北路营业部 /248
浙商银行股份有限公司天津市分行 /243
中国大地财产保险股份有限公司天津分公司 /246
中国工商银行股份有限公司天津市分行 /241
中国建设银行股份有限公司天津市分行 /241
中国农业发展银行股份有限公司天津市分行 /241
中国平安人寿保险股份有限公司天津分公司 /245
中国人民健康保险股份有限公司天津分公司 /246

中国银行股份有限公司天津市分行 /241
中华联合财产保险公司天津分公司 /246
中投证券股份有限公司天津尖山路营业部 /248
中信建投证券有限公司天津分公司解放南路营业部 /248
中信证券股份有限公司天津友谊路证券营业部 /248
中银保险有限公司天津分公司 /247

后　记

按照天津市人民政府《关于启动区县地方志第二轮编修工作的通知》，于2013年，启动地方志第二轮《河西区志(1979—2010)》编修工作。中共河西区委、区政府对修志工作高度重视，成立由区领导为正副主任、各相关部门负责人组成编修委员会，并由一名副区长分管此项工作，由河西区地方志编修委员会办公室组织实施。编修委员会召开会议，确定工作指导思想，审定篇目设计，召开修志工作动员大会，部署各承修单位任务，区地方志办公室对编修人员进行培训，举办专题讲座，参加区县志书会审会议，并到外区学习取经。

2018年，《河西区志》编辑部人员合影　（马帅摄）

《河西区志》的编纂，工程浩繁，任务艰巨，全体编修人员树立精品意识，深入挖掘，存源必究，疏略繁简，悉得其宜，文质褒嘉，各相其至，约而赅，典而确，突出区域特色。历经五度春秋，数易其稿，于2016年9月完成复审稿，2017年9月完成终审稿，2018年8月完成送审出版稿。

《河西区志(1979—2010)》上限1979年，下限2010年。全志设25编、120章，另设专记、附录，计100万余字，500余幅图照。全方位记述中共十一届三中全会以来，河西区改革开放、社会主义现代化建设的历史，既是一部资政、教化、存史的志书，也是一

2016年9月，天津市《河西区志(1979—2010)》复审会合影　（张颖摄）

部功在当代、惠及后世的桑梓教材。

《河西区志(1979—2010)》编修过程中，承蒙区内外各级领导、专家、学者和修志同仁支持与帮助。中国地方志指导小组办公室副主任邱新立、市地方志办公室苏长伟、关树锋主任，区县指导处邹积浩、杨宝红、韦恬，市社科院学者罗澍伟、北辰区党史办和方志办主任霍贵兴和方志出版社的编辑人员、责任编辑冯松由始至终给予具体指导帮助；天津师范大学徐华鑫教授为本志撰写自然环境章节，文化学者张绍祖为德租界遗址和史略撰文；银行、邮电、交通、纺织、冶金、轻工等驻区单位和市卫生局等单位为本志编撰给予鼎力支持；英普瑞达图文设计公司精心制作。谨此一并致谢。

编修志书是一项巨大的文化系统工程，涉及面广，标准高，操作难度大，全体编修人员虽勠力同心、殚精竭虑，但由于诸多局限，书中难免出现舛误，恳请读者斧正。

河西区地方志办公室

2018年8月

提供资料人员名单

（按姓氏笔画排列）

丁亦岑　于　文　于同群　于　静　马　源　王东红　王　伟　王　华　王　韧　王丽媛
王劲勇　王　卓　王欣铎　王洪艳　王　艳　王海燕　王晨颖　王超凡　王朝辉　王　强
王　强　文翠翠　方志刚　尹月莹　孔含宁　石　坚　卢巨光　卢贵芳　卢家继　田春艳
只长瑞　付志刚　冯　健　冯　涛　冯　毅　边自然　邢月萍　朱　华　朱彦平　任格非
刘龙珠　刘东捷　刘宏晖　刘建宏　刘春水　刘革学　刘思萱　刘　艳　刘艳霞　刘　雪
刘淑萍　刘　喆　刘　静　刘德禄　齐书砚　安丽君　孙义儒　孙玉环　孙桂荣　孙　鹏
杜健莉　李天亮　李玉珍　李东萍　李丽娟　李园莉　李秀梅　李咏梅　李研激　李昭玥
李闽节　李艳波　李　晨　李　鹏　李　群　杨玉春　杨青发　杨觉惠　肖洪涛　肖　原
肖　喆　吴坚章　吴若蒙　何晓宇　余　洁　汪　勇　汪　琦　沈荣京　宋　晨　宋　婕
初　娟　张凤玉　张凤楠　张光银　张　迪　张金权　张建涛　张　茜　张选军　张晓伏
张海莹　张　彬　张　博　张　祺　张　颖　张　静　张墨晗　陈元逸　陈　思　陈耀轩
尚晓梅　岳惠民　金迎新　周美晓　周　瀛　庞　博　单晨阳　郎　玲　孟声平　赵俊河
赵剑锋　赵　娜　赵惠敏　胡志宁　侯宝萍　施明君　姜礼兴　洪钰鑫　秦　沛　秦德松
贾志强　贾陆洲　顾彩虹　柴　华　晏　津　候　蕊　高　辰　高　雯　郭子明　黄永武
曹德奎　康　良　康　楠　梁祥琪　蒋　徽　蒋　鑫　韩世春　韩　莉　韩　爽　程　林
傅　滢　傅遴文　谢　虎　谦　静　靳　彤　詹庆焱　宾雪梅　薛洪梅　薛　頔　衡起仁
戴海波　魏长军　魏　艳